Auf den Höhen

Ein Roman

Berthold Auerbach

Writat

Diese Ausgabe erschien im Jahr 2023

ISBN: 9789359251066

Herausgegeben von
Writat
E-Mail: info@writat.com

Inhalt

Buch I.

KAPITEL I.

In der Kapelle neben dem königlichen Sommerpalast wurde die Frühmesse gefeiert.

Der Palast stand auf einer kleinen Anhöhe in der Mitte des Parks. Der östliche Hang des Hügels war mit Weinbergen bepflanzt, und seine Kuppe war mit mächtigen, hoch aufragenden Buchen bedeckt. Der Park war reich an Ahornbäumen, Platanen und Ulmen mit ihrem üppigen Laub sowie Tannen verschiedener Art, während die dichten Nadelbüschel der tannenblättrigen Bergkiefer zeigten, dass sie sich akklimatisiert hatte. Auf den Rasenflächen standen einzelne hohe Kiefern von perfektem Wachstum. Eine bezaubernde Vielfalt an Blumen und Blattpflanzen verlieh dem Bild Anmut, das in all seinen Details von künstlerischer Gestaltung und exquisitem Geschmack zeugte.

Die Wege waren ordentlich gepflegt. Die Blumen funkelten im Tau des Morgens; Vögel sangen und die Luft war erfüllt vom Duft des frisch gemähten Grases. Schwäne und seltene Entenarten aus fremden Ländern schwammen in dem großen See, an dessen Ufern man möglicherweise auch den farbenfrohen Flamingo gesehen hatte. Der Brunnen in der Mitte des Sees ließ sein Wasser so hoch steigen, dass es in der Gischt unterging.

Ein klarer Gebirgsbach, der zwischen Erlen und Trauerweiden und unter vielen rustikalen Brücken hindurch floss, mündete in den See und floss von dort durch das Tal, bis er den Fluss erreichte, von dem man hier und da durch Öffnungen im Bach einen hellen Blick erhaschen konnte Gebüsch.

Unter den Bäumen und an verschiedenen Stellen, die eine schöne Aussicht boten, waren Tische, Stühle und Bänke von anmutiger Form aufgestellt.

In der Nähe der Kapelle saß ein Mann von beeindruckender Erscheinung. Seine Kleidung zeugte von sorgfältiger Sorgfalt. Sein dichtes Haar war so weiß wie seine Krawatte. Seine Augen waren blau und funkelnd und voller jugendlichem Feuer. Er blickte auf die weite Landschaft, das Tal voller Obstbäume, die nahegelegenen Hügel und den dahinter liegenden Berg, dessen Linien sich deutlich vom blauen Himmel abhoben. Er hatte ein Buch in der Hand, legte es aber nun beiseite und genoss die friedlichen Einflüsse der Szene vor ihm.

Die große Tür der Kapelle stand offen: Man hörte die mächtigen Klänge der Orgel; Eine sanfte Weihrauchwolke schwebte in der Morgenluft und verschwand dann im Weltraum.

Bei diesem beeindruckend aussehenden Mann handelte es sich um den Arzt des Königs, Doktor Gunther, der als Protestant nicht an der Messe teilgenommen hatte.

In diesem Moment trat eine schöne Frau mit einem offenen Sonnenschirm aus der Veranda, die fast von Rankenranken verdeckt war. Sie trug ein weites, weißes Gewand und ihr Kopfschmuck war eine einfache Morgenmütze mit blauen Bändern. Ihr helles, rosiges Gesicht strahlte vor Jugend und Schönheit; Ihr Haar hatte einen goldenen Farbton und sie schien die Inkarnation eines herrlichen Tages zu sein.

Als der Arzt das Rascheln ihres Kleides hörte, trat er sofort vor und machte seine Ehrerbietung.

"Guten Morgen Doktor!" sagte die Dame, deren zwei Begleiterinnen sich ein paar Schritte zurückgehalten hatten. Ihre Stimme war nicht klar und hell, sondern erinnerte an den gefühlvollen Violoncello-Ton, der eher der Träger intensiver und inbrünstiger Gefühle als lauter Freude ist.

„Was für ein bezaubernder Tag!" fuhr die Dame fort; „Und doch gerade deshalb doppelt traurig für diejenigen, die es im Krankenzimmer überstehen müssen. Wie geht es unserer lieben Gräfin Brinkenstein?"

„Die Gräfin kann, möge es Euer Majestät gefällig sein, heute getrost eine Stunde lang an die frische Luft gehen."

„Ich freue mich, das zu hören. Traurigkeit und Krankheit sollten an diesem schönen Ort tatsächlich unbekannt sein."

„Die Gräfin muss sich doppelt glücklich schätzen, da sie nun in der Lage ist, die interessanten Aufgaben zu erfüllen, die auf sie warten."

„Sprich leise", sagte plötzlich die Königin, denn die Orgelklänge waren verstummt; Die Zeit der Weihe war gekommen. „Ah, lieber Doktor, ich möchte Ihnen ein Geheimnis anvertrauen."

Die anderen Damen traten beiseite, während die Königin und der Arzt auf dem freien Platz vor der Kapelle auf und ab gingen.

„Vor dem Arzt sollte man nichts verheimlichen", sagte der Arzt; „Eure Majestät haben mir vor nicht allzu langer Zeit den Besitz eines Stethoskops zugeschrieben, mit dem ich die Bewegungen der Seele selbst beobachten konnte."

„Ja", antwortete die Königin mit errötendem Gesicht, „ich habe bereits darüber nachgedacht, dich um einen Geisterrat zu bitten, aber das war undurchführbar; solche Angelegenheiten muss ich selbst regeln. Aber ich habe eine Bitte, die ich erfüllen muss." Sie als Arzt.

„Eure Majestät muss nur befehlen –“

„Nein, das geht in diesem Fall nicht. Was ich meinte war--“

In diesem Moment begann die Glocke zu läuten und der König kam aus der Kapelle. Er trug die schlichte Kleidung eines Bürgers und war ohne jegliche Verzierungen. Ihm folgten die Herren und Damen des Hofes, von denen die ersteren ebenfalls Bürgertracht trugen und größtenteils die malerische Tracht der Bergsteiger dieser Gegend trugen.

Der König war ein Mann von stattlicher Erscheinung und aufrechter Haltung. Er verneigte sich aus der Ferne vor der Königin und eilte ihr entgegen. Die Damen und Herren, die seine Schleppe bildeten, blieben im Hintergrund und tauschten freundliche Grüße aus. Der König richtete ein paar Worte an die Königin, worüber sie lächelte; Auch er schien glücklich zu sein, reichte ihr den Arm und führte sie zum Pavillon. Die Damen und Herren folgten und unterhielten sich nebenbei fröhlich und ungezwungen.

Eine junge Dame, die den Rest der Gesellschaft verließ, gesellte sich zu dem Arzt und ergriff herzlich seine Hand. Sie hatte eine große und anmutige Figur; ihr Haar und ihre Augen waren braun. Sie trug ein schlichtes, helles Sommerkleid und eine weite Jacke, die offen war und das volle Chemisette freigab. Ein mit Stahlknöpfen besetzter Ledergürtel umgab ihre Taille. Ihre Bewegungen waren leicht und anmutig; Ihr Gesichtsausdruck war halb ernst, halb schelmisch. „Darf ich fragen“, sagte sie und wandte sich an den Arzt, „wie das Buch heißt, das Sie an diesem schönen Morgen für lesenswert gehalten haben?“

„Es hat sich gelohnt, es zu lesen, obwohl ich es ehrlich gesagt noch nicht geöffnet habe“, antwortete der Arzt, während er ihr das Büchlein reichte. Es war Horaz.

„Oh, das ist Latein!“ sagte die Dame. Ihre Stimme war so klar und kühn wie die eines Buchfinkens. „Und das, nehme ich an, ist Ihre Masse.“

Der Arzt wies kurz auf den Erfolg hin, mit dem die antiken Schriftsteller so viele wichtige und bleibende Gedanken in einem so kleinen Band zusammengefasst hatten.

Die Gesellschaft betrat den Saloon und setzte sich so, wie es ihnen am besten gefiel, denn beim Frühstück wurde nicht auf die Rang- oder Rangfolge geachtet. Sie waren auf dem Land und hatten mit ihren Uniformen viele der lästigen Anforderungen der Etikette über Bord geworfen.

Es gibt nichts Fröhlicheres als eine fröhliche und ungezwungene Party beim Frühstück. Alle sind noch voll von der neuen Kraft, die ihnen der erholsame Schlaf geschenkt hat; die Gesellschaft gelingt der Einsamkeit; und die Stimmung aller scheint von dem sanften, taufrischen Morgen berührt zu sein.

Beim Frühstück gab es keine Bediensteten. Die Damen warteten auf die Gesellschaft, die fast so frei und ungezwungen war wie eine Familienfeier. Der Arzt trank nichts als Tee, den er selbst zubereitete. Die Dame mit den braunen Haaren lud sich neben ihn ein und schenkte ihm den Tee ein. Zu ihrer Linken saß Oberst von Bronnen, der Generaladjutant des Königs und tatsächlich der Einzige, der seine Uniform nicht zu vermissen schien.

Die Gruppe schien sowohl geistig als auch körperlich unbekleidet zu sein, und es wurde viel laut und verwirrt geredet.

„Meine Güte! Es ist Sonntag!" sagte die junge Dame mit den braunen Haaren.

Lautstarkes Gelächter begrüßte ihre Bemerkung; und als die Königin sich nach dem Grund für so viel Fröhlichkeit erkundigte, teilte ihr der Arzt die überraschende Entdeckung mit, die Gräfin Irma von Wildenort gerade gemacht hatte. Die Königin lächelte.

„Ich hatte gedacht", sagte der König, wandte sich an die Gräfin und zündete sich gleichzeitig seine Zigarre an – er war der Einzige, der im Salon rauchte – „dass bei Ihnen jeder Tag Sonntag sei."

„Ja, Eure Majestät, aber erst, seit ich die Ehre hatte, hier zu sein. Im Kloster war der Sonntag der einzige Tag, an dem wir Kuchen hatten, während wir hier jeden Tag Kuchen haben; und deshalb bin ich gezwungen, davon zu essen andere Mittel, um herauszufinden, welcher Sonntag ist."

Dem Arzt gegenüber saß von Schnabelsdorf, der kürzlich im diplomatischen Dienst Spanien besucht hatte und nun auf Befehle wartete. Als er sein Gespräch an Letzteren richtete, bemerkte er, dass ein in Madrid lebender Freund von ihm ein hochinteressantes Werk geschrieben habe, zu dem auch er einige Ideen beigetragen habe. Es sollte bald erscheinen und sein Thema war „Sonntag", oder besser gesagt „Der Sabbat".

Der König hatte seine Bemerkungen belauscht und erkundigte sich, was diese Ideen seien. Schnabelsdorf antwortete, dass die Sieben dem Viertel des Mondmonats entspräche, es sich also um eine natürliche Einteilung handele und dass die Institution des Sabbats älter sei als alle positiven Religionen. Er hatte treffende Zitate, um jede Aussage zu untermauern, und vergaß nicht, die Namen seiner angesehenen Freunde anzugeben.

Von Schnabelsdorfs gelehrte Rede hinterließ keinen tiefen Eindruck auf die Gesellschaft, die fröhlich weitermachte, bis die Königin aufstand und den Arzt winkte, ihm zu folgen. Der König reichte ihr seinen Arm und führte sie zu einem schönen Sitz unter einer weinenden Esche am Hang des Rasens.

Es war herrlich, dieses königliche Paar zu sehen, so groß und stattlich; und die Königin war doppelt schön, denn in ihrem eigenen erblühte ein anderes Leben.

Die Königin setzte sich und der König setzte sich neben sie. Ohne auf Befehle zu warten, rückte der Arzt seinen Stuhl heran und setzte sich zu ihnen.

„Ja", sagte die Königin, „ich muss mit dir darüber sprechen; ich muss dir von einem Schmerz erzählen –"

„Vielleicht sollte ich mich besser zurückziehen", sagte der König.

„Nein, du musst bleiben. Noch einmal frage ich dich: Wenn Gott mir Gesundheit schenkt, darf ich dann nicht das Kind stillen, das mir gehören soll?"

Ein kaum wahrnehmbarer Blick des Königs teilte dem Arzt mit, welche Antwort er der Königin geben sollte.

„Ich hatte bereits die Ehre, Ihrer Majestät meine Meinung über den abergläubischen Glauben mitzuteilen, dass die bloße Erfüllung mütterlicher Pflichten die Schönheit der Mutter bewahrt. Ihr Wunsch wird von einem Gefühl inspiriert, das an sich schön ist. Aber beides für Sie Um seiner selbst und des Kindes willen war es unmöglich, dem zuzustimmen. Die Pflichten einer Königin, die Anforderungen der Etikette, die Notwendigkeit Ihrer Anwesenheit bei Hofe und die verschiedenen Emotionen, die diese Beschäftigungen zwangsläufig hervorrufen müssen, machen es aus dem Frage. Ein hoher Entwicklungsstand hat Auswirkungen auf das Nervensystem, die, wenn sie auf das Kind übertragen werden, ihm ein Leben lang haften müssen."

„Ich bitte dich, liebe Mathilde", fügte der König hinzu, „vermeide es, dir Sorgen zu machen. Denke an das Wohlergehen des Prinzen."

„Sprich nicht immer von einem Prinzen. Versprich mir, dass du genauso glücklich sein wirst, wenn es eine Prinzessin wäre –"

„Genau so glücklich! Nein, das wäre unmöglich. Ich kann meine Gefühle nicht in diesem Ausmaß kontrollieren. Aber eines kann ich dir versprechen – wenn es dir und dem Kind gut geht, werde ich für alle glücklich sein."

„Nun, dann lasst doch eine Amme herbei: – noch jetzt beneide ich sie um die liebevollen Blicke und herzlichen Zärtlichkeiten des Kindes!"

„Und was ist das für ein Kummer, über den Sie sich beschwert haben?"

„Der Gedanke, einem anderen Kind seine Mutter zu entziehen, beunruhigt mein Gewissen. Selbst wenn Tausende immer wieder das Gleiche getan haben, sündigt derjenige, der etwas Unrechtes begeht, für sich selbst und zwar so tief, als wäre es das erste Mal überhaupt, dass die Sünde begangen würde." engagiert. Dennoch unterwerfe ich mich. Aber ich werde auf einer Sache bestehen: Die Pflegemutter meines Kindes muss eine ehrliche verheiratete Frau sein und einer angesehenen Familie angehören. Ich könnte mein Gewissen niemals zum Schweigen bringen, wenn ich ein Kind berauben würde, schon elend genug, von allem – seiner Mutter! Dabei bin ich völlig gleichgültig gegenüber weltlichen Vorschriften und vorgeschriebenen Formen. Ist das arme, verlassene Kind, in eine feindliche Welt hineingeboren, um der einzigen Quelle der Liebe beraubt zu werden, die sie noch verlassen hat? „Und selbst wenn wir eine ehrliche verheiratete Frau nehmen, werden wir ein Kind seiner Mutter berauben und einem Wesen, das wir nicht einmal kennen, eine Verletzung zufügen. Ach! Wie schwer ist das! Obwohl wir es besser wissen, sind wir es." dennoch gezwungen, Unrecht zu begehen. Ich werde mich jedoch der Notwendigkeit unterwerfen. Aber das Kind, das wir seiner Mutter wegnehmen, wird von ihrer Familie betreut, hat einen Vater und vielleicht sogar eine freundliche Großmutter und liebevolle Brüder und Schwestern. Ein gastfreundliches Dach wird seinen Säuglingskopf beschützen –"

„Eure Majestät", rief der Arzt mit einem Ausbruch von Begeisterung, „in diesem Moment werden in Tausenden von Kirchen Gebete für Sie gesprochen, und unzählige Stimmen sagen: ‚Amen'!"

„Großer Gott, welche Pflichten werden mir so auferlegt! Man musste mehr als nur ein Mensch sein, um die Verantwortung zu tragen – es zermalmt mich zu Boden."

„Es sollte dich erheben, anstatt dich zu deprimieren. In diesem Moment bildet der Atem, der aus Millionen von Lippen kommt, eine Wolke, die dich stützt. Wahre Menschlichkeit zeigt sich am besten, wenn diejenigen, die wohlhabend und glücklich sind und daher keine Hilfe von anderen benötigen, die Leidenden beschützen statt sie von sich zu entfernen. Die Wirkung einer solchen Stimmung auf das Kind, dessen Herz unter dem seiner Mutter pocht, ist eines der Geheimnisse der Natur. Dieses Kind muss unbedingt ein edles, schönes Wesen werden, denn seine Mutter hat ihm reinste Philanthropie eingeflößt es vor seiner Geburt.

Der König, der die Hand der Königin in seine genommen hatte, sagte nun:

„Und Sie wissen also wirklich nichts über das Gesetz. Es ist nicht nur ein Familiengesetz, dass die Prinzen und Prinzessinnen unseres Hauses im königlichen Palast geboren werden müssen – und aus diesem Grund werden wir morgen in die Stadt zurückkehren – aber es ist auch ein Gerichtsgesetz, dass die Amme eines Fürsten eine verheiratete Frau sein muss."

„Großer Himmel! Und wie ich mich selbst gequält habe. In Zukunft werde ich über die Bräuche des Hofes besser nachdenken, da ich finde, dass es darunter so schöne gibt."

„Aus der Tiefe Ihrer Seele. Ihre Majestät hat diesem Gesetz neues Leben eingehaucht", warf der Arzt ein, „ein Gesetz ist weder frei noch heilig, bis es für uns zur lebendigen Wahrheit geworden ist."

„Sehr hübsch und außerdem wahr", sagte der König. Er ließ seine Zigarre fallen, und nachdem er eine Weile danach gesucht hatte, sagte er: „Entschuldigen Sie, Doktor, aber wären Sie nicht so freundlich, uns Zigarren bringen zu lassen?"

Der Arzt ging ins Haus und nachdem er gegangen war, sagte der König:

„Bitte sag mir, Mathilde, war das alles, was dich beunruhigte? Ich habe schon seit einiger Zeit beobachtet, dass dir etwas auf dem Herzen liegt –"

„Ja, mir geht etwas durch den Kopf, aber ich kann nicht darüber sprechen, bis es zur tatsächlichen Wahrheit wird. Es ist nichts als Liebe für dich; bete, frag mich jetzt nicht mehr. Du wirst bald alles wissen." "

Als der Arzt zurückkam, fand er den König allein unter der Asche sitzend. Die Königin hatte sich zurückgezogen.

„War das Kompliment, das Sie der Königin gerade gemacht haben, auf berufliche Erwägungen zurückzuführen?" fragte der König mit gesenktem Blick.

„Nein, Majestät. Ich habe aufrichtig und aus Überzeugung gesprochen."

Der König schwieg lange Zeit, seine Augen ruhten auf dem Boden. Schließlich stand er auf und sagte mit einer Handbewegung, als würde er etwas weit von sich weglegen:

„Nun, die Königin möchte, dass die Krankenschwester eine junge Frau aus den Highlands und aus einer angesehenen Familie ist. Ist noch genug Zeit für Sie, dorthin zu reisen und eine auszuwählen? Sind Sie nicht aus den Highlands stammen? Das waren – aber Nein, du darfst jetzt nicht gehen. Schicke Doktor Sixtus, gib ihm genaue Anweisungen und lass ihn von Dorf zu Dorf gehen. Er kann mehrere vorschlagen und du kannst die besten davon auswählen; die anderen kannst du gegen ein Trinkgeld nach Hause schicken, und – aber handeln Sie nach Ihrem eigenen Urteil; versäumen Sie es nur nicht, den Arzt noch heute wegzuschicken."

„Den Wünschen Eurer Majestät wird Folge geleistet."

KAPITEL II.

„Wie strahlend du aussiehst!“ sagte Gräfin Irma, als sie den Arzt traf.

„Vielleicht tue ich das“, antwortete er, „denn ich habe gerade diesen göttlichen Anblick gesehen – ein Herz, das von reiner Liebe zu seinen Mitmenschen überströmt ist; – aber entschuldigen Sie mich für einen Moment!“ sagte er, indem er sich unterbrach und die Gräfin verließ, während er in ein Nebenzimmer ging und ein Telegramm an Doktor Sixtus schickte, in dem er ihn anwies, sich auf eine achttägige Reise vorzubereiten und sofort zum Sommerpalast zu kommen. Dann kehrte er zur Gräfin zurück und berichtete ihr von dem Vorfall.

„Soll ich dir sagen, was ich denke?“ fragte die Gräfin.

„Du weißt sehr gut, dass niemand es wagt, ‚Nein‘ zu sagen.“

„Nun, ich denke dann, dass es in alten Zeiten viel besser war; denn damals wurden königliche Kinder in einem einsamen, abgelegenen Palast geboren, so ruhig, als ob es ein Geheimnis bleiben müsste --"

Der Arzt unterbrach sie: „Sie sind in der Tat ein echtes Kind Ihres Vaters. Denn obwohl mein lieber Freund Eberhard in jungen Jahren voller seltsamer Fantasien war, zeigte er manchmal plötzliche und überraschende Zurückhaltung.“

„Ach, erzähl mir doch mal von meinem Vater! Ich weiß so wenig über ihn.“

„Ich habe viele Jahre lang nichts von ihm gewusst. Natürlich wissen Sie, dass er mit mir gebrochen hat, weil ich am Hof bin; aber in den alten Zeiten, in unseren jugendlichen, begeisterten Tagen –“

„Dann waren auch Sie einmal begeistert!“

„Das war ich, aber nicht in so hohem Maße wie dein Vater. Wenn ich dich sehe, kommt es mir vor, als wäre sein Ideal verwirklicht worden. Damals, als ich ein junger Armeearzt und er ein noch jüngerer Offizier war, waren wir Er schwelgte in Fantasiebildern der Zukunft und dem, was sie für uns bereithalten könnte. Er dachte nie an einen geliebten Menschen oder eine Frau, sondern würde sozusagen auf einen Schlag alles klären, was dazwischen lag, und sich selbst verwöhnen mit Gehirnbildern eines Kindes; einer Tochter, unvergleichlich frisch, zärtlich und lieblich. Und jetzt, wenn ich dich sehe, schaue ich auf sein Ideal.“

„Und das einzige Ideal meines Vaters war also ein Kind?“ fragte Irma mit nachdenklicher Miene und schaute dem Arzt ernst in die Augen, „und trotzdem ließ er seine Kinder unter Fremden aufwachsen, und alles, was ich über ihn weiß, muss ich aus den Lippen anderer lernen. Aber Ich habe im

Moment keine Lust, über mich selbst zu sprechen, lieber Doktor. Ich habe eine Vorahnung des Geheimnisses der Königin. Ich glaube zu wissen, was sie so ruhig und zurückhaltend macht."

„Mein liebes Kind", sagte der Arzt, „wenn Sie wirklich eine Ahnung haben – und das noch dazu in Bezug auf ein Geheimnis ihrer Majestäten – befolgen Sie meinen Rat: Teilen Sie es niemandem mit, nicht einmal zu dem Kissen, auf das du nachts deinen Kopf legst.

„Aber wenn Ihr Wissen der Königin von Nutzen wäre? Sie sollten ihr Führer sein."

„Wir können nur diejenigen führen, die geführt werden wollen."

„Alles, was ich von Ihnen verlange, ist, auf bestimmte Zeichen zu achten. Hat die Königin nichts gesagt, als sie vor einiger Zeit vor der Kirche war und die Messe hörte? War sie nicht über einen bestimmten Ton erschrocken? Haben Sie das nicht beobachtet? eine gewisse Neigung –"

Mit einer Handbewegung bedeutete der Arzt, dass Irma besser aufhören sollte, und fügte hinzu:

„Mein Kind, wenn du am Hofe bequem leben willst, solltest du besser nicht versuchen, Rätsel zu lösen, die diejenigen, denen sie gehören, nicht für dich lösen wollen. Aber vor allem lass es niemanden wissen –"

„Diskretion, Diskretion; derselbe alte Text", sagte Irma schelmisch, ihre wunderschön geschwungenen Lippen zitterten vor Emotionen.

„Sie haben ein kreatives Temperament und sind daher vor Gericht fehl am Platz", sagte der Arzt. „Sie möchten Ihre Individualität behaupten, anstatt sich vor vorgegebenen Formen zu beugen; aber das geht nicht. Beobachten Sie einfach den Rat Schnabelsdorf, der wird viel schneller erschöpft sein, als er denkt. Er bietet ständig etwas Neues an oder bereitet es vor – Er kocht, röstet oder schmort alle möglichen interessanten Informationen für seine Meister – und seine Erinnerung ist ein ewiges „Tisch, Tisch, deck dich zu". Glauben Sie mir, bevor ein Jahr vergeht, werden sie alle seiner überdrüssig sein. Wer ein Favorit bleiben will, darf sich nicht nach vorne drängen."

Irma stimmte dieser Meinung zu, durchschaute jedoch seinen Versuch, die Richtung des Gesprächs zu ändern, und kehrte sofort zu dem zurück, was sie sagen wollte.

„Bitte sagen Sie mir", sagte sie schelmisch, „wenn jemand einen falschen Schritt macht und sich gleichzeitig selbst verletzt, nennt man das dann nicht einen Fehltritt?"

"Sicherlich."

„Nun, dann möchte ich Ihnen sagen, dass die Königin Gefahr läuft, einen Fehltritt zu begehen, der ihr möglicherweise irreparablen Schaden zufügt –“

„Ich würde es vorziehen –“, unterbrach ihn der Arzt.

„Ah! Das wäre dir lieber. Wann immer du das sagst, hast du etwas zu bemängeln.“

„Du hast es erraten. Mir wäre es lieber, wenn du die Königin überlässt, damit sie ihre Geheimnisse nach Belieben preisgibt. Ich dachte, du wärst eine Freundin von ihr –“

„Und das bin ich auch.“

„Nun, und da ich heute Ihr Morgenprediger bin, möchte ich Sie noch einmal warnen. Sie laufen Gefahr, eine dieser Damen zu werden, die keine Freundinnen ihres eigenen Geschlechts haben.“

„Ist das wirklich so schrecklich?“

„Mit Sicherheit. Sie müssen eine Freundin haben, sonst liegt ein Fehler in Ihrer Veranlagung vor. Isolation wie die Ihre verzerrt den Charakter und führt, bewusst oder unbewusst, zu Eitelkeit. Wenn Sie unter all den Damen hier sind Du kannst nicht einmal einen zu deinem Freund machen, der Fehler muss bei dir selbst liegen.

„Aber es schadet nicht, wenn ich einen männlichen Freund habe, einen Freund wie dich.“

„Ich könnte dir kein wahrhaftigeres wünschen.“

Schweigend ging Irma neben dem Arzt her.

Als sie wieder den Rasen vor dem Palast erreichten, sagte Irma:

„Wissen Sie, dass dieser Rasen jeden Samstag mit falschem Heu geschmückt wird?“

„Weniger Witz und mehr Klarheit, bitte.“

„Pshaw, wie offiziell!“ sagte Irma lachend. „Dann möchte ich Ihnen sagen, dass die Königin einmal sagte, dass sie den Geruch von frisch gemähtem Heu sehr mochte; und seitdem lässt der Intendant der Gärten den Rasen mindestens einmal in der Woche mähen. Aber wie Die widerspenstige Natur liefert nicht schnell genug Heu, sie holen sich etwas von einer der umliegenden Wiesen und verteilen es in der Nacht. Und doch behaupten sie hartnäckig, dass in unserer Zeit die Fürsten nicht getäuscht werden.

„Ich kann daran nichts Falsches oder Lächerliches finden. Der Intendant ist einer von denen, die sich selbst als die vergnügliche Vorsehung ihrer Herren betrachten und –“

„Lust spendende Vorsehung!' – das ist ausgezeichnet. Was für ein glücklicher Gedanke! Daran werde ich festhalten. Wie kannst du sagen, dass du keinen Verstand hast? Du bist doch voller köstlichem Sarkasmus. Oh je, ,Lust' „Vorsehung liefern"!" sagte Irma und lachte herzlich; und beim Lachen schöner denn je.

Dem Arzt fiel es nicht leicht, das Gespräch an den Punkt zurückzuführen, an dem es unterbrochen worden war. Wann immer er versuchte, eine ernste Bemerkung zu machen, blickte sie ihn mit einem schelmischen Gesichtsausdruck an und brach in ein so herzliches Gelächter aus, dass er nicht anders konnte, als mitzustimmen. Aber als er schließlich sagte, dass er ihr bislang mehr zugetraut hatte als nur gelegentliche Witze, und dass er sie bisher für fähig gehalten hatte, einen Streit zu führen, wurde sie schnell zu einer gefügigen Gelehrten, die dazu bereit war geführt von ihrem Meister. Und der Arzt nutzte seine Argumente so geschickt, dass sie seine Gedanken bald widerspiegelte, als wären es ihre eigenen.

Ein großer und hübscher Page mit einer Adlernase und rabenschwarzem Haar näherte sich der Gräfin.

„Mylady", sagte er, „Ihre Majestät, die Königin, erwartet Sie im Musikzimmer."

Irma entschuldigte sich beim Arzt, dessen Blick ihr nachdenklich folgte. Nach kurzer Zeit waren die satten und metallischen Töne der Stimme der Gräfin Irma zu hören.

„Eberhard hat herrlich gesungen", sagte der Arzt und richtete seine Schritte auf das Schloss zu. Als er sich dem Musikzimmer näherte und sah, dass der Kanoniker, der an diesem Morgen die Messe gelesen hatte, im Begriff war einzutreten, zögerte er.

Der Morgen war weich und mild; Die Natur schien in Glückseligkeit gehüllt zu sein. Jede Pflanze, jede Blume gedeiht am besten in ihrem heimischen Boden. Der Mensch allein schafft sich ständig neue Qualen. Könnte es sein, dass die schelmische Gräfin doch recht hatte? Aber warum sollte die Königin den Glauben ihrer Vorfahren aufgeben wollen?

Der Arzt zog sich in eine Laube zurück und las seinen Horaz.

Doktor Sixtus erschien vor der Essensstunde und ritt, während die Gesellschaft sich an den Tisch setzte, in Richtung der Berge davon.

An diesem Abend – es war mild und sternenklar – fuhr der Hof in die Hauptstadt; denn der Grundstein des neuen Arsenals sollte am nächsten Tag mit großem Pomp und militärischer Pracht gelegt werden.

KAPITEL III.

Die Glocken läuteten fröhlich. Ihre Geräusche wurden von den schroffen Bergen widergehallt und schwebten dann über den See hinaus, dessen glatte, grüne, glasige Oberfläche die waldbedeckten Ufer, die felsigen Klippen und den Himmel darüber widerspiegelte.

Menschenmassen strömten aus der Kirche, dem einzigen Gebäude am oberen Ende des Sees. Die Männer, die ihre grünen Hüte mit den schwarzen Hahnenfedern aufgesetzt hatten, holten ihre Pfeifen aus den Taschen und zündeten ein Licht an; Die Frauen beschäftigten sich mit ihrer Kleidung, rückten die spitzen grünen Hüte zurecht, glätteten ihre Schürzen und banden die breiten Enden ihrer seidenen Tücher neu. Den alten Frauen, die immer als Letzte die Kirche verlassen, folgte ein hübsches junges Paar. Die Frau war groß und kräftig, der Mann schlank und robust wie eine Kiefer. Sein Auftritt zeigte die Auswirkungen der harten Arbeit der Woche. Sein spitzer, grüner Hut, auf dem kein Jägerabzeichen war, wurde schräg getragen; Er zog seine Jacke aus, legte sie sich über die Schulter und sagte dann mit einem Lächeln, das nicht zu seinem wettergegerbten Gesicht zu passen schien:

„Verstehst du das nicht? Das ist viel besser. Jetzt besteht keine Gefahr mehr, dass du in die Menge gequetscht wirst."

Die junge Frau nickte zustimmend.

Eine Gruppe von Frauen und Mädchen schien auf sie gewartet zu haben. Eines der älteren Mitglieder der Partei sagte:

„Walpurga, du hättest nicht den ganzen Weg zur Kirche laufen sollen. Du weißt nicht, wie nah du an deiner Zeit bist, und manchmal gibt es zu viel des Guten."

„Es wird mir nicht schaden", antwortete die junge Frau.

„Und ich habe heute Morgen für dich gebetet", sagte ein junges, freches Dienstmädchen, das einen Strauß frischer Blumen an der Brust trug. „Als der Priester für die Königin betete und Gott bat, ihr in der Stunde der Prüfung zu helfen, fragte ich mich: Was nützt es, wenn ich mir Sorgen um die Königin mache? Es gibt genug, die ohne mich für sie beten: Und so dachte ich an dich und sagte: Amen, Walpurga!"

„Stasi, du hast es bestimmt gut gemeint", sagte Walpurga abfällig, „aber ich will daran keinen Anteil haben. So etwas solltest du niemals tun. Es ist falsch, ein Gebet auf diese Weise zu ändern."

„Sie hat recht", sagte die alte Frau. „Na ja, das wäre doch das Gleiche, als würde man einen falschen Eid leisten."

„Dann lass es umsonst sein", sagte das Mädchen.

„Es muss in Ordnung sein, eine Königin zu sein", sagte die alte Frau und faltete die Hände. „In dieser Stunde beten in allen Kirchen Millionen für sie. Wenn ein solcher König und eine solche Königin nach all dem nicht gut sind, müssen sie furchtbar böse sein."

Der alten Frau, die die Hebamme der Nachbarschaft war, wurde immer mit großer Aufmerksamkeit zugehört. Sie begleitete Mann und Frau ein Stück des Weges und gab ihnen genaue Informationen darüber, wo sie in den nächsten Tagen zu jeder Tageszeit zu finden sein würde. Dann nahm sie den Bergpfad, der zu ihrer Wohnung führte, und verließ sie, während die übrigen Kirchgänger in verschiedene Richtungen abzweigten, als sie die Gassen und Nebenwege erreichten, die zu ihren Bauernhöfen führten. Die Kinder blieben immer vorne, ihre Eltern folgten ihnen.

Eine Gruppe Mädchen, die Hand in Hand gingen, hatten einander viel zu sagen. Doch schließlich trennten auch sie sich und schlossen sich ihren Eltern an.

Das junge Paar war allein unterwegs. Die grellen Strahlen der Mittagssonne wurden vom See reflektiert.

Es war fast eine ganze Stunde zu Fuß bis zu ihrem Haus, und sie hatten kaum ein paar hundert Schritte zurückgelegt, als die Frau sagte:

„Hansei, ich hätte Annamirl nicht gehen lassen sollen."

„Ich werde ihr so schnell ich kann nachlaufen, ich kann sie noch einholen", sagte der Ehemann.

„Um Gottes willen, tun Sie das nicht!" sagte seine Frau und hielt ihn fest. „Hier auf der Autobahn wäre ich ganz allein. Bleib hier! Es wird bald wieder alles gut."

„Warten Sie eine Sekunde! Halten Sie sich am Baum fest! Das ist es."

Der Mann stürzte auf die Wiese, sammelte einen Armvoll Heu ein, legte es auf den Steinhaufen am Wegesrand und setzte seine Frau darauf.

„Mir geht es schon besser", sagte die Frau.

„Reden Sie jetzt nicht, ruhen Sie sich aus! Oh, mein Gott, wenn nur ein Wagen vorbeikommen würde, aber es ist weder Mensch noch Tier in Sicht. Ruhen Sie sich einfach gut aus, und dann trage ich Sie nach Hause. Sie' „Sie sind nicht zu schwer für mich. Ich habe schon oft schwerere Lasten getragen."

„Wollen Sie mich am helllichten Tag tragen?" sagte die Frau und lachte so herzlich, dass sie ihre Hand auf die Steine legen musste, um sich zu stützen.

„Du lieber, guter Kerl! Vielen Dank, aber es ist nicht nötig. Mir geht es jetzt gut und ich kann gehen." Sie stand zügig auf und Hanseis Gesicht strahlte vor Freude.

„Gott sei Dank! Da kommt der Arzt gerade noch rechtzeitig."

Der Arzt, der im Nachbarort wohnte, kam gerade um die Ecke. Hansei lüftete seinen Hut und forderte ihn auf, seine Frau in den Wagen zu nehmen. Er stimmte gerne zu, aber Walpurga schien nicht hineinzukommen.

„Ich bin in meinem ganzen Leben noch nie in einer Kutsche gefahren", sagte sie wiederholt.

„Alles muss versucht werden, wissen Sie", sagte der Arzt lachend, als er ihr in die Kutsche half. Er sagte dem Mann, dass er vielleicht auf die Kiste steigen würde, aber er lehnte ab.

„Ich fahre langsam", sagte der Arzt.

Hansei ging neben dem Wagen her und warf seiner Frau immer wieder glückliche Blicke zu.

„Jetzt sind wir zweitausend Schritte von zu Hause entfernt, jetzt sind wir tausend", sagte er im Selbstgespräch, während seine Blicke seine Dankbarkeit gegenüber dem Arzt und dem Wagen zeigten, der so freundlich war, seiner Frau Platz zu machen Es; und sogar zu dem Pferd, von dem er die lästigen Fliegen wischte.

„Hansei tut dem Pferd einen Gefallen", sagte der Arzt zu der jungen Frau. Sie antwortete nicht, und der Arzt schien zufrieden mit dem Mann zu sein, den er schon lange als Holzfäller im königlichen Wald kannte. Hansei trug seinen Hut in der Hand und wischte sich ab und zu mit dem Ärmel den Schweiß von der Stirn. Sein Gesicht war sonnenverbrannt und ausdruckslos, und da er kein Soldat gewesen war, trug er keinen Schnurrbart. Ein struppiger Bart, der sich von seinen Schläfen erstreckte, umgab sein langes Gesicht; seine Stirn war zum größten Teil mit dichtem, hellem Haar bedeckt; seine kurzen Lederhosen zeigten seine großen Knie; die gemusterten Strickleggings müssen sicherlich ein Geschenk seiner Frau gewesen sein; Die schweren Nagelschuhe waren bei vielen Bergwanderungen zum Einsatz gekommen. Hansei ging mit festem Schritt neben der Kutsche her und rief schließlich: „Wir sind zu Hause!"

Das kleine Häuschen am See stand inmitten eines kleinen Gartens; Eine alte Frau stand am Tor und rief: „Also fährst du umsonst nach Hause."

„Ja, Mutter", antwortete die Frau, die sich mit überschwänglichem Dank vom Arzt verabschiedete, während Hansei dankbar das Pferd streichelte, das sie sicher nach Hause gebracht hatte.

„Ich gehe sofort nach Annamirl", sagte er; „Behalte etwas Abendessen für mich."

„Nein, lass uns zusammen essen, ich habe auch Hunger", rief die Frau, während sie ihr Gesangbuch beiseite legte und Hut und Jacke abnahm. Sie sah gut aus, hatte ein volles, rundes, fröhliches Gesicht und große Zöpfe aus hellem Haar umgaben ihre Stirn. Sie zwang sich, am Tisch zu bleiben und mit ihrem Mann und ihrer Mutter am Essen teilzunehmen, doch kaum war der letzte Bissen über seine Lippen gekommen, begann Hansei mit seiner Besorgung.

Es war höchste Zeit für Annamirl zu kommen. Bevor die Hühner zum Schlafen gegangen waren, war das Sonntagskind, ein schreiendes, blondes Mädchen, gekommen.

Hansei war ganz außer sich vor Freude und wusste nicht, was er tun sollte. Er hatte kein angenehmes Abendessen gehabt, und es kam ihm vor, als hätte er schon seit langem nichts mehr gegessen. Es war schon so lange her, denn seitdem war er Vater geworden; und es schien, als ob inzwischen Jahre statt Stunden vergangen wären. Er schnitt eine große Scheibe vom Laib ab, aber als er draußen war, wo die Vögel so fröhlich zwitscherten und die Stare so zahm waren, schrie er: „Hier! Du sollst auch welche haben; ich möchte, dass du es weißt." dass ich Vater bin, und zwar eines Sonntagskindes!" Er warf ihnen die weichen Semmelbrösel und die Kruste ins Meer und sagte: „Hier, ihr Fische, die ihr uns füttert; heute werde ich euch ernähren!" Er war voller Wohlwollen gegenüber der ganzen Welt, aber es gab niemanden mehr, an dem er es üben konnte. Er wusste nicht, wohin er sich begeben sollte. Plötzlich entdeckte er die Leiter, die am Kirschbaum lehnte; Er stieg darauf, pflückte die Kirschen und aß weiter, bis er sich selbst ganz vergaß und das Gefühl hatte, als ob nicht er es wäre, der aß, sondern als ob er sie jemand anderem geben würde. Er wusste nicht mehr, wo und wer er war, und begann schließlich zu fürchten, dass er verhext sei und nie wieder herunterkommen könnte. Der Telegrafendraht verlief am Haus vorbei und berührte fast den Kirschbaum. Hansei sah es an, als wollte er sagen: „Geh, sag der ganzen Welt, dass ich Vater bin." Er freute sich, Schwalben und Stare auf dem Draht sitzen zu sehen, nickte ihnen zu und sagte: „Stören Sie sich nicht, ich werde Ihnen nichts tun." Und so fuhr er fort, Kirschen zu pflücken und blickte noch so lange vor sich hin.

Da steckte die Großmutter ihren Kopf aus dem Fenster und rief ihm zu: „Hansei, deine Frau will dich."

Er eilte vom Baum herunter, und als er das Zimmer betrat, lachte ihn seine Frau herzlich aus, denn seine Lippen waren schwarz und sein Gesicht mit Kirschsaft befleckt.

„Du hast also geklaut. Lass mir doch ein paar Kirschen da!“

„Ich bringe die Leiter in dein Zimmer, damit ich nicht wieder auf den Baum steigen kann“, sagte er, und in der kleinen Hütte am See herrschte fröhliches Gelächter, bis Mond und Sterne darauf herabschauten . Die Lampe in der kleinen Kammer brannte die ganze Nacht. Die Mutter fiel bald in einen friedlichen und glücklichen Schlaf, und das Sonntagskind wimmerte manchmal, ließ sich aber leicht beruhigen.

Die Großmutter war die Einzige, die wach war – sie hatte nur so getan, als würde sie schlafen – und saß nun auf einem Fußschemel neben der Wiege des Neugeborenen.

Über uns schien ein heller Stern. Es flackerte und funkelte, und im Inneren der Hütte strahlte das Gesicht der Mutter vor Freude, die so unbeschreiblich war wie der Glanz des Sterns über ihnen. Ein Menschenkind war Mutter eines Menschenkindes geworden, und sie, die über sie wachte, war diejenige, aus der diese beiden Leben hervorgegangen waren. Die sanfte Luft schien erfüllt von Gesang und den Klängen himmlischer Musik, und der Raum selbst schien voller flatternder, lächelnder Engelchen zu sein.

Da saß die alte Großmutter, das Kinn auf die Hand gestützt, und starrte auf den Stern oben, dessen Strahlen auf ihr Gesicht fielen. Sie saß mit angehaltenem Atem da und hatte das Gefühl, in eine andere Welt versetzt zu werden. Die Herrlichkeit des Allerhöchsten war auf die Hütte herabgestiegen und umgab nun wie ein Heiligenschein das Haupt der Großmutter, Walpurga und des Säuglings.

„Mutter! Wie hell leuchten die Sterne!“ sagte Walpurga und erwachte.

„Keine Angst, sie leuchten weiter, auch wenn Sie die Augen schließen. Schlafen Sie doch mal wieder!“ antwortete die Großmutter.

Und bis der Tag anbrach, lagen alle still im Schlaf.

KAPITEL IV.

Doktor Sixtus reiste in einer offenen Kutsche in Richtung der Highlands.

Der Arzt war ein Mann von unkomplizierter und gewinnender Art. Während der jetzige König noch Kronprinz war, hatte er ihn auf seinen Reisen begleitet und in der Gesellschaft der Adligen das leichte und anmutige Auftreten, das er sich während eines dreijährigen Aufenthalts in Paris angeeignet hatte, verbessert. So wie Fürsten ihre Untergebenen behandeln und deren Dienst als ein Recht betrachten, so misshandeln auch Höflinge diejenigen, die ihnen unterstehen. Der Hofarzt hatte einen der geschicktesten und geschicktesten Befehlshaber zu seinem Lakaien gewählt.

„Gib mir Feuer, Baum!" sagte er; und der Lakai, der neben dem Fahrer auf dem Bock saß, reichte ihm ein brennendes Streichholz. Mit sanfter Herablassung bot Sixtus dem Lakaien sein Zigarrenetui an, der sich dankbar eine Zigarre nahm. Er wusste genau, dass es zu stark für ihn sein würde und dass es ihn aller Wahrscheinlichkeit nach in kalten Schweiß stürzen würde, wenn er versuchen würde, es zu rauchen. Aber er wusste auch, dass es eine sichere Regel ist, einen angebotenen Gefallen niemals abzulehnen.

Die Straße war gut und die Fahrt angenehm. An der nächsten Station wurden die königlichen Pferde in die Ställe des Königs zurückgeschickt und eine Staffel von Flottenpostpferden übernommen. Doktor Sixtus brauchte sich um solche Angelegenheiten nicht zu kümmern – Baum wusste, was nötig war, und kümmerte sich darum.

„Baum, wo bist du geboren?" fragte der Gerichtsarzt.

Obwohl Baum von der Frage überrascht war, tat er so, als hätte er sie nicht gehört. Er hielt es für notwendig, sich zu sammeln, bevor er antworten konnte. Seine Gesichtszüge waren für einen Moment aufgeregt, aber er nahm schnell einen bescheidenen und unschuldigen Ausdruck an.

Der Arzt wiederholte seine Frage: „Baum, wo sind Sie geboren?"

Mit einem Gesicht, das seine Bereitschaft zum Ausdruck brachte, ihm in irgendeiner Weise zu dienen, wandte sich Baum an den Arzt und sagte:

„Ich komme aus den Highlands, weit drüben nahe der Grenze, aber ich habe mich dort nie zu Hause gefühlt."

Sixtus, dessen Frage nur beiläufig gestellt worden war, hatte keine Lust, sich weiter mit Baums Geschichte zu befassen.

Gegenüber Baum, dem beliebtesten Lakaien bei Hofe, verhielt er sich recht freundlich, da er die Kunst besaß, durch sein Benehmen zu zeigen, wie hoch er die erhabenen Persönlichkeiten schätzte, denen er diente.

„Bleiben Sie so nah wie möglich am Telegraphen", lautete die Anweisung an Doktor Sixtus. „Melden Sie jeden Morgen und Abend, wo eine Sendung Sie erreichen wird, damit Sie jederzeit zurückgerufen werden können."

Doktor Sixtus blickte auf die Telegraphendrähte, die durch die Täler verliefen und über die Hügel kletterten, und lächelte vor sich hin. „Auch ich bin nichts weiter als ein elektrischer Funke, mit dem Unterschied jedoch: Der Meister, der mich geschickt hat, weiß nicht, wohin ich gehe. Nein, ich bin wie der Geist im Märchen; ich bringe Geld und Luxus in eine unsichtbare Hütte, denn ich kann keine reiche Bäuerin finden. Wo bist du, oh edle Pflegemutter?

Mit einem selbstgefälligen Lächeln blickte er auf die Landschaft, während in seinen Tagträumen verschiedene Bilder auftauchten und verschwanden wie die Rauchwolken seiner Zigarre.

Es war nach Einbruch der Dunkelheit, als sie sich einer kleinen Wasserstelle in den Highlands näherten.

Während sie den Berg hinaufstiegen, ging der Lakai neben dem Postillion weiter. Sixtus hatte ihm den geheimen Grund ihrer Reise anvertraut. Sie hatten bereits in fernen Ländern Abenteuer ganz anderer Art erlebt. Baum verwickelte den Postillion in ein Gespräch über das Leben und die Sitten der Nachbarschaft und schaffte es geschickt, sich nach jungen Wärterinnen zu erkundigen. Er hatte die richtige Partei gefunden. Der Postillon war der Sohn einer Hebamme, deren einziger Fehler darin bestand, dass sie schon vor einiger Zeit gestorben war.

Sixtus war sehr erfreut über den Hinweis, den er gerade erhalten hatte, wie seine Mission erfüllt werden könnte. Er suchte bei den Hebammen jedes Dorfes nach Informationen und achtete sorgfältig darauf, ihnen nicht mitzuteilen, für wen die Pflegemutter gesucht wurde, um nicht überrannt zu werden.

Als Baum gerade zu seinem Platz zurückkehren wollte, rief Sixtus ihn leise und sagte: „Während der gesamten Reise müssen Sie mich einfach mit ‚Herr Doktor' anreden."

Der Lakai fragte nicht nach dem Grund, denn das gehörte nicht zu seinen Angelegenheiten; Er spekulierte auch nicht über den Grund; Er war ein Lakai und gehorchte den Befehlen. „Wer mehr tut, als man ihm befiehlt, nützt nichts", waren die Worte, die ihm der Kämmerer der Baronin Steigeneck oft eingeprägt hatte, und was auch immer der Kämmerer sagte, war für Baum wie ein heiliges Gesetz.

Die kleine Wasserstelle war voller Leben. Das Unternehmen hatte gerade den Tisch verlassen. Einige sprachen über den Tagesausflug; andere, über das, was für morgen geplant ist. Ein junger Offizier in Zivilkleidung und ein beleibter Herr schienen die Witzbolde der Versammlung zu sein. Es gab Witze und Gelächter, und im Hintergrund sang eine Gruppe zu einem verstimmten Klavier. Alle schienen mehr oder weniger aufgeregt zu sein. Sie waren in die Highlands zurückgekehrt, um der *Langeweile* zu entfliehen , und als sie dort ankamen, stellten sie fest, dass sie sich ernsthaft langweilten; denn es gibt nur wenige, denen die Schönheiten der Natur ständige und umfassende Unterhaltung bieten.

Zum Glück für Sixtus erkannte ihn niemand, und Baum, der seine Livree trug, ließ keine Informationen an sich dringen. Der Arzt betrachtete das Treiben des Adels um ihn herum mit einem gewissen aristokratischen Überlegenheitsgefühl. Da es in der Nachbarschaft viele Kropfe gab, entschloss er sich, ohne weitere Nachforschungen zu gehen. Am nächsten Morgen erreichten sie ein kleines Bergdorf. Doktor Sixtus wandte sich an den Dorfarzt, ritt mehrere Tage mit ihm durch das Land und reiste schließlich ab, ohne seine Mission erfüllt zu haben. Er notierte jedoch die Namen mehrerer Parteien, die sie gesehen hatten.

Sein ritterlicher Stolz hatte ihn beinahe verlassen. Er hatte in die Behausungen der Not geschaut und so viel gesehen, was von Mühe und Elend erzählte, dass ihm die sorglose Gleichgültigkeit, mit der Wesen gleichen Fleisches und Blutes in Palästen leben konnten, wie ein Traum vorkam. In dieser Außenwelt ist die Existenz bloße Mühe und Sorge, nichts weiter als eine schmerzhafte Anstrengung, das Leben aufrechtzuerhalten, ohne eine andere Aussicht als die der erneuten Mühe und Sorge am nächsten Tag.

„Ein Waffenstillstand mit den Gefühlen", sagte sich der Arzt. „So geschehen die Dinge in dieser schönen Welt. Menschen und Tiere sind gleich. Der Hirsch im Wald fragt nicht, was aus dem Vogel wird, und dem Vogel, es sei denn, es ist ein Storch, ist es egal, was aus den Fröschen wird!" Weg mit der Sentimentalität und den Träumen vom universellen Glück!"

Der Arzt reiste zwischen den Highlands hin und her, achtete stets darauf, in der Nähe der Telegraphenstationen zu bleiben, und berichtete wie angewiesen zweimal am Tag. Er verzweifelte daran, seine Mission zu erfüllen, und schrieb an seinen Chef, dass er zwar keine verheirateten Frauen finden könne, es aber viele ausgezeichnete unverheiratete Frauen gäbe. Er schlug daher vor, dass es gut wäre, die akzeptabelste Königin sofort mit ihrem Geliebten zu verheiraten, da es nicht genügen würde, eine Königin zu täuschen.

Während er auf eine Antwort wartete, blieb er in einem Dorf in der Nähe des Sees, dessen Hausarzt ein Mitstudent von ihm gewesen war.

Das vernarbte Gesicht des beleibten Dorfarztes glänzte mit Spuren der studentischen Fröhlichkeit, die sie früher gemeinsam genossen hatten. Er hatte immer noch einen nie versiegenden Durst und war zu allen möglichen Vergnügungen bereit. Seine Manieren waren rustikal geworden, und Sixtus dachte mit einem selbstgefälligen Gefühl über die Unterschiede in ihren Positionen nach.

Doktor Kumpan – das war ein Spitzname, den er während seines Studiums erhalten hatte – betrachtete den Ausflug seines Freundes auf der Suche nach einer Krankenschwester als einen ihrer alten Studentenausflüge. Er ritt mit ihm über Hügel und Täler und scheute sich nicht, einen kleinen Umweg zu machen, wenn sie auf diese Weise eine Herberge finden könnten, wo er seinen Hunger mit einer guten Mahlzeit und seinen Durst mit einem Tropfen guten Weins stillen könnte. -je mehr Tropfen, desto besser.

„So viele unserer Bräuche", sagte Sixtus eines Tages, „sind im Grunde unmoralisch. Zum Beispiel die Ammenjagd."

Doktor Kumpan brüllte vor Lachen und sagte:

„Und du auch, Schniepel", so der College-Spitzname von Sixtus, „also bist auch du einer der neumodischen Freunde des Volkes. Ihr Herren, deren Handschuhe immer zugeknöpft sind, geht viel zu vorsichtig mit dem Volk um." . Wir, die wir unter ihnen leben, kennen sie viel besser. Sie sind ein Rudel von Schurken und Dummköpfen, genau wie ihre Vorgesetzten; der einzige Unterschied besteht darin, dass sie ehrlicher sind. Die einzige Wirkung, die Ihre Fürsorge für sie haben kann, ist der Wille Das wird die Sache nur noch schlimmer machen. Was für ein Glück, dass die Bäume im Wald ohne künstliche Bewässerung wachsen!"

Während dieser Ausflüge ließ Doktor Kumpan seinem rauen Humor freien Lauf und war von seinem Witz so begeistert, dass er drei Tage lang von der Erinnerung an einen seiner eigenen erbärmlichen Witze leben konnte.

Sixtus fühlte sich in der Gesellschaft des Dorfarztes unwohl, mit dem es notwendig war, auf dem gleichen freundschaftlichen Niveau wie früher zu bleiben; und bemühte sich daher, seine Abreise zu beschleunigen.

Er wollte sich gerade verabschieden – es war am Morgen des zweiten darauffolgenden Sonntags –, als Doktor Kumpan sagte:

„Ich ekele mich vor mir selbst, weil ich so dumm gewesen bin. Ich habe es verstanden! Mutter Natur selbst, bedingungslos und absolut – so wie der alte Professor Genitivius, der Sohn seines berühmten Vaters, zu sagen pflegte, während er seine Faust brachte unten auf seinem Schreibtisch – Komm mit!"

Sie fuhren los in Richtung See.

KAPITEL V.

Der Sonntagmorgen war wieder da und mit ihm auch bewegte Zeiten in der Hütte am See. Pate und Patin waren da, und beim ersten Läuten der Kirchenglocke, deren Klänge wie unsichtbare, aber hörbare Wellen in der Luft schwebten, zog eine Prozession aus dem Haus. Die Großmutter trug das Kind auf einem weichen, flaumigen Kissen, über das eine weiße Decke gebreitet war; Ihr folgte stolz der Vater mit einem Blumenstrauß im Knopfloch. Neben ihm war der Pate, mein Gastgeber der Gämse, gefolgt von der Frau des Schneiders Schneck und anderen Frauen. Auch ein hellhaariger Junge von etwa fünf Jahren, der einen zweizackigen Haselzweig in der Hand hielt, hatte sich der Prozession angeschlossen.

„Was hast du vor, Waldl?" fragte Hansei.

Der Junge antwortete nicht. Herrin Schneck nahm seine Hand in ihre und sagte: „Komm mit, Waldl!" und dann wandte sie sich an Hansei und fuhr fort: „Vertreibe das Kind nicht! Es ist ein gutes Zeichen, wenn ein kleiner Junge zur Taufe geht; das Kind wird umso eher einen Ehemann bekommen, und wer weiß, aber –" Hansei lachte, als er feststellte, dass sie bereits über einen Partner für seine Tochter nachdachten.

Während sie in stiller Prozession weiterzogen, erblickten sie ein weiteres gutes Omen. Eine Schwalbe flog direkt über die Köpfe der Großmutter und des Kindes hinweg, woraufhin erstere ihren großen roten Regenschirm öffnete und ihn über sich und das Baby hielt.

Walpurga konnte sie nicht auf dem langen Weg zur Kirche begleiten und musste zu Hause bleiben. Ihre Freundin Stasi, die am Sonntag zuvor das Gebet für die Königin zugunsten Walpurgas abgeändert hatte, blieb ihr Gesellschaft leisten. Walpurga, im Sessel der Großmutter sitzend, blickte aus dem vergitterten Fenster auf die Veilchen, die Butterblumen und den Rosmarin, den friedlichen See und den blauen Himmel, während sie dem Klang der Kirchenglocke lauschte.

„Dies ist das erste Mal, dass mein Baby in die weite, weite Welt hinausgeht, und ich bin nicht dabei", sagte sie; „Und eines Tages werde ich in die andere Welt gehen und nie wieder mit ihr zusammen sein. Und trotzdem habe ich das Gefühl, als ob sie trotzdem bei mir wäre."

„Ich weiß nicht, was dich heute so niedergeschlagen macht", sagte ihre Begleiterin; „Wenn es dazu kommt, dass ich heirate, werde ich nie einen Ehemann haben."

"Unsinn!" antwortete Walpurga kurz; Ihre Bedeutung war klar genug. Bald darauf fügte sie mit zitternder Stimme hinzu: „Ich bin nicht niedergeschlagen. Es ist nur das. Ich habe einfach das Gefühl, als wären das

Baby und ich beide wiedergeboren worden. Ich weiß nicht, wie es ist, aber ich." Fühle mich, als wäre ich ein anderer Mensch. Denken Sie nur daran! In meinem ganzen Leben habe ich noch nie so ruhig und friedlich im Bett gelegen wie in diesen vielen Tagen. Und vollkommen gesund und mit nichts zu tun da zu liegen Denken Sie nur nach und schlafen Sie und wachen Sie wieder auf und stillen Sie das Baby, während freundliche Leute immer mitbringen, was das Herz begehrt – ich sage Ihnen, wenn ich sieben Jahre lang ein Einsiedler im Wald gewesen wäre, könnte ich es nicht Ich habe mehr nachgedacht. Es würde mich Tag und Nacht beschäftigen, euch alles zu erzählen. Aber was ist das?" sagte sie und unterbrach sich plötzlich; „In diesem Moment schien es, als würde das ganze Haus beben."

„Ich habe nichts gemerkt. Aber dein Gesicht reicht aus, um einem den Blues zu geben. Lass uns etwas singen. Probieren Sie einfach aus, ob Sie immer noch unser bester Sänger sind."

Ihr Begleiter beharrte darauf, dass Walpurga endlich zu singen begann, aber bald aufhörte. Stasi schrieb ein weiteres Lied, aber Walpurga gefiel es nicht; Tatsächlich gefiel ihr an diesem Tag keines davon.

„Lass uns ruhig sein", sagte sie schließlich. „Machen Sie mir bei all diesen Liedern keine Sorgen; ich habe heute keine Lust, irgendetwas zu tun."

Die Glocken läuteten zum dritten Mal. Die beiden Freunde saßen schweigend zusammen.

Schließlich sagte Stasi: „Wie nett ist es doch von dem Wirt, sie mit seinem Wagen von der Kirche nach Hause fahren zu lassen."

„Hör zu! Ich höre Räder. Sie können nicht schon kommen."

„Nein, das ist das Rasseln des Arztwagens. Da ist er, dort oben bei den Weiden; und da ist noch ein anderer Herr bei ihm."

„Sprich jetzt nicht mit mir, Stasi", sagte die junge Mutter; „Lass die ganze Welt vorbeifahren; mir ist es egal."

Sie saß schweigend da, lehnte ihren Kopf an die Stuhllehne und blickte hinaus in das goldene Sonnenlicht, das die ganze Natur mit neuem Leben zu erfüllen schien. Das Gras war schöner grün als je zuvor; der See glitzerte im sanften Glanz des sich ständig ändernden Lichts; die Wellen schlugen gegen das Ufer; Eine sanfte Brise wehte den Duft von Veilchen und Rosmarin vom Fensterbrett ins Zimmer.

Vor der Hütte hielt eine Kutsche. Zuerst war das laute Knallen einer Peitsche zu hören; Dann näherten sich Schritte und schließlich rief der fröhliche Arzt: „Hansei! Ist niemand zu Hause?"

„Nein", antwortete Stasi, „außer Walpurga und mir ist niemand da", woraufhin im Freien großes Gelächter ausbrach.

Doktor Kumpan betrat den Raum, gefolgt von dem Fremden, der wie erstaunt zusammenzuckte. Voller Bewunderung über den Anblick, den er sah, verneigte er sich unwillkürlich; aber als er sich selbst überprüfte, war er aufrechter als zuvor.

„Wo ist Hansei, der Vater des Sonntagskindes?" fragte Doktor Kumpan.

Die Frau stand auf und sagte, er sei mit dem Kind und seinen Paten in die Kirche gegangen, werde aber bald wiederkommen.

„Behalten Sie Ihren Platz!" sagte der Arzt. „Ich beabsichtige, ein ungebetener Gast bei Ihrem Taufedinner zu sein, und mein Freund hier, der wie ich auch ein Menschenmörder ist, wird sich uns anschließen."

„Was willst du von meinem Mann? Darf ich es nicht wissen?"

„Der Mann schneidet das Brot und hilft dann seiner Frau, etwas davon zu essen. Du weißt, das ist der Brauch des Landes, Walpurga. Wir möchten mit deinem Mann über eine Angelegenheit von großer Bedeutung sprechen. Erschrecken Sie nicht, das ist nicht der Fall." „Es ist keine juristische Angelegenheit. Ich kann Ihnen nur sagen: Sie haben ein Sonntagskind. Vielleicht sind Sie selbst eines?"

„Das bin ich tatsächlich."

„Umso besser, Sie haben doppeltes Glück."

„Mir scheint", sagte Doktor Sixtus, „wir könnten genauso gut sofort mit der Frau sprechen. Sie scheint eine vernünftige Frau zu sein und wird ihren Mann und ihr Kind gerne glücklich machen."

Walpurga sah sich um, als ob sie um Hilfe flehte.

„Na dann", sagte Doktor Kumpan und setzte sich, „Sie können es mich genauso gut erzählen lassen. Passen Sie jetzt auf, Walpurga. Bleiben Sie einfach sitzen und lassen Sie mich Ihnen eine Geschichte erzählen: Es war einmal ein König und eine Königin. Der König war gut und mutig, und die Königin war lieblich, und ihnen wurde ein Sohn geboren, der die Tugenden des Vaters und die Schönheit der Mutter geerbt hatte; es hätte eine Tochter sein können, aber sie hätten lieber einen Sohn gehabt . Als nun der Sohn geboren wurde, riefen sie einen Geist herbei, der im Palast lebte und der Doktor Puck hieß, und sie sagten zu ihm: Puck, lieber Puck, pack deine Sachen zusammen und mach dich so schnell wie möglich auf den Weg in die Berge Das kannst du; denn dort, am Ufer des Sees, steht ein hübsches kleines Häuschen, in dem eine Mutter sitzt, die ordentlich, stark und gut ist und die Pflegemutter des kleinen Prinzen sein soll, der so gut ist wie sein Vater, und so liebenswert wie seine Mutter. Und die Pflegemutter soll haben, was ihr Herz begehrt, und wird ihren Mann und ihr Kind glücklich machen; und der König und die Königin und der Prinz und – aber schau auf, Walpurga ! Schauen Sie sich diesen Herrn an. Er ist ein freundlicher Geist namens Doktor Puck und stammt vom König und der Königin ab. Verstehst du mich, Walpurga?"

Die junge Mutter legte ihren Kopf auf die Stuhllehne und schloss die Augen. Sie holte tief Luft und sagte kein Wort. In diesem Moment kehrte Hansei mit der Patin und dem Baby zurück. Die Mutter eilte zu ihrem Kind, nahm es auf den Arm und stürzte damit in den Garten, Stasi lief hinter ihr her.

"Was ist los?" fragte Hansei und warf wütende Blicke auf den Arzt und den Fremden.

„Setz dich, mein würdiger Hansei, und ich werde dir alles darüber erzählen. Und gut, dass du auch hier bist, mein guter Freund der Gämsen: bleib bei uns. Der Rest von euch darf alle den Raum verlassen." "

Doktor Kumpan passte die Tat den Worten an und eilte die Dorfbewohner hinaus, die aus Neugier dorthin gelockt worden waren. Dann nahm er eine Prise Schnupftabak vom Wirt entgegen und sagte: „Hansei, verneige dich; du musst wissen, dass dieser Herr der Hofarzt ist. Er wurde vom König hierher geschickt, der möchte, dass du ihm für ein Jahr deine Frau leihst." ."

Die überhebliche Art des Arztes erzürnte Hansei so sehr, dass er fast am liebsten ihn und den Hofarzt aus dem Zimmer verbannt hätte und sich bereits für den Angriff vorbereitet hatte.

Sixtus bedeutete Kumpan zum Schweigen und sagte zu Hansei, dass er auf Befehl des Königs Informationen über ihn eingeholt habe und dass es den Anschein gehabt habe, als wüsste das Volk nicht, wen es am meisten loben sollte – Hansei oder Walpurga. Hansei grinste selbstgefällig, und nun machte ihn Sixtus mit dem Vergnügen des Königs vertraut.

„Vielen Dank für die netten Worte", antwortete Hansei; „Ich bin dem König sehr dankbar für seine gute Meinung über mich. Ich kenne ihn gut; ich habe ihn zweimal über den See gerudert, als er noch ein fröhlicher Junge und ein wachsamer Jäger war. Sagen Sie dem König, dass ich es getan habe. „Ich hätte nicht gedacht, dass er sich noch an mich erinnern würde, aber ich kann mich nicht von meiner Frau trennen. Ich könnte nicht so grausam zu ihr, zu mir selbst und vor allem zu unserem Kind sein."

Es war die längste Rede, die er je gehalten hatte. Er wischte sich den Schweiß von der Stirn und drehte sich zum Tisch um. Er war so hungrig wie ein Wolf, und als er den schön angeschnittenen Kuchen sah, nahm er ein Stück und rief: „Bevor ich es tue, möge dieser Bissen –"

„Schwöre nicht!" rief der Wirt und nahm ihm den Kuchen ab. „Schwöre nicht; du kannst tun, was du willst; niemand kann dich zwingen."

„Und niemand will es", sagte Doktor Sixtus; „Darf ich ein Stück Kuchen haben?"

„Natürlich dürfen Sie! Helfen Sie sich selbst – und Ihnen auch, Doktor! Wir haben auch Wein. Ach, Doktor, heute vor zwei Wochen sah es draußen auf der Straße sehr ernst aus!"

Es wurde gegessen und getrunken und mit jedem Bissen, den Hansei schluckte, wurde sein Gesicht fröhlicher.

„Mir scheint, Herr Vermieter, dass Sie ihm die Sache besser erklären könnten als wir", sagte Sixtus. Der Wirt reichte Hansei eine Prise Schnupftabak mit den Worten: „Es wäre eine große Ehre für das Dorf und die ganze Nachbarschaft. Denk nur daran, Hansei! Der König und der Kronprinz –"

„Vielleicht ist es eine Prinzessin", unterbrach Sixtus.

"Oh!" sagte Hansei lachend, „und das Kind ist also noch nicht geboren?" Aber während er lachte, dachte er bei sich: „Es ist noch Zeit, darüber nachzudenken." Dann lachte er erneut über den Gedanken, denn trotz all seiner Einfachheit war er so schelmisch, dass er beschloss, den größtmöglichen Vorteil daraus zu ziehen; Für weniger als tausend – nein, zweitausend – und, wer weiß, vielleicht sogar dreitausend Gulden konnte er sich so etwas nicht vorstellen. Hansei wäre wahrscheinlich auf hunderttausend gestiegen, wenn der Wirt nicht das Gespräch wieder aufgenommen und damit seinen Gedankengang unterbrochen hätte.

„Hansei hat vollkommen Recht; er sagt weder ‚Ja' noch ‚Nein'; er sagt nichts; denn hier muss die Frau entscheiden. Er ist ein guter Ehemann und wird sie nicht zwingen, etwas gegen ihren Willen zu tun. Ja, meine Herren Obwohl wir nur einfache Landleute sind, wissen wir, was richtig ist.

„Es ehrt Sie, Ihre Frau so zu respektieren", sagte Doktor Sixtus. Der Wirt nahm noch eine Prise Schnupftabak und sagte dann: „Natürlich, aber wenn ich meine Meinung frei äußern darf, ist eine Frau doch nur ein halber Mann an Vernunft und Urteilsvermögen. Mit Ihrer Erlaubnis, Herr Hofarzt." , ich denke, wir sollten vorerst besser nichts mehr sagen, sondern die Frau anrufen. Sie ist so gut."

Glück und Elend, Stolz und Demut spiegelten sich in Hanseis Gesichtszügen wider.

„Was auch immer sie sagt, ich werde mich daran halten", sagte er.

Er war stolz darauf, eine solche Frau zu besitzen, und doch fürchtete er sich vor ihrer Entscheidung. Er zog an den Knöpfen seines Mantels, als wollte er sich vergewissern, dass sie alle da waren. Schließlich ging er auf Drängen des Wirts in den Garten hinaus und rief Walpurga, die noch immer unter dem Kirschbaum saß.

KAPITEL VI.

Nachdem Walpurga in den Garten geeilt war und das Kind an ihre Brust gedrückt hatte, reichte sie es ruhig Stasi und sagte:

„Nimm das Kind, ich wage es jetzt nicht zu füttern. Oh, du armes, liebes Ding! Sie wollen mich dir wegnehmen. Was hast du jemals getan, dass sie dich so behandeln? Und was habe ich getan? Aber Sie können mich nicht gehen lassen! Und wer würde es wagen, es zu versuchen? Aber warum sind sie gekommen? Warum zu mir? Komm, Liebling, mir geht es wieder gut. Ich bin bei dir, und wir werden uns nicht trennen einander. Ich bin wieder ganz ruhig.“

Als Hansei kam, um Walpurga zu rufen, fand er sie, wie sie das Kind still an ihre Brust drückte und seine Händchen küsste.

„Wenn Sie Ihre Meinung geäußert haben, kommen Sie doch herein.“

Walpurga bedeutete ihm, ruhig zu sein, damit er das Kind nicht störte. Er stand eine Weile schweigend da; Kein Laut entging Vater, Mutter und Kind; Man hörte nichts als die Stare im Kirschbaum, die ihre Jungen fütterten. Schnell wie der Wind würden sie aus ihren Nestern fliegen und wieder zurückkehren. Schließlich ließ sich das Kind, dessen Hunger völlig gestillt war, dessen Lippen sich aber immer noch sanft bewegten, zurück auf das Kissen fallen.

„Komm ins Haus“, sagte Hansei mit einer Stimme, die viel sanfter war, als sein raues Aussehen vermuten ließe, „Komm herein, Walpurga. Es besteht kein Grund, unhöflich zu sein, und es ist nichts Falsches daran, was sie von uns verlangen.“ Sie können uns nicht zwingen, wissen Sie, und wir können ihnen auf jeden Fall danken. Sie können viel besser mit Fremden reden als ich. Jetzt sind Sie an der Reihe, zu sprechen, und ich werde mit allem, was Sie sagen oder tun, zufrieden sein ."

Walpurga übergab das Kind der Großmutter und begleitete Hansei ins Haus. Sie schaute mehrmals zurück und wäre fast schon an der Schwelle gestolpert.

Sobald sie das Zimmer betrat, kam Doktor Sixtus auf sie zu und sagte sanft und einschmeichelnd zu ihr:

„Meine gute Frau! Ich würde es für eine Sünde halten, Sie zu etwas zu verleiten, was Ihr Herz verurteilt. Aber ich halte es für meine Pflicht, Sie zu drängen, ruhig und leidenschaftslos über die Angelegenheit nachzudenken.“

„Vielen Dank. Aber – ich hoffe, Sie denken nicht schlecht über mich – ich könnte nicht so grausam zu meinem Kind sein.“ Ihr Blick fiel auf Hansei und sie fügte schnell hinzu: „Meinen Mann auch nicht. Ich kann nicht weggehen und sie ganz in Ruhe lassen.“

„Warum sie nicht allein sein werden; deine Mutter ist hier", sagte der Wirt und unterbrach sie. Doktor Sixtus mischte sich ein:

„Unterbrechen Sie sie bitte nicht, Sir. Lassen Sie sie für sich selbst sprechen und ihr ganzes Herz ausschütten. Bitte machen Sie weiter, meine gute Frau."

„Ich habe nichts mehr zu sagen; ich weiß nichts mehr. Ja, da ist noch eine Sache. Ich war nie im Dienst, außer hin und wieder, um einen Tag lang zu arbeiten. Ich wurde in diesem Cottage geboren und ich Ich habe bis jetzt hier gelebt, und mein Mann hat mich hier besucht. Ich habe nie daran gedacht, es zu verlassen, und ich kann auch jetzt nicht daran denken, es zu tun. Ich habe noch nie in einem fremden Bett geschlafen. Wenn ich hier weggehen und für so lange Zeit in die Stadt gehen müsste, würde ich vor Heimweh sterben; und was würde aus meinem Kind und meinem Mann werden? Ich bin sicher, der König will nicht, dass wir alle daran sterben Kummer."

„Ich möchte auch ein Wort sagen", sagte Doktor Kumpan und warf Doktor Sixtus einen ausdrucksvollen Blick zu. „Wir haben schon an Ihr Kind gedacht. Sie haben sich schon oft eine Kuh gewünscht, und wir besorgen Ihnen eine, die gerade gekalbt hat."

„Ich habe genau das, was Sie wollen", rief der Wirt, eilte zum Fenster und rief draußen einem Jungen zu: „Geh und sag meinem Mann, er soll sofort meine Färse bringen. Beeil dich! Beeil dich!-- „Ich wollte mich wirklich nicht von ihr trennen", sagte er zu Doktor Sixtus und wandte sich von Hansei ab, der wohl wusste, dass der Wirt das ganze Jahr über mit Rindern und Schweinen handelte. Alles in seinem Stall hatte seinen Preis, und hier verhielt er sich so, als wäre die Färse ein Mitglied seiner Familie. „Sie ist das allerbeste Tier, das ich habe", fügte er hinzu, „aber für seinen König sollte man alles aufgeben; und für vierzig Kronentaler ist sie ein Schnäppchen." Dann wandte er sich an Hansei und sagte grinsend: „Du bekommst eine schöne, dicke kleine Kuh – kein leeres Fell."

„Nicht so schnell, mein Freund", sagte Doktor Sixtus; „Aber wenn Hansei die Färse mag, kaufe ich sie dir ab."

„Die Mutter geht und die Kuh nimmt ihren Platz ein", murmelte Walpurga geistesabwesend.

„Ich hätte nie gedacht, dass du so dumm sein könntest", donnerte der Wirt. „Was für ein Aufhebens du machst! Du solltest vor Freude schreien und auf die Knie gehen und Gott danken!"

Doktor Sixtus beruhigte ihn, und der Dorfarzt sagte nun: „Freude und Gesang kommen niemandem zu Gebote; wenn Walpurga nicht fröhlich mit uns geht, werden wir weiter suchen; es müssen außer ihr noch andere sein."

Er stand auf und nahm seinen Hut, als wollte er gehen, und Doktor Sixtus tat es ihm gleich.

„Wie schnell müsste ich gehen und wie lange müsste ich von zu Hause weg sein?" fragte die junge Frau.

Er setzt sich wieder hin. Doktor Sixtus antwortete: „Ich kann nicht sagen, wie bald, aber Sie müssen jederzeit einsatzbereit sein."

„Dann müsste ich nicht gleich los – und wie lange müsste ich bleiben?"

„Ein Jahr oder so ungefähr."

„Nein, nein! Ich werde nicht gehen. Gott vergib mir, dass ich einen Moment darüber nachgedacht habe!"

„Dann verabschieden wir uns und möge Gott Sie und Ihr Kind segnen", sagte Doktor Sixtus und reichte ihr die Hand. Mit einer Stimme voller Emotionen fügte er hinzu:

„Es würde dem königlichen Kind mehr schaden als nützen, wenn du mit Bedauern von hier weggehen würdest und einen ständigen Kummer mit dir herumtragen würdest. Dass die bloße Vorstellung dich schmerzt, ist ganz natürlich. Das könntest du nicht, als gute Frau und wahre Mutter." , haben sofort zugestimmt, und wer weiß, ob ich dich akzeptiert hätte, wenn du es getan hättest? Was die Königin wünscht, ist eine gute Frau, die einen respektablen Ehemann und eine freundliche Mutter hat; sie will keinen anderen haben und denkt nicht an Trauer oder dich beleidigen. Wenn du also unter Fremden nicht fröhlich sein kannst, wenn es dein Herz nicht erfreut, daran zu denken, dass du dem königlichen Kind etwas Gutes tun kannst und dass der König freundlich zu dir sein wird, dann wird es dir viel besser gehen zu Hause bleiben und sich nicht vom Geld verführen lassen. Lass dich davon nicht verleiten. Nein, du gehst besser nicht."

Er wollte gerade gehen, als der Wirt ihn zurückhielt und sagte:

„Ich habe nur noch ein Wort zu sagen. Hör zu, Walpurga, und du auch, Hansei. Du hast gesagt: ‚Nein, ich werde nicht gehen', und die Antwort ehrt dich sehr. Aber frage dich, was zum Konsequenz sein wird? Heute, morgen, vielleicht sogar übermorgen werden Sie ganz zufrieden sein – werden einander bei der Hand nehmen, Ihr Kind küssen und sagen: „Gott sei Dank! Wir" „Wir haben der Versuchung widerstanden; wir sind in der Armut vereint geblieben und sind ehrlich für uns selbst; wir wollen lieber gemeinsam schuften und leiden, als uns zu trennen." Aber wie wird es einen Tag oder eine Woche später sein? Wie dann? Wenn Kummer, Not und Unglück kommen – denn schließlich sind wir nur Menschen – und Sie sich hilflos fühlen? Wollen Sie sich nicht sagen: „Wenn wir hatten nur zugestimmt.' Wollt ihr euch dann nicht mit Worten oder Blicken sagen: „Warum habt ihr mich nicht gedrängt? Warum habt ihr euch nicht entschieden zu gehen?" Ich möchte Sie nicht überreden, ich möchte Sie lediglich daran erinnern, was Sie in dieser Angelegenheit beachten sollten.

Es herrschte Stille. Der Mann blickte seine Frau an und dann den Boden; Die Frau sah ihn eine Weile an und hob dann plötzlich die Hand vor die Augen.

Man hörte das Knallen einer Peitsche und dann eine schöne schwarzbunte Kuh, die laut und tief brüllte, als käme das Geräusch aus einer Höhle. Alle waren erschrocken. Das Geräusch durchbrach die Stille wie ein Geisterruf zur Mittagszeit.

Der Wirt fluchte und fluchte, steckte seinen Kopf aus dem Fenster und beschimpfte den Diener, weil er das Kalb nicht gebracht hatte, das in Wahrheit bereits an den Metzger verkauft worden war.

Der Diener befestigte die Kuh am Zaun und eilte nach Hause, um ihr Kalb zu holen. Die Kuh zerrte am Seil, als wollte sie sich erwürgen, und stöhnte und brüllte, bis ihr Schaum vor dem Maul stand.

„Das ist nur ein Biest, und sehen Sie, wie sie weitermacht!" rief Walpurga.

Die Ankunft der Kuh schien die Wirkung der Beredsamkeit des Wirts zunichte zu machen. Aber Walpurga fasste sich plötzlich. Sie sprach schnell, als würde sie ein unsichtbares Wesen ansprechen, und ohne jemanden anzusehen, sagte sie:

„Ein Mann oder eine Frau können mehr als ein Tier!" Dann wandte sie sich ihrem Mann zu und fügte hinzu: „Komm her, Hansei, gib mir deine Hand. Sag mir aus tiefstem Herzen, wirst du mit allem, was ich tun oder sagen werde, zufrieden sein?"

„Meinst du, wenn du ‚Nein' sagst?" antwortete Hansei zögernd.

„Ob ich ‚Ja' oder ‚Nein' sage, ist das, was ich meine."

Hansei brachte kein Wort heraus. Hätte er sprechen können, wären seine Bemerkungen sehr vernünftig gewesen. Er schaute immer wieder in seinen Hut, als ob er dort die Gedanken lesen könnte, die ihm durch den Kopf gingen. Dann nahm er sein blaues Taschentuch und drehte es zusammen, als wollte er daraus eine Kugel formen. Als Walpurga feststellte, dass Hansei nicht antwortete, sagte sie:

„Ich kann Sie nicht bitten, eine Entscheidung zu treffen. Ich allein kann das tun. Ich bin die Mutter des Kindes – ich bin die Ehefrau, und … wenn ich gehe, muss ich, und ich bin mir sicher, dass ich das kann." halte alle Trauer zurück, damit ich dem anderen Kind keinen Schaden zufüge; und – und – hier ist meine Hand, mein Herr – meine Antwort ist „Ja".

Es schien, als sei allen Anwesenden eine Last vom Herzen gefallen. Hansei spürte ein stechendes Gefühl in seinen Augen und als würde er ersticken. Um dies zu lindern, gönnte er sich ein frisches Glas Wein und ein großes Stück Kuchen. Was für ein seltsamer Tag! Wenn die Firma nur gehen würde, damit man etwas Warmes essen kann. Der Morgen schien nie zu Ende zu gehen. Die beiden Ärzte hatten Walpurga viel zu sagen, die versprach, so fröhlich wie möglich zu bleiben. Sie sagte ihnen, dass sie, wenn sie einmal etwas unternommen hätte, es auch ausführen würde; dass Gott helfen würde, ihr Kind zu bewahren, und dass sie alles tun würde, was sie für das Kind des Königs tun konnte. „Sie können sich darauf verlassen, wenn ich mir vorgenommen habe, etwas zu tun, dann tue ich es auch", wiederholte sie immer wieder. Nachdem sie sich nun entschieden hatte, schien sie eine wundersame Selbstbeherrschung erlangt zu haben. Sie bemerkte ihre Mutter, die das Kind trug, rief sie zu sich und erzählte ihr alles. Das Kind schlummerte friedlich und wurde in die Wiege gelegt, die im Schlafzimmer stand. Die Großmutter schien die ganze Angelegenheit als eine unumstößliche Entscheidung des Schicksals zu betrachten. Seit Jahren war es ihre Gewohnheit, Walpurga in allen Dingen die Entscheidung zu überlassen, und in diesem Fall war darüber hinaus das Wohlgefallen des Königs zu berücksichtigen.

„Ihr Kind wird nicht mutterlos sein. Ich verstehe es besser als Sie. Wir haben eine Kuh und werden dafür sorgen, dass das Kind gut versorgt ist."

Der Wirt eilte hinaus und brachte die Kuh in den Stall. Damit war der Kauf abgeschlossen und er hatte einen hübschen Gewinn. Der Gedanke, dass er nicht zehn Taler mehr verlangt hatte, provozierte ihn. Es gelang ihm, zwei Taler zusätzlich als Trinkgeld für den Jungen zu bekommen, aber die Hälfte dieser Summe landete in seiner eigenen Tasche.

Hansei, der sich inzwischen erfrischt hatte, hielt es für gut, zu zeigen, dass er ein Mann sei. Er erkundigte sich nach dem Lohn und wollte gerade die große Summe nennen, an die er gedacht hatte, als der Wirt zurückkam und ihm klar machte, dass er umso mehr bekommen würde, je weniger er verhandelte. Er bot ihm an, ihm allein für die Taufgeschenke fünfhundert Gulden zu geben, und sagte ihm, dass er umso mehr bekommen würde, wenn er es dem König überlassen würde.

Walpurga fragte nun, was sie mitnehmen müsse. Doktor Sixtus sagte ihr, dass ihr bester Anzug alles sein würde, was nötig sei.

Viele Dorfbewohner hatten sich vor dem Fenster versammelt. Sie hatten die Nachricht gehört, und andere blieben auf dem Weg zur Nachmittagskirche stehen, und am Ende war eine ziemliche Menschenmenge da. Es herrschte große Heiterkeit, denn jeder Mann sagte, er würde dem König gerne seine Frau für ein Jahr leihen.

Die Stasi bot der Großmutter ihre Hilfe an. Nicht ohne Stolz sprach sie von ihrer Fähigkeit, eine gute Hand zu schreiben, und versprach, Walpurga einmal in der Woche einen Brief zu schicken, über das Kind, den Ehemann und die Mutter.

Dann brachte sie die Teller, denn es war höchste Zeit, dass sie beim Abendessen waren. Walpurga sagte, sie werde in den nächsten Tagen alles in Ordnung bringen.

„Was ich meinem Kind jetzt verweigere", sagte sie, „kann ich ihr für den Rest ihres Lebens mehr als wettmachen."

Während sie so redete, hörte sie das Kind im Nebenzimmer weinen und eilte dorthin.

Die beiden Ärzte und der Wirt wollten gerade gehen, als in Richtung der Straße, die vom See hinaufführte, der Klang eines Posthorns zu hören war.

Die Sonderpost war eingetroffen. Der Lakai, den Doktor Sixtus an der nahegelegenen Telegraphenstation zurückgelassen hatte, saß im offenen Wagen. Er hob die Hand, in der er einen Brief hochhielt. Er blieb vor der Hütte stehen und rief der Menge zu:

„Ruft Huzza! Jeder von euch! Vor einer Stunde wurde ein Kronprinz geboren!"

Sie jubelten immer wieder.

Plötzlich drehte sich eine alte Frau mit vorgebeugtem Gesicht zum Lakaien um und blickte ihm mit ihren hellen, braunen Augen ins Gesicht, die trotz ihres Alters immer noch funkelten.

„Wessen Stimme ist das?" murmelte die alte Frau vor sich hin.

Es gab eine fast unmerkliche Veränderung in den Gesichtszügen des Lakaien, aber die alte Frau hatte es bemerkt. „Macht den Weg frei, Leute!" sagte er, „damit ich aussteigen kann!"

„Geh aus dem Weg, Zenza!" (Vincenza) „Der alte Zenza ist immer im Weg."

Die alte Frau stand da und starrte ausdruckslos vor sich hin, als wäre sie in einem Wachtraum. Sie wurde zur Seite gestoßen und verlor den Stab, mit dem sie sich gehalten hatte. Der Lakai stolperte darüber, eilte aber, ohne nach rechts oder links zu schauen, in die Hütte.

Doktor Sixtus ging auf ihn zu, nahm die Depesche entgegen und kehrte ins Zimmer zurück. Walpurga war inzwischen zurückgekommen und sagte zu ihr:

„Es ist früher geschehen, als wir erwartet hatten. Ich habe gerade eine Nachricht erhalten; heute Morgen um zehn Uhr wurde der Kronprinz geboren. Ich soll mich in die Hauptstadt beeilen und die Krankenschwester mitbringen. Nun, Walpurga, ist die Zeit, deine Stärke zu beweisen. Wir gehen in einer Stunde.

„Ich bin bereit", sagte Walpurga entschlossen. Sie fühlte sich jedoch so schwach, dass sie sich setzen musste.

Kapitel VII.

Die beiden Ärzte verließen in Begleitung des Gastwirts das Haus. Stasi brachte die Suppe und den Braten für das Taufessen und stellte sie auf den Tisch. Die Großmutter sprach ein Gebet, dem sich auch die anderen anschlossen; sie setzten sich alle an den Tisch. Walpurga war die erste, die einen Löffel Suppe aus der Schüssel nahm, aber als sie feststellte, dass niemand etwas essen wollte, füllte sie ihren Löffel noch einmal und sagte:

„Öffne deinen Mund, Hansei, und lass mich dir etwas zu essen geben. Nimm dies und möge Gottes Segen damit einhergehen. Und so wie das Essen, das ich dir jetzt anbiete, mir mehr Freude bereitet, als wenn ich es selbst essen würde, so, Wenn ich unter Fremden bin, wird mir kein Bissen über die Lippen kommen, den ich dir und dem Kind nicht lieber geben würde. Ich gehe nur weg, damit wir später in Frieden und Trost leben können. Ich werde an dich und dich denken Mutter und Kind, bei Tag und Nacht, und, so Gott will, werde ich gesund und glücklich wiederkommen. Vergessen Sie nicht, dass Gott mich in der Stunde des Schmerzes und der Prüfung hätte wegrufen können, und dass Sie es dann getan hätten Du warst dein ganzes Leben lang ohne mich. Mutter, ich habe dich oft sagen hören, dass eine Frau, die ein Kind zur Welt bringt, mit einem Fuß im Grab steht. Ich werde nur für ein Jahr weggehen, und das weißt du alle Gib den gleichen Walpurga zurück, der ich jetzt bin. Lass unseren Abschied nicht traurig sein, Hansei; du musst mir helfen! Du kannst, und ich weiß, dass du es tun wirst. Du bist meine einzige Stütze. Halte dich in Ordnung, während ich weg bin. Am besten tragen Sie jeden Sonntagmorgen ein gutes Hemd, denn jetzt können Sie es sich leisten. Sie finden sie im blauen Schrank – im oberen rechten Regal. Iss etwas; Ich esse genauso schnell wie du. Wir brauchen unsere ganze Kraft. Morgen wird es dir gut gehen, und mir auch. Aber iss etwas! Für jeden Löffel, den du nimmst, nehme ich auch einen: – so schnell – aber nicht so schnell, sonst komme ich nicht mit dir mit!" Sie lächelte unter Tränen und aß weiter.

„Und jetzt, Mutter", fuhr sie fort, „du wirst keine Chance haben zu sagen, dass du eine Last für uns bist. Wenn ich weg bin, kannst du die beiden Kissen von meinem Bett nehmen und sie auf deins legen, also." dass du mit erhobenem Kopf schlafen kannst. Das wird dir gut tun. Wenn wir dich nicht hätten, würde ich nicht daran denken zu gehen. Verwöhne meinen Mann nicht, und wenn ich wieder zurückkomme, Wir richten dir ein kleines Zimmer ein, in dem du ebenso wohnen kannst wie die erste Bäuerin im Lande."

Sie überließen ihr das ganze Reden, und als sie sagte: „Sag mal etwas, Hansei", antwortete er: „Du redest lieber weiter. Ich kann meine Stimme jederzeit hören, aber das dauert noch lange." Ich höre dir noch einmal zu. Wer weiß, aber--"

Er wollte gerade ein Stück Fleisch nehmen, aber er legte es zurück auf den Teller. Er konnte keinen Bissen mehr essen; die anderen konnten es auch nicht. Die Großmutter stand auf und sprach das Gnadengebet. Die Zeit verging wie im Flug. Ein Reisebus fuhr vor die Tür. Der Lakai war der Einzige, der darin saß; Die Herren wollten kurz darauf folgen. Baum fand schnell ein vertrautes Verhältnis zu Hansei. Der erste Schritt zu ihrer Intimität war das Angebot einer guten Zigarre. Er sagte, er beneide Hansei um das Glück, eine solche Frau zu haben und darüber hinaus so viel Glück zu haben. Hansei fühlte sich sehr geschmeichelt. Doktor Sixtus gab den Befehl, einige Bettkissen in die Kutsche zu legen, damit Walpurga sich wohlfühle und gut vor der Nachtluft geschützt sei.

„Fahrst du die ganze Nacht?" fragte Hansei.

„Oh nein! Wir werden die Hauptstadt um Mitternacht erreichen."

„Aber Ihr schnelles Fahren könnte meiner Frau schaden."

„Lassen Sie sich davon nicht beunruhigen. Ihre Frau wird genauso gut versorgt sein wie die Königin selbst."

„Ich weiß nicht, wie es ist, aber wenn ich diesen Herrn ansehe und ihn reden höre", sagte Hansei und blickte Baum direkt ins Gesicht, „fühle ich mich ganz komisch."
„Wieso? Sehe ich so schrecklich aus?"
„Gott bewahre! Nein, in der Tat! Aber der, an den ich denke, war ein nichtsnutziger Kerl. Nichts für ungut, das versichere ich dir. Aber die alte Zenza – da steht sie am Gartentor und beobachtet uns – hatte es getan Zwillinge. Einer heißt Thomas und der andere war Wolfgang oder Jangerl, wie man hier sagt. Nun, Jangerl schloss sich den Soldaten an und ging nach Amerika. Das muss vor etwa dreizehn oder vierzehn Jahren gewesen sein, und niemand hat jemals von ihm gehört seitdem, und wirklich – aber Sie werden nicht schlecht über das denken, was ich sage?"
„Natürlich nicht! Weitermachen."
„Nun ja, Jangerl sah bis auf die Haare genauso aus wie du. Nein, nicht die Haare, denn seine waren rot und sein Gesicht war auch nicht so schön wie deines; aber insgesamt genommen, so wie der Teufel die Bauern nimmt" – – Hansei freute sich über seinen Witz und der Lakai stimmte in sein Lachen ein - „Man könnte sagen, dass ihr euch ähnlich seht. Aber seid ihr sicher, dass ihr nicht böse auf das seid, was ich gesagt habe?"
„Überhaupt nicht", sagte Baum und blickte auf seine Uhr. Die Uhr im Kirchturm schlug gerade fünf und er sagte: „Zwischen Ihrer Uhr und der in

der Hauptstadt ist genau eine Stunde Unterschied. Gehörte dieses Haus Ihren Eltern?"

„Nein, ich habe es mit meiner Frau bekommen. Das heißt, wir schulden noch eine Hypothek von zweihundert Gulden darauf, aber der Bauer, der es hält, drängt uns nicht."

„Ihre Frau kann Ihnen ein anderes Haus kaufen, und Sie sollten sich glücklich schätzen, eine so gut aussehende Frau zu haben."

„Ja, und deshalb tut es mir leid, sie aufzugeben", beschwerte sich Hansei. „Allerdings gibt es nur dreihundertfünfundsechzig Tage im Jahr – aber das sind immerhin eine ganze Menge."

„Und noch dazu viele Nächte", sagte Baum lachend. Der arme Hansei schauderte.

„Ja, tatsächlich!" sagte er. Er hatte das Gefühl, dass Höflichkeit eine Antwort seinerseits erforderte.

In der Zwischenzeit hatte Walpurga ihre Mutter und die Stasi gebeten, sie mit dem Kind allein zu lassen. Sie kniete neben der Wiege und benetzte das Kissen mit ihren Tränen. Sie küsste das Kind, die Bettdecke und die Wiege, und dann stand sie auf und sagte: „Lebe wohl! Tausendmal leb wohl!" Sie hatte ihre Tränen getrocknet und wollte gerade das Zimmer verlassen, als sich von außen die Tür öffnete und ihre Mutter eintrat.

„Ich werde dir helfen", sagte sie. „Wenn du zurückkommmst, wirst du entweder doppelt so glücklich oder doppelt so unglücklich sein und uns genauso glücklich oder genauso unglücklich machen wie du."

Dann nahm sie Walpurgas linke Hand in ihre und sagte mit befehlender Stimme: „Legen Sie Ihre rechte Hand auf den Kopf Ihres Kindes!"

„Wofür ist das, Mutter?"

„Tu, was ich dir sage. Schwöre beim Kopf deines Kindes und bei der Hand, die ich in meiner halte, dass du gut und rein bleibst, ganz gleich, welche Versuchungen dich auch überfallen mögen. Denke daran, dass du eine Ehefrau, eine Mutter, eine Tochter bist." ! Schwörst du das von ganzem Herzen?"

„Das tue ich, Mutter, also hilf mir, Gott! Aber ein solcher Eid ist nicht nötig."

„Sehr gut", sagte die Mutter. „Jetzt geh dreimal um die Wiege herum und wende dein Gesicht von ihr ab. Ich werde dich führen, strauchel nicht. Jetzt hast du dem Kind das Heimweh genommen, und ich werde gut dafür sorgen. Glaub mir." dafür."

Dann führte sie Walpurga ins Zimmer und reichte ihr den großen Laib Brot und das Messer und sagte:

„Schneiden Sie sich ein Stück ab, bevor Sie gehen. Möge Gott es für Sie segnen, und wenn Sie das Ende Ihrer Reise erreicht haben, soll das Brot, das Sie von zu Hause mitgebracht haben, der erste Bissen sein, den Sie essen. Das wird töten." das Gefühl der Fremdheit; und nun, lebe wohl."

Sie blieben schweigend da und hielten sich gegenseitig an der Hand.

Walpurga fand es wundersam seltsam, dass Hansei mit dem Lakaien im Garten umherging und sie vergaß. In diesem Moment stieg er die Leiter hinauf, um sich ein paar Kirschen zu holen, und rauchte ununterbrochen; Danach brachte er ihn in den Stall, wo die Kuh untergebracht war.

Die beiden Ärzte waren zurückgekehrt, und Hansei musste ins Zimmer gerufen werden, denn hier und nicht im Freien vor der Menge wollte die Frau von ihrem Mann Abschied nehmen. Doktor Sixtus steckte Hansei eine Rolle Kronentaler in die Tasche. Danach behielt Hansei seine Hand ständig dort und zögerte, sie zu entfernen.

„Gib mir deine Hand, Hansei", sagte Walpurga.

Er ließ das Geld los und reichte ihr die Hand.

„Lebe wohl, lieber Hansei, und sei ein guter Mann. Ich werde eine gute Frau bleiben... Und nun behüte Gott euch alle."

Sie küsste ihre Mutter und Stasi, und dann eilte sie, ohne sich noch einmal umzusehen, durch den Garten und setzte sich in die Kutsche. Die Kuh im Stall bellte und stöhnte, aber die Geräusche wurden von der Fanfare des Postillions übertönt.

Währenddessen hatte der alte Zenza am Gartentor gelehnt; Manchmal fuhr sie mit der Hand über ihr Gesicht und rieb sich die strahlenden und funkelnden Augen. Und als nun der Lakai an ihr vorbeiging, starrte sie ihn so an, dass er mit rauer und doch nicht unfreundlicher Stimme fragte:

„Willst du etwas, Mutter?"

„Ja, ich bin alt und noch dazu Mutter. Hi-hi-hi!" sagte sie lachend, und die Menge deutete dem Lakaien an, dass ihre Gedanken oft abschweiften.

„Gibt es etwas, das du willst?" fragte der Lakai noch einmal.

„Natürlich gibt es das, wenn du es mir gibst."

Mit zitternder Hand zog der Lakai den großen Geldbeutel aus seiner Tasche und holte ein Stück Gold heraus. Aber nein, das könnte ihn verraten.

Nachdem er lange mit dem Geld herumgefummelt hatte, gab er schließlich der alten Frau das Goldstück und sagte:

„Das ist vom König."

Er bestieg die Kiste und blickte nie wieder zurück. Der Trainer begann.

Die Leute kamen auf Zenza zu und baten sie, ihnen zu zeigen, was sie erhalten hatte, aber ihre Hand war wie in einem krampfhaften Griff geschlossen. Ohne zu antworten, ging sie weg und stützte sich auf ihren Stab.

Sie ging weiter und blickte ständig auf die Spurrillen, die die Kutschenräder in die Straße geschlagen hatten, und diejenigen, die an ihr vorbeikamen, konnten sie unverständlich murmeln hören. In ihrer rechten Hand hielt sie ihren Stab, mit der linken hielt sie noch immer das Goldstück umklammert.

KAPITEL VIII.

Der Wagen bewegte sich die Straße am See entlang, und schließlich, als er am Steinhaufen um die Ecke bog, war er außer Sichtweite. Das Heu, auf dem Walpurga vor vierzehn Tagen geruht hatte, lag noch immer an derselben Stelle.

Sie kamen an einem hübschen Mädchen vorbei, das einst vornehm, jetzt aber schäbig gekleidet war. Sie hatte einen kräftigen Körperbau, einen gelbbraunen Teint und ihr blauschwarzes Haar war zu dicken Zöpfen geflochten. Sie starrte Walpurga an, begrüßte sie aber erst, als sie vorbeigegangen war.

„Das ist die Tochter der alten Frau, der du ein Geschenk gemacht hast", sagte Walpurga und wandte sich an den Lakaien. „Sie heißt Black Esther. Wenn die Mutter das Geld nicht außer Sichtweite vergräbt, wird sie es ihr bestimmt wegnehmen."

Obwohl Baum sich Walpurga zuwandte, sah er sie nicht an, sondern das Mädchen, das niemand anderes als seine Schwester war. Vor einiger Zeit hatte er seine Mutter verstoßen und ihr ein Almosen gegeben. Und nun setzte er sich neben dem Postillon auf, die Arme verschränkt, als wollte er sich abstützen, denn ihm war, als würde ihm das Herz brechen. Sein ganzes Leben verging vor ihm, und von Zeit zu Zeit pflanzte er sich fester auf seinen Sitz, damit er nicht stürzte. Und nun fuhr die Kutsche an einem Bauernhof vorbei, wo er vor zwanzig Jahren auf Befehl seiner Mutter eine Gans gestohlen hatte. Er war damals ein schlanker Junge und hatte es leicht gefunden, auf allen Vieren durch die Lücke in der Hecke zu schlüpfen, die sich inzwischen geschlossen hatte.

Thomas, sein Zwillingsbruder, hatte sich den Wilderern angeschlossen. Aber Baum, der ihrer Arbeit nicht gewachsen war, war froh, als sie ihn für einen Soldaten hielten. Eines Tages, als er im Palast Dienst hatte, brachte ein alter *Kammerdiener* einen Brief von Baronin Steigeneck, die damals auf dem Höhepunkt ihrer Macht stand. Der Kammerdiener musste lange warten und plauderte dabei mit Baum, der ihm sehr sympathisch war. Er lud Baum zu einem Besuch im Schloss Steigeneck ein, wo sie gemeinsam im Gesindezimmer tranken und überaus fröhlich waren.

„Warum sind deine Haare so rot?" sagte der *Kammerdiener*.

„Warum? Weil es so gewachsen ist."

„Aber das lässt sich beheben."

„In der Tat! Wie?"

Der alte Mann gab Baum die erforderlichen Anweisungen.

„Sie müssen auch Ihren Namen ändern. Rauhensteiner ist zu hart für ihre Lordschaften. Er ist schwer auszusprechen, besonders für diejenigen, die falsche Zähne haben. Sie müssen einen Namen annehmen wie Beck, oder Schultz, oder Hecht, oder Baum. Für , wohlgemerkt, ein Hund hat keinen Namen außer dem, den sein Herr für richtig hält, ihn zu nennen."

„Baum' würde mir sehr gut passen."

„Na dann, lass es Baum sein." Auf dem Heimweg an diesem Abend sagte er immer wieder zu sich selbst: „Baum, Baum – das ist ein kurzer und einfacher Name, und niemand wird mich kennen." Der alte Mann hatte ihn schwören lassen, dass er mit seiner Familie nichts mehr zu tun haben würde. Sein kürzlicher Besuch in seinem Heimatdorf hatte ihn an sein Versprechen erinnert, und obwohl er einem Eid nur wenig Bedeutung beimaß, fand er es bequem und, wie er dachte, lobenswert, diesen zu halten.

Auf Vermittlung des Steigeneck-Kammerdieners wurde seine militärische Entlassung auf den Namen Wolfgang Rauhensteiner – Nachname Baum – ausgestellt. Danach war er nur noch als Baum bekannt, und niemand wusste, dass er jemals einen anderen Namen getragen hatte. Er war durchaus bereit, auf jegliche Vermächtnisse zu verzichten, die ihm unter dem Namen Rauhensteiner noch zustehen würden.

Er trat in den Dienst des Hofes und war während seines Studiums und seiner anschließenden Reise durch Italien zunächst als Stallknecht des Fürsten tätig. Als Vorsichtsmaßnahme sei er nach Hause gegangen, habe sich einen Auswandererpass besorgen lassen und sich anschließend die Haare schwarz gefärbt. In seinem Heimatdorf hatte man den Eindruck, er sei ausgewandert.

Nachdem er von seinen Reisen zurückgekehrt war, heiratete er die Tochter des *Kammerdieners* und erfreute sich immer größerer Beliebtheit bei seinen Herren. Er war in allen Dingen diskret und hustete hinter der erhobenen linken Hand. Er freute sich über den Namen „Baum". Sein Eifer, seinen Herren zu dienen, war so groß, dass er, wenn es möglich gewesen wäre, um ihretwillen alle harten Konsonanten aus der Sprache verbannt hätte.

„Das ist geklärt", sagte Baum, während er neben dem Postillion auf der Loge saß und hinter der Hand hustete. „Das ist geklärt" – und sein Gesicht nahm einen ruhigen und entschlossenen Ausdruck an, als ob er glaubte, jemand würde ihn beobachten. „Ich bin nach Amerika ausgewandert. Wenn ich dort wäre, wäre ich für meine Familie tot und begraben. Familie, in der Tat! Sie würden mich nur ruinieren und betteln und mir immer auf den Fersen sein. Nichts davon das für mich!" Er beobachtete die Menschen, von denen er viele kannte, die die Straße entlanggingen. „Was für ein erbärmliches Leben diese Leute führen müssen – das ganze Jahr über kein Vergnügen! Einmal in der Woche, am Sonntag, werden sie rasiert und gepredigt, und am nächsten

Morgen beginnt das Elend von neuem. Jeder, der entkommen ist, wäre ein Narr daran zu denken, noch einmal darauf zurückzukommen!"

Während Baum sich so an längst vergessene Ereignisse seiner Vergangenheit erinnerte, versuchte Walpurga mit aller Kraft, ihre Tränen zu unterdrücken. Es schien, als hätte eine höhere Macht, deren Herrschaft sie sich unterwarf, sie des Denkens und Fühlens beraubt.

Mit verwunderten Augen blickte sie auf die Bäche, die von den Hügeln herabströmten und dann, als wollte sie sehen, was aus Walpurga wurde, neben der Straße entlang liefen. Wenn sie über die Holzbrücken rannten, die über dem tosenden Bach hingen, zitterte sie vor Angst und fühlte sich erst dann beruhigt, wenn sie die glatte Straße auf der anderen Seite erreicht hatten. Sie blickte hinauf zu den Bergen, den Häusern und den Almhütten; Sie kannte die Namen derer, die in jedem einzelnen von ihnen wohnten. Doch schon bald gelangten sie in eine Gegend, die ihr fremd war.

An der nächsten Station, wo sie zum Pferdewechsel anhielten, waren die Sonntagsmüßiggänger erstaunt, eine Bäuerin aus einer so eleganten Kutsche steigen zu sehen. Eine Frau, die ihr Kind stillte, saß unter einer Linde in der Nähe. Aus Neugier erhob sie sich auf ihrem Sitz, und das Kind drehte gleichzeitig den Kopf, Mutter und Kind starrten Walpurga an, die ihnen freundlich zunickte, während sich ihre Augen mit Tränen füllten und ihr die Kehle zuschnürte. Der Postillion blies in sein Horn, die Pferde galoppierten und Walpurga hatte wieder das Gefühl, als würde er durch die Luft fliegen.

„Das ist schnelles Reisen, Walpurga, nicht wahr?" rief Baum. Als sie ihn nun ansah, war auch sie überrascht über seine wunderbare Ähnlichkeit mit Thomas.

„Ja, tatsächlich!" sagte sie. Der Arzt sagte nur wenig, denn zu tief bewegte ihn das Mitgefühl für sie. Er behauptete auch nicht, wie üblich, seine stolze Stellung. Diese Frau war so viel mehr als nur ein Werkzeug, dass man sie durchaus mit Freundlichkeit und Rücksichtnahme behandeln konnte. Es war ihr so schwer gefallen, ihr Zuhause zu verlassen. Er überlegte einige Zeit, was er ihr sagen sollte, und fragte schließlich:

„Magst du deinen Arzt?"

„Ja, das tue ich tatsächlich! Er ist sehr seltsam. Er schimpft und beschimpft jeden; aber trotzdem tut er Gutes, wo immer er kann, sei es Tag oder Nacht; reich und arm sind für ihn alle gleich. Oh, er ist ein echter." guter Mann!"

Doktor Sixtus lächelte und fragte sie:

„Ich habe seine Frau nicht gesehen. Kennen Sie sie?"

„Natürlich tue ich das. Es ist Hedwig, die Tochter des Apothekers. Ihre Familie besteht aus sehr netten Leuten, und sie ist ein süßes, charmantes Geschöpf, schlicht in ihrer Art und recht heimelig. Sie haben auch tolle Kinder – fünf oder sechs." Sie, glaube ich – und sie hat alle Hände voll zu tun. Er hätte dich vielleicht zu seinem Haus mitnehmen können, denn es ist so ordentlich und ordentlich."

Er freute sich über Walpurgas guten Bericht über seinen Freund. Und nachdem es ihm nun gelungen war, ihren Gedankengang zu ändern, kam er zu dem Schluss, dass er genug getan hatte und sie sich selbst überlassen konnte.

Sie sah alles wie in einem Traum. Es gab Felder und Wiesen, dann ein Dorf, ein mit Nelken und hängenden Ranken bedecktes Fensterbrett. Solche gibt es auch zu Hause, dachte sie, und in einem Augenblick waren sie aus dem Blickfeld verschwunden. Dann kamen sie am Kirchhof vorbei, dessen schwarze Kreuze halb in der Erde vergraben waren und sich dennoch deutlich vom klaren Himmel abhoben. Im Dorf herrschte Musik und Tanz, und fröhliche Jünglinge und Mädchen eilten mit vom Sport geröteten Gesichtern zu den Fenstern. Dann kamen sie an weiteren Feldern, Wiesen und Häusern vorbei und sahen Gruppen, die zusammen saßen und sich unterhielten. Und dann stieß der Postillion einen lauten Ton aus. Ein Kind lief mitten auf der Straße. Mit einem Schreckensschrei rettete die Mutter es und eilte davon. Der Wagen hielt nicht an. Walpurga blickte zurück und war sich sicher, dass sie nun Gott für die Flucht des Kindes danken mussten. Und trotzdem machten sie weiter. Dann kamen sie an einer Kuh vorbei, die am Wegrand weidete, und ein Junge stand neben ihr und beobachtete sie. In dem flachen Land, in dem das Klima viel milder ist, waren die Kirschbäume bereits ohne Früchte. Und dann kamen sie zu großen Feldern mit ihrem riesigen Meer aus wogendem Getreide – so etwas gab es in den Highlands nicht … Wie glücklich müssen diese Menschen sein, die hier unten leben, wo es mehr gibt als Wasser, Wiese und Wald . Auf dem brachliegenden Feld liegt ein Pflug, als würde er den Sonntag schlafen. Es wird dunkel, Lichter beginnen zu funkeln; es gibt auch Männer und Frauen. Sie sind in ihren Häusern, aber ich werde aus meinem weggebracht … An der nächsten Poststation blieben sowohl der Arzt als auch Walpurga im Wagen. Die Pferde wurden schnell gewechselt, die alten gingen mit schweren Schritten in den Stall; Ein neuer Postillion bestieg den Kasten, und schon ging es weiter. Walpurga sah nichts mehr; Ihre Augen waren geschlossen, und es kam ihr vor, als wäre es ein Traum, als die Kutsche erneut anhielt, um neue Pferde zu holen, und sie hörte, wie Baum dem Postillon befahl, nicht in sein Horn zu blasen, damit er die darin befindlichen Personen nicht wecken könnte.

„Ich schlafe nicht", sagte der Arzt.

„Ich auch nicht! Blasen Sie einfach in Ihr Horn, Postillion", sagte Walpurga.

Der Postillion stieß einen lauten Ton aus, und sie machten sich wieder auf den Weg. Am Himmel glitzerten die Sterne. Sie kamen durch weitere Dörfer; Die Fenster wurden schnell geöffnet, aber sie rasten so schnell vorbei, dass sie außer Sichtweite waren, bevor die überraschten Dorfbewohner Zeit hatten, ihre Sinne zu sammeln. Gegenstände am Wegesrand wurden durch den sich ständig bewegenden Schimmer der beiden Kutschenlampen seltsam beleuchtet, und schließlich entdeckten sie in der Ferne ein großes Licht und darüber eine Rauchwolke.

„Es gibt eine Erleuchtung in der Stadt!" rief Baum. Die Pferde wurden zu größerer Geschwindigkeit angespornt, und der Postillion blies fröhlicher als zuvor in sein Horn. Endlich waren sie in der Hauptstadt.

Die Kutsche fuhr langsam durch die wogende, fröhliche Menschenmenge, die die Straßen füllte.

„Hier kommt die Amme des Kronprinzen", hieß es bald, und die fröhliche Menge begrüßte Walpurga mit lautem Jubel. Verwirrt und beschämt verbarg sie ihr Gesicht in ihren Händen. Endlich waren sie sicher im Hof des Palastes.

KAPITEL IX.

Walpurga befand sich im inneren Viereck des Palastes. Sie war ziemlich schwindelig, als sie die vielen Türen, die großen Fenster, die breiten Treppen und die Wappen betrachtete, die mit Figuren wilder Männer und Tiere geschmückt waren. Im Schein der Gaslampen wirkte alles wunderbar seltsam, die starken Lichter standen hier und da im Kontrast zu den tiefen, geheimnisvollen Schatten. Walpurga blickte sich mit verträumtem, leerem Blick um. Sie ließ Erinnerungen an alte Legenden aufkommen und dachte an die junge Mutter, die die Geister des Berges in eine unterirdische Höhle verschleppt hatten, wo sie sie mit einem Zauber festhielten, während sie ein Neugeborenes stillte.

Doch endlich wurde sie zu sich selbst zurückgerufen. Von der Palastwache, wo die Musketen in zwei langen Reihen gestapelt waren und der Posten hin und her marschierte, hörte sie eines der Lieder ihrer Heimat.

„Der Kapitän der Palastwache hat den Soldaten Wein geschickt", sagte ein junger livrierter Diener zu Baum, dem er beim Abspannen der Pferde half: „Die ganze Stadt wird betrunken sein."

Walpurga hätte ihnen am liebsten gesagt, dass sie den Soldaten nicht erlauben sollten, so laut zu singen, weil die junge Mutter, die über ihnen lag, schlafen sollte. Sie hatte keine Ahnung von der Größe des Palastes, sollte es aber bald herausfinden.

„Kommen Sie mit", sagte Doktor Sixtus; „Ich werde Sie zur First Lady des Schlafgemachs führen. Haben Sie keine Angst! Sie werden von allen herzlich willkommen geheißen."

„Ich bringe am besten meine Kissen mit", antwortete Walpurga.

„Macht nichts, Baum wird sich um sie kümmern."

Walpurga folgte dem Arzt. Sie stiegen eine Treppe hinauf, die strahlend beleuchtet und mit Blumen geschmückt war, und Walpurga schämte sich bei dem Gedanken, dass sie mit leeren Händen kommen würde, als gäbe es nichts, was sie ihr eigen nennen könnte. „Ich bin doch nicht so arm", sagte sie fast hörbar.

Sie erreichten den großen Korridor. Außerdem war es strahlend beleuchtet und voller Blumen. Es gab Leute in Uniform, die auf und ab gingen, aber die weichen Teppiche verhinderten, dass ihre Schritte gehört wurden. Die Unterdiener blieben stehen, während Sixtus und Walpurga an ihnen vorbeigingen. Schließlich blieben sie vor einer Tür stehen. Doktor Sixtus wandte sich an den dort stationierten Diener und sagte:

„Informieren Sie Ihre Exzellenz, dass Doktor Sixtus auf Sie wartet und dass er die Krankenschwester mitgebracht hat."

Dies war das erste Mal, dass Walpurga sich selbst als „die Krankenschwester" und als „gebracht" bezeichnete.

Sie fühlte sich wieder wie verzaubert, oder besser gesagt, wie verkauft. Aber sie nahm all ihren Mut zusammen, und plötzlich kam es ihr vor, als säße sie, wie so oft, in einem Boot auf dem See; als ob sie mit ihren starken Armen ruderte – ein wütender Wind, der sich ihr beim Vorwärtskommen widersetzte, und die Wellen, die wild in der Höhe rauschten. Aber sie war stark und ruderte mit ruhiger Hand und besiegte schließlich den Wind und die Wellen. Sie streckte die Arme aus und ballte die Fäuste, als wollte sie die Ruder fester umklammern.

Der Diener kehrte bald zurück und hielt die Tür offen, während Doktor Sixtus und Walpurga ein großes, hell erleuchtetes Zimmer betraten. Eine große, dünne Dame, gekleidet in ein Kleid aus schwarzem Satin, saß in einem Sessel neben dem Tisch. Sie stand für einen Moment auf, nahm aber sofort wieder Platz. Es ist keine Kleinigkeit, bei der Geburt eines Kronprinzen die erste Dame im Schlafgemach zu sein. Es war ein toller Tag mit Gräfin Brinkenstein. Ihr Name war für alle Zeiten in das große offizielle Protokoll des Tages eingetragen.

Obwohl sie ihr Handeln immer streng beurteilte, hatte sie an diesem Tag allen Grund, mit sich selbst zufrieden zu sein. Während am Hofe und in der Hauptstadt Aufruhr herrschte, war sie völlig ruhig geblieben. Sie hatte die Würde des Hofes und darüber hinaus des Königs gewahrt, der sich seltsam schwach und aufgeregt gezeigt hatte.

Sie ruhte sich auf ihren Lorbeeren aus. Ein Umstand hatte sie sehr beunruhigt und war noch nicht aus ihrem Gedächtnis verschwunden; aber da sie einen festen Willen hatte, kontrollierte sie ihre Gefühle. Sie war immer selbstbeherrscht, weil sie immer genau wusste, was zu tun war.

So lange gewartet zu haben, bis man eine Krankenschwester gefunden hatte, war etwas Ungewöhnliches. Viele hatten sich angeboten, darunter auch einige, die aus guten Familien stammten; das heißt, vom Adel, der niedrigere Beamte geheiratet hatte. Gräfin Brinkenstein betrachtete den Entschluss der Königin, dass die Krankenschwester aus dem einfachen Volk – und zwar einer Bäuerin – stammen müsse, als überstrapazierte Sorgfalt; Es könnte nicht schaden, in solchen Ausdrücken auf fürstliche Irrtümer zu verweisen. Die Bewahrerin des Anstands war daher entschlossen, die Verantwortung für die Besetzung der Stelle mit einer Krankenschwester ihrer Wahl zu übernehmen, als das Telegramm des Arztes eintraf, in dem sie darüber informiert wurde, dass er die ideale Bäuerin gefunden hatte. Ihr Unmut über das Verhalten der Königin übertrug sich nun auf die Bäuerin, die ihr noch fremd war und aller Wahrscheinlichkeit nach Ärger in den Palast bringen würde. Aber wofür wurden Regeln und Vorschriften schließlich geschaffen? Wenn man sie konsequent beachtet, wäre alles gut.

Als die Bäuerin angekündigt wurde. Gräfin Brinkenstein erhob sich, ihre strengen Gesichtszüge wurden durch den edlen Gedanken gemildert, dass diese arme Frau nicht unter der neu erworbenen Liebe der Königin zum Volk leiden sollte; eine Liebe, die ihre Objekte nur noch unglücklicher und unzufriedener machen würde.

Der Arzt stellte Walpurga vor und sprach so von ihr, dass sie beschämt über sein Lob den Blick senkte.

Er wandte sich auf Französisch an Gräfin Brinkenstein und erzählte ihr, wie schwierig es gewesen sei, diese schönste und beste Frau in den Highlands zu gewinnen. Die Gräfin antwortete in derselben Sprache, gratulierte ihm zu seinem Erfolg und bemerkte Walpurgas gesundes Aussehen. Schließlich erkundigte sie sich, immer noch auf Französisch:

„Hat sie gute Zähne?"

Der Arzt wandte sich an Walpurga und sagte:

„Ihre gnädige Frau meint, Sie können nicht lachen."

Walpurga lächelte und die Gräfin lobte ihre perfekten Zähne. Dann berührte sie die Glocke auf dem Tisch und ein Lakai erschien.

„Sagen Sie Geheimrat Günther", sagte sie, „dass ich ihn hier erwarte und dass die Amme Seiner Königlichen Hoheit angekommen ist."

Der Lakai verließ das Zimmer. Die Gräfin berührte nun zweimal die Glocke; Eine hochgewachsene, hochbetagte Dame mit langen Korkenzieherlocken erschien und verneigte sich so tief, dass Walpurga meinte, sie wolle sich auf den Boden setzen.

„Kommen Sie näher, lieber Kramer", sagte die Gräfin. „Dies ist die Amme Seiner Königlichen Hoheit; sie steht unter Ihrer besonderen Obhut. Bringen Sie sie in Ihr Zimmer und geben Sie ihr etwas zu essen. Was soll es sein, Doktor?"

„Gute Rinderbrühe reicht sehr gut."

„Gehen Sie mit Kramer", sagte die Gräfin, wandte sich an Walpurga und lächelte gnädig. „Wann immer du etwas willst, liebes Kind, bitte sie darum. Gott sei mit dir!"

Die Dame mit den Korkenzieherlocken reichte Walpurga die Hand und sagte: „Komm mit, meine gute Frau."

Walpurga nickte dankbar.

Und so gab es schließlich jemanden, der sie bei der Hand nahm und mit ihr Deutsch sprach. Und es waren auch freundliche Worte, denn die alte Dame hatte sie mit „liebes Kind" und Mademoiselle mit „meine gute Frau" angesprochen. Während sie Französisch sprachen, kam es ihr vor, als wäre sie betrogen worden, denn sie konnte sich des Gefühls nicht erwehren, dass sie von ihr sprachen. Mademoiselle Kramer führte sie nun in den zweiten Raum dahinter.

„Und jetzt möchte ich Sie willkommen heißen!" sagte die Dame, während ihr heimeliges Gesicht plötzlich einen bezaubernden Ausdruck bekam. „Gib mir beide Hände. Lasst uns gute Freunde sein, denn wir werden immer zusammen sein, bei Tag und bei Nacht! Sie nennen mich die Chefstewardess."

„Und ich heiße Walpurga."

„Auch ein hübscher Name! Ich denke, du wirst ihn behalten."

„Behalte meinen Namen! Warum, wer kann ihn mir nehmen? Ich wurde Walpurga getauft und werde seit meiner Kindheit so genannt."

„Reg dich nicht auf, lieber Walpurga", sagte die Stewardess mit viel Gefühl. „Ja, bitte seien Sie ruhig", fügte sie hinzu, „und wann immer Ihnen etwas missfällt, erzählen Sie es mir, und ich werde dafür sorgen, dass es behoben wird. Sie sollten immer zufrieden und glücklich sein; und jetzt setzen Sie sich in diesen Arm — Wenn Sie lieber auf dem Sofa liegen und sich ausruhen möchten, tun Sie dies. Fühlen Sie sich wie zu Hause."

„Das wird sehr gut funktionieren", sagte Walpurga, machte es sich in dem großen Sessel bequem und stützte ihre Hände auf ihre Knie. Mademoiselle Kramer befahl nun einer der Dienstmädchen, der Amme gute Rinderbrühe und Weizenbrot zu bringen. Als sie sich Walpurga zuwandte, sah sie, dass sie bitterlich weinte.

„Um Himmels willen, was ist los? Du hast vor nichts Angst oder machst dir Sorgen? Warum weinst du?"

„Lass mich weinen. Es tut mir gut. Mein Herz war schon so lange schwer. Ich nehme an, du lässt mich weinen, wenn ich nicht anders kann. Ich wusste nicht, was ich tat, als ich „Ja" sagte. ' Gott sei Dank, ich hätte nie gedacht, dass es so sein würde!"

„Was ist passiert? Wer hat dir etwas angetan? Um Gottes willen, weine nicht, es wird dir schaden, und ich werde dafür gerügt, dass ich es zugelassen habe. Sag mir einfach, was du willst, ich werde alles tun." Ich kann für dich.

„Ich will nur, dass du mich weinen lässt. Oh, mein Kind! Oh, Hansei! Oh, Mutter! – Aber jetzt geht es mir wieder gut. Ich werde ruhig sein. Ich bin jetzt hier und muss mach das Beste draus."

Die Suppe wurde gebracht. Mademoiselle Kramer hielt Walpurga einen Löffel an die Lippen und sagte:

„Nimm etwas, meine Liebe, und es wird dir bald besser gehen."

„Ich möchte keine Brühe. Soll ich behandelt werden, als wäre ich krank und gezwungen werden, zu essen, was ich nicht mag? Wenn es jemanden im Haus gäbe, der Brei machen könnte, würde ich das lieber essen." als alles andere. Ich gehe in die Küche und mache selbst welche."

Mademoiselle Kramer war verzweifelt. Zu ihrer großen Erleichterung klopfte es an der Tür. Doktor Gunther, der Arzt des Königs, trat ein, begleitet von Doktor Sixtus. Er reichte der Krankenschwester die Hand und sagte:

„Gott grüße dich, Walpurga von der Hütte am See! Du hast einen guten Fang gemacht, als du in dieses Haus gekommen bist. Lass dich von den Sitten des Palastes nicht beunruhigen und tue, was du zu Hause tun würdest. Glaub mir." Dafür wird Wasser zum Kochen benötigt, überall auf der Welt. Die Leute hier sind genauso wie in deiner Nachbarschaft – genauso gut und genauso schlecht; genauso weise und genauso dumm; mit diesem Unterschied allerdings – hier wissen sie ihre Bosheit und Dummheit zu verbergen."

Doktor Gunther hatte zum Teil den Highland-Dialekt verwendet, als er sie ansprach, und plötzlich hellte sich ihr Gesicht auf.

„Danke! Danke! Ich werde mich daran erinnern, was Sie mir sagen", sagte sie fröhlich.

Mademoiselle Kramer stellte nun die große Frage des Tages: Rinderbrühe oder Brei. Doktor Gunther lachte und sagte:

„Warum natürlich Haferbrei, das ist das Beste. Eigentlich brauchst du, Walpurga, nur zu sagen, was du von zu Hause gewohnt bist, und dann bekommst du es hier, vorausgesetzt, es ist weder sauer noch fett."

Er wandte sich an seinen Kollegen und fügte hinzu:

„Wir behalten die Krankenschwester vorerst bei ihrer gewohnten Diät und können danach allmählich eine Veränderung herbeiführen. Komm her, Walpurga, und lass mich in deine Augen schauen. Ich habe dir etwas zu sagen. In einer Viertelstunde In einer Stunde müssen Sie vor der Königin erscheinen. Seien Sie nicht beunruhigt, niemand wird Ihnen etwas tun. Sie möchte Sie nur sehen. Versäumen Sie nicht, zu beweisen, dass Ihre Augen

Recht haben, wenn sie sagen, dass sie dazu gehören ein kluger Kopf. Sprechen Sie die Königin ruhig an, und wenn Sie, was sehr wahrscheinlich ist, immer noch Heimweh nach Ihrem Kind und den anderen, die Sie zurückgelassen haben, verspüren, zeigen Sie es nicht, während Sie mit der Königin zusammen sind. Vielleicht Bring sie zum Weinen und mache sie krank, denn sie ist sehr empfindlich. Verstehst du mich ganz?"

„Das tue ich tatsächlich! Ich werde sehr vorsichtig sein. Ich werde sie aufmuntern."

„Das dürfen Sie auch nicht tun. Bleiben Sie völlig ruhig und gelassen, sprechen Sie wenig und leise. Versuchen Sie, so schnell wie möglich aus dem Zimmer zu kommen, denn sie braucht so viel Schlaf, wie sie bekommen kann."

„Ich werde alles so machen, wie Sie es sagen. Auf mich können Sie sich verlassen", sagte Walpurga. „Gehst du nicht mit?"

„Nein, dort triffst du mich. Aber jetzt nimm dir etwas zu essen. Hier kommt der Brei. Ich hoffe, er wird dir guttun. Du brauchst nicht alles aufzuessen, vorerst reicht die Hälfte. Aber warte noch ein wenig Warten Sie, bis es abgekühlt ist. Kommen Sie einen Moment mit mir. Ich nehme an, Sie haben keine Angst, mit mir zu gehen?

„Nein, es kommt mir vor, als hätte ich deine Stimme schon oft gehört."

„Sehr wahrscheinlich! Ich komme ebenfalls aus den Highlands und war bereits im Haus deines Vaters. Wenn ich mich nicht irre, stammte deine Mutter aus unserer Gegend. War sie nicht im Dienst des Freibauern?"

„Das war sie tatsächlich."

„Na dann, deine Mutter ist eine gute Frau, und vergiss nicht, der Königin zu sagen, dass sie sich gut um dein Kind kümmert. Das wird ihr gefallen. Ich kannte auch deinen Vater; er war eine fröhliche Seele und absolut ehrlich." "

Walpurga war froh zu wissen, dass man an ihre Eltern dachte und dass die anderen so wohlwollend über sie gesprochen hatten. Wenn der Arzt, der ihren Vater gekannt hatte, dieser Vater selbst gewesen wäre, hätte sie nicht bereitwilliger sein können, ihn in das Nebenzimmer zu begleiten. Er kehrte nach wenigen Augenblicken zurück und ging in Begleitung von Doktor Sixtus; und dann kam Walpurga, den Blick auf den Boden gerichtet. Als sie endlich aufsah, war sie froh, dass niemand außer Mademoiselle Kramer im Raum war.

Sie musste an ihre Heimat denken, denn plötzlich rief sie aus:

„Meine Güte! Ich habe dich schon." Dann holte sie das Stück Brot aus ihrer Tasche, das ihre Mutter ihr gegeben hatte. Und so war der erste Bissen, den sie während ihres Aufenthalts im Palast aß, von zu Hause mitgebracht worden und stammte aus den Backwaren ihrer Mutter. Ihre Mutter hatte ihr gesagt, dass dies ihr Heimweh heilen würde; und sie fand es wirklich so, denn mit jedem Bissen wurde sie fröhlicher.

Wenn gerade sieben Königinnen gekommen wären, hätte sie keine Angst vor ihnen gehabt, und ihr Weinen hatte ein Ende. Sie aß alle Krümel, die ihr in den Schoß gefallen waren, als hätten sie eine heilige Kraft. Danach probierte sie etwas von dem Brei.

„Kann ich nicht irgendwohin gehen, um mein Gesicht zu waschen und meine Haare zu frisieren?" fragte sie.

„Natürlich. Doktor Gunther hat Ihnen befohlen, das zu tun."

„Für alles, was ich tue, brauche ich keine Befehle!" sagte Walpurga trotzig.

Mademoiselle Kramer wollte, dass ihre Zofe Walpurga die Haare frisiert. Aber Walpurga ließ es nicht zu.

„Keine fremde Hand soll meinen Kopf berühren", sagte sie.

Und nach einer Weile machte sie ein aufgeräumtes und fast heiteres Aussehen.

„So, jetzt gehe ich zur Königin", sagte sie. „Wie sprichst du sie an?"

„,Eure Majestät' oder ,gnädigste Frau.'"

„In den Gebeten in der Kirche nennen sie sie die ,Mutter des Landes'", sagte Walpurga, „und das gefällt mir viel besser. Das ist ein herrlicher, wunderschöner Name. Wenn es meiner wäre, sollte ihn mir niemand wegnehmen. Und jetzt ich." Ich werde zur Königin gehen.

„Nein! Sie müssen warten. Sie werden geholt."

„Das würde mir genauso gut stehen. Aber ich möchte dich um einen Gefallen bitten. Nenn mich ,Du'." [1]

„Ganz gerne, wenn die First Lady des Schlafzimmers nichts dagegen hat."

„Und deshalb kann hier nichts getan werden, ohne um Erlaubnis zu bitten. Aber jetzt, wo wir mit dem Reden fertig sind, wollen wir ruhig sein. Ach ja! Da ist noch eines: Wessen Bild hängt da da?"

"Die Königinnen."

„Ist das die Königin? Oh, wie schön! Aber sie ist noch sehr jung."

„Ja, sie ist erst achtzehn Jahre alt."

Walpurga betrachtete das Bild lange. Dann wandte sie sich davon ab, sank neben dem großen Stuhl auf die Knie, faltete die Hände und flüsterte leise einen Paternoster.

Walpurga kniete noch, als ein Klopfen an der Tür zu hören war. Ein Lakai kam herein und sagte:

„Ihre Majestät hat nach der Krankenschwester seiner königlichen Hoheit geschickt.“

Walpurga stand auf und folgte dem Diener. Mademoiselle Kramer begleitet sie.

KAPITEL X.

Vor ihnen ging ein Diener, der eine Laterne trug, durch den langen, schmalen, hell erleuchteten Gang und über eine Treppe hinauf zur Galerie der königlichen Kapelle. Für den Gerichtssaal gab es gepolsterte Stühle. Walpurga blickte in die weite, dunkle Halle hinunter. Es gab kein Licht außer dem in der Altarlampe, deren Strahlen das Bild der Jungfrau schwach beleuchteten.

„Du bist überall!" sagte Walpurga halb laut, während sie in die dunkle Kirche hinunterblickte und die Madonna mit dem Kinde grüßte, so vertraut, als würde sie einen vertrauten Freund begrüßen. Ein schwaches Gefühl für die göttlichen Eigenschaften der Mutterschaft, wie sie in Zeitaltern von Liedern und Bildern, Gebeten und Opfern verherrlicht wurden, erfüllte ihre Seele. Sie nickte noch einmal dem Bild zu und ging dann weiter. So unsicher, als würde sie auf Glas gehen, ging sie durch den Thronsaal und den großen Ballsaal. Dann gingen sie durch andere Wohnungen, die offensichtlich eher für den häuslichen Gebrauch bestimmt waren, aber keine Türen hatten und durch schwere Doppelvorhänge voneinander getrennt waren. Schließlich stiegen sie eine breite Marmortreppe mit einer goldenen Balustrade hinab. Es war gut beleuchtet und mit Teppich ausgelegt. Hier gab es Diener und Wachen. Sie betraten andere Räume, die voller Menschen waren, die in ihrer eifrigen Unterhaltung innehielten, um einen Blick auf Walpurga zu werfen. Im dritten Raum kam Dr. Gunther auf sie zu. Er nahm sie bei der Hand und führte sie zu einem Herrn, der eine prächtige Uniform trug und die Kreuze und Medaillen vieler Orden trug.

„Das ist Seine Majestät, der König", sagte er.

„Ich kenne ihn; ich habe ihn schon einmal gesehen", antwortete Walpurga. „Mein Vater hat ihn über den See gerudert, und mein Hansei auch."

„Dann lasst uns unsere Bekanntschaft vertiefen, da wir uns schon so lange kennen", antwortete der König. „Und jetzt geh zur Königin; aber pass auf, dass du sie nicht aufregst."

Er entließ sie mit einer gnädigen Kopfbewegung, und in Begleitung von Doktor Günther und Gräfin Brinkenstein, die sie anwesend fanden, ging sie durch mehrere andere Räume, deren schwere Teppiche die Geräusche ihrer Schritte dämpften.

„Pass auf, dass du sie nicht aufregst." Die Worte beunruhigten Walpurga sehr. Warum sollte sie die Königin zum Zorn provozieren? denn das war die einzige Bedeutung, die sie aus dem Wort erschließen konnte.

Obwohl sie nicht wusste, was sie mit dem Wort meinten, wurde sie hin und her, auf und ab, durch zahllose Gänge und Räume geschoben, wobei sie nebenbei den Blicken der Höflinge begegnete und schließlich die Warnung des Königs empfing hatte die Wirkung, sie zu erregen.

Schließlich stand sie an der Schwelle einer grünen Wohnung, die ihr wie ein verzaubertes Zimmer vorkam, ausgehöhlt aus einem riesigen Smaragd. Eine Lampe mit grünem Glasschirm hing von der Decke und warf ein sanftes, märchenhaftes Licht auf den Raum und seine Bewohner. Und dort, auf dem großen Himmelbett, mit der glitzernden Krone darüber, lag die Königin.

Walpurga hielt den Atem an; Ein sanfter Glanz erhellte das Gesicht der dort Liegenden.

"Bist du gekommen?" fragte eine sanfte Stimme.

„Ja, meine Königin, Gott grüße dich! Bleib ruhig und fröhlich. Bei dir ist alles gut gegangen, Gott sei Dank!"

Mit diesen Worten trat Walpurga ans Bett und ließ sich weder von Doktor Günther noch von Gräfin Brinkenstein zurückhalten. Sie reichte der Königin ihre Hand. Und so umklammerten sich zwei Hände – eine von der Arbeit hart und rau wie die Rinde eines Baumes, die andere so weich wie das Blütenblatt einer Lilie.

„Ich danke Ihnen, dass Sie gekommen sind. Haben Sie sich darüber gefreut?"

„Ich war froh, zu kommen, aber es tat mir leid, das Haus verlassen zu müssen."

„Sie lieben Ihr Kind und Ihren Mann sicherlich von ganzem Herzen."

„Ich bin die Frau meines Mannes und die Mutter meines Kindes."

„Und deine Mutter stillt dein Kind und kümmert sich liebevoll um es?" fragte die Königin.

"Die Idee!" antwortete Walpurga.

Die Königin schien nicht zu wissen, dass ihre Antwort „Das ist selbstverständlich" bedeutete, und fragte daher: „Verstehst du mich?"

„Ja, tatsächlich; ich verstehe Deutsch", antwortete Walpurga. „Aber Eure Majestät sollte nicht so viel reden. So Gott will, werden wir noch viele Tage glücklich zusammen sein. Wir werden alles arrangieren, wenn wir uns am helllichten Tag in die Augen sehen können, und ich werde alles tun." Ich kann Ihnen und dem Kind eine Freude bereiten. Ich habe mein Heimweh überwunden und muss jetzt meine Pflicht erfüllen. Ich werde Ihrem Kind eine gute Pflegerin sein; lassen Sie sich davon nicht beunruhigen. Und jetzt gute Nacht! Schlaf gut und lass dich von nichts beunruhigen. Und jetzt lass mich unser Kind sehen.

„Atem meines Atems, er liegt hier und schläft an meiner Seite. Wie unendlich ist Gottes Gnade, wie wunderbar sind seine Werke!"

Walpurga spürte, dass jemand an ihrem Kleid zog, und sagte hastig:

„Gute Nacht, liebe Königin. Legen Sie alle müßigen Gedanken von sich ab. Dies ist keine Zeit, sich mit dem Nachdenken zu beschäftigen. Wir werden genug zu denken haben, wenn die Zeit gekommen ist. Gute Nacht!"

„Nein, bleib hier! Du musst bleiben!" flehte die Königin.

„Ich muss Eure Majestät anflehen –", mischte sich Doktor Gunther hastig ein.

„Lassen Sie sie doch noch eine Weile bei mir", flehte die Königin in kindlichem Tonfall. „Ich bin mir sicher, dass es mir nicht schaden wird, mit ihr zu reden. Als sie sich dem Bett näherte und ich ihre Stimme hörte, hatte ich das Gefühl, als würde mir ein Hauch Alpenluft in all ihrer taufrischen Frische entgegenwehen. Auch jetzt habe ich das Gefühl, auf einem hohen Berg zu liegen, von dem aus ich in die wunderschöne Welt hinabblicken kann.

„Eure Majestät, eine solche Aufregung könnte sich als ziemlich schädlich erweisen."

„Sehr gut, ich werde ruhig bleiben. Aber lass sie doch noch einen Moment bei mir! Gib mir mehr Licht, damit ich sie sehen kann."

Der Schirm wurde von einer Lampe entfernt, die auf einem Beistelltisch stand, und die beiden Mütter sahen einander von Angesicht zu Angesicht.

"Wie schön Sie sind!" rief die Königin aus.

„Das spielt keine Rolle mehr", antwortete Walpurga. „Gott sei Dank, wir haben es beide überstanden, dass uns solch ein Unsinn verdreht hat. Du bist eine Ehefrau und Mutter, und ich auch."

Der Bildschirm fiel wieder; Die Königin nahm Walpurgas Hand in ihre und sagte mit sanfter Stimme:

„Beuge dich zu mir, ich möchte dich küssen – ich muss dich küssen."

Walpurga tat, was ihr geboten wurde, und die Königin küsste sie.

„Du kannst jetzt gehen. Bleib gut und treu", sagte die Königin.

Eine Träne Walpurgas fiel auf das Gesicht der Königin, die hinzufügte:

„Weine nicht! Auch du bist eine Mutter."

Da Walpurga kein weiteres Wort mehr sagen konnte, wandte sie sich zum Gehen, und die Königin rief ihr nach.

"Wie heißt du?"

„Walpurga“, sagte Doktor Günther und antwortete für sie.

„Und kannst du gut singen?“ fragte die Königin.

„Das sagen sie“, antwortete Walpurga.

„Dann singe oft meinem Kind oder ‚unserem Kind‘, wie du es nennst. Gute Nacht!“

Doktor Günther blieb bei der Königin. Es dauerte einige Zeit, bis er ein Wort aussprach. Er hatte das Gefühl, dass er ihre aufgeregten Gefühle beruhigen musste, und er verfügte über ein sicheres und einfaches Mittel.

„Ich muss Eure Majestät bitten“, sagte er, „meine Glückwünsche zu erwidern. Meine Tochter Cornelia, die Frau von Professor Korn von der Universität, wurde genau in der Stunde, in der der Kronprinz geboren wurde, glücklich von einem kleinen Mädchen entbunden.“ "

„Ich gratuliere dem Kind, dass es einen solchen Großvater hat. Du sollst auch der Großvater unseres Sohnes sein.“

„Der Glückwunsch, der seinem Empfänger eine edle Pflicht auferlegt, ist das Beste, was man geben kann“, antwortete Gunther. „Ich danke Ihnen. Aber wir müssen jetzt aufhören zu reden. Erlauben Sie mir, Ihrer Majestät eine gute Nacht zu wünschen!“

Günther verließ den Raum. Alles war still.

Anstatt Walpurga zurück in die oberen Räume zu bringen, hatten sie sie in eine gut ausgestattete Wohnung auf der anderen Seite des Palastes geführt, wo sie zu ihrer großen Freude Mademoiselle Kramer vorfand, die sie erwartete.

„Die Königin hat mich geküsst!“ rief sie aus. „Oh, was für ein Engel sie ist! Ich hätte nicht gedacht, dass es solche Kreaturen auf der Welt gibt.“

Einige Zeit später, als die Königin eingeschlafen war, brachten zwei Frauen eine vergoldete Wiege in Walpurgas Zimmer.

Als sie das Kind aus dem Bett nahmen, bewegte sich die Königin im Schlaf, als wäre sie sich dessen bewusst, was geschah.

Bevor Walpurga das Kind an ihre Brust nahm, hauchte sie es dreimal an. Es öffnete seine Augen und sah sie an und schloss sie dann schnell wieder.

Im ganzen Palast herrschte bald Stille. Walpurga und das Kind an ihrer Seite schliefen. Mademoiselle Kramer blieb die ganze Nacht wach, und im Vorzimmer auf beiden Seiten waren Ärzte und Diener in Rufbereitschaft.

KAPITEL XI.

Im Dorf am See, oder genauer gesagt, in den wenigen Häusern, die sich in der Nähe des Gasthauses Chamois drängten, sorgte Walpurgas seltsamer und plötzlicher Abgang für großen Aufruhr.

Alle eilten zum Gasthaus. Der Wirt nahm eine kluge Miene an und wollte klarmachen, dass er weit mehr wusste, als die Leute ihm zutrauten. Die ganze Angelegenheit war natürlich seine Planung; Denn wäre nicht bewiesen worden, dass zu seinen Bekannten sogar der König selbst gehörte?

Unmittelbar nach Walpurgas Abreise drängte er Hansei, ihn zur Gämse zu begleiten, denn er wusste genau, dass seine Anwesenheit dort eine weitaus größere Anziehungskraft ausüben würde als eine Musikkapelle.

Hansei wollte nicht sofort gehen, sondern versprach, bald darauf zu folgen. Er konnte das Haus in diesem Moment nicht verlassen.

Er durchsuchte das ganze Haus, vom Keller bis zur Mansarde. Dann ging er in den Stall, wo er lange Zeit der Kuh beim Fressen zusah. „So ein Biest hat schließlich eine gute Zeit", dachte er; „Andere müssen dafür sorgen, und wo es ein volles Kinderbett findet, ist es zu Hause."

Er ging ins Zimmer, nickte der Großmutter schweigend zu und warf einen hastigen Blick auf das schlafende Kind. Er setzte sich neben den Tisch, stützte die Ellenbogen darauf ab und vergrub sein Gesicht in seinen Händen.

„Es geht immer noch", sagte er und blickte auf die Schwarzwälder Uhr, die an der Wand tickte. „Sie hat es aufgezogen, bevor sie gegangen ist."

Er ging hinaus und setzte sich auf die Bank unter dem Kirschbaum. Die Stare oben waren ganz fröhlich, und aus dem Wald rief ein Kuckuck: „Ja, er geht auch weg und überlässt seine Kinder der Erziehung durch Fremde."

Hansei lachte vor sich hin und sah sich um. War die Frau wirklich weg? Sie muss immer noch da sitzen! Wie konnten diejenigen, die zusammengehören, auf diese Weise getrennt werden?

Er starrte immer wieder auf den Sitz neben ihm, aber sie war nicht da.

Das halbe Dorf hatte sich vor dem Gartentor versammelt. Jung und Alt, Groß und Klein standen da und starrten ihn an.

Wastl (Sebastian), der Weber, der seit vielen Jahren ein Kamerad Hanseis war und mit ihm im Wald gearbeitet hatte, rief:

„Gott grüße dich, Hansei! Dein Brot ist mit der gebutterten Seite nach oben heruntergefallen."

Hansei murmelte mürrisch Danke. Plötzlich ertönte großes Gelächter. Niemand wusste, wer als erster das Wort „Amme" ausgesprochen hatte. Es war schnell und leise durch die Menge von einem zum anderen weitergereicht worden, bis es schließlich Thomas, Zenzas Sohn, erreichte – einen kühnen, grobknochigen Kerl, dessen offenes Hemd eine bullige Brust enthüllte.

„Walpurga ist die Amme des Kronprinzen *und* Hansei ist die *Amme* ."

Wastl öffnete das Tor und betrat den Garten, die ganze Menge folgte ihm auf den Fersen. Sie gingen durch Garten, Haus und Stall; spähte durch die Fenster, roch an den Veilchen auf dem Fensterbrett und setzte sich auf das Anzündholz, das unter dem Schuppen lag. Das Haus schien Eigentum des ganzen Dorfes geworden zu sein. Wenn Freude oder Leid in ein Zuhause eindringt, stehen alle Türen offen und die Räume und Durchgänge werden zu einer öffentlichen Straße.

„Was wollen sie alle?" fragte Hansei von Wastl, der sich neben ihn auf die Bank gesetzt hatte.

„Nichts! Sie sind nur gekommen, um sich selbst davon zu überzeugen, dass die ganze Sache wahr ist, damit sie anderen davon erzählen können. Aber sie freuen sich alle über Ihr Glück."

„Viel Glück! Nun ja, ich nehme an, es musste so sein", sagte Hansei in einem Ton, der kaum auf Glück schließen ließ. „Wastl, es scheint, als würde bei mir nichts mehr richtig laufen. Ich hatte gerade angefangen zu glauben, dass alles so weitergehen würde wie bisher, und nun muss ich auf einmal einen weiteren Berg erklimmen. Aber du bist Single und kannst natürlich nicht wissen, wie ich mich fühle.

„Es ist sehr gut von dir, dass du deine Frau so liebst."

„Meine Frau? So gern?"

„Ich weiß, wie du dich fühlen musst."

Hansei schüttelte ungläubig den Kopf.

"Aufheitern!" sagte Wastl. „Mancher Ehemann wäre froh, seine Frau für ein Jahr los zu sein."

"Für ein Jahr."

„Je länger, desto besser, würden manche sagen", dachte sich Wastl. „Aber deine Frau wird wiederkommen und dein Häuschen in einen Palast verwandeln, und dann wirst du König Nummer zwei sein!"

Hansei lachte laut, obwohl er nicht in Lachlaune war. Es kam ihm vor, als müsse er in den Wald hinausgehen, wo er von der Welt nichts hören und sehen dürfe. Verwirren Sie alles! Warum ist die Frau gegangen? War dies der

Grund, warum wir geheiratet und uns geschworen haben, ein Leben lang eins zu sein, egal, ob es gut oder schlecht geht?

Doch Hansei konnte nicht entkommen. Das halbe Dorf hatte sich um ihn versammelt. Alle sprachen von seinem Glück. Der Besitzer des großen Bauernhofes weiter oben, der als Leithofbauer bekannt war, hielt sein Gespann sogar am Gartentor an und stieg aus, um Hansei die Hand zu schütteln und ihm Freude zu wünschen.

„Wenn Sie die Wiese neben Ihrem Garten kaufen möchten, verkaufe ich sie Ihnen. Für mich ist sie etwas zu weit weg", sagte der Leithofbauer. Der Tischler, der im Dorf wohnte und schon lange den Wunsch hegte, auszuwandern, sagte schnell:

„Es wird dir viel besser gehen, wenn du mein Haus und meinen Bauernhof kaufst. Ich lasse sie dir spottbillig."

Die Stare oben im Baum konnten diese Leute nicht übertrumpfen. Hansei lachte herzlich. Das ist großartig! dachte er. Die ganze Welt kommt, um mir Haus und Hof, Feld und Wiese anzubieten.

„Du hattest recht, Walpurga!" sagte er plötzlich. Die Leute starrten ihn erst an, dann einander und wussten nicht, was sie von ihm halten sollten.

Er streckte seine Glieder, als ob er aus dem Schlaf erwachen würde, und sagte:

„Vielen Dank, liebe Nachbarn. Wenn ich es Ihnen jemals zurückzahlen kann, sei es in Freude oder in Trauer, werde ich es sicherlich tun. Aber jetzt werde ich keine Änderung vornehmen; nein, ich werde bis zu meiner Frau keinen Nagel im Haus bewegen." kommt zurück.

„Geredet wie ein Mann, gut und wahrhaftig", sagte der Leithofbauer, und niemand konnte größeres Lob erlangen, als vom reichsten Bauer der Nachbarschaft so gesprochen zu werden.

„Möchtest du dir meine Kuh ansehen?" sagte Hansei und winkte dem Leithofbauer zu, der nun der einzige zu sein schien, der auf Augenhöhe mit sich selbst war.

Der Leithofbauer dankte ihm, hatte aber keine Zeit aufzuhören. Bevor er sich verabschiedete, versicherte er Hansei, dass er ihm gerne Ratschläge geben würde, wie er sein Geld sicher anlegen könne.

Sein Geld? Wo könnte es sein? Hansei zitterte vor Angst und presste die Hände an den Kopf – er hatte die Geldrolle verloren! Wo war es? Er steckte die Hand in die Tasche. Die Rolle war noch da! Und als seine Hand sie nun wieder umklammerte, war er ganz freundlich zu denen, die noch übrig waren, und hatte für jeden ein freundliches Wort übrig.

Endlich waren alle Dorfbewohner gegangen, und Hansei konnte sich nichts Besseres vorstellen, als auf seinen Kirschbaum zu klettern – den wahren Freund, der ihn niemals im Stich lassen würde und geben würde, solange er etwas zu geben hatte.

Er pflückte und aß viele Kirschen, während er auf den Telegrafendraht schaute und dachte: Der führt in den Palast und ich könnte durch ihn mit meiner Frau reden, wenn ich nur wüsste, wie. Er beugte sich vor, bis er den Draht berühren konnte, und als er das getan hatte, zog er schnell seine Hand zurück, als hätte er Angst.

Plötzlich hörte er eine Stimme, die ihm zurief:

„Hansei! Wo bist du?

"Hier bin ich."

"Mitkommen!" war die Antwort. Es war der Priester, der ihn gerufen hatte.

Hansei eilte vom Baum herab und empfing nun die größte Ehre, die ihm bisher zuteil geworden war. Der Priester winkte ihm zu, und Hansei kam mit dem Hut in der Hand auf ihn zu.

„Ich wünsche dir Freude!" sagte der Priester. „Kommen Sie mit ins Gasthaus; der Wirt der Gämsen hat einen frischen Hahn geöffnet."

Hansei blickte auf sich selbst, um zu sehen, was über ihn gekommen war. Denken Sie an die Einladung des Priesters, mit ihm zu gehen und auch in seiner Gesellschaft zu trinken!

Er nahm die neue Ehre mit Würde entgegen. Während er mit dem Priester ging, hoben die Menschen, die sie auf der Straße trafen, ihre Hüte und er nahm ihre Grüße ganz freundlich zur Kenntnis.

In dem großen Zimmer im Chamois, wo jeder mit ihm oder von ihm redete, war er so glücklich, dass er die Geldrolle öffnete, ohne sie jedoch aus der Tasche zu ziehen. Er wollte das erste Stück dem Priester darbringen, damit dieser eine Messe für Walpurga lesen konnte. Aber die Stücke waren so groß. Es waren alles Kronentaler. Und so sagte Hansei lediglich:

„Ich wünschte, du würdest eine Messe für meine Frau und mein Kind lesen. Ich werde dich dafür bezahlen."

Es dämmerte bereits. Nach und nach entfernten sich die Gäste. Doch Hansei blieb wie angewurzelt sitzen. Schließlich waren er und der Wirt die einzigen im Raum.

„Nachdem sie alle mit dir geredet haben", sagte der Wirt, „kannst du mir genauso gut zuhören. Niemand meint es so freundlich mit dir wie ich, und ich bin auch kein Dummkopf. Tu es." Weißt du, was zu dir, Hansei, und noch besser zu deiner Frau passen würde?"

"Was?"

„Das ist der richtige Ort für Sie – Sie und Ihre Frau! Ich bin schon lange genug Vermieter. Wenn Ihre Frau zurückkommt, können Sie Ihrem Ferienhaus „Gute Nacht" sagen und sich hier niederlassen, wo Sie es finden werden ein gutes Leben für Ihre Kinder und Enkelkinder. Wir werden jetzt nicht darüber reden; aber verpflichten Sie sich zu nichts anderem. Ich bin Ihr bester Freund; ich glaube, das habe ich heute noch bewiesen. Das tue ich nicht Es liegt mir nicht daran, mit dieser Angelegenheit auch nur einen Penny zu verdienen – ganz im Gegenteil."

Oh, wie nett sie sind, wenn bei einem alles gut geht!

Hansei saß lange Zeit da, schaute in sein Glas und versuchte sich zu vergewissern, wer er wirklich war. Dann begann er wieder an seine Frau zu denken: wo sie sein könnte und wie es mit ihr war. Wenn er nur in diesem Moment einschlafen und weiterschlafen könnte, bis das Jahr um wäre; aber zu sitzen und zu warten... Er schaute auf die Uhr; es schlug gerade zehn.

„Wie oft musst du zehn schlagen, bevor wir uns wiedersehen", dachte er bei sich.

Hansei taumelte fast, als er durch das Dorf ging. Die Leute, die an ihren Türen saßen oder herumstanden, grüßten ihn und wünschten ihm Freude, und er wusste genau, dass weit weg in den Bergen alle von seinem Glück sprachen. Es kam ihm vor, als müsste er sich in tausend Stücke schneiden, um ihnen allen zu danken.

Er stand in der Nähe seines Gartens und blickte auf die Hecke. Wie lange war es her, dass er, der noch nie zuvor einen Ort gekannt hatte, den er sein Zuhause nennen konnte, so glücklich über den Besitz eines kleinen Grundstücks war! Und nun saß die Großmutter im Haus und hörte, wie sie sein Kind in den Schlaf sang:

„Wenn alle Ströme nichts als Wein wären,

Und alle Hügel waren so schöne Juwelen,

Und alle gehörten mir:

Doch wäre mein Schatz Schatz

Mir ist es weitaus lieber als alles andere.

„Und da wir uns trennen müssen,

Noch ein Kuss, bevor ich anfange.

Du bleibst, aber ich muss gehen,

Und der Abschied schmerzt das Herz;

Aber auch wenn sich das Leben hinzieht, werden wir nicht verzagen,

Denn länger ist das Leben jenseits."

„Aber auch wenn sich das Leben hinzieht, werden wir nicht verzagen, denn das Leben liegt noch länger in weiter Ferne." Die Worte drangen Hansei tief ins Herz, und die Glühwürmchen, die in der Dunkelheit umherflatterten oder auf Zaun und Gras ruhten, zogen seinen Blick hin und her, als wären sie ein neues und überraschendes Phänomen. Hanseis Wachtraum dauerte noch einige Zeit, und als er schließlich mit der Hand über sein Gesicht fuhr, war es feucht vom Tau. Es kam ihm vor, als müsse ihn jemand ins Haus tragen und ins Bett bringen. Doch durch eine plötzliche Drehung berührte die Geldrolle seine Hüfte und er war wieder hellwach. Er ging weit die Straße entlang, in die gleiche Richtung, in die Walpurga gegangen war, und erreichte schließlich den Steinhaufen, auf dem sie sich vor vierzehn Tagen ausgeruht hatte. Da lag noch etwas Heu. Er setzte sich darauf und blickte auf den breiten See hinaus, über den der Mond seine hellen Strahlen warf. Es war genauso ruhig wie vor vierzehn Tagen; aber das war am Tag, und jetzt war es Nacht. „Wo kann meine Frau jetzt sein?" sagte er und sprang auf, um zu ihr zu rennen, obwohl es die ganze Nacht dauerte. „Wie froh wird sie sein, wenn ich gleich am ersten Morgen, wenn sie dort ist, in den Palast komme!" Mit Riesenschritten eilte er weiter. Aber er konnte nicht umhin, sich zu fragen: „Wie wird es sein, wenn du morgen wieder weg musst, und was werden die Leute zu Hause sagen, und was wird die Großmutter denken, wenn sie mit dem Kind allein ist?"

Und doch ging er weiter. Plötzlich wurde er beunruhigt bei dem Gedanken an das Geld, das er bei sich trug. Die Nachbarschaft war sicherlich sicher genug. Es ist lange her, dass man in dieser Region von einem Verbrechen gehört hat. Aber es könnte immer noch Räuber geben, die, nachdem sie sich an seinem Schatz bedient hatten, ihn ermorden und in den See werfen würden ... Von Angst gequält, drehte er sich hastig um und rannte nach Hause.

Als er auf ihn zukam, erblickte er eine bedrohliche Gestalt. Er ergriff das Messer in seinem Gürtel. „Wenn es nur einen gibt und kein anderer auf der Lauer liegt, bin ich Manns genug, mich zu verteidigen", dachte er.

Die Gestalt kam näher und begrüßte ihn aus der Ferne. Die Stimme war die einer Frau. Hätte Walpurga – Nein, das wäre unmöglich.

Die Figur blieb stehen. Hansei ging darauf zu und sagte: „Oh! Bist du es, Esther, so spät draußen auf der Straße?"

„Und bist du das, Hansei?" sagte Black Esther und lachte herzlich. „Ich dachte, es wäre irgendein Betrunkener, weil ich dich aus großer Entfernung gehört habe, wie du Selbstgespräche geführt hast. Aber jetzt bist du natürlich einsam genug, nehme ich an."

„Gehen Sie so spät in der Nacht und ganz alleine im Wald spazieren?"

„Ich muss alleine gehen, wenn niemand mit mir geht", sagte Black Esther mit einem Lachen, das hart in die stille Nacht fiel. Es entstand eine Pause. Hansei konnte seinen Herzschlag hören. Vielleicht lag es an seinem schnellen Gehen.

„Ich muss nach Hause", sagte er schließlich. "Gute Nacht."

Black Esther legte ihre Hand auf seine Schulter und sagte:

„Hansei, ich bin es nicht gewohnt zu betteln und wenn es Tag wäre, würde ich lieber verhungern, als dich um etwas zu bitten. Aber jetzt hast du ein gutes Herz und es geht dir gut; gib mir etwas oder leihe es dir." Ich gebe es dir wieder zurück. Sie sprach so überzeugend, dass Hansei zitterte. Ihre Hand ruhte immer noch auf ihm; Er wollte gerade in seiner Tasche nach dem Kronentaler greifen, den er vom Priester gerettet hatte, als er plötzlich ihre Hand von seiner Schulter nahm und sagte: „Ich gebe dir ein andermal etwas." Anschließend rannte er nach Hause. Ihr schrilles Lachen hallte in seinen Ohren wider, und es klang, als würden Hunderte von Stimmen aus den Felsen antworten. Ihm standen die Haare zu Berge und er hatte abwechselnd das Gefühl, vor Kälte zu zittern und vor Fieber zu brennen. Sie muss sicherlich einer der Walddämonen gewesen sein, der lediglich die Gestalt der Schwarzen Esther angenommen hatte. Und solche Wesen gab es tatsächlich, denn der alte Forstmeister hatte auf seinem Sterbebett gestanden, eines gesehen zu haben. Sie wandern umher, wenn der Mond voll ist. Anstatt Kleidung zu tragen, wickeln sie lediglich ihre langen Haare um ihren Körper, und in einer Nacht wie dieser, wenn die Mutter nicht bei ihrem Kind ist, können sie –

Noch nie war Hansei so schnell gelaufen und hatte den Weg am See so lang gefunden wie in dieser Nacht.

Endlich erreichte er sein Zuhause und berührte mit den Händen die Wände, als wollte er sich vergewissern, dass das Haus noch da war. Nichts war gestört worden. Alles war so, wie er es verlassen hatte.

Er ging ins Haus. Das Licht im Zimmer brannte noch. Die Großmutter saß auf einem niedrigen Hocker und hatte das Kind auf ihrem Schoß. Mit einer Hand verbarg sie ihre Augen – sie waren rot vor Weinen; mit der anderen bedeutete sie Hansei, leichtfüßig zu gehen.

Hansei bemerkte nicht, dass mit seiner Schwiegermutter etwas nicht in Ordnung war und war. Er hatte hinter dem Tisch Platz genommen, dachte an niemanden außer an sich selbst und fühlte sich so müde und unwohl, als wäre er gerade von einer langen und gefährlichen Reise zurückgekehrt. Er musste sich sogar daran erinnern, dass es, obwohl er zu Hause war, nicht mehr die richtige Art von Zuhause war. Die Großmutter legte das Kind in die Wiege, setzte sich und stützte ihr Kinn auf ihre geschlossene Hand. Ganz andere Gedanken als Hansei waren ihr durch den Kopf gegangen. Nachdem Hansei das Haus verlassen hatte, war Stasi noch einige Zeit bei der Großmutter geblieben. Wie es Walpurga ergehen würde, war für sie ein Thema von nur kurzer Dauer; denn was könnten sie dazu sagen oder wissen? Als es anfing zu dämmern, sprach Stasi davon, dass sie gehen würde, und versprach, am nächsten Tag wiederzukommen. Die Großmutter nickte zustimmend. Sie war lieber allein, denn dann hinderte sie nichts daran, an ihr Kind zu denken. Ihre Gebete folgten Walpurga; Aber die Worte flossen so leicht hervor, dass ihre Gedanken die meiste Zeit woanders waren. Ihr erster Gedanke war: Walpurga muss das gleiche Gebet sprechen und obwohl jedes Wort die Distanz zwischen uns vergrößert, sind wir dennoch im Geiste zusammen. Sie war froh, dass Walpurga sich in allen Dingen so gut geschlagen hatte und dass man sich auf sie verlassen konnte. Es war schwer, unter Fremden zu sein; aber es waren schließlich Männer und Frauen. Manchmal hatte ihr Herz Bedenken, Walpurga könnte nicht bis zum Ende durchhalten. Sie hat viele gute Ideen – wenn sie ihr nur zur richtigen Zeit in den Sinn kommt. „Um meinetwillen und schon allein deshalb bleibst du rein", sagte sie laut, als sie ihr Gebet beendete. Auf einmal fühlte sie sich so einsam und verlassen. Sie hatte noch nie eine Nacht ohne Walpurga verbracht, und als sie zu den Sternen aufsah, wünschte sie, es wäre wieder Tag. Hansei hätte genauso gut zu Hause bleiben können; Dennoch war es eine große Ehre, vom Priester eingeladen zu werden. Er wird bestimmt einen Schoppen Wein nach Hause schicken, um Großmutters Herz zu erfreuen; und wenn es nur ein halber Schoppen ist, zeigt es sein gutes Herz. Ihre Zunge schien ausgetrocknet zu sein; Sie dürstete nach dem Wein und lauschte lange, in der vergeblichen Hoffnung, die Schritte des Dieners des Wirts zu hören, der die Flasche unter ihrer Schürze trug. Schließlich wurde sie aus Mitleid mit sich selbst unbeschreiblich unglücklich und sie brach in Tränen aus. Oh, dass ihr Mann noch am Leben wäre! Von einer armen Witwe wird immer erwartet, dass sie in ihrer Nähe ist, aber niemand denkt daran, wie es ihr ergeht. Zu ihrer Erleichterung kamen Tränen; Denn nach einer Weile sagte sie sich: „Was für ein schrecklicher Sünder du bist! Ist es nicht genug, Kleidung,

Essen und ein Zuhause zu haben und niemals ein hartes Wort zu hören? Du solltest dankbar sein, dass du" immer noch aktiv genug sind, um anderen von Nutzen zu sein.

Als würde sie sich schämen, wandte sie sich ab, wischte sich die Tränen aus dem zerfurchten Gesicht und sang dann dem Kind fröhliche Lieder vor. Dann wartete sie schweigend, bis Hansei endlich zurückkam. Und so fand er sie, wie sie neben der Wiege saß und ihr Kinn auf ihre geballte Hand stützte.

"Wo warst du so lange?" fragte die Großmutter mit leiser Stimme.

„Ich weiß es selbst kaum."

„Walpurga muss inzwischen im Bett sein."

„Sehr wahrscheinlich; sie können zu viert schnell reisen."

„Hörst du die Kuh brüllen? Das arme Tier ist es nicht gewohnt, allein zu sein, und noch heute Abend trieb der Metzger ihr Kalb am Stall vorbei. Es ist schrecklich, ihr Stöhnen zu hören. Geh doch und kümmere dich um sie."

Hansei ging in den Stall und die Kuh wurde ganz still. Er ging weg und sie begann erneut zu brüllen. Er kam zurück und sprach freundlich mit ihr. Solange er mit ihr redete und seine Hand auf ihrem Rücken hielt, war sie still; aber sobald er sie verließ, würde sie noch jämmerlicher murmeln als zuvor. In seiner Verzweiflung ging er ständig zwischen Zimmer und Stall hin und her. Er kam mehrmals zurück, gab ihr etwas Futter und setzte sich dann auf ein Bündel Heu. Schließlich legte sich die Kuh hin und schlief, und auch Hansei schlief vor Müdigkeit ein. Tatsächlich hatten nur wenige an einem Tag so viel durchgemacht wie unser armer Hansei.

KAPITEL XII.

Als Walpurga am nächsten Morgen erwachte, glaubte sie, zu Hause zu sein, und betrachtete die seltsame Umgebung, als wäre alles ein Traum, der auf ihren Wunsch nicht verschwinden würde. Allmählich wurde ihr klar, was passiert war. Sie schloss die Augen wieder, sprach ihre Gebete und blickte sich dann kühn um; Dieselbe Sonne, die auf das Häuschen am See schien, schien auch auf den Palast.

Voller neuen Mut erhob sie sich.

Sie lag lange Zeit am Fenster und betrachtete die ihr so seltsame Szene.

Sie sah nichts von der geschäftigen Stadt. Der von dichten, buschigen Orangenbäumen umgebene Schlossplatz war weit entfernt vom Straßenlärm. Am Palasttor sah man zwei Soldaten mit ruhenden Musketen auf und ab marschieren.

Aber Walpurgas Gedanken wanderten nach Hause. Vor ihrem geistigen Auge sah sie das Häuschen am See und alles innerhalb seiner Mauern. Im Geiste hörte sie das Knistern des Holzes, mit dem ihre Mutter das Feuer anzündete, und sah die Lampe, die sie aus dem Küchenregal nahm. Wir haben Milch im Haus, denn wir haben eine Kuh. Mutter wird froh sein, wieder melken zu gehen. Ich bin mir sicher, dass sie zu Hause nie ein Feuer anzünden, ohne an mich zu denken. Und die schnatternden Stare oben im Kirschbaum sagen:

„Unsere gute Frau ist weg; eine Kuh hat ihren Platz eingenommen."

Walpurga lächelte und dachte weiter bei sich: Mein Hansei hat heute Morgen verschlafen. Wenn man ihn nicht rief, würde er bis Mittag schlafen; er wacht nie aus sich selbst auf. Sie hört ihre Mutter rufen: „Steh auf, Hansei, die Sonne brennt ein Loch in dein Bett!" Er steht auf und wäscht sich an der Pumpe das Gesicht, und jetzt sieht sie sie beim Essen; das Kind wird mit guter Milch ernährt. Wenn ich mir die Kuh nur genau angesehen hätte! Und nun bekommt Hansei vom Wirt Futter dafür. Wenn er sich nur nicht von dem Schurken betrügen lässt; und Hansei wird sich verlassener fühlen als das Kind; aber Gott sei Dank hat er genug Arbeit, um ihn zu beschäftigen. Es ist Angelzeit und deshalb geht er nicht in den Wald. Ich sehe ihn in sein Boot springen; was für einen Lärm er macht! Die Ruder plätschern, und er rudert los, um so viel Fisch wie möglich zu fangen.

Walpurga hätte sich mittags und abends ihr Zuhause vorgestellt. Plötzlich hatte sie das Gefühl, den Verstand verloren zu haben. Abwesenheit und Tod sind fast ein und dasselbe. Sie können sich nicht vorstellen, wie es eine Stunde nach Ihrem Tod sein wird; Du kannst dir nicht vorstellen, dass du nicht mehr auf der Welt bist. Ihr Kopf schwamm, und wie von einer Erscheinung erschreckt, wandte sie sich an Mademoiselle Kramer und sagte:

"Lass uns reden!"

Mademoiselle Kramer bedurfte keines zweiten Hinweises und erzählte Walpurga, dass jeder im Palast wisse, dass die Königin sie am Abend zuvor geküsst habe, und dass es am nächsten Tag in allen Zeitungen stehen würde.

"Pah!" sagte Walpurga; Daraufhin erklärte Mademoiselle Kramer, dass es in ihrem Fall zwar keinen Unterschied mache, es aber höchst unangemessen sei, auf diese Weise zu antworten, und sagte ihr außerdem, dass sie sich immer deutlich und in respektvoller Weise ausdrücken müsse.

Walpurga schaute auf und hörte zu, als wartete er darauf, dass Mademoiselle Kramer fortfuhr, und sagte schließlich: „Mein lieber Vater hat mir einmal fast dasselbe gesagt; aber ich war damals zu jung, um es zu verstehen. Alles, was ich sagen wollte." war, dass die Stadtbewohner sehr wenig zu tun haben dürften, wenn sie über eine solche Angelegenheit Aufhebens machen können" – und schloss ihre Bemerkungen im Geiste mit einem weiteren „Pschah!" ab.

Der kleine Prinz erwachte. Walpurga nahm ihn auf und schläferte ihn eilig ein, während sie mit klarer Stimme sang:

„Ah, glückselig ist die zarte Bindung

Das bindet mich, Liebe, an dich,

Und lassen Sie die Stunden schnell vergehen

Wenn du mir nahe bist.

Als sie ihr Lied beendet und das Kind in die Wiege gelegt hatte, blickte sie zur Tür und sah den König und Doktor Günther dort stehen.

„Du singst großartig", sagte der König.

"Pah!" sagte Walpurga und fügte als ihre eigene Dolmetscherin schnell hinzu, während sie Mademoiselle Kramer einen hastigen Blick zuwarf: „Für den Heimgebrauch ist es gut genug, aber nicht besonders gut."

Der König und Doktor Gunther freuten sich über das Aussehen des Kindes.

„Der Tag, an dem man sein Kind zum ersten Mal sieht, ist ein roter Buchstabe", bemerkte der König; und Walpurga fügte, als wollte er bestätigen, was er gesagt hatte, hinzu:

„Ja, in der Tat; das lässt einen die Welt mit anderen Augen betrachten. Seine Majestät hat damals die Wahrheit gesagt."

Obwohl ihre Bemerkung den König zum Lächeln brachte, wurde sie mit Stillschweigen aufgenommen. In Begleitung von Doktor Günther verließ er bald das Zimmer. Nachdem sie gegangen waren. Mademoiselle Kramer bemühte sich, Walpurga so behutsam wie möglich von der Wichtigkeit der Einhaltung des ersten Gebots zu überzeugen:

„Sie dürfen nicht mit ihren Majestäten sprechen, es sei denn, sie stellen Ihnen eine Frage."

„Das ist vernünftig", rief Walpurga zur großen Überraschung von Mademoiselle Kramer. „Das verhindert, dass du etwas außerhalb des Weges mitbekommst. Was für eine clevere Idee! Das werde ich nicht vergessen."

Beim Frühstück im Pavillon konnte man deutlich sehen, dass Mademoiselle Kramer und vielleicht auch Walpurga die Wahrheit gesagt hatten. Die verschiedenen Gruppen auf der Veranda und unter den Orangenbäumen führten scheinbar vertrauliche Gespräche. Nachdem sie einander befragt und überzeugt hatten, dass sie sich getrost einem Skandal hingeben konnten, war das gemeinsame Thema die Art und Weise, wie sich die Sentimentalität der Königin in ihrem Verhalten gegenüber der Amme manifestiert hatte. Man war sich einig, dass diese Faulheit ein unglückliches Erbe des Hauses ---- war. Einige gingen sogar so weit zu sagen, dass Gräfin Brinkenstein vor Wut über die Missachtung der Etikette durch die Königin ziemlich krank war.

„Das Verhalten der Königin nimmt ihren Gunsten ihren Wert", sagte eine ältere Hofdame, die mindestens eineinhalb Pfund falsches Haar auf dem Kopf gehabt haben muss.

„Nichts ist so langweilig wie mürrische Sensibilität", bemerkte eine andere Dame des Palastes. Sie war korpulent und zugleich fromm veranlagt. Als wollte sie ihre bösartige Bemerkung mit dem Deckmantel der Barmherzigkeit bedecken, fügte sie hinzu:

„Die Königin ist kaum mehr als ein Kind und meint es wirklich gut im Herzen."

Damit hatte sie sich bei beiden Parteien in Sicherheit gebracht – denen, die die Königin lobten, und denen, die sie beschimpften.

„Du siehst aus, als hättest du nur wenig geschlafen", sagte eine ältere Dame zu einer sehr jungen und blass aussehenden Dame.

„Da hast du recht", seufzte dieser als Antwort. „Ich habe mich hingesetzt, um den letzten Band von ----" und nannte dabei den Namen eines neueren eindeutigen französischen Romans – „und habe ihn in einem einzigen

Durchgang durchgelesen. Ich werde Ihnen das Buch heute zurückgeben. Es ist sehr interessant." ."

„Bitte geben Sie es mir als Nächstes", ertönte es von mehreren Seiten gleichzeitig.

Die fromme Dame, die den Roman tatsächlich heimlich gelesen hatte und nicht bereit war, über solche Themen zu sprechen, änderte das Gespräch, indem sie das Thema Walpurga einführte. Als letzte Neuigkeit machte sie ihnen den Bericht bekannt, dass die Krankenschwester wunderbar singen könne.

„Wer singt schön?" fragte Gräfin Irma und schloss sich der Gruppe an.

„Das wird dich interessieren, lieber Wildenort. Du wirst viele neue Lieder von Walpurga lernen und sie auf der Zither begleiten können."

„Ich warte, bis wir wieder auf dem Land sind. Eine Bäuerin scheint in einem Palast seltsam fehl am Platz zu sein. Wann kehrt der Hof aufs Land zurück?"

„Sechs Wochen lang nicht."

Es wurde viel über Walpurga gesprochen. Eine Dame behauptete, dass Doktor Gunther aus den Highlands stammte und nur durch seine Intrigen eine Krankenschwester aus derselben Region geholt werden musste; dass er sich ständig mit Verbündeten umgab und klug genug war zu wissen, dass diese Person einen großen Einfluss auf die Königin ausüben würde. Sie sprachen auch von der Liebe des Doktors zu Intrigen und davon, dass er so tat, als ob er mit der Königin in all ihren extravaganten Fantasien Mitgefühl zeigen würde. Sie alle waren sich einer Sache sicher: dass es allein mit fairen Mitteln unmöglich war, die Gunst des Gerichts so lange aufrechtzuerhalten.

„Der Arzt ist noch nicht so alt", bemerkte eine sehr dünne Dame. „Er ist erst etwas über fünfzig. Ich glaube, er muss sich die Haare weiß gefärbt haben, um vor seiner Zeit ehrwürdig zu wirken."

Lautes Gelächter begrüßte diese Sally.

Vor dem Frühstück befanden sich die Damen und Herren in getrennten Gruppen. Eine Gruppe von Höflingen besprach die Telegramme, die an verschiedene Regierungen gesandt worden waren und auf die in einigen Fällen bereits Antworten eingegangen waren.

Erst nach dem Frühstück sollte ein Rat des königlichen Haushalts darüber entscheiden, wer außer den Eltern der Königin als Sponsoren eingeladen werden sollte. Es wurde sogar berichtet, dass die Taufe von einem besonderen päpstlichen Nuntius mit Unterstützung des Bischofs gefeiert werden würde.

Der Bruder der Gräfin Irma, der Adjutant des Königs, lenkte das Gespräch erneut von so hohen Themen zurück auf Walpurga. Er pries ihre Schönheit und ihre lustige Art, und sie schmatzten, als sie vom Kuss der Königin sprachen. Der Adjutant hatte zu diesem Thema einen Witz gemacht, worüber er schallend lachte.

"Der König!" flüsterten plötzlich mehrere der Herren.

Sie trennten sich und stellten sich während ihrer Ehrerbietung in zwei Reihen auf. Der König quittierte ihre Begrüßung, ging zwischen den Reihen hindurch und betrat die Halle der Diana, wo das Frühstück serviert wurde. Die Fresken an der Decke stellten die Göttin mit ihrem Jagdzug dar und waren von einem Schüler Rubens gemalt worden. Der Lord Steward überreichte dem König ein Paket mit Telegrammen , der ihn anwies, sie zu öffnen und ihn zu benachrichtigen, wenn sie mehr als nur Glückwünsche enthielten.

Sie setzten sich nun zum Frühstück.

Die Gesellschaft war nicht so fröhlich und ungezwungen wie im Sommerpalast. Tatsächlich hatte sich noch niemand von der Aufregung der vergangenen Nacht erholt und das Gespräch wurde in ruhigem Ton geführt.

„Gräfin Irma", sagte der König, „ich empfehle Ihnen Walpurga; sie wird Ihnen sicher gefallen. Sie werden einige schöne Lieder von ihr lernen und ihr neue beibringen können."

„Danke, Eure Majestät! Wenn Eure Majestät sich nur herablassen würde, der First Lady des Schlafzimmers zu befehlen, mir jederzeit Zutritt zu den Gemächern Seiner Königlichen Hoheit, des Kronprinzen, zu gewähren."

„Bitte kümmere dich darum, lieber Rittersfeld!" sagte der König und wandte sich an den Lord Steward.

Gräfin Irma, die am unteren Ende des Tisches saß, nahm die Glückwünsche aller entgegen. Walpurga war zum einzigen Gesprächsthema geworden.

Die Morgenzeitungen wurden dem König gebracht. Er überflog sie hastig, warf sie mit wütender Miene beiseite und sagte:

„Diese plappernde Presse! Der Kuss der Königin steht bereits in allen Zeitungen." Sein Gesicht verfinsterte sich; Es war offensichtlich, dass ihm die Tatsache selbst missfiel und die damit verbundene Publizität doppelt ärgerlich war. Nach einer Weile sagte er:

„Ich bitte Sie, meine Herren und Damen, dafür zu sorgen, dass die Königin nichts davon erfährt." Er stand schnell auf und verließ die Wohnung.

Die Frühstücksgesellschaft dauerte noch einige Zeit, und die fromme Dame konnte sich nun offen in die Reihen der Skandalmacher einreihen. Der Mantel der Barmherzigkeit war nicht länger nötig – es war deutlich zu erkennen, dass der König seiner sentimentalen Frau bereits überdrüssig war.

Wenn Gräfin Irma--? Wer konnte schon sagen, dass dies Teil eines tiefgründigen Plans war, ihr freien Zugang zu den Gemächern des Kronprinzen zu gewähren? Der König könnte sie dort treffen – und wer weiß, aber das –

Sie waren ziemlich einfallsreich in den böswilligen Vermutungen, die sie einander mit großer Vorsicht und Umsicht zuflüsterten. Zumindest für eine Weile gerieten Walpurga, die Königin und sogar der Kronprinz völlig in Vergessenheit.

KAPITEL XIII.

„Da, mein Junge! Jetzt hast du die Sonne gesehen. Mögest du sie noch sieben und siebzig Jahre lang sehen, und wenn sie ihren Lauf genommen hat, möge der Herr dir ein neues Leben schenken. Letzte Nacht, sie Ich habe für dich Millionen von Lampen angezündet. Aber sie waren nichts im Vergleich zur Sonne am Himmel, die der Herr selbst heute Morgen für dich angezündet hat. Sei immer ein guter Junge, damit du es verdienst, dass die Sonne auf dich scheint. Ja, jetzt flüstert der Engel zu dir. Lache, während du schläfst! Genau. Es gibt einen Engel, der dir auf Erden gehört, und das ist deine Mutter! Und du gehörst auch mir! Du gehörst tatsächlich mir!“

So sprach Walpurga mit sanfter, aber dennoch gefühlvoller Stimme, während sie in das Gesicht des Kindes blickte, das auf ihrem Schoß lag. Ihre Seele war bereits von dem geheimnisvollen Band der Zuneigung beherrscht, das sich immer wieder im Herzen der Pflegemutter entwickelt. Es ist eine edle Eigenschaft der menschlichen Natur, dass wir diejenigen lieben, denen wir Freundlichkeit entgegenbringen können. Ihr ganzes Leben wird nach und nach mit unserem Leben verwoben.

Walpurga vergaß sich selbst und alles, was ihr in der Hütte am See lieb war. Sie wurde jetzt hier gebraucht, wo ihrem liebevollen Schützling ein junges Leben zugewiesen worden war.

Sie blickte mit strahlenden Augen zu Mademoiselle Kramer auf und erwiderte einen freudigen Blick.

„Es scheint mir“, sagte Walpurga, „dass ein Palast genau wie eine Kirche ist. Man hat hier nur gute und fromme Gedanken; und alle Menschen sind so freundlich und offenherzig.“

Mademoiselle Kramer lächelte plötzlich und antwortete:

„Mein liebes Kind –“

„Nenn mich nicht ‚Kind‘! Ich bin kein Kind! Ich bin eine Mutter!“

„Aber hier, in der großen Welt, bist du nur ein Kind. Ein Hof ist ein seltsamer Ort. Manche gehen auf die Jagd, andere gehen fischen; einer baut, ein anderer malt; einer studiert eine Rolle, ein anderer ein Musikstück; ein Tänzer lernt . “ Ein neuer Schritt, ein Autor schreibt ein neues Buch. Jeder im Land tut etwas – kochen oder backen, bohren oder üben, schreiben, malen oder tanzen – einfach damit der König und die Königin unterhalten werden. "

„Ich verstehe Sie“, sagte Walpurga, und Mademoiselle Kramer fuhr fort:

„Meine Familie steht seit sechzehn Generationen im Dienste des Hofes“ – sechs wäre die richtige Zahl gewesen, aber sechzehn klang viel besser – „mein

Vater ist der Gouverneur des Sommerpalastes, und ich wurde geboren."
dort. Ich weiß alles über das Gericht und kann Ihnen viel beibringen.

„Und ich werde froh sein, es zu lernen", warf Walpurga ein.

„Glauben Sie, dass jeder Ihnen gegenüber freundlich gesinnt ist? Glauben
Sie mir, ein Palast beherbergt Menschen aller Art, gute und böse. An einem
solchen Ort gibt es viele Laster. Und es gibt noch viele andere
Angelegenheiten, die Sie haben Keine Ahnung, und ich vertraue darauf, dass
Sie nie etwas darüber wissen werden. Aber alle, denen Sie begegnen, sind
wunderbar höflich. Versuchen Sie, genau so zu bleiben, wie Sie jetzt sind,
und wenn Sie den Palast verlassen, lassen Sie ihn wie derselbe Walpurga sein,
der Sie damals waren Du bist hierher gekommen."

Walpurga starrte sie überrascht an. Wer könnte sie ändern?

Es kam die Nachricht, dass die Königin wach sei und Walpurga wünsche,
den Kronprinzen zu ihr zu bringen.

In Begleitung von Doktor Gunther, Mademoiselle Kramer und zwei
Kellnerinnen begab sie sich zum Schlafzimmer der Königin. Die Königin lag
ruhig und schön da und wandte mit einem grüßenden Lächeln ihr Gesicht
den Eingetretenen zu. Die Vorhänge waren teilweise zur Seite gezogen und
ein breiter, schräger Lichtstrahl fiel in die Wohnung, die noch friedlicher
wirkte als in der atemlosen Stille der vergangenen Nacht.

"Guten Morgen!" sagte die Königin mit gefühlvoller Stimme. „Gib mir mein
Kind!" Sie schaute auf das Baby herab, das in ihren Armen ruhte, und dann,
ohne jemanden im Raum zu bemerken, hob sie ihren Blick in die Höhe und
murmelte leise:

„Das ist das erste Mal, dass ich mein Kind bei Tageslicht sehe!"

Alle schwiegen; Es schien, als gäbe es in der Wohnung nichts außer dem
breiten, schrägen Lichtstrahl, der durch das Fenster hereinströmte.

"Hast du gut geschlafen?" fragte die Königin. Walpurga war froh, dass die
Königin eine Frage gestellt hatte, denn jetzt konnte sie antworten. Sie warf
Mademoiselle Kramer einen hastigen Blick zu und sagte:

„Ja, in der Tat! Schlaf ist das Erste, das Letzte und das Beste auf der Welt."

„Sie ist klug", sagte die Königin und wandte sich auf Französisch an Doktor
Gunther.

Walpurgas Herz sank in ihr. Immer wenn sie sie Französisch sprechen hörte,
hatte sie das Gefühl, sie würden sie verraten; als hätten sie eine unsichtbare
Mütze aufgesetzt, wie sie die Kobolde im Märchen tragen, und könnten so
sprechen, ohne gesehen zu werden.

„Hat der Prinz gut geschlafen?" fragte die Königin.

Walpurga fuhr sich mit der Hand übers Gesicht, als wollte sie eine Spinne wegwischen, die sich dort eingenistet hatte. Die Königin spricht nicht von ihrem „Kind" oder ihrem „Sohn", sondern nur vom „Kronprinzen".

Walpurga antwortete:

„Ja, ganz gut, Gott sei Dank! Das heißt, ich konnte ihn nicht hören, und ich wollte nur sagen, dass ich mich gegenüber dem –" sie konnte nicht sagen „dem Prinzen" – „das heißt" verhalten würde , ihm gegenüber, wie ich es mit meinem eigenen Kind tun würde. Wir haben gleich am ersten Tag angefangen. Das hat mir meine Mutter beigebracht. So ein Kind hat von Anfang an einen eigenen Willen, und das will man nicht Geben Sie ihm nach. Es reicht nicht aus, es von der Wiege zu nehmen oder es zu füttern, wann immer es will; für all diese Dinge sollte es regelmäßige Zeiten geben. Daran wird es sich bald gewöhnen, und es wird Es schadet ihm auch nicht, es ab und zu weinen zu lassen. Im Gegenteil, das weitet die Brust."

„Weint er?" fragte die Königin.

Das Kind beantwortete die Frage selbst, denn es begann sofort heftig zu weinen.

„Nimm ihn und beruhige ihn", flehte die Königin.

Der König betrat die Wohnung, bevor das Kind aufgehört hatte zu weinen.

„Er wird eine gute Befehlsstimme haben", sagte er und küsste die Hand der Königin.

Walpurga beruhigte das Kind und sie und Mademoiselle Kramer wurden in ihre Wohnungen zurückgeschickt.

Der König informierte die Königin über die eingegangenen Depeschen und die beschlossenen Sponsoren. Sie war mit allen getroffenen Vereinbarungen vollkommen zufrieden.

Als Walpurga in ihr Zimmer zurückgekehrt war und das Kind in die Wiege gelegt hatte, ging sie auf und ab und schien ganz aufgeregt zu sein.

„Es gibt keine Engel auf dieser Welt!" sagte sie. „Sie sind alle genau wie der Rest von uns, und wer weiß, aber –" Sie war verärgert über die Königin: „Warum hört sie nicht geduldig zu, wenn ihr Kind weint? Wir müssen alle unsere Kinder mitbringen, egal ob es so ist." Sei Freude oder Schmerz.

Sie trat auf den Flur hinaus und hörte die Klänge der Orgel in der Schlosskapelle. Zum ersten Mal in ihrem Leben missfielen ihr diese Geräusche. Es gehört nicht in das Haus, dachte sie, wo alles Mögliche vor sich geht. Die Kirche sollte für sich allein stehen.

Als sie ins Zimmer zurückkehrte, fand sie dort einen Fremden vor. Mademoiselle Kramer teilte ihr mit, dass dies der Schneider der Königin sei.

Walpurga lachte regelrecht über die Vorstellung eines „Schneiders der Königin". Die elegant gekleidete Person sah sie erstaunt an, während Mademoiselle Kramer ihr erklärte, dass dies der Schneider Ihrer Majestät der Königin sei und dass er gekommen sei, um ihr Maß für drei neue Kleider zu nehmen.

„Soll ich Stadtkleidung tragen?"

„Gott bewahre! Du sollst die Kleidung deiner Nachbarschaft tragen und kannst einen Stoffer in Rot, Blau, Grün oder jeder anderen Farbe bestellen, die dir am besten gefällt."

„Ich weiß kaum, was ich sagen soll, aber ich hätte auch gerne einen Arbeitsanzug. Sonntagskleidung an Wochentagen – das geht nicht."

„Am Hof trägt man immer Sonntagskleidung, und wenn Ihre Majestät wieder ausfährt, müssen Sie sie begleiten."

„Also gut. Ich werde nichts dagegen haben."

Während der Schneider Maß nahm, lachte Walpurga ununterbrochen, und schließlich musste er sie bitten, still zu bleiben, damit er mit seiner Arbeit fortfahren könne. Er steckte sein Maß in die Tasche und teilte Mademoiselle Kramer mit, dass er ein genaues Modell bestellt habe und dass der Oberzeremonienmeister ihn mit mehreren Zeichnungen begünstigt habe, damit kein Zweifel am Erfolg bestehe.

Schließlich bat er um Erlaubnis, den Kronprinzen sehen zu dürfen. Mademoiselle Kramer wollte es ihm gerade erlauben, doch Walpurga widersprach. „Bevor das Kind getauft wird", sagte sie, „sollte niemand es nur aus Neugier betrachten, schon gar nicht ein Schneider, sonst wird das Kind nie der richtige Mann werden."

Der Schneider verabschiedete sich, nachdem Mademoiselle Kramer ihn höflich angedeutet hatte, dass man mit dem Aberglauben der niederen Stände nichts anfangen könne und dass es nicht genüge, die Krankenschwester zu verärgern.

Dieser Vorfall veranlasste Walpurga, Mademoiselle Kramer den ersten ernsthaften Verweis auszusprechen. Sie konnte nicht verstehen, warum sie so bereit war, das Kind zur Schau zu stellen. „Nichts schadet einem Kind mehr, als es im Schlaf von Fremden anschauen zu lassen, und zwar von einem Schneider."

Der ganze wilde Spaß, mit dem in Volksliedern Schneider der Verachtung und dem Spott preisgegeben werden, fand in Walpurga Luft, und sie begann zu singen:

„Listet einfach auf, ihr Mutigen, die ihr gerne umherstreift!

Eine Schnecke jagte einen Schneider nach Hause,

Und wenn Old Shears nicht so schnell gelaufen wäre,

Die Schnecke hätte ihn sicherlich am Ende erwischt.

Mademoiselle Kramers Bekanntschaft mit dem Hofschneider hatte ihr Ansehen bei Walpurga gemindert, und in dem offensichtlichen Bemühen, Letzteren zu besänftigen, fragte sie:

„Macht Ihnen der Gedanke an Ihre neuen und schönen Kleider wirklich keine Freude?“

„Um ehrlich zu sein, nein! Ich trage sie nicht um meiner selbst willen, sondern um der anderen willen, die mich kleiden, um sich selbst zu gefallen. Aber mir ist das egal! Ich habe mich ihnen hingegeben.“ , und angenommen, ich muss mich unterwerfen.

"Darf ich rein kommen?" fragte eine angenehme Stimme. Gräfin Irma betrat den Raum. Sie reichte Walpurga beide Hände und sagte:

„Gott grüße dich, meine Landsfrau! Ich komme auch aus den Highlands, sieben Stunden von deinem Dorf entfernt. Ich kenne es gut und bin einst mit deinem Vater über den See gesegelt. Lebt er noch?“

„Leider! Nein, er ist ertrunken, und der See hat seine Toten nicht hergegeben.“

„Er war ein gutaussehender alter Mann, und Sie sind sein Ebenbild.“

„Ich bin froh, hier noch jemanden zu finden, der meinen Vater kannte. Der Hofschneider – ich meinte den Hofarzt – kannte ihn auch. Ja, durchforste das Land, du hättest keinen besseren Mann als meinen finden können.“ Vater, und niemand kann anders, als es zuzugeben.

„Ja, das habe ich schon oft gehört.“

„Darf ich nach dem Namen Ihrer Ladyschaft fragen?“

„Gräfin Wildenort.“

„Wildenort? Ich habe den Namen schon einmal gehört. Ja, ich erinnere mich, dass meine Mutter ihn erwähnt hat. Dein Vater war als sehr freundlicher und gütiger Mann bekannt. Ist er schon lange tot?“

„Nein, er lebt noch.“

„Ist er auch hier?“

"NEIN."

„Und als was sind Sie hier, Gräfin?“

„Als Trauzeugin.“

"Und was ist das?"

„An die Person der Königin gebunden sein; oder was man in Ihrem Teil des Landes einen Gefährten nennen würde!“

„In der Tat! Und ist dein Vater bereit, dich so benutzen zu lassen?“

Gräfin Irma, die von ihren Fragen etwas genervt war, sagte:

„Ich wollte Sie etwas fragen – können Sie mir schreiben?“

„Ich konnte es einmal, aber ich habe ganz vergessen wie.“

„Dann habe ich es gerade geschafft! Das ist genau der Grund, warum ich hierher gekommen bin. Wenn Sie jetzt nach Hause schreiben möchten, können Sie mir Ihren Brief diktieren, und ich werde schreiben, was Sie mir sagen.“

„Das hätte ich auch tun können“, schlug Mademoiselle Kramer schüchtern vor; „Und Ihre gnädige Frau hätte es nicht nötig gehabt, sich die Mühe zu machen.“

„Nein, die Gräfin wird für mich schreiben. Soll es jetzt sein?“

"Sicherlich."

Aber Walpurga musste zu dem Kind gehen. Während sie im Nebenzimmer war, unterhielten sich Gräfin Irma und Mademoiselle Kramer.

Als Walpurga zurückkam, fand sie Irma mit der Feder in der Hand und begann sofort zu diktieren.

„Lieber Mann, liebe Mutter und liebes Kind. Nein, hör auf! Schreib das nicht! Nimm noch ein Blatt Papier. Jetzt habe ich es, jetzt kannst du weitermachen.“

„Ich möchte Sie wissen lassen, dass ich mit Gottes Hilfe sicher und gesund in der Kutsche mit den vier Pferden hier angekommen bin. Ich weiß nicht wie. Und die Königin ist ein Engel, und es gab Millionen von Lichtern, und mein Kind--“

Walpurga bedeckte ihr Gesicht mit beiden Händen – sie hatte „mein Kind“ gesagt, ohne zu wissen, welches Kind sie meinte.

Es entstand eine Pause.

„Und mein Kind“, sagte Gräfin Irma und wiederholte die Worte nach ihr.

"NEIN!" rief Walpurga, „Ich kann heute nicht schreiben. Entschuldigen Sie, es hat keinen Zweck, es zu versuchen. Aber Sie haben versprochen, morgen oder übermorgen für mich zu schreiben. Kommen Sie doch jeden Tag zu uns.“

„Und soll ich einen guten Freund mitbringen?“

„Natürlich; jeder Freund von Ihnen ist willkommen. Nicht wahr, Mademoiselle Kramer?“

„Sicherlich; Gräfin Irma hat eine Sondergenehmigung.“

„Ich werde eine sehr gute Freundin mitbringen; sie kann bezaubernd singen, und ihre Stimme ist sanft und sanft – aber ich werde dich nicht mit Rätseln quälen; ich spiele Zither und werde meine mitbringen.“

„Du spielst Zither?“ rief Walpurga aus und konnte sich vor Freude kaum zurückhalten.

Jede weitere Äußerung ihrerseits wurde durch die Anwesenheit des Königs verhindert, der in diesem Moment eintrat.

Mit einer sanften Kopfneigung begrüßte er Gräfin Irma, die sich von ihrem Sitz erhoben und sich so tief verneigt hatte, dass es schien, als wolle sie sich auf den Boden setzen.

"Was schreibst du?" fragte der König.

„Walpurgas Geheimnisse, möge es Eurer Majestät gefallen“, antwortete Gräfin Irma.

„Der König darf alles lesen, was da steht“, sagte Walpurga und reichte ihm das Blatt.

Er ließ seinen Blick eilig darüber schweifen, dann, mit einem Blick auf die Gräfin, faltete er es zusammen und steckte es in seine Brusttasche.

„Ich werde mit Walpurga singen“, sagte Irma, „und Eure Majestät wird erneut feststellen, dass Musik das höchste Gut auf Erden ist. Wenn wir gemeinsam singen, sind Walpurga und ich gleichberechtigt. Die Schöpfungen anderer Künste, insbesondere der Poesie, können von jedem übersetzt werden." einen in seine eigene Sprache, entsprechend dem Maß seines Wissens und seiner Erfahrung.

„Ganz wahr", antwortete der König; „Musik ist die universelle Sprache, die einzige, die keiner Übersetzung bedarf und in der Seele zu Seele spricht."

Während sie so redeten, starrte Walpurga sie in stummer Verwunderung an.

Der König blickte in Begleitung der Gräfin Irma den Prinzen eine Weile an, dann zog er sich zurück, nachdem er gesagt hatte: „Nächsten Sonntag findet die Taufe statt."

Mit einem seltsamen Ausdruck folgten Walpurgas Augen dem König und ruhten dann mit ernstem Blick auf Gräfin Irma.

Die Gräfin beschäftigte sich mit den Papieren und verabschiedete sich dann mit heiterer Stimme von Walpurga. Ihre Fröhlichkeit schien fast eingeschränkt, denn sie lachte, während es nichts zu lachen gab.

Walpurga stand lange Zeit da und blickte auf die Vorhänge, hinter denen die Gräfin verschwunden war, und sagte schließlich zu Mademoiselle Kramer:

„Sie haben die Wahrheit gesagt, als Sie sagten, dass der Palast keine Kirche ist."

Auf weitere Erläuterungen ging sie nicht ein.

„Ich werde Ihnen das Schreiben beibringen", sagte Mademoiselle Kramer; „Es wird eine angenehme Beschäftigung für uns sein, und Sie werden dann in der Lage sein, selbst für Ihre Familie zu schreiben."

„Ja, das werde ich", sagte Walpurga.

KAPITEL XIV.

„Ich möchte Sie um einen Gefallen bitten", sagte Walpurga am nächsten Tag zu Gräfin Irma. „Sag es mir immer offen, wenn ich etwas falsch mache."

„Ganz gerne; aber im Gegenzug musst du mir immer sagen, wenn ich-"

„Dann liegt mir in diesem Moment etwas am Herzen."

"Aussprechen."

„Irgendwann, wenn wir alleine sind, werde ich das tun."

„Bitte, lieber Kramer, würden Sie mir den Gefallen tun, indem Sie sich für ein paar Momente zurückziehen?"

Mademoiselle Kramer ging in das Nebenzimmer, und Walpurga war erstaunt, als sie beobachtete, wie im Palast die Menschen hin und her geschoben wurden, genau wie so viele Stühle.

„Und was ist nun?" fragte die Gräfin.

„Sie werden nicht schlecht von mir denken, wenn ich etwas Dummes sage; sind Sie sicher, dass Sie das nicht tun werden?"

"Was ist es?" fragte Irma noch einmal.

„Du bist so schön, so sehr schön; mehr als alle anderen, die ich je gesehen habe; du bist sogar noch schöner als die Königin – nein, nicht schöner, aber mächtiger, und deine Augen sind voller Güte." --"

„Nun, was ist los? Sprechen Sie es aus."

„Ich würde lieber denken, dass ich falsch liege; aber es ist besser, sich sicher zu sein. Nun, mir gefiel nicht, wie Sie und der König sich gestern ansahen; während Ihre Hand auf der Wiegenschiene lag, legte er seine darauf; und er ist Ehemann und Vater. Du bist ein unverheiratetes Mädchen und weißt nicht, was es bedeutet, wenn ein Mann dich so ansieht; aber ich bin eine verheiratete Frau, und es ist meine Pflicht, zu warnen Du. Du hast gesagt, wir würden gute Freunde sein, und jetzt besteht die Chance, unsere Freundschaft auf die Probe zu stellen."

Irma schüttelte den Kopf und antwortete:

„Du meinst es gut genug, aber du irrst dich. Der König hat ein edles Herz und möchte seit der Geburt seines Sohnes jeden so glücklich machen, wie er selbst. Er liebt seine Frau sehr und so wie du Sehen Sie selbst, sie ist ein Engel –"

„Und wenn sie kein Engel wäre, ist sie seine Frau und die Mutter seines Kindes, und er muss ihr treu sein; denn mit jedem Blick, den er einer anderen

Frau zuwirft, ist er ein verdammter Ehebrecher, dessen Augen ausgestochen werden sollten. Schau Hier! Wenn ich denken würde, dass mein Mann so etwas tun könnte – aber die Männer sind böse genug, alles zu tun –, könnte ein Mann an der Wiege seines neugeborenen Kindes stehen und die gleichen Augen mit ihm haben Er hatte gerade zugesehen, wie sein Kind einer anderen Frau sagte: „Ich liebe dich" – wenn ich das denken würde, würde ich verrückt werden. Und wenn ein Mann, dessen Hand die einer Frau gedrückt hat, nicht seine Frau, das kann Wenn er dieser Frau seine Hand reicht oder damit das Gesicht seines Kindes berührt, sollte die Welt, in der so etwas passieren könnte, verbrannt werden, und der Herr sollte Pech und Schwefel darauf niedergehen lassen.

„Sprich leise, Walpurga; schreie nicht so. Lass solche Worte nicht über deine Lippen kommen. Du bist nicht hier, um auf unsere Moral zu achten, noch ist es deine Aufgabe, ein Urteil zu fällen. Was weißt du über die Welt? Du Ich habe nicht die geringste Ahnung, was Höflichkeit bedeutet.

Die Worte der Gräfin Irma waren hart und streng und hatten Walpurga zutiefst gedemütigt.

„Jetzt, da du weißt, wer du bist und worum es dir geht, muss ich dir noch etwas sagen: Ich verzeihe dir, dass du den König und mich selbst mit deinem albernen Gerede beleidigt hast. Wenn ich deine Unwissenheit nicht bemitleiden würde, würde ich nie sprechen." Ich wende mich noch einmal an Sie; aber da ich Ihnen gegenüber freundlich gesinnt bin und weiß, dass Sie es nicht böse gemeint haben, werde ich Ihnen einen kleinen Rat geben. Was auch immer passieren mag, machen Sie sich keine Sorgen darüber. Kümmern Sie sich um Ihr Kind, und lass dich von niemandem dazu verleiten, schlecht über andere zu reden. Glaub mir, hier sind alle betrügerisch. Sie sind immer bereit, schlecht über einander zu reden, und wenn du nicht sehr vorsichtig bist, wirst du keinen Freund haben der ganze Palast. Vergessen Sie nicht, was ich Ihnen gesagt habe. Und jetzt muss ich Ihnen noch einmal dafür danken, dass Sie so zu mir gesprochen haben. Sie haben es gut genug gemeint, und das ist auch richtig Ganz ehrlich. Ich werde immer dein guter Freund sein. Obwohl man den König respektvoll behandelt, ist er dennoch so gut wie dein Hansei, und ich bin so gut wie du. Und jetzt lasst uns die Hand schütteln! Lass die Vergangenheit Vergangenheit sein. Was auch immer Sie tun, kein Wort davon an Kramer; Und vergiss nicht, dass die Wände hier Ohren haben.

Ohne ein weiteres Wort zu sagen. Gräfin Irma begann auf ihrer Zither die Melodie eines Highland-Liedes.

Walpurga konnte kaum realisieren, was mit ihr passiert war. Sie war über ihr eigenes dummes und voreiliges Verhalten provoziert und war fest entschlossen, in Zukunft ihren eigenen Rat zu behalten.

Während Irma spielte, ging der König erneut durch die *Portière* und blieb stehen, um zuzuhören. Irma blickte nicht auf; Ihr Blick war auf ihre Zither gerichtet. Als sie fertig war, applaudierte der König leise. Sie stand auf und verneigte sich, begleitete den König jedoch nicht, als er in das Nebengemach ging, um den Prinzen anzusehen.

„Ihre Zither ist perfekt gestimmt, liebe Gräfin, aber Sie scheinen etwas verstimmt zu sein", sagte der König, als er ins Zimmer zurückkam.

„Ich bin im Einklang. Eure Majestät", antwortete Gräfin Irma. „Ich habe gerade Walpurga ein Stück vorgespielt, und es hat mich tief berührt."

Der König reiste sehr bald darauf ab, ohne der Gräfin die Hand zu reichen. Walpurgas traurigster Gedanke war, dass sie es nicht einmal wagte, Mademoiselle Kramer zu vertrauen.

„Oh, du armes Kind!" sagte sie eines Tages zum Prinzen, als niemand da war. „Oh, du armes, liebes Kind! Von dir wird erwartet, dass du unter Menschen aufwachst, die einander nicht vertrauen. Wenn ich dich nur mitnehmen könnte, was für ein toller Junge wärst du geworden. Du bist immer noch unschuldig–" -Kinder sind, bis sie anfangen zu sprechen, die einzigen unschuldigen Geschöpfe auf dieser Welt. Aber worauf kommt es an? Ich habe die Welt nicht erschaffen und muss sie auch nicht ändern. Die Gräfin hat recht. Ich werde dich gut pflegen, Kümmere dich zärtlich um dich und überlasse den Rest Gott.

Kapitel XV.

„Ihr Wunsch ist endlich erfüllt", sagte Gräfin Irma zu Doktor Günther, als sie gerade vom Esstisch aufstanden.

„Welcher Wunsch?"

„Ich habe eine Freundin, eine Begleiterin, und um es mit den Worten des Liedes zu sagen: ‚Du wirst nie eine bessere finden.'"

„Ihr Umgang mit der Bäuerin ist sehr liebenswürdig und macht Ihnen große Ehre, aber sie ist keine Freundin. Ihre Freundin sollte jemand sein, der Ihnen ebenbürtig ist. Ihre Beziehung zu dieser Bäuerin wird immer die einer Gönnerin sein. Sie wagt es nie." Kritik an dir, und wenn sie es versuchen würde, könntest du sie ohne weiteres zum Schweigen bringen. Bloßer gesunder Menschenverstand ist dem Waffenarsenal der Kultur schutzlos ausgeliefert."

Ohne zu merken, wie Irma bei diesen Worten zusammenzuckte, fuhr der Arzt ruhig fort:

„Gedanklich besteht zwischen dir selbst und solch einer populären Einfachheit ein ebenso großer Unterschied wie zwischen einem Erwachsenen und einem Kind. Ich fürchte, du hast es versäumt, dir einen Freund zu sichern, der dir von Geburt an ebenbürtig ist."

„Mein Geburtsgleicher? Du bist also auch ein Aristokrat?"

Der Arzt erklärte, dass Gleichberechtigung gewährt werden könne, ohne dass soziale Unterschiede beseitigt würden.

„Wann immer ich dich verlasse", sagte Irma, ihr Gesicht strahlte vor Begeisterung, „wann immer ich unter dem Einfluss deiner Gedanken stand, erscheint mir alles, was ich tue oder versuche, kleinlich und unbedeutend. In solchen Momenten fühle ich mich genauso wie ich." Ich möchte etwas tun, nachdem ich herrliche Musik gehört habe, und sehne mich danach, etwas Außergewöhnliches zu erreichen. Ich wünschte, ich wäre mit künstlerischem Talent begabt."

„Geben Sie sich damit zufrieden, eines der schönsten Werke der Natur zu sein. Das ist das Beste, was man tun kann."

Der Arzt wurde abgerufen.

Irma blieb einige Zeit sitzen und begab sich schließlich in ihr Zimmer, wo sie sich mit ihrem Papagei vergnügte. Dann, nachdem sie ihre Blumen eine Weile betrachtet hatte, begann sie, sie farbig auf eine Marmorplatte zu kopieren. Offensichtlich wollte sie, dass es sich um ein seltenes Werk handelte. Aber für wen? Sie wusste es nicht. Eine Träne fiel auf eine Rose, deren Farbe noch feucht war. Sie blickte auf und verließ ihre Arbeit. Dann trocknete sie die Träne und sah sich gezwungen, die Rose erneut zu malen.

Am Tag vor der Taufe diktierte Walpurga der Gräfin Irma folgenden Brief:

„Morgen ist Sonntag, und ich werde versuchen, auch bei dir zu sein. In Gedanken bin ich immer da. Es kommt mir vor, als wäre es sieben Jahre her, seit ich mein Zuhause verlassen habe. Der Tag ist hier so lang, und Es sind mehr als dreimal so viele Menschen im Palast, wie in unsere Kirche hineinpassen. Es gibt hier viele verheiratete Diener, die ihre eigenen Diener haben; hier sind nur große, gut aussehende Männer im Dienst", erzählt Mademoiselle Kramer Mir ist klar, dass ihre Lordschaften nur hübsche Menschen um sich haben wollen; und einige von ihnen sind so primitiv und anständig wie ein Pfarrer. Sie nennen sie Lakaien, und wann immer der König sich einem von ihnen nähert, verneigen sie sich sehr tief und mit einem Druckknopf zu verdoppeln, genau wie ein Taschenmesser. Oh, was ich für viele gute Dinge habe! Wenn ich dir nur ein paar davon schicken könnte. Ich bin so froh, dass wir in vier Wochen zum Landpalast gehen und dort bis zum Herbst bleiben. Aber wie geht es meinem Kind, und wie geht es mit Hansei und mit der Mutter und dir auch, Stasi? Im Schlaf bin ich nachts immer bei dir. Ich kann nicht viel schlafen, für meinen Prinzen ist ein echter Nachtwächter, und der Arzt des Königs sagte, ich dürfe ihn nicht so viel weinen lassen wie Burgei zu Hause. Aber er hat gute Lungen, und morgen ist die Taufe. Der Bruder der Königin und seine Frau sollen Pate und Patin sein, außerdem wird es jede Menge Prinzen und Prinzessinnen geben. Und ich habe wunderschöne neue Kleider und zwei grüne Hüte mit goldener Spitze und zwei silberne Ketten für meinen Magen, und ich kann sie alle mit nach Hause nehmen, wenn ich gehe, aber das wird nicht lange dauern. Wenn alle Wochen so lang sind wie letzte Woche, werde ich siebenhundert Jahre alt sein, wenn ich nach Hause komme. Ich bin wieder ganz munter. Doch zunächst kam es mir so vor, als ob ich immer das Brüllen der Kuh im Stall hören könnte.

„Diejenige, die dies schreibt, ist die Gräfin Wildenort von jenseits des Chamois-Hügels; sie ist eine sehr gute Freundin von mir. Sie kannte auch unseren lieben Vater, und Sie, Mutter, wissen von ihrer Familie."

„Und ich habe dir etwas zu sagen, Hansei. Lass dich nicht zu sehr mit dem Wirt beschäftigen; er ist ein Schurke, und er wird dir das Geld aus der Tasche reden. Es gibt überall gute und schlechte Leute, zu Hause bei uns und auch hier; und der Arzt des Königs sagt, man dürfe der Kuh kein Grünfutter geben, nur Heu, sonst verträgt die Milch das Kind nicht.

„Ich lerne schreiben. Tatsächlich lerne ich hier sehr viel."

„Und erzählen Sie mir, was die Leute darüber sagen, dass ich mein Zuhause so plötzlich verlassen habe und dass ich überhaupt weggegangen bin.

„Aber es ist mir egal, was sie sagen. Ich weiß, dass ich meine Pflicht gegenüber meinem Kind, meinem Mann und meiner Mutter erfüllt habe."

„Und, liebe Mutter, nimm ein Dienstmädchen ins Haus; wir können es uns jetzt leisten.

„Und, Hansei, lass dich vom Wirt nicht um dein Geld bringen. Lege es sicher auf die Hypothek, bis wir genug haben, um ein paar Hektar Land zu kaufen."

„Und vergessen Sie nicht, Mittwoch ist der Tag, an dem Vater starb. Lassen Sie eine Messe für ihn lesen.

„Wir haben hier im Haus eine Kirche, und jeden Morgen höre ich die Orgel, während ich im Flur stehe. Morgen wird ein großartiger Tag und ich bleibe Ihnen immer treu."

„ WALPURGA ANDERMATTEN .

„Ich schicke dir eine kleine Mütze für mein Kind; lass sie es jeden Sonntag tragen. Tausend Grüße an euch alle, von eurem

„ WALPURGA ".

Kapitel XVI.

„Oh, wie schön! Wie schön! – Und gehört das alles mir? – Und bist du es, Walpurga, von der Hütte am See? – Wie stolz wird sie sein!"

Das waren Walpurgas extravagante Ausdrucksformen der Freude, während sie dastand und sich selbst im Ganzkörperspiegel betrachtete. Mademoiselle Kramer war in der Tat gezwungen, sie zurückzuhalten, damit sie nicht durch das Glas stürmte in ihrem sehnsüchtigen Wunsch, die Gestalt zu umarmen, die sie darin reflektiert sah.

Der Hofschneider hatte die neuen Kleider nach Hause geschickt. Es war schwer zu entscheiden, was am schönsten war – der Bauchtanz, der Rock, der Kragen, das Hemd mit den kurzen, weiten Ärmeln – aber nein! Der schmalrandige Hut, mit Blumen und goldener Spitze besetzt und mit goldenen Quasten, war der schönste von allen. Es passte perfekt und war federleicht. „So, ich verschiebe es einfach ein wenig nach links. Gott sei Dank! – Nun, du bist wunderschön! Die Leute haben recht!" Sie legte die Arme in die Seite und tanzte wie eine Besessene durch den Raum. Und dann stellte sie sich vor den Spiegel und starrte schweigend hinein, als wäre sie in die Betrachtung ihres eigenen Bildes versunken.

Ah, dieser Spiegel! Walpurga hatte noch nie zuvor ihre volle Figur gesehen, von Kopf bis Fuß. Was konnte sie zu Hause im Zweigroschenspiegel sehen? Nichts außer dem Gesicht und ein wenig vom Hals!

Sie hob ihre Hand an ihre Kehle. Umgeben war es von einer Halskette aus sieben Reihen Granaten, die vorne mit einer Agraffe befestigt war. Und wie klug Mademoiselle Kramer war! Wie viele Dinge konnte sie tun!

Sie hatte einen großen Spiegel hinter Walpurga angebracht, der nun sehen konnte, wie sie von hinten und von allen Seiten aussah. Oh, wie klug diese Leute sind! Was wissen sie aus unserem Weg? Nichts von der Welt und noch weniger von sich selbst!

„Und so sieht Walpurga auf die aus, die hinter ihr gehen? Und so", drehte sich auf die eine Seite, „und so", drehte sich wieder auf die andere. „Ich muss sagen, ich mag dein Aussehen; du bist überhaupt nicht aus dem Weg! Das ist also Hanseis Frau? Er sollte mit ihr zufrieden sein; aber andererseits ist er gut und treu und hat sie verdient."

Schwindelig vor Aufregung redete Walpurga so mit sich selbst; Es war das erste Mal, dass sie ein vollständiges Spiegelbild ihrer selbst sah.

Der erste Fremde, der sie so sah, war Baum.

Er trug immer Schuhe ohne Absatz und schaffte es, indem er den ganzen Fuß auf einmal absetzte, so sanft zu treten, dass man nie wusste, wann er kam. Er kam immer mit einer bescheidenen Miene auf ihn zu, als hätte er Angst, Sie zu stören, behielt aber immer seinen eigenen Rat und war ein verfügbares Werkzeug, egal, um welche Art von Gottesdienst es sich handelte.

„Oh! wie hübsch!" rief er und starrte sie an, als wäre er ganz vor Bewunderung verloren.

„Es bedeutet Ihnen jedenfalls nichts, Sirra", sagte Walpurga; „Du bist ein verheirateter Mann und ich bin eine verheiratete Frau."

Mit befehlender Miene und so tund, als wären dies die ersten Worte, die er seit seinem Betreten der Wohnung aussprach, fuhr Baum fort:

„Es ist dem Lord Steward ein Vergnügen, dass die Krankenschwester sofort in die Hofkapelle kommt, wenn Seine Königliche Hoheit, der Kronprinz, schläft. Die Probe beginnt gleich."

„Ich habe meine Kleidung anprobiert", antwortete Walpurga.

Baum sagte ihr, dass es nichts mit dem Anprobieren von Kleidern zu tun habe, sondern dass mit Ausnahme der höchsten Persönlichkeiten alle, die morgen an den großen Zeremonien teilnehmen sollten, jetzt die Reihenfolge der Prozession einstudieren müssten, damit es möglich sei Seien Sie nicht verwirrt.

Walpurga ging mit Baum.

Die Damen und Herren des Hofes versammelten sich im Thronsaal. Die meisten von ihnen waren eifrig in Gespräche vertieft, und der verwirrte Klang vieler Stimmen hallte seltsamerweise von der hohen gewölbten Decke wider. Als Walpurga eintrat, konnte sie sie von allen Seiten flüstern hören. Einige sprachen Französisch, andere benutzten einfaches Deutsch, um zu sagen, dass die Krankenschwester ein Paradebeispiel einer Bäuerin aus den Highlands sei. Walpurga hatte für jeden ein Lächeln parat und war überhaupt nicht verlegen.

Der Lord Steward stellte sich nun mit einem goldköpfigen Stock in der Hand auf die unterste Stufe des Throns, die mit einem Hermelinmantel bedeckt war. Er schlug dreimal mit dem Stock auf den Boden und hielt ihn dann hoch. Jeder erhielt ein gedrucktes Programm, auch Walpurga erhielt eines. Nachdem er es der Gesellschaft vorgelesen hatte, befahl der Lord Steward allen, es strikt einzuhalten. Die Prozession bewegte sich nun auf die Kapelle zu, wobei sie übrigens durch die Gemäldegalerie und die Porträtgalerie ging. Der offene Raum davor bot den Anschein eines verzauberten Gartens. Es war voller exotischer Bäume und die Luft war erfüllt vom Duft von Blumen. Auch die Kapelle war mit Blumen und Sträuchern geschmückt; und die Gemälde an der Decke stellten Engel dar, die in der Luft umherflogen.

Gräfin Brinkenstein, deren Auftreten noch strenger war als am ersten Abend, war in ihre offiziellen Pflichten vertieft; Dies war keine Zeit für sie, krank zu sein.

Sie ermahnte Walpurga, die neben ihr ging, sehr vorsichtig zu sein, wie sie den Prinzen trug, und ermahnte sie eindringlich, ihre Arme nicht zurückzuziehen, bis sie ganz sicher sei, dass der Prinz sicher in den Armen seines Paten sei.

„Natürlich werde ich das nicht tun; ich bin nicht so dumm", sagte Walpurga.

„Ich verlange keine Antwort von dir." Gräfin Brinkenstein war über Walpurga verärgert. Sie war tatsächlich unzufrieden mit der Königin, die, wie sie glaubte, den armen Diener verwöhnte, fand es aber bequemer, ihren Groll an Walpurga auszulassen als an einer so erhabenen Persönlichkeit wie Ihrer Majestät.

Die verschiedenen Gruppen plauderten und lachten in einem so unbekümmerten Ton, als wären sie in einem Ballsaal und nicht in einer Kirche.

Der Lord Steward, der sich am Altar aufgestellt hatte, erkundigte sich, ob alle bereit seien.

„Ja", wurde von verschiedenen Seiten unter viel Gelächter geantwortet.

Walpurga schaute zu dem Bild der Jungfrau auf, das sie am Abend ihrer Ankunft im Licht der ewigen Lampe gesehen hatte – es war das erste Mal, dass sie es bei Tageslicht sah – und sagte: „Auch du, müssen zusehen, während sie proben. Sie verstand nun vollkommen Mademoiselle Kramers Bemerkung, dass für Könige alles im Voraus arrangiert werden müsse. Aber war es richtig, dies bei heiligen Dingen zu tun? Das muss so sein, dachte sie, sonst würden sie es nicht tun. Auch der Hofkaplan war da, allerdings nicht in seiner kirchlichen Robe. Sie sah, wie er eine Prise aus der goldenen Schnupftabakdose des Lord Stewards nahm, mit dem er sich unterhielt, als ob sie auf der Straße wären.

Und das ist also die Probe, dachte Walpurga bei sich, als Gräfin Brinkenstein näher kam und sagte, dass sie gehen könnte, da sie jetzt ihren Platz für morgen wisse. Sie befahl Walpurga außerdem, weiße Baumwollhandschuhe zu tragen, und sagte, dass sie ihr mehrere Paar schicken würde.

Walpurga ging durch den Thronsaal und die Gemäldegalerie hinaus. Ohne sich umzusehen, ging sie durch zahlreiche Wohnungen und stand plötzlich vor einem großen, dunklen Raum. Die Tür war offen, aber sie konnte nicht sehen, wohin sie führte. Sie drehte sich erschrocken um, denn sie hatte sich verirrt. Alles war still wie der Tod. Sie schaute aus dem Fenster und sah eine Straße, die sie noch nie zuvor gesehen hatte. Sie wusste nicht, wo sie war, und eilte weiter; Aus der Ferne konnte sie seltsame Männer und Tiere und Orte auf den Wänden sehen, und plötzlich stieß sie einen Schreckensschrei aus, denn der Teufel selbst, schwarz wie Pech, kam auf sie zu und knirschte mit den Zähnen.

„O Herr! Vergib mir! Ich werde nie wieder stolz und eitel sein! Ich werde gut und ehrlich sein", rief sie laut und rang die Hände.

„Warum machst du so viel Lärm? Wer bist du?" rief der Teufel.

„Ich bin Walpurga, vom See, und ich habe zu Hause ein Kind, einen Ehemann und eine Mutter. Ich wurde hierher gebracht, um die Krankenschwester des Kronprinzen zu sein, aber tatsächlich wollte ich nicht kommen."

„In der Tat! Und du bist also die Krankenschwester. Ich mag dein Aussehen ziemlich."

„Aber ich möchte nicht, dass dir oder sonst jemandem mein Aussehen gefällt. Ich habe selbst einen Ehemann und möchte nichts mit anderen Männern zu tun haben."

Der Schwarze lachte herzlich.

„Was hast du dann in den Gemächern meines Herrn gemacht?"

„Wer ist dein Herr? Ich habe nichts mit ihm zu tun. Ich und alle guten Geister preisen Gott, den Herrn! Sprich! Was willst du von mir?"

„Oh, du Dummkopf! Mein Herr ist der Bruder der Königin. Ich bin sein *Kammerdiener*. Wir sind gestern Abend hier angekommen."

Walpurga konnte nicht verstehen, was das alles bedeutete. Zu ihrem Glück kamen in diesem Moment der Herzog und der König aus der Wohnung.

Der Herzog wandte sich auf Englisch an den Mauren und erkundigte sich, was geschehen sei. Der Mohr antwortete in derselben Sprache und sagte, die Bäuerin habe ihn für den fleischgewordenen Teufel gehalten; Als der Herzog und der König das hörten, lachten sie herzlich.

"Was bringt dich hierher?" fragte der König.

„Ich habe mich verirrt, nachdem ich die Kapelle verlassen hatte", antwortete Walpurga. „Mein Kind wird weinen. Bitte zeigen Sie mir den Weg zurück zu ihm."

Der König beauftragte einen der Lakaien, sie zu ihren Gemächern zu führen. Als sie wegging, hörte sie, wie der Onkel, der Hauptsponsor werden sollte, sagte: „Was für eine schöne Milchkuh hast du aus den Highlands mitgebracht!"

Als sie in ihr Zimmer zurückgekehrt war und sich wieder im großen Spiegel betrachtete, sagte sie:

„Du bist nichts weiter als eine Kuh, die plappern kann und gekleidet ist! Nun, es hat dir recht getan."

Kapitel XVII.

Die Nacht war schlimm. Der Kronprinz litt unter dem Schrecken, den der Maure seiner Pflegemutter bereitet hatte. Doktor Günther saß die ganze Nacht im Nebenzimmer, um in Rufbereitschaft zu sein, und erkundigte sich ständig nach Walpurga und dem Kind. Er wies Mademoiselle Kramer an, die Krankenschwester nie wieder ohne seine Erlaubnis das Zimmer verlassen zu lassen.

Walpurga war diese Gefangenschaft willkommen, denn sie wollte mit der ganzen Welt nichts mehr zu tun haben; denn das Kind erfüllte ihre Seele und während sie auf dem Sofa lag, gelobte sie Gott, dass ihr nichts anderes in den Sinn kommen sollte. Sie betrachtete die neuen Kleidungsstücke, die auf dem großen Tisch ausgebreitet waren, und schüttelte den Kopf. Sie kümmerte sich nicht mehr um den Trödel. Tatsächlich hasste sie es fast, denn hatte es sie nicht ins Böse geführt? Und war die Strafe nicht schnell erfolgt?

Walpurgas Schlaf war unterbrochen und unruhig, und wann immer sie die Augen schloss, sah sie, wie der Mohr sie verfolgte. Erst kurz vor Tagesanbruch schliefen sie und das Kind tief und fest. Die große Zeremonie konnte daher zur vereinbarten Zeit stattfinden.

Baum brachte die wunderschönen Kissen und die mit zwei wilden Tieren bestickte Brokatdecke mit. Als er an Walpurga vorbeikam, flüsterte er leise:

„Bewahre ein tapferes Herz, damit du nicht wieder krank wirst; denn wenn du es tust, werden sie dich sofort entlassen. Ich meine es gut mit dir, und deshalb sage ich es."

Er sagte dies, ohne eine Miene zu bewegen, denn Mademoiselle Kramer sollte nichts davon wissen.

Walpurga sah ihm erstaunt nach; und tatsächlich machte Baum in seiner grauen Leinenuniform einen ziemlich seltsamen Eindruck.

„Und deshalb schicken sie dich weg, wenn du krank wirst", dachte sie bei sich. „Ich bin eine Kuh. Sie haben recht: Für eine unfruchtbare Kuh ist im Stall kein Platz mehr."

„Ich und du und die Kuh des Müllers –" sagte sie zum Prinzen, als sie ihn wieder an ihre Brust nahm, während sie lachte und sang:

„Mach einen Kritzel-Doo!

Die Uhr schlägt zwei;

Die Uhr schlägt vier.

Während alle schlafen und schnarchen.

„Ob Palast oder Kinderbett,

Es spielt keine Rolle,

Obwohl sie saure Rüben kochen,

Oder essen Sie Mandeln und Süßigkeiten...

Solange es ihnen wichtig ist

Für die Kleinen da."

Walpurga hätte an diesem Tag viel mehr gesagt und gesungen, wäre da nicht das ständige Hin und Her in den Gemächern des Prinzen gewesen. Gräfin Brinkenstein kam persönlich und sagte zu Walpurga:

„Haben Sie nicht allerlei geheime Reize, die Sie dem Kind zuliebe unter das Kissen legen?"

„Ja, ein Mistelzweig reicht aus, oder ein Nagel von einem Hufeisen; ich würde sie schnell genug besorgen, wenn ich zu Hause wäre; aber ich habe hier nichts dergleichen."

Walpurga war ziemlich stolz, als sie erzählte, was sie über die geheimen Zauber wusste; aber sie wurde beunruhigt, als sie Gräfin Brinkenstein ansah und sah, dass ihr Gesicht einen Ausdruck des Missfallens zeigte.

„Mademoiselle Kramer", sagte sie, „Sie werden zur Verantwortung gezogen, wenn diese Bäuerin versucht, ihren abergläubischen Unsinn mit dem Kind zu praktizieren."

Kein Wort davon richtete sich an Walpurga, die sich eingeredet hatte, sie sei die erste Person im Palast, und nun zum ersten Mal die Demütigung empfand, ignoriert zu werden, als wäre sie nichts weiter als leer Luft.

„Ich werde trotz dir nicht die Beherrschung verlieren. Und ich werde dir nicht den Gefallen tun, krank zu werden, damit du mich wegschicken kannst", murmelte Walpurga und lachte vor sich hin, während die Gräfin sich zurückzog.

Und nun folgte eine schöne und glückliche Stunde. Es kamen zwei Jungfrauen, die den Prinzen bekleideten. Walpurga ließ sich auch anziehen und genoss es sehr, so bedient zu werden.

Alle Glocken in der ganzen Stadt läuteten; Das Glockenspiel des Palastturms stimmte in den fröhlichen Lärm ein und ließ das riesige Gebäude fast erzittern. Und nun kam Baum. Er sah großartig aus. Die reich bestickte Uniform mit der silbernen Spitze, die scharlachrote, mit Gold bestickte Weste, die kurzen grauen Plüschhosen, die weißen Strümpfe, die Schnallenschuhe – alles schien aus einem verzauberten Schrank zu stammen, und Baum wusste es genau dass er eine großartige Figur machte. Er lächelte, als Walpurga ihn anstarrte, und wusste, was dieser Blick bedeutete. Er konnte es sich leisten zu warten.

„Man sollte nicht versuchen, zu früh zu ernten", war ein Lieblingsspruch des Kammerdieners der Baronin Steigeneck, und er wusste, worum es ging.

Baum kündigte einen Kammerherrn und zwei Pagen an, die bald darauf eintraten.

Aus dem Nebenzimmer waren schwere Schritte und Befehlsworte zu hören. Die Türen wurden von einem Diener geöffnet und eine Reihe von Kürassieren betraten den Raum. Sie waren eine Abteilung des Regiments, zu dem der Prinz gehören sollte, sobald er seinen Namen erhalten hatte.

Die Prozession, die den Prinzen begleitete, bewegte sich zur festgesetzten Stunde. Der Kammerherr ging voran, dann kamen Mademoiselle Kramer und Walpurga, die Pagen bildeten die Nachhut. Für Walpurga war es ein Glück, dass Baum an ihrer Seite war, denn sie fühlte sich so schüchtern und schüchtern, dass sie sich umsah, als ob sie um Hilfe flehte. Baum verstand alles und wimmerte ihr zu: „Behalte deinen Mut, Walpurga!" Sie nickte nur zum Dank, denn sie brachte kein Wort heraus. Sie trug das Kind auf dem Arm und ging durch die Menge der Kürassiere, die mit gezogenen Schwertern und glitzernden Kettenrüstungen wie Statuen dastanden. Plötzlich dachte sie daran, wo sie letzten Sonntag zur gleichen Stunde gewesen war. Wenn Hansei das nur sehen könnte. Und Franz, der Sohn des Schneiders Schenck, ist bei den Kürassieren – vielleicht gehört auch er zu diesen Leblosen; aber sie müssen am Leben sein, denn ihre Augen funkeln. Sie schaute auf, erkannte aber den Sohn des Schneiders nicht, obwohl er in der Schlange stand.

Der Prinzenzug ging mit seiner Eskorte weiter zur sogenannten großen Mittelgalerie, wo sich die Prozession formierte.

Walpurga war angewiesen worden, sich mit dem Prinzen auf die unterste Stufe des Throns zu setzen, und als sie sich umsah, erblickte sie ein Meer von Pracht und Schönheit. Es gab reich bestickte Kostüme, hübsche Frauen, deren Köpfe mit Blumen geschmückt waren, und Juwelen, die am frühen Morgen wie Tautropfen auf der Wiese funkelten.

„Guten Morgen, Walpurga! Bitte steh nicht auf", sagte eine freundliche Stimme und wandte sich an sie. Es war Gräfin Irma. Aber sie hatte kaum angefangen, mit ihr zu reden, als der Lord Steward dreimal mit seinem goldköpfigen Stock, auf dem die Diamanten hell funkelten, auf den Boden schlug.

Aus einer Nebenwohnung marschierte ein Zug Hellebardiere mit bunten Federn auf den Helmen ein. Und dann kam der König. Er trug seinen Helm in der linken Hand und an seiner Seite. Sein Gesicht strahlte vor Glück.

An seiner Seite ging die Herzogin, eine Diamantkrone auf dem Kopf und zwei Pagen mit ihrer langen Seidenschleppe. Ihr folgte eine zahlreiche und brillante Suite.

Irma war zu ihrem geeigneten Platz geeilt. Die Glocken läuteten langsam und die Prozession zog weiter. Am Eingang der Palastkapelle nahm die Herzogin das Kind von der Amme und trug es zum Altar, wo in prächtigen Gewändern gekleidete Priester es erwarteten und unzählige Lichter brannten.

Walpurga folgte ihr und hatte das Gefühl, beraubt zu sein – nicht nur, als ob die Kleidung von ihrem Körper gerissen worden wäre, sondern als ob der Körper von ihrer Seele gerissen worden wäre. Das Kind weinte laut, als wüsste es, was vor sich ging, aber seine Stimme wurde von den Klängen der Orgel und des Chors übertönt. Die ganze Kirche war erfüllt von einem gewaltigen Klangvolumen, das von der Galerie herabdrang und vom Boden darunter widerhallte, wie mürrisches, grollendes Donnergrollen. Unwillkürlich fiel Walpurga am Altar auf die Knie – es war nicht nötig, ihr das zu befehlen.

Chor, Orgel und Orchester brachen mit gewaltigem Klangvolumen aus, und Walpurga, überwältigt von Ehrfurcht und Überraschung, stellte sich vor, dass das Ende der Welt gekommen sei und dass die bemalten Engel an der Decke – ja, auch die Säulen selbst - ließen die himmlischen Harmonien anschwellen.

Plötzlich war alles wieder still.

Das Kind erhielt seinen Namen. Einer würde nicht ausreichen: Es waren acht; ein ganzer Abschnitt des Kalenders war zu seinen Gunsten geleert worden.

Doch von diesem Moment an, bis sie ihr Zimmer erreichte, wusste Walpurga nichts von dem, was passiert war.

Als sie mit Mademoiselle Kramer allein war, fragte sie:

„Na, und wie soll ich meinen Prinzen nennen?"

„Keiner von uns weiß es. Er hat drei Namen, bis er den Thron bestieg, dann wählt er selbst einen aus, unter dem er regiert und der auf den Münzen eingeprägt ist."

„Ich habe dir etwas zu sagen", sagte Walpurga, „und vergiss es nicht. Du musst mir den ersten Dukaten schicken, den du mit deinem Namen und deinem Bild gestempelt hast! Schau! Er reicht mir die Hand darauf!" " rief sie jubelnd, als das Kind seine kleine Hand ausstreckte, als wollte es die ihre ergreifen. „Oh, du liebes Sonntagskind! Lass die First Lady des Schlafzimmers sagen, es sei Aberglaube – das stimmt, für alle. Ich bin eine Kuh und du bist ein Sonntagskind, und Sonntagskinder verstehen die Sprache der Tiere. Aber Das ist nur einmal im Jahr – um Mitternacht am Heiligabend. Aber da du ein Prinz bist, bin ich sicher, dass du mehr tun kannst als die anderen."

Walpurga wurde in das Gemach der Königin gerufen, dessen schillernde Schönheit an eine glitzernde Höhle im Märchenland erinnerte. Alles war ruhig; hier war nichts von der lauten, geschäftigen Menge über uns zu hören. Die Königin sagte:

„Auf diesem Tisch findest du eine Rolle mit hundert Goldstücken. Es ist dein Taufgeschenk von meinem Bruder und den anderen Sponsoren. Macht es dich glücklich?"

„Oh, Königin! Wenn die Lippen auf diesen Goldstücken sprechen könnten, könnten dir die hundert zusammen nicht sagen, wie glücklich ich bin. Das ist zu viel! Du könntest damit unser halbes Dorf kaufen! Mit so viel könntest du kaufen-" -"

„Regen Sie sich nicht auf! Bleiben Sie ruhig! das Kind."

„Oh meine Königin! Wie glücklich muss es dich machen, direkt zu Wort kommen zu können, wenn dein Herz voller gütiger Gedanken ist, und es in deiner Macht zu haben, so viele große und gute Taten zu tun; außerdem muss Gott dich sehr lieben." so viel Gutes durch deine Hand tun zu lassen! Ich danke dir von ganzem Herzen! Und dem, der dir alles gegeben hat, tausend Dank!"

„Walpurga, deine Worte tun mir mehr als alles, was der Erzbischof und die anderen gesagt haben. Ich werde sie nicht vergessen!"

„Ich weiß nicht, was ich gesagt habe – aber es ist alles deine Schuld! Wenn ich bei dir bin, weiß ich kaum, wie ich es sagen soll – aber es kommt mir vor, als stünde ich vor dem Heiligen Heiligtümer in der Kirche. Oh, was für ein himmlisches Geschöpf du bist! Du bist von ganzem Herzen! Ich werde es dem Kind erzählen, und obwohl es nicht versteht, was ich sage, wird es alles fühlen. Von mir Ich werde nur gute Gedanken an dich denken! Ich bitte jetzt um Verzeihung, wenn ich dich jemals beleidigen sollte, auch nur in Gedanken, oder irgendetwas Ungewöhnliches tun sollte –" Sie konnte nichts mehr sagen.

Die Königin bedeutete Walpurga, still zu sein, und reichte ihr die Hand. keiner sprach ein weiteres Wort. Tatsächlich gingen Engel durch den stillen Raum.

Walpurga ging weg. Es war Selbstvertrauen, nicht Kühnheit, das sie dazu brachte, den Höflingen, an denen sie unterwegs vorbeikam, direkt ins Gesicht zu schauen. Für sie existierten sie nicht.

Als sie wieder bei dem Kind war, sagte sie:

„Ja, trink in meine ganze Seele! Es gehört ganz dir! Wenn du kein Mann wirst, an dem Gott und die Welt Freude haben können, verdienst du keine Mutter wie deine!"

Mademoiselle Kramer war erstaunt über Walpurgas Worte. Aber dieser wollte nicht erzählen, was in ihrem Kopf vorging. Es herrschte vollkommene Stille, und doch saß sie regungslos da, als könnte sie noch immer die Orgel und den Gesang der Engel hören.

„Das ist es nicht, was mich so glücklich macht", sagte sie und blickte noch einmal auf das Geld. „Genau so muss es sein, wenn man in den Himmel kommt und der Herr sagt: ‚Ich bin froh, dass du gekommen bist!' Oh, wenn ich jetzt nur dorthin fliegen könnte! Ich weiß nicht, was ich mit mir anfangen soll.

Sie lockerte alle ihre Kleider; Die Welt schien zu eng und zu eng, um sie einzudämmen.

„Gott sei gepriesen! Der Tag ist vorbei", sagte sie, als sie sich am Abend zur Ruhe legte. „Es war ein harter Tag, aber ein wunderschöner; schöner, als ich ihn jemals wieder sehen werde."

Kapitel XVIII.

(IRMA AN IHRE FREUNDIN EMMA .)

„Du fragst mich, wie mir die große Welt gefällt. Die große Welt, liebe Emma, ist schließlich nur eine kleine Welt. Aber ich kann gut verstehen, warum sie sie ‚großartig' nennen." Es hat ein eigenes Firmament. Täglich gehen zwei Sonnen auf, ich meine natürlich ihre Majestäten. Ein gnädiger Blick oder ein freundliches Wort von beiden – und der Tag ist klar und hell. Sollten sie dich ignorieren, ist das Wetter es langweilig und trostlos.

„Die Königin ist voller Gefühle und lebt in einer eigenen transzendentalen Welt, in die sie am liebsten jeden hineinziehen würde. Sie erinnert an einen ‚Jean Paul', der nach seiner Zeit geboren wurde, und ist von einem zärtlichen, anhänglichen Wesen, das ständig zwischen den beiden schwankt Morgen- und Abenddämmerung voller Emotionen, und sie meidet immer das weiße Licht des Tages. Sie ist überaus gnädig zu mir, aber wir können uns des Gefühls nicht erwehren, dass wir nicht harmonieren.

„Ich weiß nicht, warum das so ist, aber mir fällt in letzter Zeit oft ein Ausspruch meines Vaters ein: ‚Wann immer Sie sich mit jemandem in freundschaftlicher oder liebevoller Beziehung befinden, stellen Sie sich vor, wie er aussehen würde, wenn er Ihr Feind geworden wäre!'

„Der Gedanke folgt mir wie ein Phantom, ich weiß nicht warum. Es muss mein böser Geist sein."

„Alle hier halten mich für wunderbar naiv, einfach weil ich den Mut habe, selbst zu denken. Ich habe die Brillen und die Enge der Tradition nicht geerbt. Die Welt scheint der Mode zu folgen, selbst wenn es darum geht, das Innere ihrer Köpfe zu kleiden."

„Am meisten bewundere ich die First Lady des Schlafgemachs. Sie ist die Verkörperung des Gesetzes, sorgfältig mit *Poudre de Riz* bedeckt. Die Damen hier machen sich über sie lustig, aber ich habe nur Mitleid mit denen, die gezwungen sind, auf die Verwendung von Kosmetika zurückzugreifen. Ach, du hast keine Ahnung, meine liebe Emma, wie dumm und gelangweilt manche Menschen sind, wenn sie nicht in der Lage sind, sich einem Skandal hinzugeben. Es gibt nur wenige, die wissen, wie man sich unschuldig amüsiert. Aber ich vergesse, dass ich dir von Gräfin erzählen wollte Brinkenstein.

„Sie hat mir eine Vorlesung über Etikette vorgelesen. Wie schade, dass ich sie Ihnen nicht Wort für Wort wiedergeben kann. Sie sagte viele schöne Dinge; zum Beispiel – dass wir in Fragen der Etikette genauso wenig das Recht haben, zu zweifeln wie in der Religion, dass in beiden Fällen die Argumentation immer zu Häresie und Spaltung führte und dass man froh sein sollte, das Gesetz fertig zu haben, anstatt gezwungen zu sein, es zu formulieren.

„Gräfin Brinkenstein lehrt wie Sokrates der Peripatetiker durch ihr Beispiel. Im Park des Sommerpalastes ragt ein Felsen hervor, von dessen Spitze man einen schönen Ausblick hat. Er ist auf allen Seiten durch ein eisernes Geländer geschützt." Beachten Sie, meine liebe Gräfin", sagte diese Hohepriesterin der Etikette zu mir – denn sie scheint eine große Zuneigung zu Ihrer bescheidenen Dienerin entwickelt zu haben – „weil wir wissen, dass es ein Geländer gibt, fühlen wir uns vollkommen sicher." Hier. Wenn das nicht wäre, würde uns zu schwindelig werden, um zu bleiben. Genauso ist es mit den Gesetzen der Gerichtsetikette: Entfernen Sie das Geländer, und es wird jeden Tag jemand fallen.'

„Der König unterhält sich gerne mit Brinkenstein, und obwohl ihm ein anständiges und würdevolles Auftreten am besten gefällt, ist er einer uneingeschränkten Fröhlichkeit nicht abgeneigt. Die Königin ist zu ernst; sie ist immer eine großartige Orgel. Aber zu Orgelmusik kann man nicht tanzen, und so wie wir es sind." noch jung, haben wir oft Lust zu tanzen. Brinkenstein muss mich dem König empfohlen haben, denn er spricht mich oft an, und zwar auf eine Weise, die zu sagen scheint: „Wir verstehen uns perfekt."

„ *1. Juni (nachts)*.

„Es ist schade, liebe Emma, dass das, was ich oben geschrieben habe, kein Datum trägt. Ich habe völlig vergessen, wann ich es geschrieben habe – auld lang syne, wie es in dem hübschen schottischen Lied heißt.

„Ich finde, dass Ihre Beschwerde berechtigt ist, dass meine Briefe für mich selbst geschrieben sind und nicht für den, an den sie gerichtet sind; das heißt, wann immer ich Lust zum Schreiben habe, aber nicht, wenn Sie zufällig Neuigkeiten wünschen. Aber Sie irren sich indem ich das dem Egoismus vorwerfe. Ich bin kein Egoist. Ich bin völlig von den Eindrücken des Augenblicks absorbiert. Ach, warum bist du nicht hier bei mir! Es gibt keinen Tag, keine Nacht, keine Stunde – Aber ich Ich werde es besser machen. Das heißt, ich werde es auf jeden Fall versuchen.

„Der König zeichnet mich über alle anderen aus, und ich genieße die Gunst des gesamten Hofes. Wenn da nicht der Dämon wäre, der mir jemals zuflüstert –

„Ich schicke Ihnen mein Foto. Wir tragen jetzt Flügel an unseren Hüten, und die Feder, die Sie auf meinem sehen, stammt von einem Adler, den der König mit seiner eigenen Hand geschossen hat."

„Oh, was für schöne Tage und Nächte wir haben! Wenn man nur auf den Schlaf verzichten könnte. Ich schenke der Musik große Aufmerksamkeit und singe nichts als Schumann. Seine Musik umhüllt die Seele mit einem magischen Schleier, mit einem Feuer, das zu verzehren scheint." während es dich mit Glück erfüllt und dem niemand entkommen kann, auch wenn sie sich noch so sehr anstrengen. Ich gebe mich gerne seinem Einfluss hin. Ich habe gerade gesungen: „Die Himmel haben die Erde geküsst." Es war spät in der Nacht und ich hatte das Gefühl, ich könnte ewig weitersingen. Du kennst meine Angewohnheit, das gleiche Lied immer und immer wieder zu wiederholen; von allen Dingen gefällt mir ein Potpourri der Emotionen am wenigsten. *Endlich* ich Ich legte mich ans Fenster – wer war es, der vorbeigeglitten ist? Ich wage es nicht zu sagen von der Flamme verzehrt worden . Die Motte hatte nicht sterben wollen, sie hatte sich das Licht für einen leuchtenden Blumenkelch vorgestellt und sich darin vergraben.

„Es war ein wunderschöner Tod! In der Sommernacht zu sterben, mitten im Gesang und im Licht des feurigen Blütenkelchs. Gute Nacht!"

„ *3. Juni* ,

„Egal wo ich bin oder was ich tue, ich bin immer aufgeregt, ohne zu wissen warum. Aber ich habe es doch. Ich denke ständig, dass dieser Brief an Sie immer noch in meiner Mappe liegt. Wenn das jemand am Hof wüsste Was ich geschrieben habe – ich war bereits im Begriff, diese Blätter zu verbrennen. Ich flehe Sie an, sie zu zerstören. Das werden Sie – nicht wahr? – oder sie an einem sicheren Ort verstecken. Ich kann nicht anders, ich muss dir alles erzählen.

„Die Königin ist sehr freundlich zu mir. Ihr gegenwärtiger Zustand verleiht ihr einen rührenden, ich könnte fast sagen, einen heiligen Charakter."

„‚Der Mensch ist Gottes Tempel', sagte der Erzbischof, der uns gestern besuchte, ‚und das gilt für niemanden so sehr wie für eine junge Mutter; vor allem für eine junge königliche Mutter.'

„Was für ein edler Gedanke!

„Jetzt denke ich ganz anders über die Königin. Als sie gestern zu mir sagte: ‚Gräfin Irma, der König spricht mit großer Zuneigung von Ihnen, und ich bin sehr froh darüber', dachte ich bei mir: Gesegnet sei die Etikette, die das bedeutet erlaubt mir, mich vor der Königin zu beugen und ihr die Hand zu küssen.

„Ihre Hand ist jetzt ziemlich voll und rund."

„ *5. Juni* ,

„Die fröhlichsten Stunden sind die, die wir beim Frühstück verbringen. Ich weiß nicht, wie sich der Rest nach solchen olympischen Momenten mit den Dingen des Alltags begnügen kann, denn ich flüchte immer wieder in das grenzenlose Reich der Musik."

„Der König ist sehr freundlich zu mir. Er hat einen edlen und ernsten Charakter. Als ich gestern mit ihm im Park spazieren ging und wir beide so schön Schritt hielten, sagte er:

„Du scheinst mir ein wahrer Kamerad zu sein, denn wir gehen immer im perfekten Schritt zusammen. Noch nie ist eine Frau mit mir so gegangen. Bei der Königin bin ich immer gezwungen, meinen gewohnten Schritt zu verlangsamen.'

„Das ist erst in letzter Zeit, nehme ich an.'

„Nein, das ist immer so. Erlauben Sie mir, Sie, wenn wir allein sind, als meinen guten Kameraden anzusprechen?'

„Wir blieben stehen, wo wir waren, wie zwei Kinder, die sich im Wald verirrt haben und nicht wissen, wo sie sind.

„Lasst uns zurückkehren' war alles, was ich sagen konnte.

„Wir gingen zurück zum Palast. Ich bewundere die Selbstbeherrschung des Königs, denn er begann sofort ein ernsthaftes Gespräch mit seinem Minister. Eine solche Selbstbeherrschung kann nur durch große Bildung und angeborene geistige Kraft erreicht werden."

„Aber da ist noch etwas. Lassen Sie es mich Ihnen anvertrauen.

„Ich bin mir sicher, dass die Königin einen Schritt erwägt, der für den König, für sie selbst und für wer weiß wie viele andere notwendigerweise mit Bösem verbunden sein muss. Ich hätte ihn gerne mit meinen Ängsten vertraut gemacht, aber ich wagte nicht, darüber zu sprechen Königin zu dieser Zeit, und Doktor Gunther, der Arzt des Königs, hatte mir Angst gemacht, ein Wort zu diesem Thema zu sagen. Ich rede in Rätseln, das weiß ich. Ich werde dir alles eines Tages erklären, wenn du mich daran erinnerst Es. In ein paar Wochen wird alles entschieden sein. Meine Lippen sind nicht verschlossen, denn die Königin hat mir nichts anvertraut. Ich habe nur nach dem Schein argumentiert. Aber genug davon. Ich werde dich nicht länger mit Rätseln quälen.

„Mein bester Freund ist schließlich Doktor Günther. Er ist von Natur aus großartig und noch mehr von seiner Bildung her. Er wird immer seinen eigenen hohen Ansprüchen gerecht. Ich habe ihn noch nie verwirrt oder unsicher gesehen. Der altmodische Ausdruck." , ein „weiser Mann", trifft in der Tat auf ihn zu. Er mag die sogenannte „Spiritualität" oder

„Intellektualität" nicht, denn er ist wirklich weise. Er beherrscht die Sprache hervorragend. Seine Hände sind fast schön priesterlich, als wäre er zum Segen geformt. Er verliert nie seinen Gleichmut und, was das Beste ist, er ergeht sich nie in Superlativen. Als ich ihm dies einmal erwähnte, stimmte er mir zu und fügte hinzu: „Ich möchte die Welt berauben." der Superlative für die nächsten fünfzig Jahre; das würde die Menschen zwingen, klarer und deutlicher zu denken und zu fühlen, als sie es jetzt tun.'

„Bist du damit nicht vollkommen einverstanden, liebe Emma? Lasst uns eine *Anti-Superlativ* -Gesellschaft gründen. Ich bewundere den Mann, werde ihn aber nie erfolgreich nachahmen können. Durch ihn habe ich gelernt zu glauben, dass es Großes gegeben hat." und weise Männer auf Erden. Als er noch Chirurg in der Armee war, war er der Freund meines Vaters. Danach bekleidete er eine Professur in der Schweiz und war in den letzten achtzehn Jahren Arzt des Königs. Sie würden von ihm begeistert sein . Ihn zu kennen bedeutet, das Leben zu bereichern. Wenn ich alle seine Sprüche aufschreiben würde, wäre die Hälfte seines Charmes verloren gegangen, denn man würde den Zauber seiner Gegenwart verlieren. Er hat eine äußerst überzeugende Ausstrahlung und eine sonore Stimme, und ich Ich habe gehört, dass er früher sehr gut gesungen hat. Er ist ein vollkommener Mann und liebt mich, als wäre ich seine Nichte. Ich werde Ihnen noch viel mehr über ihn zu erzählen haben. Vor allem freue ich mich, dass er eine schöne Ader hat Humor. Dies liefert das Salz und verhindert, dass er in die Klasse der Zuckerwasserwesen aufgenommen wird.

„Oberst Bronnen ist sein bester, vielleicht sein einziger enger Freund, und der Arzt sagte mir kürzlich, dass das Verhalten und das Aussehen des Obersten denen meines Vaters als junger Mann sehr ähneln."

15. Juni ,

„Ah, wie abscheulich, wie schrecklich ist der Gedanke an die Geburt und den Tod des Menschen! Sterben – in die Erde gelegt werden und wissen, dass die Augen, die einst vor Leben glühten, und die Lippen, die einst lächelten, verfallen werden." . Schon die Idee ist barbarisch. Warum wissen wir vom Tod? Wir müssen unsterblich sein, sonst wäre es schrecklich, dass wir Menschen allein wüssten, dass wir sterben müssen. Die Mottenfliege wusste es nicht. Sie dachte einfach Das brennende Licht war eine schöne Blume und starb in diesem Glauben.

„Seit gestern Abend machen wir uns große Sorgen um die Königin, ja um ein Doppelleben. Sie war so gut, so engelhaft. – Aber nein, sie ist es immer noch und wird es bleiben. Sie wird leben. Ich habe gebetet dafür von ganzem Herzen. Weg mit den Zweifeln! Mein Gebet muss fruchtbar sein.

„Als ich heute den König traf, blickte er mich kaum an, und es wäre besser für mich, wenn es so wäre. Ein Gefühl begann in mir aufzukeimen, und jetzt reiße ich es mit der Wurzel aus. Es wagt es nicht." Ich werde sein Kamerad sein, sein guter, sein bester Kamerad.

„Mein Klavier, meine Musik, meine Bilder, meine Statuetten, mein Vogel – alles kommt mir seltsam vor. Ein Mensch, ein doppeltes Leben, ist in Lebensgefahr. Was bedeutet jetzt all der Trubel der Welt?" Alles zusammengenommen kann kein menschliches Leben retten. Ist die Erbsünde eine Wahrheit und muss der Mensch deshalb den Tod durchleben, bevor er das Licht erblicken kann?

„Ich würde gerne lesen, aber es gibt kein Buch, das einem in solchen Momenten helfen kann. Man kann nicht einmal denken. Nichts, nichts kann getan werden. Alle Weisheit in allen Büchern nützt nichts."

„ *16. Juni* .

„Halleluja! Ich komme gerade aus der Kirche. Oh, dass mein Lied dich erreichen könnte. Ich habe gerade das Halleluja gesungen, als würde ich Gott oben meine ganze Seele ausschütten.

"Halleluja!

"Alles ist gut!

„Der Kronprinz ist geboren!

„Der Königin geht es gut. Der König ist glücklich! Die Welt ist hell und der blaue Himmel über ihnen ist wolkenlos."

„Gott sei gepriesen, dass ich meinen verwirrenden Zweifeln so schnell entkommen bin. Vielleicht war es doch nur Einbildung. Es gab nicht den geringsten Grund zu meiner Beunruhigung."

„Ich bin schließlich nur eine dumme Klosterpflanze und verstehe die Sitten und Gebräuche des Hofes noch nicht. Nicht wahr? Ich sehe, wie du mich auslachst und sehe die Grübchen in deinen Wangen. Ich sende dir viele Küsse. Ah , alle sind so gut und fromm und heilig und glücklich, und-- Wenn ich nur komponieren könnte, würde ich ein großartiges Werk hervorbringen. Ein stummer Beethoven wohnt in meiner Seele.

„ *18. Juli* .

„Die Amme des Kronprinzen ist eine Bäuerin aus den Highlands. Auf Wunsch des Königs stattete ich ihr einen Besuch ab. Ich stand an der Wiege des Prinzen, als der König näher kam.

„Leise flüsterte er mir zu: ‚Es ist tatsächlich wahr; an der Wiege meines Kindes steht ein Engel.'

„Meine Hand lag auf der Reling und seine Hand ruhte auf meiner.

„Der König verließ den Raum, und stellen Sie sich vor, was danach geschah.

„Die Krankenschwester, eine frisch und robust aussehende Bäuerin mit klugen blauen Augen – tatsächlich eine vollkommene ländliche Schönheit, zu der ich freundlich gewesen war, um sie aufzumuntern und sie vor Heimweh zu bewahren – wandte sich jetzt an mich und sagte mir barsch und ins Gesicht: „Du bist eine Ehebrecherin; du hast mit dem König Liebesblicke gewechselt!“

„Emma, ich spüre jetzt die Kraft dessen, was du oft zu mir gesagt hast: ‚Du vergötterst die Menschen; aber sie sind genauso sündig und korrupt wie die große Welt und ohne Bildung, die sie bändigen und bändigen könnte.‘

„Aber was bedeutet mir die Bäuerin überhaupt? Bestimmte Personen existieren nur insoweit, als sie unseren Zwecken dienen.“

„Nein, sie ist eine gute und vernünftige Frau und hat mich gebeten, ihre Kühnheit zu verzeihen. Ich werde ihre Freundin bleiben. Das werde ich tatsächlich.“

„*25. Juni*.

„Der König erweist mir gegenüber die größte Güte. Erst gestern bemerkte er im Vorbeigehen zu mir:

„‚Solltest du jemals ein Geheimnis haben, vertraue es mir an.‘

„Er weiß genau, dass ich kaum zu meinem Bruder gehen konnte, wie es eine Schwester tun sollte, und dass mein Vater so weit weg ist.

„Oberst Bronnen vom Regiment der Königin ist mir gegenüber sehr aufmerksam. Normalerweise ist er ziemlich zurückhaltend. Ach, wie beneide ich diejenigen, die eine solche Selbstbeherrschung besitzen. Ich habe keine , während es nichts als Schwäche ist.

„Bronnen erzählt mir, dass du ihm hin und wieder schreibst. Kann es möglich sein, dass auch nur ein einziger Gedanke von dir diesen Palast betritt, ohne dass er mir gehört?“

„Ich freue mich zu erfahren, dass wir in vierzehn Tagen zum Sommerpalast zurückkehren. Städte sollten im Sommer verschwinden. Wir sollten in der Lage sein, unsere Häuser in die Wälder, zwischen den Bergen oder in den Tälern zu transportieren und.“ im Winter könnten sie wieder zusammengebracht werden.

„Gestern Abend, als wir auf der Veranda saßen, amüsierte uns ein Witz meines Bruders Bruno sehr. Er beschrieb uns, was passieren könnte, wenn die Füße aller Vierpfostenbettgestelle in der Stadt mit Leben ausgestattet würden und mit ihrem Inhalt sollten sie durch die Gartenwege schlendern. Es war sehr lustig. Natürlich gab es einiges, was kaum angemessen war; aber Bruno hat trotz all seiner Unverschämtheit ein so charmantes Benehmen, dass er wusste, wie seine Beschreibungen in höchst diskreter, aber dennoch pikanter Form zu formulieren.

„Dadurch entstand die Idee einer Häuserwanderung.

„Es war ein lebhafter Abend voller lustiger Scherze, die mir immer noch in den Ohren zu klingen scheinen, während ich Ihnen schreibe.

„Der König hat einen neuen Spazierstock – er hat eine ganze Sammlung davon – und dieser macht mir den Hof.

„Man sagt von mir, dass ich ein Intellektueller bin, und dieser Spazierstock ist ein Intellektueller *par excellence* , und ‚Vögel gleichen Alters scharen sich zusammen‘, wissen Sie.“

„Es ist Baron Schnabelsdorf, Geheimrat einer der Gesandtschaften.

„Stellen Sie sich einen adretten, bartlosen Junggesellen vor, immer in makelloser Kleidung. Jedes seiner wenigen Haare, die ihm noch übrig sind, ist zum Dienst gemacht und kunstvoll in die Form eines Hahnenkamms gebürstet. Er gilt als Autorität in Sachen Staatskunst. Er ist gerade aus Rom zurückgekehrt und war früher an den Botschaften in Paris und Madrid und, wenn ich mich nicht irre, auch an der in Stockholm tätig. Er ist ein fließender und bereiter Anekdotenschreiber. Er muss einen vertrauten Geist haben, der paukt für ihn, denn er weiß alles, vom Schnitt in Königin Elizabeths Ärmel bis zu den neuesten Entdeckungen in der Milchstraße und den jüngsten Ausgrabungen in Ninive. Die Damen und Herren haben sich mehrere Male damit beschäftigt, einen oder mehrere Artikel in der Enzyklopädie zu lesen , und dann das Gespräch auf die Themen lenken, auf die sie sich vorbereitet hatten. Aber der allwissende Baron war schon damals über Daten und Umstände besser informiert als sie. Er wird immer mit einer Bonbonnière voller pikanter Anekdoten *versorgt* . Er ist fast ständig beim König und es wird gemunkelt, dass ihm bald eine hohe Position übertragen wird.

„Was hältst du davon? Hätte ich ihn besser heiraten sollen?“

„Mein Bruder möchte, dass ich das tue, und obwohl er es energisch bestreitet, glaube ich immer noch, dass Schnabelsdorf ihn geschickt hat, um mir die Angelegenheit anzusprechen. Ich könnte mir das Lachen nicht verkneifen, wenn ich mit diesem gelehrten Gang am Altar stünde –“ Stock. Aber es ist dennoch sehr schmeichelhaft zu wissen, dass ein so gelehrter Mann mich als seine Ehefrau begehrt.

„Ich muss überaus gebildet und klug sein, und Sie sollten mich entsprechend respektieren.

„Tausend Grüße und Küsse, von

„Du bist immer verwöhnt

„ IRMA .

„PS – Der Bruder der Königin, der Erbprinz von ----, war bei der Taufe, und seine Frau war ebenfalls anwesend. Sie spricht selten ein Wort, ist aber schön. Es wird berichtet, dass der Erbprinz beabsichtigt, einen zu suchen Ich habe mich von ihr scheiden lassen, da sie kinderlos ist. Wenn sie, was wirklich der Fall zu sein scheint, ihren Mann liebt, wie schrecklich muss sich das arme Ding dann fühlen. Sie muss mein Interesse an ihr bemerkt haben, denn sie behandelt mich mit ausgeprägter Gunst, und hat mir mehr zu sagen als jeder andere. Sie möchte, dass ich mit ihr reite. Die Taufzeremonien waren beeindruckend und schön. In der Kirche trug ich ein weißes Moiré-Kleid und einen Schleier, der an meiner Frisur befestigt *war* .

„Beim Bankett begleitete mich Baron Schöning, der Kammerherr, an den Tisch. Ich werde hier als von höchst poetischem Temperament angesehen, und der Kammerherr hat mir bereits eine Kopie seiner Gedichte überreicht. (Sie kennen sie. Er hat sich verkleidet (seine erhabenen Gefühle im Highland-Dialekt.) Er wirkt auf meine Gesellschaft und erzählte mir, während er bei Tisch saß, jede Menge furchtbar albernes Zeug. Nun, wie ich schon sagen wollte, trug ich beim Bankett ein Kleid aus meergrüner Seide, geschnitten im Quadrat *à la Madonna* und in meinem Haar einen einfachen Kranz aus Heidekraut. Sie sagten alle, dass ich sehr gut aussehe, und ich neige dazu zu glauben, dass sie die Wahrheit gesagt haben.

BUCH II.

KAPITEL I.

Das Leben im Palast verlief wieder wie gewohnt. Mitteilungen über den Zustand der Königin und des Kronprinzen wurden nicht mehr herausgegeben. Die Amnestie, die infolge des glücklichen Ereignisses verkündet worden war, wurde im ganzen Land mit Genugtuung aufgenommen.

Irma verbrachte einen Großteil ihrer Zeit in den Gemächern des Kronprinzen und versuchte, in die Gefühle der Bäuerin einzutauchen, die in eine für sie völlig neue und fremde Welt versetzt worden war. Sie war sehr amüsiert über die drolligen Einfälle, die dieses neue Leben in Walpurga erweckte. Ihre eigentümliche Art, die Dinge zu betrachten, stimmte oft mit Walpurgas einfältigen Vorstellungen überein, und wenn Irma abwesend war, redete die Kinderfrau stundenlang mit dem Kind und versuchte sich gleichsam mit allerlei spaßigen Ausdrücken zu übertreffen So exzentrisch sie auch waren, sie konnten sie nicht zufriedenstellen.

Eine starke und tiefe Quelle von Glück und Zufriedenheit, ernsthafter Entschlossenheit und allem, was Menschen wahr macht, entsprang Walpurgas Seele und diente dem Wohl des Kindes, das sie an ihre Brust gedrückt hatte; das Kind war zu einem Teil seiner selbst geworden.

In ständiger Regelmäßigkeit wurde der Prinz täglich zur Königin getragen. Das war das Ereignis des Tages, nach dem das Leben in den Gemächern des Kronprinzen seinen gewohnten Gang nahm.

Doktor Gunther lockerte nun seine Anordnungen; Eines Tages sagte er: „Das Wetter ist schön, und es wird dem Prinzen gut tun, ihn für eine Weile aus dem Haus zu schicken. Wir werden es so arrangieren: – Um elf Uhr können Sie losfahren." mit Walpurga und dem Prinzen bis zum Nymphenhain. Dort angekommen kannst du mit dem Kind unter den Kiefern umhergehen, oder dich setzen, wenn du möchtest. Nach etwa einer halben Stunde Aufenthalt dort kehrst du zurück und ziehe sofort in die neuen Gemächer. Du hast gut für dich gesorgt, Walpurga, tue dies auch weiterhin. Lass dich von nichts von deinen gewohnten Wegen abbringen, und du wirst uns allen und dir selbst weiterhin Freude bereiten ."

Walpurga war ganz außer sich vor Glück. „Wir gehen reiten", sagte sie zu dem Kind, als der Arzt gegangen war. „Gott sendet dir alles Gute, während du schläfst. Aber du gibst mir auch etwas davon, nicht wahr? Denn du hast ein gutes Herz, und ich habe dir meins gegeben."

Walpurga hätte noch lange so weitergemacht, aber Mademoiselle Kramer kam und sagte, indem sie ihr sanft die Wangen tätschelte: „Du wirst wieder rote Wangen haben. Zeigen Sie Ihre Liebe für den Prinzen, mit Ruhe und Mäßigung, und nicht." mit solch extravaganten Ausdrücken.

„Da hast du recht", sagte Walpurga. „Es ist wahr, ich bin nicht immer so. Ich war immer fröhlich, aber gleichzeitig besonnen: nicht so schwindlig wie jetzt", sagte sie, nachdem sie mehrere Male im Zimmer auf und ab gegangen war, und endlich setzte sich ans Fenster. „Ich werde dir sagen, was mir fehlt."

„Tatsächlich, tut dir irgendetwas weh?"

„Ja, das schlimmste aller Übel. Ich habe nichts zu tun. Ich weiß nicht, was ich tun soll. Dieses ständige Reden, An- und Ausziehen, Essen und Trinken, ohne etwas anderes zu tun, macht mich dumm." Wenn der Arzt das nächste Mal kommt, sagen Sie ihm, er soll mir etwas Arbeit geben. Ich werde Holz tragen oder alles tun, was zu tun ist. Sie mähen das Gras im Schlossgarten, und wenn ich nur da unten bei ihnen sein könnte , ich würde mich besser fühlen. Kein Mann konnte mich beim Grasmähen schlagen. Grubersepp sagte oft, dass die Frauen ihre Sensen siebenmal so oft schärften wie die Männer, aber das ist mir nie passiert."

„Oh, das würde nie gehen. Aber ich werde dafür sorgen, dass du etwas Bewegung bekommst."

„Komm, du sollst ins Freie gehen, an die frische Luft", sagte Walpurga zum Prinzen.

„Dein Käfig ist offen! Flieg weg,

Weit über Land und Meer.

Aber sag es mir, Vögelchen; Sag mir, bete,--

Wo kann mein Schatz sein?

„Wie schade, dass die Vögel aufgehört haben zu singen. Ja, liebes Kind, sie singen nur, solange noch Junge im Nest sind; aber ich werde dich ein ganzes Jahr lang in meinem Nest haben, und ich werde besser singen als." die Vögel konnten" – und sie sang:

„Ah, glückselig ist die zarte Bindung

Das bindet mich, Liebe, an dich,

Und lassen Sie die Stunden schnell vergehen

Wenn du mir nahe bist.

„Mein Herz trägt eine Last, Liebe,

Und du hast es dort platziert –

Und ich würde sogar mein Leben wetten

Dass niemand schwerer zu tragen ist.

„Brava! Charmant!" sagte Gräfin Irma, als sie das Zimmer betrat. „Ich würde dieses Lied gerne lernen. Singe es noch einmal."

Walpurga wiederholte es und bei der zweiten Strophe stimmte Irma in das Lied ein.

„Für ein Kind passt das nicht wirklich", sagte Walpurga, „aber was weiß so ein Junge schon über das Brüllen von Kühen oder das Singen von Vögeln? Das ist ihm alles egal. Wir gehen heute ausreiten. Gehst du mit? ?"

„Ich würde gerne mit Ihnen reiten, aber vielleicht auch nicht", antwortete Gräfin Irma.

„Dann darfst du nicht machen, was du willst."

Ihre Worte überraschten Irma: „Was meinst du?" fragte sie scharf.

„Verzeihen Sie mir, wenn ich etwas Dummes gesagt habe. Ich wollte nur sagen, dass Sie ebenso im Dienst stehen wie der Rest von uns. Sie sind eine Trauzeugin, glaube ich."

„Alle müssen jemandem dienen; der König und die Königin dienen Gott."

„Das müssen wir alle tun."

„Ja, aber Fürsten haben es viel schwerer als wir, denn sie haben eine viel größere Verantwortung. Aber was sage ich? Du solltest froh sein, dass du nicht alles wissen musst. Ich habe einige Schreibexemplare mitgebracht Ihnen. Für eines bin ich Ihnen bereits Dank schuldig. Seit ich mich entschlossen habe, Sie zu unterrichten, ist meine eigene Schrift viel klarer geworden als zuvor –"

Irma hielt sich plötzlich zurück, denn sie erkannte die volle Bedeutung dessen, was sie gesagt hatte, und fuhr fort: „Denn du musst es gründlich lernen."

Baum kam, um zu verkünden, dass die Kutsche wartete. Irma ging und sagte, dass sie Walpurga im Park treffen würde.

Sie gingen nun hinaus und Baum ließ für sie die Trittstufen der Kutsche herunter. Mademoiselle Kramer, die als Erste eintrat, hielt das Kind fest, bis Walpurga Platz genommen hatte. Baum sprang von hinten auf und stellte sich neben den zweiten Lakaien; Die vier Pferde stiegen aus und die Kutsche fuhr los.

„Fahren wir?" fragte Walpurga.

"Sicherlich."

„Es kommt mir vor, als würde man fliegen. Ich kann nicht das leiseste Rumpeln der Räder hören."

„Natürlich geht das nicht. Die Reifen sind mit Kautschuk überzogen."

„Und so tragen sie Stoffschuhe, genau wie wir, wenn wir auf glatten Böden gehen. Oh, wie schlau sie alle hier sind. Da draußen wissen sie nichts. Sie leben wie Vieh; der einzige Unterschied ist, dass sie keine Schuhe tragen Ich fresse kein Gras – aber was ist los?" sagte sie und erschrak. „Sie schlagen die Trommeln und die Soldaten stürmen auf uns zu. Brennt es irgendwo?"

„Das liegt an uns. Die Wache präsentiert immer Waffen, wenn ein Mitglied der königlichen Familie vorbeikommt – passen Sie auf sie auf. Sie präsentieren Waffen und nachdem wir vorbeigekommen sind, legen sie ihre Musketen beiseite und kehren in den Wachraum zurück. Ihre Das Regiment ist als Kronprinzenregiment bekannt, denn es gehört ihm."

„Und so wird er, wenn er erwachsen ist, lebende Soldaten zum Spielen haben."

Mademoiselle Kramer zeigte die ganze Selbstbeherrschung, die einer Person zusteht, die sich einer Linie von sechzehn Vorfahren rühmen kann. Ein leichtes Zucken und ein merkwürdiges, nervöses Zucken seiner Gesichtszüge, als würde er ein Gähnen unterdrücken, waren die einzigen sichtbaren Auswirkungen von Walpurgas Worten. Aber von Lachen war keine Spur. Ein hochrangiger Diener der richtigen Art muss alles hören und sehen, was vor sich geht, und dennoch dabeistehen, als wäre er nicht mehr als ein Tisch oder Teller, der nach Belieben bewegt werden kann; und obwohl Walpurga nicht ihre Vorgesetzte war, wäre es nicht angebracht, sie auszulachen, denn sie war die Amme seiner königlichen Hoheit, des Kronprinzen. Mademoiselle Kramer unterdrückte daher das Lachen und sagte, als wolle sie einer Antwort ausweichen, lediglich: „Wenn wir auf dem Heimweg an der Wache vorbeikommen, wird dasselbe noch einmal passieren."

„Und darf ich fragen, was das Ganze nützt?"

„Sicher, es gibt für alles einen guten Grund, und das dient dazu, das Volk und insbesondere die Soldaten daran zu gewöhnen, ihren Vorgesetzten gebührenden Respekt zu erweisen."

„Aber unser Prinz weiß nichts davon."

„Wir müssen ihm unseren Respekt erweisen, auch wenn er nichts davon weiß; und jetzt möchte ich Ihnen etwas sagen, das Sie wissen sollten. Wann immer Sie über ihre Majestäten, den König und die Königin, sprechen oder an sie denken, lassen Sie es Seien Sie wie „seine Majestät" oder „ihre Majestät", aber niemals einfach nur als König und Königin, damit Sie sich selbst nie so sehr vergessen, dass Sie respektlos über sie sprechen. Denken Sie daran."

Walpurga hörte kaum ein Wort von dem, was sie sagte.

"Oh Gott!" Sie rief aus: „Wie klug sie alles arrangiert haben. Es muss viele tausend Jahre gedauert haben, bis sie so weit kommen konnten."

„Ja, das stimmt. Aber du brauchst nicht jedem zuzunicken, den du siehst. Es ist nicht für dich bestimmt."

„Aber ich würde es gerne für meinen Prinzen tun, bis er sich selbst darum kümmern kann. Sie alle zeigen, wie froh sie sein werden, ihn zu sehen. Sie alle verneigen sich vor dir, mein Kind – du bist es." In der Tat geht es mir gut – oh, was ist das für eine schöne Kutsche. Sie ist so weich wie ein Bett und so bequem wie ein Zimmer, und Sie können hier sitzen und alles sehen, was draußen vor sich geht, und – meine Güte, wie schnell wir gehen."

Sie bogen in den Park ein. Der Wagen fuhr langsam, während sie am See vorbeifuhren, und Walpurga sagte immer:

„Ich komme mir vor, als wäre ich im Märchenland."

Sie landeten im schattigen und duftenden Hain der Nymphen. Sobald sie den Wagen verlassen hatte, sagte Walpurga, die das Kind auf dem Arm trug:

„Öffne deine Augen! Schau dich um! Die ganze Welt gehört dir. Es gibt Bäume und Wiesen und darüber den blauen Himmel. Aber dein Vater kann dir das nicht geben; du musst es dir verdienen, indem du brav bist, und wenn du und mir beiden bleibt es gut, wir sehen uns oben wieder."

„Setzen Sie sich hierher, Walpurga, und beten Sie, hören Sie auf zu reden", sagte Mademoiselle Kramer.

Sie hatte schreckliche Angst um Walpurga, die unaufhörlich und zusammenhangslos redete und so unkontrollierbar war wie ein junges Fohlen, das gerade auf der Wiese freigelassen wurde.

Aus diesem Grund bemerkte Mademoiselle Kramer erneut: „Sprechen Sie leise und richten Sie alle Ihre Bemerkungen an mich. Es würde mir leid tun, wenn die Lakaien hinter uns sich über Sie lustig machen würden. Sehen Sie den Vorreiter dort drüben? Er ist mein Neffe." Walpurga hatte bis dahin nicht bemerkt, dass ihnen zwei Lakaien, darunter Baum, folgten. Die Kutsche fuhr die Seitenstraßen auf und ab. Plötzlich blieb Walpurga wie gebannt vor einer Marmorfigur stehen.

„Ist es nicht schön?" fragte Mademoiselle Kramer.

„Pfui!" antwortete Walpurga. „Es ist abscheulich; und an Männer und Frauen zu denken, die hier herumlaufen und solch ein Objekt betrachten."

Als der alte König die Statuen im Park aufstellen ließ, hatte Mademoiselle Kramer sie für anstößig gehalten, aber da Ihre Majestäten sie schön gefunden hatten, hatte sie nach und nach begonnen, sie im gleichen Licht zu betrachten.

Sie gingen in eine Seitengasse, wo Walpurga sich auf eine Bank setzte und, in Träumereien verfallend, bald ebenso wenig von der Welt wusste wie das Kind in ihren Armen.

"Wer ist da?" sagte sie, als wäre sie aus dem Schlaf erwacht.

Sie ritt zwischen zwei Reitern und erblickte eine Dame auf einem glänzenden schwarzen Ross. Ihr Reitkleid war blau und der lange, fließende Schleier, der an ihrem Hut befestigt war, hatte die gleiche Farbe.

„Es sieht aus wie die Gräfin."

„Sie ist es, und jetzt steigen sie ab. Seine Majestät der König und Ihre königlichen Hoheiten, der Erbprinz und die Erbprinzessin, sind bei ihr. Sie kommen diesen Weg", sagte Mademoiselle Kramer. „Behalten Sie Ihren Platz. Als Krankenschwester brauchen Sie sich keine Sorgen um Höflichkeit zu machen."

Aber Walpurga konnte nicht anders, als ihre Hände an ihren Hut zu fassen, um zu ertasten, ob die Quaste hinten und die Blumen vorne noch an Ort und Stelle waren.

Mademoiselle Kramer flehte Ihre Hoheiten an, das schlafende Kind nicht anzusehen, damit sie es nicht wecken könnten.

Irma war die Erste, die sprach. „Wie bedeutsam sind alle Naturgesetze. Das wache Auge erweckt das schlafende Kind. In den Tiefen jeder menschlichen Seele ruht eine Säuglingsseele schlafend, und es ist nicht gut, sich von Mitleid oder müßiger Neugier stören zu lassen."

„Ich würde gerne wissen, wie du es schaffst, immer so originelle Gedanken zu haben", antwortete der König.

„Ich weiß es nicht", antwortete Irma und spielte mit ihrer Reitpeitsche. „Ich habe den Mut zu sagen, was ich denke, und das gilt als Originalität. Fast alle Menschen sind Wechselbälge. Sie wurden verändert, als sie noch in der Wiege der Bildung standen."

Der König lachte. Walpurga drehte jedoch schnell den Daumen nach innen und sagte:

„Changelings. Es ist falsch, über so etwas vor einem Kind zu sprechen, das weniger als sieben Monate alt ist, denn bis zu diesem Zeitpunkt sind alle bösen Geister mächtig, selbst wenn das Kind getauft ist."

Um dem Kind jeglichen bösen Zauber zu entziehen, hauchte sie es dreimal an.

Die Prinzessin sah die Amme und das Kind traurig an, sagte aber kein Wort.

„Ich verstehe kein Wort von dem, was die Amme sagt", bemerkte der Erbprinz.

Walpurga errötete scharlachrot.

„Warum siehst du mich so an?" fragte Gräfin Irma: „Kennen Sie mich nicht?"

„Natürlich weiß ich das, aber wissen Sie, wie Sie aussehen? Wie die Dame vom See. Wenn sie sich aus den Wellen erhebt, hängt ihr Kleid in einem Meer aus Falten um sie, genau wie Ihres."

Irma lachte, während sie dem Prinzen und der Prinzessin auf Hochdeutsch erzählte, was die Krankenschwester gesagt hatte. Der Prinz nickte Walpurga zu, so wie er es mit einem stummen Tier getan hätte, dem er sich nicht verständlich machen konnte.

„Aber die Füße der Gräfin Irma sind keine Schwanenfüße. Glaub das nicht, Walpurga", sagte der König lachend. „Komm, ‚Lady of the Lake'."

Sie bestiegen ihre Pferde und ritten davon.

Es war Zeit für die Rückkehr des Prinzen.

Nach ihrer Rückkehr zogen sie sofort in die neuen Wohnungen im Erdgeschoss um, in die während ihrer Abwesenheit alles ausgeräumt worden war.

Sie hatten jetzt zu jeder Tageszeit Sonnenlicht. Die Wohnungen gingen auf den Park hinaus, wo die Amsel im hellen Tageslicht sang und die Brise vom

Duft der Orangenbüsche erfüllt war. Hohe Bäume flüsterten im Wind und ein großer Brunnen plätscherte und plätscherte ständig.

Walpurga war ganz glücklich und der Brunnen war ihr größtes Vergnügen.

„Im ersten Stock ist es viel bequemer", sagte sie oft; „Ich fühle mich, als wäre ich gerade von einer langen Reise zurückgekehrt. Die Zimmer sind so schön und kühl, und mein Nachtwächter schläft tagsüber, so wie es sich für einen Nachtwächter gehört, und – und –"

Und auch Walpurga schlief ein, obwohl es hell war.

KAPITEL II.

Walpurga gewöhnte sich bald an ihre veränderte Lebensweise. Sie war oft besorgt, weil sie keine Nachricht von zu Hause erhielt.

Aber wenn es keine Briefe gab, gab es auf jeden Fall einen Boten. Ein Diener betrat den Raum und sagte:

„Draußen steht eine Frau, die aus demselben Ort stammt wie Walpurga. Sie möchte für ein paar Augenblicke mit Ihnen sprechen."

„Ich gehe zu ihr. Wer ist da?"

„Nein", sagte Mademoiselle Kramer; „Empfang sie hier."

Der Diener ging sofort hinaus und kam zurück und brachte den alten Zenza mit.

„Oh, bist du es, Zenza? Hast du mir etwas von meinem Kind, meinem Mann oder meiner Mutter mitgebracht? Um Himmels willen, ist irgendetwas passiert? Sind sie krank?"

„Nein, es geht ihnen allen gut, Gott sei Dank, und grüßen Sie herzlich."

Walpurga blickte mit einem liebevollen Blick in Zenzas schlaue Augen, die nun gut und wahrhaftig schienen, weil sie ihr Kind gesehen hatten. Lächelnd sagte Zenza weiter:

„Ich bin froh, dass du mich noch kennst. Wie schlecht die Leute sind. Sie sagten mir, du würdest mich nicht erkennen, weil du eine gute Frau geworden wärest. Aber nein, du warst immer ein gutes Mädchen, und ich war es immer." sagte es."

„Ja, ja, das ist alles schön und gut; aber was willst du von mir?"

„Ich möchte, dass du mir hilfst. Wenn du es nicht tust, wird mein Sohn Thomas sich das Leben nehmen und ich werde mich im See ertränken. Du wirst mir helfen, nicht wahr? Schau, ich knie vor dir." Füße. Du musst mir helfen. Dein lieber Vater und ich waren fast Cousins, und wenn dein Vater am Leben wäre, würde er sagen, was er jetzt vom Himmel zu dir herabruft: „Walpurga, wenn du Zenza nicht hilfst, dann ich." Ich werde dir nie verzeihen."

„Steh auf! Was ist los? Wie kann ich dir helfen?"

„Ich werde nicht aufstehen. Ich werde zu deinen Füßen sterben, wenn du mir nicht versprichst, mir zu helfen."

„Ich werde alles für dich tun, was ich kann."

Mademoiselle Kramer mischte sich ein und sagte, wenn Zenza sich nicht beruhige, dürfe sie keinen Augenblick länger im Zimmer bleiben.

Zenza stand auf und fragte:

„Ist das die Königin?“

Walpurga und Mademoiselle Kramer lachten über ihre Frage, und Zenza äußerte endlich ihren Wunsch.

Ihr Sohn Thomas, sagte sie, stünde dort unten vor dem Palast, da ihm die Wache den Zutritt verweigerte. Er war beim Wildern erwischt und, da es sich um sein zweites Vergehen handelte, zu einer zweijährigen Haftstrafe verurteilt worden. Und doch war er nicht schuld. Es lag in seinem Blut. Er muss auf die Jagd gehen. Sein Vater war vor ihm so gewesen. Er hatte nur einen kleinen Gamsbock erschossen und musste dafür erneut ins Gefängnis. Er hatte einen Eid geschworen, dass er sich das Leben nehmen oder einen Mord begehen würde, bevor sie ihn einsperren ließen, damit sie ihn sofort enthaupten könnten; und Zenza fuhr fort, dass Walpurga zwei, nein, drei Menschenleben auf dem Gewissen haben würde, wenn sie ihnen nicht helfen würde; dass Walpurga ihr eine Audienz beim König oder der Königin verschaffen müsse, damit sie sie auf den Knien um Gnade bitten könne.

„Dein Mann und der Vermieter der Gämsen haben mich geschickt“, fügte Zenza hinzu, „und beide sagen, dass es für dich leicht sein wird, mir zu helfen, und wenn du es tust, werde ich dein Sklave sein, solange ich lebe.“ "

„Ja, ich würde dir gerne helfen, aber ich weiß nicht wie. Hier geht es nicht so zu wie zu Hause.“

„Oh, du kannst schnell genug einen Weg finden. Du bist schlau, das sagt die ganze Nachbarschaft; und ich weiß es schon seit langem und habe es auch am letzten St.-Leonard-Tag gesagt. Schenck, der Schneider.“ wird mir Zeugnis ablegen, und Spinnerwastl auch; „Walpurga verhält sich“, sagte ich, „als wäre sie eine der Geringsten, aber sie ist die Erste in der ganzen Nachbarschaft. Ihr werdet alle erleben, was daraus wird.“ ihr. Ihre Weisheit und ihre Güte werden sich zeigen.' Nun, Walpurga, du wirst mir helfen, nicht wahr?

„Ja, sobald es eine Chance gibt.“

„Aber ich kann es kaum erwarten. Thomas muss morgen bei Tagesanbruch ins Gefängnis, und wenn er heute nicht freigelassen wird, wird es Mord geben.“

„Meine liebe Frau“, warf Mademoiselle Kramer ein, „seine Majestät, der König, hat bei der Geburt des Kronprinzen eine allgemeine Amnestie erklärt. Das deckt den Fall Ihres Sohnes ab, nicht wahr?“

„Nein, das ist das eigentliche Problem. Alle Gerichte im Land sind gegen meinen Thomas. Schauen Sie sich das an. Es ist alles da. Der Wirt hat es besser aufgeschrieben, als ich Ihnen sagen kann. Die Niederschrift muss vor Mittag beim König eintreffen, oder Es wird zu spät sein. Mein Sohn Thomas geht da draußen auf und ab, und die Chance, ob er in den Himmel oder in die Hölle kommt, ist gleich. Er hat eine doppelläufige Pistole dabei und wird den ersten Mann erschießen, den er hat schaut und auch sich selbst vor diesem Palast, wenn ich dort hinausgehe, ohne etwas für ihn getan zu haben.

„Ja, aber ich kann nicht zum König rennen wie zum Wirt, sonst würde ich es gerne tun.“

„Ich muss mich setzen, meine Knie brechen unter mir“, rief Zenza; und Mademoiselle Kramer beeilte sich, ihr einen Stuhl zu bringen. Und während sie mit gesenktem Kopf dasaß, fielen große Tränen auf die knochigen, von dicken Adern durchzogenen Hände, die gefaltet auf ihren Knien lagen.

Walpurga winkte Mademoiselle Kramer, die versuchte, die alte Frau zu trösten. Sie wollte ihr sagen, dass Zenza doch nicht so gut war und dass Thomas noch schlimmer war; aber Mademoiselle Kramer drehte sich um und sagte:

„Ich habe eine Idee. Der Bruder der Gräfin Wildenort ist Adjutant Seiner Majestät und wird in einer halben Stunde seinen Bericht vorlegen und das Gegenzeichen erhalten. Nun, Walpurga, geh sofort zur Gräfin Irma und bitte um sie die Petition ihrem Bruder zu übergeben, damit er sie Seiner Majestät vorlegen kann.

„Ja, ja, geh – tu! Herr, was für einen weisen Engel hast du hier bei dir, Walpurga; – aber geh sofort – verliere keinen Moment! Möge ich noch eine Weile hier bleiben, oder Soll ich dort unten vor dem Palast warten?“

„Nein! Sie können hier bleiben, meine gute Frau“, sagte Mademoiselle Kramer und tröstete sie. „Aber beeilen Sie sich“, sagte sie zu Walpurga, die immer noch den Brief vor sich hielt und wie unbeweglich dastand.

Walpurga verließ die Wohnung. Als sie sich Irmas Tür näherte, hörte sie, wie die Gräfin mit glühender Miene Schumanns Lied zu Friedrich Rückerts Worten sang:

Er kam zu mir,

Bei Sturm und Regen,

Und mutig, er

Mein Herz hat es getan.

Wurde mein Herz gewonnen,

Oder seines an diesem Tag?

Ich denke, beide Herzen

Habe mich auf halbem Weg getroffen.

Das Zimmermädchen verkündete Walpurga. Irma hörte mitten in ihrem Lied auf.

„Willkommen! Welcher gute Gedanke führt Sie hierher?"

Walpurga zögerte, gab aber schließlich ihrer Bitte den Vorzug und reichte das Papier der Gräfin.

„Haben Sie Mut", sagte Irma tröstend.

Sie klingelte nach einem Diener, zu dem sie sagte: „Sag meinem Bruder, er soll sofort hierher kommen." Dann wandte sie sich an Walpurga und fuhr fort: „Ich füge noch ein paar eigene Worte hinzu. Seien Sie ruhig. Ich bin froh, Ihrer Bitte nachkommen zu können. Ich habe Sie oft fragen wollen, ob es nicht einen Wunsch gab, den Sie hätten." hätte gerne befriedigt. Der König wird die Begnadigung sicherlich gewähren."

Walpurga hätte sie gern unterbrochen, aber alles schien wie verhext. Bevor sie ein Wort sagen konnte, war der Adjutant eingetroffen. Irma bat ihn zu warten, während sie selbst ein paar Zeilen hinzufügte.

Der Adjutant hatte sich verabschiedet. Irma fuhr mit ihrer Hand über Walpurgas Gesicht und sagte: „Lass mich all deine traurigen Gedanken verbannen. Sei glücklich und glaub mir – der Mann ist gerettet. Geh zu der armen Frau und beruhige sie in der Zwischenzeit. Ich werde es tun." Bring die Antwort in dein Zimmer.

Walpurga fand keine Worte, sonst hätte sie schon damals etwas gesagt. Aber die Petition war bereits weg. Schließlich würde dadurch niemandem Schaden zugefügt werden, und obwohl Thomas wirklich ein böser Kerl war, könnte dies einen besseren Mann aus ihm machen. Walpurga verließ Irmas Wohnung. Sie blieb einen Moment an der Tür stehen, um sich zu erholen, und hörte Irma erneut singen. Als sie ihr Zimmer erreichte, war sie in einem ruhigeren Zustand und sagte zu Zenza:

„Dein Thomas wird davonkommen, verlass dich darauf. Aber du musst mir dein Wort geben und versprechen, es auch zu halten, dass Thomas ein ehrlicher Mann wird und dass du ihm nicht hilfst, seine gestohlenen Waren zu verkaufen und seine zu verstecken." böse Wege. Du brauchst mich nicht so anzusehen, denn ich habe das Recht, so mit dir zu reden. Ich habe viel für dich riskiert."

„Ja, in der Tat; Sie haben das Recht, es zu sagen", antwortete Zenza in einem halb ernsten, halb scherzhaften Ton. „Du machst unsere ganze Nachbarschaft glücklich. Wir sind alle stolz auf dich. Am Sonntag vor der Kirche werde ich ihnen sagen, welchen Einfluss du hier hast, und sie werden mir alle glauben. Deine Mutter war meine Spielkameradin, und wenn Mein Thomas hatte eine ehrliche Frau wie dich zur Frau bekommen, er war auch sparsam gewesen. Er muss sich eine gute Frau suchen. Ich werde ihm keine Ruhe geben, bis er es tut.

Zenza genoss den guten Kaffee, den Mademoiselle Kramer für sie zubereitet hatte, und die gutherzige Haushälterin füllte ihre Tasse immer wieder auf.

„Wenn ich meinem Sohn nur etwas davon geben könnte! Oh, wie muss er da draußen leiden! Aber es tut ihm gut, das ist seine Strafe. Er ist jetzt auf der Hut, aber nicht als Wilderer. Es ist eine ganz andere Sache, Jetzt." Zenza war ziemlich redselig und Mademoiselle Kramer war von der Offenheit und mütterlichen Zuneigung der alten Frau entzückt.

Als Zenza ihre Tasse geleert und fast den ganzen Kuchen aufgegessen hatte, sagte sie:

„Darf ich dieses kleine Stück Zucker mitnehmen? Es wird mich immer daran erinnern, dass ich im Königspalast Kaffee getrunken habe."

Mademoiselle Kramer wickelte ein Stück Kuchen in ein Papier und sagte: „Bring das deinem Sohn."

Es schien, als würde Zenza es nie schaffen, ihnen zu danken. Sie war sehr gut gelaunt und bat um Erlaubnis, den Prinzen sehen zu dürfen; aber Walpurga lehnte es ab und wusste wohl, warum; denn zu Hause galt Zenza als Hexe, und selbst wenn es nur Aberglaube wäre, dachte Walpurga, wer kann wissen, was passieren könnte? Sie war bereits so höflich geworden, dass sie als Vorwand die Anordnung des Arztes benutzte, dass kein Fremder in die Nähe der Person des Kronprinzen gelassen werden dürfe.

Zenza erzählte ihnen nun, wie viel Aufruhr Walpurgas plötzlicher Weggang in ihrer Nachbarschaft ausgelöst hatte. Seitdem redeten die Menschen über nichts anderes mehr. Die Leute kamen am Sonntag alle zu spät zur Kirche, weil sie vor Walpurgas Haus stehen geblieben waren und es angestarrt hatten, als gäbe es etwas Neues zu sehen, und Hansei hatte seine Kuh der halben Gemeinde zeigen müssen, als gäbe es etwas seltsam daran. Aber alle dachten an Walpurga; und sie sagte auch, dass es bekannt sei, dass Walpurgas Einfluss Stasis Verlobten seine Position als Waldläufer gesichert habe. Trotz

Walpurgas Beteuerungen, sie wisse nichts davon, beharrte Zenza auf ihrer Geschichte und lobte sie umso mehr für ihre Bescheidenheit.

Die Zeit verging schnell.

Gräfin Irma brachte mit vor Freude strahlendem Gesicht den Begnadigungsbrief des Königs.

Zenza wäre vor ihr auf die Knie gefallen und hätte ihr die Füße geküsst, aber Irma hielt sie hoch und sagte:

„Ich habe noch etwas für dich: Nimm das, damit du nicht nur frei bist, sondern auch etwas Vergnügen haben kannst."

Sie gab ihr ein Goldstück.

Die Augen der alten Zenza funkelten, als sie sagte:

„Wenn die gnädige Prinzessin jemals jemanden zu ihrem Dienst haben möchte, der durch Feuer und Wasser geht, muss sie nur an Zenza und Thomas denken."

Sie hätte noch viel mehr gesagt, aber Walpurga sagte:

„Thomas wartet am Tor auf dich; beeil dich und geh zu ihm."

„Siehst du, liebe Prinzessin, wie gut sie ist. Sie hat es verdient, glücklich zu sein."

„Walpurga", sagte Mademoiselle Kramer, „Sie könnten der Frau das Geld für Ihren Mann geben."

„Ich übernehme es für dich."

„Nein, ich schicke es. Ich muss noch eine Weile warten", sagte Walpurga zögernd. Sie konnte nicht gut erklären, dass sie sowohl Zenza als auch ihrem Sohn misstraute.

„Hier", sagte Irma und reichte Zenza das kleine goldene Herz, das sie trug; „Bring das von mir zu Walpurgas Kind." Dann nahm sie ihr Seidentuch ab und fügte hinzu: „Gib ihr das auch."

„Oh, was für ein schöner Hals!" rief Zenza aus.

Walpurga erinnerte sie erneut daran, dass sie besser zu ihrem Sohn zurückkehren sollte.

Irma war froh darüber, dass sie die Begnadigung herbeigeführt hatte. Walpurga hatte Angst, ihnen zu sagen, dass Zenza ihr fremd war und dass sie sie fast hasste; oder dass Red Thomas einer der schlimmsten Männer in ihrer Nachbarschaft war. Sie tröstete sich mit dem Gedanken, dass noch alles gut werden würde. Schlechte Menschen können besser werden, sonst wäre jedes Gerede über Reue bloße Lüge und Täuschung.

In der Zwischenzeit war Zenza, die Begnadigung hochhaltend, aus dem Palast geeilt.

„Ist meine Abrechnung geklärt?" fragte Thomas und spuckte so weit er konnte.

„Ja, Gott sei Dank! Sehen Sie, was eine Mutter tun kann."

„Dafür schulde ich dir nicht viel Dank, wofür hast du mich auf die Welt gebracht? Aber das Beste von allem ist, dass es ein Schlag ins Gesicht für die große knurrende Landesjustiz ist. Nun, Mutter, ich bin so." durstig wie drei Gerichtsvollzieher. Das Warten hat mich fast erschöpft. Hast du noch etwas über dich?"

„Natürlich habe ich das; schau nur."

Sie zeigte ihm das Goldstück, das er geschickt aus ihrer Hand nahm und in seine Tasche steckte.

„Was hast du sonst noch?" sagte er, als er das kleine goldene Herz bemerkte, das sie gleichzeitig aus ihrer Tasche genommen hatte.

„Die schöne Prinzessin hat mir das und dieses Seidentuch für Walpurgas Kind geschenkt."

„Hanseis Kind wird mit dem Halstuch genug haben", sagte Thomas und ergriff das goldene Herz, während er seiner Mutter gutmütig erlaubte, die schwarze Kordel, die daran befestigt war, zu behalten.

„So, Mutter, das wird schon gut gehen, und jetzt lasst uns etwas trinken, weil wir so lange gewartet haben. Während ich hier draußen wartete, sah ich beim Büchsenmacher ein prächtiges Gewehr. Du kannst es auseinandernehmen und in dein Gewehr stecken Tasche, und wir werden sehen, ob die Grünröcke mich wieder erwischen.

Das erste, was der junge Thomas tat, war, den Gämsenbart und den schwarzen Hahnenbusch aus der Tasche zu holen und sie wieder in seinen Hut zu stecken. Dann setzte er trotzig seinen Hut auf, und seine ganze Haltung schien zu sagen: Ich möchte sehen, wer es wagen würde, sie anzufassen.

Gerade als sie weggingen, kam Baum von der Straße herein. Er schien ihnen unbedingt aus dem Weg gehen zu wollen, aber Zenza ging auf ihn zu und dankte ihm noch einmal für das schöne Geschenk, das er ihr gemacht hatte, als Walpurga gerufen worden war. Sie sah ihn seltsam an und Baum bemerkte mit einem Seitenblick, dass Thomas' Blick auf ihn gerichtet war. Er spürte, wie ein Schauder wie ein Blitz von seinem Herzen in seinen Kopf überging. Es ließ ihm tatsächlich die Haare zu Berge stehen und zwang ihn, seinen Hut zu heben und ihn anders zu richten; aber er nahm eine Nagelfeile aus der Tasche und fing an, seine Nägel zu schneiden, und sagte dann: „Du hast mir schon gedankt; einmal ist genug."

„Mutter! Wenn Jangerl nicht in Amerika wäre, hätte ich geschworen, dass er es war."

„Du bist verrückt", antwortete Zenza.

Gemeinsam gingen sie in die Stadt. Thomas geht immer zügig voran. Es schien, als würde es ihn nicht allzu sehr beunruhigen, wenn er seine Mutter verlieren würde.

Sie gingen zu einem Gasthaus, wo er, ohne sich die Zeit zu nehmen, sich hinzusetzen, einen Schoppen Wein trank. Dann sagte er seiner Mutter, sie solle warten, und ging los, um das Gewehr zu kaufen.

Währenddessen saß Walpurga am Fenster und stellte sich vor, wie die Leute zu Hause von ihrer großen Macht sprechen würden und wie sie im Chamois so viel über sie und die Frau des Gastwirts zu sagen hätten, die immer so hingesehen hatte auf sie herab, würde fast vor Neid platzen.

Walpurga lachte und freute sich darüber, dass die Neidischen und Stolzen über ihr Glück wütend sein würden. Dies schien tatsächlich ihre größte Freude zu sein, und auf jeden Fall war es der Gedanke, bei dem sie am längsten verweilte. Ein anderer Grund könnte darin liegen, dass die Freude der Tugendhaften schneller erschöpft ist als die zornigen und bösen Reden der Bösen, die noch lange nach ihrer Äußerung gären und Blasen an die Oberfläche schicken. Walpurga blieb am Fenster sitzen und bewegte schweigend die Lippen, als wiederholte sie die Worte der Neider und Zornigen vor sich hin, bis schließlich Gräfin Irma zu ihr sagte:

„Ich kann sehen, wie glücklich du bist. Ja, Walpurga, wenn wir nur jeden Augenblick einem Mitgeschöpf Gutes tun könnten, wären wir die glücklichsten Wesen unter der Sonne. Siehst du nicht, Walpurga, die wahre göttliche Gnade von?" Ein Prinz liegt darin, dass er jederzeit Gutes tun kann?"

„Das verstehe ich ganz gut", antwortete Walpurga. „Ein König ist wie die Sonne, die auf alle herabscheint und die Bäume in der Nähe sowie die Blumen im fernen, verborgenen Tal erfrischt; sie tut Menschen und Tieren und allem Gutes. Solch ein König ist ein Bote Gottes." ; aber er muss darauf achten, einer zu bleiben, denn der Herr über allen Stolz und jede Lust könnte ihn überwältigen. Er hat gerade Thomas das Leben geschenkt, und alle Gefängnistüren öffnen sich wie in der Fabel, wenn es heißt: „Öffne den

Sesam . " Oh, du guter König! Lass dich nicht verwöhnen und habe immer so gutherzige Menschen um dich wie meine Gräfin Irma.

„Danke", sagte Irma. „Ich kenne dich jetzt vollkommen. Glaub mir, alle Bücher der Welt enthalten nichts Besseres und nichts mehr als dein Herz; und obwohl du nicht schreiben kannst, ist es dort umso deutlicher geschrieben worden. – Aber lass uns Sei ruhig und vernünftig. Komm, du musst deine Schreibstunde nehmen.

Sie setzten sich zusammen und Irma brachte Walpurga den Umgang mit der Feder bei. Walpurga sagte, dass es ihr nichts ausmachte, einzelne Briefe zu schreiben, und dass es ihr lieber wäre, ein Wort zum Abschreiben zu haben.

Irma schrieb ihr das Wort „Verzeihung". Walpurga füllte ein ganzes Blatt mit diesem Wort, und als Irma das Zimmer verließ, nahm sie die Schrift mit und sagte:

„Ich werde dies als Erinnerung an diese Stunde aufbewahren."

KAPITEL III.

„Was kann mit der Königin los sein? –“

– „Ihre Majestät“, fügte Mademoiselle Kramer hinzu.

--"Was kann es sein?" sagte Walpurga; „Für einige Tage hat der Prinz--“

„Seine königliche Hoheit“, sagte Mademoiselle Kramer.

--"Ist ihr kaum aufgefallen. Wenn sie vorher das Kind sah und es an ihr Herz drückte, schien sie immer in den Himmel emporgehoben zu sein, und einmal sagte sie zu mir: 'Walpurga, hast du das nicht empfunden?' „Als wärst du wieder ein Mädchen, frei und unabhängig von allem? Für mich ist die Welt nichts als ich und mein Kind“ – und jetzt schaut sie kaum noch darauf, als wäre es ein Traum, ein Kind bekommen zu haben . Im Herzen einer Mutter muss es große Sorgen geben –“

„Königliche Mutter“, sagte Mademoiselle Kramer.

– „Wenn sie ihr Kind nicht ansehen möchte.“

Das Herz der Königin wurde tatsächlich von einem gewaltigen Kampf zerrissen.

Ihre Gefühle waren in den vergangenen Monaten äußerst beunruhigend und erregt gewesen. Es gab einen Punkt, über den sie nicht einmal laut nachdenken durfte und den sie für entweiht gehalten hätte, wenn sie anderen davon erzählt hätte. Es war ihr Wunsch, es selbst zu bestimmen, und sie hatte es auch getan. Seitdem sie Mutter geworden war, hatte sie das Gefühl, vom Rest der Welt getrennt zu sein. Wenn sie an ihr Kind dachte und es vor allem ans Herz drückte, hatte sie das Gefühl, als gäbe es nichts mehr zu tun. Sie und das Kind waren ihre Welt; alles andere war wie nichts. Und doch liebte sie den König von ganzem Herzen und wünschte inbrünstig, dass ihre Vereinigung so vollständig sein sollte, dass sie eins im Gefühl, im Glauben und in der Zuneigung seien.

Der Gedanke, dass sie in allen Dingen vereint sein sollten, wuchs ihr immer wieder in den Sinn. Vater, Mutter und Kind sollten eins sein und mit denselben Gedanken und mit denselben Worten zum selben Gott beten.

Die Abgeschiedenheit des Krankenzimmers trug nur dazu bei, diese Gedanken zu verstärken, und nun, da sie im Begriff war, in die Welt zurückzukehren, sehnte sie sich danach, das Band, das sie mit dem König verband, im höchsten Sinne zu vervollkommnen.

Sie durfte nur wenig reden und ließ sich daher nicht auf Gespräche ein. Nachdem einige Tage vergangen waren, ließ sie eine Madonna von Filippo Lippi dem Jüngeren in ihr schwach beleuchtetes Zimmer bringen. Sie starrte stundenlang auf das Bild, und es schien, als würde es sie ebenfalls ansehen – die beiden Mütter waren eins in Glückseligkeit.

Der Kanoniker besuchte sie und fand sie in dieser hingebungsvollen Stimmung vor. Mit zitternden Lippen vertraute sie ihm ihren Wunsch an, der Kirche ihres Mannes und ihres Kindes anzugehören. Der Bitte, ihr alle dogmatischen Lehren zu ersparen, stimmte er bereitwillig zu. Als der Kanoniker gegangen war, wurde sie von einem Gefühl der Angst bedrückt. Da geht ein Mann, dachte sie, der mein Geheimnis mit sich trägt. Er hatte versprochen, es für sich zu behalten und sich so ihres Vertrauens als würdig zu erweisen. Aber das Geheimnis war dennoch nicht mehr allein ihr eigenes.

Bald beruhigte sie ihre Ängste, und ein Schimmer der Freude breitete sich auf ihren Zügen aus, als sie daran dachte, dass es, obwohl sie jetzt Mutter war, noch eine weitere erhabene und erhabene Funktion gab, die ihre Verbindung mit ihrem Ehemann perfektionieren und einen weiteren Beweis ihrer Großartigkeit liefern würde Liebe für ihn.

In der Fülle des Lebens kam ihr der Gedanke an den Tod und sie befahl, ein weiteres Gemälde vor ihr auf die Staffelei zu stellen. Es war die Maria Ægyptica von Ribera.

Die Königin hatte oft das Gefühl, sie müsse den Blick des Büßers suchen. Doch anstatt etwas zu sehen, scheinen diese Augen zuzuhören: nicht alarmiert, denn ein Engel ruft sie – sondern unterwürfig und vertrauensvoll, denn sie ist an den Klang himmlischer Stimmen gewöhnt. Anstatt die reuige Tochter des Königs als zerschmettert und verletzt von der Abtötung des Fleisches darzustellen, hat der Künstler ihre Gesichtszüge zum Ausdruck gebracht wiederhergestellter, kindlicher Unschuld und jugendlicher Schönheit – eine nackte Figur, aller Gewänder entledigt, in die lange, Blonde Locken, die ihr bis zu den Knien reichen. Sie kniet neben dem offenen Grab, das sie aufnehmen soll. Ihre blauen Augen blicken in die Ewigkeit; Ihre Lippen sind wie im Schmerz geschlossen, und über ihr schwebt ein Engel, der den Mantel der Barmherzigkeit über sie ausbreitet und ausruft: „Dir ist vergeben!" Vergeben und erlöst sinkt sie ins Grab.

Der asketische Ton des Bildes entsprach voll und ganz der Stimmung der Königin, und der Kanoniker fand sie oft in ekstatischer Bewunderung verloren.

Obwohl Doktor Gunther diese stumme Gesellschaft missbilligte, blieben seine Wünsche und Befehle gleichermaßen erfolglos. Es war das erste Mal, dass dieser von der Königin so hochgeschätzte Mann von ihr auf Hartnäckigkeit und unnachgiebigen Widerstand stieß. Als Irma das Bild sah, bemerkte sie beiläufig, dass die Position der Augen fehlerhaft sei, dass der Künstler diesen Fehler jedoch geschickt ausgenutzt habe, um einen eigenartigen Ausdruck zu erzeugen. Die Königin drückte ihre Hand auf ihr Herz – sie war allein in ihren Gefühlen und wollte es auch bleiben.

Walpurga war erfolgreich, wo Gunther und Irma gescheitert waren.

„Ist das ein Waldgeist?" fragte sie,

"Was ist das?"

„Auf unserem Weg erzählen sie von den Waldgeistern. Sie spuken in Geisternächten durch die Berge und können sich in ihre langen Haare hüllen."

Die Königin erzählte Walpurga die Legende von Maria Ægyptica. Sie war eine Prinzessin, die ein ausschweifendes Leben geführt hatte. Plötzlich verließ sie den Palast und verzichtete auf alle Freuden und ging in die Wüste, wo sie sich auf Wurzeln stützte und viele Jahre lebte, bis alle ihre Kleider von ihrem Körper fielen. Und als ihre Sterbestunde kam, stieg ein Engel herab oben und breite den Mantel der Barmherzigkeit über ihr aus –

„Das ist alles sehr schön und schön", sagte Walpurga, „aber keine Beleidigung für dich, meine Königin, es scheint eine Sünde zu sein, ein so schreckliches Bild vor Augen zu haben. Ich möchte nicht damit im selben Zimmer schlafen." . Es ist, als würde es eines Nachts herunterkommen und mich mit ins offene Grab reißen. Oh, lieber Gott! Ich habe Angst davor, selbst am helllichten Tag.

Walpurgas Worte blieben nicht ohne Wirkung. Als die Nacht hereinbrach, bildete sich die Königin wirklich ein, dass das Bild auf sie zukommen würde. Sie konnte nicht schlafen und musste es nachts entfernen lassen.

Ihre Ruhe und Gelassenheit wurden dadurch wiederhergestellt, und da ihr nun das Lesen erlaubt war, versorgte der Priester sie mit geeigneten Büchern.

Ihr ganzes Leben lang war sie von dieser einen Idee geprägt. Walpurga hatte richtig beobachtet. Die Königin blickte ihr Kind kaum an, obwohl der Schritt, den sie zu wagen gewagt hatte, aus Liebe zu ihrem Mann und ihrem Kind kam.

Einige Tage bevor sie zum ersten Mal ausging, ließ sie den König rufen und sagte:

„Kurt, nächsten Sonntag gehe ich zum ersten Mal aus und betrete zum ersten Mal deine Kirche und die unseres Sohnes. Von nun an werde ich mit dir und ihm am selben Altar beten."

"Ich verstehe Sie nicht--"

„Ich habe geschworen, dass ich in allen Dingen mit Ihnen vereint sein würde, wenn Gott in seiner Barmherzigkeit mein Leben und das des Kindes bewahren würde. Ich erfülle kein erzwungenes Gelübde, sondern einen freien und wohlüberlegten Entschluss. I Biete dies nicht als neuen Beweis an, sondern als Bestätigung oder endgültige Versiegelung unserer Liebe. Kurt, jeder meiner Gedanken, alles was ich bin, gehört dir. Wir sind eins vor der Welt; lasst uns eins vor Gott sein . Von nun an werden wir keine getrennten Wege gehen oder getrennte Gedanken haben. Lassen Sie unser Kind nichts von den Unterschieden zwischen Menschen und vor allem zwischen denen lernen, denen es sein Leben verdankt. Ich bin glücklich, dass ich dies als tun kann als kostenlose Gabe und nicht als Opfer dar.

„Mathilde", sagte der König mit einem seltsam kalten Ton, „sprichst du zum ersten Mal davon, oder hast du schon Vorbereitungen getroffen –"

„Mein Entschluss wurde im Geheimen und mit aller Ernsthaftigkeit gefasst. Danach habe ich ihn verkündet, und jetzt ist alles bereit. Ich hatte ihn als Überraschung für Sie gedacht. Der Kanoniker bestand fast darauf, dass ich Ihnen in seiner Gegenwart davon erzählen müsse, aber ich würde nicht zustimmen.

"Gott sei Dank!" sagte der König und holte tief Luft, „Vielleicht wird alles wieder gut!"

"'Wieder?' „Na?" fragte die Königin erstaunt.

Der König erklärte ihr ruhig, dass er das Opfer zwar schätze, es aber nicht annehmen könne. Die Königin lehnte es ab, es als Opfer zu bezeichnen, und der König sagte:

„Also gut, Sie brauchen nicht weiter zu gehen als mich selbst, der von allen Wesen am meisten mit Ihnen übereinstimmt, um zu entdecken, dass andere Ihre Handlungen anders beurteilen können – nein, müssen – als Sie selbst. Was wird die Welt? Die Gerichte, unsere Untertanen, denken darüber nach?

„Was muss uns das kümmern, wenn wir wissen, dass wir Recht haben? ‚Was wird die Welt sagen?' ist immer die große Frage. Aber die Welt darf uns nicht zwingen, anders zu sein als wir sind."

„Mathilde, du sprichst wie eine Märtyrerin. Deine Gefühle sind erhaben und aller Ehrfurcht würdig. Du bist sowohl gut als auch edel; aber glauben Sie mir, die besten Taten, tatsächlich die einzig richtigen, sind diejenigen, die weder Erklärungen noch Entschuldigungen erfordern . Wir sind keine Einsiedler. Obwohl Ihre Motive rein und erhaben sind, wird die Welt nicht in der Lage und nicht willens sein, sie zu verstehen. Wir wagen es auch nicht, Erklärungen abzugeben. Ein Prinz erniedrigt sich selbst, indem er sich herablässt, um seine Taten zu erklären. Sie betrachten die Welt mit himmlischen Gefühlen; Aber der Himmel liegt in Ihrer Art, die Dinge zu betrachten, nicht in der Welt selbst. Es würde mir leid tun, Ihnen die Bosheit der Welt zu offenbaren und so Ihre freundlichen Ansichten über das Leben düster zu machen. Halten Sie an Ihrem Glauben an das Höchste fest , aber tue es nach den Formen deines eigenen Glaubens.“

„Und muss ich mein ganzes Leben lang auf einem Weg gehen, während du und das Kind einen anderen einschlagen?“

„Mathilde, wir sind keine Einsiedler; wir sind nicht einmal Privatbürger. Unsere Position ist exponiert. Ein Souverän kann keine privaten Handlungen vornehmen –“

„Meinen Sie, dass wir nur ein Vorbild für andere sind?“

„Das meine ich auch“, sagte der König zögernd; „Aber was ich damit sagen wollte, war, dass es bei allem, was Sie tun, nicht Sie allein sind, sondern die Königin, die handelt. Ihre Auswirkungen sind weit und nah zu spüren. Ich bin glücklich, Gegenstand so großer Liebe zu sein. Du fühlst es, nicht wahr, Mathilde?“

„Sprich nicht darüber. Unsere besten und tiefsten Gefühle suchen keinen Ausdruck in Worten.“

„Denken Sie daran: Die Frau eines Privatmanns kann eine solche Handlung im Geheimen durchführen. Das können Sie nicht. Sie wären gezwungen, die protestantische Hofkapelle zu schließen, und würden damit alle im ganzen Land beleidigen, die Ihren gegenwärtigen Glauben vertreten. "

„Ich möchte niemanden beleidigen. Die Welt kann nicht von mir verlangen, ein solches Opfer zu bringen. Mein höchstes, mein einziges Ziel ist es, eins mit dir zu sein, auf Erden und im Himmel, jetzt und im Jenseits.“

„Also gut, versprich mir eins.“

"Was immer du wünschst."

„Versprich mir, dass du die Umsetzung deines Entschlusses um mindestens einen Monat aufschiebst. Es wäre falsch, zuzulassen, dass eine vorübergehende Stimmung den Lauf deines Lebens verändert.“

„Du bist ein edles Geschöpf“, sagte die Königin; „Ich werde dir gehorchen.“

„Also gibst du deinen Entschluss auf?“

„Nein, ich werde warten. Ich möchte nicht, dass es das ist, was Sie sich vorstellen – das Ergebnis einer kränklichen Stimmung, erzeugt durch die Abgeschiedenheit meiner Kammer. Ich werde es im Sonnenlicht reifen lassen, und Sie werden es tun.“ Dann entdecken Sie, dass es sich um mehr als nur eine Stimmung handelt.

Der König war mit dem Ergebnis zufrieden. Aber seltsamerweise verzichtete er auf jede Zurschaustellung von Zuneigung, und als er zum Abschied die Hand der Königin ergriff, wirkte sein Verhalten kalt und distanziert.

KAPITEL IV.

Der König hatte im Gespräch mit seiner Frau große Selbstbeherrschung bewiesen und hatte nun, da er allein war, das Gefühl, dass ihre Worte ein schlummerndes Gefühl des Unmuts geweckt hatten.

Er liebte seine Frau aufrichtig, aber er hatte ein heldenhaftes, aktives Temperament, und alles, was nach Kleinlichkeit, Selbstzweifel oder Sentimentalität schmeckte, war ihm völlig zuwider. Sein großes Ziel war es, das Glück seiner Untertanen zu fördern und sich einen Platz in der Geschichte zu sichern. Aber eine Zeit friedlicher Entwicklung, in der alle der Regierung freundlich gegenüberstanden und bestrebt waren, ihr zu dienen, bot keine Gelegenheit für Heldentaten oder für neue und aufsehenerregende Maßnahmen. Es blieb nur, an dem Erreichten festzuhalten und gleichzeitig neues Wachstum zu fördern. Aber solche Arbeiten nehmen die Arbeit vieler in Anspruch, deren Namen dem Ruhm unbekannt bleiben, und das erklärt die Vorliebe des Königs für das Bauen. Der Bau großer Gebäude, die der Kunst, der Wissenschaft, der Kirche und der Armee gewidmet waren, konnte nur als Beweis eines Geistes angesehen werden, der große Taten vollbringen wollte.

Der König liebte seine Frau und war damit zufrieden. Die Königin hingegen war immer bestrebt, neue Beweise ihrer Liebe zu liefern, und ihre tiefe Sensibilität zeigte sich erneut in diesem Versuch, einen Entschluss in die Tat umzusetzen, der zwar aus den besten Motiven hervorging, aber völlig undurchführbar war. Sie idealisierte alles, und in dieser Hinsicht war das Temperament des Königs das genaue Gegenteil von ihrem. Ihre Gemächer waren immer so schwach beleuchtet, dass er, wenn er sie betrat, gezwungen war, sich durchzutasten. Als er aus dieser Düsternis hervortrat, kam es ihm vor, als sei der Morgen von neuem angebrochen, denn er liebte das helle Licht des Tages sehr. Diese ständige Sorge um religiöse Probleme, die niemand lösen kann – diese ständige geistige Erregung macht einen unfähig, schnell zu handeln. Wer sein Lebensgefüge auf einem festen Fundament haben möchte, muss frei sein von übertriebener Selbstkritik. Er muss alle seine Gefühle, alle seine Leidenschaften einem einzigen Ziel unterordnen, und für niemanden gilt dies so zwingend wie für den Monarchen, der die vielfältigen und allumfassenden Interessen seiner Untertanen lenken möchte.

Das Ziel der Königin bestand darin, ihr Ideal einer Frau und Mutter in ihrer eigenen Person zu verwirklichen; aber sie hatte kein Recht zu vergessen, dass sie eine Königin war. Es war etwas mehr erforderlich als ewige Kleinigkeiten und das Weben von Girlanden, so genial sie auch sein mochten. Liebe, wie die ihre, ist zugleich anspruchsvoll, denn obwohl sie Zärtlichkeiten verschwendet, erfordert sie ständig eine Gegenleistung in Form von

Sachleistungen. Es ist exklusiv und gleichzeitig ermüdend. Die Sonne scheint und es gibt Liebe, aber warum sollte man sich ständig um beides kümmern?

Das einsame Leben, das die Königin geführt hatte, hatte eine Aufregung hervorgerufen, die in dem Versuch, ihren Glauben zu ändern, Luft suchte, und obwohl der König beschlossen hatte, dass es sich lediglich um einen Versuch handeln sollte, hatten ihre Worte eher dazu beigetragen, ein entsprechendes Gefühl zu bestätigen von Einsamkeit seinerseits – ein Ergebnis, zu dem seine jüngsten Erfahrungen nicht unerheblich beigetragen hatten.

Der König war allein in seinem Kabinett. Wie wäre es ihm ergangen, wenn seine Frau einen großen und gebieterischen Geist besessen hätte? Der Gedanke war ihm plötzlich durch den Kopf gegangen. Er fuhr sich mit der Hand über die Stirn, als wollte er den Gedanken vertreiben; er wagte es nicht, konnte an so etwas nicht denken. Er ließ Doktor Günther rufen, denn diese Angelegenheit müsse sofort erledigt werden.

Günther kam.

Der König befragte ihn zunächst vorsichtig, um herauszufinden, ob dieser Vertraute der Königin etwas von dem Geschehenen wisse, und teilte ihm dann unter dem Siegel der Geheimhaltung alles mit.

Zur großen Überraschung des Königs sagte Gunther höflich, anstatt ihm für diesen Vertrauensbeweis zu danken:

„Mir wäre es viel lieber, wenn Eure Majestät mir gnädigerweise gestattet hätte, nichts über Geheimnisse und Probleme zu wissen, bei denen ich nicht weiterhelfen kann.“

Der König starrte ihn erstaunt an. Dieser Mann war immer hartnäckig und bewahrte seine Würde.

„Ich wollte dich gerade fragen“, sagte der König barsch, „ob du glaubst, dass du die Königin in dieser Angelegenheit beeinflussen kannst.“

„Ich fürchte mich nicht; aber wenn Eure Majestät es wünscht, bin ich bereit, die Anstrengung zu unternehmen.“

„Bitte tun Sie es.“

„Aber ich fürchte, Ihre Majestät wird beleidigt sein. Ich verstehe ihre Eigenheiten. Wenn die Angelegenheit angesprochen wird, wird sie denken, dass sie durch die Berührung anderer entweiht wird, und sie wird dadurch ihrer Meinung nach ihren größten Reiz verlieren.“

„Das wäre genau das Richtige“, sagte der König eifrig. „Vielleicht ist das der beste Weg, sie von ihrem Enthusiasmus zu heilen. Heutzutage gilt alles als geeignetes Thema für eine Debatte. Deine Freunde in der Abgeordnetenkammer debattieren über alles, und sie könnten genauso gut –"

Für den König war es ein ständiges Ärgernis, dass der Arzt, der sich nie mit seiner Meinung aufdrängte, immer die liberale Seite vertrat, wenn er in einen Streit über religiöse oder politische Fragen verwickelt wurde; aber trotzdem konnte er es sich kaum leisten, auf Günther zu verzichten. Obwohl der König ihn in mancher Hinsicht als verwerflich empfand, schätzte er ihn dennoch sehr. Er hatte eine so hohe Stellung in der Welt der Wissenschaft und in der Wertschätzung seiner Landsleute inne, dass die Anwesenheit eines Menschen mit solch liberalen Ansichten in der Nähe des Königs einen besonderen Ruhm für den Hof selbst widerspiegelte.

Der König forderte Gunther nun offiziell auf, sich zu bemühen, die Königin von ihrem Entschluss abzubringen.

Es war ein schwieriges Unterfangen.

Die Königin hatte diesen vertrauenswürdigen Freund bisher zu ihrem Vertrauten gemacht, und nun war er im Besitz eines Geheimnisses von ihr, das ihm von einem anderen verraten worden war. Gunther versuchte, die Königin zu einer Anspielung auf ihren geheimen Entschluss zu verleiten, scheiterte jedoch und musste das Thema selbst vorstellen.

Die Königin schien überrascht und betrübt zu sein.

„Warum hat der König das getan?" fragte sie, ihre Gesichtszüge drückten starken Schmerz aus.

„Vielleicht schreibt mir Seine Majestät", antwortete Gunther, „den Besitz schlagkräftigerer Argumente zu als alle, die bisher vorgebracht wurden."

„Ich kenne sie alle", antwortete die Königin aufgeregt; „In einer solchen Angelegenheit sollte es kein Fremder wagen, auch nur ein Wort von …"

„Dann, Eure Majestät, habe ich nichts mehr zu sagen und bitte demütig um die Erlaubnis, mich zurückziehen zu dürfen."

„Nein, nein! Sprechen Sie weiter – ich muss Sie hören."

„Muss? Du darfst nicht."

„Wünschen oder müssen, es ist egal. Sie sagen immer, dass es keinen freien Willen gibt, und bei Monarchen ist das ganz sicher so."

„Eure Majestät", sagte Gunther mit sanfter Stimme, „der hohe Entschluss, den Sie gefasst haben, war kein Akt Ihres Willens. Er ist die natürliche und unvermeidliche Folge einer Kette von Ereignissen und Eindrücken, die von Ihrem Temperament geprägt wurden." . Inbrünstige Naturen haben immer

Angst, dass sie nicht genug für sich und für die Welt tun können. Sie möchten mit jeder Stunde – nein, mit jedem Atemzug – andere glücklich machen oder die Welt mit einem großen Gedanken beeindrucken."

„Damit auch Sie schmeicheln können."

„Ich schmeichele nie. Ich übernehme einfach die Diagnose, die in Ihrem Fall nicht schmeichelhaft ist. Dieses Übermaß an Sensibilität ist nicht gesundheitsfördernd –"

„Also halten Sie meine Stimmung für ungesund –"

„Wir sollten diesen Begriff nicht verwenden. – Aber ich flehe Sie an. Eure Majestät! Dieser Ton ist bei uns beiden kaum –"

„Sprich weiter. Ich höre dir gerne zu. Es tut mir nicht weh, dass du davon weißt. Ich betrachte dich als Teil des Tageslichts, das meinen Entschluss reifen ließ."

„Nun, alles, was reifen soll, muss unbedingt Luftströmungen und sogar Stürmen ausgesetzt sein. Aber ich werde euch keinen Sturm bringen und nicht einmal davon sprechen, dass jeder, der den Glauben verlässt, in den er hineingeboren wurde, eine Beleidigung darstellt." seine Eltern; ich werde Ihnen auch nicht sagen, dass die Zeremonien, an die wir von Jugend an gewöhnt sind, die Muttersprache der Seele sind. Alles, was sich nicht an den Geist richtet. Geist und Vernunft sind die Eltern des bewussten Menschen. Es ist unsere Wir haben die Pflicht, unseren Überzeugungen gerecht zu werden, und ich kann daher an einem Religionswechsel, der auf Überzeugung beruht, nichts auszusetzen haben. Aber es scheint mir, Majestät, dass Ihr Glaubenswechsel einfach oberflächlich ist oder, wenn er tiefer geht, nur aus Liebe zu Deinem Mann. Du weißt aber, dass ich das alles von einem ganz anderen Standpunkt aus betrachte. Ich glaube, ich kenne die Quelle im Paradies, aus der der Strom fließt, der auf Erden in so viele kleine Bäche geteilt ist; und diese Nochmals, um die Worte meines Freundes Eberhard, des Vaters der Gräfin Irma, zu verwenden: Sie liefern den Strom für die Mühlen, die Predigten mahlen. Eure Majestät weiß, dass die Legende von den vier Bächen, die vom Baum Igdrasil flossen, die im schönsten aller Bücher, der Bibel, zu finden ist, auch in unserer alten deutschen Sage zu finden ist."

„Sehr gut – aber ich bitte Sie, mein lieber Freund, ersparen Sie mir Ihre literarischen Kuriositäten."

„Eure Majestät", fuhr Gunther fort, „solange wir im Glauben unserer Väter bleiben, können wir uns einer großen Meinungsfreiheit erfreuen. Unsere Gedanken können weit über ihre Grenzen hinausreichen, und keine Inquisition hat Macht über uns: aber sobald." Wenn wir uns zu einer anderen

Religion bekennen, verlieren wir das Recht auf Freiheit. Es ist unsere Pflicht, ihm gerecht zu werden. Wer von Geburt an Adliger ist, kann es sich leisten, die bürgerliche Gleichberechtigung anzuerkennen, aber wer den Adelsstand erhalten hat, kann dies nicht tun . Erlauben Sie mir, Majestät, noch ein Wort zu sagen? Ich halte es für ein Glück für die Menschheit im Allgemeinen und für unser deutsches Vaterland im Besonderen, dass es eine Vielfalt religiöser Überzeugungen gibt. Das allein trägt dazu bei, die Gefühle der Menschlichkeit zu bewahren Wir kommen nicht umhin, zu sehen, dass es für ein und dieselbe Sache verschiedene Formen von Seelenäußerungen gibt. Eine Vielzahl von Sekten bietet den besten Schutz gegen Fanatismus und hilft darüber hinaus zu beweisen, dass religiöse Formen keine Bedeutung haben, das heißt, man kann es sein gerecht in jedem Glauben und zwar ohne jeglichen äußeren Anschein von Religion.“

Gunther blieb lange Zeit bei der Königin und gab weitere Erläuterungen zu den Ideen, die er vorgebracht hatte.

Er war noch bei ihr, als der Kanon verkündet wurde.

Die Königin ließ ihm mitteilen, dass sie um Entschuldigung wünsche, und bat ihn, am nächsten Tag zu kommen.

Als Günther ging, war sie noch genauso fest entschlossen wie am Anfang. Sie war davon überzeugt, dass dies eine Aktion war, in die sich kein anderes Wesen einmischen sollte, und am allerwenigsten ein Mann.

Sie war kurz davor, Irma ins Vertrauen zu ziehen. Sie empfand die Gräfin als klug und darüber hinaus als wahre Freundin. Unbesiegbare Angst hielt sie zurück. Sie fürchtete, sie könnte in Irmas Augen schwach und schwankend wirken.

KAPITEL V.

Tagelang blieb die Königin allein. Walpurga und das Kind waren die einzigen, die in ihre Nähe durften. Sie wollte mit niemand anderem sprechen, weder mit ihrem Mann, noch mit Günther, noch mit dem Pfarrer.

Eines Nachmittags, als Walpurga bei ihr war, verspürte sie den Drang zu fragen:

„Walpurga, weißt du, dass ich nicht deinem Glauben angehöre?"

„Ja, das tue ich tatsächlich; und ich bin froh darüber."

„Freut mich darüber?"

„Natürlich bin ich das. Du bist der erste und einzige Lutheraner, den ich je gekannt habe, und wenn alle so sind wie du, muss es eine wunderschöne Religion sein."

„Es ist wunderschön, und das gilt auch für alle Religionen, die aus uns gute Wesen machen."

„Warum, wissen Sie, Königin, das ist genau das, was mein Vater immer gesagt hat, und zwar mit denselben Worten? Oh, wenn er nur lange genug gelebt hätte, um mit Ihnen gesprochen zu haben."

Die Königin schwieg lange.

Schließlich fragte sie:

„Walpurga, wenn deine Religion eine andere wäre als die von Hansei, würdest du dann in seine Kirche gehen?"

„Na ja, Hansei ist ebenso katholisch wie ich."

„Aber wenn es anders wäre?"

„Aber es ist nicht anders."

„Aber stellen Sie sich vor, es wäre so."

„Aber das kann ich nicht", sagte sie, als wollte sie gleich weinen.

Die Königin schwieg wieder einige Zeit. Da sagte Walpurga aus eigenem Antrieb:

„Ja, das kann ich schließlich. Ich habe es mir ausgedacht. Du bist Lutheraner und der Katholik deines Mannes. Aber warum fragst du mich das?"

„Stellen Sie sich in meiner Lage vor. Wenn Sie Protestant wären, würden Sie dann nicht die Kirche Ihres Mannes besuchen?"

„Nein, Königin, niemals! Solange ich als Protestantin eine ehrliche Ehefrau gewesen wäre, würde ich es bleiben. Darf ich Ihnen eine kleine Geschichte erzählen, Königin?"

"Ja mach weiter."

„Was wollte ich sagen? – Ja, jetzt weiß ich es. – Sehen Sie, mein lieber Vater – der Arzt des Königs hat Ihnen sicherlich gesagt, was für ein guter Mann er war – Aber ich fange am falschen Ende an ; Ich wollte es dir anders sagen. – Nun ja, wie ich gerade sagen wollte, ich ging in die Schule zu einem sehr strengen Priester, der alle Menschen, die nicht unserem Glauben angehörten, in die tiefsten Tiefen der Hölle verurteilte. Ich erzählte einmal meinem Vater davon, als er sagte: „Purgei" – er nannte mich immer Purgei, wenn er mir direkt aus dem Herzen sprechen wollte – „Purgei", sagte er, „es gibt viele Millionen Menschen darin." die Welt, und der kleinste Teil von ihnen sind Christen, und was für ein abscheulicher Gott wäre es, der alle anderen zur Hölle verurteilen würde, nur weil sie keine Christen sind, wenn sie es nicht ändern können und so geboren wurden, wie sie sind „Glauben Sie nicht", sagte er, „dass ein Mann wegen seines Glaubens verdammt ist; solange er tugendhaft ist." Daran halte ich fest. Natürlich habe ich dem Priester nichts davon gesagt, denn er braucht nicht alles zu wissen. Ich bin sicher, dass er mir nicht alles sagen wird, was er weiß."

Die Königin schwieg, und Walpurga begann bald wieder:

„Und jetzt fällt mir etwas ein, besser als alles andere. Oh, meine liebe Königin, das muss ich dir auch sagen. Es geht um meinen Vater, der früher viel nachgedacht hat. Der alte Arzt, der Vater dessen, der noch lebt Dort sagte man heute oft, dass Vater ein großartiger Mann geworden wäre, wenn er studiert hätte. Nun, eines Abends, genau an dem Sonntag, an dem ich konfirmiert wurde, saß ich mit Vater und Mutter auf der Bank hinter unserem kleinen Häuschen Der See. Die Abendglocken läuteten; wir hatten unsere Aves gesprochen und saßen vor der Hütte herum, als wir den Liederkranz hörten. Sie fuhren in einem Boot über den See und sangen so schön – ich kann' Ich kann euch nicht sagen, wie schön ihr Gesang war. Und dann stand Vater von seinem Platz auf, sein Gesicht glühte im Sonnenschein, und sagte: „Jetzt weiß ich, wie sich unser Herr im Himmel fühlen muss." „Lästere nicht", sagte meine Mutter. „Ich lästere nicht, ganz im Gegenteil", sagte Vater. Seine Stimme klang wundersam seltsam. „Ja, ich weiß es, ich fühle es", sagte er; „alle Kirchen." – unsere eigenen, die Protestanten, die Juden, die Türken und wie auch immer sie heißen mögen – jeder von ihnen spielt eine Rolle in dem Lied, und obwohl jeder singt, so gut er kann, passen sie sehr gut zusammen und machen etwas ein Chor, der dort oben im Himmel herrlich klingen muss. Jeder soll entsprechend der Stimme singen, die Gott ihm gegeben hat, denn Er wird wissen, wie sie harmoniert, und sie harmoniert sicherlich wunderbar.'"

Walpurgas strahlender Blick traf den der Königin.

„Dein Vater hat weise gesprochen", sagte die Königin; eine Träne glitzerte in ihrem Auge und auch in dem der Krankenschwester.

Walpurga ging weg und nahm das Kind mit.

Am nächsten Tag ließ die Königin den König rufen und sagte:

„Kurt, ich habe Mut."

"Ich weiß es."

„Nein. Ich habe einen Mut, den du nicht kennst."

„Ein Mut, den ich nicht kenne?"

„Und ich werde es nie erfahren. Ich habe den Mut, schwach und schwankend zu wirken; aber, Kurt, wirst du mich deswegen nicht falsch einschätzen?"

„Bitte sprechen Sie klarer und mit weniger Vorbereitungen."

„Ich bin entschlossen", fuhr die Königin fort, „ich wage es jetzt kaum, dieses Wort auszusprechen – aber Sie werden mich nicht falsch einschätzen? Ich werde in dem Glauben bleiben, in dem ich geboren wurde, und wir werden dennoch eins sein."

Der König dankte ihr recht herzlich und bedauerte nur, dass der Domherr davon wusste. Er hoffte jedoch, seine Zunge zum Schweigen bringen zu können.

Die Königin war überrascht, dass er so wenig Freude zeigte; aber bei genauerem Nachdenken kam ihr das ganz natürlich vor, denn warum sollte das, was nichts weiter als eine vorbeiziehende Wolke gewesen war, großartige Ergebnisse hinterlassen? Andere konnten nichts von dem erbitterten Kampf wissen, den es sie gekostet hatte.

Sie hatte das Gefühl, dass es lange dauern würde, bis irgendein Ausdruck oder Entschluss von ihr Gewicht oder Autorität erlangen würde, denn man würde nicht so schnell vergessen, dass sie sich einmal als schwach erwiesen hatte.

Als sie am folgenden Sonntag in der protestantischen Hofkapelle war, wagte sie kaum, den Blick zu heben. Sie dachte darüber nach, wie es gewesen wäre, wenn sie jetzt in der anderen Kirche wäre, und wie die Blicke der Gemeinde auf die Bank gerichtet gewesen wären, die fortan frei bleiben sollte. Im Geiste hatte sie diese Kirche und ihre Gemeinde bereits verlassen. Ihre Seele zitterte, als sie an den Entschluss dachte, den sie gefasst hatte, und aus tiefstem Herzen dankte sie ihrem Mann, dessen starker Arm sie zurückgehalten hatte.

Als sich die ganze Gemeinde erhob und im Gebet für den königlichen Haushalt ihren Dank für ihre Bewahrung und die des königlichen Prinzen zum Ausdruck brachte, konnte sie ihre Tränen nicht länger zurückhalten.

Entgegen ihrer üblichen Gewohnheit ging sie an diesem Nachmittag erneut in die Kirche.

Unterdessen schlenderten der König und die Gräfin Irma gemütlich durch den Teil des Parks, der für die Öffentlichkeit gesperrt war.

Der König informierte Irma über den Entschluss der Königin und wie sie dazu gebracht worden war, ihn aufzugeben. Irma antwortete, dass sie das schon längst vermutet habe, aber nicht das Gefühl gehabt habe, dass sie das Recht habe, darüber zu sprechen. Sie hatte Doktor Gunther einen Hinweis gegeben, der sich geweigert hatte, mit der Angelegenheit etwas zu tun zu haben.

Der König äußerte seine Abneigung gegen Günther, doch Irma verteidigte ihn mit großer Begeisterung.

„Der Arzt hat großes Glück“, sagte der König, „in seiner Abwesenheit einen so beredten Anwalt zu haben.“

„Das bin ich gegenüber allen Freunden, die ich wirklich respektiere.“

„Ich könnte mir wünschen, dass auch ich angeklagt würde“, fuhr der König fort.

„Und ich glaube“, antwortete Irma lächelnd, „Eure Majestät könnte sich keinen ernsthafteren Anwalt wünschen, als ich es wäre.“

Es entstand eine Pause. Der König zog seine Beschwerden gegen Gunther anmutig und offen zurück, und dieses Gespräch schien nur eine Brücke zu sein, über die sie zu einem anderen Thema übergingen.

Der König sprach von der Königin und ihrem besonderen Temperament.

Es war das erste Mal, dass der König und Irma von der Königin sprachen. Dass der König ihre Äußerungen nicht nur anregte, sondern tatsächlich hervorrief, war später die Ursache für unkalkulierbares Leid.

Sie priesen den Sinn für Poesie, das glühende Gefühl, die blumengleiche Zärtlichkeit der Königin, und während sie sie auf diese Weise in leuchtenden Farben darstellten, bemängelten sie in ihren eigenen Gedanken ihre Schwäche und ihren überbordenden Enthusiasmus.

Wenn ein Ehemann gegenüber einer dritten Person auf diese Weise über seine Frau spricht, führt das unweigerlich zu Entfremdung und Bloßstellung.

Bisher war alles nur in Form von Lob verschleiert. Es war hier genauso wie damals mit der Königin in der Kirche. Mit aller Kraft ihres Willens strebte sie danach, sich in ihrem Gebet zu vergessen und wieder so zu sein, wie sie einmal gewesen war; Und doch, während der Sinn der Worte, die sie aussprach, in ihre Seele eindrang, konnte sie nicht anders, als sich einer geheimen Taubheit und Entfremdung bewusst zu werden, die ihr zu sagen schien: „Du wirst nie wieder so sein, wie du einmal warst."

Während der König und Irma sich so unterhielten, erschienen sie einander als gleichberechtigt. Ihre Ansichten über das Leben stimmten überein, und während sie davon sprachen, wie leicht man der Versuchung nachgeben könne, schien ihnen ihre Intimität eher ein Beweis von Stärke als von Schwäche. Sie gingen im perfekten Gleichschritt weiter, und Irma sagte nicht mehr: „Lasst uns zurückkehren."

Die Königin war, seit sie wieder in der Gesellschaft aufgetreten war, womöglich gnädiger und liebenswürdiger als je zuvor. Sie stellte jeden weit über sich. Keiner von ihnen war so schwach und schwankend wie sie. Sie empfand es als ihre Pflicht, jedem Gutes zu tun, denn obwohl sie nicht besser als sie war, stand sie weit über ihnen. Ihre Seele war voller Demut.

Einige Tage später deuteten die Zeitungen auf mysteriöse Weise an, dass versucht worden sei, die engelhafte Reinheit der Königin auszunutzen, um sie von sich selbst zu entfremden und die Zuneigung des Volkes von ihr zu entfremden.

Es war leicht zu verstehen, dass dies auf den von der Königin geplanten Glaubenswechsel anspielte.

Die Königin hatte sich immer offen auf der Seite der liberalen Opposition bekannt, und der König betrachtete Gunther als den Vermittler, der ihr das Wohlwollen der Presse verschafft hatte und dabei keine Angst vor einer Indiskretion hatte.

Diese offensichtliche und eklatante Verdrehung der Wahrheit steigerte nur noch die Verbitterung in ihm gegen die Presse und die Machenschaften der Hofpartei der Königin. Dennoch verbarg er seinen Groll, denn er hatte das Gefühl, dass er es sich durchaus leisten konnte, den richtigen Zeitpunkt abzuwarten.

KAPITEL VI.

(IRMA AN IHRE FREUNDIN EMMA .)

„Lassen Sie mich Ihnen alles erzählen, was ich gestern getan habe. Ich wollte lesen – ich sah die Buchstaben, konnte aber kein Wort lesen, denn sie schienen sich alle auf der Seite zu bewegen, wie Ameisen in einem Ameisenhaufen. Ich wollte singen, aber kein Lied gefiel mir. Ich wollte spielen, aber selbst Beethoven kam mir fremd vor, und ich lag stundenlang da und träumte. Ich folgte der kleinen Mutter und ihrem Sohn über den Berg hinaus. Die Lerchen sangen ihnen meine Gedanken vor. Sie Als sie ihr Zuhause erreichen, ist der wilde, verwegene Junge wieder fügsam. Er singt seiner Geliebten sein fröhliches Lied vor. Ich glaube, ich höre ihn. Ach, Emma! Was gibt es Schöneres, als andere glücklich zu machen? Es ist schwer genug, das zu sein ein Mensch, gefesselt durch tausend Fesseln, durch Leiden, Rücksichtnahme auf andere und allerlei Elend; aber daneben noch Mangel leiden zu müssen! Die bloße Idee von Gefängnissen ist eine Schande für die Menschheit. Ah, Emma! wie edel, wie ähnlich einem Offenbarung aus dem großen Herzen des Volkes waren die Worte der einfältigen Frau des Holzfällers. Ich versuchte, das, was sie gesagt hatte, in Verse zu bringen, um es am nächsten Morgen dem König zu übergeben; aber ich konnte es nicht tun; nichts hat mich zufrieden gestellt. Die Sprache ist abgenutzt, eng, grob. Ich habe immer an Schillers Worte gedacht: „Wenn die Seele spricht, hat sie aufgehört, Seele zu sein." Ich habe mein Gekritzel aufgegeben. Ich habe eine unruhige Nacht verbracht. Wenn die Tiefen der Seele bewegt sind, wandert sie wie ein Geist umher und kann im Schlaf keine Ruhe finden.

„Während des Frühstücks heute Morgen habe ich dem König mitgeteilt, was Walpurga gesagt hatte. Ich war verärgert, als ich feststellte, dass er nicht mehr als die Hälfte davon verstand. Wie hätte er mir sonst antworten können: ‚Ja, die Highlander hegen große Zuneigung zu …‘ ihre Herrscher. Bitte sag das deinem Vater.'

„Der König bemerkte, dass er einen Fehler gemacht hatte, aber so geschickt und liebenswürdig er auch war, erlangte er schnell seine Gutmütigkeit wieder und sagte: ‚Liebe Gräfin, ich werde dir einen geheimen Titel geben, den nur wir beide kennen dürfen.‘ Ich ernenne Sie zum Spion des Herzens des Volkes. Suchen Sie und hören Sie zu, und wann immer Sie etwas finden, können Sie immer auf meine bedingungslose Gefolgschaft zählen. Kommt es Ihnen nicht so vor, als wäre Egeria nichts weiter als ein Spion des Herzens des Volkes? Am Altar im Tempel konnte sie die geheimen Gedanken des Volkes belauschen und sie dann König Numa vortragen, den sie vergötterten und verehrten.

„Aber unser Volk benutzt nur vorgeschriebene Gebete‘, sagte ich.

„„Der Gedanke ist ziemlich suggestiv‘, antwortete der König, und als Schnabelsdorf kurz darauf eintrat, beauftragte er ihn, sich kurze Notizen darüber zu machen, welche festen Gebete die Griechen und Römer in ihren Tempeln verwendeten.

„Und so endete die ganze Geschichte. Was ich mir vorgestellt hatte, würde einen tiefen Eindruck hinterlassen, diente lediglich der Unterhaltung für einen Abend.“

„Ah, liebe Emma, *Unterhaltung* ist der Punkt, um den sich alles dreht. Wenn heute ein Apostel erscheinen würde, könnte er nicht anders, als zu predigen: ‚Fragen Sie nicht, wie sollen wir uns heute amüsieren, sondern‘ usw. usw. — beenden Sie den Satz selbst.

„Ich bin nicht besser als die anderen. Auch ich bin nichts weiter als eine Marionette, die dazu bestimmt ist, siebzig Jahre lang zu laufen und in der Zwischenzeit zu tanzen, zu lachen, zu reiten und sich zu amüsieren. Wir alle singen nur —‘‘ Vögel; der einzige Unterschied besteht darin, dass einige sich mit Getreide, Raupen und Fliegen zufrieden geben, während andere größere Bissen benötigen, wie Kaninchen, Böcke, Hirsche, Fasane, Fische. Und die höhere Bildung dieser Art von Singvögeln, die als Mensch bekannt sind, liegt in der Tatsache, dass er sein Essen kocht. Bei vielen Männern herrscht eine schreckliche Leere. *Konversation führen.* Darin liegt die ganze Kunst. Versuchen Sie, eine klare Vorstellung von dem Ausdruck zu bekommen: *Konversation führen*, und Sie werden feststellen, wie unsinnig das ist Die Leute finden mich unterhaltsam, aber ich *führe* keine Gespräche. Ich spreche nur, wenn ich etwas zu sagen habe.

„Mein böser Geist brüllt mir ständig das Wort ‚*Dilettant*‘ ins Ohr.

„‚Dilettant — Einer, der Leckerbissen zum Zeitvertreib isst oder sich von ihnen ernährt‘ — steht in meinem Wörterbuch. Ziemlich grob, aber da ist etwas drin.“

„ *Einen Tag später*.

„Der König hat mir gerade das folgende Gedicht geschickt. Ich muss mich bei ihm entschuldigen; er scheint meine Kommunikation viel besser verstanden zu haben, als ich vermutet hatte. Was halten Sie von den Zeilen? Warum sollte ein König keine Verse schreiben? Idealität ist gefragt.“ von ihm. Tatsächlich sollte ein König alles verstehen, aber in keinem ein Dilettant sein.

„PS: Ich habe mir die Zeilen gerade noch einmal angesehen und festgestellt, dass ich sie nicht für Sie kopieren kann.“

„ *Einen Tag später*.

„Lachen Sie nicht darüber, dass ich Ihnen ständig von Walpurga erzähle.

„Während unserer heutigen Schreibstunde traf mich der König bei ihr. Er erzählte mir, wie viel Freude es ihm bereitet habe, ihre Verwandte begnadigen zu können.

„‚Unsere Beziehung ist sehr distanziert‘, sagte sie, ‚nichts weiter als Cousins und Cousinen zweiundvierzigsten Grades; und, Eure Majestät, ich habe etwas im Kopf. Wenn Red Thomas schlecht ausgehen sollte, kann ich nichts dagegen tun.‘

„Der König lachte und antwortete: ‚Das kann ich auch nicht.‘ Es ist schwer zu verstehen, dass Walpurga nie außer im Zorn von Zenza und ihrem Sohn spricht und dass sie nichts mit ihnen zu tun haben will. Seltsame Dämonen drängeln sich in den Herzen der Menschen. Ich fürchte, dass mein Büro als Spionin auf dem Das Volksherz wird sich als sehr schwierig erweisen.

„Auf Befehl des Königs wurde mir eine Kopie der Kirchengebete der Griechen und Römer zur Verfügung gestellt.

„Ich muss es aufschreiben, und dann wird mich der Gedanke nicht mehr quälen. Ich stelle mir ständig vor, wie es gewesen wäre, wenn Zenza die erste Dame des Schlafgemachs und ihr Sohn, der Wilderer, Herr der Hunde gewesen wäre. Sie wäre gesprächsbereit genug. Sie hat überaus kluge und listige Augen, und der Junge wäre sicherlich ein eleganter Kavalier gewesen.

„Trotz all ihres Geschwätzes über menschliche Gleichheit und Geburtsstolz kann ich nicht anders, als es als Zeichen göttlicher Gnade zu betrachten, dass ich als Gräfin und nicht als Zenzas Tochter geboren wurde; aber diese Frage hat zwei Seiten.

„Gottes Geschöpfen geht es auf dieser Welt doch nicht so schlecht. Der Frosch, der im Sumpf krächzt, ist genauso glücklich wie die Nachtigall, die auf dem Baum singt.

„Zu dem Frosch zu sagen: ‚Auch du solltest im Rosenstrauch wohnen und singen wie die Nachtigall‘, war nicht menschlich, sondern einfach tyrannisch.

„Haben Sie jemals geduldig dem Quaken der Frösche zugehört? Wie ausdrucksvoll ist das für Trost! Während ich schreibe, geben sie drüben im Parkteich ein großes Konzert. Ich genieße es, ihnen zuzuhören. Wir Menschen sind dreist genug, um zu urteilen.“ alles nach unserem eigenen Geschmack, und doch wird Frau Frosch zu Recht keine Musik finden, die so süß für ihre Ohren ist wie das Lied von Meister Frosch.

„Ich bin so dankbar, liebe Emma, dass ich dir alles schreiben kann. Du kannst dir nicht vorstellen, was für eine Erleichterung das für mich ist.“

„Ich bin ein Spion meines eigenen Herzens; es gibt viele wilde Geister darin – Abenteurer und Glücksjäger und mit ihnen allen eine Nonne. Ich bin ziemlich gespannt, wie eine so gemischte Gesellschaft zusammenkommt.“

„Mein Verhalten gegenüber dem gesamten Hof ist so frei und unabhängig, weil ich eine geheime tägliche Aufgabe habe: Ihnen zu schreiben.

„Aber tausendmal öfter gehen meine Gedanken zu Dir:

Es gibt keine Stunde in der stillen Nacht.

Aber was denke ich an dich?

„Erinnerst du dich daran? Es war dein Lieblingslied. Ich singe es für dich, mindestens einmal am Tag. Du und mein Klavier sind alles für mich. Du wartest geduldig auf mein Kommen. Die ganze Musik aller Meister. “ das jemals war. Oder jemals sein wird, wohnt in dir, und du wartest nur auf das Kommen desjenigen, dessen Berührung diese Töne freisetzen kann.

„Ich habe eine Doppelseele. In der einen Phase das Klavier – in der anderen die Zither. Die eine lässt sich leicht von Ort zu Ort bewegen, die andere nicht. Die eine erfordert, dass die Finger die Saiten berühren. Aber ah, Liebe Emma, ich weiß kaum, was ich schreibe. Ich wünschte, ich könnte die Gewohnheit des Denkens ablegen. Ich wünschte, ich wäre Zenzas Tochter und der Wilderer wäre mein Bruder. Aber nein, unsere Diebe und Schurken, die schon lange genug in der Schule sind die sieben Hauptsünden und den gesamten Katechismus auswendig zu kennen, sind schüchtern und feige; sie lassen das Verzeihungsgesuch in den Schoß ihrer Mutter fallen, während sie daneben stehen und jammern: Verzeih uns, wir haben nichts Unrechtes getan. Überall auf der Welt , es gibt keine echte Verachtung der Natur mehr. Ich glaube, der „italienische Räuber hinter dem Felsen“, den Sie einst in Wolle gearbeitet haben, ist heutzutage nicht mehr mehr als ein traditionelles Stickmuster. Die Künste dienen lediglich der Beschönigung Leben.

"Gute Nacht! GuteNacht."

„ Einen Tag später ,

„Ich habe nie gelesen, was ich einmal geschrieben habe. Ich möchte nicht noch einmal daran erinnert werden. Die Sonne von gestern scheint heute nicht. – Aber das war nicht das, was ich meinte. Die Sonne ist dieselbe, aber das Licht ist immer neu, und ich bin heute glücklich und kümmere mich nicht um alle Kirchen und Paläste, Männer und Frauen, Frösche und Krokodile der Welt.

„Heute sagte der König zu mir:

„„Mir ist durchaus bewusst, Gräfin, dass Sie in den letzten zwei Tagen verächtlich von mir gedacht haben. Jeder Rückzug Ihres Mitgefühls berührt mich so spürbar, als wäre es ein elektrischer Schlag. Ich bitte Sie, dass das nicht noch einmal passieren darf.' Du!' Und während er sprach, sah er mich an wie ein flehendes Kind. Ach, er hat so tiefe, wunderschöne Augen!

„Ich erinnere mich, dass du einmal zu mir gesagt hast: ‚Es gibt Blicke ohne Hintergrund, ohne Tiefe und ohne Seele‘; aber die Blicke dieses Freundes haben unergründliche Tiefen.“

„Die Fesseln, die mich gefangen hielten, sollen mich nicht länger zurückhalten! Ich – ich – aber nein – ich kann das Wort nicht schreiben.

„Oh, Emma! Wie ich wünschte, ich wäre ein Bauer auf einer einsamen Berghöhe. Letzte Nacht kam es mir vor, als würden meine heimischen Berge zu mir rufen: ‚Komm nach Hause‘ – ‚Komm doch‘ – ‚Es.‘ Es ist schön, bei uns zu sein.‘ Ah, ich würde gerne kommen, kann aber nicht.

„Walpurga ist im Moment eine großartige Freundin für mich. Ich vertiefe mich in ihr Leben, das so voller wahrer, natürlicher Ruhe ist. Ich finde es überaus amüsant, den Hof durch ihre Augen zu sehen. Es kommt mir wie ein Puppenspiel vor, und wir, wie zwei fröhliche Kinder bei einer Raritätenschau.

„Wir singen oft zusammen, und ich habe einige schöne Lieder von ihr gelernt. Oh, wie bezaubernd unabhängig die Menschen auf dem Land sind.“

„„Auf Berghöhen wohnt keine Sünde.‘ Das Lied verfolgt mich immer.

„Der König geht heute zum Bad: Mein Bruder ist in seiner Suite. Der König hat mich gebeten, ihm ab und zu zu schreiben. Ich werde es nicht tun.“

„ *Zwei Tage später* ,

„Der König weiß, dass ich ohne Blumen in meinem Zimmer nicht leben kann, und hat angeordnet, dass dort jeden Tag ein frischer Blumenstrauß platziert werden soll. Das missfällt mir. Eine Blume, die ein Freund für dich gepflückt hat, ist mehr wert als eine Tausend kunstvoll arrangierte Blumensträuße.

„Der König hat auch angeordnet, dass täglich Blumensträuße an Baroness N---- und Gräfin A---- geschickt werden sollen. Ich denke, das dient nur dazu, Bemerkungen über die mir erwiesenen Aufmerksamkeiten zu vermeiden. Ich bin wütend auf den König. Er soll keine Zeile von mir haben.

„Seit einiger Zeit nehme ich Unterricht im Modellieren bei einem Professor an der Akademie. Er hat eine Büste von mir fertiggestellt und sie als Modell für eine Victory-Figur verwendet, die in das neue Arsenal gestellt werden soll. Habe Ich habe keinen Grund, stolz zu sein? Danach werde ich immer im Freien sein und nichts sehen als den blauen Himmel, die Sonne, den Mond und die Sterne und am Mittag die Wache.

„Der Professor sagt, dass ich Talent zum Modellieren habe. Das hat mich sehr glücklich gemacht. Malen und Zeichnen sind nur die halbe Miete – bloße Notbehelfe. Erlauben Sie mir, nach meiner Rückkehr ein Relief von Ihnen zu machen?"

„Habe ich nicht in einem meiner Briefe an Sie von einem Geheimnis bezüglich der Königin gesprochen?

"Ich glaube das habe ich getan.

„Die Angelegenheit ist jetzt zu Ende. Aus Liebe zum König wollte die Königin in unsere Kirche eintreten, oder besser gesagt in deine – verzeih mir, ein für alle Mal, ich habe keine Kirche. Der König verhielt sich in dieser Angelegenheit edel." Ich werde nie vergessen, wie er mir davon erzählte. Er ist in der Tat ein großartiger Mann. Wie herrlich ist es, dass es Fürsten auf Erden gibt, die unser Ideal des perfekten Menschen verwirklichen. Frei und doch selbstbeherrscht, unverdorben, unpervertiert und unvoreingenommen. Wenn es keine Könige gäbe, könnten wir keinen freien, schönen, perfekten Mann mehr kennen. Ich verwende das Wort *schön* im höchsten Sinne und setzen natürlich die Existenz eines edlen Geistes voraus. Nicht alle sind Götter, die sich anbeten lassen.

„Der Dichter und der König sind von allen Menschen die Einzigen, die vollkommen sind. Alle anderen – seien sie Musiker oder Maler, Bildhauer oder Architekten, Künstler oder Gelehrte – haben enge, beschränkte Berufe, sozusagen Soloinstrumente. Der Dichter und Der König ist der Einzige, der das Leben in all seinen Phasen begreift. Für sie ist nichts ohne Bedeutung, denn alles gehört ihnen. Der Dichter erschafft eine Welt, der König ist eine Welt für sich. Der Dichter kennt und schildert den Hirten und der Jäger, der König und die Magd, die Näherin – eigentlich alle. Aber der König ist Jäger und Staatsmann, Soldat und Bauer, Gelehrter und Künstler, alles in sich. Er repräsentiert das Orchester der Talente. So ist es Er ist König, und so repräsentiert er ein Volk, ein Zeitalter – ja, die Menschheit selbst, und zwar in ihrer besten Form.

„Ah, Emma! Nennen Sie mich Turandot. Schoning, der poetische Kammerherr, hält auch seine Ansprachen an mich.

„Weißt du, was ich hätte sein sollen?

"Ich tue.

„Königin eines Stammes von Wilden. Dafür wurde ich geschaffen. Meine wahre Berufung wäre es, eine neue Zivilisation zu gründen. Lache mich nicht aus. Ich mache keine Witze, das bin ich in der Tat nicht. Ich bin dafür geeignet." etwas viel Besseres als alles, was ich hier habe. Ich bin nicht bescheiden. Ich verurteile auch andere und mich selbst. Ich kenne meine Vorzüge und auch meine Fehler.

„Auf dem Anwesen meines Vaters hängt eine Hängematte zwischen zwei Ulmen. Mein größtes Vergnügen war es, darin zu liegen, in der Luft zu schweben, während ich von fernen Wäldern träumte.

„Kennen Sie einen wilden Stamm, der mich zu seiner Königin wählen würde? Ich habe mir einige der indianischen Melodien besorgt, wenn sie diesen Namen wirklich verdienen." Einer der Professoren der Universität, der sechs Jahre unter den Indianern verbrachte, hielt kürzlich eine … Vortrag bei Hofe. Er brachte einige ihrer Instrumente mit und ließ sie spielen. Es gab mehr Lärm als Musik. Es schien wie das Lispeln einer Nation, die, was die Zivilisation betrifft, noch in den Kinderschuhen steckt.

„ Vier Uhr morgens ,

„Vergessen Sie alles, was ich Ihnen geschrieben habe, wie Sie es mit den Brisen und den Wetterumschwüngen von gestern tun würden.

„Ich habe gerade mein Bett verlassen, um Ihnen zu schreiben. Ich kann nicht schlafen. Ich bin kaum angezogen, während ich hier sitze und mit Ihnen rede. Oh, dass ich mit Ihnen sprechen könnte! Schreiben ist *ein* elender Notbehelf – nein, Hilflosigkeit." selbst.

„Ich weiß nicht, was mir fehlt. Alles, was ich bin – ich selbst – scheint nur für den Moment zu sein. Ich habe das Gefühl, als würde ich auf etwas warten, ich weiß nicht was. Das kommt mir schon im nächsten Moment vor. " Ich muss es mitbringen, und dass ich entweder etwas Wunderbares tun werde oder es mir passieren wird – dass ich mich völlig verändern und zu einer großen Heilkraft werden werde, anstatt das kümmerliche, nutzlose Menschenkind, das ich jetzt bin. Ich lausche und habe das Gefühl, dass ich einen Ton hören muss, der noch nie auf Erden ausgesprochen wurde.

„Es hat keinen Sinn, es zu versuchen – ich kann nicht schreiben. Ich stellte mir vor, dass es mich beruhigen würde, wenn ich mich dazu zwingen könnte, über alle Dinge in bestimmten Begriffen zu denken und zu sprechen, aber ich weiß nichts Bestimmtes. Ich weiß nur, dass ich unglücklich bin. Nicht." unglücklich, aber wie tot und doch lebendig. Ich stelle mir vor, ich sei ein Schlafwandler.

„Ich kann nicht mehr schreiben. Ich schließe meinen Brief und gehe zu Bett. Ich möchte schlafen. Die ganze Welt um mich herum liegt im Schlaf. Oh,

dass ich mich in eine andere Welt träumen könnte, auch wenn mein Schlaf
einer wäre." das es kein Erwachen gibt!

"Gute Nacht guten Morgen!   IRMA .

Kapitel VII.

„Morgen möchte ich Gräfin Irma zu Ihnen bringen", sagte Doktor Günther eines Abends zu seiner Frau. „Sie ist die Tochter meines alten Freundes."

„In Stimme und Manieren ist die Gräfin voller Majestät, aber ihr Gesang ist nicht praktisch."

„Dann sollst du es ihr beibringen. Sie wird froh sein, von dir zu lernen."

„Wenn sie will, stehe ich ihr durchaus zur Verfügung."

Der Arzt war erfreut, dass es so einfach war, die beiden Damen zusammenzubringen. Er wusste natürlich, dass seine Frau ihm jeden Wunsch erfüllte, aber in diesem Fall war er doppelt darauf bedacht, dass alles reibungslos verlaufen würde.

Seit einiger Zeit hatte er beobachtet, dass Irma in einem fiebrigen Zustand war, der sich in den letzten Tagen verschlimmert hatte; Aber er war einer jener Ärzte, die den psychischen Zuständen große Aufmerksamkeit schenken und, anstatt auf das Auftreten von Krankheiten zu warten, sich bemühen, sie durch geeignete Veränderungen in der Lebensweise abzuwenden. Er kannte den Grund für Irmas Aufregung nicht, aber er wusste, dass ihr Temperament extrem war, und war sich sicher, dass es eine Chance hätte, wenn sie nur einen Einblick in ein reines Zuhause gewinnen und sich vielleicht in dessen Sitten einweihen könnte Sie wirkt beruhigend und bringt ihren Geist dazu, sich in ruhigere Bahnen zu bewegen. Er verfügte über genug Erfahrung, um zu wissen, dass es keinen Ersatz für Sympathie und Freundschaft gibt, war jedoch der Meinung, dass die Bekanntschaft mit der Frau eines Bürgers mit erhabenem Charakter und reifer Kultur eine Wirkung auf Irma haben würde, die bisher kein Leben gekannt hatte sondern das des Klosters und des Hofes.

Gunther hatte es nicht nötig, seiner Frau Anweisungen zu geben oder auch nur einen Hinweis darauf zu geben, wie sie versuchen sollte, Einfluss auf Irma zu gewinnen. Er war sich der Vorgehensweise seiner Frau in dieser Angelegenheit so sicher, als ob sie eine Naturgewalt wäre, und wusste genau, dass das Ergebnis umso sicherer sein würde, wenn man es ihren eigenen Methoden überlassen würde.

Gunther hielt seinen Haushalt in der Regel von allen Beziehungen zum Hof fern; aber dies war die Tochter seines Freundes – obwohl dieser wütend auf ihn war – und er gewährte ihr die Freiheit seines Hauses.

Einige Wochen zuvor, als Irma anlässlich der Geburt des Kronprinzen vom Te Deum sprach, hatte sie beiläufig darauf hingewiesen, dass sie Gunthers Frau und jüngste Tochter kennengelernt hatte. Der Arzt hatte das Thema noch einmal, wie durch einen reinen Zufall, eingeführt, und Irma hatte, fast ohne es zu wissen, den Wunsch geäußert, die so begonnene kurze Bekanntschaft zu verbessern. Das war genau das, was er sich wünschte, und am Nachmittag des folgenden Tages begleitete er Irma in sein schönes, gut eingerichtetes Zuhause.

Gunthers Frau war gebürtige Schweizerin und stammte aus einer wohlhabenden und kultivierten Familie. Sie sprach Hochdeutsch mit starkem alemannischen Akzent. Sie bemühte sich weder darum, den Dialekt beizubehalten, noch sich die Sprache der Bücher anzueignen. Ihre lockere, natürliche Art schien das Ergebnis sorgfältiger Kultur zu sein, aber es gab auch keinen Versuch, anzugeben. Selbstverständlich war sie mit allem, was mit der Wirtschaft des Haushalts zu tun hatte, bestens vertraut und gleichzeitig mit allem vertraut, was Schönheit und Gemeinwohl ausmacht.

Als Sängerin war Madame Gunther eine große Favoritin, sowohl in gesellschaftlichen Kreisen als auch bei wichtigen Gesangsaufführungen. Ihre Stimme war eine volle, klangvolle Sopranistin, und obwohl sie das Singen von Solisten aufgegeben hatte, wirkten sie und ihre Töchter immer noch mit, wenn große Musikwerke aufgeführt wurden. Als frischere Stimmen die Solopartien übernommen hatten, hatte sie sich ohne ein Murmeln des Bedauerns auf ihren Platz im Refrain zurückgezogen.

Und so war auch ihr Leben. Da sie zu Hause selbständig und fleißig war, engagierte sie sich aktiv für alle öffentlichen Einrichtungen, an denen Frauen teilnehmen durften. Sie hatte ein unschätzbares Erbstück bewahrt – sie war frei von Nervosität und für sie war der Gemeinsinn eine Pflicht. Sie erzog ihre Kinder, führte ihren Haushalt, war eine freundliche und aufmerksame Gastgeberin und tat dies alles, als gehorchte sie den einfachen Instinkten ihrer Natur.

Sie ehrte ihren Mann. Was auch immer er sagte, war immer von besonderer Bedeutung, aber sie hielt dennoch an ihrem eigenen Urteil fest. Obwohl sie seit fast zwanzig Jahren in der Hauptstadt lebte, war ihr das ganze Wirrwarr der Kastenordnung und die Gewährung von Gunsten durch die Gnade dieses oder jenes fremd geblieben. Sie war nicht gegen das System, aber sie überließ solche Angelegenheiten denjenigen, in deren Augen sie Wert und Bedeutung hatten; Sie selbst betrachtete sie mit völliger Gleichgültigkeit.

Sie freute sich über die Ehrungen, die ihrem Mann zuteil wurden, aber das schien ihr selbstverständlich zu sein. Er war ein großer Mann, und wenn die Welt ihr Lob zurückgehalten hätte, wäre er in ihren Augen immer noch der größte und beste Mann gewesen. Ihre ganze Haltung drückte dieses Gefühl aus. Sie hatte nie den geringsten Wunsch verspürt, vor Gericht zu erscheinen, und als ihr Mann tagsüber oder nachts, oft wochenlang, von zu Hause weg sein musste, akzeptierte sie seine Abwesenheit als unvermeidlich mit seiner

Berufung verbunden und verzichtete darauf verhindern, dass er sein Unbehagen dadurch verschlimmert, dass er sich darüber beschwert.

Wenn der Arzt zurückkam, war das Zuhause immer gut aufgeräumt. Erfrischt und gestärkt durch seinen Einfluss kehrte er in die glatten und rutschigen Bereiche des Gerichts zurück.

Irma wurde nun in dieses Haus eingeführt. Ihrem Aussehen nach war sie voller Schönheit und Würde, und niemand hätte gedacht, wie verlassen und heimatlos sie sich in ihrem Herzen fühlte. In ihrer Hand hielt sie den Blumenstrauß, der ihr wie üblich an diesem Tag auf Befehl des Königs zugesandt worden war. Gunther hatte ihr erzählt, dass seine Tochter Paula Geburtstag hatte und sie ihr die Blumen mitgebracht hatte. Sie waren genauso schön wie die, die sie gebracht hat. Und doch, was hing an ihnen? Es war fast eine Sünde, den Blumenstrauß als Geburtstagsgeschenk zu verwenden, denn Irma fühlte sich beschämt, als sie ihn erhielt. Aber die Blumen waren wie eine Münze, die man an einen anderen weitergeben konnte.

Als Irma das Haus betrat, hatte sie das Gefühl, dem Lärm und der Hektik des Marktplatzes oder dem ruhelosen Leben und Geschrei der Autobahn in einen Tempel des häuslichen Friedens zu entfliehen.

Das Haus lag in einer kleinen, schmalen Straße und war von einem Garten voller hoher, schöner Bäume umgeben. Ein Teil des Hofes war eingezäunt und in eine Voliere umgewandelt worden. Der Flur und die Räume waren mit Statuetten und Bildern geschmückt; Die Möbel waren einfach und massiv. Im Obergeschoss befanden sich die Arztbibliothek, das Empfangszimmer und das Arbeitszimmer.

Es gab keinerlei Vorbereitungen für Irmas Empfang. Die Mutter hatte ihre Töchter sorgfältig ermahnt, wegen des Besuchs der Gräfin ihre Kleidung nicht zu verändern. Sie gingen ihr nicht entgegen. Sie wurde durch das Sommerhaus geführt, wo die Blumen und Geschenke für Paula arrangiert worden waren, und dort, auf der Treppe, saßen Frau Günther und ihre Töchter eifrig mit Handarbeiten beschäftigt. Die ältere Tochter, die Frau von Professor Korn von der Universität, hatte ihr Kind bei sich. Paula, die jüngere der beiden, die wie Irma gerade in ihr einundzwanzigstes Lebensjahr eingetreten war, konnte nicht als schön bezeichnet werden, hatte aber ein strahlendes und fröhliches Gesicht und eine schöne Figur.

Irma wurde herzlich willkommen geheißen. Da Gunthers Beratungsstunde war, zog er sich bald zurück und ließ sie bei den Damen zurück. Zunächst war sie überrascht, dass sie immer wieder als Tochter eines alten Freundes angesprochen wurde. Sie war nicht aus eigener Kraft oder als die am meisten bewunderte aller Hofdamen hier, sondern einfach als Tochter des Grafen

Eberhard, die aus liebevollem Pflichtgefühl in das Haus aufgenommen worden war. Als sie nach dem Gesundheitszustand ihres Vaters gefragt wurde, dankte sie ihnen, obwohl sie tief im Herzen traurig darüber war, dass sie so wenig über ihn wusste. Wie völlig anders als ihres war das Leben dieser Kinder.

Musik bot bald eine bequeme und angenehme Abwechslung. Auf dem Klavier lag eine handschriftliche Komposition. Es stammte von einem Neffen von Madame Gunther, der in Norddeutschland lebte. Madame Gunther erzählte ihr, dass er von Beruf Philologe sei, dass er aber, da er aller Wahrscheinlichkeit nach sein Augenlicht verlieren würde, beschlossen habe, seine ausgeprägten musikalischen Begabungen zu kultivieren und sich als Musiker zu perfektionieren.

Irma bat Madame Gunther, das Lied zu singen, aber sie antwortete, dass ihre Stimme zwar nicht mehr dazu geeignet sei, die der Gräfin aber genau dazu passe . Sie gab das Manuskript Irma, die es noch einmal las und es anschließend mit voller, voller Stimme sang, begleitet von Madame Gunther. Die Komposition war gefällig, aber voller Anregungen bekannter Meister.

Madame Gunther zeigte nun, was sie unter praktischem Singen versteht. Irma nutzte die ihr zur Verfügung stehenden Mittel nicht optimal aus, und wo es Fehler gab, zeigte sie sie zu deutlich. Die Frau des Arztes unterrichtete sie auf einfache, unprätentiöse Weise, und Irma bemerkte, dass die Töchter glücklich sein sollten, wenn sie daran dachten, dass sie solchen Gesang jeden Tag hören könnten.

„Und das ist mein Sohn, der dankbarste aller Zuhörer“, sagte Madame Gunther und stellte einen hübschen jungen Mann mit braunem Vollbart vor. Er war technischer Leiter einer Chemiefabrik und hatte einen Studenten mitgebracht. Bald darauf gesellten sich Freundinnen aus der Nachbarschaft dazu und es gab fröhliche Stunden auf der Terrasse und im Garten.

Irma bemerkte die aufmerksamen Blicke, die auf sie gerichtet waren. Es kam ihr vor, als wüsste jeder um die Sorgen, die ihre Seele erfüllten; Sie hatte völlig vergessen, wie schön sie war.

„Entschuldigen Sie, Madame Gunther, dass ich Sie so ansehe“, sagte Irma plötzlich, „aber ich beschäftige mich eher mit plastischer Kunst, und wenn ich die Kontur und Farbe Ihres Kopfes bemerke, kommt es mir vor, als wäre es die Holbein-Madonna.“ , der Dresdner Galerie, war zum Leben erwacht und stand vor mir.

„Können Sie die Ähnlichkeit heute so spät erkennen?“ fragte Madame Gunther und errötete leicht; „Früher wurde es oft bemerkt und war fast das allererste, was mein Mann zu mir in Zürich sagte, jetzt vor fast sechsundzwanzig Jahren. Mütterlicherseits kann ich meine Abstammung aus der Familie des Bürgermeisters Maier herleiten, in dessen Auftrag das Bild ursprünglich gemalt wurde."

Irma war entzückt über alles, was sie hörte und sah, und besonders über Madame Gunthers Erinnerungen. Während sie von ihren eigenen künstlerischen Bemühungen sprach, blickte sie die Frau des Arztes ernst an und wünschte nur, sie könnte ein Porträt modellieren, in diesem Fall müsste Madame Gunther neben ihr sitzen. Gleichzeitig kam sie nicht umhin zu denken, dass es eine Kultur gab, die seit frühester Zeit weitergegeben wurde: eine Kultur, deren Geschichte sich durch alle Zeitalter hindurch völlig von der des Adels unterscheidet und deren beste Ergebnisse erzielt wurden Die menschliche Anstrengung war nicht von den Adligen, sondern von der bürgerlichen Freiheit herbeigeführt worden.

Madame Gunther fragte Irma, ob sie ein Bild ihrer Mutter hätte.

Irma antwortete, dass ihr Vater ein Porträt von ihrer Mutter in ihrer ganzen Schönheit machen ließ. Das Bild war ein Misserfolg gewesen und schien fast für jemand anderen bestimmt zu sein, und so hatte ihr Vater angeordnet, es zu vernichten. Er hätte lieber kein Bild als ein falsches.

„Das allein reicht aus, um ihn für seine Liebe zur Wahrheit zu ehren", sagte Madame Gunther. „Die meisten Menschen geben sich mit dem Falschen zufrieden und sagen immer wieder: ‚Man kann dieses oder jenes Merkmal erkennen', bis sie sich schließlich einreden, dass es einmal eine echte Ähnlichkeit gewesen sein muss."

Das Gespräch drehte sich nun um die Tatsache, dass Irma ihre Mutter nie gekannt hatte und Irmas Blick oft auf die beiden Töchter gerichtet war, die neben ihrer Mutter saßen.

Madame Günther sagte:

„Ich vertraue darauf, dass ich keine schmerzhaften Erinnerungen geweckt habe, aber ich betrachte es als eine Pflicht, dass wir oft an unsere geliebten Toten denken; ruhig und friedlich natürlich. Ich habe mich immer so gefühlt, wenn es um meine verstorbene Mutter ging, und Ich hoffe, dass meine Kinder, wenn es soweit ist, die gleichen Gefühle mir gegenüber empfinden."

Irma drückte Madame Gunthers Hand. Alles, was sie sagte, war so wahr und so befriedigend.

Madame Gunther erzählte ihr, dass es lange gedauert habe, bis sie Gefallen an der bildenden Kunst gefunden habe. Allmählich hatte sie jedoch Wertschätzung gespürt; Aber es ging eher um das, was mit der menschlichen Figur zu tun hatte, als um Landschaften. Das Gespräch ging locker und fröhlich weiter. Die Kutsche war schon vor langer Zeit angekündigt; Die halbe Stunde, die Irma bei Madame Gunther verbringen wollte, war auf über eine Stunde verlängert worden. Schließlich verabschiedete sie sich mit der aufrichtigen Bitte, ihren Besuch zu wiederholen.

KAPITEL VIII.

Als Irma in den Palast zurückkehrte, hatte sie das Gefühl, aus einer anderen Welt zu kommen – aus einem Leben, das weit von ihrem eigenen entfernt war.

Gunther war ein tiefer Kenner des menschlichen Herzens.

In einer Hinsicht hatte Irmas Besuch das von ihm vorhergesehene Ergebnis gehabt; Aber es war ein unbekannter Einfluss am Werk, der möglicherweise zuvor bestehende Zustände beeinflusste. Nichts, außer der Tropfen, der aus der Wolke fällt, ist frei von fremden Beimischungen, und allein aus reinem Denken kann man eindeutige Schlussfolgerungen ziehen. Das Wasser in der Quelle und das lebende menschliche Herz enthalten beide fremde Elemente in sich, und niemand kann vorhersagen, wie sich eine neue Zutat auf die unsichtbaren Atome auswirken wird, die so in Lösung gehalten werden.

Irmas Seele war zutiefst bewegt. Ihre große Macht war genutzt worden und hatte nach einer Tat gesucht, in der sie sich verausgaben konnte. Sie hatte sich im Besitz der Freundschaft des Königs und in dem Gedanken glücklich gefühlt, dass sie einem so großen Geist wie seinem die sympathische Kameradschaft bieten könnte, auf die er sonst verzichten müsste; aber der tägliche Blumenstrauß, so trivial die Aufmerksamkeit auch war, hatte sie erregt und beleidigt. „Er ist nicht mein Ideal", sagte sie sich und ihr Herz fühlte sich wieder einsam an, wie schon immer, seit sie alt genug zum Nachdenken war.

Obwohl sie im Kloster einsam gewesen war, hatte sie dort eine Freundin gefunden, die, auch wenn sie wenig mitzuteilen hatte, dankbar alles annahm, was Irma ihr geben konnte. Am Hof fühlte sie sich trotz ihres übermütigen Humors einsam. Sie musste immer etwas tun, sei es spielen, singen, malen oder modellieren; alles andere als diese todesähnliche Einsamkeit. Sie litt unter dem Heimweh ihrer Seele.

„Sind nicht alle auf dieser Welt obdachlos?" fragte sie sich, und während Gunther in ihrem Geist nach einer Antwort suchte, stellte sie sie seinem Haushalt vor.

Dort schien alles schön und vollständig zu sein. Es gab ein Zuhause und eine Mutter, die zeigte, dass sie ein junges und leidenschaftliches Leben verstand; Die Töchter würden nie so leiden wie sie. Der Blick der Mutter fiel auf sie und schien zu sagen: „Ich werde dich verstehen und alle Sorgen lindern, von denen du mir erzählst." Aber Irma konnte sich nicht beschweren und auch nicht ausrufen: „Hilf mir!" – und wo nichts von ihr verlangt wurde, schon gar nicht. Sie konnte und musste sich selbst helfen.

Madame Gunther hatte ihre zärtlichste Saite berührt: die Erinnerung an ihre Mutter, und obwohl Irma das Thema sanft vermied, war ihr Schmerz umso größer.

Sie weinte, merkte es aber nicht, bis eine Träne auf ihre Brust tropfte.

Es gibt so viel Trost, so viel echte und schöne Abgeschiedenheit in einer Welt, die mit sich selbst zufrieden ist und in ihrer Arbeit und Bildung keine Gefälligkeiten von oben benötigt. Wie glücklich ist das Los einer Tochter in einem solchen Haus, bis sie wiederum das Oberhaupt eines anderen Haushalts wird.

Irma fühlte sich demütig. Ihr ganzer Stolz hatte sie verlassen. Ihre Gedanken waren immer noch im Garten, wo die Menschen sich in sorgloser Unbekümmertheit bewegten und wo die Männer, die von ihrer beruflichen Arbeit zurückkehrten, und die Mädchen, die von ihren häuslichen Pflichten kamen, sich gemeinsam vergnügten.

„Eines bleibt mir noch und es ist das Beste“, rief Irma und erhob sich plötzlich: „Die Einsamkeit ist mein. Ich kann noch einsam, stark, in sich geschlossen sein.“

Ihre Dienerin trat ein und meldete einen Lakaien, den die Königin geschickt hatte.

„Will die Königin mich sofort sehen?“

„Ja, gnädige Gräfin.“

„Sehr gut, ich bin gleich da.“

„Walpurga hatte doch recht“, sagte sie sich; „Ich serviere auch.“

Sie war verärgert, als sie vor dem Spiegel stand, um ihr Kleid anpassen zu lassen. Sie nahm einen fröhlichen Gesichtsausdruck an, um vor der Königin zu erscheinen. Dazu war sie verpflichtet.

Sie beeilte sich, den Befehlen der Königin Folge zu leisten. Als sie sich der Tür näherte, richtete sie sich auf und nahm wieder den fröhlichen, lächelnden Gesichtsausdruck an, den sie sich gewünscht hatte, und betrat dann das Zimmer, das wie üblich schwach erleuchtet war.

Die Königin saß in einem großen Sessel. Sie trug ein schneeweißes Kleid, und um ihr goldenes Haar war ein Spitzentaschentuch geschlungen.

„Kommen Sie näher, liebe Gräfin“, sagte die Königin. „Ich freue mich, Sie wiederzusehen. Wenn ich meine lieben Freunde sehe, kommt es mir vor, als hätte ich die letzten Wochen in einer anderen Welt verbracht. Leider bin ich wieder etwas unpässlich. Ich schulde Ihnen besonderen Dank, denn ich verstehe dass du dich freundlich für die Amme interessierst; indem du sie bei

Laune hältst, erweist du dem Prinzen einen Dienst. Der König stimmt mir völlig zu, dass du ein wahrer Schatz für uns bist. Ich werde das deinem Vater schreiben und es ihm sagen Wie glücklich wir sind, Sie bei uns zu haben. Das wird ihn bei Ihnen sicherlich in eine bessere Stimmung versetzen.

Irma war froh, dass die Königin so viel zu sagen hatte, denn so konnte sie ihre Fassung wiedererlangen.

„Bitte gib mir den Brief, der auf dem Tisch liegt", sagte die Königin.

Irma brachte es und die Königin fügte hinzu:

„Lesen Sie einfach diese Zeilen des Königs."

Irma las: „Bitte sagen Sie Gräfin Irma, dass sie mich ständig über den Zustand unseres Sohnes auf dem Laufenden halten soll. Erinnern Sie sich an mich bis zum vierten Blütenblatt unseres Kleeblatts."

Irma schickte den Brief dankend zurück. Sie fühlte sich zutiefst gedemütigt bei dem Gedanken, dass der König sie zum Schreiben zwingen wollte, und zwar mit der von ihm gewählten Methode. Walpurga hatte Recht, als sie von Liebesblicken an der Wiege sprach.

Irma fiel vor Kummer und Scham fast in Ohnmacht.

„Wollen Sie uns nicht den Gefallen tun, uns zu schreiben, liebe Gräfin?"

Irma verneigte sich tief und die Königin fuhr fort:

„Natürlich wird es sehr wenig zu schreiben geben. Der Mensch ist das höchste Objekt der Schöpfung und entwickelt sich gerade deshalb viel langsamer als alle anderen Lebewesen."

Irma wollte gerade andeuten, dass sich ein Prinz bei diesem Tempo noch langsamer entwickeln würde, aber sie nickte nur und lächelte zustimmend.

Sie war nicht in der Stimmung, sich auf die Denkweise der Königin einzulassen. Sie konnte nichts anderes in sich sehen als Gedanken an die Kindheit, mit denen sie im Moment kein Verständnis hatte. Obwohl sie weitaus wichtiger waren, was würde mich das schon interessieren, dachte sie bei sich. Hier, genau wie in Gunthers Haus, gibt es ein von der Welt abgetrenntes und mit sich selbst zufriedenes Leben. Hier ist eine Mutter und ihr Kind. Welchen Nutzen habe ich? Einfach nur reden und an allem teilnehmen. Alle anderen sind vollständig und besitzen eine eigene Welt; und soll ich immer nur einen Teil davon haben – da, die Almosen, die die Freundschaft schenkt; hier, die mir durch königliche Gnade verliehen wurden? Bin ich in mir vollständig oder nicht?

Und während Irmas Gedanken von diesen Gedanken erfüllt waren, fuhr die Königin in ihrer aufgeregten, gefühlvollen Art fort:

„Das Wunder des Lebens erfüllt mich mit Ehrfurcht. Haben Sie noch nie an die Bedeutungswelt gedacht, die sich aus der Vorstellung eines Kindes ergibt, das seinen ersten Atemzug macht und zum ersten Mal die Augen öffnet? Luft und Licht sind die ersten und letzten Boten der Erde der erste Atemzug und der letzte; der erste Blick und der letzte. Wie wunderbar!“

Irma spürte jetzt, was es bedeutete, zu dienen. Wäre sie frei und auf gleicher Augenhöhe mit demjenigen gewesen, der sie ansprach, hätte sie gesagt: „Mein lieber Freund, ich bin gerade nicht in der Stimmung, auf das einzugehen, was Sie sagen. In Ihrer Seele, dort.“ ist die Ruhe des frühen Morgens; an meinem heißen, brennenden Mittag. Ich flehe dich an, lass mich mir selbst.

Irma war von einer tiefen Sehnsucht nach grenzenloser Einsamkeit erfüllt, aber sie wagte es nicht, es zu zeigen. Am liebsten hätte sie die Augen geschlossen, aber von ihr wurden unterwürfige Blicke verlangt. Sie hörte zu und antwortete, aber ihre Seele war weit weg. Zum ersten Mal in ihrem Leben war sie empört darüber, dass es einen Mitmenschen gab, der Rechte genoss, die ihr vorenthalten wurden. Sie war wütend auf die Königin. Sie war mehrmals kurz davor, ihren Besuch in Gunthers Haus zu erwähnen, hatte jedoch das Gefühl, dass das Leben dort nichts mit der ständigen Düsternis in der Wohnung der Königin zu tun hatte. Darüber hinaus schien es ihr, selbst in Gedanken, falsch, die Bürgerfrau hierher zu bringen, deren Fußstapfen nie den Palast betreten hatten; und dann dachte sie an ihren Vater und sein starkes Gefühl der Unabhängigkeit.

Und während sie so dachte, sprach sie vom Prinzen und von Walpurgas amüsanten Eigenheiten.

Die Königin sah, dass Irmas Gedanken leicht traurig waren und sagte, um sie aufzumuntern:

„Ah, liebe Gräfin, ich sehne mich wirklich nach Musik. Freund Günther hat mir das Hören von Musik verboten, damit es meine Nerven nicht schädigt; aber eines deiner kleinen Lieder würde nicht schaden. Ich höre, dass du ein schönes gelernt hast von der Krankenschwester. Willst du es nicht für mich singen? Darf ich deine Zither holen?“

Irma hätte eher geweint, aber sie verneigte sich zustimmend und schickte einen Diener, um die Zither zu holen. Er brachte es und Irma sang:

„Ah, glückselig ist die zarte Bindung

Das bindet mich, Liebe, an dich,

Und lassen Sie die Stunden schnell vergehen

Wenn du mir nahe bist.

„Mein Herz trägt eine Last, Liebe,

Und du hast es dort platziert;

Und ich würde sogar mein Leben wetten

Dass niemand schwerer zu tragen ist.

In Irmas Seele ertönte eine schrille, diskontinuierliche Begleitung zu diesem Lied, von dem jedes Wort eine doppelte Bedeutung hatte.

„Und ich muss das der Königin vorsingen", sagte die Stimme in ihr. „Ja, ihr zwei seid vereint. Alle Glücklichen sind es. Der Unglückliche ist immer einsam."

Ihr Lied war voller düsterer Verzweiflung; ihr Herz, voller Wut. „Du singst das mit tiefem Gefühl", sagte die Königin, „und mein Sohn hört es auch. Man kann kaum ‚hört' sagen, denn alles, was er hört oder sieht, ist undefiniert. Bitte wiederholen Sie das Lied, damit ich singen kann." es für mich selbst.

Irma sang es noch einmal, aber dieses Mal war ihr Geist ruhiger. Die Königin dankte ihr herzlich. „Der Arzt hat mir leider für längere Zeit verboten, mich zu unterhalten, auch nicht mit denen, die mir am Herzen liegen. Ich freue mich, wenn ich daran denke, dass wir bald in den Sommerpalast gehen werden. Dann werden wir einen Großteil unserer Zeit miteinander und mit ihnen verbringen." Kind. Adieu! liebe Gräfin, schreibe bald und singe deine schöne Seele in das Herz des Kindes."

Irma ging weg. Während sie durch die langen Korridore ging, blieb sie mehrmals stehen, als wollte sie sich erinnern, wo sie war. Endlich erreichte sie ihr Zimmer und befahl, ihr Pferd sofort zu satteln und einen Stallknecht auf sich warten zu lassen.

Irma hatte sich gerade umgezogen, als ihr ein Diener einen Brief brachte. Mit zitternder Hand öffnete sie das Siegel und las:

„ *Mein Kind* : Du bist jetzt seit achtzehn Monaten am Hof. Ich habe dich frei und unkontrolliert gelassen. Es gibt viele Dinge, die ich dir sagen möchte, aber nicht schreiben kann. Das Schreiben ist fremd. Deine Zimmer sind bereit und Blumen warten auf dich Du. Es ist jetzt herrlicher Sommer und die Äpfel an deinem Baum bekommen rote Wangen wie deine eigenen, und ich würde deine gerne wiedersehen. Komm zu dir

„ DEIN VATER .“

Irma warf die Hände hoch. „Das ist Erlösung! Ja, ich habe immer noch ein Zuhause und es gibt immer noch ein Herz, an das ich meinen Kopf lehnen kann. Ich komme, Vater! Ich komme!“

Ihr Gehirn wirbelte vor Aufregung. Sie klingelte nach ihrer Dienerin und teilte dem Bräutigam mit, dass sie nicht ausreiten würde. Dann, nachdem sie dem Dienstmädchen befohlen hatte, genügend Kleidung für mehrere Wochen einzupacken, stellte sie sich so schnell wie möglich der Königin vor und bat um Urlaub.

„Es tut mir leid, dass auch Sie mich verlassen“, sagte die Königin, „aber ich werde mich gerne von Ihnen trennen, wenn es nur dazu beiträgt, Sie glücklich zu machen, was ich hoffe. Tun Sie alles, was in Ihrer Macht steht.“ in voller Übereinstimmung mit deinem Vater. Glaub mir, Irma, in den verschiedenen Beziehungen des Lebens, sei es als Ehefrau oder als Mutter, verspürt man den ständigen Wunsch, mit jedem folgenden Tag zu wachsen und sich zu erweitern; das Kind allein ist vollkommen zufrieden damit selbst."

Die Königin und Irma waren sich an diesem Tag nicht einig. Irma war unruhig und wollte unbedingt gehen. Was auch immer sie aufhielt, wenn auch nur für eine Sekunde, erregte ihren Groll.

Was die Königin sagte, mag für jemanden interessant gewesen sein, der es nicht eilig hatte, aber nicht für sie, deren Fuß bereits auf dem Trittbrett der Kutsche stand.

Dennoch war der Abschied rührend, denn die Königin küsste Irma.

Jetzt blieb nur noch die förmliche Zustimmung der Gräfin Brinkenstein einzuholen. Auch diese wurde eingeholt.

Sie hatte sich noch nicht von Doktor Günther und seiner Familie verabschiedet. Sie wollte sich durch Oberst Bronnen oder Baron Schöning verabschieden, der ihr erzählt hatte, dass er oft das Haus des Arztes besuchte. Es war auch notwendig, sich von diesen Männern und ihren Begleitern bei Hofe zu verabschieden. Als sie nun gehen wollte, erfuhr sie, wie viele Bekannte sie hatte. Aber wo sind sie, wenn Sie sie brauchen? Sie sind hier, nur damit Sie sie vielleicht nicht brauchen. So ist die Welt; aber hör auf! Es gibt einen, von dem du vor allem Abschied nehmen musst. Sie eilte nach Walpurga.

„Walpurga“, rief sie, „wenn du morgen aufstehst, schreie so laut du kannst. Bis dahin bin ich in unserem Bergheim und rufe dir zurück, bis die ganze Welt vor Lachen schallt.“ Ich gehe zu meinem Vater.

„Ich bin froh darüber.“

„Und tut es dir nicht leid, mich gehen zu sehen?“

„Natürlich; aber wenn dein Vater noch lebt, solltest du es nicht versäumen, in die Augen zu schauen, die es nur einmal auf der Welt für dich gibt. Ich freue mich für deinen Vater, dass er ein solches Kind wie dich ansehen kann sind. Oh! wenn mein Burgei nur so groß wäre.“

„Walpurga, ich werde auch deinen Mann, dein Kind und deine Mutter besuchen. Ich werde mich an deinen Tisch setzen und dich an deine Kuh und deinen Hund erinnern. Das werde ich; verlass dich darauf.“

„Oh, wie glücklich werden sie sein! Wenn Hansei nur zu Hause wäre und nicht im Wald.“

„Wenn ja, werde ich sie nach ihm schicken lassen; und nun lebe wohl! Vergiss mich nicht!“

„Darauf kannst du dich verlassen“, sagte Walpurga, während Irma davon eilte.

Sie fand immer noch Zeit, ihrer Freundin Emma zu schreiben:

„ *Liebste Emma* : Vor zwei Stunden erhielt ich einen Brief von Vater. Er ruft mich zu sich nach Hause. Ich habe vierzehn Tage Urlaub. Weißt du, was das bedeutet? Ich musste versprechen, dass ich sicher zurückkommen würde; ich Ich weiß nicht, ob ich mein Versprechen halten werde. Die Erde bebt zu meinen Füßen und mein Kopf schwebt. Die Welt ist ganz Chaos, aber es wird Licht geben! Jeder kann sagen: „Es werde Licht!“ Wenn wir nur immer unser Bestes geben könnten. Aber ich werde kein weiteres Wort schreiben. Es reicht, wir sehen uns bald. Komm nach Wildenort, so schnell du kannst, zu dir

„ IRMA .

„PS – ich nehme keine Entschuldigung an, Sie müssen kommen. Im Gegenzug verspreche ich, zu Ihrer Hochzeit zu gehen. Viele Grüße an alle, und vor allem an Ihren Albrecht.“

Die Sonne sank bereits am Horizont, als Irma in Begleitung ihrer Zofe nach Wildenort aufbrach.

KAPITEL IX.

Man kann also doch weggehen und die kunterbunte Eintönigkeit namens „Welt" hinter sich lassen. Lebe wohl, du Palast, und versorge deine Bewohner mit ihren täglichen Freuden. Lebt wohl, ihr Straßen, gefüllt mit Geschäften und Büros, Türmen und Kirchen, Theatern, Musikhallen und Kasernen. Möge die Mode gnädig sein und Sie mit Kunden, Klienten, Gästen, Applaus und fördernden Gesetzen begünstigen. Verschwinde, zerbrechlicher Firlefanz! Ich fühle mich wie ein Vogel, der vom Dach in die weite Welt fliegt. Wie dumm, im Käfig zu bleiben, wenn die Tür immer offen ist. Du, großer Gerichtsvollzieher, der die Welt gefangen hält – dein Name ist Brauch!

Das dachte Irma bei sich, während sie in der Kutsche saß und hinaus in die offene Welt fuhr.

Ihre Gedanken kehrten wieder zu dem großen Haus zurück, das sie gerade verlassen hatte. Es war die Stunde des Abendessens und sie warteten auf das Erscheinen der Königin. Schade, dass der Lord Steward bei der Erschaffung der Welt nicht dabei war, denn hier hat jeder seinen festen Platz und der Service ist einfach perfekt. Die Königin drückt ihr Bedauern über den Weggang der Gräfin Irma aus. Alle loben sie.

„Oh, sie ist so sehr gut", sagt einer.

„Und so fröhlich", sagt ein anderer.

„Etwas unkontrollierbar, aber sehr liebenswürdig", sagt noch ein anderer.

Aber was gibt es Neues? Es ist langweilig, ständig über ein Thema zu reden. Helfen! Zamiel Schnabelsdorf!

„Weg mit allem!" rief Irma plötzlich: „Ich werde nicht mehr zurückblicken, sondern nach vorn auf meinen Vater."

Die Pferde traten tapfer hervor, als wüssten sie, dass sie ein Kind zu ihrem Vater trugen.

Irma war so ungeduldig, dass sie dem Diener, der auf dem Bock saß, sagte, er solle dem Fahrer das Doppelte zahlen, damit sie schneller vorankämen.

Sie konnte es kaum erwarten, ihren Vater zu sehen, so sehr wollte sie ihren Kopf an seine Brust legen.

Was wünschte sie? Sich bei ihm beschweren? Wie konnte er ihr helfen? Sie wusste es nicht. Sie wusste nur, dass es Frieden mit ihm geben musste. Sie wollte geborgen und beschützt sein; nicht mehr allein. Ihm zu gehorchen und jeden seiner Wünsche zu erfüllen, wäre ihr höchstes Glück. Von sich selbst befreit zu sein und sich nichts zu wünschen, was nicht der Freude eines anderen dient – oh, wie glücklich ist der Gedanke! Die gesamte irdische Last wird entfernt. So muss es auch mit den gesegneten Geistern oben sein! So sollten wir uns Engel vorstellen! Sie wollen nichts und brauchen nichts, sie verändern sich nie und wachsen nie, sie sind weder jung noch alt. Sie sind ewig und arbeiten ständig für und durch andere. Ihre Werke bereiten der Welt und sich selbst Freude. Sie sind die unsterblichen Strahlen einer ewigen Sonne.

Während des größten Teils der Reise war Irmas Gehirn mit solchen unverständlichen Träumen gefüllt, und die ganze Welt schien zu sagen: „Vater – Tochter."

Endlich fand sie ihre Fassung wieder. Es würde nicht genügen, in diesem Zustand am Schloss anzukommen.

Aufregung ist Schwäche, und es war schon immer das Ziel ihres Vaters, Geistesstärke und Selbstbeherrschung zu fördern.

Irma zwang sich zu beobachten, was um sie herum vorging.

Es war Dämmerung, als sie die erste Poststation erreichten. Irma meinte, sie könnte fast die Luft ihrer Heimatberge spüren, obwohl diese noch weit entfernt waren.

Sie fuhren in schnellem Tempo weiter. Die Abendglocken läuteten, und die Luft war erfüllt von ihren Klängen, die sie zu den Männern und Frauen auf den Feldern trugen und für sie Zeit und Ewigkeit maßen.

Was wäre die Welt ohne ihre Glocken, deren läutende Harmonien als Ersatz für die schönen Schöpfungen antiker Kunst dienen sollen?

Aber diese Gedanken konnten Irma nicht befriedigen. Sie hoben sie aus der Welt heraus, während sie sich mit dem Vorhandenen und Bewährten beschäftigen wollte.

In den Dörfern, durch die sie fuhren, und auf den Feldern, an denen sie vorbeikamen, wurde gesungen, hin und wieder unterbrochen vom Rattern der Kutschenräder, und Irma dachte: Wir machen zu viel Lärm auf dieser Welt und verpassen deshalb etwas Genießen Sie, was der Rest uns vielleicht zu erzählen hat.

Keine Gedanken gefielen ihr. Keine Aussicht gefiel ihr.

Die Sterne erschienen am Himmel, aber was bedeuteten sie für den Menschen? Sie leuchten für den, der frei ist und auf Erden nichts zu suchen hat. Sie suchte jedoch und konnte im weiten Umkreis der Welt nichts sehen als zwei sternenklare Augen, die auf sie gerichtet waren; und sie gehörten ihrem Vater.

Sie setzten ihre Reise fort und störten an jeder Station faule Pferde und schläfrige Postillone.

Es war lange nach Mitternacht, als sie in Wildenort ankamen.

Irma stieg am Herrenhaus aus und klopfte in Begleitung des Dieners an die Tür.

Ihr Vater hatte sie nicht so bald erwartet. In dem großen Haus und seinen weitläufigen Nebengebäuden gab es kein Licht.

Hunde bellten, denn Fremde kamen. Es gab nicht einmal ein dummes Tier, das Irma kannte, denn sie war eine Fremde im Haus ihres Vaters.

Zwei Pflügerjungen kamen vorbei. Sie waren erstaunt, die schöne Dame zu dieser Stunde zu sehen, und sie musste ihnen sagen, wer sie war.

Sie befahl, ihre Räume zu öffnen. Ihr Vater schlief in der Nähe. Sie sehnte sich danach, ihn zu sehen, beherrschte sich aber. Er konnte ruhig schlafen und wusste nicht, dass sie in seiner Nähe atmete. Auch sie schlief bald ein und erwachte erst am helllichten Tag.

Mit leisen Schritten betrat der alte Eberhard das Vorzimmer, in dem bereits Irmas Zofe saß.

„Meine Dame, die Gräfin, schläft noch. Es war drei Uhr, kurz vor Tagesanbruch, als wir ankamen."

„Warum hast du dich so beeilt und keine Ruhe gefunden?"

„Ich weiß es nicht; aber die Gräfin war unterwegs ziemlich aufgeregt. Sie konnten nicht schnell genug für sie fahren. Wenn meine Dame etwas wünscht, muss es sofort erledigt werden."

„Wer bist du, liebes Kind?"

„Die Zofe Ihrer Ladyschaft."

„Nein, aber wer sind deine Eltern? Was hat dich vor Gericht gebracht?"

„Mein Vater war Reitmeister von Prinz Adolar, und Ihre königliche Hoheit ließ mich in der Klosterschule erziehen."

Eine Kette von Angehörigen, von Generation zu Generation, dachte der alte Mann bei sich.

Das Dienstmädchen sah ihn verwundert an.

Er war groß und breitschultrig.

Er trug die Bergsteigerkleidung und eine weiße Hornpfeife, die an einer Kordel um den Hals hing. Sein feiner Kopf neigte sich leicht nach vorne und ruhte auf einem massiven Hals; sein graues Haar und sein Bart waren dicht und kurz geschnitten; sein braunes Auge funkelte noch immer wie in der Jugend; Sein ausdrucksstarkes Gesicht sah aus wie ein Reliefwerk, und seine ganze Figur ähnelte der eines Ritters, der gerade seine Rüstung abgelegt und sich beruhigt hat.

„Ich möchte meine Tochter sehen", sagte der alte Mann, als er in das Nebenzimmer ging. Es war dunkel. Eberhard trat auf Zehenspitzen ans Fenster und zog den grünen Damastvorhang beiseite. Ein breiter Lichtstrahl strömte in den Raum. Er stand vor dem Bett und beobachtete mit angehaltenem Atem den Schlafenden.

Irma war wunderschön anzusehen. Ihr Kopf, umschlossen von den langen, lockeren, goldbraunen Locken; die klare, gewölbte Stirn, die fein gemeißelte Nase, der Mund mit der herrlich geschwungenen Oberlippe, das rosige Kinn, die vollen Wangen mit ihrem pfirsichartigen Glanz – über allem lag ein ruhiger und friedlicher Ausdruck. Die schönen, kleinen, weißen Hände lagen gefaltet auf ihrer Brust.

Irma atmete schwer und ihre Lippen bewegten sich wie mit einem traurigen Lächeln. Es ist schwierig, mit auf der Brust gefalteten Händen zu schlafen. Die Hände lösten sich sanft, aber die linke ruhte immer noch auf ihrem Herzen. Der Vater hob es vorsichtig hoch und legte es neben sie. Irma schlief ruhig weiter. Schweigend nahm der Vater einen Stuhl und setzte sich an ihr Bett. Während er dort saß, ließen sich zwei Tauben auf dem breiten Fensterbrett nieder, wo sie miteinander gurrten. Am liebsten hätte er sie verscheucht, aber er wagte nicht, sich zu rühren. Irma schlief weiter und hörte nichts.

Plötzlich flogen die Tauben davon und Irma öffnete die Augen.

"Vater!" Sie weinte, warf ihre Arme um seinen Hals und küsste ihn. „Wieder zu Hause! Oh, wie glücklich macht es mich! Zieh doch den anderen Vorhang zu, damit ich dich besser sehen kann, und bete, öffne das Fenster, damit ich meine Heimatluft einatmen kann! Oh, Vater! Ich war weg und Jetzt bin ich zu dir zurückgekehrt, und du lässt mich nicht mehr gehen. Du wirst mich in deinen starken Armen stützen. Oh, jetzt denke ich an das, was du mir in meinem Traum gesagt hast. Wir standen zusammen oben auf und du hast mich auf den Arm genommen und, während du mich trugst, gesagt: „Siehe, mein Kind; solange einer deiner Eltern lebt, gibt es jemanden, der dir hilft, in der Welt zu bestehen." Oh, Vater! Wo war ich? Wo bin ich jetzt?"

„Sei ruhig, mein Kind. Du warst bei Hofe und jetzt bist du wieder zu Hause. Du bist aufgeregt. Beruhige dich. Ich rufe den Diener. Das Frühstück steht in der Laube."

Er küsste sie auf die Stirn und sagte:

„Ich küsse all deine guten und reinen Gedanken, und nun lass uns wieder zusammenleben, als schlichte und vernünftige Wesen."

„Oh, diese Stimme! Wieder im Haus meines Vaters und zu Hause zu sein. Das Leben anderswo ist wie in seinen Kleidern zu schlafen. Nur zu Hause kann man ausruhen; denn dort unterdrückt uns keine Bindung."

Er wollte gerade gehen, aber Irma hielt ihn zurück.

„Ich fühle mich so glücklich", sagte sie, „hier zu sein und dich anzusehen; dich zu sehen und die ganze Zeit an dich zu denken."

Der Vater strich ihr mit der Hand über die Stirn und sie sagte:

„Lass deine Hand dort ruhen. Ich glaube jetzt an das Handauflegen; meine eigene Erfahrung überzeugt mich."

Er blieb einige Zeit an ihrem Bett, seine Hand ruhte immer noch auf ihrer Stirn.

Schließlich sagte er:

„Und nun steh auf, mein Kind. Ich erwarte dich beim Frühstück."

„Ich bin froh, dass es jemanden gibt, der mir befehlen kann, aufzustehen."

„Ich befehle nicht, ich rate dir nur. Aber, mein liebes Kind, mit dir muss etwas Seltsames im Gange sein, denn du verstehst nichts im wörtlichen Sinne."

„Ja, Vater, sehr seltsam! Aber das ist jetzt vorbei."

„Na dann folgen Sie mir, sobald Sie können; ich werde auf Sie warten."

Der Vater ging zur Laube hinaus, wo er auf ihre Ankunft wartete. Er stellte die beiden Tassen und die schöne Blumenvase erst an eine Stelle, dann an eine andere und arrangierte das weiße Tischtuch. Kurz darauf kam Irma herein, gekleidet in ein weißes Morgenkleid.

„Du bist – du bist größer, als ich dachte", sagte der Vater, und eine helle Farbe breitete sich in seinem Gesicht aus.

Er streichelte die Wange seiner Tochter und sagte:

„Dieser weiße Fleck auf deiner rosigen Wange, der sich vom Kiefer bis zum Wangenknochen erstreckt, ist genau so, wie ihn deine Mutter hatte."

Irma lächelte, ergriff beide Hände ihres Vaters und sah ihm in die Augen. Ihr Blick war so voller Glückseligkeit, dass die Augen des alten Mannes, der stets seinen Gleichmut bewahrte, sich mit Tränen füllten. Er versuchte, sie zu verbergen, aber Irma sagte:

„Das wird deinem Heldenmut keinen Abbruch tun. Oh Vater, warum sind wir so Sklaven unserer selbst? Warum sollten wir Angst haben, so zu erscheinen, wie wir sind? Deine große Regel ist, dass wir unserer Natur folgen sollten. Warum tun? Tun wir das nicht immer? Oh, Vater, lass mich einen Freudenruf zu meinen Heimatbergen, zu den Wäldern und Seen senden! Ich bin wieder bei euch, meinen ständigen Freunden! Lasst uns zusammen leben! Haltet an mir fest und ich werde so treu sein wie ihr! Ich grüße dich, Sonne; und jener Hügel, unter dem meine Mutter ruht –"

Sie konnte nicht weitermachen. Nach einiger Zeit sagte der alte Mann:

„Es wäre gut, mein Kind, wenn wir unser Leben in seiner ganzen natürlichen Reinheit leben könnten; aber es ist weder Angst vor uns selbst noch selbst auferlegte Sklaverei, die uns dazu bewegt, solche Szenen, solch heftige Aufregung zu meiden. Es ist eine Das tief verwurzelte Gefühl, dass der nächste Moment im Gegensatz dazu kahl und alltäglich erscheinen muss. Es würde uns zwingen, aus einem Leben der übermäßigen Sensibilität in die Alltagswelt einzutauchen. Aus diesem Grund sollten wir Sport treiben und tun dies auch Selbstbeherrschung; denn solche Emotionen sollten sich nicht in etwas erschöpfen, was man einen frommen Ausbruch nennen könnte, sondern sollten sich durch alle unsere Handlungen und Gedanken erstrecken, selbst bis ins kleinste und unbedeutendste. Das ist die Quelle unseres edelsten Strebens. Ja, mein Gott Kind, gerade diejenigen, die sozusagen ihr Leben in zwei Teile teilen, die eine Hälfte davon entweihen, während sie sich insgeheim schmeicheln: „Wir haben große und edle Gefühle gehabt und sind immer noch fähig, sie zu empfinden."

Die alte Haushälterin brachte den Kaffee. Irma wartete auf ihren Vater und sagte ihm, dass sie Emma und ihre Verlobte erwartete. Eberhard sagte:

„Als Emma vor Jahren hier war, gingen Ihre Gedanken in die gleiche Richtung wie heute. Wir waren auf dem Chamois-Hügel, von wo aus man einen schönen Blick auf den großen See hat, und warteten auf den Sonnenaufgang. Emma, in Mit ihrer sachlichen und klaren Art sagte sie: „Ich glaube nicht, dass es sich lohnt, dafür den Schlaf zu verlieren und sich so viel Mühe zu geben. Ich finde den Sonnenuntergang genauso schön und weitaus weniger störend." Was hast du ihr damals geantwortet?"

„Ich kann mich nicht erinnern, Vater, Liebes."

„Aber das tue ich. Sie sagten: ‚Der Sonnenaufgang ist viel erhebender, aber ich weiß nicht, was man tun kann, um den Rest des Tages im Einklang mit der dadurch erzeugten erhabenen Stimmung zu gestalten. Der Sonnenuntergang ist besser für uns, weil der Dann verhüllt sich die Welt und lässt uns ruhen. Nachdem wir das Höchste erblickt haben, bleiben uns nur noch zwei Dinge übrig: Schlaf und Musik.'"

„Aber, Vater, ich habe aufgehört, so zu denken. Gestern, während meiner gesamten Fahrt, verfolgte mich der Gedanke: Wofür sind wir denn auf der Welt? Ohne uns würden die Bäume noch wachsen, die Tiere.", die Vögel und die Fische würden immer noch ohne uns leben. Alle diese haben einen Zweck auf der Welt; der Mensch allein ist verpflichtet, einen zu suchen. Die Menschen malen und bauen und bestellen den Boden und untersuchen, wie sie sich gegenseitig besser töten können . Der einzige Unterschied zwischen Mensch und Tier besteht schließlich darin, dass der Mensch seine Toten begräbt."

„Und hast du es bisher gewagt, mein Kind? Ich bin wirklich froh, dass du wieder bei mir bist. Du musst mit viel zu kämpfen gehabt haben. Ich vertraue darauf, dass du wieder lernen wirst zu glauben, dass unsere wahre Bestimmung darin besteht, zu leben im Einklang mit Natur und Vernunft. Schau dir die Welt an!" sagte er mit einem Lächeln. „Eine einundzwanzigjährige Jungfrau und noch dazu eine Gräfin fragt: ‚Warum bin ich auf der Welt?' Ach, mein Kind, schön zu sein, gut zu sein, sowohl im Geiste als auch in der äußeren Form so schön wie möglich zu sein. Verhalten Sie sich so, dass Sie es sich leisten können, sich zu wünschen, dass jeder Sie gründlich kennen möge. – Aber genug davon dies, für den Augenblick."

Die Stunde, die Vater und Tochter so zusammen in der Laube verbrachten, war für beide voller Glück, und Irma äußerte immer wieder den Wunsch, dass sie so ewig leben könnte.

Ohne sich um alles andere zu kümmern, schien jeder die Welt des anderen zu bilden.

„Du bist mein großes großes Mädchen geworden", sagte ihr Vater. Er hatte sagen wollen: „Sie müssen viel durchgemacht haben, denn Sie kehren zu Ihrem Vater zurück und haben nichts zu erzählen über Dinge, die Sie selbst belanglos oder persönlich betreffen." Er hatte das eigentlich sagen wollen, wiederholte aber einfach: „Du bist mein tolles Mädchen geworden."

„Und, Vater! Du befiehlst mir, bei dir zu bleiben, nicht wahr?"

„Du weißt sehr wohl, dass ich dir nie etwas befohlen habe, da du selbst denken konntest", antwortete der Vater. „Ich möchte, dass Sie nach Ihren eigenen Überzeugungen handeln und nicht gegen Ihren Willen oder Ihre Vernunft."

Irma schwieg. Sie hatte nicht die Antwort erhalten, auf die sie gehofft hatte, und da sie das Gefühl hatte, das gewünschte Ergebnis selbst herbeiführen zu müssen, beschloss sie, dies zu tun.

Ein Förster kam, um Anweisungen bezüglich des Waldes zu erhalten. Eberhard antwortete, dass er selbst dorthin reiten würde. Irma bat darum, ihn begleiten zu dürfen, und als ihr Vater zustimmte, erschien sie bald im Jagdkostüm und ritt mit ihm über die Wiesen in Richtung Wald.

Ihr Gesicht strahlte vor Lebhaftigkeit, während sie spürte, wie sie auf dem temperamentvollen Ross durch den schattigen, taufrischen Wald voranschritt.

Während ihr Vater den Förstern seine Befehle erteilte, ruhte Irma auf einem moosbewachsenen Ufer unter einer weitläufigen Tanne. Der Hund ihres Vaters hatte sich bereits mit ihr angefreundet und kam nun zu ihr und leckte ihr die Hand. So erwacht stand sie auf und ging hinüber zum Feld am Waldrand. Der erste Gegenstand, auf den ihr Blick fiel, war ein vierblättriges Kleeblatt. Sie hatte es schnell in Besitz genommen. Ihr Vater gesellte sich nun zu ihr und bemerkte ihren glücklichen Blick.

„Wie gut hat es mir getan, auf der Erde zu ruhen", sagte sie.

Er antwortete nicht. Er hielt es nicht für notwendig, dass jedes noch so tiefe Gefühl in Worten seinen Ausdruck fand.

Irma blickte überrascht auf. In der Welt der Konversation wird für jede Bemerkung Kleingeld zurückgezahlt.

Sie kehrten bald nach Hause zurück.

Am Nachmittag saßen sie gemeinsam in der kühlen Bibliothek. Ciceros Worte: „Wenn ich allein bin, bin ich am wenigsten allein", standen in goldenen Buchstaben über der Tür.

Der Vater schrieb und blickte gelegentlich zu seiner Tochter, die sich mit einem Shakespeare-Band beschäftigte. Sie las die edelsten Gedanken, nahm sie in sich auf und machte sie zu einem Teil ihrer eigenen Seele.

Eberhard empfand es als Freude, seinen eigenen Blick in den Augen eines anderen zu entdecken, seine eigenen Gedanken aus anderen Lippen zu hören, und dieses Auge und diese Lippen waren die seines Kindes – zu bemerken, dass ihre Seele die seine widerspiegelte, obwohl ihr angeborenes Temperament und eigenartige Eindrücke dazu beigetragen hatten Machen Sie ihrs anders und unabhängig von seinem eigenen. Das Ideal, das seine Jugendträume erfüllt hatte, stand nun inkarniert vor ihm.

Eberhard klappte bald sein Buch zu und lächelte vor sich hin. Er war nicht so stark, wie er es sich vorgestellt hatte. Da sein Kind nun bei ihm war, konnte er seine Arbeit nicht mehr wie am Tag zuvor fortsetzen. Er setzte sich neben Irma und zeigte auf die Werke Spinozas und Shakespeares, die immer auf seinem Arbeitstisch lagen, und sagte:

„Ihnen wurde die ganze Welt offenbart. Obwohl sie vor Jahrhunderten lebten, sind sie meine ständigen Begleiter auf diesen einsamen Bergen. Ich werde sterben und keine Spur meiner Gedanken hinterlassen, aber ich habe bereits das ewige Leben gelebt die Gemeinschaft der edelsten Geister. Der Baum und das Tier leben nur für sich selbst und während der kurzen Zeit, die mit dem Tod endet. Mit dem Leben erben wir das Ergebnis jahrhundertelanger Überlegungen und den, der in sich selbst ein wahrer Mensch geworden ist verkörpert voll und ganz die Idee der Menschheit. So lebst du weiter, mit deinem Vater und mit allem, was in der Geschichte der Menschheit wahr und schön ist."

Es entstand eine lange Pause. Es wurde schließlich durch die Worte des Vaters gebrochen:

„Sind Sie nicht in einer Gerichtskutsche gekommen?"

"Sicherlich."

„Und Sie beabsichtigen also, vor Gericht zurückzukehren?"

„Vater, lass uns jetzt nicht darüber reden. Ich habe nicht wie du die Kraft, von den höchsten Höhen auf die Ebene des Alltags hinabzusteigen."

„Mein Kind, die alltäglichen Angelegenheiten sind das Höchste, was uns beschäftigen kann."

„Aber ich möchte vergessen, dass es so etwas wie ein Gericht gibt oder dass ich jemals etwas anderes als ein Teil Ihres Herzens und Ihrer Seele gewesen bin oder sein werde."

„Nein, du sollst für dich selbst leben; aber wenn du bei mir bleiben willst, brauchst du nur die Kutsche zurückzuschicken."

„Ich werde zurückkehren müssen, wenn auch nur für ein paar Tage. Ich habe nur Urlaub, keine Entlassung. Das Beste wäre, wenn du mit mir gehst und mich wieder zurückbringst."

„Wie Sie wissen, kann ich nicht vor Gericht gehen, und ich schwöre Ihnen zu, dass Sie genug Kraft haben, um sich von dort wegzubewegen. Ich habe Sie heute beobachtet, während Sie geschlafen haben. Es ist nichts Falsches an Ihnen; bis jetzt Keine bösen Leidenschaften trüben deine Stirn. Ich weiß, dass dein Bruder darauf bedacht ist, dich zu heiraten, und auch ich wünsche mir, dass du eine gute Ehefrau und Mutter wirst. Aber ich fürchte, dass du zu sehr dir selbst geworden bist, um jemals jemand anderem zu gehören . Wie dem auch sei, mein Kind, sieh dir die Szene an, die sich vor dir ausbreitet. Myriaden von Blumen blühen still und unbekannt. Sollte ein Wanderer vorbeikommen und seine Augen an ihnen weiden oder auch nur eine Blume pflücken, so hat sie gelebt ihn. Sollte es aufblühen und ungesehen vergehen, hat es für sich selbst gelebt. Aber, mein Kind, gib dir nicht die Mühe, mir zu gefallen. Wie lange dauert dein Urlaub?"

"Zwei Wochen."

„Lassen Sie uns die Zeit in Wahrheit und Fröhlichkeit verbringen und dann so handeln, wie es Ihr Urteilsvermögen erfordert.“

KAPITEL X.

Die Tage vergingen schnell. Mit seinen Nachbarn hatte Eberhard wenig zu tun, freute sich aber immer, den Bürgermeister des Dorfes, der auch Abgeordneter des Landtages war, zu sehen und sich mit ihm über die Angelegenheiten der Gemeinde zu beraten.

Irma verbrachte einen Großteil ihrer Zeit allein. Sie las, stickte, malte und sang. Nach den ersten Tagen setzte eine Reaktion ein.

„Was ist das für ein Leben?" Sie fragte sich: „Was nützt es? Ich arbeite für Kleidung – Kleidung für meine Seele und für meinen Körper. Und zu welchem Zweck? Der Spiegel sieht mich, die Wände hören mich, und ich habe meinen Vater für eine Stunde mittags und." noch einer am Abend.

Sie bemühte sich, ihre Flüge zu kontrollieren, und obwohl es ihr gelang, konnte sie nicht anders, als an jemanden zu denken, der weit weg war. Sie schaute sich um, als könnte sie seine Schritte hören und als wäre die Luft von seiner Anwesenheit erfüllt; und dieser Mann war – der König.

Sie kam nicht umhin zu denken, dass er einen Brief von ihr erwartete, und was hatte er erhalten? Die Nachricht von ihrer Abreise. Warum sollte sie ihn beleidigen und demütigen?

Während ihrer Zeit in Wildenort war sie mehrmals im Begriff, ihm zu schreiben. Sie wollte ihm sagen, dass sie vor ihm fliehen wollte; nein, von sich selbst. Während sie die Sätze im Kopf formulierte, sagte sie sich: Flucht ist keine Feigheit. Tatsächlich erfordert es große Kraft, sich loszureißen. Sie wollte ihm das klarmachen. Sie wollte nicht, dass er schlecht über die Menschheit dachte und schon gar nicht über sie. Seine große und ausgedehnte Energie sollte nicht durch das Bewusstsein geschwächt oder gar gestört werden, dass die Menschheit keine Vorstellung vom wahrhaft Edlen hatte. Sie war es sowohl ihm als auch sich selbst schuldig, dies zu erklären; aber es ist schwierig, alles schriftlich zu erledigen. Sie würde daher zurückkehren und ihm alles erzählen, und danach würden sie, obwohl sie distanziert waren, in den edelsten Gedanken vereint sein. Sie war zufrieden, dass sie in der Erinnerung an einen Moment vollkommener Gemeinschaft mit einem edlen Geist und dem Bewusstsein der Wahrheit und Reinheit in Gedanken und Taten eine vollständige Entschädigung für ein einsames Leben finden würde.

Irma war erfreut darüber, dass sie sich auf diese Weise befreit hatte.

Sie verzichtete soweit wie möglich darauf, mit ihrem Vater über das Gericht zu sprechen; aber hin und wieder entging ihr unwillkürlich eine Bemerkung, und sie erzählte, wie der König und die Königin dies oder das gelobt oder die eine oder andere Bemerkung geäußert hatten, und es war leicht zu sehen, dass sie besonderen Wert darauf legte zu dem, was sie gesagt hatten.

„Das ist bei Männern so", sagte Eberhard lächelnd. „Sie wissen, was sie sind, oder sollten es zumindest wissen; und doch geben sie einem Fürsten das Recht, sie mit einem Wert zu versehen. Er ist es, der bestimmt: Du bist so und so viel wert; du ein Dukat, du ein." Taler, du bist ein bloßer Messingzähler, du bist ein Geheimrat und du bist ein Oberst. Die Geschichte der Erschaffung der Welt wird so immer wieder erneuert. Dort heißt es, dass der Schöpfer die Tiere vor den Menschen hinausführte, um ihnen Namen zu geben. Hier kommen die menschlichen Tiere zum Prinzen und sagen: ‚Gib uns einen Namen, sonst werden wir uns wie nackt fühlen und Angst haben.'"

Irma zuckte bei diesen harten Worten zusammen. Die Einsamkeit hatte ihren Vater an diesen Punkt gebracht. Sie konnte nicht umhin zu sagen:

„Du tust dem König großes Unrecht; er hat einen edlen Geist und ist voller Intelligenz."

„Geheimdienst! Ich weiß alles darüber", antwortete Eberhard. „Er kann unzählige Fragen stellen, Probleme aufwerfen und hätte als Nachtisch gern einen Abriss der Kirchengeschichte, der Physiologie oder eines anderen interessanten Wissensgebiets. Aber er gibt sich nie viel Mühe, liest nie ein Werk durch. Er benötigt Auszüge und …" Essenzen. Ich weiß alles darüber. Und die höfischen Rouladensänger stellen ihre Gedanken in seinen Dienst. Glaube nicht, mein Kind, dass ich die Bemühungen des Königs unterschätze. Sie haben ihm immer gesagt: „Du bist ein Genie!" Sie überzeugen Könige stets davon, dass sie über militärisches, politisches oder künstlerisches Genie verfügen. Jeder, der sich einem Monarchen nähert, ist, auch im intellektuellen Sinne, verpflichtet, sich in Hofkleidung zu kleiden. Er sieht Menschen und Dinge nie in ihrem wahren Gesicht; sie alle drapieren sich, um ihm zu gefallen. Dennoch glaube ich, dass der König ehrlich bemüht ist, die Dinge so zu sehen, wie sie sind, und das ist eine Menge; aber er kann sich dem Zauber fester Formen und Phrasen nicht entziehen."

Irmas Lippen zitterten vor Rührung. Sie glaubte nicht, dass ihr Vater ihr Interesse am König schwächen wollte, da er nichts von seiner Existenz wissen konnte; aber seine Feindseligkeit ärgerte sie, und sie sah beunruhigt, dass in dieser Gegend keine Hilfe zu erwarten war. Sie hätte die Einsamkeit ihres Vaters teilen können, wenn er den erhabenen Mann so geehrt hätte wie sie. Er hätte dem edlen Geist huldigen können, selbst wenn es der eines Monarchen gewesen wäre, ohne seinen republikanischen Gefühlen oder seinem Gerechtigkeitssinn Gewalt anzutun. Doch nun zerstörte er jede Brücke, die zu einem besseren Verständnis und zur Gerechtigkeit geführt hatte. Wenn ein anderer so über den König gesprochen hätte, hätte sie ihn ihren Zorn spüren lassen, und jetzt hatte sie das Gefühl, dass ihr Schweigen ein ausreichendes Opfer für die Pflicht des Kindes war. Ihr Herz schien sich in sich selbst zu verschließen, als wollte es sich nie wieder öffnen. Sie war eine Fremde im Haus ihres Vaters und hatte nun doppelt das Gefühl, dort nie zu Hause gewesen zu sein. Sie zwang sich, fröhlich und ruhig zu wirken.

Eberhard bemerkte, dass sie von einem inneren Konflikt erschüttert wurde und glaubte, es handele sich lediglich um einen Kampf zwischen Hofleben und Einsamkeit. Er half ihr nicht, denn er glaubte, dass sie am besten Frieden finden würde, wenn sie den Kampf für sich selbst kämpfte.

Am Sonntagmorgen – Eberhard ging nie in die Kirche – sagte er:

„Haben Sie Zeit, sich eine lange Geschichte anzuhören?“

"Sicherlich."

„Dann lass mich mein Testament machen, solange ich noch gesund bin.“

„Bete, Vater, tu das nicht. Verschone mich!“

„Ich meine nicht meine Besitztümer, sondern mich selbst. Wir haben kein Bild Ihrer lieben Mutter, und keines Ihrer Kinder hat eine Vorstellung von ihrem Aussehen – so rein, so lieblich, so voller Sonnenschein; und Aus diesem Grund möchte ich Ihnen ein Bild meines Lebens geben. Schätzen Sie es. Wer weiß, wann ich wieder eine Chance dazu habe? Wenn es etwas gibt, das Sie nicht verstehen oder das Ihnen Gefahr läuft, falsch interpretiert zu werden, fragen Sie Mich darüber. Ich empfinde solche Einwände nicht als Unterbrechung. Ich verfolge mein Leben in seinem ausgeglichenen Zustand, nichts stört mich. Ich habe mich daran gewöhnt, mein Vermögen zu verbessern, meinen Dienern Befehle zu erteilen und ihre Fragen zu beantworten, und , um den Gedankengang genau dort fortzusetzen, wo er unterbrochen wurde; und so können auch Sie mich unterbrechen, wann immer Sie möchten.

„Mein Vater, der ein freier Graf war, war immer stolz auf seine direkten Beziehungen zum Reich. Bis zu seinem letzten Tag erkannte er nie die Einheit des Königreichs an und fragte immer: ‚Wie geht es dort drüben?‘ Er betrachtete sein Herrschaftsgebiet als etwas Besonderes und seine Familie als gleichberechtigt mit allen Fürstenhäusern.

„Und warum, lieber Vater“, fragte Irma, „würdest du diese schönen Erinnerungen zerstören, die von Generation zu Generation weitergegeben wurden?“

„Weil die Geschichte selbst sie vernichtet hat, und das zu Recht. Für den Erhalt der Menschheit ist es notwendig, dass ständig neue Rassen an die Oberfläche kommen; aber ich wollte Ihnen nicht von meinem Vater erzählen. Ich habe darin eine glückliche Jugend verbracht Obwohl mein

Lehrer ein Geistlicher war, war er ein Mann mit liberalen Ansichten. Ich trat ein Jahr vor dem Tod meines Vaters in den Militärdienst ein und machte, obwohl ich das selbst sagen darf, dort keine schlechte Figur, denn ich besaß ein gutes Aussehen und ein Eisen Ich war mit meinem Regiment in einer der Konföderation gehörenden Festung stationiert. Als ich eines Tages rücksichtslos ritt, fiel ich vom Pferd und verrenkte mir die Hüfte. Das lag mich lange Zeit und bot mir so die Möglichkeit, besser zu werden „Ich bin mit unserem Regimentsarzt, Doktor Günther, bekannt. Hat er Ihnen nie von den Zeiten erzählt, die wir zusammen verbracht haben?"

„Er hat sie nur erwähnt. Der König hat mir erst vor ein paar Tagen gesagt, dass ich Recht hatte, als ich sagte, dass Doktor Gunther nur mündliche Rezepte ausstellen würde, wenn sie verlangt würden und wirklich notwendig seien."

„Ah! Und so hat der König gesagt, dass du recht hast? ,Du hast recht' – das ist ein echtes Zeichen der Gnade und sollte einen einen ganzen Tag und vielleicht sogar länger glücklich machen. Ist es nicht so?"

„Vater – wolltest du mir nicht mehr über dein Leben mit Gunther erzählen?"

„Ah, mein Kind, das war eine wundervolle Zeit. Soweit ich konnte, tauchte ich mit ihm in das Studium der Philosophie ein. Ich kann mich noch genau daran erinnern, als wäre es genau dieser Moment, genau diese Stunde und genau dieser Moment Ort an der Festungsmauer – es war ein trüber Herbstabend; ich sehe noch die Blätter, wie sie von den Bäumen fielen –, als Günther mir zum ersten Mal den großen Ausspruch des Allweisen erklärte: „ „Selbsterhaltung ist das erste Naturgesetz." Ich stand wie angewurzelt da; es dämmerte mir wie eine Offenbarung und hat mich seitdem nie mehr verlassen. Obwohl manchmal durch die Ereignisse des Lebens verdeckt, war „Bewahre dich selbst" immer für mich vor Augen. Ich habe treu gelebt bis zum großen Gebot, und leider, wie ich jetzt sehe, zu völlig und selbstsüchtig. Der Mann, der nur für sich selbst lebt, lebt kein vollständiges Leben, aber ich kann dies vor allen anderen ohne Angst bekennen. Das war es Erst später lernte ich das große Recht auf Souveränität, das jedem Menschen zusteht, gründlich kennen. Ich hatte zuvor viel nachgedacht, aber nie in logischem Zusammenhang. Sie können sich nicht vorstellen, welchen Mut es von Seiten eines Günstlings und Angesehenen erfordert Offizier, sich an das Studium der Philosophie zu wagen; wie sehr er der eigentlichen Idee des Militärdienstes widerspricht, wie unangemessen er den Vorgesetzten vorkommt und wie lächerlich den Kameraden. Der Militärdienst erschöpft den Körper täglich und für die ganze Zeit Zum größten Teil handelt es sich dabei um nutzlose Übungen, die es schwierig machen, den eigenen Geist zu kultivieren. Ich entschuldigte mich oft mit Unwohlsein und blieb bei schönstem Wetter in meinem Zimmer, einfach wegen meines Studiums.

Unser Regiment wurde in die Hauptstadt beordert und Günther nahm mein Entlassungsangebot an. Er wurde Professor und ich besuchte Vorlesungen. Aber ich war mir meines Mangels an Wissen schmerzlich bewusst und sehnte mich sehnlichst nach einer Chance, mein Leben der Vervollkommnung meiner Ausbildung zu widmen. Ein unvorhergesehenes Ereignis trug zum gewünschten Ende bei. Ich war der Herr des Schlafgemachs geworden und verbrachte einen Großteil meiner Zeit am Hof. An diesem frühen Tag beobachtete ich den unausrottbaren, unterwürfigen Geist, der im Menschen wohnt. Jeder freut sich darüber, dass es andere gibt, die tiefer auf der Skala stehen als er selbst, und ist aus diesem Grund bereit, zuzulassen, dass einige über ihm stehen. An diesem Unsinn sind nicht die Fürsten schuld. Eines Tages, als der König im Sommerpalast war, war er auf die Jagd gegangen, und obwohl es längst nach der Essenszeit war, war kein Blick von ihm zu sehen. Die Kammerherren und die Hofdamen – ich habe ihre Titel vergessen – gingen im Park spazieren. Sie setzten sich auf die Bänke, schauten durch ihre Ferngläser und versuchten, allerdings erfolglos, ein längeres Gespräch aufrechtzuerhalten; denn die Damen und Herren, ob jung oder alt, waren von vulgärem Hunger besessen. Und der Hirte, der ihnen das Futter in den Stall legen sollte, erschien noch immer nicht. Dein Onkel Willibald stillte seinen nagenden Hunger mit kleinen Keksen, die ihm jedoch den Appetit nicht verdorben haben. Stunden vergingen, während sie wie Juden am Versöhnungstag umhergingen. Aber sie lachten und scherzten – zumindest versuchten sie es –, während ihre Mägen knurrten. Und obwohl Ihr Onkel zu Hause dreißig Pferde in seinem Stall hatte, dazu Ochsen und Kühe und außerdem noch viele große Felder, war er damit zufrieden, dort zu dienen und zu warten, denn er war sehr stolz darauf, Lordkämmerer zu sein. Damals, mein Kind, war ich so alt wie du jetzt, und ich habe mir geschworen, nie mehr einem Menschen Diener zu sein. Endlich traf die Jagdkutsche des Königs ein. Alle begrüßten ihn überschwänglich und empfingen ihn mit lächelnden Gesichtern. Und doch war Seine Majestät in schlechter Laune, denn während er erfolglos geblieben war, hatte General Kont, der zur Jagdgruppe gehörte, die Ungehörigkeit begangen, einen Hirsch mit zwölf Geweihen zu erschießen. Der General war über sein Glück sehr unglücklich, und sein Kopf hing ebenso traurig herab wie der des toten Tieres. Er entschuldigte sich erneut und drückte sein Bedauern darüber aus, dass Seine Majestät den Hirsch nicht getötet hatte. Mit reumütiger Miene gratulierte ihm der Monarch. Der König sah mich an und fragte: „Wie geht es dir?“

„„Sehr hungrig. Eure Majestät‘, war meine Antwort. Der König lächelte, aber der Rest des Hofes war entsetzt über meine Unverschämtheit.

„Wir mussten noch eine halbe Stunde warten, während der König sein Kleid wechselte und wir schließlich zum Abendessen gingen.

„Mein Kind, wenn du die Geschichte einem Höfling erzählen würdest, würde er mich für unerträglich dumm halten; aber dieses Essen war das letzte, das ich jemals an einer fürstlichen Tafel gegessen habe.

„Ich weiß, dass ich gesprächig bin – ich bin ein alter Mann. Ich wollte nur sagen: Schauen Sie sich um und sehen Sie, wie viele Menschenopfer sie ständig fordern.“

„Die Idee der Fürstenwürde ist edel und schön. Der Prinz sollte die Einheit des Staates verkörpern; aber obwohl die Idee an sich schön ist, ist das Wissen, dass ihre Verwirklichung eine Pyramide abgenutzter, entkleideter Kreaturen erfordert.“ der Menschenwürde, macht es für mich abstoßend.

„Irma, es kommt mir so vor, als müsste ich das Testament meiner Seele deinem einprägen. In dem Moment, in dem du spürst, dass du den kleinsten Teil deiner Krone menschlicher Würde verloren hast, fliehe, ohne Hass oder Verachtung; vor dem, der solche Gefühle in sich trägt.“ in seiner Seele ist schwer belastet und kann nie frei atmen. Ich hasse die Welt nicht, ich verachte sie auch nicht. Sie erscheint mir einfach fremd, verfallen, fern. Ich kann auch niemanden hassen oder verachten, weil sein Glaube es ist anders als meine.

„Aber da ich Sie nicht unterrichten möchte, werde ich mit meiner Geschichte fortfahren. Ich beantragte meine Entlassung und trat als Student in die Universität ein. Ich verließ sie jedoch bald, um meine Ausbildung an einer landwirtschaftlichen Schule fortzusetzen. Danach reiste ich und verbrachte, wie Sie wissen, ein ganzes Jahr in Amerika. Ich hatte den großen Wunsch, diese neue Phase der Geschichte kennenzulernen, in der Menschen zu geistiger Freiheit geboren werden und nicht ständig nach Palästina, Griechenland, zurückblicken oder Rom. Die Welt der Zukunft finde ich nicht in Amerika. Alles dort ist sozusagen noch in einem Zustand der Gärung, der an urzeitliche Prozesse erinnert; aber ob eine neue Zivilisation das Ergebnis sein wird, weiß ich nicht . Ich weiß jedoch, dass die gesamte Menschheit geduldig auf einen neuen moralischen Vertrag wartet. Aber ich und viele andere von uns werden die Verwirklichung dieses Abkommens nie erleben.

„Wird die Welt der Zukunft von reinen Ideen regiert, oder wird sie wieder zu einer erhabenen Persönlichkeit als ihrem Vorbild aufblicken? Ich würde mir Ersteres wünschen, aber seine Verwirklichung scheint in weiter Ferne zu liegen.“

„Jetzt fahre ich mit der Geschichte meines Lebens fort.

„Ich kehrte nach Hause zurück und war unaussprechlich glücklich, als ich deine Mutter traf. Sie war allein auf der Welt. Ich habe das größte Glück aller Zeiten genossen, es gibt kein vergleichbares. Drei Jahre nach deiner Geburt ist deine Mutter gestorben. Das kann ich nicht Gib dir Einzelheiten über sie. Ihr ganzes Erscheinungsbild strahlte Stärke und Reinheit aus. Die Welt betrachtete sie als kalt und zurückhaltend, aber sie war leidenschaftlich und offenherzig, schön in ihrem tiefsten Herzen, aber nur für mich. Das weiß ich, wenn sie Wäre mir etwas erspart geblieben, wäre ich einer der besten und freundlichsten Menschen geworden. Daran darf ich nicht denken.

„Es sollte nicht sein.

„Aber ich fühle mich durch sie geheiligt, denn seitdem ist mir nie ein niederträchtiger Gedanke in die Seele getreten, noch habe ich jemals eine Tat begangen, deren Beichte ich mich schämen müsste, meiner Tochter gegenüber.

„Sie starb, und ich stand allein da, meine gewalttätige Natur konfrontierte das Rätsel des Lebens.

„Obwohl ich meinen Kindern keine Stiefmutter geben konnte, wurde ich für sie zum Stiefvater. Ja, lassen Sie mich weitersprechen: Ich bin mir selbst gegenüber schonungslos. Ich weiß, wenn andere mich hören würden, würden sie sagen, dass ich eine zu scharfe Sprache verwende." Heutzutage ist es Mode, nachsichtig zu sein, aber ich bin nicht in dieser Mode. Ich habe meine Kinder von mir getrennt. Ich habe dich bei deiner Tante untergebracht, bis du ins Kloster eingetreten bist, und Bruno blieb bei mir, bis er ins Priesterseminar ging. Du warst in guten Anstalten, mit teuren Gebühren, aber trotzdem wurdest du von mir weggeschickt. Du kanntest deinen Vater nicht; du wusstest nur, dass er lebte, lebte aber nicht bei ihm. Du bist wie Waisenkinder aufgewachsen.

„Es ist erst zwei Jahre her, seit ich mir das eingestanden habe. Wochenlang hat es mir den Schlaf, das Gefühl und das Denken geraubt, und trotzdem habe ich daran festgehalten. Der Dämon namens Sophisterei hat mir immer gesagt: ‚Du hättest einer sein können.' Kein Nutzen für Ihre Kinder. Sie hatten noch zu viel für sich selbst zu tun, und es ist besser für sie, dass sie durch ihre eigenen, nicht unterstützten Bemühungen zu freien menschlichen Agenten werden als durch Sie. Es mag etwas Wahres daran sein, aber trotzdem habe ich meine Kinder von mir getrennt.

Der alte Mann hielt inne. Irma legte ihre Hand auf seine und streichelte sie sanft.

„Es ist gut. Ich habe es endlich gesagt.

„Ich blieb hier und führte ein einsames, aber kein einsames Leben. Ich kommunizierte mit den größten Geistern und verwaltete gleichzeitig problemlos unser Anwesen."

„Ich widmete mich den nationalen Angelegenheiten, zog mich aber bald zurück. Ich kann keiner Partei angehören, nicht einmal der Partei, die sich Partei der Freiheit nennt. Zu ihr gehören viele edle Männer, die ich ehre und respektiere, aber sie setzen mich." Machen Sie sich mit zu vielen leichtfertigen Genossen ab, die, während sie von der Gleichheit und vom höchsten Wohl des Menschen schwören, nicht davor zurückschrecken, ihre Mitmenschen sich selbst zu opfern. Aristokratische Nichtsnutze sind einfach bösartig, aber demokratische Nichtsnutze sind Ideenverderber. Wer es wagt Wer nicht möchte, dass das ganze Volk so denkt und handelt wie er, hat kein Recht, sich selbst als freien und ehrlichen Mann zu bezeichnen.

„Wenn Freiheit nicht auf Moral beruht, was unterscheidet sie dann von Tyrannei? Was ist Tyrannei? Mit dem Begriff „Gott" meine ich die vollständige Vorstellung des moralischen Gesetzes der Welt. Ich war ein Einsiedler inmitten der Menge und bin glücklicher und beständiger, wenn ich von der Welt weg bin.

„Und jetzt führe ich hier ein einsames Leben."

„Ist es nicht traurig, so einsam zu sein?" fragte Irma.

„Wenn ich mich einsam fühlen würde, wäre es sehr schwer", antwortete Eberhard; „Aber der Mensch sollte sich nicht einsam fühlen, auch wenn er allein ist. *Langeweile* und Einsamkeit haben hier keinen Ruheplatz. Männer, die nichts für sich sind, sind einsam, wo immer sie sind; aber lassen Sie mich meine Geschichte fortsetzen."

„Günthers Abtrünnigkeit bereitete mir den größten Kummer, aber ich war ihm gegenüber ungerecht. Er war immer ein Freund des Hoflebens und betrachtete es als den Höhepunkt der Kultur. Er war immer zu ästhetisch und sagte oft: ‚Auch ich habe ein.' Ich beanspruche den Luxus, den Komfort und die Freuden des Lebens und bin entschlossen, meinen Anteil daran zu haben.' Das führte dazu, dass er vor Gericht ging und die freie Wissenschaft aufgab und gleichzeitig sich selbst und mich verlor.

„Wahrscheinlich wurde Ihnen gesagt, und Sie haben vielleicht sogar selbst gedacht, dass ich ein Menschenfeind bin. Wer die Menschheit hasst, ist ein eitler Narr. In welcher Hinsicht ist er besser als die anderen oder anders als sie? Ich hasse die Menschheit nicht." Ich weiß nur, dass die meisten von ihnen entweder aus eigener Kraft oder durch die anderer in falschen Farben auftreten. Sie heucheln ein Interesse an Dingen, die sie nichts angehen, und wissen in den meisten Fällen nicht einmal, dass es sich dabei um Affektiertheit handelt . Ich bin oft getäuscht und betrogen worden, aber ich gestehe offen, es lag daran, dass ich mich selbst getäuscht habe. Ich habe das Beste in mir preisgegeben und mir eingebildet, dass andere auf meiner Seite wären, aber es war bloße Höflichkeit, die sie dazu brachte, zuzustimmen. Sie waren keine Heuchler; ich war es, der mich selbst getäuscht hat. Ich stellte mir eine Welt vor, in der alles in Frieden und Harmonie herrschte, während ich tatsächlich allein war, völlig allein. Jeder, der einen eigenen Charakter hat, ist allein . So etwas wie vollkommene Übereinstimmung gibt es nicht; es bleibt nur, sich selbst auszuleben. Aber die meisten Männer haben keine Lust, dies zu tun, und ihnen geht es am besten. Sie leben so, wie es Sitte und Moral erfordern, und kümmern sich weder um die Gegenwart noch um die Vergangenheit. Sie hüpfen oder trödeln von Stimmung zu Stimmung, von Genuss zu Genuss, und solange sie beim Blick ins Glas immer das gleiche Gesicht sehen, sind sie vollkommen zufrieden. Solche Gesichter ändern sich nie. Wenn das menschliche Antlitz immer die Gedanken zum Ausdruck bringen würde, die die Seele erfüllen, könnten Sie niemanden von Tag zu Tag oder sogar von Stunde zu Stunde erkennen. Ich weiß nicht, mein Kind, wohin ich dich führe; Ich wollte Ihnen nur sagen, dass ich kein Menschenfeind bin. Ich liebe alle Männer. Ich weiß, dass sie im Grunde nicht anders sein können, als sie sind, und dass die ehrliche Natur immer noch unter ihren zerzausten, überladenen, glitzernden Masken verborgen liegt. Sie können es jedoch nicht offenbaren, und trotz ihrer falschen, listigen Art bleibt immer noch ein großes und weises Gebot bestehen: „Vergib ihnen, denn sie wissen nicht, was sie tun." Und jetzt möchte ich hinzufügen, dass ich auch deinem Bruder verzeihe. Er hat mich zutiefst gedemütigt, denn die größte Demütigung, die man erleiden kann, kommt durch die Hände seines Kindes.

„Ich kann Bruno nicht zwingen, gegen seinen Willen zu handeln, und ich möchte es auch nicht. Es ist eine seltsame Welt. Der Kampf zwischen Vater und Sohn zieht sich durch alle Zeitalter. Mein Sohn verteidigt das Alte und ich das Neue; aber ich muss es ertragen." mit allem.

„Freiheit allein entspricht den Geboten der Natur und der Vernunft. Aber man kann niemanden zwingen, frei zu sein, und ich möchte Sie auch in keiner Weise zwingen. Die meisten Frauen geben sich lieber der Natur als der Zuneigung hin, aber ich betrachte Sie nicht als solche eine gewöhnliche Frau, und ich möchte auch nicht, dass du eine bist. Du solltest--"

Obwohl Eberhard gesagt hatte, er wolle nicht unterbrochen werden, kam nun etwas, das ihn tatsächlich unterbrach.

Es war ein Bote mit einem Brief für Irma. Sie erkannte die Handschrift ihrer Freundin Emma und öffnete hastig den Brief mit folgendem Wortlaut:

„ *Irma* : Ich kann nicht zu dir kommen. Ich habe der Welt Lebewohl gesagt. Heute vor drei Wochen verlor mein Albrecht sein Leben durch den Biss eines tollwütigen Hundes. Auch mein Leben für diese Welt ist zu Ende. Ich bin demütig Unterwerfe dich dem unergründlichen Willen des Allmächtigen.

Ich habe geschworen, den Schleier anzunehmen. Ich bin jetzt hier und werde diesen Ort nie wieder verlassen. Komm, sobald du kannst, zu dir

„ SCHWESTER EUPHROSYNE ,

„ *Im Kloster Frauenwörth* .“

Irma gab ihrem Vater den Brief zum Lesen.

„Und so hat der Biss eines verrückten Hundes zwei Menschenleben zerstört. Wer wird das erklären?“ rief Irma aus.

„In dieser Hinsicht ist die Religion genauso machtlos wie wir. Wie die Vernunft befiehlt sie uns, den Gesetzen der Natur zu gehorchen.“

Der Bote wartete, und Irma ging los, um eine Antwort zu schreiben, in der sie versprach, zu kommen.

Währenddessen saß Eberhard allein. Er hatte seinem Kind die Geschichte seines Lebens anvertraut – und was würde es nützen? Wie oft hatte er erkannt, dass keine Lehre, und sei sie noch so edel, den menschlichen Geist verändern kann. Nur Leben, Beobachtung und Erfahrung können Überzeugung hervorbringen. Der Schwachpunkt des Dogmatismus besteht darin, dass er versucht, das zu lehren, was nur aus dem Leben selbst gelernt werden kann. Seine Kinder hatten nicht an seinem Leben teilgehabt, und es hatte nun wenig Sinn, es ihnen in all seinen Einzelheiten zu erzählen oder die Beweggründe zu erklären, die es leiteten. Die Tatsache, dass der Vater verpflichtet war, zu erzählen, wie sein Leben verlaufen war, enthielt genug Widersprüche.

In seinem eigenen Bewusstsein erkannte Eberhard an, dass sein eigenes Verhalten legitime Folgen gehabt hatte. Er hatte keinen wirklichen Anspruch auf kindliche Zuneigung; jedenfalls nicht in dem Ausmaß, in dem er sich danach sehnte, denn er hatte für sich allein gelebt. Als Irma zurückkam und um Erlaubnis bat, ihre Freundin Emma besuchen zu dürfen, nickte er zustimmend. Er hatte damit geprahlt, dass ihn nichts unterbrechen könne. Er könnte die Regel für sich selbst anwenden, aber nicht für andere. Er hatte seinem Kind die Geschichte seines Lebens erzählt – wer hätte gedacht, dass diese unerwartete Unterbrechung alles aus ihrem Gedächtnis verbannen würde?

KAPITEL XI.

Irma saß im offenen Hofwagen und fuhr über Hügel und Täler. Sie lehnte sich auf den Kissen zurück; das Dienstmädchen und der Lakai saßen auf dem Rücksitz.

Emmas traurige und plötzliche Nachricht hatte sie fast gelähmt; aber jetzt, da sie in der Kutsche saß, kamen ihre Kräfte zurück. Reisen und Luftwechsel übten immer einen magischen Einfluss auf sie aus.

Das Echo der Geschichte ihres Vaters begleitete sie während eines großen Teils der Reise. Sie hatte mit großem Interesse zugehört, obwohl die Geschichte selbst nur einen schwachen Eindruck auf sie gemacht hatte. Eine innere Stimme sagte ihr: Diese Dinge sind nicht so ernst oder wichtig, wie er sie nimmt. Es ist sein besonderes Temperament, das dazu führt, dass sie seinen Lebensverlauf beeinflussen. Bei einem anderen wäre es nicht so. Es genügte, dass sie seiner Exzentrizität gerecht werden konnte. Er konnte kaum erwarten, dass es einen entscheidenden Einfluss auf sie ausüben würde. Emmas Schicksal war schrecklich und wahnsinnig; aber das ihres Vaters war es nicht. Viele seiner Lebensprobleme waren reine Selbstquälerei. Er sprach von Ruhe und wusste es doch nicht.

Bei aller Zuneigung Irmas zu ihrem Vater hatte sie eigentlich so wenig mit ihm gemeinsam, dass der schmerzliche Ausdruck, der um seinen Mund spielte, während er ihr seine Geschichte erzählte, sie lediglich an den Laokoon erinnerte.

Irma schüttelte ziemlich gereizt den Kopf.

Was für ein Chaos ist die Welt!

Ein tollwütiger Hund zerstört ein Leben und hier und da quälen sich einsame Wesen zu Tode. Jeder ist sich eines Fehlers oder einer Schwäche bewusst; Alle streben nach dem Unerreichbaren und verbringen ihr Leben in endlosen Versuchen und Prüfungen. Inmitten dieses Chaos erscheint eine einzelne Figur. Es ist voll, schön, groß, lebenssicher und beherrscht in Wahrheit das Leben. Irma drehte sich um, als wollte sie sagen: „Leider bist du es nicht, Vater, obwohl du derjenige sein könntest und solltest. Der König allein ist das einzige freie Wesen auf dem Höhepunkt des Lebens."

Ein Lächeln spielte um ihre Lippen, während sie an ihn dachte. Sie blickte zum blauen Himmel auf und hatte, als sie vergaß, wohin sie wollte, das Gefühl, als würden sanfte Arme sie über Hügel und Täler tragen.

Ein Adler flog weit über den Berggipfeln. Irmas Augen folgten ihm lange. Sie befahl dem Kutscher, die Kutsche anzuhalten, und der Diener stieg aus, um den Befehl Ihrer Ladyschaft entgegenzunehmen. Sie bedeutete ihm, die

Kiste wieder zu besteigen, und blieb inmitten der wilden Natur stehen, um zu beobachten, wie der Adler in der Luft schwebte, bis er schließlich in den Wolken verschwand, obwohl alle Annehmlichkeiten, die der Reichtum bietet, ihr gehörten.

„Wenn jemand sterben muss, möchte ich so sterben", sagte eine innere Stimme, „in den Himmel fliegen und nicht mehr sein."

Sie fuhren weiter. Für den Rest der Fahrt sagte Irma kein Wort. Es war gegen Abend, als der Lakai sagte: „Wir haben den Ort erreicht."

Die Straße führte hinunter zum See, an dessen Ufer die Kutsche anhielt. Das Kloster lag auf einer Insel in der Mitte des Sees, und der Klang der Ausgangsglocken erfüllte die Luft. Die Sonne war immer noch über den Berggipfeln sichtbar, ihre Strahlen waren fast horizontal und die tanzenden, glitzernden Wellen sahen aus, als würden viele Lichter hin und her schwimmen. Die Oberfläche des Sees nahm schnell einen goldenen Farbton an.

Beim Klang der Abendglocken hoben der Lakai und der Postillion ihre Hüte, und die Dienerin faltete die Hände. Auch Irma faltete die Hände, betete aber nicht. Sie dachte bei sich: Der Klang der Glocken ist angenehm genug, wenn man ihnen von außen zuhören und dann in die glückliche Welt zurückkehren kann; aber für diejenigen, die im Kloster leben, ist es ein täglicher Todesstoß; denn ein Leben wie ihres ist der Tod.

Irmas Stimmung stimmte nicht mit der ihrer Freundin überein und sie tat ihr Bestes, um sich dem Anlass entsprechend zu fühlen.

Während sie das Boot bereit machten, hörte sie, wie der Lakai mit einem anderen Diener sprach, dessen Gesicht sie bei Hofe gesehen hatte.

Sie hörte den Gerichtsdiener sagen:

„Mein Meister ist seit einigen Tagen hier und wartet auf etwas; ich weiß nicht was."

Irma hätte am liebsten gefragt, mit wem er gekommen sei, doch eine plötzliche Angst überkam sie und sie konnte kein Wort sagen.

In Begleitung der Kellnerin bestieg sie das Boot. Ein alter Bootsmann und seine Tochter ruderten das steuerlose Boot. Das Wasser des Sees war tief und dunkel. Die Sonne ging unter und die Schatten der westlichen Berge spiegelten sich in dunklen Umrissen auf den Hügeln entlang der Küste. Der frisch gefallene Schnee lag auf den Gletschern, deren weiße Gipfel einen scharfen Kontrast zu den bewaldeten Hügeln im Vordergrund und dem klaren blauen Himmel bildeten. Unten war alles so still und düster, als würden sie in das Reich der Schatten segeln.

"Ist das deine Tochter?" fragte Irma und wandte sich an den alten Bootsmann.

Er nickte freudig zustimmend und freute sich, dass sie mit dem Dialekt dieses Teils des Landes vertraut war. Ihr Verkehr mit Walpurga hatte sie in Übung gehalten.

„Ja", antwortete der Bootsmann, „und sie würde gerne bei einer guten Familie in den Dienst treten. Sie kann gut nähen und –"

„Bleib bei deinem Vater, das ist das Beste, was du tun kannst", sagte Irma zu dem Mädchen.

Schweigend ruderten sie weiter. „Wie tief ist der See hier?" fragte Irma.

„Mindestens sechzig Faden." Irmas Hand spielte mit dem Wasser und sie freute sich über den Gedanken, dass Menschen sich so leicht und mutig über ein bedrohliches, wässriges Grab bewegen könnten. Sie beugte sich ein wenig über die Seite des Bootes und der Bootsmann rief:

„Passen Sie auf, Fräulein!"

„Ich kann schwimmen", antwortete Irma und ließ die Wellen planschen.

„Das ist alles schön und gut", sagte der alte Mann lachend. „Sie können alle schwimmen, bis sie müssen, und dann ist alles vorbei; und wenn sie zufällig Kleider an sich hängen, können nur sehr wenige schwimmen."

„Da hast du recht. Unser schwuler Firlefanz würde uns runterziehen."

Der alte Mann verstand sie nicht und gab keine Antwort.

Sie war ganz aufgeregt und fragte: „Sind viele Menschen in diesem See ertrunken?"

„Sehr wenige; aber direkt unter uns liegt die Leiche eines jungen Mannes, einundzwanzig Jahre alt."

„Wie konnte er verloren gehen?"

„Man sagt, er hätte zu viel getrunken, aber ich glaube, dass er im Kloster dort drüben eine Geliebte hatte. Es ist gut, dass sie nichts davon weiß."

Irma schaute in die Wellen hinunter, während der alte Mann fortfuhr:

„Und dort drüben am Felsen traf ein Baumstamm einen Holzfäller und schleuderte ihn in den See. Dort drüben am Schleusentor geriet zufällig eine fünfzehnjährige Milchmagd in die Strömung, wo die Treibholzscheite dahinwirbelten , und als ihr Körper den See erreichte, war jedes Kleidungsstück von den Baumstämmen abgerissen worden.

„Erzählen Sie nicht so gruselige Geschichten", sagte das Dienstmädchen zu dem Mann.

Irma blickte zu den steilen Bergen hinauf und fragte:

„Könnte man da hochklettern?"

„Ja, aber sie würden es sehr schwer finden; trotzdem kann der Mensch überall dort klettern, wo es Bäume gibt."

Irma schaute hinunter in den See und dann hinauf zu den Bergen. Man kann sich in der Welt verlieren. „Wie wäre es, wenn man das tun würde?" sagte die Stimme in ihr.

Sie stand im Boot auf. Der alte Mann rief aus:

„Setzen Sie sich! Es besteht Gefahr, wenn Sie sich in die eine oder andere Richtung bewegen."

„Ich werde mich nicht bewegen", sagte Irma und stand wirklich aufrecht in dem schwankenden kleinen Boot.

„Mit Ihrer Erlaubnis hat die schöne junge Dame bestimmt nicht vor, das Kloster zu betreten?"

"Warum fragst du?"

„Weil es mir leid tun würde."

„Warum sollte es dir leid tun? Führen die Nonnen nicht ein angenehmes, friedliches Leben?"

„Oh ja, das tun sie; aber es ist ein Leben, in dem nichts passiert."

Als folge sie einem höheren Ruf, setzte sich Irma und stand sofort wieder auf. Das Boot taumelte.

„Ein Leben, in dem nichts passiert" – die Worte berührten eine Saite in ihrem Herzen. Bei ihr lehnten sich der Stolz und die Stärke der Jugend dagegen auf, sein Leben auf diese Weise zu opfern. Es ist ein Leben, in dem nichts passiert: sei es, wie das ihres Vaters, in einsamen Gedanken verbracht, oder, wie das der Nonne, in gemeinsamer Hingabe. Sind wir nicht auf die Erde gesetzt, damit wir alles unser Eigen nennen können – kommt Freude, kommt Kummer; Es kommt Fröhlichkeit, es kommt Traurigkeit – ein Leben, in dem nichts passiert, ist nichts für mich.

Mit solchen Gedanken erfüllt, ging sie an Land und während sie die Lindenallee hinaufging, die zum Kloster führte, hörte sie, wie der Bootsmann sein Boot an der Kette befestigte.

Sie erkundigte sich nach Schwester Euphrosyne. Die Nonnen waren alle bei der Vesper. Irma begab sich auch in die Kapelle, in der die ewige Lampe das einzige Licht war. Obwohl der Gottesdienst zu Ende war, knieten die Schwestern immer noch auf dem Boden. Schließlich erhoben sie sich und sahen aus wie geisterhafte Gestalten, die aus der chaotischen Dunkelheit hervortreten.

Irma kehrte in den Salon zurück, wo ihr die Portierin mitteilte, dass sie an diesem Tag nicht mit Emma sprechen dürfe, da es den Schwestern nach der Vesper nicht gestattet sei, Mitteilungen zu empfangen oder sich mit irgendjemandem zu unterhalten. Irma war inzwischen im Kloster untergebracht.

Es war eine milde Septembernacht. In ihre Decke gehüllt saß Irma bis spät in die Nacht auf dem Treppenabsatz. Ihre Gedanken verloren sich im Unendlichen. Sie wusste kaum, woran sie dachte, und doch schien sie ab und zu die Worte zu hören: „Ein Leben, in dem nichts passiert."

Am nächsten Morgen, nach der Frühmesse, durfte Irma ihre Freundin besuchen. Sie erschrak, als sie Emma sah, und doch war es das gleiche milde Gesicht, nur schrecklich entstellt durch die eng anliegende Kapuze, die das Haar vollständig bedeckte und ihr Gesicht stärker hervortreten ließ.

Nach dem ersten Ausbruch von Trauer und Mitgefühl, der auf die Schilderung ihres traurigen Kummers folgte, sagte Emma schließlich zu Irma, die sie immer wieder an ihr Herz gedrückt hatte:

„Deine Umarmungen sind so leidenschaftlich. Ich weiß, dass du niemals in der Lage sein wirst, Demut zu lernen. Das kannst du nicht; es liegt nicht in deiner Natur. Aber du solltest Gleichmut erlangen. Du könntest niemals ein Kloster betreten, Irma, und solltest es auch nie tun; oder du würdest es tun." Ich sehne mich danach, in die Welt zurückzukehren. Du musst eine gute Ehefrau werden, aber glaube nicht, dass dein Ideal jemals verwirklicht wird. Unsere Existenz hier ist fragmentarisch und voller Elend. Das Leben hier unten soll nicht schön und vollständig sein. Aber Irma, pass auf, dass du nicht versuchst, eine Barriere zu lösen oder sie zu überschreiten. Ziehe dich zurück, solange du noch auf dieser Seite bist!"

Emma erwähnte den Namen des Königs nicht. Es entstand eine lange Pause. Irma hatte das Gefühl, dass ihre gegenwärtige Umgebung sie ersticken musste.

Emma erzählte von dem, was erst vor ein paar Wochen passiert war, als ob inzwischen Jahrzehnte vergangen wären. Sie erzählte ihrer Freundin von der Stärke, die in ständiger Hingabe liege; wie es die Stunden zu Jahren voller friedlicher Siege über die Welt verlängerte. Sie war froh, dass es sogar auf der Erde möglich war, seinen Namen und seine Erinnerungen beiseite zu legen und ein Leben zu führen, das einen ohne einen steilen Schritt nach und nach zur ewigen Glückseligkeit führte. Emma beklagte sich jedoch darüber, dass man ihr nicht erlaubte, den Schleier zu tragen, und empfand es als Tyrannei, dass sie nur als dienende Schwester ohne Gelübde bleiben durfte.

„Es ist richtig, dass du das nicht tun solltest", rief Irma aus; „Ich denke, Bronnen liebt dich, aber er ist ein Mann, der bestehende Fakten respektiert. Sein moralischer Charakter würde dazu führen, dass er warme Gefühle gegenüber einer verlobten Braut eher unterdrückt als zum Ausdruck bringt. Er verdient dich. Ich sage nicht, dass du jetzt–" -Wie konntest du? Wie würde er es wagen? Du solltest deine eigene Geliebte bleiben und nachdem du ein Jahr oder länger im Kloster verbracht hast, kannst du mit diesem hervorragenden Mann ein Leben führen, das, wenn auch ohne Hektik, ein Leben führen wird Sei nichtsdestotrotz wahr und schön. Alles, was ich dir jetzt sagen kann, ist: Fessele deine Zukunft nicht. Niemand sollte ein Gelübde ablegen, das ihn fürs Leben bindet, das am nächsten Morgen seine Lippen versiegeln und ihn machen könnte in seinen eigenen Augen ein Sklave, ein Lügner, ein Heuchler oder ein Betrüger.

„Irma", rief Emma, „welchen schlechten Rat gibst du mir? Ist das die Sprache, die bei Hofe verwendet wird? Oh, vergib mir, dass ich so zu dir rede! Es war die alte Emma, die es getan hat, nicht ich. Verzeih mir, ich." Bitte, vergib mir!"

Sie warf sich auf die Knie zu Irmas Füßen.

„Steh auf", sagte Irma, „ich habe nichts zu verzeihen. Ich werde ruhiger sprechen. Du siehst, liebe Emma, es ist ein Glück für dich, dass du das Gelübde nicht ablegen kannst. Ein schrecklicher Schlag hat dich niedergeworfen; aber wenn du Bleiben Sie frei in Ihrer Abgeschiedenheit, Ihre Last wird allmählich leichter und Ihre Wunden werden heilen. Dann steht es Ihnen frei, dorthin zurückzukehren, sollte die Welt Sie rufen. Dies sollte ein Zufluchtsort für Sie sein und kein Gefängnis."

„Ah ja", sagte Emma mit einem Lächeln, „das musst du natürlich denken, aber ich – ich habe keine Lust, die Welt noch einmal zu sehen, die ihn nicht mehr enthält, der mir teurer war als das Leben. Du kannst dir nicht vorstellen, was." Es bedeutet, sich auf Erden zu verloben und auf die ewige Vereinigung im Himmel warten zu müssen. Ich habe Gott gebeten, mein Herz von mir zu nehmen und jedes selbstsüchtige Verlangen zu verbannen, und Er hat auf mich gehört. Es ist tyrannisch, zu versuchen, unser Herz zu erzwingen Meinungen über andere. Erinnerst du dich noch, Irma, als wir zum ersten Mal die Geschichte von Odysseus lasen und wie er sich von ihnen an den Mast binden ließ, damit er den Liedern der Syrenen lauschen konnte, ihnen aber dennoch nicht folgen konnte? „Erinnern Sie sich noch an die Bemerkung, die Sie damals gemacht haben?"

„Ich habe es ganz vergessen."

„,Vielgepriesener Odysseus', sagten Sie, ,war ein Schwächling, kein Held. Ein Held darf sich nicht durch äußere Fesseln binden lassen; er muss allem durch seine innere Stärke widerstehen.' Schon damals spürte ich, wie stark du warst. Odysseus war nur ein Heide und wusste nichts vom ewigen Gesetz. Ich freue mich über dieses Gesetz; ich klammere mich an diesen Felsen. Ich sehne mich nach dem Göttlichen, dem ewigen Band; es wird mich stützen, wenn Ich sinke. Ich möchte nicht in die Welt zurückkehren. Ich möchte mich selbst fesseln, und kann es sein, dass Menschen, die behaupten, frei zu sein, es wagen, anderen zu verbieten, den Weg zu beschreiten, der zur Vollkommenheit führt – zum wahren ewigen Leben? nicht so tyrannisch und gottlos?"

„Ja, aber wer verbietet es dir?"

„Das Gesetz des Staates. Es hat die Schließung dieses Klosters angeordnet und verbietet die Aufnahme weiterer junger Nonnen."

„Und steht das im Gesetz?"

"Ja."

„Der König wird es nicht zulassen."

Irma sprach so laut, dass ihre Worte von der gewölbten Decke der Zelle widerhallten.

Emmas Blick war auf Irma gerichtet – wenn es nur gelingen könnte!

Die beiden Mädchen hatten keine Zeit, ein Wort über das Thema zu wechseln, denn in diesem Moment schickte die Äbtissin nach ihnen.

Die Äbtissin wandte sich an Irma, als hätte sie deren letzte Worte belauscht. Mit sanfter Stimme, aber positiver Art beklagte sie sich über die Tyrannei der Freidenker – die sie nicht verurteilte, sondern einfach nur bemitleidete – und behauptete, dass der Versuch, alte und heilige Institutionen zu zerstören, abstoßend sei.

Irmas Gesicht strahlte vor Aufregung. Sie sagte erneut, dass das Gesetz aufgehoben werden müsse und dass sie ihren ganzen Einfluss nutzen werde, um dieses Ende herbeizuführen. Sie bot an, sofort an den König zu schreiben. Die Äbtissin nahm den angebotenen Dienst gerne an und Irma schrieb:

„ *Eure Majestät* : Ich schreibe Ihnen aus dem Kloster, aber ich bin keine Nonne. Ich glaube, dass mein Talent nicht darin liegt. Aber welche Gesetze sind das, die einer Jungfrau verbieten, das ewige Gelübde abzulegen? Ist das Freiheit? Ist das Das ist Gerechtigkeit? Was ist das? Eure Majestät wird mir meine Aufregung hoffentlich verzeihen. Ich schreibe mit Klostertinte auf Klosterpapier, und es ist nicht das erste Mal, dass diese Tinte und dieses Papier im Dienste der Freiheit verwendet werden.

„Ist es möglich, dass eine Gruppe von Menschen anderen verbieten kann, in Abgeschiedenheit zusammenzuleben?

„Quacksalber können weder Leben noch Glück schaffen; sollte es ihnen deshalb erlaubt sein, dem Unglück zu verbieten, seine eigene Heilung zu bewirken?“

„Der große Geist Eurer Majestät kann eine solche Barbarei nicht ertragen, und sie ist barbarisch, auch wenn sie durch die Kultur abgesichert ist.

„Ich bin mir bewusst, Majestät, dass ich meine Absicht noch nicht klar zum Ausdruck gebracht habe. Ich werde mich bemühen, dies zu tun.“

„Ich bin hier im Kloster.

„Emma, die Frau, die ich über alle anderen liebe – ich glaube, ich habe bereits vor Eurer Majestät von ihr gesprochen – möchte den Schleier tragen. Aus ihrer Sicht hat sie Recht. Hunde werden jedoch verrückt die Hundesteuer muss bezahlt werden. Ein tollwütiger Hund hat ihre Verlobte getötet und sie will nun der Welt entsagen. Wer wagt es, das zu verhindern? Und doch befiehlt das Gesetz des Staates, dass dieses Kloster aussterben soll, und verbietet ihm die Aufnahme von Nonnen.

„Eure Majestät darf das nicht zulassen. Ihr Auge erfasst alles auf einen Blick; Ihr Leben ist die Geschichte der Nation. Sie müssen diesen Gesellen beibringen, klüger zu sein, als sie es jetzt sind. Sie müssen dieses Gesetz abschaffen, das müssen sie tatsächlich.“

„Verzeihen Sie meine Ausdrucksweise, Eure Majestät, aber ich kann nicht anders. Ich komme mir vor, als wäre ich Ihr Stellvertreter. Ich habe das Gefühl, dass Ihr großer Geist eine solche Kleinlichkeit als Beleidigung ablehnt.

„Ich hoffe, Eure Majestät bald wiederzusehen und sende in der Zwischenzeit meine respektvollsten Grüße.

„ IRMA VON WILDENORT “.

Unbemerkt legte Irma dem Brief das vierblättrige Kleeblatt bei.

Während Irma in dem Boot saß, das sie zurück zum Ufer brachte, war sie voller Stolz. Sie hatte das Gefühl, eine schöne und edle Tat im Dienste der Freiheit angestiftet, wenn nicht sogar vollbracht zu haben, und war entschlossen, sie auszuführen.

Der alte Bootsmann freute sich, sie wiederzusehen. Er ruderte kräftig, sagte aber kein Wort. Ab und zu lächelte er vor sich hin, als wäre er glücklich bei dem Gedanken, dass er eine junge Seele aus dem Reich der Schatten entführte.

In der Ferne befand sich ein Boot und darin ein Mann in einem grünen Jagdkostüm. Er schwenkte seinen Hut und verneigte sich.

In Gedanken versunken blickte Irma auf den See, als ihre Zofe ihre Aufmerksamkeit auf das andere Boot lenkte.

Irma begann.

„Ist es nicht der König?"

Da der Jäger glaubte, er sei noch nicht beobachtet worden, feuerte er sein Gewehr ab, dessen Knall immer wieder von den Hügeln widerhallte. Dann schwenkte er noch einmal seinen Hut. Mit zitternder Hand schwenkte Irma als Zeichen der Anerkennung ihr weißes Taschentuch.

Das Boot näherte sich. Irmas Gesichtsausdruck veränderte sich schnell von Freude zu Enttäuschung.

Es war nicht der König. Es war Baron Schöning, der sie begrüßte.

Er sprang ins Boot, küsste ihre zitternde Hand und sagte ihr, wie glücklich er sei, sie dort zu treffen.

Sie stiegen aus. Der Baron reichte Irma seinen Arm und sie gingen am Ufer entlang, die Magd ging voran. In der Ferne konnte Irma den Lakaien sehen, der am Vortag mit ihrem Lakaien gesprochen hatte. Hatte der Diener nicht gesagt, sein Herr habe hier schon lange gewartet? Hatte Baron Schoning ihr gegenüber nicht schon vorher offen seine Aufmerksamkeit geäußert? Seine Worte befreiten sie bald von allen diesbezüglichen Zweifeln.

„Wir sind hier allein, nur in der Gegenwart der Berge, des Sees und des Himmels. Liebste Gräfin! Darf ich von etwas sprechen, das mir am Herzen liegt und das ich Ihnen schon lange sagen wollte?"

Sie nickte schweigend zustimmend.

„Na dann gestatten Sie mir, Ihnen zu sagen, dass das Gericht nicht der richtige Ort für Sie ist."

„Ich bin mir nicht ganz sicher, ob ich dorthin zurückkehren werde; aber warum denkst du, dass ich dort fehl am Platz bin?"

„Denn da ist etwas in dir, das dich immer daran hindern wird, dich dort zu Hause zu fühlen. Du bist überrascht, mich, den Narren, den Hofsänger, so sprechen zu hören. Ich weiß sehr gut, dass ich diesen Titel trage; aber glauben

Sie mir, Gräfin, Während sie sich vorstellen, mit mir zu spielen, vergnüge ich mich auf ihre Kosten. Sie, Gräfin, werden sich am Hofe nie zu Hause fühlen. Sie akzeptieren dieses Leben und seine Bräuche nicht als festgelegt und festgelegt. Sie interpretieren es nach Ihren Vorstellungen eigene eigentümliche Ansichten; Ihr Geist kann keine Uniform tragen; Ihre Seele äußert ihre tiefsten Gefühle in ihrem eigenen Dialekt, und wenn Ihre Äußerungen in die livrierte Welt gelangen, finden sie es äußerst originell, aber seltsam und – niemand weiß es besser als Ich – du hast nichts gemeinsam mit denen, die dich umgeben, und wirst es auch nie tun."

„Ich hätte nicht glauben sollen, dass du so in mein Herz schauen könntest; aber ich danke dir."

„Ich schaue nicht in dein Herz; ich lebe darin. Oh, Gräfin! Oh! du kindliches und allliebendes Herz, zittere nicht! Erlaube mir, diese Hand in meiner zu halten, während ich dir sage, dass ich es auch bin Ich bin dort ein Fremder und habe beschlossen, mich vom Hof zurückzuziehen und auf meinem dortigen Patrimonialgut allein zu leben. Irma, wirst du mein Leben tausendfach glücklicher machen, als es sonst sein kann? Willst du meine Frau sein?"

Es dauerte lange, bis Irma ihm antworten konnte. Schließlich sagte sie:

„Meine Freundin – ja, meine Freundin – auf dieser Insel lebt eine Freundin von mir, die tot ist, sowohl für sie selbst als auch für mich. Das Schicksal behandelt mich freundlich und schickt mir eine andere an ihrer Stelle. Ich danke dir – aber – -Ich bin so verwirrt – vielleicht mehr als-- Aber schauen Sie sich das kleine Häuschen auf halber Höhe des Berges an, lieber Baron. Ich wäre zufrieden damit, dort zu leben – meinen Kohl anzubauen, meine Ziegen zu melken, meinen Hanf anzupflanzen Ich mache meine Kleidung – und könnte glücklich sein, nichts begehren, die Welt vergessen und von ihr vergessen sein."

„Sie scherzen, liebe Gräfin; Sie kreieren eine Idee, deren leuchtende Farben bald verblassen werden."

„Ich scherze nicht. Ich könnte alleine leben, während ich für mein tägliches Brot arbeite, aber nicht als Herrin eines Schlosses und umgeben von den Kleinigkeiten und dem Firlefanz der Modewelt. Sich zu kleiden, nur um sich selbst im Spiegel zu sehen , ist nicht nach meinem Geschmack. In der Hütte dort könnte ich ohne Spiegel leben. Ich brauche nicht auf mich selbst zu schauen, noch brauche ich einen weiteren Blick auf mich; aber wenn ich mit der Welt leben will, muss ich ganz bei ihr sein im regierenden Zentrum, in der Metropole oder auf Reisen. Ich muss alles oder nichts haben. Nichts anderes wird mich glücklich machen. Nichts Halbes oder Mittleres wird mich befriedigen."

Irmas Ton war so entschlossen, dass der Baron sah, wie ernst es ihr war und dass ihre Worte mehr bedeuteten als nur Laune oder Spaß.

„Entweder muss ich mich der Welt unterwerfen", sagte sie, „oder sie, indem ich sie verachte, unter mich stellen. Entweder muss ich völlig gleichgültig sein und Rücksicht auf den Eindruck nehmen, den ich auf andere mache, oder ich muss mich vor jedem Blick fürchten, sogar vor meinem." eigen."

Der Baron schwieg und ihm fehlten offenbar die Worte.

Schließlich sagte er:

„Ich wäre gerne zum Haus deines Vaters gegangen, aber ich weiß, dass er Männer meiner Klasse nicht mag. Ich habe hier auf dich gewartet, wohlwissend, dass du zu deinem Freund kommen würdest. Beantworte mir bitte noch eine Frage: Beabsichtigst du, vor Gericht zurückzukehren? ?"

„Ja", sagte Irma, nun zum ersten Mal fest entschlossen, zurückzukommen. „Es wäre undankbar, anders zu handeln. Undankbar gegenüber der Königin und – dem König und allen meinen Freunden. Ich bin mir sicher, mein Freund, dass ich noch nicht reif genug bin, um ein Leben zu führen, in dem nichts passiert."

Sie setzten sich.

„Willst du dich nicht zu mir setzen?" sagte Irma zum Baron.

Sie setzten sich.

„Wann haben Sie die Hauptstadt verlassen?"

"Vor fünf Tagen."

„Und lief alles wie gewohnt?"

„Leider nicht alles. Doktor Gunther hat ein trauriges Leiden erlitten. Professor Korn, sein Schwiegersohn, starb plötzlich, nachdem er sich beim Sezieren einer Leiche vergiftet hatte."

„Beim Sezieren einer Leiche?" rief Irma aus. „Wir alle sterben am Gift des Verfalls, aber nicht so plötzlich; die auf der Insel und wir – wir alle."

„Du bist sehr verbittert."

„Überhaupt nicht. Mein Kopf ist erfüllt von den seltsamsten Fantasien. Ich habe dort ein großes Gesetz kennengelernt.

„Das Gesetz der Entsagung?"

„Oh nein; die Rechtfertigung der Mode."

„Du machst dich lustig."

„Auf keinen Fall. Mode ist die Charta der menschlichen Freiheit und das Modejournal ist der größte Segen der Menschheit."

„Was für eine seltsame Einbildung!"

„Überhaupt nicht. Es ist die einfache Wahrheit. Die Häufigkeit, mit der ein Mensch Material, Schnitt und Farbe seiner Kleidung wechselt, beweist seinen Anspruch auf Kultur. Es ist der Mensch allein, der sich immer wieder anders und neu kleidet. Der Baum behält seine." Rinde, das Tier seine Haut, und da sowohl die Nationaltracht als auch die geistliche Tracht sozusagen stereotyp sind, werden diejenigen, die sie tragen, als Angehörige einer minderwertigen oder weniger zivilisierten Klasse angesehen."

Der Baron sah Irma verwundert an. Er war im Herzen froh, dass sie ihm den Fäustling offen gegeben hatte. Er hätte eine so ruhelose und anspruchsvolle Natur nicht befriedigen können, die zu ihrer Unterhaltung ständig ein intellektuelles Feuerwerk brauchte; und sie hatte darüber hinaus Freude an ihren absurden Wegen. Plötzlich sah er nichts als die Schatten in Irmas Charakter. Vor einer Stunde hatte er nur die helle Seite gesehen und sie als eine Vision des Lichts selbst betrachtet. Sie hatte gerade eine Freundin besucht, die gerade den Schleier tragen wollte, hatte sich gerade einen Heiratsantrag angehört – wie konnte sie sich unmittelbar danach auf solch seltsame Gedanken einlassen?

Baron Schöning erzählte ihr, dass er Fotos von Walpurga und dem Prinzen bestellt habe.

„Ah, Walpurga", sagte Irma, als würde sie sich plötzlich an etwas erinnern.

Der Baron verabschiedete sich höflich und ruderte über den See zurück.

Irma nahm den Weg, der nach Hause führte. Sie wollte Walpurgas Verwandte besuchen und erkundigte sich nach dem Weg zum See auf der anderen Seite der Berge. Sie sagten ihr, dass eine Kutsche nicht dorthin gelangen könne und dass der einzige Weg, den Punkt zu erreichen, das Pferd sei. Irma nahm den direkten Weg nach Hause.

KAPITEL XII.

„Irgendetwas tut mir weh! Es kommt mir immer so vor, als würde mich jemand rufen, und ich kann nicht umhin, mich umzuschauen, um zu sehen, wer es ist. Die Gräfin muss die ganze Zeit an uns denken. Oh, ich, sie ist das beste Geschöpf der Welt Welt."

Während Walpurga viele Tage lang Irmas Weggang beklagte, dachten die anderen im Palast kaum an sie. Der Ort, den wir verlassen, sei es für eine Reise in diese oder in die andere Welt, ist schnell gefüllt. Im Palast dulden sie weder Leerstand noch Stimmung. Dort ist das Leben ein Teil der Geschichte; und die Geschichte steht, wie wir alle wissen, niemals still.

Mademoiselle Kramer brachte Walpurga weiterhin das Schreiben bei, und diese verstand sie nicht, als sie sagte: „Die Qualitäten nehmen gerne alles Mögliche auf, aber wir müssen zu Ende bringen, was wir beginnen. Ich habe schon so manches Stück zu Ende gebracht." der Stickerei, von der die Hand, die dafür geküsst wurde, kaum ein paar Stiche gemacht hat; aber das ist in der Ordnung der Dinge."

Obwohl Mademoiselle Kramer alles in Ordnung fand, was die Qualität tat, hatte sie dennoch die Angewohnheit, mit ihren Untergebenen über solche Dinge zu sprechen, nicht in der Hoffnung, von ihnen verstanden zu werden, sondern nur, um sich zu beruhigen.

Dem Kind ging es gut und es ging ihm gut. Tag für Tag verging in ruhiger Routine, und nun wurde Walpurga für die Abwesenheit der Gräfin Irma reichlich entschädigt. Der Königin war es gestattet, die Amme und das Kind täglich mehrere Stunden lang bei sich zu haben.

Während Irma auf der Suche nach Ruhe und Frieden war, aber stattdessen Chaos vorfand, war das Leben der Königin heiter und glücklich geworden; Ihre jüngste Erfahrung mit den Prüfungen des Lebens war neu und schwierig gewesen; aber jetzt war ihr Geist beruhigt, ihre Gesundheit wiederhergestellt. Sie blickte ihr Kind an, und wenn sie sprach, faltete Walpurga die Hände und hörte schweigend zu. Die Krankenschwester verstand nicht alles, was gesagt wurde, hatte aber dennoch Verständnis für das, was vor sich ging. Die Königin bemühte sich, Doktor Gunther in seinem Kummer zu trösten, und sprach zu ihm von dem Trost, den die Mutter in ihrem Kind finden konnte: „Trotz aller Widersprüche und Rätsel des Lebens", sagte sie, „gibt es doch den einen frohen Gedanken, den jeder hat." „Das Kind trägt die Möglichkeit höchster menschlicher Entwicklung in sich."

Während die Königin sprach, blickte sie sich nach ihrem Kind um, und Walpurga sagte mit sanfter Stimme:

„Sehen Sie sich unser Kind an, es lacht zum ersten Mal. Es ist heute sieben Wochen alt."

„Ich habe das erste Lächeln meines Kindes gesehen, und sein Vater ist nicht hier."

„Mach kein so langes Gesicht", sagte Walpurga; „Lachen Sie einfach weiter und er wird auch lachen; Ihre freundlichen Blicke werden in seinem Gesicht verweilen."

Das Kind lächelte weiter, bis der Arzt es aufforderte, es nicht mehr zu erregen. Er sagte, dass Walpurga recht hatte und dass, wenn man ein Kind freundlich ansieht, dies die Wirkung hat, einen süßen Ausdruck auf seine Gesichtszüge zu prägen.

Von diesem Tag an sah das Kind nie einen traurigen Ausdruck im Gesicht seiner Mutter.

Nur wenn sie von Personen sprach, konnte Walpurga ausführlich und kontinuierlich sprechen. Gräfin Irma war daher häufig Gesprächsthema. Aber dieses Thema war bald erschöpft, und als die Königin sagte: „Warum schweigst du? Ich habe gehört, dass du so hübsch mit dem Kind reden und allerlei Spaß mit ihm machen kannst", schwieg Walpurga beharrlich.

Die Königin ließ Walpurga ihr ihre Geschichte erzählen. Es bedurfte vieler Fragen, um die ganze Geschichte zu verstehen, denn Walpurga konnte sie nicht in einem zusammenhängenden Zug erzählen, da sie ihr Leben nie als zusammenhängendes Ganzes betrachtet hatte. Alles hatte sich sozusagen von selbst abgespielt, ohne dass man innehalten musste. Während sie ihre Geschichte erzählte, war sie so besorgt wie vor einem Gericht.

„Wie kam es, dass Sie sich in Ihren Mann verliebt haben? Liebst du ihn von ganzem Herzen?"

„Natürlich. Er ist mein Mann und es ist kein einziger schlimmer Tropfen Blut in ihm. Er ist ein wenig unbeholfen – ich meine unhandlich – aber nur, wenn andere in der Nähe sind. Er war nie viel unter Menschen. Er ist in aufgewachsen Er hatte ein einstöckiges Haus und hatte bis zu seinem zweiundzwanzigsten Lebensjahr nichts als Bäume gesehen. Aber keine Arbeit ist ihm zu schwer, und was auch immer man von ihm verlangt, er tut seine Pflicht. Er ist auch nicht so langweilig, aber er tut es nicht. Ich kann es der Welt nicht zeigen; mit mir kann er gut genug reden, und er ist zufrieden, solange ich weiß, dass er der richtige Mann ist. Mein Hansei braucht lange, um sich zu entscheiden, aber wenn er sich entschieden hat , er hat immer recht. Siehst du, liebe Königin, ich hätte einen viel klügeren Mann bekommen können; mein Spielgefährte war ein Jäger, und sein Kamerad war lange hinter mir her; aber ich wollte nichts mit ihm zu tun haben , denn er ist zu sehr in sich selbst verliebt. Er ruderte einmal mit mir über den See und schaute sich die ganze Zeit im Wasser an, zwirbelte seinen Schnurrbart und machte Münder, und so dachte ich bei mir: Wenn deine Kleider es wären Aus Gold, ich würde dich nicht haben. Und als Vater im See ertrank, war Hansei zur Stelle und erledigte alles rund ums Haus. Er fuhr mit seinem Boot hinaus und holte Fische, und während meine Mutter und ich sie verkauften, arbeitete er im Wald. Vater war gleichzeitig Holzfäller und Fischer. Und so war Hansei ein ganzes halbes Jahr dort; Niemand forderte ihn auf, zu kommen, und niemand sagte ihm, er solle gehen, denn er war da und war ehrlich und gut und sagte mir nie ein unfreundliches Wort; und so haben wir geheiratet, und Gott sei Dank sind wir glücklich und werden durch unseren guten Prinzen etwas Eigenes haben. Wir haben es bereits, und es ist für einen Ehemann keine leichte Sache, seine Frau für ein Jahr wegzugeben. Aber Hansei verlor darüber nicht viele Worte. Wenn etwas richtig ist und sein muss, nickt er nur – hierhin – und dann ist es erledigt. Verzeihen Sie mir, liebe Königin, dass ich Ihnen all diese dummen Dinge erzählt habe, aber Sie haben mich darum gebeten.“

„Nein, ich bin von Herzen froh, dass es einfältige, glückliche Wesen auf dieser Welt gibt. Die Weltweisen glauben, ihre unendliche Weisheit zu beweisen, wenn sie sagen: ‚Es gibt keine einfältigen, glücklichen Menschen, und die Landleute schon.‘ nicht annähernd so gut, wie wir es uns vorstellen.“‘“

„Das sind sie nicht mehr“, sagte Walpurga eifrig; „Es gibt keine schlimmeren Menschen als einige von denen, die auf unserem Weg sind. Es gibt natürlich gute, aber es gibt auch böse und neidische und diebische und faule und nichtsnutzige und gottlose Geschöpfe; und Zenza und Thomas sind es.“ zu den Schlimmsten, aber ich kann nichts dagegen tun.

Walpurga meinte, die Königin müsse von der Begnadigung erfahren und man dürfe ihr nicht sagen, sie habe nicht die Wahrheit gesagt. Die Königin war betrübt über Walpurgas Heftigkeit und die schweren Anschuldigungen, die sie den Menschen in ihrer Nachbarschaft vorbrachte.

Nach einer Weile sagte sie zu Walpurga:

„Mir wird gesagt, dass du so schön singst. Sing etwas für mich, oder besser gesagt, für das Kind.“

„Nein, liebe Königin, ich kann es nicht. Ich würde gerne, aber ich kann nicht. Ich kenne nur alberne Lieder. Die guten sind alle Kirchenlieder.“

„Sing mir eines von denen, die du alberne Lieder nennst.“

„Nein, das kann ich nicht; es sind einsame Lieder.“

„Was meinst du mit einsamen Liedern?“

„Ich weiß es nicht, aber so nennen sie sie."

„Ah, ich verstehe: Sie können nur gesungen werden, wenn man einsam und allein ist."

„Ja, ich nehme an, das ist es; die Königin hat Recht."

Obwohl die Königin sich bemühte, sie zum Singen zu bewegen, protestierte Walpurga, dass dies nicht möglich sei, und wurde schließlich so aufgeregt, dass sie in Tränen ausbrach. Die Königin hatte einige Schwierigkeiten, sie zu beruhigen, aber es gelang ihr schließlich, und dann kehrte Walpurga mit dem Kind in ihr Zimmer zurück.

Am folgenden Tag wurde Walpurga erneut zur Königin gerufen, die sagte: „Du hast recht, Walpurga. Du kannst mir nicht vorsingen. Ich habe viel an dich gedacht. Der Vogel auf dem Baum tut es nicht." Singe nach eigenem Belieben. Die freie Natur kann nicht durch einen Taktstock geleitet werden. Du brauchst nicht für mich zu singen. Ich werde dich nie wieder darum bitten."

Walpurga hatte vorgehabt, an diesem Tag für die Königin zu singen. Sie hatte ihre schönsten Lieder ausgewählt und nun befahl ihr die Königin tatsächlich, nicht zu singen, und verglich sie sogar mit einem Vogel. „Palastleute", dachte sie, „sind seltsame Leute."

„Ich verstehe", fuhr die Königin fort, „dass man in Ihrer Nachbarschaft an die Dame vom See glaubt. Glauben Sie auch an sie?"

„An sie glauben? Ich weiß es nicht, aber sie erzählen von ihr. Vater sah sie drei Tage vor seinem Tod, und das war ein sicheres Zeichen dafür, dass er bald sterben würde. Sie sagen auch, dass sie die Dame von Waldeck ist." "

„Wer ist die Dame von Waldeck?"

„Sie ist die Dame von Wörth."

„Was ist Wörth?"

„Ein Stück Land mitten im See, rundherum Wasser."

„Meinst du eine Insel?"

„Ja, eine Insel; manchmal nennen wir sie auch so."

„Und was ist die Geschichte der Dame von Waldeck?"

„Es war einmal vor vielen tausend Jahren ein Mann, und er war ein Ritter namens Waldeck, und er war ein Kreuzfahrer. Er und viele Kaiser und Könige gingen zum Grab unseres Erlösers im Heiligen Land . Er ließ seine Frau zu Hause und bevor er wegging, sagte er zu ihr: „Du bist gut und du wirst mir treu bleiben"; und als er nach vielen Jahren zurückkam, ganz schwarz von der östlichen Sonne, Er fand seine Frau bei einem anderen Mann, und so fesselte er die beiden, setzte sie in ein Boot und ruderte mit ihnen nach Wörth, wo er sie zurückließ; und da lagen sie und hatten nichts zu essen und nichts zu trinken und waren zusammengebunden und verhungerten, und die Vögel der Lüfte fraßen sie. Sie waren Ehebrecher, und es kam ihnen recht, aber er war für alle ein Schrecken. Und selbst heute noch kann man in Geisternächten oft eine kleine blaue Flamme auf dem Kopf sehen Insel Wörth, und man sagt, dass die Seele der Dame von Waldeck in eine Nymphe übergegangen sei und dass sie umherwandern müsse.

Das war Walpurgas Geschichte.

„Ich hoffe, ich habe dich nicht erschreckt?“ sagte sie besorgt, als sie den starren Blick der Königin beobachtete. „Das sagen sie. Aber vielleicht ist es doch nur Gerede.“

„Nein, nein. Machen Sie sich darüber keine Sorgen“, rief die Königin. „So viele verschiedene Gedanken gehen mir durch den Kopf.“

„Genau genug; es ist sehr schwer, Hausfrau zu sein, wenn man ein so großes Haus wie dieses und so viele Leute darin bewohnen muss.“

Die Königin lachte herzlich.

Walpurga wusste nicht, dass sie etwas Seltsames oder Lustiges gesagt hatte, und war daher über die Wirkung ihrer Bemerkungen überrascht; aber sie war bald überzeugt, dass alles, was sie sagte, zitiert war. Das machte sie ziemlich schüchtern, obwohl sie hin und wieder Anfälle von Extravaganz verspürte und sich in solchen Momenten über ihre eigenen seltsamen Freaks freute, denn sie provozierten immer ein Lächeln. Während die Königin ihren Verkehr mit Walpurga so einfach wie möglich gestalten wollte, wurde Walpurga mit jedem weiteren Tag künstlicher und affektierter. Sie kopierte sich selbst und ihre einstige *Naivität* . Wenn sie wusste, dass die Königin in Hörweite war, wiederholte sie die wundersame Wortkombination, mit der sie den Prinzen zu unterhalten pflegte. Eines Tages begann sie aus eigenem Antrieb zu singen und als sie damit fertig war, war sie überrascht und fast verletzt, weil ihr Lied bei der Königin keine Bemerkung hervorgerufen hatte. Hatte sie nicht gut gesungen?

Die Königin hatte nichts gesagt, weil sie befürchtete, sie könnte dadurch in Verlegenheit gebracht werden.

Es gab einen seltsamen Kontrast zwischen diesen beiden Frauen, von denen jede versuchte, sich in vollkommenere Sympathie mit der anderen zu versetzen, während beide mit jedem Schritt die Distanz, die sie trennte, vergrößerten.

Es war ein großartiger Tag, als die Königin in Begleitung von Walpurga und dem Kronprinzen zum ersten Mal ausritt.

„Du bist tausendmal schöner, wenn du draußen bist, an der frischen Luft. In den dunklen Räumen wusste ich nie, wie schön du warst", sagte Walpurga zur Königin, die gleich darauf etwas zu tun hatte Sagen Sie auf Französisch der Gräfin Brinkenstein, die neben ihr saß.

„Darf ich Sie um einen Gefallen bitten, gnädige Königin?" sagte Walpurga.

„Sicherlich. Was ist das?"

„Ich glaube, es tut dem Kind weh, vor ihm Kauderwelsch zu reden. Eine junge Seele wie seine versteht es, auch wenn sie nicht sprechen kann, und es scheint mir, dass es sein kleines Gehirn verwirren muss. Ich weiß kaum, wie ich es dir sagen soll; aber ich Ich fühle es in meinem eigenen Kopf, und was auch immer mich berührt, wirkt sich auch auf das Kind aus.

„Sie hat recht", sagte die Königin zu Gräfin Brinkenstein, „bis das Kind perfekt sprechen kann, sollte es keine Sprache außer seiner Muttersprache hören."

„Das ist es – Muttersprache", rief Walpurga, „du hast es getroffen. Ich hatte es auf meinen Lippen, aber ich konnte nicht daran denken; das ist genau das Wort. Ich bin sozusagen derselbe." als Mutter für das Kind und so – nicht wahr?"

„Ja, gewiss. Es soll in allen Dingen so sein, wie du sagst. Sorge dafür, mein lieber Brinkenstein, dass danach nichts als Deutsch vor dem Prinzen gesprochen wird. Niemand kann sagen, welche Geräusche in die Seele dringen mögen, wie doch ist es nur halb erwacht."

Walpurga war begeistert. Jetzt würde es kein Geschwätz mehr geben, wenn sie da wäre, denn wo auch immer das Kind war, da war es.

Mademoiselle Kramer steigerte ihre Freude noch, indem sie ihr mitteilte, dass sie in wenigen Tagen zum Land, also zum Sommerpalast, aufbrechen würden.

KAPITEL XIII.

In der Zwischenzeit gab es einen besonderen Grund, Walpurga und den Fürsten in der Stadt festzuhalten.

Baron Schöning hatte eines Tages beim Frühstück darüber gesprochen, und der Vorschlag, der als Scherz gemacht worden war, wurde gut aufgenommen. Die Millionen, die ihren zukünftigen Herrscher unbedingt sehen wollten, sollten durch die Arbeit eines Augenblicks befriedigt werden. Es wurde beschlossen, dass es ein Foto des Kronprinzen geben sollte, der auf den Händen des Volkes getragen wird, wobei Walpurga das Volk repräsentiert. Sie brachte verschiedene Einwände gegen die Idee vor und sagte, es sei falsch, ein Kind unter einem Jahr in einen Spiegel schauen zu lassen, und es sei völlig falsch, ein Abbild davon nehmen zu lassen. „Solange man ein Kind nicht ins Glas schauen lässt, kann es sich selbst in der Hohlkehle seiner linken Hand sehen." Als sie feststellte, dass ihr Widerstand nutzlos war, zog sie ihr bestes Kleid an. Der Kronprinz sah sehr hübsch aus, und da er bereits blondes lockiges Haar hatte, nahm der Künstler seine Mütze ab.

Die ersten Versuche, das Abbild zu erhalten, scheiterten. Wann immer sie die Stimme aus dem dunklen Raum hörte, erschrak Walpurga und bildete sich ein, dass Hexerei im Gange sei. Sie wurde immer aufgeregter, doch schließlich spielte auf Schonings klugen Vorschlag hin ein Pianist im Nebenzimmer Walpurgas Lieblingslied. Sobald sie es hörte, konnte sie nicht anders, als mitzustimmen. Ihr Gesichtsausdruck – und auch der des Kindes – wurde fröhlich und ungezwungen. Heureka! Das Bild war ein Erfolg.

Die Fahrten durch die Stadt waren schön gewesen, aber das Schönste von allem sollte jetzt kommen.

Es war ein heller, milder Nachmittag, als sie losfuhren. Obwohl es seit einiger Zeit nicht mehr geregnet hatte, war die Straße staubfrei, da vor dem Gerichtswagen Sprinkleranlagen angebracht waren.

Walpurga saß mit dem Prinzen und der Königin in einem offenen Wagen. Es war das erste Mal, dass sie durch die Dörfer und auf die Felder ritt. Sie blickte auf die Menschen, die aus den Fenstern schauten oder auf den Schwellen der Häuser am Straßenrand saßen, auf die Kinder, die stehen blieben und grüßten, und dann wieder auf die Arbeiter auf den Feldern. Sie lächelte immer wieder, nickte und zwinkerte in alle Richtungen. Die Königin fragte:

„Was fehlt dir? Was ist los?"

„Oh, verzeihen Sie mir, Königin; aber hier fahre ich in einer Kutsche und vier, und dort drüben arbeiten und schuften Leute wie ich, und ich weiß, wie die Rücken der Frauen vom Ausgraben der Kartoffeln schmerzen, und während ich vorbeifahre Als ob ich jemand wäre, der besser ist als sie, kommt es mir so vor, als müsste ich sie alle um Verzeihung bitten, dass ich so vorbeigeritten bin. Ich habe das Gefühl, als müsste ich sagen: „Macht nichts, wenn das Jahr vorbei ist. " „Ich werde derselbe sein wie du; die Kleidung, die ich trage, die Kutsche und die Pferde, nichts davon gehört mir; sie sind alle geliehen." „Ah, liebe Königin, vergib mir, dass ich dir das sage, aber du verstehst alles und weißt es am besten zu erklären. Ich schütte dir mein ganzes Herz aus", sagte Walpurga lächelnd.

„Ja, ich verstehe, was du meinst", antwortete die Königin; „Und es ist klug von Ihnen, sich auf die Rückkehr in Ihr Zuhause zu freuen. Der Gedanke, dass Sie sich dort möglicherweise nicht zufrieden geben könnten, hat mich oft beunruhigt. Glauben Sie mir, wir, die in Kutschen fahren, sind nicht besser dran als diejenigen, die gehen barfuß durch die Stoppeln dort.

„Ich weiß es", sagte Walpurga. „Niemand kann sich satt essen, wie mein Vater immer sagte, und Königinnen müssen ihre Kinder in Schmerz und Trauer zur Welt bringen, genau wie wir alle; niemand kann sie davor retten."

Die Königin antwortete nicht und blickte auf die andere Seite der Kutsche.

Gräfin Brinkenstein bedeutete Walpurga, zu schweigen; Denn obwohl es schwierig war, sie zum Reden zu bewegen, wusste sie doch nicht, wann sie aufhören sollte, als sie einmal angefangen hatte.

Die Königin schwieg nur, weil sie der Gräfin Brinkenstein etwas auf Französisch sagen wollte und auf Walpurgas wertvolle Ermahnung davon abgesehen hatte.

„Mein liebes Kind", sagte die Königin schließlich, „ich würde gerne alles aufgeben, wenn ich wüsste, dass ich damit die Menschheit glücklich und zufrieden machen könnte. Aber was würde es nützen! Geld würde den Menschen nicht helfen, und es sind nicht wir, die diese Ungleichheit herbeigeführt haben. Gott hat es so angeordnet."

Walpurga hätte ihr leicht antworten können, hielt es aber für das Beste, etwas für morgen aufzubewahren; denn ihr Vater hatte oft gesagt: „Es ist nicht gut, alle Fische an einem Tag zu fangen." Sie schwieg daher.

Die Königin fühlte sich durch ihr Versprechen, in Walpurgas Gegenwart kein Französisch zu sprechen, stark eingeschränkt. Es gab vieles, was sie sagen wollte und was die Bäuerin nicht interessierte.

„Wie schön! Wie schön ist die Welt", murmelte sie vor sich hin und schloss dann die Augen, als wäre sie erschöpft von der Pracht, die sich nach ihrer langen Abgeschiedenheit vor ihnen geöffnet hatte. Und während sie dort lag, den Kopf zurück auf das Kissen geworfen, sah sie aus wie ein schlafender Engel, so friedlich, so zärtlich, als wären Mutter und Kind in einem.

„Die weichen Kissen lassen mich fast glauben, ich sitze auf Wolken", sagte Walpurga, als sie das Ziel ihrer Reise erreichten.

Sie war unsäglich glücklich auf dem Land. Die weite Aussicht, der klare Himmel, die Berge, der große und schöne Garten mit seinen bequemen Sitzgelegenheiten, die Springbrunnen, die Schwäne – alles entzückte sie. Etwa eine Viertelmeile entfernt gab es auch einen schönen Milchbauernhof, dessen Kuhstall viel schöner war als die Tanzfläche im Gasthof Chamois.

Walpurga war den größten Teil des Tages im Freien. Die Königin lebte allein für ihr Kind, und Walpurga war wieder gesprächig und natürlich. Alle Affektiertheiten, die sie sich in der Stadt angeeignet hatte, waren von ihr verschwunden.

In ihrem ersten Brief nach Hause – den sie nun selbst schreiben konnte – sagte sie: „Wenn ich dich nur einen Tag hier hätte, um dir alles zu erzählen; denn wenn der Himmel nichts als Papier und unser See nichts als Tinte wäre.", ich könnte nicht alles aufschreiben. Wenn es nur nicht so weit weg wäre, Hansei, ein Pfund Fisch kostet hier doppelt so viel wie bei uns. Wir wohnen jetzt im Sommerpalast und denk mal, Mutter, was So ein König hat. Er hat sieben Paläste, und sie sind alle möbliert, jeder mit hundert Betten, Zimmern, Küchen und alle sind gefüllt, und wenn sie von einem Palast zum anderen gehen, brauchen sie keine Gabel zu nehmen oder einen Löffel dabei. Hier ist alles aus Silber, und der Arzt und der Apotheker und der Prediger und die Hofleute und die Pferde und die Kutschen ziehen alle mit uns hierher. Hier im Palast ist eine ganze Stadt, und ich habe die bestes Bier und mehr, als mir lieb ist; und wenn man morgens aufsteht, ist alles so ordentlich und sauber wie ein frisch gelegtes Ei. Es gibt kein Blatt auf den Wegen, und dann ist da noch ein Haus, ganz aus Glas. Die Blumen leben darin; aber ich traue mich nicht hineinzugehen, weil es dort zu heiß ist. Sie halten es das ganze Jahr über beheizt, und es ist voller großer Palmen und anderer Bäume aus dem Osten, und im Teich gibt es einen Brunnen, und das Wasser steigt bis zur Höhe unseres Kirchturms. Und denken Sie nur an alles, was ein solcher König haben kann. Den ganzen Tag über, wenn die Sonne scheint, gibt es dort einen Regenbogen, mal oben, mal unten. Natürlich kann weder er noch sonst jemand die Sonne erschaffen; und sie alle geben ihr Bestes, um mir zu gefallen. Ich kann kaum sagen, dass mir etwas gefällt, bevor sie es mir sofort geben.

„Die Königin ist für mich wie eine Begleiterin. Genau wie du, Stasi. Ich wünsche dir viel Freude bei deiner Hochzeit. Ich habe davon nur von Zenza gehört. Du sollst ein Hochzeitsgeschenk von mir bekommen; sag mir Bescheid, was du möchtest." Ich möchte es gerne haben. Aber jetzt bitte ich Sie, erzählen Sie mir einfach, wie es meinem Kind geht. Es hat mir nicht gefallen zu wissen, dass Sie es auf der Metzgerwaage gewogen haben und dass es so schwer ist. Das hätte ich nicht getan Dachte, Mutter, dass du es zugelassen hättest, oder dass du, Hansei, dem Wirt nachgegeben hättest. Hüte dich vor dem Kerl. Erst letzte Nacht habe ich geträumt, dass du und er über den See ruderten, und dass er umklammerte dich und zerrte dich ins Wasser. Dann war alles vorbei. Und dann erschien die Dame vom See, und sie sah aus wie die gute Gräfin, die jetzt weg ist. Sie ist die beste Freundin, die ich hier habe, und hat versprochen, dich auf ihr zu besuchen vor langer Zeit. Du kannst ihr alles sagen und ihr alles geben, als wäre es ich selbst. Sie haben mir gerade mein Abendessen gebracht. Ach, liebe Mutter, wenn ich dir nur etwas davon geben könnte. Es gibt hier so viel Gutes und es bleibt immer so viel übrig. Lass dir nichts mangeln, auch Hansei und am allerwenigsten meinem Kind, denn wir können es uns jetzt leisten, Gott sei Dank! Und ich möchte noch lange bei dir sein, liebe Mutter. Es macht mir oft ein schlechtes Gewissen, dass ich keine Mutter sein kann – ich meine keine wahre Mutter; aber wenn ich nach Hause komme, werde ich alles wiedergutmachen, was mein Kind betrifft; und Hansei, lege dein ganzes Geld auf Zinsen, bis ich nach Hause komme; Denken Sie daran, es gehört nicht uns, sondern unserem Kind, dem wir seine Mutter entziehen.

„Mademoiselle Kramer, die den ganzen Tag bei mir ist, wurde hier geboren. Sie wäre lieber in der Stadt, und sie sagt, dass es hier früher viel schöner war als jetzt; dass früher alles wie der kleine Garten dort drüben war, wo es Wände und Räume mit Türen und Fenstern gibt, alles aus Sträuchern. Es ist alles sehr hübsch und ich gehe gerne dorthin, aber wenn ich ein paar Minuten dort bin, erschrecke ich mich fast zu Tode: denn ich fühle mich, als ob ich und die Bäume waren verzaubert, und ich entkomme so schnell ich kann. Mademoiselle Kramer ist eine sehr gute Person, aber nichts ist ganz nach ihrem Geschmack. Sie ist ihr ganzes Leben lang an Reiten und gutes Essen und Herumsitzen gewöhnt; und Mutter, Denken Sie nur daran, was ich hier gegessen habe – lebendes Eis! Die Leute hier sind so schlau, dass sie Eis konservieren und es so zubereiten können, dass man es essen kann. Ja, wenn das den Appetit stillen könnte, gäbe es keine hungrigen Menschen bei uns im Winter oder auch im Sommer weiter oben in den Bergen. Und Mutter, du hast mir einmal ein Märchen von Wänden erzählt, die Ohren haben; aber das ist keine Fabel, es ist wahr und ganz natürlich. Sie haben Sprechtrompeten, die durch den ganzen Palast laufen, und man kann durch sie sprechen, und wenn ich etwas in meinem Zimmer haben möchte, muss ich nur an die Wand gehen und es sagen, und in einer Minute ist es soweit Dort.

„Dies ist ein wunderschöner Tag und das lässt mich denken, dass es Ihnen genauso gut geht wie uns und dass dieselbe Sonne, die hier auf uns scheint, auch auf Sie scheint.“

„Das Hauptgeschäft hier ist das Spazierengehen. Jeder muss hier spazieren gehen. Sie nennen es Bewegung, damit sie ihren Appetit anregen und ihre

Glieder nicht steif werden. Sie gehen sogar mit den Pferden spazieren, wenn es nichts für sie gibt." zu tun. Frühmorgens reiten die Pferdepfleger einen langen Weg mit ihnen aus und kommen dann nach Hause. Ich wünsche mir oft, dass die Pferde mich nur für eine Stunde nach Hause bringen könnten. Ich habe oft Heimweh, aber ich bin gesund und munter und hoffe nur So ist es auch bei Dir. Deinem

„ WALPURGA .

„Nachschrift. – Warum haben Sie kein Wort über das kleine goldene Herz erwähnt, das meine Gräfin meinem Burgei geschickt hat? Und niemand soll mir noch weitere Petitionen schicken oder zu mir kommen. Ich werde keine weitere erhalten . So lange ich lebe, wird es mir leidtun, dass ich etwas mit Zenza und Thomas zu tun habe; aber vielleicht ist alles zum Besten, und vielleicht ist es ihm besser gegangen. Denke nicht lange darüber nach, lieber Hansei, aber ich Ich bitte Sie noch einmal, sehr wenig mit dem Heer der Gämsen zu tun zu haben. Er ist ein Schurke, und noch dazu ein gefährlicher, aber Sie brauchen ihm nicht zu sagen, dass ich das sage, denn ich will den bösen Willen von ihm Niemand. Ich grüße alle guten Freunde. Ich muss jetzt aufhören, meine Hand ist beim Schreiben ziemlich steif.

„Stopp! Ich muss noch einmal von vorne beginnen. Ich schicke dir ein Bild von mir und meinem Prinzen. Es wurde in einer Art Peepshow aufgenommen, bevor wir hierher kamen, und jetzt, solange die Welt besteht, werden der Prinz und ich es immer tun Sei zusammen, und ich werde ihn in meinen Armen halten. Aber ich bin immer noch bei dir, lieber Hansei, und bei dir, liebe Mutter, und vor allem bei meinem lieben Kind, das ich in meinem Herzen trage, wo es niemand kann Schauen Sie. Zeigen Sie das Bild niemandem.

„Aber, mein Lieber! Was nützt es, wenn du es nicht zeigst? Mademoiselle Kramer erzählt mir, dass sie hunderttausend Bilder von mir und dem Prinzen gemacht haben, und jetzt hänge ich in allen Geschäften auf, und Wohin ich auch gehe, sie kennen mich sowie den König und die Königin, deren Bilder neben mir hängen. Ich habe das Gefühl, ich wollte, dass mich niemand jemals wieder sieht, aber wenn ich daran denke, ist es doch wirklich eine Ehre. Ich bin jetzt draußen in der Welt und muss sie mit mir machen lassen, was sie wollen.

„Aber ich werde dir immer treu bleiben, und ich bin nirgendwo anders zu Hause als bei dir und bin immer in Gedanken da."

KAPITEL XIV.

„Wie geht es, Walpurga?" fragte Baum eines Morgens, als die Krankenschwester aus dem Fenster im Erdgeschoss schaute.

„Oh mein Gott", antwortete sie, „das ist ein wahres Paradies."

"In der Tat!"

„Könnte es im Paradies noch schöner sein? Die Menschen leben ohne Sorge und haben nichts anderes zu tun als zu essen und zu trinken und zu lachen und spazieren zu gehen."

„Da hast du recht; aber noch schöner war es im Paradies, denn dort konnte Vater Adam nicht die Frau eines anderen Mannes begehren, da er die einzige auf der Welt war."

„Was für seltsame Vorstellungen Sie haben", sagte Walpurga lachend; und Baum fügte geschmeichelt hinzu:

„Im Paradies hatten sie keine Verwendung für Diener, keinen Kutscher, keinen Koch, kein Haus, keine Kleidung. Es gab keine Stiefel zum Reinigen, weil es keine gab, und es gab keine Mäntel und Hemden zum Weben, Nähen und Flicken." ."

„Du schreckliches Geschöpf", rief Walpurga. Es kam ihr vor, als hätten Baums Worte ihr fast die Kleider vom Leib gerissen; ihr Gesicht war purpurrot. Baum antwortete schnell:

„Es tut mir leid, dass ich in deinen Augen so schrecklich aussehe. In meinen Augen bist du so schön, dass ich-" Er wurde von einem Diener unterbrochen, der ihn wegrief.

Walpurga zog sich schnell ins Zimmer zurück. Sie war wütend auf Baum. Wie könnte jemand eine solche Sprache gegenüber einer verheirateten Frau verwenden? „Und doch", dachte sie mit einem selbstgefälligen Lächeln, „ist Baum schließlich ein wohlerzogener Mensch; und warum sollte man nicht ab und zu einen Witz machen?" Sie schaute einen Moment in den großen Spiegel und lächelte.

„Ja, wenn Hansei dich wiedersieht, wird er dich kaum wiedererkennen; es ist der gute Lebensunterhalt, der es ausmacht. Aber ich werde mir jeden Tag sagen: ‚Das wird nicht lange dauern, du bist hier nur für eine angestellt.' „Aber Tanzen ist schön, auch wenn der Tanz nicht lange dauert", sagte Walpurga, als wollte sie sich trösten. Alle möglichen Tanzmelodien fielen ihr ein und sie summte sie dem Prinzen immer wieder vor.

Walpurga streifte wie im Traum durch den wunderschönen Park. Sie stellte sich vor, dass die Bäume, der Himmel und die Vögel alle verzaubert und in einer fremden Welt wären; dass sie plötzlich aufwachen und alles verschwinden würde. Aber alles ging seinen ruhigen Lauf, jeder Tag so schön wie der vorangegangene, wie die Sonne, die jeden Tag aufs Neue aufgeht, die Blumen, die ständig ihren Duft verströmen, oder der Frühling, der nie aufhört zu fließen.

Walpurga hatte eine besondere Vorliebe für Mademoiselle Kramers Vater, der Gouverneur des Schlosses war. Er war ein ehrwürdiger Mann, der in seiner kleinen Hütte wunderschöne Blumen züchtete, und sie konnte mit ihm wie mit ihrem eigenen Vater reden.

Walpurga saß den größten Teil des Tages im Freien. Mademoiselle Kramer war immer bei ihr und zwei Dienerinnen in Bereitschaft. Auch die Königin gesellte sich oft zu ihnen.

Die Königin hatte einen wunderschönen schneeweißen Setter, den das Kind besonders liebte. Walpurga bat sie, dem Prinzen oft den Hund zu überlassen, denn es sei gut für ein Kind, ein lebendes Tier um sich zu haben.

„Sie hat recht", sagte die Königin und wandte sich an die Hofdame an ihrer Seite; „Tierleben weckt das menschliche Bewusstsein."

Walpurga starrte sie überrascht an. Die Königin hatte gesagt, sie hätte recht, fügte aber Worte hinzu, die sie nicht verstand.

„Sehen Sie nur", sagte sie zur Königin, „wie sehr die Bienen unser Kind lieben. Sie werden ihm nichts tun – Sie brauchen sich keine Sorgen zu machen. Die Biene ist das einzige Geschöpf, das unverwöhnt aus dem Paradies kam." "

Die Königin zeigte sich erfreut über die Art und Weise, wie Walpurgas Gedanken mit der Tradition verwoben waren.

Walpurga bemerkte, dass die Königin nur über wenig weltliche Weisheit verfügte, und gewährte ihr den Vorteil, wann immer sich eine Gelegenheit bot.

"Weißt du was das ist?" fragte sie einmal, während sie im Gebüsch saßen.

"Ein Baum."

„Ja, aber wissen Sie, dass es ein heiliger Baum ist und dass der Blitz nicht dort einschlägt, wo er wächst?"

„Nein, das wusste ich nie."

„Und dann weißt du natürlich nicht warum. Nun erzählte mir meine Mutter alles. Die Jungfrau überquerte einmal einen Berg und geriet in einen schrecklichen Sturm. So stand sie unter einem großen Haselnussbaum und blieb in Sicherheit , und weil es sie beschützt hatte, segnete sie es für alle

Zeiten. Aus Haselzweigen kann man Zauberstäbe herstellen. Der Schlangenkönig wohnt unter dem Haselbaum und manchmal unter der Trauerweide. Wissen Sie, warum die Trauerweide? lässt so traurig seine Zweige fallen?“

„Nein, das weiß ich auch nicht. Du bist voller Weisheit“, sagte die Königin lächelnd.

„Ich bin es nicht, aber meine Mutter schon. Ich weiß nicht halb so viel wie sie. Sie ist sehr klug und hat mir von der Trauerweide erzählt. Die Ruten, mit denen sie unseren Erlöser gegeißelt haben, waren aus der Trauerweide gemacht und Seitdem lässt sie vor Scham ihre Zweige hängen.

Walpurga war sehr froh, dass sie der Königin etwas beibringen konnte. Sie hatte das Gefühl, dass sie ein ganz anderes Wesen war als alle anderen im Palast und dass die Königin die einzige war, die sie verstand. Sie war immer glücklich und fröhlich, wenn sie bei ihr war, und öffnete der Königin ihr ganzes Herz. „Du bist ein ganz Fremder auf der Welt; du hast in deinem ganzen Leben noch nie gesehen, wie die Bürger und Bauern eines Abends in ihren Stuben sitzen, was sie essen, worüber sie reden, was sie sich wünschen und …“ Was sie glücklich macht oder ihnen Schmerzen bereitet. Ich hörte einmal, wie mein Vater eine Geschichte erzählte. Es handelte von einem Prinzen und einer Prinzessin, die als Hirten aufwuchsen und erst als Erwachsene wussten, wer sie waren, als sie es sagten zu ihm: „Du bist ein Prinz“, und zu ihr: „Du bist eine Prinzessin“, und sie wurden wirklich gute und ehrliche Menschen. Natürlich waren sie in der Welt gewesen und hatten gelernt, wie Menschen leben und was Sie brauchen. Ich wünschte nur, wir könnten unseren Prinzen auf die gleiche Weise hinausschicken. Ich denke, es wäre gut für ihn und auch für das ganze Land. Wenn dir die Diener den ganzen Tag hinterherlaufen, ist es, als ob du in einem wärst Gefängnis, die Menschen bilden eine lebende Mauer um dich herum.

„Wir können alle ehrlich und gut sein“, antwortete die Königin.

„Und machen Sie aus unseren Kindern gute Männer und Frauen“, fügte Walpurga hinzu. „Weißt du, was ich möchte? Ich möchte, solange ich lebe, alle Sorgen von dir nehmen und, wenn dich die Krankheit befällt, an deiner Stelle krank sein.“

„Ja, das ist sehr gut; aber lasst uns jetzt schweigen.“

Die Königin war ganz glücklich. Sie blickte bis auf den Grund des Herzens einer einfachen Bäuerin und in eine neue Welt, die sich ihr in ihrem Kind offenbarte.

Kapitel XV.

Baum nutzte jede Gelegenheit, mit Walpurga zu sprechen. Er war in tiefer Trauer; Seine Frau war schwer krank und Walpurga bemühte sich, ihn zu trösten. Im Gegenzug schenkte Baum all ihren Beschwerden ein offenes Ohr, denn sie hatte gerade von zu Hause gehört, dass Zenza jegliches Wissen über das kleine goldene Herz, das Gräfin Irma dem Kind geschickt hatte, bestritt.

„Ah, und deine Gräfin hat also noch ein goldenes Herz zu verschenken", sagte Baum mit spöttischer Stimme. „Du solltest froh sein, einen solchen Freund zu haben."

„Und das bin ich auch. Oh, wenn sie nur wieder hier wäre, dann wäre es ein wahres Paradies. Ich mache mir keine Sorgen, dass Zenza das goldene Herz wegnimmt; es muss ein paar schlechte Menschen geben, sonst wäre die Welt so zu schön."

„Und ich sage dir, es ist nur ein halbes Leben, wenn der König weg ist. Warte einfach, bis er zurückkommt, und schau, wie es dann sein wird. Wenn kein Mann da ist, ist es kein komplettes Haus."

Die Königin näherte sich und Baum zog sich zurück.

„Was hat dieser Mann zu dir gesagt?" fragte die Königin.

„Wir erzählten einander von unseren Sorgen; er hat große Sehnsucht nach dem König und ich, liebe Königin, habe große Sehnsucht nach meiner Gräfin Irma."

„Ich sehne mich auch nach ihr; aber sie hat darum gebeten, ihren Urlaub um weitere vierzehn Tage zu verlängern."

Friedlich und ruhig vergingen die Tage. Walpurgas Lieblingsurlaubsort lag in der Nähe der Milchfarm; Denn dort waren Kühe, und Kühe sind überall gleich, und sie wissen nicht, dass sie dem König gehören oder dass ihre Milch an seinem Tisch serviert wird.

Walpurga bemerkte dies eines Tages gegenüber Baum, der entdeckt hatte, dass er sie dort treffen könnte, und er antwortete:

„Oh, wie schlau du bist; wenn ich nur eine Frau wie dich gehabt hätte."

„Es gibt Dutzende wie mich."

„Oh, nicht so schlau wie du. Du könntest in der Welt weit kommen, wenn du nur wolltest."

„Wie weit soll ich gehen?" sagte Walpurga. „Ich will nach Hause und nicht weiter."

„Niemand wird dafür schlechter von dir denken, aber man kann ein neues Zuhause schaffen."

"Ich verstehe Sie nicht."

„Ich kann es jetzt nicht erklären. Gräfin Brinkenstein kommt. Treffen Sie mich im Gebüsch hinter der Kapelle, heute Abend, wenn sie alle bei Tisch sitzen, habe ich Ihnen etwas Gutes zu sagen."

Walpurga hatte keine Zeit zu antworten. Baum sah, wie sich Gräfin Brinkenstein näherte, gab dem Molkereiinspektor mit lauter Stimme einen Befehl des Oberkochs und ging dann schnell davon, wobei er die Gräfin im Vorbeigehen respektvoll grüßte.

Gräfin Brinkenstein erteilte Mademoiselle Kramer einen strengen Vorwurf, weil sie Walpurga erlaubt hatte, beim Prinzen zu stehen und mit den Dienern zu plaudern.

Mademoiselle Kramer gab keine Antwort und bedeutete Walpurga nur, in die weinumrankte Laube zu gehen.

Walpurga war damit beschäftigt, darüber nachzudenken, welchen Rat Baum ihr geben könnte. Er wusste viele Dinge und wusste vielleicht von einem klugen Schachzug, mit dem Hansei, ihre Mutter und das Kind in den Palast gebracht werden könnten. Aber Hansei wäre kein Lakai. Vielleicht könnten sie ihn jedoch zum Hoffischer oder Oberförster des königlichen Waldes machen.

Als es Abend wurde, war sie ganz unruhig. Es war nicht das Richtige für sie, ein heimliches Treffen mit einem anderen Mann als ihrem Ehemann zu haben; aber vielleicht wird der Ort morgen verschenkt, und dann wäre es zu spät. Sie saß am Fenster und blickte zu den Sternen auf. Ihre Wangen glühten, sie holte tief Luft.

"Was kränkt dich?" fragte Mademoiselle Kramer.

„Ich fühle mich so warm und bedrückt."

„Ich werde den Arzt holen."

„Ich brauche den Arzt nicht. Lass mich ruhig hier sitzen. Aber nein, lass mich ein paar Minuten im Garten auf und ab gehen, dann geht es mir besser."

„Das Dienstmädchen kann mitkommen."

„Nein, ich brauche niemanden; ich fühle mich besser, wenn ich alleine gehe."

„Aber ich bitte Sie, gehen Sie nicht zu weit und kommen Sie bald zurück. Sie haben heute gesehen, wie jeder Ihrer Fehltritte mir Vorwürfe einbringt."

„Ja, ich komme bald wieder."

Walpurga ging durch die Hintertür hinaus. Der Kies knirschte unter ihren Schritten und sie trat sanfter. Die Luft war erfüllt vom Duft der Blumen; Die Schwäne im See gaben einen seltsamen Ton von sich, der an einen tiefen, gedämpften Trompetenton erinnerte . Der Himmel funkelte mit unzähligen Sternen und als Walpurga gerade aufblickte, sah sie einen strahlenden Meteor und rief: „Hansei!"

In ihrem tiefsten Herzen wünschte sie sich nichts anderes als das Glück ihres Mannes. Sie hörte auf, als sie seinen Namen ausgesprochen hatte. Sie hatte das Gefühl, dass sie besser zurückkehren sollte. Sie war eine verheiratete Frau und sollte nachts keinen fremden Mann treffen, auch wenn es in der Nähe der Kapelle war.

Etwas lief über den Weg. War es eine Katze, ein Martin oder ein Wiesel?

„Kehre zurück", sagte eine innere Stimme, aber sie fuhr trotzdem fort. Sie erreichte die Laube. Baum trat hinter einer mit Weinreben bewachsenen Säule hervor. Er streckte ihr beide Hände entgegen und sie reichte ihm ihre eigenen. Er versuchte, sie näher an sich zu ziehen, aber sie blieb standhaft.

„Was hast du mir zu sagen?" fragte Walpurga.

„Nichts als das Gute. Du siehst, wir kleineren Leute müssen uns gegenseitig helfen, und du bist mir so wichtig, dass ich alles für dich tun könnte."

„Wenn Sie mir einen guten Dienst erweisen können, werde ich Ihnen mein Leben lang dankbar sein – ich, mein Mann und mein Kind. Sagen Sie es mir schnell, ich bin in Eile."

„Dann können wir es auf einen anderen Zeitpunkt verschieben."

„Nein, sag es mir jetzt. Was meinst du?"

„Ich habe eigentlich überhaupt nichts gemeint, aber du siehst, wir müssen immer auf andere warten, und so dachte ich, dass wir vielleicht eine Viertelstunde für uns alleine haben. Ich wollte dir nur sagen, dass du das Licht meines Lebens bist, meine Güte." Glück. Wenn ich dich ansehe und dir zuhöre, würde ich gerne tun – ich weiß nicht was und ich kann es nicht sagen."

„Es ist auch nicht nötig; und ich sage Ihnen, das ist sehr böse von Ihnen."

„Ist es böse, dass ich dich bis zur Ablenkung liebe?"

„Ja, und doppelt böse, dass du mich hier getäuscht und mich glauben gemacht hast, dass du mir etwas Gutes zu sagen hättest."

„Und das habe ich auch", sagte Baum schnell; „Vergib mir, was ich getan habe. Wenn du es tust, erzähle ich dir den Rest."

„Ja, ich werde dir verzeihen, aber beeil dich.“

„Nun“, sagte Baum mit großer Gelassenheit, „es ist einfach so: Wer an der Krippe steht und nicht isst, ist ein Narr. Verstehst du mich?“

„Natürlich; es braucht nicht viel, um das zu wissen.“

„Ja, aber Sie verstehen nicht, was ich meine. Ein Gericht wie dieses ist eine volle Krippe, und Sie werden ein großer Narr sein, wenn Sie weggehen, ohne genug genommen zu haben, um sich und Ihr Kind ein Leben lang zu sättigen.“

„Ich würde gerne wissen, wie das geht. Man muss jeden Tag essen und kann sich nicht ein Leben lang satt essen.“

„Sie sind schlau, aber vielleicht sind Sie es auch noch mehr. Hören Sie einfach zu! Was ich meine, ist Folgendes: Eine gute Position oder eine profitable Situation sollte einem die Chance geben, es sich ein Leben lang bequem zu machen. Der Pächter der Milchfarm.“ Ich werde nächstes Frühjahr oder spätestens im Herbst abreisen müssen, und ich denke, Sie sollten es mit der Königin und den anderen schaffen, damit Ihr Mann die Stelle bekommt, und dann könnten Sie Ihr ganzes Leben hier verbringen Leben und für dich und deine Familie wäre gut gesorgt. Glaub mir beim Wort, ich kenne die Qualität. Wenn du hier weggehst, ohne dir eine gute Situation gesichert zu haben, wird sich keine Katze an dich erinnern. Aber wenn du hier bleibst, wirst du Du wirst bis ans Ende deiner Tage gut versorgt sein, und je älter der Prinz wird, desto mehr wird er an dich denken; und wenn er König wird, wird er für dich, deine Familie, dein Kind und sogar deine Kinder sorgen Enkelkinder. Ist das ein böser Rat?“

„Nein, im Gegenteil, es ist sehr gut und ich werde es mir merken. Das wäre in der Tat Brot und viel Butter.“

„Oh, ich habe noch nie eine so vernünftige Frau gesehen oder gehört wie Sie. Sie haben etwas Besseres verdient, aber daran lässt sich nichts ändern, und wenn Sie hier bleiben, werde ich oft das Vergnügen haben, Sie zu sehen und zu sprechen.“ ein Wort mit dir, denn ich hoffe, wir werden gute Freunde; sollen wir das nicht tun?“

„Ja, in der Tat, und mein Hansei wird dir auch ein guter Freund sein. In seinem Körper ist kein falscher Tropfen Blut und er ist auch klug, nur ist er kein großer Redner; und er liebt mich genauso sehr wie Gold.“; er ist ehrlich und gutherzig, und ich werde nicht zulassen, dass jemand ein Wort gegen ihn sagt.

„Ich habe nichts gegen ihn gesagt“, antwortete Baum, und Walpurga musste zugeben, dass dies der Fall war; Dennoch konnte sie sich des Gefühls nicht erwehren, dass jedes Liebesangebot an die Frau eines anderen Mannes eine

Beleidigung für ihren Ehemann darstellt, denn es impliziert so deutlich, wie Worte es ausdrücken können: „Er ist nicht der richtige Mann, denn er hat diese und jene Fehler; Ich allein bin deiner würdig."

Mit einem tiefen Seufzer antwortete Baum:

„Oh, wenn man nur sein Leben verdoppeln könnte."

„Ich denke, ein Leben reicht für jeden Mann."

„Sicher, wenn man es nicht verschwendet hat. Man kann nur einmal leben, wissen Sie."

„Ja, in dieser Welt; aber in der nächsten beginnt es von neuem."

„Ich meine, auch in dieser Welt. Aber es ist sehr schwer, das sage ich Ihnen, wenn jemand sein ganzes Leben durch einen dummen Fehler verschwendet hat. Muss man das ertragen und keinen Versuch unternehmen, es zu ändern? Wir haben uns beide einen Fehler gemacht.

"WHO?"

„Während ich Soldat war, lernte ich den Kammerdiener des verstorbenen Königs kennen. Er mochte mich sehr und hatte große Freude daran, mir weiterzuhelfen; aber er wusste genau, was er vorhatte. Ich hielt es für ein wunderbares Glück , als ich herausfand, dass ich seine Tochter heiraten sollte. Es war erst zu spät, als ich entdeckte, dass sie kränklich und gereizt war und keinen gesunden Tropfen Blut in ihrem Körper hatte. Und dass mein ganzes Leben wegen dieses Fehlers verschwendet werden sollte „Und gibt es für mich keine Liebe mehr auf der Welt? Und bei dir ist es genauso; bei uns beiden, dir und mir – aber warum sollte es schon jetzt zu spät sein?"

„Das sind wirklich hübsche Witze! Aber sie sind nicht nach meinem Geschmack. Es ist falsch, über solche Dinge zu reden."

„Ich mache keine Witze. Sollen uns alle Freuden der Erde verloren gehen, nur weil wir einmal einen Fehler gemacht haben? In diesem Fall wären wir doppelt dumm."

„Ich sehe, dass du es ernst meinst."

„Sicherlich bin ich das", sagte Baum, seine Stimme zitterte vor Emotionen.

„Also gut. Hören Sie einfach zu, was ich zu sagen habe. Wie können Sie es wagen, meinen Hansei auf diese Weise zu beleidigen? selbst wenn du besser aussahst oder besser erzogen wärst als mein Hansei, und davon bist du weit entfernt, das sage ich dir. – Aber das spielt keine Rolle, so oder so. Es gibt keinen besseren Mann als meinen Hansei , und selbst wenn es einen gibt, bedeutet er mir nichts; wir sind Mann und Frau und gehören einander. – Aber es war ja doch nur ein Scherz, nicht wahr? Und ein gewaltiger Blödsinn noch dazu. Sagen Sie, dass Sie es nur zum Spaß gemeint haben, denn wenn ich denken würde, dass Sie es ernst meinen, würde ich nie wieder ein Wort mit Ihnen sprechen; und jetzt – Gute Nacht."

„Nein, warte einen Moment. Jetzt, wo ich weiß, wie gut du bist, denke ich umso mehr von dir. Wenn ich nur eine Frau wie dich hätte!"

Baum war sehr aufgeregt. Anfangs hatte er sich nur mit freundlichen Worten herumgeschlagen, aber seine Stimme hatte nach und nach einen aufgeregten und rührenden Ton angenommen.

„Ich gebe dir etwas", sagte Walpurga und legte ihre Hand auf seine Schulter.

„Was ist das? Ein Kuss?"

„Raus! Reden Sie nicht so. Sie haben sich einfach so gut benommen. Jetzt erzähle ich Ihnen etwas, was meine Mutter mir beigebracht hat. Sie sagt immer, dass derjenige, der mit dem, was er hat, nicht zufrieden ist, unzufrieden sein wird." selbst wenn er hätte, was er sich wünschte.

„Hat dir deine Mutter das erzählt?"

„Ja, und sie kennt noch viele andere gute Sprüche, und ich freue mich, dass dir dieser von Nutzen sein wird; er wird dir guttun."

„Natürlich – aber jetzt gib mir nur einen Kuss, weil ich so gut war."

„Was für ein dummer Kerl du bist", sagte Walpurga; „Du sagst, dass du gut bist, und im nächsten Moment willst du etwas Böses als Belohnung. Ich bin eine verheiratete Frau und wenn du mir einen ganzen Palast mit allem, was darin ist, und sieben Paläste außerdem geben würdest, ich „Ich würde keinen Mann außer meinem Mann küssen. Da werde ich dir die Hand schütteln – und jetzt – gute Nacht."

Sie trennten sich mit dem gegenseitigen Versprechen, gute Freunde zu bleiben.

Walpurga fand Mademoiselle Kramer in großen Schwierigkeiten. Das Kind weinte und ließ sich nicht beruhigen, bis Walpurga ihm etwas vorsang.

Unterdessen kehrte Baum in den Palast zurück. Er biss sich verärgert auf die Lippen und dachte bei sich: Was für ein einfaches, dummes Geschöpf so eine Bäuerin ist. Und sie ist wunderschön; Ich kann warten; Ich kenne den langen Weg; Sie soll noch gezähmt werden.

Viele Tage lang ging Walpurga an Baum vorbei, ohne aufzublicken, und auch er wirkte schüchtern; aber eines Tages, als sie auf der Bank saß, sagte er schnell im Vorbeigehen:

„Du musst nicht böse auf mich sein. Ich wusste nicht, dass ich dich beleidigt habe, und wenn ja, bitte ich dich um Verzeihung."

Walpurga blickte erleichtert auf. Baum nickte ihr zu und eilte davon.

Kapitel XVI.

Der König war aus den Bädern zurückgekehrt. Er wurde mit großer Zeremonie empfangen, aber er und die Königin zogen sich bald aus der Gesellschaft zurück und begaben sich in die Gemächer des Kronprinzen. Die Eltern standen mit gefalteten Händen neben der Wiege des schlafenden Kindes. Ihre Blicke ruhten aufeinander und dann auf dem Prinzen.

„Kann es eine größere Freude geben, als so das Kind zu sehen, dessen Leben zu unserem gehört und ein Teil davon ist?" flüsterte die Königin leise.

Der König umarmte sie.

Das Kind erwachte; Seine Wangen glühten, seine Augen leuchteten.

Walpurga hatte inzwischen in einer Ecke gesessen und leise geweint; aber jetzt musste sie zu dem Kind gehen. Der König ging; die Königin blieb bei ihr.

„Du hast geweint?" fragte die Königin.

„Es war aus Freude, nichts als Freude. Könnte es etwas Schöneres geben, als wie ihr dort zusammenstandet?"

„Ich werde deinen Mann zu dir kommen lassen", antwortete die Königin; „Schreiben Sie ihm, er solle kommen, und sagen Sie ihm, dass auch Ihre Mutter und Ihr Kind kommen könnten."

„Ja, liebe Königin, es wäre sehr schön, aber es würde einen hübschen Cent kosten." Verwundert darüber, dass jemand aus Kostengründen auf ein Vergnügen verzichten musste, blickte die Königin auf und sagte:

„Gehen Sie zum Zahlmeister und holen Sie das Geld. Würden hundert Gulden ausreichen?"

„Oh! Mehr als genug! Aber wenn die Königin mir das Geld geben würde, könnten wir es besser nutzen."

Die Königin sah Walpurga an, als wäre sie schockiert darüber, dass Geiz selbst in einfachen Herzen die edelsten Gefühle zerstören kann.

Walpurga bemerkte die Veränderung im Gesichtsausdruck der Königin und sagte:

„Ich werde Ihnen ehrlich sagen, warum ich es nicht will, auch wenn es nichts kostet. Mein Mann ist ein guter Mann, aber er ist nur ein bisschen unbeholfen, und es würde ihn zutiefst betrüben, wenn es jemand tun würde lachen Sie ihn aus. Und es wäre zu viel von der Mutter zu erwarten, denn sie ist über sechzig Jahre alt und hat das Dorf seit ihrem Hochzeitstag nicht verlassen – also nicht weiter als Hohenheiligen, drei Meilen von uns entfernt

Ort, an den sie pilgerte. Auch wenn es nur eine Tagesreise wäre, ist sie in der ganzen Zeit nicht ein einziges Mal nach Hause gegangen; und deshalb denke ich, dass es ihr schaden könnte, wenn sie woanders hingebracht würde, selbst wenn das der Fall wäre Nur für ein paar Tage. Das Beste wäre, wenn wir alle in der Nähe des Königs bleiben könnten. Ich bin sicher, wir würden uns gut um die Milchfarm kümmern. Mein Mann weiß alles über Rinder, er war für viele Cowboy Jahre und danach Hirte auf den Bergwiesen.

Walpurga sprach, als wüsste die Königin alles über den Plan, aber die Königin war so von dem Gedanken an ihr häusliches Glück erfüllt, dass sie kein Wort von dem hörte, was gesagt wurde.

Tage vergingen, und Walpurga, die nichts von dem Reisegeld erhalten hatte, das ihr die Königin versprochen hatte, wagte es nicht, den Hofzahlmeister darum zu bitten. Sie wollte Baum zeigen, dass sie noch immer mit ihm freundschaftlich verbunden war, und erzählte ihm, was passiert war.

„Das Beste, was du tun kannst", sagte er mit kluger Miene, „ist, ein so kleines Geschenk nicht anzunehmen. Wenn du es tust, werden sie denken, sie hätten dich erledigt; verliere das Wesentliche nicht aus den Augen." Zufall, und das ist die Farm.

Walpurga war Baum aufrichtig dankbar. Es war ein großes Glück, dachte sie, einen Freund im Palast zu haben, der, als der König noch Prinz war, mit ihm durch Italien und Frankreich gereist war und wusste, wie man mit so hohen Leuten umgehen sollte.

Der Palast schien seine ruhige Art der letzten Wochen abgelegt zu haben. Alles war Leben und Geschäftigkeit. Vom frühen Morgen bis spät in die Nacht waren Gelächter und Gesang zu hören. Bunte Lampen hingen von den Bäumen und nachts wirkten die funkelnden Lichter in der Ferne wie Teil einer Märchenszene.

Am frühen Morgen konnte man mit Proviant beladene Wagen hin und her fahren sehen. Heute würde der Hof auf einer bewaldeten Anhöhe speisen; morgen, in einer Schlucht oder in der Nähe eines Wasserfalls.

Der König war seiner Frau gegenüber voller Freundlichkeit und Aufmerksamkeit, und die Königin war in seinen Augen noch nie so liebenswert gewesen wie jetzt, so erhaben durch mütterliches Glück und eheliche Zuneigung.

In den von Walpurga und Mademoiselle Kramer bewohnten Gemächern war von diesem Vor- und Aufbruchtreiben nichts zu hören. Sie wussten einfach, dass „für diesen Tag alles außer Kontrolle geraten war".

Morgens, als der Tag noch jung war, und abends, während der sanfte Tau fiel, konnte man oft den König und die Königin Arm in Arm im Park schlendern sehen, zu solchen Zeiten auch die Damen und Herren würde in der Nähe des Palastes bleiben.

Eines Abends, als der König und die Königin so zusammen gingen und sich vertraut unterhielten, sagte die Königin:

„Wie herrlich ist es, so auf deinen Arm gestützt zu sein, die Augen zu schließen und sich von dir führen zu lassen. Du kannst dir nicht vorstellen, was mir das nützt."

Obwohl der König sich über ihre Hingabe erfreut zeigte, sagte ihm eine innere Stimme, dass diese Sensibilität unköniglich sei. Wie anders--

Nein, er würde es sich nicht erlauben, daran zu denken.

Die Königin hatte ihm viel über die allmähliche Erkenntnis des Prinzen zu erzählen. Er hörte aufmerksam zu, aber eher aus Höflichkeit als aus Mitgefühl. Nach der ersten Woche entschuldigte sich die Königin von der Teilnahme an den häufigen Ausflügen, da ihr der Trubel keine Freude bereitete.

Die Königin hatte Walpurga und das Kind bei sich, entweder im Park oder auf der Anhöhe hinter dem Schloss, wo sie Baumgruppen, den See und die Schwäne, das Schloss, die Kapelle und verschiedene Fernansichten skizzierte.

Eines Morgens beim Frühstück sagte der König:

„Was für eine bezaubernde Rivalität es war, als Sie und Gräfin Irma zusammen zeichneten. Ihre Dispositionen wurden beide durch die Art und Weise veranschaulicht, wie Sie dieselben Themen behandelten."

„Ja, das haben wir oft bemerkt. Vielleicht habe ich in den Details korrekter und schärfer gearbeitet, während Gräfin Irma viel leichter und freier skizziert hat. Die liebe Gräfin fehlt mir sehr."

„Dann lasst uns ihr schreiben und ihr sagen, dass sie zurückkehren muss, und zwar sofort. Lasst uns ihr einen gemeinsamen Brief schicken. Meine Damen und Herren, wir werden jetzt alle einen Brief an Gräfin Irma schreiben."

„Bestellen Sie, dass das Schreibmaterial gebracht wird", sagte er zu einem der Herren. Seiner Bitte wurde umgehend entsprochen und er schrieb:

„Schöne Gräfin! Flüchtiger Vogel! Endlich weiß ich, welcher Vogel du bist: Die wilde Taube. Beschreibt dieser Widerspruch dich? Wild und doch eine Taube? Komm, komm zu uns; deine Waldgefährten lassen ihre Köpfe hängen wegen deine Abwesenheit. Eile zu uns, auf Flügeln des Gesangs.

Der König reichte der Königin das Blatt und sagte: „Was wirst du schreiben?"

„Ich kann nicht schreiben, wenn jemand anwesend ist", antwortete die Königin. „Ich kann jetzt kein Wort schreiben; ich werde ihr einen separaten Brief schicken."

Ein fast unmerklicher Ausdruck des Unmuts huschte über das Gesicht des Königs, aber er unterdrückte ihn.

„Wie es Ihnen gefällt", sagte er höflich, obwohl er im Herzen wütend über diese ewige Sentimentalität war.

Die Höflinge und Damen schrieben alle und fügten jeweils ein paar Zeilen leicht scherzhaften Charakters hinzu.

Gräfin Brinkenstein war jedoch entwischt.

Unter Scherzen und Gelächter füllte sich schließlich das ganze Blatt, und dann sagte der König:

„Der Hauptmann fehlt noch. Walpurga muss auch an die Gräfin schreiben, denn bei ihr hat die Stimme des Volkes den größten Einfluss. Schicken Sie Walpurga hierher."

Baum wurde sofort geschickt, um Walpurga zu holen. Unterwegs erklärte er ihr, was los war. Walpurga war inmitten des versammelten Hofes nicht schüchtern.

„Möchten Sie lieber allein in Ihrem Zimmer sein, während Sie schreiben?" fragte der König und verriet damit seinen Ärger gegen seinen Willen.

„Ich schreibe, wohin du willst, aber ich kann es nicht gut."

Walpurga setzte sich und schrieb:

„Wenn Ihr edler Vater es zulässt, werde ich mich von Herzen freuen, wenn meine liebe Gräfin Irma wieder hier ist. Mein Herz sehnt sich nach ihr."

„ WALPURGA ANDERMATTEN ".

Nachdem der König es gelesen hatte, sagte er: „Schreiben Sie auch: ‚Es wird mir und dem Prinzen sehr gut tun, Sie wieder hier zu haben. Sie machen uns beide glücklicher'."

„Lieber König", sagte Walpurga, „wie klug du bist. Was du sagst, ist ganz wahr. Jetzt sei so freundlich, es mir zu diktieren. Ich kann es nicht in so gute Worte fassen, aber ich kann ganz gut daraus schreiben." Diktat. Ich habe es von Mademoiselle Kramer gelernt. Das wusste ich früher in der Schule, habe es aber später vergessen."

„Nein", antwortete der König, „schreiben Sie, wie es Ihnen gefällt. Meine Damen und Herren, lassen wir Walpurga in Ruhe und gehen wir auf die Veranda."

Walpurga saß allein im großen Frühstücksraum, biss auf das Ende ihrer Feder und versuchte vergeblich, sich an die Worte des Königs zu erinnern. Plötzlich hörte sie ein leises Geräusch in ihrer Nähe und als sie aufblickte, sah sie Baum, der in der Tür stand.

„Komm her", rief sie, „du kannst mir helfen, denn du musst alles gehört haben."

„Gewiß", antwortete Baum und diktierte Walpurga die Worte des Königs. Sie ging hinaus und überreichte dem König den Brief.

Er lobte sie dafür, dass sie die Worte so schön ausgedrückt hatte. Sie wollte gerade sagen, dass Baum ihr geholfen habe, aber man muss nicht alles erzählen, und warum nicht Lob für das bekommen, was hätte sein können?

Als Walpurga in ihr Zimmer zurückkehrte, lächelte sie über ihre eigene Schlauheit. Der König würde ihr jetzt sicherlich den Hof geben, denn er hatte dafür gesorgt, dass sie alles aufschreiben und Buch führen konnte.

Die Königin kam mit ihrer hastig geschriebenen Notiz in den Garten.

Es war entsiegelt. Sie gab es dem König und sagte:

„Wirst du es lesen?"

„Das ist nicht nötig", sagte der König und schloss den Brief.

Nachdem der Brief geschrieben war, gab es endloses Gekicher unter den Hofdamen. Sie zwitscherten und plauderten und neckten sich gegenseitig und hüpften umher wie ein Schwarm Spatzen, der gerade einen offenen Sack Mais entdeckt hat. Sie zerstreuten sich bald, und Damen, die sich sonst nicht aushielten, waren nun gute Freundinnen und gingen Arm in Arm im Park auf und ab, während andere in kleinen Gruppen versammelt dastanden. Alle schienen sich nur ungern trennen zu wollen. Sie hatten einander so viel zu erzählen, dass niemand bereit zu sein schien zu gehen. Sie alle sprachen freundlich von Irma. Jeder von ihnen war immer noch ihr bester Freund, achtete aber dennoch darauf, ein Schlupfloch offen zu lassen, denn die Dinge könnten sich ändern.

Innerhalb weniger Tage vollzog sich in den Gefühlen aller Anwesenden im Sommerpalast eine große Veränderung. Der König und die Königin hatten einander zunächst begrüßt, als wären sie frisch verheiratet, als wären sie unaussprechlich glücklich; Doch schon bald darauf stellte sich das erste deutliche Gefühl der Unfreundlichkeit ein, das mit einem Wort darauf hindeutete, dass der König der Königin überdrüssig war. Er wurde ihrem edlen und erhabenen Aussehen voll und ganz gerecht. Jedes ihrer Worte und jeder Gedanke war ein Ausfluss reinster Emotionen. Aber diese Überhöhung des Gefühls, die einer alltäglichen Welt fremd und unverständlich erscheint und dennoch eine ständige Rücksichtnahme auf ihre Eigentümlichkeiten erfordert; dieses Bestreben, über jedes Gelegenheitsthema intensiv und erschöpfend nachzudenken; dieses völlige Fehlen aller fröhlichen oder sportlichen Züge; diese kathedralenartige Feierlichkeit des Charakters; Dieses ständige Verweilen auf den Höhen: Obwohl es manchmal schön und einnehmend war, war es für den König eintönig und widerwärtig geworden. Dem Gespräch der Königin mangelte es an jenem prickelnden Aufbrausen, das, wenn auch nur für einen Moment, den Zuhörer bezaubert und belebt.

Der König, der Veränderungen liebte, erfreute sich an sportlichen, kapriziösen oder rätselhaften Charakteren und an der Überwindung von Schwierigkeiten.

Die Erinnerung an Irma lieferte alles, was er an der Königin vermisste. Er war sich seiner treuen Liebe zu seiner Frau sicher, bewunderte aber Irmas offene und liebenswürdige Art, und warum sollte er sich deshalb nicht an ihrer Gesellschaft erfreuen?

„Sie wird kommen und bei uns bleiben und neues und frisches Leben mitbringen", dachte er bei sich, als er den Kurier, der Irma den Brief überbrachte, die Straße entlang eilen sah.

Am Nachmittag fuhren der König und die Königin gemeinsam aus; er saß an ihrer Seite und hielt die Zügel. Ihre einzigen Begleiter waren die beiden Pferdeknechte, die ihnen zu Pferd folgten.

Der König war sehr liebenswürdig; die Königin glücklich. Er war sich innerlich bewusst, dass er auch nur in geringem Maße vom richtigen Weg abgekommen war, und das machte ihn doppelt liebevoll. Mit offenem Blick blickte er in die strahlenden Augen seiner schönen Frau.

So sollte es jemals sein. Also, ehrlich gesagt, solltest du jemals in der Lage sein, in diese Augen zu schauen.

Kapitel XVII.

„Eure Majestät", sagte Gräfin Brinkenstein am nächsten Morgen, als sie durch den Park schlenderten, „ich schulde Ihnen eine Erklärung dafür, dass ich den Brief an die Trauzeugin der Königin nicht unterschrieben habe."

"Du hast nicht?" antwortete der König.

Die starren, aber feinen Gesichtszüge der alten Dame zeigten bei diesen Worten keine Veränderung, auch wenn sie vielleicht gekränkt war, als sie bemerkte, dass das Fehlen ihrer Unterschrift nicht bemerkt worden war. Aber in allen Dingen gehorchte sie dem höchsten Gesetz des Höflings; das heißt, alle persönlichen Gefühle zu unterdrücken und so jegliche Sensibilität zu vermeiden. Sie formulierte ihren Tadel entsprechend der höfischen Art in Lob und fügte ruhig hinzu:

„Die Idee der Einladung war ziemlich originell, aber Genie muss immer allein stehen. Eure Majestät hat mich oft geehrt, indem sie mich als Ihre mütterliche Freundin angesprochen hat, und als solche werden Sie mir, wie ich vertraue, die Bemerkung gestatten, dass dies nicht der Fall ist entweder die Herren oder die Damen, um ihre Namen einem außergewöhnlichen Scherz Ihrer Majestät zu unterbreiten. Es sollte nicht der geringste Grund für den Verdacht bestehen, dass diese Einladung absichtlich offen und informell war, weil sie insgeheim beabsichtigt und gewünscht war."

Der König sah die alte Dame überrascht an, tat aber so, als ob er nicht bemerkte, dass sie seine Verkleidung durchschaut hatte.

„Ich muss Ihnen noch einmal sagen, meine Dame, dass Sie in die Bäder hätten gehen sollen. Sie sehen alles so düster und ernst; aber wenn man wie ich in den Bädern war, sieht alles fröhlich und glücklich aus."

„Eure Majestät, es ist einfach meine Pflicht, die Regeln zu betonen, die die hohe Position Ihrer Majestät regeln."

„Übertreibst du es nicht?"

„Eure Majestät, die Etikette ist zwar unsichtbar, aber dennoch wertvoll. Schätze von künstlerischem und großem historischem Wert werden nicht eingeschmolzen, um neue Münzen herzustellen, sondern werden von Jahrhundert zu Jahrhundert sorgfältig weitergegeben. Der Palast ist der höchste Punkt des Landes." , wo man alles im Blick hat und wo wir so leben sollten, dass wir es uns leisten können, dass alle unsere Handlungen gesehen werden."

Der König war teilnahmslos, denn seine Gedanken wanderten zu Irma, die nun offenbar den Brief erhielt. „Sie ist erwacht", dachte er, „und steht allein oder sitzt neben ihrem menschenfeindlichen Vater auf dem Balkon des

Bergschlosses. Der Brief kommt, und es ist ihr, als wäre sie von einem Schwarm zwitschernder, singender Vögel umgeben Lassen Sie sich auf ihren Händen, ihren Schultern und ihrem Kopf nieder. Wie schade, dass man ihr bezauberndes Lächeln nicht sehen kann!"

Die Vision des Königs war wahr gewesen. Irma saß neben ihrem Vater und blickte verträumt in die Ferne. Was sollte aus ihr werden? Wenn ihr Vater nur sagen würde: „Du musst hier bleiben." Aber das Problem war, dass sie gezwungen war, selbst zu entscheiden. Wenn sie einen Mann gehabt hätte, der ihr Befehle erteilt hätte – aber Baron Schöning wäre ihr Untertan gewesen, und das hätte die Lebenslast verdoppelt. In diesem Moment meldete die Haushälterin einen Boten, der gerade zu Pferd angekommen sei.

Der Kurier kam herein, überbrachte seinen Brief und sagte, er würde auf eine Antwort warten. Irma las es und lachte laut. Sie legte den Brief auf ihren Schoß, nahm ihn wieder auf, las und lachte erneut. Ihr Vater sah sie überrascht an.

"Was ist los?"

"Lesen Sie dies."

Der Vater las es; sein Gesichtsausdruck veränderte sich nicht im Geringsten.

„Was willst du tun?" er hat gefragt.

„Ich glaube, ich muss solchen Bitten Folge leisten. Aber kann ich zurückkehren, ohne mir Ihren Tadel zuzuziehen?"

„Immer; wenn es in deinem Herzen nichts gibt, was dich tadeln könnte."

Irma klingelte nach der Haushälterin und sagte ihr, sie solle das Dienstmädchen anweisen, die notwendigen Vorbereitungen für ihre Abreise zu treffen; Sie befahl ihnen auch, den Kurier gastfreundlich zu behandeln und ihm mitzuteilen, dass ein Teil der Reise noch am selben Abend zurückgelegt werden sollte. „Bist du wütend auf mich, Vater?"

„Ich bin nie wütend. Es tut mir nur leid, dass so wenige Menschen sich von ihrer Vernunft leiten lassen. Aber sei ruhig, mein Kind. Wenn deine Entschlossenheit von der Vernunft diktiert wird, musst du ihr folgen und die Konsequenzen gelassen ertragen, genau wie ich." Aber lasst uns die wenigen Stunden, die uns noch verbleiben, in Ruhe und Frieden verbringen; das Leben liegt in der Gegenwart."

Irma gab ihrer Magd und dem Kurier viele Anweisungen, obwohl es ihr immer so vorkam, als würde sie etwas vergessen, was ihr erst nach ihrer Abreise einfallen würde.

Vater und Tochter waren noch beim Abendessen. Die mit dem Gepäck beladene Kutsche war ein kurzes Stück vorwärts geschickt worden, um sie im Tal zu erwarten. Der Vater begleitete Irma den Berg hinunter. Er sprach fröhlich mit ihr. Als er unterwegs am Apfelbaum vorbeikam, sagte er:

„Mein Kind, lass uns hier Abschied nehmen. Dies ist der Baum, den ich am Tag deiner Geburt gepflanzt habe. Er markiert oft die Grenze meines Abendspaziergangs."

Sie standen schweigend da. Ein Apfel fiel vom Baum und fiel zu ihren Füßen auf den Boden. Der Vater hob es auf und gab es seiner Tochter.

„Nimm diese Frucht deiner Heimat mit dir. Der Apfel fällt vom Baum, weil er reif ist und weil der Baum nichts mehr zu geben hat. Ebenso verlässt der Mensch Heimat und Verwandtschaft; aber ein Mensch ist mehr." als die Frucht des Baumes. Und nun, mein Kind, nimm deinen Hut ab und lass mich noch einmal meine Hände auf deinen Kopf legen. Niemand weiß, wann seine Stunde kommen wird. Nein, mein Kind, weine nicht. Nein, weine; und mögest du im Laufe deines Lebens nur um andere weinen müssen, aber niemals um dich selbst." Seine Stimme stockte, aber als er sich wieder erholte, fuhr er fort:

„Und so wie ich jetzt meine Hände auf deinen Kopf lege und sie gerne auf alle deine Gedanken legen würde, bleibst du dir selbst jemals treu? Ich würde dir gerne alle meine Gedanken mitteilen, aber behalte diese vorerst für dich Dein Gedächtnis: Gönnen Sie sich keine Freuden außer denen, an die Sie sich gerne erinnern können. Nehmen Sie diesen Kuss an – Sie küssen leidenschaftlich – mögen Sie nie einen Kuss geben, bei dem Ihre Seele weniger rein ist als in diesem Moment. Lebe wohl!"

Der Vater wandte sich ab und ging die Bergstraße hinauf. Er blickte nicht noch einmal zurück.

Irma schaute ihm nach, zitternd und mit dem Gefühl, als würde sie etwas nach Hause ziehen und ihr befehlen, für immer dort zu bleiben. Aber sie schämte sich ihrer Unentschlossenheit; Sie dachte an die nächste Stunde und daran, wie seltsam es den Dienern und ihrem Vater vorkommen würde, zu sehen, wie ihre Koffer ausgepackt und alle Vorbereitungen für die Reise rückgängig gemacht wurden. Nein, es war zu spät und sie fuhr fort. Sie setzte sich in die Kutsche und machte sich bald auf den Weg. Sie war nicht länger ihre eigene Geliebte; eine seltsame Macht hatte von ihr Besitz ergriffen.

Am nächsten Tag erreichte Irma mittags den Sommerpalast. Alles war ruhig; Niemand kam ihr entgegen außer dem alten Verwalter, der eilig seine lange Pfeife beiseite legte.

„Wo sind ihre Hoheiten?" fragte der Kurier.

„Heute speisen sie auf der Teufelskanzel."

Aus dem Garten ertönte ein Schrei.

„Oh, meine Gräfin! Meine Gräfin ist hier!" rief Walpurga aus, küsste Irmas Hände und weinte vor Freude. „Jetzt haben wir Sonnenschein! Jetzt haben wir Tag!"

Irma beruhigte die aufgeregte Frau, die sagte:

„Ich gehe und sage es der Königin sofort. Sie ist die Einzige zu Hause und ist oben auf dem Hügel und malt; sie hat keine Lust, diese Feiertagsausflüge zu machen, und hier scheint jeder Tag ein Feiertag zu sein."

Irma wies Walpurga an, es der Königin nicht zu sagen, und sagte, dass sie sich ihr anschließen würde. Sie ging in ihr Zimmer und saß dort lange in Gedanken versunken. Es kam ihr so vor, als hätte sie ihr freundlich die Hand ausgestreckt und niemand hätte sie erwidert.

Im Flur schoben sie Koffer hin und her. Plötzlich dachte sie an die Zeit, als sie als Waisenkind, schwarz gekleidet, in ihrem Zimmer saß und hörte, wie sie den Sarg ihrer Mutter in der Nebenwohnung hin und her bewegten.

Warum war ihr in diesem Moment der Gedanke gekommen? Sie stand auf – sie konnte es nicht länger ertragen, allein zu sein. Sie wechselte hastig ihr Kleid und ging zur Königin.

Die Königin sah sie kommen und ging ihr entgegen.

Irma beugte sich tief vor und bemühte sich, ihr die Hand zu küssen.

Die Königin hielt sie hoch, umarmte sie und drückte ihr einen zärtlichen Kuss auf die Lippen.

„Du bist der Einzige, der es wagt, die Lippen zu berühren, die mein Vater geküsst hat", sagte Irma – das heißt, sie sagte es nicht laut, sondern bewegte einfach ihre Lippen, als würde sie die Worte formen. Tief in ihrer Seele entstand ein Gedanke: Ich würde lieber tausend Tode sterben, als dieses arglose Herz traurig zu machen.

Der Gedanke erhellte ihr Gesicht mit einem edlen Ausdruck, und die Königin rief voller Freude aus:

„Oh, wie schön, wie strahlend du bist, Gräfin Irma!"

Irma senkte den Blick und kniete neben der Wiege des Kindes nieder. Ihre Augen waren so glänzend, dass das Kind seine Hand ausstreckte, als wollte es sie ergreifen.

„Er hat recht", sagte Walpurga, „er versucht schon, das Licht einzufangen, aber ich glaube, deine Augen sind größer geworden als früher."

Irma ging mit Walpurga und entschuldigte sich dafür, dass sie die Hütte am See nicht besucht hatte. Dann erzählte sie ihr von ihrer Freundin im Kloster.

„Und wie geht es deinem Vater?" fragte Walpurga.

Irma war erschrocken. Die Königin hatte sich nicht einmal nach ihrem Vater erkundigt. Walpurga war der Einzige, der nach ihm gefragt hatte.

Sie erzählte ihr, dass er ihre Mutter kenne und auch ihren Onkel, der oft im Wald Pech verbrannte.

„Ja, er ist der Bruder meiner Mutter. Du kennst ihn also auch?"

„Ich nicht, aber mein Vater schon."

Walpurga erzählte ihr von ihrem Onkel Peter, der als „kleiner Pechmann" bekannt war, und schwor, dass sie ihm eines Tages etwas schicken würde, denn der arme alte Kerl hatte es auf dieser Welt schwer. Der alte Zenza hatte den Mut gehabt, zum Palast zu kommen, aber der kleine Pechmann würde verhungern, bevor er so etwas tun würde.

Während Walpurga sprach, ging die Königin zur Wiege, und als der Prinz sie sah, kämpfte er mit Händen und Füßen, als wollte er zu ihr gelangen. Sie bückte sich und richtete ihn auf, und Walpurga rief:

„Meine Güte! Genau an dem Tag, an dem unsere Gräfin zurückkehrt, setzt sich unser Prinz zum ersten Mal auf. Ja, sie kann dafür sorgen, dass alles gut geht."

Die Königin und Irma blieben in fröhlicher und ungezwungener Unterhaltung zusammen. Am Abend gab es freudige Grüße von Seiten der Rückkehrer vom Ausflug zur Teufelskanzel. Irma erfuhr nun zum ersten Mal, dass ihr Bruder nicht am Hof war. Während seines Badeaufenthalts hatte er die Bekanntschaft der Baronin Steigeneck und ihrer Tochter gemacht und besuchte sie nun.

Die Begrüßung Irmas durch den König war recht förmlich. Selbst Gräfin Brinkenstein hätte daran nichts einzuwenden haben; aber wie hätte er anders handeln können, als die Königin sagte:

„Ich kann Ihnen gar nicht sagen, wie sehr ich mich über die Rückkehr unserer lieben Gräfin gefreut habe; wir haben bereits einige schöne Stunden miteinander verbracht."

Am Abend gab es ein Feuerwerk, das der König zu Ehren von Irmas Ankunft vorbereiten ließ. Von nah und fern blickten die Menschen auf die Lichter und die bunten Feuerflächen, die zum Himmel aufstiegen. Endlich stand der Name der Gräfin Irma in feurigen Buchstaben, die von Bergsteigern hochgehalten wurden. Die Flamme knisterte, und hinter dem

Gebüsch erklangen Musikklänge, die aus der Ferne widerhallten. Inmitten all dieses Lärms und dieser Pracht fragte sich Irma immer wieder: „Wie geht es deinem Vater jetzt?"

Graf Eberhard saß in seiner Bergburg am Fenster und blickte in die sternenklare Nacht hinaus und sagte sich: „So wie die Sterne oben getrennt und verschieden voneinander sind, so ist jede Menschenseele einsam und allein. Jeder." bewegt sich auf seiner eigenen Umlaufbahn, wobei sein Kurs durch die Anziehung und Abstoßung der ihn umgebenden Himmelskörper bestimmt wird.

In dieser Nacht träumte Irma, dass ein Stern vom Himmel herabstieg und auf ihre Brust fiel. Sie versuchte es zu fassen, aber es entging ihr und verwandelte sich in eine menschliche Gestalt, die mit abgewandtem Blick ausrief: „Auch du bist ein Einzelgänger."

Buch III.

KAPITEL I.

Hansei schaute aus dem Fenster, hielt seine Pfeife mit beiden Händen und rauchte, während der Morgen verging. In der Nähe war ein Tagelöhner damit beschäftigt, eine Ladung Holz zu schlagen. Hansei schaute zu, nickte ruhig zustimmend, als der Holzfäller einen geschickten Schlag machte, und lächelte wie ein echter Richter den unbeholfenen Kerl an, als ein hartnäckiger Ast ihn zwang, ihn immer wieder zu drehen, bevor er es schaffte, ihn zu zerhacken. Die Großmutter trug das gehackte Holz in den Schuppen an der Giebelseite des Hauses und stapelte es dort. Jedes Mal, wenn sie vorbeikam, blickte sie Hansei an, der sich nicht rührte. Schließlich blieb sie mit einem Arm voll Holz vor ihm stehen und sagte: „Na?“

„Natürlich“, antwortete er und schnaufte weiter. Der Ausruf der Großmutter hatte bedeutet: „Was ist das? Bist du nur hier, um zuzusehen? Kannst du nicht wenigstens das geschnittene Holz aufschichten?“

Hansei hatte sie vollkommen verstanden und geantwortet, als wolle er sagen: „Natürlich werde ich nicht helfen, dazu habe ich keine Lust.“

Die Großmutter wollte gerade den Arm voll Holz vor sein Gesicht werfen, aber sie überlegte, dass der Tagelöhner draußen das nicht sehen musste. Sie trug das Holz in den Schuppen und ging dann ins Zimmer und sagte:

„Schau her, Hansei! Ich muss dir etwas sagen.“

„Ich kann dich hören“, antwortete er und blickte immer noch aus dem Fenster.

„Ich weiß nicht, was ich von dir halten soll. Was ist in dich gefahren?“

Hansei hielt es nicht für nötig, darauf zu antworten, sondern rauchte weiter, während die Großmutter fortfuhr:

„Es ist eine Schande genug, dass du das Holz ins Haus bringen lässt, anstatt es selbst zu holen. Du bist ein Holzfäller, und dennoch musst du einen anderen kommen lassen, der dein Holz für dich schneidet. So etwas ist noch nie passiert. As Solange dieses Haus steht, ist der Axtstiel in den Händen eines Fremden nie warm geworden. Schämst du dich nicht?“

„Das ist für mich nicht nötig“, antwortete Hansei.

„Sehr gut, ich nehme an, Sie kennen Ihre Bedürfnisse besser als ich“, rief die alte Frau wütend; „Aber ich werde nicht schimpfen. Tu, was du willst; lass dich und alles andere ruinieren. So wie du dein Bett machst, so musst du darauf liegen. Oh, wenn Walpurga das wüsste! Sie ist weg unter Fremden, für uns, während du –“

„Da! Ich habe genug davon", sagte Hansei, schloss das Fenster und drehte sich um. „Schwiegermutter, ich mische mich in nichts ein; ich lasse dich machen, was du willst, und deshalb möchte ich auch nicht zulassen, dass sich jemand in mich einmischt."

„Ich möchte dich nicht stören. Du bist Vater und Ehemann."

„In der Tat ein guter Ehemann, dessen Frau ihn für ein Jahr verlässt."

„Vielleicht hat sie es schwerer als du."

„Kann sein; aber sie hat Freude und Vergnügen, und was habe ich? Ich wandere umher wie verloren, und deshalb schäme ich mich nicht. Das Beste, was mir geblieben ist, ist die Taverne. Da kann man sich dort wohlfühlen, wenn er kann nicht in seinem eigenen Haus. Ich muss kein Holz mehr fällen oder schleppen, und ich möchte etwas Gutes von meiner Frau haben –"

Hansei konnte nicht zu Ende reden, denn in diesem Moment öffnete sich die Tür und Zenza trat ein.

„Was machst du hier? Wer hat nach dir geschickt?" fragte die Großmutter von Zenza, die antwortete:

„Guten Morgen – ich bin nicht gekommen, um Sie zu besuchen; ich möchte diesen Mann sehen. Wer ist hier der Herr? Sie oder er?"

„Sprechen Sie Ihre Meinung; was ist los?" sagte Hansei und zwinkerte seiner Schwiegermutter zu.

„Ich sollte dir die Komplimente des Schmieds überbringen und dir sagen, dass die Waffe in seiner Werkstatt für dich bereitsteht."

„Und du wirst also Sportler?" fragte die Großmutter; „Gehst du auf die Jagd?"

„Ich schätze, ich muss gehen, wenn du mich nicht trägst", antwortete Hansei und lachte laut über seinen Witz.

Die Großmutter verließ das Zimmer und schlug die Tür hinter sich zu. Geschickt wie eine Katze sprang Zenza auf Hansei zu und sagte:

„Sie wird dort oben in der Abenddämmerung auf dich warten." Dann fügte sie mit lauter Stimme hinzu: „Gott behüte dich, Hansei" und verließ das Haus.

Die Großmutter ging zum Holzfäller und sagte ihm, er dürfe nicht glauben, dass sie es gewohnt seien, dass so böse Menschen wie Zenza ins Haus kämen; Aber egal, wie oft man ihr das Kommen verbot, sie würde sich ihnen aufdrängen, um ihre Dankbarkeit dafür zu zeigen, dass Walpurga die Begnadigung ihres Sohnes Thomas erwirkt hatte. Es war eine dumme Tat gewesen; denn Red Thomas wäre viel besser unter Verschluss gehalten worden. Aber Walpurga hatte es im besten Sinne gemeint. Der Holzfäller war zufrieden; Er wusste genau, dass es sich um ein respektables Haus handelte, und ganz zufällig bemerkte er : „Ich frage mich, warum Zenza ohne Black Esther ist. Sie sind normalerweise tagsüber zusammen.“

Die Augen der Großmutter blitzten, als sie seine Worte hörte. Sie bückte sich hastig, nahm einen Arm voll Holz und trug ihn zum Haus hinauf. Als sie die Giebelseite erreichte, fand sie Hansei dort, wie er das Holz aufschichtete und fröhlich pfiff. Die Großmutter trug weiter Holz, während Hansei es aufschichtete, ohne dass einer von beiden ein Wort sagte. Mittags bezahlte Hansei den Holzfäller und sagte: „Den Rest schlage ich selbst; du brauchst morgen nicht zu kommen.“

„Er ist doch ein guter Kerl“, dachte die Großmutter bei sich. „Er gibt nicht gern nach, um es in vielerlei Hinsicht zu sagen, aber hinterher tut er für alle, was man ihm sagt. Er findet bald heraus, was richtig ist.“

Nach dem Abendessen brachte sie ihm das Kind und sagte:

„Schau mal her! Fühl mal! Da kommt schon ein Zahn. Es ist sehr bald, aber bei deiner Frau war es genauso. Schau nur, wie es seine Händchen in den Mund steckt. Gott sei Dank, dass es unserem Kind so gut geht.“ Schön! Da du Heu als Futter verwendest und es die neue Kuhmilch bekommt, kannst du das Kind vor deinen Augen wachsen sehen. Wenn Walpurga es nur eine Stunde lang sehen könnte. Nimm es; ich' Ich gebe es dir vorsichtig. Schau, es lacht dich aus. Es kennt dich. Ach, mein Lieber! Aber seine Mutter kennt es noch nicht.“

„Ich kann das Kind nicht auf den Arm nehmen, ich habe Angst, ich könnte es verletzen“, antwortete Hansei.

Die Großmutter hätte am liebsten gesagt: „Wenn du dich ruinieren lässt, wirst du dem Kind sicherlich schaden –“, hielt sich aber zurück. Wenn ein Mann wieder auf den richtigen Weg kommt, ist es nicht gut, ihn weiter zu predigen. Lass ihn ruhig auf seine Weise weitermachen, sonst verliert er alle Freude daran. – So dachte die Großmutter bei sich und schluckte ihre Worte herunter, obwohl sie bereits die Lippen geöffnet hatte, um zu sprechen.

Hansei sah sich mit unsicherem Blick um und sagte:

„Schwiegermutter, du wolltest etwas anderes sagen.“

„Es ist nicht nötig, alles zu sagen. Aber ja! – du erniedrigst dich, wenn du dir von Zenza Nachrichten überbringen lässt. Ich bemerkte, dass der Holzfäller ein komisches Gesicht machte, als er sah, dass Zenza unser Haus betreten durfte. Geh nicht zu die Windenreuthe; der Ort hat einen schlechten Ruf, und es macht niemandem Ehre, dorthin zu gehen. Wenn Sie auf die Jagd gehen wollen und sich eine Waffe gekauft haben, können Sie einem Jungen einen Penny geben, damit er dorthin geht und sie für Sie besorgt ."

„Ja, ja", dachte Hansei lächelnd, „Großmutter hat recht; aber man braucht nicht alle seine Gedanken zu erzählen."

„Ich gehe jetzt in den Wald. Ich möchte dabei sein, wenn sie mein Holz aufladen."

Er nahm seinen Hut und seinen Bergstab, streifte seinen Jägerbeutel um und versorgte sich mit einem Stück Brot. Die Großmutter, das Kind auf dem Arm tragend, begleitete es bis zum Kirschbaum, von dem bereits die welken Blätter zu fallen begannen.

Hansei ging in den Wald; aber sobald er außer Sichtweite war, machte er kehrt und nahm den Weg, der nach Windenreuthe führte.

Unterwegs fühlte er sich ganz seltsam. Er hatte noch nie gedacht, dass er so schwer atmete und so leicht Angst hatte. Er fürchtete sich vor jedem Geräusch, vor dem Nussspechte, der vom Baum flog, der plappernden Elster, der schreienden Sperbereule auf dem felsigen Bergrücken und der brüllenden Kuh auf der Wiese.

„Ich sollte nicht gehen, und ich werde nicht gehen", rief er und ließ seinen Stab mit solcher Kraft zu Boden fallen, dass die spitze Zwinge Funken von den Steinen auf der Straße schlug, und dennoch ging er weiter.

Glücklicherweise stieg ein Nebel über den Berg, aber er ging immer weiter durch die Wolken.

Windenreuthe besteht aus ein paar ärmlichen, verstreut liegenden Häusern. Hansei blieb wie gefesselt vor dem ersten Haus stehen. Er wurde so plötzlich von einem Schrecken erfasst, als hätte ihn eine Kugel getroffen, und doch war das, was ihn beunruhigt hatte, im Grunde nichts. Er hatte lediglich ein Kind in dem Haus, vor dem er stand, weinen hören. „Dein Kind weint genau wie dieses", sagte eine innere Stimme. „Wie wird es dir gehen, wenn du es siehst und hörst und es noch einmal küsst? Wie wirst du sein, wenn du auf dem Rückweg an diesem Haus vorbeikommst ... Wie wird es dir sein, wenn deine Frau im Frühling zurückkommt und Gehst du mit ihr und triffst die Schwarze Esther? Und bei jedem Fest, ob zu Hause oder im Gasthaus, wird die Schwarze Esther kommen und sagen: ‚Mach Platz für mich; ich gehöre auch hierher.'"

Hanseis Gehirn schwankte. Er schaute in die Zukunft – Tage und Jahre vergingen wie im Flug. Und doch ging er weiter. Tatsächlich schnippte er mit den Fingern und sagte sich: „Du bist ein dummer Kerl, ein vollkommener Einfaltspinsel; du hast kein bisschen Mut. Andere Menschen sind fröhlich und führen ein glückliches Leben und kümmern sich überhaupt nicht darum." es und – welche lustigen Geschichten der Wirt von diesem und jenem erzählt, und welche Streiche die Jäger erzählen … So viel Spaß zu haben, wie man nur kann, und obendrein ein lockeres Leben zu führen, macht denjenigen Ehre, die es sind nicht verpflichtet, seinen Lebensunterhalt zu verdienen.

Er nahm seinen Hut ab; sein Kopf schien zu brennen. Er setzte seinen Hut wieder auf, drückte ihn tief in die Augen und ging weiter durch das trostlose Dorf.

Es war Nacht geworden. Zenza lebte in einer sogenannten Kräuterhütte, im Wald und in einiger Entfernung vom Dorf. Dort hatte ihr verstorbener Mann Schnaps aus verschiedenen Kräutern, vor allem aber aus Enzian, destilliert. Sein Meisterwort wurde immer noch bemerkt.

Das Licht eines großen Feuers schien durch die offene Tür der Hütte. In diesem Moment kam jemand auf die Schwelle und lehnte sich gegen den Türpfosten. Sie war voller wilder Schönheit und Kraft. Hinter ihr brannten die Flammen hell. Hansei war nun völlig frei von der Angst, die er in der Nacht gehabt hatte, als er noch an die sagenumwobenen Waldgeister glaubte. Die Gestalt legte nun die Hand an die Wange und stieß einen schrillen Schrei aus, der mit einer Tonrakete verglichen werden könnte, die in die Höhe steigt und dann in allerlei Weihnachtslieder ausbricht. Hansei zitterte, und dann hörte er Zenza sagen:

„Du brauchst das nicht zu schreien. Schreie nicht der ganzen Welt zu, dass du zu Hause bist. Warte, bis das Pferd im Stall ist –"

"Hallo!" dachte Hansei bei sich, während er zitternd dastand, „sie will einen Gefangenen aus dir machen und wird dir jeden Kreutzer aus der Tasche ziehen, wenn du gemein oder schlecht mit ihr umgehst … Sie wird einen Bettler aus dir machen." Sie und bringen Sie obendrein in Schande. Nein, Sie sollen mir nicht mein Geld rauben. Ich werde mich nicht in Ihre Fänge begeben. Ich werde so etwas nicht tun. Sie haben kein Recht, vorher aufzustehen meine Frau, und schau ihr ins Gesicht und rede mit ihr, während ich dir obendrein danken muss, wenn du es nicht tust. Nein, tausendmal nein. Ich werde nicht böse sein. Ich würde lieber--"

Wie von einem Feind verfolgt, eilte Hansei mit gewaltigen Schritten zurück, und der unberindete Eichenstab, den er mit beiden Händen hielt, diente ihm als Stütze auf seiner Flucht. Es war lange her, dass er mit solcher Energie und Schnelligkeit die Felsen hinuntergesprungen war. Er kam wieder am Haus vorbei, wo er das Kind weinen hörte. Es war noch nicht verstummt, aber der, der es hörte, war ein anderer Mann als noch vor einiger Zeit. Er eilte weiter, als wäre er verfolgt. Der Schweiß lief ihm über die Wangen und auf die Hände, aber er hörte kein einziges Mal damit auf. Es kam ihm vor, als ob Zenza, Black Esther und Red Thomas ihm gefolgt wären und ihn überholt hätten und ihm die Kleider vom Körper rissen. Erst als er weit in den Wald hineingegangen war, wagte er es, sich auf einen Baumstumpf zu setzen. Er fühlte sich so müde, als wäre er zehn Meilen gelaufen. Er legte seine Hände auf seine nackten Knie und es schien, als würden sie einen fremden Körper umklammern. Er berührte die Strümpfe, die Walpurga für ihn gestrickt hatte, und das erste Wort, das seine Lippen verließ, war: „Walpurga, ich bin nur einmal einen solchen Weg gegangen. Das wird nie wieder passieren. Ich schwöre es, Walpurga", und nahm den In ihrem letzten Brief, den er von ihr aus eigener Tasche erhalten hatte, sagte er: „Ich stecke deinen Brief in meinen Schuh, und diese Füße werden nie wieder den Pfad des Bösen betreten. Gott sei Dank! Ich war nur in Gedanken böse." Er zog seinen Schuh aus, legte den Brief hinein und war gerade wieder aufgestanden, als er erneut den lauten Schrei aus Zenzas Haus hörte.

„Schrei weiter, solange du Lust hast", sagte er zu sich selbst, während er weiter in den Wald hineinging. Er versuchte, seine Pfeife anzuzünden, schlug sich aber immer mit dem Stahl auf die Finger; und außerdem war sein Zunder feucht. „Du brauchst kein Feuer, du böser Kerl", sagte er schließlich, während er die Pfeife in die Tasche steckte. „Du brauchst kein Feuer; da oben brennt eines, das wäre die Hölle für dich gewesen. Vielleicht bist du zu Recht froh, dass du da raus bist; es ist mehr, als du verdienst."

Wenn Hansei in diesem Moment den Hansei von vor einer Stunde hätte ergreifen können, hätte er ihn erdrosselt.

Der Nebel war so dicht geworden, dass es fast wie ein Nieselregen aussah. Der Wald schien größer zu werden und ein Weg war nirgendwo zu finden.

„Du hast dich verirrt, und es tut dir recht", sagte Hansei im Selbstgespräch. „Du bist nicht mehr in der Lage, mit anständigen Männern zusammen zu sein, du nichtsnutziger Kerl. Es ist nur schade, dass deine Frau und dein Kind unschuldig darunter leiden –"

Zwei Männer in einem waren im Nebel verloren. Hansei fluchte und beschimpfte sich selbst, bekam aber bald Angst, denn sein Geist war erfüllt von Geschichten über die bösen Geister, die den einsamen Reisenden durch die lebenslange Nacht bergauf und bergab und rundherum führten. Er wollte gerade umkehren. Es wäre einfacher, den Weg nach Windenreuthe zu finden.

„Warte, du verfluchter Teufel", sagte er und wandte sich an den unsichtbaren Begleiter, der ihm diesen Rat gegeben hatte; „Alles, was Sie wollen, ist, mich wieder dorthin zurückzubringen. Nein, Sie werden mich nicht erwischen."

Er versuchte erneut, ein Licht zu entfachen, und dieses Mal mit Erfolg. Als er gerade den ersten Zug machte, hörte er den Klang der Glocke und legte seine Hand an seine Stirn, denn es kam ihm vor, als würde der Klöppel der Glocke gegen seinen Kopf schlagen.

„Das ist die Vesperglocke der Kapelle am See. Die Geräusche scheinen so nah. Kann ich auf dieser Seite sein? Nein, es ist der Nebel, der es so klingen lässt."

Er entblößte seinen Kopf und klammerte sich mit beiden Händen an den Stab, der jetzt fest im Boden verankert war. Er verwarf alle anderen Gedanken und sprach ein stilles Gebet.

Während er betete, musste er denken: O Gott! Ich kann immer noch beten, obwohl ich mich bisher selbst vergessen und in die Irre gehen konnte.

Die unsterblichen Worte, die ein inspirierter Geist vor Tausenden von Jahren aus den Tiefen des menschlichen Herzens und seinen nie endenden Kämpfen schöpfte, waren und sind die Quelle unzähliger Segnungen. Sie sind ein Wegweiser für den einsamen Wanderer, der sich im Nebel und in der Dunkelheit des Waldes verirrt hat, und führen ihn zurück auf den richtigen Weg. Die Glocke gibt ihre Töne von sich, und obwohl sie nicht in Worten spricht, erfüllt sie doch die Seele mit jenen unsterblichen Worten, die den Müden als Stab und den Blinden als Wegweiser dienen. Als Hansei sein Gebet beendet hatte, läutete die Glocke immer noch, und es war ihm, als ob das ganze Dorf, jede Seele darin und vor allem seine Frau und sein Kind nach ihm riefen. Und jetzt hat er den Weg gefunden. Er stieg das steinige Bett eines ausgetrockneten Gebirgsstroms hinab, der ins Tal führte. Er war weit aus dem Weg gegangen, denn als er den Berg hinabstieg, befand er sich hinter dem Gasthaus Chamois. Böse Wünsche, Angst, Hingabe und Orientierungslosigkeit hatten ihn sowohl hungrig als auch durstig gemacht.

„Ah! Gott grüße dich, Hansei", rief der Gastgeber. „Gott grüße dich! Gott sei mit dir!" stammelte Hansei verwirrt.

„Was ist los mit dir? Du bist totenbleich. Was ist mit dir passiert? Wo kommst du her?" erkundigte sich der Gastgeber.

„Nach einer Weile werde ich dir alles erzählen", antwortete Hansei; „Aber gib mir zuerst einen Schoppen Wein."

Der Wein wurde gebracht und Hansei sah sich um, als würde er sich fragen, wo er war.

Es kam ihm vor, als wäre er aus einer anderen Welt gekommen, und erst nachdem er etwas Brot und Salz gegessen hatte, erzählte er ihnen von den seltsamen Abenteuern, die er an diesem Tag erlebt hatte. Er war in den Wald gegangen, um Holz aufzuladen, hatte sich dabei verirrt und wanderte in der Richtung nach Windenreuthe. Er sagte dies absichtlich, damit ihn nicht jemand in dieser Gegend gesehen hätte.

Sie sprachen vom Geisterglauben, aber der Wirt machte sich über solche Kindermärchen lustig. Hansei gab keine Antwort. Der Wirt bemerkte sehr vernünftig:

„Heutzutage bist du oft verwirrt, nur weil deine Walpurga nicht bei dir ist. Du denkst die ganze Zeit an sie, und das ist es, was dich vom Weg abhält.“

„Ja – sehr wahrscheinlich.“

„Weißt du jetzt, wie man dich im Dorf nennt?“

"Also was?"

„Der Krankenpfleger. Deine Frau, die beim Kronprinzen ist, ist die Krankenpflegerin, und deshalb nennen sie dich den Krankenpfleger.“

Hansei lachte aus Leibeskräften.

„Sag mal, Hansei, welchen Lohn bekommt deine Frau?“ fragte Wastl der Weber.

„Das verrate ich nicht“, antwortete Hansei geheimnisvoll.

„Es ist schon lange her, dass Sie einen Brief von Ihrer Frau erhalten haben, nicht wahr?“ fragte der Wirt.

„Nein, ich erwarte jede Stunde einen.“ Kaum hatte er diese Worte ausgesprochen, als der Briefträger hereinkam und sagte: „Hier bist du also, Hansei; ich war heute zweimal bei dir zu Hause. Ich habe einen Brief mit Geld darin für dich.“ "

„Lass es uns haben“, sagte Hansei und brach mit zitternder Hand die fünf Siegel.

„Eine nette Art, mit Geld umzugehen“, sagte der Wirt und hob einen Hundert-Florin-Schein vom Boden auf. „Das wird mir sehr gut stehen. Ich habe einen gebraucht und gebe dir das Wechselgeld dafür.“

„In Ordnung“, sagte Hansei und überließ das Geld dem Wirt. Dann las er seinen Brief:

„ *Lieber Hansei* , dieses Mal schreibe ich dir ganz allein. Hier sind hundert Gulden, die mir die Königin als besonderes Geschenk gegeben hat, weil du nicht gekommen bist, um mich zu besuchen; aber ich muss dir alles darüber erzählen, damit du mich sehen kannst Sie können es verstehen. Sie haben keine Ahnung, was für eine gute Seele die Königin ist; wann immer Sie beten, beten Sie für sie. Wir sitzen oft stundenlang zusammen, und sie kann alles wunderbar auf Papier bringen – die Bäume und alles Mögliche Dinge, und wir reden miteinander, als wären wir zusammen zur Schule gegangen. Aber sie ist Lutheranerin und sehr gut und fromm und denkt über alles so gut, dass kein hässliches Wort über ihre Lippen kommen würde. Wenn sie nicht Wenn sie Lutheranerin ist, wird sie vielleicht eine Heilige, aber sie kommt trotzdem in den Himmel. Das ist mein Glaube, und du kannst es auch glauben; aber du brauchst es niemandem zu erzählen.

„Nun, die Königin wollte mir eine Belohnung geben. Sie möchte die ganze Welt glücklich machen; so müssen die Heiligen früher gewesen sein. Nun, wie ich schon sagte, die Königin wollte mir eine Belohnung geben.", weil ihr Mann gesund und munter nach Hause gekommen ist und sie sich so sehr lieb haben, und sie wollte, dass du und das Kind und die Mutter für ein oder zwei Tage zu mir kommen, denn sie merkt alles, sie schaut dir direkt in die Augen Herz, und ich habe oft Heimweh nach euch allen. Und als die Königin davon sprach, dass ihr kommt, sagte ich zu ihr: „Das wäre sehr schön, aber es würde einen hübschen Cent kosten", und so ließ ich sie mich machen ein Geschenk des Geldes, und wir können es besser verwenden. Du hast nicht die richtige Art von Kleidung, weißt du, und die Leute hier könnten sich über dich lustig machen. Aber mit all dem hätte ich das nicht bekommen Geld, denn das bedeutet ihr nichts. An solche Dinge denkt sie nie. Sie hat in ihrem ganzen Leben noch nie Geld gezählt, und ich glaube wirklich, dass sie nicht weiß, wie man rechnet. Der Gerichtszahler kümmert sich um alles. Hier gibt es für alles einen zusätzlichen Diener – Butler, Silberbewahrer und viele andere. Aber jetzt ist meine gute Gräfin wieder zurück. Sie war bei ihrem Vater. Man sagt, er sei eine Art Einsiedler, der nichts von der Welt wissen will, und ich muss meiner Gräfin danken, dass ich das Geld bekommen habe, denn sie weiß, wie man alles verwaltet. Und so schicke ich dir das Geld. Stellen Sie es sicher heraus und vergessen Sie nicht, etwas davon mitzunehmen, um Ihnen, dem Kind und der Großmutter einen Urlaub zu bereiten.

„Ah, lieber Hansei, das Palastvolk besteht nicht nur aus Heiligen und ehrlichen Menschen, wie ich einst dachte. Hier wird viel gestohlen und betrügt. Der Vater meiner Mademoiselle Kramer ist ein ehrenhafter alter Mann; er ist der Hüter von Das Schloss hier, und er hat mir viele Dinge erzählt. Aber ehrlich sein kann man überall, im Schloss oder in der Hütte am See. Und jetzt flehe ich dich an, lieber Hansei – ich sage immer „Lieber Hansei", wenn ich Denke an dich, und das kommt sehr oft vor. Erst letzte Nacht habe ich von dir geträumt, aber davon werde ich dir nichts erzählen, denn wir sollten nicht an Träume glauben. Aber schreib mir bald und erzähle mir, wie Es geht Ihnen gut; schicken Sie mir einen guten, langen Brief, und lassen Sie die Zeit bis zu unserem Wiedersehen nicht zu lange erscheinen; und denken Sie immer genauso freundlich zu mir wie zu Ihnen.

„Bis   zum   Tod,   eure
Gläubigen   WALPURGA .

Trotz ihrer Bitten wollte Hansei kein Wort über den Inhalt des Briefes verraten; Er ging leise nach Hause und küsste sein schlafendes Kind. Er war froh, dass er so wieder zu Hause sein konnte und dass seine Heimat ihn nicht ablehnte. Kalter Schweiß überkam ihn, als er daran dachte, dass er in diesem Bett schlief und was für ein veränderter Mensch er geworden sein könnte. Er streckte seine Hand zum Bett seiner Frau aus und küsste in der stillen Nacht ihr Kissen.

„Jetzt geht es mir wieder gut", sagte er. Er stand auf, zündete ein Licht an und holte den Brief heraus, den er in seinen Schuh gesteckt hatte. Dann schnitt er aus dem zuletzt erhaltenen Brief die Stelle „bis in den Tod, deine treue Walpurga" heraus, löste die Innensohle, legte das kleine Papier darunter und befestigte die Sohle wieder. Danach fiel er bald in einen tiefen Schlaf.

KAPITEL II.

„Eure Majestät", sagte Gräfin Irma eines Tages zum König, als sie mit ihm auf der Veranda ging – die Königin war im Musikzimmer und übte mit einem der Hofkünstler eine klassische Komposition – „es ist merkwürdig, dass Während die Abwesenheit manchen Menschen zusätzliche Reize und größere Verdienste verleiht, gibt es andere, die umso vollkommener und interessanter sind, wenn man in ständigem, täglichem Verkehr mit ihnen steht. Und doch ist es fast unmöglich, sich in angemessener Weise an sie zu erinnern, wenn man von ihnen entfernt ist wie sie sind; und was die Beschreibung ihres Charakters oder sogar ihres persönlichen Aussehens für jemanden betrifft, der sie nicht kennt – nun, das kommt überhaupt nicht in Frage. Wie erklären Sie sich das?"

„Ich muss gestehen, dass ich nie über das Thema nachgedacht habe", antwortete der König, „aber es scheint mir, dass das Hauptmerkmal der einen Klasse eine Unzahl kleiner Details ist; während man bei der anderen Klasse vom Allgemeinen beeindruckt ist." Wirkung der verschiedenen Merkmale, die den Charakter ausmachen. Diejenigen, deren Charakter immer noch ein ungelöstes Problem darstellt und die uns daher mehr zum Nachdenken geben, scheinen zu der Klasse zu gehören, der Abwesenheit Bedeutung verleiht. Scheint das nicht so zu sein? zu dir?"

„Sicher, aber ich könnte auch sagen, dass die einen Klassen beeindruckender sind und daher selbst in der Gegenwart wie entfernte historische Persönlichkeiten wirken. Obwohl sie sterben, bleiben sie doch – in der Tat ist Abwesenheit eine Art Tod. Die anderen jedoch, existieren nur, solange sie atmen, und leben nur für uns, solange wir mit ihnen die gleiche Atmosphäre atmen."

„Können Sie Beispiele solch imposanter historischer und auch vergänglicher Persönlichkeiten nennen?"

„Derzeit konnte ich mich nur an das Historische erinnern."

Eine leichte Röte huschte über die Gesichtszüge des Königs. „Nun", sagte er, als er merkte, dass Irma zögerte, „ich flehe dich an –"

„In dieser Klasse stelle ich meinen Vater über alle anderen. Ich kann Eurer Majestät nicht beschreiben, wie seine großartige Natur ständig vor mir erscheint."

„Ja, ich habe ihn oft als einen Mann mit hohem Charakter und herausragenden Fähigkeiten bezeichnen hören. Es ist um seinetwillen – und noch mehr um unseretwillen – schade, dass er gegen die Regierung ist. Und Zu welcher Klasse würden Sie mich zählen? Ich habe genügend Vertrauen in Ihre Offenheit, um zu glauben, dass Sie mir offen Ihre Meinung sagen werden, und Sie sind sich meines – meines – Respekts so sicher, dass Sie ohne Vorbehalt sprechen können."

„Eure Majestät ist anwesende Gesellschaft", antwortete Irma, „und doch gleichzeitig abwesend; oder Ihre Position erhebt Sie weit über den Rest von uns."

„Freundschaft wohnt nicht auf dem Thron, sondern hier, wo wir auf Augenhöhe stehen, liebe Gräfin."

„Freundschaft ist auch kein Urteil", antwortete die Gräfin. „Ihr Platz ist nicht der Richterstuhl. Ich kenne nichts Abscheulicheres, als wenn Männer, die vorgeben, Freunde zu sein, sich ständig gegenseitig Rechenschaft ablegen, als wollten sie sagen: ‚Du bist so viel wert, und ich bin so viel wert.' viel; das ist deins und das ist meins –'"

„Ah, diese Staatsangelegenheiten", warf der König ein, als ein Lakai die Ankunft des Ministers ankündigte. „Wir werden noch einmal über dieses Thema sprechen", fügte er hinzu, verabschiedete sich von Irma und begrüßte höflich die Damen und Herren, denen er auf seinem Weg begegnete. Er reichte seinem Premierminister die Hand und ging in Begleitung von ihm in den Palast.

Irmas freundschaftliche Beziehungen zum König schienen seit ihrer Rückkehr zu neuem Leben erwacht zu sein. Ihre tägliche Begrüßung schien erfüllt von der Freude des Wiedersehens nach langer Trennung.

Wenn der König sagte: „Guten Morgen, Gräfin" und Irma antwortete: „Danke, Majestät", dann lag in diesen einfachen Worten eine Fülle unausgesprochener Gedanken. Der König war noch nie in einer so angenehmen und geistreichen Stimmung gewesen, und Irma, so hieß es zu Recht, hatte die Bergbrise mitgebracht. Die Königin wurde nicht müde, den Damen und Herren des Hofes zu erzählen, wie zufrieden sie mit Irma war, die zwar einfach und ungekünstelt war, aber über die höchsten intellektuellen Begabungen verfügte.

Wie Melodien, die tief in die Seele eingedrungen sind und nach und nach wiederkehren und sich harmonisch vermischen, so kamen Irma nun die Worte und Ideen ihres Vaters wieder in Erinnerung. Sie hatte Wochen in einer strengen Schule verbracht, wo leeres Gerede und Kleinigkeiten keinen Wert hatten und wo auf Klarheit und Gewissheit bestanden wurde. Früher galt Irma als ein Kind der Natur, das alles, was seine Gedanken beschäftigte, frei ausspuckte; aber jetzt erkannten sie in ihr einen Geist, dessen Grundlagen solide und umfassend waren und der dennoch von der Einfachheit der Natur erfüllt war. Sie war voller Mitgefühl und Freundlichkeit, kümmerte sich aber nicht um vorherrschende Denkweisen. Sie brachte ihre Vorlieben und Abneigungen frei zum Ausdruck, und man musste zugeben, dass sie mehr als nur eine originelle oder kunstlose Hoyden war und dass sie wirklich über ein hohes Maß an intellektuellem Selbstbewusstsein verfügte.

Irma änderte oft ihre Frisur. Dies wurde natürlich als Koketterie und als Versuch, die Blicke aller auf sich zu ziehen, gerügt. Aber es war einfach der Wunsch, jeden Tag anders zu wirken, auch wenn es um unwichtige und untergeordnete Dinge ging.

Es war ein großes Glück für Irma, dass sie Walpurga so sehr verbunden hatte; denn an sonnigen Nachmittagen ließ die Königin kaum zu, dass Walpurga sie verließ; und dann saß Irma bei ihnen und las der Königin vor oder stimmte mit Walpurga einige der schönen Berglieder an.

Die Augen des Königs würden vor Freude funkeln, wenn er sich zu solchen Zeiten zufällig zu ihnen gesellte und Irma mit seiner Frau antraf.

„Du siehst beunruhigt aus", sagte die Königin, als der König, der gerade den Ministerrat verlassen hatte, zu ihr und Irma in den Park gesellte.

„Und das bin ich auch."

"Darf ich fragen warum?"

Irma wollte sich gerade zurückziehen, aber der König sagte:

„Bleiben Sie, Gräfin; die Angelegenheit ist durch den Fall Ihrer Freundin Emma auf den Punkt gebracht worden." Er wandte sich an die Königin und fügte hinzu: „Hat Ihnen unsere Gräfin vom schrecklichen Schicksal ihrer Freundin erzählt?"

„Das hat sie; und wenn ich daran denke, kommt es mir vor, als stünde ich am Rande eines Abgrunds."

Seltsamerweise hatte der König bisher weder mit Irma über die Angelegenheit gesprochen noch auf ihren Brief hingewiesen. Irma hatte seit ihrer Rückkehr so viel zu tun gehabt, dass Emmas Sorgen fast aus ihrer Erinnerung verschwunden waren.

„Unsere Freundin", begann der König, „hat mich über die Angelegenheit informiert, und ich weiß es zu schätzen, wie feinfühlig sie es unterlassen hat, das Thema zu drängen. In Staatsangelegenheiten haben wir kein Recht, uns von persönlichen Gefühlen beeinflussen zu lassen Unsere größte Freude ist es, zu erfahren, dass unsere Freunde unsere Ehre wie ihre eigene wertschätzen."

Irma blickte nach unten. Er fügte hinzu:

„Obwohl ein Prinz seinen Freunden Dank dafür schuldet, dass sie ihn darüber informiert haben, was vor sich geht, sollte kein Einfluss, auch nicht der beste, seine Entscheidung beeinflussen."

Irma wagte nicht, den Blick zu heben.

„Die Sache liegt so", fuhr der König fort. „Wir haben das Recht, neue Nonnen aufzunehmen, vorläufig ausgesetzt, und nun bitten mich die Minister, bei der nächsten Ständeversammlung der Einführung eines Gesetzes zuzustimmen, durch das das Kloster Frauenwörth endgültig auf die Liste der ausgestorbenen Frauen gesetzt werden soll . Sie hoffen, durch diese und weitere Maßnahmen in die Lage versetzt zu werden, der immer stärker werdenden Opposition Paroli zu bieten."

Der König schaute Irma an, während er dies sagte, und sie fragte:

„Und hat Eure Majestät dem Gesetzesentwurf zugestimmt?"

„Noch nicht. Ich bin nicht besonders dafür, die Klöster zu erhalten, aber ich finde es nicht so einfach, die Axt an einen Baum zu legen, der jahrhundertelang gewachsen ist. Es ist die besondere Pflicht des Königshauses, dies zu tun. " Institutionen gründen und fördern, die länger als eine Generation oder sogar ein Jahrhundert bestehen sollen, und ein Kloster – Was hältst du davon, Mathilde?"

„Ich denke, dass eine Frau, die alles verloren hat, nicht daran gehindert werden sollte, sich der Einsamkeit und dem Gebet zu widmen. Aber vielleicht sollte ich keine Meinung zu diesem Thema äußern. Meine jugendlichen Eindrücke oder vielmehr meine Unterweisung in Bezug auf das Leben im Kloster könnten das tun nicht immer richtig gewesen. Mir scheint, dass allein die Frau das Recht haben sollte, über den Fortbestand eines Klosters zu entscheiden. Was halten Sie davon, Gräfin Irma? Sie wurden in einem Kloster erzogen, und Emma ist Ihre Freundin. "

„Ja", sagte Irma, „ich war bei meiner Freundin in Frauenwörth, wo sie leben oder vielmehr sterben möchte; für das Leben gibt es ein tägliches Warten auf den Tod. Es kommt mir auch schrecklich vor, daran zu denken, was zu machen." Vielleicht ist es nur eine vorübergehende Stimmung, das unwiderrufliche Gesetz des eigenen Lebens oder ein Schicksal, dem man nicht entkommen kann. Und doch ist es bei vielen anderen heiligen Institutionen genauso. Ich kann jetzt erkennen, was für eine erhabene und schwierige Berufung es ist Sei ein König. Ich gestehe offen, dass ich, wenn ich jetzt aufgefordert würde, über diese Angelegenheit zu entscheiden oder ein Gesetz zu diesem Thema vorzuschlagen, keine Entscheidung treffen könnte. Jetzt wird mir mehr denn je bewusst, dass wir Frauen es waren nicht geboren, um zu herrschen.

Irmas Stimme, obwohl normalerweise so klar und fest, war jetzt verschleiert und zitternd. Sie stand auf einem Gipfel, wo sie keinen festen Halt fand; sie blickte zum König auf wie zu einem höheren Wesen; seine Haltung war so fest, sein Blick so klar. Am liebsten wäre sie zu seinen Füßen auf die Knie gefallen.

„Kommen Sie näher, Graf Wildenort", rief der König.

Irma begann. War ihr Vater dort? Sie war so aufgeregt, dass alles möglich schien.

Sie hatte im Moment völlig vergessen, dass ihr Bruder Bruno der Adjutant des Königs war. Er hatte in einiger Entfernung gestanden und näherte sich nun, um sich von der Königin zu verabschieden, da er im Begriff war, für einige Zeit wegzugehen.

Der König und die Königin gingen; Danach gingen Irma und ihr Bruder weg.

Das Verhalten des Königs schien ein Rätsel; aber dafür hatte er seine eigenen Gründe, der erste und größte davon war unbesiegbares Misstrauen gegenüber anderen. „Misstraue allen" war das große Gebot, das ihm von frühester Jugend an eingeflößt worden war. „Man kann nie wissen, welche selbstsüchtigen Absichten sich hinter dem edelsten Äußeren verbergen." Diese Maxime stimmte mit einem Charakterzug des Königs überein. Er wollte in sich selbst stark sein und niemandem erlauben, sein Urteil zu leiten; und das ist das große Geheimnis der heroischen Natur. Dies war es, was ihm bei aller Freiheitsliebe den Konstitutionalismus zuwider gemacht hatte; denn die Verfassung zerstörte großen und mächtigen persönlichen Einfluss und verlangte, dass er lediglich das Vehikel des Zeitgeistes oder der Vertreter der öffentlichen Meinung sei. Dies stand im Widerspruch zu seinem eigenen starken Selbstbewusstsein. Er misstraute jedem, der versuchte, ihn zu einer Meinung oder Entscheidung zu drängen. Er misstraute sogar Irma. Vielleicht wusste sie nicht, dass sie das Instrument einer Partei war; aber sie war es trotzdem. Sie hatten herausgefunden, dass er sie sehr schätzte, und nutzten nun Emmas Eintritt ins Kloster, um ihn zu einer Entscheidung zu zwingen. Er würde sich dem nicht unterwerfen. Irma sollte klar gemacht werden, dass er nicht zulassen würde, dass ein anderer, selbst wenn es sein lieber Freund wäre, ihn führen würde. Die alte Zeit konnte nie wieder zurückkehren. Sie würden in ihm ein neues Wesen finden; Er würde keine Einmischung von Frauen in Staatsangelegenheiten zulassen.

Es waren diese widersprüchlichen Gefühle von Misstrauen und Selbstüberschätzung, die den König dazu bewogen hatten, Irmas Brief nicht zu erwähnen und schließlich auf die Art und Weise darüber zu sprechen, wie er es getan hatte.

Während er mit der Königin spazierte, freute sich der König immer noch über den Sieg über die Frauen und vor allem über denjenigen, von dem er glaubte, dass er einen so starken Geist besaß. Er sprach wiederholt von Irmas Petition zugunsten ihrer Freundin und von seiner Entschlossenheit, sich davon nicht beeinflussen zu lassen. Seine Bemerkungen verrieten eine Spur von Missmut gegenüber Irma. Die Königin lobte die Gräfin überschwänglich. Der König lächelte.

KAPITEL III.

„Lass mich nicht länger auf deine Antwort warten", sagte Bruno zu seiner Schwester; "sind Sie bereit?"

„Ich bitte um Verzeihung. Was war los? Ich war so beschäftigt, dass ich dich nicht gehört habe."

Bruno sah seine Schwester überrascht an. Irma hatte ihn tatsächlich nicht gehört. Sie hatte sich den Kopf über das Verhalten des Königs zerbrochen. Er hatte deutlich zu verstehen gegeben, dass er niemandem erlauben würde, seinen Kurs in Staatsangelegenheiten zu beeinflussen. Jetzt wurde Irma klar, dass der Ton des Briefes, den sie im Kloster geschrieben hatte, ziemlich unpassend gewesen war, und ihr Herz war erfüllt von Dankbarkeit gegenüber dem großen und edlen Mann, der es in seiner Macht hatte, ihr zu vergeben, hatte ihr so anmutig vergeben. Sie war ihm doppelt dankbar, dass er sich nicht von ihren leidenschaftlichen Bitten beeinflussen ließ. Sie war selbst im Zweifel, was das Beste sei, und nun schien es ihr wie am Anfang, dass es die Pflicht des Staates sei, die Erfüllung eines unwiderruflichen Gelübdes zu verhindern.

„Ich bitte um Verzeihung", sagte sie erneut zu ihrem Bruder. „Wünschst du etwas von mir?"

„Du musst morgen mit mir gehen", sagte Bruno; „Wir gehen auf eine Reise. Ich habe mir bereits eine Beurlaubung besorgt, und die Königin wird Ihnen die Beurlaubung gewähren."

„Auf eine Reise gehen? Wohin?"

„Um meiner Verlobung beizuwohnen."

„Sicherlich nicht mit--?"

„Sicherlich; mit der Schwester des Königs; oder, wenn Sie es lieber möchten, seiner Halb- oder Viertelschwester. Baronin Arabella von Steigeneck wird sich freuen, Ihre Bekanntschaft zu machen."

Irma blickte nach unten. Es war die älteste Tochter der Tänzerin, die vom verstorbenen König geadelt worden war. Irma sprach über den Eindruck, den diese Heirat auf ihren Vater machen würde; aber Bruno antwortete scherzhaft, dass er und seine Schwester von ihrem Vater getrennt worden seien, der der seltsamen Laune nachgegeben habe, ein gewöhnlicher Bürger sein zu wollen. Als er merkte, dass seine Bemerkungen Irma missfielen, änderte er sein Benehmen und erklärte ihr, wie grausam und engstirnig es wäre, die Baronin Arabella, die königliches Blut in ihren Adern hatte, wegen einiger Unregelmäßigkeiten leiden zu lassen, die sie nicht tun sollte beschuldigen. Und als er Irma erklärte, dass es unabhängig von seinen

Wünschen ihre Pflicht sei, Arabella in einem Geist der Freundlichkeit und ohne Vorurteile zu begegnen, traf er den richtigen Nerv. Er fügte hinzu:

„Sie sind der einfältigen Bäuerin, der Amme des Kronprinzen, so zugetan. Es ist sehr billig, Menschlichkeit gegenüber einer der unteren Klassen zu üben. Sie werden es in diesem Fall angenehmer und effektiver finden.“

„Ich freue mich, dass du so denkst“, antwortete Irma und betrachtete ihren Bruder mit einem fröhlicheren Blick.

Bruno war begeistert. Er hatte den richtigen Köder benutzt und empfand einige Augenblicke lang echte Freude daran, sich über Themen wie die Erhebung des Geistes und den Adel der Seele zu unterhalten. Irma erklärte sich bereit, ihn zu begleiten. Als sie bei der Königin einen Urlaubsantrag stellte und diese auf die zarteste Weise ihr Erstaunen über Brunos Wahl zum Ausdruck brachte, erwies sich Irma als so eifrige Verfechterin der Menschlichkeit, dass die Königin nicht umhin konnte, zu ihr zu sagen:

„Du bist und wirst immer ein edles Herz sein.“

Irma drückte der Königin einen innigen Kuss auf die Hand. Sie machten sich auf den Weg und nahmen Brunos zwei Diener und den Jockey Fritz, Baums Sohn, mit. Auch der ebenso unverzichtbare wie allgegenwärtige Pater Baum begleitete sie.

Bruno war in Hochstimmung. Wie alle anderen Genießer war er gelegentlichen zärtlichen Szenen nicht abgeneigt. Er spielte hervorragend Klavier und hin und wieder gab er sich einem sentimentalen Adagio hin. Irma wirkte jetzt in seinen Augen sentimental. Aber er wurde der schmelzenden Stimmung bald überdrüssig und rief in seiner leichtfertigen, scherzhaften Art aus:

„Ich bin besser als die Welt der Kavaliere, die uns umgibt. Du lächelst – und fragst dich, was für Kavaliere das sein müssen, unter denen ich der Beste bin. – Ja, liebe Schwester Krimhilde, es ist trotzdem so. Das gestehe ich ehrlich Ich heirate diese Dame nur, um ein möglichst lustiges Leben führen zu können, und bin ich nicht besser als diejenigen, die sich in einem solchen Fall als Heuchler benehmen?“

„Ja, wenn du denkst, dass dich das besser macht. Aber ich glaube, du schämst dich einfach, verliebt zu sein, und hast Angst, sentimental zu wirken.“

„Danke! Du bist ein profunder Kenner der menschlichen Natur.“

Bruno wünschte im Grunde, dass seine Schwester sich einbildete, er sei verliebt; denn das würde das Verhalten beider natürlicher und dem Anlass angemessener machen. Er errötete und lächelte schüchtern.

Baronin Steigeneck lebte in einer kleinen Stadt und bewohnte ein Schloss, das einst der Rückzugsort einer Schwester des verstorbenen Königs gewesen war.

Sie erreichten die Burg. Ein leuchtender Pfau stand auf der hohen Mauer und erfüllte die Luft mit seinem schrillen Schrei.

Für Bruno und Irma waren Zimmer vorbereitet worden, die sich zurückzogen, um sich umzuziehen. Bruno erschien in voller Uniform und mit allen seinen Orden und Orden. Sie wurden von zwei Dienern zum Salon der Baronin Steigeneck geführt, die die Flügeltüren öffneten. Baroness Steigeneck, die in ein schlichtes Gewand gekleidet war, trat Bruno und Irma entgegen und empfing sie mit einer anmutigen Verbeugung. Bruno küsste sie und umarmte dann seine Verlobte, die in Form und Gesichtszügen ein angenehmes Aussehen hatte. Er stellte sie seiner Schwester vor, die sie umarmte und küsste.

Die Möbel des Schlosses waren prächtig, aber von etwas protzigem Geschmack, bei dem mehr Wert auf das Äußere als auf den Komfort gelegt wurde. Im großen *Salon* wurde ein lebensgroßes Bild des verstorbenen Königs ausgestellt .

Irma war beunruhigt, als sie die alte Baronin zum ersten Mal sah. Ihr Boudoir war mit Bildern von ihr geschmückt, die aufgenommen wurden, als sie noch ein junges, schönes und üppiges Wesen war, und die sie in verschiedenen gewagten Posen darstellten, etwa als Psyche, Eros und die Feenkönigin. Und könnte diese schwere Frau mit den starren Gesichtszügen dieselbe Person sein? Ihre Hauptbeschäftigung war das Kartenspielen, und hier sah Irma zum ersten Mal in ihrem Leben Menschen, die stundenlang im Freien, unter den Bäumen und beim Gesang der Vögel am Kartenspiel saßen . Was würde aus manchen Menschen werden, wie leer wäre ihr Leben, wenn es keine Karten gäbe!

Die Zeit wurde angenehm mit Musik verbracht – denn Baroness Arabella sang wunderschön –, fröhlichen Abendessen und Ausflügen in die Nachbarschaft. Irma konnte nicht anders, als die Dienerinnen zu beobachten und sich zu fragen, wie sie sich fühlten und was ihre Gedanken sein mussten, während sie einer solchen Herrin dienten. Aber sie sah den gleichen Respekt wie am Hof; und wenn sie durch die kleine Stadt fuhren, hielten die Leute an und hoben als Zeichen des Respekts ihre Hüte, denn die Baronin hatte dem Ort Leben und Geld gebracht. Alles auf dieser Welt, sogar Respekt, kann man kaufen.

Drei Tage vergingen wie im Flug. Baronin Steigeneck hielt einen kleinen Hof, der recht bescheiden aussah. Ein alter und äußerst exzentrischer französischer Legitimist war die besondere Attraktion, und Französisch war die einzige gesprochene Sprache.

Die formelle Verlobung wurde zügig von dem Notar geregelt, den Bruno aus der Hauptstadt mitgebracht hatte. Er war sorgfältig unterrichtet worden, und der alten Baronin erging es schwer. Es gab alle möglichen teuflisch knappen Klauseln in Bezug auf Tod oder Trennung. Bruno hatte sich gesichert. Die Baronin sprach scherzhaft von Liebe und sagte, dass sie sich eine solche Begeisterung heute nicht für möglich gehalten hätte. Bruno stimmte ihr zu, denn beide wussten genau, dass es nur ums Geld ging.

Arabella wirkte wie eine wohlerzogene Dame und verfügte über den Bildungsgrad, den man von Lehrern kaufen kann. Sie konnte singen und zeichnen und sprach drei Fremdsprachen, die sie auf Geheiß ihrer Mutter mit Bravour beherrschen musste. Aber all dies zeigte eher Einsatz als einheimisches Talent. Sie hatte auch viel gelesen, tat aber so, als wüsste sie bestimmte Werke nicht, deren Passagen sich auf sie selbst oder ihre Mutter beziehen könnten.

Irma war überaus freundlich zu ihrer Schwägerin und Bruno dankte ihr herzlich. Und doch war Irmas Gemüt nicht ruhig. Das Haus schien unter dem Einfluss eines eigenartigen Zaubers zu stehen – es war wie im Märchenland. Die Leute gingen umher und lachten und scherzten und sangen und spielten, aber es gab ein Wort, das sie nicht auszusprechen wagten; denn bei der bloßen Erwähnung würde das Schloss mit all seinem Prunk und seiner Pracht verschwinden. Und dieses Wort war: „Vater". Aber hier wurde Irma umso mehr dazu gedrängt, an ihren Vater zu denken. Als sie allein in ihrem Zimmer war, begann sie einen Brief an ihn zu schreiben, und als sie die Worte schrieb; „Lieber Vater", sie sah sich um. Sie betrachtete es als ihre Pflicht und hielt es für besser als Bruno, ihrem Vater die Verlobung mitzuteilen und ihn um Nachsicht für dieses unglückliche, wenn auch reiche Mädchen zu bitten. Noch nie hatte sie so viele erfolglose Versuche unternommen, einen Brief zu schreiben. Sie hatte immer wieder damit begonnen und endete immer damit, dass sie das Laken zerriss und ins Feuer warf. Sie fand es unmöglich, ihren Brief zu Ende zu schreiben, und beschloss schließlich, zu warten, bis sie in den Sommerpalast zurückkehrte. Aber sie wurde den Wunsch nicht los, über ihre Eltern zu sprechen, und als Baum mit einer Nachricht zu ihr kam, hielt sie ihn mit der Frage zurück:

„Baum, leben deine Eltern noch?"

"NEIN."

„Kannst du sie schon lange?"

Baum hustete hinter seiner erhobenen Hand und antwortete: „Ich habe meinen Vater nie kennengelernt; und meine Mutter – meine Mutter wurde mir vor langer Zeit genommen.“

Baum, der immer noch die Hand vors Gesicht hielt, biss sich auf die Lippen und wagte schließlich zu fragen: „Darf ich fragen, meine Dame, warum Sie mir diese Frage stellen?“

„Ich möchte mich mit dem Leben und der Geschichte derer vertraut machen, die ich persönlich kenne.“

Baum ließ seine Hand sinken und sein Gesicht war so glatt und ausdruckslos wie zuvor.

Während ihres Aufenthaltes auf der Burg wurde strengster Anstand gewahrt. Bei einer Gelegenheit fühlte sich Irma jedoch beleidigt, und da erklärte die alte Dame – sie nannten sie „Ihre Gnaden“ – die Beziehung eines verlobten Paares für die albernste aller Konventionen – den natürlichsten und angemessensten Weg die Heirat unmittelbar auf die Verlobung folgen zu lassen – ja, noch in derselben Stunde.

Diese Bemerkungen gingen mit einer eigentümlichen Veränderung im Gesichtsausdruck der alten Dame einher. Irma war erschrocken und konnte ihren Schrecken nicht überwinden, denn als die Baronin ihr zum Abschied einen Kuss gab, konnte Irma ein Schaudern nicht unterdrücken.

Irma war schon seit einiger Zeit im Wagen, als Bruno endlich kam, und blieb erneut stehen, um seiner Verlobten, die am Fenster stand, einen Kuss zuzuwerfen.

Sie fuhren los, und als Irma mit ihrem Bruder allein war, sagte sie mit lauter Stimme und seltsamem Gesichtsausdruck:

„Oh, Vater! Vater!“ Sie holte tief und tief Luft, als wäre sie von einem Schreckenszauber befreit.

"Was kränkt dich?" sagte Bruno.

Irma wollte ihm nicht sagen, was sie fühlte, und antwortete lediglich:

„Sobald wir zurück im Palast sind, musst du an Vater schreiben oder, was besser wäre, zu ihm gehen. Er soll dich ausschimpfen, wenn es sein muss. Er ist schließlich unser Vater und wird freundlich sein noch einmal zu dir und akzeptiere, was vergangen ist.

„Wir sollten besser schreiben“, sagte Bruno.

"NEIN!" rief Irma und faltete beide Hände, „um Arabellas willen musst du es tun.“

"Ihretwegen?"

„Ja. Ich wünsche ihr das Gefühl, dass es jemanden gibt, den sie mit „Vater"
ansprechen kann; das wäre der glücklichste Moment, den sie je erlebt hat."

Bruno zog sich zurück. Nach einer Weile sagte er: „Lass uns leise reden. Du
weißt wohl, dass du mich an einer empfindlichen Stelle berührt hast. Arabella
konnte niemanden Vater nennen und kann es auch jetzt nicht. Irma, Du bist
stark genug, der Wahrheit ins Gesicht zu sehen. Was bildet das unauflösliche
Band zwischen Vater und Kind? Es ist nicht nur die Natur, sondern die
Geschichte. Durch die Ablehnung unseres Ranges hat unser Vater Vater und
Mutter und unsere lange Zeit verleugnet Er war es, der die starke und
glitzernde Kette durchbrach, die uns durch ihn mit unserem Haus verband.
Wir haben die Verbindung erneuert, die auf diese Weise unterbrochen wurde,
sind dabei aber von unserem Vater getrennt. Er trennte sich er selbst von
uns; in dem Sinne, in dem du meinst, kann keiner von uns „Vater" sagen."

Irma wurde blass. Sie hatte die Sache nie in diesem Licht betrachtet und sich
nicht träumen lassen, dass Bruno seinen Kurs auf diese Weise verteidigen
würde. Sie hatte sein Leben für nichts weiter als Leichtsinn gehalten, und nun
sah sie zum ersten Mal die tiefe Kluft, die sie trennte. Sie wollte gerade
antworten, dass ihr Vater allem Edlen treu geblieben sei, allem, was die
besten ihrer Vorfahren ihm vermittelt hätten , und dass er die äußeren
Vorrechte des Standes einfach beiseite geschoben habe. Aber zum ersten Mal
hatte sie das Gefühl, dass sie sich gegenüber ihrem Bruder nicht behaupten
konnte. Auch sie hatte sich von ihrem Vater getrennt. Sie schwieg. Sie fuhren
weiter und sprachen stundenlang kein Wort. Sie erreichten den
Sommerpalast. Allen, die ihr zur Verlobung ihres Bruders gratulierten,
dankte Irma sehr höflich. Sie empfand seltsame Verlegenheit in der
Anwesenheit des Hofjuweliers, der gebeten worden war, sich mit
verschiedenen Schatullen voller Edelsteine im Palast zu präsentieren. Sie
sollte gemeinsam mit Bruno ein reichhaltiges Geschenk für Arabella
aussuchen. Sie tat es, ließ aber nicht zu, dass einer der Juwelen an sich selbst
anprobiert wurde. Zu diesem Zweck war ihre Zofe anwesend, und
schließlich entschieden sie sich für ein reiches Diamantenset, das sofort an
Brunos Verlobte geschickt wurde.

KAPITEL IV.

Irma erlangte ihre gewohnte Fröhlichkeit zurück und war der fröhlichste Kobold des ganzen Hofes. Sie neckte und neckte jeden außer Oberst Bronnen, dem gegenüber sie allein immer ernst und zurückhaltend war. Sie ritt viel aus und begleitete den König oft bei der Verfolgungsjagd, an der sich auch die anderen Hofdamen gerne beteiligten. Der heraufziehende Herbst machte die Luft frisch und belebend, und es mangelte nicht an Abwechslung bei ihren Vergnügungen. Die Königin musste zu Hause bleiben. Sie hatte die meiste Zeit Walpurga und den Prinzen bei sich und freute sich über jeden neuen Beweis der aufkeimenden Intelligenz des Kindes. Er kannte seine Mutter bereits und hatte begonnen, viele Gegenstände zu bemerken. Sie beklagte den ruhelosen Geist ihres Mannes, der sich ständig nach neuen, heftigen Erregungen sehnte und ihm so viele schöne Momente mit seinem Kind vorenthielt.

Ihre Mahlzeiten nahmen sie oft im Wald oder auf den Bergen ein, wo ihre Lebensmittel und Kochutensilien schnell auf dem Rücken von Maultieren transportiert wurden.

Die Idee stammte von Baron Schöning, und er war nicht wenig eitel darüber. Es war in der Tat eine fast magisch anmutende Überraschung, mitten im Wald oder auf einer Anhöhe, die einen herrlichen Ausblick bot, ein Festmahl zu finden; und am Ende des Festes würden alle ihre Utensilien ebenso schnell verschwinden.

Seit seiner Rückkehr vom See hatte Baron Schöning Irma mit so viel Nachsicht und Rücksicht behandelt, als hätte er sie abgelehnt, anstatt von ihr abgelehnt worden zu sein, und es kam ihm wirklich so vor, als wäre er derjenige, der „Nein" gesagt hatte. " Der Gedanke an seine stets unterhaltsamen Gedanken an eine Ehe kam ihm nun völliger Wahnsinn vor. Der Baron bemühte sich zwar, eine würdevolle Haltung an den Tag zu legen, handelte dabei aber sehr vorsichtig, damit eine allzu plötzliche Änderung seines Benehmens keine unangenehmen Kommentare hervorrufen könnte. Er hatte Irma gesagt, dass das Gericht glaubte, es sei eine Kleinigkeit mit ihm, während er in Wirklichkeit damit spielte. Der kühne Wandel, den er nun zu vollziehen versuchte, hatte sich ihm in Wahrheit erst während des besagten Gesprächs aufgedrängt.

Schoning war ein seltsamer Charakter am Hof. Er war zunächst in den diplomatischen Dienst eingetreten, verließ diesen jedoch bald, um Landschaftsmaler zu werden. Da sich seine Leistungen in seinem neuen Beruf als gering erwiesen, suchte er nach einer Stelle am Hof und fand es leicht, sie zu bekommen. Er wurde einer der Direktoren der königlichen

Gärten und Chef im Amt des Lord Steward und aufgrund seiner Position auch Kammerherr.

In vertrauten Momenten erzählte er seinen engen Freunden – und zu diesen gehörten natürlich alle Damen und Herren am Hof – gern, dass seine wahre Berufung die Kunst sei; dass er es nur für den König geopfert hatte, den er über alles liebte; und behauptete, dass dies eine Pflicht sei, die die Adligen ihrem Herrscher schuldeten. Im Sommerpalast hing eine Landschaft von ihm, die einen Blick auf den See zeigte, an dessen Ufer Walpurgas Geburtshaus lag. Es war ein kluges Bild, aber böswillige Zungen behaupteten, einer seiner Freunde an der Akademie habe die Landschaft gemalt und ein anderer die Figuren.

Auf ihren Bergausflügen schenkte Schöning Irma besondere Aufmerksamkeit, die sich mit ihm frei ihrem übermütigen Humor hingeben konnte, denn bei Hofe war klar, dass niemand eine Liebesbeziehung mit Schöning haben durfte. Er war der Hintern eines jeden und wusste, wie man Witze macht und Witze macht.

Oft hätte Schöning die Teilnahme an diesen Exkursionen gerne vermieden, denn er wusste genau, dass seine Versuche, Würde zu erlangen, alles andere als erfolgreich waren. Aber selbst eine vorgetäuschte Krankheit diente nicht als Entschuldigung; denn ohne Schoning gab es kein Ziel für ihre Scherze.

Was sollte er tun? Er gab der Sache die bestmögliche Miene und begleitete sie mit gespielter Bereitschaft.

Trotz der großen Unterschiede in ihren Stationen waren Schöning und Baum beide unverzichtbar.

Baum war der Lieblingsdiener am Hofe. Er hatte das Glück, in jeder Hinsicht nützlich zu sein, und keine Landparty, kein Abendessen im Wald, kein Ausflug auf dem Wasser galt ohne ihn als vollständig. Schauspieler sind oft verärgert, wenn sie nicht ausreichend beschäftigt sind oder für unwichtige Rollen besetzt werden, und Lakaien haben in gleicher Weise das eifersüchtige Verlangen, ständig beschäftigt zu werden. Daraus folgt ganz selbstverständlich, dass Baum seine Günstlinge hatte, die er, wenn sich die Gelegenheit bot, dem Lord Steward anerkennend erwähnte, und sie gehorchten ihm, als wäre er ihr natürlicher Vorgesetzter. Der Schal der Königin oder der Paletot des Königs wurden noch nie so gut getragen wie von Baum. Während sie an seinem Arm hängen, scheinen sie fast zu sagen: „Oh, wie warm und weich wir sind, und wir sind jederzeit bereit, Sie zu beschützen und zu wärmen. Ihre Majestäten müssen uns nur befehlen.“

Die Abende wurden angenehm verbracht. Nach dem Tee gingen sie normalerweise in den inneren Palasthof und betrachteten im Schein von Fackeln die wilden Tiere, die während der Jagd des Tages erschossen worden waren. Auch wenn die Königin solche Anblicke ungern sah, schloss sie sich immer der Party an, damit sie sie nicht für sentimental hielten. Der Erfolg bei der Jagd versetzte den König immer in gute Laune. Anschließend kehrten sie in die offenen Salons zurück, wo sie Instrumental- und Gesangsmusik hörten, Karten spielten oder sich von jemandem etwas vorlesen ließen. Irma war eine ausgezeichnete Billardspielerin und gewann viele Spiele des Königs. Jede ihrer Bewegungen war voller Anmut und jede Pose, die sie beim Spielen einnahm, war eines Künstlerstifts würdig.

„Wie schön sie ist", sagte die Königin oft zu ihrem Ehemann, der zustimmend nickte. Im großen Billardzimmer herrschte viel Fröhlichkeit. Vor dem Abschied für die Nacht versammelte sich der innere Kreis des Hofes, als wolle er sich ausruhen und zurückblicken. denn jeden Abend wurde die Chronik des Tages vorgelesen. Baron Schöning hatte diese Tageszeitung viele Jahre lang geführt. Es war in Versen und, was noch besser war, im Highland-Dialekt geschrieben. Gräfin Irma wurde darin oft unter dem Namen „Felsenmädchen" erwähnt. Alle kleinen Ereignisse des Tages wurden in einem komischen Gewand dargestellt, und da die Gesellschaft alle erwähnten Persönlichkeiten kannte, löste die Lektüre des Tagebuchs stets große Heiterkeit aus. Der König wurde gewöhnlich als Nimrod oder Artus bezeichnet. Auch die Hunde wurden nicht vergessen, und einer der ständigen Witze lautete: „Pflegemutter Walpurga aß herzhaft, und Romulus trank reichlich. Tante Lint" – gemeint war Mademoiselle Kramer – „begann, ihre Familiengeschichte zu erzählen, ist aber noch nicht angekommen." das Ende."

Nachdem sich der König und die Königin zurückgezogen hatten, zerfiel der Hof in kleine Gruppen. In Begleitung von Doktor Gunther stieg Irma oft auf eine benachbarte Anhöhe oder stieg ins Tal hinab. Gunther lehrte sie die Sternbilder: Und hier, in der stillen Nacht, erklärte er ihr die großen Gesetze, die das Universum regieren; wie sich die Planeten im unendlichen Raum bewegen, angezogen und abgestoßen, sodass keiner einen perfekten Kreis beschreibt. Sie sprachen oft von Irmas Vater, der, so Gunther, seinen Kreis schließen könne, weil er sich isoliert habe. Der Arzt behauptete jedoch, sein eigener Fall sei anders; dass es sein Los gewesen sei, in der Welt zu bleiben; dass ein elliptischer Kurs der einzige Weg war, auf dem er sich bewegen konnte; und dass er als Arzt gezwungen war, andere zu beeinflussen und sich ihrem Einfluss auf sich selbst nicht entziehen konnte. So versunken in die Geheimnisse des Universums vergaßen der alte Mann und das Mädchen sich selbst, bis die Müdigkeit sie warnte, dass es Zeit war, zurückzukehren und Ruhe zu suchen.

Irma sagte oft, dass sie im Winter einen Großteil ihrer Zeit bei den Gunthers verbringen wollte. Die junge Witwe und ihr Kind waren nun nach Hause gekommen, um beim Vater zu leben.

Irma zog sich selten für die Nacht zurück, ohne zuvor Walpurga zu besuchen, die im Allgemeinen wach lag und auf sie wartete und die, wenn sie eingeschlafen war, sofort aufwachte, als wäre sie sich ihrer Anwesenheit bewusst, sobald Irma näher kam. Sie saßen einige Zeit da und redeten miteinander. Walpurga hatte immer viel über ihren klugen Prinzen zu erzählen und noch mehr über die gute Königin.

Die Tage wurden kürzer, die Abende länger. Die Gärtner waren damit beschäftigt, das abgefallene Laub von den Wegen zu entfernen, bevor der Hof erwachte. Es hieß, sie würden bald den Sommerpalast verlassen und in die Hauptstadt zurückkehren. Der König war ihnen dorthin vorausgegangen. Umgeben von einem neuen Ministerium, dessen Präsident Schnabelsdorf war, eröffnete er persönlich das Parlament.

Günther empfand es und drückte Irma gegenüber sein Bedauern darüber aus, dass der König mit der Ernennung eines reaktionären und ultramonaten Ministeriums einen folgenschweren Schritt getan hatte. In fester und maßvoller Sprache schimpfte er über die ganze Romantik des Klosters. Irma hatte nicht den Mut zuzugeben, wie viel Schuld sie an all dem trug, und tröstete sich mit dem Gedanken, dass der König in Gegenwart der Königin jeden Einfluss von außen zurückgewiesen hatte. Zum ersten Mal wurde ihr ein Gefühl der Feindseligkeit gegenüber dem Arzt bewusst, der in ihren Augen nun illiberal und vom Fanatismus des Unglaubens erfüllt schien. Der größte Ruhm des Lebens, die Höhenflüge einer aufstrebenden Seele, war ihm fremd und er verfluchte sie mit den Worten „Romantik" und „Sentimentalismus". Der König, einsam und allein, während er dem Strom der öffentlichen Meinung trotzte, kam ihr größer vor als je zuvor. Der Gedanke, den sie einmal in einem Brief an Emma geäußert hatte, wurde ihr nach und nach klarer. Niemand außer einem König, und zwar einer wie er, hat den großen und umfassenden Geist, der sich nicht durch die Systeme der Schulen einengen lässt. Logik ist nur ein Teil des menschlichen Geistes. Der vollständige Mensch allein besitzt einen vollständigen Geist.

Sogar ein solcher Geist und ein solcher Mann wie der Arzt schien ihr im Vergleich zu dem Einzigen zu leiden.

Walpurga war wegen des zweiten Wohnungswechsels ziemlich unruhig und beklagte sich bei Irma, dass es ein furchtbares Leben sei. „Na ja, es ist nichts anderes als das Leben in Kutschen. Man hat nie die Möglichkeit, sich irgendwo niederzulassen ist weg, aber Rinder sind keine Menschen. Ich kann nicht umhin, meinen armen Prinzen zu bemitleiden, denn in seiner Jugend gibt es nichts, woran man sich erinnern könnte. Wenn er älter wird, wird er nicht mehr sagen können: „Früher war ich da." Ich war hier zuhause und sah, wie diese Bäume blühten und Früchte trugen; und dann bedeckte der

Schnee sie, und danach kam der Frühling – und wenn das arme Kind das nicht hat, wo wird es dann jemals ein Zuhause haben?"

Beim Frühstück wiederholte Irma Walpurgas Worte und fand viel Rührendes und Poetisches in dieser Identifikation mit der Natur und in dieser Bindung an leblose Objekte. Die Damen und Herren im Frühstücksraum konnten nicht verstehen, wo die Poesie lag, denn sie erschien ihnen als Engstirnigkeit. Baron Schöning mischte sich ein und erinnerte sie daran, dass diese Verbundenheit mit dem Boden ihre Vorteile habe; denn nur so waren einsame Höhen und Täler bewohnt. Er behauptete, dass das einfache Volk nur durch die Macht der Gewohnheit regiert werden könne; dass der Mensch als freier Akteur sich von solchen Beschränkungen befreien muss; und dass die wahre poetische Idee darin bestand, dass Pegasus auf der Erde ruht, aber dennoch in der Lage ist, seinen Flug in die Höhe zu schwingen.

Schoning sah sich um, als erwartete er Beifall für seine tiefgründige Bemerkung. Es gelang jedoch nicht, einen Eindruck zu hinterlassen. Er hatte sich so ständig um die Belustigung des Gerichts gekümmert, dass alle seine Versuche, ernst zu sein, scheiterten, was auf den Erfolg hindeutete, mit dem ein bekannter Komiker oder Landstreicher eine tragische Rolle spielen würde. Schoning bildete sich ein, dass Irma ihn besser verstand als *jeder* andere der anderen, aber selbst sie war an diesem Tag nicht in der Stimmung, zuzustimmen. Günther nahm als erster das Gespräch auf und sagte, dass die gegenwärtige Lust am unaufhörlichen Reisen einen neuen Impuls in der Geschichte der Menschheit darstelle, den es in keinem früheren Zeitalter in diesem Ausmaß gegeben habe. Die Generation, die schon in ihrer Wiege das Pfeifen der Lokomotive gehört hatte, musste zwangsläufig anders sein als ihre Vorgänger. Doch die Poesie würde niemals sterben, denn jede Mutter würde ihrem Kind das Singen beibringen, und die Zeit, die ewige Mutter, würde den Kindern einer neuen Generation neue Lieder beibringen, die sich von denen der Vergangenheit unterscheiden, aber dennoch voller Schönheit sind und Gefühl.

Die Königin nickte Gunther zu, und ihr Gesicht war von Röte überzogen, während sie sagte, dass sie mit Walpurga einverstanden sei und lieber an einem Ort bleiben und sich dort niederlassen würde.

Die Herren und Damen des Hofes lobten lautstark die schönen und gefühlvollen Bemerkungen der Königin, während viele sie in ihrem Herzen für genauso dumm hielten wie die von Walpurga.

Als sie den Tisch verlassen hatten, sagte die Königin zu Irma:

„Liebe Gräfin, Sie sollten solche Dinge nicht bei Tisch oder in Gegenwart von Gesellschaft sagen. Ich versichere Ihnen, sie sind dort fehl am Platz. Walpurgas Gedanken sind wie frische Wildblumen, die, wenn man sie pflückt und zu einem Blumenstrauß zusammenbindet Blumenstrauß, der bald verdorrt und stirbt. Nur künstlich gezüchtete Blumen sind für den *Salon geeignet* , und die besten von allen sind solche aus Tüll und Gaze. Vertraue solche Dinge von nun an nur mir an.“

Irma war über diese Vereinbarung erfreut; Als aber die Königin am Mittag Walpurga erzählte, was sie über sie gehört hatte, war diese wütend auf Irma. Es geht nicht, dachte sie, alles zu wiederholen, was man hört. Sie schämte sich und wurde in Irmas Gegenwart schüchtern und zurückhaltend. Erst als sie mit dem Prinzen allein war, flüsterte sie: „Ja, mein kleiner Wanderer; von nun an wirst du der Einzige sein, dem ich alles erzählen werde. Du bist der Klügste im ganzen Haus, und der Einzige, der den Mund hält. Du wirst doch zu niemandem ein Wort sagen, oder?“

Walpurga war von dem Gedanken, zu gehen, ziemlich beunruhigt, und Baum war der Einzige, der wusste, wie er sie beruhigen konnte. Er sagte:

„Seien Sie nicht dumm. Was bedeuten Ihnen die Möbel, die Bäume und alles andere? Sie bleiben hier. Sie steigen in die Kutsche und fahren in die Stadt, und wenn Sie dort ankommen, finden Sie alles, was Sie brauchen, bereit Sie. Es gibt genug Hände und Füße, um sich um all das zu kümmern.“

Walpurga beruhigte sich allmählich. Sie warteten auf den ersten sonnigen Tag, und dann fuhren die Königin, der Prinz, Walpurga und das königliche Gefolge in die Hauptstadt. Der Sommerpalast war wieder einmal einsam und verlassen; Abgestorbenes Laub füllte die Wege im Park und wurde nicht mehr weggefegt. Die großen bunten Lampen der Veranda wurden zur sicheren Aufbewahrung weggestellt und die großen Fenster waren mit Strohschichten abgedeckt. Das Sommerschloss fiel in den Winterschlaf und im Stadtschloss erwachte unterdessen neues Leben.

KAPITEL V.

Der königliche Palast befand sich im Zentrum der Stadt und hatte keine Mauern oder Gräben. Obwohl die Fenster auf die belebten Straßen blickten, schien es, als ob es auf einer befestigten Anhöhe stünde und als ob es in einiger Entfernung von Angriffs- und Verteidigungsanlagen umgeben wäre. Nur in seltenen Abständen und in undeutlichen Äußerungen drang bisher ein vereinzeltes Echo der Volksstimmung durch. Es gab Hunderte von Menschen, vom niedrigsten Küchendiener bis zum Haushofmeister, die anstelle von Mauern oder Gräben dienten und alle außer den wenigen Auserwählten daran hinderten, die königliche Gegenwart zu betreten.

Der König war in fröhlicher Stimmung und doch wirkte seine Fröhlichkeit gezwungen. Er war Opfer einer unruhigen Veranlagung, die es ihm nicht erlaubte, lange bei einem Thema zu verweilen. Von morgens bis abends brauchte er ständige Abwechslung und fröhliche Aufregung.

Hätte man ihn gebeten, auf sein Gewissen zu antworten, hätte er offen gesagt: „Ich respektiere die Verfassung und bin ihr treu" – und doch war er im Grunde ihres Herzens ein unüberwindlicher Gegner dagegen, denn sie schränkte seine Individualität ein. Auf die gleiche Weise liebte er seine Frau, während sein Herz ihrer Freundin huldigte; aber dass er dem Gesetz oder sogar seinen eigenen Wünschen unterworfen werden sollte, war ihm ebenso zuwider – denn auch das würde die volle Entwicklung seiner neuen Individualität verzögern. Er betrachtete alles, was nach Opposition schmeckte, sei es die Verfassung des Staates oder die Meinung eines guten Freundes, als einen Versuch, ihn zu unterwerfen. Er wollte vollkommen frei sein und doch nicht ohne Gesetz und Zuneigung. Er konnte nicht auf die Zustimmung derjenigen verzichten, denen er gleichzeitig nicht das Recht auf Meinungsverschiedenheit zugestehen wollte. Er hätte sich gewünscht, dass sein eigenes Volk ihn mit einer ebenso loyalen Zuneigung betrachtete wie die Engländer ihren Herrschern, wollte aber nicht, dass dies ihn daran hinderte, den Geboten seines eigenen Urteils zu folgen. Er studierte die Gesetze des Staates, bevorzugte jedoch solche Interpretationen, die sie wertlos machten. Er liebte die Verfassung genauso wie seine Frau; das heißt, er schätzte ihre Tugenden und strebte danach, ihr treu zu bleiben, ohne seine Neigungen zu opfern.

Die damaligen Tagebücher erreichten den König in Form einer Zusammenfassung, die in der literarischen Hofküche erstellt wurde. Auf seinen Befehl wurden seinem Kabinett stenografische Berichte über die Verhandlungen der Abgeordnetenkammer vorgelegt, die jedoch größtenteils ungelesen blieben. Es gab zu viel zu tun, zu viele feierliche Empfänge, Paraden und Übungen. Das neue Arsenal befand sich nun unter einem Dach, und man war damit beschäftigt, die Dekorationen bereitzustellen, von denen einige vom König selbst vorbereitet wurden.

Die großen Herbstmanöver fanden in der Nähe des Palastes statt. Es wurde viel über Veränderungen gesprochen und die Begeisterung der Soldaten war groß. Die Königin und Irma, gekleidet in die Uniform der Wachen der Königin, erschienen zu Pferd. Die Königin sah aus wie eine Schutzpatronin, während Irma mit ihrer triumphierenden Miene wie ein Kommandant aussah.

Beim Befehlswort erfüllte das laute Jubeln der Soldaten die Luft, und es schien, als würden ihre Freudenrufe kein Ende nehmen.

Oberst Bronnen widmete Irma seine ganze Aufmerksamkeit. Es wurde allgemein angenommen, dass er bald um ihre Hand klagen würde. Einige gingen sogar so weit, zu behaupten, dass sie bereits heimlich verlobt seien und dass Irmas Vater, der alte Menschenfeind, seine Zustimmung verweigert habe, die schöne Gräfin jedoch innerhalb eines Monats volljährig sein würde. Kein Regiment hätte sich eine schönere Oberstfrau wünschen können.

Irmas Leben schien in ekstatischem Glück dahinzugleiten. Sie wusste nicht einmal, dass die Welt sie verlobt hatte. Wenn sie den Arzt traf, sagte sie: „Ich denke jeden Tag daran, Ihre liebe Familie zu besuchen, aber es gibt immer etwas, das mich daran hindert; ich werde sicher morgen oder übermorgen kommen.“

Es vergingen Wochen, bis sie den Besuch abstattete, und als sie schließlich anrief, teilte ihr der Diener mit, dass die Familie nicht zu Hause sei. Irma hatte vorgehabt, noch einmal anzurufen, und kam schließlich zu dem Schluss, dass sie unhöflich behandelt worden war, weil sie es versäumt hatten, ihren Besuch zu erwidern. Sie wartete und gab schließlich jeglichen Verkehr mit ihnen auf. Es sei viel besser, dachte sie, in der eigenen Sphäre; außerdem trauerten sie beim Arzt, und Irma war nicht in der Stimmung, traurige Szenen zu suchen. Der Arzt selbst schien sich sogar unwohl zu fühlen, denn er hatte kürzlich zu ihr gesagt:

„Die meisten Menschen, selbst diejenigen, die reif und selbstbewusst sind, erschöpfen ihre Freuden, genau wie Kinder es tun. Wie sie frönen sie ihrer Liebe zum Vergnügen ohne Zwang, und dann folgt die Reaktion, wenn der Freude Tränen folgen.“

Irma vermied jede weitere Diskussion mit ihm.

Es kamen regnerische Tage und niemand konnte das Haus verlassen. Walpurga ging wie eine Gefangene umher und sehnte sich danach, im Sommerpalast zu sein, obwohl sie, wenn sie zu dieser Jahreszeit dort gewesen wäre, gezwungen gewesen wäre, drinnen zu bleiben. „Onkel hatte recht“, sagte sie scherzhaft zu Mademoiselle Kramer. „Bei der Taufe sagte er, ich sei eine Kuh, und jetzt kann ich mir vorstellen, wie sich eine Kuh fühlen muss, wenn sie von der Bergwiese in ihren Stall im Tal kommt. Grubersepp, der bei uns wohnt, hat eine Bergwiese , und wenn seine Kühe nach Hause gebracht werden, brüllen sie drei Tage lang und fressen nichts. Wenn ich nur wüsste, wie die Dinge zu Hause sind; wenn ich nur sicher wäre, dass mein Kind drinnen bleibt; aber ich' Ich werde sofort schreiben.

Walpurga schrieb einen besorgten, traurigen Brief und gab sich nicht zufrieden, bis die frohe Botschaft kam.

Wann immer Irma die Gemächer des Kronprinzen betrat, schien ihre Anwesenheit selbst bei trübem Wetter wie Sonnenschein. Es gab selten einen Tag, an dem sie nicht kam, obwohl ihre Besuche kürzer waren als zuvor. Sie sagte, dass die Vorbereitungen für die Hochzeit ihres Bruders so viel Zeit in Anspruch nahmen.

„Ich möchte deinen Vater sehen“, sagte Walpurga eines Tages; „Er muss ein großartiger Mann sein, um so gute und schöne Kinder zu haben.“

Irma drückte ihre Hand auf ihr Herz.

„Wenn Vater kommt, bringe ich ihn zu dir“, sagte sie, als wollte sie sie zum Schweigen bringen. Die unschuldige Bemerkung dieser einfältigen Frau hatte sie zutiefst bewegt, und die Vorfreude auf glanzvolle Festlichkeiten wich traurigen und düsteren Gedanken. Sie war oft alleine oder in Begleitung ihres Bruders in der Stadt unterwegs, um Einkäufe für einen kompletten und luxuriös eingerichteten Haushalt zu tätigen. Frauen in Großstädten haben genauso viel Freude am Einkaufen wie Kinder im Wald am Sammeln von Wildblumen. Von Geschäft zu Geschäft gehen, vergleichen, auswählen, kaufen – es ist wie Blumen pflücken. Irma war ein Kind und eine Frau von Welt genug, um sich daran zu erfreuen und das Vergnügen zu genießen, ein Haus nach ihrem eigenen Geschmack einzurichten. Die Arbeiter und Ladenbesitzer übertrieben nicht, als sie sagten, sie hätten noch nie jemanden getroffen, dessen Befehle ein so ausgezeichnetes Urteilsvermögen bewiesen hätten. Irma war nicht liebenswürdig und zuvorkommend, sie war einfach nur höflich. Sie entschuldigte sich nie für die Mühe, die sie den Ladenbesitzern und Arbeitern bereitete, denn das gehörte zu deren Geschäft. Sie sprach sie respektvoll an, äußerte offen ihre Zustimmung, wenn ihre Vorschläge geschmackvoll waren, und dankte ihnen für die Korrektur, wenn ihre Forderungen undurchführbar waren.

Hätte Irma gehört, wie Näherinnen, Arbeiter und Verkäufer sie lobten, es hätte ihr Herz erfreut.

Es kam ihr sehr seltsam vor, dass jeder den Fehler machte, von der neuen Einrichtung als ihrer eigenen und nicht als der ihres Bruders zu sprechen.

Die Hochzeit wurde feierlich gefeiert. Irma hatte keine Gelegenheit, ihren Vater Walpurga vorzustellen, denn er kam nicht. Während dieser wenigen Tage versäumte sie es, die Gemächer des Kronprinzen zu besuchen, und als sie wieder dorthin ging – sie hatte sich vor Walpurgas Fragen gefürchtet – machte die Amme keine Anspielungen auf die Hochzeit oder ihren Vater.

Irma hatte das Gefühl, dass Mademoiselle Kramer Walpurga über den Stand der Dinge informiert hatte. Gerne hätte sie die Dinge in ihrem wahren Licht dargestellt, aber das war undurchführbar. Das einfache Volk konnte nur einfache Zusammenhänge verstehen, und eine komplizierte und komplizierte Geschichte wie ihre würde Walpurgas Verständnis übersteigen. Irma zwang sich, Walpurga gegenüber genauso zu erscheinen, wie sie immer gewesen war. Diese bemerkte dies, sagte jedoch nichts dazu. Auch sie war seltsam zurückhaltend geworden.

Der Winter kam in all seiner Macht. Walpurga konnte nicht ins Freie gehen, fand aber Freude daran, mit dem Kronprinzen lange Spaziergänge im Inneren des Palastes zu unternehmen. Zu diesem Zweck wurden ganze Wohnungen aufgerissen und beheizt.

„Sie können singen, wenn Sie möchten", hatte der Arzt zu ihr gesagt. Aber Walpurga konnte in den großen Saloons keinen Ton von sich geben, denn sie fürchtete sich vor den Bildern von Männern in Kettenhemden und von Frauen mit steifen Halskrausen oder nackten Hälsen, die auf sie herabblickten.

„Ich weiß, dass das, was ich sagen werde, sehr dumm ist, und du musst versprechen, es nicht zu wiederholen", sagte sie eines Tages im Vertrauen zu Irma.

„Was ist los? Du kannst mir immer alles erzählen."

„Das ist sicher sehr albern, aber mir kommt es so vor, als könnten diese Männer und Frauen in der anderen Welt keine Ruhe finden und müssten die ganze Zeit hier sein und zusehen, was passiert."

„Das ist überhaupt nicht dumm", sagte Irma lächelnd. „Aber achte darauf, Walpurga, was ich dir gleich sagen werde. Hier zu stehen und zu spüren, dass dein Vater, dein Urgroßvater und andere noch weiter zurückliegende Menschen dich ansehen – das ist es, was mit Adel gemeint ist . So sind wir immer in der Gesellschaft unserer Vorfahren."

„Ich verstehe; es ist genauso, als würdest du in deinem Herzen immer eine Messe zur Ruhe ihrer Seelen lesen."

„Das ist es, genau."

Irma dachte daran, dieses Gespräch mit der Königin zu wiederholen. Aber nein; sie würde es dem König erzählen. Er hatte eine wahrhaft poetische und erhabene Auffassung aller Dinge. Irma hatte es sich zur Gewohnheit gemacht, dem König alles zu erzählen, was ihr widerfahren war. Sie sprach mit ihm über alle ihre Gedanken und über jedes Buch, das sie las, und empfand so alle ihre Erfahrungen mit einem doppelten Interesse. Er war so dankbar, so anerkennend, so glücklich und darüber hinaus so mit Staatssorgen belastet, dass es die Pflicht war, ihn mit anderen Gedanken aufzumuntern.

Im Sommerpalast waren die Bäume mit Schnee bedeckt und die Fenster mit Stroh geschützt; Aber im Palast der Hauptstadt herrschte das Vergnügen. Hier war alles Duft, Pracht, Glitzer, und in Brunos Haus schien es, als würde das Fest nie enden. Der Hof hatte das Eröffnungsfest mit seiner Anwesenheit gewürdigt, und in der ganzen Stadt sprachen alle von der großen Freundlichkeit der Königin, eine Schwägerin von so besonderer Art zu besuchen, und von ihrer äußerst liebenswürdigen und freundlichen Art Art und Weise saß tatsächlich mit ihr auf dem gleichen Sofa. Auch die alte Baronin hatte dem ersten Fest ihrer Kinder beiwohnen wollen, aber nachdem man ihr mitgeteilt hatte, dass die Königin in diesem Fall nicht kommen würde, blieb sie auf ihrem Schloss in der kleinen Landstadt.

Arabella hatte an Brunos Vater geschrieben. Ihr Mann hatte ihr dies zwar nicht verboten, ihr aber vorher mitgeteilt, dass sie keine Antwort erhalten würde. Er hatte allen Grund, sich dessen sicher zu sein, denn er hatte den Brief nie weitergeleitet.

Irma tröstete sie und fand es schmerzhaft, die Eigenheiten ihres Vaters so zu beschreiben, dass er sein Schweigen zufriedenstellend erklären konnte. Es kam ihr wie Verrat vor, aber sie konnte nicht anders, denn warum sollte das arme Kind leiden müssen? Aber das Fest folgte dem Fest mit solcher Schnelligkeit, dass der Vater, die Laientänzerin – ja, sogar ihre eigenen Gedanken bald vergessen waren.

Die Abgeordnetenkammer befand sich unweit des königlichen Marstalls, und während die Delegierten hitzig über sogenannte Entscheidungsfragen diskutierten, war die königliche Reitschule Schauplatz einer Probe für ein Turnier in der Rittertracht des Mittelalters. Prinz Arnold, der der Legende nach Prinzessin Angelica umwarb, war Chef der Herren und Irma der Damen.

Obwohl es reiner Zufall war, dass das Turnier am Abend des Tages, an dem die Kammer aufgelöst wurde, eröffnet wurde, löste dieser Umstand in der gesamten Hauptstadt zahlreiche ironische Kommentare aus.

Irma war die zentrale Figur in der brillanten Szene. Als sie die königliche Loge betrat, lobte der König lautstark ihre Schönheit und ihr Können.

Die Königin fügte ihr Lob dem seinen hinzu und sagte:

„Sie müssen sich glücklich fühlen. Gräfin Irma, der Gedanke, dass Sie uns so viel Freude bereiten."

Irma verneigte sich tief und küsste die Hand der Königin.

Kaum hatte man Zeit, sich von einem Fest auszuruhen, folgte schon ein anderes. Das große Schlittenfest, das besonders glanzvoll war, begeisterte die ganze Stadt. Der König und die Königin fuhren in einem offenen Schlitten, und trotz ihrer Unzufriedenheit mit der Politik der Regierung freuten sich die Bürger, das Königspaar so glücklich zu sehen. Unmittelbar nach dem Schlitten des Fürsten des Hauses folgte der Schlitten von Bruno und seiner hübschen Frau; Aber so reich der Schmuck auch war und wie gutaussehend das Paar auch war, alle Blicke richteten sich schnell auf den nächsten Schlitten, in dem Irma und Baron Schöning saßen. Sie hatte ihn als den bequemsten Dummy bezeichnet. Die Gesichter der Zuschauer zeigten eine Mischung aus Überraschung und Spott.

„Wenn Hansei es nur sehen könnte! Wie ich wünschte, er könnte es! Man würde es kaum glauben!" sagte Walpurga, als sie aus ihrem Fenster auf die Schlittengesellschaft blickte.

Niemand außer Irma hatte sie bemerkt, die ihr zunickte. Wie strahlend sie war; Sie hatte noch nie so schön ausgesehen. Die klare, kalte Winterluft hatte ihre Gesichtszüge wunderbar belebt. Sie saß in einem Schwan, der von zwei weißen Pferden gezogen wurde, und Walpurga sagte zu sich selbst: „Oh, du liebes Geschöpf! Du siehst nur aus, als könntest du nicht anders, als in den Himmel zu reiten; aber diesen Clown wirst du nie heiraten Du." Die letzten Worte hatte sie mit ziemlich lauter Stimme ausgesprochen.

„Sie wird überhaupt nicht heiraten", sagte eine Stimme hinter ihr.

Walpurga sah sich erschrocken um. Baum hatte hinter ihr gestanden.

„Was für ein ewiger Lauscher du bist", sagte sie. All ihre Freude war verbittert, aber diese währte nicht lange, denn bald kam Irma und sagte:

„Walpurga, ich kann mich nur mit dir wärmen. Es ist bitterkalt und du bist wie ein guter warmer Ofen. Du wirst so dick und so breit wie ein Schmortopf."

Walpurga freute sich über ihre Freundin. Sie kam immer zu ihr und ließ sie an all ihren Freuden teilhaben.

Doch Walpurga erschrak, als der König plötzlich eintrat. Er verneigte sich höflich vor Irma und sagte:

„Ein Brief ist gerade für dich gekommen; ich dachte, ich bringe ihn selbst."

Irma blickte nach unten, während sie den Brief entgegennahm.

„Bitte, öffne es", sagte der König, während er Walpurga bedeutete, ihm in das Zimmer des Prinzen zu folgen. Als er wieder herauskam, sagte der König:

„Hat Ihnen der Brief gute Nachrichten gebracht?"

Irma sah ihn überrascht an und sagte schließlich: „Es war von meiner liebsten Freundin."

Der König nickte, als wäre er erfreut darüber, dass der Brief, den er selbst geschrieben hatte, eine solche Antwort erhielt. Er fügte in einem nachlässigen Ton hinzu:

„Liebe Gräfin, Sie werden natürlich traurig sein über den Abschied von Walpurga, aber ihre Situation muss mit der Zeit enden. Überlegen Sie sich eine andere Position für sie, damit Sie sie in Ihrer Nähe behalten können."

Walpurga holte tief Luft. „Gib mir die Farm", lag auf ihren Lippen, aber sie konnte die Worte nicht aussprechen. Sie hatte das Gefühl, als ob ihre Zunge am Gaumen festklebte.

Der König verabschiedete sich bald. Er kam und ging immer so schnell.

„Nein, du sollst nicht hier bleiben", sagte Irma, als sie mit Walpurga allein war. „Es ist besser, tausendmal besser für dich, dass du wieder nach Hause gehst. Nächsten Sommer werde ich dich besuchen kommen. Ich werde dich nie vergessen. Verlass dich darauf."

Walpurga fühlte sich nun mutig genug, ihre Wünsche bezüglich des Hofes zu äußern; aber Irma war unbeweglich. „Sie wissen nichts über diese Dinge. Glauben Sie mir – es wird viel besser für Sie sein, wenn Sie wieder nach Hause gehen."

KAPITEL VI.

„Wie lebt man im Winter auf dem Land?“ fragte die Königin, während sie an der Wiege ihres Kindes saß. „Gut“, antwortete Walpurga, „aber das Holz wird ganz schön teuer. Wir freuen uns, wenn der Frühling wiederkommt. Natürlich hat meine Hansei im Winter einen guten Ertrag, wenn das Holz über die Schneestraße dorthin gebracht werden kann.“ das Tal. Mutter sagt immer, unser Herr sei der größte aller Straßenmeister, denn er kann Straßen bauen und es leicht machen, den Wald dorthin zu bringen, wo kein Mensch hinkommt.“

„Du hast eine gute Mutter. Schenke ihr meine Liebe, und wenn ich wieder in die Berge gehe, werde ich sie besuchen.“

„Oh, wenn du nur würdest!“

„Und jetzt“, fuhr die Königin fort, „erzähl mir, wie du dir die Zeit im Winter vertreibst.“

„Wenn die Hausarbeit für den Tag erledigt ist, spinnen die Frauen. Die Männer verbringen den Tag im Wald und schlagen Holz, und wenn es Nacht wird, sind sie so müde, dass sie kaum noch Anzündholz schlagen.“

„Und singst du in solchen Momenten viel?“

"Natürlich, warum nicht?"

„Und lesen Sie sich nie gegenseitig vor?“

„Nein, niemals. Aber wir erzählen gerne Geschichten und erschrecken uns gegenseitig so sehr wir können.“

„Und tanzt du manchmal?“

„Ja, zur Faschingszeit, aber davon gibt es heutzutage nicht mehr viel. Früher, so sagt man, sei es viel besser gewesen.“

„Fällt Ihnen der Tag nie schwer in den Händen?“

„Nein, niemals; dafür haben wir keine Zeit.“

Die Königin lächelte, als sie die Astrallampe betrachtete, die auf dem Tisch stand, und dachte an die vielen Hilfsmittel, die die Gesellschaft einsetzte, um die Zeit totzuschlagen.

Die Königin sagte schließlich: „Und sind Sie ganz sicher, dass Ihr Mann Ihnen immer treu bleibt? Denken Sie nie, dass er anders wäre?“

„Mutter sagt oft, dass die Männer alle zu nichts taugen, aber sie sagt, mein Hansei sei nicht wie die anderen. Er würde sich zutiefst schämen, wenn er einer anderen Frau ein liebevolles Wort sagen würde. Es würde ihn Tag und

Nacht verfolgen Nacht, und er würde nie wieder jemandem ins Gesicht sehen können. Er ist keiner von euren scharfsinnigen, klugen Leuten – ganz im Gegenteil; aber er ist gut, im Herzen durch und durch gut; in Geldangelegenheiten ein bisschen nah dran , und er hat immer Angst, dass es uns irgendwann einmal mangeln könnte. Aber wer jeden Kreuzer retten muss, kann sich leicht daran gewöhnen. Aber Gott sei Dank ist das jetzt vorbei."

Wenn Walpurga einmal angefangen hatte zu reden, lief sie, wenn sie nicht unterbrochen wurde, wie eine Bergquelle weiter. Sie hatte tausend und eine kleine Geschichte zu erzählen. – Wie sie zum ersten Mal drei Gänse gekauft hatte, zwei weiße und eine graue; wie viele Federn sie von ihnen bekam und was für einen guten Preis sie für die Federn erzielte; und dass sie jetzt acht Enten hatte – sie waren viel nützlicher als Gänse und brauchten nur wenig Futter; und dass ihre Ziege wunderbar klug war. Sie hatten einmal ein Schaf gehabt, aber das war nichts. Sie gehören in Herden und gedeihen alleine nicht gut. Schließlich sagte Walpurga, sie könne kaum glauben, dass sie tatsächlich zwei eigene Kühe im Stall hätten. Sie hatte sich in ihrem ganzen Leben noch nie so viel gewünscht. Und dann sprach sie vom Wirt und sagte, dass man ihm zwar nicht trauen könne, es aber notwendig sei, gute Beziehungen zu ihm zu pflegen, denn wenn er dein Feind sei, könnte man dich genauso gut aus dem Dorf verbannen Das Haupthaus wäre für Sie geschlossen. Der Wirt würde Ihnen hin und wieder einen Gefallen tun, wenn er dadurch nichts verlieren würde. Für ihre Enten und Fische hatte er einen guten Preis bezahlt, und wenn man es einmal brauchte, konnte man von ihm auf Treuhand immer etwas bekommen. Sie wollte nicht schlecht über ihn reden, aber er war einmal frech zu ihr gewesen; Aber sie hatte ihm eine Lektion erteilt, an die er sich sein Leben lang erinnern würde. Sie hoffte, dass die Königin ihm dafür nichts antun würde; Er war schließlich gut genug, wenn man bedachte, dass er ein Gastwirt war. Aber es gab so viele gute Leute in ihrer Nachbarschaft. Sie haben nichts verschenkt, und sie würde ihre Geschenke nicht wollen, aber wenn man weiß, dass es auf jedem Hügel Menschen gibt, die einem freundlich gegenüberstehen, wirkt die ganze Nachbarschaft wie ein einziger warmer Raum.

Die Königin lächelte.

Walpurga redete weiter. Je mehr sie redete, desto mehr plapperte und krähte das Kind und klatschte in die Hände; Der Klang der Stimme seiner Amme gefiel ihm, und Walpurga sagte:

„Er ist wie ein Kanarienvogel. Wenn im Zimmer viel geplappert wird, stimmt er in sein fröhliches Lied ein. Ist es nicht so, du Kanarienvogel?" sagte sie und schüttelte den Kopf über das Kind, während es noch kräftiger als zuvor krähte.

In Gedanken versunken fuhr sich die Königin mehrmals mit der Hand übers Gesicht. Walpurgas Worte hatten sie in eine andere Welt entführt. Und so, dachte sie, gibt es unter mir und weit weg andere Wesen, die ihre Tage mit Arbeit und Fürsorge verbringen und dennoch glücklich sind.

„Warum siehst du so traurig aus?" fragte Walpurga.

Ihre Frage hatte die Königin zu sich selbst zurückgerufen. Noch nie hatte jemand ihr Gesicht auf diese Weise gelesen. Niemand hätte sie so befragen können oder wollen.

Die Königin gab keine Antwort und Walpurga fuhr fort:

„Oh, meine liebe Königin, ich kann mir nicht helfen zu denken, dass es dir schwer fallen muss. Von allem im Überfluss zu haben, ist doch nicht so gut für einen. Es ist, als hätte man den Himmel auf Erden. Haben Sie sich noch nie einsam gefühlt? Und verloren? Wenn man mit Kummer aufwacht und denkt, dass man noch gesunde Glieder hat, arbeiten kann, die Sonne sehen kann und weiß, dass es immer noch gute Menschen auf der Welt gibt, dann fühlt man sich in der Welt wirklich zu Hause . Oh, meine liebe Königin, sei nicht traurig. Du könntest es nicht, wenn du wüsstest, wie glücklich du sein solltest."

Die Königin schwieg lange. Etwas in Walpurga muss diesen Gedanken angeregt haben, denn schließlich sagte sie: „Heute Abend spielen sie Wilhelm Tell. Ich möchte, dass du einmal ins Theater gehst."

Walpurga sagte:

„Ich würde gerne gehen. Mademoiselle Kramer hat mir viel darüber erzählt; es muss großartig sein, aber ich kann das Kind nicht mitnehmen und ich kann es nicht so lange allein lassen." Zeit. Sehen Sie, wie er zuhört und was für eine böse Stimme er schon hat. Er versteht alles, was wir sagen, ich wette meinen Kopf darauf.

Der Junge begann zu weinen. Walpurga nahm ihn in die Arme, streichelte ihn und sang:

Ich werde dich keine Minute verlassen,

Um das beste Theaterstück zu sehen;

Es ist weitaus besser und sicherer,

Wenn ich bei dir zu Hause bin, bleibe ich.

Der kleine Prinz beruhigte sich bald und schlief ein.

„Ja, du hast recht", sagte die Königin nach einer Pause. „Bleib so wie du bist, und wenn du wieder nach Hause gehst, denke nicht an das Vergangene. Denke nur daran, dass dein Schicksal das Beste auf der Welt ist."

Die Königin ging. Walpurga hatte Lust, Mademoiselle Kramer zu sagen, dass die Königin sehr traurig sei, und wollte gerade fragen, was denn los sei; aber mit klugem Takt vermied sie es, auf das Thema anzuspielen. Die Königin war so vertrauensvoll und schwesterlich zu ihr gewesen, dass es nicht angebracht war, mit jemand anderem darüber zu sprechen; und vielleicht wollte die Königin auch nicht, dass andere merkten, dass sie traurig war.

Viele Tage lang pilgerten Hofdamen und -herren nach Walpurga, um etwas für sie völlig Neues zu sehen. Doktor Gunther hatte Walpurga die Erlaubnis gegeben, sich einen Spinnrocken zu holen und zu drehen. Ein Spinnrad in Betrieb zu sehen, kam mir wie ein Märchen vor. Nur wenige der Damen und Herren hatten so etwas jemals zuvor gesehen, und nun kamen sie und sahen staunend zu. Walpurga lachte jedoch immer fröhlich, wenn sie einen frischen Faden auf die Spindel wickelte. Das ganze Gericht kam, um sich den Spinnrocken anzusehen, und Schoning erklärte, dass dies das Werkzeug sei, mit dem sich die kleine Thomrose verletzt habe.

Irma wurde erneut beneidet, denn auch sie konnte spinnen und kam wie eine Dorfnachbarin manchmal vorbei, um für Walpurga Fäden zu knüpfen. Sie saßen beide am Spinnrocken, und während sie arbeiteten, stimmten ihre Stimmen in fröhliche Lieder ein.

„Was tun mit dem, was wir spinnen?" fragte Irma.

Walpurga war verärgert, denn die Frage hatte den Zauber zerstört. Sie sagte: „Kleine Hemden für meinen Prinzen; aber sie dürfen nur von meiner Spinnerei sein." Danach legte sie die Spulen, die Irma gefüllt hatte, an einen separaten Ort. Die Fäden, die sie mit ihren eigenen Lippen befeuchtet hatte, sollten die einzigen sein, die der Prinz benutzte.

Irma konnte nicht umhin, Baron Schöning von Walpurgas Plan zu erzählen, und es brachte ihn zu einem Gedicht, in dem er auf die Legende einer Fee oder verzauberten Prinzessin anspielte, die für ihren Liebling Flachs spinnte. Die Königin war von dem Gedicht begeistert und lobte zum ersten Mal und mit vollkommener Aufrichtigkeit die Verse des Barons.

Walpurga saß an ihrem Spinnrocken und erzählte dem Prinzen in der Wiege die Geschichte vom Karpfenkönig, der auf dem Grund des Sees herumschwimmt. Er ist mehr als siebentausend Jahre alt, trägt eine Krone auf dem Kopf, hat einen großen langen Bart und über ihm schwimmen Millionen von Fischen herum und spielen Fangen miteinander, und wenn man ungezogen und neidisch und streitsüchtig und ungehorsam ist, ... Der unartige Hecht kommt und frisst ihn, und dann kommt der Fischer, der den

Hecht fängt, und dann kommt der Koch, der den Hecht schneidet, und dann springen alle kleinen Fische heraus und gehen zurück in den See und werden lebendig und erzählen alles, was ist ist ihnen passiert, wie dunkel es im Bauch des Hechts war und wie viel heller es im Meer ist und in der Zwischenzeit wird der Hecht in Stücke geschnitten und gegessen, und wenn man nicht sehr aufpasst, bekommt man einen Fischgräten in seinem Mund, und das wird ihn zum Husten bringen, und Walpurga hustete mit großer Geschicklichkeit.

Plötzlich öffnete sich die Tür, und zu Walpurgas großer Bestürzung trat ein hübscher junger Offizier ein, ging direkt auf sie zu, grüßte sie militärisch und zwirbelte seinen Schnurrbart und fragte:

„Habe ich die Ehre, die Zauberspinnerin namens Walpurga Andermatten von der Hütte am See aus anzusprechen?"

„Ja, mein Lieber, was kann denn los sein?"

„Der Geist Kussschmatzky schickt mich, und er befiehlt mir, dich dreimal zu küssen, um einen Zauber zu brechen."

Walpurga zitterte. Es war ihre eigene Schuld. Warum hatte sie dem Kind so viele Märchen erzählt, und nun war alles wahr geworden? Plötzlich warf der Offizier seine Arme um ihren Hals und küsste sie mit aller Kraft, dann lachte er, bis er nicht mehr stehen konnte, setzte sich hin und rief:

„Und du kennst mich also wirklich nicht? Das ist großartig. Kennst du deine Freundin Irma nicht mehr?"

„Du Schurke! Du nichtsnutziger Schurke", platzte Walpurga heraus. „Entschuldigen Sie, Gräfin Irma, aber wer hätte auf so etwas gedacht; und Sie haben mich so erschreckt! Was soll das? Ist schon Karnevalszeit?"

„Walpurga, wenn du die Sprache verstehst, könntest du mich heute Abend vielleicht in einem französischen Theaterstück sehen. Der König wird auch schauspielern. Es tut mir leid, denn ich hätte dich lieber im Publikum als alle anderen. Aber Ich habe schon genug Applaus bekommen, Sie kannten mich nicht. Darüber freue ich mich auf jeden Fall."

„Und es tut mir von ganzem Herzen leid", sagte Walpurga und wurde ganz ernst. „Oh, liebe Gräfin, wissen Sie, was Sie tun? Es ist die größte Sünde, Männerkleidung anzuziehen, denn dann ist der Teufel Herr darüber. Lachen Sie mich nicht aus! Ich bin nicht so albern, wie Sie denken." Es ist so wahr, wie es nur sein kann. Grubersepps Großvater hatte eine Tochter, und sie hatte eine Geliebte, die im Krieg war, und während sie im Zimmer saß und drehte, genau wie ich vor einer Weile, verkleidete sich ein Mädchen in Soldatenkleidung, und ging ins Zimmer und tat so, als wäre sie der Schatz selbst. Grubersepps Tochter fiel in Ohnmacht, kam aber wieder darüber hinweg und das verkleidete Mädchen lief weg. Und sobald sie aus dem Haus kam, waren es Hunderte von Männern mit Peitschen und Pferdeköpfen, und sie jagten sie so weit, und schließlich fing der Teufel sie, riss sie in Stücke und warf sie in den See. Ja, es ist eine wahre Geschichte, dafür können Sie sich auf mein Wort verlassen Es gibt bis heute genug Menschen, die sie kannten.

„Du bist genug, um einen ziemlich melancholisch zu machen", sagte Irma.

„Vielleicht passieren solche Dinge nur bei uns", sagte Walpurga, als wollte sie sie trösten. „Die Soldaten da draußen mit ihren Schwertern und Musketen würden den Teufel hier nicht hereinlassen; aber, meine liebe, gute Gräfin, schämen Sie sich nicht, diese Kleidung vor so vielen Menschen zu tragen?"

„Du gehörst zu einer anderen Welt als unserer. Du hast recht, und wir auch", sagte Irma, während sie schnell im Zimmer auf und ab ging und mit den Sporen klapperte. „Nein, Walpurga, mach dir keine Sorgen um mich und nimm dir deine Angst nicht so sehr zu Herzen."

Sie war wieder das gleiche sorglose, aufrichtige Geschöpf wie je zuvor, und Walpurga konnte nicht umhin zu sagen:

„Oh, wie schön! Du siehst aus wie ein Prinz."

Walpurgas Augen ruhten auf der Tür, lange nachdem Irma gegangen war. Es kam ihr vor, als wäre alles ein Traum gewesen.

Viele Tage vergingen und Irma war immer fröhlich und fröhlich, wenn sie mit Walpurga zusammen war. Sie sangen und drehten, und einmal kamen der König und die Königin zusammen – das hatten sie noch nie zuvor getan – und setzten sich an die Wiege des Kindes, während sie die Arbeiter betrachteten und ihnen zuhörten. Walpurga war zunächst schüchtern, sang aber nach einer Weile recht fröhlich.

Walpurga erwartete eine wahre Überraschung. Heiligabend kam. Die Art und Weise, wie es in ihrem Haus beobachtet wurde, war von der Königin hierher verpflanzt worden. Walpurga und das Kind wurden in den großen Salon geführt, wo der Weihnachtsbaum in Lichtern erstrahlte und es auch viele reiche Geschenke gab.

Es kam ihr vor, als wäre sie in einer Feengrotte; Es gab so viel Glitzer und Glitzer und die Geschenke waren so reichhaltig und vielfältig. Das Kind schrie vor Freude und streckte ständig seine kleinen Hände aus, um die Lichter zu ergreifen. Walpurga erhielt üppige Geschenke, aber obwohl das strahlende Gold und die reiche Granatkette mit goldenem Verschluss sie entzückten, gefiel ihr ein gedeckter, mit Kleidern gedeckter Tisch mehr als allen anderen. Für Walpurgas Mutter gab es einen kompletten Winteranzug, für Hansei einen weiteren mit einer schönen grünen Mütze und für die kleine Burgei viele Kleidungsstücke.

„Gefällt Ihnen das alles?" fragte die Königin. „Ich habe in dein Dorf geschickt, um das Maß zu holen."

„Oh, wie sehr es mir gefällt!" sagte Walpurga; „Wenn ich dir so oft danken könnte, wie Fäden in diesen Kleidern sind, würde das nicht reichen."

Plötzlich kam ihr ein Gedanke, und sie schickte Baum in ihr Zimmer, um das Garn zu holen, das dort hing. Er kehrte bald damit zurück, und als er es der Königin überreichte, sagte sie in Anwesenheit des Königs: „So oft ich jeden Faden mit meinen Lippen benetzt habe, danke ich dir. Ich werde für dich beten, solange ich kann." Bewege meine Lippen, und alles wird dir gut gehen.

Der König reichte ihr die Hand und sagte: „Du bist eine gute Seele, aber rege dich nicht so auf." Sie drückte fest seine Hand.

Walpurga saß spät in der Nacht in ihrem Zimmer, als die Königin zu ihr kam.

„Ich freue mich, dass du gekommen bist", sagte Walpurga leise.

„Warum? Hat das Kind irgendetwas?"

„Nein, Gott sei Dank ist er ruhig. Sehen Sie, wie er seine kleinen Fäuste ballt, während er schläft. Aber in dieser Nacht, um zwölf Uhr, sieht ein Sonntagskind alles. Es kann alles hören, die Engel im Himmel und die Tiere im Wald." sagen. Man muss in dieser Zeit immer bei ihm sein und immer wieder das Paternoster sagen, dann wird ihm nichts passieren."

„Ja, ich bleibe bei dir; das kann nicht schaden. Aber du darfst dich nicht so mit deinem Glauben quälen."

Walpurga sah die Königin mit einem seltsamen Gesichtsausdruck an.

„Ah, sie weiß nichts davon", dachte sie bei sich. „Sie wurde nicht in unserem Glauben geboren." Die Königin sagte: „Ich bin froh, dass ich so viele Menschen glücklich machen kann, so wie ich Sie heute glücklich gemacht habe."

„Aber du musst auch glücklich sein", sagte Walpurga. „Glauben Sie mir – ich würde als Pfand meine Hand ins Feuer legen – mit Irma ist nichts falsch. Sie ist wahr, und der König auch."

Die Königin zuckte zusammen. Und war es dazu gekommen? Muss sie von einer solchen Seite Trost erhalten? Sie saß einige Zeit regungslos da. Die Uhr schlug zwölf, und im selben Augenblick hörte man von jedem Turm aus Glocken läuten, die die Luft mit ihrem fröhlichen Klang erfüllten.

Das Kind in der Wiege begann im Schlaf zu murmeln. Walpurga gab der Königin ein Zeichen und wiederholte mit fester Stimme das Vaterunser. Die Königin bewegte ihre Lippen und stimmte schweigend in das Gebet ein. Als es zum dritten Mal wiederholt wurde, sagte sie laut: „Und vergib uns unsere

Sünden, wie wir denen vergeben, die gegen uns verstoßen." Dann kniete sie sich neben die Wiege des Kindes und vergrub ihr Gesicht im Kissen.

Walpurga war voller Ehrfurcht vor der Mutter, die so schweigend an der Wiege ihres Kindes kniete. Sie betete weiter mit leiser Stimme. Die Königin stand auf, nickte Walpurga zu und winkte ihr mit beiden Händen zu. Sie sah fast aus wie ein Geist, und ohne ein weiteres Wort zu sagen, verließ sie den Raum. Der Klang der Glocken erstarb in der Luft, und das Kind schlief ruhig weiter.

Kapitel VII.

In den Tagen und Nächten der Weihnachtswoche passierten immer seltsame Dinge. Einige Sterbliche behaupten, das Königreich der Feen sei verschwunden, aber es existiert immer noch.

In einem großen Gebäude, das abseits der Königsstraße liegt, sind stille Arbeiter dabei, seltsame Keile nebeneinander zu platzieren, die anschließend einem riesigen Monster übergeben werden. Es ruht noch, aber sobald es sie empfängt, bewegt es sich plötzlich, knarrt, stöhnt und schnauft, und in einem Augenblick werden Hunderte von Menschen sozusagen neu erschaffen. – Mit anderen Worten, es ist die staatliche Druckerei, und sie druckt das Amtsblatt, das zu Beginn eines jeden Jahres die Beförderungen und die an Hunderte von Einzelpersonen erteilten Aufträge bekannt gibt.

Was ist für die meisten Sterblichen der Neujahrstag? Rückblicke, Überlegungen darüber, dass das Leben nur vergänglich ist, gefolgt von Freude über das, was uns noch bleibt, und guten Vorsätzen für die Zukunft; und doch ist morgen eine bloße Wiederholung von gestern.

Wie anders ist es bei denen, deren Bedeutung von ihrer Stellung abhängt und die zu etwas Größerem erhoben werden können, als sie es jetzt sind.

Das Amtsblatt mit der Liste der Neujahrsgeschenke erschien. Eine Freude fiel der Königin zu. Ihr Englischlehrer, ein geschätzter und edelherziger alter Mann, den sie als Privatsekretär mitgebracht hatte, erhielt den Titel eines Geheimrats und war damit im gesellschaftlichen Sinne fähig, vor Hof vorgestellt zu werden.

Aber von allen Beförderungen erregte keine so viel Aufsehen bei Hofe und in der Hauptstadt wie die Ernennung Baron Schönings zum Generalintendanten des königlichen Theaters, und er selbst war mehr überrascht als alle anderen. Obwohl er für seinen Anteil an dem französischen Stück, an dem auch Irma mitgewirkt hatte, viel Beifall erhalten hatte, hatte er mit einem solchen Ergebnis nicht gerechnet. Als er die Ankündigung las, rieb er sich die Augen, um sicherzustellen, dass er wach war. War es ein bisschen königlicher Scherz? Er würde sich bereitwillig jedem Witz unterwerfen, aber dann nur in einem engen Kreis, nicht in den Augen der Welt. Aber es war kein Scherz, es war die schlichte Wahrheit, denn neben seiner eigenen konnte er von der Ernennung und Beförderung vieler angesehener Männer in wichtige Positionen lesen.

Es war eine tatsächliche Tatsache – eine wunderschöne Realität.

In der Stadt hieß es mit vielsagendem Lächeln, der Baron habe die Ernennung erhalten, um ihn in die Lage zu versetzen, die Gräfin Irma zu heiraten. Andere, die weniger freundlich gesinnt waren, behaupteten, dass es dem galanten Hofnarren freiwillig angeboten wurde, da der Hof Theaterangelegenheiten immer als eine Art altehrwürdige Possenreißerei angesehen hatte, die Unterhaltung von leichtem und trivialem Charakter bot.

Aber Baron Schöning – oder, wie er jetzt genannt werden muss, der Intendant – empfing die Besuche seiner Untergebenen mit großer Würde und fuhr dann zum Palast.

Unterwegs musste er an den Gemächern der Gräfin Irma vorbei. Er blieb stehen und schickte seine Karte ab.

Die Gräfin empfing ihn freundlich und überbrachte ihm ihre aufrichtigen Glückwünsche. Er ließ deutlich erkennen, dass er seine Beförderung zu einem großen Teil ihr verdankte, und er bemerkte, dass eine Dame mit gutem Geschmack und echtem künstlerischem Gefühl seine größte Hilfe und Unterstützung bei seiner neuen Berufung sein könne. Sie tat so, als ob sie ihn nicht verstand, und stimmte abwesend zu. Ihre Gedanken wanderten. Sie schaute oft aus dem Fenster, das sich öffnete, auf den Park. Der Schnee war fast verschwunden und die Marmorstatuen der Götter und Göttinnen hatten ihre Winterhülle abgeworfen. In der Nähe ihres Fensters und an einer Stelle, die ihr Profil erkennen ließ, stand die Venus von Milo.

„Verzeihung", sagte sie schließlich, als würde sie ihre Gedanken sammeln, „ich freue mich, dass Sie Ihre Verbindung zur Kunst wieder aufgenommen haben, und würde mich sehr freuen, mit Ihnen über dieses Thema zu sprechen. Vor allem Ich bitte Sie, uns wieder Musik im Theater zu ermöglichen: wenn nicht schon während der *Zwischenaufführung* , dann auf jeden Fall vor der Aufführung."

„Die Musiker sind alle gegen einen solchen Kurs."

„Das weiß ich sehr gut. Jede Kunst ist bestrebt, sich zu isolieren, unabhängig von allen anderen zu bleiben. Aber ein Theaterstück ohne Musik ist wie ein Fest ohne Wein. Musik reinigt die Seele vom Staub und den Schlacken des Alltags und scheint es zu tun Sagen Sie jedem: „Sie sind nicht mehr in Ihrem Büro, in der Kaserne oder in der Werkstatt." Wenn es möglich wäre, würde ich allen Theaterbesuchern ein besonderes Kostüm vorschreiben. Ihre unbedeckten Köpfe sollten ein Zeichen spiritueller Ehrfurcht sein, und außerdem würde ich nur einmal in der Woche Theateraufführungen haben."

„Was die Musik betrifft, haben Sie völlig Recht", warf der Intendant ein. „Wenn Sie noch einen anderen Vorschlag haben, liebe Gräfin –"

„Ein andermal. Ich weiß im Moment nichts davon. Im Moment sind meine Gedanken voll mit dem *Bal-Kostüm* , der nächste Woche stattfinden soll."

Der Ball sollte im Schloss und im angrenzenden Wintergarten stattfinden. Der Intendant informierte nun Irma über seinen Plan und stellte zu seiner

Freude fest, dass sie damit einverstanden war. Am Ende des Gartens wollte er einen großen Brunnen errichten, der mit antiken Gruppen geschmückt war. Im Vordergrund wollte er Bäume und Sträucher sowie verschiedene Felsenarten platzieren, damit niemand zu nahe kommen konnte , und im Hintergrund sollte eine griechische Landschaft im großen Stil gemalt sein.

Irma versprach, sein Geheimnis für sich zu behalten. Plötzlich rief sie: „Wir sind alle nicht besser als Lakaien und Küchenmädchen. Wir sind wochenlang damit beschäftigt, zu schmoren, zu braten und zu kochen, um ein Gericht zuzubereiten, das ihren Majestäten gefallen könnte."

Der Intendant gab keine Antwort.

„Erinnerst du dich", fuhr Irma fort, „wie wir, als wir am See waren, davon sprachen, dass der Mensch den Vorteil besaß, seine Kleidung und damit sein Aussehen ändern zu können? Als Kind, maskiert." war meine größte Freude. Die Seele schwingt ihren Flug in unreifer Kindheit. Ein *Bal-Kostüm* ist in der Tat eine der edelsten Früchte der Kultur. Die Liebe zur Koketterie, die uns allen angeboren ist, zeigt sich dort unverhüllt."

Der Intendant verabschiedete sich; Als er wegging, waren seine Gedanken von seinen alten Gedanken über Irma erfüllt.

„Nein", sagte er zu sich selbst, „eine solche Frau wäre eine ständige Belastung und würde erfordern, dass man den ganzen Tag über brillant und intellektuell ist. Sie würde einen erschöpfen", sagte er fast laut.

Niemand wusste, in welcher Rolle Irma auftreten wollte, obwohl viele annahmen, dass es Victoria sein würde, da bekannt war, dass sie das Vorbild der Statue war, die das Arsenal überragte. Sie waren damit beschäftigt, Vermutungen anzustellen, wie sie diesen Charakter annehmen konnte, ohne gegen die gesellschaftlichen Sitten zu verstoßen.

Irma verbrachte einen Großteil ihrer Zeit im Atelier und arbeitete fleißig. Sie konnte sich einem Gefühl der Unruhe nicht entziehen, das weitaus größer war als das, was sie vor Jahren verspürt hatte, als sie sich auf ihren ersten Ball freute. Sie konnte sich nicht mit dem Gedanken abfinden, das Fest so lange im Voraus vorzubereiten, und hätte es am liebsten gleich in der nächsten Stunde stattfinden lassen, damit gleich etwas anderes in Angriff genommen werden könnte. Die lange Verzögerung stellte ihre Geduld auf die Probe. Sie beneidete geradezu jene Wesen, denen die Vorbereitung auf das Vergnügen den größten Teil des Vergnügens verschafft. Allein die Arbeit beruhigte ihre Unruhe. Sie hatte etwas zu tun, und das verhinderte, dass die Gedanken an das Fest sie tagsüber beschäftigten. Nur am Abend entschädigte sie sich für die Arbeit des Tages, indem sie ihrer Fantasie freien Lauf ließ.

Die Siegesstatue befand sich noch im Atelier und war fast fertig. Daneben wurden hohe Leitern aufgestellt. Der Künstler meißelte immer noch an der Figur herum und eilte hin und wieder hinunter, um die Gesamtwirkung zu beobachten, und stieg dann hastig wieder auf die Leiter, um hier oder da einen Akzent zu setzen. Irma wagte kaum, zu diesem Bildnis von sich selbst in griechischer Tracht aufzublicken – verwandelt und doch sie selbst. Der Gedanke, auf diese Weise in die reinste Kunstform umgesetzt zu werden, erfüllte sie mit einem Zittern – halb Freude, halb Angst.

Es war an einem Winternachmittag. Irma arbeitete eifrig an einer Kopie einer Theseus-Büste, denn es wurde dunkel.

In ihrer Nähe stand die Marmorbüste ihres Lehrers, Doktor Gunther. Alles war still; Bis auf das Knacken oder Kratzen des Meißels war ab und zu kein Laut zu hören. In diesem Moment stieg der Meister die Leiter hinunter und sagte tief Luft holend:

„So – das reicht. Man kann nie fertig werden. Ich werde es nicht noch einmal streichen. Ich fürchte, das Retuschieren würde es nur beschädigen. Es ist geschafft."

In den Worten und der Art des Meisters scheinen sich kämpfende Anstrengung und ruhiger Inhalt zu vermischen. Er legte den Meißel beiseite. Irma sah ihn ernst an und sagte:

„Sie sind ein glücklicher Mann, aber ich kann mir vorstellen, dass Sie immer noch unzufrieden sind. Ich glaube nicht, dass selbst Raphael oder Michael Angelo jemals mit der von ihnen vollendeten Arbeit zufrieden waren. Der Rest der Unzufriedenheit, den ein Künstler nach der Vollendung empfindet." ein Werk ist der Keim einer neuen Schöpfung."

Der Meister nickte zustimmend zu ihren Worten. Seine Augen drückten seinen Dank aus. Er ging zum Hydranten und wusch sich die Hände. Dann stellte er sich neben Irma und sah sie an, während er ihr sagte, dass in jedem Werk ein Künstler einen Teil seines Lebens abgibt; dass die Figur nie wieder die gleichen Gefühle hervorrufen wird wie in der Werkstatt. Aus der Ferne betrachtet und als Schmuck dienend, würde auf die Liebe zum Detail keine Rücksicht genommen werden. Aber die große Befriedigung des Künstlers an seiner Arbeit liegt darin, dass er sich selbst zufrieden gestellt hat; Und doch kann niemand genau bestimmen, wie und in welchem Ausmaß eine gewissenhafte Ausarbeitung der Details die Gesamtwirkung beeinflussen wird.

Während der Meister sprach, wurde der König angekündigt. Irma breitete hastig ein feuchtes Tuch über ihrem Tonmodell aus.

Der König trat ein. Er war unbeaufsichtigt und flehte Irma an, sich bei ihrer Arbeit nicht stören zu lassen. Ohne aufzublicken, fuhr sie mit dem Modellieren fort. Der König lobte die Arbeit des Meisters sehr.

„Die Größe, die dieser Figur innewohnt, wird der Nachwelt zeigen, was unsere Tage gesehen haben. Ich bin stolz auf solche Zeitgenossen."

Irma hatte das Gefühl, dass die Worte auch auf sie zutrafen. Ihr Herz pochte. Der Gips, der vor ihr stand, schien sie plötzlich mit einem seltsamen Ausdruck anzustarren.

„Ich möchte das fertige Werk mit den ersten Modellen vergleichen", sagte der König zum Künstler.

„Ich bedaure, dass sich die Versuchsmodelle in meinem kleinen Atelier befinden. Wünschen Eure Majestät, dass ich sie hierher bringe?"

„Wenn du gut genug bist, das zu tun."

Der Meister ging. Der König und Irma waren allein. Mit schnellen Schritten stieg er die Leiter hinauf und rief mit zitternder Stimme:

„Ich steige in den Himmel auf – ich steige zu dir auf. Irma, ich küsse dich, ich küsse dein Bild, und möge dieser Kuss für immer auf diesen Lippen ruhen und über alle Zeiten hinaus Bestand haben. Ich küsse dich mit dem Kuss der Ewigkeit."

Er stand auf und küsste die Lippen der Statue. Irma konnte nicht umhin, nach oben zu schauen, und in diesem Moment fiel ein schräger Sonnenstrahl auf den König und auf das Gesicht der Marmorfigur und ließ sie wie vor Leben erstrahlen.

Irma fühlte sich, als wäre sie in eine feurige Wolke gehüllt, die sie in die Ewigkeit trug.

Der König stieg herab und stellte sich neben sie. Sein Atem war kurz und schnell – sie wagte nicht aufzuschauen – sie stand so still und so unbeweglich wie die Statue. Dann umarmte der König sie – sie lag in seinen Armen und lebendige Lippen küssten einander.

Als der Künstler zurückkam, war der König allein. Irma überquerte auf dem Weg zum Palast die Straße, als würde sie träumen. Sie fühlte sich auf Flügeln getragen und verglich sich mit Semele, die durch die leidenschaftlichen Küsse des Jupiter unsterblich gemacht worden war.

„Das größte Glück habe ich gehabt", sagte sie sich. „Alles andere kann ich leicht aufgeben, denn der Kuss der Ewigkeit ruht auf meinen Lippen."

Die Menschen und die Häuser erschienen ihr wie Schattengestalten, und es kam ihr vor, als würde sie durch die Luft über ihnen fliegen.

Erst als sie ihre Wohnung erreicht hatte und ihr Kostüm erblickte, wurde sie an den Ball erinnert, der noch in dieser Nacht stattfinden sollte. Ihre Lippen waren von einem Lächeln umhüllt, während ihre Dienerin sie in das weite, wolkenartige, weiße Gewand kleidete, das mit mit Diamanten besetzten Binsen besetzt war.

„Meine Dame hat der Amme des Kronprinzen versprochen", sagte die Magd, „dass sie sie in ihrem Ballkleid sehen sollte. Soll ich sie jetzt holen lassen?"

Irma nickte zustimmend. Alles, was sie hörte, kam ihr wie in einem Traum vor; alles, was sie sah, wie in einer Wolke. Sie empfand es als Qual, sich vor so vielen Menschen zeigen zu müssen. Sie wollte nur ihm erscheinen. Für den, der ihr alles bedeutete.

Walpurga kam und blickte sie wie verzaubert an. Da stand eine Jungfrau, so schön, so bezaubernd, so strahlend und wunderbar, umgeben von Schilfrohr und mit Diamanttropfen, die von diesem Schilfrohr und von roten Korallenzweigen hingen. Der Gürtel war eine grüne Schlange mit großen glitzernden Diamantaugen, die so glitzerten, dass es die Augen blendete, wenn man sie ansah. Ihr langes Haar war gelockert und fiel ihr über den nackten Hals. Es wurde oben von einem Kranz aus Seerosen zusammengehalten, die von Tautropfen glitzerten, und auf ihrer Stirn war ein Stern, der blitzte und funkelte, während das Gesicht der schönen Jungfrau strahlender war als alle ihre Juwelen. Noch nie hatte Irma so schön ausgesehen. Sie schien so edel, so weit weg, als würde sie von den Wolken oben auf die Sterblichen unten lächeln.

„Meine Güte! Du bist die Herrin vom See", rief Walpurga.

„Ah! Du erkennst mich also", sagte Irma und streckte ihre Hand aus. Ihre Stimme klang seltsam.

Walpurga drückte ihre Hand auf ihr Herz. Sie war betrübt darüber, dass Irma diese Rolle übernehmen sollte. Es widersetzte sich Gott und würde im Bösen enden. Aber Walpurga sagte nichts; Sie faltete lediglich ihre Hände und bewegte ihre Lippen im stillen Gebet für Irma.

"Liebe mich!" rief sie, nachdem sie sich mit der Hand über die Augen gestrichen hatte: „Meine Güte, wie können die Leute sich selbst in Ordnung bringen? Woher bekommen sie alles? Wie ist das möglich?" Sie ging immer wieder um Irma herum.

„Wenn ich es ihnen zu Hause erzähle, werden sie nie glauben, dass ich so etwas gesehen habe. Die Dame vom See trägt genau so ein Unterkleid aus Meeresschaum und offenem Haar. Wenn nur Mutter und Hansei hier wären."

Irma gab keine Antwort. Sie ging im Zimmer umher, und als sie sich in den großen Spiegeln spiegelte, kam ihr ihre eigene Gestalt wie eine seltsame Erscheinung vor, und das Rascheln des Schilfrohrs verwirrte sie.

„Am liebsten würde ich, so wie ich bin, in den See springen und die brennenden Flammen löschen", dachte sie bei sich.

Walpurga schien von so viel Pracht geblendet zu sein und kehrte in ihre Gemächer zurück.

„Ich kann mir gut vorstellen", sagte sie sich, „dass die Menschen hier die Welt nicht verstehen und dass die Königin selbst sie auch nicht versteht. Sie erschaffen jeden Tag eine neue Welt und stellen alles auf den Kopf." und von innen nach außen, und sich verkleiden und maskieren. Wie sollen sie jemals zur Ruhe kommen und ihren Verstand bewahren? Die Königin hat recht, es ist besser, dass ich wieder nach Hause gehe. Ich würde hier verrückt werden."

Als Walpurga ihr Zimmer erreichte, erwartete sie ein Brief von zu Hause. Auf diesen Brief hatte sie sich schon seit Wochen gefreut. Sie hatte sich vorgestellt, wie erfreut ihre Mutter und Hansei sein würden und wie die Dorfbewohner kommen würden, ihre neuen Kleider bewundern und ihr Erstaunen zum Ausdruck bringen würden. Sie hatte einen fröhlichen Brief in die Brusttasche von Hanseis Jacke gesteckt, und das war die Antwort. Die Stasi hatte es geschrieben, aber die Mutter hatte jedes Wort diktiert. Es lautete so:

„Oh Kind, du hast es sicher gut genug gemeint, aber es ist nicht gut ausgegangen. Ich und Hansei trugen die schönen Kleider, als wir am Neujahrstag in die Kirche gingen. Ich wollte nicht, ich war mir sicher." Es würde etwas passieren; aber Hansei sagte, wir müssten sie anziehen, denn der König würde es nicht gut finden, wenn wir nicht die Kleider anzogen, die er uns geschickt hatte, und so ging ich um des Friedens willen mit ihm in die Kirche. Aber die Die Leute schauten uns immer so seltsam an und sagten kein Wort; und nach der Kirche standen sie in Scharen zusammen und wir konnten sie sagen hören, während sie mit dem Finger auf uns zeigten: „Es ist alles sehr gut. So etwas kann." Man kann es in der Hauptstadt bekommen, aber jeder weiß wie; nicht auf ehrliche Weise, das ist sicher. Der alte Idiot und dieser Dummkopf dort sind obendrein stolz darauf und zeigen ihre neuen Kleider.' Die alte Zenza war schlimmer als alle anderen, und die Leute, die ihr sonst nie zuhörten, waren durchaus bereit, sich alles anzuhören, was sie zu sagen hatte, und drängten sie, weiterzumachen.

„Oh mein liebes Kind! Du weißt nicht, wie böse Menschen sein können. Ich weiß, dass du gut bist, aber manche Menschen sind böse und gönnen einem alles, und was sie dir nicht nehmen können, beflecken sie. Du meintest Gut genug, da bin ich mir sicher, aber ich werde mich jetzt nicht einmal in meinen eigenen Kleidern aus dem Haus wagen. Die Leute sind so neidisch, so gerissen und so bereit, Böses zu reden. Solange man arm ist, weiß man nichts davon, aber jetzt sehe ich es. Und, liebes Kind, das ist nicht das Schlimmste. Das Schlimmste von allem ist, dass sie einem das Herz mit Misstrauen erfüllen wollen, aber ich habe keins dir gegenüber; ich weiß, dass du gut bist. Bleiben Sie so und denken Sie daran, dass Sie, wenn Ihr Herz betrübt ist, keine Ruhe finden können, obwohl Sie in einem goldenen Bett und auf Kissen aus Seide schlafen. Es wäre viel besser, auf Dornen zu liegen oder im Grab. Der Wirt kam und bot an, die Kleider für sich und seine Frau zu kaufen, aber ich lasse sie ihm nicht. Und nun, liebes Kind, bleib ehrlich und fass keinen Faden und keinen Penny an, an dem etwas Böses haftet. Ich weiß du würdest es nicht tun, aber ich kann nicht umhin, es dir zu sagen; Und nimm es dir nicht so sehr zu Herzen, dass die Menschen so schlecht sind, und ich werde es auch nicht tun.

Walpurga weinte bitterlich, während sie den Brief las. „Die Bauern sind die schlimmsten Menschen der Welt", dachte sie. „Natürlich gibt es auch schlechte Leute unter den Hofleuten, aber so schlimm sind sie nicht. Lasst einfach einen von denen noch einmal kommen und um Verzeihung bitten. Ich schicke sie wieder nach Hause." Am liebsten hätte sie den König darum gebeten, jedem einzelnen Dorfbewohner eine ordentliche Tracht Prügel zu verpassen. Sie wünschte nur, dass die Macht des Königs für eine kurze Stunde ihr gehören könnte, damit sie diesen albernen, berüchtigten Leuten zeigen könnte, wer wirklich ihr Herr war.

KAPITEL VIII.

Walpurga saß in ihrem Zimmer und weinte vor Wut. Hin und wieder ballte sie die Fäuste und sagte den Leuten zu Hause ihre Meinung, und zwar auf eine Art und Weise, dass sie vor Angst gezittert hätten, wenn sie sie nur hätten hören können.

Aber sie gewann bald ihre Selbstbeherrschung zurück und unterdrückte alle Gefühle, damit die Aufregung, die die bösen Leute zu Hause hervorrufen, dem Kind nicht schaden könnte.

In den hell erleuchteten und eleganten Gemächern des Schlosses und auch im Wintergarten erklangen in der Ferne Musikklänge. Es gab Tausende von Lichtern, ein perfektes Meer aus Samt und Seide, Perlen und Diamanten, Blumen und Kränzen und lächelnden, freudigen Gesichtern; aber der König überstrahlte sie alle.

Er wusste, dass er gut aussah, und empfand eine fast kindliche Freude darüber. Er war immer gut gelaunt, wenn er seine Uniform anzog. Bei den großen *Festen* , die zu den verschiedenen Regimentsjubiläen stattfanden, trug er stets die Uniform des so geehrten Regiments. Er war am zufriedensten mit sich selbst, wenn er die Tracht der Husaren trug, denn dadurch kam seine schöne Figur besonders gut zur Geltung. Bei dieser Gelegenheit erschien er im fantastischen Kostüm des mythischen Königs Artus, in einem goldenen Kettenhemd und einem wallenden violetten Mantel. An seiner Seite stand die Königin, elegant und zart wie eine Lilie und trug einen leichten, fließenden weißen Schleier.

Der König bemerkte den erfreuten Gesichtsausdruck aller, die ihn sahen. Er war glücklich, denn er wusste, dass ihre Bewunderung keine Schmeichelei war. Als Irma ihn zum ersten Mal sah und dem Königspaar ihre Ehrerbietung erwies, musste sie all ihre Selbstbeherrschung aufbringen, um nicht vor seinen Füßen auf die Knie zu sinken. Dann blickte sie mit einer glücklichen, flehenden Miene in sein Gesicht.

Sie konnte es kaum unterlassen, ihre Bewunderung und Hingabe zum Ausdruck zu bringen.

Die Königin begrüßte sie herzlich und sagte:

„Es tut mir leid, Irma, dass du dich selbst nicht sehen kannst; du bist genug, um einen an Wunder glauben zu lassen."

Der König sagte nichts, aber Irma spürte, wie sein Blick auf ihr ruhte. Sie konnte sich nicht vorstellen, wie es sein konnte, dass seine Blicke und die Worte der Königin sie nicht zerstörten. In dem Bemühen, ihre Fassung wiederzugewinnen, sagte sie:

„Ah, Eure Majestät, ich finde mein Kostüm bedrückend. Ein Geist sollte nur eine Minute bleiben und dann in einem Flammenstoß verschwinden."

„Es gibt eine Minute, die wie eine Ewigkeit ist."

Irma war zwar bewusst stolz auf ihr schönes Aussehen gewesen, aber jetzt empfand sie eine noch größere Freude. Er, der so groß und gutaussehend war, ein Ritter, der vollkommener war, als man sich vorstellen konnte, konnte den Kuss der Ewigkeit geben; denn er allein war die höchste Verkörperung der Idee des Königtums.

Irma nahm kaum wahr, was um sie herum vorging.

Das Königspaar ging weiter, und Irma fühlte sich trotz ihrer prächtigen Kleidung verlassen und verlassen. Der König war nicht mehr in ihrer Nähe. In der Ferne konnte sie ihn immer noch sehen, strahlend wie ein Gott.

Diejenigen, die Irma nahe standen, lobten ihr geniales und poetisches Kostüm. Sie hörte kein Wort von dem, was gesagt wurde. Die Königin schickte nach ihr. Der König hatte gewünscht, dass die Königin den Ball mit ihm eröffnen würde, aber sie hatte abgelehnt. Der Form halber fragte er sie immer, aber sie tanzte nie.

Sie flehte nun Irma an, an ihrer Stelle die Kugel zu öffnen.

Irma verneigte sich dankend, aber ein stolzes Gefühl der Überlegenheit erfüllte ihre Brust. „Du hast mir nichts zu geben. Ich bin es, der gibt. Ich bin es, der verzichte. Er gehört mir. Der Priester hat ihn dir gegeben; die Natur hat ihn mir gegeben. Du bist eine zarte, zarte Blume, aber wir." sind Adler, die in die Wolken fliegen.

Sie konnte sich kaum vorstellen, wie sie das alles ertragen sollte. Jeder Tropfen Blut in ihren Adern hatte sich in Feuer verwandelt.

Die Quadrille begann.

Irma spürte den warmen Atem des Königs an ihrer Wange. Er drückte ihr die Hand, erging sich in allerlei Höflichkeiten und bemerkte, dass es reizend sei, seiner Fantasie freien Lauf zu lassen und eine fantastische Welt heraufzubeschwören. Irma hatte das Gefühl, dass sowohl sie als auch der König gerne über ganz unterschiedliche Dinge gesprochen hätten, und dass Schweigen tatsächlich noch beredter sei als Reden; aber sie mussten reden, und zwar über gleichgültige Themen. Wann immer die Hand des Königs die ihre berührte, hatte sie das Gefühl, als müsste sie plötzlich mit ihm in die Luft fliegen; und wann immer er es entfernte, war es, als müsste sie sinken. Sie brachten beinahe die ganze Quadrille in Verwirrung.

Die Königin verließ den Ball zu früher Stunde. Der König begleitete sie, kehrte aber bald zurück.

Irma ging im Zimmer umher, aber die Schwulenszene schien ein verwirrter Traum zu sein. Schließlich traf sie ihren Bruder und seine Frau, die reich gekleidet waren, und begrüßte sie mit einem freundlichen Lächeln. Sie fragte sich ständig: „Lebe ich noch? Wo bin ich? Wer bin ich?" Sie war durch die Luft herabgestiegen und schwebte in einer fremden Welt, in der es nur zwei Menschen gab – er und sie; das erste, das einzige menschliche Paar. Die Götter sind wieder auf die Erde herabgestiegen, und sein Kuss ist für die Ewigkeit.

Sie saß mit ihrem Bruder und seiner Frau in einer Laube unter einer Kiefer. Plötzlich näherte sich der König. In ihrem Herzen stürzte sie sich auf ihn, um ihn zu umarmen, und rief: „Lass uns gemeinsam sterben! Du gehörst mir und ich gehöre dir. Wir sind allein auf der Welt ..." Doch alles, was sie tat, war, sich von ihrem Sitz zu erheben und sich zitternd zu verbeugen . Der König setzte sich neben sie.

Als wäre dies das erste Mal, dass er sie sah, blickte er mit Freude auf ihren wunderschön geformten Kopf, die Locken, die um ihren Hals spielten und bis zu ihren Schultern herabfielen, und auf den Grübchenhals. Sie schien größer als gewöhnlich zu sein. Das zarte, ovale Gesicht; die breite Stirn war reich gewölbt, als ob sie von zu großem Gedankenreichtum zeugte; die fein geschwungenen Augenbrauen; die braunen Augen mit ihrem klaren Glanz und die geschwollenen Lippen; alle waren in schönen und harmonischen Proportionen.

„Du bist wunderschön und ich liebe dich", flüsterte der König.

„Und du bist schön und großartig, und meine Liebe zu dir ist grenzenlos", antwortete ihr Herz, obwohl ihre Lippen keinen Ton von sich gaben. Sie schloss die Augen und ließ seinen Blick auf ihr ruhen.

„Irma!" sagte der König. „Irma", wiederholte er mit erstickter Stimme.

Sie saßen eine Zeit lang schweigend da, dann atmete der König tief durch und sagte:

„Oh, Irma! Es gibt einen Moment, der wie eine Ewigkeit ist – dieser Abschied ist unbekannt. In der Welt unten rechnen die Menschen nach Stunden und Minuten, aber für diejenigen, die oben im Himmel wohnen, ist die Erde nicht mehr sichtbar."

Irma blickte auf. Bruno und seine Frau waren gegangen. Sie war allein mit dem König.

Sie sehnte sich danach, vor ihm auf die Knie zu fallen und ihn in ihre leidenschaftliche Umarmung zu drücken. Mit großer Anstrengung zwang sie sich, sich an ihre Umgebung zu erinnern. Die Musik, die Lichter, die fröhlichen Gestalten: alles war ein wirres Durcheinander. Sie öffnete ihre

Lippen, brachte aber kein Wort heraus. Sie stand schnell auf und verließ mit zitternden Schritten das Zimmer.

Der König verließ den Ball kurz darauf.

Es war spät in der Nacht. Walpurga stand mit traurigem Herzen da und blickte aus dem Fenster des Zimmers über Irmas Gemächern.

Leichte Wolken zogen über den Himmel, bedeckten bald den Mond und enthüllten ihn dann wieder in seiner ganzen Pracht.

Das Licht fiel voll auf die Gestalt der Venus von Milo, und es schien, als würde sie ihr Gesicht wenden.

Walpurga sprang vom Fenster weg und war so erschrocken, dass sie es nicht mehr wagte, zum offenen Fensterrahmen zurückzukehren.

Derselbe Mondlichtstrahl, der auf die Venus von Milo schien, ruhte zitternd auf den Lippen der Statue, die der König geküsst hatte ... Die Götter waren in dieser Mondnacht in Aufruhr ...

KAPITEL IX.

Als der kleine Kreis, bestehend aus den Auserwählten des Hofes, beim Tee saß, verkündete der Intendant seine Absicht, die Geburtstage jener großen Geister zu feiern, die zum Höhepunkt des Dramas beigetragen hatten, und sagte, er wolle mit dem bevorstehenden beginnen Jahrestag von Lessings Geburt.

„Welches Stück wirst du uns geben?" fragte die Königin.

„Ich würde mich sehr geehrt fühlen, wenn Eure Majestät entscheiden würde, welches es sein soll."

"ICH?" fragte die Königin und blickte zum König, der ihr gegenüber saß. Obwohl er offenbar mit einer illustrierten Zeitung beschäftigt war, musste er gespürt haben, dass der Blick der Königin auf ihn gerichtet war, denn er blickte auf und sagte:

„Ja, erfreue dich selbst."

„Dann würde mir ‚Emilia Galotti' gefallen."

Alle schauten nach, denn dieses Werk sowie Schillers „Liebe und Intrige" waren während der letzten Regierung auf die Liste der verbotenen Stücke gesetzt worden.

Es entstand eine Pause. Nun war der König an der Reihe, zu sprechen, und was würde er sagen?

Er blieb stumm. Einen Moment später zeigte er Schnabelsdorf, der neben ihm saß, ein Porträt eines kürzlich verstorbenen ausländischen Gelehrten und fragte, ob es ein gutes Bild sei.

Schnabelsdorf antwortete bejahend.

Die Stimme des Königs schien so hart und seltsam, dass die Königin große Angst hatte.

In diesem Moment wollte Baum der Königin einen Pokal überreichen. Sie drehte sich schnell und mit ängstlichem Blick um, als ob eine Katze auf ihre Schultern gesprungen wäre, und während sie sich umdrehte, schlug sie gegen den angebotenen Becher, der zu Boden fiel. Wenn eine Bombe plötzlich explodiert wäre, hätte das keine größere Bestürzung hervorrufen können. Baum hob die Fragmente auf und fühlte sich so schrecklich unglücklich, dass er sich am liebsten niedergeworfen hätte; aber es würde ihm nicht gefallen, zu sprechen oder auch nur um Verzeihung zu bitten, denn das wäre ein noch abscheulicherer Verstoß gegen die Disziplin gewesen. Die Königin drehte sich zu ihm um und sagte:

„Es war meine Schuld, nicht deine."

Sie bat die Damen, die eilig ihre Plätze verlassen hatten, um ihre Neugier zu befriedigen und den angerichteten Schaden zu beheben, wieder Platz zu nehmen. Der Lord Steward winkte Baum heran und flüsterte ihm zu, er solle sich zurückziehen und den Rest den anderen Dienern überlassen.

Es erforderte die ganze Selbstbeherrschung der Königin, den Anschein der Unbekümmertheit zu bewahren, den die Etikette verlangte. Obwohl ihr Gehirn vor widerstreitenden Gefühlen wirbelte, saß sie aufrecht und lächelnd da, während ihre Augen dem Diener folgten, der die zerbrochenen Fragmente wegtrug, als ob er etwas anderes mit sich trüge, das für immer zerbrochen war.

Baum ging zum Treppenabsatz und blieb am Treppengeländer stehen. Er fühlte sich wie benommen und schämte sich so sehr, dass er sich am liebsten in die Tiefe gestürzt hätte. So etwas war ihm noch nie passiert. Es würde ihn ein Leben lang beschämen, und obwohl die Königin die Schuld auf sich genommen hatte, würde er trotzdem dafür leiden müssen. Er betrachtete die Bruchstücke des Bechers und wünschte nur, dass auch er in Stücke gerissen worden wäre.

Die Ordnung wurde schnell wiederhergestellt. Schnabelsdorf, der im neuen Ministerium das Amt des Außenministers innehatte und zeitweilig die Bildungsabteilung leitete, erwies sich als Freund in der Not. Mit vollendetem Fingerspitzengefühl gelang es ihm, das Unternehmen für Themen zu gewinnen, die sie interessierten, und so ihre gute Laune wiederherzustellen. Am Beispiel des Stücks „Emilia Galotti" sagte er, dass die Namen, die Dichter ihren *dramatis personæ gegeben hätten* , den Gegenstand interessanter Untersuchungen bzw. Hypothesen liefern würden. Seiner Meinung nach hatte Lessing mit der Benennung seines intriganten Marinelli eine Anspielung auf Machiavelli beabsichtigt, dessen Charakter das letzte Jahrhundert nicht gerecht werden konnte. Die Vokale waren in beiden Namen gleich; und der Name Orsina erinnerte an einen Dolch, der aus seiner Scheide sprang. Das volle runde O, gefolgt vom scharfen I. Er fuhr in dieser Richtung fort und lieferte viele interessante Informationen in Bezug auf die Namen poetischer Charaktere. Lessing hatte klug gehandelt und den Namen Melchisedeks – Boccaccios Juden – durch den Namen Nathans ersetzt, denn der Name selbst erinnert an ein allumfassendes Gewand. Wie passend sind die Namen, die Goethe seinen weiblichen Figuren gegeben hat – Gretchen, Clärchen, Dorothea, Natalie. Auch Schiller war oft glücklich mit der Namenswahl, wie zum Beispiel Franz Mohr – Posa – wie klangvoll sind das O und das A.

Schnabelsdorfs Gespräch war sowohl fließend als auch angenehm. Wie glücklich ist es, so gut informiert zu sein und sein Wissen an andere weitergeben zu können, ohne sich über Stimmungen, zerbrochene Tassen oder schlecht gelaunte Menschen, die illustrierte Papiere betrachteten, Sorgen zu machen.

Da niemand bereit schien, Schnabelsdorf zu helfen, war er gezwungen, das Gespräch zu monopolisieren. Schließlich hatte Irma Mitleid mit ihm und bemerkte beiläufig, wie seltsam es sei, dass in unserer Zeit keine Eigennamen erfunden würden und dass wir nur die bereits existierenden entlehnen, kombinieren oder abkürzen könnten.

Dies deutete auf verschiedene erfolglose, aber heitere Versuche hin, neue Namen zu erfinden.

Der Intendant erzählte ihnen von einem Bauern, den er kannte und der die erste seiner Töchter Prima, die zweite Secunda, die dritte Tertia und so weiter genannt hatte.

Der König blickte kaum von den illustrierten Papieren auf, die vor ihm lagen, aber die Königin war umgänglich und freundlich zu allen, die an der Unterhaltung teilnahmen. Sie war jedem, der sprach, dankbar, denn ihr war etwas passiert, was sie sich eigentlich nicht gewünscht hatte. Selbst jetzt war sie sich der falschen Auslegung, die ihr Beweggrund für die Wahl von „Emilia Galotti" zuschreiben könnte, ebenso wenig bewusst wie der Tatsache, dass sie beabsichtigt hatte, den Kelch zu zerbrechen. Es war offensichtlich, dass der Geist des Königs aufgeregt war, denn er fuhr sich häufig mit der Hand über die Brauen, als wollte er sie glätten, und es war seine Gewohnheit, sich dieser Bewegung hinzugeben, wann immer er es für nötig hielt, seine Aufregung zu unterdrücken. Sein erster Gedanke war gewesen: Weiß sie wirklich nicht, dass das Stück seit vielen Jahren verboten ist? Vielleicht ist sie das, denn wer das Leben an seinen eigenen Gefühlen misst, hat keinen Sinn für historische Daten. Doch plötzlich kam ihm ein Gedanke – und er strich sich erneut über die Augenbrauen – es ist eine Intrige, und sie ist dazu fähig. Sie will eine Falle *á la Hamlet* stellen , um zu sehen, welche Wirkung das Stück auf uns haben wird. Aber nein, dachte er bei sich, dann müsste sie uns überraschen, und das ist nicht ihre Art. Aber Wut und Gewalt und ein zurechtweisendes Gewissen kämpften in ihm. Seine beharrliche Hingabe an die illustrierten Zeitschriften erweckte den Eindruck, als hätte er sich mitten in der Gesellschaft in eine private Loge zurückgezogen. Der König hatte noch nie zuvor in seinem privaten Kreis so ununterbrochen gelesen. Es war seine Gewohnheit gewesen, sich mal dieses und mal ein anderes Bild anzuschauen und es anderen zur Kenntnisnahme oder zum Vergleich zu geben. Aber an diesem Abend las er und wusste doch nicht, was er las. Gerne hätte er Irmas Blick auf sich gezogen und war glücklich, als er hörte, wie sie sich so ungezwungen ausdrückte. Er bewunderte sie und hätte sich gerne zu ihr umgeschaut, wagte aber nicht einmal, beifällig über ihre Worte zu lächeln.

Er hatte Schnabeldorfs Bemerkungen unbeantwortet gelassen und schien daher Irmas nicht gehört zu haben.

Die Königin erhob sich. Alle standen mit einem Gefühl der Erleichterung auf, denn jeder hatte Widerstand verspürt, obwohl der Abend ein fröhlicher gewesen war. Bevor sie sich zurückzog, machte die Königin Schnabelsdorf eine Freude, indem sie ihm sagte, wie dankbar sie ihm gegenüber sein sollten, da er immer so reizende Gesprächsthemen einzubringen vermochte. Dann wandte sie sich an den Intendanten und sagte mit lauterer Stimme als sonst:

„Wenn es Schwierigkeiten bereitet, ‚Emilia Galotti‘ zu studieren –“

„Oh nein, Eure Majestät.“

„Ich meine, wenn die Zeit zu kurz ist.“

„Da ist noch genügend Zeit“, antwortete der Intendant. Er hatte bereits festgelegt, wie er das Stück besetzen würde, und beabsichtigte, das neuartige Experiment zu versuchen, das Kostüm des letzten Jahrhunderts zu verwenden.

„Ich denke“, sagte die Königin, während ihre Stimme einen ihr fremden Ausdruck annahm, „dass Sie uns ‚Nathan der Weise‘ oder ‚Minna von Barnhelm‘ geben könnten, wenn Sie glauben, dass sie wirkungsvoller hervorgebracht werden können.“

„Lass es sein, wie es ist“, rief der König plötzlich. „Lassen Sie ‚Emilia Galotti‘ das Stück sein und lassen Sie die Rechnungen lauten: ‚Auf königlichen Befehl.‘“

Der König reichte der Königin seinen Arm und zog sich in Begleitung von ihr zurück. Der Rest der Gruppe verneigte sich tief und trennte sich bald darauf für die Nacht. Diejenigen, die außerhalb des Palastes lebten, stiegen in ihre Kutschen; die übrigen zogen sich in ihre Gemächer zurück, und obwohl gleichgültige und unwichtige Themen sie erst kürzlich beschäftigt hatten, war jeder mit seinen eigenen Gedanken über ein und dasselbe Thema beschäftigt.

Irma entließ ihre Zofe so schnell wie möglich; Dann nahm sie einen staubbedeckten Lessing-Band, öffnete und schloss das Buch mehrmals, um den Staub abzuschütteln, und las in einem Zug die ganze „Emilia Galotti“.

Sie schlief erst gegen Morgen ein, und als sie aufwachte, wusste sie kaum, wo sie war. Das offene Buch lag noch immer vor ihr; die Lichter waren erloschen, weil sie vergessen hatte, sie zu löschen, und die Luft in ihrer Wohnung war stickig und fast stickig.

Ungefähr zur gleichen Zeit, als Irma aufwachte, wurden im Theater bittere Tränen vergossen. Der Intendant hatte „Emilia Galotti“ einer neuen

Besetzung zugewiesen, die *Rolle* der Emilia von der Hauptdarstellerin übernommen , die diese Rolle für immer als ihre angesehen hatte, und sie einer jüngeren Darstellerin übertragen. Die *Rolle* der Claudia war der älteren Schauspielerin zugewiesen worden, die weinend hinter einer Seitenkulisse saß und ausrief; „Perlen bedeuten Tränen, aber Tränen bedeuten keine Perlen." Der Intendant war zwar im Allgemeinen freundlich und liebenswürdig, aber unerbittlich.

Doch Baum war weitaus unglücklicher als die unzufriedene Schauspielerin. Denn sie durfte weiterhin an der Aufführung teilnehmen, während er sich wegen des Missgeschicks mit dem Kelch nicht mehr in der Nähe ihrer Majestäten aufhalten durfte. Er bedauerte sein Unglück für Walpurga, und sie flehte die Königin an, Baum wieder in ihre Gunst zu bringen. Am zweiten Abend erkundigte sich die Königin, ob der Lakai Baum krank sei. Er wurde gerettet. Voller Dankbarkeit ging er nach Walpurga und sagte:

„Dafür werde ich dich nie vergessen: Du hast mir ein Leben lang gedient."

„Ich bin froh, dass ich dir ausnahmsweise einen Gefallen tun konnte."

„Ich werde es Ihnen irgendwann zurückzahlen, darauf können Sie sich verlassen."

Baum zog sich hastig zurück, denn Irma betrat den Raum. Der König kam bald darauf herein. Er wollte gerade mit Irma Französisch sprechen, aber sie bat ihn, dies nicht zu tun und sagte:

„Einfachheit ist sehr anfällig."

„Und die sogenannte Gutmütigkeit", antwortete der König, „ist oft voller Bosheit und Intrigen. Die Schwäche glaubt plötzlich, sehr stark sein zu müssen."

„Wir müssen in all dem sanft sein", antwortete Irma. Obwohl sie vor Walpurga Deutsch gesprochen hatten, hatte sie kein Wort von dem verstanden, was sie sagten.

„Ich bewundere die Macht meiner Spionin", sagte der König, „und gestehe, dass ich mich in aller Demut vor ihr verneige. Ich hätte nie gedacht, dass eine solche Größe möglich ist."

Irma nickte sanft und antwortete: „Der Held ist Hettore Gonzaga, aber die wahre Emilia Galotti liebt ihn mit einer Kraft, die seiner würdig ist."

„Und der wahre Hettore ist weder Dilettant noch Schwächling und braucht keinen Marinelli."

Die aus Scham und Leidenschaft entstandene Beziehung erhielt durch den listigen und intriganten Widerstand der Königin zusätzliche Stärke, denn die

Wahl des verbotenen Stücks wurde als Teil eines wohlüberlegten Plans angesehen. Es war wie ein Windhauch, der die Flamme nicht löscht, sondern anfacht. Tief in ihren Herzen lauerte die selbsterklärende Bitte, dass die Königin nicht der reine Engel sei, für den sie sich ausgab.

„Ich bin fest davon überzeugt", sagte der König, „dass Hippokrates den tödlichen Kristallbecher in Nausikaas Hand gezaubert hat."

„Nein, Eure Majestät", antwortete Irma eifrig, „Hippokrates ist ein durch und durch edler Mann; zwar ein wenig pedantisch, aber zu gut und zu weise, um so etwas zu tun."

Der König ging bald und nachdem er gegangen war, sagte Walpurga:

„Nun, Gräfin, Sie könnten jede Ader in meinem Körper öffnen und ich könnte kein Wort von dem wiederholen, was Sie gesagt haben. Ich verstehe kein Wort davon."

„Ja, Walpurga", sagte Irma, „der König ist ein sehr gelehrter Mann, und wir haben gerade über ein Buch gesprochen, das gestern gelesen wurde."

Walpurga war zufrieden.

„Ich hatte erwartet, die Königin hier zu treffen", sagte Irma nach einer Weile und fuhr sich mit der Hand übers Gesicht, als wollte sie seinen Ausdruck verändern.

„Die Königin kommt heute nicht", antwortete Walpurga. „Sie hat uns mitteilen lassen, dass es ihr nicht gut geht. Zu anderen Zeiten vermisst sie es nie, hier zu sein, wenn wir das Kind baden, und es gibt auch nichts Schöneres, als so ein Kind in seinem Bad oder direkt nach dem Bad. Es ist so ein neugeborenes Baby, und Platschen und Schreien und Krähen. Wollen Sie nicht einmal innehalten und es sich ansehen? Es ist ein wahrer Genuss."

Irma lehnte ab und verließ bald darauf den Raum. Schweigend und allein lag die Königin in ihrem Zimmer. Ihr Herz zitterte immer noch vor Angst vor den Konsequenzen dessen, was sie getan hatte; nein, von dem, was passiert war, ohne dass sie es wirklich gewollt hätte. Wie durch ein unsichtbares Schicksal war ihr ein Dolch in die Hand gedrückt worden. Sie konnte und wagte es nicht, es zu benutzen; und doch erfüllte Misstrauen ihre Seele. Verdacht! Das Wort kam ihr plötzlich so vor, als hätte sie es noch nie zuvor gehört, so wie sie in Wahrheit nie gespürt hatte, was es bedeutete. Reinheit und Unschuld existieren nicht mehr. Jedes freudige Wort, jeder fröhliche Gesichtsausdruck, jedes Lächeln ist zweideutig. Jede harmlose Bemerkung hat eine neue Bedeutung. Es wäre besser zu sterben, als Misstrauen zu hegen. Die gesegnete Gabe der Fantasie, die es ihrem Besitzer ermöglicht, die Handlungen und Gedanken anderer treu zu erkennen und mit ihnen zu sympathisieren, wurde nun zu einer verzehrenden Flamme. Gespenster erschienen vor ihren erwachenden Augen und ließen sich nicht belästigen. Wenn die schreckliche Wahrheit nur ermittelt würde. Man kann gegen ein offensichtliches Unrecht Stellung beziehen, aber gegen den Verdacht gibt es keinen. Es macht einen schwach und unsicher; nichts ist festgelegt; die Erde unter den Füßen scheint zu beben.

Die Königin war nicht krank. Sie hätte problemlos in die Wohnungen ihres Sohnes gehen können; aber sie hätte ihm nicht ins Gesicht sehen und lächeln können – denn ihr Herz war erfüllt von einem bitteren Gedanken gegen den Vater.

Sie stand schnell auf und wollte nach dem König schicken. Sie würde ihm alles erzählen. Sie wünschte, er würde sie von der Qual des Verdachts befreien. Sie würde ihm glauben. Sie würde ihn nur ehrlich bitten, anzuerkennen, ob er immer noch wahr und eins mit ihr sei. „Im Grunde seines Herzens ist er offenherzig und ehrlich", sagte sie sich, und die Liebe zu ihrem Mann strömte aus tiefstem Herzen auf. Doch wenn er auch nur von sich selbst abgewichen wäre, wäre er bereits untreu gewesen: Und würde er es zugeben? Kann man von einem Mann erwarten, dass er aus Gewissensgründen antwortet, wenn er dieses Gewissen bereits verleugnet hat? Und wenn er die schreckliche Tatsache anerkennen würde, würde sie es immer noch schweigend ertragen. Alles war besser als dieser Verdacht, der ihr Herz vergiftete und ihre Seele verhärtete. Könnte es sein, dass das Böse, ja schon der bloße Verdacht des Bösen alles zerstört, was in seiner Reichweite liegt?

Sie setzte sich wieder; sie konnte den König nicht fragen.

„Sei es so", sagte sie schließlich; „Ich muss diese Versuchung überwinden, und der Geist der Wahrheit wird mir Kraft verleihen."

Sie dachte einen Moment darüber nach, Günther zu ihrem Vertrauten zu machen. Er war ihr väterlicher Freund. „Aber nein", rief sie sich selbst, „ich bin nicht schwach. Ich werde keine Hilfe von anderen suchen. Wenn ich die schreckliche Wahrheit erfahren muss, werde ich es selbst tun; und wenn es eine Täuschung ist, möchte ich siegen." es ohne fremde Hilfe.

Bei Tisch und im geselligen Kreis verhielt sich die Königin gegenüber dem König und Irma liebevoller denn je. Als sie ihre Freundin ansah, hatte sie das Gefühl, sie müsste um Verzeihung bitten, weil sie auch nur einen Moment lang schlecht über sie gedacht hatte; aber als sie allein war, fühlte sie, wie ihre Seele zu ihm und ihr hingetragen wurde. Sie sehnte sich danach zu wissen, woran sie dachten, was sie taten oder sagten. – Sie sprachen von ihr, lächelten sie an und verspotteten sie. Wer weiß? Vielleicht wünschte ich ihr den Tod.

Sie wünschte tatsächlich, sie wäre tot.

KAPITEL X.

„Ich gehe heute Abend ins Theater", sagte Baum am Nachmittag des 22. Januar zu Walpurga. „Sie werden ein tolles Stück spielen. Schade, dass du nicht auch hingehen kannst."

„Vom Maskieren habe ich genug gesehen", antwortete Walpurga. „Ich bleibe bei meinem Kind. Er ist der Einzige im ganzen Hof, der sich nicht verkleiden kann."

Schon lange vor Beginn des Stücks war jeder Platz im Hoftheater besetzt und die lebhaften Gespräche im Publikum klangen wie das Rauschen des Meeres. Viele wunderten sich über die Worte auf dem Theaterzettel:

„ *Zum Gedenken an Lessings Geburtstag*
EMILIA GALOTTI
AUF KÖNIGLICHEM KOMMANDO ."

Sie redeten andeutungsweise, verstanden sich aber perfekt. Sollte der Auftritt bestimmte Gerüchte widerlegen? Würde das Gericht anwesend sein und wer würde die Suite bilden?

Drei dumpfe Klopfgeräusche waren zu hören. Sie waren das Zeichen dafür, dass der Hof den Durchgang vom Palast zum Theater betreten hatte. Jedes Auge, jedes Opernglas war auf die königliche Loge gerichtet.

Die Königin trat ein, strahlend vor jugendlicher Schönheit. Es entstanden die Adligen, die die erste Stufe besetzten. Sie verneigte sich gnädig, setzte sich dann und las aufmerksam den Theaterzettel, der an der Vorderseite der Schachtel befestigt war. Der König trat bald darauf ein und nahm neben ihr Platz. Auch er grüßte die Adligen, die noch standen und sich gleichzeitig mit ihm setzten, als wären sie ein Teil von ihm.

Der König griff nach seiner Lorgnette, die man ihm reichte, und musterte das Publikum, während das Orchester die Ouvertüre spielte. Irmas Wunsch wurde erfüllt. Da der neue Intendant an die Macht gekommen war, gab es zu Beginn des Stücks und während der *Entr'actes Musik* .

„Wer sitzt hinter der Königin?"

„Gräfin von Wildenort."

Sie trug eine einzelne Rose in ihrem braunen Haar. Sie tauschte ein paar lobende Bemerkungen mit Oberst Bronnen aus, lächelte und zeigte ihre Zähne.

Ein junger Kritiker in der Grube sagte zu seinem Nachbarn:

„Es ist sicherlich nicht ohne Absicht, dass Gräfin Wildenort, wie Emilia Galotti, nur eine einzige Rose im Haar trägt."

Während der Ouvertüre wurde so viel geredet, dass diejenigen, die der Musik zuhören wollten, oft zischten, aber ohne Erfolg; denn erst als sich der Vorhang hob, verstummte das Publikum.

Erst gegen Ende des ersten Aktes des Stücks gibt es Anlass zu kräftigem Applaus. Die Eile und Voreingenommenheit des Prinzen zeigt sich darin, dass er bereit ist, das Todesurteil zu unterzeichnen, während die Kutsche auf ihn wartet. Alt-Geheimrat Rota zieht das Dokument zurück.

Um den festlichen Charakter der Aufführung des Abends zu unterstreichen, hatte der Intendant für die *Zwischenakte Musik berühmter Komponisten ausgewählt* . Der Böswillige behauptete, dies sei nur geschehen, um eine Diskussion über das seit vielen Jahren nicht mehr aufgeführte Stück zu verhindern. Wenn dies wirklich beabsichtigt gewesen wäre, hätten die lebhaften Gespräche, sowohl in der königlichen Loge als auch im übrigen Publikum, den Erfolg verhindert.

Als Antwort auf eine Bemerkung des Königs sagte der Intendant:

„Die Rolle der Rota ist zwar unbedeutend, aber durchaus anmutig, und Lessing hat sich darin als Meister erwiesen. Ein weiterer Vorteil besteht darin, dass die Rolle von einem Veteranen gespielt werden kann."

Die Königin sah sich überrascht um – war das bloße Schauspielerei und nicht eine lebendige, aufregende Tatsache?

Sie fuhren mit dem Stück fort. Die Szene zwischen Appiani und Marinelli löste tosenden Applaus aus. Die Königin verließ kein einziges Mal ihren Platz, obwohl sie es pflegte, sich zwischen den Akten in den *Salon* neben ihrer Loge zurückzuziehen ; und Irma war als erste Trauzeugin verpflichtet, anwesend zu bleiben.

Zwischen dem dritten und vierten Akt traf der Lord Steward Bronnen im Korridor und sagte: „Wenn sie nur mit diesem verflixten, demokratischen Stück durchkommen würden. Der süße Pöbel dort unten könnte demonstrativ werden." Der nächste Akt war der vierte und enthielt die Szene zwischen Orsina und Marinelli. Die Königin hielt ihren Fächer mit krampfhafter Umklammerung. Sie sah und hörte alles, was auf der Bühne geschah, während sie mit angespannter Aufmerksamkeit dem beschleunigten Atem von Irma lauschte, die hinter ihr stand. Am liebsten hätte sie sich plötzlich umgedreht und ihr ins Gesicht gesehen, aber sie wagte es nicht. Mit ein und demselben Blick sah sie die Gestalten auf der Bühne und beobachtete das Gesicht ihres Mannes. Ihre Augen und Ohren leisteten doppelte Dienste. Es war alles, was sie tun konnte, um sich zu beherrschen. Das Stück ging weiter. Orsina und Odoardo – wenn Irma jetzt in Ohnmacht fallen würde –

was dann? Was hatte sie getan, als sie dieses Stück aufführen ließ? – Orsina gibt ihrem Vater den Dolch und gerät schließlich in rasende Wut. „Wenn wir, wir alle", rief sie, „diese ganze Schar von Verlassenen sich mit ihm in unserem Besitz in Bacchantinnen und Furien verwandeln würde und ihn in Stücke reißen und das Fleisch von seinen Gliedern reißen würde – ja, Er reißt ihm seine Eingeweide heraus, um das Herz zu finden, das der Verräter jedem versprochen und doch keinem gegeben hat! Ach, was wäre das für ein Tanz! Das würde –"

Wenn Irma aufschreien sollte! – Die Königin umklammerte mit krampfhaftem Griff die Reling der Loge. Es kam ihr so vor, als müsste sie selbst zum Publikum schreien.

Aber alles war so still wie zuvor.

Als die Szene zu Ende war, wandte sich der König in nachlässigem Ton an Irma und sagte: „Müller spielt ausgezeichnet, nicht wahr?"

„Wunderbar, Eure Majestät, obwohl einige Teile übertrieben waren. Die Passage „Ich habe nichts zu verzeihen, weil ich nicht beleidigt worden bin" gab sie in einem zu scharfen Tonfall von sich, und ihre Stimme wirkte unnatürlich. Die Sätze von jemandem, der es getan hatte „Wer auf diese Weise offen gedemütigt wurde, sollte eher wie ein Dolchstoß wirken; die Worte sollten uns auf die scharfe Spitze des Dolches vorbereiten, der ihnen folgt."

Irmas Stimme war fest und klar. Die Königin fächelte sich Luft zu, um ihr brennendes Gesicht zu kühlen und ihre Aufregung nicht zu verraten.

Jemand, dessen Gewissen sie tadelte, hätte so nicht sprechen können. Ihre Stimme muss stocken, und die schreckliche Lektion des Stücks selbst muss sie versteinert haben, dachte die Königin, als sie sich zu Irma umdrehte und freundlich nickte.

Ich bin stärker, als ich es mir vorgestellt habe, dachte Irma und strich ihre Handschuhe glatt. Während sie Odoardos Worte hörte, hatte sich vor ihren Augen ein Nebel gebildet. Wenn es ihr Vater gewesen wäre – und er hätte es sein können. Ein Schrei kam aus ihrem Herzen, kam aber nicht über ihre Lippen; und jetzt war sie ruhig und gefasst. Das Stück ging ohne Unterbrechung weiter, und als es zu Ende war, war das Publikum nicht zufrieden, bis es vor dem Vorhang zweimal den Odoardo des Abends rief. Der König stimmte in den Applaus ein.

Die Hofpartei kehrte zum Palast zurück und zog sich zum Tee in die Gemächer der Königin zurück.

Die Königin war fröhlich, als wäre sie einer Gefahr entkommen. Zum ersten Mal seit langer Zeit war ihre Haltung locker und lebhaft. Eine schreckliche

Last war von ihrem Herzen genommen worden. Sie war nun frei und schwor sich, nie wieder schlecht über irgendjemanden zu denken; und am allerwenigsten von ihrem Nachbarn.

Sie saßen beim Tee und die Königin fragte ihren Mann: „Und hast du das Stück auch noch nie zuvor gesehen?"

„Oh ja. Ich habe es auf meinen Reisen gesehen; ich habe vergessen, wo es war." Er wandte sich an den Intendanten und fügte hinzu: „Ich denke, dass die Tracht des letzten Jahrhunderts sehr passend war. Als ich das Stück zuvor gesehen habe, war es in moderner Kleidung gekleidet, die ziemlich unpassend wirkte. Trotz seines klassischen Charakters war das Das Spiel hat eine dünne Pulverkruste, die man nicht wegblasen darf, damit das Ganze, sowohl die Szene als auch die Handlung, nicht unnatürlich wird.

Der Intendant war begeistert.

„Wie gefällt dir das Stück?" fragte der König von Gunther.

„Eure Majestät, es ist einer unserer Klassiker."

„Du bist nicht immer so orthodox."

„Das bin ich in diesem Fall auch nicht", antwortete Günther; „Ich kann mit Sicherheit sagen, dass ich Lessing von ganzem Herzen und vielleicht sogar mit ungebührlicher Parteilichkeit verehre. Aber in diesem Stück war Lessing noch nicht bei der Ruhe der Freiheit angelangt. Sie ist das Ergebnis edelster Melancholie und könnte man nennen fragmentarisch und unvollständig; denn der Bericht ist nicht abgeschlossen, und am Ende bleibt noch eine unausgefüllte Lücke. Diese ergibt sich jedoch aus der Tatsache, dass ein großer historischer Stoff aus der Römerzeit auf das Kabinett und das Land übertragen wurde -Sitz eines kleinen italienischen Prinzen.

"Wie meinen Sie?" fragte der König. Günther erklärte weiter:

„In diesem Stück gibt es ein Pathos der Verzweiflung, das in der letzten Frage seinen Höhepunkt erreicht: ‚Ist es nicht genug, dass Fürsten Menschen sind? Müssen sie auch lernen, dass ihre Freunde verkleidete Dämonen sind?' Man könnte annehmen, dass diese Entdeckung eine lebenslange Strafe für den Prinzen darstellte. Von nun an musste er ein veränderter Mensch werden. Aber dieses epigrammatische Bekenntnis seiner eigenen Schwäche und der Niedrigkeit seiner Umgebung erscheint mir nicht eine vollständige Sühne. Eine Frage wie diese am Ende eines Dramas, dessen Ziel es sein sollte, uns mit dem ewigen und unveränderlichen Gesetz zu versöhnen, kann nur durch die Tatsache erklärt werden, dass der Grundton des gesamten Stücks sarkastisch ist. Er Wem gewisse Dinge seine Vernunft nicht nehmen wollen, der hat niemanden zu verlieren. Der Fehler des Stückes – Lessings Wahrheitsliebe würde die kühnste Untersuchung fordern – die Lücke lag sozusagen darin, dass Lessing die Handlung übertragen hat des Virginius vom Forum Romanum auf die moderne Bühne und hat uns statt des wütenden Bürgers mit dem Messer in der Hand den unzufriedenen Oberst Galotti beschert. Die Tat des Virginius war der Wendepunkt, der zu einer großen politischen Katastrophe führte, auf die die Revolution folgte und Sühne. Aber in Lessings Stück findet die Tat am Ende statt und führt zu keinem Ergebnis. Es endet sozusagen mit einer Frage, oder vielmehr mit einer ungelösten Dissonanz.

Obwohl diese Erklärung zunächst in einem etwas bissigen Ton vorgetragen worden war, verschaffte sie doch große Befriedigung. Es erhob das Thema und die schmerzlichen Eindrücke, die es hervorrief, in die kühle, heitere Atmosphäre der Kritik.

„Was mir an dem Stück merkwürdig vorkam", sagte Irma, unfähig zu schweigen, „war, dass ich darin zwei Heiratsgeschichten entdeckte."

„Ehegeschichten? Und zwei davon?"

„Sicherlich. Emilia ist das Kind einer unglücklichen, oder besser gesagt, einer schlechten Ehe. Odoardo mit seiner rohen Tugend und Claudia, so nachgiebig, führten einander ein schreckliches Leben und trennten sich am Ende ohne Skandal. Er blieb auf seinem Anwesen, während sie die Tochter in die Stadt brachte, damit sie dort den letzten Schliff erhielt. Emilia musste einen Großteil ihrer Zeit dem Klavier widmen. Papa Appiani war im moralischen Sinne immer aktiv Stelzen. Madame Claudia war weltgewandt und gesellschaftsliebend. Die Frucht dieser Ehe war Emilia, und ihre Ehe mit Appiani wäre genau wie die ihrer Eltern gewesen."

„Klug dargelegt", sagte der König, und, durch sein Lob ermutigt, fuhr Irma fort:

„Emilias Großmutter mag gesagt haben: ‚Ich bin unglücklich, aber ich möchte, dass meine Tochter Claudia mit dem guten Odoardo glücklich wird, der damals nur Kapitän war. Und Mutter Claudia wiederum sagte: ‚Ich bin nicht glücklich, aber meine Tochter.' wird sein"; und später hätte Emilia gesagt: „Ich bin nicht glücklich, aber meine Tochter usw. usw." Es ist eine ewige Runde des Elends und der Resignation. Wer ist dieser Herr Appiani? Ein großzügiger Berater der Botschaft, der arbeitslos ist und nur um des würdigen Mannes willen heiratet, den er so zu seinem Schwiegervater macht. und der nach der Heirat seiner Frau genauso predigen würde, wie Odoardo es vor ihm getan hatte, und mit ebenso großer Wirkung. Appiani war eine Ladung Pulver wert, oder sogar zwei, wie Marinelli dachte. Warum hatte er kein Auge für die Toilette? von seiner Verlobten? Schon im nächsten Winter wäre Emilia auf dem Lande an *Langeweile* gestorben oder hätte, geistig verändert, auf ihrem Anwesen eine Kinderschule gegründet. Wenn Emilia singen könnte, wären ihre Melodien denen von Mozart ähnlich gewesen Zerlina. Masetto Appiani hatte das Gefühl, dass er nicht passen würde, und obwohl er nicht sagen konnte, warum, hatte er gute Gründe, sich vor der Verlobung so schlecht zu fühlen. Appiani hätte eine Witwe mit sieben Kindern heiraten sollen. Das Herz des Mannes war von Natur aus zart. Hätte er sich mit seiner Frau gestritten, hätte er gesagt, wie er es nach seinem Streit mit Marinelli getan hatte; „Ah, das hat mir gut getan." Es hat mein Blut aufgewühlt und jetzt fühle ich mich wie ein neuer und besserer Mann." Emilia liebt den Prinzen und fürchtet ihn deshalb. Wer durch den Ehevertrag ihr Ehemann wird, hat nie ihre Liebe besessen. Ich hätte Appiani als Parlamentsabgeordneten ausgewählt, aber nicht als Ehemann. Ein solcher Mann sollte entweder unverheiratet bleiben oder sich eine Frau nehmen, die Suppenküchen gründet; keine Emilia, die kokett genug ist, um zu wissen, was zu ihr wird.

Irmas Wangen glühten, während sie so sprach. Es kam ihr vor, als würde sie auf einem wilden Renner durch Wald und Feld reiten. Sie hatte voller Bitterkeit begonnen, und indem sie ihrer Fantasie nachgab, ging sie kühn und furchtlos weiter. Sie hatte jegliche Angst verloren und empfand einen bewussten Stolz auf ihre Herrschaft über das Leben selbst und alles, was sie umgab.

Der Abend, an dem schlimme Stürme drohten, hatte erfrischende Brisen und eine gereinigte Atmosphäre gebracht.

Die Königin atmete wieder frei auf und fühlte sich inmitten dieses Kreises guter und begabter Menschen wohl.

Unmittelbar nach dem Stück war Baum zu Walpurga geeilt und hatte zu ihr gesagt: „Oh, was haben wir da für ein Stück gehabt. Ich wundere mich, dass man ihnen erlaubt, etwas so Freizügiges zu spielen. Da ist ein Prinz, der ist gerade dabei, eine Prinzessin zu heiraten, und hat eine alte Liebe, die immer noch gut aussieht. Er will sie loswerden und versucht in der Zwischenzeit, eine neue zu finden, die sehr schön ist und deren Hochzeit noch am selben Tag stattfinden soll. Er hat einen Kammerherrn, der ihm gehört Freund, den er aber ziemlich grob behandelt, wenn er ihm nicht sofort bringt, was er will. Er behandelt ihn wie einen Unterlegenen, nennt ihn einen Narren und umarmt ihn im nächsten Moment. So gelingt es dem Kammerherrn, den Bräutigam zu bekommen erschossen und die Braut weggetragen. Aber plötzlich kommt die alte Liebe und trifft den Vater von Emilia Galotti und macht ihn an, und der Vater ersticht seine Tochter, und sie fällt tot um."

„Und was wird aus dem Fürsten und dem Kammerherrn?" fragte Walpurga.

"Ich weiß nicht."

„Erzähl es mir noch einmal", sagte Walpurga; „Wie hieß die Braut?"

„Da ist der Theaterzettel. Es ist alles da."

Walpurga las die Rechnung; die Hand, mit der sie es hielt, zitterte. Es gab Namen, die der König und Irma an diesem Tag erwähnt hatten, als sie kein Wort von dem verstand, was sie sagten.

„Und so haben Sie diese Geschichte aufführen lassen. Oh Sie – Ihr ganzes Rudel ist – ich weiß –"

Der Rat von Mademoiselle Kramer kam ihr zugute. Walpurga wagte es nicht, die Gedanken auszusprechen, die ihr durch den Kopf gingen.

Am folgenden Abend gab es ein Hofkonzert. Der große Saal im Hauptgebäude war voller Männer in bunten Uniformen und Kreuzen verschiedener Orden sowie reich gekleideter Damen. Der erlesene Hofkreis befand sich im Saal, die Gäste in den angrenzenden Gemächern und Galerien.

Diejenigen, die zum kleinen Kreis der Königin gehörten und gestern zusammen waren, begrüßten einander mit vertrauter Miene. Sie hielten heute nicht zusammen. Es war ihre Pflicht, sich unter die Gäste zu mischen, die seltener eingeladen wurden. Der König trug die Uniform der Husaren und war in fröhlicher Stimmung. In den Pausen ging er durch die Räume, sprach mit diesem und jenem und hatte für jeden ein freundliches Wort. Die Königin schien zu leiden, und es war offensichtlich, dass es ihr Mühe kostete, mitzuhalten.

Es war Irmas Angewohnheit, sich fröhlich mit den Sängern zu unterhalten, die immer auf einer erhöhten, vom Rest des Raumes getrennten Plattform saßen. Die Böswillige behauptete, sie habe dies getan, um ihre Freundlichkeit zur Schau zu stellen; Aber Irma hielt es einfach für ihre Pflicht, den Künstlern gegenüber freundlich und umgänglich zu sein.

Doktor Günther war mit dem Direktor der Akademie und dem Intendanten Schöning im Gespräch. Sie diskutierten über Entwürfe für Gemälde zur Dekoration des neuen Parlamentsgebäudes, das kürzlich auf Befehl des Königs fertiggestellt worden war. Der Künstler bedauerte, dass es kein akzeptiertes Symbol der Verfassung gebe. Die herkömmliche antike Frauenfigur, die ein Blatt Papier hält, war immer kalt und unbefriedigend.

„Sie erwecken einen alten Gedanken wieder", antwortete der Intendant. „Was uns fehlt, ist die Macht, Mythen zu schaffen, und, wenn Sie den Ausdruck in diesem Fall erlauben, die Macht, das Gericht zu leiten. So wie es einen Feldmarschall gibt, sollte es auch einen Gerichtsdirektor geben, der – ich meine es ernst." --sollte in allen wichtigen Angelegenheiten immer Vorrang haben und vor Gericht immer die Verfassung vertreten. Glauben Sie mir, die Verfassung wird vor Gericht nicht zugelassen. Ich meine, sie wird dort nicht vertreten und ist daher dort unbekannt . Stimmen Sie mir nicht zu, Herr Geheimrat Günther?"

Günther erwachte aus seiner Träumerei und antwortete: „Es hat keinen Sinn mehr, Mythen und Symbole zu finden, um Dinge darzustellen, die abgewogen und gemessen wurden und von denen wir bestimmte Vorstellungen haben. Es wäre genauso erfolglos wie der Versuch." stellen die Göttin der Vernunft dar.

Er sprach abwesend, denn er beobachtete Irma ständig. Sie wollte gerade zur Gesellschaft zurückkehren, als er auf sie zukam. Sie sagte: „Ah, heutzutage läuft alles nach Programm. In alten Zeiten ließ der König einen Barden mit seiner Harfe kommen, und der alte Mann mit seinem weißen Bart sang wundersame Lieder. Aber jetzt gibt es nichts Geringeres als ein Orchester und ein Dutzend Sänger reichen aus, und einer hat das musikalische Programm in der Hand.

Gunther schien nicht geneigt zu sein, auf das Thema einzugehen, und antwortete:

„Ich habe ernsthaft darüber nachgedacht, was Sie gestern gesagt haben."

„Ich denke nie darüber nach, was gestern gesagt wurde."

„Aber ich bin ein Anhänger und kann nichts dagegen tun. Da hast du recht. Emilia wäre mit Appiani nie glücklich geworden."

„Ich freue mich, dass Sie mir zustimmen."

„Glaubst du, dass Emilia mit dem Prinzen zufrieden gewesen wäre?"

"Ja."

"Und für wie lange?"

„Das weiß ich nicht."

„Sie hätte sich bald nicht täuschen lassen, denn dieser Prinz ist nur ein selbstsüchtiger Lüstern, einer, der in der Liebe und im Leben Süßigkeiten stiehlt, mit einem Wort, ein Dilettant. Solange ein Dilettant jung ist, ist die Anmut untrennbar mit der Kraft verbunden." und Elastizität der Jugend verleihen ihm das, was man ein interessantes Aussehen nennt. Aber wenn er älter wird, kopiert er sich selbst, wiederholt die wenigen Sätze, die er von anderen gehört oder vielleicht für sich selbst zusammengewürfelt hat, und als ob er seine Seele verhüllen würde mit Rouge wirkt auf den Besitz jugendlicher Begeisterung. Unter der Oberfläche ist alles verdorrt, leer, verfallen und zerbrechlich. Nicht umsonst stellte Lessing Hettore als jung und gutaussehend dar, und kurz vor der Vollendung einer rechtmäßigen Ehe. Er ist es bereit, Appiani zum Botschafter seines Vaters zu machen. Sind Sie nicht meiner Meinung?" fragte Günther schließlich. Er bemerkte, dass Irma anscheinend nicht antworten wollte.

„Oh, entschuldigen Sie", sagte sie; „Ich habe so viel von der Musik von heute getrunken, dass ich keine Erinnerung mehr an die trockenen Ereignisse von gestern habe."

Mit einem freundlichen Lächeln verabschiedete sie sich von ihm und verschwand in der Menschenmenge.

KAPITEL XI.

Obwohl seiner Einführung viel Fröhlichkeit und Fröhlichkeit vorausgegangen war, herrschte während der Karnevalszeit ruhige Zeiten am Hof.

Die Königin war krank.

Die Aufregung der letzten Wochen hatte ihre Kräfte stark beeinträchtigt und man befürchtete, dass ihr Leben in Gefahr sei.

Irma verbrachte nun die meiste Zeit in den Gemächern der Königin, und wenn sie in seltenen Abständen Walpurga besuchte, sah sie blass und erschöpft aus.

Walpurga drehte sich immer noch weiter und das Kind gedieh erstaunlich gut.

„Oh, wie wahr waren die Worte unserer guten Königin! ‚Gott sei gepriesen, mein Kind!' Eines Tages sagte sie zu dem Prinzen: „Du bist gesund und fern von mir. Du lebst für dich selbst, allein." Ja, sie hat jedem tief ins Herz geschaut, und ich denke, sie ist zu gut für diese Welt. Mutter hat tausendmal gesagt, dass der Herr bald diejenigen ruft, die immer gut sind und nie richtig wütend und wütend werden. Oh, wenn Ich konnte meinen Prinzen nur mit nach Hause nehmen! Der Frühling ist bald da. Oh Gott! Wenn er seine Mutter und mich auch verlieren würde!"

So äußerte sich Walpurga gegenüber Mademoiselle Kramer, die es nicht leicht fand, sie zu trösten.

Baum schaffte es so, dass es in den Gemächern des Kronprinzen immer etwas zu tun gab. Er war nicht mehr aufdringlich, sondern einfach dankbar und zuvorkommend in seinen Aufmerksamkeiten gegenüber Walpurga. Er war entschlossen, ihr Mitgefühl zu gewinnen, denn das war ihm mehr wert als alles andere. Und als Walpurga ihm nun ihre Sorgen anvertraute, sagte er:

„Wünsche ich dir alles Gute?"

„Ja, das kann ich nicht leugnen", antwortete Walpurga.

„Dann hören Sie zu, was ich Ihnen zu sagen habe. Es gibt nichts Ermüdenderes oder Geizigeres als eine gute, einfache Ehe; das heißt, was sie eine ‚gute Ehe' nennen." Was bekommt man dafür? Lohn, ein Trinkgeld, ab und zu von einem Fremden, oder ein paar Flaschen Wein, die man sich entgehen lassen kann. Zu Zeiten der Baronin Steigeneck war das ganz anders, denn damals die Kammerdiener und Jedermann im Ort wurde reich und hatte Häuser in der Stadt und besaß Hypotheken und Ländereien. Aber jetzt wird es, Gott sei Dank, bald wieder anders sein.

„Ich weiß nicht, was du meinst", sagte Walpurga.

„Ich wünschte, ich wäre nur für eine Stunde an deiner Stelle", antwortete Baum. „Sie denkt mehr an dich als an irgendjemanden. Hier kamen sie zu einer Übereinkunft, und wenn du Lust hast, kannst du so viel Geld bekommen, wie du willst, und außerdem Wälder, Felder und Wiesen. " Alles, worum ich bitte, ist die Stelle eines Verwalters im Sommerpalast."

„Und wie soll ich das alles machen?"

„Oh du--", lachte Baum. „Ist dir nichts aufgefallen? Hast du keine Augen im Kopf? Wenn die Königin stirbt, wird der König deine Gräfin heiraten. Sie ist eine freie Gräfin und kann jeden König heiraten; und wenn die Königin nicht stirbt, dann wird sowieso keine große Rolle spielen.

„Ich würde dir am liebsten eine Ohrfeige geben, wenn du so etwas sagst; und im nächsten Moment wirst du vor ihnen zusammenzucken und dich verbeugen. Wie kannst du so etwas sagen?"

„Aber wenn es wahr ist?"

„Aber es ist nicht wahr."

„Aber wenn es wahr wäre, für alle?"

„Das kann nicht wahr sein."

„Aber ich sage dir, es ist so."

„Und selbst wenn es so wäre – Aber verzeihen Sie mir, gute Gräfin! Ich glaube kein Wort davon, nur er sagt es. – Wenn es wahr wäre, würde ich lieber sterben, als um den Lohn zu bitten." der Sünde. Du bist ein nichtsnutziger Kerl, und wenn du so etwas jemals wieder sagst, werde ich es dir sagen. Glaube mir beim Wort, das werde ich tun."

Baum tat so, als wäre das alles ein Witz. Aber Walpurga konnte darin keinen Scherz erkennen und war froh, als sie endlich versprach, nichts darüber zu sagen. Er bemerkte, dass er keinen Vermittler benötige und es schaffen würde, auf sich selbst aufzupassen.

In der Wohnung der Gräfin Irma, die knapp unter der des Kronprinzen und der Walpurga lag, spielte sich eine Szene ganz anderer Art ab.

Bruno war da und wandte sich an Irma:

„Ich stecke in Schwierigkeiten, und ich kann nicht anders, als zu sagen, dass es deine Schuld ist. Mutter Sylph hat sich mir aufgebürdet und steht mir sehr im Weg."

"Wen meinst du?"

„Meine Schwiegermutter ist gekommen und hat mir lächelnd gesagt, dass, solange meine Schwester – auch sie hier sein könnte."

Irma bedeckte ihr Gesicht mit beiden Händen.

„Und glauben Sie es auch?"

„Was zählt, was ich glaube? Es ist das Stadtgespräch, und das reicht."

„Es reicht nicht; ich werde ihnen beibringen, anders zu sprechen."

„Sehr gut. Gehen Sie in jedes Haus, zu jedem Mann und jeder Frau und sagen Sie ihnen, sie sollen anders denken. Aber eines können Sie tun. Soll ich Ihnen sagen, was es ist?"

Irma nickte still zustimmend.

„Ich weiß, dass der Intendant letzten Sommer um Ihre Hand geklagt hat. Er würde es als Ehre empfinden, Sie seine Frau nennen zu dürfen. Entschließen Sie sich, ihn anzunehmen."

Ein Diener trat ein und meldete den Intendanten.

„Was für ein seltsamer Zufall! Entscheide dich sofort."

Der Intendant trat ein. Bruno begrüßte ihn sehr herzlich, und Irmas Empfang war freundlich.

Bruno verabschiedete sich bald. Der Intendant überreichte Irma ein Manuskript eines Theaterstücks und forderte sie auf, es zu lesen und ihm ihre Meinung dazu mitzuteilen. Sie nahm es dankend entgegen und legte es auf einen Tisch.

„Ah, wenn der Frühling zurückkehrt, wird es mir egal sein, dass das Theater erwähnt wird. Unser Theater ist eine Winterpflanze."

„Dieses Stück ist für den nächsten Winter gedacht."

„Ich kann Ihnen gar nicht sagen, wie sehr ich mich nach dem Sommer sehne. Wenn zur Zeit alles karg und trostlos ist, kann man sich kaum vorstellen, dass es jemals Sonnenschein und grüne Bäume und glitzernde Meere gab. Erinnern Sie sich an den milden Tag im letzten Sommer, als wir uns trafen? auf dem See?"

„Das tue ich tatsächlich; sehr gut."

Es folgte eine lange Pause. Irma wartete darauf, dass der Intendant etwas sagte, aber er schwieg. Man hörte kein Geräusch außer dem des Papageis, der in seinem Käfig herumhüpfte und an den goldenen Drähten pickte.

„Ich sehne mich danach", sagte Irma, „nächsten Sommer meine Freundin Emma zu besuchen. Ich würde gerne die Einsamkeit genießen. Dieser Winter war zu laut und aufregend."

„Ja, und außerdem die Krankheit der Königin."

Der Papagei zupfte an den goldenen Drähten und Irma lockerte leicht das rote Samtband an ihrem Morgenkleid.

„Haben Sie vor, den See noch einmal zu besuchen?" sagte Irma zitternd.

„Nein, liebe Gräfin, ich werde die verschiedenen Theater Deutschlands besuchen, um einen zweiten Bassisten und vor allem einen jungen Menschen für die Liebespartien zu verpflichten. Sie können kaum glauben, wie selten jugendliche Liebespaare in der deutschen Welt geworden sind." "

Irma lachte herzlich, während ihr das Blut an die Schläfen stieg. Sie fühlte sich ziemlich schwach.

Der Diener verkündete Baronin Steigeneck.

„Ich bin nicht zu Hause", war Irmas hastige Antwort. „Bitte, bleiben Sie noch einen Moment", sagte sie und wandte sich an den Intendanten.

Er blieb noch einige Zeit, verwies auf das Manuskript und erwähnte, dass die auszulassenden Passagen mit einem Rotstift markiert seien. Irma versprach, das Stück vorzulesen, dankte ihm für das Kompliment, das sie ihrem Urteil entgegenbrachte, und unterhielt sich in leichtem und nachlässigem Ton, bis er das Zimmer verlassen hatte. Sobald er gegangen war, warf sie sich auf ein Sofa, wo sie lange lag und bitterlich weinte. Schließlich blickte sie wie verwirrt auf, denn sie glaubte eine Stimme gehört zu haben, die sagte: „Du wolltest – Gibt es keinen anderen Weg mehr? Muss jemand, der vom geraden Weg abgewichen ist, zwangsläufig im Sumpf versinken." Selbsterniedrigung?"

Plötzlich stand sie auf, schüttelte trotzig den Kopf und strich sich die Haare aus dem Gesicht. Sie bestellte ihre Kutsche, um zum Atelier des Bildhauers zu fahren und ihre Arbeit fortzusetzen. Der Diener meldete Oberst von Bronnen. „Lass ihn eintreten", sagte Irma. Einen Moment später entschuldigte sich Irma dafür, dass sie ihn in ihrem Hut empfangen hatte. Sie wollte gerade losfahren.

„Ich kann wieder anrufen, liebe Gräfin, und werde nur die Nachrichten hinterlassen, die ich für Sie habe."

"Mitteilungen?"

„Ja, von deinem Vater."

„Von meinem Vater? Wo hast du ihn kennengelernt?"

„In Wildenort."

"Warst du dort?"

„Ja, ich hatte einige Angelegenheiten in der Nachbarschaft zu erledigen, und ohne weitere Vorstellung habe ich Ihren Vater aufgesucht. Ich hatte das Gefühl, dass ich das Recht hatte, mich einen engen Freund von Ihnen zu nennen."

„Und wie läuft es mit meinem Vater?"

„Wie es sich für den Vater einer solchen Tochter gehört."

„Von einer solchen Tochter –"

„Verzeihen Sie, liebste Gräfin. Sie haben es eilig, und ich bin immer noch so beeindruckt von der großartigen und edlen Natur Ihres Vaters, dass es mir lieber wäre, wenn wir beide ruhig wären –"

„Ich bin jetzt ganz ruhig. Bitte sagen Sie mir, haben Sie eine Nachricht für mich?"

„Das habe ich nicht. Aber es kommt mir vor, liebe Gräfin, als würde ich Sie gerade erst verstehen. – Oh, was für ein Mann Ihr Vater ist!"

Irma blickte überrascht auf. Sie dachte daran, wie Appiani mit Odoardo sprach.

Der Oberst fuhr ruhig fort:

„Liebe Gräfin, ich bin kein begeisterter Jugendlicher; aber während der kurzen Zeit, die ich mit Ihrem Vater verbringen durfte, hatte ich das Gefühl, als sei die erhabene Existenz, die einst mein Ideal gewesen war, zu einer realen, lebendigen Tatsache geworden. Solch perfekte Kommunikation." sind unmöglich, wenn man nicht sicher ist, dass man ihn mit Wohlwollen betrachtet, und ich habe das Gefühl, dass ich das Glück hatte, die gute Meinung Ihres Vaters zu gewinnen."

„Du hast es absolut verdient. Entschuldige, während ich meinen Hut lege. Bitte nimm Platz und erzähl mir mehr über Vater." Sie nahm ihren Hut ab; Ihre Aufregung hatte nur zu ihrer Schönheit beigetragen.

Sie klingelte nach einem Diener und befahl ihm, die Kutsche wegzuschicken.

Der Oberst setzte sich.

Irma war die ganze Aufmerksamkeit. „Jetzt erzähl mir alles", sagte sie und strich ihre Locken zurück.

„Von allen anderen wirst du mich verstehen, wenn ich sage, dass ich mit deinem Vater herrliche Stunden verbracht habe. Und doch kann ich nichts

Bestimmtes über sie erzählen. Wenn ich, während ich durch den Wald streife, eine Gischt zupfe und sie feststecke Meiner Meinung nach, was verrät die Gischt vom Rauschen des Waldes oder von der freien Bergluft? Sie ist für uns und für diejenigen, denen wir begegnen, lediglich ein Symbol der Freude, die unser ganzes Wesen durchdringt."

„Ich verstehe dich", sagte Irma. Sie saßen einander gegenüber und eine Zeit lang sprach keiner von ihnen.

„Hat mein Vater meinen Bruder erwähnt?"

„Nein. Das Wort ‚Sohn' kam nie über seine Lippen. Oh, Gräfin! Der Mann, dem reine Liebe das Glück schenkt, ein Sohn zu werden —"

Emotionen schienen seine Äußerung zu ersticken. Irma zitterte; ihr Herz schlug schnell. Hier war ein edler und hochgeschätzter Mann, der ihr sein Herz und seine Hand reichte. Ja, sein Herz, und sie hatte nichts, was sie ihm zurückgeben konnte. Sie verspürte einen Stich, der ihre Seele durchdrang.

„Ich fühle mich glücklich", sagte sie, „dass Vater in seiner Einsamkeit wieder einmal gesehen hat, dass es an diesem bewegten, geschäftigen Hof einige würdige Männer gibt; Männer wie Sie, die für das Beste in allen Dingen stehen. Tun Sie nicht, Ich bitte Sie, lehnen Sie mein ehrliches Lob ab. Ich weiß, dass wahre Verdienste immer bescheiden sind, weil sie niemals mit sich selbst zufrieden sind.

„Dein Vater hat denselben Gedanken mit denselben Worten zum Ausdruck gebracht."

„Ich glaube, er muss es mir beigebracht haben; wenn nicht in Worten, so doch auf jeden Fall durch sein Beispiel. Ich hätte Sie und ihn gerne zusammen gesehen. Ihre Anwesenheit muss seinen Glauben an die Menschheit wiederhergestellt haben. Sie sind ein Bote des Guten.", und weil du gut bist, glaubst du an die Tugend anderer."

„Wo ich einst Respekt und Liebe gespürt habe", antwortete Bronnen, „bin ich unveränderlich. Ich möchte Ihrem Vater so früh wie möglich schreiben. Ich würde ihm, liebe Gräfin, gerne die besten Nachrichten schicken, und zwar in der Zukunft die besten Worte, die die Sprache bietet. Gräfin Irma, ich möchte ihm unbedingt sagen —"

„Mein lieber Freund", unterbrach Irma, „ich bin wie mein Vater ein einsamer Mensch. Ich danke Ihnen. Sie wissen nicht, wie sehr Ihr Besuch und alles, was Sie mir erzählt haben, mir geholfen hat. Ich danke Ihnen mit." von ganzem Herzen. Lass uns Freunde bleiben. Gib mir deine Hand als Pfand. Lass uns Freunde bleiben, so wie wir es waren. Ich danke dir —"

Ihre Stimme war von Tränen erstickt.

Der Oberst verabschiedete sich. Irma war allein. Sie kniete neben dem Sofa. Ihr Herz war von unaussprechlicher Trauer erfüllt. Der Steuermann hatte sie zurückgewiesen. Dann kam ein Mann, der der besten Ehefrau würdig war. Er liebte und vertraute ihr, und sie hatte ihn abgelehnt. Sein gütiges und ehrliches Herz hatte das Recht, um volle, grenzenlose Liebe zu bitten. Sie schüttelte das gemischte Gefühl von Kummer und Beschämung ab. Der Gedanke, dass sie ehrenhaft gehandelt hatte, beruhigte sie und wirkte wie erfrischender Tau auf ihr wirbelndes Gehirn. Aber andererseits ärgerte es sie, als sie sich fragte: „Wie weit bist du gesunken, dass du gezwungen bist, einfache Ehrlichkeit zur Schau zu stellen? Und wo lebt das Mädchen, das, wenn es nicht an die Liebe gebunden ist, das Recht hat, abzulehnen?" der Mann, den du gerade abgelehnt hast? Er kann nicht umhin, dich und deine Liebe zu schätzen."

Sie wusste nicht, wie lange sie dort lag. Sie lachte und weinte, klagte und freute sich.

Ihre Zofe trat ein. Es war Zeit, sich für das Abendessen umzuziehen.

KAPITEL XII.

Die Königin war krank. Ihr Leben wurde gerettet, aber eine Hoffnung ging verloren.

Es war an einem stürmischen Frühlingsmorgen, als Baum mit einem kleinen Sarg, der die Leiche eines totgeborenen Kindes enthielt, die Hintertreppe des Palastes hinunterstieg. Er ging so leise, dass er seine eigenen Schritte nicht hörte. Ihm folgte Madame Leoni, die Dienerin der Königin, die ihr ein weißes Taschentuch vor die Augen hielt. Am Fuß der Treppe wartete eine Kutsche. Baum war verpflichtet, dem Kutscher, der nicht in Hoflivree war, zu sagen, wohin er fahren sollte. Kaum jemand im Palast wusste, was vor sich ging.

Sie fuhren aus der Stadt hinaus und zum Kirchhof. Ein namenloses Kind wird nicht in die Gruft gelegt, sondern auf dem öffentlichen Friedhof begraben. Der Totengräber wartete auf sie. Der kleine Leichnam wurde in das offene Grab gelegt, ohne Namen oder Schild, das den Ort seiner Bestattung kennzeichnete. Ungefähr zur gleichen Zeit, als Baum und Madame Leoni auf dem Kirchhof waren, schrieb Walpurga nach Hause:

„.... Gott sei Dank! Alles ist vorbei. Jetzt kann ich mich auf glücklichere Tage freuen. Wir hatten eine schreckliche Zeit hier. Wenn alles gut geht, sind es nur noch sieben Sonntage, bis ich wieder nach Hause komme. Ich kann es kaum glauben." Es ist möglich, dass ich hier wieder weg muss, und trotzdem werde ich Gott tausendmal danken, wenn ich noch einmal bei dir bin. Wenn ich hier bleibe, werde ich ganz dumm werden, wenn ich so viel nachdenke. Das gibt es Überall herrscht Elend, und die Menschen erfreuen sich an der Bosheit des anderen, und selbst wenn es nicht wahr ist, bilden sie es sich doch ein und finden darüber hinaus Gefallen daran.

„Es wurde darüber geredet, dass wir hier einen Ort bekommen, an dem wir uns alle ein Leben lang wohl fühlen könnten; aber die Königin sagte, dass es für mich besser wäre, nach Hause zu gehen, und was auch immer sie sagt, ist richtig. Sie ist einfach eine wahre Königin." wie eine Königin sein sollte. Gott hat sie mit Absicht dazu geschaffen.

„Ich würde nur gerne wissen, warum sie so leiden muss.

„Oh, was für eine Zeit wir hatten. Jede Minute dachten wir, die Königin – Es gibt keine andere Seele wie sie auf der Welt, und sie hatte so viel zu ertragen, und wir sind schließlich alle Menschen. Aber jetzt, Gott sei Dank ist alles vorbei. Der Arzt des Königs sagt, die Gefahr sei vorüber. Aber natürlich ist das, worauf wir gehofft hatten, verschwunden. Ich kann Ihnen nicht sagen, wie ich mich dabei gefühlt habe, zu denken, dass es mir so gut ging, und ich fühlte mich als ob ich zur Königin gehen und jeden Tropfen meines Blutes aufgeben müsste, um sie zu retten.

„Wann immer ich Gelegenheit hatte, ging ich in die Kirche – sie haben ihre Kirche hier im Haus – und betete für die Königin. Meine Gräfin ist noch nie zu mir gekommen. Sie sagen, sie sieht aus wie ein Schatten. Alles Die Gänge hier sind beheizt und das ganze Haus ist wie ein einziger warmer Raum, und die Leute im Palast würden aneinander vorbeigehen, ohne auf jemanden zu achten.

„An dem Abend, als die Königin dachte, sie würde sterben, ließ sie mich und das Kind holen. Sie sagte nicht viel, aber ihre Augen verrieten alles.“

„Und nun, Hansei, halte dich bereit; du musst für mich kommen. Das nächste Mal, wenn ich schreibe, werde ich es dir an dem Tag sagen, an dem du kommen sollst.“

„Ich habe das Gefühl, ich könnte es kaum erwarten, und doch schmerzt es mir im Herzen bei dem Gedanken, dass ich meinen Prinzen verlassen muss, denn er liebt mich so sehr. Aber ich kann nicht anders. Ich habe ein Kind, einen Ehemann.“ und eine eigene Mutter, zu Hause, und ich habe es satt, im Dienst und unter Fremden zu sein.

„Wütet der Sturm so furchtbar bei dir? Oh, wie der Wind weht. Wenn er mich nur nach Hause tragen würde. Gestern Nacht hat er einen Baum vor meinem Fenster umgestürzt. Es war ein schöner, großer Baum und fiel auf einen Figur, die es in Stücke zerbrach. Alle sagten, es sei sehr schön, aber ich konnte in so einem Ding keine Schönheit erkennen. Es kam mir noch so unverschämt vor, als es da stand, und reichte aus, um einen zum Erröten zu bringen. Ich konnte es sehen Baum und die Figur aus meinem Fenster, und schon sind Leute da, die Dinge in Ordnung bringen und alles, was beschädigt ist, aus dem Weg räumen.

„Bei solchen Dingen geht es hier sehr schnell zu, sei es ein Baum, eine Marmorfigur oder ein totes Kind.

„Verzeihen Sie, dass ich einen so verwirrten Brief schreibe. Wenn ich wieder nach Hause komme, kann ich Ihnen nie mehr erzählen, was ich hier durchgemacht habe, wenn ich hundert Jahre alt werde.

„Und wenn du kommst, lieber Hansei, zieh einfach die Kleider an, die der König geschickt hat, und eines der feinen Hemden, die ich für dich gemacht habe, als wir geheiratet haben. Sie sind im blauen Schrank im oberen Regal links– Handseite mit der roten Schleife. Verzeihen Sie mir, dass ich Ihnen das alles schreibe, aber Sie mussten fast ein Jahr lang auf sich selbst aufpassen, und ich war nicht in der Lage, Ihnen zu helfen oder Ihre Sachen für Sie zu besorgen. Nun das wird alles wieder in Ordnung kommen. Mir kommt es vor, als wäre ich schon zu Hause und ziehe deinen Hemdkragen gerade, während wir an einem Sonntagmorgen in die Kirche gehen. Mir kommt es vor, als ob es jemand anderes wäre, der das alles durchgemacht hat, und als ob die Tage ein hoher Berg wären, den man nie überschreiten kann. Aber alles wird wieder gut, und wir werden fröhlich und glücklich zusammen sein, denn Gott sei Dank haben wir gesunde Glieder und wahre Herzen. Verzeiht mir alle von dir, wenn ich jemals ein einziges Wort gesagt habe, um dich zu beleidigen.

„Wenn ich dich hier hätte, lieber Hansei, würde ich meine Arme um deinen Hals legen und dich nach Herzenslust küssen. Du und das Kind und die Mutter sind für mich die ganze Welt. Ich beginne gerade zu spüren, wie sehr ich Ich liebe euch alle und ich kann nicht verstehen, wie ich so lange von euch fernbleiben konnte, ohne vor Trauer und Heimweh zu sterben.

„Vergiss nicht, eine große Truhe mitzubringen, denn sie haben mir so viele Dinge geschenkt.

„Und bring mir etwas aus unserem Garten: einen meiner Nelken und auch einen von den Kinderschuhen. Aber ich werde dir das in meinem nächsten Brief deutlicher erzählen.“

„Ich kann nicht auf die Art und Weise der Hofleute verfallen. Mir wurde gesagt, dass sie ihre eigenen Toten nicht anfassen oder bekleiden dürfen. Sie lassen das alles von Fremden erledigen, die dafür bezahlt werden.“

„Ich habe diesen Winter Flachs gesponnen, für Hemden für meinen Prinzen. Sie waren alle zufrieden damit, kamen in mein Zimmer, um es anzusehen, und schienen so erstaunt zu sein, als wäre es etwas Wunderbares.“

„Ich denke gerne daran, wieder auf dem Feld zu arbeiten, das macht einen viel gesünder. Aber keine Sorge, mir stört nichts, außer dass ich furchtbares Heimweh habe.“

„Und nun lebe wohl; tausendmal lebe wohl!

„Eure WALPURGA ANDERMATTEN .“

Während Walpurga mit langsamer und schwerer Hand an ihrem Brief arbeitete, saß Gräfin Irma an ihrem Schreibtisch im Zimmer darunter und schrieb folgende Zeilen:

„ *Meine liebste Emma* : Was für eine Nacht ich verbracht habe – ich muss mit herkulischer Kraft ausgestattet sein, sonst hätte ich sie nicht überlebt. Ich habe in die feurigen Augen der grellen Monster geschaut, die über und unter unserem täglichen Leben wohnen und die plötzlich und ohne Vorwarnung über uns herfielen. Du musst zulassen, dass ich zu dir zurückkehre, um dir noch einmal zu schreiben. Ich weiß nicht, wie lange es her ist, seit ich das zuletzt getan habe. Du bist meine Festung , mein Fels, mein Schutz. Du bist fest, unbeweglich, standhaft, geduldig. Wenn ich in Not bin, komme ich zu dir. Ich fliehe zu dir.

„Es war eine schreckliche Nacht. Der Baum steht noch, aber eine junge Blüte war abgebrochen. Ich kam aus dem Gemach der Königin; ich konnte nicht beten, sondern stand am Fenster und dachte, während ich in die Nacht hinausschaute: Du, der Erneuere alles, der die Erde aus ihrem Winterschlaf erweckt und den Bäumen und Blumen und allem, was letztes Jahr verblasst und verdorrt ist, neues Leben einhaucht – lass ein menschliches Herz erdulden, sich zu erneuern; lass vergangene Taten zerstört und vergessen werden. Leide ein Menschenkind , regeneriert und erlöst, um ein neues Leben zu beginnen. Ich stand am Fenster, während draußen der Wind heulte. Plötzlich ertönte ein fürchterliches Krachen. Eine hohe Eiche vor meinem Fenster war vom wütenden Wind zerbrochen worden. Der Baum fiel um und blieb in seinem Der Sturz zerschmetterte eine darunter stehende Venusstatue in Stücke. Es kam mir alles wie ein Fiebertraum vor, und als mir klar wurde, was passiert war, war mein einziger Wunsch: Oh, dass ich an der Stelle der Statue gewesen wäre! Oh, dass ich in Atome zerschmettert worden wäre – es wäre viel besser für mich gewesen.

„Ich weiß kaum, was ich dir sagen soll. Ich weiß nur, dass ich vielleicht wieder bei dir sein werde – vielleicht heute, morgen, nachts oder tagsüber, ich werde vor dir auf die Knie fallen und du wirst mich hochheben.“ Auf deinem Herzen werde ich ruhen, und du wirst mich beschützen. Du wirst mich vor den Dämonen retten; du wirst mich nicht befragen; du wirst der fremden Seele Essen und Trinken und Ruhe geben und wirst nicht fragen, woher sie kommt.

„Was sind wir? Was ist die Welt? Wir sehen und wissen alles, und doch –

„Wie genial die Mittel sind, mit denen die Welt ihr Gewissen in den Schlaf wiegt – wenn es nur kein Erwachen gäbe! Das Erwachen – der Morgen – das ist der schrecklichste Gedanke von allen.

„Ein ewiger Kuss ruht auf einer Statue im Arsenal, und die Sterne, der Mond und die Sonne blicken darauf herab. Wenn ich nur dort hinaufklettern könnte, würde ich mich auf die Erde stürzen und mich selbst zerstören – die Welt – alles!“

„Sollten Sie die Glocken laut läuten hören, wissen Sie, dass es meine Beerdigung ist. Wenn es sanft an Ihrer Tür klopft, denken Sie, dass es eine arme Seele ist, die einst so reich war – vielleicht immer noch – ja, ist. Wer kann einen Menschen zu sich selbst zurückbringen? Wer zieht ihn aus dem See – aus dem See –

„Warum ist der See ständig vor meinen Augen? Ich sehe mich darin – ich versinke! Hilf mir! Rette mich, Emma! Hilf mir, ich versinke –!"

Irma stieß plötzlich einen lauten Schrei aus. Das Dienstmädchen eilte ins Zimmer. Ihre Herrin war ohnmächtig geworden und lag auf dem Boden. Als sie wieder zu sich kam, fragte sie, was mit ihr passiert sei. Doktor Gunther saß an ihrem Bett und sagte:

„Sie haben geschrieben; hier ist der Brief. Ich habe ihn übernommen, weil ich vermutete, dass er Sie so begeistert hat. Ich habe die ersten sechs Zeilen gelesen. Ich war dazu verpflichtet, aber ich versichere Ihnen, bei meiner Ehre.", dass ich kein Wort mehr gelesen habe. Ich habe mich um den Brief gekümmert, damit kein anderes Auge ihn sehen kann. Und nun halte dich ruhig, hier ist er."

Irma setzte sich auf und las den Brief. Dann sah sie den Doktor ernst an und sagte:

"Ich glaube Ihnen." Sie rief nach Feuer und übergab den Brief den Flammen.

„Versprichst du mir etwas?"

"Was ist es?"

„Dass du mir Gift gibst, wenn ich den Verstand verliere."

„Sie spielen mit den Extremen", antwortete der Arzt, „und das geht nicht ungestraft."

Nach einer langen Pause sagte Günther:

„Vor allem musst du dich beherrschen und darfst dir nicht vorstellen, dass diese wilden, abschweifenden Gedanken dein wahres Selbst sind. Ich dachte, du würdest meinen Rat befolgen, aber ich habe mich geirrt. Du bist dein bester, dein einziger Arzt, deine Kraft." Gönnen Sie sich Ruhe und lassen Sie sich allein von ruhigen und glücklichen Gedanken beschäftigen.

Irma legte ihren Kopf auf ihre Hand. Ihre Augen glühten vor fiebrigem Feuer. Sie schloss sie, stand aber plötzlich auf, packte ihr gelöstes Haar mit beiden Händen und rief: „Mir werden die Haare abgeschnitten."

„Das ist wieder einer deiner wilden Gedanken", sagte Gunther, beruhigte sie und nahm ihre Hand in seine. „Sie möchten Ihre Wünsche immer mit gewaltsamen Methoden verwirklichen. Sie müssen Ruhe finden."

„Ja, das Leben ist ein langsames und allmähliches Wachstum, und der Tod, ja, der Tod im Leben, dauert nur einen Moment", sagte Irma mit einem wilden und leeren Blick.

„Und jetzt geh schlafen, dann wirst du bald wieder gesund sein", sagte Günther. Er wollte gerade gehen, aber Irma hielt ihn zurück und erkundigte sich.

„Wie geht es Ihrer Frau – Ihrer Familie?"

„Danke", sagte er. „Sie sind ruhig und resigniert."

Irma wollte gerade darum bitten, dass Günthers Frau sie besuchen möge, konnte sich aber nicht dazu durchringen. Günther ging. Er selbst glaubte, wenn Irma sich seiner Frau gegenüber offen öffnen würde, würde der gesunde Menschenverstand der letzteren dem Zerstreuten nach und nach helfen. Aber er wusste, dass seine Frau Irma nicht besuchen würde. Trotz all ihrer Herzensgüte hatte sie kein Erbarmen mit Arroganz, und Irma hatte es in ihren wohlhabenden Tagen versäumt, das Haus, in dem sie so herzlich empfangen worden war, noch einmal zu besuchen. Seitdem Irma ihren Vater wieder verlassen hatte und an den Hof zurückgekehrt war, blieben ihr die Türen verschlossen. Darüber hinaus galt Irma als Förderin der Wiederbelebung der Klöster und der Ernennung des reaktionären Kirchenamtes, dessen Ministerpräsident Schnabelsdorf war.

KAPITEL XIII.

Walpurga dachte an ihre Heimat und versuchte sich vorzustellen, wie es sein würde, wenn ihr Brief dort ankäme. Aber sie war so lange weg gewesen, dass es ihr schwer fiel, dies zu tun. Der Brief war in der Abenddämmerung eingetroffen, und Hansei, der draußen im Hinterhof Holz hackte, wurde gerufen. Er zündete hastig die Lampe an, und Stasi las ihnen den Brief vor. Die Großmutter weinte, und das Kind auf ihrem Schoß bewegte sich unruhig, als hätte es das Gefühl, dass die Worte, die es hörte, von seiner Mutter stammten. Sie konnten auch nicht umhin zu bemerken, dass es Stasi den Brief zweimal aus der Hand gerissen hatte und dass sie, um ihn zu Ende lesen zu können, ihren Platz verschieben musste. Das Kind war jedoch nach wie vor unruhig geblieben. Schließlich trocknete die Großmutter ihre Tränen und sagte: „Gott sei Dank, dass ich so ein Kind habe. Ich meine nicht dich", sagte sie zu ihrer Enkelin, „ich meine deine Mutter. Du kannst froh sein, wenn du herauskommst." so gut wie sie ist. Hansei hörte mit offenem Mund zu und lächelte über sein ganzes Gesicht, als sie zu der Passage kamen, in der es um Walpurgas Umarmung ging.

Als sie den Brief beendet hatte, sagte die Stasi:

„Es ist für alle ein trauriger Brief; aber sie wird umso glücklicher sein, wenn sie wieder nach Hause kommt. Es tut mir nur leid, dass ich sie nicht treffen werde, wenn sie kommt."

Stasi sollte am folgenden Sonntag einen Förster heiraten, der nahe der Grenze auf der anderen Seite des Berges wohnte.

Hansei nahm den Brief noch einmal entgegen und wollte gerade gehen.

„Lass den Brief hier", flüsterte ihm die Mutter zu. „Das ist kein Brief, den man im Chamois vorlesen kann. Da stehen Dinge drin, die sich nur Mann und Frau sagen sollten, wenn sie allein sind."

„Ja, du hast recht", sagte Hansei. „Hier ist der Brief." Es tat ihm jedoch leid, dass die Leute nicht sehen konnten, was für einen hübschen Brief seine Frau schreiben konnte, wie sehr sie ihn liebte und wie gut sie war, und dass niemand im ganzen Dorf es verdiente, mit ihm gesprochen zu werden sie, denn seine Walpurga war der Stolz seines Lebens.

„Ja, Großmutter", sagte er, während er in der Tür stand, „Gott sei Dank, die längste Zeit ist vorbei. Ich kann mir kaum vorstellen, wie wir es geschafft haben, so lange ohne einander zu leben, und wie es sein wird, wenn sie da drin sitzt." Wieder dieses niedrige Zimmer. Aber das ist schon in Ordnung, und außer diesem gibt es noch andere Häuser.

Hansei sprach diese letzten Worte ziemlich schnell. Er wollte, dass seine Schwiegermutter verstand, dass er im Begriff war, ein Haus zu kaufen. Es war richtig, dass sie davon wusste, aber es war nicht nötig, dass sie eingriff, damit sie nicht über ihn herrschte. Der Wirt hatte völlig recht.

Hansei konnte es kaum erwarten, bis er wieder bei seinem Geheimrat war, und dieser Geheimrat war natürlich der Wirt. Er blickte zum Haus und zu den Bäumen hinauf, als wolle er sagen: „Halten Sie einfach still und haben Sie keine Angst. Sie wird rechtzeitig wiederkommen und denkt immer noch an euch alle. Sie weiß so manches." , und würde eine bessere Königin abgeben als manch andere Frau, und könnte besser regieren als der stärkste Mann –" Als Hansei vor dem Wirtshaus ankam, wartete er eine kleine Weile, um zu Atem zu kommen und sich zu beruhigen. Es ist keine leichte Sache, eine so außergewöhnliche Frau zu haben; Man wird sehr leicht in den Hintergrund gedrängt und weniger bedacht. Er war stolz auf seine Frau, aber er war trotzdem der Ehemann. Er ging ruhig in das Wirtshaus und setzte sich zu einem Schoppen Wein, so ruhig, als wäre nichts geschehen.

„So sollte ein Mann sein", dachte er bei sich, während er einen gemütlichen Schluck nahm. „Es geht nicht, der Welt alles zu erzählen. Behalte die Dinge für dich. Das macht den Meister; und das können die Frauen nicht."

Hansei streichelte Dachsel und Wachsel, die beiden Hunde des Wirts, die ihn zu mögen schienen, denn sie kannten die Lieblinge ihres Herrn.

„Ist es schon lange her, dass du von deiner Königin gehört hast?" fragte der Gastgeber beiläufig.

„Nein. Nur heute."

"Was sagt sie?"

„Alle möglichen Dinge", sagte Hansei diskret und fügte nachlässig hinzu: „Ich möchte Sie jetzt zu etwas um Rat fragen."

Die anderen Gäste blickten überrascht auf und stellten fest, dass Hansei, der Holzfäller, den Wirt in diesem vertrauten Ton ansprach, und waren dennoch erstaunt, dass dieser nichts dagegen hatte.

„Wenn Sie mehr Papiergeld haben, wäre das ganz praktisch", antwortete der Wirt.

„Diesmal habe ich keine, aber ich möchte mit dir über eine andere Sache reden."

Der Wirt ging ins Hinterzimmer, schickte seine Frau hinaus, um die Gäste zu bedienen, und rief: „Komm herein, Hansei." Im Hinterzimmer fand ein geheimer Rat statt.

Hansei erzählte ihm, dass seine Frau in sieben Wochen von gestern zurückkommen würde, dass sie ihm geschrieben hatte, er solle sie abholen, und dass er, obwohl er wisse, wie er sich in der Welt zu benehmen habe, …

„Ja, das stimmt", sagte der Wirt, „erst gestern hat der Oberförster – er saß genau auf dem Platz, auf dem Sie jetzt sitzen – gesagt: ‚Der Hansei ist ein scharfsinniger Kerl'."

Hansei lächelte und dankte für das Kompliment.

„Aber ich möchte dich etwas fragen."

"Was ist es?"

„Schau her. Du bist so viel – wie soll ich es sagen? – so viel gewandter mit deinem Mund und höflicher als ich, und wenn ich in die Hauptstadt gehen und vor dem König und der Königin aufstehen muss Und all die großen Herren, warum – warum – warum, seht mal, wann immer ich darüber nachdenke, erstickt es mich auch jetzt noch, und ich bin der Meinung, dass ihr besser als mein Sprachrohr mitgehen und alles richtig sagen solltet. Erstens Eine solche Chance hat man nicht öfter als einmal im Leben, und es reicht nicht aus, etwas zu vergessen.

„Das ist eine kluge Idee von Ihnen", sagte der Wirt.

„Du sollst es nicht umsonst tun und die Reise soll dich keinen Groschen kosten."

„Nein, ich kann nicht mitkommen. Vor Gericht darf man nicht sagen: ‚Das ist der Pate meines Kindes, mein Kamerad, und er soll auch hereinkommen und für mich sprechen.' Derjenige, der das Publikum hat, ist der einzige, der sprechen darf. Wenn Sie ein bisschen Spaß haben wollen und Ihre Frau einverstanden ist, könnte ich als Walpurgas Ehemann auftreten – das würde reichen.

„Nein", rief Hansei, „so etwas werde ich nicht tun, und meine Frau auch nicht. Das geht überhaupt nicht."

„Nun, mein Lieber, jetzt müssen Sie nur noch für sich selbst sprechen."

Hansei war traurig. Es kam ihm vor, als wäre er aus der Tür gedrängt worden. Er war nicht dafür erzogen und geschult worden, zum Beispiel mit dem König und der Königin und ihren Höflingen zu sprechen, und er hatte Angst davor, was er ihnen antun würde, wenn sie ihn auslachten und lächerlich machten, denn das würde er nicht ertragen. Er erlaubte niemandem, sich in Gegenwart seiner Frau über ihn lustig zu machen, denn er war der Ehemann und sie nur die Ehefrau.

„Sei nicht so kleinmütig – ein Mann wie du –", sagte der Wirt tröstend, während Hansei sich die Stirn rieb, als wollte er aus seinem eigenen einen weiteren Kopf machen. „Tu einfach so, als wäre ich der König. Was würdest du sagen?"

„Du sprichst zuerst."

"In Ordnung." Der Wirt stellte sich hin, steckte die Hand in die Brust seines Mantels, balancierte auf einem Fuß, warf den Kopf zurück und sagte ernst:

„Ah, und Sie sind also der Ehemann von – ach, wie heißt sie – von Walpurga?"

„Ja, sie ist meine Frau."

„Waren Sie Soldat?"

„Nein, mit Ihrer Erlaubnis."

„Sie brauchen nicht ‚mit Ihrer Erlaubnis' zu sagen, aber Sie müssen ‚Eure Majestät' hinzufügen, und zwar immer so kurz wie möglich. Die hohen Leute haben nie Zeit zu verlieren; sie sind immer in Eile und alles ist abgezählt." Auf die Minute genau. Aber was nützt es, sich jetzt schon Sorgen zu machen? Wir sollten unsere kleine Angelegenheit jetzt besser erledigen. Du kaufst mein Haus und meine Felder. Ich lasse sie dir billig geben, und dann, wenn der König fragt, wie es weitergeht Sie können antworten: „Eure Majestät, es würde mir sehr gut gehen; aber ich schulde immer noch dreitausend Gulden für mein Haus und meinen Hof, und sie beunruhigen mich sehr." Und wenn du das sagst, wirst du sehen, dass der König dir die dreitausend Gulden sofort geben wird. Aber wenn du es nicht schuldest, könntest du es nicht sagen. Ich kenne dich. Du bist ein ehrlicher Kerl und Ich kann nicht lügen, und du weißt, du könntest genauso gut viertausend oder fünftausend sagen – es ist alles das Gleiche – und du hast etwas Geld zum Bauen übrig. Aber das ist nicht nötig, und Sie können also stattdessen einen Vorrat Wein anlegen.

„Ja, ja, da hast du recht, aber ich glaube, wir machen einen Scheinverkauf, denn ich sollte es nicht ohne die Zustimmung meiner Frau machen. Das Geld kommt wirklich von ihr, und ich weiß nicht einmal, ob sie es ist." Ich bin bereit, das Gasthaus zu besitzen. Wir machen es einfach zu einem Scheinverkauf, und wenn der König mir das Geld gibt und meine Frau zustimmt, wird alles gut."

Zuvor hatte der Wirt Hansei wegen seiner Klugheit geschmeichelt, aber jetzt, als es einen echten Anlass dafür gab, schwieg er. Nach einer Pause sagte er: „Während der kluge Kerl seine Entscheidung trifft, hat der Narr Zeit, seine Entscheidung zu treffen. Ich werde darüber nachdenken."

Sie kehrten in die Gaststube zurück. Hansei fühlte sich unwohl und ging bald nach Hause. Unterwegs begrüßte ihn der alte Zenza. Er tat so, als hätte er sie weder gesehen noch gehört, und eilte weiter. Wie froh war er, dass er nicht böse geworden war, und wie hätte er sich jetzt gefühlt, wenn er sich hätte in Versuchung führen lassen? Ihm wäre nichts anderes übriggeblieben, als sich vor Walpurgas Rückkehr im See zu ertränken.

Als er zu Hause ankam, sagte er sich: „Hier kann ich noch mit gutem Gewissen eintreten und, Gott sei Dank, ich kann sie mit gutem Gewissen willkommen heißen." Nachdem er zu Bett gegangen war, wiederholte er immer wieder vor sich hin die Worte: „Gott sei gepriesen", bis er schließlich einschlief. Als er aufwachte, sagte er als Erstes: „Guten Morgen, Walpurga." Er richtete seine Worte an die leere Luft, aber es kam ihm so vor, als müsse sie ihn hören, als wäre sie schon zu Hause, denn sie hatte im Voraus einen so guten Boten geschickt. Der Brief war wie ein Postillion, der Willkommensmelodien spielte. Hansei lag da und träumte mit weit geöffneten Augen bis spät in den Tag. Aber der Tag war sowohl ein guter als auch ein böser. Er hatte seinen Kameraden versprochen, mit ihnen auf die Jagd zu gehen. Plötzlich wurde ihm klar, dass es an der Zeit war, diesen Sport aufzugeben. Am liebsten wäre er zu Hause geblieben, fürchtete sich aber vor dem Gerede des Wirts, und obwohl die Hügel weit entfernt waren, hatte er das Gefühl, als könnte er deutlich hören, wie der Wirt seinen Kameraden sagte: „Ha! Ha! Seine Frau kommt nach Hause, und sie kommt." der Meister, und Hansei muss sich hinlegen, wie sie es ihm befiehlt." Es war ihm, als höre er seine lachenden Kameraden im Wald herumlaufen und rufen: „Leg dich hin, Hansei, leg dich hin", als wäre er ein Hund.

Ein Advokat am Landgericht – denn Hansei hatte jetzt so vornehme Kameraden – war ebenfalls bei der Jagdgesellschaft und lachte und spottete mehr als alle anderen. Und um den Spaß noch zu steigern, erzählte der Wirt noch eine schöne Geschichte zu dem Brief. Gott sei Dank hatte er keine Gelegenheit gehabt, es zu lesen. Das wäre schade gewesen. Wenn ich es nur nicht erwähnt hätte; aber ich bin zu dumm und kann nichts für mich behalten. Wenn der Wirt nichts von dem Brief wüsste, konnte ich umkehren, ohne mich zu schämen und ohne mich um ihren Spott zu kümmern. Aber ich habe mich entschieden. Ich werde nicht noch einmal mit ihnen gehen. Früher kam ich alleine zurecht, und das werde ich auch wieder tun, wenn sie zurückkommt. Dann brauchen wir niemanden. Hansei war an diesem Morgen mit dem Nachdenken beschäftigt. Er erinnerte sich daran, wie er die ganze Zeit über gelebt hatte. Anfangs hatte er so großes Heimweh wegen seiner Frau, dass er nicht im Haus bleiben konnte und nicht essen, trinken, schlafen oder arbeiten konnte. Also ging er in die Herberge, wo man ihm Freude wünschte, weil seine Frau ihm so viel Glück gebracht hatte, und das hatte ihm gefallen; und wenn andere aufhörten, darüber zu reden, nahm er das Thema wieder auf; und der Wirt nahm ihn mit auf Jahrmärkte, Schießereien und Vergnügungspartys. Man konnte nicht anders, als zuzugeben, dass alles sehr angenehm und unterhaltsam war, und die Leute sagten: „Da ist Hansei, dessen Frau die Amme des Kronprinzen ist." Wohin er auch ging, sie zeigten ihm großen Respekt, und es ist sehr angenehm, überall mit Respekt empfangen zu werden. Bevor sie ihn Platz nehmen ließ, wischte die Gastgeberin den Stuhl immer mit ihrer Schürze ab und empfand es als Vergnügen, dies zu tun. Endlich kam ihm ein glücklicher Gedanke, und er hielt immer noch daran fest. Er wäre der richtige Mann, der ein Gasthaus führen würde, und seine Frau wäre die beste Gastgeberin von einem Ende des Landes bis zum anderen. Sie würde wissen, wie man mit den Leuten redet; Und was gibt es schließlich Schöneres auf der Welt, als ein Gasthaus zu führen?

Hansei wartete so lange mit dem Aufstehen, dass die Großmutter an die Tür kam und fragte: „Ist etwas los? Bist du krank?"

„Oh nein, Gott bewahre es. Ich komme direkt", antwortete Hansei. Er kam bald und sagte freundlich: „Guten Morgen. Ist das Kind herzhaft?"

„Ja. Gott sei Dank ist alles gut", sagte die Großmutter. Sie war immer die Gleiche, egal ob Hansei unhöflich und schweigsam oder gesprächig und vertraulich war.

Während der Abwesenheit ihrer Tochter hatte sie sich nur ein einziges Mal bei ihm eingemischt, und dann hatte sie gesagt: „Du bist der Ehemann und der Vater und solltest wissen, was zu tun ist und was du lassen sollst." Sie wusste sehr gut, dass, wenn sie versuchte, Hansei dazu zu bewegen, sein freies Leben und seine Kameraden aufzugeben, er dies weniger wahrscheinlich tun würde , und sei es nur, um den Anschein zu vermeiden, dass er von der alten Frau regiert würde.

„Bist du mittags zu Hause oder gehst du über das Feld?"

„Ich bleibe zu Hause", sagte er, „ich möchte Holz spalten. Wir räumen auf und sorgen dafür, dass es im Haus aufgeräumt aussieht, wenn sie zurückkommt."

Die Großmutter nickte freundlich zustimmend. Hansei hätte gerne mehr gesagt, aber er war immer der Meinung, dass zuerst ein anderer sprechen sollte, und so saß er da und stopfte sich eine Kartoffel nach der anderen in den Mund, als wäre jede einzelne eine Antwort, die er erhalten hatte. Bei jeder Kartoffel, die er schälte, dachte er an die klugen Dinge, die er dem König sagen würde. Er hatte das Gefühl, dass Letzteres ihm nicht entgehen konnte. Man konnte mit sechstausend Gulden rechnen; und bei fünftausend war er sich ganz sicher.

„Wenn der König uns eine gute Farm auf einem königlichen Anwesen oder eine andere Ernennung gibt, werden wir von hier wegziehen“, sagte Hansei laut. Er dachte, die Großmutter müsse wissen, dass er sich gerne von seinen Kameraden lösen und woanders ein verändertes Leben beginnen würde.

„Ja, ja“, war alles, was die Großmutter sagte.

„Ich denke, wir müssen bald eine Antwort schreiben, und ich werde ihr auch schreiben. Sie scheint so traurig zu sein.“

„Ja, ja; tun Sie es. Ich muss zu dem Kind gehen.“

Mit dem Versprechen, seiner Frau zu schreiben, hatte sich Hansei eine schwierige Aufgabe gestellt. Er hätte gerne freundliche, tröstende, herzliche Worte geschrieben; dass sie sie davor gewarnt hatte, sich über die wenigen verbleibenden Wochen so viele Sorgen zu machen und dadurch vielleicht die Vorteile aus den Augen zu verlieren, die sich daraus ergeben würden. Jetzt war es an der Zeit, gute Laune zu haben, denn der Zahltag rückte immer näher. Er hatte all diese Gedanken im Kopf und sie würde ihn für den männlichen Rat respektieren, den er ihr geben würde. Aber diese Ideen aus seinem Kopf zu Papier zu bringen, war eine schwierige Aufgabe.

Er tröstete sich mit den Worten: „Es ist nicht nötig, dass ich schreibe. Ich werde sie bald sehen und kann ihr alles viel besser erzählen“, und gab den Versuch auf.

Während die Großmutter in das Zimmer ging, in dem das Kind lag, blieb Hansei am Tisch sitzen und leerte die ganze Schüssel mit Kartoffeln aus, während er in seiner Fantasie dem König erklärte, wie gut er sich in Waldangelegenheiten verstand. Als die letzte Kartoffel aufgegessen war, ging er hinaus, nahm Axt, Hammer und Keil und spaltete mit kräftigen Schlägen die Baumstümpfe, die am Weg vor dem Garten aufgetürmt waren. Er hatte gerade seinen Mantel ausgezogen, denn ihm war trotz der scharfen Frühlingsbrise nicht kalt, als eine Stimme sagte: „Ah, du bist immer noch hier.“ Hinter ihm stand der Wirt, das Gewehr über der Schulter, begleitet von seinen beiden Hunden Dachsel und Wachsel. „Sie müssen sich genauso verschlafen haben wie ich. Wenn wir die Straße durch das Tal und die Schlucht nehmen, können wir unsere Kameraden noch einholen. Kommen Sie, beeilen Sie sich, ziehen Sie sich an und holen Sie sich Ihre Waffe.“

Als wäre dies ein Befehl, dem er gehorchen müsse, trug Hansei Axt, Hammer und Keil ins Haus, kleidete sich an, nahm sein Gewehr und sagte zur Großmutter: „Ich glaube, ich gehe ja doch mit.“ Er hätte gerne gesagt; „Das werde ich nur einmal tun, damit sie nicht denken, dass ich wegen des Briefes meiner Frau zu Hause bleibe“, aber er schwieg. Es ist nicht notwendig, alles zu erzählen, und diejenigen, denen man alles erzählt, haben das Recht, sich in alles einzumischen. Ich möchte alles selbst regeln, und dafür muss sie mich respektieren.

Hansei begleitete den Wirt zur Jagd. Er war gut gelaunt und fröhlicher als je zuvor.

KAPITEL XIV.

„Wie war es einmal? Wie wird es sein?"

Ich bitte dich, Liebling, frag mich nicht.

Unser Leben ist die Gegenwart – halte es fest,

Und lass jede Stunde voller Freude vergehen.

Erhebe deine Augen, so hell und klar;

Um mein Herz zu erforschen, brauchst du keine Angst zu haben.

Komm, lass uns Floras Süßigkeiten sammeln,

Bevor um uns herum ein winterlicher Sturm tobt.

So sang Irma mit klarer, klingender Stimme. Die Natur war erneut mit ihrer Schönheit geschmückt. Die scharfen Winde des Vorfrühlings wehten noch immer, und das Sonnenlicht wurde oft plötzlich von schwebenden Schneewolken verdeckt. Aber auf den Wiesen begann das Gras zu wachsen, und hier und da blühten Frühlingsblumen.

Irma hatte sich nach ein paar Tagen erholt. Die Mitteilungen über den Gesundheitszustand der Königin hatten aufgehört, und Günther, der wochenlang im Palast gelebt hatte, kehrte nun in sein eigenes Haus zurück.

Die Königin, die nun ihre Wohnung verlassen durfte, verbrachte einen Großteil ihrer Zeit im Wintergarten, wo das letzte Fest gefeiert worden war. Die Bäume und Blumen waren wieder an ihren gewohnten Plätzen; Die Brunnen plätscherten, die Fische schwammen im Marmorbecken und die Vögel zwitscherten in ihren großen Käfigen. Walpurga und der Prinz durften stundenlang bei der Königin bleiben. Alle wetteiferten miteinander, indem sie ihr zarte Aufmerksamkeiten schenkten, die von mehr als nur einem Gefühl dafür inspiriert waren, was ihrem Rang gebührte. Irma hatte der Königin so viel Hingabe entgegengebracht, dass diese am liebsten um Verzeihung gebeten hätte. Sie hatte die Worte oft auf den Lippen, konnte sie aber nicht aussprechen. Freundschaft leidet unter bloßem Misstrauen, und die Königin wusste genau, dass sie als schwachsinnig und schwankend angesehen wurde. Sie beschloss, dass sie es nicht länger sein würde. Sie war der Meinung, dass das große Zeichen eines starken Charakters darin besteht, die Welt daran zu hindern, jede Veränderung und Phase des Denkens und Fühlens zu erfahren, und ihr nichts als Ergebnisse zu bescheren.

Niemand sollte jemals erfahren, was ihr Herz so beunruhigt hatte. Sie würde stark sein.

Sie hatte Irma die meiste Zeit bei sich und die Stunden, die sie im grünen, blühenden Wintergarten beim Lesen, Arbeiten, Unterhalten oder Singen verbrachten, waren heiter und glückselig.

Irma, eine ausgezeichnete Leserin, las ihnen Goethes Tasso vor. Es entsprach ihrer gegenwärtigen Stimmung, und eines Tages sagte Irma:

„Eure Majestät ähnelt in vielen Dingen Prinzessin Leonora. Sie haben jedoch den Vorteil, dass Sie in wenigen Wochen erreichen können, was in ihrem Fall Jahre in Anspruch nahm."

"Ich verstehe Sie nicht."

„Was ich damit meine, ist, dass lange Aufenthalte im Krankenzimmer und sorgfältige Pflege beim Kranken eine gewisse Sensibilität und eine fast unmerkliche Veränderung im Verhalten hervorrufen können. Es ist gut, dieser Treibhausstimmung zu entfliehen und an die frische Luft zu gehen Seien Sie wieder inmitten der Bäume, die jedem Wetter trotzen, und atmen Sie die frische, lebensspendende Brise ein.

Der König war bei diesen Lesungen oft anwesend und fühlte sich oft dazu bewegt, seine Gedanken zu den bedeutendsten und schönsten Passagen des Tasso zu äußern. Irma zitterte oft. Jedes Wort, das sie sagte, schien böse zu sein. Sie hatte das Gefühl, dass sie kein Recht mehr hatte, von reinen und heiligen Untertanen zu sprechen, aber der König war so fröhlich und ungezwungen, dass sie alle Bedenken schnell abtat.

„Du verwöhnst mich und wirst mich ganz eitel machen", sagte die Königin eines Tages. „Ich habe noch einen anderen Wunsch. Ich sehne mich danach, von Blumen zu Kunstwerken zu gelangen. Ich habe oft Lust, die Bildergalerie und die Antiquitätensammlung zu besuchen. Wenn wir uns zwischen den Errungenschaften der Kunst bewegen, ist der tiefste Eindruck, den wir bekommen, dass Menschen." die vor langer Zeit gelebt haben, uns ihre besten Besitztümer vermacht haben, und deren Augen sich längst im Tod geschlossen haben, blicken mit ihren unsterblichen Blicken auf uns herab und sind immer noch bei uns."

Bei den Worten „unsterbliche Blicke" sahen sich der König und Irma unwillkürlich überrascht an. Für sie waren die Worte suggestiv. Irma fasste sich und antwortete:

„Ich kann nicht umhin, mich dem Wunsch Eurer Majestät anzuschließen: von Blumen und Bäumen bis zu Kunstwerken! Umgeben von Bildern und Statuen wohnt die Seele in einer idealen Atmosphäre; das ewige Leben umgibt uns; wir atmen den Atem des Genies ein, der, obwohl seine Besitzer mag von der Erde verschwunden sein, bleibt für immer bestehen. Als ich zu der Schlussfolgerung gezwungen wurde, dass ich kein echtes künstlerisches Talent hatte, beneidete ich die Monarchen, denen das Glück zuteil wird, Talent und Genie in anderen zu fördern. Das ist eine große Entschädigung."

„Wie schön sie alles interpretiert", sagte die Königin zu ihrem Mann; und mit einem Ausdruck von Freude und Schmerz betrachtete der König die beiden Damen. Was ging in seinem Kopf vor? Er bewunderte und liebte Irma; er respektierte und liebte seine Frau. Er war beiden gegenüber untreu. Irma und die Königin gingen durch die Galerien und die Antiquitätensammlung und saßen stundenlang da und betrachteten die Bilder und Statuen. Auf jede Bemerkung der Königin folgte eine Bemerkung Irmas, die völlig mit ihrer übereinstimmte.

„Wenn ich euch beide ansehe und zuhöre", sagte der König, „und darüber nachdenke, wo ihr einander ähnelt und wo ihr euch unterscheidet, ist es, als ob ich die Töchter Schillers und Goethes vor mir sähe."

„Wie einzigartig!" warf die Königin dazwischen und der König fuhr fort:

„Goethe sah die Welt mit braunen und Schiller mit blauen Augen; und so ist es auch bei euch beiden. Ihr schaut mit blauen Augen, wie die von Schiller, und unser Freund mit braunen Augen, wie die von Goethe."

„Es reicht nicht, irgendjemandem zu zeigen, dass wir einander so schmeicheln", sagte die Königin lächelnd. Irma blickte zur Decke, wo bemalte Engel in der Luft schwebten. Es gibt eine Welt mit unendlichem Raum, in der niemand den anderen ersetzen kann; Exklusivität gibt es nur in der Alltagswelt, dachte sie bei sich.

Je stärker die Königin an Kraft gewann, desto ausgeprägter war der Wechsel von einer gedämpften zu einer hellen und fröhlichen Ader.

Es schien, als würde Irmas Wunsch bald in Erfüllung gehen. Die lebenserneuernde Kraft des Frühlings, die Bäume und Pflanzen wiederbelebt, schien ihren Einfluss auf das menschliche Leben auszuweiten. Es schien, als wäre die Vergangenheit begraben und vergessen.

Es war am ersten milden Frühlingstag und sie gingen zusammen im Palastgarten spazieren, als die Königin sagte:

„Ich kann mir nicht vorstellen, dass es jemals eine Zeit gab, in der wir uns nicht kannten, liebe Irma." Sie blieb stehen und blickte Irma mit einem vor Freude strahlenden Ausdruck in die Augen. „Sie haben mir einmal von einem griechischen Philosophen erzählt", sagte sie und wandte sich an Doktor Gunther, der mit dem Hauptmann der Palastwache hinter ihnen herging, „der glaubte, dass unsere Seelen eine frühere Existenz hatten und dass unsere beste Erfahrung darin bestand Diese Welt ist lediglich die Erinnerung an das, was wir in einem früheren Seinszustand erlebt oder uns vorgestellt haben.

„Ohne diese phantasievolle Theorie zu akzeptieren", antwortete Gunther, „gibt es vieles im Leben, das als Schicksal angesehen werden kann. Ich glaube, dass alle lebendigen Wahrheiten, die wir in uns aufnehmen und die so sozusagen ein Teil unseres Lebens werden." Sein, waren für uns bestimmt. Unser Geist, die gesamte Konstitution unseres Seins, ist dafür bestimmt und darauf abgestimmt. Es besteht somit eine perfekte Übereinstimmung zwischen unserem Schicksal und unserer Fähigkeit. Aber ich bitte Eure Majestät, sich selbst gegenwärtig als dazu bestimmt zu betrachten , um in Ihre Kutsche zu steigen. Wir dürfen den ersten Spaziergang nicht zu lange dauern lassen.

Die Königin und Irma setzten sich in die Kutsche, die sie am Nymphenhain erwartete. Sie fuhren langsam weiter und die Königin sagte:

„Du kannst dir nicht vorstellen, liebe Irma, wie schüchtern und ängstlich ich war, als ich hierher kam." Sie erzählte ihr, wie sie der Menge, die sie umgab, in die Augen geschaut und sich gefragt hatte: „Wer von all diesen gehört in Wahrheit dir?" und wie ermutigt sie sich gefühlt hatte, als Irma sozusagen mit ihren warmen, braunen Augen zu ihr sprach.

„Und sie haben mit dir gesprochen", antwortete Irma. „Am liebsten hätte ich dir gesagt: ‚Süßes Wesen! Stell dir vor, wir kennen uns schon seit Jahren und fühlen uns, als wären wir schon seit Ewigkeiten befreundet.' Ich glaube, wir fühlten uns beide so, weil wir beide schüchtern und ängstlich waren. Es war das erste Mal, dass ich bei Hofe war, und ich hatte das Gefühl, als könnte ich nicht anders, als dem Lord Steward den Stab aus der Hand zu nehmen und mich selbst zu ernähren drauf."

„Wie seltsam! Ich hatte genau den gleichen Gedanken", sagte die Königin, „und wenn ich jetzt darüber nachdenke, kann ich mich noch daran erinnern, dass der Lord Steward mich unaufhörlich ansah."

Die Zuneigung der beiden Damen wurde durch hundert kleine Erinnerungen gefestigt. Die Kutsche fuhr langsam weiter, aber ihre Gedanken dauerten Tage und Monate. Es gab eine Kurve auf der Straße; Sie hatten gerade die Stelle erreicht, an der die Statue zerbrochen worden war.

„Es war eine schreckliche Nacht", sagte die Königin, „als das geschah, und es scheint mir, dass die einfältige Walpurga recht hat, wenn sie sagt, dass es falsch ist, dass wir die enthüllende menschliche Figur auf diese Weise bloßstellen."

„Es muss mir erlaubt sein, mit Eurer Majestät anderer Meinung zu sein", antwortete Irma. „Die freie – warum sollten wir ein Blatt vor den Mund nehmen? – die nackte, schöne menschliche Form ist die einzige, die mit der freien Natur übereinstimmt. Jeder Firlefanz unterliegt Veränderungen des Geschmacks und der Mode. Die menschliche Form, wie sie von der Hand der Natur geformt wurde." Sie ist allein dazu geeignet, in ihrer Schläfe zu stehen."

„Du bist eine freie Seele; viel freier als ich", sagte die Königin. Sie stiegen aus. Irma begleitete die Königin zu ihren Gemächern und kehrte dann in ihre eigenen zurück. Als sie allein war, warf sie die Hände hoch und rief:

„Was ist die größte Strafe? Es ist nicht die Hölle, in der andere Schuldige mit uns leiden! Nein; sich der Schuld bewusst sein und dennoch dazu verdammt sein, neben einem reinen und glücklichen Geschöpf zu bleiben, das ist weit schlimmer als alle Qualen der Hölle!" "

„Gott behüte dich, Irma! Gott behüte dich!" schrie der Papagei. Irma zuckte mit einem Schauder zusammen.

Kapitel XV.

Der Frühling kehrte zurück, eingeläutet vom fröhlichen Gesang der Lerchen und Finken und mit der neuesten Pariser Mode. Die Königin trat nun in der Öffentlichkeit auf, und die Damen der Hauptstadt freuten sich, ihre Kostüme nach ihrem Vorbild zu gestalten.

Die Königin fuhr hinaus, Irma an ihrer Seite und Walpurga und der Prinz ihr gegenüber.

„Du brauchst dir keine Sorgen zu machen, wenn du wieder zu Hause bist", sagte die Königin zu Walpurga.

Irma wandte sich auf Französisch an die Königin und sagte mit einem Lächeln: „Gräfin Brinkenstein würde es missbilligen, wenn Sie Interesse an den zukünftigen Schicksalen einer Person bekunden, deren Dienstzeit abgelaufen ist."

Mit einer Kühnheit, die ihre beiden Gratulanten überraschte, sagte Walpurga: „Einen Vorteil wird es auf jeden Fall geben, denn zu Hause werden sie mich nicht so behandeln, als wäre ich taubstumm."

"Wie meinen Sie?"

„Während ich dabei war, sagten sie nichts, was ich nicht verstehen konnte."

Irma versuchte sie zu beruhigen, aber ohne Erfolg. Walpurgas Heimsehnsucht hatte sie anspruchsvoll und unzufrieden gemacht. Sie fühlte sich überall unwohl und war sicher, dass genau die Menschen, die so viel getan hatten, um sie zu belustigen und zu verwöhnen, bald ohne sie auskommen würden.

Es gab noch einen anderen und tieferen Grund dafür, dass sie verärgert war, wenn Irma Französisch sprach. Eine jugendlich aussehende Krankenschwester aus einem der französischen Kantone der Schweiz war Mitglied des Haushalts des Prinzen geworden. Sie verstand kein Wort Deutsch, und das war der Hauptgrund, sie zu engagieren. Der Prinz sollte Französisch sprechen, bevor er eine andere Sprache erlernte.

Walpurga und der Neuankömmling waren füreinander wie zwei Stumme. Auch sonst war sie dem großen, hübschen Mädchen mit der französischen Mütze gegenüber nicht wohlwollend eingestellt. Sie war tatsächlich ziemlich eifersüchtig auf sie. Was hatte der Ausländer mit dem Kind zu tun? Manchmal war sie wütend auf das Kind selbst.

„Du wirst bald *parlez vous,* so dass ich kein Wort verstehen kann", sagte sie, wenn sie mit ihm allein war, und wurde ziemlich wütend; und schon im nächsten Moment rief sie: „Gott vergib mir! Wie gut, dass ich bald wieder zu Hause bin. Ich kann die Tage an meinen Fingern abzählen.“

für den Kronprinzen eine Kammer <u>2 vorbereitet worden sei.</u>

„Er hat schon genug Räume“, sagte Walpurga.

Mademoiselle Kramer musste erneut die schwierige Aufgabe übernehmen, Walpurga die Gerichtsbräuche in solchen Angelegenheiten zu erklären, die sie dazu zwang, die verschiedenen Namen immer wieder durchzugehen. Sie würde immer so beginnen:

„Der Kronprinz wird eine Ayah haben –“

„Ayah? Was ist das für ein Wort? Was bedeutet das?“

„Es bedeutet die Dienerin des Prinzen. Und wenn Seine königliche Hoheit vier Jahre alt wird, wird er eine neue Gruppe von Offizieren haben; und so weiter, wenn er älter wird, wird nur die neue Gruppe immer einen höheren Rang haben als diejenigen, die es tun.“ ihnen vorausgehen.“

„Ja, ich kann es leicht verstehen“, dachte Walpurga; „Neue Menschen und neue Paläste, ständige Veränderung; was für ein Glück, dass deine Augen und deine Gliedmaßen an dich gebunden sind; wenn das nicht wäre, würden sie dir alle ein oder zwei Jahre neue besorgen.“

Walpurga fühlte sich beruhigt, als sie erfuhr, dass Frau von Gerloff, eine Dame von adliger Herkunft und bisher erste Dienerin der Königin, zur Ayah des Prinzen ernannt worden war. Walpurga kannte sie schon lange und sagte zu ihr:

„Wenn mich jemand gefragt hätte, wer sich um den Prinzen kümmern soll, wären Sie meine erste Wahl gewesen. Dies ist nur ein weiterer Beweis für die Weisheit und das gütige Herz der Königin. Sie gibt ihre liebste Freundin um ihres Sohnes willen auf ."

Walpurga hielt es für notwendig, Frau von Gerloff verschiedene Anweisungen zur Führung des Fürsten zu geben. Die gute Dame hörte ihr geduldig zu. Als Walpurga die Königin das nächste Mal sah, hielt sie es für notwendig, ihre Zufriedenheit mit den getroffenen Vereinbarungen zum Ausdruck zu bringen.

„Das hättest du sehr gut gemacht“, sagte sie zu Madame Leoni, der zweiten Kammerdienerin der Königin; „Aber unsere gute Königin kann es sich nicht leisten, sich von beiden Händen auf einmal zu trennen.“

Madame Leoni lächelte zum Dank, obwohl sie wirklich beschämt war und glaubte, dass sie wegen ihres Bürgertums beleidigt worden war. Aber das erste Gesetz des Gerichtslebens lautet: „Nehmen Sie an nichts Anstoß.“

Der schlafende Säuglingsprinz ahnte nichts von den eifersüchtigen Gefühlen, die bereits in seiner Wiege spielten.

Nach und nach bereitete Walpurga ihre Habseligkeiten vor, und als sie bestimmte Gegenstände einpackte, sagte sie: „Niemand würde im Traum daran denken, dass Herzblut an dir klebt."

Doktor Gunther hatte befohlen, dass Walpurga den Prinzen oft für eine Weile verlassen sollte, damit er sich allmählich an ihre Abwesenheit gewöhnen könne.

Mademoiselle Kramer, die sie in den ersten Tagen auf ihren Spaziergängen begleitete, fand die Beschäftigung schwierig, denn Walpurga wollte an jedem Schaufenster stehen bleiben, und wann immer sie Männer oder Frauen sah, deren Tracht derjenigen ähnelte, die sie zu Hause trug, wollte sie zu ihnen zu gehen und zu fragen, woher sie gekommen seien und ob sie ihren Mann, ihr Kind und ihre Mutter kannten. Mademoiselle Kramer wurde bald des Amtes der Führerin überdrüssig und erlaubte Walpurga manchmal, alleine hinauszugehen, wobei sie ihr bei diesen Gelegenheiten ihre Wache anvertraute, damit sie zur richtigen Zeit zurückkehren konnte. Walpurgas große Freude bestand darin, den paradierenden Soldaten beim Aufmarsch zuzuschauen, und ihr Weg führte sie im Allgemeinen über die Stadttore hinaus. Sie ging die Autobahn entlang, die zu ihrem Haus führte. Das tröstete sie, und sie dachte oft daran, wie sie sich gefühlt hatte, als sie auf diesem Weg zum Palast gekommen war. Es kam ihr so vor, als wären seither Ewigkeiten vergangen, und manchmal gelang es ihr nicht ohne Anstrengung, den umgekehrten Weg zurückzugehen. Sie stand oft da und lauschte und stellte sich vor, sie könne die Stimme ihres Kindes hören, die vom Wind getragen würde. Welches Kind? Ihr Herz war geteilt und sie eilte zurück zum Prinzen. Es war gut, dass er so ruhig in den Armen der Französin ruhte. Walpurga war jedoch über diesen Umstand verärgert und lachte triumphierend, als er, sobald er sie bemerkte, von ihr genommen werden wollte.

„Ja, du bist eine wahre Seele", sagte sie. „Wenn Männer gut sind, sind sie viel besser als Frauen. Dein anderer Vater, mein Hansei, ist auch sehr gut, und er kommt übermorgen, und du wirst ihm die Hand schütteln, wenn er kommt ‚--Also."

Walpurga bemerkte, dass die Ayah über diese Art, das Kind zu behandeln, fast außer sich war und dass es Mademoiselle Kramer Mühe kostete, sie davon abzuhalten, ein Veto dagegen einzulegen; aber das machte Walpurga nur noch mutwilliger in ihren verrückten Streichen mit dem Prinzen.

„Jetzt vergiss nicht", sagte sie, „dass ich dich selbst zum Schlemmen gegeben habe. Die anderen geben dir nur, was aus der Küche kommt. Wir zwei sind eins, und übermorgen kommt mein Hansei, und dann werde ich Ich gehe nach Hause, und wenn du ein großer Junge bist, musst du mich besuchen kommen; und wenn es Kirschenzeit ist, werde ich dir die besten Kirschen geben. Und mein Hansei wird mit dir auf die Jagd gehen und deine Waffe für dich tragen , und du wirst einen großen Hirsch und einen Reh und eine Gämse schießen, und wir werden sie braten. Ich werde einen Blumenstrauß auf deinen Hut kleben, und dann werden wir zusammen über den See rudern, und ich werde Gib dir einen Kuss und dann verabschiede ich mich von dir.

Das Kind lachte herzlich, während Walpurga ihm in die Augen sah und so zu ihm sprach. Da legte es sein Köpfchen an ihre Wange und Walpurga schrie:

„Mademoiselle Kramer! Mademoiselle Kramer! Er weiß schon, wie man küsst: Er küsst mich jetzt. Ja, Sie sind der richtige Mann und noch dazu ein Königssohn. Sie fangen immer pünktlich an.“

Es schien, als wolle sie ihre ganze Liebe, die sie für das Kind empfand, während der wenigen Tage, die ihr noch im Palast blieben, zum Ausdruck bringen, und sie tat dies sowohl aus Zuneigung als auch aus Bosheit, denn sie wollte der Französin zeigen, wie sehr sie es tat sie und das Kind liebten einander. Er würde den Fremden nie so sehr lieben wie Walpurga, und dann würde sie singen:

„Stehst du neben deinem Weidenbaum,

Kaum weinend, siehst du

Meine Rinde wurde vom Ufer abgestoßen.

„Solange Weiden wachsen,

Solange Wasser fließt,

Du wirst mich nie wieder sehen.

Während sie sang, krähte und lachte der Junge, und Walpurga protestierte bei Mademoiselle Kramer, dass sie ihren Kopf darauf wetten würde, dass er bereits alles verstand.

„Und außerdem“, sagte sie mit einem wütenden Blick auf die Französin, „ist die Sprache, die kleine Kinder sprechen, auf der ganzen Welt die gleiche. Ist es nicht so? Die Franzosen kommen nicht mit Unsinn auf die Welt.“ Dann sang und tanzte sie und küsste das Kind erneut. Es schien, als müsste sie all ihre Traurigkeit unterdrücken und in einem einzigen Ausbruch all ihrer Freude freien Lauf lassen.

„Sie erregen das Kind zu sehr; Sie werden ihm Schaden zufügen", sagte Mademoiselle Kramer und bemühte sich, sie zu beruhigen.

„Das wird ihm nicht schaden, er hat das richtige Zeug in sich. Keine Französin kann ihn verwöhnen."

Walpurga war in einer unruhigen und widersprüchlichen Stimmung. Sie hatte schon lange gewusst, dass das Band zerbrechen würde, und hatte sich dieses Ende oft gewünscht und gehofft. Doch als nun der Moment der Trennung nahte, verschwanden alle schmerzhaften Erinnerungen. Sie hatte das Gefühl, dass sie nie wieder alleine leben könnte. Sie würde immer etwas vermissen, sogar den Ärger und die Aufregung; und außerdem war immer alles wieder gut geworden. Außerdem fühlte sie sich verletzt, dass es den anderen so gleichgültig schien, dass sie sie verließ. Und das Kind – warum hatte es nicht Sinn genug, zu sprechen und zu sagen: „Vater und Mutter, das dürft ihr nicht tun; ihr dürft mir meine Walpurga nicht wegnehmen?"

Aber jetzt kontrollierten andere das Kind. Was würden sie mit ihm machen? Warum sollte es ihr nicht länger erlaubt sein, sich einzumischen und Dinge so und so zu sagen? Sie hatte ihn vom ersten Tag seines Lebens an gestillt und sie waren Tag und Nacht zusammen gewesen. Und wie würden die Tage und Nächte sein, wenn sie nicht mehr zusammen wären?

Als Walpurga ihr Abendessen beendet hatte, hielt sie dem Kind die leere Schüssel hin und sagte mit bitterem Ton:

„Sehen Sie das? Ich nütze jetzt nicht mehr als dieser leere Teller."

Sie hatte auch keine Lust zu schlafen. Sie hatte das Gefühl, dass sie keine Minute der Zeit verlieren durfte, die ihr noch mit dem Kind blieb. Obwohl sie manchmal einschlief, wachte sie erschrocken auf; denn in ihrem Traum hatte sie Kinder weinen gehört – eines weit weg am Weg und ein anderes neben ihr – und hatte geglaubt, dass sie zwischen ihnen stünde und dass sie sich trennen müsste: Sie müsste dort und hier sein. Und dann hatte sie auch gehört, wie die Kuh brüllte und an dem Seil zog, genau wie damals, als es an der Gartenhecke befestigt war. Walpurga sah alles ganz deutlich; Und die Kuh hatte so große Augen und sie konnte ihren warmen Atem auf ihrem Gesicht spüren. Dann würde sie aufwachen und sich die Augen reiben, und alles würde wieder still sein und sie würde wissen, dass es ein Traum war.

Es war der Tag vor ihrer Abreise. Walpurga bedauerte bitterlich, dass sie Hansei nicht gesagt hatte, er solle früher kommen. Er hätte einen Tag dort bleiben können, und dann hätte sie jemanden gehabt, der ihr die Hand zur Begrüßung ausgestreckt hätte, während sie jetzt nur noch ihre zum Abschied anbieten konnte.

Sie ging durch die Straßen und blickte in den blauen Himmel – denselben blauen Himmel, der über ihrem Haus ruhte. Sie ging durch die kleine Straße, in der Doktor Günther wohnte. Sie las den Namen auf dem Türschild und ging hinein. Ein Diener führte sie in das Vorzimmer des Arztes, wo viele Patienten auf ihn warteten. Walpurga nannte der Dienerin ihren Namen. Alle sahen sie erstaunt an. Sie wurde gebeten, hereinzukommen, ohne zu warten, bis sie an die Reihe kam, und sagte, sie sei nur gekommen, um sich zu verabschieden. Gunther sagte ihr, sie solle in den Garten gehen und dort auf ihn warten, bis seine Sprechstunde vorbei sei. Sie hat es getan. Madame Gunther saß auf der Treppe, die in den Garten führte. Sie rief die Bäuerin zu sich, und als sie erfuhr, wer sie war, sagte sie ihr, sie könne dort warten. Walpurga setzte sich. Madame Gunther setzte ihre Arbeit fort und sagte kein Wort. Sie hatte ein entschiedenes Vorurteil gegenüber der Krankenschwester. Ihr Mann hatte ihr oft von Walpurgas Eigenheiten erzählt, und Madame Gunther war zu dem Schluss gekommen, dass diese voller Koketterie waren und dass sie ihre Einfachheit zur Schau stellen wollte. Walpurgas Auftritt bestätigte sie nur in dieser Meinung.

„Du gehst doch wieder nach Hause, nicht wahr?“ fragte endlich Madame Gunther; denn sie wollte nicht unhöflich sein.

Walpurga erzählte ihr, wie glücklich sie wieder zu Hause sein würde.

Madame Gunther blickte auf. Sie gehörte zu den Menschen, die wirklich glücklich werden, wenn sie von Vorurteilen befreit werden. Als sie mit Walpurga ins Gespräch kam, stellte sie bald fest, dass die Krankenschwester dazu gebracht worden war, bestimmte Züge ihrer starken Natur zu übertreiben, aber dass es gerade diese Charakterstärke war, die sie davor bewahrt hatte, sich in den neuen Szenen, die sie durchgemacht hatte, zu verlieren.

Madame Gunther forderte sie nun auf, ein mutiges Herz zu bewahren und sich nicht dadurch unglücklich zu machen, dass sie ihr Zuhause mit dem vergleicht, was sie im Palast zurückgelassen hatte.

„Woher weißt du alles darüber?“ fragte Walpurga; „Waren Sie schon einmal unter Fremden?“

„Ich kann mich in Ihre Lage versetzen“, sagte Madame Gunther lächelnd. Sie eroberte schnell Walpurgas Herz.

Sie bat sie ins Zimmer; und als Günther herunterkam, fand er Walpurga auf der Treppe, mit seinem vaterlosen kleinen Enkelkind auf dem Schoß.

„Und jetzt kennen Sie auch meine Frau“, sagte Günther.

„Ja; aber zu spät.“

Gunther riet Walpurga auch, nach ihrer Rückkehr bei guter Laune zu bleiben, und da er ebenfalls aus den Highlands stammte, beschrieb er ihr fröhlich, wie sie willkommen sein würde.

Gunther sagte, er würde sie noch einmal im Palast sehen, und seine Frau schüttelte ihr die Hand und sagte:

„Mögest du zu Hause glücklich sein."

„Ich möchte Ihrer Mutter ein Geschenk schicken", sagte der Arzt. „Sag ihr, sie soll versuchen, an die junge Studentin zu denken, die vor vielen Jahren mit ihr auf der Kirchweih getanzt hat , als sie mit deinem Vater verlobt wurde. Ich schicke dir heute sechs Flaschen Wein. Sag ihr, sie soll sie austrinken." Erinnerung an mich, aber nicht zu viel auf einmal nehmen.

„Ich danke dir für meine Mutter, und es kommt mir schon vor, als hätte ich den besten Wein getrunken", sagte Walpurga. „Meine Gräfin Irma hatte Recht, denn sie sagte immer, Madame Gunther wäre eine Dame nach meinem Herzen, und jetzt kann ich Ihnen nur noch wünschen, dass Sie bis ans Ende Ihrer Tage so glücklich sein mögen wie bisher." hat mich gemacht.

Ihre Anspielung auf Irma wurde nicht beachtet. Ermutigt und gestärkt kehrte Walpurga in den Palast zurück.

Kapitel XVI.

Die Königin kam an diesem Abend nach Walpurga und sagte: „Ich werde mich nicht von dir verabschieden. Reden wir nicht von Abschied. Ich möchte dir nur von ganzem Herzen danken für die Liebe, die du mir und meinem Kind entgegengebracht hast." ."

„Oh, Königin! Wie kannst du mir danken? Ich werde niemandem auf der Welt sagen, dass die Königin mir gedankt hat", rief Walpurga. „Aber nur, weil du so nett bist und mir den Abschied leicht machen willst. Glaub mir, ich würde gerne jeden Tropfen Blut in meinen Adern für dich und unser Kind geben. Oh guter Gott! Unser Kind – das wage ich „Das sage ich nicht länger. Ich muss gehen; aber wenn ich nach Hause komme, werde ich wieder mein eigenes Kind bekommen."

„Ja, Walpurga; das wollte ich dir gerade sagen. Das größte Glück auf Erden ist es, zu Hause zu sein, und zu diesem Zeitpunkt musst du erkannt haben, dass alles eins ist, ob dieses Zuhause ein Palast oder ein Palast ist Hütte."

„Da hast du recht; du kannst nirgendwo mehr essen und schlafen, als du satt bekommst. Mein Hansei wird morgen früh hier sein. Möge ich ihn zur Königin und zum König und zum Guten bringen." Meine Damen und Herren des Hofes, damit er auch ihnen danken kann?"

„Machen Sie sich nichts daraus, Walpurga. Es ist nicht nötig. Doktor Günther hat mir zwar verboten, von Ihnen Abschied zu nehmen; aber trotzdem kann ich mich morgen wieder von Ihnen verabschieden. Glauben Sie mir, ich fühle mich sehr Es tut mir leid, mich von dir zu trennen.

„Wenn die Königin es wünscht, bleibe ich, und mein Mann und meine ganze Brut können auch kommen."

„Nein, du solltest besser wieder nach Hause gehen. Wenn ich jemals in deine Nachbarschaft komme, werde ich dir einen Besuch abstatten. Ich werde es nicht versäumen, meinem Sohn zu sagen, wie freundlich du zu ihm warst. Er wird dich nie vergessen."

Walpurga hatte das Kind in die Wiege gelegt und schrie;

„Schau mal! Er redet. Wir Erwachsenen verstehen nicht, was die Kinder sagen, aber er versteht uns." Walpurga erzählte nun freudig, dass der Prinz sie geküsst hatte und versuchte ihn zu überreden, seiner Mutter einen Kuss zu geben, aber er wollte nicht.

„Ich werde etwas Gutes für dich hinterlassen", sagte Walpurga zur Königin. „Ich habe etwas gefunden, das gut für dich sein wird." Ihr Gesicht strahlte vor Freude und die Königin fragte:

"Was ist es?"

„Ich habe eine Freundin, eine der besten Freundinnen, für Sie gefunden. Madame Gunther kann einem direkt aus dem Herzen sprechen; genau wie Sie, aber auf eine andere Art. Ich denke, Sie sollten sie oft besuchen. Das würde es tun Tut dir gut, wenn du ab und zu eine Stunde im Haus eines guten Nachbarn verbringen könntest . Danach würdest du dich immer viel besser fühlen.

Walpurga erzählte eifrig, wie schön es sei, die Nachbarn zu besuchen. Die Königin lächelte über Walpurgas Unwissenheit über die Bedingungen des Hoflebens und erklärte ihr, dass sie nur mit denen Geschlechtsverkehr haben könne, die den Palast besuchten. Walpurga bedauerte sehr, dass es ihr nicht gelang, ein Treffen der beiden Damen herbeizuführen.

Die Königin zog sich zurück.

„Jetzt ist sie weg“, sagte Walpurga. „Ich habe überhaupt nichts gesagt; und ich habe das Gefühl, als hätte ich ihr noch so viel zu sagen.“ Sie hatte das Gefühl, dass sie die Königin nicht verlassen sollte – als wäre sie ihre einzige wahre Freundin, eine treue Gefährtin, die ihr zu Hilfe eilen würde, wenn andere ihrer Königin etwas antun würden.

Sie dachte an die Zeit, als die Königin sie geküsst hatte. Wie viel hatten sie seitdem gemeinsam erlebt. Könnte es sein, dass es kaum ein Jahr her ist?

Sie kauerte neben der Wiege und schwieg eine ganze Weile. Schließlich sang sie leise:

„Mein Herz trägt eine Last,

Und du hast es dort platziert;

Und ich würde mein Leben lang warnen

Dass niemand schwerer zu tragen ist.

Ihre Stimme zitterte vor Emotionen. Das Kind schlief. Sie stand auf und teilte Mademoiselle Kramer mit, dass sie vorhabe, sich von allen im Palast zu verabschieden. Mademoiselle Kramer riet ihr davon ab. Walpurga machte sich also nur auf die Suche nach Gräfin Irma, fand sie aber nicht, da sie zu einer Party im Haus ihres Bruders gegangen war. Walpurga teilte dem Dienstmädchen mit, dass sie am nächsten Morgen früh aufbrechen wolle und dass es ihr sehr leid tun würde, wenn sie keine Gelegenheit zum Abschied hätte. Inzwischen verabschiedete sie sich von der Magd und empfahl ihr, sich gut um die gute Gräfin zu kümmern, damit es ihr immer gut gehe. Walpurga streckte der Magd die Hand hin, musste sie aber wieder zurückziehen, denn diese hatte beide Hände in den Taschen ihrer Seidenschürze und machte, als ob sie Walpurga verspotten wollte, nur einen Knicks vor ihr.

„Je höher die Menschen sind, desto besser sind sie", sagte Walpurga, als sie in ihr Zimmer zurückkam. „Die Königin ist die höchste und beste von allen."

Walpurga wurde von Gräfin Brinkenstein gerufen, die an derselben Stelle und in derselben Position stand wie vor fast einem Jahr, als sie die Amme empfangen hatte. Sie hatte diese starre Dame fast jeden Tag gesehen. In all dieser Zeit war sie nicht vertrauter geworden, hatte Walpurga jedoch mit gleichbleibender Freundlichkeit behandelt. Es schien nun, als ob ihre Disposition oder vielleicht ihr Amt es erforderte, Walpurga auf formelle Weise zu entlassen.

„Sie haben sich gut benommen", sagte Gräfin Brinkenstein mit einer freundlichen Handbewegung; „Ihre Majestäten sind mit Euch zufrieden. Und nun lebe wohl und bleib gesund."

Sie erhob sich nicht und reichte Walpurga auch nicht die Hand. Sie nickte lediglich zum Abschied und Walpurga ging.

Obwohl diese Art der Entlassung keineswegs übermäßig sanft oder höflich war, verschaffte sie Walpurga dennoch große Befriedigung. Es kam ihr so vor, als hätte sie eine Art ehrenvolle Entlassung erhalten. Obwohl Gräfin Brinkenstein mit fast militärischer Strenge regiert hatte, war sie immer die Gleiche gewesen und man konnte sich immer auf sie verlassen. Und diese Beständigkeit blieb nicht ohne ihren gebührenden Einfluss auf Walpurgas Geist.

In Walpurgas Zimmer standen zwei große Truhen, bis zum Rand gefüllt und verschlossen. Sie hatte im Laufe des Jahres viele Geschenke erhalten und genug Geld, um einen mittelgroßen Bauernhof zu kaufen. Sie setzte sich mal auf die eine, mal auf die andere Truhe, und als sie sich schließlich zum Ausruhen hinlegte, warf sie immer noch einen wehmütigen Blick auf ihre Schätze. Wie wandernde Geister wanderten ihre Gedanken durch die Gemächer des Palastes und dann zu ihrem Häuschen daheim, durch den Garten und über die Berge, bis sie plötzlich vom Weinen des Kindes geweckt wurde. Sie musste sich fragen, ob es ihr eigenes oder ein fremdes Kind war. Sie beruhigte den Prinzen schnell, blieb aber neben seiner Wiege. „Der Schlaf wird uns keine weitere Minute der Zeit stehlen, die uns noch bleibt", sagte sie leise.

Der Tag brach an. Walpurga stillte das Kind zum letzten Mal. Eine Träne fiel ihm auf den Kopf; es sah zu ihr auf und schlief dann ein, an ihrem Herzen ruhend. Sie flüsterte leise in seine kleine linke Hand, die sie an ihre Lippen hielt.

Sie legte das Kind wieder in die Wiege, blickte es noch einmal traurig an, dann drehte sie sich dreimal um die Wiege herum und sagte schließlich zu Mademoiselle Kramer:

„Ich gehe jetzt; es ist Zeit."

Die Diener kamen und trugen die Truhen weg. Walpurga war so nachsichtig gestimmt, dass sie sich sogar von der Französin verabschiedete. Sie blickte nicht zurück zur Wiege, sondern ging die Treppe hinunter und befahl, die Kisten zu einem Gasthaus in der Nähe des Palastes zu tragen, wo sie Hansei gebeten hatte, sie zu treffen. Sie ging davon aus, dass er zu diesem Zeitpunkt sicherlich da sein würde, denn sie hatte ihm genau die Stunde gesagt, zu der er sie treffen könnte. Aber Hansei war nicht da.

Obwohl es noch früh am Tag war, herrschte reges Treiben im Gasthof, der von den Hofbediensteten frequentiert wurde. Es gab ein lautes Gezech, und einige livrierte Diener schimpften über ihre Herren, die sie bei der Soirée des Grafen Wildenort am Abend zuvor fast drei Stunden lang in der Pförtnerloge und den Kutscher auf dem Bock warten ließen. Es hieß, Graf Wildenort habe die königliche Erlaubnis erhalten, einen Roulettetisch aufzustellen, es habe ein hohes Spiel gegeben und auch der König sei dort gewesen, nicht aber die Königin.

Walpurga saß mit der Gastgeberin hinter dem Wandschirm und auf der größten Truhe. Sie ging vor das Haus, um nach Hansei zu suchen, aber er kam nicht. Baum überbrachte ihr die Nachricht, sie solle zur Gräfin Irma gehen, aber erst um neun Uhr. Walpurga wanderte wie verloren durch die Stadt. „Wie die Leute aneinander vorbeilaufen", dachte sie; „Niemand weiß, wer der andere ist, und hat keine Zeit zu fragen." Zu dieser Tageszeit sieht man auf den Straßen keine runden Hüte. Nur die Bevölkerung, die Mützen trägt, ist jetzt vertreten. Bäckermänner und Metzgerjungen servieren fröhlich pfeifend bei ihrer Arbeit Brot und Fleisch. Dienerinnen stehen an den Straßenecken und warten darauf, dass ihnen Milch serviert wird, und Marktfrauen vom Land eilen mit Körben und Schubkarren zu ihren Posten.

„Morgen wird es wieder genauso sein, und du wirst weg sein. Tatsächlich geht es dich heute nichts an", sagte Walpurga zu sich selbst, während sie ihrem geschäftigen Treiben zusah. In diesem Moment wurde eine große Buchhandlung eröffnet und ihr Bild hing im Schaufenster. Was war ihr wichtig? Niemand kümmerte sich um ihre Gefühle.

„Morgen wird das Bild immer noch dort hängen; es wird egal sein, ob du hier bist oder nicht. Ich glaube, es ist egal, ob du in der Welt bist oder nicht", fügte Walpurga hinzu , als ein Leichenwagen vorbeifuhr und niemand sich darum kümmerte, nachzufragen, wen sie beerdigten. Jeder ging seinen eigenen Weg.

Schweren Herzens ging Walpurga weiter und hatte das Gefühl, als würde sie etwas zurück zum Palast und zum Kind ziehen. Sie ging weiter, bis sie das Tor erreichte, durch das Hansei kommen musste. Aber er kam immer noch nicht.

„Wenn er überhaupt nicht kommt – wenn das Kind zu Hause krank ist – wenn es tot ist!“ Walpurga hatte bei dem Gedanken daran, was passieren könnte, fast Todesangst. Sie setzte sich auf eine Bank in der Nähe des Tors. Reiter galoppierten vorbei und ein blinder Invalide spielte auf seiner Orgel einen fröhlichen Walzer.

Es schlug neun Uhr und Walpurga ging durch die Stadt. Am Palasttor fand sie Hansei, und seine ersten Worte waren:

„Gott grüße dich, Walpurga; du bist endlich hier. Wohin bist du gerannt? Ich habe die letzten zwei Stunden nach dir gesucht.“

„Kommen Sie hier rein“, sagte Walpurga und führte Hansei in einen überdachten Weg. „Hier wird nicht so laut gesprochen.“

Es stellte sich heraus, dass Walpurga Hansei in ihrem letzten Brief angewiesen hatte, zum Palast und nicht zum Gasthaus zu kommen. Sie flehte ihn um Verzeihung an, da sie beim Schreiben so verwirrt gewesen sei, und sagte dann: „Jetzt möchte ich dir einen Willkommenskuss geben. Gott sei Dank geht es allen gut. Ich brauche viel Liebe und Freundlichkeit.“

Sie bat ihn, an der Tür von Irmas Wohnung zu warten, während sie hineinging. Irma lag noch im Bett, aber als sie Walpurgas Stimme hörte, bat sie sie einzutreten. Die Gräfin sah im Deshabille hübsch aus, aber sie war ganz blass, und ihr offenes Haar lag in wilder Fülle auf dem Kissen.

„Ich wollte dir etwas geben, mit dem du dich an mich erinnern kannst“, sagte Irma und richtete sich auf, „aber ich dachte, das Beste, was ich dir geben könnte, wäre Geld. Nimm, was da liegt. Nimm alles; ich will nichts davon. Nimm.“ Hab keine Angst, es ist echtes Gold, das in ehrlichem Spiel gewonnen wurde. Ich gewinne immer – immer – Nimm dein Taschentuch heraus und wickle das Geld darin ein.“

Irmas Stimme war heiser. Das Zimmer war so schwach erleuchtet, dass Walpurga sich ängstlich umsah, als wäre sie in einer verzauberten Wohnung; und doch kannte sie das Dienstmädchen, die Tische, die Stühle und konnte das Schreien des Papageis im Nebenzimmer hören. Sie wusste das alles, konnte sich aber des Gedankens nicht erwehren, dass mit dem Geld vielleicht etwas nicht stimmte. Sie bekreuzigte sich hastig darüber und steckte es dann in ihre Tasche.

„Und nun, lebe wohl“, sagte Irma; „Mögest du glücklich sein; tausendmal glücklich. Du bist glücklicher als wir alle. Wenn ich nicht weiß, wohin auf dieser Welt ich gehen soll, werde ich zu dir kommen. Du wirst mich empfangen, nicht wahr? und Willst du mir Platz machen an deinem Herd? Jetzt geh! geh! Ich muss schlafen. Leb wohl, Walpurga, vergiss mich nicht. Nein danke, kein Wort. Ich komme bald zu dir, und dann singen wir wieder ; ja, sing. Lebe wohl!"

„Ich bitte dich, lass mich nur ein einziges Wort sagen!" rief Walpurga und ergriff ihre Hände. „Keiner von uns kann wissen, wer von uns sterben könnte, dann wäre es zu spät."

Irma presste ihre Hand auf ihre Augen und nickte zustimmend. Walpurga fuhr fort:

„Ich weiß nicht, was dir fehlt. Irgendetwas läuft schief mit dir, und es könnte noch schlimmer werden. Deine Hände sind oft so kalt und deine Wangen so heiß. Ich habe dir an diesem Tag Unrecht getan – am zweiten Tag, nachdem ich hierher gekommen bin." Vergib mir! Ich werde dir nie wieder Unrecht tun, nicht einmal in Gedanken, und das wird auch niemand tun. Niemand soll dich mir gegenüber jemals verleumden; aber ich flehe dich an, verlasse den Palast so schnell wie möglich! Geh nach Hause, um – "

„Genug, genug", sagte Irma abfällig und hielt ihre Hände vor ihr Gesicht, als wären Walpurgas Worte auf sie geschleuderte Steine. „Genug", fügte sie hinzu, „Lebe wohl, vergiss mich nicht."

Sie reichte Walpurga die Hand, die sie küsste. Die Hand war heiß, als hätte sie Fieber.

Walpurga ging. Der Papagei im Vorzimmer schrie immer noch: „Gott behüte dich, Irma." Walpurga zuckte vor Schrecken zusammen und eilte davon, als ob jemand hinter ihr her wäre.

Kapitel XVII.

Als Walpurga zu Hansei kam, fragte er:

„Soll ich auch reingehen?"

„Nein, wir sind bereit."

„Ich denke, ich sollte zum König und zur Königin gehen. Ich habe ihnen viel zu sagen."

„Nein, das geht überhaupt nicht."

„Warum nicht? Ich weiß, wie man mit ihnen redet."

Er hatte oft geprobt, was er dem König und der Königin sagen wollte. Er würde sie wissen lassen, dass er etwas mehr verdiente, weil er seine Frau so lange aufgegeben hatte.

Es fiel Walpurga schwer, ihm klarzumachen, dass es nicht genügen würde, die Angelegenheit weiter voranzutreiben. Hansei wollte diesen Punkt nicht aufgeben und schämte sich darüber hinaus, dem Wirt zu gestehen, dass er nicht mit ihren Majestäten am selben Tisch gesessen und sie nicht einmal gesehen hatte.

Walpurga, die selbst Unterstützung brauchte, musste nun eine doppelte Anstrengung unternehmen, um Hansei zu beruhigen, der drohte, unhöflich und lästig zu werden.

„Aber ich darf deinen Prinzen sehen? Hast du immer noch das Recht, mich dorthin zu bringen?" fragte Hansei.

„Ja, ja", antwortete Walpurga, „das geht." Auch sie selbst war froh, das Kind noch einmal sehen zu können, und das wäre eine gute Ausrede. „Was liegt daran, wenn Mademoiselle Kramer oder Frau von Gerloff sich über Hansei lustig machen? Übermorgen werden mir alle diese Leute nichts bedeuten, und ich werde ihnen nichts bedeuten." Ihre Wangen glühten vor Aufregung, während sie Hansei eilig zu den Gemächern des Prinzen führte. An der Tür wurde sie von Mademoiselle Kramer empfangen, die, als Walpurga ihren Wunsch äußerte, antwortete:

„Nein, das geht nicht. Du darfst nicht noch einmal hineingehen. Doktor Günther ist da und das Kind weint und schreit fürchterlich. Geh, in Gottes Namen, geh."

Mademoiselle Kramer verschwand und schloss die Tür hinter sich. Walpurga hörte das Kind weinen und durfte nicht hineingehen und ihm helfen. Sie wurde ausgeschlossen – ins Freie gestoßen. Scham über die Behandlung, die sie in Hanseis Gegenwart erfahren hatte, und Wut auf diese grausamen, undankbaren Menschen kämpften in ihr. Schließlich sagte sie:

„Komm, Hansei, wir dürfen uns nicht erniedrigen."

„Natürlich nicht", sagte Hansei. „Es ist klar genug, dass sie Menschen so behandeln, wenn sie sie nicht mehr brauchen."

„Wir brauchen sie auch nicht mehr. Gott sei Dank ist das vorbei", sagte Walpurga.

Sie verließ wütend den Palast und Hansei murmelte vor sich hin, dass er den ersten Mann, den er unterwegs traf, verprügeln würde.

Sie kehrten zum Gasthaus zurück, wo die Truhen zurückgelassen worden waren. Dort trafen sie Baum und Hansei sagte erneut:

„Ich würde schwören, dass er niemand anderes als Zenzas Jangerl ist."

„Jangerl ist in Amerika", beharrte Walpurga. „Ich flehe dich an, kümmere dich nicht um andere Dinge. Beeilen wir uns und verschwinden wir von hier."

„Ich habe vereinbart, noch einen Tag zu bleiben. Ich möchte mir die Sehenswürdigkeiten ansehen und einmal in meinem Leben ins Theater gehen, und dann –"

„Ein andermal – ich möchte nach Hause zu meinem Kind."

„Du warst so lange weg, dass es dir nichts ausmacht, noch einen Tag länger zu warten."

Walpurga bestand darauf und Hansei musste nachgeben.

„Warum schaust du mich immer an?" fragte Hansei. „Es kommt mir vor, als würdest du mich kaum noch kennen."

„Ich hatte vergessen, was für echte, blaue Augen du hast."

„Nun, und ich war so wenig in deinen Gedanken, dass du dich nicht einmal daran erinnern konntest, wie ich aussehe."

„Sei still, ich habe immer an dich gedacht. Was für Augen hat das Kind?"

„Helle und klare, und es ist noch nie etwas mit ihnen passiert."

Walpurga wollte wissen, welche Farbe seine Augen hatten und ob sich ihre Farbe verändert hatte, wie es beim Prinzen der Fall war. Aber Hansei wusste es nicht und war ziemlich verärgert, dass seine Frau ihm Fragen zu Angelegenheiten stellte, von denen er nichts wusste.

Schließlich bestiegen sie den Wagen.

Es fuhr am Palast vorbei, und trotz des Rasselns der Räder über die Steine kam es Walpurga vor, als könne sie den Prinzen weinen hören.

„Auch ich muss mich entwöhnen", sagte Walpurga und weinte leise.

Sobald sie die Stadttore passiert hatten, begann Hansei, den Hof zu beschimpfen. „Sie hätten uns vielleicht in einer Kutsche nach Hause schicken können, aber so ist es bei ihnen. Lieber holen sie unsere Frauen, als sie wieder zurückzubringen." Wann immer er etwas sagte , sah er sich um, als ob seine Segensgefährten anwesend wären und zustimmend nickten. „Sie hätten uns wenigstens ein Paar Pferde überlassen können; tatsächlich hätten sie uns sagen sollen, dass wir sie behalten sollen, denn in den königlichen Ställen haben sie mehr, als sie zu tun wissen", sagte er.

Walpurga hatte allen so oft erzählt, dass ihr Mann sie in einem Wagen nach Hause bringen würde, dass zu diesem Zweck keine Vorkehrungen getroffen worden waren; und als Hansei nun über ihre mangelnde Rücksichtnahme murrte, erinnerte sie sich ihres Fehlers und versuchte, ihn zu beruhigen, ohne es zu gestehen.

„Ich bitte dich, um alles in der Welt", sagte sie, „sag nichts gegen den Hof. Sie können nichts dagegen tun. Wenn der König oder die Königin davon wüssten, würden sie gerne alles tun. Aber du." Ich habe keine Ahnung, wie wenig die Königin von der Welt weiß; was Geld kostet, was gekauft, verdient oder bezahlt werden muss, sie hat überhaupt keine Ahnung. Sie ist genau wie die Engel. Sie können kein Geld zählen mehr als sie kann und nichts damit zu tun hat. Sie ist auch so lieb wie ein Engel. Sie nimmt die Worte aus deinem Herzen und gibt dir so gute als Gegenleistung." Als sie stehen blieb und feststellte, dass Hansei keine Antwort gab, biss sie sich verärgert auf die Lippen. Wie sehr sie gelobt worden wäre, wenn sie gegenüber Gräfin Irma oder Mademoiselle Kramer solche Bemerkungen gemacht hätte. Aber er benahm sich, als wäre das, was sie gesagt hatte, überhaupt nichts. Ein Gefühl der Unzufriedenheit machte sich in ihr breit, aber sie unterdrückte es. „Ja, auch ich muss mich an die Veränderung gewöhnen", dachte sie bei sich. „Es ist alles vorbei. Wo ich hingehe, werden sie nicht viel aus allem machen, was ich sage." Lange schwieg sie. Sie hatte das Gefühl, dass der Blick in lebensgroße Doppelspiegel nun zu Ende sei. Schließlich dachte sie an das, was die Königin ihr gesagt hatte: „Wenn du nach Hause kommst, sei geduldig mit deinem Volk. Der Weg zum Frieden auf Erden besteht darin, geduldig miteinander zu sein und anderen Gutes zu tun, ohne auf Belohnung zu hoffen." Wer keine Belohnung erwartet, wird siebenfach belohnt." Als sie das Haus verließ, hatte ihre Mutter ihr ein Stück Brot gegeben, um ihr Heimweh im Palast zu lindern, aber die Königin hatte ihr Worte und Gedanken gegeben, die wie Brot waren, denn auch sie waren lebenserhaltend und darüber hinaus , langlebig.

Es schien, als ob ein Strahl aus der sonnigen Natur der Königin auf Walpurgas Gesicht ruhte. Sie gewann ihre Fassung wieder und ruhige und sanfte Gedanken erfüllten ihren Geist. Plötzlich ergriff sie die Hand ihres Mannes und sagte:

„Nun, Gott sei Dank, halten wir wieder aneinander fest. Du musst viel Geduld mit mir haben. Ich war unter Fremden, aber du wirst bald sehen, dass es mir zu Hause wieder gut gehen wird."

„Ja, ja, es ist alles in Ordnung", sagte Hansei.

Wo immer sie unterwegs ausstiegen, sagte Hansei zu den Leuten im Gasthaus:

„Das ist meine Frau: Sie war die Krankenschwester des Kronprinzen, und jetzt geht es uns, Gott sei Dank, gut."

Er war prahlerisch geworden, aber Walpurga schwieg vor anderen. Erst als sie im Wagen saßen, wurde sie gesprächig. Sie stellte viele Fragen und Hansei hatte viel zu erzählen, aber sie hörte wenig von dem, was gesagt wurde. Sie dachte ständig an ihr Kind, das auf den Berggipfeln zu tanzen schien; Genau wie der Mond, der am helllichten Tag am Himmel stand, schien er sich immer mit ihnen zu bewegen.

„Und hat es blaue Augen?" fragte sie plötzlich, während Hansei ihr ausführlich von der Kuh erzählte, die wieder Milch gab.

„Ich weiß nicht, welche Farbe die Augen des Kalbes haben", sagte Hansei lachend.

„Ach, denken Sie nicht zu viel von mir. Ich kann an nichts anderes denken als an unser Kind. Wenn wir so schnell reisten, wie ich dachte, wären wir im Handumdrehen zu Hause, wie Schneider Schneck sagt."

Sie lächelte und überprüfte sich selbst und fuhr bald darauf fort: „Oh, wie konnte ich nur so lange von dir fernbleiben? Das ist nicht wahr. Ich war immer zu Hause und jetzt komme ich. Ich bin." Komme zu dir, mein Kind. Hast du nicht jemanden weinen hören, Hansei?" sagte sie und sah sich um. „Ich höre jemanden weinen; es klingt wie ein Kind."

„Seien Sie ruhig. Sie reichen aus, um einen aus der Fassung zu bringen."

Walpurga schaute oft zurück, denn es kam ihr vor, als könnte sie ein Kind weinen hören.

In der Stadt weinte ein Kind , und diejenigen, die in der Nähe waren, konnten es nicht beruhigen. Ihre Diamanten, ihr Gold, ihre Soldaten waren alle nutzlos. Hinter und vor ihr hörte Walpurga nichts als das Weinen eines Kindes.

„Warum schließt du deine Augen?" fragte Hansei.

„Oh", antwortete Walpurga, „ich fühle mich wie der Vater von Wastl, dem Weber. Als er von seiner Blindheit geheilt wurde, pflegte er zu sagen, dass die Bäume auf ihn zukamen und dass alles ihn blind machte. Auch mir kommt es vor, als ob ich Ich hatte die ganze Zeit über nichts gesehen. Schau! Da ist der erste Mann mit einem grünen Hut, und er hat seine Jagdtasche auf dem Rücken; und die Bäume sind von selbst weiter gewachsen, während ich weg war. Ich weiß es nicht wie ich das alles durchmachen und nicht sterben werde, denn ich möchte jetzt nicht sterben. Ich möchte mit meinem Kind umhergehen. Oh mein Gott, guter Hansei, gib ihr keine Stiefmutter.

„Frau, Frau", sagte Hansei und beruhigte sie, „du machst uns beide lächerlich. Ich bin mir ziemlich sicher, dass das daran liegt, dass du den ganzen Tag nichts gegessen hast."

Er bestand darauf, im nächsten Gasthaus Halt zu machen, wo Walpurga etwas Wein trinken musste. In ihrer Truhe befand sich tatsächlich Wein, nämlich die sechs Flaschen mit Silberfolie, die der Arzt geschickt hatte. Aber sie wollte das ihrer Mutter bringen.

Obwohl es heller Tag war, schlief Walpurga im Wagen ein. Als sie aufwachte, nahm sie schweigend die Hand ihres Mannes und hielt sie lange Zeit. In der letzten kleinen Stadt auf der anderen Seite ihres Dorfes machten sie trotz Walpurgas Protesten erneut Halt. Hansei behauptete, die Großmutter erwarte sie erst am nächsten Tag und sie würden zu Hause nichts zu essen finden. Er bestellte eine üppige Mahlzeit, als würde er einen Vorrat für mehrere Tage anlegen. Walpurga stimmte herzlich zu, und schließlich vergaßen sie sich selbst, denn Doktor Kumpan betrat das Gasthaus. Er war Walpurga gegenüber recht freundlich und trank reichlich mit Hansei. Dann rief er ihn beiseite und ermahnte ihn, rücksichtsvoll mit seiner Frau umzugehen.

Als sie endlich in den Wagen stiegen, hatte sich bereits die halbe Stadt um das Wirtshaus versammelt, um einen Blick auf die Amme des Kronprinzen zu werfen. Doktor Kumpan befahl dem Postillon, der keine Uniform trug, sein Posthorn mitzunehmen, und der schöne, dunkeläugige, lebhafte Kerl blies in sein Horn, während sie durch die kleine Stadt und die Straße entlang fuhren. Die fröhlichen Echos hallten von den Bergen und durch die Wälder. Walpurga schämte sich fast, so zu fahren, während die Leute auf der Straße arbeiteten; aber Hansei empfand eine kindliche Freude am Klang des Horns.

Endlich erhaschten sie einen Blick auf den See. Der Abend brach bereits an.

„Das sind Schwalben aus der Heimat", sagte Walpurga. „Das nächste Dorf gehört uns. Ich sehe die Kirche und – horch! Ich höre die Glocken! Ich höre sie mit dir, mein Kind, und bald wirst du sie in meinen Armen hören; und deine Stimme – deine Stimme." - Kutscher, fahren Sie schneller; nein, fahren Sie sanft; fahren Sie, wie Sie wollen, damit wir uns nicht aufregen. Halten Sie hier an, wir steigen jetzt aus. Halten Sie an! Ich sage es Ihnen. Sie stieg aus, aber als sie das getan hatte, rief sie: „Nein, ich steige wieder ein. Wir kommen schneller nach Hause, wenn wir mitfahren. Aber warum kommen Mutter und Kind mir nicht entgegen?" "

„Sie denkt, wir werden erst morgen zu Hause sein", rief Hansei.

„Dann ist sie vielleicht gar nicht zu Hause und ist mit dem Kind zu einem Nachbarn gefahren."

„Vielleicht, aber ich glaube nicht."

„Siehst du dort nicht ein Kind, das über die Straße rennt? Ist es das? Ist es?"

„Nein, das ist nicht unser Kind. Es kann noch nicht laufen, aber es kann herumkrabbeln wie ein junger Hund."

„Wer hat die Weide gefällt?" fragte plötzlich Walpurga.

„Letzten Frühling wurde es vom Sturm heruntergeweht."

Walpurga stellte Fragen, beachtete aber weder ihre Fragen noch die Antworten, die sie erhielt. „Sehen Sie nur, wie klar der Bach ist und wie schnell er fließt. Ich glaube, er floss früher noch nie so schnell. Und sie haben hier ein neues Haus gebaut, und dort haben sie die Bäume gefällt, und schauen Sie mal die schönen kleinen Bachstelzen. Sie sind bei uns größer und schöner als anderswo."

Sie trafen einen Jungen auf einer grauen Stute, die er zum Wasser ritt. „Das ist Grubersepps Waldl. Wie kräftig er wird!"

„Und es ist ein guter Anfang, dass der erste, der uns begegnet, ein Junge ist", sagte Hansei. „Waldl!" Er rief dem Jungen zu: „Komm heute Abend zu uns nach Hause und ich gebe dir ein paar Kirschen." Der Junge antwortete nicht und ritt weiter.

„Die beiden Kühe, die dort neben dem kleinen Mädchen grasen, gehören uns", sagte Hansei.

Alles kommt; alles außer der Mutter und dem Kind.

„Mutter ist zu Hause", rief Walpurga plötzlich. „Mutter ist zu Hause. Ich sehe Rauch aus unserem Schornstein aufsteigen; und da steht sie am Feuer mit dem Kind auf dem Arm. Oh Mutter! Oh Kind! Wie ist es möglich, dass du nichts merkst? Ich komme!" Ich bin hier! Ich bin zu Hause! Ich komme!"

Der Wagen hielt vor dem Haus.

„Mutter! Kind!" rief Walpurga aus tiefstem Herzen. Die Mutter kam mit dem Kind auf dem Arm aus dem Haus.

Walpurga umarmte ihre Mutter und küsste ihr Kind, aber es weinte und wollte nicht zu ihr gehen.

Walpurga ging ins Zimmer und setzte sich neben den Ofen. Ihre Hände waren im Schoß gefaltet und sie weinte. Sie sah sich um, als wäre sie in einer fremden Welt.

„Lassen Sie sie eine Weile allein, gönnen Sie ihr einen Atemzug", sagte die Großmutter zu Hansei, der das Haus verlassen hatte und mit Hilfe des Fahrers die Kisten auslud.

Es dauerte nur kurze Zeit, bis Walpurga im Raum blieb und traurigen Gedanken nachhing. Die Sonne stand hoch über den gegenüberliegenden Bergen und ihre Strahlen ließen jeden Grashalm im Garten wie poliertes Gold glitzern. Die Berge im Westen erstrahlten alle im Licht, und die gegenüberliegenden Berge spiegelten sich auf halber Höhe des Sees. Der Tag war für Walpurga ein Tag großer Aufregung gewesen. Was sie sich erhofft hatte, wurde nun Wirklichkeit. Es kam nichts mehr dazu. Es kam ihr so vor, als müsste sie noch einmal von vorn beginnen, als müsste sie wieder aufstehen. Und dann wurde ihr plötzlich klar, dass es falsch war, allein dort zu sitzen, während ihre Mutter und ihr Kind draußen waren, und dass es fast ein Verbrechen war, einen Moment von ihnen getrennt zu verbringen.

Sie ging in die Küche. Die Großmutter stand mit dem Kind auf dem Arm am Herd, in dem ein helles Feuer brannte.

„Isst mein Kind Brühe?" fragte Walpurga. Von der Stimme angezogen, starrte das Kind sie an; aber sobald Walpurga ihren Blick darauf richtete, schmiegte es sich dicht an seine Großmutter, als wollte es sich verstecken.

„Ja, tatsächlich. Es isst alles und ist genau wie du. Das hast du auch getan. Es möchte einen Löffel nehmen und sich bedienen, aber es findet seinen Mund nicht. Ich mache Suppe für dich, dich muss etwas Warmes essen.

Walpurgas Blicke wurden fröhlicher. Die Großmutter brachte ihr bald etwas Suppe. Walpurga aß es und sagte:

„Ah, Mutter, die erste Suppe, die ich zu Hause esse. Nichts auf der Welt schmeckt so. Eine solche Suppe kann man im Palast nicht zubereiten."

Die Großmutter lächelte und streichelte Walpurgas Kopf mit der Hand, als würde sie sie segnen. Sie spürte, dass Walpurgas Freude, wieder zu Hause zu sein, jeden ihrer Gedanken und Handlungen beeinflusste.

„Die heimische Suppe – ja, tatsächlich“, sagte sie schließlich und lächelte; und, bewegt von den fröhlichen Blicken der Großmutter, lachte auch das Kind.

Buch IV.

KAPITEL I.

Der sanfte Schimmer der frühen Morgendämmerung schlich durch die herzförmige Öffnung in den Fensterläden ihres kleinen Zimmers. Unten am schilfbewachsenen Ufer pfiff das Wasser-Mousel sein Morgenlied. Walpurga erwachte und lauschte dem Atem ihres Mannes und ihres Kindes. Ihr Leben ist jetzt ein dreifacher Atemzug.

„Guten Morgen, Tag. Ich bin wieder zu Hause", sagte sie leise. Sie fühlte sich so glücklich bei dem Gedanken, in ihrem eigenen Bett zu liegen. Plötzlich faltete sie die Hände und sagte:

„Ich danke Dir, Herr! Jetzt weiß ich, wie es sein muss, im Himmel aufzuwachen und das Gefühl zu haben, endlich zu Hause angekommen zu sein, alle deine Lieben bei dir zu haben, zu wissen, dass der Abschied zu Ende ist und dass alles bleiben wird." Für immer zusammen. Jetzt werden wir glücklich, in Güte und Gerechtigkeit leben. Schenke uns allen gute Gesundheit und tue alles Böse von uns."

Sie schloss die Augen und blickte zurück. Gestern Abend hatte die Großmutter ihr zugewinkt, ihr in den kleinen grasbewachsenen Garten hinter dem Haus zu folgen. Als sie dort ankamen, hatte ihre Mutter gesagt: „Schau zu diesen Sternen auf und sag mir: Kannst du deinen Mann und dein Kind noch mit reinen Lippen küssen? Wenn – Gott bewahre – es anders wäre –"

"Mutter!" Walpurga hatte geweint. „Mutter, das kann ich. Ich hebe meine Hand und rufe Gott an, er möge mir Zeugnis geben, ich bin genau so, wie ich war, als ich mein Zuhause verließ."

Die Mutter sagte: „Das macht mich glücklich. Jetzt bin ich zufrieden mit dem Sterben."

„Nein, Mutter, lass uns noch viele Jahre glücklich zusammenleben."

„Ich bin zufrieden. Und jetzt möchte ich Ihnen einen Rat geben; und denken Sie daran, was ich Ihnen sage. Sie sind seit fast einem Jahr in der weiten Welt unterwegs. Sie sind in Kutschen herumgefahren, während ich Ich war hier in der Hütte und im Garten und habe mich um Ihr Kind gekümmert. Aber trotzdem gingen meine Gedanken hinaus in die Welt und weit darüber hinaus, wo Trainer und vier nie hinkommen. Jetzt hör mir zu und gehorche mir."

„Ja, Mutter; von ganzem Herzen."

„Dann denken Sie daran, was ich Ihnen sage. Geben Sie sich Zeit, sich wieder an die Dinge zu gewöhnen, und fordern Sie nichts aus Vernunft heraus. Sie können von Ihrem Kind noch nicht erwarten, dass es Sie liebt. Sie sind schon so lange davon entfernt." dass es Sie nicht kennt und sich entfremdet hat. Und so müssen Sie damit rechnen, es bei allem anderen zu finden. Ihr Mann ist seit fast einem Jahr allein; sein Los ist viel schwieriger als Ihres."

Hier wurden sie unterbrochen. Hansei rief vom Fenster aus und fragte sie, was sie so spät im Dunkeln da draußen machten.

„Und jetzt geh schlafen", sagte die Mutter. „Ich habe die letzten drei Tage dein Bett lüften lassen. Schlaf gut. Gute Nacht."

Die Mutter führte ihre Tochter an der Hand, als wäre sie ein kleines Kind, und als sie die Schwelle überschritten hatten, fiel sie Walpurga um den Hals und umarmte und küsste sie im Dunkeln.

Walpurga hatte die Augen geschlossen und erinnerte sich in Gedanken an alles, was in der vergangenen Nacht geschehen war. Alles schien doppelt zu sein, genau wie die Sterne, die sich nachts im See spiegeln und den Eindruck erwecken, als gäbe es zwei Himmel, einen darüber und einen im Wasser darunter.

Beim Gedanken an den See stand Walpurga auf, kleidete sich ruhig an, beugte sich einen Moment über ihr Kind und ihren Mann, öffnete leise die Tür, verließ das Zimmer und ging aus dem Haus. Sie ging durch den Garten. Die Luft war erfüllt vom Duft der Holunderbüsche in der Hecke. Der Fink auf dem Kirschbaum trällerte fröhlich, und am liebsten hätte sie ihm zugerufen: „Sei still; wecke niemanden, bis ich zurückkomme."

Sie ist weitergegangen. Von den schilfbewachsenen Ufern des Sees, wo die Wassermössel und der Rohrsperling ihr Lied zwitscherten, flog ein Schwarm Wildenten auf und zwitscherte, während er auf den Flügeln schwebte.

Die Sonne ging auf und der ganze See leuchtete, als wäre ein sanft wogender goldener Mantel darüber ausgebreitet.

Walpurga blickte sich nach allen Seiten um, dann entkleidete sie sich im Handumdrehen und sprang in den See. Sie tauchte und stand wieder auf, strich sich die Haare aus dem Gesicht und planschte herum, so glücklich, als wäre sie ein Fisch auf dem Grund des Sees. Der goldene Mantel des Sees nahm einen violetten Farbton an, und Walpurga blickte zur purpurnen Sonne und über den leuchtenden See hinauf. „So ist es", sagte sie, „und so ist es richtig. Ich bin wieder hier und wieder dein, und alles andere ist von mir entfernt. Ich bin nie weg gewesen." Unter den dichten Weiden zog sie sich hastig an und fühlte sich so glücklich und fröhlich, dass es ihr Mühe kostete, nicht laut zu singen. Über dem Wasser schwebten blaue und grüne Libellen. Schwalben flogen über den See und tauchten ihre Schnäbel in das Wasser, das allmählich eine blassere Farbe annahm, und aus dem Wald dröhnte der Klang des Kuckucks. Ein Storch im Schilf schien Walpurga zu beobachten, während sie sich anzog. Sie bemerkte, wie der Vogel mit seinem großen Schnabel klapperte, und winkte ab. Sie eilte zurück zum Haus. Der Fink im Kirschbaum trällerte noch immer sein Morgenlied, die beiden Kühe im Stall muhten, aber alles andere im Haus war noch immer in Stille gehüllt. Walpurga stand lange Zeit da und betrachtete die Blumen auf dem Fensterbrett und war entzückt vom Duft der Nelken und des Rosmarins. Sie hatte sie schon als Kind gepflanzt, und bevor sie einen eigenen Garten hatte. Die ganze Erde, die sie damals ihr Eigen nennen konnte, war in diesen Blumentöpfen enthalten . Nun konnte sie so manches weite Feld kaufen, aber wer konnte sagen, ob es ihr so viel Freude bereiten würde, wie sie jetzt an diesen schmuddeligen, zerbrochenen Töpfen hatte.

Es schien, als ob die Nelken absichtlich erblüht wären, zu Ehren der Rückkehr derjenigen, die sie gepflanzt und gepflegt hatte. Es waren kaum noch Knospen übrig, aber selbst diese wenigen streckten ihre kleinen roten Zungen heraus. Walpurga kehrte immer wieder zu ihren Nelken zurück und konnte nicht genug von ihrem Duft bekommen. Plötzlich lachte sie vor sich hin, als sie an eine alte Geschichte dachte, die ihre Mutter ihr über die selige Susanna erzählt hatte, die sich, wenn sie hungrig und durstig war, durch den Duft einer Blume stillen konnte. „Ja, aber das würde meine Eltern nicht zufriedenstellen", sagte sie lächelnd und ging zurück ins Haus.

Mutter, Mann und Kind schliefen noch. Walpurga saß eine Weile an der Wiege. Dann ging sie in die Küche und entzündete das erste Feuer an ihrem eigenen Herd. Schweigend beobachtete sie die aufsteigende Flamme, während die Klänge der Morgenglocke der Kapelle am See an ihr Ohr drangen. Sie drückte beide Hände fest an ihr Herz, als wollte sie das Glück festhalten, von dem es überströmte.

KAPITEL II.

„Was! Schon bei der Arbeit?" sagte Hansei, als er die Küche betrat und das Kind auf dem Arm trug, dessen einziges Kleidungsstück sein Hemdchen war.

„Guten Morgen! Guten Morgen euch beiden", rief Walpurga mit freudiger Stimme. Jeder ihrer Töne und jedes Wort schien zu sagen, dass sie sie alle mit ihrer Liebe ernähren und befriedigen konnte.

„Guten Morgen, mein Kind!" sagte sie. Das Baby streckte seine Arme nach ihr aus, aber als sie es anbot, es zu nehmen, drehte es ihr den Rücken zu und legte seinen Kopf auf Hanseis Schulter.

„Hab Geduld damit; es kennt dich noch nicht richtig", sagte Hansei; „Schließlich ist ein so kleines Kind wie ein Tier und kennt seine Mutter nicht, wenn sie getrennt von ihm gelebt hat."

Wie um Hanseis demütigende Philosophie zu widerlegen, drehte sich das Kind noch einmal um, starrte ins Feuer, spitzte den kleinen Mund und blies, wie man es beim Anblasen des Feuers tut.

„Das hat ihr die Großmutter beigebracht", sagte Hansei. „Es kann noch viele andere clevere Dinge tun. Großmutter hat noch nie so lange geschlafen wie heute. Sie scheint das Gefühl zu haben, dass sie nicht mehr gezwungen ist, den Karren alleine zu ziehen. Niemand wird es ihr gönnen. Ja, Es gab nie eine bessere Frau auf der ganzen Welt als deine Mutter.

„Das war noch nie! Ist sie nicht so still?" fragte Walpurga alarmiert.

Ihre Mutter war gestern so unsagbar glücklich gewesen. Wer weiß, aber was ihre Freude sie getötet hatte? Sie waren so froh gewesen, dass vielleicht Unglück kommen musste, denn auf dieser Welt ist nichts perfekt.

Walpurga zitterte vor Angst, während ihr diese Gedanken durch den Kopf gingen.

„Ich werde mich um Mutter kümmern", sagte sie und ging in ihr Zimmer.

Hansei folgte ihm und trug das Kind auf seinem Arm. Und als die Mutter nun aufwachte, sagte sie: „Nun, und so müssen sie mich wecken. Bin ich noch ein junges Mädchen, das lange schläft und träumt, wenn die Holunderblüte blüht? Ja, jetzt erinnere ich mich an meinen Traum." Ich träumte, dass ich wieder jung war und auf dem Bauernhof auf der anderen Seite der Berge als Diener arbeitete und dass dein Vater kam. Es war an einem Sonntag, und er und ich gingen zusammen zu meinem Bruder in die Pechhütte. Wir standen am Bach, wo der Holunder wächst, und Vater war auf der anderen Seite und streckte mir seine Hand entgegen, damit ich hinüberspringen konnte, als du mich wecktest. Ich kann seine Hand noch in meiner spüren."

„Gott sei Dank, dass du wieder wach bist", warf Walpurga ein. Die Mutter lächelte und fuhr fort:

„Und jetzt, Walpurga, muss ich dich nur noch um eine Sache bitten. Wenn es dir nichts ausmacht, gib mir ein oder zwei Gulden. Ich möchte noch einmal nach Hause gehen, dorthin, wo ich geboren wurde und im Dienst war, und wo mein Bruder lebt; und ich möchte gerne ein paar Groschen bei mir haben, um sie den armen Leuten zu geben, die noch dort sind.

„Ja, Mutter, du sollst alles haben, was du willst. Wir haben genug, Gott sei Dank."

„Ich würde gerne wissen", sagte die Mutter, „warum ich letzte Nacht von meinem Zuhause geträumt habe."

„Das ist klar genug", sagte Hansei. „Vor ein paar Tagen, als der Holzschnitzer aus Ihrem Dorf hier war, sagten sie, dass der Besitzer des dortigen Bauernhofs gerne sein Grundstück verkaufen würde. Aber wer hat genug Geld, um das zu kaufen?"

„Siehst du", sagte die Alte zu Walpurga, „was für ein Ketzer und Traumgläubiger dein Mann geworden ist. Das hat er alles vom Wirt gelernt. Und nun gib mir das Kind und eilig weg von hier. Komm, du kleine Gämse." -Kind, spring herum und tanze.

Sie sang dem Kind vor, und es streckte seine Arme nach ihr aus, genau wie ein Vogel, der froh ist, in sein Nest zurückzukehren.

Hansei und Walpurga verließen das Zimmer. Das Kind lag neben der Großmutter und die beiden waren ganz glücklich miteinander.

„Und jetzt werde ich die Kuh melken", sagte Hansei.

"Du?"

„Ja. Wer sonst? Mutter kann nicht alles."

„Nein, lass mich das jetzt machen."

Walpurga ging mit ihrem Mann in den Stall; sie wollte ihm die Aufgabe abnehmen, aber es ging nicht, und Hansei sagte:

„Das ist auch nicht nötig, das wird bald alles anders sein. Wenn du Wirtin wirst, haben wir mindestens zwei Diener, die sich um das Melken kümmern können. Wir haben außer unserer noch Platz für sechs Kühe." besitzen, und haben das Recht, noch so viele mehr auf der Bergwiese zu haben. Dann kannst du Butter und Käse machen und tun, was du willst."

Hansei schien mit der Kuh zu reden. Es war ihm egal, was für ein Gesicht seine Frau machen würde. Aber jetzt hatte sie jedenfalls von der Sache gehört, und sie konnten anschließend darüber reden.

Walpurga wollte gerade antworten, als sich die Stalltür öffnete und ein Mädchen hereinkam, das einen Kuchen auf einer großen Platte trug.

Sie entfernte das Tuch, mit dem es bedeckt war, und sagte:

„Mein Herr, der Wirt der Gämse, sendet dies mit seinen freundlichen Grüßen und seinem Willkommen an die Frau."

„Du dummes Ding!" rief Hansei, sprang auf und sah mit dem angeschnallten Milcheimer ganz seltsam aus. „Du dummes Ding! Die Leute tragen keine Kuchen in einen Stall. Nehmen Sie sie mit ins Zimmer, und wenn Sie nach Hause kommen, sagen Sie ihnen meinen besten Dank und sagen Sie dem Gastwirt, unserem Paten, dass er uns bald mit einem Besuch beehren soll – Nein, wir werden ihn heute Vormittag besuchen; und jetzt können Sie gehen.

Walpurga erinnerte sich, dass ihre Mutter ihr geraten hatte, nicht sofort zu versuchen, etwas zu ändern. Sie beschloss, vorerst alles anzuhören und die Dinge ihren eigenen Lauf zu lassen, während sie in der Zwischenzeit die Augen offen hielt. Die Zeit würde zeigen, wie das Land lag.

Hansei melkte weiterhin die Kühe, und Walpurga sagte nichts.

„Man kann die Welt nicht immer ganz für sich allein haben, so wie es heute Morgen unten am See war; aber während um meine Ohren so viel Trubel herrscht, muss ich meinen eigenen Rat behalten", dachte sie.

Als Hansei mit dem Melken fertig war und mit einem Eimer in jeder Hand dastand, sagte er:

"Was denkst du darüber?"

„Es ist eine herrliche Milch; und es gibt auch jede Menge davon."

„Nein, ich meine, was halten Sie vom Vermieter der Chamois?"

„Das ist sehr höflich von ihm, und dafür bin ich ihm sehr dankbar. Wir müssen versuchen, mit ihm ins Reine zu kommen."

„Das ist nicht nötig, wir müssen den Kuchen teuer genug bezahlen. Aber wir sind auch nicht so dumm. Du wirst es bald sehen, Walpurga, ich weiß so gut wie er, auf welcher Seite mein Brot gebuttert ist." . Ja", fuhr Hansei fort, „wenn ich nur Gelegenheit gehabt hätte, mit dem König zu sprechen, hätten Sie bald herausgefunden, dass Hansei nicht der langweiligste Kerl der Welt ist."

„Das wusste ich schon vor langer Zeit. Ich brauche den König nicht, um mir das zu sagen."

Beim Frühstück stellte Walpurga zu ihrer Freude fest, dass das Kind ihr ein paar Löffel Brei wegnehmen wollte, aber er wollte nicht zu ihr gehen und weinte, als ob ihm das Herz brechen würde, wenn sie ihn zu sich nehmen wollte.

„Hast du alles zusammengezählt, was wir wert sind? Von all dem Geld, das du geschickt hast, ist kein Penny abgenommen worden. Das heißt, ich habe fünfzehn Gulden genommen, um mir ein Gewehr zu kaufen."

„Das war richtig", sagte Walpurga. Und bei all ihrem Vertrauen in ihn beschloss sie, Hansei das Geld, das Irma ihr am Tag ihrer Abreise aus dem Palast gegeben hatte, nicht auszuhändigen. Sie wusste nicht warum, aber sie hatte Angst vor dem Gold, das auf so seltsame Weise zu ihr gekommen war. Sie selbst hatte es sich noch nicht angesehen. Außerdem hatte sie das Gefühl, dass es gut wäre, etwas für einen regnerischen Tag aufzubewahren. Es wäre vielleicht besser, wenn nicht alle auf einmal angezeigt würden. Sie versprach, alles vor Mittag abzurechnen, und drückte ihr Bedauern darüber aus, dass sie keinen Schrank habe, in dem sie all die hübschen Dinge verstauen könne, die sie in der Truhe mitgebracht habe.

„An deiner Stelle würde ich überhaupt nicht auspacken", sagte Hansei. „Du könntest genauso gut warten, bis wir unser Gasthaus haben. Du wirst dort genug Truhen und Truhen finden."

Walpurga gab keine Antwort. Hansei sah sie neugierig an, aber sie schwieg.

„Warum sagst du nichts dazu?" erkundigte er sich schließlich.

„Weil du mir nicht richtig davon erzählt hast. Komm mal, was meinst du wirklich?"

Hansei teilte ihr mit, dass alle sagten, das Vernünftigste, was er tun könne, sei, den Vermieter der Chamois aufzukaufen. Es könnte keine bessere Gastgeberin auf der Welt geben als Walpurga, und sie hätten einen größeren Brauch als jedes andere Haus im Land. Sie könnten das Zeichen ändern — das wäre ein kluger Schachzug und würde mehr als alles andere anziehen. Es sollte nicht mehr „Die Gämse", sondern „Die Krankenschwester des Königs" oder „Die Krankenschwester des Prinzen" heißen. In der Nähe befand sich ein Maler, der ein neues Schild anfertigte, das Walpurga mit dem Prinzen im Arm darstellte. Menschen aus allen Teilen der Nachbarschaft würden zusammenkommen; Es würde nicht genug Tische und Stühle geben, und von allen Seiten würde Geld darauf strömen. Der Handel war fair; Der Wirt hatte einen angemessenen Preis genannt. „Jeder sagt es", sagte Hansei, „und was sagst du jetzt? Denn die Entscheidung liegt bei dir."

„Mir ist egal, was die Leute sagen“, begann Walpurga, „aber sagen Sie mir ehrlich gesagt, haben Sie den Kauf abgeschlossen? Wenn ja, habe ich nichts zu sagen. Ich würde nicht zulassen, dass Sie Ihr Wort brechen, noch.“ Schande dich selbst, für alle Welt. Du bist der Ehemann und dein Wort muss gehalten werden.“

„Das stimmt; wenn das doch nur jeder hätte hören können.“

„Was kümmert es dich, ob sie es hören oder nicht?“

„Na ja, die dummen Leute denken, dass du alles beherrschst, weil das Geld von dir kommt. Um ehrlich zu sein, der Handel ist noch nicht abgeschlossen; alles hängt von deiner Zustimmung ab.“

„Und wenn ich ‚Nein‘ sagen würde, wären Sie dann wütend? Antworten Sie mir; warum schweigen Sie jetzt?“

„Nun, es würde mich zutiefst betrüben, wenn du es tätest.“

„Ich sage nicht ‚Nein‘“, antwortete seine Frau beruhigend. „Aber es gibt eine Sache, über die wir uns besser sofort im Klaren sein sollten. Ich möchte nie wieder ein Wort darüber hören, woher das Geld kommt. Du warst die ganze Zeit allein, du musstest auch dafür leiden.“ So wie ich es tue, und glauben Sie mir, ich werde es nicht vergessen. Aber wie ich Ihnen bereits sagte, sage ich nicht „Nein“. Wir sind Mann und Frau und werden alles gemeinsam besprechen und regeln. Wenn das Geld dazu dient, Zwietracht zu stiften, werfe ich lieber alles in den See und mich selbst danach.“

Walpurga weinte, und Hansei sagte mit erstickter Stimme: „Um Gottes willen, weine nicht! Herr, am allerersten Morgen zu weinen! Verlassen Sie sich darauf, dass nichts geschehen wird, es sei denn, Sie sind vollkommen zufrieden.“

Walpurga reichte ihm die Hand und wischte mit der anderen die Tränen weg, die ihr überströmtes Herz erleichtert hatten. Sie hörten Besucher kommen. Walpurga eilte ins Schlafzimmer, denn sie wollte, dass niemand merkte, dass sie geweint hatte. Während sie im Zimmer war, steckte sie das Gold, das Irma ihr gegeben hatte, in einen Kissenbezug und versteckte ihn dann. Ein Teil des Geldes war auf den Boden gefallen. Sie hob es auf und betrachtete das darauf eingeprägte Bild des Königs. „So ein Königskopf geht überall hin“, sagte sie. „Wenn er nur in Gedanken überall sein könnte, um alles in Ordnung zu bringen. Aber das ist mehr, als irgendein Mensch tun kann. Gott allein kann das tun – Wie geht es ihnen im Palast? Was wird aus ihnen allen werden?“ Ist es erst ein Tag her, seit ich dort weggegangen bin?“

In Träumereien versunken blieb Walpurga noch lange im Zimmer. Schließlich erwachte sie mit einem tiefen Seufzer zu der Tatsache, dass es sich auf dieser Welt niemand leisten kann, alle seine Gedanken anderen zu überlassen. Es war nun ihre Pflicht, auf sich selbst aufzupassen. Verschiedene Nachbarn und Freunde kamen vorbei, um Walpurga zu begrüßen. Hansei, die ganz ungeduldig war, sagte, dass sie gerade in ihr Zimmer gegangen sei und in Kürze zurückkommen würde. Endlich kam Walpurga, strahlend vor Freude und Gesundheit. Sie alle zeigten sich erfreut, sie so gut aussehen zu sehen, sprachen von dem ausgezeichneten Ruf, den sie genieße, und versicherten ihr, dass sie sich über ihr Glück so sehr freuten, als wäre es ihr eigenes.

Walpurga dankte ihnen herzlich. Der große Kuchen, den die Wirtin geschickt hatte, war bald aufgegessen, denn sie bot jedem Besucher etwas davon an.

„Wie läuft es mit der alten Zenza?" fragte Walpurga.

„Ich denke nur daran, wie gut sie ist; sie erinnert sich sogar an die alte Qual. Ja, deine Freundlichkeit wurde an ihr und ihrem Nachwuchs verschwendet", sagten mehrere Stimmen. Bald wurde ihr mitgeteilt, dass Zenza mit ihrem Sohn und Black Esther die Nachbarschaft verlassen hatte. Niemand wusste, wohin sie gegangen waren, aber die Wurzelhütte auf der Windenreuthe stand jetzt leer.

Auch Bettlertrupps aus dem Dorf und dem Nachbarland ließen es nicht versäumen, sich zu melden. Es muss sich schnell herumgesprochen haben, dass Walpurga zurückgekehrt war und eine ganze Kiste voll Gold mitgebracht hatte.

Walpurga war erstaunt, als sie erfuhr, wie viele Verwandte sie in der Nachbarschaft hatte. Viele behaupteten, mit ihrem Vater verwandt zu sein, konnten aber nicht genau sagen, in welchem Ausmaß, und einige der Bettler, die sich gegenseitig die Ansprüche bestritten, gerieten bald in Streit miteinander. Walpurga verteilte an alle bescheidene Geschenke. Sie gingen schlecht gelaunt. Was sie erhalten hatten, war kaum der Mühe wert gewesen, und auf den Straßen und Wegen hallten die Verwünschungen gegen Walpurga wider, der, wie sie sagten, stolz und geizig geworden sei. Aber bald kamen neue Bettlertruppen. Es war, als würde man Weizen unter Spatzen verteilen; Es kamen ständig weitere hinzu.

„Nimm deine Peitsche und vertreibe die ganze Meute Bettler", rief plötzlich eine laute Stimme von der Straße.

Es war der Wirt, begleitet von seinen beiden Hunden Dachsel und Wachsel, die ihre Stimmen zu denen ihres Herrn hinzufügten, bis schließlich ein Bettler einem der Hunde einen Tritt versetzte, der ihn aufschreien ließ. Der Wirt fluchte jetzt heftiger als zuvor, aber Walpurga ging hinaus und bat ihn in ganz entschiedenem Ton, sich nicht einzumischen, und verdoppelte dann ihre Geschenke an alle. Sie entging damit einer vertraulichen und herablassenden Vertrautheit seitens des Gastwirts. Sie war sich noch nicht sicher, wie sie sich ihm gegenüber verhalten sollte. Er war offensichtlich Hanseis Verführer. Wenn sie gleich zu Beginn wütend auf ihn wäre, könnte das zu großer Verärgerung führen und ihren gesamten Einfluss zerstören. Andererseits fiel es ihr schwer, sich zu einer freundlichen Begrüßung zu zwingen.

Als er das Zimmer betreten hatte, fragte er Hansei:

„Hast du ihr alles erzählt?"

"Natürlich."

„Und ist sie einverstanden?"

„Sie sagt, dass sie mit allem, was ich tue, zufrieden sein wird."

Walpurga kam ins Zimmer, und mit den Worten „Willkommen und viele Glückwünsche an die Wirtin der Gämse" reichte ihr der Wirt die Hand.

„Danke für das erste; aber bevor ich das zweite akzeptiere, muss mein Mann der Vermieter der Chamois sein."

„Heigho!" rief der Wirt, „wie klug! wie gebildet! wie würdevoll und höflich! Schau her, Hansei! Habe ich dir nicht immer gesagt, dass du eine Frau hast, die eine Königin sein könnte?"

„Und warum nicht, wenn mein Mann ein König wäre?"

Die Faust des Wirts fiel auf den Tisch, und er lachte so herzlich über diesen klugen Ausfall, dass seine beiden Hunde anfingen zu bellen und so sein Lachen mit ihrem Beifall begleiteten. Er zeigte den anderen Besuchern, dass es nicht genügen würde, ihre Gastgeber zu ermüden. Er ging bald darauf, der Rest der Firma folgte ihm.

KAPITEL III.

„Und für deine Mutter werde ich ein gemütliches Zimmer mit Blick auf den Garten bauen, wo sie sich wohlfühlen kann. Ich wusste es schon immer, aber erst als du weg warst, habe ich herausgefunden, was für ein Schatz sie ist." uns. Wenn der Herr uns nur erlaubt, sie noch viele Jahre bei uns zu behalten. Ja, deine Mutter soll das beste Zimmer im Haus haben.

So sprach Hansei mit schadenfroher Miene. Walpurga fragte: „Wo willst du bauen?"

Hansei sah sich um, als wollte er seine Überraschung darüber zum Ausdruck bringen, dass sie eine solche Frage stellte. Er hatte so weit nachgegeben, dass er versprach, nichts ohne die Zustimmung seiner Frau zu tun. Er dachte, das sei alles, was man vernünftigerweise von ihm erwarten könne, und es sei das Beste, die Angelegenheit sofort zu Ende zu bringen.

Mit großer Selbstbeherrschung sagte er:

„Ja, natürlich in unserem Gasthaus. Ich werde diesem heruntergekommenen Häuschen nichts antun. Aber ich habe ihnen schon gesagt, dass sie den Nussbaum nicht stören dürfen. Ihr werdet überrascht sein, wenn ihr es seht Wie voll es ist. Wir werden dieses Jahr drei Maß Nüsse bekommen, und ein Nussjahr ist ein gutes Jahr für Jungen.

Walpurga schlug ihm die Hand vor den Mund und sagte mit gesenktem Blick: „Du bist ein lieber, guter Kerl, aber glaub mir, ich kenne dich besser als du selbst. Ich bin froh, dass du viel schärfer bist als." Das warst du. Ich habe dir oft gesagt, du sollst nicht so schüchtern sein und dich immer im Hintergrund halten. Du hast so viel gesunden Menschenverstand, sogar mehr als alle anderen. Wenn du nur zurückgeblieben wärest die Tür, als ich der Königin von dir erzählte; und sie versprach mir treu, dass sie uns besuchen kommen wird, wenn sie nächstes Jahr die Berge besucht.

Hansei schluckte selbstzufrieden das Lob, das seine Frau ihm entgegenbrachte, und lächelte noch einige Zeit später vor sich hin.

Mann und Frau lobten und priesen einander – ein Brauch, der durch die Verletzung mehr geehrt wurde als durch die Bräuche, zumindest unter den Bauern, die sich schämen würden, wenn sie davon wüssten. Ihr Zusammenkommen nach so langer Trennung schien wie ein neues Werben und eine neue Hochzeit. Die Frage des Erwerbs des Wirtshauses hinderte sie jedoch daran, dies vollständig zu realisieren, und drohte sogar, ihr häusliches Glück zu gefährden.

„Du bist also damit einverstanden, dass wir Gastgeber und Gastgeberin der Chamois sein werden?" fragte Hansei.

„Ich habe Ihnen bereits gesagt, dass wir darüber reden würden. Sie glauben also, Sie wären ein guter Vermieter?"

„Keine so gute Vermieterin wie eine Vermieterin. Das sagt jeder, und die Vermieterin ist immer das Hauptargument. Du wärst die beste Vermieterin, denn du kannst dein Brot mit der Zunge verdienen, genau wie der Pfarrer es tut; und Das wird uns helfen, ein oder zwei Pennys mehr für unseren Wein und alles andere zu bekommen. Du hast eine Art, direkt in die Herzen der Menschen zu schauen, und kannst geben und nehmen, und das ist das beste Zeichen dafür, dass du dazu geschaffen bist eine Vermieterin.

Hansei verstand nicht, wie Walpurga noch zögern konnte. Das höchste Ideal des jungen Bergsteigers ist es, Gastwirt zu sein; jeden mit Speise und Trank zu versorgen und von den Erträgen zu leben; Feste zu geben und dabei gleichzeitig der Fröhlichste zu sein; Geld erhalten, während andere es ausgeben; sein Haus zum Treffpunkt aller zu machen, egal wie unterschiedlich ihre Beschäftigungen und Interessen waren; der Helfer und Ratgeber eines jeden zu sein; der Mann, mit dem alle gute Beziehungen pflegen, der alles weiß, was vor sich geht, alles über Schnäppchen und Preise, und der, wie der Gutsherr in alten Zeiten, einen Gewinn erhält, wann immer eine Kuh, ein Bauernhof oder ein Haus wechselt Hände. Und außerdem kitzelt das, was andere essen und trinken, auch seinen Gaumen, und er wird dabei nicht mager. Und dann würde er, wie der Pfarrer, aus Taufen, Hochzeiten und Beerdigungen Profit ziehen; ganz zu schweigen von den Fremden, die im Sommer kämen und dem Wirt Tribut zahlen müssten, weil die Berge so hoch und der See so tief sind und weil er ihnen alles zeigen lässt. Ja, ein Gasthaus ist wie ein großer See – alle kleinen Bäche, die aus den verschiedenen Gebirgsbächen fließen, konzentrieren sich dort.

Walpurga starrte ihren Mann überrascht an, während sie seiner lebhaften und doch detaillierten Beschreibung der Vorteile der Gastwirtschaft lauschte. Sie fühlte sich fast geneigt, seinen Plan zu befürworten, und dachte bei sich: „Vielleicht wäre es doch das Vernünftigste; denn ich werde mich nie wieder ganz zu Hause fühlen in dem alten, engen Leben, das ich einst geführt habe." . Ich bin anders geworden und muss etwas anderes haben. Offen und aufrichtig versicherte sie ihm noch einmal, dass sie nicht gegen das Projekt sei, es aber gut sei, es vorsichtig anzugehen.

„Und wissen Sie, was das Beste von allem ist?" fragte Hansei. „Wir sollen hier ein Postamt haben – das sagt der Richter selbst – und wenn es scheitern sollte, könnten Sie es leicht zustande bringen. Sie werden dem Dorf einen großen Namen geben. Ja, Sie werden es schaffen eine Stadt davon, und die Häuser werden doppelt so viel wert sein wie jetzt.

Er wollte, dass seine Frau sofort mit ihm ins Dorf ginge, um sich das Gasthaus anzusehen; aber Walpurga sagte:

„Lass mich in unserem alten Haus gut ausruhen, bevor wir dort hinaufgehen. Das Gasthaus wird nicht weglaufen. Ich kann dir gar nicht sagen, wie glücklich ich bin, wieder in unserem Haus zu sein Stuhl. Zu Hause scheint alles so gut zu sein. Es ist, als ob jeder Stuhl und jeder Tisch Augen hätte und mich ansah und sagte: „ Ja, wir kennen dich noch und haben auf dich gewartet"; und jetzt flehe ich darum Du, lass mich eine Weile ruhen.

„Ja, ja; bleib einfach", antwortete Hansei und ging im Zimmer auf und ab. Plötzlich ging er, als hätte ihn jemand gerufen, hinaus und spaltete mehrere Holzscheite, die er beiseite gelegt hatte.

Walpurga kam heraus und sah ihn mit offensichtlicher Zufriedenheit an.

„Ja", sagte er, „die Arbeit wird so weitergehen, wie sie immer war. Ich werde kein fauler Vermieter sein – dessen seien Sie versichert; und ich werde auch nicht mit dem Trinken anfangen. Gehst du hoch?" das Dorf mit mir?" erkundigte er sich schließlich.

„Ja; aber kommen Sie doch herein."

Hansei war bald unterwegs und war nicht wenig stolz, als er mit seiner Frau das Dorf betrat. Am Brunnen in der Nähe des Rathauses standen Frauen und Mädchen mit ihren Wannen. Sobald sie Walpurga sahen, kamen sie auf sie zu und überbrachten ihre Grüße und Glückwünsche.

Die Kinder verließen gerade die Schule. Walpurga rief mehrere von ihnen zu sich, schüttelte ihnen die Hand und überbrachte ihnen freundliche Botschaften an ihre Eltern. Mit traurigem Herzen würde sie vom Tod dieses oder jenes hören. Die anderen Kinder waren in Gruppen versammelt, standen herum und starrten sie überrascht an. Für die Dorfkinder war es wie ein Märchen gewesen, dass Walpurga geholt und in den Palast gebracht wurde; und nun stand die Fee selbst am helllichten Tag da und redete, genau wie andere Leute es taten.

Schließlich verließ Walpurga sie, doch die Kinder riefen immer wieder ihren Namen, um zu beweisen, dass sie sie noch kannten.

Als sie und ihr Mann weitergingen, zeigte dieser auf das Rathaus. "Sehen!" sagte er: „Ich werde auch bald dort sein. Es ist fast sicher, dass sie mich in den Stadtrat wählen werden. Ich könnte sogar Bürgermeister werden. Aber das werde ich nicht annehmen, denn dafür würde ich einen Gastwirt bekommen." in jede Menge Ärger geraten.

Walpurga stellte fest, dass die Idee, Gastgeber zu werden, bei Hansei tief verankert war. Sie antwortete einfach: „Ich finde, dass Sie dieses Jahr viel von der Welt gesehen haben, aber Sie müssen sicherlich gelernt haben, dass es die Pflicht eines jeden ist, für sich selbst zu sorgen, und dass niemand ein Geld leiht, wenn man arm und unglücklich ist." helfende Hand."

„Gewiß, aber Gott sei Dank! Wir brauchen jetzt niemanden, ganz im Gegenteil."

Sie kamen am Haus von Grubersepp vorbei, dem wohlhabenden Bauern und tatsächlich dem reichsten Mann der Gemeinde. Er war ein großer, schlanker Mann, dessen Gesichtszüge stets einen sauren Ausdruck trugen. Er stand auf der Treppe vor seinem Haus und Hansei begrüßte ihn höflich. Grubersepp machte jedoch auf dem Absatz kehrt und ging in Richtung Stall. Für einen reichen Bauern wie ihn würde es nicht genügen, ein Tagelöhnerkind wie Walpurga aufzunehmen. Das ganze Dorf könnte sich wegen ihr lächerlich machen, aber ein reicher Bauer wie Grubersepp weiß nur zu gut, wie wichtig er ist. Es wäre in der Tat sehr schön, wenn bekannt wäre, dass er sich um ein Geschöpf kümmert, das früher froh war, wenn er ihr treuhänderisch ein oder zwei Pint Milch schenkte.

Hansei rief laut: „Guten Tag, Grubersepp! Meine Frau ist wieder zurückgekommen."

Grubersepp tat, als hätte er ihn nicht gehört, und ging zum Stall.

Die Freude, die Walpurga empfand, als sie die Grüße der Dorfbewohner empfing, reichte nicht aus, um den Schmerz über die ihr dadurch zugefügte Kränkung zu kompensieren. Schließlich war es nur ein dummer, engstirniger Bauer, der seinen dummen Bauernstolz zur Schau stellte. Hatte der König nicht mit ihr gesprochen und hatte er jemals mit einem solchen Idioten wie ihm gesprochen? Aber das befriedigte sie nicht. Grubersepp war der Erste im Dorf, und es war keine Kleinigkeit, von ihm beleidigt zu werden oder sich seinen Groll zuzuziehen.

„Ich werde nie die Gastgeberin für dich sein, du alte Mistgabel", sagte Walpurga und blickte zum Haus hin; „Ich werde dir nie ein Glas Wein einschenken und sagen: ‚Gott segne dich!‘ damit."

"Was sagst du?" sagte Hansei, als Walpurga diese Worte für sich selbst aussprach.

„Wenn wir das Land dieser dummen alten Heugabel kaufen könnten, würde es mir viel besser gefallen als das Gasthaus", antwortete sie.

„Natürlich wäre das viel schöner; aber wir haben nicht genug Geld dafür; und selbst wenn wir es hätten, würde Grubersepp nicht verkaufen. Im Gegenteil, wenn ein armer Mann ein Auge auf ein Feld hat, kauft er." es auf, bevor er eine Chance dazu bekommt.

Als Hansei und Walpurga im Gasthaus ankamen, fanden sie dort eine große Menschenmenge vor. Gerade war ein neuer Weinverkauf eröffnet worden, und wie bei solchen Gelegenheiten üblich, ging das Trinken auf Kosten des Gastgebers.

„Ah! Hier kommt die neue Wirtin“, riefen mehrere Stimmen.

„Danke“, sagte Walpurga, „mein Mann hat den Handel noch nicht abgeschlossen.“

Auch der Jäger aus Zell war da und Walpurga sah auf den ersten Blick, dass ihr Mann in einem Netz von Schmeichlern gefangen war. Sie verließ bald den Raum. Der Wirt und seine Frau führten sie und Hansei durch alle Räume und Keller. Walpurga fand alles sehr gut, meinte aber immer wieder, dass man alles neu bauen und arrangieren müsse.

„Du bist verwöhnt“, sagte der Wirt. „Hier auf dem Land sind die Dinge anders als in Ihrem Palast. Sie scheinen zu vergessen, dass man in diesem Haus in den nächsten fünfzig Jahren keinen Nagel einschlagen muss.“ Walpurga ließ sich nicht in eine Diskussion über dieses Thema hineinziehen. Auf dem Heimweg bemerkte sie zu ihrem Mann, dass es gut wäre, das Haus von jemandem untersuchen zu lassen, der sich mit Bauangelegenheiten auskenne, denn keiner von ihnen verstehe etwas davon, und aus dem Wirt sei auch nichts zu machen als würde man Blut aus einem Stein ziehen.

Hansei war verärgert darüber, dass der Handel nicht sofort abgeschlossen worden war. Es kam ihm vor, als könne er keine weitere Stunde im alten Haus bleiben. Walpurga hingegen wollte die Angelegenheit noch eine Weile hinauszögern. Darüber hinaus schlug sie, wie Hansei zugeben musste, viele Punkte vor, die sorgfältiger Überlegung bedurften.

An diesem Nachmittag zählte Walpurga alles zusammen, was ihr gehörte. Es war eine stattliche Menge. Es reichte fast aus, um den Gasthof mit den dazugehörigen Feldern, Wiesen und Wäldern zu finanzieren. Ein oder zwei erfolgreiche Jahre würden es ihnen ermöglichen, die Hypothek abzubezahlen, die sie möglicherweise auf dem Grundstück verbleiben müssten.

KAPITEL IV.

Es war Abend. Die Großmutter war im Zimmer und sang mit zitternder Stimme ihre Enkelin in den Schlaf. Auch sie sang das Lied:

„Oh, glückselig ist die zarte Krawatte

Das bindet mich, Liebe, an dich.

Walpurga und Hansei waren die einzigen am Tisch, und er konnte die Kartoffeln kaum essen, so schnell sie sie schälte. Sie würde ihm immer das Beste und Schönste vorsetzen. „Denk nur darüber nach, Hansei", sagte sie und sah beim Sprechen so glücklich aus; „Die besten Dinge der Welt – Schlaf, Sonnenlicht, Wasser, Eier, Salzkartoffeln und Salz – sind im Palast und in der Hütte alle gleich. Der König und die Königin können sie nicht besser haben als wir, und Das Allerbeste ist überall gleich. Und wissen Sie, was es ist?"

„Ja, ein guter Kuss. Von den Lippen der Königin wäre er nicht besser als von deinen; und da bin ich auch wie der König, besonders wenn ich so schön rasiert bin wie heute", fügte er hinzu und nahm seinen die Hand seiner Frau und streicht damit über sein glattes Kinn.

„Du hast recht, aber so wollte ich es nicht sagen. Liebe ist auch dasselbe. Es kann dort oben nicht anders sein als hier."

„Ich weiß nicht, was mit dir los ist", sagte Hansei. „Ich hätte nie gedacht, dass du so eine Hexe, so klug und so hellwach bist. Es provoziert mich, dass die Leute dich so gut kennen und dich behandeln, als wärst du immer noch derselbe alte Walpurga."

„Du solltest froh sein, dass ich immer noch derselbe bin, sonst sollte ich nicht deine Frau sein."

Hansei hörte auf, die Kartoffel in seinem Mund zu kauen und starrte seine Frau überrascht an. Schließlich stürzte er hastig auf die Kartoffel und sagte: „Dieser Witz gefällt mir überhaupt nicht. Es ist falsch, über solche Dinge Witze zu machen." Beide schwiegen.

Im Nebenzimmer saß die Mutter und sang:

„Mein Herz trägt eine Last,

Und du hast es dort platziert";

Und das Lied schien sie beide zu berühren.

„Ich muss dir etwas sagen", sagte Hansei schließlich. „Seit einem Jahr habe ich mir angewöhnt, nach dem Abendessen und besonders am Samstagabend zur Gämse zu gehen. Manchmal habe ich einen Tropfen genommen, manchmal nicht, und da heute Samstag ist und das auch so sein wird dort, ich glaube, ich gehe besser noch einmal hinauf, nur um deinetwillen.

"Meinetwegen?"

„Ja, aus Angst, die Leute könnten sagen: ‚Jetzt muss er sich ducken, denn seine gnädige Frau ist nach Hause gekommen.'"

„Warum machst du dir immer Sorgen darüber, was die Leute sagen? Angenommen, sie würden sagen: ‚Was ist das für ein Mann? Seine Frau war ein Jahr lang weg, und in der zweiten Nacht nach ihrer Rückkehr rennt er zum Gasthaus '?"

Hansei, der diesen Stoß nicht abwehren konnte, starrte sie überrascht an. Schließlich sagte er: „Ich denke, ich werde doch gehen. Du wirst dir doch nicht allzu viele Gedanken darüber machen, oder?"

„Geh, wenn du willst", antwortete Walpurga, und Hansei eilte davon. Walpurga sah ihm nach, während sich ihre Augen mit Tränen füllten. „Ist es das, wonach ich mich so gesehnt habe?" dachte sie bei sich. „Habe ich deshalb gedacht, die Minuten würden nie enden, und hatte das Gefühl, ich müsste die Stunden verjagen?"

Ihre Mutter kam herein, schloss sanft die Tür und sagte: „Sie schläft herrlich."

Der rötliche Schein der rosigen untergehenden Sonne erleuchtete Walpurgas Gesicht, in dem, wie deutlich zu sehen war, seit dem Sonnenaufgang eine große Veränderung stattgefunden hatte.

Das Kind begann erneut zu weinen. Die Großmutter ging hinein, und Walpurga eilte verstohlen in Richtung des Sees. Es war Nacht. Die Wellen schlugen sanft am Ufer; Der Schilfsperling schnatterte noch immer, und die Wasserhühner zwitscherten weiter. Weit oben auf dem Berg brannten helle Feuer; denn es war Samstagnacht, und die Bergmädchen hielten Ausschau nach ihren Freunden. Und nun stieg der Mond über dem Gipfel des Chamois-Hügels auf und schien auf den See. Walpurga stand wie in Träumerei versunken eine Weile da und blickte in den See. Dann machte sie sich auf den Weg nach Hause, aber anstatt das Zimmer zu betreten, schlich sie sich leise in den Keller. Mit fast übermenschlicher Kraft schob sie den steinernen Kohlbottich von seinem Platz, grub ein Loch in die Erde, legte das Geld, das Irma ihr gegeben hatte, hinein und schob den Kohlbottich wieder an seinen Platz.

Sie wusch gerade ihre Hände an der Pumpe, als sie bemerkte, dass ihre Mutter die Lampe im Zimmer anzündete. Sie ging hinein und starrte ins Licht.

„Warum starrst du so ins Licht?" fragte ihre Mutter.

„Nun, Mutter, ich bin nicht mehr an ein einziges Licht gewöhnt; im Palast sind es so viele."

„Aber die Menschen dort haben nur ein Augenpaar", antwortete die Mutter. „Nein, mein Kind. Das ist nicht der Grund, warum du so besorgt aussiehst. Sag mir ehrlich, was ist los?"

Walpurga gestand offen, dass es ihr fast das Herz brach, daran zu denken, dass ihr Mann am zweiten Abend nach ihrer Rückkehr nicht zu Hause bleiben konnte, sondern ins Gasthaus gehen musste.

„Gib mir deine Hand", sagte die Mutter. „Ja, ich habe über deine Hände nachgedacht. Mir ist aufgefallen, dass du sie immer wäschst, wenn du etwas anfasst. Das ist sehr schön, aber hier geht das nicht. Deine Hand ist im letzten Jahr weich und zart geworden Meines ist so hart wie Leder, und bald müssen auch Sie Ihre Hände härten. Um Himmels willen, machen Sie Ihren Mann nicht nervös und geben Sie ihm kein hässliches Wort. Glauben Sie mir, er konnte es nicht Helfen Sie mir, heute Abend dort hinaufzugehen, und außerdem ist Samstagabend. Es war, als würden ihn sechs Pferde schleppen. Er hat sich daran gewöhnt, und Gewohnheiten sind starke Dinge, die nicht nach Belieben geändert werden können. Er ist nicht schlecht; ich Da bin ich mir sicher. Lass ihn seinen Willen haben, so wie er es gewohnt ist, dann wird es ihm bald wieder gut gehen.

Walpurga gab keine Antwort. Sie beschäftigte sich damit, Kartoffeln für ihre Mutter zu schälen, die dann sagte:

„Die Dinge, die Gottes Gaben sind, haben wir genauso gut wie sie im Palast."

„So! Wir haben eine arme Seele gerettet", antwortete Walpurga lächelnd, „ich habe vor einiger Zeit genau die gleichen Worte zu Hansei gesagt."

Als sie mit dem Schälen der Kartoffeln für den nächsten Tag fertig waren, sagte die Mutter:

„Ich sage dir was. Lass uns die Vordertür schließen und uns auf den kleinen Sitz setzen, den dein Vater so gern hatte, im grasbewachsenen Garten hinter dem Haus. Dort können wir ungestört miteinander reden und, wie Die Lichter sind aus, wir werden keine Besucher haben. Wir wollen auch keine, denn wir sind allein genug."

„Oh Gott! Wenn nur mein Mann sich auch so fühlen würde."

„Lass ihn im Gasthaus in Ruhe. Gott sei Dank, dass wir allein sind. Benimm dich nicht wie eine abgesetzte Königin; das macht es nur noch schwieriger für dich."

Mutter und Tochter gingen durch die Hintertür hinaus, die in den kleinen Garten führte, wo sie sich auf eine Bank setzten, die an der Wand und gegenüber dem Stallfenster stand, und ließen die Hintertür offen, damit sie das Kind hören konnten, falls es sollte weinen. Sie hörten jedoch nichts außer dem Lärm, den die Kühe beim Fressen machten. Der Mond stand hoch und die schimmernde Oberfläche des Sees reflektierte seine Strahlen. Hin und wieder waren das *Jodeln* eines fernen Bergsteigers, das Bellen eines Hundes oder das leise Plätschern eines Ruders die einzigen Geräusche, die die Stille durchbrachen.

„Wenn die ersten zwei Wochen nur vorbei wären", sagte Walpurga, „würde ich mich besser daran gewöhnen."

„Ich wünsche mir nicht, dass die Zeit vergeht. Sie kommt und geht von selbst."

„Ja, Mutter, sag mir alles, was ich tun soll, es ist mir jetzt egal, meinen eigenen Willen zu haben."

„Das geht auch nicht. Wer alleine gehen kann, muss alleine fallen."

"Ich versuche mein Bestes zu geben."

„Sehr gut. Sag mir eins: Wie ist es jetzt im Palast?"

„Ungefähr jetzt? Meine Güte, es kommt mir vor, als wäre es zwei Jahre her, seit ich dort weggegangen bin. Mittlerweile sind in allen Gängen die Lampen angezündet, und unten, wo der König und die Königin sind, sind sie gerade dabei, den Tisch zu verlassen. Aber damit haben wir nichts zu tun. Mademoiselle Kramer liest ihr Buch. Sie liest jeden Tag ein Buch durch; und mein Prinz. O du armes Kind –"

Walpurga brach in Tränen aus. Im selben Moment begann ihr eigenes Kind zu weinen und die beiden Frauen eilten herein.

„Es war nur ein Traum", sagte die Mutter leise. „Das Kind muss spüren, dass die richtige Mutter gekommen ist."

Walpurga wurde sich erneut des Doppellebens bewusst, das sie führte.

Obwohl sie zu Hause war, waren ihre Gedanken immer noch beim Palast. Alles schien verwirrt und undeutlich, und als sie sich wieder auf der Bank neben ihrer Mutter wiederfand, musste sie innehalten und darüber nachdenken, wo sie war.

„Es scheint mir", sagte die Mutter, „dass diejenigen, die so viele weltliche Gaben besitzen wie der König und die Königin und die Qualität, sich nicht viel Zeit nehmen können, um an das himmlische Leben im Jenseits zu denken."

Walpurga erzählte ihr, wie fromm sie alle am Hofe seien und dass die Königin, obwohl sie Protestantin sei, besonders fromm sei.

Sie unterhielten sich in ruhigem und sanftem Ton miteinander. Walpurga legte ihren Kopf an das Herz ihrer Mutter und schlief dort schließlich ein. Die Mutter umarmte sie und wagte kaum zu atmen, damit sie sie nicht wecken konnte. Nachdem sie eine Weile dort gesessen hatten, weckte sie Walpurga und sagte ihr, dass sie sich vielleicht erkälten würde und besser zu Bett gehen sollte. Walpurga wusste kaum, wo sie war, und während sie sich immer noch die Augen rieb, fragte sie: „Ist mein Mann noch nicht zu Hause?"

„Geh einfach zu Bett, ich helfe dir", sagte die Mutter und zog Walpurga aus, als wäre sie ein kleines Kind. Dann setzte sie sich ans Bett, nahm die Hand ihrer Tochter und sagte: „Sehen Sie, es ist eine seltsame Sache, wenn Menschen, die zusammengehören, schon lange getrennt leben. Sie haben sich daran gewöhnt, ohne einander auszukommen." , und das Einzige, was Sie tun können, ist zu warten, bis sie sich wieder aneinander gewöhnt haben. Passen Sie gut auf, dass Sie niemals ein unfreundliches Wort sagen und wagen Sie es nicht, sich zu denken: „Wenn ich nur wieder weg wäre, und draußen in der Welt.' Wenn Sie solche Gedanken hegen, werden Sie wie ein Baum sein, dessen Wurzeln abgeschnitten und verpflanzt werden – er muss sterben. Beachten Sie, was ich Ihnen sage! Wann immer Sie etwas nach Ihren eigenen Vorstellungen ändern können, tun Sie es; aber Sie würden es tun Versuchen Sie besser nicht, das zu ändern, was nicht geändert werden kann. Machen Sie sich klar, dass es so sein muss, wie es ist, und unterwerfen Sie sich. Es gibt nichts Törichteres auf der Welt, als sich etwas zu wünschen, das man nicht haben kann. Wann Wenn der Wind weht und der Regen niedergeht, hört man die Leute oft sagen: „Wenn es heute nur schönes Wetter wäre." Wir können das Wetter außerhalb von uns nicht ändern, aber wir können dafür sorgen, dass drinnen schönes Wetter herrscht. Und was ich sagen wollte ist: Sorge dafür, dass du schönes Wetter in dir hast, dann wird alles gut."

„Ja, aber was soll ich tun?"

„Bemühe dich noch heute Nacht. Versprich mir treu, dass du, wenn du wach bist, wenn dein Mann nach Hause kommt, fröhlich zu ihm sagen wirst: ‚Gott grüße dich, Hansei!'"

„Das kann ich nicht, Mutter, das kann ich tatsächlich nicht."

„Aber ich sage dir, du musst dazu in der Lage sein, sonst bist du keine wahre Ehefrau und Mutter, und jedes Goldstück, das du mit nach Hause gebracht hast, wird sein, als würde ein feuriger Dämon darin lauern. Du versprochen, mir zu gehorchen, und gleich zu Beginn weigerst du dich.“

„Ja, Mutter, ich werde mein Bestes geben.“

„Na dann, gute Nacht“, sagte die Mutter und kehrte in ihr Zimmer zurück.

Walpurga lag schweigend da. Wut und Trauer hielten sie wach. Ihr Kind hatte sich von ihr entfremdet, ihr Mann hatte schlechte Gewohnheiten angenommen und zog die Gesellschaft seiner Kameraden der ihrigen vor. Wem zuliebe hatte sie sich die schwere Bürde auferlegt? Für wen war sie unter Fremde gegangen, um alles zu verdienen, was sie mit nach Hause gebracht hatte, und für wen hatte sie sich so rein gehalten? Sie benetzte ihr Kissen mit bitteren Tränen. Doch plötzlich sagte eine innere Stimme zu ihr: „Willst du dir die Ehre zuschreiben, ehrlich gewesen zu sein? Warst du ehrlich zu dir selbst oder zu anderen? Und mussten sie nicht auch leiden, indem sie alles auf sich nahmen?“ Müsste man Gott nicht dafür danken, dass sie nicht vor Kummer gestorben sind? – Ja, das war alles schön und gut; aber jetzt sollten sie von Herzen froh und dankbar sein – das kann ich von dem Kind nicht erwarten, denn das ist es zu jung, um es zu wissen; aber mein Mann – er hat Verstand genug, wenn er Lust dazu hat. Und habe ich das alles nur erreicht, um Gastgeberin für die ganze Welt zu sein? Nein, ich habe es verdient, und ich habe ein Recht darauf --Um Himmels willen! Ein Recht? Da ist das Problem. Wenn der eine immer darauf besteht, seine Rechte vom anderen einzufordern, ist es wie die Hölle selbst – ich will keine Rechte; ich habe keine Rechte; ich will Überhaupt nichts. Ich wünsche mir nur, eine gehorsame Ehefrau und eine gute Mutter zu sein. Lieber Herr, hilf mir, wenn ich keine bin.

Man hörte schwere Schritte näherkommen. Hansei trat ein und Walpurga rief mit fröhlicher Stimme: „Gott grüße dich, Hansei! Ich bin froh, dass du mich noch wach vorgefunden hast.“

„Ich habe die Wette gewonnen! Ich habe sie gewonnen!“ rief Hansei mit lauter Stimme. „Dort draußen unter dem Fenster stehen zwei Männer. Wir haben zusammen gewettet und ich habe sechs Maß Wein von ihnen gewonnen. Sie sagten, der beste Beweis für eine Frau sei die Art und Weise, wie sie ihren Mann empfängt, wenn er aus der Taverne zurückkommt , oder wenn er sie aus dem Schlaf weckt. Ich sagte ihnen: „Ich kenne meine Frau. Wenn ich nach Hause komme, wird sie nett und freundlich zu mir sein.“ Aber sie wollten kein Wort davon glauben. Und so hatten wir eine Wette, und ich habe sie gewonnen; und wenn der ganze Wein auf der ganzen Welt mir gehörte, würde es mir nicht einmal so sehr gefallen weiß, dass ich recht hatte.

Hansei öffnete die Fensterläden zum See und rief: „Jetzt habt ihr es gehört, Freunde. Jetzt könnt ihr gehen, ich habe den Wein gewonnen. Gute Nacht!"

Walpurga zog die Decke über ihren Kopf. Draußen gab es Gelächter und die beiden Männer gingen. Ein oder zwei Minuten lang schien das helle Mondlicht in das bescheidene Häuschen, dann wurde der Fensterladen wieder geschlossen.

KAPITEL V.

Als Hansei am nächsten Morgen aufwachte, waren die Kühe bereits gemolken und das Haus sah so hell und sauber aus, dass es schien, als hätte eine der freundlichen Feen, die auf den Bergen lebten, Abhilfe geschaffen. In der Mitte des Tisches stand ein Topf mit blühenden, scharlachroten Nelken, über den ein ordentliches, weißes Tuch ausgebreitet war; und um den schmuddeligen Blumentopf vor den Blicken zu verbergen, war eine Girlande aus Blättern darum gewickelt.

„Du warst fleißig", sagte Hansei, und Walpurga antwortete: „Ja, meine Gedanken wanderten weit in die Welt und kamen wieder zurück. Du siehst, die Qualität hat alles, was man sich wünschen kann, aber weißt du?" Was haben sie nicht?

"NEIN."

„Sie haben keinen Sonntag; und wissen Sie warum?"

„Das weiß ich auch nicht."

„Weil sie keine richtigen Arbeitstage haben. Im Palast stehen, wenn man morgens aufsteht, die Stiefel und Schuhe an der Tür bereit, als wären sie geschwärzt. Der Kaffee ist von selbst fertig, das Brot hat sich von selbst gebacken." , die Wege haben sich selbst gefegt, und alles wird erledigt, man weiß kaum wie. Aber alles mit eigenen Händen machen – Seht nur! Heute habe ich schon meine Hand unter eure Füße gelegt; ich habe habe deine Schuhe geputzt.

„Das darfst du nicht tun, das ist keine Arbeit für dich. Tu es nicht noch einmal."

„Sehr gut, ich werde es nicht wieder tun. Aber heute habe ich alles getan, und ich kann Ihnen kaum sagen, wie glücklich ich war, als ich dem ersten Eimer Wasser nachging. Zuerst war es schwer, aber ich Ich habe es doch geschafft. Und jetzt sehne ich mich nach dem Frühstück. Seit dem Tag, an dem ich das Haus verlassen habe, war ich noch nie so hungrig wie jetzt.

Als die Großmutter kam und das Kind mitbrachte, war auch sie überrascht und sagte: „Walpurga, du wirst unsere Hütte in einen Palast verwandeln."

Mit freudiger Miene erzählte ihr Hansei von allem, was Walpurga getan hatte, und die Mutter sagte: „Sie hat recht; ein fleißiges Zuhause ist das glücklichste Zuhause, und jetzt, nur weil man etwas Geld hat, muss man so viel arbeiten." mehr. Denn wo Müßiggang ist, entwickeln Reichtümer Flügel; aber wenn Sie Ihrem Vorrat immer etwas hinzufügen, egal wie wenig, wird das Alte wahrscheinlich bleiben."

„Ich glaube nicht, dass wir heute in die Kirche gehen müssen", sagte Hansei, „Mutter spendet uns den besten Segen."

„Ja, aber trotzdem gehen wir in die Kirche", antwortete Walpurga. „Während meiner Abwesenheit habe ich mich darauf gefreut, zum ersten Mal in die Kirche zu gehen. Was für ein schöner Tag! Ich glaube nicht, dass es jemals so schönes Wetter gab." Ihr Verkehr war voller Glück. Der einzige Nachteil war, dass das Kind sich immer noch weigerte, nach Walpurga zu gehen.

Walpurga erzählte ihrer Mutter, dass während ihrer Abwesenheit für alles gut gesorgt worden sei, doch über eines war sie unzufrieden.

„Was ist los? Was habe ich getan?"

„Na, du hast dir doch keinen Diener besorgt."

Die alte Frau lächelte. Das könnte sie niemals tun. Sie wusste nicht, wie sie jemals einen Diener herumkommandieren sollte. Und nun sagte Hansei, er würde seiner Frau nicht erlauben, sich zu überanstrengen, und es müsse eine Dienerin im Haus sein.

Die Großmutter empfahl eines der Kinder ihres Bruders von jenseits der Berge. Daher wurde beschlossen, Onkel Peter zu benachrichtigen, er solle kommen und eine seiner Töchter mitbringen.

Der Morgen war klar und erfrischend, und Hansei, der sein schneeweißes Hemd angezogen hatte, sagte, während er seine Pfeife anzündete:

„Walpurga, lass deine Mutter ein wenig arbeiten und komm in den Garten."

Er saß auf der Bank unter dem Kirschbaum. Walpurga gesellte sich bald zu ihm und sagte, wie es bei Frauen üblich ist, dass sie nur für kurze Zeit bleiben könne, dass sie verschiedene Angelegenheiten zu erledigen habe und dass sie zu guter Jahreszeit in der Kirche sein sollten.

Sie setzte sich neben ihn und Hansei sagte: „Warum sagst du nicht etwas? Du hast sicher viel zu erzählen."

„Jetzt fällt mir gar nichts ein. Warte nur, es kommt schon alles. Es ist schon Glück genug, dass wir wieder zusammen sind. Wenn es uns allen nur gut geht. Ich glaube, unser Kirschbaum ist gewachsen." ."

„Und jetzt, wo ich darüber nachdenke, hast du dieses Jahr keine Kirschen davon bekommen. Ich werde hochklettern und welche für dich holen, und wenn ich hochgehen könnte, weit hinter dem Baum, und den blauen Himmel für dich herunterholen." Du, ich würde es tun.

Er kletterte auf den Baum und schrie: „Huch, ihr Spatzen, ihr habt genug. Meine Alte ist wieder da, aber sie ist noch jung und will auch welche. Ihr hattet eure Frauen dabei." das ganze Jahr, und ich habe es nicht getan. Er pflückte eilig die schönsten Kirschen und sang dabei:

„Zur Kirschzeit hast du mich verlassen, Liebes;

In Kirschenzeit sind Sie wieder hier.

Die Kirschen sind schwarz und rot,

Und ich werde meinen Schatz lieben, bis ich tot bin.

Plötzlich rief er: „Walpurga, ich muss runter, ich kann nichts mehr für dich bekommen, mir ist so schwindelig."

Bald war er wieder am Boden und sagte: „Das ist mir in meinem ganzen Leben noch nie passiert, und ich war schon so manchen halben Tag dort oben. Ich nehme an, es ist unser Glück, das mich so schwindlig macht." . Ich werde nie wieder auf einen Baum klettern, das verspreche ich dir. Es wäre schrecklich, wenn ich hinfallen würde. Wir müssen darauf achten, dass wir gesund bleiben und zueinander halten. Ich will nicht um mir die Beine zu brechen. Ich möchte noch mit dir tanzen. Ich werde mit dir auf Burgeis Hochzeit tanzen. Es scheint, als könnte ich die Musik schon hören. Horch! Hörst du nichts?"

„Nein. Es wird noch lange dauern, bis die Musik für Burgeis Hochzeit erklingt."

„Und sie muss einen guten Ehemann bekommen; sonst will ich es nicht haben. Was hältst du von einem Prinzen? Aber ich werde schweigen, denn ich rede nur dummes Zeug. Ich weiß kaum, was ich sage." , wo ich bin, oder wer ich bin, und--"

„Wir sind zu Hause, und du bist mein Mann und das ist alles. Du wirst sehen, ich habe noch etwas Gutes für dich auf Lager."

„Sag mir nichts und versprich mir nichts mehr. Ich habe schon genug. Ich kann kaum glauben, dass wir ein Kind haben. Es kommt mir vor, als wären wir gerade erst verheiratet."

Mit sanfter Stimme, zu leise, als dass ein Passant sie hören könnte, und gerade laut genug, um zu erkennen, dass sie sangen, sangen sie:

„Oh, glückselig ist die zarte Krawatte

Das bindet mich, Liebe, an dich.

Und schnell vergehen die Stunden,

Wenn du mir nahe bist.

Genau wie der Fink, der nicht müde wird, sein Lied zu wiederholen, sangen sie immer wieder dieselben Worte. Sie hatten einander nichts mehr zu sagen, denn sie waren unsagbar glücklich. Nun begann die Kirchenglocke zu läuten. Seine über den See schwebenden Geräusche wurden von den Wäldern und Bergen zurückgeworfen . Man sah einen Wagen aus dem Dorf kommen und Walpurga sagte: „Wir müssen uns für die Kirche fertig machen.“

Sie gingen ins Haus. Die Mutter hatte Hansei bereits seinen königlichen Sonntagsanzug gebracht. Bald hörten sie das Knallen einer Peitsche und eine Stimme rief: „Kommst du?“ Hansei steckte seinen Kopf aus dem Fenster und fragte: „Was ist los?“ Walpurga bedeckte sich mit einem großen Laken und schaute aus dem niedrigen Fenster. Der Oberdiener des Wirts, der draußen auf der Straße beim Wagen stand, antwortete:

„Mein Herr schickt dir seinen Wagen, damit du zur Kirche fahren kannst.“

„Walpurga, möchtest du reiten?“ fragte Hansei an der geschlossenen Kammertür.

„Nein, ich gehe zu Fuß. Ich bitte dich, Hansei, schick den Wagen weg; ich habe genug vom Reiten.“ Hansei ging hinaus. Im selben Augenblick traf der Wirt ein, mit seiner militärischen Medaille auf der Brust.

Hansei dankte ihm, sagte aber, dass seine Frau nicht mitfahren wollte. Aber es war nicht so einfach, den Wirt zu verleugnen, der wartete, bis Walpurga aus dem Haus kam.

Sie war nicht lange dabei, sich anzuziehen, und das will schon viel heißen; denn dies sollte ihr erster Auftritt in der Kirche sein und sie wusste, dass alle Augen auf sie gerichtet sein würden. Als sie in geschmackvoller Kleidung herauskam, sagte der Wirt:

„Sie müssen mir die Ehre erweisen, Sie und Ihren Mann von mir zur Kirche fahren zu lassen.“

„Ich bin immer noch ganz gut auf den Beinen und werde froh sein, wieder einen guten Spaziergang zu machen.“

„Das kannst du auch machen, aber nicht am ersten Sonntag. Wir würden uns vor den Leuten schämen, die in der Wildnis und draußen an der Windenreuthe leben, wenn wir ihnen nicht zeigen würden, dass wir es verstehen, eine Frau so zu behandeln.“ Respekt vor dir selbst. Wir sind alle stolz auf dich.“

„Danke. Denken Sie nicht darüber nach, aber ich werde nicht mitfahren."

Walpurga sollte nicht bewegt werden. Der Wirt wollte gerade seinem Zorn Luft machen, doch aus Angst vor den Folgen hielt er sich zurück und sagte mit lächelnder Miene:

„Das hätte ich wissen müssen. Das Gehen ist ein echter Genuss für die Qualität. Ja, in der Tat!" Er lachte über seine eigene Klugheit und schickte den Wagen wieder nach Hause. Er lächelte weiter, bis er Gelegenheit hatte, Hansei und Walpurga den Rücken zu kehren, als sein Gesicht einen ziemlich wütenden Ausdruck annahm. Er ging nach Hause, zog seinen Mantel mit der Medaille aus, hängte ihn in den Schrank und wünschte, er könnte sich auf die gleiche Weise aufhängen. Wer könnte schon sagen, was Walpurga sowohl seinem Spaß als auch den hübschen Einnahmen, die er an diesem Tag erwartete, im Weg stehen würde?

Walpurga und Hansei machten sich auf den Weg an der Straße am See entlang, die Großmutter stand mit dem Kind auf dem Arm an der Gartenhecke und kümmerte sich um sie. Sie wiederholte leise zu dem Kind: „Mutter", und es rief plötzlich mit lauter Stimme „Mutter". Walpurga drehte sich um und wollte das Kind umarmen, aber es versuchte sich erneut vor ihr zu verstecken und weinte, als sie versuchte, es zu küssen. Hansei stand dabei und war so verärgert, dass er die Hand hob, als wollte er das Kind schlagen, aber Walpurga beruhigte ihn und sagte: „Wir müssen warten."

Die zweite Glocke läutete und sie eilten weiter. Unterwegs gesellten sich Männer, Frauen und Kinder aus dem Dorf und verschiedenen Bauernhöfen in der Nachbarschaft zu ihnen. Hansei sehnte sich danach, sie zu vertreiben, und einmal sagte er leise: „Ich möchte mit dir gehen, allein."

„Sei geduldig", sagte Walpurga, „gönne ihnen nicht die Freude an unserem Glück." Sie war allen gegenüber umgänglich. Hansei schaute über den See, dann hinauf zum Himmel und dann wieder zu seiner Frau, als wollte er sagen: „Sie ist wieder da." Er lächelte, als er die Kinder sagen hörte: „Sie ist jetzt die großartigste Bäuerin – sie kommt direkt nach der Königin."

Das dritte Geläut, das meist eine Viertelstunde dauert, hatte gerade begonnen, als Hansei und seine Frau die Kirche erreichten. Viele Kirchgänger standen in Gruppen herum und begrüßten sie. Es war noch Zeit, dort zu bleiben und eine Weile zu plaudern; aber Walpurga nahm die Hand ihres Mannes und ging mit ihm in die Kirche. Sie waren die ersten, die eintraten. Walpurga nahm ihren gewohnten Platz auf dem Platz ein, der den Frauen zugeteilt war, und Hansei begab sich auf den Platz, der den Männern zugeteilt war. So waren sie zusammen und doch getrennt. Die Glocken über ihnen erklangen immer noch fröhlich, während sie in stiller

Selbstbeobachtung dasaßen. Nur einmal nickte Hansei seiner Frau zu, doch sie schüttelte abfällig den Kopf.

Das Orgelspiel begann und die Menschen strömten in die Kirche. Walpurga wusste, dass dieser oder jener in ihrer Nähe war, aber sie wollte an einem solchen Ort von niemandem begrüßt oder begrüßt werden. Sie spürte, dass das Auge des Unsichtbaren auf ihr ruhte.

Der Pfarrer predigte von der Rückkehr in die ewige Heimat. Es schien, als seien seine Worte für Hansei und Walpurga bestimmt; als würde er nur zu ihnen sprechen.

Als die Predigt zu Ende war und für den König, die Königin und die königliche Familie gebetet wurde, herrschte in der Kirche seltsames Flüstern. Walpurga spürte, dass alle Augen auf sie gerichtet waren und blickte nicht auf.

Der Gottesdienst war vorbei. Die Gemeinde verließ die Kirche und Walpurga wurde nun von den Nachzüglern begrüßt.

Der Küster kam zu Walpurga und Hansei und sagte, der Pfarrer wolle sie in der Sakristei sehen. Sie gingen hinein. Der Pfarrer begrüßte sie erneut, sprach von ihrem Glück und ermahnte sie zur Demut.

„Ja, ja“, sagte Hansei, „meine Schwiegermutter hat fast dasselbe gesagt.“

Der Pfarrer versprach, sie bald zu besuchen, und sagte, er sei stolz, eine solche Frau unter seinen Gemeindemitgliedern zu haben. Hansei streckte die Hand aus, als wollte er ihn kontrollieren, und hätte am liebsten geantwortet: „Was nützt es, wenn du uns vor Stolz warnst, wenn du uns selbst so etwas erzählst?“ Der Pfarrer bedeutete ihm Ruhe und sagte weiter: „Ich werde nächste Woche die Hauptstadt besuchen, und du musst mir den Gefallen tun, Walpurga, mir einen Brief an die Gräfin von Wildenort zu überbringen.“

„Von ganzem Herzen“, sagte Walpurga.

Als sie wieder draußen waren, musterte Hansei seine Frau von Kopf bis Fuß. Und so bat sogar der Pfarrer seine Frau um Fürsprache für ihn. Ja, sie war eine großartige Ehefrau, wenn das alles sie nicht verwirren konnte.

„Oh Hansei“, sagte Walpurga plötzlich, „was sind sie alle für ein Haufen Idioten. Sie tun alles, was sie können, um einen stolz zu machen, und wenn einer so werden würde, würden sie nichts anderes tun, als dich zu beschimpfen.“

Hansei wollte gerade sagen, dass er genau das Gleiche gedacht hatte, aber bevor er dazu Gelegenheit hatte, sah er den Schneider Schneck mit seiner großen Bassgambe den Berghang herunterkommen. Der schwache und zart aussehende Mann mit dem großen Instrument auf dem Rücken bot ein recht seltsames Aussehen.

„Heigho! Warum ist hier die Hochzeitsgesellschaft?", rief der Schneider, während er den Wiesenweg verließ und die Straße hinauflief, um Hansei und Walpurga die Hand zu schütteln.

„Was ist los? Was wirst du tun?"

„Ich werde heute für dich spielen."

„Für uns? Wer hat dich bestellt?"

„Wie schade, dass meine Frau diesen Tag nicht mehr erlebt hat. Wie glücklich hätte es sie gemacht. Weißt du nichts davon? Es wird ein großes Fest im Chamois geben, zu Ehren deiner Rückkehr, Walpurga, Und der Gastwirt hat mich und noch sechs andere Musiker engagiert. Der Forstwart, der Oberförster, alle Richter des Gerichts und alle im Umkreis von sechs Meilen sind eingeladen. Wie blöd, dass ich nur meine Bassgambe dabei habe , sonst würde ich dir gleich hier auf der Straße ein Stück vorspielen.

„Da hast du es", flüsterte Walpurga ihrem Mann zu, „der Wirt verdient mit allem Geld. Wenn er es nur könnte, würde er mir Geigensaiten über den Rücken spannen und dir die Haut abziehen." Trommelfelle daraus machen.

„Geh weiter, wir folgen", sagte Hansei zum Schneider. Er war verärgert, als andere sich ihnen auf dem Heimweg anschlossen. Er wollte mit seiner Frau allein sein. Niemand sollte einen Anteil an ihr haben; sie gehörte ihm allein.

„Es ist bald ein Jahr her, seit wir auf diesem Steinhaufen gesessen haben. Erinnerst du dich? Es muss ungefähr hier gewesen sein", rief Hansei mit freudiger Stimme.

Walpurga gab eine ausweichende Antwort. Sie erzählte Hansei, dass sie es für eine dumme Angelegenheit des Wirts halte, aus ihrer Rückkehr ein Fest zu machen, dass sie aber wegen all seiner Musik keinen Fuß in die Gämse setzen würde.

Hansei hatte die geplante Unterhaltung nicht so schlecht empfunden; im Gegenteil, er hatte Gefallen an der Idee gefunden, inmitten der Menge zu sitzen, mit seiner Frau an seiner Seite und all den Leuten, die um ihn herumtollten. Das war mehr, als Grubersepp mit all seinem Geld bekommen konnte. Nicht ohne Mühe sagte er schließlich: „Ganz wie es Ihnen gefällt; Sie sollten am besten selbst wissen, ob es für Sie richtig ist."

Sobald der Nachmittagsgottesdienst zu Ende war, sah man Menschenmengen auf dem Weg zur Gämse in Kutschen, zu Pferd oder zu Fuß durch das Dorf eilen. Der Klang der Musik war weithin zu hören und überall waren die Töne der Bassgambe von Schneider Schneck zu hören.

„Wenn ich mich nur vor ihnen verstecken könnte", sagte Walpurga.

„Das geht ganz leicht", sagte Hansei triumphierend, „das ist schon in Ordnung. Lasst uns gemeinsam und allein losziehen."

Er ging durch die Hintertür in den Hintergarten und löste das Boot vom Spieß. Während die Kette klapperte, legte Walpurga ihre Hand auf ihr Herz und sagte:

„Du hast eine Kette von meinem Herzen gelöst."

Sie stiegen ins Boot und stießen los, und wie ein Pfeil schoss die schlanke Barke über das glatte Wasser des Sees hinaus.

„Der Pfarrer wollte kommen", sagte Walpurga, als sie ein Stück weit gegangen waren.

„Er kann ein andermal kommen, er wird nicht weglaufen", dachte Hansei. „Wir rudern zusammen, genau wie damals, als wir verlobt waren."

Walpurga ergriff auch die Ruder. Sie und Hansei saßen sich gegenüber. Die vier Ruder hoben und senkten sich, als ob sie von einer einzigen Hand bedient würden. Keiner sprach ein Wort; es gab nichts zu sagen. Die glücklichen Blicke, die sie einander zuwarfen, waren voller Beredsamkeit, und der gleichmäßige Ruderschlag erzählte die ganze Geschichte.

Als sie die Mitte des Sees erreichten, hörten sie laute Musik vom Ufer und als sie zurückblickten, sahen sie eine große Menschenmenge, begleitet von der Musikkapelle, vor ihrem Haus.

„Gott sei Dank! Dem sind wir entgangen", sagte Hansei.

Sie ruderten immer weiter und gingen am gegenüberliegenden Ufer an Land, wo sie, einander an der Hand haltend, den Hügel hinaufstiegen. Bald erreichten sie eine Klippe, wo sie eine Weile ruhten. Schließlich sagte Hansei:

„Walpurga, es scheint mir, dass du nicht die Wirtin der Gämsen sein willst. Sag es mir ganz offen, ist das so?"

„Nein, das tue ich nicht; aber wenn du wirklich darauf aus bist —"

„Ich will nichts, was nicht zu dir passt."

„Ich will auch nichts, was dir missfällt."

„Und so lassen wir den Wirt seinen eigenen Weg gehen?"

"Gern."

"Wir können warten."

„Wir können vorerst so bleiben, wie wir sind."

„Wir werden bald eine gute Chance finden.“

„Das Geld wird nicht schimmeln.“

„Du auch nicht. Ich habe eine brandneue Frau. Hurra! Hurra!“

Ihre Stimmen vereinten sich zu einem fröhlichen Gesang, und sie fühlten sich, als wären sie von einer selbst auferlegten Last befreit.

„Sie können sich über mich lustig machen, so viel sie wollen, solange wir glücklich miteinander sind“, sagte Hansei.

„Hansei, dafür werde ich dich nie vergessen. Da kommt noch etwas anderes.“

„Mehr braucht es nicht. Ich verlange nur, dass wir behalten, was wir haben.“

Sie saßen lange da, und schließlich sagte Walpurga:

„Oh, wie schön ist die Welt. Wenn wir nur immer so zusammen bleiben könnten. Es gibt nichts Schöneres, als hier zu sitzen und durch die grünen Blätter und die grauen Zweige auf den See zu schauen. Es gibt zwei Himmel, einen darüber und einen.“ unten. Hansei, wir haben auch zwei Himmel, und ich glaube fast, dass der auf Erden der schönere von beiden ist.“

„Ja, aber die Freude hat mich hungrig und durstig gemacht; ich muss etwas zu essen haben.“

Sie stiegen hinab zu einem ruhigen, verlassen aussehenden Dorf, das in der Nähe lag. Hier und da saßen Leute vor ihren Türen, plauderten und gähnten, um die schwüle Mittagsstunde zu vertreiben. Aber Walpurga sagte:

„Oh, Hansei, wie schön ist das alles! Schau dir nur diese Schubkarre und diesen Holzhaufen und dieses Haus an – ich weiß nicht, was mit mir los ist, aber mir ist ganz schwindelig und als würde alles lächeln.“ bei mir."

„Sie müssen etwas zu essen und zu trinken haben; Sie sind ganz außer sich.“

Sie fanden die Gaststube unbewohnt vor, abgesehen von unzähligen Fliegen.

„Sie haben hier viele Gäste, aber sie zahlen nichts“, sagte Hansei und beide lachten aus vollem Halse. Sie waren so glücklich, dass die kleinste Kleinigkeit sie zum Lachen brachte.

Nach wiederholten Anrufen erschien die Wirtin und brachte etwas sauren Wein und altes Brot; aber es war trotzdem recht schmackhaft.

Sie brachen auf, und als es Abend wurde, ruderten sie noch lange auf dem See umher. Der Abendtau fiel bereits, als Hansei auf eine ferne, kahle Stelle im Wald zeigte und sagte: „Das ist unsere Wiese.“

Walpurga schien mit anderen Gedanken beschäftigt zu sein. Sie legte ihre Ruder ab und rief:

„Das kleine Haus da drüben ist unser Zuhause, und dort ist unser Kind. Ich weiß nicht, wie es ist –" Sie konnte ihre Gefühle nicht ausdrücken, aber es schien, als müsste sie wegfliegen und über dem Meer und den Bergen schweben , mit allem, was ihr gehörte. Sie blickte Hansei ernst an, bis er schließlich sagte:

„Natürlich ist es unser kleines Haus; und unsere Kühe und unsere Tische und unsere Stühle und unsere Betten sind alle da. Walpurga, du bist ein dummes Ding geworden; alles kommt dir seltsam vor."

„Du hast recht, Hansei. Hab nur Geduld mit mir. Mir fällt das Ganze gerade wieder ein."

Hanseis Worte hatten sie zunächst fast beschämt. Er hatte ihre Gesichtsausdrücke so wörtlich genommen und ihre nervösen Gefühle nicht gewürdigt. Doch sie gewann schnell ihre Selbstbeherrschung zurück und erkannte, wie verändert sie sich verändert hatte und dass das alles hier fehl am Platz war.

Sie kehrten nach Hause zurück und schlüpften durch die Hintertür ins Haus. Sie fanden alles ruhig und in Ordnung. Sie kümmerten sich weder um die Menschen draußen noch um deren Fröhlichkeit. Sie waren einander genug.

KAPITEL VI.

Waren das dieselben Dorfbewohner, die so skandalös von Walpurga geredet hatten, als zur Weihnachtszeit die neuen Kleider für Hansei und die Mutter gekommen waren? Waren sie plötzlich freundlich und liebevoll geworden?

Es schien zunächst, als hätten sie sich wirklich auf die edelste Höhe erhoben, die der reinen Sympathie.

Aber jetzt – wenn es einen Wetterhahn gegeben hätte, der die Gefühle der Menschen markiert hätte, hätte er sich ganz plötzlich gedreht.

Es hat sich alles ganz natürlich ergeben.

Den Dorfbewohnern blieben nur noch wenige Vergnügungen übrig. Die kirchlichen und staatlichen Behörden hatten mit strenger Hand geherrscht. Es war daher keine Kleinigkeit, dass die Mitglieder des Provinzgerichts im Hochsommer zu Ehren der Fürstenpflegerin Musik erlaubten, denn auch für Musik war die Zustimmung der Behörden erforderlich.

Alle waren begeistert, außer natürlich Grubersepp, der über ihr lärmendes Treiben ein schiefes Gesicht machte und nach seinem gemütlichen Mittagsschlaf auf seine Felder ging. Solch ein Lärm und eine solche Aufregung um gar nichts würde den kleinen Bauern, den Holzfällern, den Schiffern und den Fischern sehr gut tun; aber einen reichen, nüchternen Bauern dürfte es nicht interessieren.

Aber als sie herausfanden, dass Walpurga und Hansei weggegangen waren und der Witz damit verdorben war; Als selbst der Landrichter ihr Verhalten als beschämend bezeichnete, herrschte ein ziemlicher Abscheu, und viele, die in die Hütte am See gegangen waren, um ihren Bewohnern Ehre zu erweisen, begannen nun darüber nachzudenken, welche Streiche sie spielen könnten Hansei und seine hochmütige Frau. Es gab viele Möglichkeiten, sie zu ärgern, wie das Abschneiden der Schwänze der Kühe, das Zunageln der Türen, das Einschlagen der Fenster – sie waren ziemlich erfinderisch darin, alle möglichen gemeinen Tricks zu erfinden, aber die Anwesenheit des Richters wirkte als unangenehme Zurückhaltung . Also kehrte die Menge ins Gasthaus zurück und vergnügte sich damit, gegen den Ammen und seine dumme Frau zu schimpfen. Nach und nach vollzog sich jedoch ein weiterer Gefühlswandel. Es gibt viele, die sich über das Unglück anderer freuen und über die Enttäuschung des Vermieters lachen. Das Fest und die großen Einnahmen, die er erwartet hatte, waren beide gescheitert, denn der Großteil der Gesellschaft reiste bald ab und ließ ihm genug Braten und Kuchen für eine Woche übrig. Draußen in der Küche weinte die Wirtin vor Wut und Ärger, den sie gerne an ihrem Mann ausgelassen hätte. Auf allen Seiten wurde lebhaft geredet, und sie hielten es für einen großen Witz, sich über den Wirt lustig zu machen und ihm zu raten, den Tagesverlust zum Hauspreis hinzuzurechnen.

„Ich werde überhaupt nicht verkaufen", sagte der Gastgeber. „Solche Leute sollen mein Haus nie wieder betreten."

Als Walpurga am frühen Montagmorgen aufwachte, war Hansei nirgends zu sehen. Die Arbeit der Woche hatte begonnen. Noch vor Tagesanbruch hatte er seine Sense genommen und war auf seine Bergwiese gegangen, wo er nun das taufrische Gras mähte. Er arbeitete mit einer solchen Freude, einem solchen Vergnügen und einer solchen Ruhe, dass es schien, als würde eine unsichtbare Macht seine Hand führen. Als das Frühstück fertig war und Walpurga überall nach ihrem Mann gesucht hatte und in der Annahme, er sei angeln gegangen, hinter dem Haus und unten am See nach ihm gerufen hatte, ging sie wieder in den Garten hinaus und blickte in den Garten Kirschbaum. Vielleicht war er dort oben, obwohl dieses ständige Kirschenpflücken zu viel des Guten wäre. Im selben Moment blickte sie auf den Hügel und sah Hansei nach Hause kommen, seine Sense glitzerte in der Sonne. Walpurga winkte ihm zu. Er beschleunigte seinen Schritt und erzählte ihr, wie viel er bereits getan hatte. "Ah!" sagte er und streckte seine Glieder, während er sich an den Frühstückstisch setzte, „es tut einem gut, vor dem Frühstück zu arbeiten und dann nach Hause zu kommen und Frau, Kind und Mutter vorzufinden, die etwas Warmes und Gutes zu essen haben, das auf dich wartet —" -Ah! Das schmeckt gut. Der Sonntag ist schön, aber ein Arbeitstag ist viel schöner. Ich möchte nicht einer von euch sein, die das ganze Jahr über Sonntag haben. Wenn ich nur viele Felder und Wiesen und Wälder hätte, so Ich konnte immer auf meinem eigenen Land arbeiten.

„Wir werden sie haben, so Gott will", antwortete Walpurga.

Beim Frühstück herrschte eine fröhliche Party, und das Kind war voller Leben. Sie saßen schon eine Weile zusammen, als der Diener des Wirts hereinkam und Hansei seinen Bierkrug brachte, auf dessen Zinndeckel sein Name eingraviert war, und bedeutete, dass der Wirt keine weiteren Besuche von seiner Seite wünschte.

Hansei ließ dem Gastgeber mitteilen, dass er die zweihundert Gulden, die er ihm noch schuldete, besser zurückzahlen sollte. Es gefiel ihm nicht, dem Diener eine solche Botschaft zukommen zu lassen, aber er hatte das Gefühl, dass er es ihm übel nehmen sollte.

„Und sagen Sie ihm außerdem", rief er dem Diener zu, „er ist oft gewarnt worden, dass er den Falschen erwischen könnte. Sagen Sie ihm einfach, dass ich der Falsche bin."

Hansei war traurig, als er den leeren Bierkrug betrachtete. Wer wusste, wie lange es leer bleiben würde. Vielleicht für immer. Und es ist keine Kleinigkeit, vom Dorfgasthof ausgeschlossen zu sein. Es ist fast so schwer, wie in einer kleinen Hauptstadt zu leben, in der der Prinz Feste veranstaltet, und nicht daran teilnehmen zu können, weil man bei Hofe nicht zugelassen ist. „Es gibt einen neuen Wasserhahn", sagten sie; „Es gibt einen neuen Weinkauf; da sind Fremde zu Gast –" Er war nun von dem Besten ausgeschlossen, was es im Dorf gab. Als er auf seinen Krug blickte, hatte er traurige Gedanken und ein prophetisches Gefühl für den Durst, den er in Zukunft nicht mehr stillen konnte.

Bald darauf hielten Holzfäller auf dem Weg in den Wald an, um Hansei zu besuchen und ihm zu erzählen, was sie am Vortag über ihn und seine Frau gesagt hatten. Sie beschimpften aufs Schärfste diejenigen, die, um dem Wirt zu gefallen, schlecht über einen ehrlichen Mann gesprochen hatten, über einen, gegen den man nichts sagen konnte.

„Es ist kein Schaden entstanden", antwortete Hansei; „Im Gegenteil, es macht einen klüger, zu sehen, wie Menschen reden, wenn ihre Zungen gelöst sind."

„Und deine Kameraden, die Jäger, sagten, sie hätten dich nur mitgehen lassen, um auf deine Kosten Spaß zu haben."

„Das spielt keine Rolle. Ich werde ihnen bald zeigen, dass ich Weisheit von ihnen gelernt habe."

„Gab es nicht jemanden, der gut über uns gesprochen hat?" fragte Walpurga.

„Ja, ja", antwortete Wastl, der Weber, der Hansei wohlwollend gegenüberstand, aber fürchtete, den Unmut des Wirts – des Arztes – auf sich zu ziehen. Er ist ein echter Freund von dir. Er sagte: „Walpurga hatte völlig recht, das stimmt." „Das Vernünftigste, was sie je getan hat" – und er sagte auch, dass er und seine Frau bald kommen würden, um Sie willkommen zu heißen."

Und nun warnten die Holzfäller Hansei und sagten ihm, dass es andere gäbe, die genauso dachten wie sie, dass das alte Wirtshaus schon seit langem von geringem Wert sei und dass er gut daran täte, eine Konzession zu beantragen. Er konnte es nicht versäumen, einen zu bekommen, und dann konnte er die Schar der Gämsen so trocken laufen lassen, dass die Reifen aus seinen Fässern fielen.

Hansei nickte fröhlich zustimmend. „Warte nur, wir zeigen es dir schon", murmelte er vor sich hin, ballte die Fäuste, streckte die Arme aus und hob die Schultern, als würde er den Wirt mit einem Schlag zu Boden werfen, der ihn vergessen ließe auferstehen. Aber Walpurga sagte: „Wir werden niemandem Schaden zufügen, und wir werden zulassen, dass uns niemand Schaden zufügt."

„Hast du nichts zu trinken?" fragten die Holzfäller. Sie wollten eine Belohnung für die Neuigkeiten, die sie gebracht hatten.

„Nein, ich habe nichts", antwortete Hansei. „Ich muss auf die Wiese, um das Heu zu wenden."

Die Männer gingen und hatten einen großen Weg zurückgelegt, bevor sie aufhörten, Hansei zu beschimpfen. „Das ist so bei einem Bettler zu Pferd. Er gibt dir nicht einmal etwas zu trinken, wenn du ihm Neuigkeiten überbringst."

Wastl, der Weber, hatte nicht den Mut, ihnen zu widersprechen, obwohl er wusste, dass Hansei ihm gerne etwas zu trinken gegeben hätte, wenn der Rest der Gesellschaft nicht anwesend gewesen wäre.

Hansei starrte einige Zeit auf seinen verlassenen Krug. Schließlich sagte er:

„Es ist mir egal. Ich wollte ganz allein mit dir sein, Walpurga, und jetzt sind wir allein, ich verlange nichts von der Welt."

„Der Gastwirt ist nicht die ganze Welt", sagte Walpurga tröstend.

Hansei schüttelte den Kopf, als wollte er sagen, dass eine Frau nicht verstehen kann, was es heißt, aus dem Gasthaus ausgeschlossen zu werden, genau wie ein Trunkenbold, dem das Gesetz den Zugang dorthin verbietet.

„Er hat kein Recht, mich draußen zu halten", sagte er wütend. „Ich kenne meine Rechte. Der Wirt muss jedem Gast, der sein Haus betritt, etwas zu trinken geben. Aber ich werde ihm nicht die Ehre erweisen, dorthin zu gehen."

Walpurga, dessen Gedanken den Holzfällern folgten, vermutete, dass sie schlecht über sie redeten.

„Wir hätten den Holzfällern etwas zu trinken geben sollen. Sie beschimpfen uns jetzt bestimmt."

„Wir können nicht jedem den Mund aufhalten", antwortete Hansei. „Lasst sie reden; und fängt jetzt nicht an, Buße zu tun. Wir müssen standhaft sein. Was getan wurde, ist getan." Mit verändertem Ton fügte er hinzu:

„Die Sonne brennt auf dem Berg, und wenn wir an unserer Arbeit festhalten, können wir noch heute Abend unser Heu ernten. Bei diesem Wetter verwandelt sich das Gras genauso schnell in Heu, wie es von der Sense fällt. Aber da ist etwas Es braut sich im See zusammen. Bevor wir es merken, kann es zu einem Sturm kommen, und deshalb würde ich das Heu gerne unter Dach bringen. Willst du nicht mitkommen?"

Walpurga war froh zu gehen. Auch die Mutter wollte sie begleiten, und so machte sich die ganze Familie mit dem Abendessen auf den Weg zur

Bergwiese. Hansei trug das Kind, Walpurga nahm den Karren und die Großmutter trug den Esskorb. Sobald der Hund sah, dass sie losfuhren, folgte er ihnen und rannte ständig hin und her, von einem zum anderen. Der Tau war bereits von Feld und Wiese verschwunden, als sie den schattigen Wald betraten.

„Ich würde lieber einen Karren schieben", sagte Walpurga, „als in einer Kutsche fahren."

Als sie begannen, den Hügel hinaufzusteigen, veränderten sie sich. Die Großmutter nahm das Kind, Walpurga das Abendessen und Hansei die Schubkarre. Erst als das Kind schlief, konnte Walpurga es auf den Arm nehmen und fühlte sich glücklich, als sie es durch den grünen Wald trug. Einmal öffnete es die Augen und sah sie an, schloss sie aber bald wieder und schlief ein.

Als sie die Wiese erreichten, legten sie das Kind an einen schattigen Platz, wo sie es immer im Blick hatten, und der Hund blieb dort und bewachte es. Hansei und die beiden Frauen arbeiteten fleißig. Hansei rief Walpurga zu, sie dürfe das Heu nicht so schnell umdrehen, sonst würde sie bald ermüden , denn solche Arbeit sei sie nicht mehr gewohnt. Also ging sie langsamer vor.

„Diese Wiese wurde mit deinem Geld gekauft", sagte Hansei.

„Sag das nicht. Versprich mir, dass du so etwas nie wieder sagen wirst."

"Das verspreche ich."

Sie fanden es eine warme Arbeit, und als Hansei wieder in die Nähe von Walpurga kam, sagte sie:

„Die gleiche Sonne, die das Gras trocknet, macht uns schweißnass. Im Sommerpalast mähen sie das Gras jede Woche. Sie lassen es nie hoch wachsen und achten sehr darauf, dass keine Blumen im Gras sind; aber sie sagen es mir." dass es kein gutes Futter ist.

„Du denkst an so viele Dinge", antwortete Hansei. „Bist du noch nicht müde?"

„Oh nein, ich habe so lange geruht. Weißt du, was mir am meisten gefällt? Schau nur", sagte sie und zeigte ihm, dass ihre Hände durch die Arbeit hart geworden waren.

Sie hörten, wie die Glocke unten im Tal die elf Uhr schlug. Dies war das Signal, das Abendessen vorzubereiten. Hansei brachte eilig Holz, ein helles Feuer wurde angezündet und das Kind war so lebhaft, dass die Großmutter ihre ganze Kraft aufwenden musste, um es auf ihrem Schoß zu halten. Während die Suppe erwärmt wurde, saß Hansei da und rauchte seine Pfeife. Die drei saßen auf dem Boden und aßen aus einer Schüssel. Nach dem

Abendessen streckte sich Hansei aus und sagte: „Ich werde eine Viertelstunde schlafen."

Auch Walpurga legte sich hin, aber die Mutter blieb wach und beobachtete das Kind.

Hansei schlief nur kurze Zeit. Er sah erfreut aus, als er seine Frau auf dem Boden liegen und neben ihm schlafen sah. Er bedeutete der Mutter, Walpurga nicht zu wecken. Das Kind wurde in den Korb neben seine Mutter gelegt, die ruhig weiterschlief, während Hansei und die Großmutter weiter unten am Hang arbeiteten. Die Sonne ging bereits unter, als Walpurga erwachte. Sie fühlte, wie etwas sie berührte, was sie seltsam erregte. Sie öffnete ihre Augen und sie begegneten denen ihres Kindes. Seine Hände streichelten ihre Wangen. Das Kind war aus seinem Korb gekrochen und auf sie zugekrochen. Walpurga blieb vollkommen still. Sie wagte kaum zu atmen und schloss die Augen, um das Kind nicht zu verscheuchen. „Mutter", rief das Kind. Sie hielt sich immer noch zurück, auch wenn sie das Gefühl hatte, ihr Herz müsse platzen. "Mutter Mutter!" es schrie, eifriger als zuvor; und nun richtete sie sich auf und umarmte das Kind, und es ließ sie damit machen, was sie wollte. Mit überströmendem Herzen sank sie auf die Knie und hielt ihr kleines lachendes Kind hoch.

Sie sprang auf, hielt das Kind mit beiden Händen hoch und eilte zu ihren Leuten und rief: „Hansei! Mutter! Das Kind gehört mir!" und die Kleine hielt sie fest in seinen Armen.

„Moderiere dich!" sagte ihre Mutter. „Du wirst das Kind verwöhnen, wenn du zeigst, dass es dir so am Herzen liegt. Das reicht, Burgei", sagte sie zu der Kleinen. „Leg es hin, Walpurga, und komm und hilf uns."

Walpurga befolgte den Rat ihrer Mutter, konnte aber nicht umhin, den Blick auf das Kind zu richten. Es drehte sich nicht zu ihr um. Es spielte mit dem Hund, der sich gut mit ihm angefreundet hatte. Plötzlich fiel es vom Heuhaufen herunter. Walpurga schrie; aber die Mutter rief: „Lass es sein!" Das Kind hob den Kopf, lachte, kroch zur Großmutter und blickte dann zu seiner Mutter hinüber.

Das Heu war trocken. Hansei eilte los, um sein Kuhgespann zu holen, da er darauf bedacht war, die Ladung rechtzeitig nach Hause zu bringen. Der Wagen konnte nicht näher als bis zur Straße herankommen, und so mussten sie das Heu den Hügel hinuntertragen und es in Haufen aufhäufen. Walpurga sagte, sie habe genug geschlafen und sei lange Zeit untätig gewesen und habe sich von ihrer Mutter nur wenig helfen lassen.

Hansei kehrte zurück. Sie haben den Wagen beladen. Großmutter, Walpurga und Kind saßen oben auf der Heuladung, und endlich stand auch Hansei auf. Der Abend war angebrochen. Der See begann eine dunklere Farbe anzunehmen, und nur hier und da spielte ein Lichtstreifen auf seiner Oberfläche.

„Und jetzt können die Leute sagen, was sie wollen", sagte Walpurga, „hier sind wir weit über ihnen allen."

Die Mutter und Hansei sahen sich an und ihr Blick bedeutete: „Wie wunderbar ist es, dass Walpurga über alles so seltsame Gedanken hat."

Bald wurde es still in dem kleinen Häuschen am See. Die müden, aber glücklichen Bewohner schliefen, und im ganzen Haus duftete es nach frisch gemähtem Heu.

Kapitel VII.

Die Leute in der Hütte schliefen friedlich weiter und wussten nichts von dem Staubwirbel, den dunklen Wolken, die den Himmel bedeckten, dem mächtigen Sturm oder dem heftigen Regen, der darauf folgte. Als Hansei am nächsten Morgen seinen Kopf aus dem Fenster steckte, regnete es immer noch. Er wandte sich an Walpurga und sagte: „Sehen Sie? Gestern hatte ich recht. Das Wetter hat sich geändert. Gott sei Dank! Unser Heu ist unter der Decke."

„Ja", antwortete Walpurga. „Was für ein Tag das war. Es war alles Sonnenschein."

Es hat den ganzen Tag geregnet. Ein scharfer Wind wehte, die Wellen des Sees stiegen in die Höhe und schlugen gegen das Ufer.

„Wie gut ist es, ein Dach über dem Kopf zu haben", sagte Walpurga. Hansei sah seine Frau erneut überrascht an. Walpurga entdeckte alles neu. Aber jetzt war sie glücklich, denn ihr Kind klammerte sich an sie. Es nannte sie „Mutter" und die Großmutter „Mama".

Walpurga stand mit dem Kind auf dem Arm an der Stalltür und warf den Finken, die an diesem Tag kein Futter fanden, Brotkrümel zu. Die Vögel nahmen die Krümel auf und flogen mit ihnen zu ihren Nestern.

„Sie haben auch Junge zu Hause", sagte sie. Plötzlich unterbrach sie sich und sagte: „Burgei, wir waren zusammen in der Sonne, jetzt gehen wir zusammen in den Regen." Sie rannte mit ihrem Kind in den warmen Regen und dann wieder zurück in den Stall. Sie trocknete sich und das Kind ab und sagte: „So! War das nicht schön? Und jetzt regnet es auf unserer Wiese und es wächst frisches Gras, und mein Kind muss auch wachsen, und wenn wir die Nachkommen sammeln, wirst du es können." alleine laufen."

Walpurga war so glücklich darüber, dass das Kind an ihr hängen geblieben war, dass sie kaum wusste, was sie vor Freude tun sollte. Auch das Kind war glücklicher als je zuvor. Die junge Mutter konnte viel besser damit spielen als die Großmutter. Ihr Lachen war so strahlend, und sie zählte seine kleinen Finger und erneuerte all die wunderbaren, kindischen Spiele, die die überblühende Mutterliebe erfand.

Den ganzen Tag hatte Walpurga keine Lust, etwas zu essen. Sie probierte lediglich einen Löffel der Brühe, bevor sie sie ihrem Kind gab. Es regnete ununterbrochen. Hansei war draußen im Schuppen und hackte Holz. Plötzlich kam er ins Zimmer und sagte: „Wie nachlässig wir gestern waren. Sie alle wissen, dass du so viel Geld mit nach Hause gebracht hast, und wir sind losgezogen und haben das Haus in Ruhe gelassen. Hast du nachgeschaut, ob es noch da ist?" "

Walpurga war voller Angst, überzeugte sich aber schnell davon, dass noch alles da war.

„Es muss bald an einen sicheren Ort gebracht werden. Auf jeden Fall muss jetzt immer einer von uns zu Hause bleiben", sagte Hansei und kehrte zu seiner Arbeit zurück.

An regnerischen Tagen vergeht die Zeit langsam, und welche bessere Beschäftigung gibt es in solchen Jahreszeiten, als zusammenzusitzen und diejenigen zu beschimpfen, die abwesend sind? Mittags sagte Hansei: „Auf der Gämse muss es den ganzen Tag über voll sein." Der Gedanke, dass er nicht dort sein konnte, beunruhigte ihn. Was für eine fröhliche Zeit er hätte haben können. Sie hätten diese sechs Maß Wein trinken können, und jetzt musste er die Schurken davonkommen lassen, ohne ihren Einsatz zu bezahlen.

Walpurga fügte hinzu: „Ja, und soweit ich über die Menschen weiß, bin ich mir ziemlich sicher, dass sie uns beschimpfen, denn Gott sei Dank geht es uns gut. Es kommt mir vor, als hätte ich noch nie zuvor Menschen gekannt." außer durch ihr Äußeres; aber jetzt kann ich durch sie hindurchsehen.

„Haben Sie nicht gesagt, dass es Ihnen egal wäre, was die Leute denken?" antwortete Hansei.

Walpurga hatte ein wunderbares Talent, die Ideen anderer zu erraten. Ihre Gedanken durchdrangen nun jedes Haus, wanderten zur Pumpe beim Gerichtsgebäude und in das Gasthaus selbst, um herauszufinden, was die Leute dort gegen sie und ihres sagten. Sie musste nicht lange auf die Bestätigung warten. Der Tischler, der am Tag von Walpurgas Abreise angeboten hatte, sein Haus und seinen Hof zu verkaufen, kam nun, um sich Geld von Hansei zu leihen, da er eine Kündigung zur Tilgung seiner Hypothek erhalten hatte. Als Einleitung hielt er es für das Beste, Hansei zu versichern, dass er sein einziger Freund sei und dass der einzige Wohltäter ihn im Dorf zurückgelassen habe.

Hansei sagte ihm deutlich, dass er niemandem Geld leihen würde, denn das würde die Freunde in Feinde verwandeln. Der freundliche Überbringer verabschiedete sich bald.

Das Leben im Dorf war für sie kein Vergnügen mehr. Die Schließung der Wirtshaustüren gegen Hansei war nur der Anfang. Niemand wünschte ihm oder seiner Frau aus freien Stücken „Guten Tag", und ihre Grüße wurden kaum erwidert. Walpurga, die es gewohnt war, von ihren Mitmenschen gelobt und geschätzt zu werden, war oft sehr traurig. Was sie am meisten ärgerte, war, dass die Geschichte der Wette von Mund zu Mund weitergegeben und so verdreht worden war, dass sie kaum noch für eine Wiederholung geeignet war. Es schien, als ob die Privatsphäre der

Ehekammer der Welt offenbart und auf dem Markt diskutiert worden wäre. Sie fühlte sich in ihrem eigenen Haus unsicher. Jedes Geräusch machte ihr Angst, auch wenn es nur das Bellen eines Hundes oder das Berühren des Daches durch den Holunderstrauch war. Jede Nacht probierte sie vor dem Schlafengehen die Fensterläden aus, um sicherzustellen, dass sie fest geschlossen waren.

„Ich glaube nicht", sagte sie, „dass große Leute halb so schlecht sind wie Dorfbewohner."

"In der Tat!" sagte die Mutter. „Ich weiß nichts über sie; aber soweit ich gehört habe, ist die Qualität genauso gut und genauso schlecht wie die der einfachen Leute. Es kommt nicht auf die Kleidung an."

„Sie sind genau wie Gräfin Brinkenstein. Wenn Sie gezwungen gewesen wären, Ihr ganzes Leben im Schloss zu verbringen, wären Sie genau wie sie gewesen." dachte Walpurga bei sich, während sie ihre Mutter ansah.

Walpurgas Geist war von widerstreitenden Gefühlen aufgewühlt. Sie war gezwungen, zwei unterschiedliche Lebensbereiche in Einklang zu bringen; dem Hof und dem Dorf, und in der Fantasie würden sie oft Dorfbewohner an den Hof versetzen und *umgekehrt* .

Sie war manchmal ziemlich verwirrt und konnte kaum unterscheiden, was sie sich nur vorgestellt hatte, von dem, was sie wirklich erlebt hatte.

Hansei hörte zu, wie seine Frau und ihre Mutter über Menschen diskutierten, und dachte lächelnd:

„Wie wandelbar die Frauen sind; es gibt nichts Beständiges an ihnen."

Nachdem Hansei sich zwei oder drei Abende lang dem Drang widersetzt hatte, ins Wirtshaus zu gehen, war er fröhlicher denn je.

„Ich bin froh", sagte er, „dass ich bei Bedarf eine Gewohnheit aufgeben kann. Ich glaube wirklich, dass ich auch mit dem Rauchen aufhören könnte."

Diese trüben Tage dienten dazu, den Unterschied zwischen den Gesinnungen von Hansei und seiner Frau zu zeigen. Für den oberflächlichen Beobachter scheint Walpurga, so fröhlich und hellwach, die Vorgesetzte ihres mürrischen, ungeschickten Mannes zu sein. Ihr Temperament erinnerte an das Leben in den Bergen; denn dort, wenn es trüb und regnerisch ist, ist alles in Dunkelheit gehüllt, aber sobald die Sonne hervorbricht, wird jeder Gegenstand neu erleuchtet – die grünen Wiesen werden heller, der See bekommt ein dunkleres Blau, jede Berghöhe und jeder Waldbach offenbart sich aufs Neue in klaren und vollkommenen Linien. Wie eine wunderschöne Blume, die sich im strahlenden Sonnenschein öffnet und ihre ganze Schönheit offenbart, war Walpurga bei schönem Wetter immer schöner und strahlender. Hansei blieb stabil und gewann sogar an Festigkeit, während das schlechte Wetter anhielt. Als der Sturm tobte und Äste und Äste hin und her schwankte, leistete er sozusagen Widerstand und behauptete sich. Er hatte etwas mit der rauen, wettergegerbten Eiche gemeinsam. Der Monarch des Waldes legt sein grünes Gewand nicht mit den ersten milden Strahlen der Frühlingssonne an. Seine Äste bleiben kahl, lange nachdem seine Nachbarn mit Laub geschmückt sind, aber am Ende übertrifft er sie alle an Stärke und Schönheit.

Das vergangene Jahr hatte in Hansei tatsächlich eine größere Veränderung bewirkt als in Walpurga.

Der Baum, der auf einem Felsen wächst, dürftige Nahrung aus der dünnen Erdkruste um ihn herum bezieht und Wind und Sturm ausgesetzt ist, wird, wenn er in einen nährstoffreichen Boden verpflanzt wird, zunächst zu verkümmern scheinen; aber es wird bald mit neuer Kraft hervorschießen. So war es mit Hansei gewesen. Der plötzliche Übergang von einem Leben voller Sorgen und Mühen in eine neue Sphäre hatte ihn fast ruiniert. Aber nach kurzer Zeit war alles wieder gut mit ihm. Und nun kamen ihm seine Festigkeit und Selbstbeherrschung zugute, denn er musste verhindern, dass Walpurgas freundliche, aber stark selbstbewusste Natur die Oberhand über seine gewann.

Walpurga war zunächst fast verärgert über die Gefühllosigkeit ihres Mannes. Sie ging wütend umher, kräuselte die Lippen und ballte die Fäuste. Sie hatte das Gefühl, etwas tun zu müssen, um die Dorfbewohner zu bestrafen. Hansei blieb ruhig; Es war nicht seine Art, sich den Kopf mit viel Nachdenken zu zerbrechen. Allmählich dämmerte es Walpurga, dass Hansei weitaus stärker war als sie. Wie eine Pflanze ohne Sonnenschein wäre sie trotz ihres glücklichen Zuhauses wegen der abgewandten Blicke ihrer Nachbarn verdorrt und verkümmert. Sie war so von ihrer Wut besessen, dass sie nur das wahrnahm, was sie, indem sie sie nährte, umso mehr provozierte. Hansei war ganz ruhig und Walpurga wurde sich seiner Charakterstärke zum ersten Mal voll bewusst. Niemand konnte ihn zwingen, seinen Gang zu ändern. Er war wie ein Pferd, das weiter joggt, ohne Rücksicht auf den Hund, der hinter ihm bellt, oder das, wenn es bergauf geht, sich von niemandem zum Traben drängen lässt.

In wahrer Demut verneigte sich Walpurga vor ihrem Mann. Er hätte geistreicher, schlagfertiger und lebhafter sein können, aber niemand könnte besser oder standhafter sein als er.

KAPITEL VIII.

Der Dorfrat tagte.

Hansei wurde ins Rathaus gerufen. Der Bote, der ihn abholte, teilte ihm mit, dass es eine neue Veranlagung geben und dass höhere Steuern von ihm erhoben werden sollten, nachdem er nun Eigentum geworden sei.

„Man muss nicht alles bis zum letzten Kreuzer erzählen", sagte er.

„Ich werde ihnen alles erzählen. Gott sei Dank, ich habe etwas, wofür ich Steuern zahlen muss", antwortete Hansei.

Walpurga hörte mit gespanntem Interesse zu. Sie kochte schon seit vielen Tagen vor Wut, und jetzt war die Zeit gekommen, in der sie ihrem Zorn in Worten Luft machen konnte. Sie sagte, sie würde zum Rathaus gehen, wo sie alle versammelt seien, und ihnen dann und dort sagen, was sie von ihnen halte. Hansei überzeugte sie, dass das nicht genügen würde, und nun schien der Bote genau der Mann zu sein, der ihren Zweck erfüllte. Sie brach in eine Flut von Beschimpfungen gegenüber den Dorfbewohnern aus und bat den Boten, zu ihnen zu gehen und jedes Wort zu wiederholen, das er gehört hatte. Sie drohte ihnen mit der Justizvollzugsanstalt und dem König, als stünden beide zu ihren Diensten, und erwähnte außerdem andere Strafen, die ganz neu und von ihr selbst erfunden waren.

„Komm mit", sagte Hansei zum Boten. Unterwegs gab er ihm etwas Trinkgeld und erzählte ihm, dass seine Frau sich noch nicht an die Dinge zu Hause gewöhnt habe und dass ihr natürlich vieles Sorgen bereitete. Der Bote beruhigte Hansei, indem er sagte, dass man in einem Büro wie dem seinen vieles hören und sehen müsse, von dem man hinterher lieber nichts wissen sollte, und dass Frauen sehr seltsam seien. Ihre große Freude bestand darin, sich zu entlasten; Danach war alles wieder in Ordnung.

Hansei wurde lange Zeit im Rathaus festgehalten. Der Gastwirt, einer der Ratsherren, saß am Tisch und hatte große Freude daran, ihn in eine schwierige Lage zu bringen. Sein Amt schützte ihn wie mit einem Schild. Er versuchte, Hansei zu einer Beleidigung zu provozieren, um ihn ins Gefängnis zu stecken und so auf einen Schlag den hochmütigen Bettler und seine Frau zu beschämen. Hansei sah, was im Wind lag, und alle staunten über die höfliche Art, in der er sich ausdrückte. Er sprach den Wirt nie außer mit „Herr Stadtrat" an. „Das muss er von seiner Frau gelernt haben, die ihre Ausbildung im Palast erhielt", flüsterten die Stadträte einander zu.

Trotz des strömenden Regens, der während der gesamten Versammlung anhielt, wartete Walpurga und schaute vor dem Rathaus zu. Wenn es dort oben irgendwelche Schwierigkeiten geben sollte, dachte sie bei sich, würde sie hinaufgehen und ihnen allen sagen, was es war. Sie spürte nicht, dass der

Regen in ihre Kleidung eindrang, denn sie strahlte vor Aufregung. Endlich hörte sie ein Geräusch auf der Treppe. Viele kamen herunter, und sie eilte nach Hause.

Hansei kehrte voller Selbstvertrauen nach Hause zurück. Er hatte sich selbst besiegt, und der Sieg war größer gewesen, als wenn er ihn mit Knüppeln um sich geworfen hätte. Zu Hause fand er alles in großer Verwirrung vor.

Walpurga war, nachdem sie im Regen herumgelaufen war, plötzlich nach Hause geeilt, als ob jemand hinter ihr her wäre, und war ohnmächtig geworden, sobald sie das Zimmer betrat, in dem ihre Mutter saß. Sie hatte sich erholt, hatte aber immer noch hohes Fieber und ihre Zähne klapperten. Einmal öffnete sie die Augen, schloss sie aber schnell wieder.

Hansei wollte sofort zum Arzt gehen, aber die Mutter riet ihm, zu Hause zu bleiben und stattdessen einen Boten zu schicken. Bevor der Arzt kam, saß Walpurga im Bett und erzählte ihre eigene Geschichte.

Hansei erzählte ihr, wie er den Wirt höflich getötet hatte. Walpurgas Gesicht erstrahlte plötzlich vor Freude, und sie reichte ihm die Hand und sagte:

„Du bist – du bist ein großartiger Kerl", und dann weinte sie, bis ihr die Tränen über die Wangen liefen.

„Das stimmt", sagte die Großmutter zu Hansei; „Das wird ihren Kopf frei machen. Ich hatte Angst, dass es ihr in den Kopf gestiegen ist, aber jetzt ist alles in Ordnung. Du kannst jetzt gehen."

Hansei verließ den Raum. Er stand eine Weile am Fenster und blickte in den Regen hinaus. „Wenn deine Frau sterben würde, oder wenn sie leben würde und schlimmer wäre als tot. Wenn sie –" Er wagte nicht, an das Wort zu denken.

Die Mutter kam ins Zimmer und sagte: „Gott sei Dank! Sie schläft. Wenn das vorbei ist, ist die Gefahr vorüber. und hierher zu kommen, unter diese rohen, boshaften Menschen. Sie war voller Wut und Hass, und eines Tages musste es herauskommen. Gott sei Dank ist es jetzt herausgekommen. Es ist ein Glück für uns, dass die Leute sich so gemein gezeigt haben. Glauben Sie mir – trotz all ihrer Güte hätte sie an allem im Haus etwas auszusetzen gehabt, und nichts hätte ihr gepasst, wenn das nicht dazwischengekommen wäre.

Die Mutter tröstete damit Hansei, der zustimmend nickte.

Walpurga schlief. Ihre Wangen waren scharlachrot. Hansei stand mit dem Kind auf dem Arm lange Zeit am Bett seiner Frau und sah sie an.

Der Arzt kam erst am nächsten Morgen. Er fand Walpurga lebhaft, aber sehr schwach. Er verordnete ihr drastische Heilmittel, und im Laufe weniger Tage erholte sie sich vollständig. Sie erkannte nun, in welcher Gefahr sie sich befand und wie glücklich sie war, dieser entkommen zu sein.

Erst da fühlte sie sich ganz zu Hause und vollkommen glücklich.

Walpurga und ihre Mutter waren unten am See und wuschen Wäsche.

„Ja, es ist unsere Aufgabe, die Dinge sauber zu halten", sagte Walpurga. „Wenn ich zu den Bergen hinaufschaue, sehe ich die Felsen und Wälder, die nur Menschen mit ihren Meißeln und Äxten zu Häusern formen können. Männer arbeiten mit allem, was stark und mächtig ist. Auch wenn andere uns schmeicheln und wir uns selbst überzeugen „Dass wir noch so großartig sind, wir Frauen sind weniger als sie."

Die Mutter lächelte und sagte: „Oh Kind, deine Gedanken sind weit hergeholt, aber du hast im Großen und Ganzen Recht."

„Mein Hansei ist ein wirklich standhafter Mann", fuhr Walpurga fort.

„Das ist er", antwortete die Mutter mit freudiger Miene.

„Er redet nicht so viel wie andere, aber wenn es hart auf hart kommt, weiß er, was er zu tun hat und wie er es tun muss, und so war es ja auch bei deinem gesegneten Vater. Du hast großes Glück, das zu finden." Das habe ich so bald nach der Geburt Ihres ersten Kindes herausgefunden. Ich habe es erst nach meinem dritten Kind erfahren, oder tatsächlich, bis ich alle meine Kinder außer Ihnen verloren hatte.

„Guten Tag euch allen!" sagte plötzlich ein kleiner, hilfsbedürftig aussehender Mann.

„Warum, es ist Peter!" rief die Großmutter; „Bist du schon hier? Das ist gut. Und ist das deine Tochter? Wie heißt sie?"

„Gundel."

„Gott grüße euch beide", sagte die Großmutter, die immer wieder ihre Hand benetzte und abwischte, bevor sie sie ihrem Bruder reichte.

Die Gesichtszüge des kleinen Mannes drückten große Überraschung aus. Es war lange her, dass sich jemand so gefreut hatte, ihn zu sehen; aber natürlich war er in ein Haus gekommen, das vor Freude überströmte.

Die Großmutter nahm ihren Bruder bei der Hand und führte ihn zum Haus. Sie war traurig, als sie den armen kleinen Mann ansah, denn sein Aussehen verriet große Armut.

Sie gab ihrem Bruder und ihrer Nichte sofort etwas zu essen. Als sie fertig waren, ging sie mit Gundel hinaus zum Waschzuber am See.

„Arbeiten Sie dort einfach bis zum Abendessen, dann wissen Sie, wo Sie hingehören." Sie ging zu ihrem Bruder zurück und hieß ihn erneut willkommen. Der kleine Mann beklagte sich darüber, dass das Leben für ihn hart sei. Die Großmutter ging mit Walpurga ins Nebenzimmer und fragte sie:

„Wie viel Geld wolltest du mir für meine Heimreise geben?"

"So viel du willst."

„Nein. – Sag mir, wie viel."

„Wären zehn Gulden genug?"

„Mehr als genug. Gib sie mir sofort."

Walpurga gab ihr ein Zehn-Gulden-Stück und sagte:

„Mutter, ich habe dir seit meiner Rückkehr kein Geschenk mehr gemacht."

Sie gab ihrer Mutter zusätzlich zu den zehn Gulden, die sie ihr bereits gegeben hatte, noch einige Gulden und sagte: „Nimm das und gib es weg. Ich weiß, dass es deine größte Freude ist, anderen etwas zu geben."

„Oh mein Kind! Du kennst mich gut. Oh Gott! Ich kann jetzt anderen etwas geben; das ist das Beste auf der Welt. Du siehst, ich habe noch nie etwas für die Armen tun können."

„Sag das nicht, Mutter; wie oft hast du Tag und Nacht bei den Kranken gewacht."

„Das ist nichts; das ist kein Geld."

„Es ist viel besser als Geld."

„Vielleicht ist es bei Gott so, aber bei den Menschen – denken Sie mal darüber nach! – in der Lage zu sein, anderen Geld und Geldwert zu geben! Du machst mich so glücklich. Ich hatte zu meiner Zeit auch Geschenke." . Du weißt nicht, wie es ist, wenn sich die Hände des Gebers und des Empfängers berühren. Und manche Geschenke sind wie heißes Brot im Magen. Es stillt den Hunger, aber es liegt da wie geschmolzenes Blei. Aber es gibt welche einige gute Leute, deren Gaben einem Gutes tun. Grubersepps Vater kam einmal zu mir und gab mir etwas, und Graf Eberhard Wildenort auch, der auf der anderen Seite des Chamois-Hügels lebt.

„Das ist der Vater meiner Gräfin", unterbrach Walpurga sie.

„Gott sei Dank! Dann wird er von seinen Kindern dafür belohnt. Ich vergesse nie einen Namen. Ja, ich habe von beiden Geschenke bekommen, und jetzt beschenken sie mich wieder. Mein Kind, das werde ich." Vergiss dich dafür nie. Geben zu können ist der Himmel auf Erden. Aber während wir hier stehen und plaudern, wartet mein armer Bruder da draußen wie eine arme Seele an der Himmelspforte. Komm mit."

Sie gingen ins Zimmer. Die Mutter gab ihrem Bruder das Zehn-Gulden-Stück in die Hand und sagte:

„Da, nimm es. Ich brauche jetzt nicht nach Hause zu gehen, denn es ist zu mir gekommen, und wenn ich nie wieder dorthin komme, reicht es mir, dass ich meinen Bruder noch einmal gesehen habe. Da, Peter, das sollte das Geld für meine Reise sein."

„Tsch-st-st-st--" mit diesen Geräuschen, die dem Zischen eines Topfes auf dem Feuer ähnelten, nahm der kleine Pechmann das Geschenk entgegen.

"Was bedeutet das?" fragten Walpurga und ihre Mutter in einem Atemzug.

„Tsch-st-st-st", antwortete Peter.

„Was ist los mit dir? Bist du verrückt?" fragte die Mutter, deren Gesicht plötzlich einen ernsten Ausdruck angenommen hatte.

„Tsch-st-st-st", antwortete der kleine Pitcher erneut.

Und nun war es an Walpurga, wütend zu werden und zu fragen: „Was meinst du mit solchen Kapriolen?"

„Oh, du Stück Palastweisheit!" sagte Peter schließlich, „weißt du nicht, wie es zischt, wenn ein Tropfen auf einen heißen Stein fällt, und siehst du? Bei mir und dem Geld ist es genauso."

Die Mutter sagte ihm, er sei undankbar und die Leute dachten, Walpurga habe jetzt genug Geld, um jeden reich zu machen. Er sollte sich sehr glücklich fühlen, denn noch nie hatte er so viel auf einmal gehabt. Aber der kleine Pitcher wiederholte, ohne weitere Antwort zu geben, das seltsame Zischen weiter. Walpurga ging hinaus und kam bald mit einem weiteren Zehn-Gulden-Stück zurück, das sie dem kleinen Pechmann gab, der dann sagte:

„Da! Es ist jetzt raus; ich kann alle meine Schulden bezahlen und mir außerdem eine Ziege kaufen", und er schlug die Geldstücke zusammen und sang:

„Was ist das Beste? Ja, was ist das Beste?

Frei von Schulden oder Sorgen sein,

Und etwas Geld übrig haben –

Das ist das Beste; Ja, das ist das Beste.

Die Mutter war nun wieder ganz glücklich. Sie beschloss, bei der Verteilung ihrer Gaben umsichtig und sparsam vorzugehen. In ihrer Fantasie sah sie bereits die Menschen, deren Not sie nun lindern und vielleicht beseitigen konnte. Die freudigen Blicke derer, die sich über ihre Großzügigkeit freuen sollten, schienen sich in ihrem ruhigen und glücklichen Gesicht widerzuspiegeln.

„Oh ihr Frauen!" sagte der kleine Pitcher, als würde er predigen, während er mit funkelnden Augen auf seine beiden Geldstücke blickte, „Ihr Frauen könnt nicht wissen, was Geld ist. Ich werde Kleingeld für einen Gulden in meine Tasche stecken und es immer bei mir behalten." Ich. Hurra! Was für ein lustiges Leben ich führen werde. Was weißt du über solche Dinge? Du gehst sonntags an einem Wirtshaus vorbei, steckst deine Hand in die Tasche und da ist nichts. Aber ich gehe hinein und gewinne Ich gönne mir keinen Leckerbissen, und wo es ein Gasthaus gibt, kann ich es mir gemütlich machen. Wein und Bier warten auf mich, und Wirt, Wirtin, Tochter und Dienerin behandeln mich freundlich und fragen, wie es mir geht, wo ich bin Woher ich komme und wohin ich gehe; und wenn ich gehe, begleiten sie mich ein Stück des Weges und bitten mich, wiederzukommen. Und warum tun sie das? Nur weil ich Geld in der Tasche habe."

Der alte Mann schrie vor Freude. Die Großmutter ermahnte ihn, sich nicht ausschweifen zu lassen, und Peter lachte, bis sein Gesicht nur noch aus Falten bestand. Er erklärte, dass er sich alles ausgedacht habe und dass es jetzt weniger wahrscheinlich sei, dass er in die Kneipe gehe als zuvor. „Wenn man Geld in der Tasche hat", sagte er, „macht es großen Spaß, an der Pumpe vor dem Gasthof seinen Durst zu stillen."

„Meine Gräfin sagte mir", sagte Walpurga und setzte sich neben ihren Onkel, „dass Sie ihren Vater kannten."

„Und welche Gräfin ist das?"

„Wildenort."

„Natürlich kenne ich ihn. Er ist ein Mann, ein richtiger Mann, ein Deutscher der alten Sorte, ein Gentleman, ein echter Gentleman. Er sollte König sein, er –" Schwere Schritte waren zu hören. Hansei trat ein. Peter steckte das Geld schnell in die Tasche und flüsterte: „Ich werde Hansei nichts davon sagen."

„Du brauchst es ihm nicht zu sagen; wir machen es selbst", antwortete Walpurga.

KAPITEL IX.

Hansei hielt sich gegenüber seinem Onkel nicht an Zeremonien. Er kannte ihn schon lange. Sie hatten sich oft in den Bergen getroffen, wo Hansei als Holzfäller gearbeitet und Peter Pech gesammelt hatte. Aber sie hatten aus ihrer Freundschaft nicht viel Aufsehen erregt; Eine gelegentliche Ladung Tabak war der einzige Höflichkeitsaustausch zwischen ihnen gewesen.

Hansei hatte nun etwas Wichtigeres zu erzählen.

„Ich trainierte an der Gartenhecke, die die Band und der Rest der Menge letzten Sonntag beinahe abgerissen hätten, und plötzlich hörte ich jemanden sagen: ‚Du bist ziemlich fleißig, Hansei'; und als ich schaute sich um, wer glaubst du, dass es war? Du kannst es nicht erraten."

„Nicht der Wirt?"

„Das wirst du nie erraten. Es war Grubersepp, und er sagte: ‚Ich habe gehört, dass du aufgehört hast, zur Gämse zu gehen', und ich sagte: ‚Das geht niemanden außer mir etwas an.'"

„Warum hast du so unhöflich geantwortet?" fragte Walpurga und unterbrach ihn.

„Weil ich ihn kenne. Wenn du einem solchen Kerl nicht die Zähne zeigst, wird er dich für sehr gering halten – ‚Sehen Sie mal', sagte er. ‚Bis zu Michaelis werden es sechs Jahre sein – seitdem Waldl wurde geboren – und in all dieser Zeit habe ich kein einziges Mal einen Fuß in die Gämse gesetzt, und ich bin immer noch am Leben. Du wirst feststellen, dass es dir gut tun wird, fernzubleiben, genau wie ich. Ich habe mein eigenes Bier hineingelegt, und wenn Sie jemals Lust auf ein Glas haben, lassen Sie es sich holen oder kommen Sie selbst. Vielleicht möchten Sie einen Ratschlag, was Sie mit Ihrem Geld am besten machen sollten, und Lass mich dir eines sagen: leihe niemandem etwas – „Nun sag mir, Mutter, sag mir, Frau, wer hätte so etwas gedacht? Wer hätte jemals so viel vom alten Grubersepp erwartet, der immer Angst hat." er könnte ein Wort verschwenden? Nun, Walpurga, du siehst, dass die Leute nicht alle böse sind; Gut und Böse sind sowohl im Schloss als auch im Dorf vermischt. Als sie feststellen, dass Grubersepp mir Gesellschaft leistet, werden sie' Ich werde in Scharen zurückkommen, genau wie Bienen zu einer milden Birne.

Es war wirklich eine tolle Veranstaltung. Ein Einwohner der Hauptstadt könnte sich nicht höher begünstigt fühlen, wenn er auf öffentlicher Straße vom König angesprochen würde, als es jetzt Hansei und seine ganze Familie waren.

Walpurga wollte sofort zu Grubersepp gehen und zugeben, dass sie ihm Unrecht getan hatte, aber Hansei sagte:

„Es besteht kein Grund, sich so zu beeilen. Ich werde warten, bis er wiederkommt; ich werde keinen Schritt gehen, um ihn zu treffen."

„Du hast recht", antwortete Walpurga, „du bist der richtige Mann."

„Ich habe mein volles Wachstum erreicht", sagte er. „Ist es nicht so, Onkel? Ich bin fertig mit dem Wachsen."

„Ja", antwortete der Onkel, „du hast deine volle Größe. Aber weißt du, was du sein solltest? Du solltest einen großen Bauernhof besitzen. Du wärst der richtige Mann und Walpurga die richtige Frau dafür." ; und jetzt, wo ich darüber nachdenke, hast du gehört, dass der Eigentümer des Grundbesitzes bei uns verkaufen will? Man sagt, er sei dazu verpflichtet. Du solltest dorthin gehen; dann wärst du besser dran als der König. Wenn Wenn Sie das nötige Geld haben, können Sie die Farm zum halben Preis kaufen.

Der Onkel lobte nun den Hof mit seinen Feldern und Wiesen und sagte, der Boden sei so reichhaltig und in einem so guten Zustand, dass man ihn fast essen könne; und was das Holz betraf, wusste niemand, wie viel es wert war. Das einzige Problem war, dass man es nicht überall erreichen konnte.

Der Onkel war ein Pechbrenner und kannte die Wälder gut.

Walpurga war ganz glücklich und sagte:

„Es geht nicht, das aus den Augen zu verlieren."

Hansei schien die Angelegenheit ziemlich gleichgültig zu sein. Walpurga nahm seine Hand in ihre und flüsterte: „Ich habe noch etwas für dich."

„Ich brauche nichts. Ich verlange nur eines von dir: Lass mich den Kauf des Hofes beaufsichtigen, und lass Onkel nicht merken, dass du so schnupfst. Ich glaube wirklich, dass der Bauer ihn geschickt hat Hier. Wir müssen hart sein und so tun, als ob es uns überhaupt nichts ausmacht. Ich werde die Sache nicht vernachlässigen, darauf können Sie sich verlassen. Und außerdem bin ich schon lange genug Holzfäller, um etwas darüber zu wissen Holzland."

Hansei ließ den Onkel allein gehen und sagte nur beiläufig, dass er sich den Hof irgendwann einmal ansehen würde.

Grubersepp kam, wie versprochen, noch am selben Abend. Eine Magd folgte ihm mit einem großen steinernen Krug Bier. Ein wohlhabender Bauer besuchte die Hütte am See und brachte eines Abends sein Bier dorthin – so etwas hatte man noch nie gehört, solange das Dorf existierte.

Seine ganze Art schien zu sagen: „Ich habe sechzig Kühe, die auf den Bergwiesen weiden." Niemand hatte jemals ein lobendes Wort über seine

Lippen gehört. Er hatte ein mürrisches Gesicht und war zurückhaltend gegenüber seinen Worten. Er war ein sogenannter schuftender Bauer. Alles, was ihm am Herzen lag, war unaufhörliche Arbeit, und er kümmerte sich nie um andere.

Walpurga blieb außer Sichtweite. Sie fürchtete, sie könnte sich zu sehr demütigen und dadurch Hansei verärgern, der sich aufführte, als ob Grubersepp die Familie schon seit Jahren besuchte.

Grubersepp erkundigte sich nach Walpurga. Hansei rief sie, und als sie kam, schüttelte ihr der reiche Bauer die Hand und hieß sie willkommen.

Nachdem Walpurga den Raum verlassen hatte, sprachen sie darüber, wie das Geld am besten angelegt werden könne.

Grubersepp war ein großer Feind der öffentlichen Gelder.

„Ja", sagte Hansei schließlich. „Ich hatte ein Angebot für die Farm auf der anderen Seite des Sees, sechs Meilen landeinwärts. Meine Schwiegermutter stammt aus dieser Nachbarschaft."

„Ich kenne den Hof. Ich war einmal dort. Ich hätte die Tochter des Bauern heiraten sollen, aber daraus wurde nichts. Man erzählt mir, dass das Grundstück in einem schlechten Zustand sei. Wer Gutes vom Land ernten will, muss geben." Es gibt eine Gegenleistung. Der Boden erfordert es, und wenn Sie kaufen sollten, vergessen Sie nicht, dass ein großer Teil des Wiesenlandes am besten verkauft werden sollte. Mein Vater pflegte immer zu sagen, dass die Wiesen eines Bauernhofs wie die einer Kuh sind Euter."

Hansei war erstaunt über die Weisheit, die Grubersepp geerbt hatte, und wunderte sich darüber, wie er sie mit sich herumtrug und so wenig Aufhebens darum machte.

Grubersepp fügte hinzu: „Die Sache wird auf jeden Fall eine Überlegung wert sein, und ich würde mich freuen, wenn jemand aus unserem Dorf ein so schönes Grundstück bekommen würde."

„Aber du wolltest mir nichts dafür gewähren?"

„Nein. Ich schulde dir nichts. Aber wenn du mich auf andere Weise gebrauchen kannst –"

„Nun, wie? Wirst du für mich eine Kaution hinterlegen?"

„Nein, das werde ich auch nicht. Aber ich verstehe die Sache besser als Sie und schenke Ihnen einen ganzen Tag meiner Zeit. Ich fahre mit Ihnen rüber und bewerte das ganze Grundstück für Sie. Ich Ich bin froh, dass Sie beschlossen haben, das Gasthaus nicht zu nehmen. Das Wetter klart auf, und bis morgen Mittag werde ich mein ganzes Heu unter Deck haben. Wenn Sie mich für einen Tag brauchen, stehe ich Ihnen zur Verfügung wir reiten da rüber. Du weißt, dass es so ist, wenn ich etwas sage, denn ich bin Grubersepp."

„Ich akzeptiere es", sagte Hansei.

Strahlend vor Freude stand Walpurga am nächsten Tag an der Gartenhecke und beobachtete den Wagen, in dem Hansei und Grubersepp saßen. Sie war froh, dass zu dem Zeitpunkt, als die beiden gemeinsam losfuhren, zufällig so viele Leute von der Arbeit kamen.

„Jetzt lasst sie vor Wut platzen; der erste Mann im Dorf ist der Kamerad meiner Hansei."

Für Grubersepp war es keine Kleinigkeit, einen ganzen Tag seiner Zeit zur Verfügung zu stellen, und das im Hochsommer. Er meinte es freundlich genug, aber sein Hauptziel war es zu zeigen, dass der Wirt und sein Rudel keinen Mann aus einem Mann machen konnten, während er, Grubersepp, es konnte. Ihm war es ziemlich gleichgültig, was die Leute über ihn dachten, aber dennoch tut es gut, sie wissen zu lassen, wer der Herr ist, solange es nichts kostet. Wenn es nichts kostet – das war der Hauptpunkt bei allem, was Grubersepp tat.

Der nächste Weg führte über den See und direkt den Berg hinauf auf der anderen Seite. Aber Grubersepp hatte eine unüberwindliche Abneigung gegen das Wasser, und so fuhren sie um den See herum und dann den Berg hinauf.

Es war spät am folgenden Abend, als Hansei und Grubersepp zurückkamen. Hansei berichtete, dass es sich um eine schöne Farm handelte und dass es ein durchaus fairer Kauf wäre, wenn auch nicht so wunderbar billig, wie der Onkel es gepriesen hatte. Der Ort war leider vernachlässigt worden; aber das würde nicht im Weg stehen, denn er könnte das alles wieder in Ordnung bringen. Dennoch würde er nicht kaufen, da er gezwungen wäre, zu viel Restschuld an der Hypothek zu hinterlassen, und er würde lieber eine kleinere Farm besitzen und keine Schulden mehr haben.

Dann sagte Walpurga:

„Komm, ich wollte dir schon seit langer Zeit etwas sagen, und du würdest mir nie zuhören. Ich habe noch etwas für dich."

Sie führte Hansei in den Keller und entfernte mit großer Anstrengung den steinernen Kohlbottich, dann grub sie mit ihren Händen die Erde um und zeigte den erstaunten Augen von Hansei den mit Goldstücken gefüllten Kissenbezug.

"Was ist das?"

„Gold! Jedes bisschen davon.“

„Guter Gott! Du bist eine Hexe; das ist – das ist verzaubertes Gold!“ rief Hansei aus. Er war so erschrocken, dass er die Öllampe, die Walpurga auf einen umgedrehten Eimer gestellt hatte, umwarf.

Sie standen beide im Dunkeln und schauderten vor Angst.

"Bist du noch da?" rief Hansei zitternd.

„Natürlich bin ich das. Sei nicht – sei nicht – so – so abergläubisch. Zünde ein Licht an. Hast du keine Übereinstimmungen über dich?“

"Natürlich habe ich."

Er zog sie aus seiner Tasche, ließ sie aber alle auf den Boden fallen. Walpurga sammelte sie ein. Mehrere von ihnen fingen Feuer, gingen aber sofort wieder aus. Der plötzliche blaue Lichtblitz wirkte seltsam und düster. Endlich gelang es ihnen, die Lampe anzuzünden, und sie gingen die Treppe hinauf in das Zimmer, wo Walpurga eine zweite Lampe anzündete, damit die Dunkelheit sie nicht erneut erschrecken könnte. Hansei entfernte hastig den Kissenbezug und das glitzernde Gold traf seinen Blick.

„Jetzt sagen Sie mir“, sagte er und fuhr sich mit der Hand übers Gesicht, „haben Sie noch mehr? Versuchen Sie das nicht noch einmal.“

Walpurga versicherte ihm, dass das alles sei. Hansei breitete das Gold auf dem Tisch aus, häufte es in kleinen Häufchen auf und zählte es mit den Fingern. Er hatte immer ein Stück Kreide in der Tasche, und jetzt holte er es heraus und zählte das Geld ab. Als er fertig war, drehte er sich um und sagte:

„Komm her, Walpurga. Komm, da ist dein erster Kuss als Herrin des Grundbesitzes.“

Hansei legte das Gold zurück in den Kissenbezug, und als er zu Bett ging, legte er es unter sein Kissen und sagte: „Oh, was für ein gutes Kissen; man kann darauf wunderbar schlafen.“

KAPITEL X.

Als Walpurga am nächsten Morgen aufwachte, fand sie den Goldsack neben sich im Bett, aber Hansei war verschwunden.

„Wo ist er? Was ist aus ihm geworden?"

Sie zog sich hastig an, machte sich auf die Suche nach ihm und ging durch das ganze Haus, um nach ihm zu rufen; aber er war nicht da. Sie eilte zu Grubersepp, aber sie hatten nichts von ihm gesehen. Sie kehrte nach Hause zurück, aber Hansei war noch nicht angekommen.

Was könnte es sein? Wenn Hansei sich selbst Schaden zugefügt hätte – Wenn ihm so viel Geld den Kopf verdreht hätte – Oh, dieses schreckliche Geld! Es lag in der Erde, und jetzt war daran nichts mehr falsch, denn was einmal in der Erde war, ist gereinigt.

Sie ging zum See hinaus. Es stürmte immer noch; Die Wellen waren hoch und der Himmel war mit dunkelgrauen Wolken bedeckt.

Vielleicht hat Hansei sich selbst zerstört – vielleicht schwebt er da drin.

Sie stand am Wasser und rief mit aller Kraft „Hansei".

Es gab keine Antwort. Sie kehrte ins Haus zurück und erzählte ihrer Mutter, so verständlich sie konnte, von ihrer Trauer. Ihre Mutter tröstete sie.

„Sei ruhig. Hansei hat seine Axt mitgenommen – die, die immer dort hängt. Ich nehme an, er hatte etwas im Wald zu tun. Er scheut sich nie vor der Arbeit. Wenn er nach Hause kommt, sag ihm nicht, wie dumm du bist." Ich war schon einmal. Der Palast hängt immer noch an dir. Du machst dir zu viele Sorgen um alles. Glaub mir, die Welt ist ruhig und friedlich genug, solange wir still und ordentlich sind. Still! Ich höre ihn kommen. Er pfeift."

Hansei näherte sich pfeifend und die Axt auf der Schulter tragend.

Walpurga konnte ihm nicht entgegentreten. Sie fühlte sich in ihren Gliedern so schwach, dass sie sich setzen musste.

„Guten Morgen, Herrin Freeholder!" rief Hansei aus der Ferne. „Guten Morgen, Freeholder!" antwortete Walpurga. "Wo bist du gewesen?"

„Draußen im Wald. Ich habe eine prächtige Kiefer gefällt, die meine Schläge gespürt haben muss. Es hat mir gut getan. Aber gib mir zuerst etwas zu essen, denn ich habe Hunger."

„Er kann noch essen; Gott sei Dank dafür", dachte Walpurga bei sich, während sie sich beeilte, den Brei zu holen. Sie setzte sich neben ihn und genoss jeden Löffel, den er nahm. Sie hatte viel zu erzählen und zu fragen, aber sie wollte ihn beim Essen nicht stören, und als die Schüssel halb leer war, hielt sie sie ihm hin, damit er seinen Löffel füllen konnte.

„Jetzt sag mir", sagte sie, als die Schüssel geleert war, „warum bist du so früh rausgegangen und hast dich so davongeschlichen?"

„Nun, ich sage es dir. Als ich aufwachte, dachte ich, es sei alles ein Traum, und als ich danach das Geld fand, so viel davon, dachte ich, ich würde verrückt werden. Hansei, der arme Kerl der monatelang gespart hatte und sich so glücklich fühlte, wenn er sich ein Hemd und ein Paar Schuhe kaufen konnte, war auf einmal reich geworden, und es war, als würde mich jemand ständig umdrehen und fahren verrückt. Dann wollte ich dich wecken, damit wir darüber nachdenken, was ich besser mit mir machen sollte. Aber du schläfst so tief, dass ich dachte: Pfui! soll deine Frau dir helfen? Warte nur, Hansei; ich' Ich zeige es dir – und so stieg ich aus, nahm meine Axt und ging den Berg hinauf. Der Tag brach gerade an. Obwohl ich ganz allein war, hatte ich die ganze Zeit das Gefühl, als ob eine große Menschenmenge hinter mir her wäre. Trotzdem ging ich weiter, bis ich die Kiefer erreichte. Sie war längst zum Fällen markiert. Ich warf meine Jacke aus und machte mich an die Arbeit, und als die Späne zu fliegen begannen, fühlte ich mich besser. Danach kam Wastl und half mir , aber er sagte die ganze Zeit: „Hansei, du hast noch nie so gearbeitet wie heute"; und er sagte die Wahrheit. Wir haben den Baum gefällt und er stürzte krachend zu Boden. Das tat mir gut, und ich fühlte mich immer besser. Wir schnitten die Äste ab und machten dreimal so viel wie sonst in der gleichen Zeit, und so verschwanden nach und nach alle dummen Ideen und die ganze Aufregung aus meinem Kopf. Jetzt bin ich wieder hier und glücklich, und ich bin bei dir, Walpurga, mein alter Schatz. Ich bin wieder ernsthaft Holzfäller geworden, und jetzt soll ich Bauer werden – wenn alles gut geht."

Und es geschah alles.

Die Mutter hatte eine wundervolle Art zu verschwinden, als sie wusste, dass Hansei und Walpurga noch etwas zwischen sich klären mussten. Man hätte fast glauben können, dass das Häuschen mit Geheimtüren und unterirdischen Gängen ausgestattet wäre, so plötzlich würde es verschwinden. Sie würde genauso plötzlich wieder auftauchen und niemand würde wissen, wo sie gewesen war oder wie sie zurückgekehrt war.

Ihrer Gewohnheit entsprechend war sie verschwunden. Walpurga und Hansei durchsuchten das Haus nach ihr, fanden sie aber nirgendwo. Als sie ins Zimmer zurückkehrten, war sie da.

„Mutter, wir haben gute Nachrichten für dich", sagte Walpurga.

„Ich sehe bereits, was das Beste von allem ist", antwortete sie, „und das ist, dass eure Herzen wirklich vereint sind. Mehr möchte ich nicht wissen."

„Nein, Mutter, das musst du wissen. Hast du dir jemals vorgestellt, dass du Herrin des Grundbesitzes sein könntest, in dem du einst Dienerin warst?"

"Nein niemals."

„Aber jetzt ist es so."

Walpurga und Hansei lösten sich abwechselnd ab und sagten ihr, dass sie genug Geld hätten, um die Anzahlung für den Hof zu leisten, und dass der Kauf so gut wie abgeschlossen sei, weil Hansei acht Tage lang die Ablehnung erhalten habe.

Mutter Beate brachte kein Wort zur Antwort. Sie faltete die Hände und ihre Gesichtszüge nahmen einen Ausdruck der Traurigkeit an.

„Mutter, bist du darüber nicht erfreut?" fragte Walpurga.

„Nicht erfreut? Du wirst es bald sehen. Aber ich bin alt, mein Kind, und kann nicht so herumspringen wie du. Schau dir die Berge dort drüben an. Solange sie dort stehen, niemand Ich habe mich jemals glücklicher gefühlt als ich. Ich weiß nicht, was der Herr meint, wenn er mir so viel Glück auf Erden schenkt. Er weiß, was Er tut, und ich nehme es ruhig und geduldig an. Als du wieder zu uns nach Hause kamst, dachte ich Mein Glücksbecher war voll, aber jetzt sehe ich, dass noch mehr kommt. Nun, lass was kommen, ich gehe wieder nach Hause.

Die Mutter musste damit aufhören, aber Hansei sagte:

„Ja, Mutter, du wirst etwas sehen, was du in deinem ganzen Leben noch nie gesehen hast." Er ging ins Zimmer, kam mit dem Sack voll Gold zurück und öffnete ihn.

„Sehen Sie sich das doch mal an!" sagte er. „Wie es glänzt und funkelt. Man kann alles in zwei Händen halten, und doch ist genug da, um einen Bauernhof zu kaufen, mit Haus und Feldern und Wäldern und Vieh und Werkzeugen und allem."

„Das ist eine Menge Geld", sagte die Mutter. Sie legte ihre Hand auf das Gold, während sich ihre Lippen lautlos bewegten.

„Legen Sie Ihre Hand hinein", drängte Hansei. „Oh, wie gut tut es, so im Gold herumzuwühlen."

Die Großmutter kam seinem Wunsch nicht nach, sondern murmelte weiter vor sich hin.

Das Kind im Nebenzimmer weinte und Hansei rief:

„Die Tochter des Grundbesitzers ist wach. Guten Morgen, Tochter des Grundbesitzers!" sagte er, während die beiden Frauen zu dem Kind hinausgingen. Dann nahm er den Beutel mit dem Gold, schüttelte ihn und sagte:

„Hör einfach zu, so eine Musik hast du noch nie gehört."

Die Großmutter hob das Kind aus dem Bett und sagte: „Hansei, tu einfach, was ich dir sage, und lege das Gold in das warme Bettchen des unschuldigen Kindes. Das wird es segnen, und egal, wessen Hände das Gold auch haben mag." darin gewesen, das weiht es und bringt einen Segen mit sich."

„Ja, Mutter, das schaffen wir." Er wandte sich an Walpurga und fügte hinzu: „Mutter hat immer so schöne Ideen. Du weißt, dass es dem Gold im warmen Nest gut tut. Ja", sagte er zu dem kleinen Kind, „sie haben dir viel Gold in die Wiege gelegt." . Wir nehmen ein Stück und lassen ein Loch hineinbohren, und Sie erhalten es, wenn Sie konfirmiert sind. Nur gut behalten."

„Aber jetzt muss ich zu Grubersepp gehen", sagte er schließlich.

Walpurga musste sagen, dass sie ihn bereits an diesem Morgen dort gesucht hatte. Sie erkannte nun, wie anfällig sie dazu war, übertriebenen Ängsten nachzugeben, und beschloss, sich von dieser Gewohnheit zu lösen.

Die Großmutter, Walpurga und das Kind fühlten sich zu Hause glücklich, und die Mutter erzählte, dass sie nur drei Monate vor Walpurgas Geburt zum letzten Mal auf dem Bauernhof gewesen sei, und zwar zur Hochzeit ihres Bruders.

„Sie können mich da oben begraben", fügte sie hinzu. „Es ist schade, dass ich nicht neben deinem Vater ruhen kann, denn der See hat ihn nie wieder aufgegeben. Oh, wenn er das nur noch erlebt hätte!"

Unsere höchsten Freuden und unsere tiefsten Sorgen sind eng miteinander verbunden.

Grubersepp kam mit Hansei zurück und gratulierte als erster Walpurga und der Großmutter. Er riet ihnen jedoch, dazu nichts zu sagen, bis der Kauf rechtskräftig vollzogen sei.

KAPITEL IX.

Am Sonntag gingen Hansei, Walpurga und die Mutter gemeinsam in die Kirche. Das Kind blieb zu Hause bei Gundel. Sie gingen schweigend am Ufer des Sees entlang und dachten darüber nach, wie oft sie diesen Weg in Freude und in Trauer gegangen waren und wie sie sich fühlen würden, wenn sie einen anderen Weg und zu einer anderen Kirche gingen.

Die Kirchgänger, die sie unterwegs trafen, begrüßten sie kühl und die Großmutter sagte:

„Lasst uns nicht böse Gedanken gegen andere mit in die Kirche nehmen. Wir müssen sie draußen lassen."

„Aber wenn einer wieder herauskommt, sind sie trotzdem da, genau wie die Hunde, die an der Kirchentür warten", antwortete Walpurga scharf. Die Mutter sah sie an und schüttelte den Kopf, während sie sagte: „Glauben Sie mir, die Menschen sind bei weitem nicht so schlecht, wie sie glauben. Sie denken, es lässt sie größer und wichtiger aussehen, wenn sie es zeigen." dass sie wütend und gehässig sein können; aber wie dem auch sei, wenn wir andere nicht gut machen können, können wir uns selbst besser machen.

„Gib mir den Regenschirm, Mutter, ich kann ihn besser tragen als du", sagte Hansei. Dies war seine Art, seine Zustimmung auszudrücken.

Der Wirt fuhr vorbei. Hansei grüßte ihn, aber die einzige Antwort, die er hörte, war das Knallen der Peitsche.

„So ist es", sagte Hansei. „Wenn er wütend ist, gibt es keinen Grund, warum ich es sein sollte."

Die Mutter nickte zustimmend.

Obwohl der Gottesdienst sie sowohl erbaut als auch zufrieden gestellt hatte, hinderte er Hansei nicht daran, an diesem Tag beim Abendessen einen gewaltigen Appetit zu verspüren, und er sagte:

„Ich denke, der Grundbesitzer kann mehr essen als je zuvor, aber ich werde dafür sorgen, dass er auch richtig tapfer arbeitet."

Hansei war ganz lustig, aber er kletterte nicht mehr auf den Kirschbaum.

Der Arzt und seine Frau statteten ihnen am Nachmittag einen Besuch ab. Walpurga zeigte die hübschen Geschenke, die sie erhalten hatte, und Frau Hedwig war voller Bewunderung.

„Ich werde dieses wunderschöne Kleid für die Hochzeit meines Kindes beiseite legen. Man kann nicht zu früh anfangen, über das Outfit nachzudenken."

Der Arzt hatte einen guten Vorrat an Flaschennahrung mitgebracht. Er stellte die Flaschen auf den Tisch und sagte:

„Hansei, man sagt mir, dass du trockene Buße tust, und da ich ein Ketzer bin, werde ich dir den Wein einschenken."

Er ging dabei äußerst großzügig vor.

Walpurga brachte eine der silberversiegelten Weinflaschen mit, die Doktor Günther ihr gegeben hatte.

Doktor Kumpan wusste, wie man die Flaschen öffnet. Er lobte den Wein, lobte Günther aber noch mehr.

„Ich denke", sagte Walpurga, „dass wir unseren verehrten Gästen sagen sollten, was wir vorhaben. Sie sind ehrenhafte Menschen und werden es nicht weiter verfolgen."

„Da hast du recht", sagte Hansei und erzählte ihnen von der Farm. Der Arzt und seine Frau gratulierten ihnen und bedauerten nur, dass so gute Menschen die Nachbarschaft verlassen würden. Ermutigt durch den Wein fragte Hansei:

„Doktor, könnte ich – so frei sein –? Sehen Sie, Sie sind wirklich der Grund für unser Glück. Würden Sie uns die Ehre erweisen, ein Geschenk von uns anzunehmen?"

„Lass uns hören, was es ist. Wie viele tausend Gulden wirst du für mich ausgeben?"

Hansei hatte große Angst; er hatte nicht vorgehabt, so weit zu gehen.

„Sie sind ein fröhlicher Herr, Sie sind voller Spaß", sagte er und sammelte seinen Verstand. „Was ich damit sagen wollte war: Ich habe drei Holzschnüre draußen im Wald. Ich habe sie erst letzte Woche zugeschnitten und würde sie gerne zu dir nach Hause bringen."

„Ich tue dir den Gefallen, es anzunehmen. Ich sehe, du bist bereits ein echter Bauer. Du hast eine juckende Handfläche und Geld klebt daran. Pass auf, dass du es bleibst."

An diesem Sonntag standen ihnen noch andere Ehren bevor, denn als der Nachmittagsgottesdienst zu Ende war, rief der Pfarrer an. Er teilte ihnen mit, dass er beabsichtige, am nächsten Tag in die Hauptstadt aufzubrechen, und erinnerte Walpurga an ihr Versprechen, ihm einen Brief an die Gräfin Wildenort zu überreichen. Herzlich lachen. Doktor Kumpan rief aus:

„Ah! Ihre Hoheit Gräfin Wildenort ist also Ihre Freundin, und der Pfarrer –
"

„Doktor, ich möchte ein Wort mit Ihnen sprechen", unterbrach ihn Walpurga. „Komm, so schnell du kannst."

Eine Lektion hatte sie bei Hofe gelernt: nämlich, dass ein festes, aber höfliches Auftreten es einem ermöglicht, manch bösartige Bemerkung zu unterdrücken oder abzuwehren. Es lag eine gewisse Erhabenheit in ihrem Benehmen, als sie dem Arzt sagte, dass sie in ihrem Haus niemandem erlauben würde, schlecht über die Gräfin Irma zu reden, genauso wie sie es niemandem erlauben würde, etwas gegen den Arzt zu sagen. Das wäre genauso falsch wie das, was über die Gräfin gesagt wurde, die zwar fröhlich genug war, seine Kameradin zu sein, aber genauso gut wie er. Walpurga fügte hinzu, sie hoffe, er würde sie nicht betrüben, indem er schlecht über die Gräfin rede.

Der Arzt sah Walpurga erstaunt an. Als er ins Zimmer zurückkam, sagte er zu Hansei:

„Du hast eine großartige Frau; eine, deren Freundschaft für jeden eine Ehre ist."

Walpurga ging in ihr Zimmer und schrieb:

„ *Meine geliebte Gräfin* :

„Ich nutze diese Gelegenheit, um Ihnen zu schreiben. Unser Pfarrer reist in die Stadt und hat versprochen, so freundlich zu sein, den Brief mitzunehmen und Ihnen zu überbringen. Ich weiß nicht, was er sonst noch tun möchte, aber Seien Sie versichert, dass alles in Ordnung ist, was er will. Er ist sehr freundlich zu mir, und das besonders, seit ich wieder nach Hause gekommen bin. Und jetzt möchte ich Ihnen schreiben, wie es mir geht. Ich konnte Gott nicht darum bitten sie besser machen. Mann, Mutter, Kind und noch dazu die tägliche Arbeit haben! Wir haben unser Heu schon gemacht, aber nicht nur eingebildet, wie es früher bei uns auf dem Rasen am Sommerpalast war. Don' Erinnerst du dich nicht?

„Mein Gott! Ich sage bei *uns* , und wer weiß, ob im Palast noch jemand an mich denkt?"

„Ja, das bin ich sicher, meine gute Gräfin; und mein Kind, ich meine den Prinzen und die Königin und auch Mademoiselle Kramer und ihren Vater.

„Bitte grüßen Sie sie alle von mir, den Doktor und Baron Schöning und Gräfin Brinkenstein. Ihr geht es auch gut, und Madame Gunther auch, falls Sie sie treffen sollten. Oh, was für eine Frau sie ist! Es tut mir sehr leid, dass ich Habe sie erst am Tag vor meiner Abreise kennengelernt. Du solltest sie jeden Tag besuchen. Deine selige Mutter muss eine solche Frau gewesen sein, wie sie ist; und tu mir den Gefallen und schreibe mir, wie es meinem Prinzen geht. Er ist Ich mag dich auch, und wenn du heiratest, lass es mich wissen, und wenn sich die Gelegenheit dazu bietet. Mademoiselle Kramer könnte mir den schönen Spinnrocken schicken. Es wäre sehr schade, wenn er dort oben in der Dachstube liegen müsste.

„Meinem Mann tat es sehr leid, dass er Sie nicht sehen konnte, und mir tat es auch leid. Ich muss immer versuchen zu vergessen, wie Sie an diesem Morgen aussahen, und wenn ich versuche, mir meine schöne Gräfin und gute Freundin vorzustellen, Das muss ich übergehen.

„Meine Mutter lässt grüßen; sie erinnert sich an deine Mutter und sagt, wenn man ihr ins Gesicht sah, war es, als würde man in die Sonne schauen.

„Mein Kind war anfangs ziemlich stur. Du hast beim Prinzen gesehen, wie stur Kinder sein können, wenn sie einen Menschen nicht mögen; aber mein Kind und ich sind sehr gute Freunde und schließlich das Beste auf der Welt."
, bedeutet, ein Kind zu haben, etwas zu tun und außerdem ein wenig Besitz. Ach! Mit seinem Kind herumzulaufen bedeutet, eine Quelle des Lebens bei sich zu haben, eine, aus der man jederzeit pures Glück trinken kann.

„Es kommt mir oft wie ein Traum vor, wenn ich denke, dass ich weg war; und es ist gut, dass es vorbei ist. Ich habe das Gefühl, dass ich es nicht noch einmal erleben könnte, und alles, was ich mir jetzt wünsche, ist, glücklich zu leben."

„Ich küsse dieses Laken, denn deine Hände werden es berühren.

„Von deinem wahren Freund,

„ WALPURGA ANDERMATTEN .

„Nachtrag. – Ich habe hier ein paar neue Lieder, aber sie sind nicht schön. Ich habe tagsüber keine Zeit zum Singen, und wenn ich mein Kind nicht abends in den Schlaf singen würde, würde ich es tun Ich habe nie die Chance, überhaupt zu singen.

„Entschuldigen Sie, dass ich so schlecht schreibe, aber meine Hände sind schon hart geworden, und das Papier und die Tinte sind sehr schlecht. Ja, das sagen alle schlechten Schriftsteller. Noch einmal, lebe wohl! Ich schreibe in Eile und der Pfarrer wartet schon das andere Zimmer, und der Arzt und seine Frau sind auch hier. Sie sind mächtig gute Menschen, und wenn es viele böse und neidische Menschen auf der Welt gibt, schaden sie sich selbst mehr als anderen. Meine liebe Gräfin, Sie können' Ich kann mir nicht vorstellen, wie viel Gutes du uns getan hast. Du wirst dafür belohnt werden – du, deine Kinder und deine Enkel. Es ist so gut wie sicher, dass wir nicht hier bleiben werden; aber überall ist der gleiche Himmel. Und Wenn du deinen Vater siehst, erweist ihm den Respekt meiner Mutter. Sie hat seine Freundlichkeit zu ihr nicht vergessen, und du bist seine Tochter und hast dein gutes Herz von ihm und deiner Mutter. Ich wünsche mir nur, dass du noch so einen haben würdest Mutter wie meine. Aber Mutter hat recht: Sie sagt, dass es keinen Sinn hat, sich etwas zu wünschen, das man nicht haben kann. Mir kommt es so vor, als müsste ich dir noch viel mehr schreiben, aber mir fällt nichts anderes ein, und sie Ich rufe aus dem Nebenzimmer nach mir. Lebewohl! Meine tausendfachen Glückwünsche für Ihre Gesundheit und Ihr Glück. Von Herzen wünsche ich dir alles Gute. Oh, wenn ich nur mit diesem Brief zu Dir gehen könnte. Aber ich bin froh, zu Hause zu sein und werde bleiben, solange ich lebe. Lebt wohl, ihr guten Menschen auf der Welt.

Walpurga übergab den Brief dem Pfarrer, der bald darauf ging. Er war nicht gern mit dem Arzt zusammen, der ein trauriger Ketzer war. Gegen Abend reisten der Arzt und seine Frau ab, und Walpurga war nicht wenig stolz darauf, dass alle Dorfbewohner von den angesehenen Besuchern wussten, die in der Hütte vorbeigekommen waren. Keiner ihrer Nachbarn konnte sich einer solchen Ehre rühmen.

Die Woche verging ruhig. Hansei war mehrere Tage abwesend und schloss in dieser Zeit den Kauf ab.

Der kleine Pechmann hatte um Erlaubnis gebeten, bei der Bezahlung des Geldes für den Hof dabei sein zu dürfen, und hatte dies als besonderen Gefallen erbeten. Sein Gesicht hellte sich auf, als er die Goldhaufen sah und als Grubersepp fragte: „Gefällt es dir?" Er antwortete, als würde er aus einem Traum erwachen:

„Ja, es ist wahr, ich hätte es nicht glauben können. Ich habe in alten Geschichten oft von solchen Goldhaufen gehört. Das ganze Zeug wiegt nicht mehr als ein paar Pfund, und man kann es bekommen Die ganze Farm dafür. Ja, ja. Daran werde ich mich bis ans Ende meiner Tage erinnern.

Grubersepp lachte herzlich. Der kleine, grauhaarige Mann musste sich für ziemlich jung gehalten haben, als er so vom Ende seiner Tage als einer Sache der fernen Zukunft sprach.

Am Freitag kehrte der Pfarrer zurück. Er hatte Gräfin Irma nicht gesehen, da sie den Hof zu einer Badestelle begleitet hatte. Er hatte den Brief im Palast zurückgelassen und es wurde ihm mitgeteilt, dass er an sie weitergeleitet werden würde.

KAPITEL XII.

Der Wetterhahn drehte sich erneut und zeigte schönes Wetter an. Der Himmel war fast wolkenlos. In den Köpfen der Männer war es genauso. Im Dorf ging das Gerücht um, Hansei habe den Hof auf der anderen Seite des Sees gekauft und mit barem Geld bezahlt. Wie könnte jemand Groll gegen einen Mann hegen, der das konnte? NEIN; Es war eine Schande für den Wirt, einen Mann wie Hansei und eine Frau wie Walpurga aus dem Dorf zu vertreiben. Sie waren eine Ehre für alle, ganz zu schweigen von dem Vorteil, so reiche und gute Menschen an diesem Ort zu haben – Menschen darüber hinaus, die selbst arm waren und wissen, wie es den Armen geht.

Hansei und Walpurga wurden nun überall, wo sie hingingen, freundlich begrüßt, und alle sprachen von ihrer beabsichtigten Abreise, als ob es ihnen Kummer bereitete, daran zu denken.

Der Rädelsführer an dem Sonntag, an dem die Bande ins Haus gekommen war, derjenige, der Hansei einen Streich spielen wollte, kam nun und bot ihm an, sich als Knecht für ihn zu engagieren. Hansei antwortete, dass er vorerst die Bediensteten behalten werde, die auf dem Hof seien, und dass er zunächst Leute brauchen würde, die sich in der Gegend und auf dem Hof gut auskennen. Er sagte, dass er ihn vielleicht später einstellen könne. Hansei musste ziemlich häufig hin und her reisen. Es mussten viele rechtliche Angelegenheiten geklärt werden, und außerdem gab es auf dem Grundstück einen alten Bewohner, der einen lebenslangen Anspruch auf Unterhalt und Unterhalt gegen das Anwesen hatte und den Geld nicht dazu bewegen konnte, das Haus zu verlassen.

„Und wissen Sie", sagte Hansei eines Tages, „wer mir so sehr geholfen hat? Wir hatten ganz vergessen, dass Stasi dort oben an der Grenze wohnt, etwa drei Meilen vom Hof entfernt. Ihr Mann ist noch dazu der Unterförster." Bezirk. Er hat mir den Wald gezeigt, und er hat völlig recht, wenn er sagt, dass man Wege machen kann, damit Balken und Bretter abgerissen werden können. Willst du nicht einmal mit mir gehen und dir unser neues Zuhause ansehen? "

„Ich werde warten, bis wir endgültig dorthin gehen", antwortete Walpurga. „Wohin du mich auch nimmst, ich werde zufrieden sein, denn wir werden zusammen sein, und du kannst dir nicht vorstellen, wie glücklich Mutter ist."

Obwohl die Großmutter bisher selten ans Sterben gedacht hatte, beklagte sie sich oft darüber, dass sie nicht mehr lange genug leben würde, um mit ihnen auf den Bauernhof zu ziehen und so als Mutter der Bäuerin dorthin zurückzukehren, wo sie einmal gewesen war Diener.

Den ganzen Tag erzählte sie Walpurga von den wunderschönen Apfelbäumen im großen Garten dort und von dem Bach, dessen Wasser so groß war, dass die darin gewaschenen Gegenstände weiß wie Schnee wurden, und das auch ohne Verwendung eines Partikels Seife. Sie lobte auch die Tugend der Menschen, die dort lebten, und ermahnte Walpurga, bei der Verteilung der Geschenke, die es nun ihre Pflicht sei, andere zu beschenken, mit gutem Urteilsvermögen vorzugehen. Sie kannte den alten Rentner und war tatsächlich entfernt mit ihm verwandt. Sie müssen ihn freundlich behandeln und so Segen für das Haus bringen.

Die Zeit verging wie im Flug und die Stunde des Aufbruchs rückte immer näher.

Walpurga hatte die Kleidung und die Haushaltsutensilien bereits eingepackt, musste sie aber bei Bedarf wieder auspacken.

Als die Zeit ihrer Abreise näher rückte, wurden die Dorfbewohner ihnen gegenüber noch freundlicher und umgänglicher, und Walpurga beschwerte sich bei ihrer Mutter:

„Ich fühle mich genauso wie damals, als ich den Palast verlassen wollte. Ich wollte immer weg, und als die Zeit gekommen war, hatte ich Angst, den Palast zu verlassen.“

„Ja, Kind“, sagte die Mutter und tröstete sie, „es wird genauso sein, wenn du die Welt verlässt. Wie oft möchte man gehen, aber wenn die Zeit gekommen ist, hat man keine Lust zu gehen. Oh, Mein Kind! Mir ist, als ob die ganze Welt zu mir spräche und als ob ich alles verstanden hätte. Alles, Männer und Frauen besonders, erscheint am besten, wenn man sich von ihm trennen muss. So ist es, wenn man sich von ihr trennt Denn erst dann beginnen wir zu begreifen, wie schön die Welt doch ist und wie viele gute Herzen wir zurücklassen.“

Walpurga und ihre Mutter konnten nun nach Herzenslust miteinander reden, denn sie bekamen keine Stunde mehr von Hanseis Gesellschaft. Er verbrachte einen Großteil seiner Zeit mit Grubersepp, den er auf die Felder begleitete und von dem er viele Ratschläge und Unterweisungen erhielt.

Eines Abends kam ein Bote und bat Hansei, sofort zu Grubersepp zu kommen. Er eilte davon und kam erst spät zurück. Walpurga und ihre Mutter, neugierig, was los war, setzten sich für ihn auf. Es war fast Mitternacht, als er zurückkam, und Walpurga fragte: „Was ist los?“

„Grubersepp hat ein Hengstfohlen bekommen.“

Walpurga und ihre Mutter hätten vor Lachen fast die Seiten gespalten.

„Was gibt es da zum Lachen?" fragte Hansei fast wütend. „Und außerdem deutet alles darauf hin, dass es ein Weißer sein wird."

Sie brachen wieder in Gelächter aus und Hansei sah verblüfft aus. Er teilte ihnen mit großem Ernst mit, dass Grubersepp ihn gerufen habe, damit er alles darüber erfahre, und war gerade dabei, ihnen die neuesten Informationen mitzuteilen, die er erhalten hatte: nämlich, dass Fohlen niemals weiß geboren werden . Aber er überlegte es sich anders; denn ihm kam der Gedanke, dass es nicht genügen würde, den Frauen alles zu sagen, was er wusste, denn sie lachten über alles so dumm. Außerdem sollte ein reicher Bauer den Frauen gegenüber auf seine Würde achten; er würde nicht vergessen, dass Grubersepp so war.

Hansei erhielt verschiedene Angebote für sein Häuschen und war immer dann provoziert, wenn von einer heruntergekommenen alten Hütte die Rede war. Er sah immer so aus, als wollte er damit sagen: „Nimm es mir nicht schlecht, gutes altes Haus; die Leute beschimpfen dich nur, um dich billig zu bekommen." Hansei blieb standhaft. Er würde sein Haus nicht für einen Penny weniger verkaufen, als es wert war; und außerdem besaß er das Fischereirecht, was auch etwas wert war. Grubersepp nahm ihm schließlich das Haus ab, mit der Absicht, einen seiner Diener, der im Herbst heiraten wollte, in den Besitz des Hauses zu bringen.

Alle Dorfbewohner waren nett und freundlich zu ihnen – nein, sogar doppelt so freundlich, da sie gerade gehen wollten – und Hansei sagte:

„Der Gedanke, dass ich einen einzigen Feind hinter mir lassen muss, tut mir weh. Ich würde es gerne mit dem Wirt versöhnen."

Walpurga stimmte ihm zu und sagte, dass sie mitkommen würde; dass sie wirklich die Ursache des Ärgers gewesen war und dass der Wirt, wenn er jemanden ausschimpfen wollte, genauso gut auch sie ausschimpfen konnte.

Hansei wollte nicht, dass seine Frau mitkam, aber sie bestand darauf.

Am letzten Abend im August gingen sie ins Dorf hinauf. Ihre Herzen klopften heftig, als sie sich dem Gasthaus näherten. Es gab kein Licht im Raum. Sie tasteten auf der Veranda umher, aber es war keine Menschenseele zu sehen. Dachsel und Wachsel machten jedoch einen heidnischen Krach. Hansei rief:

„Ist niemand zu Hause?"

„Nein. Es ist niemand zu Hause", antwortete eine Stimme aus dem dunklen Raum.

„Nun, dann sagen Sie dem Wirt, wenn er zurückkommt, dass Hansei und seine Frau hier waren und dass sie gekommen sind, um ihn um Verzeihung zu bitten, wenn sie ihm etwas Unrecht getan haben, und um zu sagen, dass sie ihm auch vergeben. und wünsche ihm Glück."

„In Ordnung, ich werde es ihm sagen", sagte die Stimme. Die Tür wurde erneut zugeschlagen und Dachsel und Wachsel begannen erneut zu bellen.

Hansei und Walpurga kehrten heimwärts zurück.

„Wissen Sie, wer das war?" fragte Hansei.

„Na ja, es war der Wirt selbst."

„Nun, wir haben alles getan, was wir konnten."

Sie fanden es traurig, sich von allen Dorfbewohnern zu trennen. Sie lauschten den schönen Glockentönen, die sie seit ihrer Kindheit jede Stunde gehört hatten. Obwohl ihre Herzen erfüllt waren, sagten sie kein Wort über die Trauer über den Abschied. Hansei brach endlich das Schweigen:

„Unser neues Zuhause ist nicht von der Welt, wir können oft hierher kommen."

Als sie die Hütte erreichten, stellten sie fest, dass sich fast alle Dorfbewohner versammelt hatten, um sich von ihnen zu verabschieden, aber alle fügten hinzu: „Wir sehen uns morgen früh wieder."

Auch Grubersepp kam wieder. Er war schon früher stolz genug gewesen; aber jetzt war er es in doppelter Hinsicht, denn er hatte aus seinem Nächsten einen Mann gemacht oder zumindest dazu beigetragen. Er gab keinem zärtlichen Gefühl nach. Er fasste sein ganzes Wissen über das Leben in ein paar Sätzen zusammen, die er äußerst unverblümt vortrug.

„Ich möchte dir nur sagen", sagte er, „du wirst jetzt viele Diener haben. Glaub mir, die besten von ihnen nützen nichts; aber aus ihnen kann etwas gemacht werden, für alle. Er, der." Wenn jemand seine Diener gut mähen lassen möchte, muss er selbst die Sense in die Hand nehmen. Und da du so schnell reich geworden bist, vergiss das Sprichwort nicht: „Licht kommt, Licht geht." Bleib ruhig, sonst wird es dir schlecht gehen.

Er gab ihm noch viel mehr gute Ratschläge und Hansei begleitete ihn den ganzen Weg zurück zu seinem Haus. Mit einem stummen Handdruck verabschiedeten sie sich voneinander.

Das Haus schien leer, denn ein Boot, das bereits über den See fuhr, hatte im Voraus eine ganze Reihe von Kisten und Kisten geschickt. Am nächsten Morgen würden auf der anderen Seite zwei Teams warten.

„Das ist also das letzte Mal, dass wir in diesem Haus zu Bett gehen", sagte die Mutter. Sie waren alle erschöpft von der Arbeit und der Aufregung, und doch hatte keiner von ihnen Lust, ins Bett zu gehen. Schließlich konnten sie es jedoch nicht lassen, obwohl sie alle nur wenig schliefen.

Am nächsten Morgen waren sie schon früh auf den Beinen.

Nachdem sie ihre besten Kleider angezogen hatten, packten sie die Betten zusammen und trugen sie ins Boot. Die Mutter entzündete das letzte Feuer im Herd. Die Kühe wurden hinausgeführt und ins Boot gesetzt, die Hühner wurden ebenfalls in einen Stall mitgenommen und der Hund lief ständig hin und her.

Die Stunde des Abschieds war gekommen.

Die Mutter sprach ein Gebet und rief dann alle in die Küche. Sie schöpfte etwas Wasser aus dem Eimer und goss es mit den Worten ins Feuer: „Möge alles Böse auf diese Weise ausgeschüttet und ausgelöscht werden, und diejenigen, die nach uns ein Feuer anzünden, sollen in ihrem Zuhause nichts als Gesundheit finden."

Hansei, Walpurga und Gundel mussten jeweils eine Kelle Wasser ins Feuer gießen, und die Großmutter führte die Hand des Kindes, während es dasselbe tat.

Nachdem sie alle schweigend diese Zeremonie durchgeführt hatten, betete die Großmutter laut:

„Nimm von uns, o Herr, unser Gott! allen Kummer und Heimweh und alle Sorgen und schenke uns Gesundheit und ein glückliches Zuhause, in dem wir als nächstes unser Feuer entzünden."

Sie war die Erste, die die Schwelle überschritt. Sie hatte das Kind in ihren Armen und bedeckte seine Augen mit ihren Händen, während sie den anderen zurief:

„Schau nicht zurück, wenn du ausgehst."

„Warte nur einen Moment", sagte Hansei zu Walpurga, als er mit ihr allein war. „Bevor wir diese Schwelle zum letzten Mal überschreiten, muss ich dir etwas sagen. Ich muss es sagen. Ich möchte ein gerechter Mann sein und nichts vor dir verbergen. Das muss ich dir sagen, Walpurga. Während du es warst Weg und Black Esther lebte dort oben, ich war einmal sehr nahe daran, böse und untreu zu sein – Gott sei Dank war ich es nicht. Aber es quält mich bei dem Gedanken, dass ich jemals böse sein wollte; und jetzt, Walpurga, vergib mir, und Gott wird mir auch vergeben. Jetzt habe ich es dir gesagt und habe nichts mehr zu erzählen. Wenn ich in diesem Moment vor Gott erscheinen würde, wüsste ich nichts mehr."

Walpurga umarmte ihn und sagte schluchzend: „Du bist mein lieber, guter Ehemann", und sie überschritten zum letzten Mal die Schwelle.

Als sie den Garten erreichten, blieb Hansei stehen, schaute zum Kirschbaum hinauf und sagte:

„Und so bleibst du hier. Willst du nicht mit uns kommen? Wir waren immer gute Freunde und haben viele Stunden miteinander verbracht. Aber warte! Ich werde dich für immer mitnehmen", rief er freudig, „ und ich werde dich in mein neues Zuhause einpflanzen.

Er grub vorsichtig einen Spross aus, der aus einer der Wurzeln des Baumes spross. Er steckte es in sein Hutband und ging zu seiner Frau ans Boot.

Von der Anlegestelle am Ufer aus waren die fröhlichen Klänge von Geigen, Klarinetten und Trompeten zu hören.

KAPITEL XIII.

Hansei eilte zum Landeplatz. Das ganze Dorf hatte sich dort versammelt und mit ihm die gesamte Musikkapelle. Der Sohn des Schneiders Schneck, einer der Kürassiere bei der Taufe des Kronprinzen, hatte die Abschiedszeremonien arrangiert und leitete sie nun. Schneck, der an seiner Bassgambe kratzte, war der erste, der Hansei sah, und er rief mitten in die Musik:

„Es lebe Bauer Hansei und der, den er am meisten liebt! Hip, hip, hurra!"

Die frühe Morgendämmerung hallte von ihrem Jubel wider. Trompeten erklangen, und die Salutschüsse mehrerer kleiner Mörser hallten von den Bergen wider. Das große Boot, in dem ihre Hausmöbel, die beiden Kühe und ihr Geflügel, untergebracht waren, war mit Kränzen aus Tannen- und Eichenholz geschmückt. Walpurga stand in der Mitte des Bootes und hielt das Kind mit beiden Händen hoch, damit es die große Schar von Freunden und den See sehen konnte, der im rosigen Morgengrauen glitzerte.

„Meinen Herrn mit den besten Grüßen", sagte einer von Grubersepps Dienern und führte einen schneeweißen Hengst am Halfter, „er schickt dir dies, um an ihn zu erinnern."

Grubersepp war nicht anwesend. Er mochte Lärm und Menschenmassen nicht. Er hatte ein einsames und zurückhaltendes Temperament. Dennoch schickte er ein Geschenk, das nicht nur einen echten Wert hatte, sondern auch ein äußerst schmeichelhaftes Andenken war; Denn ein Füllen wird normalerweise von einem reichen Bauern einem jüngeren Bruder geschenkt, wenn er abreisen will. Vor der ganzen Welt, also dem ganzen Dorf, erschien Hansei als der jüngere Bruder von Grubersepp.

Die kleine Burgei schrie vor Freude, als sie sah, wie sie das schneeweiße Fohlen ins Boot führten.

Gruberwaldl, der erst sechs Jahre alt war, stand neben dem wiehernden Fohlen, streichelte es und redete freundlich mit ihm.

„Möchtest du mit mir auf die Farm gehen und mein Diener sein?" fragte Hansei von Gruberwaldl.

„Ja, in der Tat, wenn du mich mitnimmst."

„Sehen Sie, was für ein Junge er ist", sagte Hansei zu seiner Frau. „Was für ein Junge!"

Walpurga gab keine Antwort, sondern beschäftigte sich mit dem Kind.

Zum Abschied schüttelte Hansei jedem die Hand. Seine Hand zitterte, aber er vergaß nicht, den Musikern ein paar Kronentaler zu geben.

Schließlich stieg er ins Boot und rief:

„Liebe Freunde! Ich danke euch allen. Vergesst uns nicht, und wir werden euch nicht vergessen. Lebt wohl! Möge Gott euch alle beschützen."

Walpurga und ihre Mutter weinten.

„Und jetzt, in Gottes Namen, lasst uns beginnen." Die Ketten wurden gelockert; das Boot abgelegt. Musik, Geschrei, Gesang und Kanonenschüsse erklangen, während sich das Boot leise vom Ufer entfernte. Die Sonne erstrahlte in all ihrer Pracht.

Die Mutter saß mit gefalteten Händen da. Alle schwiegen. Das einzige Geräusch, das man hörte, war das Wiehern des Fohlens.

Walpurga war der Erste, der das Schweigen brach. „O lieber Gott! Wenn die Menschen einander im Leben nur halb so viel Liebe zeigen würden, wie wenn man stirbt oder wegzieht."

Die Mutter, die gerade betete, schüttelte den Kopf. Sie beendete schnell ihr Gebet und sagte: „Das ist mehr, als man zu bitten berechtigt ist. Es geht nicht, den ganzen Tag mit dem Herzen in der Hand herumzulaufen. Aber denken Sie daran, ich habe Ihnen immer gesagt, dass die Menschen es sind." im Grunde gut genug, auch wenn es ein paar schlechte darunter gibt.

Hansei warf seiner Frau, die über fast alles so viele verschiedene Gedanken hatte, einen bewundernden Blick zu. Er vermutete, dass die Ursache darin lag, dass sie nicht zu Hause war. Aber auch sein Herz war erfüllt, wenn auch auf andere Weise.

„Ich kann mir kaum vorstellen", sagte Hansei, holte tief Luft und steckte die Pfeife, die er anzünden wollte, wieder in die Tasche, „was aus all den Jahren geworden ist, die ich dort verbracht habe, und allem, was ich in dieser Zeit durchgemacht habe." . Schau, Walpurga! Die Straße, die du dort siehst, führt zu meinem Haus. Ich kenne jeden Hügel und jede Mulde. Meine Mutter ist dort begraben. Siehst du die Kiefern, die auf dem Hügel dort drüben wachsen? Der Hügel war ganz kahl, jeder Baum war gefällt als die Franzosen hier waren, und sehen Sie, wie schön und robust die Bäume jetzt sind. Die meisten davon habe ich selbst gepflanzt. Ich war ein kleiner Junge, ungefähr elf oder zwölf Jahre alt, als mich der Förster anstellte. Er ließ frische Erde für das Ganze bringen Platz und bedeckte die felsigen Stellen mit Moos. Im Frühjahr arbeitete ich von sechs Uhr morgens bis sieben Uhr abends und setzte die kleinen Pflanzen ein. Meine linke Hand war fast erfroren, weil ich sie ständig in eine Wanne stecken musste feuchten Lehm, mit dem ich die Wurzeln bedeckte. Außerdem war ich spärlich bekleidet und hatte den ganzen Tag nichts zu essen, außer einem Stück Brot. Am Morgen war es so kalt, dass einem das Mark in den Knochen gefriert, und mittags wurde ich von der heißen Sonne, die auf die Felsen brannte, fast verbrannt. Es war ein hartes Leben. Ja, als ich jung war, hatte ich es schwer. Gott sei Dank hat es mir nicht geschadet. Aber ich werde es nicht vergessen; und lasst uns fleißig sein und den Armen alles geben, was wir können. Ich hätte nie geglaubt, dass ich jemals einen einzigen Baum oder eine Handvoll Erde mein Eigen nennen würde; Und jetzt, wo Gott mir so viel gegeben hat, wollen wir versuchen, alles zu verdienen.“

Hanseis Augen blinzelten, als wäre etwas darin, und er zog seinen Hut tief in die Stirn. Während er sich nun sozusagen an den Wurzeln hochzog, musste er daran denken, wie tief er sich durch die Arbeit seiner Hände und durch Gewohnheit in die Nachbarschaft eingepfropft hatte. Er hatte schon so manchen Baum gefällt, aber er wusste genau, wie schwer es war, die Baumstümpfe zu entfernen.

Das Fohlen wurde unruhig. Gruberwaldl, der mitgekommen war, um es zu halten, war nicht stark genug und einer der Schiffer musste ihm zu Hilfe kommen.

„Bleib beim Fohlen“, sagte Hansei. „Ich übernehme das Ruder.“

„Und ich auch“, rief Walpurga. „Wer weiß, wann ich noch eine Chance bekomme? Ach! Wie oft bin ich mit dir und meinem gesegneten Vater auf dem See gerudert.“

Hansei und Walpurga saßen Seite an Seite und ruderten im perfekten Takt. Es tat beiden gut, eine Beschäftigung zu haben, die es ihnen ermöglichte, die Aufregung abzubauen.

„Ich werde das Wasser vermissen“, sagte Walpurga; „Ohne den See wird das Leben so langweilig und trocken erscheinen. Das habe ich gespürt, als ich in der Stadt war.“

Hansei antwortete nicht.

„Am Sommerpalast gibt es einen Teich, in dem Schwäne schwimmen“, sagte sie, erhielt aber immer noch keine Antwort. Sie sah sich um und ein Gefühl der Wut stieg in ihr auf. Wenn sie im Palast etwas sagte, wurde ihr immer zugehört.

Mit traurigem Ton fügte sie hinzu: „Es wäre besser gewesen, wenn wir im Frühjahr umgezogen wären, da wäre die Eingewöhnung viel einfacher gewesen.“

„Vielleicht schon“, antwortete Hansei schließlich, „aber ich muss im Winter Holz hauen. Walpurga, lasst uns das Leben miteinander angenehm und nicht traurig machen. Ich werde genug auf meinen Schultern haben und kann' Außerdem habe ich dich und deine Palastgedanken nicht.

Walpurga antwortete schnell: „Ich werde diesen Ring, den mir die Königin geschenkt hat, in den See werfen, um zu beweisen, dass ich nicht mehr an den Palast denke."

„Das ist nicht nötig. Der Ring ist eine schöne Summe wert und außerdem ist er ein ehrenvolles Andenken. Du musst es genauso machen wie ich."

„Ja; bleib nur stark und treu."

Plötzlich stand die Mutter vor ihnen auf. Ihre Gesichtszüge erstrahlten in einem seltsamen Ausdruck und sie sagte:

„Kinder! Haltet fest an dem Glück, das ihr habt. Ihr seid gemeinsam durch Feuer und Wasser gegangen; denn es war Feuer, als ihr von Freude und Liebe umgeben wart und alle euch mit Freundlichkeit begrüßten – und ihr durch das Wasser gegangen seid." , als die Bosheit anderer dich bis ins Herz traf. Damals stand dir das Wasser bis zum Hals und du bist doch nicht ertrunken. Jetzt hast du alles überwunden. Und wenn meine letzte Stunde kommt, dann Ich weine nicht um mich; denn durch dich habe ich all das Glück genossen, das ein Mutterherz auf dieser Welt haben kann.

Sie kniete nieder, schöpfte mit der Hand etwas Wasser auf und spritzte es über Hanseis und auch über Walpurgas Gesicht.

Schweigend ruderten sie weiter. Die Mutter legte ihren Kopf auf eine Bettrolle und schloss die Augen. Ihr Gesicht hatte einen seltsamen Ausdruck. Nach einer Weile öffnete sie ihre Augen wieder und warf einen Blick voller Glück auf ihre Kinder und sagte:

„Singt und seid fröhlich. Singt das Lied, das Vater und ich so oft zusammen gesungen haben; diese eine Strophe, die gute."

Hansei und Walpurga ruderten und sangen:

„Ah, glückselig ist die zarte Bindung

Das bindet mich, Liebe, an dich;

Und schnell vergehen die Stunden,

Wenn du mir nahe bist.

Sie wiederholten den Vers noch einmal, obwohl das freudige Geschrei des Kindes und das Wiehern des Fohlens manchmal dazu anhielten, ihn zu unterbrechen.

Das Singen und Rufen wurde plötzlich von einem jungen Matrosen unterbrochen, der rief:

„Da schwimmt jemand! Es ist ein Mensch – da! Der Kopf ist über dem Wasser! Siehst du es nicht? Da schwimmt das lange, kohlschwarze Haar auf dem Wasser. Eine Frau ist ertrunken oder über Bord gefallen." "

Jeder im Boot blickte auf den angegebenen Punkt. Das Objekt hob und senkte sich auf den Wellen. Es schien ein menschliches Gesicht zu sein, das hin und wieder an die Oberfläche stieg und wieder sank. Alle waren stumm vor Angst, und Hansei rieb sich die Augen und fragte sich: „War es Einbildung oder war es Realität?" Er glaubte, das Gesicht der Schwarzen Esther erkannt zu haben, das auf den Wellen aufstieg und wieder sank. Es schwebte immer weiter und verschwand schließlich außer Sichtweite.

„Es ist nichts", sagte Walpurga, „es ist nichts. Lasst uns nicht unglücklich machen."

„Du bist ein dummer Kerl", schimpfte der alte Bootsmann mit seinem Kameraden. „Es war nichts weiter als eine tote Krähe oder ein anderer Vogel, der auf dem Wasser schwamm. Wer würde so etwas sagen?" fügte er flüsternd hinzu. „Wenn wir nur wenig Trinkgeld bekommen, bist du schuld. Sie waren so froh, dass sie uns wenigstens einen Taler gegeben hätten, aber jetzt siehst du, wie Hansei in seiner Handtasche kramt. Er sucht nach Kleingeld, Und es ist alles deine Schuld.

Ohne zu wissen warum, hatte Hansei tatsächlich seine Handtasche herausgezogen und kramte darin herum. Er war so verwirrt über das, was er gesehen hatte – es war schließlich wahr –, aber es konnte nicht richtig sein – gerade jetzt – heute, wo alles vergeben und vorbei war; und schließlich hatte er nicht gesündigt.

Um seine Fassung wiederzuerlangen, zählte er mehrere Geldstücke ab. Das brachte seine Stimmung zurück. Er konnte zählen; seine Sinne waren zurückgekehrt. Er hatte das Rudern aufgegeben und mit seinem Stück Kreide tatsächlich einige Berechnungen auf der Bank angestellt. Aber er wischte sie bald wieder aus.

„Da ist das andere Ufer", sagte er, blickte auf und hob seinen Hut, „wir werden bald dort sein. Ich kann den Wagen und die Pferde und Onkel Peter dort schon sehen. Ich kann unsere blaue Truhe sehen."

„Himmel!" rief Walpurga, und das Ruder blieb bewegungslos in ihren Händen. „Himmel! Wer ist das? Wer ist diese Gestalt? Ich kann meinen Eid schwören, dass ich mir beim Singen gedacht habe: Wenn meine gute Gräfin Irma uns nur zusammen im Boot sitzen sehen könnte. Das hätte sie glücklich

gemacht." um das zu sehen, und in diesem Moment kam es mir vor, als ob-
_"

„Ich bin froh", unterbrach Hansei sie, „dass wir ans Ufer kommen. Wenn das noch viel länger anhält, verlieren wir alle den Verstand."

Am fernen Ufer sah man jemanden hin und her rennen. Die Gestalt war in ein fließendes Kleid gehüllt und zuckte plötzlich zusammen, als der Wind Musik zu ihr herüberwehte. Sie sank zu Boden und schien am Ufer zu hocken. Nachdem das Geräusch verklungen war, erhob sie sich, floh und verschwand zwischen den Büschen.

„Hast du nichts gesehen?" fragte Walpurga noch einmal.

„Ja, in der Tat. Wenn ich abergläubisch gewesen wäre und es nicht tagsüber gewesen wäre, hätte ich gedacht, es sei die Dame vom See."

Das Boot erreichte das Ufer. Walpurga sprang als erster an Land. Sie ließ ihre Leute zurück und rannte so schnell sie konnte auf die Büsche zu, und dort, hinter den Weiden, fiel ihr die Gestalt um den Hals und fiel in Ohnmacht.

Buch V.

KAPITEL I.

Der Sommer war fast zu Ende, als der Hof aus den Bädern zurückkehrte.

Die erste Amtshandlung des Königs bestand darin, die Proklamation des Ministeriums Schnabelsdorf zu unterzeichnen, die widerspenstige Abgeordnetenkammer aufzulösen und eine Neuwahl anzuordnen.

Der König war unzufrieden; und doch war das, was ihn jetzt überraschte, die unvermeidliche Konsequenz seiner früheren Taten. Er war in bester Stimmung zurückgekehrt, aber wie ein aufdringlicher Gläubiger drängte ihm der Staat bereits seine Forderungen auf.

Er war froh, dass seine Regierung die Zustimmung der Bevölkerung fand; aber das, dachte er, sollte eine Selbstverständlichkeit sein. Und nun sollte dem Land eine große Frage vorgelegt werden, und es gab Zweifel, wie die Antwort aussehen würde.

Schnabelsdorf nutzte sein großes Talent als Gesprächspartner und versuchte geschickt, die heroische Seite des Charakters des Königs zu betonen. Doch seine Bemühungen waren vergeblich.

Das ganze Land war in großer Aufregung, aber davon wussten sie am Hofe wenig oder nichts. Die Herbstmanöver hatten begonnen, und in wenigen Tagen erwartete das Gericht den Umzug in den Sommerpalast, woraufhin die Jagd in den Highlands beginnen sollte.

Selten hatte der König so lebhaftes Interesse an den Manövern gezeigt. Die Leichtigkeit und Präzision, mit der bei solchen Gelegenheiten große Gruppen von Männern nach Belieben bewegt wurden, bildeten einen eindrucksvollen Kontrast zu dem Geist der Desorganisation und des Abbruchs von der Autorität, der im Land zu spüren war. Nichts lag jedoch weiter von seinen Gedanken entfernt als der Gedanke, die beiden gegensätzlichen Tendenzen aufeinander wirken zu lassen.

Bei den Hofversammlungen schien der König stets in einer außerordentlich angenehmen Stimmung zu sein. Je schlechter seine Laune war, desto mehr hielt er es für seine Pflicht, den äußeren Anschein von Fröhlichkeit aufrechtzuerhalten. Die in der Jugend erworbene Gewohnheit, stets seine Würde zu wahren; das Wissen, dass die Augen aller auf ihn gerichtet waren; eine gebührende Berücksichtigung der Ansprüche seiner Mitmenschen; das Bedürfnis, immer das richtige Wort zur richtigen Zeit zu sagen; vor allem die Kunst des Ignorierens – eine Kunst, der sich andere nicht hingeben, und die gerade deshalb der Übung bedarf – und dazu noch das Bewusstsein, königliche Macht zu besitzen – all dies hielt ihn davon ab davor, auch nur die geringste Spur von Unmut zu verraten. Er zeigte ein lebhaftes Interesse an allem, was vor sich ging, besonders wenn Irma anwesend war. Vor allem sollte sie ihn niemals schwankend erleben, denn sie hätte es falsch interpretiert. Es war daher notwendig, in ihrer Gegenwart jene erhabene Stimmung aufrechtzuerhalten, die Meinungsverschiedenheiten oder Widersprüche für unmöglich hält und sich daher über dem Gesetz steht. Und doch spürte der König die Gefahr, eine geheime Leidenschaft zu schüren, während seine ganze Kraft von einem schwerwiegenden Problem beansprucht wurde, bei dessen Lösung er zwangsläufig auf große Widerstände stoßen würde.

Irma kehrte erfrischt und gestärkt von ihrem Besuch an der Küste zurück. Sie war schöner als je zuvor, wurde jedoch selten am Hof gesehen, da sie einen Großteil ihrer Zeit mit Arabella verbrachte. Am Tag nachdem Arabella einen Jungen zur Welt gebracht hatte, verließen Irma und der Arzt gemeinsam Brunos Haus.

Irma wollte gerade sagen: „Ich werde dieser ewigen Kinderstube langsam überdrüssig“, hielt sich aber rechtzeitig zurück.

Der Arzt sagte kein Wort, während er sie die mit Teppich ausgelegte Treppe hinunter begleitete. Seine Gesichtszüge zeigten einen ernsten Ausdruck. Er lebte schon seit vielen Jahren in der großen Welt, aber selbst jetzt verletzte es seinen Sinn für Gerechtigkeit, als er sah, wie die Freuden der Vaterschaft jemandem zufielen, der wie Bruno etwas geführt hatte, das man milde als „Fasten“ bezeichnet Leben." Der Arzt drückte den elfenbeinernen Griff seines Gehstocks gegen seine Lippen, als wolle er so verhindern, dass seine Gedanken in Worte mündeten. Schweigend setzte er sich zu Irma in die Kutsche. Sie fuhren zum Palast.

„Meine Schwägerin hat mir eine schwierige Aufgabe auferlegt“, sagte Irma.

Günther erkundigte sich nicht nach der Art der Aufgabe, und Irma musste aus freien Stücken fortfahren:

„Sie hat mir das Versprechen abverlangt, dass ich Vater über die Geburt seines Enkels informieren würde. Wenn Sie mit ihm immer noch in einer früheren intimen Beziehung stünden, wären Sie der beste Vermittler.“

„Ich kann nichts tun“, antwortete Günther knapp. Er verhielt sich Irma gegenüber ungewöhnlich zurückhaltend. Sie war sich dessen bewusst und hatte auch das Gefühl, dass sie keinen Anspruch mehr auf das uneingeschränkte Vertrauen ihrer Freunde hatte. Da sie jedoch nicht mit denen brechen wollte, die sie schätzte, war es notwendig, höfliche Beziehungen zu ihnen zu pflegen.

„Ich glaube, dass Brunos bessere Natur sich jetzt durchsetzen wird“, sagte Irma. Sie zwang sich zu sprechen und zitterte, als sie daran dachte, dass der

Mann, der neben ihr saß, sie plötzlich fragen könnte: „Was hast du mit *deiner* besseren Natur gemacht ?"

Der Wagen hielt vor dem Palast. Irma stieg aus und Günther fuhr nach Hause.

In ihrem Zimmer angekommen, drückte Irma beide Hände auf ihr Herz, als wollte sie den Sturm in ihrem Inneren beruhigen. „Muss ich jeden bitten, seine Freundlichkeit durch Schweigen zu beweisen oder zuzugeben, dass ich recht habe? Diejenigen, die die Gesetze der Welt verachten und sich über sie erhoben haben, sollten besser aufhören zu leben." Sie raffte sich durch eine heftige Anstrengung auf und begann, einen Brief an ihren Vater zu schreiben. Sie beklagte sich darüber, dass sie schon lange keine Nachricht mehr von ihm erhalten hatte. Sie schrieb über Arabella, teilte ihm mit, dass Bruno ein fester *Familienvater* geworden sei , und erwähnte schließlich die Geburt des Enkels. Sie schrieb auch, dass Arabella den Großvater um ein paar Zeilen bettelte und dass diese sie glücklich machen würden.

Für Irma war es eine schwierige Aufgabe, ihren Brief zu schreiben. Ihr Stift reagierte normalerweise auf jede unterschiedliche Gefühlsphase; aber an diesem Tag schien es zu stolpern und zu zögern. Sie lehnte sich in ihrem Stuhl zurück und hob einen Brief auf, den sie dort gefunden hatte. Es war Walpurgas. Sie lächelte, während sie es las, und genoss die Genugtuung, einem Mitgeschöpf zugute gekommen zu sein, das sie, obwohl weit weg, in treuer Erinnerung hielt.

Das Dienstmädchen meldete Brunos Bräutigam. Irma ließ ihn herein. Er war gekommen, um den Wunsch seines Herrn auszudrücken, dass die gnädige Gräfin den Brief, den sie zu schreiben versprochen hatte, sofort absenden sollte, und sagte, dass er angewiesen worden sei, ihn selbst zur Post zu bringen. Irma versiegelte es und gab es ihm.

Bruno wartete in seinem Hundekarren an der Ecke des Schlossplatzes. Der Bräutigam überreichte ihm den Brief. Bruno steckte es in die Tasche. Er fuhr zur Post und warf eigenhändig einen Brief in den Briefkasten. Dieser Brief war jedoch an eine Dame gerichtet. Das für seinen Vater bestimmte Exemplar behielt er in seinem Besitz. Er war entschlossen, sich weder durch seine Schwester noch durch seine Frau zu demütigen.

Die Kiste, in die Bruno das parfümierte *Billet-doux warf* , enthielt Briefe für den alten Eberhard, Briefe, die Bruno nicht abfangen konnte.

KAPITEL II.

Noch am Morgen der Geburt seines ersten Enkelkindes kehrte Graf Eberhard leichten Herzens von einem Feldspaziergang zurück. Sie hatten an diesem Tag damit begonnen, die erste Ernte auf einem großen, tablettförmigen Stück Land einzusammeln, das einst ein Sumpf gewesen war. Eberhard hatte das verlassene Gebiet mit großer Sorgfalt und Umsicht trockengelegt, und nun brachte es beispiellose Ernten hervor. Der Anblick des reifen Korns, das in der sanften Brise wehte, erfüllte ihn mit reinen und glücklichen Gefühlen, und er dachte an die kommenden Generationen, die von einem Stück Land, das er fruchtbar gemacht hatte, ihren Lebensunterhalt beziehen würden.

Er verspürte kein Verlangen, sein Glück einem anderen weiterzugeben. Er hatte sich in der Vergangenheit daran gewöhnt, in sich selbst zu leben. Seine einzige wirkliche Lebenslast hatte er seiner Tochter gestanden. Er genoss die Ruhe, die allein die Einsamkeit bietet, sehr. Er bildete sich ein, dass reines Nachdenken alle Leidenschaft besiegt hätte. Er gehorchte immer der inneren Stimme der Natur; Es gab niemanden, um dessentwillen er gezwungen war, es zu unterdrücken. Er hatte sich treu darum bemüht, sich selbst zu vervollkommnen, und während er sich der Versuchung entzogen hatte, hatte er sich gleichzeitig von gesellschaftlichen Aktivitäten zurückgezogen.

Wenn er seine Arbeit auf dem Feld oder im Wald verließ, tat er dies, um mit jenen Großen zu kommunizieren, die die Welt längst verlassen hatten und mit deren tiefsten Gedanken er sich in völliger Übereinstimmung fühlte.

Er war gerade von den Feldern zurückgekommen und wollte sich gerade auf den Weg zu seiner Bibliothek machen, um sich dort mit einem Geist zu unterhalten, der diese Welt schon vor langer Zeit verlassen hatte. Sein Schritt war sicher, sein Geist war ruhig und gelassen. Er konnte nach Belieben einen bestimmten Gefühlszustand aufrechterhalten oder sich der Führung eines Geistes ergeben, der in einer anderen Sphäre lebte. Sein Leben verlief in zwei unterschiedlichen Sphären, und doch war der Übergang von einer zur anderen nie gewaltsam.

Die Eindrücke des Augenblicks hatten sich bereits in Worte gefasst, und er war im Begriff, sie in einem kleinen Buch mit der Aufschrift „Selbsterlösung" festzuhalten.

Als er das Herrenhaus betrat, fand er in der großen, langen Erntehalle, die mit Girlanden und Kränzen geschmückt war, eine Reihe von Personen, die auf ihn warteten. Sie grüßten ihn, als er näher kam. Der Bürgermeister des Dorfes, der diesen Bezirk bisher auf dem Landtag vertreten hatte, und viele andere Personen von lokaler Bedeutung waren dort versammelt. Der

Bürgermeister war der Sprecher der Partei und erklärte, dass es bei der bevorstehenden Wahl notwendig sei, das Feld den Dummköpfen und Fanatikern zu überlassen, es sei denn, sie könnten einen Kandidaten nominieren, dessen hoher persönlicher Charakter und Einfluss ihnen den Sieg sichern würden. Oberst Bronnen, der von Graf Eberhard empfohlen worden war, hatte sich geweigert zu kandidieren, und nun war Graf Eberhard der einzige, der den Feind besiegen konnte. Die Wähler sagten, sie wüssten genau, welches Opfer es für ihn bedeuten würde, an der Wahlkampagne teilzunehmen. Sie hatten daher bis jetzt, den Tag der Wahl, gewartet und forderten ihn dringend auf, sich nicht in der elften Stunde zurückzuziehen.

„Ja", fügte der Bürgermeister hinzu, „Sie haben einen Sumpf trockengelegt und das faulige Wasser abtransportiert; und jetzt müssen Sie uns auch dabei helfen."

Zu ihrer großen Überraschung und Freude erklärte sich Eberhard ohne weitere Einwände bereit, zu kandidieren. Ein Unterfangen war ihm gelungen, und aus Pflichtgefühl hatte er das Gefühl, dass er kein Recht hatte, dem größeren Vertrauen zu entgehen, das ihm nun entgegengebracht wurde. Der alte Feind war immer noch in Kraft, und es war angebracht, dass die alten Krieger in den Kampf gegen ihn ziehen würden.

Die Freunde gingen und Eberhard folgte ihnen, nachdem er den Dienern einige Befehle gegeben hatte. Er ritt ein großes, kräftiges Pferd, wie es ein großer, kräftiger Mann braucht. Er holte seine Freunde ein, bevor sie die Stadt erreichten, und zog so mit großer Anhängerschaft ein.

Er stellte sich den versammelten Wählern vor. Der Saal war fast voll. Die Leute waren erstaunt, den Grafen zu sehen, aber die Blicke, die auf ihn gerichtet waren, wurden bald zurückgezogen, und es folgte viel geflüsterte Unterhaltung. Eberhard bahnte sich seinen Weg durch die Menge und ging zum Rednerpult. Nur wenige standen auf oder begrüßten ihn. Warum war es so? Zu anderen Zeiten machte ihm die Menge immer Platz; aber heute musste er sich durch sie hindurchdrängen. Es ärgerte ihn fast, aber er beherrschte sich. „Dies ist die wahre Wirkung des freien Denkens; Ehrerbietungen sollten nicht nach Sitte und Vorrang erfolgen; sie sollten nur denen zuteil werden, die sie verdient haben. Sie sind im Herzen immer noch ein Aristokrat und immer noch voller Stolz auf Ihre Abstammung – Stolz auf deine eigene Vergangenheit. Das waren die Gedanken, die ihm durch den Kopf gingen, während er sich lächelnd über den Sieg freute, den er über sich selbst errungen hatte.

Der erste, der das Rednerpult betrat, war der Kandidat der „Schwarzen", wie die Volkspartei ihre Gegner nannte. Er sprach mit Klugheit, aber ohne Inbrunst, und es war offensichtlich, dass seine Ansprache sorgfältig studiert worden war. Er brachte jedoch einige kluge Argumente vor, die mit großem Applaus aufgenommen wurden.

Der scheidende Delegierte meldete sich und erklärte, dass er eine Wiederwahl ablehne, und schlug Graf Eberhard von Wildenort vor, den bewährten Verfechter der Freiheit und der Volksrechte.

Die Versammlung schien überrascht zu sein. Es gab nur wenig Händeklatschen und kaum Bravos.

Graf Eberhard war über diesen kalten Empfang ganz verblüfft und sah sich erstaunt um. Der Bürgermeister flüsterte ihm zu, dass dies ein sicheres Zeichen des Sieges sei und dass der Feind verwirrt sei. Eberhard nickte lediglich. Ein seltsames Gefühl der Verlegenheit stieg in ihm auf. Er unterdrückte es und montierte den Lautsprecherständer. Mit jedem Schritt gewann er an Mut und wurde immer stärker davon überzeugt, dass es seine Pflicht war, das neue Vertrauen ohne Rücksicht auf sein eigenes Selbst zu verteidigen. Er begann seine Rede mit einem Bericht über sein früheres Leben und seine Kämpfe und fügte lächelnd hinzu, dass viele Anwesende wie er graue Haare hätten und dass es nicht nötig sei, ihnen zu sagen, was er wünsche. Er war jedoch froh, dass so viele jüngere Männer anwesend waren. Sie hörten mit großer Geduld zu. Unter der Opposition kam es hin und wieder zu lauten Reden, die jedoch bald verstummten. Eberhard redete weiter. Plötzlich hallte lautes Gelächter durch die Versammlung, und die Worte „linkshändiger Schwiegervater“ waren zu hören. Eberhard wusste nicht, was das bedeutete, und fuhr mit seinen Ausführungen fort. Das Gerede in der Menge wurde lauter. Kalte Schweißtropfen standen auf seiner Stirn. Der Bürgermeister bestieg die Tribüne und rief: „Wer nicht bereit ist, auf einen Mann wie Graf Eberhard zu hören, hat es nicht verdient, eine Stimme zu haben.“

Es herrschte atemlose Stille. Eberhard schloss mit den Worten:

„Ich bin stolz genug, Ihnen zu sagen, dass ich Sie nicht um Ihre Stimmen bitte. Ich sage einfach, dass ich die Nominierung annehme.“

Er verließ die Versammlung, bat aber zuvor seine Freunde, zu bleiben. Er ritt nach Hause, erfüllt von dem Gedanken, dass er sich von der Welt getrennt hatte, anstatt sie erobert zu haben.

Sobald er sein eigenes Land im Tal erreichte, stieg er aus und gab einigen Arbeitern Befehle. Als er auf die Straße zurückkehrte, traf er den Postboten, der ihm mehrere Briefe überreichte. Eberhard öffnete das erste und las:

„Ihre Tochter ist in Ungnade gefallen und steht dennoch in hoher Gnade als Mätresse des Königs. Ihr verdankt das Land die Wiederherstellung des kirchlichen Amtes. Wenn Sie immer noch Zweifel haben, fragen Sie die erste

Person, die Sie auf den Straßen der Hauptstadt treffen . Unglücklicher Vater einer glücklichen Tochter." Es war mit „The Public Voice" signiert.

Eberhard zerriss den Brief und übergab die Fetzen den Winden, die sie weit über die Felder trugen.

„Anonyme Briefe", sagte er, „sind die gemeinsten Dinge, die man sich vorstellen kann. Sie stehen weit unter einem feigen Attentat, und doch –" Es schien, als ob der Wind, der die Fetzen fortgetragen hatte, jetzt zurückgekehrt wäre, beladen mit dem Ausdruck, den er hatte bei dem Treffen gehört. Hatten sie nicht „linkshändiger Schwiegervater" gesagt?

Eberhard drückte die Hand an die Stirn – der Gedanke war wie ein brennender Pfeil, der sein Gehirn durchbohrte. Er öffnete den zweiten Brief und las: „Sie wollen nicht glauben, wie es um Ihre Tochter steht. Fragen Sie ihn, wer einst Ihr Freund war. Fragen Sie den Arzt des Königs, auf seine Ehre und sein Gewissen. Er wird Ihnen die Wahrheit sagen. Sparen Sie sich was." kann noch gerettet werden. Dann wird der Verfasser dieser Zeilen seinen Namen preisgeben. Von jemandem, der dich sehr schätzt. ----"

Eberhard hat diesen Brief nicht vernichtet; er hielt es in seiner zitternden Hand. Plötzlich stieg ein Nebel vor ihm auf. Er fuhr sich mit den Händen über die Augen, als wollte er es wegwischen; aber es blieb immer noch da und wurde mit jedem Augenblick dichter. Er versuchte noch einmal, den Brief zu lesen, konnte aber kein Wort davon erkennen. Er zerknüllte das Papier und steckte es in seine Brusttasche, wo es wie eine brennende Kohle an seinem Herzen lag. Ihm wurde schwindelig und er setzte sich an den Wegrand. Was könnte er tun? Sie würden lächeln, wenn er vor Gericht gehen würde, um sie abzuholen. Sie wären sehr gnädig und würden sagen: „Es soll keine Szenen und keinen Lärm geben. Alles soll ruhig arrangiert werden; es darf kein Skandal entstehen; der Anstand muss gewahrt bleiben." Und man muss lächeln, obwohl ihm das Herz platzt. Wir leben in einer zivilisierten Welt, und das nennt man Kultur und gute Manieren. Oh! Dir geht es gut. Bei dir ist alles Zeitvertreib. Sie können es sich leisten, stets höflich, stets kühl und zurückhaltend zu sein. Oh, warum bin ich nach Hause gekommen, um meine Kräfte in diesem elenden Winkel zu vergeuden! Es ist alles meine eigene Schuld. Ich wollte mich vor dem Trubel der Welt retten. Stattdessen habe ich meine Kinder verloren. In uns allen lauert ein satanischer Sophist. Ich war davon überzeugt, dass es besser und naturgemäßer sei, meine Kinder frei von jeglicher Kontrolle aufwachsen zu lassen; und doch war es nur eine leere Entschuldigung für meine eigene Schwäche. Da mir die Pflicht, sie ständig zu bewachen, zuwider war, ließ ich sie zugrunde gehen, während ich mir selbst einredete, dass sich ihre Natur so am besten entfalten könne. Und hier stehe ich und muss mein Kind holen –

Das plötzliche Wiehern des Pferdes, das an einem Baum in der Nähe befestigt war, erschreckte Eberhard so sehr, dass er fast zurückfiel. Ein Arbeiter, der gerade zwei Pferde vom Feld holte, blieb stehen und fragte: „Was fehlt dir, Meister?"

Der Arbeiter spannte das Pferd ab. Eberhard erhob sich hastig und ging wortlos den Hügel hinauf in Richtung des Herrenhauses. Es kam ihm vor, als wäre die Luft mit ungreifbaren, elektrischen Wolken gefüllt, die ihn zurückzogen; aber er drängte sich durch sie hindurch. Er erreichte das Haus und hielt sich an den Türpfosten fest. Ihm war schwindelig, aber er gab trotzdem nicht auf. Er ging durch die Ställe und Scheunen, sah die Männer, die das Futter einlagerten, und schaute ihnen noch lange zu. Dann ging er durch das ganze Haus und betrachtete jeden Gegenstand mit fragendem Blick. In dem großen Raum mit dem Erkerfenster verweilte er lange vor einem Bild von Irma, das sie gemalt hatte, als sie erst sieben Jahre alt war, ein wunderschönes Kind mit großen Augen. Die Haltung war natürlich, eine Mischung aus kindlicher Unbeholfenheit und Anmut. Die Malerin wollte dem Kind einen Strauß in die Hand geben, aber sie hatte gesagt: „Ich will keine toten Blumen haben; gib mir einen Topf mit lebenden Blumen darin." Ah, sie hatte so hübsche Einfälle gehabt! Da stand sie, ein Abbild kindlicher Anmut, mit rosigen Wangen und blühenden Rosen in der Hand. „Eine Rose, die gepflückt wurde, bevor der Sturm ihre Blütenblätter zerstreuen konnte." Diese letzten Worte von Emilia Galotti gingen ihm durch den Kopf. „Nein, ich bin nicht so stark."

Er klingelte, aber als der Diener kam, hatte er vergessen, was er wollte. Der Versuch, seine zerstreuten Gedanken zu sammeln, schien wie ein Sturz ins Chaos. Schließlich bestellte er die Kutsche, und das war alles, wofür er den Diener gewollt hatte.

„Der Reisewagen", rief er dem Diener hinterher.

Als er die Bibliothek erreichte, blieb er stehen und starrte eine Weile auf die Tür. Es gab dort so viele große und mächtige Geister – warum kam ihm keiner zu Hilfe? Es gibt keine Hilfe, außer die, die wir in uns selbst finden.

Während er die Stufen hinabstieg, hielt er sich ab und zu am Geländer fest, als wollte er sich abstützen. Er richtete sich auf, als sei er voller Zorn über die Schwäche, die ihn beherrschte. Im Hof gab er den Befehl, die Kutsche solle weiterfahren und ihn unten im Tal treffen. Seine Sprache war auffallend undeutlich. Auf halber Höhe des Berges setzte er sich plötzlich auf einen Steinhaufen und sah sich um.

Was geschah vor seinen Augen? Welche Gedanken gingen ihm durch den Kopf? Er suchte nach dem Baum, den er genau an der Stelle gepflanzt hatte, an der ihm die Nachricht von Irmas Geburt überbracht wurde. Dies ist der erste Boden, den ihre Füße betreten; Das sind die ersten Bäume, die sie je gesehen hat. Der Himmel, die Wälder, die Berge, die blühenden Blumen, die fröhlichen Vögel, die grasenden Kühe – alles schien wie Phantome. – Nichts davon wird dich jemals wieder rein finden. Trauen Sie sich nie wieder, sich einem Lebewesen, einem Baum oder einer Blume zu nähern. denn sie verstoßen dich, sie sind rein und du bist – die Welt ist ein Paradies. Du wurdest von dort vertrieben und wanderst umher als ruheloser Flüchtling. Du magst dein Gewissen betäuben, magst lächeln und scherzen und dich verstellen, aber die Sonne verstellt sich nicht, die Erde auch nicht, noch dein eigenes Gewissen. Du hast die Welt und dich selbst zerstört und lebst immer noch – tot in einer toten Welt. Wie ist es möglich? Es kann nicht sein. Ich bin wütend. Ich werde dich weder bestrafen noch züchtigen; Aber Sie müssen wissen, wer und was Sie sind, und das Wissen darüber wird Ihre Strafe und Ihr Heilmittel sein. Ich werde nichts lindern; Sie müssen alles selbst wissen, sehen und anerkennen –

Ein Straßenarbeiter ging zum Grafen und fragte, ob er krank sei. Er hatte ihn auf den Steinen sitzen sehen und vermutet, dass etwas nicht stimmte.

"Nicht gut!" stöhnte Eberhard, „nicht gut? Es wäre gut für mich, wenn ich- _“

Er stand auf und ging weg.

Eine trauernde Mutter kann Tränen vergießen; ein Vater kann das nicht.

Sein Kopf war auf die Brust gesenkt. Er sah blühende Rosen; sie hätten sie schmücken sollen. Er sah Dornen; sie sollten ihr die Stirn ausreißen. Wut und Trauer kämpften in ihm. Wut tobte; Trauer weinte. Die Wut hätte ihm enorme Kraft verliehen, mit der er die Welt zerstören könnte; aber die Trauer zerschmetterte seine Seele.

Plötzlich richtete er sich auf und rannte, wie vom Sturm getrieben, die Straße hinunter, über den Graben und über die Wiese, und hielt erst an, als er den Apfelbaum erreichte.

„Das ist der Baum – du bist mit rötlichen Früchten geschmückt – und sie – Wehe mir! Das Leben ist erbarmungslos!“

Ein tiefer Schmerzensschrei entfuhr ihm. Der Straßenarbeiter oben und der Fahrer, der unten mit der Kutsche wartete, hörten ihn und rannten ihm zu Hilfe. Sie fanden ihn mit dem Gesicht nach unten auf dem Boden liegend. Er hatte Schaum vor dem Mund und konnte nicht sprechen. Sie trugen ihn ins Schloss.

KAPITEL III.

In der gesamten Hauptstadt wurden Schulen, Büros und Werkstätten geschlossen. Mit Ausnahme hin und wieder einer lärmenden Gruppe Männer, die bald ein großes Gebäude betraten und aus dem Blickfeld verschwanden, waren die Straßen den Frauen und Kindern überlassen. Es war Wahltag. Es schien, als ob die tausend und eine Vielfalt von Interessen und Gefühlen, die das Leben einer Stadt ausmachen, an einem einzigen Punkt zusammengekommen wären – als ob eine große Seele mit sich selbst kommunizierte. Obwohl es heller Tag war, lag eine wunderbare Stille auf den verlassenen Straßen. Günthers Wagen war gerade von Brunos Haus gekommen und hielt nun am Rathaus. Der Arzt stieg aus, ging nach oben und gab seine Stimme ab. Da er ein aktiv praktizierender Arzt war, durfte er abstimmen, bevor er an der Reihe war. Er kehrte zu seinem Wagen zurück und fuhr nach Hause. Als er das Wohnzimmer betrat, überreichte ihm seine Frau ein Telegramm, das gerade eingegangen war. Günther öffnete es.

"Was ist los?" rief Madame Gunther, denn sie hatte noch nie zuvor eine so große Veränderung im Gesicht ihres Mannes gesehen.

Er reichte ihr das Telegramm und sie las:

„Graf Eberhard Wildenort gelähmt. Sprachlos. Benachrichtigen Sie Sohn und Tochter, sie sollen sofort kommen; wenn möglich auch Sie.“

„ DOKTOR MANN , *Bezirksarzt* .“

"Du gehst?" sagte Madame Gunther in einem aufgeregten, aber kaum fragenden Ton. Günther nickte zustimmend.

„Ich habe eine Bitte zu äußern“, fuhr Madame Gunther fort. Mit einer leichten Handbewegung deutete der Arzt an, dass er wünsche, dass sie fortfährt. Er fühlte sich, als wäre seine Zunge gelähmt.

„Ich würde gerne mit dir gehen“, sagte sie.

"Ich verstehe Sie nicht."

„Setz dich“, sagte die Frau, und als Günther Platz genommen hatte, legte sie sanft ihre Hand auf seine hohe Stirn. Sein Gesicht hellte sich auf und sie fuhr fort:

„Wilhelm, das ist ein schrecklicher Besuch. Lassen Sie mich alles tun, was ich kann, um die Trauer des verlorenen Kindes zu lindern, das diese schreckliche Nachricht bald erreichen wird. Ich kann mir ihre Gefühle vorstellen. Wer

weiß? Vielleicht waren ihre eigenen Handlungen die Ursache dafür." .-
Obwohl sie in ihrer Kutsche fährt, werde ich ihr so treu beistehen, als wäre
sie eine arme Ausgestoßene; und wenn die arme Seele mich abstößt, werde
ich sie nicht verlassen. Ich weiß nicht, was passieren wird, aber der Moment
kann kommen, wenn sie es als Trost empfinden wird, den Kopf, der jetzt
von Dornen gegeißelt ist, an das Herz einer Frau zu legen. Lass mich mit dir
gehen?"

„Ich habe nichts dagegen. Vorerst sollten Sie jedoch besser alles für meine
Abreise vorbereiten." Er fuhr zu Brunos Haus.

Als dieser seine traurigen Blicke bemerkte, rief er: „Und so wurde Ihre Partei
geschlagen?"

„Noch nicht", antwortete Gunther und überbrachte Bruno sanft die
Neuigkeit.

Bruno wandte sich ab, sammelte hastig einige Briefe ein, die auf dem Tisch
lagen, und schloss sie in seinem Schreibtisch ein. Er war bald bereit, mit
Gunther zu Irma zu gehen, der sie die traurige Nachricht so sanft wie
möglich überbrachten.

„Ich wusste es! Ich wusste es!" rief Irma. Kein weiteres Wort entging ihr. Sie
ging in ihr Schlafzimmer und warf sich auf das Bett; Doch kaum hatte sie das
Kissen berührt, sprang sie auf, als wäre sie zurückgedrängt worden, kniete
dann auf dem Boden und fiel in Ohnmacht. Als sie in den Empfangsraum
zurückkehrte, hatten ihre Gesichtszüge einen starren, starren Ausdruck. Sie
gab ihrer Dienerin und ihrer Magd eilig den Befehl, sich auf die Reise
vorzubereiten. Der Arzt zog sich zurück, um um Beurlaubung zu bitten, und
versprach, auch Irma Urlaub zu verschaffen.

„Du solltest der Königin Lebewohl sagen, bevor du gehst", sagte Bruno.

„Nein, nein!" rief Irma vehement. „Ich kann nicht; ich werde nicht."

Im Vorzimmer war kein Diener. Es klopfte an der Tür. Irma begann. „Kann
der König kommen?"

"Komm herein!" sagte Bruno. Frau Günther trat ein.

Irma brachte kein Wort heraus, aber ihre Augen schienen zu fragen: „Bist du
hier? Und jetzt?"

Madame Gunther sagte ihr, dass sie die traurige Nachricht gehört habe und
sie als Beweis ihrer Freundschaft betrachten würde, wenn Irma ihr erlauben
würde, sie zu begleiten.

„Ich danke Ihnen von ganzem Herzen", stammelte Irma.

„Dann geben Sie meiner Bitte statt?"

„Ich danke dir; auf meinen Knien werde ich dir danken; aber ich flehe dich an, lass mich jetzt nicht viel reden.“

„Das ist für Sie nicht nötig, liebe Gräfin“, sagte Madame Gunther. „Sie haben mich anscheinend vernachlässigt oder vergessen, aber in Ihrem Herzen haben Sie sich an mich erinnert. Und selbst wenn es anders wäre, gab es eine kurze Stunde, in der wir einander unsere Herzen geöffnet haben.“

Irma hob die Hände, als wollte sie sich schützen, als würden die freundlichen Worte sie wie Pfeile durchbohren. Mit beruhigender Stimme fügte Madame Gunther hinzu: „Ich werde es als eine Gefälligkeit betrachten, wenn Sie mir erlauben, freundlich zu Ihnen zu sein; Sie haben keine Mutter und vielleicht – werden Sie bald keinen Vater mehr haben.“

Irma stöhnte laut und presste ihre Hände auf ihre Augen.

„Mein liebes Kind“, sagte Madame Gunther und legte ihre Hand auf Irmas Arm. Irma begann: „Es gibt viele Geschöpfe Gottes auf Erden, damit das Mitgefühl derer, die das Unglück verschont hat, als Stütze für die Leidenden und als Licht in der Stunde der Dunkelheit dienen kann. Ich bitte Sie, tun Sie es nicht.“ Seien Sie stolz auf Ihre Trauer. Lassen Sie mich an allem teilhaben, was die nächsten Tage für Sie bereithalten werden.

„Stolz? stolz?“ fragte Irma, ergriff plötzlich Madame Gunthers Hand und ließ sie ebenso plötzlich wieder fallen. „Nein, verehrte Madame. Ich schätze Ihre liebevollen Beweggründe. Ich verstehe – ich weiß – alles. Ich könnte Ihre Freundlichkeit ruhig annehmen. Ich weiß – zumindest denke ich –, dass auch ich einfach so gehandelt hätte.“ das tust du, wenn--“

„Das ist der beste und einzige Dank“, warf Madame Gunther ein, aber Irma bedeutete ihr aufzuhören und fuhr fort:

„Ich flehe Sie an, quälen Sie mich nicht. Ihr Mann und mein Bruder werden mich begleiten. Ich flehe Sie an, sagen Sie nichts mehr. Ich danke Ihnen; ich werde Ihre Freundlichkeit nie vergessen.“

Gunther betrat erneut den Raum und Irma sagte:

„Ist alles bereit? Wir dürfen keine Zeit verlieren.“

Sie verneigte sich vor Madame Gunther und hätte sie gerne umarmt, konnte es aber nicht.

Madame Gunther, die noch nie zuvor einen Fuß in den Palast gesetzt hatte, war nur gekommen, um einem zerstörten Palast beizustehen. Noch nie hatte der Gedanke an sich selbst Irma so mit Kummer und Reue erfüllt wie damals, als diese Verkörperung liebevoller Güte ihr die Hand reichte.

Der Gedanke, dass sie es nicht mehr wagte, sich dem Reinen zu nähern, schmerzte sie, als würden Dämonen sie in Stücke reißen. Ihr erster Impuls war, sich Madame Gunther zu Füßen zu werfen.

Sie beherrschte sich jedoch und ging weiter, indem sie sie mit starrem Blick ansah.

Der Papagei im Vorzimmer breitete seine Flügel aus, als wolle er auch mitgehen, und schrie; „Gott behüte dich, Irma!"

Wie in eine Wolke gehüllt ging Irma durch den Korridor. Am Tor des Schlosses traf sie den König, der mit Schnabelsdorf aus dem Park kam, der eine Menge Depeschen in der Hand hatte und dessen fröhliches Aussehen der soeben erhaltenen Siegesnachricht verdankte.

Für Irma erschienen der König und Schnabelsdorf wie neblige Gestalten. Sie trug einen doppelten schwarzen Schleier, denn sie hatte keine Lust, die müßige Neugier des Hofes dadurch zu befriedigen, dass sie ihr Gesicht zur Schau stellte, auf dem der Kummer ihr Werk getan hatte.

Der König näherte sich. Sie konnte ihren Schleier nicht abnehmen. Er schien weit, weit weg zu sein. Sie hörte seine freundlichen und natürlich freundlichen Worte, wusste aber nicht, was er sagte.

Der König reichte Gunther, dann Bruno und schließlich Irma die Hand. Er drückte zärtlich ihre Hand, aber sie erwiderte den Druck nicht.

Sie stiegen in die Kutsche. Gerade als sie losfahren wollten, beugte sich Irma nieder und küsste sie, als sie Madame Gunthers Hand auf der Kutschentür bemerkte. Im nächsten Moment waren sie weg.

Sie schwiegen eine Zeit lang. Nachdem sie das erste Dorf passiert hatten, holte Bruno eine Zigarre heraus und sagte zu Irma, die ihm gegenüber saß: „Ich bin ein Mann, und ein Mann muss das Unvermeidliche gelassen akzeptieren. Zeigen Sie, dass auch Sie einen starken Geist haben." "

Irma antwortete nicht. Sie warf ihren Schleier zurück und schaute aus dem Fenster. Ihre Abreise war so überstürzt erfolgt, dass sie gerade erst begann, sich zu erholen.

„Sie hätten sich persönlich von der Königin verabschieden sollen", sagte Bruno ruhig. Das lange Schweigen war ihm lästig. Solche dunklen Stunden sollten so angenehm wie möglich vergehen. Als er feststellte, dass Irma immer noch schwieg, fügte er hinzu: „Denn Sie wissen, dass die zarte Natur der Königin so leicht zu beleidigen ist."

Irma antwortete immer noch nicht, aber Günther sagte:

„Ja, es wäre ein Sakrileg, die Königin zu beleidigen. Niemand außer einem Wilden würde es wagen, ihren Glauben an die Güte und Wahrhaftigkeit des Menschen zu schwächen."

Günther drückte sich mit ungewohnter Energie aus, und seine Worte trafen Irma mitten ins Herz. War sie es, die ein Sakrileg begangen hatte? Und dann dämmerte ihr allmählich der Gedanke; die Königin ist sein Ideal; Der König gehört mir. Wer weiß, ob die Maske der intellektuellen Affinität nicht zur Verschleierung gedient hat – Schnell wie ein Gedanke ließ sie ihren Schleier fallen; ihr Atem ging kurz und schnell; Ihre Wangen brannten. Wer weiß, dass er es ist, muss über andere urteilen, nichts ist perfekt, niemand. Sie hatte das Gefühl, sie müsse sprechen, und schließlich sagte sie: „Die Königin hat es verdient, einen Freund wie dich zu haben."

„Ich stelle mich neben dich", sagte Günther ruhig. „Ich glaube, dass wir beide die Freundschaft dieses reinen Herzens verdienen."

„Und Sie glauben also, dass es Freundschaft zwischen verheirateten Menschen unterschiedlichen Geschlechts geben kann?" fragte Bruno.

„Ich weiß es", antwortete Günther.

Beim ersten Posthaus, wo sie auf lärmende Menschenmassen stießen, teilte ihnen der Postmeister mit, dass die Wahl im Gange sei und dass der Wettbewerb ziemlich aufgeregt sei. Die „Schwarzen" würden sicherlich besiegt werden.

Bruno, der ausgestiegen war, fragte den Postillion:

„Mein edler Mitbürger, haben Sie heute Ihr souveränes Wahlrecht ausgeübt?"

„Ja, und gegen die ‚Schwarzen'."

Sie fuhren weiter.

An den anderen Stationen stieg Bruno nicht aus. Sie näherten sich Eberhards Bezirk. Während sie in der Schwurstadt die Pferde wechselten, hörten sie laute Rufe: „Es lebe Graf Eberhard! Sieg!"

"Was ist das?" fragte Gunther und steckte seinen Kopf aus der Wagentür.

Ihm wurde mitgeteilt, dass Graf Eberhard trotz der „Schwarzen" als Sieger hervorgehen würde. Die Opposition hatte ein verächtliches Gerücht verbreitet, um den alten Grafen zu blamieren. Aber obwohl es dazu gedacht war, anderen zu schaden, hatte es sich für sie selbst als Stolperstein erwiesen; denn alle hatten gesagt: „Ein Vater kann nichts dafür, was sein Kind tut, und gerade deshalb sollte ihm jetzt größerer Respekt entgegengebracht werden."

– Irma zog sich in die dunkle Ecke des Wagens zurück und hielt den Atem an .

Sie fuhren weiter, ohne ein Wort zu sagen.

Nachdem sie losgefahren waren, sagte Bruno, dass es ihm in der Kutsche zu warm sei und dass es ihm nicht zusagte, rückwärts zu fahren. Dennoch ließ er es nicht zu, dass Günther mit ihm den Platz tauschte. Er befahl dem Wagen anzuhalten, forderte den Lakaien auf, sich neben den Kutscher zu setzen, und setzte sich auf den Rücksitz neben die Dienerin. Irma nahm ihren Hut ab und legte den Kopf zurück. Es war voller trauriger Gedanken. Ab und zu, wenn die Straße am Rande eines Abgrunds entlangführte, richtete sie sich schnell auf ihrem Sitz auf. Es war ihr, als müsste sie in den Abgrund stürzen; aber schwach und schwach würde sie wieder zurückfallen. Auch Günther schwieg; und so fuhren sie durch die Nacht weiter, ohne ein Wort zu sagen.

Früher hätte das Dienstmädchen laut gelacht, aber Bruno hielt ihr die Hand auf den Mund und hinderte sie daran.

KAPITEL IV.

Es war fast Mitternacht, als die Reisenden die Burg Wildenort erreichten. Der Diener sagte, der Graf schlafe und der Arzt, der im Tal wohnte, sei bei ihm. Der Landarzt verließ das Krankenzimmer und betrat das Vorzimmer, um die Neuankömmlinge zu begrüßen. Er wollte gerade Gunther den Fall schildern, der ihn jedoch bat, dies nicht zu tun, bis er den Patienten selbst gesehen habe. In Begleitung von Irma und Bruno ging er ins Krankenzimmer.

Eberhard lag im Bett, den Kopf auf Kissen gestützt. Seine Augen waren weit geöffnet, und ohne die geringste Emotion zu zeigen, starrte er die Eintretenden an, als wären sie Figuren in einem Traum.

„Ich grüße Dich, Eberhard, von ganzem Herzen", sagte Günther. Die Gesichtszüge des Kranken zuckten krampfhaft, und seine Augenlider hoben sich schnell und senkten sich ebenso schnell wieder, während er tastend die Hand nach seinem alten Freund ausstreckte. Aber die Hand sank kraftlos auf die Bettdecke. Gunther ergriff es und hielt es fest.

Irma stand wie angewurzelt da, unfähig, sich zu bewegen oder ein Wort zu sagen.

„Wie geht es dir, Papa?" fragte Bruno.

Mit einem plötzlichen Schrecken, als wäre ein Schuss an seinem Ohr vorbeigezischt, drehte sich Eberhard zu Bruno um und bedeutete ihm, den Raum zu verlassen.

Irma kniete an seinem Bett nieder, während Eberhard ihr mit zitternder Hand übers Gesicht strich. Es wurde nass von ihren Tränen. Plötzlich zog er es zurück, als hätte es ein giftiges Reptil berührt. Er wandte sein Gesicht ab und drückte seine Stirn gegen die Wand; und so lag er lange Zeit.

Weder Gunther noch Irma sprachen ein Wort. Ihre Stimme versagte ihnen in der Gegenwart dessen, dem die Sprache entzogen worden war. Und nun drehte sich Eberhard noch einmal um und bedeutete seiner Tochter sanft, das Zimmer zu verlassen. Sie hat es getan.

Günther blieb mit Eberhard allein. Es war das erste Mal seit dreißig Jahren, dass sich die beiden Freunde trafen. Eberhard fuhr sich mit Gunthers Hand über die Augen und schüttelte dann den Kopf.

Günther sagte: „Ich weiß, was du meinst; du würdest gerne weinen, kannst es aber nicht. Verstehst du alles, was ich dir sage?"

Der Patient nickte zustimmend.

„Dann stellen Sie sich vor", fuhr Gunther fort, und seine Stimme hatte einen satten und beruhigenden Ton, „dass die Jahre, die wir voneinander getrennt waren, nur eine Stunde dauerten. Unser Zeitmaß ist ein anderes. Erinnern Sie sich noch daran? Sie würden oft in begeisterten Momenten ausrufen: „Wir haben gerade Jahrhunderte gelebt"?"

Es gab wieder ein krampfhaftes Zucken in den Gesichtszügen des Patienten, genau wie wenn ein Weinender von einem heiteren Gedanken belebt wird und gern lächeln würde, es aber nicht kann.

Eberhard versuchte, Buchstaben auf der Bettdecke nachzuzeichnen, aber Günther hatte Schwierigkeiten, sie zu entziffern.

Der Kranke zeigte auf einen Tisch, auf dem Bücher und Manuskripte lagen. Gunther brachte mehrere davon mit, aber keines war das Richtige. Schließlich brachte er ein kleines Manuskriptbuch mit, auf dessen Umschlag der Titel „Selbsterlösung" stand. Der Kranke schien erfreut zu sein, als würde er sich über ein glückliches Ereignis freuen.

„Das hast du selbst geschrieben. Soll ich dir etwas davon vorlesen?"

Eberhard nickte zustimmend. Günther setzte sich ans Bett und las:

„Möge dies dazu dienen, mich an dem Tag und in der Stunde zu erleuchten, in der mein Geist verdunkelt wird.

„Ich habe mich sehr für die Selbstbeobachtung interessiert. Ich habe mich bemüht, mich selbst zu studieren, ohne Rücksicht auf die äußeren Bedingungen der Zeit, des Standpunkts oder der Umstände. Ich nehme es wahr, aber bis jetzt kann ich es nicht begreifen. Es ist ein Tautropfen." Eingesperrt im Herzen eines Felsens.

„Es gibt Momente, in denen ich dem Ideal, das ich mir selbst geschaffen habe, voll und ganz gerecht werde, aber es gibt noch viel mehr, in denen ich nur die Karikatur meines besseren Selbst bin. Wie soll ich mir eine Vorstellung von meinem tatsächlichen Selbst machen? Was bin ich?"

„Ich nehme wahr, dass ich etwas bin, das zum Universum und zur Ewigkeit gehört.

„Während der gesegneten Momente, die sich manchmal über Stunden hinziehen, in denen ich diese Vorstellung verwirkliche, gibt es für mich nichts als Leben – so etwas wie den Tod gibt es weder für mich noch für die Welt.

„In meiner Sterbestunde möchte ich mir genauso klar bewusst sein wie jetzt, dass ich in Gott bin und dass Gott in mir ist.

„Die Religion mag die Wärme des Gefühls und die Herrlichkeit der Vorstellungskraft als ihren Teil beanspruchen. Wir hingegen haben zu jener klaren Vision gelangt, die sowohl Gefühl als auch Vorstellungskraft umfasst."

„In unruhigen, unruhigen Tagen, als ich versuchte, das Unendliche zu erfassen, hatte ich das Gefühl, als würde ich dahinschmelzen, verschwinden, verschwinden. Ich sehnte mich danach zu wissen: Was ist Gott?"

„Und jetzt besitze ich die Antwort unseres Meisters: Obwohl wir uns Gott nicht vorstellen können, haben wir dennoch eine klare Vorstellung oder Vorstellung von Ihm.

„Für uns bedeutet das alte Gebot: ‚Du sollst dir kein Bild von Gott machen‘, dass du dir kein Bild von Gott machen *kannst* . *Jedes Bild ist endlich; die Idee von Gott ist die der Unendlichkeit.* "

„Spinoza lehrt, dass wir uns als Teil Gottes betrachten müssen –

„Während ich mich bemühte, die Idee des Ganzen zu erfassen, verstand ich, was mit den Worten gemeint ist: ‚Der menschliche Geist ist Teil des göttlichen Geistes.‘

„Ein einzelner Tropfen erhebt sich auf der Oberfläche des stürmischen Ozeans des Lebens. Er dauert nur eine Sekunde – obwohl die Menschen ihn sechzig Jahre und zehn nennen – und sinkt dann, leuchtend im Licht, das er empfängt und weitergibt, wieder.

„Der Mensch, als Individuum betrachtet, ist sowohl durch Geburt als auch durch Bildung ein Gedanke, der die Schwelle des Bewusstseins Gottes erreicht. Beim Tod sinkt er einfach unter diese Schwelle, aber er geht nicht zugrunde. Er bleibt ein Teil der Ewigkeit, gerecht." wie alles Denken in seinen Konsequenzen fortbesteht.

„Wenn ich eine Anzahl solcher Individuen oder Gedanken kombiniere und sie eine Nation bezeichne, tritt das Genie dieser Nation an die Schwelle dieses Bewusstseins, sobald die Nation beginnt, eine eigene Geschichte zu haben.

„Wenn wir die Nationen zu einem Ganzen vereinen, haben wir die Menschheit oder die Gesamtheit des Denkens, das Bewusstsein Gottes und der Welt.

„Der bloße Gedanke, fest und sicher auf dem höchsten Gipfel des Denkens zu stehen, hat mich oft schwindlig gemacht.

„Mögen diese Gedanken mich in der Stunde der Auflösung inspirieren und erlösen. Es gibt keine Trennung zwischen sterblichem und unsterblichem Leben, sie fließen ineinander und sind eins."

„Das Wissen, dass wir ein und dasselbe mit Gott und dem Universum sind, ist die höchste Glückseligkeit. Wer dies besitzt, stirbt nie, sondern lebt das ewige Leben."

„Komm noch einmal zu mir, du Geist der Wahrheit, in dem Moment, in dem ich untergehe –

„Staub klebt an meinen Flügeln, so wie er es an jener Lerche tut, die ihren Flug vom zerfurchten Feld in den Äther schwingt. Die Furche ist so rein wie der Äther, der Wurm so rein wie die Lerche – Gott wohnt doch in dem, was." , erscheint uns verloren und ruiniert. Und sollte mein Auge im Tod getrübt sein – ich habe den Ewigen gesehen – meine Augen haben die Ewigkeit durchdrungen. Frei von Verzerrung und Selbstzerstörung erhebt sich der unsterbliche Geist empor –"

Als Gunther bis hierhin gelesen hatte, legte Eberhard die Hand auf seine Lippen, als wollte er ihn zum Schweigen bringen, und blickte ihm aufmerksam in die Augen.

„Du hast ehrlich mit dir selbst und den höchsten Ideen gerungen", sagte Gunther, dessen Stimme mehr als nur von der Trauer über den bevorstehenden Tod zitterte.

Eberhard schloss die Augen. Als Günther sah, dass er schlief, erhob er sich von seinem Sitz.

Jetzt bemerkte er, dass Irma hinter dem Bettschirm gesessen hatte. Er winkte ihr zu und sie verließ mit ihm das Zimmer.

„Hast du alles gehört?" fragte Günther.

„Ich bin erst vor ein paar Minuten gekommen." Irma wollte die ganze Wahrheit über die Stellung ihres Vaters erfahren. Gunther gab zu, dass es keine Hoffnung auf Genesung gebe, die Stunde des Todes jedoch ungewiss sei. Irma bedeckte ihr Gesicht mit beiden Händen und kehrte ins Krankenzimmer zurück, wo sie wieder hinter dem Bettschirm Platz nahm.

Bruno war beim Landarzt im großen Saal. Sobald Gunther eintrat, stand Bruno hastig auf, ging auf ihn zu und sagte eilig: „Unser Freund hier hat mich bereits beruhigt. Die Gefahr, Gott sei Dank" – seine Zunge stockte bei den Worten „Gott sei Dank" – „ist." nicht unmittelbar bevorsteht. Bitte besänftige die Ängste meiner Schwester."

Günther gab keine Antwort. Er sah, dass Bruno lediglich vortäuschte, sich der drohenden Gefahr nicht bewusst zu sein, und dass Günther Höfling genug war, um es zu unterlassen, unwilligen Ohren die Wahrheit aufzuzwingen. Er kehrte zu Irma zurück. Bruno folgte ihm und versuchte, seine Schwester aufzuheitern; aber sie schüttelte ungläubig den Kopf. Er schenkte dem keine Beachtung, sondern sagte, er wolle Kraft und Ausdauer für die traurige Prüfung gewinnen, die sie erwartete. Was er wirklich wollte, war auszureiten, damit er in dem schrecklichen Moment abwesend sein konnte. Warum sollte er sich einem solchen Schock aussetzen, da seine Anwesenheit die Dinge nicht besser machen konnte?

Der Morgen begann zu dämmern. Der Kranke lag immer noch regungslos da.

„Er atmet leichter", flüsterte Irma leise.

Ein sanftes, beruhigendes Nicken war Gunthers Antwort.

KAPITEL V.

Mit festem Schritt stieg Bruno die Stufen hinunter. Er hatte dem Stallknecht befohlen, sein Pferd ein Stück weit von der Burg wegzuführen und dort auf ihn zu warten. „Wenn es das Sterben nur nicht gäbe", dachte er bei sich. Während er seinen Fuß in den Steigbügel setzte, zerrte etwas an seinem Mantel. War es die Hand seines Vaters? Oder war es eine Geisterhand, die ihn zurückzog? Er stolperte; sein Mantel hatte sich in einer Schnalle verfangen. Er lockerte es und wollte gerade seine Reitpeitsche gegen den unvorsichtigen Stallknecht heben, als ihm klar wurde, dass dieses Verhalten zum ungünstigen Zeitpunkt gekommen war. Sein Vater war krank, sogar schwer krank, trotz der beruhigenden Worte des Hausarztes. Nein, es würde nicht genügen, den Diener jetzt zu bestrafen; Es sollte nicht gesagt werden, dass Bruno seinen Bräutigam in einem solchen Moment geschlagen hatte. Fitz, der die Schnalle wieder in Ordnung brachte, beugte sich vor, als ob er bereits den Peitschenkeil auf seinen Schultern spürte, und sah erstaunt auf, als sein Meister mit sanftester Stimme zu ihm sagte: „Ja, guter Fitz, ich sehe, dass du …" Ich habe nicht mehr geschlafen als ich und du bist ziemlich nervös. Leg dich hin und ruhe dich noch eine Stunde aus. Du brauchst nicht mit mir auszureiten. Halte dein Pferd jedoch gesattelt. Ich werde den geraden Weg durch die Waldlichtung nehmen und , wenn hier etwas passieren sollte, kannst du oder Anton mir nachreiten. Am Fuße des Chamois-Hügels werde ich wieder auf den Reitweg einbiegen und über das Tal zurückkehren. Hörst du? Nicht vergessen! Und Jetzt kannst du eine Weile schlafen gehen; aber sattel dein Pferd nicht ab. Vergiss nicht, was ich dir gesagt habe.

Bruno ritt davon, und der erstaunte Fitz stand eine Weile da und schaute ihm nach.

Bruno nahm die Straße, die in den Wald führte, und zwar in Richtung einer Lichtung, die jetzt als Weide diente. Es war einfach, über den grasbewachsenen Weg zu reiten, und die Morgenbrise erfrischte ihn.

Der goldene Glanz des Morgens zitterte auf jedem Blatt und funkelte auf jedem Tautropfen. Die Wälder auf beiden Seiten waren wunderschön, und mit einem selbstgefälligen Nicken sagte Bruno zu sich selbst: „Wie gut er sich mit Waldangelegenheiten auskennt. Nein, ich werde nicht so grausam sein. Ich werde dafür sorgen, dass die Wälder gut gepflegt werden, und soll das Holz nicht fällen."

Er erreichte nun ein ebenes Stück Straße. Er gab seinem Pferd die Sporen und galoppierte. Plötzlich blieb er stehen, denn die Gegend war ihm unbekannt. Früher gab es einen Sumpf und jetzt gab es weite Felder, auf denen viele Garben reifen Getreides lagen.

Bruno wandte sich den Arbeitern zu, die die Garben banden. Der Vorarbeiter erzählte dem jungen Herrn, dass es sein Vater gewesen sei, der den Sumpf trockengelegt habe, und dass dies jetzt zu den besten Grundstücken auf dem gesamten Anwesen gehöre. Er reichte Bruno eine Handvoll der reifen Ähren und sagte: „Bring diese zu deinem Vater. Ich bin sicher, er denkt auf seinem Krankenbett an uns."

Bruno lehnte ab und gab dem Vorarbeiter etwas Geld für Getränke. Er ritt davon, hinterließ die Nachricht, dass er zum Chamois-Hügel gehen würde, und wies den Vorarbeiter an, dies seinem Stallknecht zu sagen, für den Fall, dass er ihm nachkäme.

Die Landarbeiter, die er zurückgelassen hatte, fuhren mit der ersten Ernte, die sie auf dem freigekauften Land geerntet hatten, nach Hause, und das Knallen ihrer Peitschen war das einzige Geräusch, das die Stille der Einsamkeit des Waldes durchbrach. Er überprüfte den Schritt seines Pferdes und zündete sich eine Zigarre an, da ihn dort niemand sehen konnte. Als er die Anhöhe erreichte, begann er mit flottem Trab. Hier weideten Schafe, und Bruno versäumte es nicht, zum Hirten zu reiten und ihm zu sagen, was er dem Stallknecht sagen sollte, falls er ihm folgen sollte. Es war ein Trost zu wissen, dass er es so einfach gemacht hatte, ihn zu finden. Nachdem er vorbei war, drehte er sich unwillkürlich um. Als wollte er sich beruhigen, tätschelte er den Hals seines Pferdes, zog die Zügel fest an und richtete sich im Sattel auf. Die Straße führte wieder durch eine Lichtung im Wald; Das Tal unten war in goldenen Sonnenschein getaucht. Plötzlich fiel ihm ein: „Es gibt so viele elende Wesen, denen es ständig darum geht, am Leben zu bleiben. Warum kann man nicht ihre Lebenskraft kaufen und, indem man ihre Jahre zu seinen eigenen hinzurechnet, für immer leben? Die Massen, so dumm sie auch sind." Sie haben Recht, wenn sie uns für nicht besser halten als sie selbst, denn wir müssen an denselben Krankheiten sterben, denen sie ausgesetzt sind. – Hier ist alles Leben; Baum und Tier und Mensch. Dort, im Schloss, liegt ein Mann, dessen Ende naht und der möglicherweise gerade in diesem Moment stirbt. Vielleicht weht die Luft gerade jetzt seinen letzten Atemzug zu mir – Wo ist er? Warum geht kein Schauder durch alles, was ihm gehört? Durch jeder Baum und jeder Mensch und jedes Tier? Alle, die mit ihm lebten, sollten mit ihm sterben, denn es gehört ihm. Dieses elende, elende Leben –"

„Ich bin eine arme Frau, gib mir etwas", sagte eine Gestalt, die plötzlich aus dem Dickicht auftauchte. Es war Zenza.

Bruno zuckte zusammen, als wäre ihm ein Geist erschienen. Er gab seinem Pferd die Sporen und eilte davon. Vor Schreck standen ihm die Haare zu Berge, und es dauerte lange, bis er seine Fassung wiedererlangte.

Trotz dieser Unterbrechung und ohne sein Zutun kehrten seine Gedanken zu dem Thema zurück, das sie in dem Augenblick beschäftigte, als Zenza auf der Bühne erschien; aber der Ruf der alten Frau: „Gib mir etwas", klang immer in seinen Ohren. Wenn alles mit seinem Besitzer sterben würde, wer würde es erben? Was gehört einem Menschen eigenartiger als seine Gedanken? Und sogar sie sterben mit ihm –

„Ich werde nicht mehr nachdenken", sagte sich Bruno. „Jetzt nicht; morgen – übermorgen – ein andermal; aber jetzt will ich nicht nachdenken."

Er hob seinen Hut, als wollte er seinen Gedanken freien Lauf lassen; Dann peitschte und trieb er sein Pferd an, so dass es sich aufbäumte und in rasender Geschwindigkeit davonlief. Die Anstrengung, sich im Sattel zu halten, vertrieb das, was er als düstere Fantasien ansah. Er saß fest, drückte seine Knie gegen die Rippen des Pferdes und fühlte sich durch die Anstrengung besser. Doch trotz allem wanderten seine Gedanken plötzlich wieder zu seinem Vater. Er verspürte einen plötzlichen Schauder – das muss genau in diesem Moment gewesen sein – in diesem Moment muss sein Vater seinen letzten Atemzug getan haben – unwillkürlich zog Bruno seine Hand zurück. Sein Pferd blieb stehen. Er gab ihm erneut die Sporen und galoppierte davon, als wollte er seinen Gedanken entfliehen. Plötzlich rief eine Stimme:

„Halt, Bruno!" Er schauderte. Wessen Stimme könnte es sein? Wer würde ihn beim Namen nennen? Überraschung und Alarm hatten ihn in kalten Schweiß gestürzt.

„Wer ruft mich an?" fragte er mit blassen, zitternden Lippen.

„Du kannst nicht hierher kommen."

„Wer bist du? Wo bist du?" rief Bruno. Ein kalter Schauer überkam ihn, und sein Pferd schnaubte und schnupperte. Stimmte es, dass Hexen in Felsen lebten? denn die Stimme war vom Felsen gekommen.

"Wer bist du?" wiederholte Bruno; „deine Stimme scheint--"

„Kennst du Black Esther noch? Kehr um, oder du bist ein toter Mann."

Er hörte etwas an ihm vorbeizischen. Voller Angst saß er auf seinem Pferd. Schließlich ließ er den Zügel fallen, blickte auf seine Hand und zog den Handschuh aus, als wollte er sich davon überzeugen, dass er noch lebte, dass es schon Tag war, dass nicht alles ein Traum oder das Produkt wilder Fantasie war –

Sein Pferd ging in gemächlichem Tempo weiter. Plötzlich ging es zur Seite – da war der Knall einer Waffe zu hören. Wer könnte dort jagen?

Bruno hatte bereits die Grenzen seines eigenen Herrschaftsbereichs überschritten. Wer könnte jetzt in den königlichen Wäldern jagen, wo die Jagd erst nächsten Monat beginnen sollte?

Selbstgefällig zwirbelte Bruno seinen Schnurrbart. Er verspürte wieder Vertrauen in sich selbst und in seine weltliche Weisheit. Er tastete nach dem Revolver in seiner Satteltasche und untersuchte ihn ruhig, um zu sehen, ob er gebrauchsfähig war. Das Pferd ging weiter. Plötzlich sah er einen Gewehrlauf, der auf einem Baum ruhte und auf ihn gerichtet war, während eine Stimme hinter dem Baum rief:

„Dreh dich um, oder du bist ein toter Mann. Eins – zwei – drei –"

Von Kopf bis Fuß zitternd drehte Bruno den Kopf seines Pferdes. Hinter ihm befand sich die geladene Waffe, und jeden Moment konnte ihn eine Kugel durchbohren. Der kalte Schweiß lief ihm übers Gesicht; seine Augen brannten; Er wagte es nicht , die Hand zu heben , damit der Wilderer hinter ihm die Bewegung nicht missdeutete und ihm in den Rücken schoss. Erst als er den Felsen erreicht hatte, zu dem die Schwarze Esther ihn gerufen hatte und der auf mysteriöse Weise verschwunden war, wagte er es, frei zu atmen. Sie hatte seine Liebe nicht vergessen und er würde fortan für sie sorgen. Er gab seinem Pferd erneut die Sporen und eilte davon, ohne zu wissen, wohin. Erst als er das bebaute Land erreichte und Arbeiter bei der Arbeit sah, stieg er aus und setzte sich auf den Boden.

Das erste Gefühl der Sicherheit inspirierte ihn zu einem guten Vorsatz. Er kehrte zurück und verneigte sich – in Reue – und bat seinen Vater um Vergebung. Er würde nun versprechen, sich um Black Esther zu kümmern, die die Ursache für den Bruch zwischen ihnen gewesen war. Aber er fühlte sich so schwach, dass er nicht aufstehen konnte, und eine Stimme in ihm sagte: „Du schaffst es nicht, du kannst zwei solcher Erschütterungen an einem Tag nicht ertragen, und außerdem gibt es keine Eile; das Ende wird es bestimmt." Ich komme heute nicht. Morgen oder später wird es genug Zeit geben.

Mit dem Gefühl, als wäre jeder Knochen seines Körpers gebrochen, stand er schließlich auf und fragte die Leute auf dem Feld, wo er sei. Er stellte fest, dass er weit weg von der Straße war.

Wenn der Bräutigam jetzt hinter ihm herreiten würde und ihn nicht finden würde.

Bruno beruhigte sein Gewissen mit dem Wissen, dass er es nicht so gewollt hatte. Das schreckliche Schicksal und eine fast unvorstellbare Kombination von Schrecken hatten ihn vom richtigen Weg abgebracht.

Hier kannte ihn niemand. Plötzlich hörte er Musik und sah mehrere mit grünen Zweigen geschmückte Kutschen die Straße entlangfahren. „Was ist das? Eine Hochzeit?" Er erkundigte sich bei dem Bauern, der ihm bereits einige Informationen über die Straße gegeben hatte.

„Ich weiß es nicht, aber ich denke, es müssen Stadtbewohner sein, sonst könnten sie in der Erntezeit nicht herumreiten. Vielleicht kommen sie von der Wahl."

Bruno bestieg erneut sein Pferd. Als er nach dem nächsten Weg nach Wildenort fragte, sah ihn der Bauer überrascht an und zeigte auf einen Reitweg, auf dem er sich nicht verirren konnte. Doch Bruno, der die Lust am Wald verloren hatte, blieb lieber auf der Landstraße. Er kam an einer langen Reihe von Wagen vorbei, denen eine Musikkapelle mit einer schwarz-rot-goldenen Flagge vorausging. Er eilte an ihnen vorbei, denn er war nicht in der Stimmung, Musik zu hören.

KAPITEL VI.

Schon vor Gunthers Ankunft war Eberhard ausgeblutet worden. Günther hatte eine kleine Hausapotheke mitgebracht und in aller Eile einige Heilmittel zusammengestellt, die den Patienten erleichtert und beruhigt hatten. Er schlief jetzt. Große Schweißtropfen standen auf seiner Stirn. Irma saß immer noch verborgen hinter dem Bildschirm. Sie konnte ihren Vater sehen, konnte aber von ihm nicht gesehen werden. Er holte tief Luft, wachte auf und sah sich um. Irma eilte zu ihm. Er sah sie starr an und bedeutete ihr dann, das Fenster zu öffnen.

Der Tag war hell und sonnig; Die kühle, milde Brise wehte den Duft des Waldes in den Raum. Man hörte Peitschenknallen. Eberhards Gesichtszüge bekamen einen erfreuten Ausdruck, denn er wusste, dass sie jetzt die ersten Garben aus dem Sumpf einbrachten, den er erlöst hatte.

Im Vorzimmer hörte man Schritte, und Günther kam herein, begleitet vom Hofvogt.

„Kommen Sie herein", sagte er, „es wird Ihrem Herrn gefallen."

Mit schwerem Schritt trat der Gerichtsvollzieher an das Bett des Kranken. In seiner rechten Hand hielt er etwas von dem reifen Korn, während er sich mit der linken auf die Brust schlug, als wollte er die Worte herauspressen:

„Meister, ich habe dir die ersten Ähren von unserem neuen Feld mitgebracht und hoffe, dass deine Gesundheit verschont bleibt, damit du noch viele Jahre lang das Brot davon essen kannst."

Eberhard ergriff die Ohren und drückte mit der anderen Hand die des Dieners, der nun das Zimmer verließ und in die Scheune hinabstieg, wo er sich auf eine Garbe setzte und weinte.

„Soll ich bei dir bleiben, oder möchtest du lieber mit deinem Kind allein sein?" fragte Günther.

Eberhard ließ die Ohren fallen und sie lagen auf der Bettdecke. Er griff nach Irmas Hand. Günther ging hinaus.

Und nun ließ Eberhard die Hand seiner Tochter fallen, zeigte auf ihr Herz und dann auf die Ähren.

Sie schüttelte den Kopf und sagte: „Vater, ich verstehe dich nicht."

Ein Ausdruck des Schmerzes huschte über Eberhards Gesichtszüge, und er legte den Finger auf die Lippen, als wäre er bekümmert darüber, dass er nicht sprechen konnte. Wer weiß, aber was er sagen wollte: „Gute Saat wird aus dem Sumpf wachsen, wenn wir ihn richtig kultivieren; und auch aus deinem eigenen Herzen, mein Kind; aus deinem verlorenen, ruinierten –"

„Ich rufe Günther an“, sagte Irma; „Vielleicht versteht er, was du meinst.“

Eberhard schüttelte missbilligend den Kopf. Seine Gesichtszüge verrieten so etwas wie Wut darüber, dass Irma ihn nicht verstehen konnte.

Er biss sich sprachlos auf die Lippen und versuchte, sich aufzurichten. Irma half ihm, und er setzte sich nun auf, gestützt auf die Kissen.

Sein Gesicht hatte sich verändert. Es hatte plötzlich eine seltsame Farbe und einen veränderten Ausdruck angenommen.

Mit einem Schaudern erkannte Irma, was vor sich ging. Sie ließ sich neben seinem Bett nieder und legte ihre Wange auf die Hand ihres Vaters. Er zog seine Hand weg.

Sie sah ihn an. Mit großer Anstrengung hob er seine Hand – sie war feucht vom Tau des Todes – und schrieb mit ausgestrecktem Finger ein Wort auf ihre Stirn. Es war ein kurzes Wort; aber sie sah, sie hörte, sie las es. Es war in die Luft geschrieben, auf ihre Stirn, in ihr Gehirn – ja, in ihre Seele. Sie stieß einen durchdringenden Schrei aus und sank zu Boden.

Günther kam eilig herein. Er stieg über Irma hinweg, eilte zum Bett, hob Eberhards gefallene Hand hoch, tastete nach seinem Herzschlag, machte sich auf den Weg zurück – und schloss dann die Augen seines Freundes.

Die Stille des Todes herrschte im Raum.

Plötzlich war Musik vor dem Haus zu hören. Sie spielten die Melodie eines Nationalliedes und Hunderte von Stimmen riefen: „Es lebe unser Stellvertreter, edler Graf Eberhard!“ Irma, die immer noch am Boden lag, bewegte sich bei diesen Geräuschen. Günther ging an ihr vorbei und hinaus in den Hof. Das Spiel verstummte und die Stimmen verstummten.

Man hörte Pferdeschritte näherkommen, und Bruno betrat den Hof. Er stieg aus. Die traurige Miene Gunthers und seiner Umgebung verriet ihm, was geschehen war. Er bedeckte sein Gesicht und stützte sich auf Gunther, der ihn ins Haus führte. Als Gunther und Bruno die Sterbekammer betraten, war Irma verschwunden. Sie hatte sich in ihrem Zimmer eingeschlossen.

Kapitel VII.

Wer sein Leben zerstört, zerstört mehr als sein eigenes Leben.

Das Kind, das seinen Vater betrübt hat, sieht seine vorwurfsvolle Hand aus dem Grab aufsteigen.

Mein Vater hat das Malzeichen Kains auf meine Stirn gesetzt; ein Zeichen, das niemals ausgelöscht werden kann.

Nie mehr darf ich es wagen, in mein Gesicht zu schauen oder es den Augen von Fremden zu erlauben.

Kann ich mir selbst entkommen? Meine Gedanken werden mir überallhin folgen.

Ich bin ein Ausgestoßener, verlassen, ruiniert.

Das war die trostlose Monotonie, die immer wieder durch Irmas Seele hallte.

Sie lag in der abgedunkelten Kammer, aus der jeder Lichtstrahl ausgeschlossen war. Sie war allein mit sich selbst und der Dunkelheit. Ihre Gedanken waren wie seltsame Stimmen, die sie mal hierher, mal dorthin riefen. Und es kam ihr oft so vor, als würde die feurige Hand ihres Vaters, mit dem Finger auf sie gerichtet, durch die Dunkelheit leuchten.

Sie konnte Brunos Stimme und Gunthers hören. Bruno wollte sie über viele Dinge befragen und Günther wollte in die Stadt zurückkehren. Irma antwortete, dass sie niemanden sehen könne, und überbrachte Gunther tausend Grüße an alle, die sie liebten. Gunther ermahnte den Hausarzt und die Magd, Irma sorgfältig im Auge zu behalten, und schickte außerdem einen Boten zu Emma ins Kloster.

Irma blieb in Dunkelheit und Einsamkeit.

Der Versucher kam zu ihr und sagte:

„Warum trauerst du zu Tode? Du bist jung und die Welt mit all ihrer Schönheit und Pracht liegt vor dir. Es gibt nicht die leiseste Spur eines Mals auf deiner Stirn. Die Hand, die es hinterlassen hat, ist kalt und steif im Tod. Erhebe dich und sei wieder du selbst! Die ganze Welt gehört dir! Warum verkümmern? Warum dich abtöten? Alles lebt für sich selbst; alles lebt die ihm zugeteilte Zeit aus. Dein Vater hat sein Leben vollendet; vervollständigst du das deine? Was ist Sünde? Das Tote haben keine Ansprüche auf die Lebenden; nur die Lebenden haben Rechte.“

Während sie von Kummer und Zweifeln abgelenkt war, sah sie plötzlich aus der Dunkelheit die im Neuen Testament beschriebene Vision auftauchen, in der Satan und der Engel um den Besitz des Körpers Moses kämpften.

„Ich bin keine Leiche!" rief sie plötzlich aus. „Es gibt weder Engel noch Teufel. Es ist alles falsch! In Liedern und Geschichten und von Generation zu Generation haben sie alle möglichen Fabeln weitergegeben, genauso wie sie es mit Kindern tun, die sie im Dunkeln einschläfern."

„Der Tag ist angebrochen. Ich kann den Vorhang beiseite ziehen, und die ganze Welt des Lichts gehört mir. Gibt es nicht Tausende, die wie ich geirrt haben und immer noch glücklich leben?"

Sie fühlte sich, als wäre sie lebendig in der Erde begraben. Fancy hat sie jemals zu diesem einen Grab transportiert. Sie stürzte zum Fenster.

„Licht! Ich muss Licht haben!"

Sie hob den Vorhang. Ein breiter Lichtstrahl strömte in den Raum. Sie sprang zurück, der Vorhang fiel und sie lag wieder im Dunkeln.

Doch bald hörte sie eine Stimme, die ihr zu Herzen ging. Oberst Bronnen war aus der Hauptstadt angereist, um Eberhard die letzte Ehre zu erweisen. Er flehte Irma an – seine kraftvolle Stimme war voller Emotionen –, ihm zu erlauben, mit ihr um die Toten zu trauern.

Ihr ganzes Blut schien zu ihrem Herzen zurückzufließen. Sie öffnete die Tür und reichte ihrer Freundin durch die Dunkelheit die Hand. Er drückte es an seine Lippen und sie hörte den starken Mann weinen. Plötzlich kam ihr der Gedanke, dass dieser Mann sie retten könnte und dass sie ihm dienen und zu ihm aufschauen könnte. Aber wie konnte sie es wagen?

„Ich danke Ihnen", sagte sie schließlich. „Möge es dich jemals glücklich machen zu wissen, dass du freundlich zu den Verstorbenen und zu mir selbst warst –"

Ihre Stimme stockte; mehr konnte sie nicht sagen.

Bronnen ging und ließ sie im Dunkeln zurück.

Irma war wieder allein.

Die letzte Stütze, die sie noch übrig hatte, war kaputt. Hätte sie geglaubt, dass Bronnen Fragmente eines zerrissenen Briefes aufgehoben hätte, den er auf der Straße gefunden hatte, und dass sie jetzt in seiner Tasche wären, hätte sie vor Scham aufgeschrien.

Eine Idee beschäftigte sie ständig. Was würde es ihr nützen, die Sonne noch so viele tausend Mal aufgehen zu sehen? Jedes Auge ließ die Schrift deutlicher hervortreten, und bestimmte Wörter waren für sie zu unsterblichen Qualen geworden. Vater Tochter! Wer würde diese Worte aus der Sprache verbannen, damit er sie nie mehr hört, nie mehr liest?

Ihre Ideen schienen sich in einer unfassbaren Leere zu bewegen. Egal, wie sie es drehte, der einzige Gedanke kam mit erdrückender Wucht immer wieder zurück. Es schien anstrengend und doch unerschöpflich.

Dann kam es zu jener Taubheit des Geistes, die sich am besten als völlige Gedankenlosigkeit beschreiben lässt. Es herrschte Chaos, und das, was da lag, war unvorstellbar. „Was kommen wird, ich werde mich unterwerfen, wie das Tier, das zum Opfer geführt wird und auf dessen Haupt die erhobene Axt des Hohenpriesters herabsinken wird. Dein Schicksal muss erfüllt werden; du kannst nichts anderes tun, als dich zu unterwerfen, ohne zurückzuschrecken." "

So lag Irma stundenlang.

Die große Uhr in der Halle tickte und schien zu sagen: Vater – Tochter; Tochter – Vater. Stundenlang konnte sie nichts anderes hören als das Pendel, das diese Worte immer wieder auszusprechen schien. Sie wollte gerade befehlen, die Uhr anzuhalten, aber sie unterließ es. Sie versuchte sich zu zwingen, diese Worte nicht zu hören, aber es gelang ihr nicht. Das Pendel sagte immer noch: Vater – Tochter; Tochter – Vater.

Was einst ihrer Launen unterworfen war, beherrschte sie nun.

„Was hast du von der Welt gesehen?" fragte sie sich. „Eine bloße Ecke. Du musst um die Erde reisen und es zu einer Pilgerreise machen, auf der du dir selbst entfliehen kannst. Du musst dich mit dem ganzen Planeten vertraut machen, auf dem diese Kreaturen, die sich Menschen nennen, umherschleichen, Kreaturen, die graben und pflanzen , predigen und singen, meißeln und malen, einfach um den Gedanken zu übertönen, dass der Tod sie alle erwartet. Alles ist in Stupor versunken –"

In ihrer Fantasie reiste sie weit, weit weg, während treue Diener ihr Zelt in der Wüste aufschlugen; und wenn sich eine wilde Rasse näherte – während sie dort lag, halb wach, halb schlafend, hörte sie die Geräusche des Tom-Toms und stellte sich vor, sie würde auf den Schultern anderer davongetragen und dabei mit Pfauenflügeln geschmückt Wilde, düstere Gestalten tanzten um sie herum.

Was einst ein wilder Tagtraum gewesen war, erfasste sie nun, und ihr Gehirn wirbelte im verrückten Tanz der Fantasie herum.

KAPITEL VIII.

Es war spät in der Nacht. Alle schliefen. Irma öffnete sanft die Tür und schlüpfte hinaus.

Sie ging in die Sterbekammer. Ein einzelnes Licht war in der Nähe des Kopfes der Leiche angebracht worden, die in einem offenen Sarg lag und ein paar Ähren in den Händen hielt. Ein Diener, der neben der Leiche stand, sah Irma überrascht an. Er verneigte sich vor ihr, sagte aber kein Wort. Irma ergriff die Hand ihres Vaters. Wenn diese Hand auf ihrem Kopf geruht hätte, um sie zu segnen, anstatt –

Sie kniete nieder und küsste mit brennenden Lippen die kalte, eisige Hand. Ein ablenkender Gedanke schoss ihr durch den Kopf: Das ist der Kuss der Ewigkeit. Brennende Flamme und eisige Kälte hatten sich getroffen: Das ist der Kuss der Ewigkeit.

Als sie in ihrem Zimmer erwachte, wusste sie nicht, ob sie wirklich die Hand ihres toten Vaters geküsst hatte oder ob alles nur ein Traum war. Aber sie hatte das Gefühl, dass ihr Herz von einer Last bedrückt war, die sie niemals ablegen konnte.

Der Kuss der Ewigkeit. Du sollst nie mehr warme, liebevolle Lippen küssen – du bist die Braut des Todes.

Sie hörte die Glocken läuten, während sie ihren Vater zu Grabe trugen. Sie verließ ihr Zimmer nicht. Kein Laut kam über ihre Lippen; keine Träne fiel ihr aus den Augen; Alle ihre Fähigkeiten waren betäubt und zerstört. Sie lag im Dunkeln. Als sie draußen auf dem Fensterbrett die Tauben gurren und davonfliegen hörte, wusste sie, dass es Tag war.

Bruno war über das exzentrische Verhalten seiner Schwester sehr verärgert. Er wollte gehen und wünschte, dass sie ihn entweder begleitete oder ihm auf jeden Fall sagte, was sie vorhatte. Doch bisher hatte sie nicht geantwortet. Schließlich ging er, für die Reise gerüstet, in Irmas Vorzimmer, wo er ihre Magd beim Lesen eines Buches vorfand.

Bruno hatte gerade seine Hand ausgestreckt, um ihr unters Kinn zu streicheln, als ihm plötzlich wieder einfiel, dass er trauerte, und er zog die Hand zurück.

Er gab der Magd seinen Hut, damit sie ihm ein Trauerband anbringen konnte, und streichelte dabei wie zufällig ihre Hand. Dann ging er wieder zur Tür seiner Schwester.

„Irma!" er sagte; „Irma, sei vernünftig; gib mir eine Antwort."

"Was willst du von mir?"

"Öffne die Tür."

„Ich kann dich hören", antwortete sie, öffnete aber nicht die Tür.

„Nun, dann muss ich dir sagen, dass kein Testament gefunden wurde. Ich werde alles brüderlich mit dir regeln. Willst du nicht zu mir nach Hause kommen?"

"NEIN."

„Dann muss ich ohne dich gehen! Auf Wiedersehen!" Er erhielt keine Antwort und während er wartete, hörte er Schritte, die sich von der Tür entfernten. Er wandte sich der Kellnerin zu, die inzwischen den Krepp an seinem Hut befestigt hatte. Bruno küsste ihre Hand und überreichte ihr ein schönes Geschenk.

Er machte sich sofort auf den Weg.

Er war genauso froh, ohne Irmas Begleitung reisen zu können. Es würde niemanden geben, der ihn störte, und er könnte leichter seinen eigenen Neigungen nachgeben. Seine Philosophie verlangte von ihm, jeglichen unnötigen Kummer zu vermeiden; es könnte nichts Gutes bewirken und würde das Leben einfach verbittern.

Er war in einer selbstgefälligen Stimmung. Er wollte das Gut Wildenort wegen des Namens an sich nehmen. Es war leider klein und würde ihn nicht in einer seinem Rang angemessenen Weise unterstützen, solange er keine Position bei der Regierung erhielt. Sollte Irma heiraten, was er hoffentlich sehr bald tun würde, würde er ihr den geschätzten Wert des Erbteils als Mitgift geben. Bruno kehrte in die Hauptstadt zurück und verließ sein Haus zum ersten Mal, um den Jockeyclub zu besuchen, der gerade seine Sitzungen abhielt. Er hoffte, durch die Zahlung einer moderaten Pauschale seine Pferde von den Rennen zurückziehen zu können, die in wenigen Tagen stattfinden sollten. Er trauerte, und das würden sie natürlich berücksichtigen. Unterwegs traf er Gunther und kehrte um. Der Arzt ging zum Palast.

Noch nie hatte dieser Mann, der bei Hofe als Stoiker galt, eine solche Aufregung gezeigt, als als er die Nachricht vom Tod des alten Grafen Wildenort überbrachte.

Er erzählte der Königin, dass Eberhards letzte Augenblicke den Geist seiner besseren Tage erneuert hätten, und dennoch konnte er nicht umhin, hinzuzufügen, dass sein verstorbener Freund nicht den Höhepunkt erreicht hatte, den er so ehrlich erkämpft hatte. Denn im letzten Moment hatte er das Bedürfnis nach Unterstützung von außen gespürt und war gezwungen, seinen Geist erneut mit Wahrheiten zu beeindrucken, die er sich längst zu eigen gemacht hatte. Die Königin war erstaunt über den Arzt, der so streng urteilen konnte, selbst wenn er am tiefsten bekümmert war.

„Wie erträgt unsere Irma das?" rief sie.

„Traurig und still", antwortete Günther.

„Ich denke", sagte der König zur Königin, „dass wir unserer Freundin schreiben und einen Boten zu ihr schicken sollten."

Die Königin stimmte seinem Vorschlag zu und der König sagte zum Hauptmann der Palastwache:

„Die Königin möchte, dass sofort ein Kurier zur Gräfin Irma geschickt wird. Bitte kümmern Sie sich um die Angelegenheit. Schicken Sie Baum."

Die Königin zuckte voller Angst zusammen. Warum hatte der König gesagt, dass *sie* einen Boten schicken wollte? Der Vorschlag war von ihm selbst gekommen, und sie hatte lediglich zugestimmt. Sie verdrängte ihre Zweifel jedoch schnell und machte sich Vorwürfe, dass der Verdacht, den sie einst gehegt hatte, noch nicht ganz verflogen sei. Sie ging in ihr Zimmer und schrieb Irma. Auch der König schrieb.

Baum nahm eine bescheidene und unterwürfige Miene an, während er den Befehl erhielt, sofort als Kurier bei der Gräfin von Wildenort zu arbeiten. Er sollte bei der Gräfin bleiben, sie ständig betreuen und, wenn sie verreisen wollte, sie begleiten, bis sie an den Hof zurückkehrte.

Als Baum sich mit den Briefen auf den Weg machte, zeigte sein Gesicht einen triumphierenden Ausdruck. Er stand nun kurz davor, den großen Preis zu gewinnen. Ihm war ein heikler Auftrag anvertraut worden, und er wusste, worum es ging. Er hatte das Gefühl, dass sie ihn wertschätzten und dass er sie verstand. Er blickte zurück zum Palast. Die unterwürfige Miene war verschwunden. Er streichelte mit der rechten Hand seine Brust, hielt die linke an die Lippen und sagte zu sich selbst; „Ich werde als geschaffener Mann zurückkehren; ich werde zumindest Lordkämmerer sein."

Baum kam im Herrenhaus an. Das Dienstmädchen sagte ihm, dass Irma niemanden empfangen würde.

„Wenn sie nur laut weinen würde; ihr stiller Kummer würde sie töten."

Er klopfte an Irmas Tür. Es dauerte lange, bis eine Antwort kam. Schließlich fragte sie, was los sei, und als sie Baums Stimme erkannte, musste sie sich am Türriegel festhalten, um nicht zu fallen. „War der König auch gekommen?" fragte sie sich.

Baum sagte, er sei als Kurier gekommen, um einen Brief Ihrer Majestäten zu überbringen. Irma öffnete die Tür gerade so weit, dass sie ihre Hand ausstrecken konnte. Sie nahm den großen Brief und legte ihn auf den Tisch. Es gab nichts, was sie von der Welt lernen wollte, und sie konnte ihr auch keinen Trost spenden. Niemand könnte. Schließlich, gegen Abend, zog sie die Vorhänge zurück und brach das Siegel des großen Umschlags auf. Darin befanden sich zwei Buchstaben; eines in der Handschrift der Königin, das andere in der des Königs. Sie öffnete zuerst den Brief der Königin und las:

„ Meine liebe, gute Irma ";

(Es war das erste Mal, dass die Königin so liebevoll schrieb. Irma wischte sich mit ihrem Taschentuch über das Gesicht und las weiter.)

„Du hast das größte Leid des Lebens erlebt. Ich wünschte, ich wäre bei dir, um dein pochendes Herz an meins zu drücken und deine Tränen wegzuküssen. Ich werde nicht versuchen, dich zu trösten, sondern kann nur sagen, dass ich soweit Mitleid mit dir habe." Es ist möglich, mit Kummer zu sympathisieren, den man noch nicht gekannt hat. Du bist stark und edel, und ich kann nicht anders, als an dich zu appellieren" (Irmas Hand zitterte), „an dich selbst zu denken und deinen Kummer rein und edel zu ertragen. Du bist Waise, Aber die Welt darf für dich nicht eine Wüste sein. Es gibt immer noch Herzen, die vor Freundschaft für dich schlagen. Ich bin froh – das heißt – ich danke dem Schicksal, dass ich dir in deinem Leben etwas helfen kann Ich brauche dir nicht meine Freundschaft zu versichern, und doch tut es einem in solchen Momenten gut, es sich selbst zu sagen. Ich habe keine Lust, eine einzige Stunde in Vergnügen zu verbringen, während du in Kummer bist. Alle Gefühle sind es von uns geteilt." (Irma bedeckte ihr Gesicht mit den Händen. Sie erholte sich und las weiter.) „Lassen Sie mich bald wissen, was ich für Sie tun kann. Kommen Sie zu mir oder bleiben Sie in der Einsamkeit, ganz wie es Ihre Gefühle erfordern. Wenn ich es nur ermöglichen könnte." dass du die Gesellschaft mit dir selbst so genießt, wie wir sie genießen. Du weißt nicht, wie viel Gutes du mir getan hast. Du hast den Bereich unserer Wahrnehmungen erweitert und so unser Leben bereichert. Was für eine edlere Leistung kann es geben! Bleiben Sie standhaft und denken Sie daran, dass Sie sich immer auf die Freundschaft von verlassen können

„Du liebst immer

„ MATHILDE ."

Irma legte den Brief auf den Tisch und schob ihn unwillkürlich weit von dem des Königs weg, der noch ungeöffnet war. Jahre sollten vergehen – ja, Ozeane sollten zwischen dem Lesen der beiden Briefe liegen; und doch, wie oft hatte sie ihnen beiden im selben Atemzug zugehört und sie mit demselben Blick angesehen.

Mit einer heftigen Bewegung, wie im Zorn, öffnete sie den Brief des Königs und las:

„Es schmerzt mich zutiefst zu erfahren, dass auch Sie, mein charmanter Freund, lernen müssen, dass wir sterblich sind. Es schmerzt mich, wenn ich daran denke, dass Ihre schönen Augen weinen müssen. Wenn das, was am edelsten ist, noch einer weiteren Reinigung fähig ist – und was Sterbliches Wesen ist es nicht? - Dieses Leiden muss notwendigerweise zu deiner Edelmut beitragen. Ich flehe dich an: Steige nicht zu hoch, damit du uns nicht zu weit unter dir zurücklässt. Trage uns mit dir in die erhabenen Regionen, in denen du wohnst ."

Irmas Gesichtszüge nahmen einen harten und bitteren Ausdruck an. Sie las weiter:

„Wenn Sie beabsichtigen, Ihre schönen Augen mit Tränen und Ihr edles Herz mit Seufzern länger als sieben Tage zu quälen, und den Wunsch haben, allein zu bleiben, dann senden Sie mir bitte eine Nachricht. Sollten Sie jedoch wünschen, Ihre Trauer zu verlängern und sich zu erholen." Sie selbst und ein anderes Selbst entscheiden durch Reisen, welche Richtung Sie einschlagen möchten. Lassen Sie es nicht zu weit sein – nicht zu weit in das Land der Trauer, ein Land, in dem Sie ein Fremder sind. Seien Sie wieder glücklich und bezwingen Sie Ihre Trauer , fröhlich und schnell.

„Mit freundlichen Grüßen,   K."

In dem Brief lag ein kleines Stück Papier mit der Aufschrift: „Verbrenne dies, sobald du es gelesen hast."

„Ich kann nicht ohne dich leben. Wenn ich dich verliere, verliere ich mich selbst. Deine Gegenwart ist mein Leben. Ich kann nicht leben, außer im Licht deiner Augen. Ich will keine Wolken; ich sehne mich nach dem Sonnenlicht. Erinnere dich an die Welt der Gedanken." das unter deinem gefiederten Hut wohnt. Lass diese Welt ihre Herrschaft haben, du darfst nicht traurig sein; du wagst es nicht, um meinetwillen. Du musst Herrin deines Kummers sein, so wie du Herrin über mich bist. Sei standhaft, lege allen Kummer ab weg von dir und kehre zu dir
zurück   KURT .

„Der Kuss der Ewigkeit! Ich allein kann die Traurigkeit wegküssen, die deine Stirn verdunkelt. Ich kann und ich werde."

Irma stieß einen lauten Schrei aus und brach dann in krampfhaftes Gelächter aus.

„Können irgendwelche Lippen diese Stirn küssen? Wie würden sie den Todesschweiß genießen, der sich bereits ins Fleisch gefressen hat? Wie würde dieses schreckliche Wort auf den Lippen schmecken? Küss es weg! Küss es weg! Ich brenne! Ich friere!"

Das Dienstmädchen hörte die letzten Worte und versuchte, Irma zu Hilfe zu kommen, aber die Tür war verschlossen.

Nach einiger Zeit hob Irma den Kopf und stellte überrascht fest, dass sie auf dem Boden lag. Sie stand auf und bestellte Licht und Schreibmaterial. Sie verbrannte die beiden Briefe des Königs und saß dann eine Weile da, ihr müdes Haupt auf ihre beiden Hände gestützt. Schließlich nahm sie den Stift und schrieb:

" *Königin* !

"Ich büße mein Verbrechen im Tod. Verzeihen und vergessen."

" IRMA ."

Auf den Umschlag schrieb sie die Worte: „Von der Hand Gunthers", „Für die Königin selbst."

Dann nahm sie ein weiteres Blatt und schrieb:

" *Mein Freund* :

„Dies sind die letzten Worte, die ich jemals an Sie richten werde. Wir gehen den falschen Weg, einen Weg voller Gefahren. Ich büße mein Verbrechen. Du gehörst nicht dir allein; du gehörst ihr und deinem Land. Der Tod ist Meine Sühne. Das Leben muss dein sein. Sei eins mit dem Gesetz, das dich an sie und an den Staat bindet. Du hast beides geleugnet, und ich habe dir dabei geholfen. Unser Leben, unsere Liebe hat schrecklich mit dir zu tun gehabt. Du könntest dir selbst nicht länger treu sein. Aber jetzt musst du es wieder werden, und zwar vollständig. Dies sind meine letzten Worte, und ich werde gerne sterben, wenn du nur auf mich und dein besseres Selbst hörst. Gott weiß, dass wir es getan haben Ich habe nicht vor zu sündigen; aber wir haben für alle gesündigt. Mein Urteil ist auf meiner Stirn geschrieben; schreibe dein Urteil in dein Herz und lebe neu. Alles ist immer noch dein. Ich erhalte den Kuss der Ewigkeit vom Tod. Höre auf diese Stimme und vergiss sie nicht, aber vergiss die, die dich ruft. Ich möchte nicht in Erinnerung bleiben.

Sie versiegelte die Briefe und versteckte sie eilig in der Mappe, denn sie wurde unterbrochen. Emma, oder besser gesagt Schwester Euphrosyne, wurde angekündigt.

KAPITEL IX.

Gunther hatte einen Boten geschickt, um Emma über Graf Eberhards Tod und Irmas Verzweiflung zu informieren. Die Priorin schlug Emma vor, zu ihrer jungen Freundin zu eilen, bei der sie so viel zu verdanken hätten; Und da Nonnen nicht alleine reisen durften, wurde sie von einer Schwester begleitet, die eine erfahrene Nonne war.

Als das Dienstmädchen sie ankündigte, sprang Irma von ihrem Platz auf. Das ist Befreiung! Im Kloster, abgeschottet von der Welt, ein lebendiger Tod — dort wirst du warten, bis sie dich ins Grab tragen.

Plötzlich kamen ihr die Worte des alten Bootsmanns in den Sinn: „Ein Leben, in dem nichts passiert.“

Ihre Lippen schwollen vor stolzem Trotz an. Ich werde nicht auf das Ende warten; Ich werde es erzwingen. Es dauerte lange, bis sie der Magd antwortete:

„Meinen besten Dank, aber es ist mir egal, jemanden zu sehen oder zu hören.“

Nachdem Irma diese Worte ausgesprochen hatte, fühlte es sich, als ob sie mit neuer Kraft erfüllt wäre. Auch das war vorbei.

Alles war wieder still und dunkel, und die Uhr sagte unaufhörlich: Vater — Tochter; Tochter — Vater.

Aus dem Tal unten hörte sie die Klänge der Vesperglocke.

„Das muss sein“, sagte sich Irma. Sie zog die Vorhänge zurück und blickte ins Tal hinunter, um die Nonnen in ihren langen schwarzen Gewändern über die Wiesen gehen zu sehen. Ihre Gedanken gingen ihnen nach, als sie sagte: „Leb wohl, Emma!“ Dann rief sie ihre Magd und befahl ihr, ihr ein Pferd zu satteln, damit sie ausreiten wolle. Sie wandte ihr Gesicht nicht der Magd zu. Niemand sollte jemals auf diese Stirn schauen. Die Magd half ihr beim Anziehen ihres Reitkleides und ihres Reithutes, der mit einem Teil eines Adlerflügels verziert war. Irma zuckte zusammen, als ihre Hand den Flügel berührte. Der König hatte den Vogel erschossen und ihr die Federn gegeben, als... Es schien wie eine abschiedende, gespenstische Berührung.

Sie befahl, ihren Hut mit einem doppelten Schleier zu bedecken, und erst als sie perfekt verkleidet war, machte sie sich auf den Weg. Sie blickte nicht auf; sie nahm von niemandem Abschied; Ihr Blick war auf den Boden gerichtet.

Irmas Reitpferd stand im Hof. Als sie sich näherte, scharrte es mit den Pfoten auf dem Boden und schnüffelte die Luft. Sie blieb nicht stehen und erkundigte sich, wer ihr Pferd aus der Stadt mitgebracht hatte. Sie tätschelte seinen Hals und nannte ihn bei seinem Namen: „Pluto". In Gedanken war sie bereits so weit von der Welt entfernt, dass sie das Tier für ein Wunder oder etwas noch nie zuvor Gesehenes hielt. Sie stieg auf.

Der große Hund, ein Liebling ihres Vaters, war auch da und bellte, als er sie sah. Sie gab den Befehl, den Hund zurück ins Haus zu bringen.

Sie ritt in gemächlichem Tempo davon. Sie schaute weder nach hinten noch nach rechts oder links. Die Sonne stand bereits hinter den Baumwipfeln. Seine gebrochenen Strahlen schimmerten wie viele Lichtfäden durch die Zweige, und zwischen den Zweigen leuchtete der Himmel und bildete einen goldenen Hintergrund.

Irma blieb stehen und winkte Baum, der ihr gefolgt war, näher zu kommen. Er ritt heran.

„Wie viel Geld hast du bei dir?"

„Nur ein paar Gulden."

„Ich muss hundert Gulden haben; reite zurück und besorge sie mir."

Baum zögerte. Er wollte sagen, dass er die Gräfin nicht verlassen dürfe, aber er konnte nicht den Mut aufbringen, dies zu tun.

„Warum zögerst du? Verstehst du mich nicht?" sagte Irma barsch. „Reite sofort zurück."

Kaum war Baum außer Sicht, als Irma ihr Pferd auspeitschte, über den Graben am Straßenrand sprang und über die Bergwiese in den Wald eilte. Sie ritt im vollen Galopp über genau die Straße, die Bruno ein paar Tage zuvor genommen hatte. Das Pferd war temperamentvoll und frisch und stolz auf seine schöne Reiterin. Sie kannten sich, und es galoppierte fröhlich weiter, als wäre es auf der Jagd. Und es gibt tatsächlich eine Verfolgungsjagd; zum Horchen! Es gibt einen Schuss. Aber Pluto hält dem Feuer stand und lässt sich nicht so leicht erschrecken. Er rannte davon, wilder als zuvor. Die Strahlen der untergehenden Sonne schienen durch die Schatten des Waldes und erhellten die Bäume und Moose mit ihrem rosafarbenen Glanz. Und immer noch ritt sie weiter und trieb ihr Pferd immer wieder zu größerer Geschwindigkeit an.

Sie hatte den Kamm des Bergrückens erreicht; Unten lag der breite See, der violett leuchtete.

"Dort!" rief Irma. „Da bist du, kalter Tod!"

Pluto blieb stehen und dachte, seine Geliebte hätte mit ihm gesprochen. „Du hast recht", sagte sie und tätschelte seinen Hals; „Es ist weit genug."

Sie stieg ab und drehte den Kopf des Pferdes. Er sah sie noch einmal mit seinen großen, treuen Augen an, denn sie hatte ihren Schleier zurückgeworfen.

„Geh nach Hause. Du sollst leben; geh nach Hause!"

Das Pferd bewegte sich nicht. Sie hob ihre Peitsche und schlug darauf ein. Es begann damit, dass Mähne und Schweif im Abendwind flatterten, während es den Bergkamm entlang eilte.

Irma hielt inne und schaute danach. Dann setzte sie sich auf den Rand eines vorspringenden Felsens und blickte auf die weite Aussicht und die untergehende Sonne.

„O Licht! O schöner Himmel! Dies ist das letzte Mal, dass ich dich anschaue, bevor ich in die Nacht des Todes versinke –"

Für einen Moment war sie völlig in den Anblick vertieft, der sich ihr bot. Sie wusste nicht mehr, woher sie gekommen war und wohin sie gehen würde. Ihr Blick ruhte auf der riesigen Reihe hoch aufragender Gipfel, auf denen sich Gipfel auftürmten, und in der Ferne auf einem Gipfel, der sie alle überragte. Die bewaldeten Höhen schienen in einen violetten Dunst gehüllt zu sein. Die zitternden Strahlen der untergehenden Sonne vergoldeten die kahlen und schroffen Klippen. Hoch über den Gletschern ruhte der rosige Schein des Sonnenuntergangs, der immer heller wurde, je dunkler es im Tal darunter wurde. Ein mächtiger, schneebedeckter Gipfel schien zu brennen; aber eine Wolke zog darüber hinweg und trug, als würde sie einen Schleier lüften, den rosigen Glanz des Berges mit sich. Die Wolke verschwand allmählich in einem strahlenden Glanz, und die schneebedeckten Gipfel, die sich vor dem Hintergrund des trüben Himmels abhoben, sahen kalt und trostlos aus, als wären sie im Tod.

Der mächtige Geist des Todes zog über die Höhen.

Oh! dass man sich so in Luft auflösen könnte!

Eine kühle Brise wehte über den Berg. Irma schauderte. Sie fuhr sich mit der Hand übers Gesicht und spürte, dass auch sie blass wurde. Sie stand auf und stieg ein Stück den Berg hinauf, damit sie die feurige Kugel noch einmal sehen konnte. Sie war zu spät und sagte laut:

„Welchen Nutzen hat es, die Sonne tausend- oder zweimal tausendmal zu sehen, solange der Tag kommen muss, an dem sie für uns ein für alle Mal untergeht? Und sie ist für immer untergegangen für den, der unter der Grasnarbe liegt und an dessen Hand der Verfall liegt –"

Ihr wurde schwindelig und sie sank auf den moosigen Boden. Als sie wieder aufstand, war es Nacht.

Sie stand auf und ging, ihr Kleid hochhaltend, in die dunkle und dicht bewaldete Schlucht hinunter.

KAPITEL X.

Irma kam mit festem Schritt voran. Der Fußweg, den sie gefunden hatte, schlängelte sich zwischen großen und hohen Bäumen hindurch und mündete bald in eine breite Straße, die durch den Wald geschnitten worden war. Hin und wieder blitzten in der Ferne Hitzeblitze auf, die die Dunkelheit durchbrachen und ein anderes Firmament enthüllten, das dahinter lag.

Irma blickte kaum auf. Sie dachte an nichts anderes als daran, ihren Weg zu finden. Es herrschte vollkommene Stille, die hin und wieder von einem traurigen Geräusch unterbrochen wurde, wie das Schluchzen eines Menschen. Es muss von einem hohlen Baum sein, dachte sie. Das Stöhnen schien immer vor ihr voranzuschreiten. Wohin sie auch ging, sie hörte es. Sie suchte nach dem herzkranken Baum, konnte ihn aber nicht finden. Mit jedem Schritt rückte sie weiter in den Wald hinein und höher den Berg hinauf. Dann rannte sie den Berg hinunter, und nun war alles still. Der Weg war nicht mehr sichtbar, aber von weitem erhaschte sie einen Blick auf den mondbeschienenen See, den Gegenstand ihrer Suche. Sie ging weiter durch den weglosen Wald und trat das weiche Moos nieder. Manchmal hörte sie das Zwitschern der Vögel in den Baumwipfeln; Ein Martin oder ein Wiesel zerstörten die Jungen in ihren Nestern. Die Welt ist voller Mord, dachte sie; Seine Kreaturen machen ständig Jagd auf einander. Obwohl der Mensch seine Mitmenschen zerstört und tötet, isst er sie nicht. Das allein unterscheidet den Menschen vom Tier. Und da ist noch etwas: Der Mensch allein kann sich selbst töten. Irma wurde bei dem Gedanken schwindelig. Sie stützte sich einen Moment lang gegen einen Baum und ging dann weiter. Ihr Entschluss musste in die Tat umgesetzt werden; Es darf keine Schwäche und kein Schwanken geben. Sie ging noch weiter in den dichten Wald hinein. Ihre Wangen glühten, der Schweiß tropfte von ihrer Stirn; aber innerlich fiel sie, als ob sie erstarrte.

Etwas raschelte durch das Dickicht. Es war ein Hirsch, den sie aus seinem Versteck aufgeschreckt hatte. Der Hirsch hatte Angst vor ihr, und sie hatte Angst vor dem Hirsch. Er bildete sich ein, dass sie spüren konnte, wie das Geweih sie durchbohrte. Sie eilte den Berghang hinunter. Eine Weile hörte sie noch das Knistern des Unterholzes, dann war es endlich wieder still. Der Wind pfiff durch die Baumwipfel, und man hörte das Geräusch von fließendem Wasser, mal nah, mal aus der Ferne, und dann das Rauschen eines Waldbachs, der von den Felsen herabstürzte. Sie sah den mondbeschienenen Schaum und wusste nicht mehr, wo sie war oder wohin sie ging – zum See hin oder von ihm weg. Wenn sie sich im Wald verirren würde – wenn sie dort gefunden und in die Welt und ins Elend zurückgebracht würde! Mit aller Kraft ging sie weiter. Die kühle Nachtluft wehte ihr ins Gesicht, aber ihre Wangen glühten wie von Feuer. Sie drückte ihre Hand an ihre Stirn; es schien, als würde eine heiße Quelle aus der berührten Stelle sprudeln. Sie blickte zu den Sternen auf und erkannte die bekannten Sternbilder. Sie kannte ihre Position, aber diese großartigen Führer durch den unendlichen Raum helfen der einsamen Sterblichen, die sich im Herzen des Waldes verirrt hat, nicht . Irma dachte an die Nächte, in denen ihr Blick unter Gunthers Führung über die weite, sternenklare Weite geschweift war. Aber nun war alles vernichtet, alle Größe war gefallen. Sogar ihre Sicht auf die Sterne war eingeschränkt und versperrt. Sie versuchte sich zu erinnern, ob sie die Briefe zerstört oder zurückgelassen hatte. Sie dachte, sie könnte sich daran erinnern, das des Königs verbrannt zu haben; aber was ist mit dem Brief an die Königin? Von widersprüchlichen Zweifeln zerrissen, war sie schließlich völlig verwirrt. Vielleicht würden beide Briefe gefunden werden. – Sei es so.

Und dann ging ihr Walpurgas Lied durch den Kopf.

Wenn die gute Bäuerin, die am See wohnt, wüsste, dass ihre Freundin so ganz allein, in der dunkelsten Nacht und mit so schrecklichen Gedanken an ihre Gefährten durch den Wald tappt, würde sie ihr zu Hilfe eilen, würde sie anlocken zu ihrem Herzen und ließ sie nicht gehen. Wer weiß, aber dass sie, obwohl weit weg, jetzt an mich denkt, von mir träumt und vielleicht ihr Lied singt – und es wie ein unsichtbarer Bote auf den Flügeln der Nacht sendet. Wie trauern wird die arme Kreatur, wenn sie von meinem Tod erfährt. Vielleicht ist sie die Einzige, die aufrichtig um mich trauert.

Erinnerungen aller Art gingen ihr durch den Kopf. In einigen Jahren wird ein Bootsmann wie der im Inselkloster die Geschichte der ertrunkenen Trauzeugin erzählen. Welche Wirkung wird die Nachricht von meinem Tod auf andere haben? Keiner von ihnen kann mir helfen, und ich kann ihnen auch nicht helfen. Übermorgen wird wie gewohnt gespielt, getanzt und gesungen. Niemand kann einen anderen in Erinnerung behalten. Wer abwesend ist, hat keinen Anspruch auf unsere Gedanken. Das Leben ist so erbarmungslos wie der Tod. Sie ging weiter in das Dickicht hinein und kam dabei an wilden Schluchten vorbei. Die von ihrem Schritt gelösten Steine stürzten über den Abgrund, und der dumpfe, hohle Knall, mit dem sie unten auf der Erde aufschlugen, verriet ihr, wie tief sie gefallen waren. Die Felsen auf beiden Seiten rückten näher zusammen, der Gebirgsbach stürzte über sie hinweg und auf einmal erreichte sie den Rand eines Abgrunds; weiter konnte sie nicht gehen. Ich werde den tödlichen Sprung wagen und mich selbst in Stücke reißen. Aber dort zu liegen, vielleicht tagelang, verletzt und halb tot. Einen langsamen Tod sterben! NEIN!

Sie suchte einen Weg. Ein Ast traf sie genau dort ins Gesicht, wo der eiskalte Finger ihres Vaters sie berührt hatte.

„Nein, diese Stirn wird nie wieder das Licht der Welt erblicken", schrie sie und hielt sich mit ihren Händen fest, während sie versuchte, einen Weg am

Rand der Klippe entlang zu finden. Plötzlich hörte sie die laute Stimme einer Frau singen. Irma holte tief Luft, denn es war eine menschliche Stimme – die einer Frau, vielleicht die eines jungen und hübschen Mädchens, das ihrem Geliebten in der Nacht ein Zeichen gab. Die Geräusche wiederholten sich immer wieder und wurden immer schriller, und zitternd vor Angst saß Irma auf dem Felsen. Sie antwortete mit einem Schrei. Der Klang ihrer eigenen Stimme erschreckte sie, aber sie schrie immer wieder auf, denn jetzt gab es eine Antwort. Die andere Stimme schien näher zu kommen; Hunde stürmten hervor und umringten Irma bereits und bellten, als Zeichen, dass sie die Beute gefunden hatten. Die Stimme kam immer näher.

"Wo bist du?" Sie fragte.

„Hier", antwortete Irma.

"Wo?"

"Hier."

"Da oben?"

"Ja."

„Wie bist du da hochgekommen?"

"Ich weiß nicht."

„Bleib ruhig; beweg dich nicht und ich komme."

"Ja."

Irma wartete lange, bis endlich jemand direkt unter ihrem Sitzplatz erschien.

„Da bist du also", sagte die Gestalt. Sie warf Irma ein Seil zu und forderte sie auf, es um ihren Körper zu binden, das andere Ende dann an einem Felsen oder Baum zu befestigen und sanft nach unten zu gleiten.

Irma tat, was ihr gesagt wurde. Während dieses einen kurzen Augenblicks, während sie zwischen Himmel und Erde schwebte, gingen ihr tausend unbeschreibliche Gedanken durch den Kopf. Sie erreichte sicher den Boden. Die Frau ergriff sie sofort bei der Hand und führte sie weg. Sie folgte ihm wie ohne eigenen Willen. Während sie durch die Büsche und über die Felsen kletterte, zerrte sie sich, bis das Blut floss. Endlich erreichten sie einen schmalen steinigen Pfad. Unter ihnen rauschte der Bach vorbei, aber die mächtige Frau hielt Irmas Hand wie mit eisernem Griff fest in ihrer.

„Ein Gämsenjäger würde es nicht wagen, dorthin zu gehen, wo du warst. Jetzt sind wir hier oben und da ist unsere Hütte", sagte sie schließlich. „Ein Wunder, dass du mit deinem langen Kleid nicht über den Felsen gestolpert bist."

"Wer bist du?" fragte Irma.

„Erzähl mir zuerst, wer du bist und wie du hierher gekommen bist."

„Das kann ich dir nicht sagen."

„Egal. Sie nennen mich Black Esther."

„Wen bringst du da hin?" rief eine grimmig aussehende Frau, die an der Tür der Hütte erschien. Hinter ihr glühte das Feuer im Kamin.

„Ich weiß es nicht; es ist eine Frau."

Irma ging mit Black Esther zur Hütte. Die alte Frau bekreuzigte sich und rief:

„Alle guten Geister sollen den Herrn preisen! Es ist die Dame vom See –"

„Ich bin kein Geist", sagte Irma. „Ich bin ein müder Sterblicher. Lass mich hier eine Weile ausruhen, und dann lass deine Tochter mit mir gehen und mir den Weg zum See zeigen. Jetzt verlange ich nur noch einen Tropfen Wasser."

„Nein, das wäre dein Tod. Du darfst jetzt kein Wasser trinken. Ich koche dir eine warme Suppe und bringe sie dir gleich."

Sie führte Irma ins Zimmer, und als sie ihre Hand und die daran funkelnden Diamantringe sah, grinste sie vor Freude.

„Oh, was für ein wunderschöner Ring! Der ist von deinem Schatz."

„Nimm es und behalte es", sagte Irma und streckte ihre Hand aus.

Mit großer Geschicklichkeit entfernte die alte Frau den Ring von Irmas Finger.

"Du lieber Himmel!" rief die alte Frau plötzlich, „Ich habe dich schon einmal gesehen – ja, ja, du warst es. Hast du nicht einmal ein kleines goldenes Herz getragen und es einem Kind geschickt? Hast du nicht einmal im Palast befiehl ihnen, etwas zu essen für eine alte Frau zu besorgen und ihren Sohn freizulassen, und hast du ihr nicht auch noch Geld gegeben? Mein Gott! Du bist der –"

„Nenne meinen Namen nicht! Lass mich nur einen Moment ruhen; frag mich nichts und sag nichts mehr."

„Wie du es nicht willst, schon gar nicht. Ich werde mich beeilen und die Suppe für dich vorbereiten."

Sie ging hinaus und ließ Irma allein.

Irma lag auf dem Bett, das nichts weiter als ein Sack Blätter war, der seltsam knisterte, wann immer sie den Kopf drehte. Die Blätter schienen zu sagen: „Ah! Als wir grün waren, hatten wir eine bessere Zeit –" Der Mond schien durch das Fenster; alles schien vor ihren Augen zu tanzen; es kam ihr vor, als wäre sie auf offener See. Aber sie schlief bald ein. - Als sie aufwachte, hörte sie eine Männerstimme.

KAPITEL XI.

Draußen auf der Veranda, die auch als Küche diente, saßen Thomas und seine Mutter. Er hatte seinen falschen Bart abgenommen, putzte sein schwarzes Gesicht und sagte nun:

„Mutter, weißt du, was mir leid tut?"

"Wozu?"

„Warum, dass ich den jungen Grafen neulich nicht erschossen habe. Ich werde keine so gute Chance mehr haben, ihn wieder zu treffen. Ich hätte ihm durch den Nacken schießen können, und das wäre sein letztes Opfer gewesen." Ich hätte dem Tageslicht eine Chance gegeben, durch ihn hindurchzuscheinen."

„Du bist ein netter Kerl, der über Reue redet."

„Ja, und ich hätte eine gute Tat getan, wenn ich den Kerl erschossen hätte. Denken Sie nur, Mutter, das sind die Leute, die die großen Leute sind, denen der Wald und das ganze Wild darin gehören. Denken Sie nur daran, Mutter! Ich bin doch ein guter Kerl."

"Wie so?"

„Denk nur, Mutter! Weißt du, warum der Graf im Wald war? Wenn du sterben würdest und ich dabei wäre, würde ich bis zuletzt bei dir bleiben. Ich hätte es verdient, in den Himmel zu kommen, wenn ich diesen Kerl aus dem Weg geräumt hätte. Wenn ich alles gewusst hätte Ich hätte es damals auch getan. Ja, ich wollte es auch, nur aus Spaß an der Sache. Aber es macht großen Spaß daran zu denken, wie der Kerl gezittert haben muss, während er vor mir ritt Ich hatte einen Ball für ihn parat und hätte ihn jeden Moment erschießen können. Oh, du Wildenort!"

Bei der Erwähnung ihres Familiennamens fiel Irma wie angeschossen um und hörte mit angehaltenem Atem zu, während Thomas fortfuhr:

„Seitdem bin ich wie verhext. Ich habe kein bisschen Wild gesehen und komme mir wie ein Idiot vor. Mir ist irgendetwas mit der Dämmerung passiert – zum Teufel, man kann nicht anders, als an Geister zu glauben." . Mutter, ich sah ein schönes Pferd, und niemand saß darauf. Wenn es nur ein echtes Pferd gewesen wäre, eines, das Geld bringen würde! Aber ich erschrak wie ein Narr, als es mit seiner fliegenden Mähne an mir vorbeigaloppierte und klappernde Hufe. Aber bevor ich mir klar gemacht hatte, dass es ein echtes Pferd war und dass Geistergeschichten dummes Zeug waren – heigho, war es weg."

„Nein, Thomas, pass auf dich auf! In diesen Geschichten ist doch etwas dran. Komm, steh hier, halte deine Hand über das Feuer und schwöre, dass du den Mund hältst, und ich werde dir etwas sagen."

„Was weißt du zufällig?"

„Mehr, als dein dicker Kopf fassen kann. Ich sage dir, es gibt Geister, und die Dame vom See liegt dort auf dem Bett."

„Mutter, du bist verrückt geworden."

„Pass auf dich auf! Sie hat mir befohlen, etwas Suppe für sie zu kochen."

„Und so essen die Wasserfeen Suppe. Ich habe keine Angst vor Kreaturen, die gekochte Lebensmittel essen. Ich würde mir gerne die Dame vom See ansehen."

Die alte Frau versuchte, ihn zurückzuhalten, aber er drang gewaltsam in das Zimmer ein. Als er Irma erblickte, blieb er wie angewurzelt stehen. Plötzlich rief er:

„Sie ist eine Frau wie du, nur dass sie viel hübscher ist. Wenn sie die Dame vom See wäre, hätte sie, soweit ich weiß, Schwanenfüße. Mutter, wer ist das?"

"Ich weiß nicht."

„Dann werde ich sie fragen."

Die alte Frau versuchte ihn zurückzuhalten, aber Irma war bereits aufgestanden. Sie sah sich mit leerem Blick um und öffnete die Lippen, konnte aber nicht sprechen.

"Du bist es!" rief Thomas plötzlich. „Das ist großartig."

Er wollte sie ergreifen, aber Zenza hielt ihn zurück.

"Du bist es!" er weinte wieder. „Du hast dich verirrt und hier bist du; das ist großartig."

"Kennen Sie mich?"

„Warum, wer kennt dich nicht? Du bist der Schatz des Königs und jetzt bist du--"

Irmas lauter Verzweiflungsschrei übertönte die letzten Worte des brutalen Kerls.

"Hurra!" schrie Thomas. „Raus mit dir, Mutter; und mit dir auch, Esther. Ich brauche keinen von euch."

„Lass sie gehen! Du sollst sie nicht anfassen", rief die Mutter.

„Sollte ich nicht? Und wer soll mich daran hindern?"

Die Mutter kämpfte mit ihm, aber er schleuderte sie zur Seite. Da ihr kein anderer Ausweg einfiel, ergriff sie das Gefäß mit der kochenden Brühe und schwor, dass sie es ihm ins Gesicht schleudern würde. Er wehrte es ab und taumelte zurück, brüllend wie ein Stier.

Esther eilte auf Irma zu und flüsterte hastig:

„Komm, komm! Ich werde dich retten, um deines Vaters willen. Komm! Weg!"

Sie schleppte Irma mit sich fort, und in atemloser Eile rannten sie den Hügel hinunter. Irma war außer Atem und wollte sich ausruhen. Esther jedoch zog sie noch ein Stück weiter, bis sie eine Quelle erreichten, wo sie sich niederließen. Sie tauchte etwas Wasser in ihre Hände und badete Irmas und ihre eigene Stirn.

Eine Zeit lang sprach keiner von ihnen ein Wort. Schließlich fragte Irma:

„Kennst du den Weg zum See?"

„Sehr gut. Das ist auch mein Weg – der einzige, der mir geblieben ist."

"Wie, was meinen Sie?"

„Ich möchte genau das tun, was du vorhast, und ich denke, das werde ich auch tun müssen."

„Was soll ich tun?"

„Um dich zu ertränken."

Irma zuckte überrascht zusammen, als sie ihr Ziel erkannte.

„Ich weiß nicht warum", fuhr Esther fort, „aber ich kann es leicht erraten. Mein Bruder hat bittere Worte zu dir gesprochen, aber ich flehe dich an, tu es nicht. Denk einfach darüber nach! Du bist so schön." , so jung, so reich. Vielleicht lebst du noch viele Jahre, und es könnte dir auf der Welt viel besser gehen. Tu es nicht. – Still!" sagte sie und unterbrach sich selbst, „hörst du nichts? Wir werden aufhören zu reden, um jedes Geräusch zu hören. Er folgt uns und wird uns nicht verlassen. Steh auf! wir müssen weg."

Sie standen auf und gingen weiter durch den düsteren Wald.

Eine Vision der Hölle ging Irma durch den Kopf. Bis in alle Ewigkeit würden die Edlen und die Niedrigen miteinander verbunden sein und das gleiche Schicksal erleiden; denn die Sünde kennt ebenso wenig wie die Tugend solche Unterschiede.

Sie kamen gerade an einem wilden, tosenden Bach vorbei, als Esther fragte:

„Du bist also seine Schwester?"

„Wer ist Schwester?“

„Mein Bruno. Wie geht es ihm? Ich habe ihn neulich gesehen, als ich nach Ameiseneiern gesucht habe, aber er hat mich nicht gesehen. Stimmt es, dass er glücklich verheiratet ist?“

„Ja. Aber warum nennst du ihn deinen Bruno?“

„Nun, ich sage es dir. Du bist der Erste, der seinen Namen seit diesem Tag über meine Lippen kommen hört. Hat er ihn dir gegenüber nie selbst erwähnt?“

"NEIN."

„Er kann es nicht vergessen haben. Komm! Thomas könnte uns hier finden. Nimm meine Hand und geh zurück; dann verlieren die Hunde die Spur.“

Esther nahm Irma bei der Hand und führte sie weg. Nachdem sie sich unter einen vorspringenden Felsen gesetzt hatten. Black Esther erzählte ihre Geschichte folgendermaßen:

„Meine Mutter weiß nichts davon, mein Bruder auch nicht. Niemand kennt die richtige Geschichte, aber ich kann es dir erzählen. Das ist nicht unser richtiges Zuhause, aber wir sind oft im Sommer hier und suchen nach Enzian und Kräutern.“ und Ameiseneier. Ich war fünfzehn Jahre alt, ein fröhliches Teufelsmädchen und hätte mit jedem Hirsch ein Rennen laufen können, als mich dein Bruder im Wald fand. Er war hübsch – sehr hübsch. Es gab nie einen anderen Er war so schön, wie er war. Er war so klug und so gut, und wir liebten uns so sehr; und ich weinte jedes Mal, wenn ich wieder nach Hause zu meiner Mutter musste. Am liebsten wäre ich draußen geblieben im Wald, genau wie das Reh; und es freute mich fast, als ich nach Hause kam und Mutter mich schlug, denn dann konnte ich weinen, ohne einen Grund dafür nennen zu müssen. Ich sehnte mich jeden Augenblick nach ihm und wollte es nie Verlass ihn. Er erzählte mir einmal, wer er war und dass sein Vater ein sehr strenger Mann war und dass er mich, wenn das nicht gewesen wäre, mit nach Hause in sein Schloss nehmen und eine Gräfin aus mir machen würde. Und Was denkst du, was ich getan habe? Ich habe seitdem tausendmal darüber nachgedacht, wie dumm ich war, aber ich bin mir sicher, dass ich es nicht böse gemeint habe. Da Bruno sich so bitterlich beschwert hatte, dachte ich, dieser schlechte Vater könnte wieder zu sich kommen; Also ging ich zum Schloss und ging direkt auf ihn zu und sagte ihm, dass er nicht so grausam und hartherzig sein sollte und dass er Bruno erlauben sollte, mich zu heiraten, und ich wäre sicherlich eine gute Tochter -Schwiegereltern, und dass es nie auf der Welt eine wahrere Liebe gegeben habe als unsere. Und dein Vater warf mir einen Blick zu – ich werde seine Augen nie vergessen. Ich kann sie jetzt vor mir sehen, so groß und hell. Und als Thomas vor einiger

Zeit auf dich zukam, hattest du genau solche Augen, und das brachte mich dazu, Mitleid mit dir zu haben und dir wegzuhelfen.

„Mach weiter", sagte Irma nach einer langen Pause.

„Ah ja", antwortete Esther und sammelte ihre Gedanken. „Und dann kam dein Vater auf mich zu. Ich bückte mich, weil ich dachte, er würde mich schlagen; aber er legte seine Hand auf meinen Kopf und sagte: ‚Du bist ein gutes Kind, auch wenn du Unrecht getan hast, und.' Es ist nicht meine Schuld, wenn du nicht brav bleibst.' Dann rief er einen Diener und befahl ihm, Bruno zu holen. Als Bruno hereinkam und mich sah, hatte er Angst; aber ich sagte: „Hab keine Angst, dein Vater ist ein gutherziger Mann, und er wird es tun." lass mich dich zum Ehemann haben.' Bruno rührte sich nicht von der Stelle, sein Gesicht war so weiß wie das Tuch auf dem Tisch, an dem er lehnte. Und dann sagte dein Vater: „Gut, dann komme ich zu dir. Du hast dich nicht ehrenhaft verhalten, aber du wirst immer noch Gelegenheit dazu haben. Ich erlaube dir – nein, ich befehle dir –, dieses Kind des Waldes zur Frau zu nehmen –" Bruno lachte – es war ein teuflisches Lachen, und ich werde es nie tun Vergiss es – und dein Vater sagte: „Sprich, Bruno." Dann sagte er: „Vater, mach dich nicht lächerlich", und das Gesicht deines Vaters veränderte sich so plötzlich, als wäre er in dieser einen Minute um dreißig Jahre älter geworden. Er konnte kaum stehen und setzte sich auf einen Stuhl. „Was willst du?" sagen?' fragte er. „Wiederholen Sie es noch einmal! Sprechen Sie!" Und Bruno wiederholte seine Worte und drehte dabei seinen Schnurrbart. Dein Vater versuchte ihn zu überreden und sagte ihm, dass er es mir beibringen würde, dass ich lesen und schreiben und alles andere lernen sollte, so gut wie jede Gräfin , und dass Bruno sich lieber nicht mit einer Last auf sein Gewissen belasten sollte, die er sein Leben lang nie loswerden würde. Und Bruno antwortete: „Wenn du das Mädchen nicht wegschicken willst, verlasse ich das Zimmer. Geh." „Esther. Verlass das Zimmer und komm nicht wieder, bis ich nach dir schicke." Er sagte etwas zu deinem Vater, in einer Sprache, die ich nicht verstand. Dein Vater wurde blass, kam auf mich zu, reichte mir seine Hand und sagte: „Geh, Esther." Er sagte kein weiteres Wort, aber das sagte er freundlich. Und so ging ich weg. Das war das letzte Mal, dass ich Bruno sah. Später hörte ich, dass zwischen deinem Vater und ihm Schreckliches vorgefallen war, aber ich Danach wurde es außer Sichtweite gehalten. Ich wollte nicht die Ursache für Unmut zwischen Vater und Sohn sein; ich sah ein, dass es nicht gehen würde. Unser Kind meinte es freundlich zu uns, denn es wurde tot geboren. Das war viel besser, als nur Elend in der Welt zu finden und schließlich zu sterben. Glaubst du das nicht auch?"

Irma antwortete nicht, aber sie tastete nach Esthers Hand.

Esther fuhr fort:

„Mutter und Thomas wissen nicht, dass ich deinen Bruder jemals gekannt habe. Aber Thomas ist ein schrecklicher Kerl, und er hasst deinen Bruder, als hätte er eine Ahnung davon; aber ich sage kein Wort. Ich bin verloren." ; aber was macht das schon? Es ist nicht nötig, dass er auch ruiniert wird. Oh! Wie ich ihn liebte. Ich kann es nicht vergessen, auch jetzt nicht."

Esther, die ihre Geschichte bisher in einem ruhigen und ruhigen Ton erzählt hatte, schrie plötzlich:

„Er hat eine schöne, schöne, reiche, edle Frau! Ja, das ist alles, wofür wir hier sind – damit euch in euren Seidenbetten da draußen nichts passiert. Ha! ha! ha! Und wenn sie ein Kind bekommen Wenn sie verheiratet sind, lassen sie es von einer armen Frau säugen. Walpurga geht es gut, ihre Milch ist zu Gold geworden. Oh, wenn ich nur aufhören könnte zu denken.

Sie raufte sich die Haare und biss die Zähne zusammen. „Es ist ein Wunder, dass die wilden und brennenden Gedanken, die mir durch den Kopf gehen, die dummen schwarzen Haare nicht schon vor langer Zeit weggebrannt haben. Oh, mein Kopf brennt und ich bekomme jeden Tag Schläge darauf. Aber es ist schwer – fühle einfach …" -es ist so hart wie Stahl.

Irma stand wie angewurzelt da.

"Stille!" sagte Esther. „Still. Ich höre die Hunde. Ich habe dir gesagt, dass er nach uns jagen würde. Tu es nicht – tu es nicht. Dafür bist du noch nicht weit genug gegangen . Aber geh weg. Dort unten kommst du zu einer kleinen Holzbrücke. Überquere sie und beeil dich. Ich bleibe hier ; die Hunde werden zu mir kommen und ich werde sie aufhalten. Du bist gerettet. Weg! Weg!"

Sie drängte Irma weg und blieb zurück.

Irma eilte allein weiter. Sie drückte oft ihre Hand an ihre Stirn. Die dankbare Erinnerung an ihren Vater hatte sie vor unaussprechlichem Schrecken bewahrt. Als seine Hand auf Esthers Kopf ruhte, war dies ein Zeichen der Vergebung. Doch die Zeichen, die er auf Irmas Stirn eingebrannt hatte, verrieten ihr, dass er sie für immer von ihm getrennt hatte. „Das Brandmal auf meiner Stirn kann nur durch das Wasser des tiefen Sees gekühlt werden", sagte sie sich immer wieder, während sie über die Holzbrücke und dann über das ansteigende Gelände eilte, bis sie wieder in den dunklen Wald gelangte.

Die schwarze Esther blieb ruhig stehen und wartete darauf, dass sich die Hunde näherten. Sie rief sie und sie rannten auf sie zu. Sie hörte Thomas pfeifen und die Hunde antworten. Er war noch weit davon entfernt, aber er war auf dem richtigen Weg. Sie zählte jedes Pulsieren; denn mit jedem Herzschlag war Irma einen Schritt weiter von der Stelle entfernt, an der ihr Verfolger anhalten musste. Sie war bereit, alles zu ertragen. Was spielte es für eine Rolle?

„Ja, ja; ich weiß, dass du mich magst", sagte sie zu dem großen Wolfshund, der sie umschmeichelte. „Ja, du bist das einzige Geschöpf auf dieser Welt, das mich liebt. Ich wünschte, ich wäre auch ein Hund gewesen. Warum wurde ich nicht als Hund geboren? Wenn es nur wahr wäre, wie Mutter sagt, dass es einmal einen Hund gegeben hat." Zeiten, in denen Menschen in andere Wesen verwandelt wurden.

Thomas' Pfeifen und Schreien waren wieder zu hören. Die Hunde antworteten. Er kam näher und stand bald neben ihr.

„Du bist es also, oder? Das habe ich mir auch gedacht. Wo ist der andere?"

„Wo du sie nie finden wirst."

Ein Schmerzensschrei erklang aus dem Wald.

„Töte mich sofort!" rief Esther. Die Hunde heulten, wussten aber nicht, welchem der beiden sie helfen würden.

Thomas ging weg und ließ Esther liegen, wo sie gefallen war.

KAPITEL XII.

Auf dem weichen Moos unter den Bäumen am Waldrand lag eine schöne, blau gekleidete Frau ausgestreckt im Schlaf. Die zitternden Sonnenstrahlen spielten um ihr Gesicht. Sie erwachte und blickte, den Kopf auf die Hand gestützt, mit der Miene einer Person umher, für die alles verloren ist.

Die Luft war vom Duft der Kiefern erfüllt und vom See wehte eine frische, kühlende Brise. Von den benachbarten Hügeln waren die Glocken des weidenden Viehs zu hören. Der Tau glitzerte; jedes Objekt strahlte vor Licht; aber für sie war alles Nacht. Es dauerte lange, bis ihr klar wurde, dass sie wach war oder wo sie war. Endlich wurde sie sich ihrer selbst bewusst; aber sie bewegte sich immer noch nicht. Traurige und düstere Gedanken gingen ihr durch den Kopf. Warum wach? Oh, erbarmungslose Natur! Warum kann dich die Angst der Seele nicht zerstören? Warum ist es notwendig, eine andere Kraft einzusetzen – Feuer, Wasser, Stahl oder Gift –, um sich dir zu widersetzen? Warum kann die Seele den Körper ruinieren, ihn aber nicht zerstören? Sonne! was willst du von mir? Ich will dich nicht länger! Die Schriften meines Vaters brennen mir auf der Stirn. Das Gewissen hämmert wie mit tausend Fäusten auf mich ein und zerstört mich doch nicht! – Warum ist das so? Warum?

Sie schloss die Augen und wandte sich von der Sonne ab. Etwas flüsterte ihr zu: „Es ist noch Zeit. Es könnte sich alles als ein höllisches Abenteuer erweisen, ein Wachtraum. Kehren Sie um! Sie können, Sie dürfen. Sie haben alles vollständig gesühnt."

Wie von einer unsichtbaren Kraft bewegt, wandte sie sich wieder der Sonne zu. Unter ihr lag der glitzernde See, und seine Wellen schienen zu sagen; „In diesen Tiefen haben alle Gedanken, alle Sorgen, alle Ängste, alle Zweifel ein Ende."

Sie stand auf und als sie den Eindruck sah, den ihre Gestalt im Moos hinterlassen hatte, betrachtete sie sie lange. So, dachte sie, schaut der Hirsch auf sein nächtliches Lager, wenn ihn der tödliche Schuss getroffen hat. Sind wir besser als die gejagten Tiere des Waldes? Alles ist Einbildung! Welchen Sinn hat es, uns selbst zu quälen? Ein mutiger Sprung wird alles beenden. Sie setzte ihren Hut auf und ging weg, allein auf der Welt mit der einen Idee, die sie beherrschte. Keine Stimme konnte sie davon abbringen; Sie war Herrin über Leben und Tod.

Die Brombeersträucher erfassten ihr Kleid und hielten sie fest, und als sie sich herauszog, zerkratzten die Dornen ihre Hände und Füße.

Sie verspürte ein nagendes Hungergefühl und weinte wie ein verlassenes Kind.

Zu ihrer Erleichterung kamen Tränen.

In diesem Moment sah sie weitere Beeren, die sie pflückte und mit großem Appetit aß. Von ihr erschreckt, flogen ein Vogel und sein Gefährte zwischen den Brombeersträuchern hervor. Da war das leere Nest. Jedes Lebewesen hat sein Zuhause. Irma stand einige Zeit da und vergaß sich selbst völlig. Sie drehte den Kopf – und siehe da! außer den Brombeeren gab es Giftbeeren, Tollkirsche – wer nach dem Tod hungert, kann sich davon ernähren. Irma hat die tödliche Frucht nicht gepflückt. Sie hatte keine Lust, einen langsamen Foltertod zu sterben, vielleicht in Ohnmacht zu fallen und erneut in die Hände von Männern zu fallen. NEIN; Es muss im bodenlosen See sein.

Irma eilte nun davon, als ob sie nebenbei herumlungerte. Der Tau befeuchtete ihre verletzten Füße; sie zitterte vor Kälte.

Plötzlich wurden die hellen Klänge der Musik und der Klang der Trompeten vom Wind getragen. Irma drückte ihre Hand an ihre Stirn – es ist keine Musik, es ist nur das Spiel meiner rasenden Fantasie. Die Freuden der Welt locken mich und rufen mich mit Geige, Klarionette und Trompete zurück. „Kommen Sie, beruhigen Sie sich mit unseren Klängen; seien Sie fröhlich und genießen Sie die Tage, die Ihnen zur Verfügung stehen." Aber hör zu! Das Geräusch ist erneut zu hören, begleitet von Kanonenschüssen, deren Meldungen immer wieder aus den Bergen widerhallen. Vielleicht feiern sie eine Hochzeit in einem ruhigen Dorf dort drüben am Ufer. Ein Jüngling und ein Mädchen, die sich aufrichtig geliebt haben, sind heute vereint, und Musik und Kanonen rufen zu den Bergen: „Freut euch mit uns; das Glück der Liebe ist so ewig wie ihr –" Irma ging verloren weiter in Träumerei und auf den Boden blickend. Ihre Gedanken waren bei den Glücklichen. In ihrer Vorstellung sah sie die frohen Blicke der Eltern, der Kameraden, der Freunde und hörte den Segen des Priesters; während sie durch das taufrische Gras und die Dornenbüsche weiterging. Ihre Hand war fest geballt, als fühlte sie sich verpflichtet, so an dem Entschluss festzuhalten, der sie weiter trieb. Sie ging am See entlang. Das Ufer war flach, ein bloßer Schilfsumpf. Es konnte dort kein plötzliches Ende geben; nur ein langsamer, elender Tod. Sie ging im Kreis und im Kreis, lief mit hastigen Schritten und angehaltenem Atem hin und her. Endlich sah sie einen Felsen, der bis zum Wasserrand reichte. Es war steil, fast senkrecht. Sie kletterte nach oben, hob die Hände und beugte sich über die Kante. Aber horcht! Wer rief sie aus dem Wasser? Sie hörte einen Schmerzensschrei, einen Hilferuf, ein Platschen. Vor Aufregung ließ sie ihren Hut fallen. Es rollte über den Rand des Felsens und ins Wasser. Sie sah eine menschliche Gestalt, die mit den Wellen rang. Es stieg an die Oberfläche – es war Black Esther! Es erhob sich noch einmal und versank dann außer Sicht ... Irma stieß einen wilden Schrei aus und sank auf den Felsen. Sie hatte die Tat, die sie begehen wollte, vor ihren Augen gesehen. Ihre Glieder schienen gelähmt zu sein, und sie lag da wie auf dem Grund des

Sees. Sie war bei Bewusstsein und konnte sich dennoch nicht aufrichten. Eine Stimme rief in ihr, aber kein Ton kam über ihre Lippen.

Und während sie dort lag, hörte sie Stimmen singen:

„Ah, glückselig ist die zarte Bindung

Das bindet mich, Liebe, an dich;

Und schnell vergehen die Stunden,

Wenn du mir nahe bist.

Sie sprang auf. Was könnte es sein?

Wie von einer unsichtbaren Kraft getrieben, eilte sie vom Felsen herunter. Sie wischte sich die Tränen aus den Augen und Blut strömte aus ihrem Gesicht. Hatte sie blutige Tränen geweint? Ein großes Boot näherte sich. Es kam immer näher.

Es ist Walpurgas Stimme. Sie ist es, die ruft. Sie kommt – sie erkennt ihre Freundin. Irma flieht. Walpurga springt an Land – verfolgt sie – Irma versucht zu fliehen – Walpurga überholt sie schließlich und schließt sie in ihre Arme, während Irma ohnmächtig auf ihre Brust fällt.

KAPITEL XIII.

Das Blut strömte aus einer Wunde an Irmas Stirn. Walpurga kniete neben ihr nieder, legte ihr Halstuch ab und verband ihr die blutende Stirn. Dann sammelte sie etwas nasses Gras und schüttelte Irma den Tau ins Gesicht. In ihrer Verzweiflung rief sie:

„Liebste Gräfin! Liebe, gute, geliebte Gräfin! wachen Sie auf! Um Himmels willen, was ist los? Oh! Um Himmels willen, wachen Sie auf! Irma! Irma!" Irma öffnete die Augen.

Man hörte Hanseis Stimme rufen: „Walpurga! Walpurga, wo bist du?"

„Ist das dein Mann? Lass ihn nicht hierherkommen. Er darf mich nicht sehen", sagte Irma.

"Bleib hier!" rief Walpurga. „Schick Mutter her und sag ihr, sie soll etwas von dem Wein mitbringen, den ich mit nach Hause gebracht habe. Er ist in der blauen Truhe, bei den Sachen des Kindes. Beeil dich!" Mit ein paar hastigen Worten teilte Irma ihr mit, dass ihr Vater tot sei und dass sie versucht habe, sich im See zu ertränken. Sie legte die Hand an die Stirn und zog sie erschrocken zurück.

„Wehe mir! Wie ist das?"

„Du hast geblutet. Du musst gestürzt sein und deinen Kopf gegen einen Stein geschlagen haben. Schau nur!" sagte sie und zwang sich, einen fröhlichen Ton anzunehmen; „Das ist das grüne Tuch, das du meinem Kind geschickt hast."

Irma riss den Verband ab und blickte schweigend auf das blutbefleckte Taschentuch.

„Das löscht das Feuer; lass es laufen", sagte sie sich. Dann sagte sie mit einem plötzlichen Gefühlsausbruch:

„Oh, Walpurga! Ich kann nicht sterben! Ich kann mich nicht umbringen – und doch kann ich nicht leben. Ich war – ich war böse –"

Sie verbarg ihr Gesicht vor Walpurgas Herz, das laut und heftig schlug.

„Hilf mir! Sag mir, was ich tun soll! Sag es mir schnell, bevor deine Mutter kommt!"

„Ich weiß es nicht – ich weiß es überhaupt nicht – aber Mutter wird es wissen. Sie weiß, wie sie jedem helfen kann. Sehen Sie, es hat bereits aufgehört zu bluten. Bleiben Sie nur ruhig."

Die Mutter gesellte sich zu ihnen. Irma sah sie an, als wäre sie ein Engel, der gekommen war, um sie zu retten. Mit einer Stimme, die frei von der geringsten Spur von Zweifel und Zögern war, sagte die Mutter:

„Walpurga, das ist deine Gräfin!"

"Ja Mutter."

„Dann bist du tausendmal willkommen", sagte die alte Frau. „Ich biete dir meine beiden Hände an. Dir müssen traurige Dinge widerfahren sein. Du musst gestürzt sein. Oder hat dich jemand in die Stirn geschlagen?"

Irma gab keine Antwort. Sie saß zwischen den beiden Frauen, die sie stützten, und ihr Blick war so starr, als wäre sie leblos.

„Mutter, hilf ihr, sag ihr etwas", flüsterte Walpurga.

„Nein, lass sie sich ruhig erholen. Jede Wunde muss ausbluten."

Irma ergriff ihre Hände, küsste sie und rief:

„Mutter! Du hast mich gerettet. Mutter! Ich bleibe bei dir; nimm mich mit!"

„Ja, das werde ich. Du wirst es so gesund finden oben in meinem Zuhause. Die Luft und die Bäume dort sind besser als irgendwo sonst auf dieser Welt. Dort wirst du wieder gesund, all das wird von dir abfallen.". Weiß dein Vater, dass du in die weite Welt geflohen bist? Und weiß er, warum?"

„Er wusste es. Er ist tot. Walpurga, erzähl ihr, wie es mit mir ist."

„Dafür ist noch genug Zeit; denn so Gott will, werden wir noch lange zusammen sein. Du kannst mir alles erzählen, wenn du ruhig und gelassen bist. Aber jetzt trink etwas."

Mit großer Mühe gelang es den beiden Frauen, den mit Silberfolie überzogenen Korken herauszuziehen. Walpurga beendete die Operation, indem sie den Korken zwischen die Zähne nahm und herauszog. Irma trank etwas Wein.

„Trink", sagte Walpurga. „Es muss gesund sein, denn Doktor Gunther hat es der Mutter geschickt. Aber sie will es nicht trinken. Sie sagt, sie würde warten, bis sie alt wird und die Kraft braucht, die der Wein gibt."

Ein melancholisches Lächeln huschte über Irmas Gesicht bei dem Gedanken, dass die alte Frau vor ihr warten wollte, bis sie alt wurde.

Irma musste noch ein paar Schluck Wein trinken. Als sie über Schmerzen im Fuß klagte, zog die Mutter geschickt einen Dorn heraus. Irma hatte das Gefühl, als ob ein sanfter Engel sie betreue, und bot der alten Frau an, noch einmal die Hände zu küssen. „Meine Hände wurden nie geküsst, bevor du sie geküsst hast", sagte die alte Frau abfällig; „Aber ich weiß, wie du es meinst. Ich habe in meinem ganzen Leben noch nie eine Gräfin berührt; aber sie sind Menschen, genau wie der Rest von uns."

Irma seufzte tief. Sie sagte ihren Rettern, dass sie mit ihnen gehen würde, aber nur unter der Bedingung, dass niemand außer ihnen selbst wüsste, wer sie sei. Sie wollte verborgen und unbekannt leben, und wenn sie entdeckt würde, würde sie sich das Leben nehmen.

„Mach das nicht noch einmal", sagte die alte Frau mit strenger Stimme. „Sag das nicht noch einmal. Es geht nicht, mit solchen Dingen zu spaßen. Das ist keine Drohung. Aber hier hast du meine Hand und mein Ehrenwort, dass kein Wort über meine Lippen kommen soll."

„Meins auch nicht!" rief Walpurga und legte ihre Hand mit der ihrer Mutter in Irmas.

„Sag mir eins", fragte die Mutter. „Warum bist du nicht in ein Kloster gegangen? Das kann man heutzutage tun."

„Ich möchte in Freiheit büßen", sagte sie.

„Ich verstehe dich. Du hast recht."

Es wurde kein weiteres Wort gesprochen. Die Mutter hielt ihre Hand auf Irmas Stirn, auf die sie nun ein weißes Taschentuch band. „In einer Woche wird es wieder gut sein und es wird keine Narbe mehr zurückbleiben", sagte sie tröstend.

„Das weiße Tuch soll dort bleiben, solange ich lebe", antwortete Irma. Sie bat sie nun, sie mit anderen Kleidungsstücken zu versorgen, bevor sie sich in Hanseis Gegenwart zeigte.

Walpurga eilte zurück zum Gasthaus in der Nähe des Anlegeplatzes. Hier fand sie Hansei in wütender Stimmung und schrecklich schimpfend. Jede Unterbrechung ärgerte ihn. Er hatte ohnehin schon genug, um das er sich kümmern musste. Ihm wurde mehr Arbeit auferlegt als den Pferden im Wagen. Er befand sich in jenem aufgeregten Zustand, der oft durch Reisen und Wohnortwechsel hervorgerufen wird und in dem das bessere Selbst zu verschwinden scheint und ein ruheloses und heimatloses Gefühl seinen Besitzer übermäßig reizbar macht. Außerdem hatte ihm das Fohlen, so schön es auch war, erhebliche Probleme bereitet. Es war weggelaufen und wäre fast unter die Räder eines der Wagen geraten.

Hansei war sehr wütend. Es fiel Walpurga schwer, ihn zu beruhigen, und schließlich brach sie in Tränen aus und sagte:

„Bevor wir voller Wut und Hass in unser neues Zuhause ziehen, wäre es mir lieber, wenn wir alle mit dem Boot auf den Grund gehen würden."

„Ja, ja; ich bin ruhig; versuche einfach auch so zu sein", sagte Hansei, erholte sich und blickte zum See, als würde der Kopf der Schwarzen Esther wieder auf den Wellen aufsteigen. Er machte weiter:

„Aber wir müssen uns beeilen, sonst wird es stockdunkel, bevor wir dort ankommen. Wir haben eine gute Strecke vor uns und die Pferde haben eine schwere Last. Was willst du da? Mit wem hast du da drüben zu tun?" die Weiden?"

„In Kürze werden Sie alles darüber wissen. Glauben Sie mir einfach, dass Mutter und ich etwas tun, was uns ein Leben lang Freude bereiten wird. Ich bin froh, dass Gott mir eine gegeben hat Chance, in diesem Moment etwas zu tun, in dem ich Ihn gerne gefragt hätte, was ich tun könnte, um meine Dankbarkeit zu beweisen. Sie ist ein liebes, freundliches Geschöpf, und Sie werden zufrieden sein.

Walpurga sprach so ernst und eindrucksvoll, dass Hansei antwortete:

„Ich fahre mit dem Hausrat weiter, und wenn es dir passt, kannst du im Planwagen mitfahren. Komm, sobald du kannst. Onkel ist da und er fährt."

Walpurga nickte Hansei zu, der mit dem beladenen Wagen den Berg hinaufstieg. Dann ging sie zu einer Truhe und holte einen kompletten Anzug heraus. Sie trug die Kleider ins Dickicht, wo sie Irma neben der Mutter sitzend fand, Irmas Kopf an die Brust der alten Frau gelehnt, die ihre Arme um sie geschlungen hatte.

„Irmgard wird bei uns ganz glücklich sein, wir kennen uns schon", sagte die Mutter.

Niemand auf der Welt weiß, was Irma der alten Beate unten zwischen den Weiden am See gestanden hat. Die alte Frau hauchte dreimal auf ihre Stirn, als könnte ihr warmer Atem den Zauber zerstreuen.

„Und jetzt zieh dich an", sagte Beate. Im Dickicht tauschte Irma ihr Kleid gegen das Bauerngewand.

Als sie das Dickicht verließ und auf den Weg zurückkehrte, hielt sie den Blick auf den Boden gerichtet. Sie betrat nun eine neue Welt – ein neues Leben.

Sie betrachtete die Wesen und Gegenstände in der Gaststube, als wäre alles ein Traum. Sie war aus den Tiefen des Sees wieder auf die Welt zurückgekehrt. Hier ging das Leben seinen gewohnten Gang; es wurde gegessen und getrunken, gelacht und geredet, gesungen, gefahren, geritten – all das hatte sie schon weit hinter sich gelassen. Sie war wie eine Auferstandene von den Toten. Schweigend und mit gefalteten Händen saß sie auf der Bank, kümmerte sich nicht um die Welt um sie herum und sehnte sich nur nach vollkommener Einsamkeit. Und doch war ihr Ohr so scharf, dass sie hörte, wie die Wirtin Walpurga zuflüsterte: „Eine Verwandte, nehme ich an", und indem sie bedeutungsvoll den Finger an die Stirn legte, „scheint sie nicht bei Verstand zu sein."

„Vielleicht hast du recht", antwortete Walpurga. Ein schmerzerfülltes Lächeln huschte über Irmas schöne Lippen: „Es gibt einen, der die Tarnung beschützt – und der ist Wahnsinn."

Sie hatte das Gefühl, als sei ein Netz aus Dornen über ihren Kopf gefallen. Wahnsinn kann tatsächlich manchmal als unsichtbare Mütze dienen, die den von Trauer geplagten Träger verbirgt oder vielmehr verkleidet.

KAPITEL XIV.

Die Großmutter war draußen und bereitete im Planwagen ein Bett vor. Sie sagte ihrem Bruder, er solle vorsichtig fahren und nicht so oft mit der Peitsche knallen; denn Onkel Peter, bekannt als der kleine Pitcher, war von der Vorstellung, eine Peitsche und zwei Pferde unter seiner Obhut zu haben, so begeistert, dass er unaufhörlich mit der Peitsche knallte.

„Ich glaube, das ist das Gehabe des Fremden. Wer ist sie überhaupt?" fragte der kleine Pitcher und nahm den Riemen zwischen die Zähne, als könnte er nur so verhindern, dass er mit der Peitsche knallte.

„Ein armes, krankes Geschöpf", sagte Beate. Es fiel ihr schwer, das zu sagen, und doch war es keine Lüge.

Hansei war mit der großen Mannschaft weitergezogen. Und nun waren sich auch die Frauen einig, dass es an der Zeit sei, anzufangen. Irma sah nun Walpurgas Kind zum ersten Mal, und als es Irma ins Auge fiel, schrie es und wollte zu ihr gehen.

„Oh, das ist herrlich", riefen Walpurga und ihre Mutter gleichzeitig. „Sie ist immer so schüchtern."

Irma nahm das Kind in den Arm, umarmte und küsste es. Sie hatte das Gefühl, die kindliche Reinheit wieder zu umarmen, die in ihr selbst verwelkt und gestorben war. Ihr Gesichtsausdruck veränderte sich von Freude zu Traurigkeit, und die Großmutter sagte:

„Du hast ein gutes, ehrliches Herz, Kinder spüren und wissen das. Aber jetzt gibst du das Kind lieber Walpurga und steigst in den Wagen."

Für Irma war ein Bett vorbereitet. Die Großmutter stieg in den Wagen, nahm das Kind auf den Arm und setzte sich neben Irma. Walpurga und Gundel saßen vorne und sahen sich um. Der Onkel ging neben den Pferden her und warf hin und wieder einen traurigen Blick auf die Peitsche, die er nicht knallen durfte. Niemand sprach ein Wort; aber das Kind lachte und plapperte und wollte, dass Irma mit ihr spielte.

„Geh jetzt schlafen", sagte die Großmutter und sang mit sanfter Stimme sowohl das Kind als auch Irma in den Schlaf.

„Wer kommt da den Hügel herunter?" fragte plötzlich Walpurga den Onkel.

„Der eine ist ein Förster und der andere muss der Diener eines Adligen sein."

Walpurga war alarmiert. Als die Reiter näher kamen, erkannte sie Baum. Gedankenschnell schlüpfte sie in den Wagen und ließ Gundel allein vorne sitzen.

Die Reiter kamen näher und blieben schließlich beim Wagen stehen. Das Kind wachte auf und weinte, und so weckte es Irma. Nur ein dünner Vorhang trennte sie von ihm. Das Pferd, auf dem Baum ritt, spreizte die Nüstern, warf den Kopf zurück und bäumte sich so auf, dass es schwierig war, es unter Kontrolle zu halten. Irma erkannte es. Es war Pluto, ihr eigenes Pferd; und so war es gefangen genommen und wieder zurückgebracht worden. Wenn das Pferd hätte sprechen können, hätte es gesagt: „Hier ist meine Herrin; hier ist die, die du suchst."

Irma konnte hören, wie Baum den Onkel fragte:

„Haben Sie eine junge Dame in einem blauen Reitkleid getroffen?"

"NEIN."

„Haben Sie gehört, dass jemand eine solche Person erwähnt hat?"

"Kein Wort."

„Wen hast du da im Wagen?"

Irma zitterte. Walpurga ergriff ihre Hand. Es war so kalt wie Eis. Das Kind weinte erneut.

„Das hört man, da ist ein kleines Kind drin", sagte der Förster zu Baum. "Lass uns weiter gehen."

Der Reiter ritt davon, und Irma, die ihnen nachsah, konnte sehen, wie ihr Federhut am Sattelknauf hing.

Der Wagen stieg langsam den Hügel hinauf, während die Reiter in die entgegengesetzte Richtung davoneilten.

Irma küsste das Kind und sagte:

„Oh du Liebling! Du hast mich zum zweiten Mal gerettet. Lass mich auch raus. Ich möchte laufen."

Die Mutter riet ihr davon ab und flehte sie an, bei ihr zu bleiben. Irma gab nach; Kaum hatte sie sich hingelegt, schlief sie wieder ein und wusste nicht mehr, dass sie mit einem Bauernwagen über die Berge fuhr.

Es war schon nach Mittag, als sie Hansei weit oben auf dem Berg einholten, wo er angehalten hatte, um seine Pferde auszuruhen.

„Lasst uns zusammenhalten", sagte er. Seine Wut war verflogen und er war jetzt doppelt so freundlich wie zuvor. „Ich denke, wir sollten unser neues Zuhause nicht so schleppend betreten. Ich habe den Dienern strikte Anweisung gegeben, langsam zu fahren. Wir können sie leicht einholen, denn unsere Wagen sind leicht, und dann werden wir es auch tun." Sei alle zusammen. Ich möchte, dass Mutter, Frau und Kind bei mir sind, wenn wir den Bauernhof betreten.

„Das stimmt! Ich freue mich, dass du wieder zur Vernunft gekommen bist. Oh! Ich kenne dich. Wenn du aufgeregt bist, kannst du dich nur eine Weile in Ruhe lassen, und schon bald bekommt man Heimweh deine Leute und der gute Hansei, der in dir ist, und dann ist alles wieder in Ordnung. Aber komm her. Ich möchte dir etwas sagen. Heute musst du beweisen, ob du ein echter, starker Mann bist; Und wenn du das tust, werde ich in meinem ganzen Leben nie leugnen, dass Männer stärker sind als wir.

"Also was ist es?"

Sie führte ihn in den Gasthofgarten und sagte:

„Sie haben oft von den Hausfeen gehört, die es in alten Zeiten gab? Sie waren gute, friedliche Geister, die jedem Haus, das sie besuchten, Segen, Reichtum und Glück brachten. Aber es gab eine Bedingung. Solange sie blieben , niemand wagte es, nach ihrem Namen oder ihrer Herkunft zu fragen.

„Ja, ja! Das habe ich schon oft genug gehört, aber ich glaube kein Wort davon.“

„Du brauchst es nicht zu glauben; ich verlange es nicht. Ich möchte dich auf die Probe stellen. Hör zu! Mutter und ich haben dort ein so zartes und zartes Geschöpf im Wagen. Sie ist stark und kraftvoll, aber ruhig.“ seltsam in ihrer Art. Sie will bei uns bleiben, aber sie wird keine Last sein. Und jetzt, Hansei, sag mir: Hast du die Kraft, sie niemals zu fragen, wer und woher sie ist, oder sonst eine Frage? Du musst Glauben Sie mir. Ich kenne sie und weiß, was ich tue, um sie bei uns zu behalten. Und auf dieser Grundlage werden Sie gut, treu und freundlich zu ihr sein? Sagen Sie mir: Können Sie, werden Sie das sein? ?"

„Soll ich auf diese Weise beweisen, ob ich ein starker Mann bin oder nicht?“

„Ja, das ist es; mehr nicht.“

„Das kann ich; und hier ist meine Hand drauf.“

"Lass es mich haben."

„Du wirst sehen. Ich werde mein Versprechen halten; das ist ganz einfach.“

„Es ist nicht so einfach, wie du denkst, Hansei.“

„Um Sie für den Rest Ihres Lebens dazu zu bringen, zuzugeben, dass ein Mann geistig stärker ist als eine Frau und eine Sache leichter unternehmen und auch ausführen kann, zeige ich Ihnen, was ich kann. Deine gute Freundin soll auch meine sein. Aber sie ist doch nicht verrückt und beißt auch nicht, oder?“

„Nein, darüber brauchst du dir keine Sorgen zu machen.“

„Also gut, dann ist die Sache erledigt.“

Hansei ging mit Walpurga zum Wagen hinaus, die den Vorhang beiseite zog und sagte:

„Mein Mann möchte Sie willkommen heißen.“

"Willkommen!" sagte Irma und reichte Hansei ihre Hand.

Er starrte sie in stummer Verwunderung an, und erst als Walpurga seine Hand hob, reichte er sie Irma.

Sie hatten ihre Reise wieder aufgenommen, und Hansei, der mit seiner Frau vor den Wagen den Hügel hinaufging, sagte:

„Frau! Wenn es nicht hell wäre und du und deine Mutter und das Kind nicht hier wären – wenn ich nicht ganz sicher wäre, ob ich bei klarem Verstand bin und dass alles wahr ist – würde ich es tun Ich glaube wirklich, dass du dort eine Fee im Wagen hattest. Ist sie lahm? Kann sie nicht gehen?“

„Sie kann sehr gut laufen.“

Walpurga wandte sich wieder dem Wagen zu und sagte:

„Irmgard, möchtest du nicht kurz rausgehen und mit uns den Hügel hinaufgehen? Es ist so schön hier.“

„Ja, gerne“, war die Antwort.

Irma stieg aus und ging eine Weile mit ihnen. Hansei betrachtete sie mit schüchternen Seitenblicken. Der Fremde hinkte. Vielleicht ist es doch wahr; Die Dame vom See hat einen Schwanenfuß und kann nicht gut laufen. Er warf einen schlauen Blick auf ihre Füße, aber sie waren genau wie die anderer Menschen. Allmählich wagte er es, den Blick zu heben. Er sah, dass die Kleidung, die sie trug, seiner Frau gehörte und dass sie unglaublich schön war. Sein Kopf wurde so warm, dass er ab und zu seinen Hut hob. Was ist real auf der Welt und was nicht? würde er sich fragen. Hatte seine Frau ein Doppelgänger? und könnte sie in einer anderen Form erscheinen?

Walpurga blieb zurück und ließ die beiden allein gehen. Irma fragte sich, was sie Hansei besser sagen sollte und wie sie ihn ansprechen sollte. Es war das erste Mal in ihrem Leben, dass sie sich in einer bescheidenen Lage befand. „Wie soll ich jemanden aus einer minderwertigen Klasse ansprechen?“ dachte sie. Schließlich sagte sie:

„Du bist ein glücklicher Mann. Du hast eine Frau, ein Kind und eine Schwiegermutter, so gut, wie man es sich auf dieser Welt nur wünschen kann?“

„Ja, ja, sie werden es sehr gut machen", sagte Hansei.

Obwohl sie es nicht beabsichtigt hatte, war Irmas Lob gewissermaßen gönnerhaft, und Hansei hatte dies bemerkt. Er hätte ihre Meinung durch seine Antwort bestätigt und hätte gern gefragt: „Kennen Sie sie schon lange?" aber er erinnerte sich, dass er versprochen hatte, keine Fragen zu stellen. Walpurga hatte recht; es war eine schwere Aufgabe. Er rollte seine Zunge in seinem Mund hin und her und hatte das Gefühl, als wäre die eine Hälfte davon abgebunden.

„Das Land ist hier ziemlich rau; weiter oben, wenn man unsere neue Heimat erreicht, ist es viel besser", sagte er schließlich. Es dauerte lange, bis er das sagen konnte. Er hatte vorgehabt zu fragen, ob der Fremde schon einmal in dieser Gegend gewesen sei; aber er hatte versprochen, keine Fragen zu stellen, und die Fragen umzusetzen ist keine so leichte Aufgabe.

Irma spürte, dass sie etwas sagen musste, das den Mann beruhigte, und begann: „Hansei!" – sein Gesicht hellte sich auf, als er hörte, wie sie ihn beim Namen rief – „Hansei, versuche zu glauben, dass du es gewusst hast." Mich für immer und ewig zu begleiten; sieh mich nicht als einen Fremden an. Ich verlange nicht gern etwas von anderen; aber das verlange ich von dir. Ich weiß, dass du es tun wirst; denn du hast ein gutes, gütiges Gesicht. Und es könnte nicht anders sein; Walpurgas Mann, mit dem sie so glücklich ist, muss ein guter Mann sein. Ich bitte dich also, mach dir keine Sorgen, ich werde dir nicht zur Last fallen. "

„Oh, das ist keine Ahnung. Wir haben genug, Gott sei Dank. Eine Kuh mehr im Stall oder eine Person mehr im Haus macht keinen Unterschied; darüber brauchst du dir also keine Sorgen zu machen." – Und wir haben auch einen alten Rentner auf dem Anwesen übernommen und – ich möchte nicht wissen, was Sie nicht sagen wollen, und wenn jemand auf dieser Welt anbietet, Ihnen Schaden zuzufügen, rufen Sie mich an, und ich werde dich mit meinem Leben verteidigen. Aber es scheint, dass du nicht viel in den Bergen warst; also lass mich dir einen Rat geben. Beim Bergsteigen gilt die Regel: Gehe geradeaus und höre nie auf."

Sie warteten auf den Wagen. Hansei holte nach seiner langen Rede tief Luft. Er war zufrieden mit sich selbst und sah sich selbstgefällig um.

Irma setzte sich an den Wegrand. Sie befand sich nun auf den Höhen, die sie am Abend zuvor im rosigen Sonnenuntergang erstrahlen und dann in den blassen Nebeln verschwinden sehen hatte. Die riesigen Gipfel, die sie von weitem gesehen hatte, waren jetzt nah und schienen noch gewaltiger als zuvor. Hier und da gab es im Wald Lichtungen von Wiesen und Feldern, und ab und zu war ein Haus zu sehen. Als sie nach unten blickte, erhaschte sie einen Blick auf den schäumenden, glitzernden Waldbach, der so weit unter ihnen lag, dass sie sein Rauschen kaum hören konnten.

Hansei ging wortlos an Irmas Seite.

Der Wagen überholte sie. Irma stieg wieder ein, Hansei half ihr höflich. Er wollte gerade seinen Hut vor ihr heben, als sie sich mit fröhlichen Worten und Blicken bei ihm bedankte.

„Sie ist ein sehr anständiger Mensch", sagte Hansei zu seiner Frau, „und wir haben auch ein schönes kleines Zimmer für sie, wenn sie keine Angst vor der alten Rentnerin hat."

Walpurga war froh, dass der große Punkt erreicht war.

Als Hansei mit dem Fremden gesprochen hatte, hielt sich der kleine Pechmann für berechtigt, auch etwas zu sagen; und als erstes Zeichen seiner Entschlossenheit ließ er seine Peitsche so laut knallen, dass das Geräusch vom Tal und den Bergen widerhallte.

„Habe ich dir nicht gesagt, du sollst ruhig sein?" sagte die alte Frau.

„Es geht ihr wieder gut", antwortete der kleine Pitcher. „Ist es nicht so?" sagte er und wandte sich an Irma. „Tut dir der Lärm nicht weh?"

Irma sagte ihm, er solle sich nicht ihretwegen austoben, und, durch ihre Antwort ermutigt, fragte er:

"Wie heißen Sie?"

„Irmgard."

„In der Tat! Ja, das war der Name meiner Frau, und wenn Sie nichts dagegen haben, werde ich wieder eine Irmgard heiraten. Ich habe ein halbes Haus und eine ganze Ziege. Ich schulde etwas für das Haus, aber die Ziege ist bezahlt. Sag mal! Willst du mich haben?

„Mach solche Witze nicht, Peter", schrie Beate, obwohl sie nichts dagegen hatte, Höflichkeiten von irgendjemandem zu hören.

Der kleine Pitcher lachte herzlich und war sehr zufrieden mit sich. Ja, Hansei war jetzt der freie Bauer, aber er konnte immer noch nicht so mit den Menschen reden, wie er es konnte. Der kleine Pitcher war ziemlich unterhaltsam. Wenn er nichts mehr zu sagen hatte, pflückte er Erdbeeren, die am Wegesrand wuchsen und in dieser hoch gelegenen Region erst spät reiften. Er legte sie auf ein Haselnussblatt und bot sie Irma an. Ja, Peter hat gute Manieren; Das konnte er am Gesicht seiner Schwester erkennen, denn sie lächelte zustimmend.

Die Reise in ihr neues Zuhause verlief ohne weitere Abenteuer. Als sie in Sichtweite ihres Heimatdorfes kamen und noch bevor sie die Grenzlinie erreicht hatten, forderte die Großmutter sie auf, anzuhalten. Sie stieg aus, ging in den Wald, kniete nieder, bis ihr Gesicht den Boden berührte, und rief:

„Gott sei gepriesen, ich bin wieder bei dir! Bewahre mich wohl, lass mich und die Meinen viele friedliche, glückliche Tage an dir verbringen, und wenn meine letzte Stunde kommt, empfange mich freundlich."

Sie ging zurück zum Wagen und sagte: „Gott sei mit euch allen! Jetzt sind wir zu Hause. Siehst du das Haus dort oben mit der großen Linde? Das ist der Hof, auf dem wir leben sollen." "

Gundel und das Kind stiegen aus, Irma blieb allein im Wagen. Alle anderen gingen den Rest des Weges zu Fuß.

Sie durchquerten das Tal und erreichten das Dorf, wo sie noch eine Stunde zu Fuß von der Farm entfernt waren. Als sie das Dorf betraten, ließ der kleine Pechmann laut seine Peitsche knallen. Er wollte, dass jeder seine Verwandten und die Menge des Eigentums sah, mit dem er jetzt umzog. Sie kamen an einem kleinen Häuschen vorbei.

"Ich bin dort geboren"; sagte die Großmutter zu Hansei.

„Ich ziehe meinen Hut vor diesem Haus", antwortete Hansei und passte seine Tat dem Wort an.

Die Wagen, die ihnen vorausgegangen waren, hielten vor dem Gasthaus, das in der Nähe des Rathauses und der Kirche lag. Dort hatten sich die Menschen versammelt, um einen Blick auf den neuen Grundbesitzer und seine Familie zu werfen. Der kleine Pechmann fungierte als Zeremonienmeister und zeigte Walpurga die Frau des Bürgermeisters. Walpurga ging auf sie zu, und Beate war wirklich glücklich, denn auch die Mutter der Bürgermeistersfrau war da, in deren Haus Beate während ihrer Schulzeit als Kindermädchen gedient hatte. Sie erkundigte sich nach dem Jungen, um den sie sich damals gekümmert hatte. „Er ist tot", sagten sie, „aber da ist sein Sohn." Ein tapferer Junge wurde gerufen, aber als Beate ihm erzählte, dass sie sich um seinen Vater gekümmert hatte, als er noch ein kleines Kind war, hatte er kein Wort zu sagen.

Das halbe Dorf hatte sich um die Neuankömmlinge versammelt, und sie blieben noch lange unterhielten sich dort.

Irma lag dort im Wagen auf dem offenen Marktplatz, vergessen von denen, denen sie sich angeschlossen hatte. Die Großmutter war die erste, die an sie dachte; sie eilte hinaus und sagte:

„Verzeihen Sie, dass wir Sie so vergessen haben, aber wir werden bald zu Hause sein.“

Irma antwortete, dass sie sich um sie keine Sorgen machen müssten. Die Großmutter verstand den Ton, in dem sie sprach, nicht ganz.

Hier auf der öffentlichen Straße, während sie im Planwagen lag und das laute Reden der Menge hören konnte, verspürte sie einen Stich der Trauer bei dem Gedanken, dass sie ein Objekt der Nächstenliebe war und dass sie die Person war, der die Welt einst etwas angetan hatte Hommage, war nun vergessen. Aber sie erlangte schnell ihre Selbstbeherrschung zurück. So ist es besser, denn so bist du allein.

Endlich fuhren sie weiter. Die Straße führte wieder den Berg hinauf. Die Großmutter war ganz glücklich und begrüßte alle. Die Pflaumenbäume waren mit Früchten beladen, und die Apfelbäume entlang der Straße – sie hatte sie schon als Mädchen gepflanzt – waren so groß geworden, dass sie sich unter der Last der rötlichen Früchte beugten. Die Großmutter sagte oft: „Ich hätte nie gedacht, dass es so weit ist; nein, ich wollte sagen, ich dachte, es wäre weiter als das. Mein lieber Mensch, wie ich rede. Es kommt mir vor, als ob die Welt zusammengeschrumpft wäre. Kinder, Ich sage dir was, du wirst erleben, wie Großes, Gutes und Schönes geschehen wird. „Komm, gib mir das Kind“, sagte sie zu Gundel und nahm Burgei in die Arme, ihr Gesicht strahlend vor Freude.

„Burgei, ich habe hier gesungen, und du wirst es auch tun; und hier habe ich deine Mutter auf meinen Armen getragen, so wie ich dich jetzt trage. Da! Gib das dem Vogel.“

Sie hatte ein Stück Brot aus der Tasche genommen und dem Kind ein paar Krümel gegeben, damit es sie unterwegs an die Vögel verteilen konnte, während auch sie immer wieder Krümel nach rechts und links warf.

Sie sagte kein weiteres Wort, aber ihre Lippen bewegten sich lautlos.

Kapitel XV.

Als sie sich dem Haus näherten, konnten sie das Wiehern des weißen Fohlens hören.

„Das ist ein guter Anfang", rief Hansei.

Die Großmutter legte das Kind auf den Boden und holte ihr Gesangbuch aus der Truhe. Sie drückte das Buch mit beiden Händen an ihre Brust und ging als Erste ins Haus. Hansei, der in der Nähe des Stalls stand, holte ein Stück Kreide aus seiner Tasche und schrieb die Buchstaben CMB und das Datum auf die Stalltür. Dann ging auch er ins Haus, seine Frau, Irma und das Kind folgten ihm.

Bevor sie ins Wohnzimmer ging, klopfte die Großmutter dreimal an die Tür. Als sie eintrat, legte sie das offene Gesangbuch auf das offene Fensterbrett, damit die Sonne darin lesen konnte. Es gab keine Tische oder Stühle im Zimmer.

Hansei schüttelte seiner Frau die Hand und sagte: „Gott sei mit dir, Frau des Grundbesitzers."

Von diesem Moment an war Walpurga als „Frau des Grundbesitzers" bekannt und wurde nie mit einem anderen Namen genannt.

Und nun zeigten sie Irma ihr Zimmer. Der Blick reichte über Wiese und Bach und den angrenzenden Wald. Sie untersuchte den Raum. Es gab nichts außer einem grünen Schmortopf und kahlen Wänden, und sie hatte nichts mitgebracht. In ihrem väterlichen Herrenhaus und auf der Burg gab es Stühle und Tische, Pferde und Kutschen; Aber hier--

Keines davon folgt den Toten.

Irma kniete am Fenster und blickte hinaus auf Wiese und Wald, wo jetzt die Sonne sang.

Wie war es gestern – war es erst gestern? – als Sie die Sonne untergehen sahen?

Ihre Gedanken waren verwirrt und undeutlich. Sie drückte ihre Hand an ihre Stirn; das weiße Taschentuch war noch da. Ein Vogel schaute von der Wiese zu ihr auf, und als ihr Blick auf ihm ruhte, flog er in den Wald.

„Der Vogel hat sein Nest", sagte sie zu sich selbst, „und ich –"

Plötzlich richtete sie sich auf. Hansei war auf die Wiese vor Irmas Fenster hinausgegangen, hatte den Zweig des Kirschbaums aus seinem Hut genommen und ihn in die Erde gepflanzt.

Die Großmutter stand daneben und sagte: „Ich vertraue darauf, dass du lange genug lebendig und kräftig bist, um auf diesen Baum zu klettern und Kirschen zu pflücken, und dass deine Kinder und Enkel das Gleiche tun."

Im Haus gab es viel zu tun und in Ordnung zu bringen, und bei solchen Gelegenheiten kommt es meist vor, dass diejenigen, die einander am meisten am Herzen liegen, einander genauso im Weg stehen wie Schränke und Tische, die noch nicht an ihren Platz gestellt wurden gehören. Der beste Beweis für die Liebenswürdigkeit dieser Leute war, dass sie sich gegenseitig fröhlich unterstützten, und zwar mit Scherz und Gesang.
Walpurga brachte ihre besten Möbel in Irmas Zimmer. Hansei warf kein Wort dazwischen. „Bist du hier nicht zu einsam?" fragte Walpurga, nachdem sie in so kurzer Zeit alles so gut wie möglich arrangiert hatte.
„Überhaupt nicht. Es gibt keinen Ort auf der Welt, der einsam genug für mich ist. Du hast jetzt so viel zu tun; mach dir keine Sorgen um mich. Ich muss jetzt die Dinge in mir selbst ordnen. Ich sehe, wie gut du und die anderen sind." ; Das Schicksal hat mich gütig geführt."
„Oh, rede nicht so. Wenn du mir das Geld nicht gegeben hättest, wie hätten wir dann die Farm kaufen können? Das ist wirklich deine eigene."
„Sprich nicht darüber", sagte Irma plötzlich, „erwähne mir gegenüber nie wieder dieses Geld."
Walpurga versprach es und fügte lediglich hinzu, dass Irma sich über den alten Mann, der in dem Zimmer über ihrem wohnte, nicht zu beunruhigen brauchte und der manchmal Selbstgespräche führte und laute Geräusche machte. Er war alt und blind. Die Kinder neckten und machten ihm Sorgen, aber er war nicht böse und wollte niemandem etwas tun. Walpurga erbot sich jedenfalls, Gundel für die erste Nacht bei Irma zu lassen; aber Irma war lieber allein.
„Du wirst bei uns bleiben, nicht wahr?" sagte Walpurga zögernd. „Du wirst nie wieder so schlechte Gedanken haben?"
„Nein, niemals. Aber rede jetzt nicht, meine Stimme schmerzt mich und deine auch. Gute Nacht! Lass mich in Ruhe."
Irma saß am Fenster und blickte in die dunkle Nacht hinaus.

War es erst einen Tag her, dass sie solche Schrecken erlebt hatte? Plötzlich sprang sie schaudernd von ihrem Sitz auf. Sie hatte gesehen, wie sich der Kopf der Schwarzen Esther aus der Dunkelheit erhob, hatte noch einmal ihren sterbenden Schrei gehört, hatte das verzerrte Gesicht und die wilden schwarzen Locken gesehen. – Ihr Haar stand zu Berge. Ihre Gedanken trugen sie zum Grund des Sees, wo sie nun tot lag. Sie öffnete das Fenster und atmete die weiche, milde Luft ein. Sie saß lange Zeit am offenen Fensterflügel und hörte plötzlich jemanden in ihrem Zimmer über ihr lachen.

„Ha! ha! Ich werde dir den Gefallen nicht tun! Ich werde nicht sterben! Ich werde nicht sterben! Lebenserwartung."

Es war der alte Rentner. Nach einer Weile fuhr er fort:

„Ich bin nicht so dumm; ich weiß, dass es jetzt Nacht ist und der Gutsbesitzer und seine Frau gekommen sind. Ich werde ihnen viel Ärger machen. Ich bin Jochem. Jochem ist mein Name und was den Leuten nicht gefällt, Das tue ich aus Trotz. Ha! ha! ha! Ich verbrauche kein Licht und dafür müssen sie mir eine Vergütung geben. Ich werde darauf bestehen, wenn ich deswegen zum König selbst gehen muss."

Irma zuckte zusammen, als sie den König erwähnte.

„Ja, ich gehe zum König, zum König! zum König!" schrie der alte Mann über ihm, als wüsste er, dass das Wort Irma quälte.

Sie hörte, wie er das Fenster schloss und einen Stuhl rückte. Der alte Mann ging zu Bett.

Irma blickte in die dunkle Nacht hinaus. Kein Stern war zu sehen. Es gab nirgends Licht; nichts war zu hören außer dem Rauschen des Gebirgsbaches und dem Rauschen der Bäume. Die Nacht schien wie ein dunkler Abgrund.

"Bist du noch wach?" fragte eine sanfte Stimme draußen. Es war die Großmutter.

„Ich war einst Dienerin auf diesem Bauernhof", sagte sie. „Das war vor vierzig Jahren; und jetzt bin ich die Mutter der Frau des Gutsbesitzers und fast die Oberhaupt auf der Farm. Aber ich denke die ganze Zeit an dich. Ich versuche immer wieder darüber nachzudenken, wie es in deinem Herzen ist." Ich muss dir etwas sagen. Komm wieder raus. Ich bringe dich dorthin, wo es dir gut tut. Komm!"

Irma ging mit der alten Frau in die dunkle Nacht hinaus. Wie sehr unterschied sich dieser Leitfaden von dem, den sie am Tag zuvor erhalten hatte!

Die alte Frau führte sie zum Brunnen. Sie hatte eine Tasse mitgebracht und gab sie Irma. „Komm, trink, gutes kaltes Wasser ist das Beste. Wasser tröstet den Körper, es kühlt und beruhigt uns; es ist, als würde man die Seele baden. Ich weiß auch, was Kummer ist. Das Innere eines Menschen brennt, als stünde es in Flammen."

Irma trank etwas vom Wasser der Bergquelle. Es schien wie ein heilender Tau, dessen Wirkung sich über ihren gesamten Körper ausbreitete.

Die Großmutter führte sie zurück in ihr Zimmer und sagte: „Du hast immer noch das Hemd an, das du im Palast getragen hast. Du wirst nie aufhören, an diesen Ort zu denken, bis du das Hemd verbrannt hast."

Die alte Frau ließ sich nicht leugnen, und Irma war so fügsam wie ein kleines Kind. Die Großmutter beeilte sich, ein grobes Hemd für sie zu holen, und nachdem Irma es angezogen hatte, brachte sie Holz und ein Licht und verbrannte das andere am offenen Feuer. Auch Irma musste ihre langen Nägel abschneiden und ins Feuer werfen. Dann verschwand Beate für einige Augenblicke und kam mit Irmas Reitkleid zurück. „Du musst angeschossen worden sein, denn da sind Eier drin", sagte sie und breitete ihr langes, blaues Habit aus.

Ein Lächeln huschte über Irmas Gesicht, als sie die Kugeln betastete, die in den unteren Teil des Habits eingenäht waren, damit es anmutiger hängen konnte. Beate hatte auch etwas sehr Nützliches mitgebracht – ein Hirschleder.

„Hansei schickt dir das", sagte sie. „Er denkt, dass man es vielleicht gewohnt ist, etwas Weiches zu haben, auf dem man seine Füße ausruhen kann. Er hat das Reh selbst erschossen."

Irma schätzte die Freundlichkeit des Mannes, der jemandem, der für ihn sowohl ein Fremder als auch ein Rätsel war, solche Zuneigung entgegenbringen konnte.

Die Großmutter blieb an Irmas Bett, bis sie einschlief. Dann hauchte sie den Schläfer dreimal an und verließ das Zimmer.

Es war spät in der Nacht, als Irma aufwachte.

„Zum König! zum König! zum König!" Die Worte waren dreimal mit lauter Stimme ausgesprochen worden. Gehörte es ihr oder dem Mann über ihm? Irma drückte ihre Hand an ihre Stirn und fühlte den Verband. War es Seegras, das sich dort angesammelt hatte? Lag sie lebendig am Grund des Sees? Allmählich wurde ihr klar, was geschehen war.

Allein, in der dunklen und stillen Nacht, weinte sie. Und das waren die ersten Tränen, die sie seit den schrecklichen Ereignissen, die sie durchgemacht hatte, vergossen hatte.

Es war Abend, als Irma aufwachte. Sie legte ihre Hand an ihre Stirn. Darum war ein nasses Tuch gebunden. Sie hatte fast vierundzwanzig Stunden geschlafen. Die Großmutter saß an ihrem Bett.

„Du hast eine starke Konstitution", sagte die alte Frau, „und das hat dir geholfen. Jetzt ist alles in Ordnung."

Irma stand auf. Sie fühlte sich stark und ging, geführt von der Großmutter, zum Wohnhaus hinüber.

„Gott sei Dank, dass es dir wieder gut geht", sagte Walpurga, die mit ihrem Mann da stand; und Hansei fügte hinzu: „Ja, das stimmt."

Irma dankte ihnen und blickte zum Giebel des Hauses hinauf. Welche Worte fielen ihr ins Auge?

„Glauben Sie nicht, dass dem Haus ein gutes Motto auf der Stirn geschrieben steht?" fragte Hansei.

Irma begann. Auf dem Giebel des Hauses las sie folgende Inschrift:

Iss und trink: Vergiss Gott nicht: Deine Ehrengarde:
Von all deinem Vorrat wirst du
Ein Wickeltuch
Tragen
Und nichts weiter .

Buch VI.

KAPITEL I.

Durch Irmas plötzliche Flucht war Baums Beschäftigung weg. Er kehrte dorthin zurück, wo sie auf ihn hätte warten sollen, und stellte fest, dass sie verschwunden war. Er blickte in die Ferne, sah aber nichts. Ein Hund, der der Spur seines Herrn folgte, war besser dran als er, denn während der Instinkt ihm helfen würde, konnte der Mensch nur raten.

War sie geflogen? und wenn ja, wohin? Warum hatte sie das getan? und was war unter solchen Umständen die Pflicht eines Untergebenen? Sollte er diejenige verfolgen, die ihn zurückgeschickt hatte? Sie hatte den Hund ehrlich und offen nach Hause geschickt; aber der Diener war nur ein Mensch und musste daher aufgezwungen werden.

„Aus Scham, Gräfin! So einen armen Diener zu täuschen, der es nicht wagt, ungehorsam zu sein!" sagte Baum und sprach mit sich selbst. Er hatte das Gefühl, dass er jetzt zum ersten Mal auf die große Probe gestellt wurde und dass dies die Zeit war, sich als vernünftiger Diener zu beweisen. Vielleicht enthielten die mitgebrachten Briefe einen Termin für diesen Abend. Sie sind auf der Jagd und treffen sich wie zufällig im Wald; denn es würde nicht genügen, Wildenort öffentlich zu besuchen, da sie dort erst vor kurzem in Trauer gegangen waren. Und so wollen sie sogar den Diener über ihre Pläne im Unklaren lassen. Aber warum sollten sie? Auf ihn hätte man sich verlassen können.

Aber vielleicht war die Gräfin doch entkommen.

Aber warum? und wohin?

Sie hatten so viel Vertrauen in ihn gezeigt. Der Oberkämmerer hatte ihm vor seiner Abreise gesagt: „Du sollst immer in der Nähe der Gräfin bleiben, immer – verstehst du? Und du sollst sie zum Hof zurückführen." Könnten sie geträumt haben, dass sie fliehen wollte? und wenn ja, warum sollten sie ihm nur halb vertrauen?

"Ich bin unschuldig!" rief Baum aus; aber was nützt Unschuld? Es war wichtiger, klug und vernünftig zu sein.

Baums Herr, Oberkämmerer der Baronin Steigeneck, hatte ihm einige wertvolle Vorschriften vermittelt. „Es gibt zwei Dinge", sagte er, „die ein guter Diener immer bei sich haben sollte – ein scharfes Messer und eine gute Uhr. Wenn dir etwas passiert, das dich beunruhigt, nimm deine Uhr heraus, zähle zehn Sekunden ab und mache dann." Überlegen Sie, was Sie am besten tun können.

Ein Nachteil dieses Gebots, wie auch vieler anderer guter Gebote, ist die große Gefahr, dass man es vergisst, wenn man aufgeregt ist.

Baum ritt zurück zum Schloss. Vielleicht war die Gräfin auf einem anderen Weg zurückgekehrt; Vielleicht konnte ihr Dienstmädchen ihm sagen, wohin sie reiten wollte. Er fragte die Magd: „Ist deine Herrin hier?"

„Nein, sie ist mit dir ausgefahren."

„Weißt du nicht, wohin sie gehen wollte?"

„Hat sie dich verlassen? Oh Gott! Jetzt wird sie es ganz sicher tun."

"Wie meinst du das?"

„Ich habe dem Grafen bereits gesagt, dass ich glaube, dass sie sich das Leben nehmen wird. Ich glaube, sie hat entweder Gift oder einen Dolch bei sich; sie wird sich umbringen."

„Wenn sie sich auf diese Weise das Leben nehmen wollte, hätte sie es vielleicht in ihrem Zimmer getan", antwortete Baum.

„Ja, ja! Erst letzte Nacht schrie sie im Schlaf: ,Tief im See!' Oh gnädiger Himmel! Meine liebe, schöne Gräfin ist tot! Oh, was bin ich für ein unglückliches Geschöpf! Was wird aus mir werden!"

Baum bemühte sich, sie zu beruhigen, und erkundigte sich, ob die Gräfin irgendwo Papiere zurückgelassen habe.

Der Schreibtisch war offen und Papiere lagen darauf verstreut. Sie fanden einen an die Königin gerichteten Brief. Baum wollte es nehmen, aber das Dienstmädchen wollte es nicht hergeben. Sie würde nicht zulassen, dass ein Fremder in die Geheimnisse ihrer Herrin eindringt.

Mitten im Streit zückte Baum plötzlich seine Uhr. Der Rat des Kammerherrn war ihm eingefallen. Er blickte starr auf das Zifferblatt, und als er mit dem Zählen von zehn fertig war, nickte er mit selbstzufriedener Miene, denn er hatte seine Geistesgegenwart wiedererlangt.

Nun gut, die Magd könnte den Brief selbst überbringen; das würde der Sache weder helfen noch behindern. Aber er würde sich jetzt des größten Vertrauens als würdig erweisen. Seine Aufgabe bestand darin, Nachforschungen einzuleiten; vielleicht konnte er die Gräfin noch retten.

Während die Magd, die den Brief hastig in die Tasche steckte, ihm den Rücken gekehrt hatte, sah er einen anderen Brief, der mit „An meinen Freund" adressiert war. Er erkannte schnell, dass dies von weitaus größerem Wert war als das andere, und steckte es selbst in die Tasche. Er wusste genau, dass es nur eine Person gab, für die es bestimmt sein konnte, und er wusste, wer diese Person war. Das Dienstmädchen hatte das Rascheln des Papiers gehört und bat ihn nun, es ihr zu geben. Baum rannte aus dem Zimmer und rief die Diener herbei. Die Magd folgte ihm, und nun änderte er schnell die

Verteidigungshaltung in eine Angriffshaltung und verlangte den Brief an die Königin, damit er ihn öffnen und so einen Hinweis auf den Aufenthaltsort der Gräfin erhalten könne. Er sagte, dass er das Dienstmädchen für die Folgen verantwortlich machen würde. Sie lief davon, und er unternahm keinen weiteren Versuch, seinen Plan auszuführen, da er nicht wusste, ob er das Recht hatte, den Brief zu öffnen. Jedenfalls besaß er unbestritten den wichtigeren Brief an den König. Er befahl dem Stallknecht, ein anderes Pferd zu satteln und es zu begleiten.

Der rosige Sonnenuntergang vergoldete bereits die Fenster des Schlosses, als die beiden Reiter weiterritten. Aber wohin?

Sie befragten einen Arbeiter, der auf der Straße arbeitete, aber er hatte nichts von der Gräfin gesehen. Sie sahen einen Hirten, der seine Herde nach Hause trieb, und ritten auf ihn zu und fragten ihn, ob er sie gesehen habe. Er nickte zustimmend, aber das laute Blöken der Schafe verhinderte, dass sie hörten, was er sagte. Baum stieg aus und erfuhr von ihm, dass die Gräfin gesehen worden war, wie sie in voller Fahrt die Straße entlang ritt, die zum Chamois-Hügel führte.

„Sie sitzt fest auf ihrem Pferd und reitet sehr gut", lobte der Hirte sie.

Das war auf jeden Fall ein Hinweis. Sie ritten im vollen Galopp in die angegebene Richtung davon. Als sie das trockengelegte Sumpfgebiet erreichten, hörten sie das Wiehern eines Pferdes. Sie ritten darauf zu und stellten fest, dass es Irmas Reitpferd war, das ruhig graste, aber Zaumzeug und Sattelgurt waren mit dickem Schaum bedeckt. „Die Gräfin wurde geworfen. Wer weiß, wo sie schwach und ohnmächtig liegen könnte?" sagte Baum. Er wollte diskret sein und hatte es nicht eilig, dem Bräutigam alles zu erzählen.

Sie suchten überall nach ihr und riefen immer wieder ihren Namen. Sie fanden nichts und erhielten auch keine Antwort. Baum entdeckte die Spuren des Pferdes, war jedoch etwas verwirrt, da es auf dem Hin- und Rückweg denselben Weg genommen hatte. Sie nahmen das Pferd mit, stiegen aber nicht auf, denn es galt herauszufinden, wohin die Spur führte. Baums scharfes Auge ermöglichte es ihm, die Hufabdrücke in der Dämmerung zu erkennen.

„Wenn wir nur den Hund dabei hätten; er kennt sie. Warum hast du den Hund nicht mitgebracht?" fragte er wütend.

„Du hast nichts dazu gesagt."

„Reite zurück und bring ihn. Nein, bleib; ich kann nicht alleine hier sein."

Sie erreichten den Chamois-Hügel. „Lasst uns abbiegen, in den Wald", rief Baum.

Er fand nun Verwendung für sein gutes Messer. Er sammelte etwas Reisig, verband es zu einer Fackel, zündete sie an und ihr Licht ermöglichte es ihm, die Spur zu finden. Hier hatte sich das Pferd umgedreht. Es gab auch Abdrücke des Fußes einer Frau, der in die entgegengesetzte Richtung ging. Er folgte ihnen ein paar Schritte und verlor dann die Spur.

„Sie muss hier sein", sagte Baum. „Von hier aus ging sie in den Wald hinunter; ich kenne hier jeden Ort. Halten Sie sich mit den beiden Pferden links, aber immer nah genug, um meine Stimme zu hören. Mit einem bleibe ich rechts."

Sie suchten und schrien, fanden aber nichts. Endlich trafen sie sich wieder. Ein Hirsch raste vorbei. Hätte es sprechen können, hätte es ihnen vielleicht sagen können, wo Irma es von seinem Ruheplatz aufgeschreckt hatte – eine volle Stunde Fußmarsch von dort entfernt, wo sie sich damals befanden.

„Wenn du sie findest, wirst du reichlich belohnt", sagte Baum zum Bräutigam. Er sprach ihn so an, wie er es von seinem königlichen Meister erwartet hätte.

Sie verbrachten den größten Teil der Nacht damit, im Wald umherzuwandern. Schließlich mussten sie sich hinlegen und auf das Tageslicht warten, denn es gab keinen Weg mehr, auf dem sie die Pferde führen konnten.

Der Tag war schon weit fortgeschritten, als Baum und der Bräutigam erwachten. Sie konnten den glitzernden See von weitem sehen und die Geräusche ferner Musik hören, während der Felsen, in dessen Nähe sie standen, die Kanonenschüsse widerhallte.

Baum nahm die Pistolen aus der Satteltasche und feuerte sie in schneller Folge ab. Dann hörte er mit angehaltenem Atem zu und dachte, wenn Irma irgendwo in der Nachbarschaft wäre, würde sie die Schüsse hören und einen Hinweis auf ihren Aufenthaltsort geben; aber es war kein Ton zu hören.

Sie fanden nun einen Waldweg, der hinunter zum See führte. Sie erreichten den Rand des Wassers. Zu ihren Füßen lag der See, glatt wie ein Spiegel, der sich kilometerweit erstreckte. Wer wusste, was in seinen Tiefen verborgen lag? In der Ferne befand sich ein Boot mit Menschen und Tieren an Bord, und nun erreichte das Boot das Ufer. Baums Begleiter wandte sich auf die andere Seite, wo ein paar verstreute Bauernhäuser und Fischerhütten standen. Mensch und Tier waren erschöpft und brauchten Ruhe. Baum fragte jeden, den er traf, ob er eine Dame in einem blauen Reitkleid und einem Hut mit einer Feder gesehen habe; aber er konnte nirgendwo eine Spur von ihr finden.

"Stoppen!" Endlich sagte ein kleiner alter Mann, der am See Weiden schnitt: „Ich habe sie gesehen."

"Wo wann?"

„Da drüben in der Taverne. Es ist fast ein Jahr her; sie hat viele Wochen dort gelebt."

Baum verfluchte das Bauernvolk für einen dummen Satz.

Glücklicherweise traf er einen Gendarm und erzählte ihm, wer er war und wen er suchte. Anschließend schickte er den Bräutigam mit dem Sattel der Dame zurück nach Wildenort. Er legte seinen eigenen Sattel auf Pluto und ritt mit dem Gendarm am Ufer des Sees entlang. Auf einem Felsen nahe der Küste sahen sie bald eine Gestalt, die einen Hut mit einer Feder darauf hielt. Sie liefen mit voller Geschwindigkeit auf die Stelle zu, Baum erkannte seinen Bruder Thomas und erschrak so sehr, dass er seinen Steigbügel verlor.

Wenn er es wäre, der die Gräfin ausgeraubt und ermordet hätte!

Der Gendarm kannte den wilden Kerl. Thomas starrte sie beide an und grinste. Sein Haar war nass und seine Kleidung tropfte.

"Was machst du da?" rief der Gendarm. „Wessen Hut ist das?"

„Das geht dich nichts an", antwortete Thomas und seine Zähne klapperten vor Kälte.

Baum bot dem zitternden Mann seine Brandyflasche an und Thomas nahm einen großen Schluck. Dann erzählte er ihnen mit einer Mischung aus Wut und Trauer, dass die Geliebte des Königs sich in der Nacht zuvor verirrt hatte und zu ihrer Hütte gekommen war und dass sie seine Schwester mitgenommen hatte, um mit ihr in den See zu springen. Er war zu spät gekommen; Er hatte etwas auf dem Wasser schwimmen sehen und war hineingesprungen, um sie zu retten, aber der Hut war alles, was er gefunden hatte.

Der Gendarm war nicht geneigt, Thomas' Geschichte zu glauben, und hätte ihn sofort verhaftet, wenn Baum ihm nicht zugeflüstert hätte, dass es keinen Zweifel daran gebe, dass die Dame ertrunken sei und dass in diesem Fall kein Mord vorliege. Er wurde von einem Gefühl bewegt, das Mitleid mit seinem Bruder hatte, und wollte ihn nicht verhaften lassen.

"Komm her!" sagte Baum zu Thomas. „Lass uns einen Tausch machen. Ich gebe dir meine Flasche – da ist noch ein gutes Angebot drin – für den Hut."

„Oh nein! Ich weiß, wem der Hut gehört: Er ist viel wert und ich werde ihn zum König bringen."

„Er hat immer noch den Hut seines Schatzes,

Obwohl sie im See liegt;

Und da sie ertrunken ist, eine weitere Liebe

Er wird es gerne annehmen,"

sang Thomas mit schwerer Stimme, während er den Hut in die Luft warf und ihn wieder auffing.

Der Gendarm wollte Thomas verprügeln; Baum hielt ihn jedoch zurück, ging dann auf Thomas zu und legte ihm die Hand auf die Schulter. Thomas zuckte zusammen, wurde aber plötzlich still und sah Baum an, als hätte er Angst vor ihm. Baum sprach mit herablassender Miene zu ihm, und Thomas hörte mit offenem Mund zu, als versuche er, sich an etwas zu erinnern, von dem er nicht wusste, was. Die Stimme und die Hand auf seiner Schulter machten ihn zu einem ganz anderen Mann, und der wilde, mörderische Kerl weinte.

„Gibst du mir den Hut für ein Goldstück, oder muss er dir mit Gewalt weggenommen werden? Du siehst, wir sind zwei gegen eins und können dich beherrschen", sagte Baum.

Ohne ein Wort zu sagen, reichte Thomas ihm den Hut, und als Baum ihm das Goldstück gab, konnte Thomas seine Hand nicht darauf schließen. Wie völlig verwirrt blickte er mal auf das Goldstück, mal auf den Schenkenden.

Baum redete ernst auf ihn ein und sagte ihm, er solle einen Teil des Geldes seiner Mutter geben, wenn er noch eines hätte.

"Eine Mutter?" stammelte Thomas und sah Baum mit glasigen Augen an. "Eine Mutter!" wiederholte er, als würde er an etwas längst Vergessenes erinnert.

Der Gendarm war berührt von der Großzügigkeit des Lakaien. „Er muss ein sehr guter Mann sein", dachte er.

Thomas erzählte ihnen noch einmal, dass Irma in der Nacht zuvor in ihrer Hütte gewesen sei und dass seine Mutter mehr über sie wisse als er, da sie mit ihr allein gewesen sei. Baum und der Gendarm sagten, sie würden gerne mit seiner Mutter sprechen, und Thomas führte sie zur Hütte.

Auf dem Weg dorthin informierte der Gendarm Baum über die Familiengeschichte von Thomas. „Sehen Sie, der Kerl ist ein Raufbold und wurde oft wegen Wilderei verurteilt. Ich habe ihm oft geraten, nach Amerika auszuwandern, denn dort kann er so viel jagen, wie er will. Er hat einen Bruder in Amerika – einen Zwillingsbruder." , aber er muss ein Nichtsnutz sein, das heißt, wenn er nicht tot ist. Er hat noch nie eine Zeile an seine

Mutter oder seinen Bruder geschrieben und noch nie so viel nach Hause geschickt, wie man ins Auge fassen konnte . Aber so werden sie alle, wenn sie nach Amerika kommen. Viele sind von meinem Zuhause dorthin gegangen, aber sie sind alle egoistische, nichtsnutzige Kerle."

Baum lächelte. Er brauchte all seine Selbstbeherrschung. Er sprach kaum ein Wort, denn er bereitete sich auf das Treffen mit seiner Mutter vor und ärgerte sich darüber, dass auch sie in diese Angelegenheit verwickelt war. Ohne das hatte er schon genug zu bedenken.

Der Gendarm kannte viele Geschichten über Wilderer und andere Gesetzlose und erzählte einige davon, um sich die Zeit zu vertreiben und Baum zu unterhalten. Solche Geschichten haben jedoch eine unangenehme Eigenschaft. Es ist ziemlich unangenehm, ihnen zuzuhören, es sei denn, die Hände sind frei von Schuldgefühlen. Baum nickte ihm gnädig zu, denn weder sein Aussehen noch sein Verhalten ließen verraten, dass er auch nur im Geringsten mit dem verlassenen Kerl verwandt war, der vor ihnen ging. Der Gendarm sagte, er sei einmal von einem Mörder, den er festgenommen hatte, in den Finger gebissen worden und zeigte Baum die Narbe.

Baum bemühte sich schließlich, diesen schrecklichen Geschichten ein Ende zu setzen. Er fragte den Gendarm, in welchem Regiment er gedient habe, und stellte die Frage so freundlich, als ob er im Begriff sei, eine Medaille aus der Tasche zu ziehen und sie dem Mann zu verleihen. Nun gibt es nichts Schöneres, als von seinen militärischen Erlebnissen zu erzählen. Der Förster erzählte von seinen vielen Heldentaten und lachte herzlich über seine eigenen Geschichten, und Baum, der keine Hilfe dafür sah, lachte mit. Thomas, der zuvor weitergegangen war, drehte sich grinsend um und ging dann weiter. Sie erreichten die Hütte. Es war leer. Der alte Zenza war verschwunden.

„Sie sucht Esther, da bin ich mir sicher", sagte Thomas.

„Was ist mit Black Esther los?" fragte der Gendarm.

„Schwarze Esther!" wiederholte Thomas; „ha! ha! Der See wird ihn jetzt weiß waschen. Wenn mich jemand gut dafür bezahlen würde, würde ich auch hineinspringen."

Er warf sich auf den Laubsack und blickte schweigend auf die Hände, mit denen er Esther letzte Nacht geschlagen hatte. Dann warf er den Kopf zurück und fiel in einen tiefen Schlaf, und sie konnten kein Wort aus ihm herausbekommen. Baum und der Gendarm ritten davon, in der Absicht, zum See zurückzukehren, um ihre Nachforschungen fortzusetzen und überall Anweisungen zu hinterlassen, wo die Suche fortgesetzt werden sollte. Als sie aus dem Wald kamen, gelangten sie auf die Landstraße, und hier trafen sie auf den Planwagen.

Sie ritten wieder in ruhigem Tempo am See entlang. Eine große rote Kuh ging vor ihnen her. Ab und zu blieb es stehen, knabberte am Gras und schaute über den See. Als es an ein Dickicht kam, fuhr es auf, drehte schnell um und rannte so schnell, dass es fast gegen Baums Pferd raste.

„Diese Kuh hat vor etwas gescheut. Da muss etwas liegen", sagte Baum und stieg schnell ab. Seine gefärbten Haare sträubten sich, denn er war sicher, dass sie im nächsten Moment Irmas Leiche finden würden. Und er hat wirklich etwas gefunden; denn dort lagen Irmas zerrissene Schuhe. Er kannte sie. Es gab auch Blutflecken und das Gras war zerquetscht, als hätte ein Mensch dort gelegen und sich vor Schmerzen herumgerollt.

Baums Hand zitterte, als er die Schuhe aufnahm, und er zitterte noch mehr, als er eine kleine Blume pflückte. Es war ein einfacher Blattbecher – die sogenannte „Maria-Männer-Krawatte", das beste Bergfutter – und in dieser kleinen Blume befanden sich Blutstropfen, die noch feucht waren.

Wenn sie sich ertränkt hatte, wie war das Blut dorthin gelangt? und woher die Schuhe? und warum sollten die Schuhe so weit von der Stelle entfernt sein, an der Thomas den Hut gefunden hatte? und außerdem waren da noch die Fußabdrücke größerer Schuhe. Wenn Irma doch ermordet worden wäre! Wenn sein Bruder--

„Sie ist tot, das ist die Hauptsache", sagte Baum und tröstete sich, „und ich habe die Beweise. Was würde es nützen, ein anderes Wesen in Schwierigkeiten zu bringen?" Er legte die kleine, mit Blut besprenkelte Pflanze zusammen mit dem Brief, adressiert „An meinen Freund", weg.

In Begleitung des Gendarms begab er sich zum Gasthof am Landeplatz, wo die Wanderer am Morgen Halt gemacht hatten.

Der Gendarm erkundigte sich erneut nach der Dame im blauen Reitkleid.

Das Benehmen der Gastgeberin zeigte, dass die Frage des Gendarmen sie zum Nachdenken gebracht hatte. Könnte es die verrückte Frau gewesen sein, die bei den Reisenden war? Es war so viel hin und her gerannt und Kleiderbündel getragen worden, und sie hatte so ein seltsames Aussehen an sich.

"Weißt du irgendetwas darüber?" sagte der Gendarm und sah ihr direkt ins Gesicht: „Sag es!"

„Ich weiß nichts", sagte die Gastgeberin. „Habe ich ein Wort gesagt? Was willst du von mir?"

Nichts fürchtet die Landbevölkerung so sehr, als vor Gericht geladen zu werden, um als Zeugin auszusagen, und so achtete die Wirtin darauf, kein einziges Wort zu sagen, das zu einem solchen Ergebnis führen könnte.

Baum erkannte, dass es ein Fehler gewesen war, den Gendarm mitzunehmen, denn seine Anwesenheit erschreckte diejenigen, die vielleicht wirklich etwas zu sagen hatten. Er schickte ihn daher fort, damit er auf eigene Faust weitere Nachforschungen anstellen könne.

Baum stand vor einem Spiegel und kämmte und bürstete sein gefärbtes Haar, das an diesem Tag ungewöhnlich widerspenstig war. Zum ersten Mal in seinem Leben war er vollkommen bescheiden. Er gestand sich ein, dass er schließlich nicht der richtige Mann war, um eine solche Angelegenheit weiterzuverfolgen, und dass er bereits zu viel Zeit verschwendet hatte. Andere würden ihm voraus sein und von den Vorteilen profitieren, die sich aus Irmas Tod ergeben würden. Er hatte das Gefühl, dass er besser zum Palast zurückkehren sollte, und dass dort noch andere waren, und zwar genug davon, die einen solchen Fall viel besser aufklären konnten als er.

Er bemühte sich, die Wirtin anzuhören, die, wie er immer noch glaubte, etwas über die Angelegenheit wusste. Aber er hatte keinen Erfolg, denn sie hatte seinen Kameraden, den Gendarm, nicht vergessen, und es half auch nicht im Geringsten, als er auf seine Knöpfe zeigte und ihr mitteilte, dass er der Lakai des Königs sei.

Plötzlich fiel ihm ein, dass Walpurga in der Nachbarschaft wohnte. Es war kaum ein Jahr her, seit er mit Doktor Sixtus hier gewesen war. Irma war immer eine Freundin von Walpurga gewesen und versteckte sich jetzt vielleicht bei ihr – solch hochnäsige Menschen waren zu allem fähig.

Das große Boot lag noch immer vor dem Gasthaus. Baum ging mit seinem Pferd an Bord und befahl ihnen, sofort aufzubrechen. Er erlaubte einem Arbeiter, der mit einer großen Karrenladung Heu, das er auf den gefährlichsten Klippen gesammelt hatte, ankam, mit ihm im selben Boot zu überqueren. Sie haben aufgeschoben. Baum legte sich völlig erschöpft auf das wilde Heu.

Er fragte den Bootsmann, ob sie etwas von einer ertrunkenen Person gesehen hätten. Sie antworteten, dass am Morgen ein menschlicher Kopf mit langen Haaren an die Oberfläche gestiegen sei und dass es sich aller Wahrscheinlichkeit nach um eine Frau handele.

Baum richtete sich plötzlich auf und blickte mit verwirrtem Blick über die glitzernde Oberfläche des Sees. „Wenn der Herr warten möchte", sagte der ältere Bootsmann zu Baum, „wird der See nach drei Tagen seine Toten aufgeben." Baum wollte nichts mehr hören; Er griff lediglich in seine Tasche, um sich zu vergewissern, dass er den Brief und die blutbefleckte Blume noch besaß. Nachdem er sich mit diesem Punkt zufrieden gegeben hatte, streckte er sich noch bequemer als zuvor und schlief ein. Erst als das Boot am Ufer aufschlug, erwachte er.

Es bestand keine Notwendigkeit mehr, Walpurga aufzuspüren; aber er tat dies dennoch, um zu zeigen, dass er nichts unterlassen hatte. Er ging zur Hütte am See hinauf und klopfte an die Tür. Es gab keine Antwort. Er schaute zum Fenster hinein. Zwei große Katzenaugen starrten ihn an. Die Katze saß auf dem Sims. Sie war die Einzige, die zurückgeblieben war. Der Raum wurde komplett abgebaut; kein Tisch, nicht einmal ein Stuhl war zu sehen. Wie im Traum oder unter dem Einfluss eines Zauberspruchs ging er wieder durch den Garten zurück.

Eine plappernde Elster saß auf dem blattlosen Kirschbaum; aber kein Mensch war zu sehen. Endlich kam ein Mann vorbei. Baum erkannte ihn; es war Schneiderschneck.

"Sagen!" rief er: „Was ist aus Hansei und Walpurga geworden?“

„Sie sind über die Berge gegangen. Sie sind weggezogen und haben eine große Farm gekauft. Sie nennen sie Freehold; sie liegt ganz unten an der Grenze.“

Schneider Schneck war in gesprächiger Stimmung und erkundigte sich, ob der Herr etwas vom König und der Königin mitgebracht habe. Doch Baum war sparsam mit seinen Worten. Er bestieg sein Pferd und ritt in Richtung Sommerpalast.

Inmitten der Eile und Aufregung hatte er genug Fassung bewahrt, um zu berechnen, wie dieses Ereignis als Sprungbrett dienen könnte, von dem aus er in eine höhere Position springen könnte. Von nun an sollte er der Vertraute des Königs sein. Er allein wusste, was passiert war und wie alles zustande gekommen war. Er blickte auf die Hand, die der König aus Dankbarkeit drücken würde, und hatte das Gefühl, als hätte der König dies bereits getan. Der Oberkämmerer war alt und altersschwach; er würde sicherlich seinen Platz einnehmen. Es wäre natürlich besser gewesen, wenn er hätte melden können, dass Irma ermordet worden war – der Gendarm hatte wie ein Spürhund einen Hinweis gefunden – aber nein; das würde nicht gehen; Es war schließlich sein Bruder – obwohl es vielleicht besser für ihn wäre, wenn er gezwungen wäre, den Rest seiner Tage hinter den Gittern des Gefängnisses zu verbringen. Er beschloss, seiner Mutter und seinem Bruder gegenüber sehr gut zu sein, nachdem er Oberkämmerer geworden war. Seine Schwester war tot, und das war auch sehr schade, aber er würde es sicherlich tun, wenn er weiterkäme und der König ihm viel Geld und eine gute lebenslange Rente geben würde. Baum war mutig genug, Gott zu sagen, dass er ihm dabei helfen sollte, das zu erreichen, was er wollte, da er damit Gutes tun wollte.

Während er durch die Dunkelheit weiterritt, ertappte er sich manchmal beim Einschlafen, denn es war die zweite Nacht, die er in solcher Unruhe verbracht hatte – seine Gedanken waren verwirrt und verwirrt.

An der letzten Poststation ließ er sein Pferd stehen und nahm eine Postkutsche.

Es war früh am Morgen, als die Kutsche am Sommerpalast ankam. Es fiel ihnen schwer, Baum zu wecken, und es dauerte einige Zeit, bis er ganz wach war und sich erinnern konnte, wo er war und was er mitgebracht hatte.

Verschiedene Hofkutschen warteten, und schöne Reitpferde wurden aus den Ställen geführt. Baum hörte kaum die Begrüßungen seiner Kameraden und der Stallknechte. Er betrat den Palast und stieg die Treppe hinauf. Er war so völlig erschöpft, dass er das Gefühl hatte, seine Knie würden unter ihm einsinken. Er betrat das Vorzimmer des Königs. Der alte Oberkämmerer nahm hastig die Prise Schnupftabak, die er zwischen seinen Fingern gehalten hatte, und reichte Baum seine Hand. Baum sank in einen Stuhl und äußerte den Wunsch, sofort Seiner Majestät gemeldet zu werden.

„Ich kann noch nicht. Sie müssen warten", antwortete der Oberkämmerer.

Nur durch eine heftige Anstrengung gelang es Baum, seinen Sitz zu behalten und das Einschlafen zu verhindern.

KAPITEL II.

Der König war schon früh in seinem Kabinett. Er vermied jegliche nervtötende Selbstgefälligkeit, und seine Ausdauer übertraf die jedes anderen Mitglieds des Hofes. Es war seine Gewohnheit, das ganze Jahr über jeden Morgen ein kaltes Bad zu nehmen, und das gab ihm immer wieder neues Leben und Kraft. Er wusste nichts von Deshabille und verließ sein Badezimmer stets vollständig bekleidet für den Tag.

An diesem Tag sollte eine Jagd stattfinden, und der König trug ein Jagdkostüm. Er war zum Kabinett gegangen, um verschiedene Geschäftsangelegenheiten zu erledigen, die seine sofortige Aufmerksamkeit erforderten.

Sein Büro befand sich im Zentralgebäude, im sogenannten Kurfürstenturm. Es war eine große, hohe Wohnung und zudem komfortabel. Die Wände waren mit einer Art handlicher Bibliothek, Militärkarten und verschiedenen Lieblingsexemplaren plastischer Kunst, meist Antiquitäten, bedeckt, von denen er sich schon als Prinz Kopien besorgt hatte. Es gab auch einen Briefbeschwerer, der aus Kugeln vom Schlachtfeld von Leipzig geformt war. Die Eichenmöbel waren im Renaissancestil gehalten – der große Schreibtisch stand in der Mitte des Raumes. Zu seiner Rechten hing ein Aquarellbild, das die Königin als Braut darstellte.

Der König trat ein und berührte die Glocke, die auf dem Schreibtisch stand; Der Geheimrat stellte sich vor.

Er überreichte dem König mehrere Papiere, der sie hastig las und unterschrieb. Der Stadtrat legte einen Bericht zum Haushaltsministerium vor. Der König ging unterdessen im Raum auf und ab. Plötzlich rief er:

"Was ist das?"

Aus dem Nebenzimmer hörte er Geräusche, als würde er sich bewegen und heben, und auch scharrende Schritte, als würde ein Sarg weggetragen. Er berührte die Glocke. Im Nu öffnete sich die Tür und der Oberkämmerer erschien.

„Was ist das für ein unerträglicher Lärm in der Galerie?"

„Eure Majestät hat angeordnet, das große Bild zu entfernen."

Der König erinnerte sich, dass er den Befehl am Vortag gegeben hatte.

Obwohl er es seit langem gewohnt war, das Bild an diesem Ort zu sehen, war es ihm gestern plötzlich zuwider geworden. Das Gemälde stellte Belsazar dar, der auf seinem Thron saß und von seinen Geschöpfen umgeben war, während eine aus den Wolken hervortretende Hand „Mene Tekel" an die

Wand schrieb. Die Figuren waren alle in Lebensgröße. Der König hatte angeordnet, dass das Bild auf die öffentliche Galerie gebracht werden sollte.

„Ich werde ungeschickt bedient", sagte der König ungeduldig. „Es wäre an der Zeit gewesen, das zu tun, während ich auf der Jagd war."

Der Oberkämmerer zitterte, als er diese Worte hörte. Er senkte die Hände und senkte den Kopf, als wäre er beschämt. Mit Mühe gelang es ihm, durch die gegenüberliegende Tür hinauszukommen. Es herrschte augenblickliche Stille. Lautlos wurde das Gemälde auf den Boden gelegt und die Diener zogen sich zurück.

Der Kämmerer kam von der anderen Seite her in den Vorraum. Er setzte sich in einen Sessel und nahm eine Prise Schnupftabak zwischen den Fingern, war aber so in Gedanken versunken, dass er vergaß, es zu benutzen, bis Baum das Zimmer betrat.

Er saß Baum gegenüber. Alles war still. Hin und wieder schüttelte er traurig den Kopf und blickte auf seinen großen Sessel. „Ja, bald wird er hier sitzen und ich werde entlassen", dachte er. Als der Geheimrat durch das Vorzimmer ging, vergaß der alte Kammerherr, ihm seinen Hut zu bringen. Baum tat es an seiner Stelle, denn Baum war wieder frisch. Dies war keine Zeit, Anzeichen von Müdigkeit zu zeigen. Er hatte das Gefühl, dass er die Gewinnerkarte in der Hand hatte und dass es jetzt an der Zeit war, sie auszuspielen.

Die Glocke im Schrank war wieder zu hören.

„Ist noch jemand im Vorraum?" fragte der König des Kämmerers.

„Ja, Eure Majestät; Baum ist hier."

„Lass ihn eintreten."

Baum war sich seiner Bedeutung voll bewusst. Der König hatte ihm nicht befohlen, sich beim Kämmerer zu melden, sondern gesagt: „Lass ihn eintreten." Er wünschte, mit ihm persönlich zu sprechen. Die vertrauliche Position, nach der er sich gesehnt hatte, gehörte bereits ihm.

Baums normalerweise ernste und unterwürfige Art wirkte beeindruckender als je zuvor.

„Haben Sie eine Nachricht?" fragte der König.

„Nein, Eure Majestät."

„Was hast du da?"

„Eure Majestät", antwortete Baum, legte sein Bündel auf den Stuhl und löste es, „diesen Hut der Gräfin von Wildenort habe ich im See gefunden und diese Schuhe zwischen den Weiden am Ufer."

Der König streckte seine Hand aus, als wollte er diese Zeichen ergreifen, zog sie dann zurück und drückte sie an sein Herz. Er starrte Baum an und schien völlig überrascht zu sein.

"Was soll das alles heißen?" fragte er und hob die Hand an den Kopf, als wollte er sein zu Berge stehendes Haar glätten.

„Eure Majestät", fuhr Baum fort, der selbst zitterte, als er das aufgeregte Benehmen des Königs sah, „diese Artikel trug die Gräfin, als sie mit mir ausritt und davonlief."

„Weggelaufen? und--"

Baum legte die Hand auf die Uhr, und obwohl er das Zifferblatt nicht sehen konnte, zählte er dennoch die Sekunden; woraufhin er sanft antwortete:

„Die Gräfin hat sich letzte Nacht im See ertränkt – nein, es war vorletzte Nacht. Der Bootsmann sah den Körper einer Frau auf dem Wasser steigen und wieder sinken; und morgen, das ist der dritte Tag, wird der See sie geben hoch."

Der König bedeutete ihm aufzuhören – es genügte – seine Hand zitterte; Er ergriff die Rückenlehne eines Stuhls, um sich abzustützen, und starrte auf den Hut und die Schuhe.

Baum senkte den Blick. Er spürte, dass der Blick des Königs auf ihn gerichtet war, aber er blickte immer noch auf den Boden, der sich zu erheben schien und den Lakaien auf die Höhe des Throns hob. Vor seinem geistigen Auge sah er sich bereits an der Seite des Königs und als Vertrauter des Königshauses. Baum neigte bescheiden seinen Kopf noch tiefer. Er hörte, wie der König im Zimmer auf und ab ging, blickte aber immer noch nicht auf.

„Eine niedergeschlagene Miene", dachte er, „zeugt von vollkommenem Gehorsam und uneingeschränkter Hingabe." Der König blieb nun vor ihm stehen.

„Woher weißt du, dass es Selbstmord war?"

„Ich weiß es nicht. Wenn es Euer Majestät gefällt, die Gräfin wurde von anderen ertränkt –"

„Es ist mir ein Vergnügen? Ich? Wie?"

„Ich bitte Ihre Majestät demütig um Erlaubnis – darf ich Ihnen alles erzählen?"

„Du musst--!“

Mit aller Kraft sagte Baum nun:

„Eure Majestät, ich habe die Schuhe selbst gefunden, aber den Hut habe ich von einem Mann bekommen, der zu allem fähig ist – der Gendarm denkt – dass es vielleicht gut für den Mann sein könnte – er könnte am Ende begnadigt werden Ende eines Jahres und nach Amerika geschickt – ein Bruder von ihm – soll – dort – sein –“

„Du sprichst zusammenhangslos.“

Baum erlangte seine Selbstbeherrschung zurück.

„Vielleicht wurde sie von einem Wilderer ermordet. Das Schlimmste ist, dass sie einen Brief an Ihre Majestät, die Königin, geschickt hat.“

„Ein Brief an die Königin! Wo ist er? Gib ihn mir!“

„Ich habe es nicht, das Dienstmädchen hat es mir weggenommen.“

Der König setzte sich.

Lange Zeit war kein Laut zu hören außer dem schnellen Ticken der Uhr, die auf dem Schreibtisch stand.

Der König erhob sich von seinem Platz und ging im Raum auf und ab. Dann kam er auf Baum zu, der das Gefühl hatte, die Stunde des Gerichts sei gekommen – als stünde sein Leben auf dem Spiel. Er versuchte, seine Krawatte zu lockern; es schien ihm zu eng. Er hatte fast das Gefühl, als würde ein Schwert durch ihn hindurchgehen.

„Wissen Sie, was in dem Brief an die Königin stand?“

„Nein, Eure Majestät.“

„War es versiegelt?“

"Ja, eure Majestät."

„Und hast du nichts mehr?“

„Ja, Eure Majestät; ich war fast gezwungen, Gewalt anzuwenden, um dies von der Magd zu bekommen; und hier, Eure Majestät, ist da noch etwas mehr. Neben den Schuhen war eine Blutlache, und auf dieser kleinen Pflanze sind Tropfen von ihrem Blut.

Ein herzzerreißender Schmerzensschrei entfuhr dem König; dann ging er mit dem Brief und der Pflanze in das Nebenzimmer.

Baum blieb dort stehen und wartete.

Im Nebenzimmer saß der König und las mit tränenreichen Augen.

„Sie hat mich sehr geliebt. Sie war großartig und schön", sagte er mit blassen und zitternden Lippen zu sich selbst. Sein Geist war erfüllt von Gedanken an ihre Schönheit, ihre Stimme, ihren Gang und all ihre vielfältigen Reize. Und waren sie jetzt alle tot?

Der König blickte auf seine Hand; die Hand, die sie so liebevoll geküsst hatte. Er nahm den Brief noch einmal zur Hand und las noch einmal die Worte: „An meinen Freund." Er wusste nicht, wie es dazu kam, aber als er wieder zu sich kam, kniete er neben dem Stuhl.

Was sollte als nächstes kommen?

Er erinnerte sich, dass der Lakai im Schrank wartete. Der König fühlte sich zutiefst demütigt bei dem Gedanken, dass er gezwungen war, ein solches Geschöpf in sein Vertrauen zu ziehen; Aber wussten Menschen aller Art nicht schon lange von seinem Verbrechen? Sie wussten davon, schwiegen aber. Tausend Augen waren auf ihn gerichtet, tausend Lippen sprachen – und alle erzählten diese schreckliche Geschichte. Der König sah sich verwirrt um. Er konnte kaum aufstehen. Und unter den vielen Tausenden, die ihre Hände in seine gelegt hatten und zu ihm aufschauten, war einer – Ah! wie schwer lasteten jetzt ihre Hand und ihr Blick auf ihm. Und ihre Lippen; Was könnten sie sagen?

Wie sollte er sich nun der Königin nähern? Wenn sie nur seine tiefe Reue kennen würde, würde sie ihm weinend um den Hals fallen; denn sie war die göttliche Güte selbst. Und doch, wie hatte er sich ihr gegenüber verhalten!

Er war im Begriff, Irmas letzte Worte an die Königin zu übermitteln. Er wollte einige Worte hinzufügen, die seine Reue zum Ausdruck brachten – um seine Gedanken und Gefühle offenzulegen. Es ist das Beste, dachte er bei sich, nicht überstürzt zu handeln, und als er wieder auf den Beinen war, kehrte das Bewusstsein der Stärke zurück. Man muss in der Lage sein, die schwierigsten Pflichten, sogar die der Reue, zu erfüllen, ohne die Würde zu opfern.

Der König sah sich selbst im großen Spiegel. Er hatte vergessen, dass er ein Jagdkostüm trug, und zuckte bei seinem Spiegelbild zusammen, als wäre es ein Fremder.

Sein Gesicht war blass, seine Augen entzündet. Er hatte Tränen für seinen Freund vergossen, und das war genug. Was bei manchen Naturen Monate oder Jahre dauert, erreichen große Geister in wenigen Augenblicken. Ihre Jahre waren zu Ewigkeiten geworden. Es kam ihm vor, als würden ihm die Worte „Der Kuss der Ewigkeit" in der Luft entgegenschweben, und sein Geist war erfüllt von Erinnerungen an diesen Tag im Atelier des Balls, und
–

„Es wurde dir gegeben, das höchste Leben zu führen und dann zu sterben; den Tod zu zwingen, deinen Befehlen zu gehorchen. Aber ich kann das nicht. Ich lebe nicht für mich allein!" sagte er, indem er seinen Freund apostrophierte und das Gefühl hatte, als ob aus den Tiefen seiner Trauer eine neue Quelle des Lebens entströme.

„Und das ist dein Werk", sagte eine innere Stimme, während seine Gedanken bei den Toten waren. „In allem, was gut ist, wird dein Geist immer bei mir bleiben. Ohne dich – ich würde es Gott bekennen, wenn ich jetzt vor ihm erscheinen würde – hätte ich nie die tiefsten Quellen meines Wesens entdeckt. Wenn ich es nur gewusst hätte einer Tat, die als würdiges Andenken an dein Leben dienen könnte."

Der König erinnerte sich wieder daran, dass der Lakai auf ihn wartete. Es ärgerte ihn, dass es keine Stunde gab, in der er seine aufgeregten Gefühle beruhigen konnte, und zum ersten Mal in seinem Leben wurde ihm klar: Wer die Dienste anderer in Auftrag gibt, hat ihnen gegenüber Pflichten , zu. Sie führen ein Eigenleben, das über die Zeit und den Dienst hinausgeht.

Der Einfluss von Irmas letzten Worten schien wie ein Nebel über seiner Seele zu schweben.

Er kehrte in sein Kabinett zurück. Baum stand immer noch dort, wo er ihn zurückgelassen hatte, so still und still, als wäre er ein Stuhl oder Tisch.

„Wann bist du dort abgereist?" fragte der König.

Baum erzählte ihm alles.

„Sie müssen müde sein", sagte der König.

"Ja, eure Majestät."

„Na dann ruhen Sie sich aus. Was Sie sonst noch wissen, dürfen Sie niemandem außer mir erzählen – verstehen Sie?"

„Gewiss, Eure Majestät. Ich danke Ihnen demütig."

Der König hatte einen großen Smaragdring von seinem Finger gezogen, und während er ihn hin und her drehte, funkelte der helle Edelstein im Sonnenlicht.

Baum dachte, der König würde ihm den Ring als Zeichen seiner Gunst verleihen, doch Seine Majestät steckte den Ring wieder an und fragte: „Sind Sie verheiratet?"

„Das war ich, Eure Majestät."

„Haben Sie Kinder?"

„Ein einziger Sohn, Eure Majestät."

„Sehr gut. Halten Sie sich bereit; ich werde bald weitere Befehle für Sie haben."

Baum ging hinaus. Während er durch das Vorzimmer eilte, wandte er sich gnädig an den Kammerherrn: „Bitte, stehen Sie nicht auf!" Es war nicht nötig, dass irgendjemand sah, was deutlich in jeder Zeile seines Gesichts zu lesen war. Der König hatte ihn vertraulich angesprochen und sich sogar nach seiner Familie erkundigt. Er war schließlich der Vertraute des Königshauses; nun erwarteten ihn höchste Auszeichnungen.

Er begab sich in sein Quartier im Seitenflügel des Palastes.

Der König war allein. Außer Irmas Hut und Schuhen war nichts in seiner Nähe. Er blickte sie lange an. Was für ein Gedicht wäre es – dem Liebhaber die Schuhe und den Hut seiner Geliebten zu bringen – was für ein Lied wäre es, in der Dämmerung zu singen. Das waren seine Gedanken und doch wirbelte sein Gehirn herum. Mit zitternden Händen nahm er Hut und Schuhe und schloss die Todeszeichen in seinem Schreibtisch ein.

Die Feder am Hut zerbrach, als er die Tür schloss. Auf dem Schreibtisch brannte Licht. Der König zündete sich eine Zigarre an. Als sein Blick auf das Aquarellporträt der Königin fiel, zuckte er zusammen. Er rauchte heftig weiter.

Erst einige Zeit später läutete der König die Glocke und gab die Anweisung, den Lord Steward zu rufen, aber niemand anderen einzulassen.

KAPITEL III.

Als der Lordverwalter eintrat, hatte der König seine Selbstbeherrschung wiedererlangt und sich auf den Weg festgelegt, den er einschlagen sollte.

„Haben Sie die schreckliche Nachricht gehört?"

„Das habe ich, Eure Majestät. Die Magd der Gräfin ist angekommen; ihre Herrin ist im See ertrunken."

"Und--?" fragte der König, als er feststellte, dass der Lord Steward innehielt.

„Und es wird auch gesagt, dass die Gräfin nach dem Tod ihres Vaters niemanden gesehen oder mit ihm gesprochen hat. Sie hat aber trotzdem ein paar Worte an die Königin geschrieben mit der Bitte, dass Doktor Gunther sie überbringen solle."

„Und wurde das gemacht, ohne mich vorher zu informieren?"

Der Lord Steward zuckte mit den Schultern.

„Sehr gut, ich weiß –" fuhr der König fort. „Ist alles für die Jagd bereit?"

„Zur Freude Eurer Majestät. Die Jagdgesellschaft wartet schon seit einer Stunde."

„Ich komme", sagte der König. „Schicken Sie Doktor Sixtus zum See und sagen Sie ihm, er soll Baum mitnehmen, denn er weiß alles über die Angelegenheit. Er soll auch den Notar mitnehmen und ihm sagen, dass er dafür sorgen soll, dass die Leiche, falls sie gefunden wird, ordnungsgemäß beigesetzt wird. I Seien Sie sich bewusst, dass alles ordnungsgemäß erledigt wird. Handeln Sie in dieser Angelegenheit nach Ihrem eigenen guten Urteilsvermögen.

Der König legte besonderen Wert auf die letzten Worte. Alles sollte diskret gehandhabt werden; Jeder Anschein von unangemessenem Interesse seinerseits war zu vermeiden.

Der König zog die Brauen zusammen, als versuche er, an etwas zu denken, das er vergessen hatte. „Noch etwas", fügte er hastig hinzu. „Gehen Sie zum Bruder der armen Gräfin und teilen Sie ihm die Nachricht so sanft wie möglich mit. Sollte er eine Beurlaubung wünschen, können Sie ihm mitteilen, dass diese auf unbestimmte Zeit gewährt wird."

Der König ging ohnmächtig durch das Vorzimmer und die Treppe hinunter. Der Königin war Ruhe und Frieden verordnet worden, und um sie nicht frühmorgens zu wecken, hatte er sich am Abend zuvor von ihr verabschiedet.

Die im Palasthof versammelte Jagdgesellschaft begrüßte den König, der den Gruß gnädig erwiderte. Im Handumdrehen und wie auf Befehl wurden die Decken von den Kutschpferden entfernt.

„Oberst Bronnen", rief der König, „kommen Sie, setzen Sie sich zu mir."

Bronnen verneigte sich respektvoll vor dem Kompliment und trat an die Kutsche des Königs heran. Die Herren der Gesellschaft waren erstaunt über die Ehre, die dem Oberst zuteil wurde, und stiegen in ihre Kutschen. Bronnen hatte sich respektvoll verbeugt – denn ihm war die höchste Ehre des Tages zuteil geworden –, aber in seinem Herzen gab es einen Kampf. Hatte der König auch nur die leiseste Ahnung, dass Bronnen sich als Rächer des alten Eberhard fühlte oder dass er mit sich selbst darüber rang, ob er den Rachefeldzug aufnehmen sollte oder nicht? Er zuckte zusammen, als er unwillkürlich den Kleiderbügel an seiner Seite berührte. Sollte die königliche Kutsche Schauplatz einer Tragödie sein, wie sie die Geschichte noch nie erlebt hatte? Hatte Irma dem König stolz gesagt, dass er ein abgelehnter Bewerber um ihre Hand sei? und sollte er nun die Almosen des Mitgefühls erhalten?

Die Gruppe fuhr weiter ins offene Land. Der König schwieg lange. Schließlich sagte er:

„Du warst auch ein wahrer Freund von ihr. Es gab nur wenige – tatsächlich gab es niemanden – den sie so ehrte und schätzte wie dich. Ihr ständiger Wunsch war, dass wir enger vereint wären."

Bronnen holte tief Luft. Es gab keinen Anlass, etwas zu sagen. Der König bot ihm sein Zigarrenetui an.

„Ah, du rauchst nicht", sagte er.

Es entstand eine weitere lange Pause, die schließlich durch die Frage des Königs unterbrochen wurde:

„Wie lange kannten Sie Gräfin Irma?"

„Von Kindesbeinen an. Sie war die Freundin meiner Cousine Emma, mit der sie im Kloster war."

„Es tröstet mich, mit Ihnen über unsere Freundin sprechen zu können. Sie haben ihren Charakter verstanden. Es war großartig, fast übernatürlich. Erlauben Sie mir, Ihre Freundschaft für sie zu erben."

„Eure Majestät –" antwortete Bronnen mit verhaltener Gelassenheit; denn sein Herz kochte vor Empörung über den Mann, der dieses edle Geschöpf verdorben und in die Selbstzerstörung getrieben hatte. Aber sein militärischer Respekt vor seinen Vorgesetzten hielt ihn in Schach.

„Ah, liebster Bronnen!" Der König fuhr fort: „Kein Tod hat mich jemals so berührt. Hat sie jemals zu dir vom Tod gesprochen? Sie hasste ihn. Und doch, wenn ich mich umsehe, ist alles Leben. Wenn ein großes Herz aufhört zu schlagen, die ganze Welt." sollte innehalten, auch wenn es nur für einen Moment wäre. Was sind wir schließlich?"

„Jeder von uns ist nur ein kleiner, begrenzter Teil der Welt. Alles an uns hat seinen angemessenen Entwicklungsbereich und sein Recht. Wir sind nur Herren unserer selbst, und wie wenige von uns können behaupten, überhaupt das zu sein!"

Der König sah Bronnen überrascht an. Jeder Mensch hat seinen Rechtsbereich – was könnte er damit gemeint haben? Der König sammelte sich hastig und antwortete: „Sie könnte genau die gleichen Worte verwendet haben. Ich kann mir gut vorstellen, wie sehr Sie miteinander sympathisierten. Wenn ich das richtig verstehe, betrachten Sie Selbstmord als das größte Verbrechen?"

„Wenn das, was am unnatürlichsten ist, daher das größte Verbrechen ist, dann tue ich es auf jeden Fall. ,Selbsterhaltung ist das erste Naturgesetz.' Ich werde nie ein Gespräch vergessen, das ich letzten Winter mit dem alten Grafen Eberhard über genau dieses Thema führte.

„Ah ja, du kanntest ihn. War er wirklich ein großartiger Mann?"

„Er war ein Mann mit einer Idee und großer Einseitigkeit. Aber vielleicht ist dies eine notwendige Voraussetzung für Größe."

„Wann haben Sie zum letzten Mal mit Gräfin Irma gesprochen?"

„Nach dem Tod ihres Vaters, als sie sich in undurchdringlicher Dunkelheit eingeschlossen hatte. Ich sprach mit ihr, konnte sie aber nicht sehen, obwohl sie mir ihre Hand reichte. Ich glaube, dass ich der letzte Mann bin, der ihre Hand in seiner hielt. "

„Dann lass mich deine Hand in meine nehmen!" rief der König.

Er hielt Bronnens Hand lange in seiner, bis dieser sagte:

„Eure Majestät, Geständnis für Geständnis. – Ich habe Irma geliebt!"

Er sprach in einem knappen und bitteren Ton. Der König zog hastig seine Hand zurück.

„Ich sehe", fuhr Bronnen mit aller Kraft fort, „dass die Gräfin nichts von meiner Klage erwähnt hat. Ich danke ihr auch jetzt noch für diesen Beweis ihres edlen, großzügigen Herzens. Da sie meine Liebe nicht ehrlich erwidern konnte, Sie lehnte es offen gesagt ab.

„Du? mein lieber Bronnen!" rief der König in einem Ton, der seine schmerzliche Aufregung verriet. Er musste an das glückliche Leben denken, das Irma als Ehefrau dieses Mannes hätte führen können. „Mein armer Freund!" fügte er mit gefühlvoller Stimme hinzu.

„Ja, Majestät, ich habe das Recht, mit Ihnen zu trauern, und es scheint, als ob ihr mächtiger, allumfassender Geist immer noch mächtig wäre und Ihre Majestät veranlasst hätte, mich an Ihre Seite zu rufen."

„Davon habe ich nie geträumt. Wenn ich es getan hätte, hätte ich dir diesen Schmerz nicht zugefügt."

„Und ich danke Ihrer Majestät, dass Sie mir erlaubt haben, an Ihrer Trauer teilzuhaben. Weil ich sie mit Ihnen teile, kann ich Sie trösten, das heißt, soweit es ein anderer kann. Da Ihre Majestät so offen zu mir ist, muss ich es brauchen Seien Sie im Gegenzug genauso offenherzig."

Der König schwieg lange. Obwohl Bronnen ihm sein Herz geöffnet hatte, weckte die unmittelbare Wirkung in ihm ein tiefes Gefühl der Eifersucht. Er konnte den Gedanken nicht ertragen, dass ein anderer es gewagt hatte, seinen Blick auf Irma zu werfen; Ja, eigentlich um sie zu umwerben. Sie schien nicht mehr ganz seine eigene zu sein, seit ein anderer seine Hand nach ihr ausgestreckt hatte.

Bronnen wartete auf die Antwort des Königs. Er konnte nicht verstehen, was sein Schweigen bedeutete. Hatte der König seine Offenheit bereut? Beleidigte es ihn, zu sehen, dass ein anderer sich auf eine Stufe mit ihm gestellt und ihm offen und furchtlos geantwortet hatte? Das Bewusstsein des Königtums grenzt an das des Mannesalters, und vielleicht kommt es nie vor, dass ein Prinz sich einfach nur als Mensch betrachtet. Bronnen ärgerte sich über das Schweigen und die abgewandten Blicke des Königs. Er konnte es nicht länger ertragen und schließlich hatte er das Gefühl, dass die Etikette in einem solchen Moment missachtet werden könnte, und sagte:

„Ich denke, dass nur wenige Männer groß genug sind, das gesamte Wissen über ihre Eroberungen für sich zu behalten."

Diese Bemerkung hatte eine doppelte Bedeutung, und Bronnen wäre nicht überrascht gewesen, wenn der König sich mit einer vernichtenden Antwort an ihn gewandt hätte. Er fühlte sich trotzig und dennoch gefasst. Der Mann, dem er das Geheimnis seiner Seele offenbart hatte, durfte nicht so tun, als wäre nichts geschehen; er muss für sich selbst antworten.

Der König schwieg immer noch.

„Ist Eure Majestät nicht meiner Meinung?" fragte Bronnen zitternd vor Rührung.

Der König drehte sich zu ihm um.

„Du bist mein Freund. Ich danke Dir, und wenn wir in Wolfswinkel ankommen, wirst Du den höchsten Beweis meines Vertrauens erhalten."

„Es gibt noch etwas, das ich Eurer Majestät meiner Meinung nach mitteilen sollte."

"Fortfahren."

„Ich glaube, ich kann den Zusammenhang zwischen bestimmten jüngsten Ereignissen erkennen. Während der späten Wahl zum Abgeordneten haben einige meiner Freunde in den Highlands an mich gedacht. Sie wussten von meiner aufrichtigen Hingabe an meinen verfassungsmäßigen König."

Die Züge des Königs verrieten den leisesten Ausdruck von Abscheu, während Bronnen ruhig fortfuhr:

„Ich habe den Wählern mitgeteilt, dass ich niemals eine Wahl akzeptieren würde, die mich mit der Opposition in Einklang bringen würde. Graf Eberhard wurde daher am allerletzten Tag vorgeschlagen und nahm zur großen Überraschung aller die Nominierung an. Um zu stimmen." ein Stigma für den Vater, die Freunde des gegenwärtigen Ministeriums – ich gebe Ihrer Majestät jetzt Fakten, nicht bloße Meinungen – waren sich nicht zu schade, die Beziehung zwischen Gräfin Irma und Ihnen in die Diskussion einzubeziehen."

Der König warf seine Zigarre weg und sagte schnell:

„Weiter, erzähl mir mehr!"

„Graf Eberhard wurde trotzdem gewählt. Als ich in Wildenort war, um der Beerdigung beizuwohnen, wurde mir mitgeteilt, dass ihm die erste Mitteilung über die Stellung seiner Tochter, die er erhalten hatte, auf der Wählerversammlung übermittelt worden war. Auf dem Heimweg er erhielt Briefe, die ihn tief berührten. Mehr noch, denn ich habe mich der Sache angenommen. Ich fand dieses Stück eines zerrissenen Briefes auf der Straße, und der Arbeiter, der dort arbeitete, erzählte mir, dass der Graf zu der genannten Zeit Briefe zerrissen habe ."

Bronnen reichte ihm ein Papier, auf dem stand: „Deine Tochter ist in Ungnade gefallen und steht dennoch in hoher Gnade als Geliebte des Königs."

„Das könnte von unserem heiligen Hippokrates geschrieben worden sein", murmelte der König vor sich hin.

„Ich bitte Eure Majestät um Verzeihung, aber wenn Sie auch nur den geringsten Verdacht gegen Doktor Gunther hegen, tun Sie ihm Unrecht. Ich werde meine Ehre für ihn aufs Spiel setzen, und die Zeit wird zeigen, dass ich Recht habe."

"Mach weiter!" sagte der König ungeduldig. Es gefiel ihm nicht, dass Bronnen sozusagen seine eigenen Gedanken lesen und verstehen konnte, was er nur halb gemurmelt hatte; und dass er es, obwohl er es verstanden hatte, nicht pflichtgemäß ignoriert hatte. Er sollte nur hören, was direkt an ihn gerichtet war.

„Bei seiner Rückkehr von der Sitzung", fuhr Bronnen ruhig fort, „wurde Graf Eberhard von einem gelähmten Schlaganfall befallen, der ihm die Fähigkeit zum Sprechen nahm. In seinen letzten Augenblicken war Gräfin Irma die einzige bei ihm. Man hörte ihr zu." stieß einen schrecklichen Schrei aus – als sie das Zimmer betraten, lag sie auf dem Boden, und Graf Eberhard war tot. Wer weiß, was dort passiert sein mag! Aber was auch immer es gewesen sein mag, ich bin sicher, es war die Ursache, die sie dazu getrieben hat dieser schreckliche Entschluss."

„Und welchem Zweck dient diese geniale Kombination?" fragte der König.

Bronnen sah ihn erstaunt an.

„Ihr einziger Zweck besteht darin, zur Aufklärung des Rätsels beizutragen."

Die lange Pause, die auf Bronnens Bemerkung folgte, verstärkte noch ihre Beeindruckung.

„Ja", sagte der König und nahm das Gespräch wieder auf, „wie viel besser ist es, alles zu klären! Das war nur ihre eigene Art zu tun; so natürlich und doch so klar, so bewusst und doch so stark. Nun ja Sei es so. Bronnen, warum sollte ich es verheimlichen? Ich darf dir alles erzählen. Ich habe die Gräfin geliebt. Und jetzt – ich muss es sagen, denn der Gedanke quält mich – bin ich fast wütend auf sie. Ihr Selbstmord hat sich aufgedrängt Es ist eine schwere Lebenslast, die auf mir lastet. Bis ans Ende meiner Tage werde ich es nie schaffen, sie beiseite zu legen. Sie muss gewusst haben, wie sehr sie mich belasten würde. Sag es mir ganz offen – ich flehe dich an, sag es mir - ist dieses Gefühl nicht berechtigt?

„Ich wende mich jetzt nicht an den König. Ich spreche mit dem Mann mit klarem Kopf und warmem Herzen."

Bronnen hielt inne. Es schockierte den König, dass er auf diese Weise seiner angeborenen Würde beraubt wurde. Was würde dieser strenge Mann sagen, dem er befohlen hatte, seinen Rang zu vergessen?

"Sprich weiter!" sagte der König ermutigend.

„Dann werde ich offen sprechen", begann Bronnen, „wie zwischen Mann und Mann. Wenn Sie sich selbst Vorwürfe machen, weil Sie das Gefühl haben, dass Ihr Freund Sie gekränkt hat, indem er Ihnen diese Lebenslast auferlegt hat, ist das lediglich ein Beweis dafür, dass Ihr wahres Selbst so gewesen ist." tief betroffen. Was dich jedoch wirklich quält, ist der Geist deiner eigenen Tat. Auch wenn unsere Freundin, die das Schicksal so gut verdient hat, sich in einem schönen Wahnsinn bereitwillig geopfert hat, steht dir immer noch die strenge Wahrheit gegenüber: Du bist eingedrungen, nein, zerstört, ihr Rechtsbereich, und nun erntest du die unvermeidliche Konsequenz dessen, was damals begonnen wurde. Der Geist deiner eigenen Handlungen beunruhigt dich und wird es weiterhin tun, bis du die Wahrheit erkennst. Jeder Mensch hat seine eigenen Rechte, Es stellt eine Barriere dar, die niemand zu durchbrechen wagt, ganz gleich, wie hoch seine Position auch sein mag. Wenn Sie dies vollständig in sich selbst erkennen und durch Ihr Wissen über die Sünde die Sünde überwunden haben, dann und erst dann werden Sie frei sein – egal, was auch sein mag Der Aberglaube verwendet die Formel: „Alle guten Geister preisen den Herrn", um Phantome auszutreiben. Unser guter Geist ist die innere Wahrnehmung der Wahrheit, auf die wir uns berufen bzw. deren Berufung wir zum Ausdruck bringen."

Es entstand eine lange Pause. Bronnens Gesicht strahlte vor Aufregung. Dem König war kalt und er hüllte sich in seinen Mantel. Seine Augen waren geschlossen. Schließlich setzte er sich auf und sagte:

„Ich danke ihr; sie hat mir einen Freund geschenkt, einen wahren Mann. Du wirst mir bleiben."

Die Stimme des Königs war heiser. Er wickelte seinen Mantel noch fester um sich, legte sich in die Ecke der Kutsche und schloss die Augen. Kein weiteres Wort wurde gesprochen, bis sie den Jagdsitz erreichten. Der König teilte seinem Gefolge mit, dass er sich unwohl fühle und nicht an der Jagd teilnehmen werde. Der Rest der Gruppe stürzte sich in den Wald, während der König mit Bronnen allein blieb.

KAPITEL IV.

Es war nach dem Frühstück. Die Königin befand sich, begleitet von den Hofdamen, im Musikzimmer.

Der erste Frühherbstnebel verhüllte die Landschaft und der Morgen versprach einen schönen, erfrischenden Tag.

Verschiedene Tagebücher lagen vor der Königin. Sie stieß sie weg und sagte:

„Wie schrecklich sind diese Zeitungen! Was für eine Lizenz! Dieses Blatt ist normalerweise so unbedenklich; aber auch hier heißt es, dass Graf Wildenort aus Kummer wegen des Verhaltens seiner unverheirateten Tochter gestorben ist. Kann so etwas erlaubt sein? Hat man so etwas jemals gehört? von – Ah, lieber Stadtrat!" Sie fügte hinzu und wandte sich an ihre Privatsekretärin: „Auf meinem Schreibtisch oben liegt ein versiegelter Brief für Gräfin Irma. Ein Bote soll ihn ihr sofort bringen. Wenn sie nur in Unkenntnis dieser schrecklichen Zeitungsgeschichten gehalten werden könnte; ich hoffe, sie könnte …" bei allen Veranstaltungen."

Die Hofdamen waren mit ihrer Stickerei beschäftigt. Sie antworteten mit ihren Nadeln flinker als zuvor und blickten nicht von ihrer Arbeit auf.

Gräfin Brinkenstein wurde abberufen. Nach einiger Zeit kehrte sie in Begleitung des Arztes zurück.

„Ah, willkommen!" rief die Königin.

Auf ein Zeichen der Gräfin Brinkenstein zogen sich die Damen zurück.

„Wie bezaubernd! Du bist gerade noch rechtzeitig gekommen", sagte die Königin. „Ich bin gerade dabei, einen Brief an Gräfin Irma abzuschicken; vielleicht fügen Sie noch ein paar nette Worte hinzu."

„Eure Majestät Gräfin Irma wird Ihr Kondolenzschreiben nicht lesen können."

"Warum nicht?"

„Die Gräfin ist – sehr krank."

„Sehr krank? Du sagst das so – nicht gefährlich, hoffe ich?"

„Ich fürchte es."

„Doktor! Ihre Stimme – was ist das? Die Gräfin ist nicht –"

"Tot--!" sagte der Arzt und bedeckte sein Gesicht mit den Händen.

Für einige Augenblicke herrschte atemlose Stille in der großen Halle. Schließlich rief die Königin aus:

„Tot! War es Trauer über den Tod ihres Vaters?"

Der Arzt nickte zustimmend.

Der Blumentisch, den Irma bemalt hatte, stand neben der Königin. Die Königin betrachtete es lange. Schließlich vergaß sie ihre Umgebung völlig – ihr Blick war immer noch auf den Tisch gerichtet, der jetzt, da sie bitterlich weinte, von ihren Tränen nass war – und rief mit herzzerreißendem Ton:

„Oh, wie schön sie war; wie strahlend ihre Augen, wie hell ihr Blick, wie musikalisch ihre Stimme! Ihr Gesang war wie das Trällern der Lerche! Und all diese Schönheit, all diese Liebe und Güte gibt es nicht mehr! Ich würde lieben." um sie zu sehen, sogar im Tod. Sie muss schön sein, ein Abbild des Friedens. Und Sie sagen, dass sie aus Kummer über den Tod ihres Vaters starb, aus gebrochenem Herzen? War es ein einziger großer, krampfhafter Gefühlsstoß, der ihre Leidenschaft brach? , edles Herz? Oh, meine Schwester – denn ich habe sie als solche geliebt – verzeih mir, dass auch nur der Schatten des Zweifels – Oh, meine Schwester! – die schönen Blumen auf diesem Tisch wurden von deiner Hand heraufbeschworen – Und Du bist verblüht, verdorrt, verfallen! Du warst schöner als jede Blume! Ich kann immer noch dein Auge sehen, wie es jedem Strich des Bleistifts folgte. Du wolltest mir unsterbliche Blumen schenken, und als unsterbliche Blume wirst du in meinem Herzen wohnen ."

Ihre Tränen fielen auf den Marmorblumentisch. Ein kleiner Hund kam auf sie zu und sie sagte:

„Sie hat dich auch mit Blumen geschmückt. Es war an meinem Geburtstag. Sie wollte alles schmücken, was ihr ins Auge fiel. Und du hast sie auch geliebt, armer Zephyr? Jedes Geschöpf liebte sie, und jetzt ist sie tot." Sie weinte einige Zeit schweigend.

„Darf ich Trauer für meinen Freund tragen?" fragte sie und blickte zu Gräfin Brinkenstein auf.

„Eure Majestät, es ist nicht Brauch, dass die Königin allein trauert."

„Natürlich; wir sind nicht allein. Nein, niemals! Alle müssen mit uns trauern; es muss notwendigerweise eine Trauerkleidung geben."

Sie hatte hart gesprochen und reichte nun wie zur Entschuldigung der Gräfin Brinkenstein die Hand und fragte:

„Wann soll sie beerdigt werden und wo? Ich möchte die schönste Girlande auf ihr Grab legen. Ich werde selbst zu ihr gehen, und meine Tränen werden auf ihr blasses Gesicht tropfen. Ein so schönes Leben und ein so plötzlicher Ende! Kann das möglich sein? Ich muss zu ihr!"

Ihr Blick schien auf die freie Stelle gerichtet zu sein, während sie fragte:

„Ist der König auf die Jagd gegangen?"

"Ja, eure Majestät."

„Auch er wird weinen, denn er liebte sie, als wäre sie seine Schwester. Ich weiß es."

Der Blick, den Gräfin Brinkenstein nun dem Arzt zuwarf, schien zu sagen: „Ich habe der Königin nie so viel Fingerspitzengefühl und Selbstbeherrschung zugetraut. Wie natürlich sie sich verhält, während sie versucht, uns glauben zu machen, dass sie nie wusste oder vermutete, dass etwas nicht stimmte." ."

„Ich werde zu ihr gehen!" rief plötzlich die Königin. „Niemand soll es verhindern. Ich werde zu ihr gehen und an ihrem Sarg, an ihrem Grab stehen."

Gräfin Brinkenstein starrte die Königin an.

Der Arzt kam und sagte:

„Eure Majestät kann die Gräfin nicht sehen. Die Trauer über den Tod ihres Vaters beeinflusste ihr Gemüt –"

„Dann ist sie nicht tot?"

„Die Gräfin hat sich zweifellos im See ertränkt."

Die Königin warf dem Arzt einen entsetzten Blick zu. Sie versuchte zu sprechen, konnte es aber nicht. Günther fügte hinzu:

„Sie hat uns nicht ohne Abschied verlassen; sie hat einen Brief hinterlassen, den ich Ihrer Majestät überbringen soll. Er muss sicherlich dazu gedacht sein, die schreckliche Nachricht zu sühnen; selbst in ihren letzten Augenblicken blieb sie ihrer liebevollen Natur treu." "

Die Königin starrte Gunther ausdruckslos an. Sie versuchte aufzustehen, schaffte es aber nicht. Sie bedeutete ihm stumm, ihr den Brief zu geben. Günther reichte es ihr.

Die Königin las es und wurde bleich wie eine Leiche. Ihre Gesichtszüge wurden starr; ihre Hände fielen wie gelähmt zur Seite; Ihre Augen waren geschlossen, ein Ausdruck des Todes lag auf ihren Lippen. Plötzlich zitterte sie, als würde sie frösteln, und dann wurde ihr Gesicht rot, als würde es brennen. Sie sprang auf und rief:

„Nein! Nein! Hast du das getan? Könntest du so handeln, Irma? Du--"

Sie fiel in ihren Stuhl zurück, bedeckte ihr Gesicht mit beiden Händen und rief:

„Und sie küsste mein Kind, und er küsste es! Oh, sie küssten das, was am reinsten von allen war, wohl wissend, wie unrein ihre eigenen Lippen waren. Sie redeten in der erhabensten Sprache, und doch schnitten die Worte nicht so scharf in ihre Zunge." Messer! Oh, wie ekelhaft! Wie ekelhaft, wie verdorben scheint alles! Wie ich mich selbst verabscheue! Und er wagte es, mir zu sagen, dass ein Prinz keine privaten Handlungen haben dürfe, denn seine Taten seien ein Vorbild für andere. Schande! Schande! Alles ist abscheulich, alles ist verabscheuungswürdig! Alles!"

Sie sah sich verwirrt um. Sie war in ihrer Empörung ebenso schrecklich, wie sie in ihrer Trauer schön gewesen war.

Mit leerem Blick betrachtete sie jeden Gegenstand, der Irma einmal begegnet war, und als ihr Blick wieder auf den Blumentisch fiel, wandte sie sich krampfhaft ab, als wären Schlangen aus den Blumen geflogen. Wieder rief sie aus:

„Oh, wie abscheulich! Oh, wie abscheulich, wie ekelhaft! Ich flehe dich an, lass mich in Ruhe! Darf ich nicht allein sein?"

„Lassen Sie mich bei Ihrer Majestät bleiben", sagte der Doktor und ergriff ihre Hand, die wie leblos an ihrer Seite hing.

Gräfin Brinkenstein zog sich zurück.

Die Königin sagte lange Zeit kein Wort. Sie schien ins Leere zu starren, atmete schwer und zuckte manchmal krampfhaft zusammen. Plötzlich bekam sie einen Schauer und fiel bewusstlos zurück.

Der Arzt badete ihre Stirn und Handgelenke mit ein paar Tropfen eines stärkenden Mittels und rief dann ihre Zofe. In dessen Begleitung führte er die Königin in ihre Gemächer und befahl, sie zu Bett zu bringen.
„Ich werde nie wieder das Licht der Welt sehen, noch ein menschliches Gesicht; und er – und er!" schrie sie; dann steckte sie ihr Spitzentaschentuch in den Mund und zerriss es mit den Zähnen.
So lag sie einige Zeit, während der Arzt schweigend an ihrem Bett saß.
Schließlich seufzte sie tief, öffnete die Augen und sagte:
„Ich danke dir, aber ich würde gerne schlafen."

„Ja, tun Sie das", sagte der Arzt. Er wollte gerade gehen, aber sie rief ihm zu:

„Noch ein Wort. Weiß der König –?"

"Ja, eure Majestät."

„Und er ist auf die Jagd gegangen?"

„Er ist König, Eure Majestät."

„Ich weiß, ich weiß! – Alles, um keine Sensation zu erzeugen. Ja, ja."

„Ich bitte Sie, Majestät, denken Sie jetzt nicht nach. Machen Sie sich um nichts Sorgen. Versuchen Sie zu schlafen."

„Wir können uns den ewigen Schlaf gönnen, aber keinen zeitlichen Schlaf."

„Ich flehe Sie an. Majestät: Geben Sie dieser heftigen Aufregung nicht nach, sondern versuchen Sie zu schlafen."

„Das werde ich, das werde ich. Gute Nacht! Gib mir einen Schlaftrunk, einen Tropfen Vergesslichkeit. Gift wäre besser! Gute Nacht!"

Der Arzt zog sich zurück, bedeutete Madame Leoni, der Hofdame, aber mit einer schwachen Geste, dass er im Nebenzimmer bleiben sollte.

KAPITEL V.

Es war still und einsam auf dem Jagdsitz in den Highlands. Die Wände der großen Halle waren mit Geweihen behängt; Ein ausgestopfter Eberkopf starrte über den Eingang. Auf dem großen Herd brannte ein helles Feuer, denn hier zwischen den Bergen war es schon kalt. Der König saß vor dem Feuer und starrte auf die lodernde Glut. Die ineinander verschlungenen Flammen würden wie Feuerzungen in die Höhe springen. Der König verließ mehrmals seinen Stuhl, setzte sich aber bald wieder hin.

Unter dem Geweih hingen Tafeln, die das Jahr und Datum jeder Jagd markierten. Eine lange Reihe von Vorfahren hatte zu diesen Siegesbeweisen beigetragen. Wenn alle Waffen, die zur Erreichung dieser Triumphe eingesetzt wurden, im selben Moment abgefeuert würden; Wenn darüber hinaus jedes geblasene Horn, jeder Hund, der gebellt hat, und jedes Geschöpf, das gejubelt hat, eine Stimme finden würden, könnte der so erzeugte Lärm nicht verwirrender oder verwirrender sein als die Gedanken, die sich gegenseitig drängten im Kopf, der jetzt auf den Händen des Königs ruhte.

Er stand von seinem Platz auf und las einige der Inschriften an der Wand. Er konnte sich einer mächtigen Abstammung rühmen. Sie gehörten zu einer lustvollen und mächtigen Rasse, und während sie sich den Freuden der Jagd und des geselligen Beisammenseins hingaben, hätten sie ein Abenteuer wie das, das ihn jetzt verunsicherte, schnell vergessen.

Sind wir schwächer, kleinlicher, schüchterner geworden?

Der König setzte sich wieder hin und blickte ins Feuer. Er war wütend auf sich selbst und konnte dennoch seine Schwäche nicht überwinden.

Wir sind nicht wie die Männer der alten Zeit mit ihrer groben Einfachheit und ihrer furchtlosen Missachtung der Konsequenzen. Warum haben wir nicht die Stärke unserer Vorfahren geerbt, sondern nur den Stolz auf ihre Macht?

Was ist passiert?

Untreue kann nicht ausgerottet werden, noch können die Toten wieder zum Leben erweckt werden.

Die Erinnerung an die Tage, die in berauschendem Glück vergangen waren, stieg vor ihm auf, als wollte er sagen: Das darf nicht sein, das kann nicht sein.

Hat sie das Recht, neben ihrem Leben auch meins zu zerstören? Und sie hat es zerstört. Ihr Tod wird für immer ein untrennbarer Teil von mir bleiben. Ich trage eine Leiche mit mir herum. Die Schuld des Mordes wohnt in meinem Herzen!

Plötzlich hielt er seine Hände vor das Feuer, denn sie waren kalt. Die Flammen brannten hell, aber sie wärmten seine Hände nicht und sein Herz schien zu frieren.

Hat Bronnen Recht, wenn er sich weigert, in dieser schrecklichen Angelegenheit etwas anderes als die unvermeidlichen Folgen meines Handelns zu sehen?

Er stieß ein kurzes Lachen aus, denn ihm war plötzlich klar geworden, dass die Welt ein wundersames Chaos aus Blutvergießen und Mord darstellen würde, wenn jeder ähnliche Fehltritt das gleiche Ergebnis zeitigen würde. Wie viele Tausend--

Ein paar Worte, die er an einem schönen Morgen und in glücklichen Zeiten gesagt hatte, gingen ihm durch den Kopf. Es war, als würde ich mich plötzlich an eine längst vergessene Melodie erinnern. Es war kaum mehr als ein Jahr her, als die Königin, während sie unter der weinenden Asche saß, gesagt hatte: „Wer etwas Unrechtes begeht, sündigt sich selbst, und zwar so tief, als wäre es das erste Mal, dass die Sünde jemals begangen würde.“

Ah! Warum bleiben unsere Handlungen so weit hinter unserem Ideal zurück?

Der König blickte immer noch ins Feuer. Das Bild seiner Frau, das aus seinem Gedächtnis verschwand, wurde durch das des Freundes ersetzt, dem er in seiner Fantasie bis zum Grund des Sees folgte.

Er stand hastig auf, öffnete das Fenster, atmete die erfrischende Bergluft ein und blickte hinaus in die dunkle Nacht.

Dort liegt, in Schlaf gehüllt, die Welt, der Palast mit seinem reichen und vielfältigen Leben, deine Frau, dein Kind; und darüber hinaus, soweit das Auge reicht, das reiche Land, über das du herrschst. Und während Millionen von Wesen in ihrer Stunde der Not zu dir schreien, sollst du von einem Sterblichen in die Tiefe gezogen werden?

Der König wandte sich um, mit der Absicht, nach Bronnen zu schicken.

Es ist nicht gut, sich der Einsamkeit und der Gesellschaft böser Geister hinzugeben.

Und doch zögerte er. Aus der Dunkelheit erhob sich ein Dämon mit tausend glitzernden, listigen Augen. Er kannte ihn seit seiner Jugend und sein Name war Misstrauen. Wer weiß, dass dieser Herr mit seinen hochtönenden Phrasen nicht Ihre Demut und die zärtliche Stimmung, die Sie entmannt hat, für seine eigenen selbstsüchtigen Zwecke ausnutzt? denn alle Menschen sind egoistisch, besonders im Umgang mit Königen. Er will mich und durch mich das Land regieren. Wer weiß, ob er sie jemals geliebt oder ihr seine Leidenschaft erklärt hat. Sie hätte es mir nicht verheimlichen können und auch nicht gewagt. Die Geschichte war eine fertige Erfindung von ihm, mit der Absicht, ihn zu meinem Begleiter in der Trauer zu machen. Aber ich kenne keinen Begleiter. Ich werde keine haben. Wenn ich nicht alles alleine schaffen kann, bin ich kein König, und wenn ich kein König bin, was bin ich dann? Nein, mein weiser und edler Herr –

Eine innere Stimme ermahnte ihn, dass es falsch sei, Bronnen so zu beurteilen, wie er andere Männer beurteilte, aber er wollte nicht darauf hören. Er richtete sich auf, als sei er sich seiner Macht und Würde bewusst. Plötzlich drang ein Geräusch aus dem Wald an sein Ohr. Es war der erste wilde, traurige Schrei des Hirsches. Der Jäger in ihm war jetzt erregt. Seine Hand suchte schnell nach seiner Waffe, aber der Gedanke verschwand mit der Schnelligkeit, mit der der Hirsch durch den Wald flog, und wich einer anderen, die ein Lächeln auf das Gesicht des Königs zauberte. Der Hirsch, dachte er, weinte zu ihm. Die Natur kennt nichts von einer solchen Untreue wie der, mit deren Gedanken du dich jetzt quälst. Die Naturgesetze erkennen Untreue nicht an; es ist einfach eine gewalttätige und willkürliche Schöpfung des Menschen. Aber das Naturgesetz erkennt weder einen König noch das Recht eines Lebewesens an, über andere derselben Art zu herrschen. Aber es ist nicht nur die Natur, die das menschliche Leben bestimmt. Es gibt noch ein anderes Gesetz, das im Menschen wohnt. Bei der Geburt jedes Tieres scheint das Gesetz seines Lebens neu geboren zu sein. Der Mensch jedoch erbt das Vergangene, denn er hat eine Geschichte. Und ein König mehr als alle anderen –

Der König stand lange Zeit schweigend da. Als ihm wieder kalt wurde, schloss er das Fenster und setzte sich vor das Feuer, in dem die Glut noch brannte. Obwohl er es als lästig empfand, allein zu sein, zwang er sich dennoch dazu, so zu bleiben.

Das Feuer flackerte immer noch, und hin und wieder schoß eine scharfe Flammenzunge hervor. Die Hand des Königs umklammerte noch lange, nachdem das Feuer aufgehört hatte zu brennen, den silbernen Griff der Zange. Zum ersten Mal in seinem Leben spürte er eine Leere in sich selbst – eine Leere, die nicht gefüllt werden konnte. Was könnte es sein? Jagen oder Drillen, scherzen oder befehlen, lieben oder herrschen, nichts davon füllte die schmerzende Leere. Was könnte es sein? diese ständige Unruhe, diese Sehnsucht nach etwas, das noch kommen wird.

Er hatte eine glückliche Jugend verbracht. Der freie Umgangston am Hofe seines Vaters hatte ihn nicht berührt. Er hatte in einer idealen Welt gelebt. Er war auf Reisen und weit weg von zu Hause, als ihn plötzlich die Nachricht vom Tod seines Vaters erreichte. Kaum war er im Menschenstand angelangt, wurde er auf den Thron berufen. Andere könnten ihre Zuneigung auf die Probe stellen, könnten sich entscheiden – seine Gemahlin war für ihn ausgewählt worden – es gab kein Werben; ein Thron, ein Land, eine Frau wurden ihm gegeben. Seine Frau war anmutig und hübsch. Er mochte sie und sie liebte ihn sehr. Plötzlich trat Irma in ihren Kreis und der Ehemann, der Vater, der König wurde von glühender Liebe erfasst. Und jetzt war sie tot, zerstört durch ihre eigene überstürzte Tat.

Ist es für Sie noch möglich, sich dem Gesetz zu unterordnen?

Du hast dich ihm widerstrebend unterworfen, als wäre es eine Fessel und eine Fessel; aber ist die Unterwerfung unter das Gesetz nicht die höchste, ja, die einzige Quelle unzerstörbarer Macht? Ja, es gibt ein ewiges Gesetz, das Sie an Ihre Frau und Ihr Volk bindet. darin allein wohnt das ewige Leben.

Er war von dem Gedanken erfüllt. Es war wie eine Befreiung; wie das erste freie Atmen des Rekonvaleszenten. Er konnte den Gedanken nicht ganz begreifen, und doch kam es ihm vor, als müsste er laut ausrufen: Ich bin frei! frei und doch im Einklang mit dem Gesetz.

Er stand schnell auf. Er wollte nach Bronnen schicken, hielt sich aber zurück. Er hatte mit sich selbst gerungen und würde dies nun in sich tragen. Er hatte das Gefühl, als sei die schmerzende Leere, die rastlose Sehnsucht nach Veränderung plötzlich gefüllt worden. Er drückte seine Hand auf sein pochendes Herz.

Er klingelte und teilte Bronnen mit, dass er sich zurückziehen könne. Er schickte seinen Leibdiener weg und zog sich allein in sein Zimmer zurück.

Bronnen hatte stundenlang darauf gewartet, jeden Moment gerufen zu werden, und war nun damit beschäftigt, Vermutungen anzustellen, warum dies nicht geschehen war.

Könnte Irmas Tod mehr als nur einen vorübergehenden Einfluss auf den König gehabt haben, oder hat er wirklich dazu beigetragen, ihn mit dem Gesetz des Lebens zu versöhnen? Welchen Vertrauensbeweis wollte der König ihm erweisen? Und als Bronnen stundenlang gewartet hatte, ohne eine Nachricht vom König zu erhalten, konnte er ein Gefühl des Grolls nicht unterdrücken. Wer könnte es sagen? Vielleicht hatte der König ihn vergessen? Er hatte sich eine Zeit lang in einem klagenden Duett mit ihm verbunden; aber jetzt war alles vorbei. Dieses Stück war gespielt worden und wie bei einem Konzertprogramm sollte ein neues folgen.

Ihm fiel ein Ausspruch des alten Eberhard ein: „Wenn man sich nicht in der Gegenwart des Königshauses befindet", waren die Worte des alten Mannes, „schätzt man einen kaum höher als die Diener, die draußen in den Vorräumen oder auf den Stufen warten." warme Mäntel für ihre Herren. Sie spielen, tanzen, lachen und scherzen weiter; aber wer von ihnen hält inne, um an diejenigen zu denken, die draußen warten, die schmerzende Beine haben und vom Schlaf überwältigt sind. Aber trotzdem musst du da sein, und das ohne Murren."

Er spürte einen Anflug von Eberhards tiefer Verachtung. Auch er war ein Diener, den sein Herr beim Warten im Vorzimmer vergessen hatte.

Als ihm der König zu später Stunde mitteilte, dass er sich zurückziehen würde, nickte er dankend. Er hat sich doch an dich erinnert, dachte er bei sich. Vielen Dank. Natürlich würden sie sich für einen Komplizen bei der Kriminalität weniger schämen.

KAPITEL VI.

Die Berge waren noch vom Morgennebel bedeckt, als der König nach Oberst Bronnen schickte. Letzterer trat mit respektvoller Miene ein. Der König trat auf ihn zu und sagte:

„Guten Morgen, lieber Bronnen!" Seine Stimme war heiser; er sah blass und unausgeruht aus. Er nahm ein Blatt Papier vom Tisch und sagte:

„Da ist der Beweis, den ich dir versprochen habe. Lies ihn." Bronnen las es und sah den König erstaunt an.

„Kennst du die Handschrift?" fragte der König. „Ich erkenne die Handschrift nicht, aber der große Geist kommt mir bekannt vor. Ich glaube –"

„Du hast recht – es sind die letzten Worte, die unser verlorener Freund für mich hinterlassen hat."

Mit einer gewissen Feierlichkeit legte Bronnen den Brief erneut auf den Tisch. Er wagte es nicht, ein Wort zu sagen.

„Setzen Sie sich; ich sehe, dass Sie aufgeregt sind."

„Gewiss, Majestät; aber trotz allem bestätigen diese Zeilen nur meine Ahnung."

„Ihre Ahnung?"

„Ja, Eure Majestät; eine Ahnung, dass Gräfin Irma nicht tot ist."

„Nicht tot? Und warum?"

„Ich weiß nicht, was ich sagen soll, aber die Beweise, die im See und am Ufer gefunden wurden, dienen eher dazu, meine Theorie zu bestätigen als zu widerlegen. Sie sind zu vollständig –"

„Du hast unseren Freund geliebt, das glaube ich", sagte der König; „Aber Sie haben sie nicht ganz verstanden. Gräfin Irma war zur Täuschung unfähig; und habe ich Ihnen nicht erzählt, dass Bootsleute die Leiche einer Frau im See schwimmen sahen?"

„Wer weiß, was sie gesehen haben? Bisher wurde nichts gefunden."

„Worauf stützen Sie Ihre Ahnungen?"

„Die Vorstellung, sie hätte sich in ein Kloster zurückgezogen, um Eurer Majestät die Freiheit zu lassen, entspricht voll und ganz meiner hochgeschätzten Meinung über diese großartige Frau. Ja, frei und wahrhaftig."

„Frei und wahr", sagte der König und wiederholte die Worte vor sich hin. „Du sprichst Worte aus, die unvereinbar scheinen, und doch müssen sie in Einklang gebracht werden. Bronnen, du willst mir einen neuen Lebensweg zeigen und die Leiche entfernen, die den Weg versperrt, damit ich, meiner Last entlastet, weitergehen kann. " . Aber ich habe die Kraft, auf die ganze Wahrheit zu hören und jede beruhigende Täuschung abzulehnen."

„Eure Majestät, ich habe mich in aller Offenheit und unter völliger Missachtung aller anderen Erwägungen an Sie gewandt."

Der König nickte sanft und Bronnen fügte hinzu:

„Wie dem auch sei, diese Zeilen sind der Ausdruck einer großen Seele, und die Verwirklichung dieser Gedanken ist ein Ende, für das es sich zu sterben lohnt. Nun, Eure Majestät, muss die Last von Ihrer Seele genommen werden. Der Tod oder das Verschwinden Ihres Freundes hat es getan Sie hat dir keine Last auferlegt, sie hat dich befreit. Um unseres Landes willen und zur Verwirklichung der höchsten Gesetze ist sie gegangen."

„Frei und wahr", sagte der König erneut mit leiser Stimme. „Ich möchte noch heute die Legende auf meinem Wappen ändern und durch diese Worte ersetzen. Aber ich werde beweisen – und dir allein bekenne ich es – ich werde beweisen, dass sie in mir wohnen!" Ja, mein Freund, ich habe diese Zeilen oft in der Nacht gelesen. Als sie mich gestern zum ersten Mal angesprochen haben, habe ich sie nicht verstanden, aber jetzt verstehe ich sie. Lasst uns, solange wir leben, die Erinnerung daran in Stille feiern Tag. Du hast gestern einen Ausdruck geäußert, der mich erschreckte, ja beleidigte."

"Eure Majestät!"

„Beruhige dich. Du siehst, wir sind Freunde. Ich verspreche dir, nie wieder zuzulassen, dass mein Unmut über Nacht anhält."

„Welcher Ausdruck?"

„Es war ‚Verfassungskönig‘; und obwohl ich diesen Brief letzte Nacht immer wieder las, stand dieser Satz immer zwischen den Zeilen. Kann man ein Souverän sein und dennoch dem Gesetz unterworfen sein? Markiere mich, Bronnen; wenn ich es wäre." In der Gegenwart des ewigen Gottes könnte ich mein Herz nicht freier öffnen. Dieser Ausdruck Ihres und des Appells unseres Freundes erregte mich. Kann ich ein Souverän, ein vollkommener Mann und König bleiben und gleichzeitig gefesselt sein? Endlich ich Sie hat es verstanden. Sie sagt: „Sei eins mit dem Gesetz, mit deiner Frau und deinem Volk." Gibt es freie Liebe in der Ehe? Kann es einen freien König in einer verfassungsmäßigen Regierung geben? Da liegt die Schwierigkeit. Aber ich habe sie überwunden. Treue ist zu sich selbst erwachte Liebe. Das Leben, das ich führe, meine Krone, meine Frau, in der Tat alles Ich besitze, wurde aufgrund meines Ranges mein. Gestern Abend habe ich mir das Recht verdient, sie mein zu nennen. Um in allen Stimmungen an dem festhalten zu können, was bisher nur das Ergebnis eines Impulses war, um Neues einfließen zu lassen Leben in die eigenen Taten einfließen zu lassen und zu spüren, dass sie im Einklang mit sich selbst sind – Ah, Sie können sich keine Vorstellung von den Geistern machen, mit denen ich gerungen habe; aber ich habe schließlich gesiegt. „Frei und wahr" ist mein Motto für immer. "

Bronnen war zutiefst aufgeregt und stürzte in seiner Begeisterung auf den König zu.

„Ich habe noch nie das Knie vor einem Menschen gebeugt, aber jetzt möchte ich –"

„Nein, mein Freund", rief der König. „Komm in mein Herz. Lasst uns aneinander festhalten, gemeinsam handeln und arbeiten. Ich werde beweisen, dass ein König frei handeln kann und dass seine Freiheit und seine Freundschaft mehr als ein bloßes Märchenideal sind. Gestern fühlte ich mich als ob du mein Beichtvater wärst. Es tut mir gut, das zu sagen. Ich habe erkannt, dass der Mann, dessen Hand und Herz unrein sind, ungeeignet ist, für die höchsten und edelsten Ziele zu arbeiten. Es gibt keine Größe, die nicht begründet ist über wahre Moral, und mit diesen Worten spreche ich ein Urteil über mein vergangenes Leben. Ich schäme mich nicht, Ihnen gegenüber anzuerkennen, was ich mir bereits gesagt habe. Und nun lasst uns als Männer überlegen, was das Beste ist getan werden."

Bronnens Gesicht schien von einem Strahl reinster Freude erleuchtet zu sein.

„Ein heller, ungetrübter Geist ist bei uns."

„Ihr Andenken soll in Ehren gehalten werden."

„Ich meine nicht sie", sagte Bronnen. „Als ich mit Graf Eberhard sprach, sagte er: ‚Ehre verpflichtet uns zur Moral; Ruhm noch mehr und vor allem Macht.'"

Der König und Bronnen diskutierten viele andere Themen. Mit seinem Freund konnte der König offen und vorbehaltlos die Veränderung zeigen, die in ihm stattgefunden hatte. Aber angesichts der Welt, des Hofes und des Landes als Ganzes war es seine Aufgabe, sich schrittweiserer Methoden zu bedienen. Ein König wagt es nicht, öffentlich Buße zu tun.

Bronnen wurde heimlich zum Premierminister ernannt.

Sie blieben am Jagdsitz und beteiligten sich an der Jagd. Sie hielten es für das Beste, ihre Rückkehr vor Gericht so lange hinauszuzögern, dass sich bestimmte Angelegenheiten in der Zwischenzeit regeln konnten.

Kapitel VII.

„Seine Majestät bittet mich, Ihnen sein aufrichtiges Mitgefühl zu versichern und Ihnen zu sagen, dass es Ihnen freisteht, wenn Sie weggehen möchten, um Ihre Familienangelegenheiten zu regeln, Nachforschungen am See anzustellen oder Ihre Gedanken auf Reisen abzulenken um dies zu tun. Eine Beurlaubung auf unbestimmte Zeit wird Ihnen nachgeschickt."

Mit diesen Worten schloss der Lord Steward, der ausgesandt worden war, um Bruno über den Tod seiner Schwester zu informieren, seine Botschaft. Er drückte Brunos Hand, küsste ihn auf beide Wangen und ging.

Sobald er draußen war, fächelte sich der Lord Steward mit seinem Taschentuch Luft zu. Die schreckliche Aufgabe, die ihm zugefallen war, hatte ihn sehr erschüttert, dennoch konnte er nicht anders, als zuzugeben, dass Bruno die schreckliche Nachricht mit großer Gelassenheit aufgenommen hatte.

Während der Lord Steward im Zimmer blieb, hatte Bruno auf einem Sofa in der Ecke gesessen, sein Gesicht mit seinem Taschentuch bedeckt, und still und geduldig dem Ganzen zugehört, als wäre es die Nachricht von einem seltsamen, fernen Ereignis, das in keiner Weise in irgendeiner Weise geschah hat ihn beeinflusst.

Aber jetzt war er wieder allein. Er saß eine Weile schweigend da und spielte unbewusst mit einer Duftnote, die er kurz zuvor erhalten hatte.

Plötzlich sprang er wie verrückt von seinem Sitz auf, ergriff einen Stuhl und zerbrach ihn. Das schien ihm gut zu tun. Dann warf er sich wie von einem Dämon besessen auf den Boden und lag tobend, sich windend und ängstlich schreiend da.

Der Diener trat ein und hob ihn hoch, als er seinen Herrn auf dem Boden liegen sah.

"Ich bin krank!" sagte er. „Nein, ich bin nicht krank! Ich werde nicht krank sein! Gehen Sie sofort zum Kammerherrn von Ross oder zum Intendanten von Schoning und bitten Sie einen dieser Herren, direkt zu mir zu kommen. Wenn meine Frau nach mir fragt, sagen Sie das Ich bin mit dem Hausherrn ausgegangen.

Der Diener ging weg und Bruno stand am Fenster und blickte auf die Straße. Der Nebel war verschwunden und enthüllte nun den Park in seiner ganzen Schönheit. Der Gärtner entfernte die Töpfe mit verblühten Blumen und ersetzte sie durch frische. Arabellas Windhund saß auf dem Kiesweg; Es sah zu seinem Herrn auf und sprang zum Zeichen seiner Freude umher und rannte um die Laube herum.

Obwohl Bruno alles sah, dachte er an etwas ganz anderes.

„Ha ha!" Er lachte. „Ich hätte nie gedacht, dass diese Welt etwas anderes als eine leere Farce ist. Wer sich eine Stunde lang ärgert, ist ein Narr. Jetzt bin ich ganz frei", sagte er und richtete sich auf; „ganz frei. Jetzt gibt es niemanden auf der Erde, für den ich mich kümmern muss. Welt, ich bin frei und allein! Und nun, noch siebzig Jahre lang, gib mir alle deine Freuden! Du kannst mir nichts tun! Ich trete alles mit Füßen." !"

Er blieb stehen, um zuzuhören – aber niemand kam.

Bruno hatte immer in der Gesellschaft gelebt, aber nie Zeit in der Gesellschaft seiner eigenen Gedanken verbracht. Als er nun einsam war und trauerte, kamen sie zu ihm – vernachlässigt aussehende Kameraden mit eifriger Miene und fröhlichen Blicken – und riefen: „Lass alles, komm mit uns! Lass uns fröhlich sein! Was nützt deine Trauer?" Du wirst vorzeitig alt sein.

Er stand vor einem Spiegel und sie sagten zu ihm: „Schau, wie schrecklich du aussiehst."

Er konnte sich seiner Gefährten nicht entledigen. Sie spielten fröhliche Tänze; sie klimperten mit ihrem Gold und riefen: „va banque"; Sie rasselten mit den Gläsern und zeigten ihm üppige und verführerische Formen, und er konnte rohes und mutwilliges Lachen hören. Sie füllten den Raum; sie packten ihn und wollten mit ihm tanzen; aber er blieb standhaft, ballte die Fäuste und konnte nicht gehen. Und dann riefen sie ihm zu: „Wir kennen dich! Du bist ein dummer Junge und kümmerst dich darum, was die Welt denkt. Du hast keinen Mut! Kopf hoch! Lass dich von ihnen verspotten, aber sei trotzdem fröhlich. Der Tag, den du durch Ärger verlierst." , niemand kann dir jemals etwas zurückgeben. Pfui! Wenn du um Mitleid bittest! Geh umher und sag: „Ich bin ein armer Mann, mein Vater ist tot und meine Schwester hat sich ertränkt." Lass jemanden ein Lied für dich komponieren und einen anderen ein kleines Schild malen und von Jahrmarkt zu Jahrmarkt umherwandern und um ein Almosen bitten. Pfui! Pfui! Du musst das eine oder das andere tun: die Welt verachten oder zulassen Es tut dir leid. Wofür entscheidest du dich? Wie oft hast du gesagt: „Ich verachte die Welt" – und was macht dir Angst? Du sitzt da und möchtest raus; wer schließt die Tür? Wer hat dich gefesselt? Pferdefüße? Du bist allein. Die lieben Freunde, die gutherzigen Wesen, die mitfühlenden Seelen werden kommen und sagen: „Sei standhaft; sei ein Mann; besiege deinen Kummer!" Und was werden die lieben Seelen für dich tun? Sie werden dir die Almosen des Mitgefühls geben und dich dann in der Einsamkeit zurücklassen, während sie auf der Suche nach Vergnügen ihren Weg gehen. Solange da gespielt, getanzt, getrunken wird, sind sie treu und dauerhafte Freunde; aber um deinetwillen wird kein Fest verschoben, nichts wird sich ändern. Wenn du die Welt genießen willst,

musst du die Menschheit verachten. Sie sagen nur zu dir: „Sei ein Mann" –
aber sei einer."

Seine Gedanken brachten ihn in Raserei. Die nächsten paar Tage schienen
ihm ein gähnender, unergründlicher Abgrund vor Augen zu stehen. Alles war
leer, leer, hohl, freudlos, verzehrende Einsamkeit.

Er wurde schließlich freigelassen, denn der Diener trat ein und meldete den
Verwalter.

Sie waren keine guten Freunde gewesen, aber jetzt umarmte Bruno den
Intendanten, als wäre er der einzige Freund, den er auf der Welt hatte, und
lag schluchzend auf seinem Hals und flehte ihn an, ihn nicht der Einsamkeit
zu überlassen. Er tobte und tobte und beschimpfte sein Schicksal mit einer
seltsamen Mischung aus Gotteslästerung und Spott. „Oh, was für
schreckliche Tage, die mich erwarten!" rief er vehement.

„Die Zeit heilt alle Wunden", sagte der Intendant.

„Aber Wochen, ja Monate in Trauer verbringen!" rief Bruno erneut.

Der Intendant begann. Er hatte einen Einblick in den Charakter dieses
Mannes erhalten. Was ihn am meisten betrübte, war die lange Zeit, die er
scheinbar in Trauer verbringen musste.

Es hätte zu keinem ungünstigeren Zeitpunkt passieren können.

Bruno hatte zwei seiner besten Pferde für die Rennen gemeldet, die in
wenigen Tagen stattfinden sollten. Er hatte vorgehabt, Zuleika selbst in
einem Trabrennen zu reiten, und für das große Hürdenrennen hatte er Fitz,
seinen Stallknecht, sorgfältig trainiert. Der Name war eigentlich Fritz, aber
Fitz klang besser. Fitz, Baums Sohn, war ein gründlicher Schlingel, auf den
sein Vater sehr stolz war. Seine Zukunft war gesichert, denn es bestand kein
Zweifel daran, dass Fitz der erste Jockey im Stall sein würde, wenn er sich
nicht die Gliedmaßen brach. Er saß wie eine Katze auf seinem Pferd und es
war unmöglich, ihn abzuwerfen.

Das Wetter war bezaubernd. Es gab gerade genug Wolken, um einen vor den
brennenden Sonnenstrahlen zu schützen, und in der Nacht hatte es leicht
geregnet, was den Kurs verbessert hatte. Fitz würde in seinem grün-weißen
Anzug mit Sicherheit den ersten Preis gewinnen. Bruno war nicht wenig stolz
auf Fitz' Lackierung. Er hatte ihn sozusagen in zwei Teile geteilt, sein Kleid
war vom Scheitel bis zu den Füßen rechts grasgrün und links schneeweiß.
Schade, dass es nur sieben Kardinalfarben gibt und man so kaum die
Möglichkeit hat, seiner Liebe zur Abwechslung zu frönen. Dennoch kann
Beharrlichkeit viel bewirken, und während Bruno sein Taschentuch vor sein
Gesicht hielt, lächelte er bei dem Gedanken an Fitz mit einem grünen und
einem weißen Stiefel.

„Natürlich fahre ich nicht", sagte er zum Intendanten. „Glaubst du, ich sollte meinem Jockey erlauben, das zu tun? Ich darf das tun, darf ich nicht?" fügte er hastig hinzu, als fürchtete er eine negative Antwort. „Sie würden es für gemein von mir halten, wenn ich es nicht täte. Ich habe eine große Summe auf das Rennen gesetzt. Ich werde Fitz mitfahren lassen. Ja, das muss ich; das kann nicht schaden." Er hatte kaum zu Ende gesprochen, als Fitz den Raum betrat. Mit rauer Stimme sagte Bruno zu ihm, er solle gehen. Er war entschlossen, so zu tun, als hätte er die Rennen völlig vergessen. Das würde seine Trauer weitaus deutlicher beweisen, als wenn er seine Verlobung auflösen würde. Er würde sich einer Geldstrafe wegen Nichterscheinens unterwerfen, und die Welt würde so erkennen, dass sein Kummer so tief war, dass er alles vergessen ließ.

KAPITEL VIII.

Der Intendant saß mit Bruno auf dem Sofa. Er hielt Brunos Hand in seiner – sie war heiß vor Fieber.

Nachdem er nun den Schlüssel zu Brunos Charakter und seiner gegenwärtigen Stimmung gefunden hatte, wusste er, was gemeint war, als der Trauernde ausrief:

„Ich weiß, wie es in der Welt ist. Heute und morgen ist die Jagd in Wolfswinkel und übermorgen die Rennen. Ich wundere mich nur, dass ich in dieser einen Stunde nicht alles vergessen habe. Seine." Exzellenz von Schnabelsdorf „intellektualisiert" sich jetzt mit der hübschen Frau des Botschafters von N.----. Danach kommt die Wache, und heute Abend wird es ein *Bankett* bei Prinz Arnold geben.--Ah! Die Welt geht weiter in seinen ausgetretenen Pfaden. Wenn ich es nur vergessen könnte; denn es vergisst mich. – Wer hat einen Gedanken für den einsamen Trauernden? Oh, vergib mir, mein Geliebter, mein einziger Freund auf dieser Welt. Du wirst bei mir bleiben. Du wird mich niemals, niemals verlassen. Lass mich nicht in Ruhe, sonst werde ich verrückt?"

Der Intendant hatte aufrichtiges Mitleid mit dem armen Mann. Er war zum Essen beim Pferdeherrn eingeladen worden und wollte nur für einige Augenblicke gehen, um seine Entschuldigungen persönlich vorzutragen. Doch Bruno ließ ihn nicht gehen und überredete ihn, seine Entschuldigung schriftlich einzureichen.

„Selbstverständlich bleibe ich bei Ihnen", sagte der Intendant tröstend. „In solchen Momenten ist die Anwesenheit eines Freundes wie ein Licht in der Nacht, das einem entgegenkommt oder es einem auf jeden Fall ermöglicht, die umliegenden Objekte zu sehen; es lehrt uns, dass die Welt noch nicht aufgehört hat zu existieren und dass wir Unrecht tun." uns in der Einsamkeit zu vergraben.

„Oh, du verstehst mich! Sag mir, was ich tun soll, was ich anfangen soll? Ich weiß nichts. Ich bin wie ein Kind, das sich im dunklen Wald verirrt hat."

„Ja, das bist du."

Bruno begann. Die Bestätigung seiner Meinung über sich selbst durch den Intendanten missfiel ihm eher.

„Ich bin jetzt so schwach", sagte er. „Denken Sie nur daran, was ich in den letzten Tagen ertragen musste."

In seinem Ton lag eine seltsame Mischung aus Sanftheit und Bitterkeit.

"Darf ich rauchen?" er hat gefragt.

„Auf jeden Fall. Tun Sie alles, was Ihnen gefällt."

„Ach nein, nichts gefällt mir. Und doch möchte ich rauchen."

Er zündete sich eine Zigarre an.

Allerdings hatte die Welt ihn nicht ganz vergessen, wie er in seinem Zorn gesagt hatte. Ein Besuch wurde angekündigt. Er steckte die Zigarre hastig weg. Die Welt durfte ihn nicht rauchen sehen und sich nicht vorstellen, dass er gefühllos war oder dass er nicht um seinen Vater und seine Schwester trauerte.

Es gab viele Besucher, und Bruno war immer wieder gezwungen, seine Trauer zu zeigen und das ihm entgegengebrachte Mitgefühl anzunehmen. Er sah nun, wie sich das Gerücht von Irmas Tod in der ganzen Stadt verbreitet hatte, vom Palast bis zur Hütte. Es kamen Menschen, die er kaum kannte, und andere, die ihm sogar feindselig gegenüberstanden. Er war verpflichtet, alle höflich zu empfangen, ihnen zu danken und ihre Mitleidsbekundungen anzunehmen, während er glaubte, in manchen Augen böses Vergnügen zu erkennen. Aber er war gezwungen, dies zu ignorieren, und obwohl ihn hin und wieder ein nervöses Zucken seiner Gesichtszüge fast verriet, schaffte er es, den Anschein einer alles verschlingenden Trauer aufrechtzuerhalten.

Auch seine Vergnügungsgenossen besuchten ihn, und es war ziemlich merkwürdig, die ernste Miene der jungen Kavaliere zu beobachten, die hin und wieder einen Blick in den großen Spiegel warfen, um zu sehen, ob der ernste Ausdruck ihnen gut stand.

Es kam mir fast komisch vor, dass der Mann, der immer der Fröhlichste in der Partei war und die besten und eindeutigsten Witze machen konnte, jetzt so niedergeschlagen sein sollte. Sie setzten sich; sie setzten sich rittlings auf die Stühle und legten ihre Arme auf die Rückenlehnen; Sie zündeten ihre Zigarren an und es wurde viel über ihre jeweiligen „Papas" gesagt.

„Mein Papa ist seit zwei Jahren tot."

„Mein Papa ist krank."

„Mein Papa hat vor, von seiner Rente in den Ruhestand zu gehen."

Jemand fragte: „Bruno, wie alt war dein Vater?"

Er wusste es nicht, antwortete aber spontan:

"Dreiundsechzig."

Sie sprachen auch von den Rassen; zunächst vorsichtig und fast flüsternd, dann aber mit lauter Stimme. Sie sprachen vom großen Verlust Baron Wolfsbuchens.

"Was ist mit ihm passiert?"

„Fatima, seine prächtige schwarze Stute, wollte ihm nicht gehorchen und er schlug ihr mit seinem Schwert übers Maul. Er hatte vergessen, dass die Klinge scharf war."

Sie sprachen von dem Verlust, den er durch den Verlust der Einsätze erlitten hatte, und von dem Schaden, der seinem Pferd zugefügt worden war; aber niemand konnte seine Grausamkeit bemängeln.

Schließlich gingen seine Kameraden. Sobald sie draußen waren, streckten sie sich. „Na gut, das ist vorbei." Ein Kondolenzbesuch ist eine Art Trauerparade, und die Worte eines Menschen klingen wie gedämpftes Trommeln. Bevor sie die mit Teppich ausgelegte Treppe verließen, begannen sie zu flüstern und zu erzählen, dass Bruno seiner Schwiegermutter verboten hatte, in die Hauptstadt zu kommen, da ihre Majestäten so gnädig gewesen seien, als Paten für seinen jungen Spross aufzutreten. Zum Abschluss aß die ganze Gruppe gemeinsam zu Mittag und trank etwas Wein. Im französischen Restaurant herrschte fröhliches Treiben und oft wurde über Bruno gesprochen.

„Er wird enorm reich sein, denn er erbt einen doppelten Anteil."

„Wenn er das vor einem Jahr gewusst hätte, wer weiß, ob er Steigeneck geheiratet hätte. Seine Schulden waren nicht so hoch, dass er es noch ein Jahr durchgehalten hätte."

„Er erbt auch die Juwelen seiner Schwester, und sie sind von immensem Wert."

Als wäre er zwei Wesen in einem, das eine hier und das andere dort, folgten Brunos Gedanken den Gefährten, die ihn verlassen hatten.

Er ahnte, was sie sagten, und fuhr einmal zusammen, als hätte er hinter sich Gelächter gehört. Es war jedoch nichts anderes als der Papagei seiner Schwester, den er in sein Vorzimmer bringen ließ. Er ließ es in Irmas Wohnung zurückbringen, da er nicht wusste, ob es wirklich ihr gehörte, und sein ewiges „Gott behüte dich, Irma" ärgerte ihn.

Er ging lange Zeit im Zimmer umher, die Daumen in den eng zugeknöpften Mantel gesteckt und mit den Fingern eine fröhliche, aber unhörbare Melodie auf seiner Brust gespielt. Die Kondolenzbesuche haben ihn sehr geärgert. Es ist so lästig, einen traurigen Blick aufzusetzen, tröstende Worte zu hören, sich für sein Mitgefühl zu bedanken, während alles eine Lüge oder höchstens eine leere Form ist – es ist einfach die Pflicht eines Menschen, den Betroffenen sein Mitgefühl auszudrücken . Vielleicht bedauern die Menschen, dass sie in solchen Fällen ihre leeren Kutschen nicht schicken können, wie sie es bei Beerdigungen tun. Reicht es nicht, die Welt wissen zu lassen, dass die Trauer groß und allgemein war und dass die Beerdigung groß war? Das waren Brunos wütende und bösartige Gedanken. „Dann gehen sie los", dachte er, „die Jungen und die Alten, in Uniform und in Bürgerkleidung, die ihre Schnurrbärte zwirbeln und ihr Kinn streicheln, mit einer selbstgefälligen Miene, während sie sich sagen: ‚Das hast du geschafft.' eine gute Tat; du bist ein Mann von Höflichkeit und Gefühl –' und wenn sie nach Hause kommen, sagen sie ihren Frauen und Töchtern: ‚Der Adjutant des Königs ist so und so –' und dann essen und trinken und fahren hinaus, und als sie das Haus erreichen, sagen sie: „Wir sollten zufrieden sein, wenn bei uns alles gut geht und unsere Familie dem Unglück entgeht." Sie nutzen das Unglück anderer wie eine Plattform, um sich einen besseren Überblick über ihren eigenen Wohlstand zu verschaffen. Brunos Finger bewegten sich noch schneller als zuvor – Tod, Trauer, Krankheit waren für die unteren Schichten bestimmt und nicht für die höheren Klassen. Die Welt ist schließlich miserabel, da es keinen Schutz gegen solche Übel gibt und man sich keine Immunität gegen sie erkaufen kann.

Es kam auch Seine Exzellenz von Schnabelsdorf. Bruno hasste ihn im Innersten, denn er war es, der den Beinamen „Fräulein Schwiegermutter" für Baronin Steigeneck, die Weißtänzerin, erfunden hatte. Bruno fühlte sich jedoch verpflichtet, so zu tun, als wüsste er nichts davon, seine Hand auf die höflichste und dankbarste Weise zu nehmen und einen Kuss von den Lippen entgegenzunehmen, die seiner Familie ein Stigma auferlegt hatten; denn von Schnabelsdorf stand an oberster Stelle am Hofe, und Bruno konnte nicht auf seine Freundschaft verzichten, die doppelt notwendig war, nachdem ihm seine wichtigste Stütze, seine Schwester, genommen worden war.

So ärgerte sich Bruno über die Kondolenzbesuche, die er erhielt, aber auch über die, die ihm verweigert wurden. Die Welt war so rücksichtsvoll, dass sie keine Anspielungen mehr als auf Irmas plötzlichen und unglücklichen Tod machte; wie sie vom Pferd geworfen wurde und in den See fiel. Der Vizemeister des Pferdes behauptete, dass Pluto nie richtig eingeritten worden sei. Bruno selbst verhielt sich, als ob er wirklich glaubte, dass Irma durch Zufall ums Leben gekommen sei.

Aber es schien, als würde es ihm Vergnügen bereiten, sich die Szene des Selbstmordes vorzustellen und an Irma auf dem Grund des Sees zu denken, die mit ihren langen Haaren an den Felsen festgehalten wurde. Er konnte das schreckliche Bild nicht verbannen und öffnete schließlich das Fenster, um sich mit äußeren Gegenständen zu beschäftigen.

Bruno hatte keine Lust, etwas zu essen oder zu trinken; Der Intendant konnte ihn nur dazu bewegen, etwas zu essen, indem er für sich selbst ein Abendessen bestellte. Bruno fühlte sich verpflichtet, sich zu ihm zu setzen, und bei jedem Bissen sagte er: „Ich kann nicht essen." Schließlich bestellte er jedoch etwas Champagner.

„Ich muss ein Feuer in meinem Motor machen!" sagte er und knirschte mit den Zähnen, während er die Flasche in den Weinkühler steckte. „Daran habe ich genauso wenig Freude wie der Motor an den Kohlen."

Er trank den Wein hastig aus und aß mit einem traurigen Gesichtsausdruck weiter, als würde er jeden Moment in Tränen ausbrechen.

Er bestellte mehr Champagner.

„Hast du das gesehen?" sagte er und schaute aus dem Fenster. Seine Augen waren entzündet. „Da ist Kreuter, der Kaufmann, der auf dem Fuchswallach des Grafen Klettenheim reitet. Gestern Abend müssen sie hochgespielt haben, dass der Graf sein Pferd aufgibt; nun, es ist der Stolz seines Lebens, seine Ehre. Was wäre Klettenheim ohne seinen Wallach? A bloße Chiffre, eine doppelte Null. Ach, mein lieber Freund, entschuldigen Sie! Ich habe Fieber, ich bin krank. Aber ich werde nicht krank sein! Ich werde nichts mehr sagen. Machen Sie weiter, sagen Sie, was Sie wollen."

Der Intendant hatte nichts zu sagen. Er fühlte sich so unwohl, als wäre er mit einem Wahnsinnigen in einem Kerker eingesperrt.

„Ich möchte mit Lakai Baum sprechen", rief Bruno plötzlich. Der Intendant war gezwungen, ein Telegramm an den Sommerpalast zu schicken und darum zu bitten, Baum zum Adjutanten des Königs zu schicken.

Bruno ließ die Vorhänge herunter, bestellte Licht und mehr Wein und befahl, niemanden einzulassen. Der Intendant war verzweifelt, aber Bruno rief:

„Mein lieber Freund, alles auf der Erde ist Selbstmord, mit dem Unterschied jedoch – hier kann man immer wieder zum Leben erwachen. Die Stunde, die man tötet, ist die einzige, die man richtig verbringt."

Der Intendant befürchtete einen Ausbruch des Deliriums, aber Bruno gehörte nicht zu den Kavaliers, die nur so viel Verstand haben, wie der Champagner, den sie gerade hinuntergeworfen haben, sie beflügelt, und die bestenfalls ein galantes billet-doux schreiben oder ersinnen können eine witzige Unangemessenheit. Zu anderen Zeiten hätte Bruno über den Mann gelacht, der ihn gebeten hätte, ein System zu seinem eigenen zu machen, und doch behauptete er jetzt, dass er eines hätte, und als er sein Glas erneut füllte, rief er aus: „Ja, mein Freund, das gibt es." Es gibt nur zwei Arten von Menschen auf der Welt.

"Männer und Frauen?" sagte der Intendant, der es für das Beste hielt, sich seiner Ader anzuschließen, um ihn leichter davon abzubringen.

"Pah!" unterbrach Bruno. „Wer spricht von solchen Dingen? Hören Sie, mein Freund; die beiden menschlichen Arten sind diejenigen, die genießen, und diejenigen, die leiden. Er, der für sogenannte Ideen lebt – für das Gute, das Schöne, das Wahre. Der Mann mit einem Sein Ideal kann sein Leben opfern oder auf dem Scheiterhaufen verbrannt werden. Es ist seine Pflicht. Sein Leben ist kurz und ereignislos, wird aber durch die lange und dauerhafte Erinnerung kompensiert, die die Nachwelt an ihn festhält. Das gleicht die Abrechnung aus. Ist ist es nicht so?

Der Intendant war zur Zustimmung verpflichtet. Was könnte er tun?

„Und zur zweiten Spezies", fügte Bruno hinzu, „schließen wir uns selbst ein – diejenigen, die Spaß haben. Das Beste auf der Welt ist Genuss ohne Konsequenzen. Nachdem ich geraucht, gespielt oder Musik gehört habe, kann ich alles tun, nichts stört mich." Dann. Andere Freuden haben leider Konsequenzen. Man sollte keine Familie haben – keine Familie – auf jeden Fall keine Familie."

Bruno brach plötzlich in Tränen aus. Der Intendant wusste nicht, wie er ihm helfen sollte, und machte sich Vorwürfe, dass er Bruno nicht dazu gebracht hatte, nicht zu trinken und zu reden. Bruno warf den Kopf zurück, und der Intendant wickelte ein Stück Eis in ein Taschentuch und legte es ihm auf die Stirn.

"Danke!" sagte Bruno und schloss die Augen; "Danke!"

Er war bald eingeschlafen.

Der Diener trat ein. Bruno erwachte. Der Intendant zog die Vorhänge beiseite und öffnete die Fenster. Es war Mittag.

Es kam die Nachricht, dass Baum sich bereits mit Doktor Sixtus, dem Hofarzt, auf den Weg gemacht hatte. „Dann gehen wir ohne sie", sagte Bruno, der seine Fassung wiedergefunden hatte.

"Wir?"

„Siehst du, mein Kummer lässt mich denken, dass ich dir schon alles erzählt habe. Wir müssen zum See gehen, um nach Spuren meiner unglücklichen Schwester zu suchen. Habe ich dir wirklich noch nichts davon gesagt?"

„Nein – aber ich stehe Ihnen zur Verfügung. Ich werde für mich und auch für Sie um Urlaub bitten."

„Das ist nicht nötig. Seine Majestät hat es mir bereits angeboten. Eure Majestät ist sehr gnädig – sehr. Glauben Sie, dass wir Ihnen dienen? Ha, ha! Wir dienen Ihnen nur, weil wir uns besser und in mehr genießen können." auf vielfältige Weise an Ihrem Hof. Sie sind unser Gastgeber und haben nichts dagegen, hinter der Bar heimlich selbst einen Leckerbissen zu sich zu nehmen – ich bitte Sie, mein lieber Freund – was habe ich gesagt? Sie haben nichts gehört – nichts getan Du? Es war ein Delirium! Ich werde verrückt! Ich muss raus! Lasst uns noch heute anfangen!"

Der Intendant stimmte zu und verließ ihn für eine Stunde, um vor seiner Abreise noch verschiedene Dinge zu regeln.

Bruno befahl, seine Koffer zu packen und gab die Anweisung, zwei Reitpferde gleichzeitig zum See zu schicken.

KAPITEL IX.

Bruno stand in seinem Zimmer, umgeben von Gepäckstücken verschiedener Formen, als ein Diener seine gnädige Schwiegermutter ankündigte.

„Sie ist hier? Und trotz meines Verbots?" dachte er bei sich. „Führen Sie sie herein", sagte er zum Diener, der schnell die Falttüren öffnete und sie wieder schloss, als die Dame eingetreten war. „Ah, meine liebe Mutter!" rief Bruno, der gerade herbeieilen wollte, um sie zu umarmen, aber sie reichte ihm kühl die Hand und sagte:

„Nein, nein", und dann setzte sie sich auf ein Sofa und fuhr fort:

„Kommen Sie näher, nehmen Sie Platz."

"Wissen Sie--?" fragte Bruno.

„Ich weiß alles; du brauchst mir nichts zu sagen."

„Ich danke Ihnen, dass Sie gekommen sind, um mir Ihr Mitgefühl auszudrücken."

„Ich freue mich – ich wollte sagen, dass es mich tröstet, dich so gefasst zu finden. Arabella weiß noch nichts?"

"NEIN."

„Sie braucht es auch nicht zu wissen. Was hat dieses ganze Gepäck zu bedeuten?"

Bruno sah sie erstaunt an. Wer hatte das Recht, nachzufragen, und zwar in einem solchen Ton? „Ich gehe auf eine Reise", antwortete er unverblümt und fügte dann, um eine Szene zu verhindern, in sanftem Ton hinzu: „Als ihr Bruder muss ich Nachforschungen über den Unfall anstellen."

„Ich bin damit einverstanden; es ist völlig in Ordnung", antwortete die Baronin. „Haben Sie sich schon mit ihm verständigt! – Sie scheinen mich nicht zu verstehen, da Sie nicht antworten; ich meine mit diesem König."

„Ja", antwortete Bruno kühn, „aber ich habe mein Wort geschworen, es nicht weitergehen zu lassen."

„Sehr gut, ich respektiere Ihre Diskretion; aber jetzt ein offenes Wort mit Ihnen. Bitte schließen Sie die *Portière* ."

Bruno tat, was ihm befohlen wurde, knirschte jedoch mit den Zähnen, als er zur Tür ging. Als er wieder zurückkam, war sein Auftreten genauso höflich und aufmerksam wie zuvor.

„Mach weiter", sagte er, „niemand hört uns; ein Trauernder hört dir geduldig zu."

„Ein Trauernder! Wir haben mehr Grund zu trauern als Sie. Wir dachten, wir hätten uns mit einer der besten Familien des Landes verbündet." Bruno zuckte zusammen, als wäre er wütend.

„Bitte lassen Sie vorerst Ihre Schauspielerei fallen", fuhr die Baronin fort, deren Stimme und Aussehen sich verändert hatten. „Wir sind jetzt allein und entlarvt. Trotz der äußerlichen Höflichkeit haben Sie mich nie mit dem Respekt behandelt, den ich zu verlangen berechtigt bin. Widersprechen Sie mir nicht; lassen Sie mich bitte zu Ende bringen, was ich sagen werde." : Als ich ruhig darüber nachdachte, war ich deswegen nicht böse auf dich. Ich kannte meine Position. Aber jetzt, mein lieber Schwiegersohn, haben sich die Dinge geändert. Ich war, was deine Schwester war, aber ich habe nie gespielt Tugend. Die Welt schätzte mich nach meinem wahren Wert –"

Bruno seufzte tief.

Die Baronin fuhr fort und knirschte vor Wut mit den Zähnen, während sie sprach:

„Als deine Schwester so freundlich zu uns war, hätte ich in Demut vor ihr knien können. Sie muss mir meine Demut zurückgeben, auch wenn sie in der Hölle ist! Nicht sie war die Bessere; ich war es – Aber jetzt, Mein Schwiegersohn, dein verächtliches Verhalten muss aufhören. Lass mich dir sagen, dass du froh sein solltest, dass wir uns mit dir verbündet haben. Aber wir werden es niemals zulassen, dass du es spürst; das heißt, wenn du dich in einer Weise verhältst Art und Weise werden.

„Und tue ich das nicht?" fragte Bruno, der bei diesem Angriff seine Selbstbeherrschung völlig verloren hatte.

„Wir werden sehen; aber zunächst möchte ich Ihnen sagen, dass ich danach so oft und so lange bei Arabella wohnen werde, wie ich möchte. Auch dieser fade moralischen Königin wurde eine Lektion erteilt. Ich habe jedoch keine Lust, vor Gericht zu erscheinen. Aber der gesellschaftliche Kreis steht mir offen – ich werde ihn Arm in Arm mit dir betreten, mein liebenswürdiger, mein tapferer Sohn."

Die alte Frau erhob sich, verneigte sich anmutig und reichte Bruno ihren Arm. Dieser nahm die Hand seiner Schwiegermutter und hielt sie an seine Lippen.

„Pfui! Du hast in deiner Trauer Wein getrunken!" rief die alte Tänzerin und legte hastig ihr feines und stark parfümiertes Taschentuch an die Lippen.

„Fräulein Schwiegermutter –" die Worte lagen Bruno auf der Zunge; Am liebsten hätte er sie auf sie geschleudert. Man hörte Schritte. Einen Moment später trat der Intendant ein, und seine Anwesenheit war für Bruno eine große Erleichterung.

„Ich bitte um Verzeihung! Lass mich dich nicht stören“, sagte er, als er Brunos Schwiegermutter sah.

„Du störst uns nicht“, antwortete Bruno schnell. „Trotz eines heftigen Fieberanfalls hat sich unsere liebe Mutter, jetzt unsere Großmutter, beeilt, uns zu trösten. Ich habe das Glück, noch ein paar treue Verwandte und einen Freund wie Sie zu haben. Ich werde jetzt weiterhin ganz für die Familie leben.“ hat mich verlassen.

Die Baronin nickte erfreut zustimmend. Sie war mit Brunos erster Probe seiner neuen *Rolle rundum zufrieden* .

„Wir wollen heute nicht abreisen?“ fragte der Intendant.

„Ja, ja. Wir dürfen keine Minute mehr verlieren.“

Die Schwiegermutter verpflichtete sich, Arabella von Brunos Abreise zu unterrichten und ihr mitzuteilen, dass er aus öffentlichen Gründen weggeschickt worden sei.

Während er langsam seine schwarzen Handschuhe anzog, dankte Bruno seiner Schwiegermutter. Er dankte ihr aufrichtig, denn obwohl er genau wusste, dass er dabei war, in einen Zustand der Abhängigkeit zu geraten, und dass ihre Anwesenheit in seinem Haus ihm in vielerlei Hinsicht unangenehm sein würde, tröstete er sich gleichzeitig mit der Hoffnung dass sie sich als Gefährtin seiner Frau erweisen würde und dass er dadurch häufiger und für längere Zeiträume als zuvor von zu Hause wegbleiben könne; denn er empfand es als ziemlich lästig, so viel Zeit mit seiner Frau verbringen zu müssen. Der Abschied war kurz, aber herzlich. Bruno durfte seiner Schwiegermutter einen Kuss auf die Wange geben. Nachdem er in den Wagen gestiegen war, rieb er sich die Lippen, bis sie fast wund waren, um das Rouge abzuwischen.

Es war schon Abend, als sie losfuhren und die Nacht im ersten Posthaus verbrachten. Bruno legte sich auf das Bett, um sich „für eine kleine Weile“ auszuruhen, erwachte aber erst spät am nächsten Morgen.

KAPITEL X.

Die von Trauer überwältigte Königin schlief in ihrer Wohnung.

Die Hofdamen waren auf der Terrasse unter der weinenden Asche versammelt und hatten keine Lust, einander zu verlassen. Es schien, als ob die Angst vor Geistern sie alle bedrückte. Es war erst ein paar Tage her, seit Irma in ihrer Mitte gewesen war. Sie hatte ohne Rückenlehne auf dem Stuhl gesessen und sich nie gegen irgendetwas gelehnt. Der Platz, den sie eingenommen hatte, blieb leer, und wenn die Wege nicht jeden Morgen frisch geharkt würden, wäre ihr Fußabdruck immer noch da. Und nun war sie von der Welt verschwunden. Ihr Licht war erloschen, und zwar auf so schreckliche Weise. Wer konnte sagen, wie lange ihr Geist den Palast heimsuchen und welches Unheil er anrichten würde? Endlich wusste die Welt, was los war.

Die Damen waren eifrig mit ihrer Stickerei beschäftigt. Zu anderen Zeiten wechselten sie sich beim Vorlesen ab; aber heute blieb ihr Buch – es war natürlich ein französischer Roman – unberührt. Sie interessierten sich intensiv für die Geschichte, aber niemand wagte den Vorschlag, mit der Lektüre fortzufahren, und ein längeres Gespräch schien auch nicht möglich. Ab und zu hörte man eine Stimme: „Liebe Clotilde", „Liebe Hannah, kannst du mir etwas Veilchen leihen, oder etwas Hellgrün?" „Oh, ich zittere so sehr, dass ich den Faden nicht in meine Nadel einfädeln kann. Hast du einen Nadeleinfädler?"

Zum Glück war es zur Hand. Keiner von ihnen war bereit, so wenig gerührt zu wirken, dass er in die Nadel einfädeln konnte.

Sie bedauerten Irmas Schicksal und es tat ihnen gut, zeigen zu können, wie gütig und barmherzig sie waren. Sie fühlten sich glücklich, der Unglücklichen ihre fromme Vergebung erweisen zu können, und da sie so sanft und nachsichtig gewesen waren, hielten sie es für ihr Recht, ihr Verbrechen umso strenger anzuprangern. Auf diese Weise rächten sie sich für die Selbsterniedrigung, die sie erlitten hatten; Denn obwohl Irma die Hauptfavoritin war, hatten sie ihr mehr gehuldigt als der Königin.

Sie erwähnten das königliche Paar nie außer aus Respekt – bei all ihrem offensichtlichen Selbstvertrauen misstrauten sie einander. Sie hatten das Gefühl, dass ihnen Schwierigkeiten bevorstanden, dass es aber das Beste für sie sei, sich dessen nicht bewusst zu sein.

Gräfin Brinkenstein war die Einzige, die ein gutes Wort für Irma hatte.

„Ihr Vater trug die große Schuld", sagte sie; „Er war es, der Irma diesen Glauben eingeflößt hat."

„Und doch ließ er sie im Kloster erziehen.“

„Aber sie hat von ihm eine Verachtung für alle Formen und Traditionen geerbt, und das war ihr Unglück. Sie hatte ein liebenswertes Gemüt, war von Natur aus reich begabt und ihr Herz war frei von der geringsten Spur von Neid oder böser Natur.“

Niemand wagte es, der Gräfin Brinkenstein zu widersprechen; Vielleicht, dachten sie, verlangt die Etikette von uns, gut über Irma zu sprechen und ihre schreckliche Tat zu vergessen.

„Wer weiß, ob ihr Bruder den Steigeneck geheiratet hätte, wenn er gewusst hätte, dass er alles erben sollte!“ flüsterte eine zarte und schmachtende kleine Dame leise ihrer Nachbarin zu, während sie sich über ihren Wollkorb beugte.

Derjenige, den sie angesprochen hatte, sah sie mit einem traurigen, aber dennoch dankbaren Gesichtsausdruck an. Sie hatte Graf Bruno einst geliebt und liebte ihn immer noch.

„Ich habe ein Buch von ihr.“

„Und ich habe eine ihrer Zeichnungen.“

„Und ich habe etwas von ihrer Musik.“

Sie schauderten bei dem Gedanken, Gegenstände zu besitzen, die einmal ihr gehört hatten, und beschlossen, dass alles ihrem Bruder geschickt werden sollte.

„Ich bin heute früh an ihren Räumen vorbeigekommen“, sagte die Trauzeugin von Prinzessin Angelica – sie schien immer halb erfroren zu sein, und rieb sich die Hände und atmete auf ihre Fingerspitzen, während sie sprach – „die Fenster waren offen. Ich sah der einsame Papagei in seinem Käfig, und er rief immer wieder: „Gott behüte dich, Irma.“ Es war schrecklich.

Sie alle schauderten, und doch verspürten sie eine heimliche Befriedigung, als sie über das Thema nachdachten. Die fromme Hofdame trat in den Kreis und erwähnte, dass Doktor Sixtus sich gerade von ihr verabschiedet habe, dass er in die Highlands aufgebrochen sei, dass Fein, der Notar, ihn begleitet habe, dass er auch Baum mitgenommen habe, und dass sie damit gemeint hätten um nach der Leiche der Gräfin Irma zu suchen.

„Wird er sie hierher oder zum Schloss Wildenort bringen?“

„Wie schrecklich, im Tod von einfachen Leuten angestarrt zu werden!“

„Schrecklich! Da schaudert es mich.“

„Bitte gib mir deine Vinaigrette.“

Eine Flasche englisches Riechsalz wurde im Kreis herumgereicht.

„Und dass jeder Umstehende freiwillig eine Trauerpredigt hält!"

„Wie unangemessen, sich auf so öffentliche Weise das Leben zu nehmen!"

„Wenn es keine schrecklichen Zeitungen gäbe", jammerte die eiskalte Hofdame.

Das Gespräch nahm allmählich einen heitereren Ton an.

„Ah ich!" rief eine freche und hübsche Hofdame aus, „wie wir alle während ihres Lebens und ihrer Herrschaft gezwungen waren, von der Schönheit der Natur und den freundlichen Eigenschaften der niederen Stände zu ‚begeistern' ein Langweiler, und dass die niederen Stände schrecklich sind, ohne dass man ihn als Ketzer betrachtet."

Trotz der darin enthaltenen Bosheit fanden sie die Bemerkung sowohl gerecht als auch angemessen. Nach kurzer Zeit unterhielten sie sich alle und lachten, als wäre nichts passiert.

Ein mutwilliger Junge hat einen Spatz erschossen. Der Rest der Herde ist sehr traurig und plappert eine Weile über die Sache; aber bald hüpfen sie wieder umher und zwitschern so fröhlich wie zuvor.

Um der Wahrheit gerecht zu werden, muss man sagen, dass viele der Damen gerne gut über Irma gesprochen hätten, diese Gefühle jedoch im Hintergrund hielten. Von allen Dingen auf der Welt fürchteten sie sich davor, sich sentimental zu zeigen.

Erst als Gräfin Brinkenstein wieder zu sprechen begann, wurde der Rest der Gesellschaft ruhiger und würdevoller als zuvor.

Gräfin Brinkensteins Verhalten schien zu sagen: „Ich bin leider derjenige, der das alles prophezeit hat; und jetzt, wo alles so eingetroffen ist, wie ich es versprochen habe, bin ich nicht im Geringsten stolz darauf." Es war ihr Recht und ihre Pflicht, mitfühlend über Irma zu sprechen und gleichzeitig sanft eine Moral zu verkünden.

„Exzentrizität. Ach ja, Exzentrizität!" sagte sie. „Arme Gräfin Wildenort! Die Veröffentlichung ihrer Tat ist an sich schon eine schwere Beleidigung; aber vergessen wir nicht, wenn wir an ihr schreckliches Schicksal denken, dass sie unbestreitbar viele gute Eigenschaften besaß. Sie war schön und darauf bedacht, zu gefallen." Jedermann, und doch ohne eine Spur von Koketterie. Sie besaß Verstand und Witz, aber sie benutzte sie nie, um andere zu verleumden. Ein armes, exzentrisches Geschöpf!"

Damit war Irma erledigt, und gleichzeitig hatten die anderen Hofdamen eine Lektion erhalten.

Die Augen aller waren auf das Tal gerichtet.

„Da fährt die Kutsche!" Sie sagten. Doktor Sixtus sah die Damen und grüßte sie. Der Notar saß neben ihm, Baum gegenüber. Er war zu müde, um auf der Kiste zu sitzen. „Es ist kaum ein Jahr her, seit wir diese Reise gemeinsam unternommen haben", sagte Sixtus zu Baum.

Baum war nicht in Gesprächslaune; er war zu müde. Nach intensiver Vorbereitung hatte er an diesem Tag seine Prüfung bestanden und konnte sich sagen, dass er nicht ohne Auszeichnung davongekommen war. Obwohl er es nicht gewohnt war, sich in der Kutsche wiederzufinden, glaubte er dennoch, dass es für ihn selbstverständlich sein würde, dass dies von nun an sein Platz sein würde. Er war im Begriff, eine andere, erhabenere Persönlichkeit zu werden. Er war tatsächlich bereits zu einem solchen geworden – es fehlte nur noch das äußere Zeichen. Er wäre bereit gewesen, ein einfacher Lakai zu bleiben. Vielleicht wollte der König es so haben, um sich nicht selbst zu verraten. Er war bereit, ihn auch in dieser Hinsicht seinen eigenen Weg gehen zu lassen. Er und der König wussten, wie sie zueinander standen. Er lächelte vor sich hin und fühlte sich wie ein Mädchen, dessen Liebhaber seine Zuneigung zu ihr erklärt hat; Das förmliche Werben kann jederzeit stattfinden.

Als Doktor Sixtus sich eine Zigarre gönnte, war Baum sofort mit einem Feuer bereit. Dies war jedoch vorerst seine letzte Diensthandlung. Die Natur ließ sich nicht besiegen, und Baum war so unhöflich, in Gegenwart der Herren einzuschlafen. Aber er war so gut ausgebildet, dass er selbst im Schlaf aufrecht saß und jederzeit bereit war, ihren Befehlen zu gehorchen.

Erst als sie anhielten, erwachte Baum. Die forschenden Fragen des Notars störten sein Wohlbefinden erheblich. Was zählt der Tod einer Gräfin, dachte er, wenn man dadurch auferstehen kann. Er war sehr verärgert darüber, dass seine Familie – seine Mutter, sein Bruder und seine Schwester – in die Angelegenheit verwickelt waren; Und hatte Thomas nicht etwas über den Tod von Esther gesagt, oder war es nur ein Traum? Die Ereignisse waren so schnell aufeinander gefolgt, dass sie ihn völlig verwirrten.

Doktor Sixtus entschuldigte sich beim Notar für Baums unzusammenhängende Erzählung.

Baum sah ihn erstaunt an. Wusste er bereits, dass Baum vorrücken würde, und wollte er sich bei ihm einschmeicheln? Er war schlau genug, an so etwas zu denken.

Baum beschloss, vorerst nur die Stelle zu zeigen, an der er den Hut und die Schuhe gefunden hatte, und seine Mutter und seinen Bruder völlig aus der Angelegenheit herauszulassen. Er wollte sie jedenfalls nicht hineinziehen und schlug ihnen vor, den Förster mitzunehmen. Endlich fanden sie ihn und machten sich dann auf den Weg in die Schwurstadt, in der Doktor Kumpan lebte.

Sixtus schickte nach letzterem. Bald kam er ins Gasthaus, und der fröhliche Kerl lobte die Gräfin Irma überschwänglich. Er hielt es für eine große Ehre, dass sie den Mut hatte, so zu leben und zu sterben, wie sie wollte. Außerdem machte es Kumpan Spaß, seinen Freund über die großen Missionen zu scherzen, für die er eingesetzt worden war, indem er Ammen aufsuchte und Leichen jagte. Er bat um das Privileg, die Gräfin sezieren zu dürfen.

Doktor Sixtus gefiel der grobe Humor seines ehemaligen Kommilitonen überhaupt nicht. Doktor Kumpan erzählte ihm von der großen Veränderung, die in Walpurgas Verhältnissen stattgefunden hatte, dass sie und der Rest ihrer Familie weit weg in die Highlands, nahe der Grenze, gezogen waren. Er erzählte ihm auch einige sehr lustige Geschichten auf Hanseis Kosten, insbesondere von der Wette um sechs Maß Wein.

Sixtus teilte seinem Kameraden mit, dass Walpurga nicht länger eine Favoritin am Hofe sei und dass bald bewiesen werden würde, dass sie die Vermittlerin gewesen sei. Obwohl er mit gedämpfter Stimme sprach, hörte Baum jedes Wort. Nachdem Sixtus Kumpan dies offenbart hatte, bedauerte er, was er getan hatte, aber gerade weil sie so wenig gemeinsame Themen hatten, hatte er ihm genau die Dinge erzählt, die er ihm vorenthalten wollte. Es blieb ihm nur noch, seinem Freund das Versprechen abzunehmen, kein Wort über die Angelegenheit zu verlieren, und Kumpan hielt immer sein Wort.

Nachdem Kumpan gegangen war, ging Baum erneut zu Sixtus und sagte ihm, dass er es für gut halte, zu Walpurga zu gehen, da sie vielleicht etwas über die Angelegenheit wisse; aber Sixtus antwortete, dass die Reise nutzlos sein würde und dass Baum bei ihm bleiben sollte.

KAPITEL XI.

Am nächsten Morgen wäre Bruno gerne zurückgekehrt. Was hatte das alles für einen Sinn? Sollte er die Fabel vom kleinen Bruder und der kleinen Schwester noch einmal spielen und der kleine Bruder sein, der sich auf die Suche nach seiner Schwester gemacht hatte? Und was wäre das Ergebnis? Ein schrecklicher, aufwühlender Anblick, den er nie aus seinem Gedächtnis verbannen konnte. Es würde ihn in seinen Träumen verfolgen – eine aufgedunsene, entstellte Leiche mit offenem Mund.

Bruno warf dem Freund einen verletzten Blick zu, der ihm dazu gratulierte, dass er so gut geschlafen und dadurch neue Kraft für die Prüfungen gewonnen habe, die der Tag für ihn bereithalten würde. Bruno blickte den Intendanten wütend und misstrauisch an. Er war sich fast sicher, dass dieser Mann den gesamten Vorfall als ein tragisches Drama ansah, das auf die Bühne gebracht werden musste. Es war ihm klar, dass der Intendant dies als Studie nutzte, die er bei zukünftigen szenischen Darstellungen nutzen würde, und dass er jede seiner Gesten und Züge beobachtete, damit er die ihm unterstellten Schauspieler unterweisen konnte; damit er sagen könnte: „So stellt sich einer dar, und so stöhnt einer, wenn er die Leiche seiner Schwester findet – Soll ich die Marionette dieser Puppe sein? Nein, niemals!"

Am liebsten wäre Bruno zu seiner Schwiegermutter zurückgekehrt, selbst wenn er ihr hätte erliegen müssen. Er konnte seine Demut in Tapferkeit umwandeln und bliebe auf jeden Fall von diesem schrecklichen Anblick verschont. Aber hier ermutigte ihn sein Freund, nichts zu vernachlässigen, was die brüderliche Pflicht von ihm verlangte. Oh! Diese gefühlvollen Menschen sind die abscheulichsten aller Sterblichen, denn sie nehmen alles so ernst. Meinen sie wirklich alles, was sie sagen? Wer weiß? Schließlich spielt jeder auf der Welt nur eine Rolle.

Er musste weitermachen, und er sah, was auf ihn zukam. Dieser schreckliche Freund mit dem starken Pflichtgefühl – und schließlich war er nicht sein Freund –, dieser Mann, den er sich selbst auferlegt hatte, würde ihn zwingen, Tage damit zu verbringen, nach Schrecken zu suchen, die er nicht finden wollte . Sie fuhren schlecht gelaunt weiter.

Der Intendant, der feststellte, dass Bruno ihm für jeden noch so kleinen Dienst förmlich danken würde, erklärte:

„Ich bitte dich, danke mir nicht. Ich tue nur meine Pflicht gegenüber meinem Freund und mir selbst. Du weißt, dass ich deine Schwester einmal geliebt habe und dass sie meine Klage abgelehnt hat."

Er war diskret genug, nicht hinzuzufügen, dass er ihr Angebot später abgelehnt hatte, und Bruno stöhnte innerlich über seine grausame Diskretion.

Der Intendant fand Bruno ruhig und zurückhaltend. Da er zu dem Schluss kam, dass dies die natürliche Reaktion auf die Aufregung des Vortages war, schwieg auch er. Bruno sah den Intendanten oft an, als wäre er ein Gefängniswärter, der ihn zum Ort der Bestrafung führte. Sie fuhren schnell weiter. In den verschiedenen Posthäusern, wo sie anhielten, um die Pferde zu wechseln, unterhielt sich der Intendant fließend mit den Postillionen und den Gastwirten in ihrem einheimischen Dialekt. Mehrere von ihnen kannten ihn.

Zu seiner großen Bestürzung fiel Bruno plötzlich ein, dass er den Saloongrasmücke bei sich hatte. Er fühlte sich hier vollkommen zu Hause und hatte nun die Gelegenheit, die Schätze seiner Dialektgarderobe zur Schau zu stellen, seine Studien fortzusetzen und die Freude zu genießen, die ihm der raue Dialekt der Region bereitete.

Sein Freund – denn dies war der einzige Ausdruck, mit dem er ihn zu bezeichnen wagte – war nun in seinem Element und konnte sich nicht leicht zurückhalten, seiner Freude darüber Ausdruck zu verleihen.

Endlich erreichten sie den letzten Berg und sahen von weitem die spiegelnde Oberfläche des Sees, umgeben von riesigen Bergen und im goldenen Sonnenschein funkelnd.

„Sehen Sie den Ahornbaum dort drüben?" sagte der Intendant, der sich nicht mehr zurückhalten konnte, „dort links, bei dem kleinen Felsen – das ist der Punkt, von dem aus ich das Gemälde skizziert habe, das im Musikzimmer Ihrer Majestät hängt."

Der Freund hatte geglaubt, dass diese Bemerkung dazu beitragen könnte, Bruno in eine ruhigere Stimmung zu versetzen, damit ihm nicht gleich die schreckliche Vorstellung in den Sinn kam, dass seine Schwester genau an dieser Stelle ihren Tod gesucht hatte.

Bruno sah ihn ungeduldig an. Jeder denkt an sich selbst, sagte eine innere Stimme, und dieser Dummkopf denkt jetzt an seine Kleckse. Er schwieg jedoch, denn Schweigen drückte Trauer stärker aus, als es Worte sein könnten. Er rieb sich die Augen, denn die blendende Reflektion der Sonnenstrahlen auf der Seeoberfläche hatte ihnen Schmerzen bereitet. Sein Freund ergriff seine Hand und drückte sie schweigend. Er hatte dieses brüderliche Herz verstanden, und sein Blick bedeutete: Andere mögen dich für oberflächlich und leichtfertig halten, aber ich kenne dich besser.

Vom nahegelegenen Treppenabsatz aus konnten sie das Wiehern von Brunos Pferden hören, die für seine Pferdepfleger verantwortlich waren. Und nun verspürte Bruno zum ersten Mal ein Gefühl der Scham angesichts seiner Diener. Sie wussten natürlich alles und mussten im Schankraum darüber gesprochen haben. Er war voller Zorn auf die Schwester, die ihm das alles angetan hatte.

Die erste Information, die sie im Gasthaus erhielten, war, dass der alte Zenza dort gewesen sei. Sie hatte versucht, den Ring zu verkaufen oder zu verpfänden, den ihr die Trauzeugin in der Nacht, bevor sie sich ertränkt hatte, geschenkt hatte. Da alle den Ring als gestohlen betrachteten, konnte sie nichts dafür bekommen. Es wurde nun beschlossen, dass Zenza mehr wissen musste. Sie nahmen einen Führer und gingen den Bergpfad entlang, der zu ihrer Hütte führte.

Als Jäger war Bruno normalerweise ein guter Kletterer, aber heute hatte er das Gefühl, bei jedem Schritt zusammenzubrechen, und musste oft anhalten und sich ausruhen.

Sein Freund ermutigte ihn, und sie gingen weiter durch den sonnigen Wald, wo das Licht hell auf das weiche Moos schien, während über ihnen so mancher Falke seinen schrillen Schrei ausstieß.

An der Straßenkreuzung trafen sie auf eine Gruppe Damen und Herren; Sie waren in Stadttracht gekleidet und hatten ihre Hüte mit grünen Zweigen und Girlanden geschmückt. Bruno trat hastig vom Weg ab. Der Intendant wurde jedoch von einem seiner früheren Kollegen erkannt, und Bruno hörte ihn sagen, dass die Gäste einer kleinen Badestelle in der Nachbarschaft einen Ausflug machten, um die Stelle zu besichtigen, an der Gräfin Wildenort sich ertränkt hatte. Die Gruppe zog weiter, und ihre lauten und fröhlichen Gespräche waren weithin zu hören.

Endlich erreichten sie die Hütte. Es war geschlossen. Sie klopften an die Tür. Ein Knurren war die einzige Antwort, die sie erhielten, und im nächsten Moment hörten sie, wie jemand einen Bolzen zurückschlug.

Ein vernachlässigt aussehender, aber mächtiger Mann mit wildem, zerzaustem Aussehen stand vor ihnen.

Thomas erkannte Bruno sofort und rief:

„Ah, Wildenort! Schön, dass du gekommen bist. Ich ziehe meinen Hut vor dir, denn du bist ein Mann durch und durch. Was zählt, ist der Vater! Wenn er stirbt, reite ab; man kann ihm nicht helfen Stirb, weißt du. Ho, ho! Du bist ein großartiger Kerl. Niemand kümmert sich mehr um das alte Holz.

"Was willst du von mir?" fragte Bruno mit zitternder Stimme.

„Ich werde dir keinen Schaden zufügen; da ist meine Hand darauf. Ich werde dir keinen Schaden zufügen. Du lässt den König tun, was er will, und machst kein Aufhebens darum, und so werde ich dir keinen Schaden zufügen, für das, was du tust." Ich habe in der gleichen Branche gearbeitet. Du bist mein König. Ich habe ihr erst zuletzt klargemacht, dass du die Richtige bist und dass sie deiner Schwester geholfen hat, weil du es warst. Du weißt, was ich Gemein, gut genug. Ich werde kein Wort sagen. Die dumme Welt braucht nicht zu wissen, was zwischen uns ist. Schwester, König; Wilderer, Graf – es ist alles so, wie es sein sollte.

„Dieser Mann scheint verrückt zu sein", sagte der Intendant dem Führer. „Was wollen Sie? Lassen Sie den Herrn los!" rief er Thomas zu.

„Ist das dein Lakai? Wo ist der mit den kohlschwarzen Haaren? – Lass uns in Ruhe", sagte Thomas und wandte sich an den Intendanten, „wir verstehen uns sehr gut. Nicht wahr, Bruder? Du bist ein Bruder, und ich bin auch einer. Ha! Die Welt ist weise arrangiert! Du darfst nicht denken, dass ich getrunken habe; ich habe zwar etwas genommen, das stimmt, aber das tut mir nicht weh – ich bin so nüchtern wie ein Richter. Lassen Sie mich Ihnen nun sagen, was mein Plan ist: Ich werde auf die Vernunft hören, auf alles, was fair und gerecht ist; ich kann sehen, dass Sie ein anständiger Kerl sind, denn Sie kommen aus eigenem Antrieb zu mir. "

„Wir möchten Sie fragen, ob Sie etwas über die Dame im blauen Reitkleid wissen, die hier war?" sagte der Intendant im richtigen Dialekt.

„Ho, ho!" rief Thomas, „wie gut er redet; aber ich kann Priesterdeutsch und auch Richterdeutsch verstehen. Mit diesen Leuten habe ich schon genug zu tun. Aber mischen Sie sich besser nicht ein"; und dann, sich an Bruno wendend, fügte er hinzu: „Lass uns zwei miteinander reden, allein. Nun hör zu, Bruder, das ist es, was wir tun werden: Du brauchst mich nicht zu zählen; du brauchst mir nur etwas zu geben." Diener und Pferde und genug Geld und Gämsen und Hirsche, und du wirst bald sehen, wie klug und stark und herzhaft ich bin. Möchtest du mit mir ringen? oder in den Wald kommen, und ich werde dir zeigen, dass ich „Ich kann besser schießen als du. Jetzt brauchst du mir nur noch entweder das Erbe deiner Schwester oder das meiner Schwester zu geben, und du wirst sehen, wir werden ein paar fröhliche Brüder sein!"

Bruno wusste kaum, ob er träumte oder wachte. Einige der Worte des unverschämten Kerls waren ihm klar genug, andere konnte er nicht verstehen. Er bedeutete dem Intendanten, sich zurückzuziehen, und sagte dann mit sanfter Stimme:

„Thomas, ich kenne dich jetzt; setz dich."

Thomas setzte sich auf die Bank, erhob den Brandykrug, den er mit dem für den Hut erhaltenen Geld gekauft hatte, und sagte:

„Willst du nicht etwas trinken?“

Bruno lehnte ab, Thomas nahm einen großen Schluck.

Der Intendant sagte auf Französisch zu Bruno, dass aus dieser Gegend keine Informationen zu erhalten seien und dass er dem Führer heimlich aufgetragen habe, den wilden Kerl festzuhalten, damit sie unbehelligt ins Tal zurückkehren könnten.

„Was für ein Blödsinn redet der Einfaltspinsel da?“ schrie Thomas und bereitete sich darauf vor, auf den Intendanten zu stürzen. Im selben Augenblick warf sich der Führer auf Thomas und hielt ihn fest, während die beiden Herren die Hütte verließen und den Berg hinuntereilten.

Erst als der Führer sie erneut erreichte, hielten sie inne und Bruno wagte es, tief Luft zu holen. Der Führer erzählte ihnen nun, wie Thomas getobt hatte und wie er nach der Waffe gerufen hatte, die er im Wald versteckt hatte, und dass er gesagt hatte, er müsse seinen Schwager erschießen.

„Das Beste, was der Kerl tun könnte“, sagte der Führer, „wäre, sich zu Tode zu trinken, um nicht gehängt zu werden.“

Nach einiger Zeit wagte Bruno, den Intendanten flüsternd zu fragen, ob sie mit ihren Ermittlungen nicht weit genug fortgeschritten seien und ob es nicht das Beste sei, sofort zurückzukehren.

Der Intendant schwieg. Bruno sah ihn wieder mit diesem bitteren Gesichtsausdruck an, der auch als Trauer durchgehen könnte.

Der Intendant, der sah, dass Bruno fast zusammengebrochen war, stimmte der Rückkehr zu.

KAPITEL XII.

Die beiden Freunde kehrten zum Gasthaus zurück. Unterwegs trafen sie einen der Stallknechte, der ihre Pferde gebracht hatte, und der ihnen nun von einem Bootsmann erzählte, der ihm mitgeteilt hatte, dass die Leiche einer Frau aus dem See geschleppt worden sei. Es lag in der Nähe des Dorfes, von dem am gegenüberliegenden Ufer einige verstreute Häuser und der Kirchturm zu sehen waren.

Der Intendant umarmte Bruno, der über die Nachricht bestürzt zu sein schien. Sie setzten sich eine Weile an genau die Stelle, an der sie gewesen waren, als die Nachricht sie erreichte. Der Bräutigam sagte, dass sie das Dorf mit dem Boot in einer Stunde erreichen könnten; aber wenn sie auf dem Landweg kämen, würden sie dafür mehrere Stunden brauchen.

„Ich kann das Wasser nicht überqueren“, sagte Bruno, „heute kann ich nicht; Schöning, verlange es nicht von mir! Zwinge mich nicht! Warum quälst du mich so?“ fragte er ungeduldig.

Der Intendant wusste genau, dass tiefe Trauer die Menschen unvernünftig macht. In den dunklen Tiefen ihrer Herzen lauert immer noch ein Gefühl der Wut, selbst gegenüber denen, die am meisten mit ihnen sympathisieren, aber selbst vom Unglück verschont geblieben sind.

„Ich nehme dir nichts übel“, antwortete er, „und wenn du mich unhöflich behandelst, werde ich es ertragen. Ich verstehe dich und bin weit davon entfernt, dich dazu zu bewegen, den See zu überqueren. Wir reiten.“

Ihre Pferde wurden gebracht und sie ritten in die Richtung des Dorfes, das ihnen gezeigt worden war. Sie kamen an einem Wirtshaus vorbei, wo eine Schar fröhlicher Fuhrleute, Schiffer und Holzfäller unter den Linden saßen und Bier oder Schnaps tranken. Bruno hatte das Gefühl, dass er wie ein Fieberkranker behandelt wurde, den sie über Berg und Tal schleppten und dessen getrübter Sicht die Welt kahl und trostlos vorkam. Als sie das Gasthaus erreichten, lief ihm das Wasser im Mund zusammen. Er dürstete nach Trinken; vielleicht würde es ihm neue Kraft geben und, was noch besser wäre, ihn vergessen lassen. Aber er wagte es nicht, seinem Freund seinen Wunsch zu äußern. War es für jemanden in seiner Position angemessen, Brandy zu trinken? Ein Wilderer wie Thomas könnte das tun; aber es würde einem Kavalier nicht angemessen sein. Während er dem Intendanten für die Mühe dankte, die er ihm bereitet hatte, und versprach, dass er es nie vergessen würde, verfluchte Bruno, dessen Zunge vor Durst ausgedörrt war, heimlich den Freund, der ihm nicht erlaubte zu trinken. Ach, was für ein Glück ist es doch, dass Worte immer Befehlsgewalt haben. Es ist fast so ein

Glücksfall wie die Tatsache, dass Pferde richtig eingeritten sind und ihr Tempo so gut halten, dass sie einem keine Probleme bereiten.

Die Freunde ritten in schnellem Tempo weiter. Es war Mittag, als sie das Dorf erreichten, das Hansei und seine Familie zwei Tage zuvor verlassen hatten. Der Wirt der Gämse stand an der Tür und grüßte respektvoll die beiden Reiter, hinter ihnen der Pferdeknecht.

Sie stiegen aus. Bruno reichte dem Stallknecht die Zügel seines dampfenden Pferdes. Der Intendant führte seinen Freund in den Vorgarten, wo sie sich niederließen. Dann bestand er darauf, dass Bruno ein Glas Wein trank. Der Wirt brachte schnell eine versiegelte Flasche und pries sie als den besten Wein im Haus. Er brachte auch etwas Braten und stellte es auf den Tisch, und solange er es gebracht hatte, musste es bezahlt werden, auch wenn es nicht angerührt wurde.

Der Intendant nahm den Gastgeber beiseite und fragte ihn flüsternd, ob es wahr sei, dass dort in der Nähe die Leiche einer Frau an Land geworfen worden sei.

Der Gastgeber antwortete bejahend und mit einem zufriedenen Lächeln. Der Vorfall war seltsam und ungewöhnlich, und es war nur richtig, dass er davon großen Nutzen hatte. Der Intendant fragte ihn erneut, wo das Haus sei, in dem die Leiche liege.

„Ich bringe Sie dorthin“, sagte der Gastgeber mit einem Lächeln.

„Schicken Sie auch nach dem Bürgermeister.“

„Das ist nicht nötig; ich bin Mitglied des Rates“, sagte er, eilte ins Haus und kehrte mit seinem langen Mantel und seiner Medaille zurück. Er wollte den Herren zeigen, mit wem sie es zu tun hatten. Er war sich sicher, dass es sich um gute Leute handeln musste, sonst würden sie nicht mit einem Stallknecht reisen und hätten gesagt: „Nehmt euer Fleisch weg, wir zahlen nicht dafür!“ Er bildete sich sogar ein, einen von ihnen zu kennen.

„Ich bitte um Verzeihung“, sagte er zum Intendanten, „aber vor einigen Jahren gab es hier einen Maler, der Ihnen so ähnlich sah, dass er Ihr Bruder sein konnte.“

Der Intendant wusste wohl, dass es um ihn selbst ging, aber er war noch nicht in der Stimmung, die Bekanntschaft zu erneuern.

Der Gastgeber begleitete die Fremden zu Hanseis Haus.

Auf dem Weg dorthin sagte er: „Sie war ein hübsches Geschöpf. Sie war schön, aber nichtsnutzig; und ihre Habseligkeiten waren genauso schlecht wie sie: besonders ihr einziger Bruder.“

Der Verwalter bedeutete dem Wirt, ruhig zu sein. Bruno biss sich auf die Lippen, bis sie bluteten. Es war ihnen fast unmöglich, sich einen Weg durch die Menschenmenge zu bahnen, die sich im Garten und auf der Straße versammelt hatte. Es gab weinende Frauen, weinende Kinder und fluchende Männer.

„Machen Sie Platz da!" rief der Wirt. Er ging weiter und erzwang den beiden Männern den Durchgang, und Bruno hörte jemanden hinter sich sagen: „Der schöne Mann mit dem großen Schnurrbart ist der König."

„Nein, ist er nicht; es ist sein Cousin!" sagte ein anderer.

Sie hatten den Garten betreten. Bruno lehnte sich an den Kirschbaum, und der Intendant bedeutete dem Gastgeber, seinem Kameraden eine kleine Ruhepause zu gönnen. Alles schien vor Brunos Augen zu schwimmen. Etwas berührte ihn und er zuckte zusammen mit der Angst zusammen. Es war ein totes Blatt, das vom Baum oben gefallen war. Schließlich wandte er sich auf Französisch an Schöning und sagte:

„Was nützt es den Toten, wenn ich sie ansehe? Und es wird mir für immer schaden, denn ich werde den Anblick nie aus meinem Gedächtnis verbannen können!"

„Sie müssen hineingehen, mein Freund. Denken Sie daran, dass diese Menschen alle in ihrer Macht stehenden Anstrengungen unternommen haben, um jemanden, der ihnen fremd war, wieder zum Leben zu erwecken, und sie haben dies aus purer Philanthropie getan."

„Na ja, dafür können wir ihnen Geld geben; aber warum quälen wir uns mit diesen toten Überresten?"

Aber Bruno musste trotzdem hineingehen; Auf den Arm seines Freundes gestützt betrat er das Haus.

Die schwarze Esther lag jetzt genau an der Stelle, an der Hansei vor zwei Tagen gewesen war, als er an sie gedacht hatte. Ihr dichtes, glänzendes schwarzes Haar war ihr ins Gesicht gefallen; Ihr Mund war offen – der letzte Schrei, den Irma gehört hatte, ruhte immer noch dort.

„Esther!" rief Bruno und bedeckte sein Gesicht mit den Händen.

„Es ist nicht deine Schwester!" sagte der Intendant tröstend. „Komm, lass uns gehen."

Bruno konnte sich nicht von der Stelle bewegen.

"Ja Schwester!" rief die alte Frau, die nun neben der Leiche aufstand; „Ja, Schwester. Habe ich dir nicht gesagt, du sollst sie in Ruhe lassen, selbst wenn sie der schönen Dame helfen würde? Habe ich dir nicht gesagt, dass sie sich umbringen würde, wenn du sie noch einmal schlägst? Und jetzt hast du deine deinen eigenen Weg, und hier liegt sie in diesem Haus! Oh, dieses Haus, dieses Haus! Der See wird es noch wegspülen. See! Nimm das ganze Haus! Wer bist du? Was willst du?" rief sie, sprang auf und ergriff Brunos Arm. „Wer bist du mit den schwarzen Händen? Lass mich sehen, wer du bist – du bist es, nicht wahr? Du, der deinen Vater nicht sterben sehen wollte – und was willst du von meiner Esther? Großer Gott! – Jetzt sehe ich alles. Du warst derjenige, du! Sag, dass du es warst! – sag es –! Schließ deine Augen nicht, sonst kratze ich sie dir für alle aus. Du warst es – ich werde fahren Ein Nagel in dein Gehirn, in das verfluchte Gehirn, das sie vergessen hat! Oh, warum wusste ich das nicht vorher! Aber es ist noch genug Zeit. Mein Thomas hat es bereits auf dich abgesehen – und er wird wieder eine Chance bekommen – "

Bruno fiel in Ohnmacht. Der Verwalter fing ihn in seinen Armen auf, konnte sein Gewicht aber nicht tragen und legte ihn deshalb auf denselben Boden, auf dem die Leiche von Esther lag. Der Wirt eilte hinaus, um Wasser zu holen, und als sie die Tür öffneten, kamen mehrere Leute von draußen herein, darunter Doktor Sixtus, Doktor Kumpan, der Notar und Baum.

Sixtus erlangte Bruno bald wieder zu Bewusstsein. Ein Blick genügte, um Baum darüber zu informieren, was geschehen war. Er stützte sich gegen einen Türpfosten und hielt ihn mit verzweifeltem Griff fest, damit er nicht zu Boden fiel. Bei der ersten Gelegenheit glitt er aus dem Zimmer. Er wurde dort nicht gebraucht, und wenn er sich jetzt verraten würde, wäre möglicherweise alles verloren. Er schleppte sich bis zum Kirschbaum, setzte sich auf die Bank, knöpfte seine Gamaschen zu, knöpfte sie auf, holte seine Uhr heraus, zählte die Sekunden, zog sie wieder auf, hielt sie ans Ohr und spielte achtlos mit der Uhr – Kette. Er hielt inne, um nachzudenken. Es bleibt noch eine große Aufgabe übrig, dachte er bei sich, und die ich alleine bewältigen muss. Er hatte das Gefühl, einen Hinweis auf Irmas Aufenthaltsort zu haben. Sixtus wollte so etwas nicht hören und verspottete ihn. So viel besser; der Kredit würde vollständig auf seinen Anteil fallen; und aus diesem Grund war jetzt keine Zeit, sich Sorgen um seine Mutter zu machen. Seine Schwester war tot, und vielleicht war es das Beste. Jedenfalls konnte er sie nicht wieder zum Leben erwecken; aber eines Tages könnte er, ohne es zu merken, für die alte Frau sorgen.

Baum war stolz auf seine Standhaftigkeit und strich sich zufrieden über das Kinn.

Im Haus war die Aufregung noch nicht zu Ende. Die alte Frau heulte, schrie, rannte im Zimmer umher, öffnete das Fenster und rief: „Erschlagt ihn! Ertrinkt ihn, er hat sie ertränkt!"

Baum ließ seine Uhr aus der Hand fallen, als er diese Worte hörte. Die alte Frau wurde vom Fenster weggezerrt und Doktor Kumpan hielt sie fest. Sie ging zurück zur Leiche.

„Schlag uns alle tot!" Sie rief: „Es gibt keinen König auf Erden und keinen Gott im Himmel!"

Die alte Frau tobte; dann weinte sie und kehrte dann wieder zu ihrem Kind zurück.

„Deine Lippen sind offen! Sag nur ein Wort! Nur ein ‚Ja' vor diesen Zeugen! Sag seinen Namen! Er hat dich ruiniert und im Elend umkommen lassen! Sie glauben mir nicht. Sag, du!" rief sie, indem sie sich an den Intendanten wandte und ihn gleichzeitig ergriff: „Sagen Sie, hat er nicht ihren Namen ausgesprochen und alles gestanden? Ist einem nichts anzutun, der ein armes Geschöpf ins Elend führt und es in den Tod treibt? Sprechen Sie." !" sagte sie und wandte sich an Bruno. „Hier! Nimm den Ring, den mir deine Schwester gegeben hat! Ich will nichts von euch!"

Schreiend und stöhnend warf sie sich erneut auf die Leiche.

Bruno wurde schließlich abgeführt. Er war so bleich wie der Tod; sein Gesicht war von seinen schwarzen Handschuhen gezeichnet. Sie setzten ihn auf den Sitz unter dem Kirschbaum. Baum stand auf und brachte etwas Wasser, damit Bruno sein Gesicht waschen konnte. Er war erstaunt, als er das weiße Taschentuch sah, das durch die Flecken auf seinem Gesicht geschwärzt war.

Sie gingen zurück zum Gasthaus. Wie ein ängstliches Kind ließ Bruno die Hand des Intendanten nie locker. Bei jedem Geräusch, das er hörte, glaubte er, dass die alte Frau käme, um ihm die Augen auszukratzen und ihm das Herz herauszureißen. Endlich gewann er seine Fassung wieder und fragte den Intendanten, was er gesagt habe, als er die Leiche sah. Schoning antwortete, er habe „Schwester" (Schwester) gerufen und die alte Frau, die ihn als „Esther" verstanden hatte, sei daraufhin ganz außer sich geraten.

Bruno fühlte sich getröstet, als er erfuhr, dass er sich nicht selbst verraten hatte. Dennoch stellte er eine beträchtliche Summe für den lebenslangen Unterhalt der alten Frau bereit, bei der Irma ihre letzte Zuflucht gefunden hatte.

"Oh mein Freund!" sagte er zum Intendanten: „Solange ich lebe, werde ich das Bild dieses ertrunkenen Mädchens nie vergessen!"

Bruno war so erschöpft, dass er sein Pferd nicht reiten konnte. Der Wagen des Doktor Sixtus stand bereit und er stieg ein, um ihn zurück in die Hauptstadt zu begleiten. Der Arzt gab Bruno den schwachen Trost, dass Irmas Leiche nicht geborgen werden würde. Das des verlassenen Mädchens war an der Oberfläche geschwommen. Irma jedoch – wie er bereits gesagt hatte – musste durch ihre lange Reitgewohnheit zurückgehalten worden sein und würde daher nie gefunden werden.

Beim Abschied von Bruno sagte der Intendant:

„Jetzt weiß ich, was für ein großes Herz du hast.“

Bruno nickte lediglich als Antwort. Er hatte keine Einwände. Es könnte gut sein, wenn der Intendant vor Gericht dasselbe sagen würde.

Als sie sich zum Wagen begaben, war die ganze Gegend von einem nebligen Regen verdeckt; Weder Berg noch See waren erkennbar. Gerade als sie aufbrachen, rief Bruno Baum zu sich und gab ihm seinen Mantel mit dem roten Kragen, denn Baum sollte auf Brunos Pferd steigen und nach Hause reiten. Der Intendant ritt in Begleitung von Baum zurück. Er sagte dem Lakaien, er solle neben ihm bleiben, anstatt ihm zu folgen.

„Das sind furchtbare Ereignisse“, sagte Baum an den Intendanten gerichtet.

„Ja, schrecklich. Ich glaube, die Mutter des ertrunkenen Mädchens muss verrückt sein.“

„Sir“, fuhr Baum fort, „es gibt etwas, worüber ich mit Ihnen sprechen möchte. Ich denke, dass die Gräfin vielleicht doch nicht ertrunken ist. Der Gerichtsarzt hat mich ausgelacht, aber ich habe eine Ahnung, und – -"

Der Knall einer Waffe war zu hören. Baum fiel vom Pferd.

„Diesmal habe ich dich getroffen!“ schrie eine Stimme.

Thomas stürzte aus dem Dickicht.

"Nimm mich!" rief er, „ich habe ihn erwischt, nachdem--“

In diesem Moment sah er Baums Leiche auf dem Boden liegen. Mit wütender Stimme rief er:

„Ich wollte Bruno erschießen, und jetzt bist du es! Du!“

„Bruder! mein Bruder!“ keuchte Baum. „Ich bin Wolfgang! Dein Bruder Jangerl – Wolfgang – Zenza – meine Mutter!“

Thomas stürzte zurück ins Dickicht und augenblicklich war der Knall eines weiteren Schusses zu hören.

Der Intendant war verzweifelt. Der Regen fiel in Strömen. Baum zuckte noch einmal krampfhaft zusammen. Plötzlich zog eine fröhliche Menge vorbei; Es war die Ausflugsgruppe, die sie am frühen Morgen getroffen hatten. Die Damen waren entsetzt und eilten davon; Die Herren blieben zurück, um dem Intendanten zu helfen. Bauern wurden von den Feldern gerufen, um Baums

Leiche zurück ins Dorf zu tragen; andere durchsuchten das Dickicht; und brachte bald den leblosen Körper von Thomas zum Vorschein.

Der Verwalter traf den Notar im Dorf und berichtete ihm ausführlich über alles, was geschehen war. Schon bald hatte sich das ganze Dorf bei der Chamois versammelt. Es war kein unwichtiges Ereignis, dass drei Mitglieder einer Familie auf einmal starben. Niemand würde zugeben, überrascht zu sein, dass Baum sich als Wolfgang herausgestellt hatte. Sie alle erklärten, sie hätten ihn schon vor langer Zeit erkannt, selbst als er mit Doktor Sixtus gekommen war, um Walpurga abzuholen.

Der Verwalter und der Wirt blieben in dieser Nacht lange wach. Ersterer hatte sich als der Maler entdeckt, der früher im Gasthof zu Gast gewesen war. Der Gastgeber hatte viel über Hansei und Walpurga zu erzählen, und man kann sich leicht vorstellen, in welchem Ton er über sie sprach.

Als sie Zenza erzählten, was passiert war, hörte sie mit starrer, verblüffter Miene zu; Sie schien sie auch nicht zu verstehen, als sie ihr erzählten, dass der Graf Geld für sie hinterlassen und versprochen hatte, sich immer um sie zu kümmern. Sie brach in ein schrilles Lachen aus, und als Essen gebracht wurde, aß sie gierig alles auf, was ihr vorgesetzt wurde.

Baum, Thomas und Black Esther wurden in einem Grab begraben.

KAPITEL XIII.

Der König war auf der Jagd. Die Königin war krank. Das Leben am Hof ging wie gewohnt weiter. Die Damen und Herren speisten am Tisch des Marschalls und unterhielten sich über verschiedene Themen. Sie waren fröhlich, denn es war ihre Pflicht, den gewohnten Ton beizubehalten.

Es war der vierte Tag nach Erhalt der schrecklichen Nachricht. Es war nach dem Abendessen und die Damen saßen unter dem sogenannten „Pilz", einer runden, mit Weinreben bewachsenen Laube am Rande der Bergweinberge. Das Dach ruhte in der Mitte auf einer Säule und ähnelte in der Ferne einem offenen Regenschirm oder einem riesigen Pilz. Sie freuten sich über die Gelegenheit, über die Vorbereitungen für die Verlobung von Prinzessin Angelica zu sprechen. Sie lobten ihre edlen Eigenschaften, obwohl sie lediglich ein einfaches, bescheidenes, gutherziges Mädchen war. Sie hatten den Hofkatechismus, den genealogischen Kalender, vor sich; denn es gab Streit darüber, inwieweit der mediatisierte Prinz Arnold auf der Seite seiner Großmutter mit dem regierenden Haus verwandt war. Ihr Gespräch war jedoch lediglich ein Provisorium.

Jemand bemerkte, dass der Intendant von seiner Reise zurückgekehrt sei. Niemand wusste jedoch, welche Abenteuer er erlebt hatte. Sie alle wussten, dass es Todesfälle durch Erschießen und Ertrinken gegeben hatte, aber über das „Wer" und das „Wie" wussten sie noch nichts.

Sie freuten sich sehr, als sie den Intendanten persönlich kommen sahen. Sie begrüßten ihn in einem halb mitleidigen, halb neckenden Ton. Er schien von seinen jüngsten Erlebnissen ziemlich erschöpft zu sein. Sie boten ihm den bequemsten Stuhl an, stellten ihn in die Mitte der Gruppe und flehten ihn an, ihnen alles zu erzählen. Obwohl diese allgemeine Huldigung nicht ohne einen Anflug von Ironie war, fühlte sich der Intendant dadurch durchaus geschmeichelt und war, wie üblich, bereit, das Angenehme zu spielen. Er war immer bereit, für seine Gunst alles zu opfern, sich selbst nicht ausgenommen.

Er begann damit, ihnen von Brunos tiefem Kummer zu erzählen, aber das interessierte sie nicht. Sehr gut – „Da du nichts von Bruno hören willst, lassen wir an ihm vorbei." Anschließend erzählte er einen geschickt arrangierten Bericht über den schrecklichen Tod von Baum, der wie ein wahrer Diener gezwungen war, sein Leben für einen anderen zu opfern. Allerdings war der Tod nicht unverdient gewesen, denn er hatte seine Mutter und seine Verwandtschaft verleugnet und war schließlich durch die Hand seines eigenen Bruders gefallen, der sich unmittelbar darauf selbst tötete.

Das Publikum des Intendanten war entsetzt und fand es wundersam seltsam, dass in einem alltäglichen Lakaien wie Baum so viel Abenteuerliches verborgen war.

„Sie haben endlich eine Tragödie im wirklichen Leben gesehen", sagte eine der Damen.

Der Intendant wusste wohl, dass Tragödien nicht länger beliebt waren, und in seinem Bemühen, zu gefallen, erzählte er einige sehr interessante Berichte über Walpurga, wobei er als seine Autorität den Wirt der Gämsen anführte, einen ehrlichen, aufrechten Mann, der ausgezeichnet worden war für seine Verdienste im Krieg.

Ob es nun wirkliche oder gequälte Vergesslichkeit ihrerseits war, lässt sich nicht sagen – aber die Damen schienen vergessen zu haben, dass Walpurga jemals existiert hatte – aber wer kann sich an alle seine Untergebenen erinnern?

In Ermangelung eines anderen sicheren Gesprächsthemas hörten sie sich verschiedene drollige Geschichten über Walpurga und ihren dummen Ehemann an. Schoning wiederholte, um seine eigenen Worte zu gebrauchen, einfach alles, was ihm der ehrliche und aufrichtige Wirt der Gämsen erzählt hatte. Hansei wurde als ein unbeholfener Trottel beschrieben, der weder Hände noch Füße gebrauchen konnte und gezwungen war, den Schulmeister zu Hilfe zu rufen, wenn er es für nötig hielt, die kleinste Geldsumme zu zählen. Eine dieser Geschichten, die eine Wette und ein Kammerfenster vorstellte, war ziemlich pikant und traf den Geschmack der Damen sehr. Sie kicherten und schimpften mit dem Intendanten, weil er über solche Dinge redete, aber Schöning wusste genau, dass sie mit dem, was er ihnen gesagt hatte, umso zufriedener waren, je mehr sie schimpften. Er empfand zusätzlich Freude an der Gelegenheit, den Dialekt der Bergregion zu verwenden, aus der er erst kürzlich zurückgekehrt war, und ahmte geschickt die Stimmen der Bauern und Bäuerinnen nach, die in der besagten Nacht vor dem Fenster gestanden hatten. Er führte verschiedene energische und eindeutige Ausdrücke ein und genoss es sehr, die Damen zu schockieren, die ab und zu riefen: „Oh, du schrecklicher Mann! du schrecklicher Mann!" Eine Dame stach ihn tatsächlich mit ihrer Nadel, aber er erzählte ruhig seine Geschichte, wohl wissend, wie erfreut sie waren, ihr zuzuhören.

Und wenn es nicht schadet, Hansei als Trottel zu bezeichnen, so schadet es ebenso wenig, die Farben zu verstärken, in denen Walpurga dargestellt wurde – die Unterröcke der Bäuerinnen sind auf der Bühne immer kürzer als im wirklichen Leben – und So sagte der Intendant, mit dem gütigsten Gefühl allen gegenüber und nur seinem Wunsch nachgebend, zu gefallen, alle möglichen seltsamen Dinge über Walpurga. Es habe Gerüchte gegeben, fügte er hinzu, dass der Pfarrer sie nicht ohne Grund am ersten Sonntag nach ihrer Rückkehr in die Sakristei gerufen habe.

Mit vorsichtiger Zurückhaltung vertraute er ihm schließlich als großes Geheimnis die Geschichte an, dass Walpurga von einer gewissen Dame, die mit ihr befreundet gewesen war, riesige Geldsummen erhalten hatte. Es war natürlich unmöglich, einen Grund für solche Schenkungen zu nennen, aber es war bekannt, dass das Geld für den Kauf einer großen Farm verwendet worden war. Sie waren tatsächlich gezwungen gewesen, ihre alte Heimat zu verlassen; denn selbst auf dem Land ist unrechtmäßig erworbener Reichtum eine Schande für seine Besitzer. Es war das Gesprächsthema der ganzen Nachbarschaft. Der Gerichtsvollzieher hatte auch den Bericht bestätigt, dass der gesamte Kauf mit barem Geld bezahlt worden sei und dass der Preis mehr als sechsmal so hoch gewesen sei, wie Walpurga für ihre Dienste als Krankenschwester erhalten hatte.

Der Intendant bemerkte noch einmal, dass er niemanden verleumden wolle, dass eigentlich nichts weiter von seinen Absichten entfernt sei, aber er sei entschlossen, interessant zu sein, auch wenn dies nicht nur auf Kosten anderer, sondern auch auf Kosten seiner selbst ginge.

Sie freuten sich, als sie erfuhren, dass dieses herausgeputzte Beispiel ländlicher Unschuld endlich entlarvt wurde, und hofften nur, dass die Königin ihren Liebling auch in ihrem wahren Gesicht sehen würde.

Es wurde darauf geachtet, dass sie die Geschichte nicht im Unklaren ließ.

KAPITEL XIV.

Der König jagte im Hochland. Er war ein wahrer Sportsmann, und anstatt seinen Gefolgsleuten zu erlauben, das Wild zu besiegen und es in Schussweite zu treiben, kletterte er auf der Suche nach der Gämse in die schwindelerregendsten Höhen. Sein verhärteter und elastischer Körperbau ermöglichte es ihm, jede noch so große Ermüdung und Belastung auszuhalten, und gewann durch die Jagd sehnige Kraft und neue Begeisterung.

Die Herren der Gesellschaft waren überzeugt, dass eine wichtige Angelegenheit den König beschäftigte, und waren nicht wenig verwirrt, wie sie Bronnens ständige und fast ausschließliche Anwesenheit beim König erklären sollten.

Es war bekannt, dass Bronnen sich geweigert hatte, die Leitung des Kriegsamtes im Ministerium Schnabelsdorf zu übernehmen, und nun wurde behauptet, Schnabelsdorf sei im Nachteil; denn er war nur Herr am grünen Tisch und konnte nicht an der Jagd teilnehmen. Bronnen hatte somit mehrere Tage lang das Ohr des Königs.

Auf den Höhen waren Gewehrschüsse zu hören, und viele Tiere wurden getötet; Im Tal waren Gewehrschüsse zu hören und zwei Brüder kamen ums Leben. In der Zwischenzeit war die Hauptstadt von Murmeln erfüllt, das wie das Rauschen eines mächtigen Ozeans klang. Die Königin hörte davon nichts. In ihren Gemächern war alles ruhig; Man hörte keinen Schritt, nur gelegentliches leises Flüstern.

Die Königin war empört über die Art und Weise, wie die Zeitungen, die sie gelesen hatte, auf Eberhards Tod Bezug nahmen; und doch war der Artikel im Vergleich zu den Äußerungen des Volkes mild und zurückhaltend gewesen.

Sie berichteten, dass die Angelegenheiten vor Gericht in einem schrecklichen Zustand seien; es hieß sogar, die Königin habe den Verstand verloren, als sie die Nachricht vom Tod der Gräfin Wildenort hörte.

Die Leute wussten kaum, wie viel Wahrheit in diesem Gerücht steckte. Die Nacht, die Irma damit verbracht hatte, über Berg und Tal zu wandern, war nicht halb so schrecklich wie die Gedanken, die die Königin erfüllten.

Sie hasste und verabscheute Irma und beneidete sie dennoch um ihren Tod. Eine Königin wagte es nicht, Selbstmord zu begehen, denn das wäre beispiellos. Eine Königin muss sich geduldig unterwerfen, während sie gemäß den Regeln der Etikette langsam getötet wird – sie muss sich sozusagen zu Lebzeiten einbalsamieren lassen. Und selbst dann wird sie nicht begraben. Nein – sie deponieren sie einfach in einem Tresor; Würde darf nicht geopfert werden, und vor allem darf es keinen königlichen Selbstmord geben. Sie boten ihr an, ihr Kind mitzubringen; aber sie weigerte sich, es zu sehen, denn Irma hatte es geküsst. Sie rieb sich immer wieder die Wangen; sie waren unrein, sie brannten, denn Irma hatte sie geküsst.

Liebe, Freundschaft, Glaube, Treue, Natur, Malerei, Musik, Beredsamkeit – alles war für sie tot, denn Irma hatte sie alle besessen, und nun war alles eine Lüge und eine Karikatur.

Die Königin sprang schaudernd von ihrem Platz auf. Sie hatte an den König gedacht und war sich sicher, dass seine Reue ihn zur Selbstzerstörung anspornen musste. Er konnte den Gedanken nicht ertragen, dass die, die er ruiniert hatte, noch genug Mut und Rechtschaffenheit hatte, um ihr Leben aufzugeben. Wie könnte er danach leben? Wie konnte er seine Waffe auf ein unschuldiges Tier richten, statt auf sich selbst?

Derjenige, dessen Name auf den Lippen einer Menge ist, denen er Pflichten schuldet, darf sich nicht die Hände auflegen. Aber welches Recht hatte er, sich einem Verhalten hinzugeben, das ihn von seiner hohen Stellung herabziehen musste? Bei wem könnte er nach der Wahrheit suchen, wenn er selbst –

Die Gedanken der Königin trieben sie fast in den Wahnsinn.

Die Leute sagten, die Königin sei verrückt – es schien, als hätte sie ein vages Gefühl über den gähnenden Abgrund informiert, der sich vor ihr öffnete.

Sie ordnete an, dass niemand eingelassen werden dürfe. Sie lächelte bei dem Gedanken, dass sie immer noch befehlen konnte und dass noch einige übrig waren, die ihr gehorchten. Nach einiger Zeit ließ sie Doktor Günther rufen. Er erschien sofort, denn er hatte im Vorzimmer gewartet.

Die Königin empfand es als große Erleichterung, ihm die Gedanken anzuvertrauen, die sie so verwirrten und verwirrten, aber sie konnte sich nicht dazu zwingen zu sagen, dass sie immer noch spürte, wie der König sie liebte – das heißt, was seine schwankende, ruhelose Natur anging würde die Existenz dessen ermöglichen, was man Liebe nennen könnte. Sie gestand Gunther alles, außer dass sie sich schämte, dass sie den Gedanken der Liebe immer noch mit dem Gedanken des Königs verbinden konnte.

„Ah, mein Freund!" sagte sie schließlich in traurigem Ton: „Gibt es kein Chloroform für die Seele oder für einen Teil davon? – ein paar Tropfen Lethe? Lehre mich, Dinge zu vergessen, meine Empfindsamkeit abzustumpfen; meine Gedanken werden mich töten." ."

Gemäß seiner üblichen Praxis hielt Gunther es für das Beste, einen völligen Tonwechsel herbeizuführen, anstatt bei jedem neuen Angriff zu versuchen, die Verfassung zu flicken und zu verbessern. Er hatte das Gefühl, dass sein

Weg klar sein würde, sobald die Königin gelernt hätte, anders zu denken und zu fühlen. Anstatt ihr Trost anzubieten, half er ihr einfach dabei, ihre Gedanken zu entwickeln, während er ihr die Ursachen offenbarte, die allen menschlichen Handlungen zugrunde liegen. Er behandelte das Thema gemäß der großen Maxime des einsamen Philosophen, der behauptete, dass alle menschlichen Handlungen durch die Gesetze der Natur gesteuert würden. Für diejenigen, die zu einer richtigen Vorstellung und einem richtigen Verständnis dieser Gesetze gelangt sind, kommt die Idee der Vergebung nicht in Frage. Es kann durchaus davon ausgegangen werden, dass es im Eingeständnis der Notwendigkeit enthalten ist.

Auf diese Weise versuchte Gunther, den Müll und die rauchenden Trümmer, die nach einem Brand zurückblieben, sozusagen wegzuräumen. Die unbeständigen Flammen würden jedoch hier und da immer noch hervorbrechen.

Die Königin beklagte sich darüber, dass ihr alles wie ein Chaos erschien, und ging sogar so weit, den Wunsch, tugendhaft zu sein, für bloße Torheit zu erklären. Der einzige Trost, den Gunther ihr schenkte, war, dass auch er die völlige Erbärmlichkeit der Verzweiflung kannte. Er war nicht wie jemand, der sich vor der Gefahr sicher fühlt und dem, der mit der Todesangst ringt, zuruft: „Komm zu mir, es ist angenehm, hier zu sein." Er war ein Begleiter des Elends. Er erzählte ihr, dass es eine Zeit gegeben habe, in der er nicht nur an seinem Herzen verzweifelte und weder an Heilung noch an Gesundheit glaubte, sondern sogar jeglichen Glauben an die Weisheit, die das Universum regiert, verloren hatte.

Er handelte nach dem Grundsatz, dass die einzige Möglichkeit, die Verzweifelten zu behandeln, darin besteht, ihnen zu zeigen, was andere gelitten und dennoch gelernt haben zu leben.

Wenn dem Betroffenen das Bewusstsein dieser Wahrheit aufgegangen ist, gibt es neues Licht und er tritt in die erste Phase der Befreiung ein.

„Ich werde Ihnen das traurigste Geständnis meines Lebens ablegen", sagte Günther.

"Du?"

„Es gab eine Zeit, in der ich die Frivolen und sogar die Bösartigen um ihre Unbeschwertheit beneidete. Ich wollte wie sie sein. Warum sollte man seine Seele mit moralischen Überlegungen belasten, wenn man so angenehm leben und gleichzeitig die Freuden genießen kann, die die Welt uns bietet? ?"

Gunther hielt inne und die Königin blickte erstaunt zu ihm auf. Er fuhr ruhig fort:

„Ich habe mich selbst gerettet, und meine reiche Erfahrung hat mich davon überzeugt, dass jeder von uns, auch wenn er nach Exzellenz strebt, sozusagen irgendwo in seiner Seele eine kleine Kammer hat. Es muss eine Zeit gegeben haben, wenn auch nur eine Moment, als seine Gedanken unrein waren oder als er im Begriff war, eine Sünde zu begehen.

Als würde sie über seine Worte nachdenken, schwieg die Königin lange und sagte schließlich:

„Sag mir: Gibt es glückliche Wesen auf dieser Welt?"

"Wie meinen Sie?"

„Ich meine, gibt es Wesen, bei denen Neigung und Schicksal im Einklang sind und die sich gleichzeitig dieser Harmonie bewusst sind?"

„Ich danke Ihnen! Ich sehe, dass Sie sich bemühen, sich präzise auszudrücken. Ihre Majestät weiß, dass ich Menschen bis zu einem gewissen Grad nach der Art und Weise beurteile, wie sie Sätze bilden. Es ist nicht so wichtig, das zu zeigen, was man Klugheit nennt klar und prägnant sein in dem, was man zu sagen hat.

Die Königin bemerkte, dass ihre Freundin sich bemühte, sie zu einer größeren Sicht auf die Dinge zu bewegen und ihr dabei zu helfen, Selbstbeherrschung zu erlangen; und mit einem traurigen Lächeln fragte sie:

„Und kennen Sie die Antwort auf meine Frage?"

„Das glaube ich. Eure Majestät kennt die Geschichte vom Hemd des Glücklichen?"

„Ich kann mich nicht mehr ganz daran erinnern."

„Nun, um es in so wenigen Worten wie möglich zu sagen: Ein gewisser König war krank, und es wurde gesagt, dass er nicht genesen konnte, bis ihm das Hemd eines glücklichen Mannes beschafft wurde. Sie suchten und suchten und schließlich Ich habe einen Mann gefunden, der unsagbar glücklich war, und – er hatte kein Hemd auf dem Rücken. Ich ändere die Geschichte entsprechend meiner eigenen Überzeugung. Wäre ich ein Dichter, würde ich in der Fantasie von Haus zu Haus, von Stadt zu Stadt wandern , von Land zu Land, beschreiben das Leben der Menschen unter verschiedenen Bedingungen und weisen darauf hin, dass sie trotz all ihrer Klagen dennoch glücklich waren oder auf jeden Fall so glücklich, wie sie nur sein konnten. Jeder Mensch ist begabt mit einer bestimmten Fähigkeit zum Glück, deren Maß durch seine Natur bestimmt wird. Sie bestimmt, wie hoch oder wie tief seine Freuden oder Unglücke sind, wie stumpf oder wie scharf seine Sensibilität. Das Maß des Glücks, das jedem Menschen zugeschrieben wird Das Sein entspricht den Anforderungen seiner Natur. Unglück ist notwendig, damit wir das Glück schätzen können, genauso wie wir Schatten brauchen, die uns helfen, das Licht zu unterscheiden.

„Und Sie denken also, dass alle Menschen glücklich sind?“

„Sie sind es in Wahrheit, aber nicht in Wirklichkeit. Der Grund dafür ist, dass sie den Anforderungen ihrer Natur nicht entsprechen und ständig nach Glück in dem suchen, was sie nicht haben, oder vielmehr in dem, was sie nicht sind.“

„Ich verstehe das nicht ganz, aber ich werde versuchen, es zu tun“, antwortete die Königin; „Aber sagen Sie mir, kann derjenige, der sich seiner Schuld bewusst ist, auch glücklich sein?“

„Ja, wenn er frei handelt und wenn das Wissen um seine Schuld ihn nachsichtiger und aktiver in guten Werken macht. Fehler, Unregelmäßigkeiten oder sogenannte Fehler sind das Ergebnis übermäßiger oder mangelhafter Begabung und können zu a Man kann sie bis zu einem gewissen Grad als *Basso Relievo* oder *Alto Relievo* des Charakters bezeichnen. Fehler des Übermaßes können durch Bildung und Wissen behoben werden, Fehler des Mangels jedoch nicht. Die meisten von uns benötigen jedoch diejenigen, die zu uns gehören, und alle, die wir wünschen edel und großartig zu sein, die Mängel ihrer Natur auszugleichen; und das erfordert einfach das Unmögliche.“

Die Königin schwieg einige Zeit. Offensichtlich machte sie sich die Gedanken des Arztes zu eigen.

„Auch ich habe einen Flachrelieffehler“, sagte sie schließlich. „Mein Wunsch, die Religion meiner Väter aufzugeben und einen fremden Glauben anzunehmen, hat mich der Täuschung und Entfremdung ausgesetzt, und ich betrachte dies als eine Strafe, die mir von Gott oder der Natur auferlegt wurde. Das war es, was den König dazu brachte, mich als schwach anzusehen.“ und schwankte und drängte ihn, mich zu verlassen. Ich war der Erste, der an einen Abfall dachte, und der Abfall wurde schließlich zu meiner Strafe!“

Die Königin weinte, während sie diese Worte sprach, und ihre Tränen waren aus Mitleid mit sich selbst.

Gunther blieb ruhig und still.

Die Königin stand an der Schwelle der zweiten Wissensstufe.

„Der bloße Gedanke, Ihrem Glauben abzuschwören – und Ihre Majestät erinnert sich vielleicht, dass ich damit nie einverstanden war –“, sagte Günther nach einer langen Pause, „diente nur dazu, zu zeigen, dass Ihre Majestät das Bedürfnis verspürte, Überzeugungen zu besitzen, die nicht allein waren." im Einklang mit deiner Natur, sondern waren auch das Ergebnis davon. Jede klare Wahrnehmung der Wahrheit, jede Überwindung des Schmerzes ist eine Transformation, eine Umgestaltung der Existenz oder, wie es manchmal genannt wird, eine Reinigung.

„Ich verstehe", antwortete die Königin. „Oh, dass ich das System kannte, nach dem die Welt regiert wird, und die Gründe, die dem menschlichen Schicksal zugrunde liegen! Warum musste ich das erleben? Hat es mich besser gemacht? Wird es mich zu edleren Taten inspirieren? Hätte ich es nicht getan." wäre es viel besser gewesen, wenn mein Leben ungetrübt geblieben wäre? Ich war voller Liebe für alle Menschen. Ach, es war so entzückend, niemanden auf der Erde zu kennen, der mein Feind war, und noch entzückender, niemanden zu kennen, den ich hassen musste und verabscheuen! Und was bin ich heute? Mir ist, als ob, wohin ich mich auch wende, eine Leiche auf meinem Weg liegt. Es gibt keinen freien Platz für mich auf Erden! Du bist ein weiser Mann; hilf mir, diese zu verbannen schreckliche Gedanken!"

„Ich bin nicht weise; und wenn ich es wäre, könnte ich meine Weisheit nicht auf dich übertragen. Es war ein Sprichwort der Alten, dass andere dir die Äpfel der Hesperiden zeigen, sie aber nicht für dich sammeln können."

„Gut, gut! Sei es so. Aber sag mir, wäre es nicht besser, größer und edler und stärker in der Tugend und in unserem Glauben an die Menschheit zu werden?"

„Kindliche Unschuld ist Glück, aber eine klare Wahrnehmung der Wahrheit ist ein großer Gewinn und meiner Meinung nach eine notwendige und dauerhafte Freude –"

„Du weichst meiner Frage aus. Es scheint mir, dass auch du keinen Schlüssel hast."

„Ich besitze es nicht – das Leben ist unerbittlich. Alles, was wir tun können, ist, uns dem herabziehenden Sturm zu beugen und dennoch standhaft zu bleiben. Die Sonne wird wiederkommen. Wir unterliegen dem geringeren Gesetz unserer eigenen Natur und dem größeren." Gesetz, das das Universum umfasst. Es gibt keinen Stern, der seinen Lauf ohne Abweichung vollendet. Die ihn umgebenden Planeten ziehen ihn an oder stoßen ihn ab; dennoch bewegt er sich auf seinem festgelegten Lauf weiter und lehrt die Menschheit die Lektion der Beharrlichkeit."

„Sie bieten Heilmittel an und vertrauen dennoch auf die Heilkräfte der Natur?"

„Gewiß", antwortete Günther, „die Natur allein kann uns helfen."

Nach einer Weile fügte er hinzu:

„Für jemanden, der von Trauer gebeugt ist, wäre es sinnlos, erfrischende Wanderungen auf den Höhen vorzuschlagen. Mit zurückkehrender Kraft wird das Verlangen zurückkehren; denn der Wille ist lediglich die äußere Manifestation innerer Kraft. Jetzt, während er sich dem Schlag beugt, der gerade auf Sie herabgekommen ist, werden Sie von der lebensspendenden Kraft der Natur bekleidet und getragen. Sie ist es, die die Existenz aufrechterhält, bis wir wieder zum Leben und zum freien Handeln erwachen. Meine gute Mutter pflegte in ihrer frommen Art zu sagen: „ Möge Gott uns helfen, bis wir uns selbst helfen können.““

"Ich danke dir!" sagte die Königin. „Ich danke dir", wiederholte sie und schloss die Augen.

Kapitel XV.

Am selben Morgen, an dem der König und Bronnen zusammen auf dem Jagdsitz saßen, ließ die Königin Gunther rufen. Er fand sie weiß gekleidet auf ihrer Couch liegend. Sie sah blass und schwach aus und erzählte ihm, wie provoziert sie sich über die Eitelkeit und den Hochmut fühlte, die sie, eine junge Königin, dazu gebracht hatten, sich für weise und gut zu halten, und die dazu geführt hatten, dass sie sich einbildete, mit ungewöhnlichen Gaben begabt zu sein.

„Wussten Sie, was hier vor sich ging?" sie fragte den Arzt.

„Nein, ich hätte es nicht für möglich gehalten, und erst jetzt verstehe ich den schrecklichen Tod meines lieben Freundes Eberhard. Ein Vater in so großer Trauer –"

Die Königin ließ sich auf diese Meinung nicht ein und fuhr fort, als spräche sie mit sich selbst:

„Wenn ich mich an die Tage und Stunden erinnere, in denen sie gesungen hat, muss ich mich fragen, ob es möglich ist, solche Lieder und solche Worte zu singen – die nichts als Liebe, Freundlichkeit, Erhebung, Reinheit atmen – und gleichzeitig Zeit nichts in der Seele haben? Ja, schlimmer als nichts – Falschheit und Heuchelei? Jedes Wort scheint falsch. Haben wir ein Recht, Fürsten zu sein, uns als überlegen gegenüber anderen und berechtigt zu betrachten, über sie zu herrschen, wenn wir uns nicht erheben? über ihnen durch Reinheit und Größe der Seele? Ich bin seit gestern ein verändertes Wesen geworden. Meine Seele lag damals auf dem Grund des Meeres, und die Wellen des Todes und der Verzweiflung tobten über mir; aber jetzt möchte ich leben. Sag es mir nur wie soll man das alles ertragen. Du bist schon so lange am Hof und verachtest alles. Schüttle nicht den Kopf, du verachtest alles--! Sag mir, wie soll man das ertragen? Wie kann man es schaffen, weiterzuleben und Bleibst du dennoch hier? Du besitzt sicherlich das Geheimnis; verrate es mir, denn das allein kann mich retten."

„Eure Majestät", antwortete der Arzt, „Sie sind immer noch fiebrig und aufgeregt."

„Ist das in der Tat die Summe Ihrer gesamten Wissenschaft? Fürsten haben Recht, wenn sie ihre Mitgeschöpfe beschimpfen, denn selbst die besten Männer sind nichts weiter als höfliche Schatten. Ich hatte mein ganzes Vertrauen auf dich gesetzt; ich hatte zu dir aufgeschaut als jemand, der weit über mich erhaben ist; und wo ich gehofft hatte, eine Hand zu ergreifen, bietest du mir einen leeren Handschuh an. Du lächelst; ich bin nicht im Delirium, ich bin lediglich zur Wahrheit erwacht; ich habe gerade Stunden durchgemacht, in denen die Die wunderschöne Welt – ach! Wie voller

Schönheit war sie – schien nur von kriechenden Würmern und abscheulicher Verderbnis erfüllt zu sein. Oh, es ist schrecklich! Ich bildete mir ein, es gäbe ein freies Wesen, dem ich alles erzählen könnte und von dem ich es könnte verlange alles zurück; aber du bist nicht der Mann. Ach! Es gibt keine echten Männer auf dieser Welt. Die Besten sind nichts weiter als titeltragende Geschöpfe!"

„Du sollst mich nicht umsonst angestachelt haben!" murmelte Günther halb laut und erhob sich von seinem Sitz.

„Ich wollte dich nicht beleidigen!" rief die Königin. „Ah, so ist es; in Schmerz und Trauer verletzen wir diejenigen, die uns am nächsten stehen!"

„Beruhigen Sie sich, Majestät", antwortete Gunther und setzte sich. „Wenn es etwas gibt, das mir zu verdanken ist, dann ist es, dass ich meiner Sensibilität nicht nachgebe. Ich bin streng gegenüber anderen, weil ich streng gegenüber mir selbst bin."

Die Königin schloss die Augen, blickte ihn aber bald aufmerksam an und sagte:

„Ich fürchte nichts mehr."

So ermutigt fuhr Gunther fort:

„Die menschliche Vorstellungskraft kann nicht erkennen, wie viel Laster und Elend es im Leben gibt, aber auch nicht, wie viel Schönheit, Heiligkeit, Erhabenheit und Erhabenheit es gibt."

„Eure Majestät, ich bin hier im Palast, der eine Welt im Kleinen ist, eine Welt für sich. Alles, was schrecklich und alles edel ist, wird hierher gezogen – und doch blühen die Blumen mit jedem wiederkehrenden Frühling und die Bäume schmücken sich mit grünen Gewändern, während die Sterne über allem leuchten. Es gibt eine blühende Blume, einen leuchtenden Stern selbst im verabscheuungswürdigsten aller Wesen. Ein Tropfen steigt aus den Wolken herab und fällt auf die staubige Straße. Der Tropfen und Der sich vereinende Staub wird zum Sumpf der Autobahn; aber für das Auge, das tiefer blickt, ist der Tropfen immer noch rein, obwohl geteilt und unterteilt, bis er fast unmerklich winzig und untrennbar mit dem Staub verbunden ist, der ihn verdunkelt. Aber selbst dieses Bild tut es reicht nicht aus. Kein an die Sinne gerichtetes Bild kann eine angemessene Vorstellung von der Gottheit vermitteln. Gott existiert sogar im Staubkorn. Für unsere Augen ist es Staub, aber für das Auge Gottes ist es so rein wie das Wasser und ist gleichermaßen der Wohnsitz der Unendlichkeit. Gerade die Menschen, die ihr für so falsch haltet, würden gerne gut sein, wenn es nicht so viel Mühe und so viele Opfer mit sich bringen würde. Die meisten Männer würden gerne Tugend erlangen, haben aber kein Interesse daran, sie sich zu verdienen. Sie alle wollen den großen Preis in der Lotterie der Moral ziehen. „Oh, wenn ich nur brav wäre!" sagte eines Tages ein verlorenes Geschöpf zu mir. Eure Majestät, die Wahrheit sagt uns, dass Hass und Verachtung nicht gut sind, denn sie schaden der Seele. Die wahre Kunst des Lebens erfordert, dass wir das Niedrige in seinem wahren Gesicht erkennen, aber gleichzeitig vermeiden, uns durch gewalttätige oder leidenschaftliche Gefühle gegenüber dem Bösen oder Vulgären zu erniedrigen. Du musst den Hass aus deinem Herzen entfernen und mit dir selbst in Frieden sein. Hass zerstört die Seele. Sie müssen das Gefühl entwickeln, dass Laster und Verbrechen, im richtigen Licht betrachtet, einfach Mängel sind. Sie können zu tausend traurigen Konsequenzen führen, haben aber für sich genommen keine Existenz; Tugend allein ist eine Realität. Komm höher hinauf, dorthin, wo ich stehe, und du wirst feststellen, dass du dich nur mit Schatten gequält hast.

„Ich sehe die Stufen", sagte die Königin; "Hilf mir auf!"

„Nichts hilft außer Selbsthilfe. Jeder muss lernen, Herrscher seiner selbst zu sein, auch wenn er eine Königskrone trägt. Das Gesetz lehrt uns, dass wir, um diese Herrschaft über uns selbst zu behalten, nicht zulassen dürfen, dass Zorn und Hass wohnen." in unseren Seelen, oder so viel von der Welt zu vergiften, die uns zum Genießen geschenkt wird, sei unser Anteil groß oder klein.

„Ich hatte zu viel Vertrauen in Tugend und Freundlichkeit."

„Sehr wahrscheinlich. Solange man an die Menschheit glaubt, wird es Täuschung und Verzweiflung geben. Wir bestehen darauf, unsere Mitgeschöpfe danach zu beurteilen, was sie uns gegenüber sind, statt danach, was sie uns selbst gegenüber sind. Und so, solange Wenn wir an die menschliche Tugend glauben, können wir manchmal verwirrt sein, wenn wir dort enttäuscht werden, wo wir es am wenigsten erwarten. Sobald wir jedoch das Göttliche in allem erkennen, auch wenn der Besitzer selbst sich dessen nicht bewusst ist, haben wir es erreicht ein erhabener Standpunkt, von dem aus wir uns selbst und der Welt sicher fühlen."

Die Königin richtete sich hastig auf und streckte Gunther beide Hände entgegen und rief:

„Du bist ein Wundertäter."

„Nein, das bin ich nicht. Ich bin nur ein Arzt, der so manche fieberheiße oder totensteife Hand in seiner eigenen gehalten hat. Die Heilkunst könnte als Beispiel dienen. Wir helfen allen, die unsere Hilfe brauchen, und Hören Sie nicht auf zu fragen, wer sie sind, woher sie kommen oder ob sie, wenn sie wieder gesund sind, auf ihrem bösen Weg fortfahren. Unsere Handlungen sind unvollständig, fragmentarisch; der Gedanke allein ist vollständig und allumfassend. Unsere Taten und wir selbst sind nichts Fragmente – das Ganze ist Gott."

„Ich glaube, ich verstehe, was Sie meinen. Aber unser Leben ist, wie Sie sagen, in der Tat nur ein Bruchteil des Lebens als Ganzes, und wie kann jeder den Teil des Leidens ertragen, der ihm zufällt? Kann man-- -Ich meine es im besten Sinne – immer außerhalb von sich selbst sein?"

„Ich bin mir sehr wohl bewusst, Eure Majestät, dass Leidenschaften und Emotionen nicht durch Ideen reguliert werden können; denn sie wachsen auf einem anderen Boden oder, um mich richtig auszudrücken, bewegen sich in ganz anderen Sphären. Es ist erst ein paar Tage her, seit ich das geschlossen habe Augen meines alten Freundes Eberhard. Selbst ihm gelang es nie, sein Temperament ganz seiner Philosophie unterzuordnen, aber in seiner letzten Stunde erhob er sich über den schrecklichen Kummer, der ihm das Herz brach – den Kummer um sein Kind. Er beschwor die Gedanken an etwas Besseres Stunden zu seiner Hilfe – Stunden, in denen seine Wahrnehmung der Wahrheit nicht durch Kummer oder Leidenschaft getrübt worden war – und er starb einen edlen, friedlichen Tod. Eure Majestät muss immer noch leben und arbeiten und gleichzeitig sich selbst und andere erheben . Erlauben Sie mir, Sie an den Moment zu erinnern, als Sie unter der weinenden Asche saßen und Ihr Herz voller Mitleid mit dem armen Kind war, das von dem Moment an, als es auf die Welt kam, doppelt hilflos ist. Erinnern Sie sich noch daran, wie Sie sich geweigert haben ? Ihm seine Mutter rauben? Ich appelliere an den reinen und echten Impuls dieses Augenblicks. Du warst damals edel und verzeihend, weil du noch nicht gelitten hattest. Du wirfst keinen Stein auf die Gefallenen; Du hast geliebt und deshalb vergeben."

"Oh Gott!" rief die Königin, „und was ist mit mir passiert? Die Frau, an deren Busen mein Kind ruhte, ist das verlassenste aller Geschöpfe. Ich liebte sie, als ob sie zu einer anderen Welt gehörte – einer Welt der Unschuld. Und jetzt bin ich es." Ich war überzeugt, dass sie die Vermittlerin war und dass ihre *Naivität* nur eine Maske war, die einen beispiellosen Heuchler verbarg. Ich stellte mir vor, dass Wahrheit und Reinheit immer noch in der einfachen, ländlichen Welt wohnten – aber alles ist pervertiert und korrupt. Die Welt der Einfachheit ist niedrig ; ja, viel schlimmer als das der Korruption!"

„Ich streite nicht über Einzelpersonen. Ich denke, dass Sie sich in Bezug auf Walpurga geirrt haben; aber wenn wir zugeben, dass Sie Recht haben, können wir uns zumindest dessen sicher sein: Moral hängt nicht von sogenannter Bildung oder Unwissenheit, Glauben usw. ab Unglaube. Nur das Herz und der Verstand, die Reinheit und Standhaftigkeit wiedererlangt haben, besitzen wahres Wissen. Erweitern Sie Ihren Blick über die Details hinaus und erfassen Sie das Ganze – das allein kann Sie trösten und versöhnen."

„Ich sehe, wo du bist, aber ich kann nicht dorthin gelangen. Ich kann nicht immer durch dein Teleskop schauen, das nichts als blauen Himmel zeigt. Ich bin zu schwach. Ich weiß, was du meinst; du sagst praktisch: ‚Steh auf.‘ Über diesen wenigen Menschen, über dieser Spanne des Weltraums, die als Königreich bekannt ist – im Vergleich zum Universum sind sie nur so viele Grashalme oder ein bloßer Erdklumpen.‘“

Gunther nickte erfreut zustimmend, aber die Königin fügte mit trauriger Stimme hinzu:

„Ja, aber dieser Raum und diese Menschen bilden meine Welt. Ist Reinheit nur eine Einbildung? Wenn es nicht um uns geht, wo kann sie dann gefunden werden?“

„In uns selbst“, antwortete Gunther. „Wenn es in uns wohnt, ist es überall; wenn nicht, ist es nirgendwo. Wer mehr verlangt, hat die Schwelle noch nicht überschritten. Sein Herz ist noch nicht das, was es sein sollte. Wahre Liebe für die Dinge dieser Erde, und denn Gott, die letzte Ursache von allem, verlangt keine Gegenliebe. Wir lieben den göttlichen Funken, der in den Geschöpfen selbst wohnt, ohne sich dessen bewusst zu sein: Geschöpfe, die elend, erniedrigt und, wie die Kirche es ausdrückt, unerlöst sind. Mein Meister lehrte mich, dass die reinsten Freuden aus dieser Liebe Gottes oder der ewig reinen Natur entstehen. Ich habe diese Wahrheit zu meiner eigenen gemacht, und du kannst und solltest es auch tun. Dieser Park gehört dir; aber die Vögel, die darin wohnen, die Luft, Das Licht und seine Schönheit gehören nicht nur dir, sondern werden von allen mit dir geteilt. Solange die Welt uns gehört, im vulgären Sinne des Wortes, mögen wir sie lieben; aber wenn wir sie uns zu eigen gemacht haben, in Ein reinerer und besserer Sinn, niemand kann ihn uns nehmen. Das Großartige ist, stark zu sein und zu wissen, dass Hass der Tod ist, dass Liebe allein Leben ist und dass die Menge an Liebe, die wir besitzen, das Maß des Lebens ist und die Göttlichkeit, die in uns wohnt.“

Günther stand auf und wollte sich zurückziehen. Er befürchtete, übermäßige Gedanken könnten die Königin überreizen, die ihm jedoch bedeutete, zu bleiben. Er setzte sich wieder.

„Sie können es sich nicht vorstellen“, sagte die Königin nach einer langen Pause, „aber das ist eine der Schimpfwörter, die wir auswendig gelernt haben. Ich meine genau das Gegenteil von dem, was ich gesagt habe. Sie können sich die Veränderung vorstellen, die Sie haben.“ Worte haben in mir gewirkt.“

„Ich kann es mir vorstellen.“

„Lassen Sie mich noch ein paar Fragen stellen. Ich glaube – nein, ich bin sicher – dass auf der Höhe, die Sie einnehmen und zu der Sie mich gerne führen würden, ewiger Frieden herrscht. Aber es scheint dort oben so kalt und einsam . Ich werde von einem Gefühl der Angst bedrückt, als wäre ich in einem Ballon, der in eine seltenere Atmosphäre aufsteigt, während immer mehr Ballast herausgeschleudert wird. Ich weiß nicht, wie ich Ihnen klar machen soll, was ich meine. I Ich verstehe es nicht, liebevolle Beziehungen zu meinen Mitmenschen aufrechtzuerhalten und sie dennoch sozusagen aus der Ferne zu betrachten und ihre Taten als bloße Aktion und Reaktion natürlicher Kräfte zu betrachten. Mir kommt es so vor, als ob In dieser Höhe müssen sich jeder Ton und jedes Bild in Luft auflösen.

„Gewiss, Eure Majestät. Es gibt einen Bereich des Denkens, in dem Hören und Sehen nicht existieren, in dem es reines Denken gibt und nichts weiter."

„Aber werden die Gedanken, die es im Überfluss gibt, nicht aus dem Bereich des Todes in den Bereich des Lebens projiziert, und ist das besser als klösterliche Selbstkasteiung?"

„Es ist genau das Gegenteil. Sie preisen den Tod oder preisen ihn auf jeden Fall, denn danach beginnt das Leben. Ich gehöre nicht zu denen, die ein zukünftiges Leben leugnen. Ich sage es nur mit den Worten von Mein Meister: „Unser Wissen bezieht sich auf das Leben und nicht auf den Tod", und wo mein Wissen aufhört, müssen meine Gedanken aufhören. Unsere Mühen, unsere Liebe sind alles von diesem Leben. Und weil Gott in dieser Welt und in allem ist, was existiert Darin und nur in diesen Dingen müssen wir die göttliche Essenz befreien, wo immer sie existiert. Das Gesetz der Liebe sollte herrschen. Was das Naturgesetz in Bezug auf die Materie ist, ist das moralische Gesetz für den Menschen.

„Ich kann mich nicht damit abfinden, dass Sie die göttliche Kraft in Millionen Teile aufteilen. Wenn ein Stein zertrümmert wird, bleibt jedes Fragment immer noch ein Stein; aber wenn eine Blume in Stücke gerissen wird, sind die Teile keine Blumen mehr."

„Nehmen wir Ihr Gleichnis zur Veranschaulichung, obwohl in Wahrheit kein Beispiel ausreicht. Die Welt, das Firmament, die Geschöpfe, die auf der Erde leben, sind nicht geteilt – sie sind eins; das Denken betrachtet sie als Ganzes."
. Nehmen wir zum Beispiel die Blume. Die Idee der Göttlichkeit, die sie uns vermittelt, und der Duft, der von ihr aufsteigt, sind dennoch ein wesentlicher Bestandteil der Blume: Eigenschaften, ohne die wir uns ihre Existenz nicht vorstellen können. Die Werke aller Dichter, aller Denker, aller Helden können mit Duftströmen verglichen werden, die durch Zeit und Raum wehen. In der Blume leben sie für immer. Obwohl der ewige Geist in der Zelle jedes Baumes oder jeder Blume wohnt, und in jedem menschlichen Herzen ist es ungeteilt und erfüllt in seiner Einheit die Welt. Derjenige, dessen Gedanken im Unendlichen wohnen, betrachtet die Welt als die mächtige Krone, aus der der Gedanke an Gott ausströmt."

Eine Zeit lang vergrub die Königin ihr Gesicht in ihren Händen. Günther
zog sich leise zurück.

Kapitel XVI.

Der König kehrte von der Jagd zurück. Seine mutigen Wanderungen durch die Highlands hatten ihm neue Kraft gegeben. Auch er war in einer veränderten Stimmung. Er hatte bereits einen ausführlichen Bericht über die Ereignisse am See erhalten. „Das ist vorbei", dachte er; „Ich kann die Vergangenheit nicht immer mit mir herumschleppen."

Ihm wurde mitgeteilt, dass die Königin ihre Gemächer seit Erhalt der schrecklichen Nachricht nicht verlassen habe. Er ließ Gunther rufen, der ihn über den Zustand der Königin informierte und empfahl, sie mit großer Nachsicht zu behandeln.

Der König stellte sich vor, dass das Verhalten des Arztes zurückhaltender als gewöhnlich war. Er hätte ihn gern gefragt, was die Königin denkt, wie sie die traurige Nachricht aufgenommen habe und ob sie ihren Kummer überwunden habe; aber es war Gunthers Pflicht, ihm das alles zu sagen, ohne auf eine Befragung zu warten. Schließlich fragte ihn der König:

„Ist der Geist der Königin gefasst?"

„Es ist edel und schön wie immer", antwortete Gunther.

„Hat sie in letzter Zeit gelesen? Hat sie nach dem Gerichtspfarrer geschickt?"

„Meines Wissens nicht, Eure Majestät."

Der König, der die Einhaltung der Etikette zu anderen Zeiten als bequem empfand, empfand sie jetzt als lästig.

Er hätte sich gewünscht, dass der Arzt aus eigenem Antrieb sprach und vieles erklärte, was noch unklar war, anstatt nur die ihm gestellten Fragen zu beantworten.

„Sie haben eine große Prüfung hinter sich; mit Graf Eberhard haben Sie einen alten Freund verloren."

„Er lebt in meiner Erinnerung weiter, genau wie vor seinem Tod", antwortete Gunther.

Das Herz des Königs war voller Wut. Er war diesem Mann gegenüber sehr freundlich gewesen, hatte sich sogar nach einem Vorfall in seinem Privatleben erkundigt, und doch blieb Günther, obwohl er den perfekten Anstand bewahrte, so zurückhaltend und abstoßend wie eh und je.

Seine alte Abneigung gegen diesen Mann, der inmitten der Aufregung bei Hofe stets ungerührt blieb, wurde wieder wach. Er entließ Gunther mit einer gnädigen Handbewegung; aber als er gegangen war, folgten ihm seine Augen mit einem finsteren Ausdruck.

Ihm kam ein Gedanke, der seine Wangen glühen ließ und ihn zu einer anderen Handlungsweise bewog. Ihm war nun klar, dass die wahre Ursache seines Fehltritts darin lag, dass eine dritte Person zwischen ihm und seiner Frau gestanden hatte. Das sollte nicht länger der Fall sein, egal wie gut es gemeint war. Anstatt Gunther um Informationen über die Gedanken und Gefühle seiner Frau zu bitten, sollte sie ihm alles persönlich und allein erzählen. Er empfand eine tiefe Zuneigung zu ihr und dachte, dass er, nachdem er so viel in sich selbst überwunden hatte, ihrer wieder würdig sei.

Der König ließ Gräfin Brinkenstein kommen. Seit dem traurigen Vorfall bewegte sich der König nur unter Männern, die Angelegenheiten dieser Art eher auf die leichte Schulter nehmen und in der Tat kaum darauf hinweisen. Und nun stand er zum ersten Mal einer Frau gegenüber; einer, in dem sich ein edler Geist mit der strengsten Einhaltung der Hofetikette verband. Das Verhalten des Königs war würdevoll, obwohl sein Herz vor Rührung zitterte.

„Wir haben traurige Erfahrungen gemacht", sagte er zu ihr.

Mit viel Fingerspitzengefühl gelang es Gräfin Brinkenstein, das Gespräch in eine andere Richtung zu lenken und so jede Erklärung des Königs abzuwehren. Sie hielt es für unziemlich für einen König, sich zu rechtfertigen oder sich schwach oder ratlos zu zeigen; und außerdem betrachtete sie es als die Pflicht seiner Umgebung, alles Unangenehme so elegant wie möglich zu glätten.

Der König schätzte ihre Rücksichtnahme. Er fragte sie, ob sie die Königin in den letzten Tagen oft gesehen habe und wer sie jetzt aufwarte. Die Gräfin teilte ihm mit, dass sie nur einmal bei der Königin gewesen sei, die einen Wunsch gegenüber seiner königlichen Hoheit, dem Kronprinzen, geäußert habe.

„Ah, wie geht es dem Prinzen?" fragte der König. In all diesen Tagen hatte er kaum an sein Kind gedacht, und nun erinnerte er sich, als sei ihm die Tatsache neu bewusst, dass er einen Sohn hatte.

„Bemerkenswert gut", antwortete die Gräfin, die dann die Namen der verschiedenen Damen und Herren des Hofes nannte, die jetzt bei Ihrer Majestät der Königin anwesend waren. Niemand hatte sie in den letzten Tagen gesehen, außer Madame Leoni, die ständig bei ihr gewesen war, und dem Arzt, der sich stundenlang mit ihr unterhalten hatte.

Der König gab den Befehl, den Prinzen in seine Gemächer bringen zu lassen. Er küsste den Jungen, dessen runde und zarte kleine Hand mit dem Gesicht seines Vaters spielte.

„Du sollst deinen Vater ehren – wenn ich nur diesen einen Vorwurf wegwischen könnte", sagte er zu sich selbst.

Es war ihm, als ob die Berührungen seines Kindes ihm neue Kräfte verliehen hätten, und er wollte sich gerade auf den Weg zu den Gemächern der Königin machen, als Schnabelsdorf gemeldet wurde. Der König musste bleiben und ihn empfangen.

Der Premierminister teilte ihm mit, dass das Ergebnis aller Wahlen nun bekannt sei und dass seine Position schwierig sein würde, da die Mehrheit auf der Seite der Opposition gewesen sei.

Der König zuckte mit den Schultern und sagte:

„Wir müssen die Ereignisse abwarten."

Schnabelsdorf blickte erstaunt über diese Gleichgültigkeit. Was könnte passiert sein?

„Es ist nur eine Neuwahl nötig", sagte er. „Euer Majestät ist bekannt, dass Graf Eberhard Wildenort zum Stellvertreter gewählt wurde?"

„Ich weiß", sagte der König. „Warum das erwähnen?"

Schnabelsdorf senkte den Blick und fügte hinzu: „Mir wurde mitgeteilt, dass Oberst von Bronnen, der Generaladjutant Ihrer Majestät, dessen Name in diesem Zusammenhang bereits erwähnt wurde, als Kandidat vorgeschlagen werden soll."

„Bronnen wird sich weigern, anzutreten", sagte der König.

Schnabelsdorf nahm diese Bemerkung mit einer fast unmerklichen Verbeugung auf. Er ahnte, was vor sich ging.

Der König erlaubte seinem Minister, ihn über das Dringlichste zu informieren, bat ihn jedoch, sich kurz zu fassen.

Schnabelsdorf war sehr kurz.

Der König entließ ihn. Seine Absicht war es, Schnabelsdorf die neue Kammer eröffnen zu lassen. Sollte, wie zu erwarten war, die Mehrheit gegen ihn sein, würde Bronnen ein neues Kabinett bilden.

Es war für den König kein leichter Kampf, das, was aus seinem eigenen Willen hätte hervorgehen sollen, als ein Nachgeben seinerseits gegenüber der Stimme des Volkes erscheinen zu lassen; aber er fühlte, dass es der erste wirkliche Beweis seiner Unterwerfung unter das Gesetz war, und er wollte seinen höchsten Ruhm darin finden, der Stimme des Volkes Ausdruck zu verleihen.

Sein neues Motto: „Wahr und frei", prägte sich ihm erneut ein. Ruhig und selbstbeherrscht begab er sich zu den Gemächern der Königin.

Kapitel XVII.

Die Königin war über die Rückkehr des Königs informiert worden, und die Ruhe und Selbstbeherrschung, die sie wiedergewonnen hatte, schien zu verschwinden. Solange er auf Distanz blieb, fühlte sie sich im erhabenen Reich des Denkens sicher; aber jetzt, da er in ihrer Nähe war, ließ sie der Gedanke, ihm von Angesicht zu Angesicht zu begegnen, vor Angst zittern. Ihr Gefühl der Verletzung lockerte die schwachen Grundlagen der Prinzipien, deren Verwirklichung sie so mühsam gekostet hatte. Es war schon Nacht, als die Königin im Vorzimmer die Stimme ihres Mannes hörte. Er wolle sie sehen, sagte er, auch wenn sie schliefe. Er trat leise ein. Sie hielt die Augen geschlossen und zwang sich, so sanft wie möglich zu atmen. Es war die erste Täuschung ihres Lebens. Sie täuschte nur vor, zu schlafen, und wie oft hatte er, der jetzt vor ihr stand, Aufrichtigkeit und Wahrheit vorgetäuscht –? Ihr Atem wurde schwerer; es erforderte all ihre Selbstbeherrschung, ruhig zu bleiben. Der Gedanke, den Tod vorzutäuschen, erfüllte sie nun mit Entsetzen.

Sie lag regungslos mit gefalteten Händen da und ihr Mann stand vor ihr. Sie stellte sich vor, dass sie seinen liebevollen, liebevollen Blick spürte, aber was könnte seine Liebe oder Zuneigung sein? Sie spürte seinen warmen Atem auf ihrem Gesicht. Und nun fühlte er ihren Puls, und doch rührte sie sich nicht. Sie spürte den Kuss, den er auf ihre Hand drückte, und doch rührte sie sich nicht. Sie hörte, wie er sich zu Madame Leoni umdrehte und sagte: „Sie schläft ruhig, Gott sei Dank! Sag ihr nicht, dass ich hier war." Sie hörte seine Worte und seine sanften Schritte, als er den Raum verließ, und doch rührte sie sich nicht. Um zu verhindern, dass ihre Dienerin die Täuschung entdeckte, war sie gezwungen, den Anschein zu erwecken, sie schliefe, und so zu tun, als wüsste sie nichts von dem, was geschehen war.

Als der König das Vorzimmer erreichte, sagte er zur Kammerfrau:

„Ich danke dir, liebe Leoni!"

„Eure Majestät", antwortete Madame Leoni mit einer tiefen Verbeugung.

„Sie haben in letzter Zeit neue Beweise Ihrer Verbundenheit mit der Königin geliefert. Ich werde es nicht vergessen. Es ist für mich ein Trost zu wissen, dass sie von so sorgfältigen Dienern umgeben ist. Meine liebe Leoni, tun Sie alles, was Sie können, um die Königin zu sichern." so viel Ruhe wie möglich; und wenn sie sich etwas Besonderes wünscht, von dem Sie glauben, dass die Hofdamen oder die Gräfin Brinkenstein nichts zu wissen brauchen, wenden Sie sich an mich. Hat die Königin in den letzten Tagen viel gesprochen?"

„Oh ja! Leider zu viel; das macht sie so erschöpft. Sie hat stundenlang geredet, unaufhörlich."

„War es, dass sie so viel mit dir geredet hat?“

"Ach nein!"

„Dann war es beim Arzt?“

„Das war es. Aber verzeihen Sie, Eure Majestät, es scheint mir, dass seine Medikamente aus Worten bestehen.“

Der König erinnerte sich, dass Madame Leoni einen Groll gegen die Königin hegte und einen noch größeren Groll gegen Gunther, weil die Position der Ayah des Kronprinzen an Madame von Gerloff übertragen worden war und nicht an sie. Er war nicht geneigt, dies auszunutzen und sagte nur:

„Der Arzt, liebe Leoni, sollte immer die Vertrauensperson sein.“

„Gewiss, Eure Majestät; aber unsere edle Königin ist so niedergeschlagen, und es scheint mir, dass es weitaus besser wäre, sie aufzuheitern und zum Lachen zu bringen, anstatt über solch schwierige und schreckliche Themen zu sprechen. Eure Majestät wird mich sicherlich nicht verstehen.“ , aber ich möchte unserer edlen Königin helfen, und ihr bester, ja ihr einziger Helfer ist Eure Majestät. Wer sich zwischen Sie und sie drängt, schadet mehr als er nützt.“

Der König war besorgt. Er hatte sich nie der Spionage hingegeben, und jetzt, da er sich geläutert und erhöht fühlte, war er ihr doppelt abgeneigt. Dennoch fragte er:

„Bitte, erzähl mir, was passiert ist!“

„Ah! Eure Majestät; ich würde lieber sterben, als meiner königlichen Geliebten Unrecht zu tun, aber was ich tue, kann ihr nicht schaden; es soll ihr nur helfen.“

„Vertrau mir alles an“, sagte der König mit sanfter Stimme, der selbst unzufrieden mit dem war, was er sagte, „du konntest dich nicht so erniedrigen, die Worte und Taten anderer auszuspionieren, und das könntest du auch nicht.“ Ich wünsche oder erlaube Ihnen, dies zu tun; aber ich muss wissen, wie der Königin aus ihrer gegenwärtigen Not geholfen werden kann, und deshalb sollte ich darüber informiert werden, was ihr gesagt wird und wie die Dinge hier besprochen werden ."

„Gewiss, Eure Majestät“, antwortete Madame Leoni, und nachdem sie sich für die häßlichen Worte entschuldigt hatte, erzählte sie ihm, wie der Arzt über den Ursprung des Schlamms auf den Straßen gesprochen hatte und wie sich ein reiner Tropfen aus den himmlischen Wolken mit dem Staub vermischte von der Straße; und dass sie dann von Skulptur, von *Hautrelief* und *Basrelief* gesprochen hätten .

Madame Leoni konnte nur eine unzusammenhängende Aussage machen, aber der König wusste bereits genug.

Kapitel XVIII.

Am nächsten Morgen teilte der König der Königin mit, dass er sie sehen müsse.

Er eilte zu ihr.

Sie waren beide allein in der Wohnung.

Der König wollte gerade seine Frau umarmen.

Sie bat ihn, Platz zu nehmen.

„Wie es Ihnen gefällt", sagte er mit sanfter Stimme. Er war entschlossen, sie in Offenheit und Liebe für sich zurückzugewinnen.

„Wirst du zuerst sprechen, oder soll ich?" fragte er nach einer Pause.

Seine Stimme war klar und deutlich und erschreckte sie. Sie bemerkte sein frisches Aussehen und wurde noch blasser. Sie drückte ihre Hand auf ihr Herz; sie konnte nicht sprechen.

„Nun, dann lass mich sprechen. Mathilde, wir haben uns in aufrichtiger Liebe gewonnen. Ich gestehe offen, dass ich tief gegen dich und andere gesündigt habe, und jetzt bitte ich dich, an meine aufrichtige Reue zu glauben. Verurteile mich nicht gemein, oder im engeren Sinne!"

„Nicht gemein? Oh ja, ich verstehe! Für große Geister wie Sie ist Moral Engstirnigkeit. Ihr Herz ist groß, die Welt umfasst, und ich bin ein bigottes, eigensinniges Geschöpf!"

„Mathilde, sag das nicht; ich wollte dich nicht verletzen."

„Oh nein! Du wolltest mich nicht verletzen; schon gar nicht, niemals!"

„Mathilde, mit diesem Tonfall werden wir niemals zu vollkommener Harmonie gelangen. Bitten Sie mich um irgendetwas als Beweis meiner Reue und Bekehrung. Sie haben das Recht dazu; ich schwöre Ihnen –"

„Schwöre nicht. Du tust mir leid, es gibt nichts mehr, bei dem du schwören könntest. Schwöre beim Kopf deines Kindes – des Kindes, an dessen Wiege du ehebrecherische Worte und Blicke mit ihm gewechselt hast!"

„Lass die Zukunft alle Erinnerungen an die Vergangenheit auslöschen!"

„Sehr gut. Erteilen Sie einen königlichen Auftrag: Die Welt und vor allem meine Frau sollen vergessen, dass es jemals eine Gräfin Irma gab; das ist mein königlicher Wille."

Der König blickte seine Frau erstaunt an. War das dasselbe zarte, sensible Wesen? Welche große Veränderung hatte sie erlebt?

„Lasst die Toten ruhen!" sagte er schließlich.

„Aber die Toten lassen uns nicht ruhen. Sie schaut mich durch deine Augen an, spricht mit deinen Lippen zu mir, berührt mich mit deiner Hand; denn deine Hand, deine Lippen, deine Augen gehörten ihr."

„Ich werde mich zurückziehen, bis du deine Fassung wiedererlangst."

„Nein, bleiben Sie! Ich bin ganz gefasst. Vielleicht möchten Sie lieber nicht hören, was ich zu sagen habe?"

„Ich werde mir alles anhören", sagte der König und setzte sich; "fortfahren."

„Nun, dann lass mich dir sagen, dass du ein Heiligtum entweiht hast, lieblicher und schöner als alles, was jemals auf der Erde existierte – das Heiligtum, in dem du angebetet wurdest. Ich kann dir das sagen, denn der Tempel ist nicht mehr und du." sind nicht mehr darin. Ich wollte in allem eins mit dir sein, in jedem Atemzug, in jedem Wort, in jedem Blick, auch wenn er auf Ihn gerichtet war, der in der Höhe ist. Dafür habe ich Opfer dargebracht mein Glaube--"

„Möchten Sie die Rechnungen zwischen uns ausgleichen? Dann denken Sie daran, dass ich Sie nicht gebeten habe, dieses Opfer zu bringen; es wäre eine Last gewesen. Die Idee, dass es sich um ein Opfer handelt, kommt nicht in Frage."

„Sehr gut, dazu werde ich nichts mehr sagen. Ich wollte Ihnen nur sagen, dass Sie das, was ich als Opfer betrachtete, als Schwäche betrachteten. Aber genug davon. Sie haben Ihr Eheversprechen nicht eingehalten, und das, auch mit ihr, die ich als meine Freundin betrachtete! Ich kenne den Lauf der Welt in solchen Angelegenheiten. Der Steigeneck, den dein Vater –"

„Beleidigen Sie nicht das Andenken meines Vaters! Sagen Sie von mir, was Sie wollen, aber beleidigen Sie meinen Vater nicht!"

„Ich beleidige ihn nicht; ich ehre ihn. Verglichen mit dir war er rein und tugendhaft. Er war frei von jeglichem moralischen Anspruch, von Lügen, Betrug und Verrat!"

„Wer ist es, der spricht?" sagte der König und unterbrach sie. „Ist das meine Frau? Ist es eine Königin, die diese Worte ausspricht?"

„Es sollten nicht meine Worte sein; du hast sie mir aufgezwungen. Aber lass uns nicht über Worte streiten. Dein Vater schenkte seine Zuneigung einem Fremden, der weit entfernt lebte und seine Frau nicht kannte. Verglichen mit deinem Verhalten , es war die Tugend selbst. Du warst mir gegenüber untreu, und das auch mit einem Freund, der ständig an meiner Seite war; wir unterhielten uns miteinander über die Liebe, die Sterne, die Bäume, die Berge und die Täler und unsere Gedanken schien eins zu sein. Seite an Seite betrachteten wir die Kunstwerke, wir sangen, wir spielten zusammen – und doch konntet ihr beide so handeln, während ihr an meiner Seite wart, und das innere Heiligtum dessen betreten, was im Leben das Höchste ist Der Himmel, die Erde, alles, was in Gedanken oder Worten rein und edel war – du hast sie alle zerstört. Ich würde gerne den Tag erfahren, an dem ihr beide es gewagt habt, durch Wort oder Blick, euer falsches Spiel zu beginnen! Mit jedem Kuss euch ihr gegeben hast, musst du gesagt haben: „Ah, meine Frau – wie unglücklich ich bin – sie ist so engstirnig, so bar jeder Größe – „Unterbreche mich nicht! Eines bin ich mir sicher: kein Ehemann oder Eine Frau kann jemals die Hand einer anderen in Liebe berühren, ohne das Gefühl zu haben: „Mir geht es schlecht." Es ist nicht Hass und Rache, die jetzt durch mich sprechen, es ist Gerechtigkeit! Solange ich dich noch liebte, konnte ich dich hassen; aber jetzt verurteile ich dich einfach. Du musst die Konsequenzen deiner Taten tragen. Gerechtigkeit verlangt das. Ich bemitleide und bereue dein Los. Wie wirst du dich jemals am Wald erfreuen, wenn die, die du mit Sünde beladen hast, durch den Wald in den Tod geflohen ist? Wie kannst du auf den See blicken, in den ihre Sünde sie stürzte? Die ganze Welt ist vernichtet Du, du armes Geschöpf! Wie deine Feder zittern muss, wenn du erneut ein Todesurteil unterschreibst – du hast sowohl die Toten als auch die Lebenden ermordet! Du magst „Verzeihung" schreiben, aber wer wird dir verzeihen, „König von Gnaden". Gott'?"

„Mathilde, ich habe einst geglaubt, dass du nicht in der Lage bist, auch nur auf etwas Unziemliches hinzuweisen."

„Haben Sie es geglaubt? Und was würden Sie in Ihrem Fall als unziemlich bezeichnen?"

„Sprich weiter, sprich weiter!" sagte der König, während die Königin nun innehielt und seufzte. Er sah, wie das Feuer alles verzehrte, was ihm auf der Erde am liebsten war, und erkannte gleichzeitig die Schönheit der Flamme. Es gibt seltsame Akkorde in der menschlichen Seele, und der König, obwohl voller Scham und Empörung, konnte nicht umhin, die Macht zu bewundern, die seine Frau offenbarte. Er hatte nie davon geträumt, dass es existierte. Sie war größer und stärker, als er es sich jemals vorgestellt hatte, und sein Appell an sie schien ihre Überlegenheit anzuerkennen. Das machte sie noch empörter und mit gezwungener Gelassenheit fuhr sie fort:

„Niemand hat das Recht, von einem anderen, einem Prinzen oder auch von dir selbst zu verlangen, dass er ein Genie sei; aber jeder hat das Recht zu verlangen, dass du ein aufrichtiger Mann, ein wahrer Ehemann und Vater bist. Du Das könnte genauso gut sein, wie es jeder Bauer oder Tagelöhner kann.

Schmerz und Groll spiegelten sich im Gesicht des Königs wider.

„Mathilde", sagte er schließlich mit zitternder Stimme, „Mathilde, ich spreche nicht von mir selbst; aber bedenke, wie sehr dich diese Worte verletzen müssen."

„Ich habe über all das nachgedacht. Ich weiß, dass die tausend kleinen Freuden des Lebens nicht mehr mir gehören. Ich werde eine Last tragen, die der Tod allein beseitigen kann! Das weiß ich. Aber ich habe kein Mitleid mit mir selbst. Wo die Liebe tot ist.", Gerechtigkeit muss herrschen!"

„Liebe? Die Liebe, die sterben könnte, war keine Liebe!"

„Lassen Sie uns nicht streiten. Wir haben aufgehört, einander zu verstehen. Hören Sie auf meine letzten, meine unwiderruflichen Worte. Was bleibt mir noch? Dich zu verachten oder selbst verabscheuungswürdig zu werden. Hier stehe ich", sagte sie zeichnend Sie richtete sich auf und wirkte größer als zuvor, während eine dunkle Röte ihr Gesicht überzog. „Hier stehe ich und sage dir, dass ich dich verachte. Ich werde mit dir und an deiner Seite leben, solange das Leben bleibt; aber ich verachte dich!" Wisse das und verlass mich jetzt. Ich werde heute Abend mit dir auf dem Hoffest erscheinen. Du sollst keinen Grund haben, dich über einen Verstoß gegen den Anstand zu beschweren. Einst war die Liebe zu dir mein ganzes Leben lang – diese Erinnerung ist meine; Du brauchst es nicht!"

Der König stand auf. Er wollte etwas sagen, aber es dauerte lange, bis er ein Wort herausbringen konnte.

„Weiß jemand von Ihren Gefühlen mir gegenüber?" fragte er schließlich mit heiserer Stimme.

„Nein, wir sind es unserem Sohn schuldig, dass niemand davon erfährt."

„Mathilde, ich hätte nie geglaubt, dass du so zu mir sprechen könntest. Aber es kommt nicht von dir; ein anderer hat sich zwischen uns gedrängt. Er hat dich gelehrt, so zu denken und zu sprechen!"

„Du bist der große Meister, der mich gelehrt hat, Hass durch Liebe und Verachtung durch Anbetung zu ersetzen."

„Weiß Ihr Freund, der Arzt, nichts von dem, was Sie mir jetzt antun?"

„Ich kann dir nicht schwören – du kannst einem Eid nicht mehr glauben – aber eines kann ich sagen: Wenn Günther wüsste, dass ich mich von der Glut meiner früheren Liebe zu dir hätte mitreißen lassen, würde es ihn zutiefst betrüben.", denn Zorn, Hass und Rache sind seiner großen Natur fremd!"

„Seine große Natur kann sehr klein gemacht werden."

„Du wirst, du wagst es nicht, mir meinen einzigen Freund zu rauben! Ich flehe dich an! Ich werde nichts mehr verlangen, solange ich lebe. Ich werde gehorsam und unterwürfig sein. Ich kann dir keine Liebe mehr anbieten. Grant mir, aber diese eine Bitte: Lass mich mein einziger Freund!"

„Dein einziger Freund? Diesen Titel kenne ich nicht. Soweit ich weiß, gibt es bei Hofe keine solche Position."

„Auf meinen Knien flehe ich dich an! Demütige ihn nicht! Lass mich diesen einen Freund behalten. Er ist großartig, rein, edel; er allein ist es, der mich mit dem Leben versöhnt!"

Die Königin war im Begriff, sich vor dem König auf die Knie zu werfen. Er berührte sie – sie schauderte und richtete sich auf.

"Stolz sein!" rief der König. „Sei so! und trage die Konsequenzen! Sei der Erhabene, der reine Tropfen aus der himmlischen Wolke, der sich mit mir vermischt, der Staub der Straße –"

Die Königin sah erstaunt auf. Was hatte sie gehört? Die Worte ihrer edlen Freundin wurden so wiederholt und verzerrt. Ihr Kopf schwamm.

„Sei, was du willst!" fuhr der König fort. „Sei allein und suche Halt in dir selbst!"

Er zog an dem Verlobungsring an seinem Finger. Es war schwierig, es loszuwerden, und sein Gesicht wurde rot, während er mit aller Kraft daran zog. Schließlich zog er es über seinen Knöchel. Ohne ein Wort zu sagen, legte er den Ring vor der Königin auf den Tisch.

Er ging zur Tür. Er hielt einen Moment inne, als lauschte er auf ein Wort von ihr – ein Wort, auf das er aus tiefstem Herzen geantwortet hätte, ein Wort, das sie beide gerettet und versöhnt hätte.

Die Königin kümmerte sich um ihn. Würde er sich nicht wieder umdrehen? würde er nicht noch einmal mit herzzerreißendem Ton rufen: „Verzeih mir!" Die Liebe, die immer noch in ihr wohnte, trieb sie zu ihm. Der König hielt nur einen Moment inne. Unwillkürlich streckte die Königin ihre Arme nach ihm aus – der Moment war vergangen und mit ihm war der König gegangen.

Die Königin ging zur *Portière* und starrte sie fest an. Dann fiel sie zurück auf das Sofa und weinte. Sie lag lange da und weinte.

KAPITEL XIX.

Die Königin war nun doppelt unglücklich. Sie empfand unaussprechlichen Kummer wegen ihrer verlorenen Liebe und hatte sich darüber hinaus von böser und hasserfüllter Leidenschaft verführen lassen. Das Gefühl von Freiheit und Erhabenheit, das Gunther in ihr geweckt hatte, war verschwunden. Und nun, da die herzzerreißende Trennung stattgefunden hatte, kam es ihr vor wie ein Tod, den man vorhergesehen hatte. Aber auch wenn wir sein Herannahen aus der Ferne beobachten, bringt der Tod stets neues und unerwartetes Leid mit sich.

Die Königin ging in die Gemächer des Kronprinzen. Auf ihrem Weg kam sie am Kabinett des Königs vorbei. Sie hielt einen Moment inne und fragte sich, wie es wäre, wenn sie hier eintreten würde, ihn in ihre Arme schließen und sagen würde: „Lass alles vergessen; du bist genauso unglücklich wie ich, und ich werde dir helfen, deine Leiden zu ertragen." viel."

Sie ging weiter, denn sie fürchtete, sie könnte ihm erneut als schwach und schwankend erscheinen, obwohl sie stark sein wollte.

Als sie ihr Kind sah, bekamen ihre Augen wieder einen strahlenden Ausdruck. Das Kind hatte seine Mutter nicht weinen und mit ihrem Kummer ringen sehen, und jetzt war sie wieder bei ihm. „Auch er wird hierher kommen", sagte eine innere Stimme, der sie kaum zuhören konnte. Sie zitterte, als sie erfuhr, dass der König den Prinzen noch am selben Tag in seine Gemächer bringen ließ.

Sie wartete lange. Sie küsste immer wieder die kleine Hand des Jungen und schaute sich um, ob der Vater nicht käme.

Er kam nicht.

Der König saß in seinem Kabinett, die Hände an die brennende Stirn gedrückt. Er hatte den Wendepunkt in seiner Karriere überschritten und konnte sich nicht länger von privaten, persönlichen Sorgen bedrängen lassen. Er hatte Buße getan, und das genügte. Er war entschlossen, eine Veränderung an sich herbeizuführen, und das war mehr als genug. Welchen Nutzen hatten weitere Vorwürfe und Strafen? Ein tiefes Gefühl des Grolls gegen seine Frau stieg in ihm auf. Sie war schwach und rachsüchtig. Nein, nicht schwach; Sie war mit einer Macht ausgestattet, von der er nie die leiseste Ahnung gehabt hatte, und er war sich der schweren Schuld, die er begangen hatte, indem er eine solche Frau getäuscht hatte, zutiefst bewusst. Er konnte sich jedoch nicht von dem Gedanken befreien, dass seine Bestrafung eine Beleidigung seiner hohen Stellung darstellte. Und während seine eigene Lebensgrundlage in Trümmern lag, warum sollte er sich dann mit wundersamer Selbstverleugnung daran machen, das Leben anderer wieder in

Ordnung zu bringen? Das Herz, das mit sich selbst versöhnt und im Frieden ist, ist das einzige, das einen versöhnenden und friedlichen Einfluss auf andere ausüben kann. Ein Geist des Trotzes und der Unzufriedenheit veranlasste ihn, die Reformen, die er begonnen hatte, aufzugeben, denn die ihm am nächsten stehende und liebste Frau, seine eigene Frau, würde sie nicht mit Recht anerkennen.

Er saß lange da, dumpf und deprimiert. Schließlich erhob er sich, sein Gesicht drückte Trotz und Festigkeit aus. Er war entschlossen, das Gute zu erreichen, egal, ob seine Bemühungen geschätzt oder falsch eingeschätzt wurden. Seine Kraft zum Guten hatte gesiegt. Ohne Hilfe und um seiner eigenen Ehre willen hatte er beschlossen, die Maßnahmen durchzuführen, die er für richtig hielt, und das Glück, das ihm dies bringen würde, musste die verlorenen Freuden der Liebe ausgleichen.

An diesem Abend gab es bei Hofe ein großes Fest.

Die Verlobung von Prinzessin Angelica mit Prinz Arnold wurde offiziell gefeiert. Die Königin erschien, auf den Arm ihres Mannes gestützt, und begrüßte jeden freundlich und sanft. Sie sah schwach aus, aber nichtsdestotrotz schön.

Niemand konnte die geringste Spur des Bruchs zwischen dem Königspaar entdecken, und niemand bemerkte, dass sich der Ring nicht mehr an der Hand des Königs befand.

Der König und die Königin unterhielten sich scheinbar herzlich, aber sie sah oft aus, als müsste sie ihn fragen: „Ist nichts passiert?"

Dann schaute sie sich ängstlich um, als müsse plötzlich das Gespenst Irmas in weißen, tropfenden Gewändern auftauchen.

Als der König in Begleitung der Königin die Saloons umrundet hatte, grüßte er Bronnen herzlichst und blieb einige Zeit bei ihm, in lebhafte Gespräche vertieft.

Die Königin sah erstaunt zu. Sie wusste genau, dass Bronnen Irma insgeheim bewundert und sogar um ihre Hand gebeten hatte. Wie konnte es passieren, dass der König mit diesem Mann so vertraut geworden war und ihn über alle anderen Mitglieder des Hofes hinaus hervorhob? Es bestand keine Möglichkeit, hierzu Informationen einzuholen. Der ganze Sommerpalast war beleuchtet; die Terrasse war mit bunten Lampen geschmückt; Im Park wurden Gefäße mit brennendem Pech aufgestellt, die ihren Glanz in die Herbstnacht hinausstrahlten. Die Musikkapelle des Regiments des Fürsten Arnold spielte fröhliche Lieder, der Lichterglanz und die Klänge der Musik wehten weit hinaus ins Tal und sogar in die Berge, auf deren einsamen Höhen sich Menschenwohnungen befanden.

Die Königin traf Gunther, wechselte aber nur ein paar hastige Worte mit ihm. Der König begrüßte ihn höflich, als er vorbeikam.

Er wird nicht so grausam sein, dachte die Königin. In ihrem Gesichtsausdruck lag eine seltsame Schüchternheit, wann immer ihr Blick auf Günther ruhte, und einmal bemerkte der König dies und schüttelte den Kopf. Die Königin hatte das Gefühl, dass Gunther mit ihr unzufrieden sein musste, denn sie hatte nicht nach den Gesetzen gehandelt, die er ihr erklärt hatte.

Am folgenden Tag wurde in der ganzen Hauptstadt verkündet, dass Doktor Günther seine Entlassung erhalten habe.

Im offiziellen Amtsblatt, das einen Bericht über die Verlobungsfeierlichkeiten enthielt, heißt es: „Seine Majestät der König hat mit großer Freude den Rücktritt seines Leibarztes, Geheimrat Günther, angenommen und als Zeichen seiner Genugtuung das Kreuz des Kommandeurs von verliehen." der ---- Befehl auf ihm.

Zu den persönlichen Ankündigungen gehörte Folgendes:

„Ich verabschiede mich von allen meinen Freunden und bin dabei, in meine Heimatstadt – in den Highlands – zu ziehen.

„ Doktor William Gunther ,

„ *Geheimrat und verstorbener Ordinarius Seiner Majestät des Königs :*"

Eine Geschichte eines einsamen
Weltlings.

Buch VII.

———

(IRMAS TAGEBUCH.)

An Land geworfen – was bleibt mir anderes übrig, als weiterzuleben, weil ich nicht tot bin?

Diese ungelöste Frage hielt mich tage- und nächtelang sozusagen zwischen Himmel und Erde schwebend, genau wie in dem schrecklichen Moment, als ich vom Felsen herabglitt.

Ich habe das Problem gelöst.

Ich arbeite. Ich werde entschlossen bleiben, egal wie das Ergebnis ausfällt. Es ist für mich eine Erleichterung, meine Gedanken und Gefühle aufzuschreiben.

Ich war krank, hatte Fieber, sagen sie mir, und jetzt bin ich bei der Arbeit.

Ich hatte der Großmutter gesagt, was ich tun könnte, aber es gab keine Chance, es hier anzuwenden. Sie führte mich in den Garten und wir sammelten die Äpfel ein, die Onkel Peter vom Baum schüttelte. Dann kam der alte, blinde Rentner, dessen Zimmer über meinem liegt, heraus und erzählte uns unter wütenden Schreien, dass ein bestimmter Teil der Äpfel ihm gehörte. Er versuchte, einen zu finden, um ihn zu probieren und so herauszufinden, welchen Baum wir schüttelten. Ich reichte ihm einen Apfel und sagte ihm, dass ich in dem Zimmer unter ihm wohne.

Wir waren noch im Garten, als ein Mann kam, der zwei Ahornbäume, die an der Kreuzung standen, kaufen wollte, um sie zum Schnitzen zu verwenden. Das schien ein Hoffnungsschimmer zu sein. Ich erzählte der Großmutter, dass ich wusste, wie man Ton formt, und dass ich dachte, ich könnte leicht lernen, wie man Holz schnitzt. Und jetzt bin ich als Schüler in der Werkstatt.

Dies ist mein erster freier Sonntag, und während alle in der Kirche sind, schreibe ich dies.

———

Ich kannte einmal einen Mann, der bereits auf dem Sandhaufen gekniet hatte, die Musketen auf ihn gerichtet, und – er wurde begnadigt. Ich habe ihn oft gesehen. Oh, dass ich ihn gefragt hätte, wie er weiterlebte!

———

In meinem Zimmer gibt es keinen Spiegel. Ich habe beschlossen, mich nie wieder zu sehen.

Und da ich keinen Spiegel habe und keinen Wunsch habe, sollen diese Seiten der Spiegel meiner Seele sein.

———

Oh, diese Ruhe! diese Einsamkeit! Es ist, als würde man aus dem See aufsteigen, als würde das Leben wiedergewonnen. Und doch, wie ruhig, wie erholsam!

Hier oben und an Tausenden anderen Orten auf dieser Erde war es immer so, während ich unten im Begriff war, eine schreckliche Sünde zu begehen!

———

Ich bin gerade aus der Werkstatt zurückgekommen. Früher machten wir bei Ausflügen vom Sommerschloss ins Umland Halt in den Industriedörfern und besichtigten die großen Werkstätten, wo uns alles gezeigt wurde. Früher hatte ich ein Gefühl der Scham – ah! Das ist lange her – bei dem Gedanken, dass wir nur einen Moment lang zuschauen würden, während andere arbeiteten. Und als wir zu unseren Kutschen zurückkehrten und losfuhren und die Männer noch bei ihrer Arbeit zurückließen, was müssen sie von uns gedacht haben?

Ich sitze jetzt selbst an der Werkbank.

———

Warum stellt keine Religion das Gebot „Du sollst arbeiten" über alle anderen?

———

Sie sagen, dass die von lebenden Lippen gesaugte Wunde schnell heilt. O du, die du Königin genannt wirst! Ich möchte das Blut aufsaugen, das aus deinem Herzen rinnt!

———

Habe ich den Brief an die Königin zerstört oder hat er sie erreicht?

———

Ich erschrak, als die Großmutter mich fragte, warum ich die Königin gequält hätte, als ich ihr mitteilte, dass ich mir das Leben nehmen wollte.

Warum? Ich weiß nicht warum. Ich weiß nur, dass ich nicht anders konnte; Es war der letzte, unvermeidliche Tribut, den ich der Wahrhaftigkeit schuldete.

Warum kümmern wir uns nur darum, was andere nach dem Tod über uns denken, wenn das Leben nur noch ein leerer Klang ist?

———

Traurige und schmerzhafte Tage.

Ich betrachtete es als meine Pflicht, von meinem Versteck aus an die Königin zu schreiben. Onkel Peter, ein aufrichtiger und zuvorkommender kleiner Mann, der immer zu meinen Diensten steht und mir jeden Moment eine Freundlichkeit erweisen möchte, bot mir an, einen Brief für mich in eine entfernte Stadt zu tragen. Die Königin wird nicht um meinetwillen trauern – jedenfalls nicht um meinen Tod. Ich werde sie wissen lassen, dass ich noch am Leben bin, aber dass mein Leben ein Leben der Sühne ist. Wenn ich nur sicher wäre, dass ich die Briefe wirklich verbrannt hatte oder dass sie ihn und sie erreicht hatten. Ihm brauche ich nichts mehr zu sagen. Die gute Mutter bemerkte, dass mich etwas beunruhigte – etwas, das ich ihr verheimlicht hatte. Sie kam oft zu mir, stellte aber keine Fragen. Schließlich konnte ich es nicht länger ertragen und erzählte ihr, was ich beschlossen hatte. Sie nahm mich bei der Hand – wann immer sie ihre Worte noch eindrucksvoller machen will, tut sie dies, als ob sie das Gefühl hätte, sie müsse mich körperlich festhalten – und sagte: „Kind, du musst dich nur versöhnen.“ Denken Sie klar darüber nach, was Sie tun wollen. Fragen Sie Ihr eigenes Herz, ob Sie nicht lieber entdeckt werden möchten. Fragen Sie Ihr Gewissen.

Ich begann. Es ist wahr, ich hätte keine Lust, irgendetwas zu tun, aber wenn es passieren würde –

„Gib mir deine Antwort nicht“, fuhr die Mutter fort; „Antworten Sie sich selbst und fragen Sie sich dann, ob Sie, wenn Sie dorthin zurückkehren würden, wo Sie einmal waren, nicht morgen oder übermorgen den Wunsch hätten, wieder weg zu sein. Aber lassen Sie mich Ihnen eines sagen: Was auch immer Sie beschließen , mach es gründlich. Schreibe überhaupt nicht und lass die Königin um dich trauern; denn es ist viel einfacher, um einen Toten zu trauern, als um jemanden, der zwar lebt, aber verloren ist; oder schreibe ihr ehrlich und offen: „ Hier bin ich.' Wie ich schon sagte: Was auch immer du tust, lass es gründlich tun. O mein Kind!“ Sie fügte hinzu: „Ich fürchte, es wird dir genauso ergehen wie der armen Seele. Kennst du die Geschichte der armen Seele?“

"NEIN."

„Dann erzähle ich es dir. Es war einmal ein junges Mädchen, das, nachdem es vom Weg abgekommen war und eines frühen Todes gestorben war, in die Hölle hinabgestiegen war; und dort konnte der heilige Petrus sie immer aus den Flammen heraus rufen hören: „Paul! Paul.“ !' in Tönen, die so herzzerreißend waren, dass selbst die bösesten Dämonen es nicht übers Herz brachten, sich über sie lustig zu machen. Eines Tages ging der heilige Petrus zum Tor der Hölle und fragte: „Mein liebes Kind, warum weinst du immer?" „Paulus! Paul!' mit so erbärmlicher Stimme?' Und das Mädchen antwortete: „Ach, lieber Heiliger Petrus, was sind das für Höllenqualen? Für mich sind sie nichts. Paul geht es schlechter als mir. Wie soll er das Leben ohne mich ertragen? Ich verlange nur eines; lass mich noch einmal zur Erde zurückkehren; nur für einen Moment, damit ich sehen kann, wie es ihm geht, und ich werde bereit sein, noch hundert Jahre länger in der Hölle zu bleiben."

"'Hundert Jahre!' sagte der heilige Petrus. „Bedenke, mein Kind; hundert Jahre sind eine lange Zeit."

„'Nicht für mich. Oh, ich flehe dich an, lass mich meinen Paul noch einmal sehen! Danach werde ich sicherlich ruhig sein und mich geduldig allem unterwerfen.'

„Der heilige Petrus wehrte sich lange, aber die arme Seele ließ ihm keine Ruhe, und schließlich sagte er: ,Nun, du kannst gehen, wenn es mich interessiert, aber es wird dir leidtun.'

„Und so kehrte die arme Seele zur Erde zurück, um ihren geliebten Paulus zu sehen. Und als sie dort ankam und sah, wie er mit anderen schmauste und sich vergnügte, ging sie still in die Ewigkeit zurück und schüttelte traurig den Kopf und sagte: „Jetzt werde ich in die Hölle zurückkehren und Buße tun." Und dann sagte der heilige Petrus zu ihr: „Die hundert Jahre, die du versprochen hast, sind dir vergeben. Während der einen Minute, die du auf Erden verbracht hast, hast du mehr gelitten, als du in hundert Jahren der Hölle getan hättest."

„Und das ist die Geschichte der armen Seele."

———

Ich dürstete nach etwas Frühling außerhalb von mir, der mich erfrischen und erlösen würde. Ich sehne mich nach Musik, nach Glauben, nach einer seelenbefreienden Hingabe meiner selbst! Ich finde es nicht. Ich muss den Frühling in mir selbst suchen.

———

In tiefster Trauer kommt es mir oft so vor, als ob ich es nicht wäre, der so gelitten hat. Ich gehe meinen Weg und es kommt mir vor, als würde mir jemand erzählen, was einem anderen widerfahren ist.

———

Zum ersten Mal in meinem Leben weiß ich, was es bedeutet, das Gefühl zu haben, getragen und bevorzugt zu werden. Ich sollte wirklich nicht hier sein. Ich esse das Brot der Nächstenliebe. Jetzt weiß ich, wie sich die armen

Obdachlosen fühlen müssen. Wenn Hansei Lust hätte, könnte er mich noch heute aus seinem Haus schicken, und was würde dann aus mir werden?

———

Ich bin verpflichtet, in Gesellschaft meiner gastfreundlichen Freunde zu essen, und es fällt mir nicht leicht, dies zu tun. Hansei tut mir am meisten leid. Ihm muss es vorkommen, als ob eine seltsame Erscheinung – das Phantom von jemandem, den er nicht kennt – an seinem Tisch säße. Ich zerstöre sein Glück.

———

Ich habe mir mit dem Bohrer die Hand verletzt, nur weil ich bei der Arbeit mit anderen Dingen beschäftigt bin. Mein kleiner Pechmann hat mir eine Heilsalbe mitgebracht.

———

Antike Formen der Schönheit lassen sich nicht in Holz verarbeiten. Es ist ein unflexibler, hartnäckiger Stoff, der nur mit Mühe dazu gebracht werden kann, den Absichten der Kunst nachzugeben. Es ist nichts weiter als ein provisorisches Material.

———

„Oh, wie herrlich muss es sein, hier oben zu leben!" Wie oft hört man diesen Ausdruck bei Landausflügen! Aber wir vergessen, dass die Atmosphäre von Partys auf dem Land und die Atmosphäre zu Hause zwei sehr unterschiedliche Dinge sind. Wie anders, wenn der Wind über die Stoppelfelder pfeift und zwischen den kahlen Waldbäumen tobt; wenn trübe und schwere Nebel über die Berge kriechen; wenn die Wolken tagelang über den Höhen hängen und hin und wieder einen Gipfel in gespenstischen Umrissen erscheinen lassen, um ihn dann wieder zu verbergen; wenn nachts die Stürme den Schlaf stören und es scheint, als würde nie der Tag kommen. Ja, ihr Picknickgeister, mit Girlanden aus frischen Blättern auf euren Hüten! Wochen hier oben verbringen ohne Sofa, ohne frisches Brot; Denken Sie nur daran – ohne Sofa!

———

Einsamkeit mit glücklichen, heiteren Erinnerungen muss unbedingt friedlich und ruhig sein. Es erinnert an den einsamen Baum, der seine Wurzeln durch den reichen Boden und in den klaren Bach im Tal schlägt. Aber die Einsamkeit mit traurigen und dunklen Erinnerungen erinnert mich an den Baum, dessen Wurzeln, die ständig gegen Felsen stoßen, über sie hinweggehen und sie umklettern müssen. Wenn sie so einen Stein in ihrer

Umarmung halten, sind sie wie ein Herz, das mit einer schweren Bürde beladen ist, von der es sich niemals befreien kann.

———

Perfekte Einsamkeit ist, wenn einen ganzen Tag lang kein menschliches Auge Ihr Gesicht gesehen hat. Es tut gut zu wissen, dass dich kein menschliches Auge gesehen hat und dass das Glas, das deine Gesichtszüge widerspiegelt, noch nicht vom Atem eines anderen befleckt ist.

———

Einsamkeit kann einen abergläubisch machen. Man sucht natürlich bei ihm nach externer Unterstützung.

Es macht mir immer Angst, wenn mir morgens bei Arbeitsbeginn eines meiner Werkzeuge aus der Hand fällt. Ich habe das Gefühl, dass der Tag, der so beginnt, traurig und beunruhigend sein wird. Ich kämpfe gegen dieses abergläubische Gefühl an.

———

Wer einen festen Glauben besitzt, ist auch in der Einsamkeit nicht allein.

———

Mein Meister ist immer deprimiert. Seine Frau und seine drei Töchter unterstützen ihn bei seiner Arbeit. Hansei hat mir das Honorar für meinen Unterricht vorgeschossen. Ich bin ein begabter Schüler.

Ich merke, dass diese Leute mich für leicht verrückt halten. Der kleine Pitcher teilte mir mit, dass Hansei diesen Bericht herausgegeben habe, mit der Absicht, dass er als eine Art unsichtbare Kappe dienen sollte. Das gibt mir Freiheit und schützt mich dennoch, aber manchmal fühle ich mich dadurch unwohl.

Mein Meister denkt auch, dass ich verrückt bin. Er spricht mich vorsichtig an und freut sich, als er feststellt, dass ich ihn verstanden habe.

———

Die Schwalben ziehen ab. Ah! Ich kann nicht leugnen, dass ich Angst vor dem nahenden Winter habe. Wenn ich nur nicht krank werde. Das war schrecklich! Es würde mich zwingen, mich selbst zu verraten oder – nein, ich wage nicht, krank zu sein. Aber ich bin immer noch so nervös. Es fällt mir schwer, es zu erwähnen, aber es ist schwer, es zu ertragen. Eine Kuh im Stall nebenan hat eine Glocke um den Hals und klingelt Tag und Nacht unrhythmisch. Aber ich muss mich daran gewöhnen.

———

Ich fürchte mich wirklich vor dem Winter. Wenn es nur Frühling wäre, statt Herbst. Die Natur wäre mein Freund. Die Natur ist überall gleich. Aber jetzt steht mir der Winter bevor. Allerdings muss ich mich damit abfinden, denn wir können die Jahreszeiten nicht nach unseren Wünschen gestalten. Ich werde lernen, was stärker ist, mein Temperament oder mein Wille. Ich werde meinem Geist keine Gedanken aufdrängen, außer denen, die ihn beschäftigen sollten.

Darauf habe ich mich festgelegt.

———

Der Schuhmacher will Aschenputtel an ihrem Fuß erkennen – für den eines Bauernmädchens findet er meinen ungewöhnlich klein.

Ich vertraue darauf, dass das Märchen ein Märchen bleibt.

Diese rührende Miene aus Isouards Cinderella:

Gutes Kind, du musst zufrieden sein,

Ein besseres Los steht dir bevor,

hat mich den ganzen Tag verfolgt.

Wie einfach die Worte! Musik ist die Fee, die Aschenputtels Akzente mit königlichen Gewändern umhüllt und sie auf den Lippen der gesamten Menschheit inthronisiert.

———

O fröhliches Kindermärchen! Du fragst nicht, wie die Prinzessin als Geflügelmagd lebte. Deine Fantasie brachte ihre Kreativität zum Ausdruck: „Lass es sein –" und siehe! es war.

Aber im Leben lassen sich solche Veränderungen nicht ohne großen Aufwand herbeiführen.

Walpurga hat meine Gefühle richtig erraten. Erst heute sagte sie:

„Hier kann man sich nicht an die Dinge gewöhnen. Das Leben hier muss für Sie fast genauso seltsam sein wie für mich im Palast, aber natürlich ist es einfacher, sich an ein seidenes Bett zu gewöhnen als an einen Sack voller Blätter." "

Ich hätte am liebsten gesagt: „Und wenn man wieder nach Hause will, ist es viel einfacher, sich mit solchen Unannehmlichkeiten abzufinden", aber ich unterdrückte es. Man sollte solche Menschen nicht mit logischen

Konsequenzen quälen. Ihre Gedanken und Gefühle sind wie Vogelgesang, ohne Rhythmus und bestenfalls wie Volkslieder, deren Melodien auf der Terz statt auf dem Grundton enden.

Da das verführerische, glitzernde Leben in der großen Welt jederzeit mir hätte gehören können, fällt es mir leicht, darauf zu verzichten.

Wäre ich in ein Kloster eingetreten und hätte dort gelebt, gefesselt durch ein Gelübde und einer Zurückhaltung unterworfen, dann hätte ich meine Tage hinter Gittern vertreiben müssen, weiß ich.

Ohne Handschuhe sein! Ich hätte nie gedacht, dass die Hände so kalt werden können. Ich kann nicht erkennen, dass ich ohne Handschuhe bin. Als er mir den Handschuh auszog, durchfuhr mich ein Schauder. – War es eine Ahnung?

Morgens spüre ich den Mangel an tausend kleinen Annehmlichkeiten, mit denen ich durch den Gebrauch so vertraut geworden war, dass ich kaum wusste, dass ich sie besaß. Ich bin verpflichtet, von der guten Mutter die Angelegenheiten des Alltags zu lernen. Es sind genau diese Dinge, die wir vergessen zu lernen. Uns wird das Tanzen beigebracht, bevor wir wirklich laufen können.

Vom morgendlichen Schuheputzen bis zum Auslöschen der Lampen am Abend – wie viele Wünsche haben wir, wie viele helfende Hände brauchen wir! Beim Kochen, Waschen, Scheuern, Wasserschöpfen und Holztragen findet der Mensch keine Zeit, an sich selbst zu denken. Die Natur versorgt die Tiere mit Kleidung und Nahrung; aber der Mensch muss für sich selbst spinnen und kochen.

Ich habe mir eine schwierige Aufgabe auferlegt, denn ich habe beschlossen, niemandem zu gestatten, auf mich aufzupassen. Ein Einsiedler kann es sich nicht leisten, zu sauber oder anspruchsvoll zu sein; aber ich war ja auch nicht für einen Einsiedler bestimmt.

Zuerst bedrückte mich der Gedanke, ich sei im Geiste ein Robinson Crusoe geworden, aber jetzt bin ich stolz darauf.

Wer auf sich selbst angewiesen ist und nicht mehr in der Lage ist, nach Sitte zu leben, wird auf eine einsame Insel verbannt und muss sich alles neu erschaffen.

Aber warum sollte auch ich, deren Herz bereits von den Lasten erdrückt wurde, Schiffbruch erleiden müssen?

———

Wenn ich in die Nacht hinausschaue und alles dunkel ist und es kein Licht gibt, das mir sagen könnte: „Hier sind andere Wesen wie du", fühle ich mich von Angst bedrückt, als wäre ich allein auf der Erde!

———

(Oktober) – Heute Abend – ah! die Abende sind schon lang – plötzlich fiel mir ein: Es gibt Tausende, die ein Leben in Wohlstand und Vergnügen führen, die sich in der Gesellschaft bewegen, und doch –

Warum sollte ich allein der Welt entsagen, mich ihrer Freuden berauben und mich in der Einsamkeit vergraben?

Weil ich muss und werde! Ich lebe nur von der Gunst und Nächstenliebe anderer. Ich habe mein Leben verschwendet, es verspielt. Soll ich versuchen, es im bitteren Ernst wiederzugewinnen? Ich habe einst mit Worten gespielt, aber jetzt fesseln und verurteilen sie mich!

———

„Du bist immer noch zu schwer beladen?" sagte die Großmutter.

"Wie so?"

„Wenn ein Wagen zu schwer beladen ist, kann man seine Räder nicht schmieren, damit sie nicht mehr knarren. Man muss warten, bis er leer ist. Dann kann man ihn mit einer Hebeschraube anheben, die Räder abnehmen und die Achsen schmieren." Die Last, die Sie noch tragen, sind die Gedanken der Vergangenheit. Legen Sie sie beiseite, und Sie werden sich bald erleichtert fühlen.

———

Endlich weiß ich, warum ich morgens aufstehe. Irgendetwas scheint mir zu sagen: „Du sollst arbeiten. Heute wird dies fertig sein, morgen jenes." Und wenn ich mich zum Ausruhen hinlege, gibt es immer etwas mehr auf der Welt als bei Tagesanbruch.

———

"Arbeiten!" "Arbeiten!" lautet hier die tägliche, stündliche Devise. Sie denken an nichts anderes als an Arbeit. Es ist eine Notwendigkeit ihres Seins, genau wie das Wachstum für den Baum. Das macht sie so selbstständig.

———

Auch hier herrscht Elend und Zwietracht.

In der Güte ihres Herzens sagte Walpurga, dass sie den Gedanken nicht ertragen könne, dass der alte blinde Rentner gezwungen sei, seine Mahlzeiten allein zu sich zu nehmen, und dass sie beabsichtige, ihn mit den anderen am Tisch zu haben.

„Ich werde es nicht haben!" sagte Hansei. „Kein Wort mehr darüber; ich werde es nicht haben."

"Warum nicht?"

„Warum? Das solltest du selbst wissen. Wenn Jochem einmal am Tisch war, wirst du ihn nie wieder los. Also sollten wir ihn lieber gar nicht erst haben. Du weißt doch nicht, wie ein alter Blinder isst." ."

Danach wurde während des Essens kein Wort mehr gesprochen. Walpurga tat so, als würde sie essen, aber sie unterdrückte nur ihre Tränen und verließ bald darauf den Tisch. Sie reagiert äußerst empfindlich auf solche Unhöflichkeit und Grausamkeit; Aber sie beschwert sich nie, nicht einmal mir gegenüber.

———

(Während eines heftigen Sturms.)

Was für einen Schrecken hatte ich heute! Mein kleiner Pitcher erzählte mir, dass sich irgendwo in der Nähe ein Mann erhängt hätte.

„Es musste kommen", dachte er. „Der Mann hatte sich vor fünfzehn Jahren erhängt, aber sie haben ihn niedergemacht und er lebte weiter. Aber es war, als hätte er immer einen Strick um den Hals – Menschen, die einmal so etwas versucht haben, sterben nie." ein natürlicher Tod.

Wie mich seine Worte erschreckten.

Kann es sein, dass mir noch solch ein schreckliches Schicksal bevorsteht?

Ich antworte: Nein! Es soll nicht sein!

———

In meinem warmen Zimmer zu sitzen und auf den treibenden Schneesturm zu blicken, ist, als würde man in Gedanken an den Trubel der großen Welt zurückdenken.

Neun Wochen sind bereits vergangen.

Ich habe immer noch ein dumpfes, schweres Gefühl, als ob ich mit einem Hammer in den Kopf geschlagen worden wäre. Ich existiere nur, aber es scheint, als ob das Leben wieder in mir aufbrechen würde. Wenn ich morgens aufwache, muss ich mich fragen, wer und wo ich bin, und mich an all mein Leid erinnern. Doch dann ruft mich die Arbeit bald weg.

———

Ich habe nichts mehr zu suchen, weder in der Außenwelt noch in der Zukunft. Ich werde auf mich selbst und die Gegenwart zurückgedrängt. Für mich gibt es weder Briefe noch Bücher, und selbst die Straßen sind gesperrt. Am Morgen aufstehen und wissen, dass keine Nachricht, weder von Freude noch von Trauer, von außen kommen kann; auf nichts zurückgreifen zu können als auf sich selbst und die unsterblichen Gesetze der Natur: Wer ein solches Leben führen kann, unabhängig und doch zufrieden, muss wie das Kind sein, das von seinem eigenen Glanz erleuchtet wird – das Kind, das Correggio gemalt hat.

Hammer und Axt, Feile und Säge, alles, was mir einst als Folterinstrumente für die arme, versklavte Menschheit erschien, habe ich als Werkzeuge der Befreiung gefunden. Sie vertreiben die Dämonen, die in uns wohnen. Wo diese Werkzeuge von fleißigen Händen geführt werden, können böse Geister nicht verweilen. Der Erlöser, der die Arbeit weihen wird, steht noch bevor.

———

Letztendlich fühle ich mich gezwungen, zufrieden zu sein, ohne etwas Kunst zu tun.

Obwohl Holz nützlich und in vielerlei Hinsicht unverzichtbar ist, kann es nicht neben der Nützlichkeit auch der Schönheit dienen. Die Substanz, mit der sich meine Kunst bzw. mein Gewerbe beschäftigt, ist den Anforderungen der Kunst, außer zu dekorativen Zwecken, nicht gewachsen. Bronze und Marmor sprechen eine universelle Sprache, aber ein Holzbild behält immer einen provinziellen Charakter. Es spricht uns sozusagen im Dialekt an und erreicht nie den vollkommenen Ausdruck des Ideals. Wir können hölzerne Abbilder von Tieren oder Pflanzen anfertigen, mit denen wir vertraut sind, und wir können sogar Engel in *Reliefs schnitzen* , aber eine lebensgroße Büste oder eine menschliche Figur aus Holz anzufertigen, kam überhaupt nicht in Frage.

Die Holzschnitzerei ist nur der Anfang der Kunst und ist in ihrem Ausdruck stockend oder bestenfalls eintönig.

Was einmal als Organismus existierte, kann nicht in eine neue organische Struktur umgewandelt werden. Stein und Bronze erhalten jedoch keine organische Form, außer durch die Hände des Menschen.

Wenn ein Grieche aus der Zeit des Perikles unsere Heiligenbilder sehen würde, wie würde er über unsere Barbarei schaudern.

Dieses Tagebuch ist ein Trost für mich. Ich kann mich in meiner eigenen Sprache ausdrücken und fühle mich vollkommen zu Hause. Manchmal kann ich nicht umhin, meinen ständigen Gebrauch des Dialekts dieser Region als eine Art Affektiertheit zu betrachten. Alles, was ich sage, erscheint mir verzerrt. Es kommt mir vor, als ob ich ein seltsames Kostüm trage und meine Seele hinter einer eisernen Maske verborgen wäre. Obwohl ich ein Kind der Berge bin, kommen mir die Worte, die ich spreche, seltsam und fremd vor. Ein Dialekt beweist Ressourcenarmut. Es ist ein unvollkommenes Instrument; eine Pauke zum Beispiel, auf der man weder Konzerte noch Fantasien spielen kann. Oder anders ausgedrückt: Die Sprache von Lessing und Goethe ist wie der schöne Schmetterling, der die Puppe verlassen hat, zu der er nie mehr zurückkehren kann.

Ach! Der eine schreckliche Gedanke konfrontiert mich auf Schritt und Tritt. Ich habe euch beleidigt und verleugnet, ihr, die ihr den Geist meines Volkes und der Menschheit repräsentiert. Du hast mich gefördert, und ich habe die Gaben, die mir die Bildung verliehen hat, missbraucht. Ich muss im Exil bleiben.

Das Feuer, das noch in mir schwelt, muss gelöscht werden.

Mein Herz ist so schwer, dass es mich nach unten zu ziehen scheint, als hingen Gewichte an mir.

Ich bin so müde, so erschöpft, dass ich das Gefühl habe, meine Glieder müssten unter mir brechen! Ich möchte nichts anderes tun als schlafen; immer schlafen.

Ich möchte als Sühneakt eine Pilgerreise zu einem Ort oder einer Person unternehmen.

Ich verstehe jetzt die Grundlage einer Symbolreligion – einer Religion, die zum Auge spricht.

Ich werde von hier aus gehen – nach Italien, nach Spanien, nach Paris, in den Osten, nach Amerika. Ich werde nach Rom gehen und Künstler werden. Ich muss einer sein. Wenn ich noch in der weiten Welt leben will, muss ich sie in vollen Zügen genießen und mir nichts versagen, denn ich bin nicht von aufopferungsvollem Temperament. Ich könnte den vollen Kelch des Lebens in den Abgrund werfen, aber es vor meinen Augen zu sehen und mich dennoch zu verkümmern und zu demütigen – das kann ich nicht. Ich werde, ich muss gehen. Etwas ruft mich daher. Neapel liegt vor mir. Ich sehe eine Villa am Ufer; lustige Ausflüge zu Wasser; eine Menge lachender, singender, fröhlich gekleideter Wesen – ich stürze mich in den Strom des Lebens. Besser dort als im Tod. Und doch – ich kann nicht –

———

Eine düstere, schreckliche Dämmerungsstunde. Etwas drängt mich, umzukehren, und sagt mir, dass die ganze Welt mir gehört. Was ist passiert? Gibt es nicht Tausende wie mich, die in Ehren leben und sich ihrer selbst nicht bewusst sind? Was flüstert in mir? „Sie müssen büßen?" Ich kann von hier aus gehen. Es wird so aussehen, als ob nichts geschehen wäre. „Ein pikantes Abenteuer", „ein Verschwinden für ein paar Wochen." – Was kann man mehr sagen? Ich muss nur mutig sein – die Kutsche rollt, alle grüßen mich. Ich bin schön, und niemand wird die Schrift auf meiner Stirn sehen, denn dort funkelt ein Diadem.

Aber die schrecklichen Worte sind dort geschrieben – es scheint, als könnte ich meine eigene Seele von Angesicht zu Angesicht sehen.

———

Es gibt eine Kindheit der Seele und die Großmutter besitzt sie trotz all ihrer Erfahrung. Oh, dass ich dieses kindliche Gefühl bekommen könnte! Aber haben diejenigen, die danach suchen, es nicht für immer verloren?

———

Der alte Jochem bringt mir oft sein Geld und lässt es mir Stück für Stück abzählen. Er behauptet, dass man in Geldangelegenheiten so oft betrogen wird.

Mein kleiner Pechmann erzählte mir, dass die Bauern ihre alten Eltern, die ihnen ihr Eigentum überlassen haben, fast immer mit großer Unfreundlichkeit behandeln, und dann fragte er mich: „Warum muss Jochem so lange leben? Er hat nichts auf der Welt als Hass und Misstrauen." Ich weiß keine Antwort.

Der alte Jochem ist ein echter Bauern-Lear, aber da er vor Gericht klagen kann und dies auch tatsächlich getan hat, ist sein Fall keine reine Tragödie.

Aber es gibt kein Gericht, bei dem sich ein König beschweren könnte; Er begehrt auch keinen; und daher ist sein Schicksal groß und tragisch.

Mein Freund, rufe mich, wenn du vor Gericht über dich selbst stehst. Ich bin der Einzige, der es wagt, dich anzuklagen, und doch beschuldige ich nicht dich, sondern mich selbst. Und ich büße meine Schuld.

———

Das offene Kaminfeuer beschert mir viele glückliche Momente. Wie schön ist ein Feuer! Was sind im Vergleich dazu alle Juwelen? Der arme alte Jochem kann das Feuer nicht sehen. Es ist das Schönste in jedem Haus: Männer sollten Feueranbeter sein.

„Du hast dir gute Gedanken gemacht", sagte Hansei zu mir, als ich heute am offenen Fenster saß. „Ich konnte es an deinem Aussehen erkennen."

Offensichtlich wollte er mir eine Frage stellen, aber er ist entschlossen, an seinem Entschluss festzuhalten. Er fragt mich nie etwas, und um das zu vermeiden, ändert er oft die Form seiner Sätze. Ich teilte ihm meine Gedanken mit, und sein Verhalten schien anzudeuten: „Es lohnt sich nicht, über solche Dinge nachzudenken."

„Ja", sagte Hansei schließlich, „das stimmt. Wenn man am Feuer sitzt, schweifen seine Gedanken ab."

Für Hansei ist nichts auf der Welt so verwerflich wie ein Spaziergang. Er kann sich nicht vorstellen, warum man herumlaufen sollte, wo es nichts zu suchen und nichts zu tun gibt, und warum man sich unter solchen Umständen nicht lieber auf die lange Bank legen und schlafen gehen möchte.

Wenn ich an den guten Kent denke, stelle ich mir immer vor, dass er eine reiche, volle Stimme hat, wie die von Bronnen, dem er in seiner Jugend ähnlich gewesen sein muss.

Bestimmte Figuren ziehen in Prozession vor meinem geistigen Auge vorbei. Die Königin und Bronnen sind die einzigen, die jemals anwesend sind; Der König verschwand mit der vergessenen Vergangenheit. In meinen Träumen besuchen mich viele, aber er kommt nie. Warum, weiß ich nicht. Ich kann das Rätsel nicht lösen.

Für jemanden, der, wenn er alleine ist, innehält und nachdenkt, verlieren viele Dinge an Wert, unter anderem auch die Menschen. Persönlich war Gunther für mich nicht mehr als ein anderer. Emma war nur ein Echo.

Wenn wir so über unsere Besitztümer rechnen, finden wir, dass sie wenig genug sind, und ich habe nur wenig auf der Welt zurückgelassen.

Das Läuten der Schlittenglocken ist das einzige Geräusch, das man hört. Der Wald ist voller fleißiger Arbeiter. Schnee und Eis, die anderswo die Straßen blockieren, dienen hier als Autobahnen.

Indem die Arbeit ihre Früchte in die Welt hinaussendet, stellt sie unsere Lebenskraft anderen zur Verfügung. Das Werk, das ich gestaltet habe, geht unter die Menschen, und dennoch bleibe ich in meiner Einsamkeit und Verborgenheit ungestört.

Die Arbeit des Menschen verlässt ihn. Es scheint mir, dass ich in Ottilias Tagebuch einmal auf dieselbe Idee gestoßen bin.

———

Der Hund ist der Freund und Vertraute des einsamen Menschen. Einsame, verlassene Orte wie dieser helfen einem, seine Treue zu schätzen, denn er versäumt es, nicht jedes ungewöhnliche Ereignis zu bemerken.

———

Ich renne oft zum Fenster, wenn der Hund bellt – wer weiß, welcher Fremde da gekommen ist?

Angenommen, der Intendant oder Günther kämen plötzlich und würden mich bitten, ihnen zurück in die Welt zu folgen?

Der bloße Gedanke lässt mich zittern.

Wäre ich verpflichtet zu gehorchen?

———

Zu wissen, dass ich einst der Welt entsagt hatte und dass es nur ein Schritt und ein Sprung war – macht es einfacher, das Leben zu ertragen. Ich bin jetzt außerhalb der Reichweite des Unglücks.

Und doch – wenn das Leben mich noch einmal beanspruchen würde –

———

Ich bin nur eine Ameise, die eine Tannennadel hinter sich herzieht.

———

Ich bin nicht ganz im Stich gelassen. Ich trage Erinnerungen an Melodien und Bilder und vor allem an Lieder unseres großen Meisters Goethe in mir.

„Auf jeder Höhe liegt Ruhe."

Diese Passage ist mir hunderte Male in den Sinn gekommen und hat mich erfrischt, als wäre sie ein sanfter, kühlender Tau, der auf ein ausgedörrtes Feld fällt. Ich freue mich über den harmonischen Rhythmus und die einfachen Worte!

Ich konnte nicht ruhen, bis ich das Lied jemandem vorgetragen hatte. Ich habe es dem alten Rentner vorgetragen; Er hat es verstanden, und mein kleiner Pitcher hat es bereits auswendig gelernt. Wie glücklich ist der Dichter! Eine kurze Stunde seines Lebens wird für Tausende nach ihm unsterblich. Wie sehr ich mich an diesen kostbaren Erinnerungen erfreue! Ich bin wie der alte Rentner, der ein paar Lieder gelernt hat und sie leise vor sich hin singt.

———

Ich fange an, so etwas wie Verehrung für den alten Rentner zu empfinden.

Heute früh kam er zu mir, gekleidet in seine Sonntagskleidung und mit der Medaille, die er im Befreiungskrieg erhalten hatte. Nicht ohne Stolz sagte er: „Heute lesen sie in der Kirche eine Messe für mich. Ich habe damals unter Napoleon gedient, genau wie der König auch. Es war im Jahr ' Neun Uhr, und an diesem Tag, bis drei Uhr, also irgendwann zwischen drei und vier Uhr, war ich gesund und munter, als mich plötzlich hier in der Stadt eine Kugel traf dritte Rippe – deshalb trage ich meine Medaille auf der rechten Seite. Ich fiel zu Boden und dachte: „Gute Nacht, Welt! Gott behüte dich, mein lieber Schatz! Sie, die später meine Frau war, war damals mein Schatz." . Sie holten die Kugel mit einem Fichtenkreuzschnabel heraus, und ich rauchte weiter, während sie bei der Arbeit waren. Meine Pfeife ging kein einziges Mal aus, und mir ging es bald wieder gut. Aber so einen Tag vergisst man nicht so leicht, und so habe ich es arrangiert Ich möchte, dass sie an diesem Tag in der Kirche eine Messe für mich lesen. Seht, das ist der Ball, und wenn sie mich begraben, soll er auf meine dritte Rippe gelegt werden."

Er hat mir den Ball gezeigt. Er trug es in einer Lederhandtasche. Danach führte ihn ein Kind, das er zu diesem Zweck angeheuert hatte, ins Dorf hinunter.

Ich werde jetzt geduldiger mit dem unglücklichen alten Mann sein. Sein Leben war ein Tropfen auf dem heißen Stein der Geschichte – getroffen von der Kugel des Feindes –! Eine bleierne Kugel kann herausgezogen werden, warum nicht auch--

Wenn ich über die täglichen Ereignisse des Lebens nachdenke, das ich jetzt führe, scheinen sich alle meine Gedanken in dem einen unlösbaren Problem zu verlieren.

Die Großmutter hat mir heute eine seltsame Wahrheit erzählt. Ich hatte ihr gesagt, dass ich auch in der Vergangenheit nie vollkommen glücklich gewesen sei, als sie antwortete:

„Du hast dich selbst getäuscht. Das ist immer so auf der Welt. Wer getäuscht wird, hat sich selbst getäuscht, aber er ist nie bereit, es ehrlich zuzugeben."

———

Onkel Peter ist die Verkörperung fröhlicher Armut. Er ist immer gut gelaunt und ich habe ihn sehr glücklich gemacht. Er bringt meine Arbeit, trägt weg, was ich fertiggestellt habe, und wir haben zusammen einen recht stattlichen Gewinn. Er hilft mir auch beim Vorbereiten des Holzes und geht mit Säge und Axt so geschickt um wie ein Vogel mit seinen Krallen und seinem Schnabel.

———

Heute habe ich das erste Geld erhalten, das ich jemals durch die Arbeit meiner Hände verdient habe. Onkel Peter zählte es mir auf dem Tisch vor. Er lehnt Papiergeld ab. Nichts als Silber wird ihn befriedigen. „Das bereite Geld lächelt", sagte er mit einem Lachen, in das ich mich unwillkürlich einstimmen musste. Wie gering sind diese Gewinne und doch wie ermutigend. Ich habe sie mir verdient. Mein ganzes Leben lang habe ich nur genossen, was andere mir geboten haben. Es war ein Privileg, das ich von meinen Vorfahren geerbt hatte, dass andere für mich arbeiten durften.

Ich schaffe es nun, Walpurga etwas für meine Unterstützung zu zahlen. Sie weigerte sich, eine Bezahlung zu erhalten, aber ich werde darauf bestehen.

———

Es ist gut, dass meine Beschäftigung weitgehend mechanisch ist und vieles umfasst, was notwendig ist und weder Nachdenken noch Erfindung erfordert. Bestimmte Dinge müssen getan werden, und es gibt nur einen Weg, sie zu tun. Wenn ich gezwungen wäre, etwas zu tun, was eine große geistige Anstrengung erfordert, wäre das mein Tod.

———

Es ist jetzt vier Monate her, seit ich hierher gekommen bin.

Meine Hände sind hart geworden.

Die Behandlung, die ich von meinen Mitmenschen erhalte, gibt mir die Gewissheit, dass ihre Zuneigung zu mir aufrichtig ist.

———

Wenn man nur immer derselbe bleiben könnte, also im vollen Besitz seiner Kräfte.

Ich verfalle oft in Anfälle von Depressionen und fühle mich völlig verlassen, verlassen, schwach und hilflos und als müsste Hilfe von irgendwoher kommen. Aber woher? und von wem?

Mit jedem weiteren Tag muss ich die Melancholie überwinden, die mich morgens bedrückt. Abends bin ich ruhig – denn dann bin ich müde.

———

Wir hören den fallenden Regen, aber nicht den Schnee. Bittere Trauer ist
heftig; Resignation, ruhig und still.

———

Es ist bitterkalt hier oben; Aber der Wald ist in unserer Nähe, und mein
Kachelofenmonster ist ein treuer Freund, der seine Wärme bewahrt.

———

Im wahrsten Sinne des Wortes: Wenn Hansei aus dem Wald zurückkehrt,
dauert es oft eine Stunde, bis er auftaut und die Kontrolle über seine Stimme
und Bewegungen wiedererlangt. Bis dahin ist es am besten, nicht mit ihm zu
reden, denn er ist leicht beleidigt; Aber wenn er aufgetaut ist, ist er wieder
ganz glücklich und sagt immer: „Ich danke Gott, dass ich Waldarbeiter
gewesen bin!“

Er denkt offensichtlich über eine Methode zur Verbesserung der Wälder
nach, sagt aber nicht, um welche Art es sich handelt.

Die unteren Schichten haben immer überhitzte Räume. Sie genießen den
Rausch, sogar den der Hitze.

———

Ich habe keinen Spiegel. Ich muss nicht wissen, wie ich aussehe. Ein Spiegel
ist der Anfang und die Ursache des Selbstbewusstseins. Ein Tier sieht sich
selbst nicht – es wird nur von anderen gesehen – und doch schmückt es sich
selbst, sei es der Vogel auf dem Ast da drüben oder die Katze, die vor
meinem Fenster sitzt. Auch ich ziehe mich sorgfältig und um meiner selbst
willen an und fühle mich unwohl, wenn meine Kleidung locker ist und
schlecht sitzt.

———

Als ich zum ersten Mal hierher kam, fiel es mir ziemlich schwer, mit meinen
Mitmenschen in Kontakt zu kommen, aber jetzt finde ich im Umgang mit
ihnen Trost und Selbstvergessenheit. Ich möchte ihre Existenz nicht
verdunkeln, sondern vielmehr aufhellen. Sie haben das Gefühl, dass ich,
während ich teilnehme, auch meinen Teil beisteuere.

Ich denke, die Idee stammt von Goethe.

———

Im Hause herrschte heute große Freude über den unerwarteten Besuch von
Walpurgas Freundin und Begleiterin Stasi mit ihrem Mann, einem Förster.
Was für ein Glück, was für eine Freude und was für ein Erfahrungsaustausch!

Hansei lud den Förster sofort ein, Pate für seinen Jungen zu werden, für einen Jungen musste es sein. Walpurga sagte schnell, dass sie ihre Freundin gerne durch das Haus führen würde, und ich war verpflichtet, mit ihr zu gehen.

In den höheren Klassen mag die Liebe größer sein, mehr Energie, mehr Tiefe und mehr von allem besitzen, was mit Leidenschaft verbunden ist; aber die niedrigeren Stände scheinen eine größere Treue und Beständigkeit zu besitzen. Die Arbeit lehrt uns, treu zu sein.

———

Ich war mit Hansei im Wald. Oh wie schön! Wir kamen an einem gefrorenen Wasserfall vorbei; Die Kristallsäulen funkelten im Sonnenschein. Hansei zeigte auf zwei Bäume, die weit oben am Berg standen. Er will sie für mich fällen lassen, damit ich das beste Holz für meine Arbeit habe. Muss ich zwei ganze Bäume bearbeiten?

Hansei war ziemlich amüsiert, als ich ihm sagte, dass ich seine Herrschaft über den Berg nicht vergessen hatte: „Geh weiter und höre nie auf.“

Das Bergsteigen im Winter hat mich sehr müde gemacht, aber ich fühle mich ganz gut.

———

Ich habe mich oft gefragt, warum ich nie etwas über Hanseis Familie gehört habe. Der kleine Pitcher hat mir gerade erzählt, dass seine Mutter eines frühen Todes gestorben ist und dass er seinen Vater nie gekannt hat.

Dies erklärt einen großen Teil von Hanseis Verhalten und macht es nur noch schöner.

———

Wir schlemmen Fleischbrühe.

Großartig ist Hansei, der Spender des Guten!

Ja, er ist großartig. Wie alle unsere Illusionen verschwinden! Ein homerischer Held, der Schweine zerlegt und sie kocht und röstet, bleibt ein Held für alle, und Hansei ist so gut wie jeder von ihnen, wenn auch nicht mit dem Schwert.

Auf dem gesamten Bauernhof gibt es homerische Feste. Sie alle beißen mit so guten Zähnen wie die von Menelaos.

———

Der größte Segen ist reines Blut, gestählte Sehnen und starke Nerven.

Aber wer darüber hinaus ein ruhiges Gewissen hat, ist das glücklichste Geschöpf.

———

Ich liebe die Dämmerung – der Tag, der in die Nacht übergeht. Wer im Einklang mit der Natur lebt, ist der Einzige, dessen Leben jedem Tag vollkommen gerecht wird.

Der Mensch ist das einzige Wesen, das bis tief in die Nacht lebt. Licht und Feuer machen uns zu dem, was wir sind.

Schnabelsdorf, der Allwissende, sagte einmal: „Die Stunde, in der die Menschen in den Ruhestand gehen, ist der Maßstab ihrer Zivilisation."

Bei Hofe sitzen sie nur zum Abendessen. Sie scherzen und lachen und erzählen sich gegenseitig Anekdoten. Wenn ich plötzlich unter ihnen auftauchen würde?

Nein, ich werde dich nicht stören!

In Kürze werden sie zum Theater fahren. Ist das nicht heute--? Ich hatte es fast vergessen – ja, das ist mein Geburtstag. Es war heute vor einem Jahr, als ich in der Rolle der Dame vom See zum Ball ging, und dort sagte er zu mir – es war im Palmenhaus – ich kann immer noch seine sanfte Stimme hören: „Ich habe diesen Tag absichtlich gewählt. Du allein sollst es wissen. Du und ich."

Oh! diese Nacht!

Ich frage mich, ob sie dort an mich denken?

Die Ägypter stellten bei all ihren Festen Erinnerungsstücke an ihre Toten zur Schau. Ich kann nicht mehr schreiben – ich werde die Kerze anzünden – ich muss arbeiten.

———

Es gibt einen Taubstummen, der unten im Dorf lebt und an groben Holzschnitzereien arbeitet. Er hat weder Lesen noch Schreiben gelernt und auch nie einen Religionsunterricht erhalten. Er weiß überhaupt nichts; aber er kennt die kirchlichen Feste, die Feiertage und besonders den Faschingsdienstag. An diesen Tagen baut er sich mit seinem Regenschirm vor der Kirche auf und beobachtet die vorbeiziehenden Bauern. Wenn er jemanden sieht, der ihm gefällt, geht er auf ihn zu, zieht seinen Mantel aus, setzt sich an den Tisch, und ohne ein Wort zu sagen, geben sie ihm drei Tage lang Essen und Trinken.

Und so kam er zufällig zu uns nach Hause. Manchmal weint er und kann nicht sagen, warum, aber er versucht, sich durch stumme Bewegungen auszudrücken. Der kleine Pechmann erklärt, dass er weine, weil er nichts mehr essen könne.

Ich habe versucht, mich ihm verständlich zu machen, aber wir verstehen uns nicht.

———

(Aschermittwoch.) – Heute ist jeder im Haus still und nachdenklich. Jede Stirn war mit Asche übersät, während sie wiederholten: „Sterblicher! Denke daran, dass du Staub bist."

Ah! Meiner ist ein langer Aschermittwoch, nach einem tollen Karneval!

Vor meinem geistigen Auge sehe ich oft das Bild der ägyptischen Prinzessin. Ihre Kleider sind von ihrer nackten Gestalt heruntergefallen und mit offenem Haar kniet sie betend an ihrem offenen Grab.

Wann wirst du mich empfangen, allbarmherzige Mutter Erde?

Ich erinnere mich an die Erhabenheit von Antigones Antwort an Kreon, der ihr gerade das Todesurteil verkündet hat:

„Ich wusste, dass ich sterben würde; du sagst mir nur wann."

———

Ich werde die Konsequenzen meines Handelns stillschweigend ertragen, mich auf mich selbst verlassen und keine Hilfe, weder materiell noch spirituell, von außen erwarten.

———

Wenn die Menschen beim Läuten der Vesperglocke das Ave Maria zu Ende wiederholt haben, sagen sie einander „Guten Abend". Es ist ein wunderschöner Brauch, der besagt, dass sie vom Himmel zu denen zurückgekehrt sind, die sie auf Erden lieben.

———

Wenn niemand da ist, spricht Walpurga mich immer mit „Gräfin" an und behandelt mich mit der Ehrerbietung, die sie mir zusteht.

Alles scheint umgekehrt. Früher habe ich *ihn* sowohl privat als auch öffentlich vertraulich angesprochen –

Ah! Diese eine Erinnerung drängt sich mir für immer in den Weg!

Wenn ich sensibel werden würde, wäre das das Schlimmste, was mir passieren könnte. Vielleicht bin ich es schon. Das sensible Wesen ist wie ein Unbewaffneter unter denen, die voll bewaffnet sind, wie einer, der unverhüllt ist, wo alle anderen maskiert sind.

Das werde ich, ich muss stark sein!

———

Walpurga hat mir heute einige Blumentöpfe mit Rosmarin, Geranie und Oleander gebracht.

Hansei hatte sie von der Stelle eines großen Arztes mitgebracht, der, wie er sagt, in einiger Entfernung von hier im Tal wohnt. Sein Gärtner darf Pflanzen verkaufen, und Walpurga brachte sie mir mit den Worten: „Du hattest immer Blumen bei dir, und diese werden den Winter über halten.“

Diese wenigen Pflanzen machen mich glücklich. Die Blume fragt nicht, in was für einem Topf sie sich befindet, solange sie ausreichend Sonnenschein und Regen abbekommt. Welche Freude haben die Bewohner des Palastes an den Treibhausblumen? Sie haben sie weder gepflanzt noch gepflegt: Sie sind einander fremd.

———

Hansei kam heute zu mir und sagte:

„Irmgard, wenn ich dir jemals Unrecht getan habe – obwohl ich es nicht weiß – bitte ich dich, mir zu verzeihen!“

„Warum stellen Sie mir diese Frage?“

„Denn morgen gehen wir zur Beichte und zur Kommunion.“

Die Tränen, die auf diese Seiten fallen, sind mein Geständnis, ein Geständnis, das ich nicht in Worte fassen kann.

———

Warum musste ich die Schwelle des Bösen überschreiten, bevor ich in diese begrenzte und dennoch friedliche Existenz eintrat? Warum nicht rein und frei, stolz und stark?

Ich habe irgendwo gelesen, dass Franz von Assisi, als er am frühen Morgen mit den fröhlichen Kameraden zurückkehrte, die seine Kameraden beim Trinkgelage der Nacht zuvor gewesen waren, plötzlich vom Heiligen Geist ergriffen wurde und, der Welt entsagend, eine heilige Kirche führte das Leben danach.

Und muss es immer über den Weg der Sünde gehen?

Aber viel trauriger ist die Frage: Warum warst du, oh Königin! gezwungen, so zu leiden?

———

Ich wandere oft im strömenden Regen über die Felder und fühle mich wie ein Gefangener. Was hält mich hier? Was lockt mich hierher?

———

Ich führe das Leben eines Gefangenen, eingesperrt durch Mauern und Eisengitter, die ich aus eigenem Willen geformt habe.

Ich ertrage den ganzen Schmerz des Exils!

Ich lebe in einem Zustand der Erstarrung. Warum muss ich auf den Tod warten?

Mir kommt es oft so vor, als ob ich am Rande eines Abgrunds liege und dennoch nicht aufwachen und mich erheben kann.

Wohin soll ich gehen?

———

Manchmal huscht der Gedanke durch die Wüstenwüste, die meine Seele erfüllt, und reißt mich mit sich wie ein machtloser Reiter auf einem verzauberten Ross: „Du weißt nichts von der Welt, die du hinter dir gelassen hast: Die, die um dich sind, verbergen ihr Wissen." besitzen kann, und du wagst es nicht zu fragen.

Wie wäre es, wenn die Königin tot wäre und der, der dich einst geliebt hat und den du im Gegenzug geliebt hast – ach, so sehr! – doppelt allein und verlassen wäre und um deinetwillen trauern würde? Gewähre ihm nur das leiseste Zeichen, dass du noch lebst, und er wird dich holen, und auf einem weißen Zeltdach wirst du erneut als Königin den Palast betreten. Alle werden gesühnt, allen wird vergeben. Du wirst den Menschen ein Freund sein. Du kennst sie, denn du hast mit ihnen gelebt und gelitten – Dieser Gedanke ergreift mich oft und umhüllt mich gleichsam mit einem verzauberten Netz. Ich kann mich nicht davon befreien, und es kommt mir vor, als höre ich Stimmen und Trompetentöne, die mich wegrufen. Ich habe die wilde Brut, die in meiner Seele wohnt, noch nicht zum Schweigen gebracht.

———

Geheimnisvolle Dämonen schlummern in unserer Seele. Beim leisesten Ruf heben sie den Kopf und kriechen aus ihrem Versteck. Sie haben schlaue Augen und können ihre Gestalt leicht ändern. Sie können als Tugenden auftreten und in Anlehnung an priesterliche Gewänder die Sprache des Mitgefühls sprechen: „Habe Mitleid mit dir selbst und anderen." Sie stellen ihre Kraft und Tatkraft zur Schau und sagen: „Du kannst einem und vielen Glück schenken. Du kannst einem und der Menge große und gute Dienste leisten."

Ich habe sie vernichtet. Ich hielt ihnen das Licht in die Augen und sie verschwanden.

Du lebst, Königin! Freund, den ich so tief verletzt habe, du lebst! Ich frage nicht und möchte auch nicht wissen, ob du tot bist.

Du lebst, und mein einziger Wunsch ist, dass du weißt, welches Leben der Reue ich jetzt führe und wie wenig Mitgefühl ich für mich selbst habe.

———

Da fällt mir das griechische Drama „Der gefesselte Prometheus" ein. Prometheus war der erste Einsiedler. Er wurde von außen gefesselt; wir fesseln uns durch Gelübde oder die Regeln eines Ordens.

Ich bin weder ein Prometheus noch eine Nonne.

———

Es gibt nur eine Sache, nach der ich mich immer noch sehne, was die Außenwelt mir bieten könnte, und das ist die Musik eines großen Orchesters. Zum Glück höre ich es oft in meinen Träumen. Wie merkwürdig! Im Schlaf spielt meine Seele auf allen Instrumenten und spielt große Orchesterwerke, die ich mir nie ganz einprägen konnte.

Wir führen schließlich ein Doppelleben.

———

Freiheit und Arbeit sind die edelsten Vorrechte des Menschen. Einsamkeit und Fleiß bilden mein Alles in allem.

———

Walpurga hat nie auf die Warnung Bezug genommen, die sie mir einmal gegeben hat. Mit grober Hand riss sie mich vom Rand des Abgrunds und im Gegenzug schimpfte und betrog ich sie, während ich mich selbst betrog. Sie unterdrückt alles, was mich an diese Szene erinnern könnte.

———

Heute vertraute mir Jochem den einzigen Kummer an, der sein Leben trübt: „Sie führen alte Ochsen und Kühe zum Schlachthof", sagte er; „Alte Pferde und alte Hunde, die sie erschießen, und alte Männer, die sie zu Tode füttern – das ist der ganze Unterschied."

———

Das Wohnhaus auf unserem Bauernhof wurde vernachlässigt und muss dringend repariert werden; aber Hansei ist nicht geneigt, sofort mit dem Bau zu beginnen.

„Wir müssen das alte Haus verändern“, sagt er, „die Arbeiten müssen zuerst erledigt werden.“ Und außerdem hat er eine gewisse Angst davor, was die Leute sagen könnten. Das Haus war gut genug für diejenigen gewesen, die vor ihm dort gewesen waren – warum sollte es nicht gut genug für ihn sein?

Selbst der Bauer ist auf seinem einsamen Landgut nicht vollkommen unabhängig. Wer sich um die Meinung anderer kümmert, muss zulassen, dass sie sein Handeln beeinflusst.

Das sind die Ketten, die uns alle zu Sklaven machen.

———

(1. März) – Freude und Glück haben Einzug ins Haus gehalten. Auch in mir ist neues Licht erwacht, als wäre mein Leben mehr als nur Dunkelheit. Walpurga hat einen Jungen. Hanseis Glück ist vollkommen und er erwähnt den Jungen nur als „den jungen Grundbesitzer“.

———

Die Taufe ist vorbei. Es tat mir leid, dass ich sie nicht zur Kirche begleiten konnte, aber das konnte ich nicht.

———

Ich habe das Bauerngewand beiseite gelegt. Es war vorhanden, als ich auf der Flucht war, aber jetzt brauche ich es nicht mehr. Ich trage Kleider aus einfachem Kattun, wie sie viele Landleute tragen, die sich mit Hausarbeit beschäftigen. Alles, was ich behalten habe, ist mein grüner Hut, den ich sehr nützlich finde, da er dabei hilft, mein Gesicht zu verbergen.

Ich habe viele Oberbekleidung abgelegt; Wie viele innere muss ich noch ablegen?

———

Angst und Unruhe verschwinden allmählich von mir.

Ich war zum ersten Mal im Dorf. Die Häuser stehen abseits auf den Bergwiesen. Von oben betrachtet wirken sie fast wie eine verstreute Schafherde.

———

Das Rauschen des Wassers und das Rauschen der Wälder klingen nachts so seltsam, und doch hört das Rauschen und Rascheln nicht auf. Wie eitel, wie klein ist das Menschenkind!

———

Oh, wie herrlich ist es, vom Gesang des Finken geweckt zu werden und die ganze Natur von der belebenden Morgenluft erfrischt zu finden!

———

(19. April) – Den ganzen Tag dichter Nebel. Der Nebel bildet einen Schleier, der den Tod und das Erwachen der Natur vor den Augen verbirgt.

———

Die Nachtigall dort drüben am Bach singt den ganzen Tag und die ganze Nacht. Was für eine unermüdliche Macht! Was für eine unerschöpfliche Quelle des Liedes!

Während ich schreibe, scheint sein Lied näher zu kommen, als wüsste es, dass ich mich danach sehne.

———

Ich sehe jede sich öffnende Knospe und warte darauf, wie die Farne ihre Blätter entfalten. Auch der raue Ahorn hat eine zarte Blüte. Alles blüht oder singt. Es gibt Musik, sogar im Gackern der Hühner. Die Welt ist voller unendlicher Vielfalt.

———

Oh, wie herrlich, jedes grüne Blatt und das Öffnen jeder Knospe zu beobachten. Der größte Reiz der Natur besteht darin, dass sie nie in Eile ist. Sie kann warten, und wir müssen nur auf sie warten.

———

Zunächst versuchen wir, jede Wachstumsphase zu notieren, stellen jedoch bald fest, dass dies unmöglich ist.

———

Es braucht nur einen einzigen Regentag und alle Knospen platzen. Der strahlende Frühling ist wieder bei uns. Der Frühling erzeugt eine Art geistige Unruhe, die sich parallel zu den Impulsen zu bewegen scheint, die in der Natur wirken.

———

Die herabhängende Birke ist mit üppigen Blütenbüscheln beladen, und ihre Zweige wiegen sich in stummen, aber melodischen Bewegungen hin und her.

———

Die beste Selbstvergessenheit besteht darin, die Dinge dieser Welt mit Liebe und Aufmerksamkeit zu betrachten. – Vielleicht setzt Aufmerksamkeit bereits Liebe voraus, und zwar die der selbstlosesten Art.

Ein Kuckuck kommt am frühen Morgen ganz nah an das Haus heran und stößt seinen Schrei aus.

(Pfingsten.) – Die Vorbereitungen für das Fest bereiten viel Freude, vielleicht mehr als das Fest selbst. Was für ein Kneten und Backen und welche Freude über den gelungenen Abschluss der Festtagstorte.

Die Freude, die wir für uns selbst vorbereitet haben, ist vollkommene Freude. Und jetzt kommt das Fest. Bäume und Menschen scheinen vor Leben zu erblühen, und der Wald drüben wird uns entgegengetragen in den Pfingst-Gunstlichkeiten, die er ins Haus bringt.

Hansei hat einen neuen Anzug im Stil, wie er in diesem Teil des Landes getragen wird. Als er heute über die Farm ging, schien das freundliche „Guten Morgen“, das er jedem schenkte, voller Glück.

Es tut mir sehr leid, dass ich sie erneut nicht in die Kirche begleiten kann. Das festliche Gefühl erreicht seinen Höhepunkt beim Kirchenbesuch, aber auch zu Hause ist die Luft erfüllt vom duftenden Duft der Birke und des Feiertagskuchens.

(24. Mai) – Wir hatten einen heftigen Frühlingssturm, begleitet von Donner und Blitz. Die Bäume schwankten hin und her und bogen sich, als wollten sie brechen.

„Das ist schlimm“, sagte mein kleiner Pitcher, „aber es ist gut für den Roggen. Ein Sturm im Frühling bringt kaltes Wetter, während einer im Hochsommer die Tage wärmer macht als zuvor.“

Wie gut symbolisiert dies frühreife Leidenschaft.

Der strahlende Sonnenschein ist zurückgekehrt. Ich war im Freien. Millionen von Blüten liegen verstreut auf dem Boden und im Wald liegen viele tote Jungvögel. Sie hatten sich zu früh aus ihren Nestern gewagt; Der Regen hatte ihre jungen Flügel nass gemacht und sie konnten nicht zurückkehren. Außerdem bot das Nest keinen Platz mehr für sie. Verlassen und hungrig blieb ihnen nichts als der Tod!

Die Natur ist schrecklich. Es arbeitet lange und geduldig daran, ein Wesen hervorzubringen, das es plötzlich und mutwillig sterben lässt.

Der Sonntag fällt mir am schwersten. Man ist es gewohnt, an diesem Tag nach etwas Ungewöhnlichem zu suchen. Wir ziehen ein bestimmtes Kleid an und erwarten, dass die Welt dasselbe tut. An diesem Tag habe ich mehr als an allen anderen das Gefühl, in einer fremden Welt zu sein.

Der Bach plätschert und die Vögel singen, genau wie gestern. Welches Recht habe ich, sie zu bitten, mir heute ein anderes Lied vorzusingen?

Die Natur hat keine Stimmungen; sie gehören allein dem Menschen.

Darin liegt eine schwere Belastung.

Früher musste ich, während ich die Formen und Farben der Wolken beobachtete, in den Himmel schauen. Aber jetzt sehe ich sie auf der Erde unter mir ruhen.

Ich kann Stunden damit verbringen, die vorbeiziehenden Wolken und ihre sich ständig verändernden Formen zu beobachten, wie sie sich in den Bergen spiegeln. Die Erde selbst wurde aus solchen flüssigen Massen geformt. Kein Künstler kann das Ausmaß dieser Wolkenwelt oder ihren Formenreichtum erkennen. Bevor unsere Gedanken eine feste Form annehmen, müssen auch sie diesen nebulösen Zustand durchlaufen, in dem wir sie jedoch nicht wahrnehmen können.

Singvögel in großer Vielfalt haben sich am Waldrand versammelt. Die Töne der Lerche, der Goldammer, des Grünfinkens, der Amsel, der Drossel, der Rotschwanzmeise und der Meise sind gleichzeitig zu hören. Nur wenige der Vögel, die tief im Wald ihre Nester bauen, singen dort.

Im Frühling verwandeln sich Waldbäche in Bäche. Im Sommer ist außer dem ausgetrockneten Bachbett nichts zu sehen. Genauso ist es auch mit unserem eigenen Leben.

Wenn der alte Jochem mich jubeln hört, weil der Frühling gekommen ist, sagt er immer: „Was bedeutet das? In ein paar Wochen werden die Tage wieder kürzer."

Wenn Menschen wie die Bäume sichtbare Blüten tragen würden, würden diese Blüten mit jedem Jahr eine andere Form und Farbe annehmen. Die Blüten meiner Seele waren einst so hell; aber jetzt--

Zum ersten Mal in meinem Leben habe ich ein Adlerpaar in der Luft schweben sehen. Was für ein Leben muss ihr Leben sein! Sie schwebten weit über ihnen und beschrieben in ihrem Flug einen Kreis. Worüber kreisten sie? Dann stiegen sie noch höher und verschwanden im Himmel.

Auf der Welt gibt es immer noch Geister, deren Flüge so frei und kühn sind wie die des Adlers. Es gibt kein Geschöpf, das über dem König der Vögel schwebt, kein Feind, der sich ihm nähern kann. Aber der Mensch sendet die tödliche Kugel aus und übt damit einen Einfluss in Regionen aus, die das Auge allein durchdringen kann.

er war voller Stolz, als er einen Adler erschossen hatte. Und warum? Weil es ein Beweis seiner Macht war und er meinen Hut mit dem Zeichen seines Sieges schmückte. Ach, wehe mir!

Warum kehrt diese Trauer immer wieder zu mir zurück?

Wir Frauen sind nie allein in der Natur. Dies ist nur ein weiterer Beweis für die tiefe Wahrheit, die in der alten Tradition steckt. Der Mensch, der zuerst erschaffen wurde, war allein; aber die Frau, die danach kam, existierte nie allein. Dies wiederholt sich in der Geschichte aller Nationen, und endlich offenbart sich mir ein verwirrendes Geheimnis.

In der Modewelt werden die Spuren von Schritten ebenso wie im Park von unterwürfigen Dienern verwischt. Es darf nichts geben, was uns an gestern erinnern könnte.

Und doch soll ihr Leben Teil der Geschichte werden.

Das Böse zu beenden bedeutet nicht, Gutes zu tun.

Ich möchte eine große Tat vollbringen. Aber wo?

Allein in mir selbst.

Mein kleiner Pechmann ist ein ziemlich verändertes Wesen, wenn er sich inmitten der Natur befindet. Er liebt die Natur nicht. Um es mit seinen eigenen Worten auszudrücken: Es amüsiert ihn lediglich. Er erfreut sich an den unbedeutendsten Besonderheiten der Vogelwelt und wie gut kennt er alle Vögel!

(Viele Regentage.) – Ich sehne mich nach der Sonne und sterbe fast vor Mangel daran. Es kommt mir vor, als ob ich verblassen würde, als würde ich verdursten – ohne die Sonne kann ich nicht leben. Es ist mein Schuldner für die schönen Maitage, die mir vorenthalten wurden. Ich muss sie haben; Sie sind mein einziger Trost.

Wenn ich so vom Wetter abhängig bleibe und zulasse, dass jede Wolke meinen Geist verdunkelt und jeder Regenschauer mich mit dem Gefühl abkühlt, verlassen zu sein, wäre es viel besser, wenn ich auf dem Grund des Sees liege und der Bootsmann dort liege Denen, die er überquerte, sagte er: „Tief unter uns liegt eine junge Ehrendame." – Ich habe schon einmal Abschied von der Sonne genommen, und ich möchte von ihr unabhängig sein.

Es gibt Wesen, die nichts von Regen und Sonnenschein wissen und dennoch leben.

Aber es gibt auch andere, die von taubildender Kraft erfüllt sind – aber es sind die ruhigen, in sich geschlossenen, kraftvollen Naturen, deren Leben eher ein inneres als ein äußeres ist.

(12. Juni) – Nach vielen heißen Tagen gab es letzte Nacht Regen. Die Tropfen glitzern noch immer auf jedem Blatt und jeder Blüte. Oh, was für ein herrlicher Morgen, der dem nächtlichen Sturm folgte! Einen solchen Morgen in vollen Zügen genossen zu haben, ist die Mühe des Lebens wert.

Jochem hat einen Spaß im Käfig – er muss etwas bei sich haben.

Die Lerche bereitet mir große Freude. Davon gibt es hier oben nur wenige, denn wir haben nichts als Wiesenland. Sie lieben es, über den Getreidefeldern unten im Tal zu schweben.

Nach der Mittsommersonnenwende wird es im Wald still. Die Sonne reift jetzt nur noch und hat aufgehört, Blüten und Gesang hervorzurufen. Der Fink allein bleibt fröhlich liegen.

Von meinem Fenster aus kann ich das weiße Fohlen auf der Wiese grasen sehen. Er kennt mich. Als ich aufschaue, bleibt er eine Weile stehen und schaut mich an, dann rennt er mit rasender Geschwindigkeit hin und her. Ich habe ihn Wodan genannt, und wenn ich ihn so nenne, kommt er zu mir.

Ich habe das Fohlen skizziert und schnitze es jetzt in Birke. Ich denke, dass es mir gelingen wird, aber Holz ist schließlich ein hartnäckiger, unangenehmer Stoff. Bei einer leichten Provokation verliere ich die Geduld. Ich muss versuchen, das zu überwinden.

Gestern ist es ein Jahr her, seit ich am Fuße des Felsens gelegen habe. Ich konnte kein Wort schreiben. Die Gedanken an diesen Tag wirbelten in meinem Gehirn herum; aber jetzt ist es vorbei.

Ich glaube nicht, dass ich noch viel mehr schreiben werde. Ich habe mittlerweile alle Jahreszeiten in meiner neuen Welt erlebt. Der Kreis ist geschlossen. Von außen kommt nichts Neues. Ich weiß alles, was über mich existiert, oder was passieren kann. Ich bin in meiner neuen Welt zu Hause.

Zu Jesus brachten die Schriftgelehrten und Pharisäer eine Frau, die gesteinigt werden sollte, und er sagte zu ihnen: „Wer unter euch ohne Sünde ist, werfe den ersten Stein."

So steht es geschrieben.

Aber ich frage: Wie lebte sie weiter? Sie, die vor der Steinigung gerettet wurde; diejenige, die begnadigt, also zum Leben verurteilt wurde? Wie lebte sie weiter? Ist sie nach Hause zurückgekehrt? Wie stand sie zur Welt? Und wie mit ihrem eigenen Herzen?

Keine Antwort. Keiner.

Ich muss die Antwort in meiner eigenen Erfahrung finden.

„Wer unter euch ohne Sünde ist, werfe den ersten Stein." Dies sind die edelsten und großartigsten Worte, die jemals von menschlichen Lippen ausgesprochen oder von menschlichen Ohren gehört wurden. Sie teilen die Geschichte der Menschheit in zwei Teile. Sie sind das „Es werde Licht" der zweiten Schöpfung. Sie teilen und heilen auch mein kleines Leben und erschaffen mich neu.

Hat jemand, der nicht ganz ohne Sünde ist, das Recht, anderen Gebote und Überlegungen anzubieten?

Schauen Sie in Ihr eigenes Herz. Was bist du?

Siehe meine Hände. Sie werden durch die Arbeit verhärtet. Ich habe mehr getan, als sie nur im Gebet aufzurichten.

Da ich alleine bin, habe ich keinen gedruckten Brief gesehen. Ich habe kein Buch und wünsche mir auch keines, und das nicht, um mich zu demütigen, sondern weil ich vollkommen allein sein möchte.

Wer der Welt entsagt und in seiner Einsamkeit immer noch den Gedanken an die Ewigkeit hegt, hat eine schwere Bürde auf sich genommen.

Das Klosterleben ist nicht ohne Vorteile. Die verschiedenen Stimmen, die sich zu einem Choral vereinen, unterstützen sich gegenseitig, und wenn der Ton schließlich verstummt, scheint er in der Luft zu schweben und nach und nach zu verschwinden. Aber hier bin ich ganz allein. Ich bin Priester und Kirche, Organ und Gemeinde, Beichtvater und Büßer in einem, und mein Herz ist oft so schwer, als ob ich unbedingt einen anderen brauchte, der mir hilft, die Last zu tragen. „Nimm mich hoch und trage mich, weiter kann ich nicht gehen!" weint meine Seele. Aber dann erhebe ich mich wieder, schnappe mir meine Tasche und meinen Pilgerstab und wandere einsam und allein weiter; und während ich wandere, kehrt die Kraft zu mir zurück.

Zum ersten Mal seit einem Jahr sah ich eine Kutsche die weiße Straße hinauffahren, die durch das Tal führt. Diejenigen, die darin saßen, konnten nicht wissen, wie meine Augen ihnen folgten. Wohin gehst du? Wer seid ihr?

Ich muss noch einmal schreiben. Ich glaube, dass ich endlich die volle Bedeutung des Wortes „gemüthlich" kenne. Dazu gehört, selbst bei den kleinsten Kleinigkeiten sorgfältig auf das Wohl anderer zu achten und sich in die Lage des anderen zu versetzen. Es ist das Herz, das sich in der Poesie ausdrückt; es ist ein Gefühl, das sich in das Gewand der Fantasie kleidet.

Wahre Kultur beinhaltet dieses Gefühl; Denn was ist Kultur anderes als die Fähigkeit, sich in die Lage eines anderen zu versetzen und „uns selbst so zu sehen, wie andere uns sehen"?

Meine Meinung ist immer noch unverändert. Hansei wirkt langweilig und unbeholfen, und doch hat er weit mehr von der besten Kultur als so mancher, der mit Orden und Epauletten geschmückt ist und als einer der charmantesten Kavaliere gilt.

Ich denke ständig, dass es etwas in mir gibt, das ich noch nicht entdeckt habe. Es gibt mir keine Ruhe. Ist es eine Idee, ein Gefühl, ein Wort oder eine Tat? Ich weiß es nicht, aber ich habe das Gefühl, dass da etwas in mir ist, das nach Luft sucht. Vielleicht kommt der Tod, bevor ich ihn entdecke.

Der alte Jochem erinnert sich noch an einige Verse aus dem Gesangbuch und wiederholt sie immer wieder vor sich hin, allerdings in so perverser Form, dass sie völliger Unsinn sind. Ich bot ihm an, ihm die Verse richtig beizubringen, aber das machte ihn sehr wütend und er sagte mir, dass ich ihm etwas Neues beibringen wollte und dass es ihm nicht helfen würde. Sein Unsinn scheint ihm teuer zu sein. Er versteht es nicht, und die ihm so verliehene geheimnisvolle Aura macht es weitaus eindrucksvoller.

Wer dieses Gefühl noch nie erlebt hat, kann nicht wissen, wie es ist, sich nach ein paar Gesprächsworten mit Gleichgesinnten zu sehnen. Es ist ein verzehrender Durst. Jeder, der meine Sprache spricht, würde meinen Zweck erfüllen. Ich kann diese Belastung nicht ertragen. Es kommt mir vor, als wäre ich in einem fremden Land und würde vergeblich auf die geliebten Akzente meiner Muttersprache lauschen. Es ist gut für mich, dass ich arbeiten kann.

Solange ich Walpurga im Palast bei mir hatte, konnte ich mit ihr über verschiedene Themen frei sprechen. Als ich zu ihr kam, war es eine Veränderung, ein Heraustreten aus der Sphäre, in der sich meine Gedanken zu bewegen gewohnt waren. Aber hier, wo ich sie und nichts anderes habe, ist es anders. Es ist kein Stolz – denn was habe ich mit Stolz zu tun? Ist es Entfremdung oder ist es mürrische Lustlosigkeit?

Naivität gefällt uns nur für kurze Zeit. Weisheit bleibt immer attraktiv – solche Weisheiten wie die von Mutter Beate oder Gunther. Ja, ich sehne mich am meisten nach ihm.

Weisheit ist kultivierte *Naivität* oder, genauer gesagt, die *Naivität* des Genies. Es ist der rosige Apfel; *Naivität:* Die Blüte, aus der sie hervorgegangen ist, wohnt noch immer in der Frucht als ihrem Kern.

Nacht und Tag, die verschiedenen elementaren Einflüsse, die klare Wahrnehmung und die geheimnisvollen Kräfte der Natur: – all das trägt dazu bei, die feinsten Früchte zu vervollkommnen.

———

Ich kann die Arbeit nicht als das Edelste im Leben betrachten. Der vollkommene Mensch ist der, der nichts tut, der sich selbst wertschätzt –; So ist das Leben der Götter, und was ist der Mensch anderes als der Gott der Schöpfung?

So drückt sich meine Häresie aus. Ich habe es bekannt und bereut. Aber auf dem Stuhl des Beichtvaters sitzt einer, der Recht hat, wenn er sagt: „Gut, mein Kind! Und so ist das edelste und erhabenste Leben einfach eine Existenz ohne Anstrengung. Denn niemand kann leben ohne ein anderes Wesen." „Wenn jemand für ihn arbeitet, folgt daraus, dass alle etwas tun müssen. Nichts ist ohne Lohn zu haben. Die eine Klasse wurde nicht in die Welt geschickt, nur um zu existieren, und die andere auch nicht, nur um zu arbeiten."

———

Wie glücklich ich wäre, wenn es keine Vergangenheit gäbe. Ein Leben im Jenseits voller Erinnerungen – wie traurig der Gedanke! Und doch wäre es ohne Erinnerungen ein zweites Leben?

———

Endlich wohnt die wahre Freude bei uns. Wann immer wir etwas essen, sagt Walpurga immer: „Das haben wir selbst gepflanzt; an einem solchen Tag haben wir unsere Bohnen gesetzt. Ich habe sie Burgei in die Hand gegeben, und sie hat sie auf die Gartenbeete fallen lassen."

Und so scheint es mit allen Dingen zu sein. Die Vergangenheit wird für uns erneuert.

———

Es fiel mir schwer, die gleiche Aufgabe immer wieder durchzugehen. Aber die ständige Wiederholung macht Arbeit aus. Ohne das ist es bloßes Vergnügen.

Die Natur wiederholt sich ständig, und wir müssen ihr dienen, indem wir sie nachahmen. Sie wiederholt sich durch ihre Gesetze; Mann, durch seine Pflichten.

Dennoch habe ich mich Variationen hingegeben, und das nicht ohne Erfolg. Während ich durch den Stall ging, beobachtete ich, wie die Kuh bellte und sich ihrem säugenden Kalb zuwandte. Die Figuren habe ich aus Holz geschnitzt.

Ich möchte jeden Gegenstand in der Natur nachahmen – sozusagen die Welt neu erschaffen, damit die Menschen alle Dinge so sehen können, wie ich sie sehe.

Ich danke Dir, Ewiger Geist, dass Du mir diese Gaben schenkst.

———

Das Hauptziel des Lebens ist weder Freude noch Ruhe. Es muss Arbeit sein. Vielleicht gibt es doch kein Hauptziel.

———

Liebe und Arbeit sind der Körper und die Seele der Menschheit. Glücklich ist der, in dem sie vereint sind. Ich habe die Liebe verwirkt – mir bleibt nichts als Arbeit.

———

Mein weißes Fohlen! Es schaut mich an und ich schaue es zurück. Frei und unkontrolliert huscht es über das Feld, und doch ergreife Ich es und schicke es hinaus in die Welt, damit auch andere sich an dem hübschen, verspielten Tier erfreuen können.

Ich habe es in verschiedenen Positionen skizziert. Jede seiner Bewegungen ist voller Kraft und Anmut.

———

Ich habe die Figur meines weißen Fohlens geschnitzt und sie mit unglaublicher Geschwindigkeit fertiggestellt. Meine Freunde sind erstaunt und ich auch. Ich betrachte es als Erfolg.

Mein kleiner Pitcher – warum sollte ich es nicht erwähnen? – trug die Figur zum Händler. Es schmerzte mich, mich von meiner Arbeit trennen zu müssen, aber das kleine Zauberpferd muss mich unterstützen und tut es auch. Es wurde zu einem guten Preis verkauft und ich erhielt außerdem eine Großbestellung.

———

Manchmal frage ich mich, was Gräfin Brinkenstein, die fromme Konstanze, Schnabelsdorf oder Bronnen sagen würden, wenn sie mich jetzt sehen würden; und in solchen Momenten muss ich mich umschauen, um mich davon zu überzeugen, dass sie nicht da sind.

Solange ich meine Fantasie nicht beherrschen kann, bin ich nicht frei. Fancy ist der mächtigste aller Despoten.

Unser Brunnen sprudelt und sprudelt die ganze Nacht durch, und wenn das Mondlicht darauf ruht, ist er schöner und friedlicher als je zuvor. Die Erde spendet reichlich ihr Heilwasser. Sie fließen unaufhörlich. Alles, was wir tun müssen, ist zur Quelle zu gehen und zu trinken. Mein Lieblingsplatz ist dort in der Nähe. Sein Wasser nimmt manchmal plötzlich an Volumen und Geschwindigkeit zu, als ob es mir eine besondere Botschaft überbringen würde. Vielleicht liegt das alles an den Luftströmungen, und vielleicht irre ich mich doch. Im Frühling lässt man leicht in Träumereien verfallen.

Gundel, die Tochter des kleinen Pitchers, macht mir viel, viel Freude. Das ehrliche, gutherzige, einfältige Geschöpf ist jetzt voller Freude; Sie liebt und wird im Gegenzug geliebt.

Einer der Landarbeiter stammt aus Hanseis Geburtsort. Er war einst bei den Kürassieren, und dieser treue, aber raue und ungünstige Junge ist Gundels Liebhaber. Ein Mädchen, das niemand bemerkt hat und dessen Leben eine ständige Plackerei war, erhält sowohl in ihren eigenen Augen als auch in denen anderer eine neue Bedeutung, sobald sie zum Objekt der Liebe eines Mannes wird. Alles, was sie tut, wird als gut und hübsch angesehen, und sie wird sofort aus ihrem demütigen und vergessenen Zustand erhoben.

Liebe ist die Krone jedes Lebens, ein Diadem selbst auf dem niedrigsten Kopf.

Wenn Gundel ihrer schweren Arbeit nachgeht – Wasser schöpfen oder das Vieh füttern –, scheint sie vor neugeborenem Glück zu strahlen.

Obwohl ich nichts gesagt habe, merkt sie, dass ich an ihr interessiert bin und fragt oft, ob sie etwas für mich tun kann.

Ich wünschte, dass ich wieder reich wäre, um diese Liebenden glücklich zu machen.

Wie töricht ist der Wunsch, immer originell zu sein. Die Natur wiederholt sich ständig. Die Rose von heute ist wie die von gestern.

Der Mensch bestimmt selbst – und darin liegt seine Qual.

Ich habe die Eitelkeit noch nicht von mir abgelegt. Ich freue mich immer noch, wenn ein glücklicher Ausdruck aus meiner Feder kommt. Aber ist das wirklich Eitelkeit? Ich denke nicht. Obwohl ich allein in meiner Zelle bin, schmücke ich mich um meiner selbst willen. Schönheit ist für mich zu einer

Notwendigkeit geworden. Ich muss von Objekten der Schönheit umgeben sein und sie auch in mir selbst besitzen. Unhöflichkeit beleidigt mich nicht, aber Hässlichkeit berührt mich genauso wie Zwietracht. In der sogenannten kultivierten Welt löst ein unhöflicher Ausdruck ein abfälliges „Ah!" aus. während elegante Vulgarität belächelt wird.

———

Ich bin verpflichtet, ihm mindestens einmal in der Woche den Brief des alten Jochem vorzulesen. Obwohl er es auswendig kann, besteht er darauf, es noch einmal zu hören und sich zu vergewissern, dass alles in Ordnung und ordnungsgemäß unterzeichnet und versiegelt ist. Er lässt nicht zu, dass es seine Hände verlässt. Ich bin verpflichtet, es zu lesen, während er es in der Hand hält. Er vertraut niemandem.

Der alte Mann scheint es fast zu bereuen, dass er nichts zu beanstanden hat, und drängt mich ständig, ein Denkmal für den König vorzubereiten, damit er es bei Bedarf zur Hand hat. Wie seltsam, dass ihm der König immer als Personifikation von Recht und Gerechtigkeit vorkam.

Er hat mir viel über den verstorbenen König zu erzählen, unter dem er diente. Er beschreibt ihn als einen perfekten Gentleman und sagt, dass er oft in dieser Region gejagt habe. Ihm wurde mitgeteilt, dass der derzeitige König kein großer Jäger sei und dass er den Priestern treu bleibe, die ihm im Gegenzug Absolution gewähren. Zum Schluss fragt er immer, ob ich den König jemals gesehen habe, und obwohl ich hundertmal mit „Nein" geantwortet habe, wiederholt er immer wieder dieselbe Frage.

———

Hansei hatte schließlich recht! Mir kommt es so vor, als ob ich mich um seine Verzeihung sehnen sollte. Es ist ein widerlicher Anblick, den alten Rentner beim Essen zu sehen; und wenn man nicht die Absicht hat, ihn für den Rest seines Lebens bei Tisch zu haben, sollte man besser nicht mit ihm beginnen. Hanseis Einwand war freundlich und klug, nicht unhöflich und böse. Freundliche Vorsätze, die nicht vollständig umgesetzt werden können, sollten besser nicht in Angriff genommen werden.

Als ich heute Walpurga davon erzählte, antwortete sie mir unter Tränen: „Tausendmal lieber würde ich hören, wie du ihn lobst als mich."

———

Erst wenn die Menschheit zur Pflicht wird, können wir wirklich wissen, ob ihre Ausübung ein Vergnügen oder ein Opfer ist.

Natürlich habe ich Jochem freundlich behandelt, ihn oft zu mir kommen lassen und versucht, ihn zu unterhalten. Jetzt lässt er mich nicht mehr allein und raubt mir meinen einzigen Besitz: die Einsamkeit. Obwohl es mich Mühe kostete, musste ich darauf bestehen, dass er mich nur zu bestimmten Zeiten besuchte. Aber selbst das ist lästig, denn ich bin nicht mehr die perfekte Herrin meiner Zeit. Als die Glocke im Tal die zwölfte Stunde läutet, kommt der alte Mann und setzt sich zu mir. Unsere Gespräche sind nicht sehr fruchtbar oder anregend. Sein Ideenvorrat ist begrenzt und Themen, die damit nichts zu tun haben, wecken sein Interesse kaum. Außerdem hustet er viel und bittet mich ständig, ihm von meinem Vater zu erzählen. Er scheint zu vergessen, dass ich ihm bereits gesagt habe, dass ich meinen Vater nie gekannt habe. Es war das Traurigste, was ich je gesagt habe, aber ich kannte meinen Vater nicht, als er lebte. Ich verstand ihn nicht, obwohl er versuchte, sich mir zu offenbaren. Aus tiefstem Herzen rufe ich zu ihm: „Mein armer Vater! Du hast versucht, dich zu vervollkommnen, aber deine letzte Tat, obwohl sie mich erregen sollte, war die Tat eines Menschen, der in Fesseln lag. Jetzt schaffe ich es." was du zögerlich begonnen hast. Während ich für dich gearbeitet habe, ist meine Liebe zu dir vollkommen und vollkommen geworden. Du bist jetzt nahe bei mir und bist zu dem geworden, was du sein wolltest – mein Bewahrer."

Ich habe es mir endlich zur Regel gemacht, dass der alte Mann nur dann kommt, wenn ich ihn holen schicke. Ich konnte nicht anders. Und das finde ich fast noch schlimmer, als feste Zeiten für seine Besuche zu haben, denn jetzt muss ich oft innehalten und mich fragen: „Ist es nicht an der Zeit, den alten Mann anzurufen? Er wird mich jetzt nicht stören." Dadurch fesselt er meine Gedanken mehr als zuvor.

Ich muss lernen, geduldig mit ihm umzugehen, und Jochem wird sich bestimmt verbessern. Wenn ich zu ihm sage: „Ich kann jetzt nicht reden", ist er zufrieden. Alles, worum er bittet, ist die Erlaubnis, dort schweigend sitzen zu dürfen.

Wie gut man schläft, wenn man von der Arbeit müde ist. Wie gut ist es, Hunger und Müdigkeit zu haben, wenn man seine Bedürfnisse sicher befriedigen kann.

In der großen Welt essen und schlafen sie, sind aber nie müde oder hungrig.

Ich wusste nie, wie viel ich geredet hatte und wie notwendig Gespräche für mich geworden waren. Aber jetzt, wo ich gelernt habe, zu schweigen und allein mit meinen eigenen Gedanken zu leben, weiß ich es; Ich sehe jetzt, dass die Anwesenheit anderer einen elektrischen Einfluss auf mich ausübte und meine Natur überforderte. Ich war nie unwirklich, sondern mehr, als ich wirklich bin. Ich habe andere fröhlich gemacht, aber wie selten war ich das!

Die Arbeit ist der tröstende Freund und Begleiter der Einsamkeit.

Wer nicht allein gelebt hat, weiß nicht, was Arbeit ist.

Ich werde oft an Dantes Satz erinnert: „Es kann kein größeres Leid geben, als sich im Elend an glücklichere Tage zu erinnern." Aber warum sagt er uns nicht, welche Art von Glück er meint? Es muss immer eine Freude sein, sich an unschuldige Freuden zu erinnern, auch wenn das Unglück, das darauf folgt, sehr groß sein mag.

Aber Francesca bezieht sich auf Glück, verbunden mit Schuldgefühlen. Und ich weiß, dass sie recht hat.

Ich erinnere mich noch an den Abschiedsratschlag meines Vaters: „Gönnen Sie sich nur solche Freuden, die Ihnen im Nachhinein Freude bereiten."

Was für seltsame, verborgene Quellen fließen durch die Seele. Seitdem mir der traurige Ausspruch von Dante in den Sinn kam, übersetzten sich alle meine Gedanken ins Italienische.

Mir kommt es oft so vor, als wäre es eine Sünde, mich so lebendig zu begraben. Meine Stimme ist im Gesang nicht mehr zu hören, und vieles mehr, was in mir wohnt, ist verstummt.

Ist das richtig?

Wenn mein einziges Lebensziel darin bestünde, mit mir selbst in Frieden zu sein, wäre das gut genug – aber ich sehne mich danach, zu arbeiten und etwas für andere zu tun. Doch wo und was soll es sein?

Als ich zum ersten Mal hörte, dass die wunderschön geschnitzten Möbel der Großen und Reichen das Werk von Gefangenen sind, schauderte es mich. Und jetzt, obwohl mir die Freiheit nicht entzogen ist, befinde ich mich in der gleichen Lage. Wer das Leben entstellt hat, soll als Sühneakt dazu beitragen, das Leben für andere schöner zu machen. Der Gedanke, dass ich das tue, tröstet und gibt mir Halt.

Meine Arbeit gedeiht. Doch das Holz des letzten Winters ist noch nicht verwertbar. Mein kleiner Pechmann hat mir einiges mitgebracht, das alt, ausgezeichnet und gut gewürzt ist und Teil der Dachsparren eines alten Hauses war, das gerade abgerissen wurde. Wir arbeiten fröhlich zusammen und unser Verdienst ist beachtlich.

Laster ist überall gleich, nur dass es hier offener ist. Unter den Massen zeichnet sich das Laster durch Grobheit aus; unter den Oberschichten, durch Gemeinheit.

Letztere schütteln die Folgen ihrer bösen Taten ab, während erstere verpflichtet sind, sie zu ertragen.

Die unhöflichen Manieren dieser Leute sind notwendig und einer höflichen Täuschung weit vorzuziehen. Sie müssen unbedingt rau und unhöflich sein. Ohne ihre grobe, dicke Rinde könnte die Eiche dem Sturm nicht standhalten.

Ich habe festgestellt, dass diese raue Rinde mehr Zärtlichkeit und Aufrichtigkeit verbirgt als die glatteste Oberfläche.

Jochem erzählte mir heute, dass er noch recht gut zu Fuß sei, aber dass es für einen Blinden sehr schwierig sei, irgendwohin zu gehen; denn bei jedem Schritt muss er herumtasten, damit er sich seines Bodens sicher fühlt, bevor er seinen Fuß fest auf die Erde setzt.

Geht es mir nicht genauso? Bin ich nicht verpflichtet, mir den Boden zu vergewissern, bevor ich einen Schritt mache?

So ist der Weg der Gefallenen.

Ah! Warum wird alles, was ich sehe oder höre, zum Symbol meines Lebens?

Unser Leben hier ist wie das der Pflanzen. Unsere Hauptsorge gilt dem Wetter. Regen und Sonnenschein beeinflussen uns ebenso wie die Pflanzen, die ihre Hilfe benötigen. Hansei beklagt sich oft darüber, dass er die Wetterzeichen hier nicht versteht. In seinem alten Zuhause am See wusste er immer, wie das Wetter sein würde. Sein Mangel an Wissen zu diesem Thema hindert ihn daran, sich hier ganz zu Hause zu fühlen. Unser kleiner Pitcher ist jedoch ein äußerst zuverlässiger Wetterprophet und wird daher als eine ziemlich wichtige Persönlichkeit angesehen. Ich bin sein gelehriger Schüler und er ist ziemlich stolz auf mich. Obwohl er mir gegenüber sehr vertraut ist und sich oft Höflichkeiten hingibt, versäumt er es nie, mich mit großem Respekt zu behandeln.

Wer sich mit Etikette nicht auskennt, gleicht den Mangel daran oft durch sein Taktgefühl aus. Ich habe dem kleinen Pitcher letzte Woche gratuliert. Es war anlässlich seines Geburtstages, und als ich ihm die Hand schüttelte, wurde sein Gesicht scharlachrot. Er bedankte sich herzlich bei mir und sagte immer wieder, dass er mir bei seiner Ankunft im Himmel ein gutes Quartier gewähren würde und dass seine alte Frau nicht böse werden würde, wenn er sie und mich in der nächsten Welt besäße. Er freut sich immer, wenn er mich bedient. Wenn er in meinem Ofen ein Feuer macht, begafft er jedes Holzscheit, als ob es ihm eine Ehre wäre, dabei helfen zu dürfen, mich warm zu halten.

Die Volkszählung hat mich heute sehr beunruhigt. Nach dem Abendessen holte Hansei die Lücke hervor, die er ausfüllen sollte, und reichte sie Walpurga mit den Worten: „Schreiben Sie, oder lassen Sie sie" – gemeint war ich – „ihren Namen, ihr Alter und wo sie schreibt." kommt von?"

Wir befanden uns in großer Trübsal, bis Walpurga schließlich die Schwierigkeit löste, indem er sagte, dass es nicht nötig sei, alles zu erzählen.

Diese Bemerkung war durchaus angebracht und bot Hansei einen bequemen Vorwand, der sich über einen anderen Zeitplan, in dem von ihm erwartet wurde, die jährliche Milch- und Butterleistung, die Anzahl der Hühner auf dem Bauernhof usw. usw. anzugeben, sehr ärgerte. Hansei war wütend auf die Beamten und war sich ziemlich sicher, dass sie eine weitere Steuer einführen wollten. Sein Zorn rettete mich, aber er betrog den Staat um eine Seele.

Die Menschen hier betrachten den Staat und seine Funktionäre als ihre natürlichen Feinde und haben keine Bedenken, sie zu täuschen.

Zum ersten Mal in meinem Leben habe ich gesehen, wie ein Baum gefällt wurde.

Ich war voller Ehrfurcht, als ich sah, wie es für einen Moment umkippte, bevor es zum endgültigen Absturz kam. Es erinnerte mich an das Schicksal eines Mannes, der mit einem Schlag aus sonnigen Höhen in die Tiefen des Elends geschleudert wird.

Hansei lässt einen Weg durch den Wald schlagen. Es geht an meinem Fenster vorbei und die Lichtung bietet mir eine schöne Aussicht. Er war ganz froh, als ich ihm davon erzählte.

Hansei war in der Hauptstadt. Bei seiner Rückkehr packte er ein großes Paket aus und zeigte uns voller Stolz, welche sinnvollen Geschenke er gekauft hatte. Es waren die Bilder des Königs und der Königin.

In seinem guten Herzen bot er mir an, die Bilder in meinem Zimmer aufhängen zu dürfen, und war ziemlich provoziert, als er feststellte, dass seine Frau sie für sich behalten wollte. Ich stellte ihn schließlich zufrieden, indem ich sagte: „Das Wohnzimmer gehört uns allen."

Aber die Bilder schienen mich ständig anzustarren und machten es mir unangenehm, im Raum zu bleiben. Walpurga bemerkte dies und brachte sie zu meiner großen Erleichterung in ihr Schlafzimmer. Hansei nimmt von solchen Angelegenheiten keine Notiz.

Das Porträt des Königs zeigt ihn im Gewand eines Bürgers. Ist es ein Zeichen dafür, dass--?

Hansei enthüllt endlich seinen Plan. Es ist ein ziemlich kluger Schachzug von ihm, zunächst Straßen durch den Wald zu schlagen, damit die Balken von weit oben auf den Berg herabgeholt werden können und ihm so dreimal so viel Geld einbringen, als wenn sie in kleinere Baumstämme geschnitten würden.

(3. April) – Zunächst gibt es so viel zu beobachten. Die ganze Welt erscheint uns wie ein kleines Kind oder wie das erste Grün des Frühlings. Später gewöhnt man sich daran, und es kommt einem vor, als ob die Dinge immer und überall gleich wären. Es scheint mir, dass das Leben unerträglich wäre, wenn die Welt immer neu wäre und uns keine Ruhe ließe.

Habit, unsere zweite Mutter, ist auch eine gute Mutter.

Sie haben meinem weißen Fohlen ein Seil an den Füßen befestigt, damit es nicht weglaufen kann. Es kann sich jetzt nur noch langsam bewegen. Die Freiheit und Anmut seiner Bewegungen ist schon verloren, noch bevor es angeschnallt ist.

Oh, wie viele Menschen haben ein ähnliches Schicksal!

Ich liebe es, zuzusehen, wie der Regen ruhig auf die Erde fällt. Wenn ich nicht zur Arbeit gezwungen wäre, könnte ich stundenlang an meinem Fenster verweilen, in Träumereien versunken sein und hinausschauen und lauschen, denn es kommt mir vor, als ob ich mit einer Million Augen ausgestattet wäre und jeden Tropfen sehen könnte, der auf das Fenster fällt halboffene Knospen. Aber hier sind wir alle ständig am Arbeiten. Ich schäme mich, hier mit den Händen im Schoß zu sitzen. Der Regen im Frühling ist sanft und schön und verleiht der Luft und jedem kleinen Bach Stimme, Form und Substanz.

———

Früher brauchte ich immer ein Fernglas, wo ich es nicht mehr brauche.

Weil wir nicht im Freien leben, werden wir kurzsichtig.

———

Die Rose kann durch Kultivierung besser werden, und die Dornen, die an ihrem Stiel wachsen, können sich von dem unterscheiden, was sie waren; aber es sind dennoch Dornen.

———

(15. April) – Ich habe dieses Jahr zum ersten Mal die Goldammer gehört. Im Frühling sind seine Noten viel schneller und kürzer als im Sommer.

———

(23. April) – Die erste Schwalbe ist gekommen. Mögen wir uns nun sanft einlullen, um in dem Bewusstsein zur Ruhe zu kommen, dass der süße Frühling wieder bei uns ist. Das unsichere und ängstliche Flattern von einem schönen Tag zum anderen hat ein Ende.

Mein kleiner Pitcher sagt: „Schwalben und Stare kommen und gehen in der Nacht." Die Idee ist ziemlich suggestiv.

———

(Ende April) – Wir haben geduscht. Oh, was für wohlriechende Düfte erweckte es in Blumen, Gras und Bäumen! Und dieser Duft entschwebt in den unendlichen Raum, während wir kurzlebigen Menschenkinder uns vorstellen, dass alles für uns existiert. Alles, was existiert, existiert für sich allein.

Die *Immortelle* ist eine der ersten Pflanzen, die ihre Blätter austreibt. Es wächst am Waldrand und gedeiht auch auf kargen Böden.

———

(1. Mai) – Wir hatten einen kalten, regnerischen Tag mit Hagel. Gegen Abend, als der Regen aufgehört hatte und die Tropfen auf den Bäumen und Büschen im goldenen Sonnenlicht glitzerten, hörte ich zum ersten Mal in diesem Jahr den Kuckuck. Er flog von Wald zu Wald, von Berg zu Berg und weinte überall.

Ich weiß jetzt, warum man sagt: „Geh zum Kuckuck." ⸺Der Kuckuck hat kein Nest, kein eigenes Zuhause und muss der Volkstradition zufolge jede Nacht auf einem anderen Baum schlafen. „Geh zum Kuckuck" bedeutet also: „Sei unruhig und flüchtig; sei nirgendwo zu Hause."

Als ich der Großmutter von meiner Entdeckung erzählte, sagte sie: „Du hast es genau getroffen. Du schaffst es, aus allem etwas Gutes herauszuholen. Du hast es gewonnen."

Sie meinte, ich hätte das Spiel des Lebens gewonnen.

———

Mein netter kleiner Pitcher hat mir eine unerwartete Freude bereitet. Er hat für mich einen Sitzplatz oben am Ahornbaum auf dem vorspringenden Felsen eingerichtet. Aber er schnitt die Büsche weg und zerstörte so die Privatsphäre meines Lieblingsplatzes. Trotzdem finde ich es angenehm dort zu sitzen. Kein Mensch ist vollkommen zufrieden mit dem, was ein anderer für ihn tun kann, aber wir können für alles dankbar sein; und Dankbarkeit ist der Boden, auf dem Freude gedeiht.

———

(Erster Sonntag im Mai.) – An Sonntagnachmittagen, wenn ich nicht arbeite, sehne ich mich danach, in einer federschonenden Kaleche durch den Park zu fahren; nicht ständig laufen zu müssen oder etwas tun zu müssen. Sich im Frühling durch die Welt zu bewegen, auf weichen Kissen sitzend und von flinken Pferden gezogen, oder, was noch besser ist, auf den grasbewachsenen Waldwegen zu reiten und dabei eine starke Kraft zu führen und zu kontrollieren – das kann ich nie vergessen.

———

Wenn ich nachts in das riesige Sternengewölbe mit seinen unzähligen glitzernden Kugeln schaue, fällt es mir schwer, zu sitzen oder zu gehen. Ich denke an die Nächte, in denen ich, zurückgelehnt in meiner Kutsche, hinaus in die weite Welt fuhr und zu den Sternen aufblickte. Wie frei war damals alles! Ich bin immer noch sehr von Kleinigkeiten betroffen.

———

Es gibt Tage, an denen ich den Wald nicht ertragen kann, an denen ich mir keinen Schatten wünsche. Dann muss ich die Sonne haben – nichts als Licht und Sonnenschein. In solchen Zeiten spaziere ich über die heißen und schattenlosen Wiesenwege.

———

Ich habe jetzt ein Fensterregal voller Blumentöpfe. Wie anders ist es, wenn man darauf warten muss, dass die Blumen blühen, anstatt sie vom Gärtner in voller Blüte zu erhalten.

Die Abende sind mein Feind – immer schwer und langweilig. Der Morgen ist mein Freund, denn dann ist alles hell. Wie anders war es einmal!

Der geistige Zustand derjenigen, die draußen auf der Welt sind, kann mit dem körperlichen Zustand von Baroness Constance verglichen werden. In ihren Ohren klingelt es ständig, und sie weiß nichts von heiliger Ruhe oder vollkommener Stille. Erst wenn man aufhört, etwas über die Welt zu wissen oder sich um sie zu kümmern, hört dieses geistige Klingeln in den Ohren auf und uns wird heilige Ruhe und Stille gewährt. Jeder Ton, der dann eindringt, ist wie ein Wunder.

Die Großmutter ist ruhig und aufmerksam, ganz wie es der Anlass erfordert. Sie gehört nicht zu den Menschen, die immer beschäftigt und aufgeregt sind, und doch ist sie nie untätig. Mit ihrer großen Menschenkenntnis behält sie dennoch ihre freundlichen Gefühle gegenüber allen. Sie hat viel nachgedacht und ist doch *naiv*. Sie behandelt mich mit liebevoller Offenheit und sagt, dass sie sich ihr ganzes Leben lang gewünscht habe, einen klugen Menschen an ihrer Seite zu haben, einen, der etwas gelernt habe und mit dem sie über alles reden könne. Und das tut sie buchstabengetreu. Ich bin verpflichtet, ihr tausend Dinge zu erklären, und sie ist für jede Information, die ich ihr geben kann, aufrichtig dankbar.

„Ich möchte mein Anzündholz rechtzeitig fertig machen", sagte sie heute. In unsere Sprache übersetzt bedeutet das, dass sie gerne vorher über Dinge nachdenkt.

Aber es gibt so viele dunkle Türen, an denen wir mit geschlossenen Augen vorbeigehen.

Als ich heute das Fohlen beobachtete, kam ich nicht umhin zu denken, dass der erste Mann, der ein Tier zähmte – das heißt, es unterwarf, damit es es tragen und stützen konnte –, der erste war, der die Macht der Menschheit geltend machte. Andere Tiere können sich gegenseitig töten, aber keines von ihnen kann ein anderes Leben zu seinem eigenen Vorteil führen. Es gibt derzeit keine neuen Tierarten, die gezähmt werden müssen. In Wahrheit werden Männer zu Dichtern. Sie verdichten die immateriellen Kräfte und sagen zum Dampf, zum Licht und zum elektrischen Funken: „Komm und gehorche meinen Befehlen."

Ich habe etwas Zucker gekauft, um mein weißes Fohlen zu füttern. Es ist eine große Freude, und heute konnte ich nicht anders, als zu denken, dass es ein hübsches Bild gewesen sein muss, wenn uns jemand gesehen hat.

Oh, wie eitel und unbedeutend ich doch bin!

Jedes große und ausgedehnte Anwesen, sei es dieser Bauernhof oder der Hof in der Hauptstadt, hat seine Vasallen, seine Diener, seine Schmarotzer, seine willigen Untertanen. Die Welt ist überall gleich.

Das bäuerliche Leben ist keine elegante Welt, aber es muss sowohl Ackerpferde als auch Kutschpferde geben.

Aus sich selbst heraus leben, dem eigenen Temperament freien Lauf lassen, von äußeren Einflüssen unberührt bleiben: – so möge man sich selbst und das Höchste kennen lernen. In der Wüstenöde offenbart sich Gott dem Herzen des Einzelnen. Der Busch brennt und wird doch nicht verzehrt.

Immer wenn ich die Berge betrachte, bin ich aufs Neue von ihrer Erhabenheit beeindruckt.

Die Welt unter mir ist von einem Nebelmeer bedeckt, aus dem hier und da Berggipfel hervorragen. Mit jedem Tag erblicke ich sozusagen den ersten Tag der Schöpfung.

Ich fange an, die Idee des Erhabenen zu verstehen. Es ist die Ehrfurcht vor der Größe, nicht die Ehrfurcht vor der Angst. Es kommt mir vor, als würde ich in einem Tempel wohnen.

Einsamkeit macht einen oft stumpf und träge. Ich erlebe das manchmal sogar an mir selbst.

An einem regnerischen Sonntag steht Hansei oft stundenlang da und schaut aus dem Fenster. Ich bin überzeugt, dass seine ersten Gedanken an ein Pferd, eine Kuh, den Verkauf seines Holzes oder an einen Bekannten gerichtet sind. Schließlich verfällt er in eine Art Wachtraum und denkt an überhaupt nichts.

Aus diesem kindlichen Hinlegen und Blicken in die Welt erwacht man wie aus einem stärkenden und erfrischenden Schlaf. Es ist tatsächlich nur eine andere Form der elementaren Existenz.

———

Nach meinen Notizen zu urteilen, dachte ich einmal, dies sei lediglich eine Station auf meiner Reise, wo man von Interessen oder Abenteuern festgehalten wird; aber jetzt sehe ich, dass ich am Ziel bin.

Ich werde meine Last niederlegen, wie mir die Großmutter geraten hat, und die Truhen in Stücke brechen. Ich werde für den Rest meines Lebens hier bleiben. Und jetzt, wo ich fest entschlossen bin zu bleiben – auch wenn ich morgen entdeckt würde und die ganze Welt mich mit Hohn überschütten würde – habe ich ein glückliches Gefühl, zu Hause zu sein. Ich bin hier und hier werde ich bleiben.

An all das wurde ich erst heute erinnert, als mein kleiner Pitcher sagte: „Du siehst so zufrieden aus, also – ich weiß nicht wie, aber – du hast noch nie so zufrieden ausgesehen.“

Ja, mein lieber kleiner Pitcher, du hast recht; Erst heute fühlte ich mich wirklich zu Hause. Ich habe Wurzeln geschlagen wie der Kirschbaum vor meinem Fenster.

———

Der alte Rentner sagte heute zu mir: „Siehe, mein Kind, das Alter nimmt uns viel ab; aber ich kann immer noch so schön träumen wie in meiner Jugend.“

———

Von allen Blumen finde ich den stärksten Tau auf der Rose. Liegt das am reichhaltigen Parfüm? Bildet das Parfüm Tau? Auf keinem grünen Blatt ist so viel Tau wie auf dem Blatt einer Blume.

———

Ich verspüre oft die Versuchung, die Geschichte von Lea der ganzen Familie zu erzählen, Jochem eingeschlossen.

Es ärgert mich oft, wenn ich denke, dass ich meinen Freunden nicht alles mitteile, was ich habe; aber wie viel mehr würde es mich ärgern, wenn sie mich missverstehen würden.

Selbst in unserer Zeit liegen Kunst und Religion weit auseinander.

Letzteres kann allen vermittelt werden; Ersteres kann nicht.

———

Es ist unmöglich, die Massen für raffinierte Freuden zu interessieren. Unter der Woche haben sie nichts als harte Arbeit; und am Sonntag finden sie Entspannung beim Kegeln oder beim Tanzen in schweren Stiefeln. Sie erfordern unhöfliche Freuden und einen unhöflichen Glauben.

———

(Am Sonntag, während die Glocken läuten.) – Kunst geht nicht in das Leben der Massen ein. Für sie gibt es keine bildende oder dramatische Kunst oder die höhere Ordnung der Musik oder Literatur.

Die einzige Vorstellung, die sie von einem anderen Leben haben, das über die triviale Gegenwart hinausgeht, wird von der Kirche verkörpert, und doch ist das Beste in allen Religionen die Poesie, die sie enthalten.

———

Was muss aus jemandem werden, der jahrelang kein ernsthaftes Buch liest oder überhaupt nicht liest und daher keine großen oder gut ausgearbeiteten Ideen aufnimmt? Wenn er reich und edel ist, wird sein Leben zu einem sinnlosen Spiel; Wenn er arm und demütig ist, wird es zu vergeblicher Arbeit. Und aus diesem Grund hat uns die Natur Gesang und Geschichte geschenkt, eine Religion gegründet, die allen ihre Juwelen anbietet, damit jeder vom vergorenen Wein allen Wissens und aller Kunst trinken kann. Aber neuer Wein muss immer hinzugefügt werden, oder--

———

(30. Juli) – Die ganze Welt war in Nebel gehüllt und die Sonne war verborgen. Es schien, als ob das künstlerisch-schöpferische Auge über der Form brütete, die es zum Leben erwecken sollte. Und dann wurden die Wolkenflocken auseinandergerissen. Für einen Moment war die Bergwelt frei. Die Nebel verschwinden; aber es entstehen neue aus der Erde.

———

Draußen auf der Welt hindert die Angst, lächerlich gemacht zu werden, die Menschen daran, ihre begeisterte Bewunderung für das Mondlicht auszudrücken. Wenn die ganze Welt in ihrem sanften Glanz erleuchtet ist und kein Ton außer dem Rauschen des glitzernden Baches zu hören ist, bin ich von ekstatischer Freude erfüllt.

———

Die Versuchung kehrt zurück und sagt: „Sie verstoßen gegen die Natur, indem Sie Ihre reichen Gaben für Aufgaben verschwenden, die andere genauso gut bewältigen könnten wie Sie. Gehen Sie hinaus in die Welt und betrachten Sie Ihr gegenwärtiges Leben lediglich als einen Übergangszustand.“

NEIN! Ich werde bleiben!

Wenn ich auf dem Berg stehe und in die Welt blicke, frage ich mich oft: „Bist du immer noch dieselbe Irma? Welche Spur ist von deinem vergangenen glitzernden Leben übrig geblieben?"

Nichts als die schwere Last, die meine Seele bedrückt.

———

Wettergespräche gelten als langweilig, und doch gibt es kein wichtigeres Thema. Pflanzen und Tiere spüren die Veränderungen, denn sie bestimmen von Tag zu Tag ihr Schicksal. Und gibt es nicht Menschen, deren ganzes Leben mit der Frage verbunden ist: „Wird der Tag klar oder bewölkt sein?"

Die Wolke, die wie ein Gürtel jenen Gipfel umschließt, hat dort den ganzen Tag regungslos geruht; Und so gibt es auch Tage, an denen ein Nebel auf der Seele zu liegen scheint und unser Inneres in Dunkelheit hüllt.

———

Das Spielen der Features ist eindeutig eine menschliche Eigenschaft. Das menschliche Gesicht offenbart wechselnde Emotionen; das des Tieres nicht.

Darüber hinaus hat das Tier immer nur ein und denselben Ton. Das Bellen eines Hundes ist immer gleich, sei es vor Freude oder vor Wut; Die einzige Veränderung liegt im Temperament. Oder ähneln sich diese Töne nur in unseren Ohren?

———

Wenn ein Mensch so unharmonische und unzusammenhängende Töne von sich geben würde, wie sie die Mavis über mir erzeugen, würde mich das in die Verzweiflung treiben. Aber warum wirken diese Töne nicht in gleicher Weise auf mich? Warum erfreuen sie mich fast? Weil sie für den Vogel natürlich sind. Aber der Mensch hat die Macht zu wählen und muss darauf achten, dass seine Töne melodisch sind.

———

Was ist unser ganzes Wissen? Wir wissen nicht einmal, wie das Wetter morgen sein wird. Es gibt keinen unfehlbaren Indikator für die Veränderungen in diesem wichtigsten Lebenszustand. Auch die Bauern wissen nichts darüber, obwohl sie so gerne über das Thema reden.

———

Die Erntezeit ist der dramatische Wendepunkt des Jahres. Zu dieser Zeit herrscht Eile und Spannung, und Männer und Frauen sind gleichermaßen unfreundlich.

Man muss dem Rentner nur zuhören, um zu erfahren, wie durch und durch korrupt die Welt ist. Seine Schimpfworte haben die Kraft eines Knüppels. Er versucht ständig, mich über Hansei und Walpurga zu informieren und möchte, dass ich ihm ihre Fehler sage. Es beunruhigt ihn, wenn gut über sie gesprochen wird.

Eine Bemerkung von Günther fiel mir heute ein.

„Wir sind alle leidenschaftlich; der Unterschied zwischen Individuen besteht nur im Unterschied im Rhythmus. Wer mit einem Satz die Treppe hinuntergeht, kann sich das Genick brechen; wer langsam und vorsichtig absteigt, wird unverletzt bleiben."

Ich schaue nie auf die Uhr. Bei mir ist das Leben nicht mehr in Stunden unterteilt. Morgens, mittags und abends höre ich die Glocke im Tal und ordne mein Handeln danach. Die Uhr befindet sich im Kirchturm. Die Kirche verrät uns die Tageszeit.

Der alte Jochem ist krank. Der Arzt, der ihn betreut, ist ein recht jovialer Charakter und behauptet, dass Jochem viele Jahre länger leben würde, wenn er nur in der Lage gewesen wäre, seinen Zorn zu stillen und seine Klagen aufrechtzuerhalten, denn diese verschafften ihm gleichzeitig Aufregung und Vergnügen. Solange er diese hatte, gab es auf der Welt immer noch etwas, für das er kämpfen und jemanden missbrauchen konnte, und das war es, was ihn am Leben gehalten hatte. Da sein Leben nun ein friedliches war, würde er aller Wahrscheinlichkeit nach an *Langeweile sterben* .

„Du lächelst", sagte der Arzt zu mir. „Glauben Sie mir, ich meine es ganz ernst. Ein Säugling in der Wiege, der nicht weint, und ein angeketteter Hund, der nicht bellt, haben weder Leben noch Energie und werden mit Sicherheit sterben."

Er mag bis zu einem gewissen Grad recht haben.

Ich fühle mich beim Arzt zurückgehalten; denn er betrachtet mich mit einer so seltsamen, prüfenden Miene.

„Oh, du guter Gott! Das Gras wächst auf! Aber sie werden mich in der Erde begraben und ich werde nie wieder auftauchen!" war Jochems Klage.

Der alte Mann ist tot. Noch in dieser Nacht ist er im Schlaf gestorben. Zu diesem Zeitpunkt war niemand bei ihm.

Er starb wie ein Waldbaum, der seine Fähigkeit zur Nahrungsaufnahme verloren hat.

Der kleine Burgei schläft jetzt bei mir. Meine Freunde werden auf nichts anderes hören und nicht zulassen, dass ich nachts allein bin.

Ich bin voller Angst. Im Stockwerk darüber liegt eine Leiche. Daneben steht eine einzelne Lampe, die brennt, bis der Tote begraben ist. Und doch habe ich das Gefühl, dass ich dieses Gefühl der Angst überwinden muss! Ja, ich werde.

Es bewegt mich immer noch zutiefst, daran zu denken, wie der alte Mann sich an mich erinnerte. Er hat gestern nach mir geschickt; und als ich an sein Bett trat, sagte er: „Irmgard, du warst eine Fremde und warst doch nett zu mir – ich möchte dir etwas hinterlassen. Ich habe darüber nachgedacht und finde, dass ich immer noch.“ Ich habe etwas, das ich dir geben kann. Es ist das Beste von allem, was ich besitze. Es würde mir nichts nützen, es bei mir zu begraben, und es wird von großem Nutzen für dich sein, denn es ist ein Zauber darin. Hier ist es-- Nehmen Sie es – es ist die Kugel, die mich in der dritten Rippe getroffen hat. Passen Sie gut darauf auf. Wer eine Kugel mit sich trägt, die einmal einen Menschen getroffen hat, ist nicht in der Gefahr eines plötzlichen, unerwarteten Todes. Darauf können Sie sich verlassen ! Und jetzt muss ich dich etwas fragen: Sag mir, wie hieß dein Vater? Du hast mir erzählt, dass er tot ist. Wenn ich im Himmel ankomme, werde ich ihn aufspüren und ihm sagen, dass du ein ziemlicher Kerl bist „Gutes Mädchen, ein bisschen seltsam vielleicht, aber gut für alle. Das werde ich deinem Vater sagen, und es wird eine gute Nachricht für ihn sein.“

Ich konnte ihm den Namen nicht sagen – wie sollte ich? Ich konnte ihm nur dafür danken, dass er mir das gegeben hatte, was in seinen Augen so wertvoll gewesen war. Und seltsamerweise regt es mich sehr auf, wenn ich die Kugel in die Hand nehme und sie betrachte.

Ich werde mich nun darauf vorbereiten, dem alten Mann bis zu seinem Grab zu folgen.

Ich war auf dem Friedhof, als der alte Mann begraben wurde. Auch ich werde eines Tages dort liegen.

Ich habe das Gefühl, als ob der Tod durch den Willen besiegt werden könnte. Ich bin entschlossen zu leben; Ich werde nicht sterben. Ist die Willenskraft das Verborgene in mir, das ich immer suche? Und doch habe ich keinen Willen. Niemand hat. Unser ganzes Leben, alle unsere Gedanken sind einfach das notwendige Ergebnis von Ereignissen und Erfahrungen, von wacher Wahrnehmung und nächtlichen Träumen. Wie die Tiere können wir die Szene ändern; Aber das Größere, das Gefängnis, das uns einsperrt, können wir nicht ändern. Wir können die Erde nicht verlassen. Die Gesetze der Schwerkraft und Anziehung halten sowohl unsere Seele als auch unseren Körper fest. Weit über mir bewegen sich die Sterne, und ich bin nichts weiter als eine Blume oder ein Grashalm, der an der Erde haftet. Die Sterne blicken auf mich herab und ich schaue zu ihnen auf, und doch können wir uns nicht vereinen.

———

Ein regierender Prinz hat unseren Hof besucht. Seine Hoheit Grubersepp, von dem Walpurga oft mit mir gesprochen hat, ist angekommen und bringt seinen kleinen Sohn, oder besser gesagt, seine beiden schwarzen Pferde und seinen Sohn mit. Im Haus herrscht reges Treiben, und jeder wirkt so stolz und glücklich, als wäre tatsächlich ein regierender Prinz gekommen.

Grubersepp sah mich neugierig an.

„Ist dieses adrett aussehende Mädchen", sagte er zu Hansei, während er mit dem Daumen nach hinten zeigte, „eine Verwandte Ihrer Frau?"

„Ja, meine Frau –" Hansei murmelte etwas – ich sah, dass es ihm schwer fiel, zu lügen, und vor allem dem großen Bauern, dem er sein Eigentum zeigte.

Unter den Bauern ist es genauso wie anderswo. Nur die Großen kennen sich. Aber ihr Verkehr ist schön und beeindruckend, und obwohl sie keine freundlichen Worte wechseln, dienen sie einander durch freundliche Taten.

Die Familie war glücklich, denn Grubersepp sagte, dass der Hof in gutem Zustand sei; und wenn Grubersepp das sagt, ist es so, als ob der Intendant sagen würde: „göttlich."

Während der zwei Tage, die Grubersepp hier verbrachte, herrschte im Hause keine Ruhe; das heißt, jeder war damit beschäftigt, an ihn zu denken. Jetzt läuft alles wie gewohnt und jedes Gesicht strahlt vor Freude. Egal wie zufrieden man mit sich selbst sein mag, es ist etwas ganz anderes, anerkennende Worte von den Lippen eines anderen zu erhalten, und das gilt umso mehr, wenn die lobenden Worte von einem so erhabenen Mann wie Grubersepp kommen.

———

Ich zittere immer noch vor Angst. Ich war heute im Wald. Ich saß auf meiner Bank und sah jemanden zwischen den Bäumen spazieren gehen. Ab und zu blieb er stehen, um eine Blume zu pflücken oder einen Stein aufzuheben. Er kam näher und – wer war es?

Es war Gunther, der Freund, nach dessen Anwesenheit ich mich so oft gesehnt hatte. Er fragte mich mit seiner tiefen, klaren Stimme: „Kind, führt dieser Weg hinunter ins Dorf?"

Ich fühlte mich, als ob ich erstickte, und konnte kein Wort hervorbringen. Ich zeigte auf den Fußweg und erhob mich voller Angst und Zittern von meinem Platz. Er fragte mich: „Bist du dumm, armes Kind?" – Das hat mich gerettet. Ich bin dumm; Ich kann nicht sprechen. Ohne ein Wort zu sagen, floh ich vor ihm und als ich allein war, weinte ich so lange wie seit vielen Jahren nicht mehr. Ich wollte ihm nacheilen, aber er war weg. Ich konnte mich nicht selbst versorgen. Meine Glieder gaben unter mir nach. Endlich war ich ruhig – alles ist vorbei – alles muss vorbei sein.

Ich hatte lange und unruhige Tage. Meine Arbeit verlief nicht so reibungslos, wie sie hätte laufen sollen, und bei mir lief vieles schief. Die Welt da draußen hat mich erregt.

Ich danke dem Schicksal, dass ich gelernt habe, meine Augen zu benutzen. Wohin ich auch schaue, ich sehe etwas, das mich erfreut und zum Nachdenken anregt. Die edelsten und am weitesten verbreiteten Freuden sind diejenigen, die uns das Auge bietet.

Ich freue mich, dass der kleine Pechmann jeden Vogel an seinem Gesang erkennt. Das Sprichwort sagt: „Einen Vogel erkennt man an seinen Federn." Das ist selbstverständlich, denn nur wenige kennen sie an ihrem Lied. Ihr Gefieder ist dauerhaft; Ihr Lied ist flüchtig und unbeständig. Ersteres steht fest; Letzteres ist nicht der Fall.

Jetzt lausche ich völlig unbekümmert dem Stöhnen der Waldbäume, das mich in dieser Nacht des Schreckens so sehr beunruhigte. Und wie seltsam! Sobald ein Vogel zu singen beginnt, hört das Stöhnen auf. Was verursacht das?

Ich habe neue Bestellungen erhalten und es geht mir wieder gut. Aber mein kleiner Pechmann kränkelt ständig. Zuerst ärgerte es mich fast, aber ich überwand die egoistischen Gewohnheiten, die mich tyrannisierten. Ich habe ihm treu gedient, als Gegenleistung für die Dienste, die er mir erwiesen hat. Ich habe ihn sorgfältig gepflegt und jetzt geht es ihm wieder ganz gut.

Ich bin schließlich nicht so egoistisch; denn ich habe die Freundschaft guter Menschen gewonnen. Aber ich kann denen nichts Gutes tun, die mich nichts angehen. Ich gehöre mir selbst und einem unendlich kleinen Kreis; darüber hinaus kann ich nicht gehen.

Wenn ich hier in Stille und Einsamkeit sitze und auf den einen Raum schaue, in dem ich lebe und zu sterben hoffe, verfalle ich manchmal in schreckliche Depressionsanfälle. Hier ist mein Stuhl, mein Tisch, meine Werkbank, mein Bett. Das gehört mir, bis ich ins Grab gelegt werde; aber es gibt keine einzige Menschenseele, die mir gehört.

Ich fühle mich in solchen Momenten so bedrückt, dass ich am liebsten laut aufschreien würde, und es fällt mir schwer, meine Fassung wiederzugewinnen. Die Arbeit hilft mir jedoch.

Eine kurze Stunde lang habe ich mir eingebildet, ich wäre allwissend.

Es war gestern Morgen, in der Stunde von elf bis zwölf. Ein leichter Sonnenschauer ging über uns hinweg, und dann wurde alles wieder hell, und vor meinem geistigen Auge sah ich, wie Tausende von Wesen diese Stunde verbrachten. Ich sah den Arbeiter im Wald, den König in seinem Kabinett, die Näherin in ihrer Dachstube, den Bergmann im Schacht, den Vogel auf dem Baum, die Eidechse auf dem Felsen. Ich sah das Kind in der Schule sitzen und den sterbenden alten Mann, der seinen letzten Atemzug tat. Ich sah das Schiff, die Kokette, die sich schminkte, und die arme Arbeiterin, die auf den Feldern Unkraut jätete. Ich habe alles gesehen – alles. Ich habe eine Stunde der Unendlichkeit verbracht.

Und jetzt bin ich wieder gefesselt – ein kleines, isoliertes, elendes, stotterndes Kind. Der eine große Gedanke der Ewigkeit geht mir wie ein Flüchtling durch den Kopf und findet dort keine Ruhestätte. Ich muss mich wieder an Kleinigkeiten halten.

Ich werde zu meiner Werkbank zurückkehren.

Ich habe irgendwo gelesen, dass die Araber ihre Hände vor dem Gebet waschen; Wenn sie in der Wüste sind, wo sie kein Wasser finden, waschen sie sie in Sand und Staub. Der Staub der Arbeit reinigt uns.

Die Massen sollten keine Bücher haben, sondern miteinander reden und einander zuhören.

Bücher dienen dazu, den Menschen zu isolieren; Was uns mündlich erzählt wird, ist weitaus wirkungsvoller.

———

Die Lehren – oder vielmehr die Erfahrungen – eines ruinierten Weltlings haben zwei Dinge für sich. Wer in die Irre gegangen ist, hat alles im Auge behalten können und ist daher der beste Führer. Und außerdem scheint es mir, dass diejenigen, die eine Weisung aus den Lippen eines vollkommen Reinen empfangen, keine andere Wahl haben; denn Reinheit ist die höchste Autorität, und ihre Lehren müssen akzeptiert werden. Aber wenn ein zerstörtes Wesen zu uns spricht, muss jedes Wort auf die Probe gestellt werden. Es reicht nicht aus, es sofort abzulehnen; und das ist gut so, denn es macht frei.

———

Die Schwalben ziehen ab. Sie versammeln sich in Schwärmen, die wie dicke Wolken die Luft verdunkeln, und blitzschnell bewegen sie sich in ihrem Zickzackkurs. Wie sie in solch unregelmäßigen Bewegungen zusammenhalten können, übersteigt unser Verständnis. Wann oder mit welchen Mitteln zeigen sie einander an, wann eine scharfe Wendung genommen werden muss?

Der Gedanke an das Fliegen deutet auf einen Lebensbereich hin, von dem wir uns keine Vorstellung machen können. Und doch bilden wir uns ein, dass wir die Welt verstehen. Was feststeht, können wir verstehen; Zumindest der Teil, der feststeht. – Darüber hinaus ist alles Vermutung.

———

Ich hörte, wie Franz, Gundels Liebhaber, zu ihr sagte: „Eine Frau, die genauso aussah wie Irmgard, war einst bei der Königin bei den Militärmanövern; und sie trug die Uniform unseres Regiments und ritt die Linie auf und ab.“

Wenn der Soldat mich erkennen und verraten würde?

Wie die verwirrten Gefühle, die das menschliche Herz erfüllen, scheinbar miteinander Versteckspiel spielen. Bei all meinem Elend erfahre ich nicht ohne ein gewisses Triumphgefühl, dass sich mein Bild in tausend Erinnerungen eingeprägt hat.

———

Ich habe mich noch nicht daran gewöhnt, allein auszugehen, und es kommt mir oft so vor, als ob ein Diener hinter mir hergehen müsste. Ah! Was für ein künstliches Leben wir alle führen.

Ich habe einen ganzen Tag allein im Wald verbracht. Oh, wie glücklich war ich! Ich lag auf dem Boden und lauschte dem Rascheln der Blätter über mir und dem Plätschern des Baches unten. Wenn ich meine Tage hier nur wie ein verwundetes Reh beenden könnte – denn ich bin eines, und Blutstropfen markieren meine Spur. – Nein, mir geht es wieder gut. Ich war einmal auf der Welt; das heißt, in einer anderen Welt; und jetzt führe ich ein neues Leben.

Der kleine Pitcher kannte meinen Vater. Einen Sommer lang arbeitete er in unserem Wald und sammelte Pech, und mein Vater, der alles verstand, ging zu ihm und brachte ihm bei, wie man das Pech kocht, um ein besseres und reineres Produkt zu erhalten, als er sonst bekommen hätte.

„Oh, was war das für ein Mann! Ich wünschte nur, du hättest ihn gekannt", sagte der kleine Pitcher zu mir. „Er war so gut. Viele haben mir seitdem erzählt, wie er jedem geholfen hat. Er wusste alles. Er hat mir beigebracht, dass man aus den Lärchen das beste Terpentin gewinnen kann. Er hat nie gern etwas gegeben." Menschen, aber er war nicht geizig. Er half allen, die arbeiten wollten, und zeigte ihnen, wie man Dinge mit weniger Mühe und mit größerem Gewinn erledigen konnte, und das war besser, als ihnen Geld zu geben. Jedes Jahr lieh er ihnen etwas Geld , damit sie ein Schwein kaufen konnten, und wenn sie es verkauft hatten, mussten sie es ihm zurückzahlen. Sie lachten ihn oft aus und gaben ihm auch einen Spitznamen, aber es war ihm eine Ehre. Ja – und würden es tun Glaubst du es? - Er hatte ein großes Unglück. Seine Kinder verließen ihn.

Wie diese Worte mein Herz zerreißen!

Den ganzen Abend brannte das schreckliche Mal auf meiner Stirn wie Feuer.

Dies ist der Jahrestag meiner Rückkehr in den Sommerpalast.

Damals träumte ich, dass ein Stern auf mich gefallen sei und dass ein Mann mit abgewandtem Blick sagte: „Auch du bist allein!"

Es gibt Tiefen der Seele, in die keine Sicherheitslampe jemals eindringt und in denen alles Licht erlischt. Ich wende mich ab – denn dort wohnt nichts außer dem wütenden Sturmwind.

Meine Gedanken gehen zurück in meine Kindheit. Ich war drei Jahre alt, als meine Mutter starb. Ich habe nichts, was mich daran erinnern könnte, außer dass mir das Umhergehen und Drängen im Nebenzimmer große Angst gemacht hat. Oh Mutter! Warum bist du so früh gestorben? Wie anders wäre ich gewesen--

ICH? Wer ist dieses Ich? Wenn es anders hätte sein können, ich wäre es nicht gewesen. Es sollte so sein.

Sie zogen mir und meinem Bruder schwarze Kleidung an, und ich erinnere mich nur daran, dass Vater mit uns ging. Er sagte, es wäre besser, wenn wir nicht bei ihm blieben, und es sei nicht gut für uns, in Einsamkeit aufzuwachsen. Er gab uns zum Abschied einen Kuss. Er küsste mich und meinen Bruder, dann küsste er mich noch einmal. Es schien, als wolle er meinen Kuss bis zuletzt behalten.

Was sind die Erinnerungen an meine Kindheit? Ein stilles Kloster, meine Tante, die Äbtissin, und meine Freundin Emma. So viel erinnere ich mich jedoch: Wenn Fremde kamen, drehten sie sich zu mir um und sagten: „Oh, was für ein hübsches Kind! Was für große braune Augen!" Emma sagte mir, dass ich nicht hübsch sei und dass die Besucher mich nur auslachten und verspotteten; Aber mein Spiegel sagte mir, dass ich hübsch war. Ich sagte es offen zu Emma und sie gestand, dass ich es war. Mein Vater kam – er war in Amerika gewesen – und schaute mich lange an. „Vater, ich bin hübsch, nicht wahr?" sagte ich zu ihm.

„Ja, mein Kind, das bist du, und von jemandem, der schön ist, wird viel verlangt. Schönheit ist eine schwere Aufgabe. Hab immer Geduld mit dir selbst, damit andere zu Recht stolz auf dich sein können."

Ich wusste damals nicht, was er meinte, aber jetzt verstehe ich alles.

Ich kann mich nicht erinnern, wie die Jahre vergangen sind. Ich ging zurück zu Vater. Bruno, der als Landwirt vorgesehen war, trat gegen den Willen seines Vaters in die Armee ein. Vater war in seine Arbeit und sein Studium vertieft, lebte ganz für sich selbst und ließ uns tun und lassen, was wir wollten. Darauf war er stolz und sagte oft, dass er seine Autorität nicht über uns ausüben wolle und dass er uns erlauben wolle, unseren Charakter frei und ohne Einschränkungen zu entfalten. Ich kehrte ins Kloster zurück und blieb dort, bis meine Tante starb.

Und da – vergib mir, großer und reiner Geist! – da lag dein großer Irrtum. Du hast deine väterliche Majestät abgelegt und wolltest allein in Liebe leben. Und wir? Bruno würde es nicht tun, und ich konnte es nicht. Und während du einsam warst, ging es uns unglücklich.

Bruno ging vor Gericht. Er war gutaussehend, fröhlich und voller Leben. Er stellte mich auch vor Gericht vor. Vater hatte mir erlaubt, meiner eigenen Entscheidung zu folgen, und da begannen meine Probleme. Ich wusste, dass ich schön war, und ich hatte den Mut, anders zu denken als andere. Ich war zu der freien Natur geworden, die mein Vater für mich vorgesehen hatte; aber zu welchem Zweck?

Wenn ich mir ansehe, was ich geschrieben habe, muss ich daran denken, wie viel man ein Jahr lang gelebt und gearbeitet hat und wie gering der Ertrag schließlich ist. Aber auch Blumen brauchen lange, bis sie blühen, und Früchte reifen nur langsam; Viele sonnige Tage und feuchte Nächte haben dazu beigetragen, sie zu perfektionieren.

Ein Regenbogen! Ruhe und Frieden sind nicht greifbar. Sie existieren nirgendwo außer in unserer eigenen Vorstellung und in der Sichtweise, die wir auf die Dinge um uns herum haben. Jetzt verstehe ich, warum der Regenbogen, der auf die Sintflut folgte, als Zeichen des Friedens beschrieben wurde. Die sieben Farben haben keine wirkliche Existenz. Sie erscheinen nur dem Auge, das die gebrochenen Strahlen im richtigen Brechungswinkel empfängt. Ruhe und Frieden können nicht mit Gewalt erobert werden; Sie sind kostenlose Geschenke des Himmels in uns – Lächeln und Tränen, die sich treffen wie die Regenwolke und der Sonnenschein.

Ich werde oft von der Angst bedrückt, dass ich meine Kultur verlieren könnte, weil ich niemanden habe, mit dem ich in meiner eigenen Sprache sprechen kann und – ich weiß kaum, wie ich mich ausdrücken soll – in dem ich meine Kultur finden kann eigene Natur reflektiert. Und doch besitzen sowohl meine Umgebung als auch die Gebildetsten das, was den Menschen menschlich macht. Woher also diese Angst? und welchen Nutzen hat Kultur? Habe ich immer noch vor, es in der Welt zu verwenden? Ich verstehe mich selbst nicht.

Unsere modische Kultur kann die Religion nicht ersetzen, denn während Religion alle Menschen gleich macht, führt Bildung zu Ungleichheit. Aber es muss ein Kultursystem geben, das alle Menschen gleichstellt, und das ist das einzig richtige und wahre System. Noch stehen wir an der Schwelle.

Ich habe eine großartige Arbeit vor mir und bin entschlossen, erfolgreich zu sein.

Hansei setzte den kleinen Peter auf das weiße Pferd und ließ ihn ein paar Schritte reiten. Wie glücklich war der kleine Kerl! und wie Wodan Vater und Sohn ansah! Ich habe die Szene in meiner Erinnerung behalten und arbeite jetzt in der Gruppe – Hansei, Peter und das weiße Fohlen, alle zusammen. Wenn es mir nur gelingt! Ich kann kaum schlafen, wenn ich daran denke.

———

Die Gruppe hat sich als Erfolg erwiesen, wenn auch nicht so großartig, wie ich es mir gewünscht hatte. Die menschlichen Figuren sind steif und ausdruckslos; aber das Pferd ist voller Leben, und alle im Haus freuen sich über meine Leistung.

Hansei möchte, dass ich ihn auf der Jagd begleite, damit ich Hirsche, Hirsche und Gämsen nachahmen kann. Das sind seiner Meinung nach schließlich die besten Fächer.

———

Ich habe versucht, die Tiere im Wald nachzuahmen, aber es gelang mir nicht so gut wie beim Pferd. Ich kann nur an dem festhalten, was keine Angst vor mir hat und was ich deshalb liebe. Ich bleibe bei meinen Pferden und Kühen.

———

Alle Berggipfel, die ich sehe, haben so seltsame und doch treffende Namen. Wer hat sie ihnen verliehen? Und wer hat sie angenommen? Welche Namen könnten wir heutzutage erfinden? Sowohl die Erde als auch die Sprache sind starr und unnachgiebig geworden. Ich glaube, ich habe den gleichen Gedanken einmal eines Abends gehört, als wir mit der Königin beim Tee saßen.

———

Der Karneval ist ein großes Fest – die Verwirklichung von Fröhlichkeit. Bauern aus dem Dorf kommen uns besuchen. Sie kommen oft sonntags, aber ich habe nie gehört, dass sie über etwas anderes als Vieh, die Ernte oder den Getreidepreis gesprochen haben. Manchmal bleibe ich im Raum, um ihnen zuzuhören, denn ich liebe es, den Klang menschlicher Stimmen zu hören.

Die Geschichten, die sie sich gegenseitig erzählen, scheinen einfach zu sein, aber im *Salon gibt es schließlich keine besseren Geschichten* .

———

Warum habe ich mein Leben nicht in Reinheit gelebt? Ich war für ein edles und schönes Leben bestimmt.

———

Mein weißes Fohlen rennt herum, während ich hier sitze und es modelliere. Die Fähigkeit, den vom Auge aufgenommenen Eindrücken eine dauerhafte Form zu verleihen, ist allein das Vorrecht des Menschen. Wir haben Worte für alles an uns und können alle Gegenstände nachahmen, und darüber hinaus haben wir Musik und reines Denken. Was für reiche Vorräte an Wissen und Freude stehen dem Menschen zur Verfügung.

———

Wir haben drei traurige, traurige Tage hinter uns. Die Großmutter war krank. Der ganze Haushalt war in Alarmbereitschaft. Hansei befürchtete das Schlimmste und wagte es nicht, den Hof zu verlassen. Es war für mich ein Trost zu sehen, dass meine Pflege der Großmutter so gut getan hat.

———

Hansei, so stolz er auch darauf ist, ein großartiger Bauer zu sein, war so darauf bedacht, etwas für die Mutter zu tun, dass er das Holz hackte, um in ihrem Zimmer ein Feuer zu machen, und es selbst hineintrug.

———

Er sagte dem Arzt immer, er solle keine Kosten scheuen. Nichts war der Großmutter zu teuer oder zu gut.

Der Arzt erklärte mir die Krankheit der Großmutter, als wäre ich ein Arzt.

Sie schickte Onkel Peter oft zu mir in den Wald. Draußen war es immer noch roh und wir kehrten bald zurück.

Der Großmutter geht es wieder gut und sie sitzt in der Frühlingssonne.

„Ja, man muss nicht auf der Welt gewesen sein, um dankbar zu sein, wieder zurückgekommen zu sein", sagte sie. „Wer nicht wegkommt, weiß nicht, was es heißt, zurückzukommen." Sie hatte mir viel über den Tod ihrer fünf Kinder zu erzählen. „Dieser wäre so alt gewesen, und dieser so alt", sagte sie immer wieder. In ihrer Fantasie waren sie mit ihr aufgewachsen. Dann erzählte sie mir vom Tod ihres Mannes: wie er vom Treibholz in den See gezogen und ertrunken sei; und wie Hansei danach bei ihnen geblieben war. „Er war ein seltsamer Mann", sagte sie immer über ihren Mann, „aber gutherzig."

Während der Krankheit seiner Schwester war der kleine Pechmann in großer Verzweiflung.

„Sie war der Stolz unserer Familie", sagte er immer wieder, als wäre sie bereits tot. Aber jetzt ist er der glücklichste von uns allen, und als die Großmutter zum ersten Mal auf meiner Bank unter dem Ahornbaum saß, sagte er: „Für die Herstellung dieser Bank kriege ich einen goldenen Sitz im Himmel." Es gibt keinen schöneren Ort als diesen, und er kann niemanden dazu bringen, für ihn einen blaueren Himmel oder grünere Wälder zu malen, als wir von hier aus sehen können.

———

Ich bin ziemlich beunruhigt über das, was mir der kleine Pitcher erzählt. Er teilt mir mit, dass der Mann, der meine Arbeit kauft, beabsichtigt, mich zu besuchen. Er hat gerade den Auftrag erhalten, geschnitzte Täfelungen für den Palast am neuen Jagdsitz des Königs auszustatten, und möchte mich diesbezüglich sprechen.

Wie soll ich es vermeiden, ihn zu treffen?

———

Die gute Mutter hat mir aus meiner Not geholfen. Sie empfing ihn, als er kam, und sagte ihm, dass ich niemanden sehen würde. Sie weigerte sich, eine Unwahrheit zu erzählen, ein Punkt, an dem Walpurga weniger Skrupel gehabt hätte.

Jetzt habe ich die Arbeitspläne und wunderschöne Hölzer, mit denen ich sie ausführen kann, denn ich habe es mir zur Aufgabe gemacht, einen Teil des Auftrags auszuführen.

———

Es spielt keine Rolle, welche Art von Leben man führt, solange es Selbsterwachen und Selbstbewusstsein gibt. Alle Künste, alle Wissenschaften existieren lediglich dazu, dass unser eigenes Bewusstsein durch das Bewusstsein anderer beeinflusst und geweckt werden kann. Wer das ohne Hilfe schafft, hat Glück. Wer morgens aufwacht, wenn es Zeit ist, zur Arbeit zu gehen, braucht keinen Wächter, der ihn ruft.

Hansei ist Geschworener geworden. Walpurga ist ziemlich stolz darauf, und als er sich von uns verabschiedete, tat er das mit einer gewissen Miene von Stolz und Wichtigkeit. Die Idee, an das Gewissen des Volkes zu appellieren, ein gerechtes Urteil zu erwirken, ist eine schöne Idee.

———

Hansei ist zurückgekehrt und hatte viele schreckliche Geschichten zu erzählen.

Mir kommt es so vor, als wären unser Leben und unsere Schicksale nichts weiter als Schatten, die an der Wand spielen.

Hansei war zutiefst betroffen, als er zu uns sagte:

„Ja, alle meine Sünden kamen zu mir zurück, und ich hatte das Gefühl, als
würde ich Buße tun, als ich über andere das Urteil verkündete. Es ist nichts
als Glück, das uns davon abhält, auf sündige Weise zu verfallen, und uns von
der ängstlichen Bank fernhält.“

(Sonntag, 28. Mai) – Die Großmutter ist tot.

Ich kann nicht darüber schreiben. Meine Hand scheint gelähmt zu sein.

Sie küsste meine Augen und sagte: „Ich küsse deine Augen und hoffe, dass
sie nie wieder weinen.“

Zwei Stunden vor ihrem Tod sagte sie zu Hansei:

„Baue einen Schlitten für Burgei. Sie ist so sehr darauf bedacht, einen zu
haben. Es würde mich freuen, wenn du das tust. Du brauchst keine Angst zu
haben, sie wird sich nichts tun. Ich flehe dich an, tu es.“

„Ja, ja, Großmutter!“ antwortete Hansei mit dicker Stimme und tief berührt
von dem Gedanken, dass die Großmutter schon damals nur auf Burgeis
Vergnügen bedacht war.

Die Angst vor dem Tod lastet schwer auf mir und dennoch verspüre ich ein
inneres Gefühl der Freiheit. Ich habe ein wunderschönes Ende gesehen.
Meine Hand schloss im Tod ihre Augen. Ich hatte nicht geglaubt, dass ich es
schaffen könnte. Es gab eine Zeit, in der ich es nicht konnte, als ich auf dem
Boden lag und mich fühlte, als wäre ich tief unter der Erde begraben, und
neben mir lag mein Vater, erfroren im Tod.

Der Tod der Großmutter hat mich von allen Ängsten befreit. Ich kann
Walpurga helfen. Ihre Klagen sind übertrieben. „Jetzt bin ich eine Waise wie
du!“ schrie sie und warf sich auf meine Brust. Dann rief sie dem Toten zu:
„Oh Mutter! Wie kannst du so grausam sein, mich zu verlassen? Oh Gott!
Und da hüpft der Vogel immer noch in seinem Käfig. Ja, du kannst
herumspringen! Aber Mutter wird es nie wieder tun!“

Sie nahm ein Tuch, bedeckte damit den Käfig des Fichtenkreuzschnabels
und sagte: „Ich würde dich gerne fliegen lassen, du liebes kleines Geschöpf,
aber ich kann nicht. Mutter hat dich so sehr geliebt, dass ich dich nicht gehen
lassen kann.“ Und dann wandte sie sich an die Leiche und sagte: „Oh Mutter!
Kann es jemals Sonnenschein geben, wenn du nicht hier bist? Ja, die Uhr
tickt und läuft weiter und kann aufgezogen werden. Aber, oh! die Stunden,
die es geben wird.“ Komm und geh ohne dich! Gott vergib mir die vielen
Stunden, die ich von dir getrennt war!“

Plötzlich flog die Tür der Kleiderstube auf und erschreckte Walpurga. Als sie ihre Selbstbeherrschung wiedererlangte, sagte sie: „Ja, ja; ich werde deine Kleidung tragen. Ich werde sie um des Guten willen tragen. Kein böser Gedanke soll in mein Herz eindringen, kein böses Wort soll über meine Lippen kommen. Hilf mir, damit ich immer dein sein kann! Oh Gott! Es gibt niemanden mehr, der „Kind" zu mir sagen könnte! Ich erinnere mich, wie du gesagt hast: „Solange du sagen kannst, Vater und Mutter, gibt es noch eine Liebe, die dich trägt." in seinen Armen. Erst wenn die Eltern weg sind, wird man auf den kalten Boden gesetzt.' Ich werde an allem festhalten, was du mir gesagt hast, und meine Kinder auch. Und, Irmgard, du erinnerst dich an viele andere weise Sprüche, nicht wahr?"

Das war die Last von Walpurgas Klage, und ich konnte nur antworten:

„Ja, und halten Sie an einer Sache fest, die sie gesagt hat: ,Man kann sogar im Reden sündigen.' Gib deiner Trauer nicht nach.

Walpurga nahm das Gebetbuch ihrer Mutter zur Hand und las das Gebet für die Seele der Verstorbenen.

Danach überreichte sie mir das Buch und was ich dort las, erfüllte mich mit Dankbarkeit und Hingabe. Wenn unsere Gefühle am heftigsten erregt sind, können wir unseren Ideen keine bestimmte Form geben. Auch wir singen Melodien, die von anderen arrangiert wurden. Unsere Lippen wiederholen die Worte von Dichtern, die für uns gesungen und gelitten haben; denn das Herz des Dichters enthält in Wahrheit das neue Jerusalem der Zivilisation. Die große Kluft, die den Menschen vom Tier, der Pflanze oder dem Stein trennt, ist der Besitz von Mitgefühl, durch das die Menschen in die Lage versetzt werden, die Gefühle des anderen vorherzusehen oder ihnen zu folgen. Von Anfang an bis heute hat die Menschheit eine unsterbliche Melodie gesungen, in der auch meine Stimme eine Rolle spielt. Eine ewige Sonne, zu deren Strahlen ich gehöre, erhellt den Weg von Generation zu Generation. Die stillen Berge überdauern die Rassen der Menschen und kein neues wird zu ihrer Zahl hinzugefügt; Aber von Generation zu Generation erheben sich aus der Seele der Menschheit neue Wachtürme des Denkens.

Ein glücklicher Tod ist das höchste Gut. Wunderbare Macht der Religion! Über der Krankenliege befinden sich bis zum Himmel reichende Klingelzüge, die es dem Patienten ermöglichen, sich aufzurichten und abzustützen. Er stellt sie sich dort vor, auch in ihrer Abwesenheit, und glaubt, gestützt auf den Glauben, an ihnen festzuhalten.

Nach dem Tod der Großmutter lag eine seltsame Stille im Haus. Für Walpurga war es ein großer Trost zu wissen, dass so viele Menschen bei der Beerdigung anwesend waren.

„Ja, alle haben sie geehrt; aber sie kannten sie wirklich nicht. Du und ich kannten sie. Erinnerst du dich, Hansei, als die Kartoffeln vom Feld gestohlen wurden und sie sagte: ‚Wenn man nur wüsste, wer sie gestohlen hat.‘ ‚ und ich sagte: ‚Mutter, würdest du Anzeige gegen sie erstatten?‘ „Du dummes Ding“, antwortete sie vorwurfsvoll, „wie konntest du glauben, dass ich das so meinen würde? Was ich meine ist: Wenn wir nur wüssten, wer die Leute sind, die in der Nacht unsere Kartoffeln gestohlen haben. Sie müssen wissen, dass wir es getan haben.“ „Wir selbst sind wenig; und es müssen sehr unglückliche Menschen sein, denen wir so viel helfen sollten, wie wir es uns leisten können.“ Ja, das sagte sie; gab es jemals ein anderes Geschöpf, das an so etwas denken würde? So müssen die Heiligen gewesen sein, die so freundlich zu allem dachten. Sie hatte keine Angst vor den Kranken, noch Hass vor den Bösen. Sie Ich dachte nur, wie viel sie gelitten haben müssen, bevor sie so krank oder so böse wurden. Wenn ich nur so werden könnte wie sie. Erinnere mich an alles, Irmgard, wenn ich wütend werde und schimpfe. Du wirst mir helfen, Willst du nicht? wie meine Mutter zu werden, damit meine Kinder eines Tages so an mich denken werden wie an sie. Ach! Wenn man nur immer so gut wäre, wie man nur sein kann. Ja, sie hatte recht, als sie pflegte zu sagen: „Wünschen in der einen Hand und Pusten in die andere ist ungefähr dasselbe.“

———

Ich werde jetzt zu meiner Arbeit zurückkehren. In solchen Zeiten ist die Wehen hart und doch tröstlich. Hansei und Walpurga sind zur Arbeit verpflichtet. Sie können es sich nicht leisten, sich der Trauer hinzugeben, denn zu viel hängt von ihnen ab. Ob König oder Bettler, Dichter oder Bauer, der Grundton höchster Gefühle ist immer derselbe.

Walpurgas Klage war in der gleichen Tonart gestimmt wie die von Lear für Cordelia, und doch wie unterschiedlich. Für einen Vater, der sein Kind verliert, ist die Zukunft tot. Für ein Kind, das seine Eltern verliert, ist die Vergangenheit tot. Ah! Wie schwach ist die Sprache.

———

Ich war ziemlich beunruhigt über etwas, was Hansei heute sagte. Sind selbst in diese einfachen Herzen Zweifel eingedrungen? Und sie erfüllen ihre Pflicht in dieser Welt, ohne einen festen Glauben an einen zukünftigen Zustand zu haben.

In seiner Trauerpredigt hatte der Prediger gesagt: „Seht die Bäume! Vor ein paar Wochen waren sie tot. Aber mit dem Frühling erwachen sie wieder zum

Leben." „Das hätte der Pfarrer nicht sagen dürfen", bemerkte Hansei; „Jedenfalls nicht so. Er könnte damit Kinder bekehren, uns aber nicht. Was meint er, wenn er auf diese Weise über Bäume spricht? Die Bäume, die noch Leben in sich haben, werden im Frühling neue Blätter bekommen, aber die Tote werden es nicht tun; sie werden abgeholzt und andere werden an ihrer Stelle gepflanzt."

***

Wir alle haben ein seltsames Gefühl der Einsamkeit – das Gefühl, dass etwas fehlt. Onkel Peter ist der Untröstlichste von allen.

„Jetzt muss ich alleine durch die Welt wandern; ich habe keinen Bruder oder keine Schwester mehr. Sie war der Stolz unserer Familie", wiederholt er immer wieder.

Bisher schlief er immer in der Mansarde bei den Dienern; Doch nun hat Hansei ihm das Zimmer des alten Rentners zur Verfügung gestellt. Er ist ziemlich stolz darauf, beschwert sich aber oft und sagt: „Warum musste ich so lange auf das alles warten? Wie dumm das von meiner Schwester und mir war. Wir hätten dort einziehen können. Hätten wir eine schönere Wohnung finden können." „Oh, wie schön hätten wir dort gelebt, und du hättest mitkommen können. Oh, wie dumm das Alter ist. Wir sehen die guten Nester erst, wenn die Bäume kahl sind und nichts mehr darin ist." „Man bekommt nichts zu essen, bis man keine Zähne mehr hat, mit denen man es durchbeißen kann", wie meine Schwester immer sagte.

Er benutzt immer die Worte: „Wie meine Schwester zu sagen pflegte", wenn er im Begriff ist, eine Aussage zu machen, der er nicht widersprochen werden möchte, und ich kann mir vorstellen, dass er wirklich glaubt, dass seine Schwester sie gesagt hat. Er hat ihren Schrank geerbt und bevor er ihn öffnet, klopft er immer an die Tür.

***

Mein kleiner Pitchman ist ein guter Bienenmeister. Er weiß, wie man sich um Bienen kümmert und nennt sie das Weidevieh des armen Mannes.

„Seit dem Tod meiner Schwester", sagte er heute zu mir, „habe ich nur noch Pech mit meinen Bienen. Sie werden nichts mehr mit mir zu tun haben."

***

Ich habe monatelang nichts geschrieben. Für wen sind diese Seiten? Warum quäle ich meinen Geist, indem ich jeden unbedeutenden Vorfall oder jede vorübergehende Emotion aufzeichne? Diese Fragen haben mich verunsichert und verwirrt, aber jetzt bin ich wieder ruhig. Monatelang habe ich nur gearbeitet.

Mir kommt es so vor, als müsste ich bald sterben, und doch fühle ich, dass ich am Ende meiner Kräfte bin. Oft beunruhigt mich der Gedanke, dass die Leute meinen vermeintlichen Wahnsinn auf die leichte Schulter nehmen.

Endlich habe ich das Gefühl, dass meine Ruhe hier nie vollständig war und dass sie jeden Moment gestört werden könnte. Aber nun lass, was kommen wird, ich werde bleiben.

Ein Sturm! Für uns, die wir die Sonne, den Mond und jeden Wetterumschwung beobachten, ist ein Sturm etwas ganz anderes als für diejenigen, die nur schauen, wie das Wetter gerade ist, wenn sie untätig sind oder eine Vergnügungsparty planen .

Man fühlt sich in die Zeit der Schöpfung zurückversetzt, als wäre alles wieder einmal Chaos; denn die Stimme des Unendlichen ist im Donner zu hören, und seine Herrlichkeit lodert im Blitz auf.

An einem öffentlichen Spieltisch, als der Donner ertönte und die Blitze zuckten und sich die leichtfertige Menge vom Spiel zurückgezogen hatte, sah ich einmal eine Dame von adliger Herkunft, die darauf bestand, mit dem Spiel fortzufahren, nachdem alle anderen erschreckt worden waren weg. Die Croupiers waren verpflichtet, ihrer Arbeit nachzugehen. Diese Dame gibt elegante Unterhaltungen und ein Diener, der ihr einen silbernen Löffel gestohlen hat, wurde ins Gefängnis geschickt. Wie niedrig, einen Löffel zu stehlen –! Aber was ist mit ihrer Herrin?

Es gibt natürlich einen Umstand, den ich nicht außer Acht lassen darf. Jeden Morgen, bevor sie sich an den Spieltisch begibt, besucht sie die Messe.

Vom Blitz getötet zu werden, muss sicherlich der schönste Tod von allen sein. An einem schönen Sommertag plötzlich vom großen Schützen niedergestreckt zu werden!

Ich habe einen Mann gesehen, der sich in der höflichen Welt bewegt. Er ist ein Musiker; jung, gutaussehend, lebhaft und mit zarten, gepflegten Händen. Der Sturm hatte ihn erfasst und er verbrachte die Nacht in unserem Bauernhaus. Während er hier war, erzählte er uns:

„Auf diesem Auge bin ich bereits blind, und mein Arzt sagt mir, dass ich das andere in weniger als einem Jahr verlieren werde, und so habe ich beschlossen, die große, weite, wunderschöne Welt zu sehen. Wer die Alpen nicht gesehen hat, tut es." Ich weiß nicht, wie schön unsere Erde ist. Und so nehme ich sie noch einmal in mir auf. Ich fixiere die Sonne, die Berge, die Wälder, die Wiesen, die Bäche, die Seen und vor allem das menschliche Gesicht in meiner Erinnerung „Ja, Kind", sagte er zu mir, „ich werde die Erinnerung an dein Gesicht bewahren, denn du bist das schönste Bauernmädchen, das ich je gesehen habe. Ich werde dein Gesicht auswendig lernen, so wie ich Gedichte gelernt habe, damit." Vielleicht wiederhole ich sie für mich selbst und rufe sie zu mir zurück, wenn Dunkelheit und Einsamkeit mich umgeben."

Ich fühlte mich ziemlich eingeengt, aber er war überaus fröhlich. Ab und zu warf er einen neugierigen Blick auf den Verband über meiner Stirn. Was mag er davon gehalten haben?

Ich hätte ihm gerne erzählt, dass ich einmal bei Gunther ein Lied von ihm gesungen habe, aber er erwähnte Gunthers Namen nicht.

Ich finde keine Worte, um den Eindruck zu beschreiben, den dieser hübsche junge Mann auf mich machte. Er schien so voller Kraft und ohne die geringste Spur schwacher Sensibilität. Er kommt aus dem Norden und besitzt etwas von der strengen Schönheit der nördlichen Rassen. Er hat die salzige Meeresluft geatmet, und das macht ihn so robust, wie man es dort nennt. Solche Naturen beeindrucken und erregen mich; Man kann in seiner Gesellschaft nicht träge, grübelnd oder selbstgefällig bleiben.

Oh, was kann ein starker Wille nicht tun! Wie der menschliche Geist mit den Kräften der Natur ringt und sie besiegt!

———

Heute habe ich zum ersten Mal seit dem Tod der Großmutter geweint. Ich fühle mich jetzt wieder leicht und frei.

Der junge Musiker ist gegangen und ich konnte ihn auf dem Weg hinunter ins Tal singen hören.

Wenn ich für einen anderen Menschen noch etwas sein könnte, könnte ich doppelt so freundlich zu jemandem sein, der weder meine Stirn sehen noch meine Schönheit loben könnte.

Es ist vorbei--

Welche seltsamen Schatten wirft das Spiel des Lebens selbst auf uns hier oben!

———

Dieser Besuch hat mich davon überzeugt, dass es in Walpurga noch einen großen Teil der Eitelkeit gibt. Sie konnte nicht umhin, das Gespräch nach und nach auf das Thema zu lenken, und schließlich erzählte sie dem Fremden, dass sie die Amme des Kronprinzen gewesen sei und fast ein Jahr im Palast gelebt habe. Es gibt etwas in ihr, das mich an den Mann erinnert, der viele Verdienstorden besitzt und wie ein General in Bürgertracht ohne seine Orden und Auszeichnungen umhergeht. Er lehnt es bescheiden ab, mit „Exzellenz" angesprochen zu werden, genießt es aber dennoch. Das eine Jahr, das er in der Atmosphäre des Gerichts verbrachte, blieb nicht ohne Wirkung auf Walpurga.

Hansei, der dem Fremden wohlwollend gegenüberstand und großes Mitleid mit ihm zeigte, war offenbar über die Prahlerei seiner Frau verärgert; aber mit seiner üblichen großen Selbstbeherrschung unterließ er es, seinen Ärger auszudrücken. Aber heute, als sie in die Kirche gingen, fragte Hansei:

„Möchtest du nicht ein Band um deinen Hals tragen und ein Bild von dir und dem Kronprinzen tragen, damit niemand jemals vergisst, was du einst warst?"

Ich glaube nicht, dass Walpurga jemals wieder auf ihre glänzende Vergangenheit anspielen wird.

Der Tod und die Beerdigung der Großmutter boten mir die Gelegenheit, den Dorfschulmeister besser kennenzulernen. Er verfügt über eine einigermaßen gute Bildung, stellt diese aber gerne zur Schau und verwendet gerne große Worte, um den Zuhörer zu beeindrucken und anzudeuten: „Du verstehst mich doch nicht ganz." Aber das herzliche Gefühl, mit dem er in unsere Trauer eintrat, hat meine Wertschätzung für ihn erhöht, und ich habe es ihm offen gesagt gesagt. Und so sagte er eines Tages zu mir: „Deine Fähigkeiten im Holzschnitzen sind so gut wie ein Heiratsanteil. Du kannst damit viel Geld verdienen." Ich hatte keine Ahnung, was er mit dieser Bemerkung meinte.

Letzten Sonntag wurde ich jedoch erleuchtet.

Er kam hierher, gekleidet in einen schwarzen Mantel und weiße Baumwollhandschuhe, und machte mir einen formellen Heiratsantrag.

Er ließ sich nicht dazu bringen, zu glauben, dass ich nie heiraten würde, und er wiederholte eindringlich sein Angebot und sagte, dass er nur dann davon absehen würde, wenn ich einen anderen wirklich liebe.

Walpurga kam glücklicherweise zur Rettung. Der gute Mann schien durch seine Ablehnung völlig niedergeschlagen zu sein und ging weg. Warum muss ich noch ein weiteres Herz mit Schmerz füllen? Von mir selbst möchte ich nicht sprechen.

Mit dem Schulmeisteranzug bin ich noch nicht fertig.

Walpurga fragte mich, warum ich so einsam bleiben wollte. Solange ich nicht in die große Welt zurückkehren wollte, könnte ich diesen guten Mann genauso gut glücklich machen und den Kindern und den Armen des Dorfes viel Gutes tun. Ich habe mich dadurch neu kennengelernt. Ich bin nicht für Wohltätigkeit geschaffen. Ich bin keine Schwester der Barmherzigkeit. Ich kann die Kranken nicht besuchen, es sei denn, ich kenne und liebe sie. Ich konnte die Großmutter pflegen, aber sonst niemanden. Ich mag Bauernzimmer und die trübe, schwere Atmosphäre dieser Behausungen der Einfachheit nicht. Ich bin keine wohltätige Fee. Meine Sinne lassen sich zu leicht beleidigen. Es ist mir egal, mich besser zu machen, als ich bin; Das heißt, ich möchte mich verbessern, aber alles, was man tun kann, ist, die guten Eigenschaften zu verbessern, die bereits vorhanden sind, und die eine gute Eigenschaft, die ich nicht besitze. Ich muss in dieser Angelegenheit ehrlich sein. Es könnte mir leichter fallen, in einem Kloster zu leben. Dieses Geständnis macht mich nicht unglücklich, sondern melancholisch. Der Wunsch, das Leben zu genießen und mit mir selbst zu kommunizieren, ist so stark.

Franz, Gundels Verlobter, war in sein Regiment berufen worden.

Mein kleiner Pitcher ist gerade aus der Stadt zurückgekehrt und bringt mir die Nachricht, dass es „Krieg mit den Franzosen" geben wird. Er sagt mir auch, dass unser Geschäft schlecht werden wird, dass die Leute keine Lust haben zu kaufen und dass unser Arbeitgeber nur die Hälfte des üblichen Preises anbietet; und so werde ich für Aktien arbeiten. – Auch ich muss helfen, die Last der Welt zu tragen.

Wie seltsam kommt es mir vor, dass ich nichts mehr über mein Land und die Zeit, in der wir leben, weiß. Ein Trost bleibt mir übrig. In solch kriegerischen Zeiten werden sie den Verlorenen nicht suchen.

Wir alle befinden uns unbewusst auf Höhen, von denen aus die Gräber unserer geliebten Toten unsichtbar sind. Wären sie jemals anwesend, gäbe es weder Arbeit noch Gesang auf dieser Welt.

Selbstvergessenheit oder Selbsterkenntnis – darum dreht sich alles.

Selbst im heißesten Sommer kann ich immer die schneebedeckten Berge vor mir sehen. Ich weiß nicht, wie ich es ausdrücken soll, aber sie lösen in mir immer seltsame und verwirrte Gefühle aus. Ich achte weder auf das Datum noch auf die Jahreszeiten, denn ich habe sie alle auf einmal.

In meinem Herzen gibt es auch einen Ort, auf dem ewiger Schnee ruht.

Mittlerweile bin ich zwischen zwei und drei Jahren hier. Ich habe einen Entschluss gefasst, der schwer umzusetzen sein wird. Ich werde noch einmal in die Welt hinausgehen. Ich muss die Szenen meines vergangenen Lebens noch einmal betrachten. Ich habe mich selbst auf die Probe gestellt.

Möge es nicht die Liebe zum Abenteuer sein, dieser vornehme, aber vulgäre Wunsch, etwas Ungewöhnliches oder Gefährliches zu unternehmen. Oder ist es sozusagen ein krankhaftes Verlangen, nach dem Tod durch die Welt zu wandern?

NEIN; weit davon entfernt. Was kann es sein? Eine starke Sehnsucht danach, wieder umherzuwandern, wenn auch nur für ein paar Tage. Ich muss das Verlangen töten, damit es mich nicht tötet.

Woher kommt diese plötzliche Sehnsucht?

Jedes Werkzeug, das ich bei der Arbeit verwende, verbrennt meine Hand.

Ich muss gehen.

Ich werde dem Impuls gehorchen, ohne mir Gedanken über die Ursache zu machen. Ich unterliege den Regeln ohne Ordnung. Mein Wille ist mein einziges Gesetz. Ich schade niemandem, wenn ich ihm gehorche. Ich fühle mich frei; Die Welt hat keine Macht über mich.

Ich fürchtete mich davor, Walpurga über meine Absicht zu informieren. Als ich das tat, erweckten ihr Tonfall, ihre Worte, ihr ganzes Benehmen und die Tatsache, dass sie mich zum ersten Mal „Kind“ nannte, den Eindruck, als würde ihre Mutter immer noch mit mir sprechen.

„Kind“, sagte sie, „du hast recht! Geh! Es wird dir gut tun. Ich glaube, dass du zurückkommst und bei uns bleibst, aber wenn du es nicht tust, eröffnet sich dir ein anderes Leben.“ – Deine Sühne war bitter, viel schwerer als deine Sünde.“

Onkel Peter war ganz froh, als er erfuhr, dass wir von Sonntag auf Sonntag weg sein würden. Als ich ihn fragte, ob er neugierig sei, wohin wir wollten, antwortete er:

„Für mich ist das alles eins. Ich würde mit dir um die ganze Welt reisen, wohin du auch gehen möchtest; und wenn du mich vertreiben würdest, würde ich dir wie ein Hund folgen und dich wiederfinden.“

Ich werde mein Tagebuch mitnehmen und jeden Tag etwas notieren.

———

(Am See.) – Es fällt mir schwer, ein Wort zu schreiben. Die Schwelle, die ich überschreiten muss, um in die Welt hinauszugehen, ist mein eigener Grabstein.

Ich bin ihm gewachsen.

Wie angenehm war der Abstieg ins Tal. Onkel Peter sang, und mir kamen Melodien in den Sinn, aber ich sang nicht. Plötzlich unterbrach er sich und sagte:

„In den Gasthäusern wirst du meine Nichte sein, nicht wahr?"

"Ja."

„Aber du musst mich ‚Onkel' nennen, wenn wir dort sind?"

„Natürlich, lieber Onkel."

Den Rest des Weges nickte er immer wieder vor sich hin und war ganz glücklich.

Wir erreichten das Gasthaus am Treppenabsatz. Er trank und ich trank auch aus demselben Glas.

"Wo gehst du hin?" fragte die Gastgeberin.

„In die Hauptstadt", sagte er, obwohl ich ihm kein Wort davon gesagt hatte. Dann sagte er flüsternd zu mir:

„Wenn man woanders hin will, müssen die Leute nicht alles wissen."

Ich ließ ihn seinen eigenen Weg gehen.

Ich suchte nach dem Ort, an dem ich damals gewandert war. Da – da war der Felsen – und darauf ein Kreuz, das in goldenen Buchstaben die Inschrift trug:

Hier starb
IRMA, GRÄFIN VON WILDENORT,
im einundzwanzigsten Jahr ihres Lebens.
Reisender, bete für sie und ehre ihr Andenken.

———

Ich weiß nicht, wie lange ich dort gelegen habe. Als ich wieder aufwachte, beschäftigten sich mehrere Leute um mich, darunter auch mein kleiner Pechmann, der seinen Kummer recht heftig zum Ausdruck brachte.

Ich konnte zum Gasthaus laufen. Mein kleiner Pechmann sagte zu den Leuten:

„Meine Nichte ist es nicht gewohnt, so weit zu laufen. Sie sitzt das ganze Jahr über in ihrem Zimmer. Sie ist Holzschnitzerin und außerdem eine sehr kluge Frau."

Die Leute waren alle nett zu mir. Ständig kamen und gingen Gäste. Einige von ihnen sagten dem kleinen Pechmann, dass das schöne Denkmal da draußen ein großer Vorteil für das Gasthaus sei; dass es im Sommer von Hunderten von Personen besucht wurde; und dass jedes Jahr eine Nonne aus dem Kloster dorthin kam, begleitet von einer anderen Nonne, und am Kreuz betete.

„Und wer hat das Denkmal errichtet?" fragte der kleine Pitcher.

„Der Bruder des Unglücklichen."

„Nein, es war der König", sagten andere.

Das Gespräch brach oft ab, begann aber immer wieder von vorne.

Einige sagten, dass es an diesem Ort heimgesucht werden muss, denn zur gleichen Zeit hatte sich ein wunderschönes Geschöpf namens „Schwarze Esther" ertränkt. Sie war eine Tochter von Zenza, die jetzt verrückt war und auf der anderen Seite des Sees lebte; und wer konnte sagen, ob die schöne Dame – denn sie war sehr schön – sich nicht auch ertränkt hatte. Darauf antwortete die Wirtin wütend, dass die Gräfin viele Goldketten und Diamanten um sich gehabt und einen Diamantstern auf ihrer Stirn gehabt habe; dass das Pferd, das sie geworfen hatte, gesehen worden war; dass ihr Bruder das Pferd erschießen wollte, aber es sei verhext worden und habe von diesem Tag an nichts mehr gegessen und sei schließlich tot umgefallen. Andere sagten, der Vater der Gräfin habe ihr befohlen, sich zu ertränken, und dass sie ein gehorsames Kind gewesen sei und dies auch getan habe.

So hatte ich einen flüchtigen Blick auf eine Legende, die sich im Entstehen befindet.

„Und warum sollte der Vater das befohlen haben?" fragte der kleine Pitcher.

„Weil sie einen verheirateten Mann liebte. Es geht nicht, darüber zu reden."

„Warum nicht?" flüsterte ein Seemann. „Sie und der König liebten einander, und um sich vor Unrecht zu bewahren, nahm sie sich das Leben."

Wie kann ich meine Gefühle beschreiben, während ich ihrem Gespräch zuhöre?

In einigen Jahren wird vielleicht ein einsames Menschenkind den See überqueren und das Lied der schönen Gräfin mit dem Diamantstern auf der Stirn singen.

Ich kann mich nicht erinnern, wie die Nacht hereinbrach und ich schließlich einschlief. Ich erwachte und hörte immer noch das Lied der ertrunkenen Gräfin. Seine traurige, tiefe Belastung hatte meinen Traum erfüllt. Alles, was ich erlebt hatte, schien nur eine Vision zu sein. Ich schaute aus meinem Fenster – ich blickte über den See und erblickte die goldenen Schriftzeichen im rosigen Morgengrauen.

Was sollte ich tun? Soll ich umkehren?

Mein kleiner Pitcher war ganz froh, als er mich wieder so frisch sah. Die Gastgeberin bot mir ein Bild des Denkmals an und sagte, dass jeder Besucher eines kaufte. Mein Onkel verhandelte mit ihr, bekam es zum halben Preis, den sie verlangt hatte, und schenkte es mir dann. Ich trage das Bild meines Grabsteins bei mir.

Ich fühlte mich unwiderstehlich zu einem anderen Grab hingezogen – dem meines Vaters. Während meine Hand auf dem Hügel ruhte, sagte eine innere Stimme zu mir: „Du wirst versöhnt werden." – Ich büße und büße für meine Sünde.

Wie die Erinnerungen, die diese verschiedenen Orte weckten, mich bewegten. Ich kann nicht darüber schreiben – mein Herz bricht! Darüber hinaus ist es voller Angst. Ich werde mich kurz fassen. Ich kann mein Konzert nicht fortsetzen. Ich werde diese Seiten nie wieder anschauen.

Wir gingen zum Frauensee und gingen hinüber zum Kloster. Unter den Nonnen sah ich meine geliebte Emma, die jedes Jahr zu meinem Grabstein pilgert. Zum ersten Mal seit vielen Jahren betete ich mit ihr. Welchen Unterschied macht es, ob man noch lebt oder tot ist, solange der Gedanke …

Meine Hand zittert beim Schreiben, aber ich werde ...

Ich hatte das Kloster verlassen und war auf dem Rückweg über den See, als mir der Gedanke durch den Kopf schoss: „Ich sühne in Freiheit! Das ist mein einziger Stolz. Mein Wille hält mich so fest, wie es die Riegel des Klostertors tun würden, und ich-" -Ich arbeite--"

Alles wurde so ausgeführt, wie ich es festgelegt hatte. Ich sah die ganze Welt noch einmal und sagte ihr Lebewohl.

Wir reisten in die Hauptstadt. Der Stadtlärm und das schnelle Fahren beunruhigten mich.

Als ich zum ersten Mal wieder das Rascheln eines Seidenkleides hörte, berührte mich das Geräusch sehr. Es kam mir so vor, als hätte ich den Drang, die First Lady anzusprechen, die ich mit einer modischen Haube und einem Schleier traf. Diese Leute schienen mir zu gehören. Es kam mir vor, als würde ich aus den unteren Regionen ins Sonnenlicht zurückkehren.

Ich blieb stehen, um die Plakate zu lesen, die an den Straßenecken angebracht waren. Lebe ich immer noch in derselben Welt?

Es gibt Musik, Gesang usw. Das eine amüsiert das andere. Niemand findet die Freuden des Lebens in sich selbst.

Alle Dinge auf dieser Welt hängen miteinander zusammen. Du hast das Verbindungsglied verloren.

Ich saß in einem kleinen Gasthof und beobachtete das geschäftige Treiben der Stadt.

Ich sah hier und da die Häuser – und es kam mir vor, als ob ich den Geist eines Teils meines Lebens erblickte. Wenn die Leute es wüssten... Es gibt hier Straßen, die ich nicht kenne. Männer gehen vorbei, ohne aneinander zu denken. Die Stadtbewohner sehen alle schlecht gelaunt aus; Ich habe kein einziges sonniges, glückliches Gesicht getroffen.

Ich ging zur Bildergalerie. Was das Auge dort erfreut, nährt sich! Und darüber hinaus gibt es den berauschenden Reichtum an Farben und die feierliche Stille des Ortes selbst. Ich sah meinen alten Lehrer und hörte ihn zu einem Fremden sagen: „Ein Kunstwerk erhält seinen großen historischen Charakter nicht von der Bedeutung des Themas oder der Größe des Bildes. Was vom Künstler verlangt wird, ist, dass er es sein sollte." gefüllt mit der Szene, die er darzustellen versucht, und versetzen den Betrachter gleichzeitig in diese. Dasselbe Thema kann auf verschiedene Weise konzipiert und entweder als Licht-, Genrestück oder im großen Stil *ausgeführt* werden beständigerer historischer Stil."

Während ich durch die Räume ging, fühlte ich mich wie jemand, der betrunken war. Alle meine alten Freunde begrüßten mich. Sie sind in unsterblichen Farben gekleidet und treu und unverändert geblieben. Die Kraft der Natur und der Kunst liegt in ihrer Wahrhaftigkeit. Aber sie sprechen nicht; sie existieren lediglich. Nein – die Natur allein ist stumm; Kunst verleiht ihre Stimme. Der menschliche Geist drückt sich nicht allein durch die Lippen aus. Mir war, als müsste sich die Maria Ægyptica plötzlich zu mir umdrehen und fragen: „Kennst du mich jetzt?"

Mir wurde schwindelig und ich hatte Angst.

Während ich in der Raphael-Galerie war, umgeben von der höchsten Schönheit, die die Erde je gesehen hat und die nur das klarste Auge wahrnehmen kann, fühlte ich mich wie in einer anderen Welt.

Mir kam ein glücklicher Gedanke: Die Kunst ist der erste Befreier der Menschheit, sie ruft ein zweites, Freude stiftendes Leben hervor und – was noch ein größerer Segen ist – offenbart den höchsten Bereich, in den jeder, der berufen ist, eintreten kann. Der arme Sohn des Volkes sagt: „Ich und mein Geist werden in dieser erhabenen, gesegneten Wohnstätte wohnen." Er regiert dort auf ewig, umgeben von seinen Vorfahren in der Kunst. Dort wohnt Unsterblichkeit; oder, noch besser, der Tod tritt dort nie ein. Die väterliche Villa der freien, kreativen Kunst enthält unendlichen Raum und ist ein ewiges Zuhause. Wer glücklich gelebt hat, der soll dort eintreten.

Ich stand vor dem Palast. Die Fenster des Zimmers, in dem ich einst wohnte, standen offen. Mein Papagei war immer noch in seinem goldenen Käfig und rief: „Gott behüte dich! Gott behüte dich!" Aber meinen Namen fügt es nicht hinzu, denn es hat ihn vergessen.

Auf dem Tisch vor mir lag eine Zeitung, die erste, die ich seit Jahren gesehen hatte. Es dauerte lange, bis ich den Entschluss fassen konnte, es zu lesen, aber schließlich tat ich es und las Folgendes:

„Seine Majestät der König ist zu den Meeresbädern aufgebrochen, wo er sechs Wochen bleiben wird. Premierminister von Bronnen", (von Bronnen Minister!) „Graf Wildenort, Herr des Pferdes" (mein Bruder!) „und Geheimrat." Ratsherr Sixtus, der Leibarzt des Königs, gehörten zu seinem Gefolge."

Wie viel haben mir diese wenigen Zeilen vermittelt! Es war nicht nötig, dass ich weiter las. Doch es gab noch einen weiteren Absatz, in dem es hieß:

„Ihre Majestät die Königin hat sich in Begleitung seiner königlichen Hoheit, des Kronprinzen, in den Sommerpalast begeben."

Ich bin durch die Stadt gelaufen und habe in die Schaufenster geschaut und auf die vielen Gegenstände, die ich nicht mehr benötige. In einem der Fenster fand ich einige meiner ausgestellten Schnitzereien. „Das ist unsere Arbeit!" rief der kleine Pechmann, der mutig in den Laden ging und sich nach dem Preis erkundigte und auch fragte, von wem sie gemacht worden seien. Der genannte Preis war hoch, und der Händler fügte hinzu: „Diese Kunstwerke"

– ja, er sprach von ihnen als Kunstwerken – „werden von einem halb verrückten Bauernmädchen hergestellt, das in den Highlands lebt." "

Ich sah meinen kleinen Pitchman an. Er hatte schreckliche Angst. Sein Blick schien mich zu beschwören, während der Abwesenheit von zu Hause nicht die Besinnung zu verlieren. Seine Angst war nicht unbegründet, denn trotz meiner Selbstbeherrschung muss mein treuer Führer an meinem Verhalten vieles Merkwürdiges gefunden haben.

Ich kaufte mehrere kleine Gipsabgüsse von Juwelen griechischer Kunst; und jetzt habe ich immer Arten von unsterblicher Schönheit bei mir. Um solch ungewöhnliche Einkäufe zu bewerkstelligen, bedarf es einer geschickten Führung, und ich wagte es nur in der Abenddämmerung.

Ich sah viele bekannte Gesichter, wich aber immer schnell von meinem ab. Ich hätte so gerne mit Mademoiselle Kramer gesprochen. Sie ist ziemlich in die Jahre gekommen. Sie trug ein Buch mit dem gelben Etikett der Leihbücherei. Wie viele tausend Bücher muss die liebe alte Frau gelesen haben! Sie liest ein Buch nach dem anderen, so wie Männer Zigarren rauchen.

Ich ging zu Gunthers Haus. Das Hoftor stand offen. Mittlerweile gibt es dort eine Fabrik und die schönen Bäume wurden alle gefällt.

Auf dem Kopf der Siegesfigur im Arsenal saß eine Taube mit glänzendem Gefieder. Obwohl ich keine Brille hatte, konnte ich die Figur ganz deutlich sehen.

———

Der Abend bereitete mir pure Freude – die reinste, die ich je erlebt habe oder, wie ich fest davon überzeugt bin, jemals erleben werde.

Im Theater wurde Mozarts „Zauberflöte" aufgeführt.

Ich war mit meinem kleinen Pitchman dort. Wir saßen im obersten Rang. Ich sah niemanden, obwohl in dem überfüllten Haus viele Menschen gewesen sein mussten, die ich kannte. Alle meine Sinne wurden vom Zauber der Musik gefangen gehalten.

Es ist nach Mitternacht. Mein kleiner Pitcher und ich machen Halt in einem Fuhrmannsgasthaus. Ich kann nicht ruhen, bis ich meine Gefühle in Worte gefasst habe.

Mozarts „Zauberflöte" ist eine jener unsterblichen Schöpfungen, die im reinsten Äther wohnen, in einer Region jenseits der Leidenschaften und Kämpfe der Menschheit. Ich habe oft gehört, dass der Text als kindisch beanstandet wurde, aber auf dieser Höhe muss jede Handlung, jedes Verständnis, alle Personen, alle Umgebungen notwendigerweise allegorisch sein. Alles Harte und Enge wird beiseite geworfen, und der Mensch wird zu einem Vogel, sein Leben ist rein und natürlich, voller Liebe und Weisheit. Der kindliche oder kindliche Charakter des Textes ist einzigartig naturgetreu. Nur der *Blasierte* kann es langweilig und fade finden.

Es ist Mozarts letztes dramatisches Werk, und darin zeigt er sich von seiner besten Seite, in der ganzen Fülle seines Genies, als wäre er bereits verklärt. Seine verschiedenen Figuren ziehen im Blick vor ihm vorbei, sozusagen neu geschaffen; weniger fixiert und individualisiert, dafür umso reiner und ätherischer. Um das Wort im besten Sinne zu verwenden, liegt etwas Übernatürliches in der Art und Weise, wie er hier die sonst verstreuten Akkorde zu einem harmonischen Ganzen zusammengeführt und kombiniert hat.

Der Eröffnungschor der Priester ist der Marsch der Menschheit und das „O Isis!" ist voller Sonnenschein des seligen Friedens. Dies ist das sagenumwobene Paradies – ein Leben darüber, im freien Äther, außerhalb der Reichweite von Sturm und Unwetter; Eine Region, in die uns allein die Musik entführen kann.

Stundenlang hatte ich das Gefühl, so entrückt zu sein, und ich weiß nicht, wie ich wieder hinabstieg. Unzählige Gedanken schweben um mich herum. Diese Musik strahlt einen Geist edler, selbstbewusster Ruhe aus und ist frei von aller unterdrückter Demut. Es ist ein Leben, das niemals verblassen kann; nein, es ist der Geruch reifer Früchte.

Dieses letzte Werk Mozarts hat ein Gegenstück in Lessings letztem Werk: „Nathan der Weise". In beiden von ihnen schwingt die Seele ihren Flug weit über die unzusammenhängende, kämpfende Welt hinaus und wohnt in der reinen Region dahinter, wo Frieden und Frömmigkeit zu tatsächlichen Existenzen geworden sind und wo die Nöte der engen, begrenzten, endlichen Menschheit nur ein Lächeln hervorrufen. Der große Schatz der Menschheit liegt nicht in der Vergangenheit begraben; es muss aus der Zukunft ausgegraben, gestaltet und geschaffen werden.

„Nathan" und die „Zauberflöte" sind voller kostbarer Edelsteine. Sie beweisen, dass Glück keine Illusion ist, aber sie sprechen in einer Sprache, die für denjenigen unverständlich ist, der in sich keinen Sinn für Dinge trägt, die über diesem Leben liegen.

Solche Stunden gelebt zu haben, ist ewiges Leben.

Das Lied der drei Knaben ist voller göttlicher Glückseligkeit. Wenn die Engel in Raffaels Sixtinischer Madonna singen würden, so wären ihre Melodien, und in diesem Register würden sich ihre Stimmen bewegen.

Solche Geräusche möchte ich in der Stunde meines Sterbens hören, denn das wäre ein ekstatischer Tod.

Wenn diese Ekstase nur ohne Unterbrechung weitergehen könnte.

Nachdem die Oper zu Ende war, saß ich noch lange im Park. Alles war dunkel und still.

Erfüllt von dieser Musik würde ich gerne in meine Waldeinsamkeit zurückfliegen, nichts mehr mit der Welt zu tun haben und schweigend sterben. Danach sollten keine weiteren Töne mehr an mein Ohr dringen und mich stören.

Aber ich musste in die Welt zurückkehren.

Und hier sitze ich spät in der Nacht, während die ganze Welt in Schlaf und Selbstvergessenheit ruht, während ich in Selbstvergessenheit wach bin.

O ihr ewigen Geister! Könnte man doch bei dir sein und ein Wort, einen Ton von sich geben, der in die Unendlichkeit übergehen sollte! In dieser Galerie blicken Augen, die sich nie schließen, auf die kommenden und scheidenden Generationen herab. Und hier gibt es unsterbliche Harmonien und unvergängliche Worte.

Oh ihr gesegneten Geister, ihr, die ihr durch die Kunst eine zweite Welt erschafft! Die Welt verwirrt und verwirrt uns, aber ihr macht alles klar wie das Tageslicht. Ihr seid die gesegneten Genien, die der Menschheit immer den Wein des Lebens im goldenen Kelch anbieten, der nie geleert wird, obwohl Millionen daraus trinken.

Mit tiefem Schmerz verlasse ich das Reich der Farben und des Klangs. Dies und nur dies ist in der Tat eine Entbehrung.

———

Und nun zum letzten Rastplatz.

Wir schlenderten weiter in Richtung Sommerpalast. Wir gingen vor dem Parkgeländer auf und ab. Oben bei der Kapelle und unter der weinenden Asche konnte ich die Hofdamen sehen, die auf den verzierten Stühlen saßen und mit ihren Stickereien beschäftigt waren. Ach, es gibt viele da, nicht besser als ich, und doch scherzt und lacht sie, ist glücklich und respektiert. Ja, da liegt das Elend. Wir schwächen ständig unseren moralischen Sinn ab und sagen uns: „Schau dich um; andere sind nicht besser als du."

Dann standen sie alle auf und verneigten sich tief. Die Tore wurden geöffnet und die Königin fuhr hinaus, der Prinz saß neben ihr. Sie sah mich und den kleinen Pitcher an und begrüßte uns. Meine Augen haben mich im Stich gelassen.

Ich weiß nicht. Habe ich richtig gesehen? Die Königin sah fröhlich aus.

Der Prinz ist ein toller Junge geworden. Er hat das Versprechen seiner Kindheit gehalten.

Mein kleiner Pitcher unterhielt sich mit einem Steinbrecher, der auf der Straße arbeitete. Er lobte lautstark die Königin und ihr einziges Kind, den Kronprinzen. Sie hat also nur ein Kind--

Ich war so müde, dass ich am Wegesrand ausruhen musste. Früher war ich so oft stolz an der Stelle vorbeigegangen, an der ich jetzt saß. Egal! Es ist gut, dass es so ist. Der kleine Pitcher freute sich, als ich ihm sagte, dass unser Weg nun nach Hause führte. Er muss ziemlich beunruhigt über mich gewesen sein und sich gedacht haben: „Die Leute, die sagen, dass du nicht ganz recht hast, waren doch gar nicht so weit entfernt."

———

Wer mich nicht sieht, hält mich für tot; Wer mich sieht, hält mich für verrückt.

Ich hatte beschlossen, im Falle einer Entdeckung alles dem König und der Königin zu erzählen und danach ruhig in meinen Rückzugsort zurückzukehren.

So ist es besser.

———

Wir kehrten nach Hause zurück. Als ich den Fuß des Berges erreichte, auf dem wir leben, und begann, ihn zu besteigen, fragte ich mich: „Ist das Ihr Zuhause?" Und doch lässt es die Abwesenheit wie ein neues Zuhause erscheinen. Das Leben, das ich hier führe, ist ein echtes Leben.

Seitdem ich diesen Gedanken notiert habe, ist es, als würde eine Last von meinem Herzen fallen. Beim Schreiben fühle ich mich oft so schwindelig, als stünde ich am Rande eines Abgrunds; aber ich bleibe standhaft. Ich werde mir diese Seiten nicht noch einmal ansehen. Aber jetzt beginnt die Arbeit von neuem, und mein Kopf wird nicht mehr von Reuegedanken erfüllt sein. Die nächste Minute gehört uns; der vorübergehende Moment ist kaum so; und das letzte überhaupt nicht.

Es erwartet mich viel Arbeit. Ich bin froh, dass es so ist. Walpurga und die Kinder freuen sich sehr, mich wieder bei sich zu haben.

Während meiner Abwesenheit ließ Walpurga mein Zimmer hellrot streichen. Es ist geschmacklos, und dennoch muss ich mich dankbar zeigen. Sie dachte, dass ich nicht zurückkehren würde.

Diese Menschen bilden meine ganze Welt, und doch könnte ich sie jeden Moment verlassen. Wird es so sein, wenn auch ich die Welt verlasse?

Mutig auf die Welt verzichten – ich glaube, ich habe den Ausdruck irgendwo gelesen; aber jetzt verstehe ich es. Ich spüre es in mir und führe es aus; nicht schüchtern, nicht traurig, sondern mutig.

Ich bin nicht mehr traurig. Die ruhige Befriedigung, mit der ich die Welt aufgib, macht mich emanzipiert.

Wenn ich auf das Leben schaue, frage ich mich: „Warum all diese Kämpfe und all diese Barrieren, bis wir an die letzte Barriere von allen kommen, bis hin zum Tod selbst?" Die großen Helden der Geschichte und mein kleiner Pitcher – nicht einer von ihnen hatte Glücksaussichten zu seinen Gunsten. Kein Schicksal ist vollständig und rein erfüllt.

Der alte Jochem betete jeden Tag und verbrachte oft ganze Stunden damit; Dennoch würde er die Menschheit und sein eigenes Schicksal verfluchen. Und ich habe angesehene Damen gekannt, die, nachdem sie in verzückter Ekstase der Musik Beethovens zugehört hatten, auf die vulgärste Art und Weise stritten und stritten.

„Mutig darauf zu verzichten." Die Worte verfolgen mich ständig. Danke für diese Vorschrift, gütiger Geist, wer auch immer du sein magst! Den Tag ausleben und nicht zulassen, dass er durch das Wissen, dass die Nacht kommen muss, verdunkelt wird, mutig darauf verzichten – das ist die Summe von allem.

Ich hätte nie geglaubt, dass ich ohne Freude und Vergnügen leben könnte; aber jetzt sehe ich, dass ich es kann. Freude und Vergnügen sind nicht die Bedingungen, auf denen mein Leben basiert.

Es liegt in unserer Macht, den Geist auf Fröhlichkeit einzustimmen; das heißt, zur Ruhe und Klarheit.

Wie viele Jahre blieb Hermine aus dem „Wintermärchen" verborgen? Ich habe es ganz vergessen.

Während der Arbeit erinnere ich mich ständig an verschiedene Passagen, an die Soli, die großartigen Chöre und sogar die Instrumentalbegleitungen in Mozarts „Zauberflöte". Sie erfüllen die stille Luft mit ihren Geräuschen und tragen mich in die Luft.

Vor allem der Appell „Seid standhaft!" mit den drei kurzen Tönen d, e, d und dem darauffolgenden Trompetenstoß klingt in meinen Ohren immer wie eine spirituelle Parole. Die höchsten Wahrheiten sollten allein durch die Musik vermittelt werden und dadurch eindringlicher und nachhaltiger werden. Sei standhaft –

Ich versuche erneut, das Rätsel des Lebens zu lösen.

Der Mensch tut möglicherweise nicht alles, was er kann oder wozu er sich gezwungen fühlt. Da er ein Mensch ist, muss er die Grenzen seiner Rechte erkennen, bevor er die Grenzen seiner Kräfte erreicht.

Bei Gericht diskutierten sie oft über das Sprichwort: „Recht vor der Macht.“ Ich habe den Satz im Destillierkolben des Denkens eingeschmolzen. Ich habe es neu geprägt.

Wie schön ist die Legende vom Paradies! Das erste Menschenpaar wurde dort untergebracht; Soweit ihre Kräfte reichten, war ihnen bis auf eine einzige Ausnahme alles erlaubt – und die Frucht lockte sie. Aber es gibt kein Paradies. Das Tier allein besitzt das, was man das Paradies nennen könnte. Es steht ihm frei, zu tun, was er kann. Solange es jedoch ein Verbot gibt, das der Mensch als moralisches Wesen kennen muss, kann es kein Paradies geben, denn die vollkommene Freiheit ist am Ende.

Was ich meine, ist Folgendes: Selbstbewusstsein wird durch das Überschreiten der Barriere gewonnen. Es ist das Essen von der Frucht des Baumes der Erkenntnis. Von diesem Moment an sind die Freuden des Menschen nicht mehr gegeben. Er muss sie erschaffen, entweder aus sich selbst heraus oder aus seiner Umgebung. Jetzt beginnt er mit der Natur zu ringen und sein Leben wird zu einem Leben voller Taten. Arbeit, ob auf Selbstvervollkommnung ausgerichtet oder zum Wohle der Welt gedacht, ist eine zweite Schöpfung.

Jeder meiner Gedanken scheint ein unartikulierter, stammelnder Versuch zu sein, die Worte des Wissens auszudrücken.

Die kleine Welt um mich herum und die sogenannte große Welt, die noch in meiner Erinnerung lebt, kommt mir jetzt vor, als wäre sie vom goldenen Sonnenlicht erleuchtet und durchsichtig geworden.

Die Barrieren zu erkennen und damit die Notwendigkeit des Rechts zu erkennen, ist Freiheit. Endlich bin ich frei.

Es hat mir gut getan, wieder in die Welt hinauszugehen. Oder denke ich das nur, weil ich das Gefühl habe, das Richtige getan zu haben? Ich bin jetzt ein freierer Mensch. Ich habe aufgehört, die arme Seele zu sein, die sich danach sehnte, in die Welt zurückzukehren. Mein Leben ist keine Hölle mehr. Ich konnte nun ohne Angst in die Welt zurückkehren. Jetzt, wo ich mutig darauf verzichten kann, spüre ich die Entbehrung nicht. Oh, wie anmaßend sind wir doch zu glauben, dass andere uns brauchen! Auch ich brauche niemanden mehr.

———

Die Telegrafendrähte werden zwischen hier und meinem Waldblick verlegt. Das geschäftige Treiben der großen Welt soll nun an mir vorübergehen. Ich kann Männer auf den Leitern sehen, die die Drähte an den hohen Masten befestigen.

———

Walpurga erzählt mir, dass meine Stimme ziemlich heiser sei, ich mich aber ganz gut fühle. Vielleicht liegt es daran, dass ich so wenig spreche und manchmal ganze Tage verbringe, ohne ein Wort zu sagen.

Die kühle, reine Brise, die ich jeden Morgen einatme, ist wie ein erfrischender Luftzug, und das Blau des Himmels ist hier oben viel tiefer.

———

Günther hat mir einmal gesagt, dass ich ein unrhythmisches Temperament habe. Er hatte recht. Wenn ich es nicht wäre, würde ich jetzt meine tiefsten Gedanken in melodischen Worten ausdrücken. Ich fühle mich so glücklich, so frei, dass meine Gedanken allein in der Poesie den richtigen Ausdruck finden könnten.

———

Obwohl Hansei nun schon lange im Ballbesitz ist, scheint er für alles dankbar zu sein. Es macht ihn glücklich zu wissen, dass er schöne Kühe und hübsche Glocken für sie kaufen kann, und diese Dankbarkeit für sein Glück verleiht seinem rauen Äußeren eine innere Zärtlichkeit.

———

(28. August) – Nach langen, sonnenlosen Tagen totenähnlicher Erstarrung ist der Himmel wieder hell und klar. Die schneebedeckten Gipfel, die grünen Hügel und die Täler sind in Sonnenschein getaucht. Es kommt mir vor, als müsste ich wegfliegen und durch den Weltraum schweben; aber ich bleibe hier und arbeite; denn wie mir meine Arbeit in dunklen Tagen treu war, so werde ich ihr auch in hellen Tagen treu bleiben. Ich werde erst weiterwandern, wenn der Abend kommt und die Arbeit zu Ende ist. Dies ist Goethes Geburtstag. Ich denke, Goethe wäre freundlich zu mir gewesen, wenn ich zu seiner Zeit und in seiner Nähe gelebt hätte.

Es ist doch erfreulich, dass wir die Stunde seiner Geburt kennen. Es war Mittag. Ich schreibe diese Zeilen in dieser Stunde und meine Gedanken sind bei ihm.

Was hätte er mir geraten, was ich mit meinem verlorenen Leben anfangen sollte?

Ist es ein verlorenes Leben? – Das ist es nicht.

———

Franz ist vom Scheibenschießen zurückgekehrt und war der Held des Anlasses. Was für Freuden- und Triumphschreie! Er gewann den ersten Preis, ein schönes Gewehr. Die von Kugeln durchsiebte Zielscheibe wird vor unserem Haus aufgestellt.

———

Ein fallendes Blatt im Herbst – wie viele helle Sommertage und laue Nächte waren nötig, um es zu perfektionieren? Was war es, als es am Baum hing? Was ist es jetzt, wenn es zu Boden fällt?

Und was ist das Ergebnis eines ganzen Menschenlebens, wenn man es in wenigen Sätzen zusammenfasst?

———

Wie viele Fuß liegt unsere Farm über dem Meeresspiegel? Ich weiß es nicht, und Hansei würde lächeln, wenn er daran denken würde, dass jemand eine solche Frage stellen würde. Wir erfüllen unsere Pflicht auf dem kleinen Fleckchen Erde, auf dem wir wohnen. Seine Wirkung ergießt sich ohne unser Eingreifen in das große Meer der Menschheit und der Geschichte. Der Bach setzt seinen Lauf fort, treibt die Mühlräder an, bewässert die Wiesen und wird schließlich vom Meer verschluckt, woher die Wolken und Stürme kommen, die den Bach erneut speisen.

———

Trotz allem, wozu ich herangewachsen bin, trotz allem, was ich im Laufe der Jahre praktiziert, gehandelt oder gedacht habe, kann ich nicht anders, als mich selbst als einen Holzklotz zu betrachten – selbst jetzt weiß ich nicht, was daraus werden wird mich, oder wer wird mich in Form bringen.

Ich habe eine schöne Aufgabe vor mir – ein Stück Arbeit, das bleiben wird und mir immer Freude bereiten wird – die Arbeit für unser eigenes Haus.

Bei den Anbauten an der Wohnung gelang es mir mit Hilfe des Zimmermanns, der Wohnung selbst eine größere Symmetrie zu verleihen. Die um das Haus verlaufende Piazza erhielt ein offeneres Dach und die Balustrade eine gefälligere Form.

Hansei hat oft gesagt, dass die Waldrodung eine wunderschöne Wiese ergeben würde. Gestern kam er nach Hause und sagte:

„Ich habe es! Ich lasse die Bäume am Hang fällen und habe vier schöne Stämme stehen lassen. Sie bilden ein Quadrat und ich werde dort eine Hütte bauen lassen, und dann werden wir eine eigene Bergwiese haben." . Ohne kann die Farm nicht gedeihen. Es liegt zwar weit oben, etwa zwei Stunden zu Fuß, aber von hier aus können wir die Lichtung sehen."

„Und stellen Sie sich vor", sagte Hansei, der von seinem Plan begeistert war, „da, wo die Bäume davor gefällt wurden, kann man bis weit in die Ferne sehen, bis zu dem See, an dem wir früher gelebt haben. Gewiss." , es ist nichts weiter als ein kleiner funkelnder blauer Fleck, aber es sieht einen so freundlich an, wie ein treues Auge von zu Hause, oder wie einer, der dich von Kindheit an kennt. Bei uns war es schön, aber hier ist es noch schöner ; also lasst uns nicht sündigen, indem wir undankbar sind."

Ich habe die Zeichnung für die Hirtenhütte angefertigt. Mein kleiner Pechmann ist ziemlich geschickt darin, alles zu schneiden. Wir arbeiten an unserer Arche Noah und sind so fröhlich wie Lehrlinge.

Ich schnitze auch einen Pferdekopf in Lebensgröße für den Dachgiebel.

Hansei und ich sind gerade von dort zurückgekehrt, wo die neue Schäferhütte gebaut wird.

Nach der belebenden Bergbesteigung des heutigen Tages kommt es mir vor, als wäre ich beim Anbruch der Schöpfung dabei gewesen; eine neue Straße, eine neue Wohnung und ein Ort, an dem noch nie ein Mensch gewesen war. Ich habe das Gefühl, dass die Erfahrung nichts mehr für mich bereithält; als ob alle irdischen Lasten von mir gefallen wären.

Wenn man nach einem Tag voller Anstrengung und Bergsteigen am nächsten Morgen aufwacht, ist die Müdigkeit verflogen. Man fühlt sich erfrischt und gestärkt und zufrieden mit der Prüfung, der man sich unterzogen hat; denn es hat seine Ausdauer und seine Fähigkeit, sich selbst Aufgaben aufzuerlegen, unter Beweis gestellt. Für eine Weile hatte ich meine Vergangenheit hinter mir gelassen und besaß nichts außer mir selbst. Nachdem ich nun an vertraute Orte zurückgekehrt bin, heißen sie mich wieder willkommen. Ich kann mir leicht die ruhige Friedfertigkeit derer vorstellen, die sich auf diese Weise das Erwachen zum ewigen Leben vorstellen.

Die Hirtenhütte ist leer. Die Wände sind kahl, außer dort, wo in der Ecke das Bild unseres Erlösers hängt und auf die Wesen wartet, die dorthin kommen sollen. Es ist und bleibt ein Segen, dass Menschen auf diese Weise in verlassene Ödnisse und einsame Höhen vordringen können, das Bild eines reinen und vollkommenen Menschen. Dies ermöglicht es einer vollkommeneren Zivilisation und einer großen Geschichte, von der modernen Welt Besitz zu ergreifen.

Wenn nur immer das reine Wissen des reinen Geistes dazugehören würde.

———

(Oktober) – Jetzt, wo der Winter naht, sind meine Gedanken immer bei der einsamen Hirtenhütte auf dem Berg. Ich bin immer in meinen Träumen da, allein und mache seltsame Erfahrungen. Ich glaube, ich muss im nächsten Frühjahr dorthin ziehen. Ich habe das Gefühl, dass das Leben unvollständig sein wird, bis ich einen ganzen Sommer mit Pflanzen und Tieren, mit Bergen und Bächen, mit der Sonne, dem Mond und den Sternen verbracht habe.

Bist du immer noch unzufrieden, hast du ein unersättliches Herz und sehnst dich immer nach etwas anderem? Was kann es sein? Ich muss und werde mich ausruhen!

———

Wer nur sich selbst braucht, um glücklich zu sein, ist in der Tat glücklich.

———

Hier bin ich wieder einmal wie der erste Mensch, der auf der Erde lebte.

Der Mensch ist aus sich heraus rein und unbefleckt, und aus ihm fließt die Welt. Darin liegt das Geheimnis, das ich nicht nennen werde.

———

Der Gedanke, dass ich noch höher hinaus will, macht mich glücklich; weiter oben am Berg, wo es noch ruhiger und einsamer ist als hier. Ich habe das Gefühl, als würde mich etwas dorthin rufen. Es ist weder eine Stimme noch ein Ton. Ich weiß nicht, was es ist, und doch ruft es mich, zieht mich an, lockt mich mit seinem: „Komm! komm!" – Ja, ich komme!

———

Ich weiß, dass ich nicht sterbe. Ich würde eher daran zweifeln, dass ich lebe. Die Welt ist für mich kein Rätsel mehr.

———

Von meiner Berghöhe aus schaue ich auf diejenigen herab, denen ich Unrecht getan habe. Sie sind mein Vater, meine Königin und, was am schlimmsten ist, ich selbst!

———

Von allen Dingen auf dieser Welt ist die Unwahrheit am sichersten, sich zu rächen. Als ich vom Kloster aus an den König schrieb, rühmte ich meine Ehrlichkeit und war gleichzeitig völlig unaufrichtig. Mein Ziel war es, einen Akt der Freiheit herbeizuführen, und dennoch bestand mein einziger Wunsch im Herzen darin, ihm zu schreiben und ihn von meiner Liebe zur Freiheit zu beeindrucken. Ich war stolz auf meinen Widerstand gegen die öffentliche Meinung und hoffte, ihm damit zeigen zu können, dass ich sein starker Freund war. Er lehnte meinen Rat ab, und dennoch war ich es, der die Klöster wieder öffnete.

Die Lüge rächt sich.

Reinheit und Freiheit können nur dort existieren, wo vollkommene Wahrhaftigkeit herrscht.

———

Wenn ich nur Worte finden könnte, um die Freude auszudrücken, mit der mich der heutige Sonnenuntergang erfüllte. Es ist Nacht und so sicher, wie die Sonne auf mein Gesicht schien, so sicher scheint ein Sonnenstrahl in mir. Ich bin ein Strahl der Ewigkeit. Was sind im Vergleich dazu Tage oder Jahre? Was ist ein ganzes menschliches Leben?

———

Ich wusste nie richtig, warum ich immer unzufrieden war und mich nach der nächsten Stunde, dem nächsten Tag, dem nächsten Jahr sehnte, in der Hoffnung, dass es mir das bringen würde, was ich in der Gegenwart nicht finden konnte. Es war keine Liebe, denn Liebe befriedigt nicht. Ich wünschte, im vorübergehenden Augenblick zu leben, konnte es aber nicht. Es kam mir immer so vor, als würde außerhalb der Tür etwas auf mich warten und mich rufen. Was könnte es gewesen sein?

Ich weiss jetzt; Es war der Wunsch, mit mir selbst eins zu sein, mich selbst zu verstehen. Ich selbst in der Welt und die Welt in mir.

———

Der eitle Mann ist der einsamste Mensch. Er sehnt sich ständig danach, gesehen, verstanden, anerkannt, bewundert und geliebt zu werden.

Ich könnte viel zu diesem Thema sagen, denn auch ich war einmal eitel. Erst in der wirklichen Einsamkeit überwand ich die Einsamkeit der Eitelkeit. Es reicht mir, dass ich existiere.

Wie weit ist das von allem entfernt, was bloße Show ist?

———

Jetzt verstehe ich die letzte Tat meines Vaters. Er wollte mich nicht bestrafen. Sein einziger Wunsch war es, mich zu erregen, mich zum Selbstbewusstsein zu führen, zu dem Wissen, dass es uns rettet, wenn es uns lehrt, anders zu werden als wir sind.

———

Ich verstehe die Inschrift in der Bibliothek meines Vaters: „Wenn ich allein bin, bin ich am wenigsten allein."

Ja; Wenn man allein ist, kann man sich vollkommener im universellen Leben verlieren. Ich habe gelebt und die Wahrheit erfahren. Ich kann jetzt sterben.

———

Wer mit sich selbst eins ist, besitzt alles.

———

Was werden die Leute sagen? – Diese wenigen Worte repräsentieren die Tyrannei der Welt, die Macht, die unsere Natur und unser Temperament verdreht und für unsere geistige Sehschwäche verantwortlich ist. Diese vier Worte herrschen überall. Walpurga lässt sich von ihnen beeinflussen, während Hansei einen ganz anderen, den einzig wahren Maßstab hat. Ohne es zu wissen, verhält er sich genauso, wie Gunther es getan hätte.

Die erste und einzige Pflicht des Menschen besteht darin, seinen Seelenfrieden zu bewahren. Es sollte ihm völlig gleichgültig sein, „was die Leute sagen werden". Diese Frage macht den Geist heimatlos. Tue das Richtige und fürchte dich vor nichts! Seien Sie versichert, dass Sie die Welt trotz all Ihrer Rücksichtnahme niemals befriedigen können. Aber wenn Sie auf Ihre eigene Weise weitermachen, gleichgültig gegenüber dem Lob oder der Tadel anderer, haben Sie die Welt erobert, und sie unterwirft sich Ihnen fröhlich. Solange es dir wichtig ist, „was die Leute sagen werden", solange bist du der Sklave anderer.

———

Ich glaube, dass ich weiß, was ich getan habe. Ich habe kein Mitleid mit mir selbst. Das ist mein volles Geständnis.

Ich habe gesündigt – nicht gegen die Natur, sondern gegen die Regeln der Welt. Ist das Sünde? Schauen Sie sich die hohen Kiefern dort im Wald an. Je höher der Baum wächst, desto mehr sterben die unteren Zweige ab, und so wird der Baum im dichten Wald von seinen Artgenossen beschützt und geborgen, kann sich aber dennoch nicht nach allen Seiten entwickeln.

Ich wollte ein erfülltes und vollständiges Leben führen und dennoch im Wald sein, in der Welt und dennoch in der Gesellschaft sein. Aber wer so leben will, muss in der Einsamkeit bleiben. Sobald wir Mitglieder der Gesellschaft werden, hören wir auf, bloße Geschöpfe der Natur zu sein. Natur und Moral sind gleichberechtigt und müssen miteinander einen Vertrag schließen, und wo es zwei gleichberechtigte Mächte gibt, muss es gegenseitige Zugeständnisse geben.

Hierin liegt meine Sünde.

Wer ein Leben allein in der Natur führen will, muss sich dem Schutz der Moral entziehen, ich habe weder das eine noch das andere vollständig gewollt; daher war ich zerschmettert und zerschmettert.

Die letzte Aktion meines Vaters war richtig. Er rächte das moralische Gesetz, das ebenso menschlich ist wie das Naturgesetz. Die Tierwelt kennt weder Vater noch Mutter, sobald die Jungen in der Lage sind, für sich selbst zu sorgen. Die menschliche Welt kennt sie und muss sie heilig halten.

Ich sehe das alles ganz klar. Meine Leiden und meine Sühne sind verdient. Ich war ein Dieb! Ich habe die höchsten Schätze von allen gestohlen: Vertrauen, Liebe, Ehre, Respekt, Pracht.

Wie edel und erhaben erscheinen sich die zarten Seelen, wenn ein armer Schurke ins Gefängnis kommt, weil er einen Diebstahl begangen hat! Aber was sind alle Besitztümer, die weggetragen werden können, im Vergleich zu denen, die immateriell sind!

Diejenigen, die vor Gericht gestellt werden, sind nicht immer die Niedrigsten der Menschheit.

Ich erkenne meine Sünde an und meine Reue ist aufrichtig.

Meine tödliche Sünde, die Sünde, für die ich jetzt büße, bestand darin, dass ich verstellte, dass ich das verleugnete und abschwächte, was ich mir selbst als ein natürliches Recht vorstellte. Gegen die Königin habe ich am schlimmsten gesündigt. Für mich repräsentiert sie die moralische Ordnung, die ich verletzt habe und die ich dennoch genießen wollte.

Dir, oh Königin, Dir, der Schönen, Guten und Tiefverletzten, gestehe ich das alles!

Wenn ich vor Ihnen sterbe – und das hoffe ich –, sollen Ihnen diese Seiten gegeben werden.

—————

Wir können die Natur nicht als unseren einzigen Führer nehmen. Wer seinem Gesetz folgt, hat keinen Anteil, kein Erbe an der Welt der Geschichte. Er weiß nichts von den Wesen, die vor ihm gelebt haben und die dazu beigetragen haben, die Welt zu dem zu machen, was sie ist. Mit ihm ist die Welt unfruchtbar; mit ihm stirbt es. Wer nur den Naturgesetzen folgt und sich einredet, dass er damit das Richtige tut, leugnet die Menschlichkeit und leugnet gleichzeitig, dass die Menschheit eine Geschichte hat, die nicht durch ihn allein repräsentiert wird, sondern vor ihm existiert hat und jetzt existiert ohne ihn. Trotz Glanz und Firnis ist derjenige, der die Menschlichkeit leugnet, nichts weiter als ein Wilder. Er steht ohne die blasse Zivilisation. Alles, was er an den Früchten der Kultur tut, trägt oder genießt, ist nur Diebstahl. Er sollte kein Lied singen, außer dem, was ihm natürlich ist, wie der Vogel, der sein Gefieder und seinen Gesang mit in die Welt bringt und kein besonderes Gewand oder besondere Töne hat; denn dort ist alles Art, alles ist das Gesetz der Natur.

Darin allein liegt die Wahrheit.

—————

Vor allem Recht und Pflicht steht die Liebe, die den Liebhaber und die Geliebte zur reinen Entfaltung ihrer Natur führt.

Wehe denen, die seine göttliche Mission entweihen!

—————

Auch das Schicksal meines Vaters ist mir jetzt klar. Er wollte für sich selbst leben und sich vervollkommnen; und doch hatte er Kinder, deren Liebe und Zuneigung er beanspruchte. Sein Tod war eine der schrecklichen Folgen seines Lebens. Das macht mich jedoch nicht unschuldig, und er hat sich mir gegenüber gerecht verhalten.

Ich habe keine Lust, Entschuldigungen für irgendetwas anzubieten, was ich getan habe. Ich möchte ganz ehrlich sein. Das ist mein einziges Glück, mein einziger Stolz.

—————

Ihr Wert hängt davon ab, was Sie sind; nicht auf dem, was du hast.

—————

Ich habe das Zentrum gefunden, um das sich mein Geist dreht.

In den letzten Tagen kam es mir so vor, als wäre die schreckliche Strafe meines Vaters nie vollstreckt worden, als wäre sie nur eine schuldige Ahnung meiner eigenen Einbildung.

Was hat diesen plötzlichen Gedanken hervorgerufen, der mich nicht verlassen will?

Ich weiß! Ich weiß! Was auch immer passiert sein mag, es ist jetzt gesühnt! Es kann ein erneuertes Leben geben, eine Befreiung, die wir selbst erreichen können, und ich habe das Gefühl, dass mir dies gewährt wurde. Ich bin wieder frei! Ich kann in die Welt zurückkehren und den Verband von meiner Stirn entfernen!

Zur Welt! Was ist die Welt? Ich habe es in mir. Ich bin in der Welt und die Welt ist in mir. Ich bin!

Ich habe zum ersten Mal wieder gesungen. Oh, wie gut hat es mir getan! Niemand außer mir hörte mich.

Kein Vogel singt für sich selbst; es singt für seinen Partner. Der Mensch allein kann für sich selbst singen und denken. Er allein besitzt Selbstbewusstsein.

Die Ruhe des Morgens, die mir immer so am Herzen liegt, scheint nun den ganzen Tag anzuhalten.

Der Bach da drüben scheint oft viel lauter zu rauschen als zu anderen Zeiten. Das liegt daran, dass ein plötzlicher Wind es erfasst und die Schallwellen zu mir trägt.

(Bei der Arbeit.) – Wenn das Material, an dem wir arbeiten, hart und unnachgiebig ist, lernen wir, aus der Notwendigkeit eine Tugend zu machen. Oft stoße ich auf Veränderungen in der Faser oder Maserung, die neue Schönheiten oder Missbildungen erfordern. Ich bringe oft Berührungen zum Vorschein, die ich nicht beabsichtigt hatte, und diejenigen, die ich beabsichtigt habe, werden ganz anders, als ich erwartet hatte, einfach weil das Holz ebenso der Meister ist wie meine Hand. Lack, gesegneter Freund in Not, deckt sowohl Schönheiten als auch Mängel ab.

Wir erschaffen nichts. Wir gestalten und entdecken lediglich das, was bereits existiert und das sich ohne unsere Hilfe nicht aus dem Chaos befreien kann.

Oh, ich habe das Gefühl, endlich die ganze Welt und die gesamte Kunst und Arbeit zu verstehen. Ich habe das Gefühl, dass meine Sehnsüchte nach dem Unendlichen gestillt werden.

Ich kenne jetzt die Ursache für den Konflikt zwischen unseren erhabenen Gedanken und unserem Leben voller Kleinigkeiten.

Hansei, Walpurga, der König, die Königin, Günther, Emma – was sind sie alle? Nur ein Tropfen auf den heißen Stein der Menschheit. Wenn ich mich als Teil des Ganzen betrachte, vergesse ich sie alle. Das zerstört die Liebe zum Einzelnen; Verlangen und Vergnügen hören auf und mit ihnen auch Leidenschaft und Kummer.

Und was bin ich? Was bleibt mir noch übrig? Wir können uns das große und vollständige Ganze vorstellen, während unsere Liebe nur dem Einzelnen gelten kann, dem, was uns am nächsten ist. Und der Nächste von allen ist Gott, die große Idee des universellen Gesetzes.

———

Walpurga macht sich große Sorgen um mich. Sie kommt oft zu mir und es scheint, als wolle sie etwas sagen. Sie sieht mich so seltsam an und sagt doch nichts. Sie erzählt mir immer wieder, wie schön es in der Schäferhütte sein wird und wie ruhig und glücklich ich dort oben sein werde. Sie wünschte, die Berge wären bereits vom Schnee befreit. Sie möchte, dass ich von hier weg bin und sagt, dass ich bald stark werden würde. Und trotzdem fühle ich mich nicht krank, aber sie sagt immer: „Du strahlst so!"

Es kommt mir vor, als hätte ich meine Rechnung mit der Welt beglichen. Ich bin vollkommen ruhig, und es kann sein, dass dieses Gefühl seine Strahlkraft auf mich ausübt. Ich konnte die Welt nicht länger fürchten. Ich könnte wieder unter Menschen leben, denn ich fühle mich frei. Nichts mehr kann mich verletzen.

———

Ich verspüre den Wunsch nach vollkommenerer Einsamkeit. Werde ich dort oben größere Abgeschiedenheit und tiefere Stille finden? Es kommt mir vor, als hätte ich jemals die Worte „einsam wie der Tod" gehört. (murmelseelenallein.) Oh, du gesegnete deutsche Zunge! Was für ein Segen ist es, dass ich ohne Anstrengung die reichen Bestände meiner Muttersprache in mir trage und dass ich, wenn Gedanken aus allen Ecken und Enden des Gehirns hervorsprudeln, über ein Wortgefäß zur Verfügung habe, mit dem ich sie bedienen kann die Idee erhalten. Mir kommt es so vor, als müsste ich wegen dieses Besitzes ständig reden, schreiben und mich freuen.

Ich muss abbrechen. Unsere geheimnisvollsten, tiefsten Gedanken sind wie der Vogel auf dem Ast. Er singt, aber sobald er sieht, dass ein Auge ihn beobachtet, fliegt er davon.

Ich kann jetzt die Jahreszeit und oft auch die Tageszeit genau daran erkennen, wie morgens die ersten Sonnenstrahlen in mein Zimmer und auf meine Werkbank fallen. Mein Meißel hängt vor mir an der Wand und ist mein Index.

Die nieselnden Frühlingsschauer fallen jetzt auf die Bäume – und so ist es auch bei mir. Es scheint, als ob eine neue Freude auf mich wartete. Was kann es sein? Ich werde geduldig warten!

Ein seltsames Gefühl überkommt mich, als ob ich von dem Stuhl, auf dem ich sitze, hochgehoben würde und fliege, ich weiß nicht wohin!

Was ist es? Es kommt mir vor, als würde ich in der Ewigkeit wohnen.

Alles scheint auf mich zuzufliegen; das Sonnenlicht und der Sonnenschein, das Rauschen der Wälder und die Waldbrise, Wesen jeden Alters und jeder Art – alles erscheint schön und durchscheinend durch den Schein der Sonne.

Ich bin!

Ich bin in Gott!

Wenn ich jetzt nur sterben und durch diese Freude zur Auflösung und Erlösung getragen werden könnte!

Aber ich werde weiterleben, bis meine Stunde kommt.

Komm, du dunkle Stunde, wann immer du willst! Für mich bist du Licht!

Ich spüre, dass in mir Licht ist. O ewiger Geist des Universums, ich bin eins mit dir!

Ich war tot und ich lebe – ich werde sterben und doch leben.

Alles ist vergeben und ausgelöscht. – Da war Staub auf meinen Flügeln. – Ich schwebe hoch in die Sonne und in den unendlichen Raum. Ich werde singend aus der Fülle meiner Seele sterben. Soll ich singen!

Genug.

Ich weiß, dass ich wieder düster und deprimiert sein und ein müdes Dasein führen werde, aber ich bin einmal in die Unendlichkeit aufgestiegen und habe einen Strahl der Ewigkeit in mir gespürt. Dass ich nie wieder verlieren werde. Ich möchte in ein Kloster gehen, in eine stille, abgeschiedene Zelle, wo ich nichts von der Welt wüsste und in mir selbst weiterleben könnte, bis der Tod mich ruft. Aber es soll nicht sein. Ich bin dazu bestimmt, in Freiheit weiterzuleben und zu arbeiten; mit meinen Mitmenschen zu leben und für sie zu arbeiten.

Die Ergebnisse meiner Handarbeit und meiner Vorstellungskraft gehören Ihnen; aber was ich in mir selbst bin, gehört mir allein.

———

Ich habe hier von allem Abschied genommen; von meinem stillen Zimmer, von meiner Sommerbank; denn ich weiß nicht, ob ich jemals zurückkehren werde. Und wenn ja, wer weiß, was mir sonst alles fremd geworden ist?

———

(Letzte Seite mit Bleistift geschrieben.) – Es ist mein Wunsch, dass ich, wenn ich tot bin, in ein einfaches Leinentuch gewickelt, in einen rauen, ungehobelten Sarg gelegt und unter dem Apfelbaum auf der Straße begraben werde das führt zu meiner väterlichen Villa. Ich wünsche mir, dass mein Bruder und andere Verwandte sofort von meinem Tod erfahren und dass sie mein Grab nicht am Wegesrand stören.

Kein Stein, kein Name soll mein Grab markieren.

BUCH VIII.

KAPITEL I.

Günther erhielt seine Entlassung. Befriedigt von seiner Erfahrung mit der Welt zog er sich aus ihrem ablenkenden und geschäftigen Tumult zurück. Alte und liebevolle Beziehungen machten es seiner Familie nicht leicht, ihre Zuneigung auf ein neues Zuhause zu übertragen – und doch gelang die Veränderung, ohne die Einheit der Gefühle und Zuneigung zu beeinträchtigen. Diese beiden reinen Götter, Liebe und Wissenschaft, folgten Gunther über die Berge hinaus und sein Herz war frei von Groll.

Ihr Heimatkreis war nun wieder perfekt. Wie von einer Reise um die Welt zurückgekehrt, befand sich Gunther wieder am Ausgangspunkt – denn er wusste, dass ein freies und unabhängiges Leben für ihn und ihn die Quelle der veredelndsten und schönsten Einflüsse sein würde.

Natürlich vermissten sie die Anwesenheit eines gebildeten Kreises, seine verfeinernden Einflüsse und die Gelegenheit, die er zum Gedankenaustausch bot. Aber er hatte das Gefühl, dass sie den Test bestehen und beweisen würden, dass sie das alles aufgeben könnten, ohne es groß zu verpassen. Unmittelbar nach seiner Entlassung erhielt er das überaus schmeichelhafte Angebot einer Professur an einer der großen Universitäten. Er lehnte die angebotene Stelle ab. Es war eine seit langem gehegte Idee von ihm, seine Kenntnisse in bestimmten Zweigen der Wissenschaft zu verbessern und bestimmte wissenschaftliche Arbeiten abzuschließen, von denen er bisher nur die Umrisse skizziert hatte. Es schmerzte ihn oft, dass er die Welt verlassen könnte, weil er selbst unvollständig war und viel unvollendete Arbeit hinter sich ließ. Das Leben am Hofe mit seinen ständigen Veränderungen und Unterbrechungen macht zusammenhängendes Denken unmöglich. Jeden Morgen in voller Rüstung Wache halten; bereit sein, jederzeit bereit zu sein, selbst das wichtigste Thema in lockerer Konversationsform zu besprechen: – ein solches Leben wird, wenn es mehrere Jahre lang beharrt, trotz aller gegenteiligen Bemühungen tendenziell tendieren die innere Natur eines Menschen verletzen.

Zum Glück für Günther verliehen ihm wissenschaftliche Studien und häusliche Einflüsse immer wieder neue Kraft. Aber er hatte oft Angst, er könnte sein Leben vergeuden und allmählich seine Individualität verlieren. Bis zu einem gewissen Grad war er durchaus bereit, sich uniformieren zu lassen; er gab sogar zu, dass es sowohl notwendig als auch erfreulich war, da es ein Überbleibsel jener geistigen und politischen Disziplin darstellte, die Individuen vereint und nutzt, die sonst unpassend und verstreut wären. Aber gleichzeitig war Günther bestrebt, jede Veränderung in sich selbst zu verhindern. Er bemerkte oft und mit besonderem Nachdruck, dass derjenige, der zulässt, dass einer seiner wesentlichen Merkmale auf diese Weise verändert wird, von der Welt unterworfen und getötet wurde und aufgehört hat, als er selbst zu existieren.

Als er jeden Tag vor Gericht erschien, kam er gleichsam aus einer fremden und fernen Sphäre. Und das war der Grund für die strenge und fast unnachgiebige Art, die man so oft an ihm beobachtete. Er war jedoch nachsichtig gegenüber der Oberflächlichkeit und dem bloßen Wunsch zu gefallen , denen er am Hof begegnete, denn er wusste genau, dass dort, wo Charakterstärke oder Tiefe der Kultur nicht die Quelle des Lebens nähren, unbedingt Vorsorge getroffen werden musste jede Stunde, und auch die unvermeidliche Tendenz, das ganze Leben auf die täglichen Angelegenheiten eines kleinen und exklusiven Kreises zu konzentrieren.

Günthers sogenannte Unflexibilität lag auch darin, dass er nie den Schwerpunkt verlagerte und so auch dann, wenn die Stütze zurückgezogen schien, standhaft bleiben konnte und keine Kraft von außen suchen musste. Und als nun der plötzliche, aber keineswegs unerwartete Bruch eintrat, war es leicht genug, den Geheimrat beiseite zu legen und der Arzt zu bleiben. Er hatte bald jede Spur von Unmut überwunden, die sein großer und plötzlicher Sturz hervorgerufen hatte. Er bedauerte, seine vielen Freunde in der Hauptstadt und insbesondere die Königin zurückgelassen zu haben. Er wusste, dass er ihr dennoch von großem Nutzen hätte sein können; „aber dann", sagte er sich, „wird es für sie viel besser sein, Kraft aus sich selbst zu suchen und zu gewinnen, und zwar ohne die Hilfe anderer."

So verließ Gunther die Hauptstadt und verwirklichte damit seinen lebenslangen Wunsch, in seine Geburtsstadt zurückzukehren.

Er hatte fast sein siebzigstes Jahr erreicht und betrachtete den Rest des Lebens als einen friedlichen Abend der Ruhe – den Lohn einer gut verbrachten Menschheit. Er wollte seine Rechnungen so weit wie möglich mit Wissen abschließen, damit die Nacht ihn nicht überholte, solange noch so viel unvollendet war.

Vor einigen Jahren hatte Gunther in seiner Heimatstadt ein bescheidenes Haus gebaut und es als Sommerresidenz für seine Familie gedacht, als seine Kinder noch klein waren. Und nun sollte dieses Haus für den Rest seines Lebens als Ruhestätte dienen. Madame Gunther und die Kinder hatten sich fröhlich von ihren alten Verbindungen verabschiedet. Sie verabschiedeten sich von Freunden, die ihnen am Herzen lagen. Aber ihr Leben lag in ihrem Zuhause, und dieses Zuhause mit all seinen sichtbaren und unsichtbaren Schätzen begleitete sie zu ihrem neuen Wohnsitz.

Gunthers Schwester war die einzige Verwandte, die er in der kleinen Stadt im Hochland hatte. Sie war eine aktive, geschäftige Gastgeberin. Der Vater, ein Landarzt, starb, während Gunther an der Universität studierte. Wilhelm war schon immer das Idol der Familie gewesen, und die Schwester – wie auch die Mutter bis zu ihrem Tod – hatte ihn immer als eine Art mutigen und erfolgreichen Navigator angesehen. Mit Hilfe ihrer erwachsenen Söhne und Töchter hatte die Schwester ihre neue Wohnung in Ordnung gebracht. Gunthers charmantes Haus wurde bald zum Anziehungspunkt der kleinen Stadt und war auf seine Weise fast so wichtig wie der königliche Palast in der Hauptstadt.

Wertschätzung und Dankbarkeit waren die unsichtbaren Wachen, die das Haus bewachten. Die respektvolle Art und Weise, mit der die Besucher es betraten, bewies, dass nur Wohlerzogenheit es wagt, diese Schwelle zu überschreiten.

Gunthers Schwester, die Gastgeberin der Rose, erntete neue Ehren, und als sich ihre beiden Söhne und eine Tochter innerhalb kurzer Zeit verlobten, galt es als unschätzbares Glück, mit der Familie der Rose verbunden zu werden Geheimrat. Jeder Fremde, der die Stadt besuchte, wurde schnell über diesen angesehenen Bürger und sein charmantes Haus informiert.

In Gunthers Haus herrschte eine friedliche Atmosphäre. Es schien ein wahrer Tempel der Wissenschaft und Schönheit zu sein. Es war schwer zu entscheiden, ob es im Sommer oder im Winter schöner war. Im Sommer war es natürlich weniger wahrscheinlich, zu erfahren, wie vertraut die Bewohner mit allem waren, was das häusliche Leben zu schmücken pflegt. Wenn die Gärten in der Nachbarschaft weniger ordentlich angelegt wären, ihre Sitzplätze weniger bequem und gemütlich, die Aussichtspunkte weniger kunstvoll gewählt wären – ihre Hecken und Bäume wären genauso leuchtend grün und die Aussicht genauso schön. Aber im Winter, wenn der Mensch sein Zuhause schmückt und wenn er nichts an sich hat als die kleine Welt, die er selbst gestaltet und eingerichtet hat, dann und nur dann können wir sehen, was für ein schönes Zuhause von denen geschaffen werden kann, deren Licht und Wärme sind aus sich selbst abgeleitet.

Wenn ein halb erfrorener Reisender, der von den schneebedeckten Bergen herabsteigt, sofort zu Gunthers Haus geführt worden wäre, hätte er sich eingebildet, er sei in einer Oase der Zivilisation gelandet.

Salbe! war die Inschrift über der Tür. Architektonisch war das Gebäude eine Verbesserung gegenüber dem üblichen Landhaus. Das Dach ragte beträchtlich vor, denn man musste verhindern, dass sich der Schnee vor den Fenstern türmte; aber dieses vorspringende Dach war mit geschmackvollen Schnitzereien verziert. Die Stufen waren mit Winterpflanzen bedeckt, die Wände mit Gipskopien des Parthenon verziert, die Räume waren ordentlich eingerichtet und jedes Möbelstück richtig platziert. Es gab auch fein gravierte Kopien der erlesensten Gemälde und abwechselnd Statuetten der großen Männer aller Zeiten. Überall hingen Kunstwerke aus Marmor, Gips oder

Bronze, die dem berühmten Arzt von seinen Bewunderern, vor allem vom schönen Geschlecht, geschickt worden waren. Zwei ausgestopfte Bären, die ihm eine russische Prinzessin geschickt hatte und die ihm als Fußhocker dienten, sorgten für großes Aufsehen in der Stadt.

Die Zimmer waren nie übermäßig warm. Es herrschte eine angenehme Temperatur, in der Menschen und Pflanzen gedeihen konnten. An den Fenstern und in den Ecken des Raumes wurden große Blattpflanzen aufgestellt. Es gab auch eine Marmorbüste von Gunther, die Irmas Lehrer vor Jahren angefertigt hatte. Es stand auf einer Konsole und war von Blumen umgeben.

Gunther war als Damenarzt bekannt und stand daher in Briefkontakt mit vielen Damen der höheren Gesellschaftsschichten. Während des Sommers besuchten einige von ihnen gelegentlich die kleine Stadt, um ihn zu konsultieren, und verlängerten manchmal ihren Aufenthalt über die vorgesehene Zeit hinaus. Die Gastgeberin des Rose hatte zwei Häuser neben ihrem eigenen eingerichtet und ihnen die Obhut für zwei ihrer Kinder übertragen, natürlich unter ihrer eigenen sorgfältigen Aufsicht. Und hier wohnten die kranken Besucher während ihrer Behandlung. Gunther überließ einen großen Teil seiner Praxis einem jungen Arzt, der die zweite Tochter seiner Schwester geheiratet hatte, behielt aber die Oberaufsicht in seinen eigenen Händen.

Die kleine Stadt segnete ihren angesehenen und wohltätigen Bürger. Das Beste von allem fand immer den Weg zu Gunthers Haus. Erlesener Fisch, bestes Wild, frühes Gemüse und feinstes Obst wurden dorthin gebracht, und Madame Gunther hatte alle Mühe, zu verhindern, dass die Leute das Haus überfüllten. Sogar ihre Diener wurden geehrt. Seit sie in die Stadt gezogen waren, hatten sie nicht ein einziges Mal ihre Hausangestellten gewechselt, die ständig bemüht waren, sich nützlicher und zuvorkommender zu machen. Sogar der Hund und das Maultier, die Günther für seine Bergtouren besorgt hatte, wurden von den Bürgern mit Freude betrachtet.

KAPITEL II.

Es war im zeitigen Frühjahr. Madame Gunther und ihre beiden Töchter saßen am Fenster und arbeiteten. Ein hellhaariges kleines Mädchen, fast fünf Jahre alt, spielte auf dem Boden und die drei Damen betrachteten es oft mit liebevollen Blicken. Tante Paula schien ihr Favorit zu sein, und die meisten Fragen des Kindes waren an sie gerichtet.

Der Wohnsitzwechsel hatte bei Madame Gunther keine Veränderung bewirkt. Sie war immer noch so würdevoll und vornehm wie früher, und jedes Kleid, das sie trug, schien, wie ihre Freunde in der Hauptstadt zu sagen pflegten, als hätte sie es zum ersten Mal angezogen.

Die Witwe des Professors war etwas kräftiger geworden, und die gewachsene Paula war das jugendliche Abbild ihrer Mutter.

„Darf ich jetzt Großvater anrufen?" fragte die kleine Cornelia, die bemerkte, dass der runde Tisch in der Mitte des Raumes für das zweite Frühstück gedeckt war.

„Noch nicht, aber bald", antwortete Paula.

Günther war noch in seinem Arbeitszimmer. Es war einfach eingerichtet, mit einer kleinen, aber feinen Bibliothek ausgestattet und mit passenden Bronzen geschmückt. Gunthers Kleidung war an seinem Arbeitstisch so peinlich genau, als rechnete er damit, jeden Moment vor Gericht geladen zu werden. Er stand das ganze Jahr über immer um fünf Uhr auf und hatte einen ganzen Tag lang gearbeitet, als andere gerade erst mit dem Tag begannen. Nur in unvermeidbaren Ausnahmefällen ließ er sich morgens stören.

Er hat viel geschrieben. In der Hauptstadt ging das Gerücht um, dass er damit beschäftigt sei, seine Memoiren vorzubereiten, und dass er, wenn er die Lust gehabt hätte, viel zu erzählen gehabt hätte; Denn wer war mit der geheimen Geschichte der letzten und der gegenwärtigen Regierung so vertraut wie er? Aber er hielt es für seine Pflicht, über andere Themen zu schreiben. Er bemühte sich, eine Wissenschaft vom Leben zu konstruieren, die auf den kombinierten Ergebnissen des Studiums der Natur und praktischen Kenntnissen der Welt basierte. Ein leichtes Leuchten würde sich über seine Wangen legen, und seine Augen würden unwillkürlich in die weite Ferne blicken, wenn ihm vor seinem geistigen Auge ein schwieriges Problem klar wird, das ihm bisher entgangen war. In solchen Momenten erhob er sich wie von einer inneren Kraft getrieben von seinem Sitz, und seine Brust hob sich vor Rührung, bei dem Gedanken, dass er mit ebenso großer Gleichgültigkeit die geheimen Quellen seines Charakters und seiner Gewohnheiten bloßlegte Überlegungen, als wäre er mit einer physiologischen Vorbereitung beschäftigt.

Der Blick aus Gunthers Fenstern, die jeweils aus einer einzigen Glasscheibe bestanden, reichte bis zu den fernen Bergen. Weit oben auf der Anhöhe gab es eine kleine Lichtung, die mit bloßem Auge kaum zu erkennen war. Bis auf eine kleine Lücke im Wald war nichts zu erkennen, und obwohl bekannt war, dass dort der Grundbesitz lag, waren die weitläufigen Grundstücke außer Sichtweite. Irma hatte dort oben fast vier Jahre lang gearbeitet und über ihren Sorgen gebrütet, während Günther inzwischen an seinem Eichentisch saß und seine „Beiträge zur Wissenschaft des Lebens" schrieb. Sein Blick ruhte oft auf den fernen Höhen, aber er ahnte nicht, dass, während er in aller Ruhe die Früchte seiner Erfahrung sammelte, dort oben eine andere Seele ihre Kraft in dem vergeblichen Bemühen verschwendete, das Rätsel des Lebens zu lösen.

Als er sich mit der Schwierigkeit beschäftigte, der Natur und der Bildung ihren relativen Anteil an der Bestimmung von Verhalten und Charakter zuzuordnen, boten sich seiner Fantasie Hunderte verschiedener Bilder. Bei all diesen Untersuchungen waren Tote und Lebende eins. Die einzige Frage, die er sich stellte, war: Inwieweit veranschaulichen sie die ewige Idee? Eberhards Gestalt erschien ihm oft; manchmal in der ganzen taufrischen Frische der Jugend; bei anderen in seinem letzten, traurigen Aspekt. Irma wurde ebenfalls vom Geist des Wissens gerufen und sollte, obwohl sie nie namentlich erwähnt wurde, den gegenwärtigen gestörten Zustand der öffentlichen Meinung veranschaulichen.

An diesem Tag waren viele von Gunthers Gedanken bei Irma.

Es klopfte sanft an der Tür. Sein Enkelkind trat ein, und Gunthers Gesicht erhellte sich bei ihrem Anblick. Stundenlang waren seine Gedanken bei großen Abstraktionen, bei vergangenen Erinnerungen und bei allgemeinen Gesetzen gewesen, und nun begrüßte ihn eine unbeschwerte und fröhliche Kindheit. Er ging mit seiner Enkelin ins Wohnzimmer.

Die Familie setzte sich an den Tisch. Briefe und Zeitungen blieben unberührt, bis das Essen beendet war.

„Ist Adolph pünktlich losgefahren?" fragte Günther.

Er erhielt eine vollständige und eindeutige Antwort. Gunthers Sohn, dem die Chemiefabrik in der Hauptstadt gehörte, war mehrere Tage lang bei seinen Eltern zu Besuch. Er war am Morgen gegangen, aber Günther hatte sich am Abend zuvor verabschiedet. Es war eine eigenartige, aber wohlüberlegte Sitte von ihm, der Aufregung der Abschiedsstunde zu entgehen. Sie hatten viele Besucher, denn ihr Haus war im besten Sinne des Wortes gastfreundlich; aber Gunther ließ nicht zu, dass ihn die Morgenstunde störte.

Es war eine fröhliche Frühstücksparty. Paula bemerkte, dass der Frühling sicherlich gekommen sei, denn der Holzschnitzer, der in der Nachbarschaft wohnte, habe seine alten Filzschuhe aus dem Fenster geworfen, und dass dies ein noch sichereres Zeichen sei als die Ankunft der Schwalben.

Nach dem Frühstück nahm Günther seine Briefe entgegen, prüfte sorgfältig die Adresse und den Poststempel jedes einzelnen und ordnete sie in der Reihenfolge, in der sie gelesen werden sollten.

Das erste, das er öffnete, trug das Siegel des Außenministeriums. Es war von Bronnen, der seit seiner Ernennung zum höchsten Regierungsamt einen regelmäßigen Briefwechsel mit seinem alten Freund Günther geführt und ihn tatsächlich zweimal in seiner neuen Heimat besucht hatte.

Gunthers Gesicht hellte sich auf, als er den Brief las. Nachdem er es beendet hatte, legte er es ruhig beiseite und sagte:

„Freund Bronnen hat vor, uns in Kürze einen Besuch abzustatten."

Paula wandte sich schnell ab und bückte sich, um ihre kleine Nichte zu küssen. Obwohl Gunther noch las, entging ihm ihre Bewegung nicht. Nachdem er den Rest seiner Briefe durchgesehen hatte, griff er zu den Zeitungen. Er war in nachdenklicher Stimmung und bat Paula hin und wieder, ihm bestimmte Passagen vorzulesen.

„Man wünscht sich oft", sagte er, „das heißt, ich habe oft andere den Wunsch äußern hören, nach dem Tod wieder auf die Welt herabblicken zu können." Es ist jedoch nur eine Phrase, die scheint tief nur für diejenigen, die es nicht richtig abgewogen haben. Alles, was wir besitzen, sehen oder verstehen, liegt in der Welt, in der wir leben und uns bewegen.

Die Bemerkung schien einzigartig zu sein, und Paula wollte gerade eine Frage stellen, als ein Zeichen ihrer Mutter andeutete, dass sie es besser lassen sollte. Die Idee hatte sich offensichtlich von einer Argumentationskette gelöst, die den Geist des einsamen Philosophen beschäftigt hatte.

„Du wirst mehrere Briefe für mich beantworten müssen", sagte Günther zu Paula, die als seine Sekretärin fungierte. "Mitkommen!"

Er wollte gerade den Raum verlassen, als ein besonderer Bote mit einem Brief für ihn eintraf. Es war mit blauer Tinte geschrieben und stammte von der Königin. Gunther öffnete es und las Folgendes:

„... *5. April*.

„Ihr Brief scheint mit einer frischen Bergbrise beladen zu sein. Wenn ich keine Angst hätte, dass Sie ihn für unvereinbar mit der Würde des Themas halten könnten, würde ich Sie bitten, mir die Zusammenfassung Ihrer Lebensphilosophie in Briefform zu geben. Was nicht geht Das, was auf diese

Weise gegeben wird, hat noch keine kommunikative Form angenommen. In einem Brief haben wir die Wirkung der persönlichen Anwesenheit des Verfassers. Und glauben Sie mir, denn ich weiß, was ich spreche, Sie können sich nicht vorstellen, wie sehr Ihre Ideen an Eindringlichkeit verlieren , wenn Sie sie sozusagen von sich selbst entfernen und den Eindruck erwecken, als hätte ein anderer das Gleiche gesagt. Ein Brief hat eine eigene Stimme, und während ich schreibe, werde ich daran erinnert, dass Sie Freund Horaz schrieb Briefe in Versen und die Apostel bedienten sich auch der Briefform.

„Deine Bemerkung, dass die unzähligen Lebensformen, die du von Zeit zu Zeit gesehen hast, sich jetzt um deine Rinde drängen, als wären sie Charons, hat mich ziemlich unwohl gefühlt. Ich kann mir nicht vorstellen, dass du uns nur in die Bereiche der Dunkelheit führst." Das Problem, vor dem Sie stehen, ist das Wissen über das Leben. Ich muss Ihre Bedeutung falsch verstanden haben. Ich nehme an, dass Sie jede Gruppe oder Epoche so behandeln, als wäre sie ein Individuum, und dass Sie mit feiner Berührung jedes Pulsieren davon wahrnehmen.

„Es ist ziemlich reizvoll zu glauben, dass meine bescheidenen Taten im großen Gang der menschlichen Entwicklung überhaupt Platz finden können. Ich bin mir sehr wohl bewusst, dass mein Interesse an wohltätigen Institutionen episodisch und unvollständig ist; und doch setze ich mich mit ganzem Herzen für sie ein." . Und das bin ich dir schuldig. Wir wissen, wie klein und unvollkommen unser Leben ist, aber wir müssen nach Größe und Vollkommenheit streben und können am besten dazu beitragen, indem wir die kleinen Pflichten, die vor uns liegen, treu erfüllen. Für andere zu arbeiten rettet einen aus der Selbstbeobachtung und erweitert so den Geist. Wenn wir uns mit Selbstbetrachtung beschäftigen, neigen wir dazu, uns selbst entweder zu schmeichelhaft oder zu abwertend einzuschätzen. Nur an dem, was wir erreichen können, können wir unseren Wert wirklich messen . Ich frage mich oft, ob ich das alles jemals hätte realisieren können, wenn ich im Besitz des vollkommenen Glücks geblieben wäre. Meine Neigung ging in eine andere Richtung. Ich hatte eine Vorliebe und vielleicht auch ein gewisses Talent für die Kultivierung des Schönen und hatte das Ziel Schmücke das Leben mit Festen. Das Schicksal hat es anders beschlossen, und es ist gut so. Es sollte kein Fest gefeiert werden, obwohl es so viel Leid zu lindern gibt. Ich fühlte mich so glücklich, als ich die eine Krone trug – und jetzt muss ich die andere bereitwillig tragen.

„Zuerst war ich erfreut über Ihre Bemerkung, dass die Listen der Mitglieder wohltätiger Institutionen die einzig wahren Kirchenbücher der Neuzeit seien; aber bei genauerem Nachdenken konnte ich nicht anders, als zu der Erkenntnis zu gelangen, dass auch Sie Freidenker Terroristen sind Auch die Kirche hat Rechte, solange sie bereit ist, sich bescheiden an die Seite anderer

Bildungs- und Wohlfahrtseinrichtungen zu stellen und ihnen die gleichen Rechte zu gewähren wie sie selbst.

„Als Schirmherrin verschiedener Wohltätigkeitseinrichtungen kam ich in persönlichen Kontakt mit Damen der Mittelschicht und finde viele von ihnen außergewöhnlich kultiviert und wohlerzogen. Wie Sie sich leicht vorstellen können, war es ziemlich anstrengend, einige bürgerliche Namen zu bekommen." um für mehr als nur Showzwecke verwendet zu werden. Minister Bronnen war mir eine große Hilfe. Zu meinem Komitee für die Blindenanstalt gehört eine bezaubernde Jüdin, Madame ----, die ebenso bescheiden wie fest und entschieden im Charakter ist. Ich glaube, du hast sie mir gegenüber einmal erwähnt.

„Bei der letzten Untersuchung der Blinden war ich ziemlich empört über den Geistlichen, der ihr Schicksal als eine kluge Fügung der Vorsehung bezeichnete. Die einzige Möglichkeit, meinen Unmut über dieses Stück salbungsvoller Barbarei zum Ausdruck zu bringen, bestand darin, seines zu ignorieren Gegenwart.

„Ich lese viel Religionsgeschichte, und wenn ich auf vergangene Zeiten zurückblicke, kommt es mir vor, als säße ich an dem Wasserfall, den wir so oft gemeinsam betrachtet haben. Der Bach fließt unaufhörlich, und obwohl sich das Wasser ständig verändert, ändern sich doch seine Quelle und sein Kanal." immer das Gleiche. Seine Wellen und seine Wirbel bleiben am selben Ort; die Felsmassen, wo sie am Tag ihrer Erschaffung waren. Mit der Zeit werden die Felsen mit Moosen und Blumen bedeckt, und im Laufe vieler tausend Jahre Neue Kanäle werden durch die allmähliche Wirkung des Wassers oder durch eine plötzliche Erschütterung der Natur ausgehöhlt. So ist der Lauf der Geschichte. Wir sind bloße Tropfen, die den schäumenden, sprudelnden Strom hinunterfließen.

„Ich stelle fest, dass ich mehrere Ihrer Anfragen unbeantwortet gelassen habe. Sie äußern den Wunsch, meine Ansichten über die verschiedenen gemeinnützigen Institutionen zu erfahren. Aber hier erlebe ich sowohl die Vor- als auch die Nachteile meiner Position. Ich bin mir nie ganz sicher, ob mein Besuch dies getan hat." nicht im Voraus angekündigt und vorbereitet worden. Der Vorteil meiner Position besteht jedoch darin, dass die Armen und Unglücklichen durch meine bloße Anwesenheit oder durch ein paar Worte von mir glücklich gemacht werden. Ja, die erste Pflicht derjenigen, die es sind Es ist sehr beliebt, freundlich zu den Unglücklichen zu sein. Aber es gibt einen Gedanken, der mich immer beunruhigt: Es ist sowohl richtig als auch notwendig und vielleicht zweckmäßig, dass diese Kinder gemeinsam erzogen und betreut werden – aber diese Methode beraubt uns leider sie von dem, was die junge Seele am meisten stärkt: - Einsamkeit.

„Sie finden, dass ich heiter geworden bin, und Sie hoffen, dass es mehr als nur eine vorübergehende Stimmung ist. Ich selbst glaube, dass sich der Grundton meines Innenlebens von einer Moll- zu einer Dur-Stimmung verändert hat, aber die große Dissonanz bleibt bestehen." bleibt. Ich bitte Sie, glauben Sie nicht, ich würde dieses Gefühl fördern. Ich habe das Recht zu behaupten, dass das große Gebot: „Wenn dein Auge dich beleidigt, reiß es aus" meine innere Natur ausdrückt. Ich verstehe es so: - Wenn in Ihren Wünschen und Bemühungen etwas steckt, das Ihnen selbst oder der Welt schaden könnte, seien Sie unbarmherzig mit sich selbst und betrachten Sie es nicht als ein wesentliches Element Ihres Wesens, sondern entfernen Sie es.

„Aber, mein Freund, ich kann die Beleidigung nicht finden. Ich muss den einen großen Kummer meines Lebens ertragen. Wie oft sehne ich mich nach Erlösung! Auch er leidet, und zwar doppelt, wegen seiner Schuld. Der Gedanke überwältigt mich oft, und selbst jetzt, während ich diese Zeilen schreibe, schaudert es mich – denn der Schatten des Todes steht zwischen uns. Wie kann er ausgetrieben werden?"

„ *6. April* .

„Ich habe Ihnen noch nicht für das Beste in Ihrem Brief gedankt. Dass auch Sie über die freien und konsequenten Änderungen in der Regierung erfreut sind, tröstet mich sehr. Ich habe viel Gutes über die neue Regel gelesen, aber Ich habe genauso viel gelesen und gehört, um das Alte zu loben, und es gibt viele, die behaupten, dass es keinen Bruch gegeben hat und dass die Melodie zwar geändert wurde, die Melodie aber immer noch dieselbe ist.

„Warum sind Menschen so stolz darauf, sich nie zu verändern?

„Aber egal; solange das Gute und das Richtige zustande kommt, spielt es keine Rolle.

„Diejenigen, die unseren unmittelbaren Kreis bilden, betrachten die Auflösung der Garde als eine tatsächliche Revolution. Mir ist gerade erst klar geworden, dass sie eine privilegierte Kaste bildete, die, obwohl wir kaum von ihrer Existenz wussten, als eine angesehen wurde selbstverständlich.

„Erinnern Sie sich, dass ich Sie einmal gefragt habe, ob es wirklich glückliche Wesen auf der Erde gibt? Ihr Leben ist die Antwort auf meine Frage, und Ihr größtes Glück liegt in der Tatsache, dass Sie keine falsche Rolle zu spielen haben, nichts, was Ihrem widerspricht." Urteil und Überzeugungen.

„Jetzt erkenne ich meinen Fehler darin, Ihre Denkweise als Philosophie der Einsamkeit zu betrachten. Sie halten an der Harmonie des Lebens fest. Aber ich habe mich noch nicht von der Angst befreit, dass das, was wirklich ist, sozusagen verflüchtigt werden könnte." , was dazu führt, dass die lebenden

Formen der großen Menschenmenge verschwinden. In diesem Fall würde nur der Geist übrig bleiben oder, wenn ich es richtig verstehe, sich in der Materie verlieren, wenn alle Individualität und jede Teilnahme am tatsächlichen Leben aufhören würden.

„Ich kann nicht anders, als mich für einzelne Insassen dieser Anstalten zu interessieren. Ich kann der Sache als Ganzes helfen, aber ich kann nur einzelne Menschen lieben.“

„Eine Information, die Sie mir geben, tröstet mich sehr: dass es in der gesamten Geschichte kein Zeitalter gibt, das mit sich selbst zufrieden war. Wir träumen gern von einem goldenen Zeitalter, aber das goldene Zeitalter ist heute oder nie.“ .

„Aber nun zu den Dingen, die uns näher beschäftigen. Du bittest mich, dir von meinem kleinen Woldemar zu erzählen. Ich tue das mit Vergnügen, muss aber aufpassen, dass du dich nicht mit tausend und einem seiner kleinen Sprüche und Charakterzüge ermüdest. I Befolgen Sie Ihren Rat und bemühen Sie sich, mich für seine Fragen zu interessieren, anstatt ihm das beizubringen, was er nicht wissen möchte. Er ist sehr entschieden, sowohl in seinen Vorlieben als auch in seinen Abneigungen. Ich denke, dass das gut ist, und lassen Sie ihn seine eigenen haben Art und Weise. Seine Gesinnung gleicht weitgehend der des Königs; er ist ein großer Musikliebhaber. Ich finde es gut für ihn, dass ihm im wahrsten Sinne des Wortes schon in der Wiege gesungen wurde, obwohl die Lieder aus der Zeit stammten Lippen solch heuchlerischer Beispiele von Kultur und Einfachheit. Ach, mein lieber Freund, diese eine traurige Erinnerung wirft immer noch ihren dunklen Schatten auf alle meine Gedanken und alles, was ich sehe.“

„ 7. April.

„Und nun ist dieser lästige Brief fast zu Ende. Wir kommen zu Dir, mein lieber Freund. Woldemar und ich, ich und Woldemar.

„Ich sagte es Woldemar, und er fügte sofort in entschiedenem Ton hinzu:

„„Aber ‚Schnipp und Schnapp‘ (seine beiden Ponys) ‚müssen auch gehen‘.“

„Um es kurz zu machen – der König hat meiner Bitte entsprochen. Zum Wohle meiner Gesundheit kann ich Ihnen im Hochsommer einen vierwöchigen Besuch abstatten und Woldemar mitnehmen. Befehle wurden bereits erteilt, und Minister von Bronnen hat es getan, ich Ich habe alle notwendigen Vorkehrungen getroffen, um den Milchviehbetrieb in Ihrer Nachbarschaft für eine kleine Suite vorzubereiten.

„Dieses Jahr werden wir an Goethes Geburtstag gemeinsam spazieren gehen.

„Aber mein Brief ist schon lang genug, und ich werde kein weiteres Blatt beginnen. Wenn Sie, wie ich bereit bin zuzugeben, wirklich Macht über Ihre Heimatberge haben, sollen sie hell und wolkenlos sein und Sie und die Ihren willkommen heißen. dein Freund,

„MATHILDE.

„Nachtrag. – Bronnen hat Sie besucht. Er hatte mir viel zu erzählen, und als ich mich nach Ihrer jüngsten Tochter erkundigte, schienen seine Gesichtszüge seine Gefühle zu verraten. Habe ich mich geirrt? Erinnern Sie sich an mich für Ihre Frau und Ihre Kinder. Ich vertraue darauf, dass die Die Anwesenheit der Königin wird sie nicht in Verlegenheit bringen.

KAPITEL III.

Es scheint, als gäbe es auch im ruhigsten Leben Tage, an denen sich die ganze Welt sozusagen darauf geeinigt hat, dass Besuche und Unterbrechungen niemals aufhören sollten.

Gunther war in seinem Zimmer und hatte kaum Zeit gehabt, sich zu beruhigen, nachdem er den Brief der Königin gelesen hatte. Es war offensichtlich, dachte er, dass der König durch die Vermittlung des entlassenen Freundes eine Versöhnung zwischen ihm und seiner Gemahlin herbeiführen wollte. Günther war bereit, ihm dabei zu helfen, ließ aber nicht zu, dass sein ausgeglichener Lebensverlauf beeinträchtigt wurde. Der Hinweis der Königin in Bezug auf Bronnen stimmte mit seinen eigenen Beobachtungen überein, und in diesem Moment konnte er Paula singen hören – zum ersten Mal in diesem Jahr durch das offene Fenster – und ihre Stimme schien den Ausdruck eines Brautmondes auszudrücken. Er hatte das Gefühl, dass Paula es verdiente, glücklich zu sein, und dass ihre Ehe mit seinem hochgeschätzten Freund das Glück beider am besten fördern würde. Doch auch in diesem Fall war er fest entschlossen, seinen Geburtsort nie wieder zu verlassen.

Nachdenklich saß Günther in seinem Zimmer.

Der Diener verkündete die Frau des Gutsbesitzers.

„Nein – Walpurga!“ rief eine Stimme, und bevor der Diener die Antwort geben konnte, hatte Walpurga das Zimmer betreten.

„Ah, lieber Doktor, Sie sind unser Nachbar! Ich habe erst vor einer Minute gehört, dass Sie hier leben, und es ist kaum vier Stunden zu Fuß von unserem Bauernhof entfernt. Ja, so leben die Menschen hier: allein und abseits einander, als ob einer tot wäre.

Sie reichte Gunther die Hand, aber er war damit beschäftigt, einige Papiere einzusammeln, und fragte:

„Lebt deine Mutter noch?“

„Ach! Nein. Ach, wenn sie Doktor Günther nur noch einmal gesehen hätte! Wer weiß, ob sie nicht noch leben würde, wenn wir Sie hätten anrufen können, als sie krank war.“

Walpurga weinte bei der Erinnerung an ihre Mutter. Günther setzte sich und fragte:

"Was wollen Sie?"

"Wie was?" fragte Walpurga schnell und trocknete ihre Tränen. „Und du fragst kein einziges Mal, wie es mir geht?“

„Du bist wohlhabend und hast dich kaum verändert."

"Darf ich mich setzen?" fragte Walpurga mit besorgter Stimme. Dieser kalte Empfang von jemandem, der immer so freundlich zu ihr gewesen war, berührte sie so tief, dass sie es kaum ertragen konnte. Sie sah sich verwirrt um und sagte schließlich:

„Und willst du mich nichts mehr fragen? Wo wohne ich und wie geht es meinem Mann und meinen Kindern?"

„Walpurga", sagte Günther und erhob sich von seinem Sitz, „leg deine alte Schauspielerei beiseite."

„Was? Schauspielerei? Ich weiß nicht, was du meinst! Was habe ich mit Schauspielerei zu tun?"

„Das geht uns jetzt nichts an. Wolltest du mich etwas fragen? Oder hast du mir etwas zu sagen?"

„Natürlich; das ist genau der Grund, warum ich gekommen bin."

"Was ist es?"

„Ja; aber du scheinst so seltsam zu sein, dass meine Gedanken ganz durcheinander sind. Hansei weiß nicht, dass ich hierher gekommen bin, und keine andere Seele auf der Welt darf davon erfahren als du selbst. Ich kann ein Geheimnis für mich behalten; ich Ich habe einen behalten. Mir kann man vertrauen."

„Ich weiß es", sagte der Arzt mit harter Stimme.

„Du weißt es? Woher? Du kannst es nicht wissen, und ich werde dir auch nicht alles erzählen. Ich hätte es dir vielleicht sagen können, aber nach so einem Empfang kann ich es nicht."

„Machen Sie, was Sie wollen; sprechen Sie oder schweigen Sie; aber brechen Sie es ab, denn ich habe sehr wenig Zeit."

„Dann komme ich lieber ein andermal."

„Ich kann Sie nicht nur zum Reden empfangen. Sagen Sie mir jetzt, was Sie zu sagen haben."

„Na dann. Herr Doktor – Oh mein Gott, wenn ich daran denke, dass Sie mir nicht einmal die Hand geben – Gott sei Dank, ich weiß, wo ich zu Hause bin!"

„Hör auf mit deinem leeren Gerede!" sagte Günther und unterbrach sie noch schärfer. „Was hast du mir zu sagen? Kann ich dir irgendwie helfen?"

„Ich? Gott sei Dank, mir fehlt nichts. Ich wollte nur sagen, dass der Unterförster Steingassinger draußen auf dem Milchhof wohnt und dass seine Frau meine Freundin und Begleiterin Stasi ist. Anfang letzten Winters hat sie mir erzählt, dass der König wollte diesen Sommer hierher kommen, und ich wollte nur sagen, dass er herzlich willkommen ist, wenn er mir einen Besuch auf dem Grundstück abstatten möchte. Ich hätte vielleicht noch etwas mehr sagen können, aber ich sehe, ich sollte es besser nicht lassen. Ich würde es lieber tun einen Eid nicht brechen.

Günther nickte.

„Wenn der König dir einen Besuch abstatten möchte, werde ich ihm erzählen, was du gesagt hast.“

„Und kommt unsere liebe, gute Königin nicht auch? Ich wurde nachts oft von Wut und Kummer wach gehalten, wenn ich dachte, dass sie sich nicht um mich kümmert. Und sie versprach mir so feierlich, dass sie es tun würde . Ich kann nicht verstehen, wie es ist; aber es ist in Ordnung, nehme ich an. Und wie geht es dem kleinen Prinzen? Und stimmt es, dass du nicht dafür bist und aus dem Gericht entlassen wurdest? Und lebst du deshalb? hier in diesem kleinen Haus?“

Gunther gab ihr eine ausweichende Antwort und sagte, dass er sich um andere Dinge kümmern müsse.

Walpurga erhob sich von ihrem Sitz, konnte sich aber nicht von der Stelle rühren. Sie konnte nicht verstehen, warum sie so behandelt werden sollte, und nur weil sie sich vorher dazu entschlossen hatte, lud sie Gunther ein, sie zu besuchen, und bat um Erlaubnis, Madame Gunther für einige Augenblicke sehen zu dürfen. Sie hoffte, dass sie sie zumindest freundlich empfangen und ihr eine Erklärung für das abstoßende Verhalten des Doktors geben würde.

„Geh zu ihr“, antwortete Günther, wandte sich ab und nahm ein Buch. Walpurga verließ das Zimmer.

Sie blieb im Flur stehen und fragte sich, ob sie nicht träumte. Sie, die einst die Krankenschwester des Kronprinzen gewesen war, wurde jetzt behandelt, als hätten sie sie nie gekannt. Sie, die Frau des Gutsbesitzers – ihr Stolz wuchs, als sie an ihr riesiges Anwesen dachte – wurde wie eine Bettlerin weggeschickt.

Sie hatte keine Lust mehr, mit Madame Gunther zu sprechen. Ihre Lippen zitterten vor Trauer bei dem Gedanken daran, wie böse die großen Leute waren. Und doch konnten sie dieses Haus loben, und auch sie hatte es einst gelobt, als ob nur Heilige darin lebten.

Sie verließ das Haus und traf auf einem Spaziergang durch den Garten Frau Günther, die zurückschreckte, als sie Walpurga erkannte.

„Erinnerst du dich nicht an mich?" fragte Walpurga und streckte ihr die Hand entgegen.

„In der Tat", sagte Madame Gunther, ohne die Hand zu bemerken, die ihr angeboten wurde. "Wo kommst du her?"

„Von meiner Farm. Ich bin die Frau des Gutsbesitzers, und wenn Sie, Madame, zu mir gekommen wären, hätte ich Sie nicht auf diese Weise im Freien stehen lassen; ich hätte Sie gebeten, hereinzukommen, in meine Zimmer."

„Aber ich frage Sie nicht", antwortete Madame Gunther, „denen, die den geraden Weg verlassen, stelle ich nichts in den Weg, aber ich lade sie nicht in mein Haus ein."

„Und wann habe ich den geraden Weg verlassen? Was habe ich getan?"

„Ich bin nicht Ihr Richter."

„Jeder darf mich verurteilen. Was habe ich getan? Du musst es mir sagen."

„Das darf ich nicht, aber ich werde es tun. Du wirst dir selbst die Frage stellen müssen, womit du das ganze Geld verdient hast, mit dem du deinen tollen Bauernhof gekauft hast. Guten Tag!"

Sie ging ins Haus.

Walpurga stand allein da. Die Häuser, die Berge, die Wälder, die Felder – alles schwamm vor ihr, und ihre Augen waren voller bitterer Tränen.

Gunther hatte während Walpurgas Unterredung mit seiner Frau aus dem Fenster geschaut und war durch deren Verhalten überzeugt, dass der Bäuerin einige unangenehme Wahrheiten erzählt worden waren.

Jetzt sah er, wie Walpurga davonging; Ab und zu blieb sie stehen und trocknete ihre Tränen mit ihrer Schürze. Die Frau bereut jedenfalls, dachte er bei sich, und sie ist nur ein weiterer Beweis für die weitreichenden und alles zerstörenden Auswirkungen des Bösen.

Es dauerte lange, bis man Günther glauben ließ, dass Walpurga eine große Geldsumme als Gegenleistung für schlechte Dienste erhalten hatte, aber es war gerichtlich bewiesen, dass der Hof mit neuen Münzen bezahlt worden war, wie sie nur durch fürstliche Hände gehen. Und gerade weil Günther an Walpurgas schlichte Aufrichtigkeit geglaubt und sein Wort darauf gesetzt hatte, war er umso erbitterter gegen sie.

Er war entschlossen, die Angelegenheit aufzuklären, sobald sich die Gelegenheit dazu bot.

KAPITEL IV.

So stolz und glücklich Walpurga gewesen war, als sie morgens das Haus verließ, so schweren Herzens kehrte sie abends zurück.

Sie könnte durchaus stolz sein, denn keine Bäuerin könnte ein besseres Aussehen haben. Franz, der verstorbene Kürassier, hatte das Fohlen eingebrochen. Es war vor den kleinen Bernerwagen gespannt und schaute sich erfreut um, als Walpurga herauskam, gekleidet in ihre Sonntagskleidung und begleitet von Burgei. Hansei half seiner Frau in den Wagen und gab ihr dann das Kind.

„Komm wohlbehalten zurück", sagte er, „und Franz, kümmere dich um das Pferd."

"Hab niemals Angst!" war die Antwort von Franz, und das Pferd setzte sich in einem lebhaften Gang in Bewegung, als wäre es ein Kinderspiel, eine solche Last zu ziehen.

Hansei stand eine Weile da und kümmerte sich um seine Frau und sein Kind, dann drehte er sich um und machte sich an die Arbeit. Er nickte nur Irma zu, die aus ihrem Fenster schaute und Walpurga zum Abschied zuwinkte. Walpurga ritt davon und hielt die Hand ans Herz, als wollte sie die Freude unterdrücken, vor der es überströmte.

Was gab es Schöneres auf der Welt als einen wohlgeordneten Haushalt wie den, den sie gerade verließ, und darüber hinaus das Gefühl, dass die Menschen, denen sie begegnete, wussten, dass es ihr auf der Welt gut ging? Aber Walpurga war auf etwas anderes stolz, das die Menschen nicht sehen konnten.

Sie hatte mit großer Umsicht eine ziemlich schwierige Angelegenheit arrangiert. – Am nächsten Morgen sollte Irma zur Hirtenhütte gehen, und alle Gefahr einer Entdeckung würde gebannt sein. Es ist keine Kleinigkeit, ein solches Geheimnis den ganzen Winter lang für sich zu behalten, denn Irma hatte richtig geurteilt. Walpurga unterstützte Irmas Plan, den ganzen Sommer in tieferer Einsamkeit zu verbringen. Stasi, deren Mann es vom Oberförster erfahren hatte, erzählte ihr, dass der König beabsichtige, im folgenden Sommer das Nachbardorf zu besuchen. Sie hatte Angst um Irma, und jetzt hatten ihre Ängste noch entschiedenere Formen angenommen. Stasis Ehemann war auf den Milchbauernhof gebracht worden und hatte den Auftrag, die Waldwege und Zufahrten zur Vorbereitung auf die Ankunft des Königs einzurichten.

Hansei war durchaus bereit, dass seine Frau, anstatt in das Nachbardorf zu gehen, in eine weiter entfernte Stadt ginge, um dort die Gebrauchs- und Bequemlichkeitsgegenstände zu kaufen, die Gundel und Irma zum Hirten mitnehmen mussten Hütte. Dies bot ihr die Gelegenheit, ihr Versprechen zu erfüllen und die Stasi in ihrem neuen Zuhause zu besuchen. Er stimmte sogar zu, dass Burgei mitkommen sollte. Und so fuhr Walpurga los, ihr Herz voller Glück und mit einem freundlichen Lächeln zur Begrüßung aller, denen sie unterwegs begegnete.

„Ich wünschte nur", sagte Franz, „dass wir am See entlang und an unserem alten Dorf vorbeifahren könnten, denn wir kamen alle von dort: du und ich, Burgei und das Pferd."

Besonderen Wert hatte Franz auf sein Äußeres gelegt.

Sein Gesicht strahlte vor Freude, denn auch er hegte einen geheimen Gedanken. Er hatte vor, einen Silberring zu kaufen, um ihn an Gundels Finger zu stecken, bevor sie zur Hirtenhütte ging.

„Sei vorsichtig mit dem Pferd", antwortete Walpurga. „Er ist so sehr jung. Was für ein schöner Tag es ist. Die Kirschen hier unten blühen noch nicht, und der Bäumchen, den wir von zu Hause mitgebracht haben, blüht heute zum ersten Mal. Hast du es nicht gesehen?"

"NEIN."

Sie fuhren schweigend weiter.

Als sie sich dem Dorf näherten, in dem Stasi lebte, sagte Franz, der viel durch das Land fuhr:

„Dieser hübsche Bach entspringt oben in der Nähe unserer neuen Wiese. Kaum einen Gewehrschuss entfernt entspringt er aus den Felsen."

Walpurga lächelte bei dem Gedanken, dass ein Bach, der weit durch das Land floss, seinen Ursprung auf ihrem eigenen Land hatte. Ja, niemand weiß, was das Glück für ihn bereithält.

Stasi freute sich über Walpurgas Ankunft und lobte alles, was ihrer Freundin gehörte. Sie erklärte, dass der König selbst kein schöneres Pferd, keinen besser erzogenen Diener, kein schöneres Kind und keine bessere Frau hatte als Hansei. Wo auch immer sie Walpurga hinführte, blieben die Arbeiter, die Straßen räumten oder Brücken bauten, eine Weile stehen, um die hübsche Frau des Bauern und das Kind zu betrachten, das sowohl in der Kleidung als auch in den Gesichtszügen das Ebenbild ihrer Mutter war.

Stasi hat ein ausgezeichnetes Essen zubereitet. Walpurga hatte als Geschenk genügend Butter und Eier für eine lange Zeit mitgebracht. In der Wohnung des neuen Inspektors wurde Walpurga so große Ehre erwiesen, als wäre sie die Königin selbst.

Schließlich machte sich Walpurga daran, ihre Einkäufe zu tätigen, und zeigte, dass sie vernünftig war und sich bewusst war, was ihre Position erforderte. Sie kaufte immer das Beste von allem und schwatzte nicht lange über den Preis.

Sie waren zur Milchfarm zurückgekehrt, und Walpurga war im Begriff, Stasi einen Teil ihres Geheimnisses anzuvertrauen, um sie vor dem König auf der Hut zu machen, als sie von dem angesehenen Mann hörte, der fast vier Jahre alt war Jahre zuvor hatte er in der kleinen Stadt gelebt.

„Mein Gott! Warum ist er der beste Freund, den ich habe!" sagte Walpurga. Sie übergab das Kind der Stasi und eilte zu Gunthers Haus. Es war ihr, als würde ihr Herz vor Freude bersten, und sie musste sich eine Weile vor das Haus setzen, um Luft zu holen.

Aber als sie zurück zur Farm ging, hob sie kein einziges Mal den Blick vom Boden. Sie konnte nicht. Und was sie am meisten ärgerte, war, dass sie Stasi gesagt hatte: „Er ist der beste Freund, den ich habe."

Sie erwarteten von ihr, dass sie von ihrem Besuch erzählte, aber sie konnte nur sagen:

„Bitten Sie mich nicht, Ihnen zu sagen, was großartige Leute sind. Wenn ich anfangen würde, könnte ich nicht vor morgen durchkommen, und ich muss gehen, sonst wird es dunkel, bevor wir nach Hause kommen."

Walpurga wurde umso stiller und trauriger, je mehr Stasi und ihr Mann Doktor Günther lobten. Sie wagte nicht zu erzählen, was mit ihr passiert war. Das ist alles, was man bekommt, dachte sie, wenn man auf den Respekt angewiesen ist, den andere einem entgegenbringen. Lange nachdem sie sie verlassen hatte, sprachen Stasi und ihr Mann davon, wie seltsam und wandelbar Walpurga sei. Aber sie war froh, dass sie niemandem mehr ins Gesicht sehen musste. Und jetzt, an diesem späten Tag, wurde sie an etwas erinnert, das sie schon lange vergessen hatte. „Oh, liebe Mutter!" sagte sie laut vor sich hin. „Du hattest recht. Alles auf dieser Welt muss bezahlt werden, und jetzt soll das Gold bezahlt werden – aber wie?"

Sie setzte ihr Kind auf ihren Schoß, als wäre es alles, was ihr noch blieb. Sie umarmte und küsste es und schließlich schlief es ein und ruhte auf ihrem Herzen. Sie wurde ruhiger, obwohl sie das Unrecht spürte, das ihr angetan worden war, und fragte sich, was wohl noch auf sie zukommen würde. Als sie in ihrer alten Heimat der Neid und die Feindseligkeit der Dorfbewohner genervt war, konnte sie sich leicht damit trösten, dass es sich um einfache, unwissende Menschen handelte; aber was sollte sie jetzt sagen? Sollte sie ihre alten Probleme noch einmal erleben? Und es gab niemanden, dem sie sie anvertrauen konnte; ihre Mutter war weg; Sie konnte es Hansei und am allerwenigsten Irmgard nicht sagen.

Es war Dämmerung, als sie endlich einen Blick auf ihr Zuhause erhaschte. Sie nahm all ihren Mut zusammen und sagte sich:

„Das Beste, was ich tun kann, ist, den Verdacht auf mir ruhen zu lassen, bis ich sterbe oder bis sie stirbt; denn dann kommt niemand in unsere Nähe, und ich brauche keine Angst um meine liebe Irma zu haben, die noch viel mehr zu tun hat." Ich habe eine bessere Bärin als ich. Gott sei Dank habe ich mein Geheimnis nicht verraten; und was für ein Glück es ist, sie geht jetzt in die Wildnis, wo niemand sie finden wird.

Voller Mut ging sie ins Haus und erzählte Hansei von ihrem Besuch bei der Stasi, mehr aber nicht.

„Bislang habe ich es alleine ertragen", sagte sie sich. „Das werde ich später tun."

Mit großer Selbstbeherrschung wirkte sie fröhlich, während sie mit Hansei und Irma zusammen war, und tobte mit ihrem Jungen, für den sie ein kleines Holzpferd gekauft hatte.

KAPITEL V.

Der Vorbereitungsabend verlief unruhig. Hansei, der viel zu tun hatte, beschäftigte sich immer wieder mit den Kuhglocken, deren Klang ihm sehr gefiel. Er hatte ein gut abgestimmtes Set gekauft, und Irma hatte es gelobt, als er es ihr zeigte.

Sie gingen früh zu Bett, denn am nächsten Morgen mussten sie lange vor Tagesanbruch aufstehen.

Hansei, der einige Zeit geschlafen hatte, erwachte und hörte Walpurga weinen und schluchzen.

„Um Gottes willen! Was ist los?"

„Oh, wenn Mutter nur leben würde!" sagte Walpurga. „Wenn ich nur noch meine Mutter hätte!"

„Benimm dich nicht so. Weine jetzt nicht, das ist Sünde!"

„Was? Eine Sünde, um meine Mutter zu trauern?"

„Es hängt alles davon ab, wie man trauert. Ich habe oft gehört, dass man um die Toten weinen darf, solange kein Gras über dem Grab gewachsen ist, ohne ihnen oder den Lebenden Schaden zuzufügen. Danach sollte es so sein." Weint nicht mehr um die Toten, denn wie das alte Sprichwort sagt: „Im Jenseits macht es ihre Kleider nass." Fallen Sie nicht auf sündige Wege, Walpurga. Deine Mutter hat ihre Zeit ausgelebt, und so ist es in der Welt. Eltern müssen vor ihren Kindern sterben, und obwohl ich darauf vertraue, dass unsere Kinder uns nicht vergessen werden, wenn wir nicht mehr da sind Ich hoffe, dass sie an uns denken können, ohne zu weinen. Aber warum lässt du mich jetzt so viel reden? Habe ich Recht oder Unrecht? Was lässt dich so schweigen?"

„Ja, ja; es ist alles in Ordnung. Aber ich bitte Sie, fragen Sie mich jetzt nichts mehr. Mein Kopf ist voller Gedanken aller Art. Gute Nacht."

„Gute Nacht, und vergessen Sie nicht, Ihren müßigen Gedanken ‚Gute Nacht' zu sagen."

Bei Hanseis freundlichen Worten huschte ein flüchtiges Lächeln über Walpurgas Gesicht, doch im nächsten Moment war sie erneut ein Opfer trauriger Verzweiflung und eines Gefühls völliger Einsamkeit. Sie hatte um ihre Mutter geweint, weil sie allein Irmas Geheimnis mit ihr hätte teilen können; Aber jetzt, als eine neue und erdrückende Last sie bedrückte, gab es keinen Lebenden, der ihr helfen konnte.

Plötzlich erinnerte sie sich an den Abend, als sie im Palasthof gestanden hatte und sich gefühlt hatte, als wäre sie in das Herz des verzauberten Berges versetzt worden, und beeindruckt von den schwach beleuchteten Statuen, die sie anzustarren schienen. Sie war weggekommen und hatte einen goldenen Schatz mitgebracht; aber was hatte daran gehangen? Der Groll über die Ungerechtigkeit, die ihr widerfahren war, nagte an ihrem Herzen. „Das ist so bei den großen Leuten", murmelte sie zwischen den Zähnen. „Sie verurteilen ohne Anhörung. Ich könnte mich rechtfertigen, aber ich werde es nicht tun."

„Vielleicht wäre es dir lieber, wenn Irmgard nicht in die Hütte auszieht?" fragte Hansei nach einer Weile.

„Ich dachte schon vor langer Zeit, dass du schläfst", antwortete Walpurga. "Gute Nacht nochmal."

Sie fragte sich, wie es wäre, wenn Hansei erfahren würde, was über sie gesagt wurde. Wie würde er es ertragen? Und war es nicht wunderbar, dass man bisher noch nichts davon gehört hatte?

Ihr ganzer Stolz auf die gute Meinung anderer verwandelte sich plötzlich in Scham. Die besondere Gabe, sich vorzustellen, was die Leute sagten und dachten, quälte sie erneut, und alles schien verwirrt zu sein, als wäre es ein halbwacher Traum.

Sie beschloss, ihr Herz zu erleichtern, indem sie Irma ihr Leid ausschüttete. Sie setzte sich im Bett auf und tastete nach ihrer Kleidung, aber sie unterdrückte schnell den Impuls. Wie konnte sie dem Büßer so etwas antun? Irma hatte genug Geisteskraft, um auf alles zu verzichten und sich sogar von der Welt als tot betrachten zu lassen. Wie unbedeutend war Walpurgas Kummer im Vergleich zu ihrem! – Und war die Königin nicht auch eine unschuldige Leidende? Musste nicht einer für den anderen leiden, die ganze Welt hindurch?

Sie hatte das Gefühl, plötzlich mit einer Kraft ausgestattet zu sein, die sie noch nie zuvor gekannt hatte. Sie war bereit, für Irma zu leiden und sogar ihren eigenen guten Namen zu opfern, um die Büßerin zu schützen.

Sie dankte dem Schicksal, dass Doktor Gunther sie unfreundlich behandelt hatte. Wie wäre es gewesen, wenn ein freundlicher Empfang seinerseits sie dazu gebracht hätte, einen Teil ihres Geheimnisses zu verraten?

Die Elemente, die sich in Walpurgas Charakter vermischten, waren bald in Aufregung, bald in Ruhe; das ruhige Leben zu Hause, das unruhige Leben bei Hofe, Eitelkeit, Ehre, Demut, der Wunsch, bedeutungsvoll zu erscheinen – all das war in ständigem Aufruhr. Doch endlich war alles klar.

„Was hast du schließlich für Irma getan?" fragte sie sich. „Nichts; du hast sie nur bei dir wohnen lassen."

Um Irmas willen war sie bereit, sich der Schande zu unterwerfen.

„Das Wichtigste ist nicht, was die Leute über dich denken, sondern was du wirklich bist", dachte sie bei sich und atmete wieder frei durch.

Als sie schließlich ihren Kopf ruhig auf das Kissen legte, hatte sie das Gefühl, als würde die Hand ihrer Mutter ihre Stirn streicheln.

KAPITEL VI.

Es war eine milde Frühlingsnacht.

Irma saß an der Quelle und schaute zum Sternenhimmel hinauf. Sie empfand ein seltsames Gefühl bei dem Gedanken, noch einmal weiterzuwandern, denn am nächsten Morgen sollte sie sich auf den Weg zur Hirtenhütte machen, um dort den Sommer zu verbringen. Wie würde es ihr gehen, wenn sie wieder in der Nacht hier sitzen und dem vorbeirauschenden Bach lauschen würde?

In diesem Moment hörte sie Flüstern. Es schien aus dem dunklen Stall zu kommen, dessen Tür offen stand.

„Ja, Gundel, unser Frauchen ist genauso wechselhaft wie das Aprilwetter. Auf dem Weg von zu Hause war sie so fröhlich, wie sie nur sein konnte, und auf dem Rückweg war sie so niedergeschlagen, als wäre sie geschlagen worden. Sie ging zum großen Arzt. Irgendetwas muss ihr zugestoßen sein. Aber was bedeutet sie uns überhaupt? Sie kaufte Töpfe und Pfannen, aber ich bekam etwas Besseres. Nehmen wir deine Hand. Da! Ich habe diesen kleinen Silberring hineingelegt an deinen Finger und binde dich mit Leib und Seele an mich, ein Leben lang. Nun kannst du gehen, wohin du willst; du gehörst trotzdem mir.“

Man hörte herzliche Küsse, und schließlich sagte Gundel:

„Aber ab und zu kommst du doch auf die Wiese, um uns zu sehen, nicht wahr?“

"Natürlich werde ich!" Und dann gab es noch mehr leises und unverständliches Flüstern.

„Warum, schauen Sie doch mal!“ sagte Franz plötzlich; „Da ist Cousine Irmgard, und sie hat jedes Wort von dem gehört, was wir gesagt haben.“

„Das ist nicht schlimm, sie weiß alles darüber, und deshalb habe ich den ganzen Sommer über etwas, worüber ich mit ihr reden kann. Komm, lass uns zu ihr gehen. Du wirst sehen, wie nett sie ist.“

Sie gingen zu Irma.

Sie nahm beide bei der Hand und sagte:

„Lass deine Liebe so rein, so frisch, so unerschöpflich sein wie dieser Frühling.“ Sie tauchte ihre Hand in die Quelle, die im Mondlicht glitzerte, und besprengte die beiden Liebenden mit Wasser.

„Das ist so gut, als käme es aus einem Weihwassertopf“, rief Franz. „Jetzt wird alles gut. Ich habe keine Angst. Du, Frühling, und du, Holunderbaum, sind Zeugen dafür, dass wir beide zusammengehören und uns nie verlassen werden. Gute Nacht.“

Franz ging zurück in den Stall und schloss die Tür. Gundel begleitete Irma in ihr Zimmer und schlief auf der Bank, denn ihr Vater, der kleine Pechmann, war bereits vor ihnen zur Schäferhütte gegangen und hatte ihr Bett und verschiedene Haushaltsgegenstände mitgenommen.

Es dauerte lange, bis Irma einschlief. Es kam ihr so vor, als könne sie nicht umhin, die vielen Tage und Nächte, die sie auf dem Berg verbringen würde, in Erwartung zu überdenken. Sie war unruhig und lag da und dachte nach, bis ihre Gedanken schließlich verwirrt und verwirrt wurden.

Schließlich fragte sie mit sanfter Stimme:

„Gundel, bist du noch wach?“

„Oh ja, und ich bin sicher, dass Franz auch wach ist. Ihm geht es nicht so gut wie mir und er hat niemanden, mit dem er reden kann wie ich. Oh, wie dankbar bin ich dir! Ich werde es schaffen Dinge so angenehm und bequem für dich, wie ich nur kann. Oh, was für eine gute, ehrliche Seele Franz ist! Hörst du die Kühe brüllen? Sie können auch keine Ruhe finden. Mir ist, als könnte ich schon die Glocken hören, die sie läuten Werde es morgen tragen, und ich glaube, die wissen es bestimmt auch. Oh Irmgard, wenn du nur auch eine Liebste hättest. Ich weiß, wie es mit dir sein wird. Es wird genau so sein, wie es sagt in der Geschichte – und du hast es auch verdient. Es war einmal ein König, der durch den Wald ritt und ein schönes Mädchen fand, das die Herden hütete; und er setzte sie auf sein Pferd, nahm sie mit nach Hause und gab ihr Kleider aus Gold und setzte eine Diamantkrone auf ihr Haupt. Und dann die Königin – Oh, die Glocken, die Königin – komm, Weißer Fleck, die Glocken – komm, komm, komm – und so –“

Gundel schlief, Irma aber lag wach und schaute ins Mondlicht. Die ganze Welt schien ein Wunder zu sein, und vage Märchenbilder erfüllten ihre Gedanken. Sie lächelte und ihre Augen funkelten, bis sie sich schließlich im Schlaf schlossen. Aber das Lächeln blieb auf ihren Zügen, obwohl außer dem Mond niemand zu sehen war, der ruhig von oben herabblickte.

Kapitel VII.

Wir empfinden oft Traurigkeit und Zögern bei der Durchführung von Projekten, die klug geplant und hoffentlich beschlossen wurden. Und so war es auch, als die Zeit gekommen war, zur Hirtenhütte aufzubrechen.

Es war vor Tagesanbruch. Irma stand am offenen Kamin in Walpurgas Zimmer und zitterte vor Kälte.

Obwohl Irma seit ihrer Rückkehr von ihrem kurzen Besuch in der Welt alle Sehnsüchte überwunden hatte, überkam sie ein neues und tiefes Gefühl der Heimatlosigkeit, als wäre dies der erste Tag ihrer Einsamkeit. Sie sah sich oft um, als sähe sie eine Gestalt mit einem Lichtbündel unter dem Arm auf sich zukommen – und diese Gestalt war sie selbst, aber oh! wie verändert. Sie verspürte kaum Lust auf Essen oder Trinken; Sie hatte auch keine Lust zu sprechen. Sie lebte ganz in und aus sich selbst. Aber obwohl sie still war, war sie jedem gegenüber fröhlich und freundlich.

Der kleine Pechmann war der erste, der diese Veränderung bemerkte, und er war der Meinung, dass ein Sommer auf den Bergwiesen für Irma von großem Nutzen sein würde, denn er behauptete, sie sei krank, obwohl es ihr immer gut zu gehen schien und es ihr immer gut ging arbeiten.

Wenn alles speziell arrangiert worden wäre, hätte Walpurgas Zweck nicht besser erfüllt werden können. Irmas Wünsche und der Rat des Onkels stimmten überein. Darüber hinaus bestand die Gefahr, entdeckt zu werden, da der König das Nachbardorf besuchte, und welche Gefahr auch immer darin lag, Walpurga wollte Irma abwenden.

Der Morgen war Walpurga fröhlich und fröhlich, wie nach einem kaum errungenen Sieg. Ihre Augen ruhten oft auf Irma, die starr auf das offene Kaminfeuer blickte.

„Du wirst sehen", sagte sie zu ihr, „du wirst dort oben ein ganz anderes Wesen sein. Ich höre dich schon singen, und dann singen wir wieder zusammen."

Sie summte weiter vor sich hin,

Oh! selig ist die zarte Bindung

Das bindet mich, Liebe, an dich.

Aber Irma stimmte nicht in das Lied ein.

„Ich werde das Leben unterstützen, solange es mich unterstützt“, sagte Irma, als würde sie zu sich selbst sprechen, und hielt ihre Hände vor dem Feuer.

Es dauerte nicht lange, bis die beiden Frauen, die so ruhig am Herd standen, in den Stall draußen gerufen wurden. Alles war bereit. Der kleine Pechmann, der mit allen solchen Geheimnissen vertraut war, hatte am Vortag alles so eingerichtet, dass es dem Vieh in seiner neuen Behausung gut ginge. Er hatte einen Klumpen Erde und drei Ameisen von der Wiese mitgebracht und die Erde mit etwas duftendem Klee, Johanniskraut, Lavendel und Salz vermischt, in die Mischung etwas Teeröl getropft, und das war das letzte Essen das Vieh geschenkt. Der kleine Pechmann war in der Nacht von der Wiese zurückgekehrt und hatte, obwohl er nicht dazu aufgefordert worden war, das geheimnisvolle Futter vorbereitet, um Hansei, der mit den Sitten dieses Teils des Landes noch nicht ganz vertraut war, einen Gefallen zu tun.

Nachdem das Vieh nun den Zaubertrank geschluckt hatte, war es vor aller Hexerei und Krankheit geschützt und würde sich auf den Wiesen genauso wohl fühlen, als wären es dort geboren. Und als nun der Tag anbrach, wurden die Kühe unkontrollierbar. Petrus besprengte jeden von ihnen mit Weihwasser; Doch trotz Zauber und Weihwasser schienen diese zahmen, häuslichen Tiere in wilde Tiere verwandelt worden zu sein. In dem Gehege, das sie einsperrte, herrschte Verwirrung, die Kühe brüllten und rannten wild umher, und inmitten des Lärms war das Geschrei der Cowboys zu hören. Der kleine Pechmann befahl ihnen, den Kühen freien Lauf zu lassen, und schließlich waren sie still. Gundel legte den Kranz auf die Hörner der großen braunen Glockenkuh und befestigte ihr die Glocke des Anführers um den Hals. Auch die anderen Kühe wurden mit Glocken versehen. Und nun war der Anführer vom Rest der Herde umringt, der sie wütend anstarrte; aber sie schien so stolz und verächtlich, dass niemand wagte, sie herauszufordern.

„Und jetzt gehen wir, um Himmels willen!“ rief der kleine Pechmann und öffnete das Tor. Die Prozession begann. Franz kam als letzter von allen, hielt den mächtigen roten Bullen an seinen starken kurzen Hörnern und zog ihn vorbei, anstatt ihn zu führen. Sobald der Bulle den Stall verlassen hatte, blieb er stehen und blickte sich mit ziemlich gefährlicher Miene um, dann warf er den Kopf hoch und stieg allein und in ganz würdevoller Weise davon. Doch kaum war er vor dem Tor, brüllte er laut.

Obwohl alles in aller Stille arrangiert worden war, herrschte am Ende dennoch Eile. Walpurga und Hansei begleiteten Irma ein Stück des Weges.

Irma schwieg. Ihr Schritt war fest, und doch kam es ihr vor, als hätte ihr Wille damit nichts zu tun und als würde sie von einem anderen vorangetrieben.

„Du siehst schon fröhlicher aus“, sagte Hansei zu Irma.

Ein Nicken war ihre einzige Antwort.

Bald überholten sie die vorangegangene Herde. Der Hirte hatte auf sie gewartet, denn ohne die *Sennerin* [5] konnte man das Vieh nicht durch die Dörfer treiben .

Sie hätten den anderen Weg nehmen können. Es lag hinter dem Dorf und war etwas kürzer; aber warum sollten sie sich und ihre Herden nicht einmal zeigen, bevor sie in die Einsamkeit gingen? Und so wurde das Vieh mit seinen schönen Glocken durch das Dorf getrieben, während von allen Seiten Jubel und Hurra ertönten.

Als sie den Berg auf der anderen Seite des Dorfes bestiegen und auf die Forststraße stießen, die Hansei angelegt hatte, konnte er nicht umhin, Irma auf das, was er erreicht hatte, aufmerksam zu machen.

Mitten im Wald, wo die königlichen Wappen in den Grenzstein eingraviert waren – denn hier begannen die königlichen Reviere – verabschiedete sich Hansei von Irma. Walpurga, der sich ebenfalls verabschiedet hatte, begleitete sie noch ein kurzes Stück. Es gab so viel, was sie Irma erzählen wollte, und doch konnte sie nur sagen: „Hab keine Angst, ich komme nächsten Sonntag zu dir. Wenn du dich einsam fühlst, komm wieder zu uns zurück. Niemand zwingt uns." Du sollst hier oben bleiben; aber wenn du bleiben kannst, wirst du feststellen, dass es dir gut tun wird.

Walpurga, deren Herz von ihrem Geheimnis bedrückt war, verabschiedete sich hastig von Irma und verließ sie.

Hansei saß auf dem Grenzstein und wartete auf seine Frau. Nachdem sie sich ihm angeschlossen hatte, gingen sie eine Zeit lang schweigend weiter.

„Es kommt mir oft vor, als wäre alles ein Traum", sagte er schließlich. „Wir sind im kommenden Herbst vier Jahre hier und sie war die ganze Zeit bei uns. Ich kann Ihnen nicht sagen, wie sehr ich sie mag, und trotzdem kenne ich sie nicht; das heißt, ich kenne sie, sozusagen, aber ich kenne sie doch nicht."

„Halten Sie einen Moment inne, Hansei", sagte Walpurga.

Er blieb stehen. Alles war still im Wald. Ein dichter Nebel hatte die Berge verschleiert und die Vögel waren stumm. Das einzige Geräusch, das das Ohr erklang, war das der Glocken der entfernten Herde, die den Berg hinaufstieg. Walpurga holte tief Luft.

„Hansei", sagte sie schließlich, „du hast eine harte Prüfung bestanden. Ich hätte nie geglaubt, dass irgendein Mann das hätte tun können, was du getan hast. Und jetzt denke ich, dass ich dir endlich die Tür öffnen muss."

"Stoppen!" sagte Hansei und unterbrach sie, „nicht so schnell. Hat sie dir aus eigenem Antrieb gesagt, dass du das tun sollst? Sag ‚Ja' oder ‚Nein'."

"NEIN."

„Dann will ich nichts von ihr wissen. Du vertraust ihr ein Geheimnis, und niemand hat das Recht, es anzufassen. Natürlich, um ehrlich zu sein, es hat mich schon oft furchtbar verwirrt. Da gibt es nur eins." Ich möchte es wissen; ich bin sicher, sie hat niemanden verletzt und nicht gestohlen, oder? Aber egal, was sie getan hat, sie hat für alles gesühnt. Sagen Sie mir nur Folgendes: Hat sie so etwas? Ärger auf ihrem Gewissen?"

„Gott behüte! Sie hat niemandem auf der Welt Schaden zugefügt außer sich selbst."

„Also gut, wir sagen nichts mehr darüber. Hast du gesehen, wie der taubstumme Mann im Dorf vor ihr auf die Knie fiel?"

"NEIN."

„Aber ich tat es; und ich hörte Babi, das Wurzelmädchen, sagen, dass die verrückte Frau vom Bauernhof nie wieder zurückkommen würde. Jetzt ist Babi verrückt und Irmgard nicht, aber es machte mir trotzdem Angst. Ich weiß nicht – Aber es scheint mir, dass unser Zuhause leer erscheinen wird, wenn wir Irmgard nicht bei uns haben. Sie ist eine von uns geworden.

Als sie ins Haus zurückgekehrt waren und zusammen im Vorderzimmer saßen, sagte Hansei:

„Erinnerst du dich nicht daran, wie sie mir geraten hat, den Tisch anders zu platzieren, und wie sie dabei geholfen hat, alles zu arrangieren, und wie sie meinem Onkel gesagt hat, er solle die Stuhlbeine kürzen, damit sie besser zum Tisch passen? Das habe ich noch nie gesehen." eine Bauernstube, die so schön aussah wie unsere; und sie war dir in allem eine große Hilfe."

Hansei hatte im Haus viel zu regeln, und Walpurga kam oft mit einem der Kinder zu ihm und wechselte bei der Arbeit ein paar Worte mit ihm. Es war ihr egal, allein zu sein. Sie vermisste Irma und war dennoch froh zu wissen, dass sie in ihrem einsamen Rückzugsort in Sicherheit war.

KAPITEL VIII.

Der Tag war nicht klar. Mittags verwandelte sich der Nebel in starken Regen.

„Ich frage mich, ob es dort oben auch so stark regnet, sie wird furchtbar nass sein", dachte sich Walpurga, und tatsächlich regnete es oben am Berg genauso stark. Wilde, reißende kleine Bäche flossen über die Straße und plätscherten und plätscherten den Berghang hinab.

Mit Hilfe eines Bergstabes, den Hansei ihr gegeben hatte, ging Irma mutig weiter. Um sie vor dem Regen zu schützen, hatte ihr der kleine Pechmann seinen großen Wollteppich geschenkt, in dem nur ein Loch war, durch das der Kopf hindurchschlüpfen konnte. Es gelang ihm, sich mit leeren Maissäcken zu bedecken. Er ging an ihrer Seite und sagte oft:

„Soll ich dich tragen?"

Irma ging weiter. Das Personal war während des Aufstiegs von geringem Nutzen; aber hin und wieder mussten sie einen steilen Abhang hinabsteigen – ein Waschbecken, wie der Onkel es nannte –, wenn sie gezwungen war, es fest zu verankern und sich daran zu schwingen. Der kleine Pitcher war immer zur Stelle und bereit, Irma aufzufangen, falls sie ausrutschen sollte; aber sie hatte einen festen Schritt.

Da die Herde noch nicht aneinander gewöhnt war, war es ziemlich schwierig, sie zusammenzuhalten; aber der kleine Pechmann wusste, wie man mit den Tieren umgeht, und die Glocken, die fröhlich zusammen läuteten, schienen wie eine ständig aufsteigende Melodie.

„Dem Vieh geht es gut", sagte der kleine Pechmann, „sie finden ihr Futter am Wegesrand. Aber die Herrin hat mir etwas für uns selbst gegeben. Wir werden bald am ‚Hexentisch' ankommen, und dort können wir uns niedersetzen." Schutz, während wir einen Bissen nehmen.

Bald stießen sie auf einen breiten, vorspringenden Felsen, der einem halbkreisförmigen Tisch ähnelte. Hier gab es trockenen und sandigen Boden, auf dem nur die Löwenameise in ihrer trichterförmigen Zelle lebte. Gundel, Franz, der kleine Pechmann und Irma setzten sich unter den Schutz des „Hexentisches" und aßen kräftig, während die Kühe, die draußen grasten, einem der Cowboys überlassen wurden.

„Der Regen wird noch lange anhalten", sagte Franz. Der kleine Pechmann rief ihn zur Rechenschaft und sagte, dass niemand sagen könne, wie lange der Regen anhalten würde. Er wollte Irma ermutigen.

Er fing eine Löwenameise und zeigte, wie klug das kleine Geschöpf war; wie sie im feinen Sand eine Grube baute und sich an der Spitze ihrer trichterförmigen Zelle versteckte, und wie die gemeine Ameise, ohne sich der

Gefahr bewusst zu sein, vorbeikam und in die Grube stürzte, aus der sie nicht mehr herauskommen konnte, Denn der feine Sand rollt unter seinen Füßen weg, während der Schurke, der sich versteckt, den Gefangenen blendet, indem er ihm Sand in die Augen streut, ihn dann fängt und frisst. „Und das Seltsamste von allem", sagte er, „nächstes Jahr wird dieser graue Wurm eine braune Libelle auf dem See sein."

Er wusste genau, dass ihr ein solcher Blick in die Natur mehr Freude bereitete als Essen oder inspirierende Worte.

Mit neuer Kraft gingen sie noch weiter den Berg hinauf. Wie gestärkt durch die Kräuter der höheren Regionen wurde das Vieh munterer. Endlich näherten sie sich der Lichtung, auf der die neue Wiese lag. Der kleine Pechmann befahl Franz, vorauszugehen und die Stalltür zu öffnen. Franz gehorchte sofort; Bald darauf war sein Ruf zu hören, und die Kühe, die gerade die offene Wiese erreicht hatten, brüllten und stürmten vorwärts. Der Regen und der Nebel waren mittlerweile so dicht, dass die Hütte erst nach wenigen Schritten erkannt werden konnte. „Das ist ein Glück", rief der kleine Pechmann, „die Schwalben haben schon ihre Nester auf unserer Hütte gebaut; jetzt ist alles sicher."

Er trat vor, klopfte dreimal an die Tür, öffnete sie und reichte Irma seine Hand mit den Worten: „Lass Freude eintreten und Leid gehen!" Und so waren sie endlich zu Hause.

Oh, was für ein Trost, ein schützendes Dach über dem Kopf zu haben! Irma schaute oft auf und ihre Augen schienen die Dankbarkeit auszudrücken, die sie empfand, weil sie endlich vor dem wütenden Sturm geschützt war. Jetzt, wo sie gemütlich in der Hütte untergebracht war, schien es draußen weitaus düsterer zu sein als während sie durch den Regen stapften. Bald brannte ein fröhliches Feuer auf dem großen Herd, und der kleine Pechmann zog vor sich hin murmelnd etwas aus seiner Tasche und warf es in die Flammen.

„Seit Anbeginn der Welt", sagte er, „wurde hier noch nie ein Feuer angezündet und kein Rauch ist zum Himmel aufgestiegen. Wir sind die ersten Bewohner. Aber die Schwalben – ja, die Schwalben – das ist ein Glücksfall."

Er hätte vielleicht noch viel mehr sagen können, wenn ihn nicht Franz abgerufen hätte, der zu ihm gekommen wäre, um ihm zu sagen, dass draußen im Stall gerade eine Kuh gekalbt habe.

Irma war allein mit Gundel. Sie zog sich schnell aus und trocknete und wärmte sich am Feuer. Aber auch Gundel wurde weggerufen, damit sie wüsste, was sie in Zukunft bei einem ähnlichen Anlass tun sollte. Und nun saß Irma, ihrer Oberbekleidung entledigt, am Feuer. Zuerst fühlte sie sich fröstelnd, aber das Gefühl der Kälte und der Angst verließ sie schnell. Sie blickte ruhig auf das fröhliche Feuer – ein einsames Menschenkind, allein auf den Höhen. Sie hatte völlig vergessen, wo sie war, bis sie Stimmen hörte, die sich näherten. Sie bedeckte sich schnell mit der getrockneten Kleidung. Der kleine Pechmann kam herein und gratulierte ihnen zu der Tatsache, dass sie gleich am ersten Tag mit einem prächtigen Ochsenkalb gesegnet worden waren.

Es wurde Nacht. Franz nahm seinen Abschied. Gundel begleitete ihn ein Stück des Weges und bis sie zurückkam, hörte man sie durch den Nieselregen einander zurufen. Die Bewohner der Hütte ruhten sich bald aus. Der kleine Pitcher und der Cowboy schliefen im Heuboden über dem Stall. Irma und Gundel schliefen im Haus.

Als sie am nächsten Morgen erwachten, war der Tag noch in dichten Nebel gehüllt. „Wir sind in einer Wolke“, sagte der kleine Pitcher.

Die Kühe grasten. Die Glocken schienen verstreut zu sein und hatten in der Ferne einen traumhaften Klang, der an das Summen von Bienen erinnerte.

Irma hatte gehofft, allein zu sein, und hier war sie mit ihren wenigen Bewohnern in dieser kleinen Hütte eingesperrt. Der kleine Pechmann hatte gesagt, dass sie die ersten Bewohner dieses Stücks Erde seien, und es schien, als ob die Natur ihr Vordringen übel nahm. Der Wind heulte und trieb die Wolken vor sich her, aber er brachte immer neue, um sie zu ersetzen, und ab und zu hörte man das Krachen und Brüllen fallender Lawinen.

Irma bemühte sich zu arbeiten, aber ohne Erfolg.

In der zweiten Nacht und am zweiten Tag waren sie immer noch in undurchdringliche Wolken gehüllt. Sogar das Vieh schien sich darüber zu beschweren, so traurig klang ihr Gebrüll.

Es war früh am dritten Morgen, als Irma aufwachte und das Gefühl hatte, als hätte sie etwas berührt. Sie ist aufgestanden. Ein sanfter Lichtschein schien durch den Spalt im Fensterladen. „Die Sonne hat mich geweckt“, sagte sie sich. Sie zog sich hastig an und ging hinaus.

Die frische und feuchte Morgenluft belebte ihre Stimmung. Eine Kuh, die in der Nähe graste, hob den Kopf, sah sie an und aß dann wieder weiter.

Allmählich dämmerte im Osten ein silbergraues Licht, und diese wunderbare Passage aus Haydns „Schöpfung“ schoss Irma durch den Kopf. Sie bildete sich ein, dass die Töne greifbare, körperliche Formen annahmen und aus dem frühen Grau der Morgendämmerung hervorgingen. Nach und nach verwandelte sich das Grau in einen goldenen Farbton, und dann blitzten schwache rote Streifen hindurch, deren Farbe allmählich zunahm, während unten, wie ein dunkler und unermesslicher Strom, die Dunkelheit der Nacht lag. Endlich erhoben schroffe Klippen, Gipfel und breite Bergkämme ihre Häupter ins Licht, während ihre Füße noch in der Nacht verhüllt lagen, die sich allmählich ins Dunkelgrau verwandelte. Der rosige Farbton dehnte sich allmählich aus und gewann an Intensität, bis er den Himmel bedeckte. Inzwischen traten die riesigen Formen der Berge deutlicher hervor, und schließlich erschien die Sonne blendend für die Augen und tauchte jede Höhe in violette und goldene Farbtöne, während die wogenden Wolken unten wie mächtige Wellen wirkten. Ein heller Tag war angebrochen, der die Erde erwärmte und erhellte. Millionen von Gerüchen gingen von jedem Baum, jedem Grashalm und jeder Blume aus. Der Gesang der Vögel war zu hören und Irma öffnete ihre Arme, als wollte sie die Unendlichkeit umarmen. Sie sank nicht auf die Knie, sondern blieb aufrecht stehen. Unwillkürlich verließ ihr Fuß den Boden, als könnte sie nicht anders, als in die Unendlichkeit zu fliegen. Sie drückte beide Hände an ihre Stirn, und als sie den Verband berührte, schien er sich von selbst zu lösen und fiel zu Boden.

Ein Sonnenstrahl schien auf ihre Stirn und sie spürte, dass sie nun rein war. Sie stand lange da und blickte ins Sonnenlicht. Ihr Auge war von seinem Glanz nicht geblendet. Ruhige und friedliche Harmonien erfüllten ihre Seele. Ein Menschenkind hatte das Symbol der Schöpfung miterlebt und war selbst neu erschaffen worden.

Nun kommt, ihr Tage, die mir noch verbleiben, seien sie lang oder kurz! – Wo und mit wem ich sie verbringen muss, spielt keine Rolle; denn ich bin frei! Ich bin gerettet!

Alles, was ich jetzt mache, ist nur noch die Vorbereitung auf die Reise. Die Stunde rückt näher und ob früh oder spät, ich bin darauf vorbereitet. Ich habe gelebt!

„Warum, Irmgard, wie seltsam du aussiehst!" rief Gundel, als sie aus der Hütte kam und den Milcheimer auf dem Kopf trug. „Meine Güte, was für eine Stirn du hast, so weiß und so schön! Oh, wie schön du bist! Ich habe noch nie zuvor eine so glatte und schöne Stirn gesehen!"

Irma nahm ein Glas Milch von Gundel entgegen, zog dann ihr Kleid hoch und ging in den Wald. Erst mittags kehrte sie in die Hütte zurück. Den ganzen Tag über hatte sie kaum ein Wort gesagt.

In der Hütte fand sie den kleinen Pechmann, der vor ihrem Tisch stand und einen großen Haufen aromatischer Kräuter und Wurzeln arrangierte.

„Sehen Sie nur", rief er, „ich habe schon etwas gefunden. Ja, ich weiß ein oder zwei Dinge. Ich habe Klee und Bergpetersilie für die Apotheke gesammelt. Ich weiß alles, was hier in der Nähe wächst, was sie verwenden können, und viele Einmal hat meine Schwester gesagt: „Im Frühling ist alles süß und gut; und wo immer das Gift liegt, braucht es die Sommerhitze, um es hervorzubringen." Oh, sie war eine kluge Frau! Oft hat sie gesagt: „Die besten Dinge wachsen in den Wolken."

Nach einer kurzen Pause begann er erneut:

„Gundel hat recht; ich muss sagen, ich fand dich nicht so hübsch. Aber irgendwie siehst du nicht gesund aus; du musst mehr essen; na ja, du isst kaum etwas.“

Irmas einzige Antwort war ein dankbares Lächeln.

„Weißt du, was ich gerne gewesen wäre?“

"Was?"

"Dein Vater."

Irma antwortete ihm mit einer stummen Kopfneigung. Der Geist ihres Vaters war angerufen worden, und es schien, als würde er durch die Lippen dieses armen, einfältigen Mannes zu ihr sprechen, der fortfuhr:

„Gott vergib mir, aber ab und zu habe ich das Gefühl, als wärst du vom Himmel gefallen und hättest weder Vater noch Mutter; und heute siehst du so schwach aus, dass mir jedes Mal Tränen in die Augen steigen Schau dich an. Jetzt iss doch mal ein bisschen!“

Er plapperte so verwirrt weiter, als hätte er zu viel getrunken, aber der Refrain war immer derselbe: „Jetzt iss doch was!“

Um dem guten alten Mann zu gefallen, zwang sich Irma dazu.

KAPITEL IX.

Die Tage waren hell und fröhlich, die Nächte waren herrlich.

Die Luft war rein, die Sicht klar und alle beunruhigten Gedanken schienen unten in den überfüllten Behausungen der Menschen verweilt zu haben.

„Ich glaube, du könntest jetzt wieder singen", sagte der kleine Pitcher zu Irma; „Deine Stimme ist nicht mehr so heiser wie früher. Aber du brauchst mehr Schlaf. Wenn man alt ist, vergeht der Schlaf von selbst. Vertreibe ihn nicht, solange er bei dir bleiben will."

Der kleine Pitcher schien jetzt doppelt vorsichtig mit ihr umzugehen, und Irma bemerkte, dass ihre Stimme heiser war. Sie setzte sich öfter hin und ruhte sich aus als zuvor. Sie streifte immer noch durch die Wälder und Täler, wohin auch immer sich Jäger oder Holzfäller wagten, aber sie hielt so oft an, um sich auszuruhen, dass ihre Wanderungen dem Flug eines jungen Vogels ähnelten, der auf jeder kurzen Distanz anhalten muss. Jetzt erinnerte sie sich, dass diese Müdigkeit seit ihrer Rückkehr aus der Hauptstadt auf ihr lastete. Im Winter hatte sie sich nicht darum gekümmert; aber jetzt glaubte sie Walpurgas Beweggrund zu verstehen, der sie drängte, zur Hirtenhütte hinaufzugehen. Es geschah, weil sie krank war und in der Hoffnung, dass sie wieder gesund werden würde. Und dennoch spürte sie keinen Schmerz. Eines Tages, als sie mitten im Wald war, versuchte sie, eine Tonleiter zu singen, stellte jedoch fest, dass es ihr nicht gelang. Ihr Kopf sank auf ihre Brust; und so schließlich--

Am Sonntagmorgen kam Franz und brachte Freude mit.

„Oh, wie schön ist das", sagte Gundel, als sie mit Franz allein war. Irma war jedoch ganz in der Nähe und hörte jedes Wort, was sie sagte. „Oh, wie schön ist das! Früher dachte ich, meine Arme seien nur für die Arbeit da, aber jetzt kann ich etwas anderes damit machen: Ich kann sie jemandem um den Hals werfen und ihn umarmen und küssen!"

Gundel, der sonst langweilig und mürrisch war, war lebhaft und munter geworden. Sie war den ganzen Tag beschäftigt, schrubbte, wusch, melkte die Kühe, machte Butter und Käse und sang oder summte ständig ein Lied vor sich hin. Bei ihr nahm der Gesang den Platz des Denkens ein. Sie war wie ein Vogel, der umherflattert und den ganzen Tag singt. Die Liebe hatte ihre Seele erweckt, und die selbständige Lage, in der sie sich nun befand, gab ihrem angeborenen fröhlichen Temperament freien Lauf.

Irma betrachtete alles, was sie umgab, als wäre sie nur eine Zuschauerin, die keinen Anteil am Leben um sie herum nahm.

Die Überlieferung erzählt uns von guten Geistern, die auf die Erde herabsteigen, dort lange genug bleiben, um sich umzusehen und die Dinge in Ordnung zu bringen, und dann in den Himmel zurückkehren. Sie haben keinen Anteil an den Sorgen und Nöten der Welt. Und so kam es Irma oft so vor, als würde sie sich aus den menschlichen Blicken, Gesprächen und Mitgefühlen zurückziehen, in die eine große Idee, in die sie ganz versunken war.

Sie ging in die Hütte und schrieb mit ihrem Bleistift diese wenigen Worte in ihr Tagebuch:

„Ich wünsche mir, dass mein Bruder Gundel und Franz nach meinem Tod einen Heiratsanteil schenkt, damit sie einen eigenen Haushalt gründen können.“

Daraufhin wickelte sie das Tagebuch in den Verband, den sie an ihrer Stirn getragen hatte, legte ihre Hand darauf und gelobte, kein weiteres Wort darin zu schreiben. Sie hatte genug von ihren Selbstbefragungen und dem, was ihre Augen gesehen hatten, aufgezeichnet, um sich sowohl mit der Freundin, die sie so tief verletzt hatte, als auch mit sich selbst zu versöhnen. Die Tage, die ihr noch blieben, wollte sie ganz und gar mit sich selbst verbringen.

Franz hatte mitgeteilt, dass Walpurga an diesem Tag nicht kommen würde, da es ihrem Jungen schlecht ging, sie aber unbedingt am folgenden Sonntag kommen wollte. Irma war fast erfreut über die Gelegenheit, die sich ihr bot, sich an ihr gegenwärtiges Leben zu gewöhnen, bevor sie gezwungen war, sich mit jemandem zu unterhalten, der sie kannte. Sie war jetzt von Menschen umgeben, denen ihre Vergangenheit unbekannt war. Sie erfüllten ihren Wunsch, allein zu sein, und sprachen sie nur an, wenn sie ihnen eine Frage stellte.

Der zweite und dritte Sonntag vergingen, aber Walpurga kam nicht, obwohl sie Brot und Salz heraufschickte. Irma machte sich kaum Gedanken über den Grund ihrer Abwesenheit.

Wie verächtlich hatte Irma einst den Gedanken an „ein Leben, in dem nichts passiert“ zurückgewiesen; aber jetzt erkannte sie es in sich selbst, ohne das geringste Gefühl ihrerseits, dass es anders hätte sein können. Sie arbeitete nur wenig und lag stundenlang auf ihrem Lieblingsplatz am Hang.

Die Natur schenkte ihr ihren wohlwollenden Einfluss. Sie begrüßte den Tau des frühen Morgens, und der Tau des Abends befeuchtete ihre Locken. Wie die umgebende Natur war sie ruhig und glücklich und wunschlos. Aber in der Nacht, als sie in den Sternenhimmel blickte, der von der Berghöhe aus klarer und heller war, schwebte ihre Seele in die Unendlichkeit. Sie blickte auf die Berge, die seit dem Tag ihrer Erschaffung unverändert geblieben waren, Gipfel, die noch nie ein menschlicher Fuß betreten hatte, die nur die

Wolken berühren konnten und auf denen das Adlerauge geruht hatte. Obwohl sie mit dem Leben der Pflanzen und Vögel vertraut war, achtete sie kaum noch darauf. Sie schienen ein Teil von ihr zu sein, so wie ihre Gliedmaßen Teil ihres Körpers waren. Die Natur war ihr nicht mehr fremd. Sie fühlte sich als Teil davon. Sie hatte den Zustand ruhiger Zufriedenheit erreicht, in dem das Leben eine reine Kette natürlicher Konsequenzen zu sein scheint, in dem die täglichen Zweifel und Fragen aufgehört haben. Die Sonne geht auf und unter, das Gras wächst, die Kühe grasen und das Gesetz des Lebens fordert den Menschen auf, zu arbeiten und nachzudenken. Die Welt um dich herum unterliegt Gesetzen, ebenso wie dein eigenes Leben. Nur dem Menschen wird das Wissen um seine Pflicht gewährt, damit er lernen kann, den Geboten seiner eigenen Natur frei zu gehorchen.

Dieser Gedanke erleuchtete ihre Seele mit einem Licht, so klar wie der blaue Himmel über ihr. Es ließ sie vergessen, dass sie jemals ein anderes Leben geführt oder jemals einen Fehler begangen hatte.

Am vierten Sonntag machte sich Irma früh auf den Weg und ging bis zum Grenzstein, wo sie auf Walpurga und Hansei wartete. Nachdem sie nun mitgeteilt hatten, dass sie sicher kommen würden, sehnte sich Irma danach, Walpurga zu sehen, das einzige Wesen, das ihre Vergangenheit kannte und ihr bestätigen konnte, wer sie war.

Sie saß auf dem Grenzstein. Sie hatte ihren Hut abgenommen und ihre Stirn war nackt. Sie saß da, den Kopf auf die Hand gestützt, und fragte sich, warum tief in der Seele ein Gefühl wohnt, das die Aufgabe unserer Persönlichkeit und den Wunsch, zu wissen, wer und woher wir sind, ablehnt. Andere kennen den Galeerensklaven nur durch die Nummer, die er trägt, aber er selbst weiß, wer er ist, und kann sie nie vergessen. Warum können wir uns nicht frei in der Natur verlieren?

Ihr Kopf sank noch tiefer. Plötzlich hörte sie Stimmen und stand hastig auf.

„Ist das nicht unsere Irmgard?“ fragte Hansei.

"Ja ist es!"

Walpurga eilte auf sie zu und reichte ihr die Hand; aber Hansei stand wie versteinert da. Er hatte noch nie zuvor ein solches Wesen gesehen. Es kam ihm immer so vor, als hätte sie etwas Übermenschliches an sich. Ihr ganzes Gesicht strahlte, ihre Augen waren größer und die reine, edle Stirn war weiß und glatt wie Marmor. Walpurga, die Irma auf dem Höhepunkt ihrer Schönheit gekannt hatte, betrachtete sie nun mit einem anderen Gefühl, denn sie litt um ihretwillen, auf eine Weise, von der Irma kaum träumen konnte. Unwillkürlich drückte sie ihre Hand auf ihr zitterndes Herz.

„Warum schüttelst du mir nicht die Hand, Hansei?“ fragte Irma.

„Ich – ich – ich habe dich noch nie so gesehen."

Eine leichte Röte breitete sich auf ihrer Stirn aus. Sie reichte ihre Hand darüber. Dann reichte sie Hansei ihre Hand, der sie in seiner Aufregung so heftig drückte, dass er ihr weh tat.

Sie gingen gemeinsam weiter zur Hütte und hatten schon ein paar Schritte zurückgelegt, als sich ihnen der kleine Pechmann anschloss. Er war, wie es seine Gewohnheit war, heimlich Irma gefolgt. Er war um ihretwillen besorgt, denn er sah, dass mit ihr etwas nicht stimmte, und wollte sie deshalb nicht in Ruhe lassen.

„Sie sieht großartig aus, nicht wahr?" sagte er zu Hansei, der bei ihm geblieben war, während Irma und Walpurga vorangingen. „Aber sie ernährt sich von nichts als Milch, genau wie ein kleines Kind, und man kann sie nicht daran erinnern, dass die Nächte hier oben plötzlich kalt werden. Sie möchte immer in der feuchten Nacht draußen sitzen Luft. Ich denke oft, dass sie ein Engel sein muss und dass sie plötzlich ihre Flügel ausbreitet und davonfliegt – ja, Sie können darüber lachen, aber von hier bis zum Himmel ist es nicht weit. „Wir sind hier oben die nächsten Nachbarn des Herrn", wie meine Schwester immer sagte.

Hansei und der Onkel machten sich auf den Weg, um sich um das Vieh zu kümmern. Außer dem am ersten Tag geborenen Kalb waren noch zwei weitere gekommen und allen ging es gut. Es dauerte eine volle Stunde, bis Hansei zur Hütte kam, und sein ganzes Benehmen drückte seine Zufriedenheit über alles aus, was er gesehen hatte.

In der Zwischenzeit hatte Walpurga alles in der Hütte untersucht und auch sie hatte überall Sauberkeit und Ordnung festgestellt.

Am Nachmittag besuchte sie ihre nächste Nachbarin, die etwa eine Stunde von Hansei entfernt auf einer Bergwiese wohnte, und brachte ihre Zither mit.

Es war keine geringe Herablassung seitens der Frau des Gutsbesitzers, mit Gundel und dem Nachbarn zu singen. Franz machte mit und auch der kleine Pitcher konnte mitmachen. Hansei konnte jedoch keinen Ton singen; aber sein Mangel an Fähigkeiten trug zu seiner Würde bei – ein wohlhabender Bauer soll das Singen aufgegeben haben.

„Hier oben kann man nur singen. Da drüben, wo die Straße ins Dorf führt, geht das nicht", rief Gundel nach dem ersten Lied. „Wenn man dort singt oder ein lautes Wort spricht, übertönt das Echo alles."

Sie lief zur Stelle und sang ein paar Töne, die von jedem Berg und jeder Schlucht immer wieder widerhallten.

„Du solltest auch singen“, sagte Walpurga zu Irma; „Du hast keine Ahnung, wie gut sie singen kann.“

„Ich kann nicht singen“, antwortete Irma; „Meine Stimme ist weg.“

„Dann spielen Sie etwas für uns; Sie können die Zither wunderbar spielen“, sagte Walpurga.

Alle schlossen sich der Bitte an und Irma musste endlich mitspielen. Der kleine Pitcher hielt den Atem an. Er hatte noch nie zuvor ein so schönes Spiel gehört, und keiner, glaubte er, wüsste, was Irma konnte. Schon bald passte sie sich der vertrauten Melodie an, und der kleine Pitcher war der Erste, der das Lied anstimmte:

Oh, glückselig ist die zarte Krawatte.

Es war eine fröhliche, fröhliche Stunde.

Hansei führte nun seine Frau Irma und den kleinen Pechmann zu der Stelle, von der aus sie einen Blick auf den See in der Nähe ihres alten Zuhauses erhaschen konnten. Es funkelte hell in der Sonne und Hansei bemerkte, dass es wie das Aussehen eines Menschen aussah, der ihn von Jugend an kannte.

Walpurga fürchtete, die Szene könnte in Irma traurige Gedanken erwecken, und wandte sich ihr zu; aber sie sagte nur: „Mir gefällt es auch.“

Hansei beschrieb nun Irma die ganze Gegend, erzählte ihr, wo dieser und jener Ort lag, und zeigte ihr den Berg, auf dem er so viele Bäume gepflanzt hatte. Der Wald selbst war nicht zu sehen, aber der felsige Gipfel, der sich daraus erhob, war sichtbar.

Walpurga nahm inzwischen ihren Onkel beiseite und sagte:

„Onkel, meine Mutter ist tot--“

„Ja, ich weiß es, und du kannst nicht mehr von ihr halten als ich. Frag doch mal Irmgard, wie oft wir von ihr reden. Mir kommt es immer so vor, als müsste sie im Nebenzimmer sein. Es ist nicht weit.“ in den Himmel, von wo aus wir jetzt sind. Sie kann jedes Wort hören, das wir sagen.“

„Ja, Onkel, aber lass mich zu Ende bringen, was ich sagen wollte. Ich muss dir etwas sagen.“

Es fiel dem Onkel schwer, ruhig zuzuhören, denn er selbst hatte immer so viel zu sagen. Ohne seine wiederholten Unterbrechungen zu bemerken, fuhr Walpurga fort:

„Onkel, du bist ein vernünftiger Mann –“

„Kann sein, aber es hat mir im Leben nicht viel Gutes gebracht.“

„Jetzt möchte ich dir etwas sagen--“

„Sehr gut, raus damit.“

„Ich stecke in Schwierigkeiten wegen Irmgard--“

„Du brauchst dir keine Sorgen um sie zu machen. Ich beobachte sie, als wäre sie mein Augapfel. Mach es dir in dieser Hinsicht ganz leicht.“

„Ja, Onkel, darüber weiß ich alles; aber es gibt einige schrecklich böse Menschen auf der Welt, und sie werden dir bis zu den Berggipfeln folgen –“

„Ja, ich weiß; der Gendarm oft –“

„Onkel, hör mir geduldig zu!“

„Ja, ja; ich sage kein Wort.“

„Na, Onkel, Mutter wusste, wer Irmgard ist.“

„Und ich auch. Davon brauchst du mir nichts zu erzählen. Ich kenne sie durch und durch. Ich bin nicht so dumm, darauf kannst du dich verlassen.“

„Ja, Onkel, das ist in Ordnung. Ich wollte dir etwas anvertrauen –“

„Du kannst mir alles anvertrauen. Was diese Angelegenheit betrifft, kann ich deine Mutter im Himmel anrufen, um mir Zeugnis zu geben –“

„Das ist nicht nötig. Nun ja, wie ich schon sagen wollte, Irmgard hatte ein trauriges Leben –“

„Ich weiß alles darüber. Als ich mit ihr in der Stadt war, kam ich zu dem Schluss, dass da irgendetwas in der Art sein muss. Vielleicht wollten sie, dass sie jemanden heiratet, den sie nicht mochte. May.“ Sei es, dass sie ein linkshändiges Kind ist, oder dass sie einen Ehemann hat und ihn verlassen hat. Sie blickte auf so seltsame Weise auf die großen Häuser – es kam ihr immer so vor, als würde sie am liebsten verschwinden.“

Walpurga wunderte sich über ihren Onkel, der ihr nicht erlaubte, ein Wort zu sagen, und plötzlich fiel ihr ein: Ich war genau wie er einmal und dachte, ich müsse immer weiter plaudern, anstatt zuzuhören, was andere mir zu sagen hatten. Sie sah ihren Onkel lange an und er fasste es als Kompliment auf und erzählte ihr nun zum ersten Mal, was er auf dieser Reise mit Irma gefühlt hatte und was er bei ihr gesehen hatte – Die Löwen, die Schlangen, der Hohepriester und die „Zauberflöte“ waren alle in unauflöslicher Verwirrung miteinander vermischt.

Walpurga kam zu dem Schluss, dass es nicht nötig sei, ihr Geheimnis preiszugeben, und begnügte sich damit, ihrem Onkel zu sagen, dass er Irma niemals allein lassen dürfe und dass er sie mitnehmen sollte, wenn ein Fremder käme – ganz gleich, wer er sei heimlich in den Wald, damit niemand sie sah.

Der Onkel versprach, zu tun, was ihm geboten wurde.

„Ja", fügte er hinzu, „was für eine seltsame Welt das ist. Denken Sie nur darüber nach! Die Kräuter, die ich zur Apotheke im nächsten Dorf bringe, sind für die Bäder der jungen Gräfin Wildenort, der Schwiegertochter meiner Frau." Früher wusste ich es. Als ich neulich vor der Apotheke stand, kam ein Mann vorbeigeritten, auf einem schönen, glänzenden schwarzen Pferd. Seine Beine sahen aus, als wären sie auf einer Drehbank gedreht. Der Mann hatte ein Kind Vor ihm auf dem Pferd saß ein Junge, etwa so groß wie unser Peter, mit einem blauen Kleid und einer Feder im Hut, und der Junge war Irmgard so ähnlich, dass es ihr eigenes Kind hätte sein können. Und der Apotheker sagte: Mir wurde klar, dass es Graf Wildenort war, der Sohn dessen, den ich früher kannte . Und als er vorbeiritt, sagte ich: „Guten Morgen, Graf?" Er hielt an und fragte: „Woher kennst du mich?"

„Und ich sagte: ‚Ich kannte deinen Vater, und er war ein guter Mann ...' Und was glaubst du, hat er gesagt? Kein Wort. Er ritt davon, ohne sich auch nur bei mir zu bedanken. Sie sagten mir, er sei kein so guter Mann Mann wie sein Vater war, und man sagt, seine Schwiegermutter habe ihn unter ihrer Fuchtel, damit er sich nicht rühre. Aber das Kind ist wunderschön und das genaue Abbild unserer Irma. Es ist wunderbar, was für seltsame Dinge darin passieren die Welt."

Walpurga zitterte und ließ ihren Onkel versprechen, dass er Irma niemals gegenüber irgendjemandem im Dorf erwähnen würde.

Der Onkel versprach außerdem, dass er Irmgard nichts von der Angelegenheit erfahren würde.

Gegen Abend gingen Walpurga und Hansei wieder nach Hause, und als es Nacht wurde, kam auch Franz zurück. Die Bewohner der Hirtenhütte waren wieder allein. Unter ihnen wurde kein Wort gesprochen, denn sie hatten den ganzen Tag über genug geredet und gehört. Alles war still. Man hörte kein Geräusch außer dem Läuten der Kuhglocken im Wald und auf dem grünen Hügel, und über ihnen leuchteten die Sterne. Irma saß an der Stelle, von der aus man den fernen See sehen konnte, und es dauerte lange, bis sie sich zur Ruhe zurückzog.

KAPITEL X.

Irma verbrachte nur noch einen kleinen Teil des Tages an der Werkbank. Ihre Arbeit war noch beschwerlicher geworden als am Anfang. Ihr Blick war ständig auf die weite und ausgedehnte Aussicht auf die Berge gerichtet, zu der sie von ihrer Aufgabe immer mit noch größerer Begeisterung zurückkehren würde.

Der kleine Pechmann, der auf seine Art recht diplomatisch war, flehte Irma an, ihn zu begleiten, während er auf die Jagd nach Pflanzen und Wurzeln ging, denn er sagte, er sei alt und wisse nicht, dass er irgendwann den Halt verlieren könnte, und zwar so In diesem Fall wäre es gut, jemanden bei sich zu haben, der Hilfe holen könnte.

Danach verbrachte Irma den größten Teil des Tages mit dem kleinen Pechmann und wanderte durch den Wald und über Stock und Stein. Ihre größte Freude war es, wenn sie die Stelle erreichten, wo der Bach entsprang. Es floss sanft aus einer dunklen, felsigen Höhle und galoppierte dann kühn den Hügel hinunter, wobei es nebenbei gegen Felsbrocken prallte, bald über sie hinweg glitt, bald sich seinen Weg unter sie drängte, bis es das erste Tal erreichte, wo es ein Becken bildete umgeben von hohen, silbernen Tannen. Von dort floss es durch das Hochland und glitt leise murmelnd über den zweiten Berg hinab ins Tal.

Der kleine Pitcher sah deutlich, wie gern Irma hier war. Er dachte sogar, dass er sie einmal singen gehört hatte und dass ihre Stimme über dem Rauschen und Rauschen des Wassers hörbar gewesen war, und es war ein seltsamer Zufall, dass die meisten Kräuter, nach denen er suchte, in der Nachbarschaft gefunden werden konnten . Hin und wieder hatte er das Glück, ein Vogelnest zu entdecken und zeigte es Irma, die sich darüber freute, als wäre sie ein kleines Kind. Die Tiere hier schienen noch keine Angst vor Menschen zu haben, und der kleine Pechmann behauptete, dass die kleinen Vögel deshalb nicht wegflogen, als Irma sie ansah, weil sie so freundliche Augen hatte. Sie flogen um sie herum, als wäre sie eine alte Freundin, und die Vogelmutter im Nest sah sie liebevoll an und flog nicht.

So saß Irma ganze Nachmittage an der Quelle und warf, kaum ahnend, was sie tat, hin und wieder eine von ihr gepflückte Blume in den Bach.

Der Bach floss durch die Stadt, in der Gunther lebte. An seinem Ufer saß ein schöner Junge und an seiner Seite ein rothaariger Diener in Livree.

Der Junge befahl dem Diener, eine schöne Blume herauszufischen, die vorbeischwimmte. Der Diener kletterte das steile Ufer hinunter und als er gerade am Bachufer ankam, warf der Junge einen Stein ins Wasser, so dass er spritzte, und der Diener rief: „Mein junger Herr, du hast dich schon wieder schlecht benommen!" "

„Ist er wieder bei seinen wilden Streichen?" sagte ein großer und gutaussehender junger Mann mit einem Gesichtsausdruck, der die Spuren der Verschwendung trug. „Was machst du, Eberhard?"

Der Junge sah erschrocken aus und der Diener sagte:

„Nichts, Sir. Mein junger Meister und ich hatten nur ein bisschen Spaß zusammen."

Der junge Mann nahm den Jungen bei der Hand und ging mit ihm über die Wiese zu einem wunderschön gelegenen Landhaus, während Fitz, der Bräutigam, ihm folgte. Der Mann vor ihm war Graf Eberhard von Wildenort, und der Junge bei ihm war sein Sohn.

Bruno hatte strikt angeordnet, dass sein Junge sich nicht in die Nähe des Wassers begeben dürfe. Er hatte große Angst vor diesem Element, denn es hatte so schreckliches Unglück über seine Familie gebracht. Aber wie durch einen bösen Einfluss wurde der Junge immer von dem wilden Bach angezogen, und Fitz, der ihm immer seinen Willen ließ, unterstützte ihn heimlich und begleitete ihn.

Bruno blickte zurück, schüttelte Fitz den Finger und betrat dann den Garten des Landhauses. Dort saß seine Frau in einem großen Sessel. Ein kleines Mädchen spielte auf dem Kiesweg und eine Krankenschwester trug einen Säugling auf dem Arm. Man hörte die Morgenglocke, und bald darauf erschien die Schwiegermutter am Gartentor. Ihr folgte ein Diener, der ein besticktes Kissen und ein mit Juwelen funkelndes Gebetbuch trug.

Die Baronin begrüßte ihre Familie mit der ruhigen und zufriedenen Miene einer Person, die ihre höchsten Pflichten bereits erfüllt hatte. Bruno reichte ihr seinen Arm und Arabella folgte ihr, und sie gingen zum Frühstückstisch, der in der Laube gedeckt war.

"Liebe mich!" sagte die Baronin. „Was sollen wir heute mit uns anfangen? Es ist herrlich, und ich glaube nicht, dass sich das Wetter ändern wird. Der Apotheker erzählt mir, dass es ein paar Stunden von hier entfernt eine sehr hübsche Hirtenhütte gibt, deren Aussicht wahrscheinlich großartig ist exquisit. Wie wäre es, wenn wir unsere Diener vor uns herschicken würden, um Vorkehrungen für unser Abendessen dort zu treffen?"

„Erlauben Sie mir, gnädige Schwiegermutter", antwortete Bruno schüchtern.

„Sehr gut, machen Sie einen Vorschlag! Überlassen Sie nicht alles mir. Was haben Sie in dieser tödlich-lebhaften Einsamkeit vorzuschlagen, in der wir auf den abscheulichen Geheimrat und die weiblichen Philister seiner Familie geworfen werden? Ich flehe Sie an , schlagen Sie etwas vor.

"Meiner bescheidenen Meinung nach--"

„Lass es nicht so lange auf den Punkt kommen!"

„Ich denke, es wird in Ihrem Interesse sein, wenn ich zuerst selbst hinfahre, um zu sehen, ob die Straßen fair sind, und um zu verhindern, dass Sie enttäuscht werden; denn obwohl Theaterhirtinnen in der Regel sehr charmant sind, neigen sie dazu, großartig zu sein." Schrecken *pur*."

„Danke! Sie sind wirklich liebenswürdig. Wann brechen Sie zu Ihrer Erkundungstour auf?"

„Heute, wenn Sie es wünschen."

„Er möchte aussteigen und für einen Tag ein freier, alleinstehender Mann sein", sagte die lächelnde Baronin zu ihrer Tochter. „Oh, ich kenne ihn! Sollen wir ihm einen Tag geben?" sie fragte schelmisch.

„Du bist sehr gut gelaunt", antwortete Bruno. Trotz all ihrer bissigen Bemerkungen war er ihr gegenüber stets äußerst höflich. Sie hatte seine Spiel- und sonstigen Schulden dreimal beglichen, denn Bruno hatte das Vermögen seiner Schwester noch nicht erhalten, da die Leiche nicht gefunden worden war. Erst nächstes Jahr – also fünf Jahre nach ihrem Tod – durfte er es legal in Besitz nehmen.

„Ja, lieber Bruno", sagte Arabella schließlich, die über die Lage ihres Mannes zutiefst schmerzte. „Du gehst besser alleine. Lass Fitz hier bei uns. Eberhard hat sich so an ihn gewöhnt, dass er keine Lust mehr hat, mit jemand anderem zu spielen."

Bruno ging zur Apotheke, wo ihm mitgeteilt wurde, dass die Wiese dem Grundbesitzer gehörte, der mehrere Stunden entfernt wohnte. Er machte sich sofort auf den Weg zur Farm.

Walpurga saß am Fenster und spielte mit dem Kind auf ihrem Schoß, als sie einen Reiter kommen sah. Sie hob unwillkürlich die Hand vor die Augen und lehnte sich zurück, als würde er direkt über sie reiten.

Sie sah ihn absteigen und sah, wie Hansei ihn begrüßte und das Pferd zum Stall führte; Danach kamen Hansei und der Fremde ins Zimmer.

„Gott sei gegrüßt, Graf!" sagte Walpurga, fasste sich und ging auf ihn zu. „Wie nett von Ihnen, uns einen Besuch abzustatten."

Sie streckte Bruno die Hand entgegen, der weiterhin seinen Schnurrbart zwirbelte und ihm die Hand nicht erwiderte.

„Ah! Du bist es, oder? Ich wusste nicht, dass du die Herrin hier bist. Und das ist also die Farm, die du mit Gold bezahlt hast? Du bist schlau, aber sei nicht beunruhigt. Das werde ich nicht rufe dich zur Rechenschaft!“

Hansei bemerkte, dass seine Frau blass wurde.

„Wer ist dieser Mann? Wer ist es, der auf diese hohe und mächtige Weise zu dir spricht?“ fragte er und richtete sich auf.

"Ruhig sein!" sagte Walpurga. „Er ist einer der Hofherren und scherzt gern.“

„Das ist es, oder?“ murmelte Hansei. „Ich möchte ein Wort zu Ihnen sagen, Sir – wie lautet Ihr Name?“

„Graf Wildenort.“

„Na dann, Graf, ich habe nicht gefragt, wer Sie sind, sondern ich habe Sie und Ihr Pferd willkommen geheißen. Und jetzt möchte ich, dass Sie mir sagen, was Sie wollen, und meine Frau in Ruhe lassen. In meinem Haus und Zuhause, ich Erlaube keine Witze, die mir nicht gefallen, und wenn der König selbst kommen und einen Witz versuchen würde, der mir nicht gefällt, würde ich ihn rauswerfen! Nichts für ungut, aber jeder muss sagen, was er denkt. Nun, Herr, nehmen Sie Platz.“

Hansei setzte seinen Hut auf und drückte ihn fest, als wollte er zeigen, dass er hier der Herr war.

Bruno sagte mit einem Lächeln:

„Du hast einen guten Ehemann, Walpurga.“

„Das reicht“, sagte Hansei und unterbrach ihn. „Was wünschen Sie, Graf?“

„Nichts aus dem Weg. Man sagt mir, dass du auf deiner Bergwiese eine Hirtenhütte hast, und ich habe gehört, dass sie die schönste in den Highlands ist.“

„Ja, ja“, sagte Hansei grinsend. „Es ist nicht so schlimm und es liegt sehr schön, aber ich werde es nicht verkaufen.“

„Ich möchte es nicht kaufen. Ich möchte nur den Tag dort oben verbringen.“

„Warum, wie meinst du das?“

„Gibt es gute Straßen, die dorthin führen, und ist der Ort sauber? Besteht eine Chance, zurückzukommen, ohne eine Herde mit sich zu führen?“

„Du hast recht, Walpurga, er ist ganz lustig“, flüsterte Hansei seiner Frau zu und sagte dann, sich an Bruno wendend:

„Die Straßen sind gut, und wenn es Ihnen nichts ausmacht, eine Stunde aus dem Weg zu gehen, können Sie fast bis zur Stelle fahren. Wenn Sie möchten, kann ich Ihnen den Weg nach oben zeigen."

„Sicherlich; meine Frau und meine Schwiegermutter würden den Ort gerne sehen."

Walpurga war beunruhigt über die Gefahr, die Irma bedrohte, aber sie sammelte sich schnell und sagte, als würde sie scherzen:

„Nein, Graf, Frauen dürfen dort nicht hinauf. So wie wir sind, können wir das natürlich tun; aber selbst dann müssen wir unsere Unterröcke in Kniebundhosen verwandeln." Sie lachte herzlich, und Bruno lachte auch. In diesem Kostüm stellte er sich seine Schwiegermutter vor. Sie hatte in ihrem Leben schon viele Versuche unternommen, aber noch nie so etwas.

Der einzige Zweck seines Auftrages bestand darin, ihm unter dem Vorwand, authentische Informationen erhalten zu haben, zu ermöglichen, seine Schwiegermutter von ihrem Plan abzubringen, der, wenn er ausgeführt worden wäre, ihn einem Tag bitterer Sklaverei ausgesetzt hätte. Er wusste genau, dass nichts richtig sein würde und dass er gezwungen sein würde, ihre Vorwürfe und Schelte zu schlucken, als ob es seine Schuld wäre, dass sie bald auf einen Sumpf, bald auf einen Hügel und dann auf die Hütte des Hirten stießen , sie könnten ihre Augen von Bergen aus Eis ernähren, sie könnten kein Vanilleeis haben, um den Gaumen zu befriedigen. Er wusste alles über diese Vergnügungspartys, bei denen er im Allgemeinen das Gefühl hatte, vor Ärger sterben zu müssen. Walpurga fand eine Gelegenheit, ihrem Mann zu sagen, er solle alle in seiner Macht stehenden Mittel einsetzen, um den Grafen von einem Besuch auf ihrer Bergwiese abzubringen. Und als Hansei mit dem Grafen, der sein Pferd suchte, in den Stall ging, lachte er, bis ihm jeder Zahn im Kopf zeigte, während er sagte:

„Da oben ist eine Verwandte von uns, und sie ist ein bisschen verrückt."

Auch Walpurga kam in den Stall, denn sie fürchtete, ihr Mann könnte etwas verraten. Bruno fragte sie, ob sie wisse, was aus ihrer Freundin geworden sei.

Walpurga schüttelte den Kopf und weinte.

„Ja", sagte sie, „ich kann wohl sagen, dass niemand auf dieser Erde ihretwegen mehr gelitten hat als ich."

Sie weinte so bitterlich, dass Bruno anbot, sie zu trösten.

Schließlich ging er.

Es dauerte mehrere Tage, bis Walpurga sich von den Auswirkungen ihres Schreckens erholte. Immer wieder schien es ihr, dass es besser wäre, wenn Irma entdeckt würde, denn vielleicht war sie ziemlich krank und könnte vorzeitig sterben. Aber wenn sie entdeckt würde, würde es sie sofort töten. Dies war der Grund für ihr Unbehagen, als sie am vergangenen Sonntag in der Hütte war, und dafür, dass sie dem Onkel größte Vorsicht geboten hatte. Ständig verfolgte sie der Gedanke, dass alles bald ein Ende haben würde. Wenn man nur wüsste, wie und was das Ende sein würde und ob man etwas tun könnte. Sie konnte nichts tun. Sie konnte nur zulassen, was passieren würde.

KAPITEL XI.

Die Bäume in Gunthers Garten waren mit Grün geschmückt und das Parterre war voller wunderschöner Blumen. Die Vögel sangen, und der Waldbach, der durch das Gelände floss, murmelte, als würde er bereuen, den Ort so bald verlassen zu müssen.

Drinnen herrschte Freude und Glück. Bronnen und Paula wurden verlobt. Die Liebe, die ruhig gewachsen und gereift war, brach nun plötzlich in ihrer ganzen Pracht hervor. Bronnen wollte Paula vor dem Eintreffen des Gerichts sein Eigen nennen, damit sie sich dann weniger eingeengt fühlte und Gelegenheit hatte, sich an die Manieren des Hofkreises zu gewöhnen. Nicht ohne Angst dachte Madame Gunther daran, dass ihr Kind in das bewegte Leben der Hauptstadt eintreten würde, ein Leben, vor dem sie eine unüberwindliche Angst hatte. Bronnen erzählte dem Arzt und seiner Frau, dass es ihm leichter gefallen sei, Reformen in der Politik herbeizuführen als in der Gerichtsetikette. Bisher war es ein altehrwürdiger und unveränderlicher Brauch, dass Ehefrauen aus der Bürgerschicht nicht vor Gericht vorgestellt werden durften, ganz gleich, welchen Rang ihre Ehemänner hatten. Daran hatte er erst etwas ändern können, als er es zu einer Kabinettsfrage gemacht hatte. Gunther lächelte über diese Erklärung. Er wusste, wie hartnäckig sich die Etikette allen Innovationsversuchen widersetzte. Madame Gunther hingegen war ziemlich beunruhigt über die Vorstellung, dass Paula sowohl am Hof als auch in der Hauptstadt die First Lady nach der Königin sein würde. Sie wäre weitaus zufriedener gewesen, wenn Bronnens Position bescheidener gewesen wäre; aber sie liebte ihn mit einer mütterlichen Zuneigung, die sich in jedem ihrer Blicke ausdrückte. Sie ging sogar so weit, dass Günther lächelnd bemerkte: „Sie sind Ihrem eigenen Land gegenüber untreu geworden", denn sie hatte behauptet, dass ein so edler, so würdevoller und dennoch standhafter und nachgiebiger Charakter nur entwickelt werden könne unter einer monarchischen Regierung. „In einer Republik", sagte sie, „gibt es einen gewissen Mangel an Form und Nachsicht gegenüber persönlichen Neigungen. Die Selbstachtung, die nie in der Achtung vor anderen versagt, war die besondere Frucht der Höfe, und Bronnen hatte ein Talent, nämlich." Er war besonders darauf bedacht, dass sich jeder bei ihm wohlfühlte. Er war ein guter Zuhörer und immer bereit, aufmerksam zu warten, bis man mit dem fertig war, was man sagen wollte."

Die Freude der Eltern war jedoch nur ein schwaches Abbild der Freude der Verlobten. Nachdem Paula in aller Aufrichtigkeit ihre Befürchtung gestanden hatte, dass sie einen Mann wie Bronnen nicht befriedigen könnte, beruhigte sie sich bald wieder, denn sie spürte, dass es eine Tiefe der Liebe gibt, die alles Höchste auf Erden einschließt und das Dauerhafte umfasst Glück. Die Liebenden streiften durch Feld und Wald, und Bronnen wurde immer wieder an die reinen und strahlenden Gefühle erinnert, die die raffinierte und gehobene Atmosphäre ihres Zuhauses fest in Paula verankert hatte. Mit jedem neuen Akkord, den er berührte, stieß er auf einen reichen Gedankenschatz und stellte fest, dass sie mit einem beeindruckbaren und empfänglichen Geist ausgestattet war. Er freute sich über das Schicksal, das seine Wahl so geleitet hatte, und über die Überzeugung, dass jede individuelle Verbesserung durch gemeinsame Anstrengung erreicht und vervollkommnet wird.

Madame Gunther war mit ihrem Mann in seinem Arbeitszimmer und blickte hin und wieder aus dem Fenster auf die Liebenden, die im Garten spazieren gingen.

„Bronnen hat gestern gegenüber Paula und mir ein seltsames Geständnis gemacht", sagte sie. „Wenn mir jemand anderes davon erzählt hätte, hätte ich es nicht geglaubt."

"Was war es?"

„Er erzählte uns mit gefühlvoller Stimme, dass er einst die Gräfin Wildenort geliebt hatte. Wussten Sie davon?"

„Nein, aber ich kann nichts Falsches daran finden. Wenn sie nur ihre Impulse hätte kontrollieren können, wäre sie des besten Mannes würdig gewesen, und mein lieber Eberhard hatte es verdient, einen solchen Mann für seinen Sohn zu haben."

„Sagen Sie es mir", fragte Madame Gunther, „ich habe nie den geringsten Einwand an ihm gefunden, aber halten Sie es für richtig von ihm, Paula davon zu erzählen? Das wird sie noch mehr beunruhigen; sie wird sich vergleichen." mit der brillanten Gräfin, und--"

„Lass dich davon nicht beunruhigen", sagte Gunther und unterbrach sie; „Ein Herz, das sich wie das unseres Kindes der vollen Kraft der Liebe bewusst ist, besitzt einen unerschöpflichen Schatz an Glückseligkeit, den keine Rivalin, sei sie noch so groß und brillant, stören kann. Wenn es möglich wäre, würde ich noch mehr darüber nachdenken." Ich liebe ihn mehr als ich jetzt, weil ich ihr davon erzählt habe. Es ist nicht jeder Mann, der so viel Glück hatte wie ich und dessen erste Liebe seine einzige Liebe ist. Die meisten von uns müssen Enttäuschungen und Verluste durchmachen, und er Wer, wie Bronnen, rein und unversehrt aus der Prüfung hervorgegangen ist, möge sein Los loben. Je mehr ich die Welt gewissermaßen aus der Ferne betrachte, desto größtes Unglück, das der Menschheit widerfahren ist, ist, dass ein vom Laster beflecktes Leben sollte parallel zu dem, was als normal und häuslich bezeichnet wird, weitergehen und Zwietracht unter den Menschen sowie im individuellen Geist hervorrufen. Wenn die Rasse gerettet werden soll, muss eine große Revolution im Geist der Menschen stattfinden.

Wir haben darüber gewacht Unser Kind so lange und so treu, dass es mich trotz aller weltlichen Glückseligkeit zutiefst betrüben würde, zu sehen, wie sie einem Mann die Hand reichte, der nach dem falschen Ausdruck der Gesellschaft ein schnelles Leben geführt hat.

Madame Gunther betrachtete ihren Mann mit einem Blick unaussprechlicher Freude. „Ich finde, dass Bronnen Sie von Ihrer Abneigung gegen den Militärberuf bekehrt hat", sagte sie mit sanfter Stimme.

„Auf keinen Fall", antwortete Gunther, „aber Bronnen ist dadurch nicht verletzt worden. Mit entschlossenem Mut und einem leichten Einfluss auf andere verbindet er einen tiefen und ernsthaften Geist. Es ist fast ein Wunder, dass ich gerade dann etwas produzieren möchte." Mein Werk ist das Bild eines reinen und aktiven Menschen der Gegenwart, genau die Eigenschaften, die ich suche, finden sich in dem Mann, der im freien Lauf der Natur zu mir gehören soll. Es scheint, als ob uns das von geheimnisvollen Kräften vermittelt worden wäre was das poetische Auge sich vorzustellen versucht. Bronnen scheint aus meinem Werk herauszutreten."

Gunther hatte noch nie zuvor so über seine Arbeit gesprochen. „Verstehen Sie mich nicht falsch", fügte er hinzu; „Ich glaube nicht, dass irgendjemand das Ideal der perfekten Männlichkeit verkörpert, aber ich kann in jedem einige Merkmale finden, und viele davon in Bronnen. Die Menschheit, wie ich sie in der tatsächlichen Welt finde, ist voller Schönheit; aber , in Wahrheit ist es noch schöner, und ich bin froh darüber, dass die nächste Generation besser sein wird als unsere eigene. Und doch können wir mit Fug und Recht sagen, dass das Gute, das wir erreicht haben, bei ihnen weiterlebt. Ihre Begeisterung wird geringer sein als bei uns, aber ihre Mäßigung wird es dauerhafter machen. Aber ich möchte im Moment nicht zu weit auf dieses Thema eingehen. Ich wollte nur sagen, dass das Gefühl der Zwietracht in der modernen Zeit daraus entsteht Die Religion hat den Glauben über die Moral erhaben, die Kunst hat mit der Schönheit einen ähnlichen Weg eingeschlagen und die Politik mit der Freiheit. Und doch sind sie eins und untrennbar und müssen es immer bleiben. Ich vertraue darauf, dass ich dies dem noch klarmachen kann Welt und tragen so etwas zur Vereinigung wahrer Frömmigkeit, Schönheit und Freiheit mit der Moral bei, die derzeit so gnädig geduldet wird.

Ihr Gespräch wurde unterbrochen, denn Graf von Wildenort, seine Frau und seine Schwiegermutter wurden angekündigt. Der Diener wurde angewiesen, sie in den Gartensalon einzuladen, und kurz darauf unterhielten sich die Besucher, Gunther und seine Frau, Bronnen und seine Verlobte, lebhaft. Madame Gunther konzentrierte ihre Aufmerksamkeit auf die junge Gräfin, deren Zustand sich unter Gunthers Behandlung erheblich verbessert hatte, während Baronin Steigeneck die Liebenden in ein Gespräch verwickelte.

Madame Gunther schaute Bronnen und Paula oft an, als würde sie am liebsten eine Raupe wegwischen, die über sie krabbelte. Bruno wandte sich recht fröhlich an Gunther und sagte ihm, dass er während des königlichen Besuchs wahrscheinlich auf Befehl Ihrer Majestäten zurückkehren würde. Dies mag als Hinweis für Gunther gedacht gewesen sein, einen solchen Befehl herbeizuführen, denn die Baronin, die über ihren Ausschluss vom Hof sehr verärgert war, beabsichtigte, mit ihren Kindern und Enkelkindern in ihr Schloss zurückzukehren und dann eine modische Wasserstelle aufzusuchen. Ort. Sie wollte unbedingt den Spieltisch erreichen.

Sie verabschiedeten sich ziemlich lange und drückten ihre Dankbarkeit für die Freuden aus, die sie während ihres Aufenthalts genossen hatten, sowie ihren Neid auf diejenigen, die hier wie auf einer glücklichen Insel leben konnten. Schließlich stiegen sie in ihre Kutsche und fuhren los.

Nachdem die Besucher gegangen waren, öffnete Madame Gunther alle Fenster, damit ein frischer Luftzug die starken Düfte der Baronin forttragen konnte.

Bronnen reiste noch am selben Abend ab. Die Familie begleitete ihn ein kurzes Stück. Er und Paula gingen voran, Günther und seine Frau folgten. Der leere Wagen folgte ihnen, und Bronnen betrat ihn erst, als er sich von seinen Freunden verabschiedet hatte. Der Abschied war einfach und liebevoll. Sie waren voller freudiger Erinnerungen an den vergangenen Tag und freuten sich auf künftige glückliche Tage, denn Bronnen hatte vor, mit dem König zurückzukehren.

Auf dem Heimweg ging Paula zwischen ihren Eltern hindurch, ihre Wangen glühten vor Aufregung. Gunther verließ jedoch seine Frau und seine Tochter, bevor er nach Hause kam, denn er musste sich in die Wohnung des Grafen Wildenort begeben, um seiner Frau weitere Anweisungen zu geben.

Mutter und Tochter gingen allein weiter, und als Madame Gunther ihre Tochter ansah, sah sie, dass eine stille Träne in ihren Augen stand, obwohl ihr Gesicht vor Freude strahlte.

„Sie haben das Recht, sich glücklich zu fühlen", sagte Madame Gunther, „Sie werden einen Ehemann haben, der mit Ihrem Vater verglichen werden kann. Ich kann Ihnen nichts Besseres wünschen, als das Glück zu genießen, das ich hatte, und die Freude, die ich habe." Das, was ich in meinen Kindern und insbesondere in dir hatte, kann eines Tages dein sein.

„Ah Mutter!" sagte Paula, „ich kann nicht begreifen, wie ich ihn allein gehen lassen könnte, und andererseits auch nicht, dass ich dich und deinen Vater und deine Schwester verlassen soll. Aber Bronnen –" sie nannte ihn immer beim Nachnamen – „sagt, dass er hofft, dass Vater wieder in die Hauptstadt zurückkehren wird; dass er sich jeden Posten aussuchen kann, der ihm gefällt, denn der König wünscht es."

„Ich glaube nicht, dass dein Vater zustimmen wird. Aber lass dich von nichts dergleichen beunruhigen, mein liebes Kind. Du kannst durchaus glücklich sein, denn wir teilen dein Glück."

Bevor sie nach Hause kamen, sahen sie mehrere wunderschöne Pferde und Kutschen, die die Königin im Voraus geschickt hatte und deren Ankunft in den nächsten Tagen erwartet wurde. Die Autobahn war plötzlich voller Leben, und die kleine Stadt war voller staunender und erfreuter Menschenmengen. Das Gericht stand vor der Tür, und das alles hatten sie Günther zu verdanken. Frau und Tochter wurden von allen, denen sie begegneten, respektvoll begrüßt, und sogar aus der Ferne konnte man sehen, wie die Stadtbewohner sie den kürzlich eingetroffenen Hofdienern zeigten, die sie ebenfalls recht unterwürfig begrüßten.

Weiter entfernt trafen sie auf ein Fahrzeug, das aussah, als gehöre es zum Märchenland. Zwei winzige braune Ponys mit kurzgeschorenen schwarzen Mähnen und buntem Schmuck waren an eine kleine Kutsche mit niedrigen Rädern gespannt. Als ob sie erraten würden, was vor sich ging, erschienen die Kinder bei den Bauernhäusern und stürmten über die Wiesen und Felder, um die märchenhafte Equipage des Kronprinzen zu bewundern, und folgten ihr durch die Stadt, wo die Menge der fröhlichen, schreienden Kinder immer größer und größer wurde größer, bis sie endlich die Milchfarm erreichten.

Paula sah lächelnd zu. Sie blieb mit ihrer Mutter vor einem Haus stehen, dessen Schild darauf hinwies, dass es sich um das neue Telegrafenamt handelte. Hier, dachte sie bei sich, würden die Botschaften, die sie senden und die sie empfangen würde, nachdem sie ihr väterliches Zuhause verlassen hatte, vorübergehen.

Die Telegraphenmasten, die Irma gesehen hatte, wie die Arbeiter sie in der Nähe der Farm aufstellten, waren wegen des beabsichtigten Sommeraufenthalts der Königin in der Nachbarschaft errichtet worden.

Früh am nächsten Morgen erreichte das erste Telegramm die kleine Stadt. Es war an Paula gerichtet und lautete wie folgt:

„Ich widme den elektrischen Funken dem Dienst an der Liebe. Mir geht es gut und ich grüße euch, euren Vater, eure Mutter und eure Schwester."

„ BRONNEN ."

KAPITEL XII.

Die Schulkinder waren unter den Obstbäumen auf beiden Seiten der Straße untergebracht. Glocken läuteten, Musik erklang, Kanonenschüsse, und die schroffen Berge hallten den fröhlichen Lärm wider.

Es war der Einzug der Königin.

Sie saß in einer offenen Kutsche, die von vier weißen Pferden gezogen wurde. An ihrer Seite saß der Prinz, ein Junge mit goldenem Haar und frischer Gesichtsfarbe. Der Wagen hielt an der Grenzlinie. Eine in landestypischer Tracht gekleidete Jungfrau begrüßte die Königin mit einem vom Schulmeister verfassten Gedicht und überreichte ihr einen Strauß Alpenblumen. Die Königin nahm den Blumenstrauß großzügig entgegen. Sie verneigte sich in alle Richtungen und reichte dem Kind die Hand. Der Prinz folgte ihrem Beispiel und sagte mit einer Stimme, die laut genug war, dass der Stadtrat und alle anwesenden katholischen und evangelischen Geistlichen es hören konnten: „Gott grüße dich!"

Immer wieder ertönte Jubel, und ihr Weg war mit Blumen übersät.

Die Königin fuhr durch die kleine Stadt, die mit Fahnen und Girlanden geschmückt war. Als sie ankam, stellte sie fest, dass die Hofkavaliere, die ihr vorausgegangen waren, warteten, und dass Günther unter ihnen war. Zum ersten Mal seit seiner Rückkehr trug er die Abzeichen der verschiedenen Großorden, denen er angehörte. Nachdem sie unter einem Triumphbogen hindurchgefahren war, hielt die Kutsche an und die Königin stieg aus.

Sie reichte Günther die Hand, der sie gern geküsst hätte; aber er wandte sich an den Prinzen und küsste ihn. Er war so aufgeregt, dass er kein Wort sagen konnte. Schließlich sagte er:

„Ich heiße Eure Majestät in meinem Haus willkommen!"

„Wo immer du bist, da ist Heimat", antwortete die Königin.

Sie ging vorbei und führte ihren Jungen an der Hand.

Gräfin Brinkenstein, Lady Constance und andere Hofdamen tauschten ebenfalls Grüße mit Gunther aus. Es gab jedoch auch andere, die erst vor kurzem ernannt wurden und die Gunther nicht kannte.

Die Königin und ihr unmittelbares Gefolge erreichten bald die große Terrasse, die einen herrlichen Blick auf Berge und Tal bot. Günther wies auf die Richtung des Gebirges und der dazwischen liegenden Täler hin. Er nannte ihr auch die Namen der wichtigsten Gipfel und fügte hier und da ein paar historisch interessante Dinge hinzu. Er stellte der Königin die Häuptlinge seiner Heimat vor. Bald brach der Abend an und die luftigen

Höhen wurden in die warmen Farben des herrlichen Sonnenuntergangs getaucht. Sie schwiegen einige Augenblicke, während sie zu den Höhen emporblickten, und dachten kaum an sie, die von dort verträumt in die weite Welt geblickt hatte und gerade durch das Echo der Kanone aus der Nachbarschaft erschreckt worden war Klippen. Dort unten muss ein freudiges Fest stattfinden, dachte sie, und sie, die sich einst in diesem Kreis bewegt hatte und dort nicht im Geringsten bewundert worden war, lebte in sich selbst, in Stille und Einsamkeit.

Es schien, als hätte sich die gesamte Bevölkerung der Stadt und der Vorstadt am Parkgeländer versammelt, um einen Blick auf die Königin zu erhaschen. Alles, was sie betraf, seien es ihre Pferde, ihre Kutschen oder ihre Diener, löste bei ihnen Staunen und Bewunderung aus.

Beim Klang der Abendglocke nahmen die Männer ihre Hüte ab und nach einem stillen Gebet machten sich alle auf den Heimweg.

Bald war es Nacht. Die Gruppe hatte sich zerstreut, und die Königin fragte Gunther, ob es nicht eine Möglichkeit gäbe, zu seinem Haus zu gelangen, ohne durch die Stadt zu gehen. Gunther antwortete, der König habe einen Weg um den Hügel anlegen lassen.

Die Königin blickte nach unten. Die aufmerksame Fürsorge des Königs gefiel ihr. Wäre er in diesem Moment anwesend gewesen, hätte sie freundlicher mit ihm gesprochen, als sie es seit vielen Tagen getan hatte.

„Ich möchte Ihre Familie besuchen", sagte die Königin.

„Ich werde die Ehre haben, sie morgen Eurer Majestät zu überbringen."

„Der Abend ist so bezaubernd; lasst uns jetzt zu ihnen gehen."

Die Königin, begleitet von Gunther und zahlreichen Damen und Herren des Hofes, schlug den neuen Weg ein, der zur Wohnung des Arztes führte.

„Wäre es nicht besser, Ihren Damen die Nachricht zu schicken, dass die Königin sie besuchen wird?" sagte Gräfin Brinkenstein zu Günther. Obwohl die Gesetze der Etikette während ihres Besuchs im Land manchmal gelockert wurden, schien die informelle Art und Weise, mit der die Königin diesen Besuch abstattete, allen Regeln zu widersprechen.

Günther lehnte es gnädig ab, ihrem Vorschlag Folge zu leisten.

Er war sich stolz der Tatsache bewusst, dass die Königin und ihr Gefolge, wann immer sie sein Haus betraten, seine Frau, sein Haus und seine Kinder bereit vorfinden würden, sie zu empfangen.

Die kluge Stasi, die Frau des Kommissars, hatte jedoch gehört, wohin sie gingen, und beeilte sich, Frau Günther zu sagen, wer kommen würde.

Als die Besucher ankamen, war der Gartensalon strahlend erleuchtet und am Gartentor wurden sie von Madame Gunther empfangen, die von ihren beiden Töchtern begleitet wurde. Ihr Empfang der Königin war respektvoll und ehrfurchtsvoll, auch wenn er möglicherweise nicht ganz den Vorschriften der Gerichtsordnung entsprach.

„Ich konnte es kaum erwarten", sagte die Königin. – Ihre Stimme schien klarer und heller als zuvor. – „Ich hatte das Gefühl, dass ich Sie heute sehen und Ihnen meine Glückwünsche überbringen muss. Ich nehme an, Sie sind die Verlobte von Minister Bronnen?" sagte sie und wandte sich an Paula.

Paula verbeugte sich so korrekt, dass Gräfin Brinkenstein ein zustimmendes Nicken nicht unterdrücken konnte. Die Königin reichte Paula die Hand und küsste sie auf die Stirn.

„Ich werde dich jetzt oft sehen", fügte sie hinzu, „und es wird eine Freude sein, mich daran zu erinnern, dass ich dich bei dir zu Hause gekannt habe."

Sie winkte Madame Gunther, näher zu kommen, und spazierte in ihrer Begleitung durch den Garten.

„Und so sehe ich dich heute zum ersten Mal", sagte die Königin. „Ich vertraue darauf, dass du mich nicht als Fremden ansiehst?"

„Eure Majestät, es ist das erste Mal in meinem Leben, dass ich mich an eine Königin wende, und ich flehe Sie an –"

„Ihr Mann war wie ein Vater für mich, und ich wünsche Ihnen auch – Aber überlassen wir es der Zukunft, unsere Eindrücke voneinander zu bestimmen. Erlauben Sie mir jedoch, Sie zu bitten, ein wenig davon beiseite zu lassen Ihr schweizerisches Vorurteil gegenüber Königen.

„Eure Majestät, ich bin Bürger Ihres Landes."

„Ich freue mich sehr, dass unser erstes Treffen bei Ihnen zu Hause stattfindet. Singen Sie immer noch viel? Mir wurde gesagt, dass Sie früher wunderschön gesungen haben."

„Eure Majestät, das habe ich den jüngeren Stimmen meiner Kinder überlassen. Paula singt."

„Wie bezaubernd! Ich habe es schon lange bedauert, dass keine der Damen unseres engeren Kreises gut singen kann."

Wie ein vorbeiziehender Schatten schoss der Gedanke an Irma durch den Kopf der Königin. Sie stand an dem Bach, der von der Bergwiese herabfloss und hier geräuschvoll vorbeirauschte.

Die Königin blieb nur kurze Zeit im Pavillon. Als sie gehen wollte, sagte sie zu Madame Gunther:

„Wirst du mich nicht ein Stück des Weges begleiten?"

„Nein, ich danke Eurer Majestät."

„Dann sehe ich dich morgen. Gute Nacht. Lasst uns gute Nachbarn sein."

Die Königin ging.

Gunther wusste genau, wie die Hofdamen über den großen Verstoß seiner Frau gegen die Anstandsregeln diskutieren würden, als sie sich weigerte, dem ausdrücklichen Wunsch der Königin nachzukommen. Aber er sagte seiner Frau kein Wort darüber, denn er wusste, dass er ihr erlauben konnte, ihren Willen durchzusetzen. Er war sich sicher, dass sie immer das Richtige tun würde und dass sie, selbst wenn sie bestimmte Konventionen missachtete, dennoch alles zum Besten schaffen würde. Tatsächlich war die bloße Tatsache, dass sie die äußerst gnädigen Annäherungsversuche der Königin sanft zurückgewiesen hatte, für ihn doppelt beruhigend.

„Ich freue mich", sagte Madame Gunther zu ihrem Mann, als sie zusammen im Salon waren, „dass Paula schon im Haus ihres Vaters in das Hofleben eingeführt wurde. Die Königin beeindruckt mich wirklich als edles Geschöpf."

Günther stimmte zu und fügte hinzu, dass Paula bereits bewiesen habe, wie gut sie von Bronnens Rat profitiert habe. Denn Bronnen hatte ihr gesagt, dass man, um am Hof frei zu sein, seine unbedeutenden Formen zu einer Art zweiter Natur machen müsse, damit sie ohne besonderen Stress oder Schwierigkeiten geübt werden könnten; und dass sie tatsächlich genauso beherrscht werden müssen, wie man die Grammatik seiner Muttersprache beherrscht.

In der stillen Mondnacht hörte man Paula mit voller Stimme und leidenschaftlichem Ausdruck die Schlussstrophen von Goethes Lied singen, das Lied, das Bronnen über alle anderen bewunderte:

Krone der Existenz,

Freude ohne Ruhe,

Liebe bist du.

Auf jenen Höhen, wohin keine Stimme von unten gelangte, saß eine Einsame, und durch ihre Gedanken ging ein Lied desselben Meisters – das Lied der Lieder, in dem die Seele von all ihren Lasten befreit wird und wieder da ist vereint mit der dauerhaften Natur:

Über Hügel und Tal,

Deine Pracht fällt;

Ist mir egal

Mein Herz begeistert.

Die Hofdamen auf dem Milchhof unterhielten sich bis in die späte Stunde. Diejenigen, denen es nicht gestattet war, die Königin zu begleiten, beneideten die anderen, die die frühe Gelegenheit genossen hatten, Bronnens Verlobten kennenzulernen. Was könnte an der Tochter des Bürgers gelegen haben, um Bronnen in Versuchung zu führen, der vielleicht die Hand des Höchsten im Land hatte? Einige hielten sie für unbeholfen, andere für zu selbstbewusst, und es wurden Zweifel an ihrer Schönheit geäußert. Den jüngeren Damen wurde scherzhaft mitgeteilt, dass Doktor Gunther noch viele Tage lang eine Parade von Gefühlen und universellen Ideen veranstalten würde, und auch dies *au grand serieux*.

Der Mond schien hell auf die Berge und Täler. Alles lag still im Schlaf. Die einzigen Geräusche, die man hörte, waren das Gurgeln der Quellen, das Rauschen des Baches und ab und zu ein Bergschrei aus der Höhe.

Ein strahlender Tag brach an.

Günther besuchte die Königin frühmorgens. Für die nächsten paar Wochen hatte er beschlossen, seine ruhigen Morgen zu opfern. Er war durchaus bereit, sich ganz seiner Freundin zu widmen, und freute sich darauf, nach ihrer Abreise wieder seinen gewohnten Beschäftigungen nachzugehen.

Er saß wieder auf der Terrasse, wie eines Morgens vor fünf Jahren; aber dieses Mal blickte er nicht auf die fernen Berge, sondern war von ihnen umgeben, und wie sie es damals getan hatte, erschien die Königin nun wieder im weißen Morgengewand und begrüßte ihn. Aber ihr ganzes Wesen hatte sich verändert; Ihr Schritt war freier, ihre Worte entschiedener.

„Wir werden kein Programm daraus machen, was wir hier tun wollen", sagte sie, während sie mit Günther im Garten auf und ab ging; „Wir werden das Leben so nehmen, wie es kommt."

Sie erzählte ihm, wie erfreut sie sei, seine Frau und seine Töchter kennengelernt zu haben, und dass er seiner Meinung nach in der Hauptstadt klug gehandelt habe, indem er sein Privatleben und sein Leben am Hof so weit wie möglich voneinander getrennt gehalten habe gegenseitig. Erinnerungen an Irma schienen erneut einen vorübergehenden Schatten über den hellen Morgen zu werfen, denn die Königin wusste genau, dass

Gunther sie seiner Familie vorgestellt hatte. Es schien, als sei die Erinnerung an Irma noch nicht vollständig verbannt und begraben.

„Ich vertraue darauf, dass Eure Majestät mir dennoch gestatten wird, ein kleines Programm auszuarbeiten“, sagte Gunther. „Es gibt nur einen Absatz. Erlauben Sie mir, es zu erklären. Ich konnte mich zu diesem Thema nie schriftlich äußern. Ich kann das nur persönlich tun. Ich muss mir selbst vorwerfen, Ihnen großes Unrecht getan zu haben.“

„Du? Ein großes Unrecht?“

„Ja, und es erleichtert mir, es Ihnen zu gestehen. Majestät, ich erkundige mich nicht nach Ihren gegenwärtigen Beziehungen zu Ihrer königlichen Gemahlin. Die Tatsache, dass er dies alles für Sie vorbereitet hat, und die Art und Weise, wie es getan wurde , beweist sein feines Gespür.“

„Und ich gebe es gerne zu, aber ich kann immer noch nicht –“

„Ich bin gezwungen, Sie zu unterbrechen, Eure Majestät, denn ich verlange von Ihnen, dass wir nie mehr über Ihre Beziehungen zu Seiner Majestät sprechen. Vor langer Zeit, als Sie von einem inneren Kampf zerrissen wurden, glaubte ich, wenn ich könnte Wenn es Sie nur dazu veranlassen würde, freiere und liberalere Ansichten zu fördern, würde eine klarere geistige Vision Sie besser in die Lage versetzen, anderen gegenüber gerecht zu sein, und würde von erwidernder Liebe begleitet sein. Und genau da habe ich mich geirrt, denn ich habe gegen ein einfaches Aber verstoßen Grundprinzip: Gefühle können nicht durch Gedanken beherrscht werden. Und wäre es anders, sollte die Einmischung Dritter immer abgelehnt werden. Der versuchte Vermittler vergrößert nur die Lücke. Mann und Frau allein können sie reparieren. Und nun, Eure Majestät, lassen Sie uns Sprechen Sie nicht mehr über diese Angelegenheit, denn nur so können wir, ohne uns zu schämen, einander oder den König selbst treffen. Ihr eigenes Herz ist Ihr einziger Vertrauter. Folgen Sie seinen Geboten und lassen Sie sich durch keine scheinbare Entfremdung oder Veränderung abschrecken des Gefühls! Wirst du mir den Gefallen gewähren, um den ich bitte?“

„Ja. Und jetzt kein weiteres Wort zu diesem Thema.“

Sie unterhielten sich frei und fröhlich, als hätten sie beide eine Last abgelegt, die schwer auf ihnen geruht hatte.

Der Kronprinz wurde hereingeholt. Günther freute sich über sein gesundes Aussehen und versprach ihm einen Spielkameraden, der am selben Tag wie er geboren wurde.

„Mama, warum habe ich keine kleine Schwester?“ fragte der Kronprinz.

Die Farbe stieg in die Wangen der Königin.

„Die kleine Cornelia soll deine Schwester sein", antwortete sie und befahl, den Prinzen mitzunehmen, um das Kind im Haus des Arztes zu besuchen.

Gunthers Abschiedsauftrag an Madame von Gerloff lautete, den Kindern das Vogelnest im Rosenstrauch zu zeigen. Der Prinz bat um Erlaubnis, Schnipp und Schnapp mitnehmen zu dürfen, und bald fuhren die beiden Kinder in der hübschen kleinen Kutsche durch das Tal, ein kleiner Stallbursche pflegte die Pferde und ein kleiner Vorreiter voraus. Mittags besuchten Madame Gunther und ihre Töchter die Königin. Nach und nach trug das gemeinsame Interesse an ihren Vergnügungen, unterstützt durch die belebenden Einflüsse der Natur, dazu bei, einen einheitlichen Stimmungston zu schaffen und so Unterschiede zu nivellieren, die in städtischen Kreisen stärker beobachtet wurden.

Die Tage vergingen angenehm. Die Königin verspürte kein Verlangen nach ungewohnten Freuden; und jede Stunde war in sich abgeschlossen.

Eines Tages erzählte die Königin Madame Gunther, dass sie die erste Frau eines Bürgers sei, mit der sie in vertrauter Vertrautheit gewesen sei, und dass sie nicht umhin könne, ihren klaren, gesunden Menschenverstand zu bewundern.

„Ich muss Ihnen etwas aus meiner Jugend erzählen", antwortete Madame Gunther, die dieses herablassende Lob ziemlich überraschte.

„Bitte tun Sie es", sagte die Königin ermutigend.

„Eure Majestät, ich war verlobt und glücklich. Wilhelm war während seines Urlaubs auf Reisen und wir schrieben uns oft. Eines Tages erhielt ich einen Brief von ihm, der meinen Stolz verletzte und mich tatsächlich zutiefst verletzte. Ich hatte mich exzessiv verhalten Als Antwort zitierte er die Worte Lessings, die Nathan an den Tempelritter richtete: „Mittelmäßigkeit gibt es wie bei uns überall in Hülle und Fülle!"

„Und hat dich das beleidigt?"

„Ja, Majestät, es hat mich zutiefst beleidigt. Gunther ist ohne jede Spur dieser falschen Bescheidenheit, die umso eitel ist, je bescheidener sie erscheint. Er stand in meiner Wertschätzung so hoch, dass ich das Gefühl hatte, er hätte es getan, indem ich diesen Ausdruck benutzte." , beging eine Straftat gegen sich selbst und, ich gestehe es, auch gegen mich selbst. Ich hielt mich nicht für mittelmäßig, sondern für ein hochbegabtes Wesen. Aber von diesem Zeitpunkt an begann ich zu erkennen, dass das meiste Leid aus dieser Tatsache entsteht dass diejenigen, die über Verständnis, Kultur und ein gewisses Talent verfügen, sich selbst als Angehörige einer höheren Ordnung von Wesen betrachten, die das Privileg haben, gewöhnliche Barrieren zu ignorieren und über den ihnen zugewiesenen Pflichtbereich hinauszugehen.

Mich selbst als mittelmäßig anzuerkennen und meine eigenen Handlungen zu gestalten, und mein Urteil über andere war dementsprechend immer mein Maßstab im Leben; und ich muss Eure Majestät bitten, mich auf die gleiche Weise zu betrachten. Es gibt Tausende von Frauen wie ich. Es ist genauso wie beim Singen. Das habe ich im Chor gesungen, und weiß, dass es viele gute Stimmen gibt, die nie nach Soli streben.

Die Königin schwieg. Die Worte, die Madame Gunther in vollkommener Aufrichtigkeit ausgesprochen hatte, ließen sich auf so viele verschiedene Arten anwenden – auf sie selbst, auf den König und auf die noch Unvergessene.

Endlich blickte sie offen auf.

„Ich muss eine Bitte an dich richten", sagte sie mit stockender Stimme, während sie eine Brustnadel mit einer großen Perle herausholte. „Geben Sie mir den Gefallen, indem Sie dieses Andenken an diese Stunde und an die Wahrheit annehmen, die Sie mir gerade mitgeteilt haben."

„Eure Majestät", antwortete Madame Gunther, „ich habe in meinem ganzen Leben noch nie ein Geschenk dieser Art angenommen. Aber ich kann gut verstehen, dass Sie als Königin es gewohnt sind, die Freude zu erleben, anderen Geschenke zu machen. " und sie damit glücklich zu machen. Ich akzeptiere es als Symbol, als wäre es eine unverwelkliche Blume aus Deinem Garten."

Ruhig und zufrieden machte sich Madame Gunther auf den Heimweg. Als sie vor dem Haus ankam, blieb sie plötzlich stehen. Die Fenster des großen Salons standen offen. Jemand spielte Klavier mit kraftvollem, meisterhaftem Anschlag und Ausdruck. Es konnte nicht Paula sein. Wer könnte es sein?

Madame Gunthers Neffe, der junge Mann, dessen Lied Irma vor Jahren gesungen hatte und der bei einem früheren Besuch bei seinen Verwandten die Wohnung des Grundbesitzers als Zufluchtsort vor dem Sturm aufgesucht und dort Irma getroffen hatte, ohne zu wissen, wer sie war, hatte es getan nun, wie es ihm vorhergesagt worden war, völlig blind werden. Er war ein Meister des Klavierspielens geworden und ertrug sein trauriges Schicksal mit männlicher Standhaftigkeit. Das Treffen zwischen Madame Gunther und ihrem Neffen war zutiefst berührend.

An diesem Abend stellte sie ihn der Königin vor, die ihn als ersten Freundschaftsakt gegenüber der Frau des Arztes zum „Pianisten der Königin" ernannte. Es blieb nur noch, die Ernennung der Zustimmung des Königs zu unterziehen, der in wenigen Tagen eintreffen sollte.

KAPITEL XIII.

Der König war in der Nacht angekommen. Um den Prunk eines Empfangs zu vermeiden, kam er unangemeldet. Er betrachtete sich als Gast der Königin, für die er allein die Vorbereitung dieser bescheidenen Sommerresidenz angeordnet hatte.

Am nächsten Morgen begab sich Günther, geschmückt mit seinen Orden, auf die Farm.

Er hatte das Gefühl, dass sich der Ton ihres kleinen Kreises durch die Ankunft eines Neuankömmlings ändern musste, selbst wenn er eine nachgiebigere Gesinnung als die des Königs besaß.

Gunther hatte den König nicht mehr gesehen, seit er auf ihn wartete, um ihm für den Befehl zu danken, den er ihm erteilt hatte. Er war gefasst. Für Gerichtsformen spricht, dass sie fest und unveränderlich sowie unabhängig von vorübergehenden Stimmungen sind.

Gunthers Weg führte den Abhang eines vorspringenden Hügels entlang, und auf dem Weg dorthin kehrten seine Gedanken unwillkürlich zu Eberhard zurück. Die frühe Stunde, die Bergluft und die eng anliegende Uniform – alles war noch genau so wie vor Jahren.

Eberhard hatte immer behauptet, dass unbedeutende Höflichkeit nur verkappte Unhöflichkeit sei. Er forderte, dass jedes Wort und jede Tat aus den Tiefen der eigenen Seele kommen sollte und dass das Leben in jedem Moment wahrhaftig sein sollte. Während der Jahre, die er in Einsamkeit verbracht hatte, wurde Gunther klar, dass die Zugeständnisse, die er seiner Umgebung gemacht hatte, in gewissem Maße eine Nichtbeachtung dieses Gebots beinhalteten. Sein größtes Glück fand er nun darin, sich selbst und der Welt gegenüber vollkommen ehrlich zu sein, und aus diesem Grund hatte er in dem Werk, in dem er die Ergebnisse seines Lebens zusammenfassen wollte, seine Gefühle ohne Vorbehalt und Verschleierung zum Ausdruck gebracht.

Als sein Blick auf das Bauernhaus fiel, hielt er inne, um seine Gedanken zu sammeln. Er wollte dem Mann, der versucht hatte, ihn zu erniedrigen, seinen Respekt erweisen.

Der König stand am offenen Fenster und geriet in große Aufregung, als er Günther kommen sah. Wenn die Würde, die Königen gebührt, es nicht verboten hätte, hätte er den Mann, den er so hoch schätzte, gerne willkommen geheißen; und wenn die Königswürde so viel erfordert, so hat sie auch einen großen Vorteil: Denn während derjenige, der Einlass verlangt, noch wartet, behält der, der ihn gewährt, seine natürliche Freiheit, oder mit anderen Worten, er ist zu Hause, während der andere wie ein Fremder ist.

Günther schickte seinen Namen und wurde sofort eingelassen. Der König trat ihm entgegen und sagte:

„Willkommen, mein lieber Geheimrat! Ich freue mich von ganzem Herzen – " Er stockte bei diesen Worten und fügte, als hätte er seine Meinung geändert, hinzu: „Ich freue mich, die Gelegenheit zu haben, Ihnen Freude zu wünschen! Man weiß kaum, ob man das sagen soll." Sie verdienen einen solchen Sohn wie Minister Bronnen oder dass er einen solchen Vater wie Sie verdient. Das ist doch egal, nehme ich an", schloss er mit einem Lächeln, das etwas gezwungen wirkte.

„Ich danke Eurer Majestät demütig –" Gunther zögerte ebenfalls, denn es war lange her, dass er diesen Ausdruck verwendet hatte – „für das Interesse, das Sie mir und den Meinen gnädig entgegengebracht haben."

Der König und Gunther trafen sich unter veränderten und für beide Seiten peinlichen Umständen, und Glückwünsche zu Bronnens Verlobung schienen ein passendes Gesprächsthema zu sein. Dennoch folgte eine Pause, in der die beiden Männer, die seit zwei Jahren getrennt waren, einander ansahen, als ob jeder sich erneut mit den Gesichtszügen ins Gedächtnis einprägen würde, die er viele Jahre lang fast täglich gesehen hatte. Gunther hatte sich kaum verändert. Sein Bart war kurz, dicht und schneeweiß. Die Gestalt des Königs war voller als zuvor. Sein Gesicht hatte einen tiefen und ernsten Ausdruck, der mit seinem gewinnenden und liebenswürdigen Auftreten harmonierte. Seine Bewegungen schienen an Elastizität und Kraft gewonnen statt verloren zu haben.

„Ich höre", sagte der König und nahm das Gespräch wieder auf, „dass Sie sich mit einer großen philosophischen Arbeit befassen, und ich glaube, dass wir Grund haben, uns dazu zu gratulieren, denn das wird uns die Gelegenheit geben, die Früchte Ihrer Gedanken zu genießen." was uns in unserem täglichen Verkehr jetzt vorenthalten wird."

„Eure Majestät, ich lasse mein Leben noch einmal Revue passieren und finde eine Bilanz. In mancher Hinsicht gibt es mehr, in anderer weniger, als ich zu hoffen hatte. Ich lebe in mir selbst und freue mich, das zu denken, wenn ich nach außen schaue." in die Welt, kann ich wahrnehmen, dass diejenigen, die zu großen Zwecken berufen sind, eine klare Bilanz vorweisen können."
„Das Wachstum ist langsam", sagte der König. „Als ich gestern durch die Felder fuhr, dachte ich mir: Wie lange es dauert, bis aus dem Maishalm die reife Ähre wird. Wir können nicht sehen, wie viel er mit jedem Tag wächst. Wir können nur das Ergebnis notieren."
Lächelnd und völlig ungezwungen fügte er hinzu: „Ich teile Ihnen meine neuesten Beobachtungen mit. Es scheint – es scheint – als wäre es erst gestern gewesen, seit wir uns das letzte Mal getroffen haben. Gehen wir in den Garten."

Unterwegs fragte der König: „Wie findet man den Prinzen?“

„Er hat einen gut gebauten Körperbau und, soweit ich das beurteilen kann, ist seine geistige Entwicklung normal und gesund.“

Aufgrund der langen Jahre der Trennung und der anhaltenden Zurückhaltung kam es immer wieder zu Gesprächsunterbrechungen.

„Du hast wieder unter dem Volk gelebt“, sagte der König, „und deine Erfahrung hat dich davon überzeugt, dass der Volksgeist (oder, mit anderen Worten, die Volkseinfachheit im Denken und Benehmen) das von Gott eingesetzte Korrektiv für die Fehler eines Menschen ist.“ höhere Zivilisation?“

Günther blickte erstaunt auf. War die Frage müßig oder lag ihr eine tiefere Bedeutung zugrunde? War es dem König nicht gelungen, seine Abneigung gegen Volksurteile zu überwinden? Oder wollte er dem Mann, den er so schwer verletzt hatte, als Beweis seiner königlichen Gunst lediglich Gelegenheit geben, seine Eitelkeit durch die Äußerung seiner Meinung zu befriedigen?

Blitzschnell gingen ihm diese Gedanken durch den Kopf. Nach einer kurzen Pause antwortete er:

„Lassen Sie mich mit der Erlaubnis Ihrer Majestät, bevor ich mit der Beantwortung fortfahre, die Frage deutlicher formulieren.“

„Bitte tu es.“

Es folgte eine Pause, als würden sie innere Instrumente ausprobieren und stimmen, die aufgrund unterschiedlicher Temperaturen noch nicht in Einklang miteinander gebracht worden waren; denn obwohl beide Männer ruhig und beherrscht waren, stimmten ihre Stimmungen nicht überein.

„Wenn Sie mit dem Begriff ‚Volksgeist‘ jene Ansichten und Gefühlszustände meinen, die nicht auf wissenschaftlichen Gesetzen oder Kunsttraditionen beruhen, sondern die so fest und unveränderlich erscheinen wie die Kräfte der Natur; und wenn andererseits Sie wenden den Begriff „Korrektiv“ auf das an, was uns von allem Fremden oder Abgestumpften trennt und uns sozusagen zur Natur zurückführt – ich bin bereit, Ihre Frage zu beantworten, so gut ich weiß, wie.“

„Ich bin mit der Form, in der Sie die Frage gestellt haben, vollkommen zufrieden“, antwortete der König. „Ich denke oft, dass Diskussionen ergebnislos bleiben, einfach weil die Frage zu Beginn vage oder unvollkommen formuliert wurde.“

Günther nickte lächelnd und stimmte diesen Worten zu.

„Und nun zur Antwort", fragte der König voller Aufmerksamkeit.

„Obwohl es so scheint, als ob ich von diesem Punkt abschweife, werde ich bald darauf zurückkommen. Das Ereignis, auf das es zurückgeht, stellt einen Wendepunkt in der Geschichte der Menschheit dar. Im Gegensatz zu allem, was zuvor geschah, ist die zentrale Figur, die spätere Generationen idealisiert haben, und von dem sie sich inspirieren ließen, wurde nicht auf olympischen Höhen geboren. Jesus wurde in einer Krippe geboren, und dennoch unternahmen Könige fromme Pilgerfahrten zu diesem Ort. Die Tatsache, dass der Geist, der dem reinen Menschen angeboren ist, sogar dort geboren werden konnte Eine Krippe ist unter den stummen Tieren, die dem häuslichen Gebrauch gewidmet sind, ein bleibender Beweis der reinen Demokratie oder des Adels in dem, was niedrig ist. Wenn jedoch die Krippe von nun an als allein heilig angesehen werden würde, oder die Formen und Würde man die Umgebung des Volkslebens als einzige Wohnstätte des ewigen Geistes oder als Verkörperung der heiligen Natur selbst akzeptieren, wäre das eine Perversion der Wahrheit, eine neue Orthodoxie, ein weiteres Schisma. Das bleibt immer bestehen; der Geist der Wahrheit erscheint überall – -in der Krippe und im Säulentempel, in der Bibliothek des Studenten und auf dem königlichen Thron im glitzernden Palast. Buddha, einer der größten Wohltäter und Erneuerer der Menschheit, der im Kastenbereich die Gleichheit der Menschenrechte vertrat, war der Sohn eines Königs.

„Und nun zurück zur Frage: Immer wenn eine Form der Zivilisation ihre höchste Entwicklung erreicht hat und anfängt, ihre Mängel zu zeigen, drängt sich die Idee einer völligen Revolution auf. Es werden nur gewalttätige Methoden in Betracht gezogen, und zwar das einzige Ziel, das es zu geben gilt Da die Erneuerung durch Schichten, die noch nicht erschöpft sind und neue Kräfte hervorbringen, erreicht werden soll, wird es als notwendig erachtet, zum Anfang aller Dinge zurückzukehren. Aber die unteren Schichten können aus sich selbst nicht Diese Erneuerung bewirken. Was von ihnen verlangt wird, ist, ständig neue Kraft an diejenigen zu senden, die über ihnen stehen. Die großen Massen als solche können die Zivilisation nicht erneuern. Sie können nur neues Material liefern. Und das nur in begrenztem Umfang Das Gefühl, dass die Massen die Träger des Geistes des Volkes sind, wird von Zeit zu Zeit von einzelnen Menschen emporsteigen, die ihre kindliche Einfachheit der Seele, so wie sie sie von der Natur erhalten haben, stets bewahrt haben und sie durch die spätere Entwicklung unbeeinträchtigt bewahrt haben unter den Massen. Aber der wissenschaftliche Geist muss sich mit diesem kindlichen Gefühl vereinen, und dann bildet eine Epoche oder ein Individuum einen Knoten, durch den diese Entwicklung nicht unterbrochen wird, sondern von dem aus sie einen neuen Anfang zu nehmen scheint und sozusagen ein Neues bildet Wachstum am alten Stamm. Es ist nicht das Volk als Masse, sondern ein bestimmter Mann oder Kreis, der den Geist des Volkes in sich konzentriert und ihn individuell erneuert."

„Ist das nicht Aristokratie?" fragte der König mit sanfter, fast zögernder Stimme.

„Eure Majestät, ich fürchte keinen Begriff oder keine Idee, die das Ergebnis logischer Konsequenz zu sein scheint. Nennen Sie es eine Aristokratie, wenn Sie so wollen, aber es ist eine demokratische, die sich ständig erneuert. Für diejenigen, die von Generation zu Generation repräsentieren der Geist des Volkes, stammen nicht aus derselben Sphäre."

„Ich verstehe", sagte der König und blieb vor einem Rosenstrauch stehen. „Es ist genauso wie hier, wo jedes Jahr neue Triebe entstehen, die die Rosen tragen. Aber verzeihen Sie, ich habe Sie unterbrochen!"

„Ich muss nur hinzufügen", sagte Gunther, „dass, während die Massen als solche betrachtet die Träger der Zivilisation sind, die höchste Entwicklung dieser Zivilisation von den wenigen herbeigeführt wird, die für diese Aufgabe berufen und ausgewählt sind. Zu schaffen." Meine Bedeutung ist klarer: Wer durchschnittlich groß ist, ist nicht groß, und wer eine allgemeine Bildung besitzt, hat nichts, was ihn von den anderen unterscheidet oder über ihn erhebt."

„Aber wer misst und gibt solche Ansprüche an eine solche Auszeichnung weiter?" fragte der König.

„In Wissenschaft und Kunst ist es das Gefühl, zu bestimmten Dingen berufen zu sein, der individuelle Impuls und die Energie, die Ideen Gestalt verleihen, die andere nur unvollkommen konzipiert haben und die die Massen, wenn sie einmal zum Ausdruck gefunden haben, gerne akzeptieren In den Staatsangelegenheiten wird dieser Aufruf durch Wahlen zum Ausdruck gebracht, die es noch nie zuvor in dem gleichen Ausmaß gegeben hat wie jetzt. Es ist von großem Vorteil, dass der gelegentliche Aufruf zur Stimmabgabe abgelehnt oder vielmehr in Schach gehalten wird. durch den Ruf, der auf historischen Ansprüchen beruht. Aber wenn letzterer nicht mit ersterem im Einklang ist, verkennt er seine Stärke und fällt schließlich.

Der König ging schweigend weiter, den Blick auf den Boden gerichtet. Alles zielte darauf ab, zu beweisen, dass es einen vereinten Geist oder eine Gesamtheit des Denkens gibt, der mächtiger ist und sein muss als jeder einzelne Geist. Es bestand nicht mehr der leiseste Verdacht, dass diese Schlussfolgerung das Ergebnis einer müßigen Frage war.

Obwohl der König schweigend weiterging, war die Unterbrechung des Gesprächs nicht auf eine ungelöste Dissonanz zurückzuführen, die seine Seele erschütterte.

Er war in Gedanken versunken, denn er hatte gelernt, sich durch Nachdenken eine neue Wahrheit zu eigen zu machen, anstatt sie mit leichtfertigen und belanglosen Gesprächen abzutun.

„Darf ich fragen", sagte der König mit einer Stimme, die große Scheu verriet, „darf ich fragen, ob die Ansichten, die Sie mir gerade mitgeteilt haben und die mir viel Stoff für künftige Überlegungen geliefert haben, mehr sein werden." in der Arbeit, mit der Sie jetzt beschäftigt sind, vollständig dargelegt?"

„Sicherlich, Eure Majestät."

„Dann gestatten Sie mir, sofort zu einer Frage überzugehen, die unser kleines Leben und den Teil der Geschichte betrifft, den wir mitgestalten sollen."

Der König verschränkte die Arme und fuhr fort:

„Lassen Sie mich ehrlich zu Ihnen sein. Sie haben die Position des Bildungsministers, die Ihnen Minister Bronnen angeboten hat, abgelehnt. Ich kann mir gut vorstellen, dass Sie nicht bereit sind, die Wissenschaft der Arbeit eines Büros zu opfern. Würden Sie vielleicht lieber – entschuldigen Sie?" „, sagte der König mit einem ungezwungenen Lächeln, „entschuldigen Sie, dass ich Ihren Lieblingsausdruck verwende, ich habe es ganz unvorbereitet getan – dürfte ich Ihnen die Position des Präsidenten der Akademie anbieten?"

„Ich bitte Ihre Majestät demütig, mich nicht als undankbar zu betrachten, aber ich habe beschlossen, nie wieder in die geschäftige Welt einzutreten. Abgesehen davon – Ihre Majestät weiß, dass ich keine falsche Bescheidenheit habe – erkenne ich offen an, dass ich mich seit langem der Arbeit gewidmet habe Praktischer Natur hat mich so sehr daran gehindert, meine wissenschaftlichen Studien fortzusetzen, dass ich der Position, die mir so freundlich angeboten wurde, nicht gerecht werden konnte. Ich bitte Eure Majestät, mir zu gestatten, den Rest meines Lebens dort zu verbringen Ruhestand. Ich bin Autor geworden und möchte einer bleiben."

„Ich würde Ihnen gerne die völlige Freiheit geben, Ihre Gefühle auszudrücken, ungeachtet der Konsequenzen."

„Das weiß ich sehr gut, Eure Majestät, und ich mache mir dies sofort zunutze, indem ich Ihnen sage, dass die Freiheit, die uns gewährt wird, keine vollkommene Freiheit ist. In jeder höheren Position im Staat wäre ich verpflichtet, die Wünsche Ihrer Majestät zu respektieren und auch." Rücksicht auf die Stellung meines Sohnes zu nehmen. Ich bitte Sie daher inständig, mir zu erlauben, Autor zu sein und einer zu bleiben; mehr nicht."

Die Gesichtszüge des Königs verrieten seinen Unmut. Er hatte sein Möglichstes getan, hatte durch Taten gezeigt, wie gern er die Folgen seines früheren übereilten Verhaltens wiedergutmachen würde, und auch hier begegnete ihm die Hartnäckigkeit, der er so oft begegnet war. Erwartete der Mann, den König sagen zu hören: „Ich bereue; verzeih mir?"

Eine wütende Antwort kam über die Lippen des Königs, aber er hielt sich zurück. Gunther erkannte schnell, was vor sich ging, und die Wertschätzung für das veränderte Wesen, das jetzt vor ihm stand, ließ seine Augen glänzen.

Der König hatte den Namen der Königin kein einziges Mal erwähnt. Er hatte ihn, der seit vielen Jahren ihr Arzt war, nicht, wie es selbstverständlich gewesen wäre, gefragt, was er von ihrem Aussehen halte. Günther war gerade im Begriff, sie zu erwähnen, als der König mit zusammengezogenen Brauen fragte:

„Haben Sie jemals eine Tat begangen, die Sie bereut haben?"

„Eure Majestät – mein Name ist Wilhelm Gunther. Mein Leben war ein harter Kampf und ich bin oft gestolpert. Ich war jung und alt geworden und habe erkannt, dass alle Menschen das bekommen, was sie verdienen."

„Und hat sich das in Ihrem Fall bewährt?"

„Ja, Eure Majestät, ich danke Ihnen, dass Sie mir diese Frage gestellt haben. Und jetzt lassen Sie mich gestehen. – Was ich sagen werde, ist ohne den geringsten Anflug von Bitterkeit. Wenn ich eine Tatsache als erfüllt ansehe, habe ich damit Schluss gemacht . Deshalb spreche ich ohne Verlegenheit darüber, als würde ich die Wirkungsweise eines Naturgesetzes erklären. Ja, Eure Majestät, ich habe alles, was mir widerfahren ist, hochverdient. Ich wurde gnädigst aus der Gunst Eurer Majestät entlassen, und Es war nur so, dass es so sein sollte.

„Das war nicht das, was ich meinte, ich hatte keine Lust, darauf anzuspielen. Im Gegenteil –"

„Erlauben Sie mir, Ihre Majestät, die logische Linie der Gerechtigkeit zu erklären, wie ich sie verstanden habe. Unter zutiefst schmerzhaften Umständen habe ich meine Pflicht als Mann, als Freund und Diener Ihrer Majestät falsch verstanden."

"Du?" fragte der König.

„Ja, ich! Und dass ich es nur zum Besten meinte, ist keine Entschuldigung. Wir alle wollen gut sein, aber wir haben alle das gleiche Recht, weise zu sein. Ich habe mich bemüht, die Königin auf eine erhöhte Ebene zu führen in dem die kleinen Ereignisse des Lebens unbedeutend und leicht erträglich erscheinen würden. Es war ein schwerer Fehler. Es war meine Pflicht, jede Einmischung zu vermeiden, es sei denn, ich konnte den drohenden Konflikt abwenden. Sie haben richtig gehandelt und gleichzeitig der Königin dadurch geholfen Sie schickte mich weg. Isoliert von jedem Einfluss, sogar dem eines Freundes, konnte sie nicht anders, als an Stärke zu gewinnen, wie sie es getan hat.

Eine Träne glitzerte in den Augen des Königs. Er drückte seine linke Hand an sein Herz, als wollte er einen Gedanken unterdrücken, den er nicht offenbaren wollte.

„Ich bin glücklich", sagte er schließlich, „dass ich durch mein Leben solche Männer wie Sie und unseren lieben Bronnen kennengelernt habe. Wir machen uns nur teilweise zu dem, was wir sind. Bewusst oder unbewusst werden wir von denen geformt, mit denen wir zusammen sind." assoziieren."

Er drückte Günthers Hand in seine, und Günther spürte mit Freude, dass die heroische Selbstverherrlichung des Königs völlig unterdrückt war – das Geständnis des Königs war ein überzeugender Beweis dafür.

"Papa!" rief eine Jungenstimme von der Terrasse: „Papa!"

Sie drehten sich in die Richtung, aus der die Stimme gekommen war. Die Königin saß, umgeben von den Damen und Herren ihres Hofes, auf der Terrasse. Mit besorgten Augen hatte sie jede Bewegung der beiden Männer verfolgt. Wovon könnten sie sprechen? Sollten diese elysischen Tage durch das alte und unvergessene Unrecht gestört werden?

Und als sie nun sah, wie der König Gunthers Hand in seine eigene nahm und sie lange hielt, umarmte sie den Prinzen, küsste ihn und sagte dann:

„Ruf Papa an."

Die beiden Männer drehten sich um und betraten mit ruhigen und glücklichen Gesichtern, deren Anblick noch erfrischender war als der der schönen und hohen Berge, die Terrasse. Der König küsste die Hand der Königin, und zum ersten Mal seit Jahren drückte sie sie auf seine Lippen.

Als Günther sich verabschiedete, sagte der König:

„Überreichen Sie Ihrer Frau meine Komplimente. Ich werde Ihnen heute vor dem Abendessen einen Besuch abstatten."

Madame Gunther war erstaunt, als ihr Mann sie über die Ankunft des Königs informierte. Trotz aller Erklärungen konnte sie nicht verstehen, wie ihr Mann die Verletzung, die ihm zugefügt worden war, auf diese Weise verzeihen und vergessen konnte – denn sie konnte nicht umhin, es als Verletzung und Beleidigung zu betrachten, auch wenn Gunther dies nicht so empfand Es. Zum ersten Mal in ihrem Leben gelang es ihm nicht, ihre Meinung zu ändern. In Gunthers nachsichtiger Stimmung glaubte sie einen Geist der Unterwürfigkeit zu erkennen, der nur unter einer Monarchie möglich war. Ihre alten republikanischen Gefühle wurden geweckt.

Der König und die Königin kamen. Der König empfand Madame Gunthers Verhalten als schüchtern und zurückhaltend. Er konnte nicht wissen, dass sie ihn immer noch mit unterdrücktem Zorn betrachtete. War das der Mann, und sollte es wirklich einen auf Erden geben, der Gunther nach Belieben ernennen oder entlassen konnte? Sie standen am Bach, der durch den Garten floss, als der König zu Gunther sagte:

„Mir wurde gesagt, dass die Krankenschwester des Kronprinzen in dieser Nachbarschaft lebt. Wirst du sie nicht irgendwann hierher kommen lassen?"

„Ihre Majestät die Königin möchte sie nicht sehen", antwortete Gunther.

"Weißt du, warum?"

„Es liegt im Echo gewisser trauriger Erinnerungen", antwortete Günther; und diese flüchtige Anspielung auf Irma war das einzige Mal, dass sie erwähnt wurde. In der kurzen Pause, die diesen Worten folgte, murmelte der Bach lauter als zuvor, als hätte auch er etwas zu sagen.

Am zweiten Abend nach der Ankunft des Königs kam Bronnen in Begleitung des Intendanten und fand den ganzen Kreis glücklich und geschlossen.

Eine gewisse Formtreue verlieh dem Landleben einen zusätzlichen Reiz. Bei ständiger Freiheit gab es dennoch die schützende Präsenz des begleitenden Hofkreises und der Bediensteten. Wo immer sie ihre Ruhestätte errichteten und wo sie im Wald zur Belustigung des kleinen Prinzen ein Feuer anzündeten, war stets eine zahlreiche Dienerschaft anwesend, die einen Ring bildete, um eindringende Fremde abzuhalten. Paulas Art war ruhig und gelassen. Jede ihrer Bewegungen zeugte von Kraft und Anmut. Sie drängte sich weder vor, noch scheute sie die Beobachtung. Das Wissen, dass sie sich in ihrem eigenen Zuhause befand, verlieh ihrem Verhalten charmantes Selbstvertrauen.

Während des Abends spielte Gunthers blinder Neffe, dessen Ernennung zum Pianisten der Königin bestätigt worden war, meisterhaft.

Am nächsten Morgen nahm er seinen ersten Urlaub, um sich, wie er lächelnd sagte, in der Nachbarschaft umzusehen und alte Bekannte zu besuchen.

Der König bereitete sich auf die Jagd vor.

KAPITEL XIV.

Es war am Morgen. Gundel erzählte ihrem Vater, wie seltsam Cousine Irmgard war. Sie sprach kaum ein Wort; sie schmeckte kaum etwas anderes als ein wenig Milch, frisch von der Kuh: und sie kam ihr so seltsam vor. Sie lag stundenlang draußen auf der Klippe, wo sie einen Blick auf den fernen See erhaschen konnte. Auch der kleine Pitcher war über Irmas Verhalten verwirrt. Seit einiger Zeit hatte sie keine Arbeit mehr getan und es aufgegeben, ihn zu begleiten, wenn er Kräuter sammeln ging.

„Ich möchte den großen Arzt da unten – den, für den ich die Kräuter hole – fragen, was ich tun soll", sagte er, „aber Walpurga sagt, ich solle es nicht tun. Außerdem verstehe ich es nicht dass mit unserer Irmgard irgendetwas nicht stimmt. Ich habe darüber nachgedacht, etwas auszuprobieren, aber ich weiß nicht, ob es einem Menschen etwas nützen würde. Wenn nun ein Tier krank wird, musst du es nur ausschneiden Ich drehe den Rasen, auf dem er liegt, und drehe ihn um, und dann wird das Biest wieder gesund. Ich wünschte, ich wüsste, ob das einem Menschen helfen würde."

„Oh Vater!" antwortete Gundel, „das ist furchtbar. Ich fürchte, sie werden unsere liebe Irmgard bald verarschen. Sie ist so gut, und wenn man mit ihr spricht, ist es, als müsste sie innehalten, um darüber nachzudenken, was du sagst, und überlege, was sie antworten soll.

So unterhielten sie sich und trennten sich dann, um ihrer Tagesarbeit nachzugehen, während Irma auf ihrem blauen Teppich lag, bald in die weite Welt blickte, bald die Augen schloss und vor sich hin dachte und träumte. Ihr Leben war eine stimmlose Ruhe, als wäre sie Teil der belebten und unbelebten Welt um sie herum; als ob sie schon immer hier gewesen wäre und immer hier bleiben würde: ein Menschenkind, dem keine Blume, kein Lebewesen auf der Erde, kein in der Luft schwebender Vogel unbekannt war. Die Berge, die Wolken, der helle Tag, die sternenklare Nacht – alles war ihr lieb und vertraut.

Irma lag wie immer auf dem moosbedeckten Hang. Sie blickte in die Ferne, und dann suchte ihr Blick den Boden, um das geschäftige Leben zu beobachten, das sich zwischen den Grashalmen und Moosen bewegte. Hin und wieder hob sie unbewusst den Schimmel mit dem Finger an und fand Kiefernnadeln, die sich über Jahre hinweg angesammelt hatten, und darunter die *Überreste* von Pflanzen, die seit Anbeginn der Welt verrottet waren; Ihr Auge war das erste, das auf ihnen ruhte.

Die Kühe kamen oft näher und grasten in der Nähe, ohne sie zu stören. Sie konnte ihren Atem hören und bewegte sich dennoch nicht. Ab und zu stand die führende Kuh vor ihr und blickte mit erhobenem Kopf in die ferne

Landschaft. Dann fraß es weiter und behielt zeitweise das Futter im Maul, als hätte es beim Anblick der liegenden Gestalt vergessen, dass es fressen wollte.

Ob wach oder träumend, Irma eröffnete sich ein wunderbares Leben. Je mehr sie ruhte, desto größer wurde ihre Sehnsucht nach Ruhe. Eine unbeschreibliche Müdigkeit schien sie erfasst zu haben. Arbeit und Gedanken ermüdeten sie wie nie zuvor in all den Jahren, die sie auf der Welt verbracht hatte. Sie versuchte oft, sich zu erregen, aber es gelang ihr nicht. Sie empfand eine besondere Freude an diesem Gefühl der Schwere, an diesem Liegen auf dem Boden. Hunderte Lieder und ganze Musikwerke gingen ihr durch den Kopf. Unzählige Gedanken kamen auf und schwebten mit dem leichten Hauch der Luft davon. Es konnte nichts beschlagnahmt und einbehalten werden.

Es war ein heißer Mittag. Die Hitze war intensiv. Es gab keine Luft, nicht einmal in den Bergen, und die Kühe ruhten im Schatten. Irma war alleine hinausgegangen. Der kleine Pechmann war in die Stadt gefahren, um ein paar Kräuterpakete abzuliefern. Irma wanderte immer weiter und erreichte schließlich die Quelle des Baches. Sie saß an dem breiten Becken, in das das Wasser fiel und in dem sich die dunklen Schatten der überhängenden Bäume spiegelten. Irma beugte sich vor und sah, wie sich ihr Bild im Wasser spiegelte. Es war das erste Mal seit vielen Jahren, dass sie es sah, und sie begrüßte es jetzt mit einem Lächeln. Kein Hauch von Luft bewegte sich; es war kein Ton zu hören.

Irma sah sich um, dann zog sie sich hastig aus und stürzte sich ins Wasser. Sie schwamm herum, tauchte und stieg wieder an die Oberfläche, und ein Gefühl unerwarteter Freude überkam sie. Nur die Sonne, die für einen Moment durch die Zweige schien, erblickte diese wundersame, schöne Gestalt.

Alles war wieder still. Irma hatte sich angezogen und lag verträumt am Waldrand, während süße Melodien durch ihre Seele gingen.

Plötzlich hörte sie, wie ihr Name immer wieder und mit lauter Stimme gerufen wurde. Sie antwortete so laut sie konnte, und schließlich kam Gundel und sagte:

„Irmgard, komm sofort in die Hütte. Da ist ein Herr mit einem Diener, und er möchte dich sprechen."

Irma, die sich teilweise aufgerichtet hatte, legte sich wieder hin. Ihr Herz schmerzte. Was könnte es sein? War ihre Zeit gekommen? und muss sie wieder in die geschäftige Welt zurückkehren?

Sie stand auf und fragte:

„Weißt du nicht, wer es ist?“

„Nein, aber er sagt, er habe vor ein paar Jahren bei uns übernachtet. Er ist ein großer, gutaussehender junger Mann; aber, der arme Mann, er ist stockblind.“

„Der blinde Mann, der umherwandert?“ dachte Irma bei sich und drehte sich zur Hütte um.

„Gott grüße dich!“ schrie sie, während sie noch fern war.

„Ja, das ist deine Stimme“, antwortete der Blinde, streckte die Arme aus und öffnete und schloss die Hände. „Komm! Komm näher. Gib mir deine Hand!“ Er zog schnell mit den Zähnen seine Handschuhe aus und sein Gesicht zeigte einen seltsamen Ausdruck. Irma kam näher und nahm seine zarte, weiße Hand in ihre.

„Deine Hand zittert!“ er rief aus. „Macht es dir Angst, mich blind zu sehen?“

Irma konnte nicht sprechen und nickte, als könnte der Blinde sehen, was sie tat.

Die Sonnenstrahlen fielen direkt auf das Gesicht des Unglücklichen, und seine blinden Augen starrten ins Leere.

„Du bist dünner geworden, als du warst“, sagte der Blinde. „Darf ich meine Hand über dein Gesicht streichen?“

„Ja“, antwortete Irma und schloss die Augen.

„Du bist nicht mehr so schön wie vor zwei Jahren. Deine Augenlider sind heiß und schwer. Du musst getrauert haben. Kann ich dir helfen? Ich bin nicht reich, aber ich kann trotzdem etwas tun.“

„Danke. Ich habe gelernt, mir selbst zu helfen.“ Auf Hochdeutsch angesprochen, hatte Irma unwillkürlich in reinem Deutsch geantwortet, ohne jede Spur von Dialekt.

Der Fremde zuckte zusammen, drehte seinen Kopf nach rechts und links und streckte dabei seinen Hals so weit, dass es fast unangenehm war, ihn anzusehen.

Irma nahm ihn bei der Hand und führte ihn zur Bank vor der Hütte. Sie spürte ein Zittern, während sie diese feine und zarte Hand in ihrer hielt, aber sie sammelte all ihre Kraft und unterdrückte es. Sie setzte sich neben den Blinden und fragte ihn, wie er dorthin gekommen sei.

„Du erinnerst dich“, sagte er, „dass ich, als ich das letzte Mal bei dir war, wusste, was mein Schicksal sein würde. Ich habe lange mit mir selbst gerungen und gelernt, es zu ertragen. Wir wissen, dass wir alle sterben müssen, und doch können wir fröhlich sein; und ich wusste, dass ich mein Augenlicht verlieren musste und wurde auch fröhlich.

Irma seufzte tief.

"Verstehst du was ich meine?" fragte der Blinde.

„Ja, in der Tat. Mach weiter, ich höre gerne deine Stimme.“

„Ich wusste es, und deshalb bin ich zu dir gekommen. Ich war unten auf dem Bauernhof, aber sie waren alle draußen bei der Ernte, und die Magd des Kindes sagte mir, dass du hier oben wärst, und so kam ich zu dir. Ich bin ein gutes Stück gelaufen.“ Ich habe diesen Weg schon einmal zurückgelegt, als mich der Sturm überholte, und kann mich jetzt in der Erinnerung an die Freude erinnern, mit der ich einst diese Berge gesehen habe. Was ich Ihnen damals gesagt habe, dass ich es vorhatte, ist eingetreten. Das habe ich getan All die schönen Landschaften in mir. Ich kann das glitzernde Sonnenlicht sehen, den Bach, der über die Felsen springt, den glitzernden See und die Bäume, die nebeneinander im friedlichen Wald stehen. Ich habe meinem Führer ständig gesagt, wo wir waren. Er war ruhig Außer sich zu denken, dass ich das alles so gut wusste. Aber das Beste von allem ist, dass ich wunderschöne menschliche Bilder im Kopf habe. Mein größter Wunsch war es, dich noch einmal zu sehen. Ich sage „Dich zu sehen“ – ich Ich meine, dich sprechen zu hören, aber ich sehe dich, wenn du sprichst.

Irma antwortete und erzählte ihm, wie gut sie ihn verstand und mit ihm sympathisierte; Und als sie ihm von der Schwierigkeit des Gehens erzählte, wie der tastende Fuß zuerst den Boden sucht, bevor die Muskeln zum Schritt angespannt werden, fragte der Blinde überrascht:

„Und woher weißt du das?“ Er streckte erneut seinen Kopf aus und neigte ihn auf die gleiche unangenehme Weise zurück wie zuvor.

„Ich kannte einmal einen Blinden, der es mir erzählte. Es ist schrecklich zu glauben, dass man sich auf einen Fremden verlassen muss. Der blinde Gloster fleht seinen Führer an, ihn nicht im Stich zu lassen.“

„Jungfrau! Wer bist du? Hast du gesprochen? Es war deine Stimme – oder ist jemand bei dir? Woher weißt du das?“

„Ich habe es einmal gelesen“, sagte Irma und biss sich auf die Lippen, bis es fast blutete. „Ich habe es einmal gelesen“, wiederholte sie und zwang sich, den Dialekt erneut zu verwenden.

Der Blinde senkte den Kopf und hielt die Hände zwischen den Knien. Eine krampfhafte Bewegung lief über seine schönen jugendlichen Gesichtszüge, als ob die Tränen vergeblich darum kämpften, zu fliehen. Er lehnte seinen Kopf zurück an die Wand und sagte schließlich:

„Damit du lesen kannst, und zwar so intelligent. Könntest du –? Nein, ich werde dich nicht fragen."

„Fragen Sie mich, was Sie wollen. Ich fühle mich freundlich zu Ihnen und habe oft an Sie gedacht."

„Hast du? Du auch?" rief er hastig, während er seinen Kopf auf die gleiche seltsame Weise wie zuvor bewegte. "Mädchen!" sagte er, „gib mir noch einmal deine Hand. Sag mir, könntest du mir diese Hand geben und deine Augen mir gehören lassen?"

„Guter Herr", sagte Irma und unterbrach ihn, „ich hätte gerne das Gefühl, dass Ihr Kommen und Ihre Abreise das Beste waren. Ich denke, dass ich Ihnen alles erzählen kann und sollte. Dies ist das zweite Mal, dass ich es getan habe." Habe Dich gesehen--"

„Ich habe dich nur einmal gesehen, und doch werde ich dein Gesicht nie vergessen", sagte der Blinde.

„Komm mit mir. Ich werde dich führen, und wenn wir allein sind, werde ich dir alles erzählen und beweisen, wie dankbar ich für deine Freundlichkeit bin."

„Irgendwo hier in der Nähe muss es eine Stelle geben, von der aus man einen Blick auf den See jenseits der Berge werfen kann", antwortete der Blinde. „Kannst du mich dorthin führen?"

„Sicherlich", sagte Irma, erschrocken über dieses wundervolle Innenleben. Sie führte ihn über die Wiese zum Berghang.

„Setzen Sie sich hierher", sagte sie, „und ich setze mich neben Sie. Was ich Ihnen gleich sagen werde, ist für Sie allein. Denken Sie daran, nur für Sie!"

Er hob die Hand und rief: „Ich schwöre!"

„Du brauchst keinen Eid", antwortete Irma. „Dann wisse, dass ich jemand bin, der aus der modischen Welt verschwunden ist. Frag nicht nach meinem Namen. Das Leben in all seiner Pracht gehörte mir, und doch wandelte ich in der Dunkelheit. Ich war ein elender Weltmensch! Ich war so tief gesunken, dass ich suchte mich selbst zu zerstören. Wenn es nur möglich wäre, würde ich gerne mit dir fliegen – so wie die Vögel fliegen – durch den rosig-goldenen Schein des Abends und im unendlichen Raum verschwinden. Aber das habe ich wissen gelernt Das Leben ist eine Pflicht, und dass alles, was wir auf dieser Welt haben und sind, davon abhängt, dass wir die Welt in uns selbst und uns selbst in der Welt finden. Du trägst jetzt die Welt in dir, wo niemand sie dir nehmen kann. Wir können nichts unser nennen , es sei denn, wir besitzen es auf diese Weise. Und wenn der Tod endlich kommt, nimmt er uns nichts, sondern gibt uns einfach der Welt zurück –"

"Mädchen!" rief plötzlich der Blinde: „Was machst du? Wer bist du? Kein Sterblicher spricht so! Muss ich abergläubisch werden? Muss ich an Engel glauben? Ist jemand bei dir? Wer kann das sein? Wer bist du? Gib mir deine Hand!"

„Sei ruhig, ich bin es", sagte Irma und reichte ihm ihre Hand, die er immer wieder küsste. Sie zog es heraus, fuhr damit über sein Gesicht und sagte:

„Seien Sie ruhig. Ich habe nur in die Welt geschaut, so wie Sie es bereits getan haben, und während wir hier sitzen – zwei Kinder der Welt und doch von ihr vergessen – sind wir glücklich, denn wir gehören der Ewigkeit an. Mai Sei glücklich, und möge deine Seele auf den Flügeln der Musik weit über alle irdischen Sorgen schweben. Nimm noch einmal meine Hand. Komm, lass mich dich von hier wegführen."

Ohne unterwegs ein Wort zu sagen, ließ er sich von Irma zur Hütte führen.

Als sie dort ankamen, rief er in autoritärem Ton seinen Führer und seinen Diener.

„Gehst du schon?" fragte Irma.

Auf den Arm seines Dieners gestützt verließ er die Hütte, ohne ihr zu antworten.

Sie reichte ihm erneut die Hand mit den Worten: „Die Welt in uns und wir selbst in der Welt!"

Seine einzige Antwort war ein Nicken, seine Gesichtszüge zuckten erneut krampfhaft, als versuche er, seine Tränen zu unterdrücken.

Er war schon bis zum Waldrand gegangen, als er sich umdrehte und rief:

„Komm her, Mädchen. Ich muss dir etwas sagen."

Sie ging auf ihn zu und er sagte:

„Ich bin ein Neffe von Doktor Gunther, der früher Arzt des Königs war und jetzt nicht weit von hier entfernt in dieser kleinen Stadt lebt. Ich lebe mit ihm zusammen und bin Pianist der Königin. Wenn Sie jemals Hilfe brauchen, wenden Sie sich bitte an mich. Schick es zu mir oder zu meinem Onkel. Er wird dir sicher helfen. Aber verlass dich darauf, ich werde dich niemandem gegenüber erwähnen.

Nachdem er dies gesagt hatte, drehte er sich eilig um und stieg, auf seinen Diener gestützt, den Berg hinab.

Irma blieb dort und kümmerte sich um ihn.

War Günther am Leben? Und in ihrer unmittelbaren Nachbarschaft?

Und nun trug ein anderes Wesen ihr halb gelüftetes Lebensgeheimnis mit sich herum.

Der Blinde betrat den Wald und verschwand bald aus dem Blickfeld. Irma, den Blick auf den Boden gerichtet, kehrte zu ihrem Ruheplatz zurück, wo sie in die trübe Ferne blickte, bis die Nacht hereinbrach.

Drüben im Wald erblickte sie eine seltsam aussehende graue Wolke mit weißen, leuchtenden Rändern. Es stand so fest, als wäre es eine Mauer. Plötzlich erhob sich wie von der Erde ausgeatmet ein Windstoß, so heftig, dass sich die Bäume unter seiner Kraft beugten.

Sie eilte zur Hütte und stellte fest, dass der kleine Pechmann zurückgekehrt war.

„Ich fürchte, wir werden heute Nacht einen Sturm haben", sagte er. „Der Mond ist noch nicht aufgegangen und geht erst spät auf, und das ist ein Zeichen für schlechtes Wetter."

Er ging wieder hinaus, um die Kühe einzutreiben. Der Junge war den Ziegen nachgegangen, die sich ein Stück weit entfernt hatten.

Kapitel XV.

„Wie der Wind weht!" rief Gundel ganz außer Atem. Es hatte ihre ganze Kraft gekostet, die Tür zu schließen. „Was für ein Sturm! So eine Böe hat es noch nie gegeben. Der Wind ist so heiß, als würde er aus einem Ofen blasen."

Sie stand schnell auf, füllte einen Becher mit Wasser und leerte ihn auf dem Feuer, das im Herd brannte.

"Was machst du?" rief Irma.

„Wir dürfen jetzt kein Feuer machen", antwortete Gundel, und danach saßen sie im dunklen Zimmer, fast erstickt vom Rauch, denn der Sturm tobte so heftig, dass sie es nicht wagten, ein Fenster zu öffnen.

„Wenn Vater nur zu Hause wäre", sagte Gundel; „Ich hoffe, um Gottes willen, dass er heil nach Hause kommt!"

Ihre letzten Worte wurden von einem plötzlichen Donnerschlag übertönt, der von den Bergen widerhallte, mit einem Krachen, als würde die ganze Welt zerstört. Und nun tobte und stürmte der Wind heftiger als zuvor. Die fest gebaute Hütte schien zu wanken, das Dach bebte, und einer der großen Felsbrocken, mit denen sie gesichert war, fiel zu Boden.

"Gib mir deine Hand!" rief Gundel im Dunkeln. „Wenn wir sterben müssen – lasst uns beten." Sie betete laut, aber der donnernde Donner übertönte ihre Stimme. Plötzlich veränderte sich das Geräusch und es klang, als würden unzählige Eisenhämmer auf das Dach niedergehen; das Rasseln, Stampfen und Rumpeln erzeugte einen wütenden Lärm.

„Das ist Hagel!" schrie Gundel und legte ihren Mund an Irmas Ohr.

Der Donner und der Hagel gingen weiter, und ab und zu zuckten die Blitze durch den Rauch und die Dunkelheit und ließen die beiden Mädchen in den Augen des anderen erscheinen, als wären sie in höllische Regionen versetzt worden. Die Hagelkörner schienen sich gegenseitig voranzutreiben. Jetzt würden sie mit gewaltiger Kraft herabsteigen; Dann ließ die Heftigkeit des Sturms nach und sie fielen sanfter und gleichmäßiger als zuvor, als hätte der wütende Bergdämon angehalten, um Luft zu holen, bevor er seinen Zorn erneut an den Sterblichen ausließ, die es gewagt hatten, auf seinem hohen Anwesen eine Hütte zu bauen .

Über dem prasselnden Hagel war das Brüllen der Kühe und das Läuten ihrer Glocken zu hören.

„Ich habe die Stalltür geöffnet, aber der Wind muss sie zugeschlagen haben", rief Gundel; und da sie ihren eigenen Kummer vergaß, eilte sie hinaus. Sie kam eilig zurück, stellte einen umgedrehten Eimer auf ihren Kopf und ging wieder hinaus. Irma folgte ihrem Beispiel und die beiden senkten den Kopf, während die großen Hagelkörner gegen die Eimer prasselten. Gundel versuchte, die Stalltür zu öffnen, aber die Kühe drängten sich um sie, so dass sie zu Boden geschleudert wurde. Inmitten des Lärms hörte Irma Gundels durchdringenden Schrei. Die brüllende, zitternde Leitkuh stand neben Irma.

"Mitkommen!" sagte Irma und packte die Kuh an einem ihrer Hörner. Es gehorchte ihr und die anderen Kühe machten Platz. Irma fand Gundel, und nachdem sie ihr aufgeholfen hatten, öffneten die beiden die Stalltür, wurden aber fast erdrückt, denn die Kühe versuchten alle auf einmal hineinzukommen. Sie hatten jeweils nur eine Hand frei, da die andere zum Halten des Eimers benötigt wurde. Es gelang ihnen, bis zur Mauer zu gelangen, und schließlich, als alle Kühe im Stall waren, wateten die beiden Mädchen durch den Hagel, mit dem der Boden dicht bedeckt war, und gelangten zurück zur Hütte. Sie tasteten umher, bis sie den Herd fanden und sich daran setzten. Und die beiden einsamen, verlassenen Kinder saßen da im Dunkeln, während draußen der Sturm tobte.

„Ich bin mir sicher", rief Gundel, „dass der Vater irgendwo Unterschlupf gefunden haben muss. Er kennt jeden überhängenden Felsen und – O Gott!" Sie schrie plötzlich: „Denken Sie nur an den armen Blinden, der bei diesem Wetter draußen war! Hat der Hagel Ihre Hand und Ihren Rücken so verletzt, wie er es bei mir getan hat?" sagte sie weinend und schmiegte sich dicht an Irma.

„Nein, ich fühle nichts", antwortete Irma und es schien wirklich, als ob ihr körperliche Schmerzen nichts anhaben könnten. Auch sie hatte an den Blinden gedacht und auch an den König, den kindliche Undankbarkeit in die stürmische Nacht hinausgetrieben hatte. Aber Hagel oder Wind waren nicht halb so heftig wie ihr Bedauern darüber, dass sie aus Mitleid einem Mann erlaubt hatte, ihr mit der Hand übers Gesicht zu fahren.

Ist wieder alles verloren? Ist alles, was einen so großen Kampf gekostet hat, ein Opfer? fragte traurig eine innere Stimme – und doch war sie sich ihrer Reinheit bewusst.

„Gott sei Dank! Jetzt regnet es nur noch", sagte Gundel schließlich. Sie zündete ein Licht an und die beiden sahen sich an, als wären sie gerade aus den Tiefen der Dunkelheit aufgetaucht. Der Boden war nass vom Wasser, das von ihren Kleidern getropft war.

"Sind Sie zu Hause?" rief eine Stimme von draußen. Die Tür öffnete sich und der kleine Pechmann kam herein, mit einem kleinen Kind auf dem Arm.

„Gott sei Dank bist du gesund und munter", rief er und legte den Jungen neben den leeren Kamin. Mit seinem viel nasseren Ärmel wischte er sich das Wasser aus Augen und Stirn. Dann nahm er eine Flasche Enzianschnaps vom oberen Regal, trank etwas und zwang Gundel und Irma, es ihm gleichzutun, und sagte dann: „Ich habe in meinem Leben viel erlebt, aber nie etwas." so. Ich kenne jeden Baum und jeden Felsen meilenweit, aber ich schien mich verirrt zu haben. Während ich dort mitten im Sturm stand, hörte ich eine Gämse mitleiderregend blöken, und ich ging auf sie zu und da war sie stand mit dem kleinen Jungen, der gerade geboren war. Kaum war er auf die Welt gekommen, versuchte der Hagel ihn zu Tode zu schlagen. Als die Mutter mich sah, lief sie weg, kam aber wieder zurück und legte sich über den Jungen Ich ging zu ihr, aber die Mutter rannte wieder weg. Ich hob das Junge hoch und gerade als wir uns auf die Suche nach einem Unterschlupf machten, hörte ich einen Menschen Stimmen. Zwei Leute riefen nach einem dritten, der brüllte und schrie. Als der Blitz zuckte, sah ich, dass er am Boden lag und sich nicht bewegen konnte.

„Verehrter Meister, stützen Sie sich einfach auf uns; wir werden bald Schutz finden', hörte ich sie sagen, und als der Blitz erneut zuckte, sah ich, dass wir in der Nähe des Hexentisches waren. Also rief ich ihnen zu: ‚Die Da drüben ist der Hexentisch.' Dann blitzte es noch einmal auf, und ich sah, dass die beiden Männer, die gestanden hatten, ebenfalls umgefallen waren. Sie sagten mir hinterher, dass sie Angst vor mir gehabt hätten, und ich konnte kaum an sie denken. Bei solch einem Sturm , und in einer solchen Nacht würde man fast an alles glauben. Ich ging auf sie zu, sagte ihnen, wer ich war, und bot an, sie zu führen. Es war jedoch harte Arbeit, durchzukommen, denn der Blinde fuhr fort wenn wir wahnsinnig geworden waren, und redeten immer wieder von einem verlorenen Kind. Endlich, gesund und munter, aber triefend vom Wasser, kamen wir unter den Hexentisch, und da lagen wir. Und wann immer es heller wurde, konnten wir die Hagelkörner auf den Felsen tanzen sehen und Wir schlugen gegen die Bäume. Wir warteten, bis es aufhörte zu hageln, und der Blinde sagte mir, dass er mir beim nächsten Mal, wenn ich in die Apotheke in der Stadt käme, ein Goldstück geben würde. Der König ist da und die Königin auch. Er versprach, dafür zu sorgen, dass ich für den Rest meiner Tage die Medaille für die Rettung eines Lebens und obendrein eine Rente bekomme. Und jetzt, Kinder, geht ins Bett, ihr seid klatschnass. Was fehlt dir, Irmgard? Warum zitterst du so?"

Der kleine Pitcher schimpfte mit Gundel, weil sie Cousine Irmgard in ihren nassen Kleidern herumsitzen ließ. Ab und zu weinte das kleine Kind jämmerlich und zitterte am ganzen Körper, sodass der kleine Pechmann seine Bettdecke vom Heuboden holte und das Kind darin einwickelte. Dann fütterte er es mit drei Fingern geschickt mit Milch aus einer Schüssel.

Das kleine Kind war bald eingeschlafen, und im Zimmer darin schlief auch Irma.

„Gott sei Dank, du hast gut geschlafen", sagte Gundel, der am späten nächsten Morgen an Irmas Bett stand. „Wie seltsam es kommt! Der Hagel hat dir kein bisschen wehgetan und sieh nur, wie ich aussehe." Sie zeigte die Zeichen, fügte aber schnell hinzu: „Das macht nichts, es wird bald vorbei sein. Schauen Sie nur in den Himmel! Sieht es nicht so aus, als könnte er nie etwas anrichten? Drüben am Bach schlug ein Blitz ein." Baum und spaltete ihn in zwei Teile, und Stellen, an denen er früher trocken war, sind mit Wasser bedeckt. Wenn ich es nicht in jedem Knochen meines Körpers spüren und nicht sehen könnte, würde ich kaum glauben, dass es jemals einen gab ein Sturm. Aber wir hatten doch Glück. Keines der Rinder wurde verletzt, und der Cowboy ist auch hier. Er hat sich davongeschlichen, das Tal hinunter, wo es überhaupt keinen Sturm gab."

Es war ein klarer, erfrischender Morgen. Hier und da lagen noch einige große Hagelkörner in den Felsspalten. Die Kühe grasten auf der Wiese und der Cowboy sang fröhlich. Er war stolz darauf, dass die Ziegen das Wetter am besten beurteilen konnten; Während sie grasten, waren sie in Richtung Tal gezogen, und das war das sicherste Zeichen dafür, dass sich ein Sturm zusammenbraute.

Mittags kam Franz vom Bauernhof herauf. Die Wasserströme, die ins Tal gestürzt waren, hatten sie zu der Vermutung geführt, dass etwas passiert sei, und Walpurga hatte Franz geschickt, um alles herauszufinden. Die heiße Mittagssonne trocknete bald alles aus und das Wasser blieb nicht lange auf den Höhen. Irma ging zu ihrem Lieblingsruheplatz, breitete ihren blauen Teppich auf dem Boden aus und legte sich hin.

Plötzlich hörte sie den Klang eines Signalhorns. Was war es? War es ein Königtum oder ein Traum?

Die Geräusche wurden wiederholt. Irmas Herz schlug heftig. Etwas näherte sich. Sie konnte es keuchen hören, als es sich seinen Weg durch das knisternde Unterholz bahnte. Sie schaute auf und sah einen Hirsch durch die Lichtung in der Nähe rennen, und die Jäger verfolgten ihn und kamen immer näher. Irma fuhr sich mit der Hand über die Augen – sie blickte noch einmal – es war der König und sein Gefolge.

Der Oberpiqueur sprang von seinem Pferd und rief: „Hier ist der Hirsch durchgebrochen. Eure Majestät. Hier ist die Spur." Er tauchte seinen Finger in das Blut und zeigte ihn dem König. Der König sah sich um – spürte er den Blick, der aus dem Dickicht auf ihn gerichtet war? Der Blick, der ihn einst so glücklich gemacht hatte, der aber für ihn schon so lange erloschen war? Er vermisste seinen Steigbügel; das Pferd bäumte sich wild auf. Irma bückte sich, ihr Gesicht auf dem moosigen Rasen. Es war ihr, als ob die ganze Jagd, als ob alle Hufe der Pferde über sie hinwegfuhren. Sie biss in das Gras, auf dem sie lag. Sie vergrub ihre Hände in der Erde. Sie hatte Angst, laut zu schreien.

Als sie aufstand, war alles still. Sie blickte sich um. War es ein Traum gewesen? In der Ferne hörte sie den Knall einer Waffe und den Klang des Signalhorns. Der Hirsch war gefallen.

Wenn man auf diese Weise sterben könnte, dachte Irma bei sich, sank auf das Moos zurück und weinte.

Sie ist aufgestanden. In ihrer Seele war erneut eine sturmgeladene Wolke aufgestiegen, aber es war zum letzten Mal. Um sie herum war alles klar und sonnig. Hagel, Sturm und Blitz waren vergessen. Sie ging zurück zur Hütte und drehte sich oft um, um zuzusehen, wie die Sonne im Westen unterging. Und jetzt konnte sie sich zum ersten Mal vor Einbruch der Dunkelheit ausruhen. Sie zitterte vor Fieber und schon bald waren ihre Wangen heiß und rot. Sie rief den kleinen Pechmann an ihr Bett und bat ihn, ihr ein Blatt Papier zu geben. Ihre Hand zitterte, während sie mit Bleistift schrieb:

„Eberhards Tochter lässt Gunther holen."

Sie sagte dem kleinen Pechmann, er solle in die Stadt eilen, dieses Papier dem großen Arzt persönlich übergeben und ihn sofort zu ihr bringen. Dann wandte sie sich ab und war wieder ruhig.

„Ich werde dir etwas Gutes geben", sagte der kleine Pechmann, während er mit dem breitkrempigen Hut auf dem Kopf und dem Bergstock in der Hand vor ihr stand. „Du wirst sehen, es wird dir gut tun. Ich werde dir das Kind zu Füßen legen; das wird euch beiden gut tun. Soll ich?"

Irma nickte zustimmend.

Der kleine Pitcher tat, was er versprochen hatte. Der Junge sah schläfrig zu Irma auf und sie lächelte zurück. Beide schlossen bald die Augen.

Im Dunkeln wandernd, stieg der kleine Pechmann ins Tal hinab.

Kapitel XVI.

Unten im Tal hatte es den ganzen Tag geregnet. Was oben in den Bergen Hagel und Donner gewesen war, hatte sich in Regen verwandelt, und gelegentliche Schimmer des blauen Himmels zeigten an, dass oben schönes Wetter herrschte.

Gegen Abend verflog der Sturm. Die Königin saß in Begleitung der Damen ihres Hofes, zu denen jetzt auch Madame Günther und Paula gehörten, im großen Musikzimmer, dessen Türen offen standen. Paula hatte zum ersten Mal für die Königin gesungen, und aus Verlegenheit bat Madame Gunther darum, dass man sie an diesem Tag nicht noch einmal zum Singen auffordern dürfe.

Die Beziehung zwischen der Königin und Madame Gunther war eigenartig. Die Königin war von ihrer Aufrichtigkeit und Gründlichkeit entzückt, aber es fiel ihr schwer, sich an die Anwesenheit einer Person zu gewöhnen, die so unabhängig von ihr war. Sie war einmal versucht, dies als Kleinlichkeit zu betrachten, denn genau an dem Tag, als Madame Gunther die Brustnadel angenommen hatte, hatte sie zur Königin gesagt: „Eure Majestät, das wird niemals genügen, es sei denn, Sie nehmen ein Geschenk von ihr an." Als Gegenleistung gab sie der Königin ein hübsch gebundenes Buch, das ein Bruder von ihr, ein in Amerika lebender Arzt, über das Thema Sklaverei geschrieben hatte. Die Königin nahm es dankend entgegen, und Madame Gunther fühlte sich ganz erleichtert, obwohl es ihr oft Mühe kostete, alles, was sie sagen wollte, sozusagen zu übersetzen, um es in die richtige Hoftracht zu kleiden, denn sie nahm eine Stolz darauf, vorgeschriebene Formulare abzulehnen.

Die Königin fragte, warum sie die ältere Tochter, die Witwe des Professors, so wenig sahen. Madame Gunther antwortete, dass Cornelia diese Aufgaben gerne übernommen habe, da Bronnen und ihr Neffe sie besuchten und es im Haus viel zu besorgen gäbe. Es kam der Königin immer wie eine neue Wahrheit oder wie eine Nachricht aus einer fremden Welt vor, dass die täglichen Bedürfnisse des Lebens besondere Aufmerksamkeit erforderten und nicht für sich selbst sorgten.

Das Wetter übte einen deprimierenden Einfluss auf die Stimmung aller aus. Hier auf dem Land und besonders in dieser kleinen Milchfarm, wo sie viele Annehmlichkeiten vermissten und wo sie aufgrund des geringen Platzangebots daran gehindert wurden, sich zu zerstreuen und verschiedene Zerstreuungen zu suchen, waren die Auswirkungen des Wetters allgegenwärtig auffälliger und unangenehmer.

Ihre Vorfreude auf den morgigen Tag war umso größer, als er versprach, ein strahlender Tag zu werden.

Es wurde vereinbart, dass sie sich alle zum Abendessen in der Nähe des zweiten Wasserfalls treffen sollten und dass der König sich ihnen dort anschließen würde.

Der König befand sich in seinem Kabinett und war mit Bronnen verlobt. Der neue Telegraf beförderte viele Nachrichten hin und her. Gunther, der Intendant, Sixtus und einige andere Herren rauchten ihre Zigarren und gingen unter den herabhängenden Bäumen der Allee spazieren, die die Abendsonne jetzt in tausend leuchtenden Farben erleuchtete.

Die Damen im Musikzimmer behaupteten, dass an diesem Tag das Alpenglühen zu sehen sei. Sie erwarteten natürlich, es täglich zu sehen, obwohl es ein äußerst seltenes Phänomen ist.

Die Nacht war angebrochen, und der König saß mit Günther und zwei der Hofherren am Kartentisch.

Ein Diener kam herein und teilte Gunther mit, dass draußen ein Mann sei, der sofort mit ihm sprechen wollte. Günther gab seine Karten dem stets zuvorkommenden Intendanten und ging hinaus, wo, auf seinen großen Alpenstock gestützt, den breitkrempigen, zerknitterten Hut in der Hand und die Decke über sich geworfen, der kleine Pechmann stand. Er hatte die linke Hand in der Tasche, und als Günther auf ihn zukam, sagte er:

„Hier ist ein Papier für Sie.“

Gunther las die Notiz, rieb sich dann die Augen und fuhr sich mit der Hand übers Gesicht, als wollte er sich wecken.

"Wer hat dich geschickt?" er hat gefragt.

„Ich schätze, das wird es dir sagen – unsere Irmgard.“

Gunther zuckte bei der Erwähnung des Namens zusammen, hier vor der Tür, als drinnen der König und die Königin saßen –

Er ging zur Lampe im Flur und las die Notiz noch einmal. Da stand es:

„Eberhards Tochter lässt Gunther holen.“

Dieser Mann, der sich mit Recht rühmen konnte, stets ruhig und gefasst zu sein, musste sich an den Balustraden abstützen, und es dauerte einige Zeit, bis er ein Wort herausbringen konnte. Als er aufsah, traf sein Blick den des kleinen Pechmanns.

"Wer bist du?" fragte er schließlich.

„Ich komme von der freien Farm. Walpurga ist meine Nichte –“

„Sehr gut, geh raus und warte auf mich. Ich bin gleich da."

Der kleine Pechmann ging hinaus, und Gunther nahm all seine Selbstbeherrschung zusammen, um in das Kartenzimmer zurückzukehren, sich zu entschuldigen und zu sagen, dass er an das Bett eines gefährlich Kranken gerufen worden sei. Er wußte kaum, wie er dies, ohne seine Rührung zu verraten, den so unmittelbar Betroffenen mitteilen konnte, aber er hoffte, es trotzdem zu tun.

In diesem Moment traf er glücklicherweise Paula und Bronnen, die im Garten spazieren gegangen waren und gerade das Haus betreten wollten.

„Genau das Richtige!" rief Günther und wandte sich an sie. „Paula, schick mir meinen Hut; und du, lieber Bronnen, präsentierst meine Entschuldigungen ihren Majestäten und sag ihnen, dass ich sofort von jemandem verlangt werde, der gefährlich krank ist. Bitte tu dies, ohne Aufmerksamkeit zu erregen; und, Paula, tu es nicht." Erzähl es deiner Mutter, bis du auf dem Heimweg bist. Ich werde die ganze Nacht weg sein.

„Kann Dr. Sixtus nicht gehen?" fragte Bronnen.

„Nein. Bitte fragen Sie mich nicht mehr. Ich werde morgen früh zu Hause sein; aber wenn ich nicht komme, werde ich Sie zum Abendessen am Wasserfall treffen."

Bronnen und Paula gingen ins Haus, und wenige Augenblicke später brachte ein Lakai Gunther seinen Hut.

Günther eilte mit dem kleinen Pitcher davon. Nur ein einziges Mal drehte er sich um, blickte zu den strahlend erleuchteten Fenstern und dachte an diejenigen, die darin saßen, ohne Sorge und ohne Vorahnung. Wie erschrocken wären sie, wenn sie die Nachricht gehört hätten, die ihn so stark berührte. Auf dem Weg zu seinem Haus hatte er dem kleinen Pechmann nur wenig zu sagen. Er hatte keine Lust, ihn näher zu befragen, denn er fürchtete, die Antwort könnte überhört werden und so das Geheimnis vorzeitig verraten. Er war immer noch damit beschäftigt, einen Plan auszuarbeiten, mit dem alles geregelt und geregelt werden konnte.

Erst als sie sich dem Haus näherten, fragte Günther:

„Woran leidet die Patientin? Worüber klagt sie?"

„Sie beklagt sich über nichts. Sie hat hohes Fieber und hustet seit langem."

„Hat sie ihre perfekten Sinne?"

„Wie immer; aber meine Tochter Gundel sagt, sie rufe manchmal im Schlaf: ‚Sieg!'"

„Warte einfach hier", sagte Günther, als sie das Haus erreichten. „Ich schicke dir etwas zu essen und zu trinken; aber erzähle niemandem, wer dich hierher geschickt hat."

Cornelia saß neben der Lampe und las ihrer blinden Cousine vor. Er hatte ihr nur von den Schrecken des Hagelsturms erzählt; seine Herzensleiden hatte er für sich behalten. Er hatte fast den ganzen Tag geschlafen und fühlte sich nun erfrischt. Cornelia war beunruhigt, als sie ihren Vater sah, aber er beruhigte sie bald. Seine Hausapotheke und einige gut verschlossene Päckchen mit erfrischender und stärkender Nahrung standen bald bereit und wurden auf das Maultier gepackt. Günther ritt davon, der kleine Pechmann ging an seiner Seite. Das Gesicht des letzteren war kaum zu erkennen, denn sein breitkrempiger Hut hatte sich noch nicht von den Auswirkungen des gestrigen Sturms erholt. Erst als sie die Stadt hinter sich gelassen hatten, fragte Gunther:

„Wie weit müssen wir gehen?"

„Zu Fuß dauert es drei Stunden, aber zu Pferd ist es eine ganze Stunde länger."

Als sie den Wald betraten, blieb Günther stehen und sagte:

„Komm näher. Du bist also Walpurgas Onkel?"

„Natürlich. Ich bin der einzige Bruder ihrer Mutter, denn die beiden anderen sind jung gestorben."

„Wie nennt man das kranke Mädchen?"

„Irmgard; das ist ihr Name."

„Und wie lange ist sie schon bei dir?"

„Seitdem Hansei den Hof gekauft hat. Sie kam damals vom See mit uns. Sie war krank und man sagt, sie sei ein bisschen verrückt; aber ich glaube kein Wort davon. Sie hat ihre richtigen Sinne; lieber zu viel als zu wenig."

„Und kennen Sie ihren Familiennamen nicht?" fragte Günther.

„Ich habe nie gefragt", und der kleine Pechmann erzählte mit großer Redseligkeit alles, was er über Irmgards Leben wusste und wie sie jahrelang einen Verband auf der Stirn getragen und ihn erst nach ihrem Tod abgenommen hatte hinauf zur Bergwiese. Er beschrieb ihr Leben so rührend, dass Gunther innehielt und, den alten Mann bei der Hand nehmend, sagte:

"Du bist ein guter Mann."

Onkel Peter bestritt dies nicht, behauptete aber, dass es auf der ganzen Welt niemanden gab, der so gut war wie Irmgard.

An vielen Stellen kreuzten reißende Bäche ihren Weg, und der kleine Pechmann erzählte Gunther vom Sturm der vergangenen Nacht; Wie schrecklich es ist, wenn plötzlich die Luft voller Steine ist, die auf einen einprasseln, und wie er dem Blinden geholfen hat und was ihm versprochen wurde. Oft ergriff er das Zaumzeug des Maultiers und führte es einen steilen Abstieg hinunter, durch einen Bach und dann wieder den Hügel hinauf.

„Sie müssen selbst viel durchgemacht haben, Doktor", sagte der kleine Pitcher. Er hätte sich nebenbei gewünscht, dass sein Begleiter ihn unterhielt. Er glaubte, dass jemand, der auf dem Maultier saß, viel bequemer sprechen konnte als der, der an seiner Seite ging. Er konnte es in seiner Brust spüren, dass es keine leichte Sache war, beim Bergauffahren zu reden. Als ob er das erraten hätte, stieg Gunther aus, als sie eine ebene Fläche erreichten, und ließ den kleinen Pechmann aufsteigen. Nach langem Überreden stimmte Onkel Peter schließlich zu und stand auf; aber sobald sie wieder aufzusteigen begannen, stieg er ab und bestand darauf, dass Gunther mitritt.

„Wenn unsere Irmgard uns jetzt verlassen will", sagte der kleine Pitcher, „würde ich sie dir gerne überlassen, Herr Doktor. Sie kann hervorragend Zither spielen, und wenn es ihr wieder gut geht, kannst du ihr alles beibringen. Alles kommt." leicht zu ihr. Aber ich hoffe, dass sie bei uns bleibt. Sie ist schüchtern und geht nicht gern unter Menschen."

Es schien, als hätte er Gunthers Gedanken erraten, denn der Arzt hatte sich gefragt, wie er Irma zu sich nach Hause bringen und dennoch das Gericht über ihre Existenz im Unklaren halten konnte. Vor seinem geistigen Auge sah er sie bereits neben seiner Frau und Cornelia sitzen und hatte das Gefühl, eine Tochter gewonnen zu haben, die Paulas Platz einnehmen würde.

Es war dunkel im Wald und die Sterne leuchteten am Himmel. „Es ist nach Mitternacht", sagte der kleine Pechmann, als sie die Kuppe eines vorspringenden Hügels erreichten. „Da drüben geht der Mond auf."

Gunther schaute zurück und sah, wie der Halbmond aufging und wie eine Ruine am riesigen Firmament schwebte.

„Einige unserer Kühe sind schon da", sagte der kleine Pitcher und seine Stimme wurde heller. „Das ist Blackbird mit der Ding-Dong-Glocke. Sie verirrt sich immer am weitesten; aber wir werden auf jeden Fall in weniger als einer halben Stunde zu Hause sein."

Sie gingen schweigend weiter und erreichten schließlich die Hütte. Durch die Öffnung des geschlossenen Fensterladens fiel ein Lichtstrahl.

Günther trat ein.

„Ich gehe zuerst hinein und sage ihr, dass der Herr hier ist", sagte der kleine Pechmann leise.

Günther stimmte zu.

Bald kam er wieder heraus und sagte:

„Sie schläft, aber ihre Wangen sind feuerrot, und Gundel sagt, sie habe im Schlaf oft gerufen: ‚Vater!‘ und manchmal „Sieg“. Sie muss angenehme Träume haben.

Günther betrat die Hütte. .

Beim Anblick Irmas wirkte er wie gelähmt. "Was ist das?" fragte er den kleinen Pitcher, als der Junge zu Irmas Füßen den Kopf hob und ihn anstarrte.

„Es ist ein kleines Gämsenkind, das ich gestern gefunden habe. Sie liebt es sehr“, antwortete der kleine Pechmann flüsternd.

Gunther forderte den kleinen Pitcher und Gundel auf, das Zimmer zu verlassen, und setzte sich dann schweigend an Irmas Bett. Er fühlte ihren Puls und berührte ihre Stirn, und der kleine Pechmann, der im Zimmer herumlungerte, fragte: „Wie geht es ihr?“

Günther zuckte mit den Schultern und bedeutete ihm, hinauszugehen.

Der kleine Pechmann eilte auf den Heuboden, weckte Franz und befahl ihm, zu seinem Herrchen und seiner Frauchen zu eilen und ihnen zu sagen, sie sollten sofort heraufkommen, denn Irmgard war sehr krank.

Er legte sich auf das Heu und fühlte sich, als ob jeder Knochen seines Körpers gebrochen wäre. Er war noch nie so müde gewesen, aber er konnte weder ausruhen noch schlafen und stand bald vor der Hütte und lauschte am Fenster.

Währenddessen blieb Gunther beim Patienten. Ab und zu bewegte sie sich, öffnete aber nicht die Augen. Auch das Kind zu ihren Füßen schlief wieder.

Gunther hatte das Licht aus dem Zimmer entfernt und saß nun im Dunkeln.

„Der Tag kommt, lass mich das Tageslicht sehen!“ rief Irma und fuhr plötzlich auf.

Ein grauer Lichtstrahl fiel durch die Öffnung im Fensterladen.

„Lass mich das Tageslicht sehen“, sagte Irma noch einmal, und der kleine Pechmann draußen öffnete die Fensterläden. Eine Flut von Licht ergoss sich in die Kammer. Ein strahlender Glanz huschte über Irmas Gesicht. Sie streckte Gunther beide Hände entgegen. Er umklammerte sie und sie küsste seine Hände mit ihren fieberhaften Lippen.

„Sie haben großartige Ergebnisse erzielt“, sagte Günther. „Du hast eine Kraft gezeigt, die ich nur bewundern kann. Halte daran fest.“

„Ich danke dir! Durch dich kehrt mein Vater zu mir zurück. Lege deine Hand auf meine Stirn."

„Ich lege meine Hand auf deine Stirn, und im Geiste deines Vaters segne ich dich, und mit diesem Kuss küsse ich alle deine Lasten weg. Du bist frei!"

Irma lag ruhig da, und Gunthers Hand lag auf ihrer Stirn, während draußen die rosige Farbe des Morgens immer höher aufstieg und endlich das Licht das Zimmer mit seinem goldenen Glanz durchflutete.

Günther ging hinaus und brachte Irma einen Tonic-Trank. Es belebte und erfrischte sie.

„Ich weiß, dass ich sterben werde", sagte sie mit klarer Stimme, „und ich bin froh, dass ich bei Bewusstsein gelebt habe und bei Bewusstsein sterben kann."

Sie gab Gunther ihr Tagebuch und sagte ihm, dass der Wunsch, den sie dort in Bezug auf ihren Bestattungsort geäußert hatte, nicht berücksichtigt werden müsse; dass der Onkel wusste, welcher Ort ihr Lieblingsplatz gewesen war, und dass sie dort begraben werden wollte, ohne dass irgendetwas an ihr Grab erinnerte.

Günther hatte zuvor gesagt, dass er schon so manche sterbende Hand in seiner Hand gehalten habe – er habe noch nie an einem Sterbebett wie dem von Irma gesessen.

Kapitel XVII.

„Ich wusste es! Ich hatte das Gefühl, dass es kommen musste!" rief Walpurga, als Franz die Nachricht von Irmas Krankheit überbrachte. „Ich wusste, dass sie nie zurückkommen würde!" wiederholte sie immer wieder, weinte, rang die Hände und betete abwechselnd.

„Das wird keinem helfen", sagte Hansei und legte seine Hand auf ihre Schulter. „Steh auf, zu anderen Zeiten bist du nicht so. Komm, vielleicht ist es doch nicht so schlimm; und selbst wenn es so sein sollte, ist dies keine Zeit zum Weinen und Weinen; wir müssen alles tun, was wir können." Erledigt."

„Was kann ich tun? Was soll ich tun?" sagte Walpurga und wandte ihr tränenreiches Gesicht Hansei zu.

Er half ihr auf und sagte:

„Franz sagt, da oben ist ein Arzt, der hat eine Hausapotheke dabei. Und jetzt lasst uns etwas essen und dann zu ihr hochgehen."

„Oh mein Gott, ich kann keine drei Schritte gehen; ich habe das Gefühl, als wären meine Glieder gebrochen."

„Dann bleibst du besser hier und ich gehe hinauf."

„Würdest du mich hier in Ruhe lassen? Was soll ich dann tun?"

„Ich weiß nicht was. Geh ins Bett, vielleicht kannst du schlafen."

„Ich will nicht ins Bett gehen; ich will nicht schlafen; ich will nichts. Ich gehe auch mit, und wenn ich unterwegs sterbe, kann ich nichts dagegen tun." "

„Sprich nicht so! Wenn du das tust, tust du mir und den Kindern Unrecht", wollte Hansei gerade sagen, aber er machte eine schnelle Bewegung, als wollte er die Worte unterdrücken. „Das braucht man nicht zu sagen", dachte er; „Wenn Frauen voller Selbstmitleid anfangen, sich über ihr Los zu beschweren, wissen sie nicht, was sie sagen."

Hansei brachte seiner Frau ihre besten Kleider, denn sie war so aufgeregt, dass sie kaum wusste, wo sie waren und wie sie sie anziehen sollte. Hansei erwies sich als recht kluger Kammerdiener.

„Jetzt musst du dir deine Schuhe anziehen", sagte er schließlich.

Walpurga konnte sich ein Lächeln unter Tränen nicht verkneifen. Erst da merkte sie, wie freundlich und treu er ihr geholfen hatte, und sagte mit heller Stimme: „Ja, das kann ich; du hast mir geholfen, und jetzt habe ich das Gefühl, dass ich gehen kann."

Hansei ließ das Essen hereinbringen und nachdem er seinen Bergstock, seine Jagdtasche und seinen Hut bereitgelegt hatte, setzte er sich zum Essen hin. Auch Walpurga musste sich setzen, obwohl sie nur wenig aß. Eine der großen Tugenden von Hansei war, dass er jederzeit herzhaft essen konnte. Er machte der Mahlzeit alle Ehre, und seine Art schien zu sagen, dass man, wenn man seinen Hunger gestillt hat, besser auf jedes Unterfangen vorbereitet ist.

Bevor er ging, schnitt er ein großes Stück Brot ab und steckte es in seine Tasche.

Die Kinder wurden der Obhut des Oberdieners übergeben, und eine der arbeitenden Frauen wurde ebenfalls angewiesen, im Haus zu bleiben. Hansei und seine Frau machten sich auf den Weg zur Wiese.

Sie waren schon ein Stück weit gegangen, als Burgei hinter ihnen herlief und schrie: „Ich will mit, ich will zu Cousine Irmgard."

Es gab keine Hilfe dafür. Sie waren gezwungen, das Kind mitzunehmen, denn sie hatten Angst, es alleine zurückgehen zu lassen, und keiner von ihnen hatte Lust, es zurückzunehmen.

„Du bist ein ungezogenes Kind, ein sehr ungezogenes Kind! Und jetzt muss ich dich tragen, ein großes Mädchen wie dich", sagte Walpurga und nahm das Kind in ihre Arme. Hansei nickte zufrieden. Es war gut, dass das Kind bei ihnen war, denn dann würde seine Frau, die zu Extremen neigte, im schlimmsten Fall nicht so gewalttätig werden.

Walpurga, die zunächst geglaubt hatte, sie könne nicht alleine gehen, trug nun das Kind und trat tapfer hinaus.

„Lass Burgei eine Weile laufen, und wenn sie wieder müde wird, werde ich sie tragen", sagte Hansei.

Solange der Weg breit genug war, ging das Kind zwischen seinen Eltern hindurch, und als der Weg schmaler wurde, ließen sie es vorauslaufen. Als sie feststellten, dass sie wegen des Kindes nur langsam vorankamen, nahm Hansei sie in seine Arme, wo sie bald einschlief.

Dann flüsterte Walpurga Hansei leise zu:

„Ich muss dir jetzt sagen, wer unsere Irmgard ist."

„Und ich sage dir, ich will es nicht wissen. Sie muss es mir selbst sagen, wenn sie lebt; und wenn sie tot ist, kannst du es mir genauso gut sagen."

"Tot!" rief Walpurga, „weißt du mehr als ich? Hat dir Franz heimlich etwas erzählt?"

„Franz hat mir nur das erzählt, was du gehört hast."

„Aber warum redest du so über den Tod?“

„Denn jemand, der sehr krank ist, kann leicht sterben. Aber seien Sie ruhig.“

„Ja, ja; ich weiß kaum, dass wir im Wald sind, und ich habe das Gefühl, als könnte ich nichts sehen. Halten Sie einen Moment inne! Da oben ist ein Arzt. Er kennt sie, und andere, die sie kennen, werden kommen, Auch der Mann, der uns neulich besucht hat, ist ihr Bruder, und jetzt werden sie unsere Irmgard mitnehmen.“

„Wenn sie bei klarem Verstand ist und aus freien Stücken gehen will, können wir nichts dagegen sagen“, sagte Hansei, „aber das sage ich, und niemand wird mich davon abbringen. Solange.“ Sie ist so krank, dass sie nicht sagen kann, was sie will, ich werde nicht zulassen, dass man ihr etwas antut. Ich bin Hansei und ich bin ihr Beschützer; ihr soll nichts passieren – Alles, was ich von dir verlange, ist, zu mir zu stehen und sich nicht einzumischen. Du weißt, wenn ich etwas sage, meine ich es ernst.“

„Ja, ja, du hast recht!“ sagte Walpurga. Hanseis entschlossene Worte schienen ihr neue Kraft zu geben, denn sie stieg ohne die geringste Schwierigkeit den steilen Bergpfad hinauf. Es schien fast so, als hätte Hansei sie und das Kind getragen. Von diesem Gedanken bewegt, sagte sie plötzlich:

„Erinnerst du dich, als du mich einmal zu Hause am See tragen wolltest? Oh mein Gott, es scheint, als ob wir damals sehr unterschiedliche Wesen gewesen sein müssen, denn wir wussten überhaupt nichts von der Welt.“

„Es geht uns nicht schlechter, weil wir etwas davon wissen und haben!“ antwortete Hansei mit lauter Stimme und weckte das Kind. „So, nun, lauf noch mal“, sagte er zu Burgei.

Sie ruhten sich eine Weile aus. Hansei erinnerte sich an das Stück Brot, das er in seine Tasche gesteckt hatte, schnitt ein Stück davon ab und sagte, während er mit seinem Messer ins Tal zeigte: „Da fließt unser Bach hinab, und von hier bis dorthin ist es nur eine Stunde.“ die kleine Stadt, in der Stasi lebt.“

„Nur eine Stunde von hier entfernt?“ rief Walpurga.

„Dann gehe ich da rüber. Sie ist die beste, die einzige Hilfe. Du gehst mit dem Kind weiter, direkt bis zur Hütte. Ich folge dir bald durch die Stadt und bringe etwas Gutes mit.“ Mich."

„Frau! Bist du verrückt geworden? Mach mich nicht auch verrückt. Willst du weglaufen, wenn du dem Sterbenden so nahe bist?“

„Dann muss ich es dir sagen. Die Königin ist da unten und sie allein kann ihr helfen. Gott sei mit dir, Hansei, und auch mit dir, Burgei. Ich werde dir bald folgen.“

Sie rannte weg, durch den Wald, am Bach entlang und in Richtung der Stadt.

„Wo ist Mutter? Mutter! Mutter!" rief das Kind.

"Ruhig sein!" sagte Hansei. „Mutter hat da unten noch ein Kind, und der ist ein Prinz und wird dir goldene Kleider schicken."

„Ist es ein verzauberter Prinz, den Mutter von einem Zauber befreien wird?" fragte das Kind.

„Ja, er ist verzaubert", sagte Hansei und versuchte sie zu beruhigen.

„Aber in was wurde er verwandelt?" fragte das Kind.

„In einen Kuckuck; aber jetzt kein Wort mehr; sei still."

Voller seltsamer Gedanken stiegen Vater und Kind den Berg hinauf. Hansei konnte nicht verstehen, wie seine Frau in einem solchen Moment ihre Freundin verlassen und zur Königin gehen konnte ... Vielleicht waren sie irgendwie miteinander verbunden? Er schüttelte den Kopf. Dinge, die er nicht entwirren konnte, legte er stets beiseite. Das Einzige, was man tun konnte, war zu sehen, was man für den Kranken tun konnte; das war das Wichtigste. Er straffte die Schultern und war bereit, Irmgard, wenn der Arzt es gut fand, auf seinen Armen den ganzen Weg hinunter zum Bauernhof zu tragen.

Das Kind lief weiter und sah sich mit verwunderten Augen um. „Er ruft! Er ruft!" flüsterte sie. „Meine Mutter wird dich befreien."

Ein Kuckuck schrie wirklich im Wald, durch den die Mittagssonne schien. Sein Schrei war manchmal nah, dann wieder entfernter, und schließlich flog er mit seinem eigentümlichen Ton über die Köpfe der Reisenden hinweg.

Hansei erreichte mit dem Kind endlich die Hirtenhütte, wo ihm der Onkel und Gundel mit traurigem Gesicht entgegentraten.

„Sie lebt noch, aber sie kann nicht lange überleben", sagte der Onkel und wischte sich mit dem Ärmel die Tränen weg. „Der Arzt lässt keinen von uns zu ihr rein. Aber wo ist Walpurga?"

„Sie wird bald hier sein", antwortete Hansei. Mit aller Kraft konnte er die Kühe fernhalten, die ihren Herrn kannten und wie es ihre Gewohnheit war, auf ihn zukamen, um eine Handvoll Salz zu holen. Aber er hatte vergessen, es mitzubringen, und alles Salz, das sie hier oben hatten, befand sich in dem Raum, den niemand betreten durfte.

Hansei befahl dem Cowboy, die Kühe ein Stück weit wegzutreiben, damit der Kranke den Klang der Glocken nicht hörte. Das war alles, was er für Irma tun konnte.

Er setzte sich traurig auf die Bank vor der Hütte, nahm ein Stück geschnitztes Holz, das auf dem Boden lag, betrachtete es so sorgfältig, als wäre es Marmor, und drehte es immer wieder um. Er saß lange da. Dann übertrug er Burgei in Gundels Obhut, und in der Hoffnung, seine Frau kennenzulernen, ging er allein die Straße entlang, die zu der kleinen Stadt führte. Aber es dauerte lange, bis sie kam. Er ging weiter in den Wald hinein und ärgerte sich, wie immer, wenn er hierher kam, an die schönen Bäume dort drüben, die ihm gehörten, die aber nicht gefällt werden konnten, weil niemand bis zu den Felsen hinauf konnte was sie waren. Eine plappernde Elster, die auf den hohen Zweigen einer wunderschönen Kiefer saß, schien sich über ihn lustig zu machen. Nachdem er sich immer wieder mit der Hand übers Gesicht gefahren hatte, wurden Hansei die Gedanken bewusst, die ihn inmitten all dieser Schwierigkeiten beschäftigt hatten. Daran war nichts falsch – da war er sich sicher; aber dies war nicht der richtige Zeitpunkt, über solche Dinge nachzudenken, und als ob ihm die Schwierigkeiten jetzt zum ersten Mal bewusst würden, wurde er von Kummer überwältigt.

Er drehte sich um und ging zur Hütte. Der Arzt kam gerade heraus.

„Du bist der Grundbesitzer, nehme ich an?“

„Ja; und Sie sind der Arzt?“

"Ja."

"Wie geht es ihr?"

„Ich glaube nicht, dass sie vor dem Abend sterben wird.“

Hanseis Augen füllten sich mit Tränen.

Der Onkel bat Gunther, ihm zu erlauben, das kleine Kind herauszuholen. Er gab seiner Bitte statt. Mit leisen Schritten holte er es hervor, gab ihm etwas zu trinken, trug es wieder zurück und legte es dem kranken Mädchen zu Füßen.

„Sie öffnete ihre Augen und nickte mir zu, sagte aber kein Wort; und dann schloss sie ihre Augen wieder“, sagte der Onkel.

Hansei bat darum, Irmgard noch einmal sehen zu dürfen. Er durfte durch den Spalt im Fensterladen schauen. Als Günther wieder ins Krankenzimmer zurückkehrte, ging Hansei weinend, als würde ihm das Herz brechen, die Straße entlang, die in die Stadt führte.

„Onkel hat recht: Sie ist wie ein Engel geworden“, sagte er sich.

Das Kalb, das am ersten Tag, als sie zur Hirtenhütte kamen, geboren wurde, schien sich seiner besonderen Ansprüche an Hansei bewusst zu sein. Trotz allem, was er tun konnte, rannte es ihm immer wieder nach, um Salz zu holen.

Hansei gelang es, es zu befriedigen, indem er ihm das letzte Stück Brot gab, das er bei sich hatte.

Als er den Wald erreichte, musste er sich setzen; und dort weinte er und sah sich ab und zu verwirrt um. Wie konnte es möglich sein, dass die Sonne noch schien, der Kuckuck weinte und der Falke schrie, während sie, die dort oben war, ihren letzten Atemzug tat –

Was könnte Walpurga von der Königin wollen? „Ihr Platz ist dort oben", dachte er immer wieder.

Kapitel XVIII.

Dem Lauf des Baches folgend, war Walpurga den Berghang hinuntergeeilt. Bald sah sie die kleine Stadt und das Bauernhaus, auf dessen Dach eine bunte Fahne wehte.

Walpurga setzte sich auf einen Felsen am Bach, um zu Atem zu kommen und ein paar Augenblicke auszuruhen. Ein Kuckuck flog über ihren Kopf und den Berg hinauf.

„Das ist ein schlechter Anfang", sagte sie sich.

Sie ging weiter zur Milchfarm. Als sie durch das Eisengeländer schaute, sah sie einen Jungen, der im Garten spielte. Sein Haar fiel ihm in langen, hellen Locken über die Schultern.

Er trug ein leichtes Kleid und einen Hut mit Feder. Ihr war, als müsste ihr Herz platzen, und mit krampfhaftem Griff hielt sie sich an einer der Eisenstangen des Zauns fest, um sich abzustützen. Dann ging sie weiter zum Gartentor.

„Frau von Gerloff – der Prinz – mein Kind! mein Kind!" Sie weinte, während sie auf den Prinzen zustürmte und ihn, im Gras niederknieend, küsste und umarmte.

Der Junge schrie.

„Oh, das ist seine Stimme!" rief Walpurga.

Einen Moment lang erschrocken stand Frau von Gerloff wie angewurzelt da. Dann näherte sie sich und befahl Walpurga, wegzugehen. Auch die Diener traten vor und befahlen ihr zu gehen. Der Prinz schmiegte sich an Frau von Gerloff, als wollte er sich verstecken.

Walpurga kniete noch immer im Gras und konnte nicht aufstehen.

„Er kennt mich nicht mehr und ich bin seine Krankenschwester!" „, schrie sie und blickte verwirrt auf die Menschen um sie herum. Ihre Stimme schien einen Einfluss auf das Kind auszuüben. Es drehte sein Gesicht zu ihr. Es war rot gerötet und eine Träne hing immer noch an seinen Wimpern, obwohl sein Gesicht von einem Lächeln umhüllt war.

„Gott grüße dich!" sagte er. Dieser Ausdruck war ihm aufgrund ihres Aufenthalts im Land beigebracht worden.

„Er kann ,Gott grüße dich' sagen – oh, er kann sprechen! Mein lieber Gott, er kann sprechen! Jetzt sag einfach ,Walpurga', Kind. Kannst du ,Walpurga' sagen?"

„Walpurga", wiederholte das Kind.

Die Königin näherte sich, begleitet von Gräfin Brinkenstein und Paula. Walpurga wollte gerade auf sie zueilen, aber die Königin winkte sie weg und befahl Frau von Gerloff, den Prinzen zu entfernen. Der Prinz wurde aus dem Garten geführt, aber er blickte zurück zu Walpurga, die ihm zunickte und ganz vergaß, dass sie sich in der Gegenwart der Königin befand, bis diese sagte:

„Sie haben sich hier eingedrängt. Sie müssen sich sicherlich darüber im Klaren sein, dass wir Sie nicht sehen wollten, und Sie wissen warum.“

„Ich will mich jetzt nicht verteidigen. Ich bin wegen etwas anderem gekommen“, drängte der arme Walpurga.

"Was ist es?" fragte die Königin.

Schwer atmend und mit häufigen Pausen sagte Walpurga hastig:

„Eure Majestät, man mag als böse angesehen werden oder überhaupt nicht, und seien Sie dennoch ehrlich. Sie und ich sind beide bei guter Gesundheit und können das ein anderes Mal regeln. Aber ich habe ein paar Worte.“ Um es dir zu sagen – ganz allein. Liebe Königin! Um Himmels willen! – du wirst dich bis zu deinem Tod darüber freuen. Liebe Königin, du musst genauso sterben wie der Rest von uns – ich flehe dich um Mitleid an Um Himmels willen, hör mir allein zu, nur für eine Minute! Schicke die anderen weg, es gibt keine Zeit zu verlieren!“

Die Königin bedeutete Gräfin Brinkenstein und Paula, sich zurückzuziehen. Sie war allein mit Walpurga, und dieser sagte mit klopfendem Herzen:

„Irma lebt!“

"Was sagen Sie?"

„Sie liegt im Sterben; vielleicht ist sie inzwischen schon tot!“

„Ich verstehe dich nicht. Bist du verrückt?“

„Nein, liebe Königin. Setz dich hier auf diesen Platz. Du zitterst am ganzen Körper. Es war mir peinlich, aber ich konnte nichts dagegen tun. Aber jetzt ist es mir egal. Mach mit mir.“ Was du wählst – Irma lebt – vielleicht nur noch heute, vielleicht nicht einmal so lange. Liebe Königin, du musst mit mir gehen. Du musst zu ihr gehen. Es ist alles, was ihr auf Erden geblieben ist – Ein einziges Wort – a Hand--"

Gräfin Brinkenstein und Paula, die sahen, dass die Königin totenbleich zurückgelehnt war, eilten ihr zu Hilfe. Sobald sie das Rascheln ihrer Kleider hörte, richtete sie sich auf und sagte:

„Walpurga, wiederhole, was du mir gerade gesagt hast.“

Walpurga wiederholte, dass Irma noch am Leben sei, und fügte hinzu, dass sie fast vier Jahre lang bei ihr verborgen gewesen sei und dass Gunther jetzt bei ihr sei.

Die beiden Damen schienen vor Überraschung stumm zu sein, aber Walpurga wandte sich wieder an die Königin und rief:

„Um Gottes Willen, verliere keine Minute! Komm mit. Stasi, die einst ein Gebet für die Königin an mich richtete, wohnt dort. Liebe Königin, wenn du anderen nicht vergeben kannst, wie können sie dann trotzdem für dich beten?" Du? Denk nur daran, wie du dich in dieser feierlichen Nacht gefühlt hast, liebe Königin. Steh auf, lege alles andere von dir ab und halte allein an deinem guten Herzen fest! Liebe Königin –"

„Ärgern Sie Ihre Majestät nicht", unterbrach Gräfin Brinkenstein sie.

Aber Walpurga fuhr fort:

„Eure Majestät, wenn Sie sterben, können Ihnen weder Hofdamen noch irgendetwas anderes helfen. Lassen Sie alles für eine kurze Stunde Ihres Lebens hinter sich! Kommen Sie mit mir allein und fragen Sie mich nichts mehr. Sie wird noch vor der Nacht tot sein . Noch heute kannst du eine gute Tat vollbringen, die für immer Bestand hat."

„Das werde ich – ich muss zu ihr gehen!" sagte die Königin, erhob sich von ihrem Sitz und ging auf das Haus zu. Ihr Schritt war schnell, ihre Wangen waren vor Aufregung gerötet.

„Eure Majestät", wandte Gräfin Brinkenstein ein, „der gnädige König reitet und wird zur Essenszeit am Wasserfall sein. Werden Eure Majestät nicht bis dahin warten?"

„Nein", antwortete die Königin mit entschlossener Stimme, als hätte die Frage einen Gedankengang unterbrochen. „Ich wünsche mir", sagte sie, „die Erlaubnis zu haben, in eigener Verantwortung zu handeln."

„Eure Majestät, es gibt keine Kutschenstraße zur Bergwiese", fügte Gräfin Brinkenstein sanft hinzu.

„Aber es gibt fast bis zur Hütte einen Reitweg", antwortete Walpurga. „Und da ist noch Stasis Mann; er ist Förster und kennt alle Wege; ich rufe ihn an."

Sie eilte zum Büro des Inspektors und nahm ihn mit heraus. Er bestätigte ihre Aussage, dass sie eine gute Strecke fahren und dann fahren könnten.

Die Königin befahl ihm, ihnen mit Reitpferden vorauszugehen. Sie zog sich in ihre Gemächer zurück und fuhr bald darauf in Begleitung von Paula, Sixtus und Walpurga den Berg hinauf. Zwei Lakaien saßen auf dem Hügel.

Die Verlobte des Mannes, der einst Irma geliebt hatte, und die Frau dessen, dessen Liebe Irma erwidert hatte, saßen Seite an Seite und eilten zu ihrem Sterbebett. Erst als sie auf einem guten Weg waren, erlangten sie ihre Fassung wieder.

Walpurga konnte ihnen nur wenig über Irmas einfaches Leben erzählen, und umso mehr schätzte sie den Bericht des Onkels darüber ein, wie Irma verkleidet mit ihm in die Hauptstadt gereist war und wie er im Sommerpalast sie hatte die Königin und den Prinzen noch einmal gesehen. Ihr Vortrag wurde häufig von Tränen unterbrochen, während sie ihnen erzählte, wie Irma ihre sterbende Mutter gepflegt hatte und wie ihre Mutter, die alles gewusst hatte, Irma auf ihrem Sterbebett ihren Segen gegeben hatte.

Die Königin hielt ihr Taschentuch vor die Augen und reichte Walpurga schweigend die Hand.

Je mehr Walpurga ihnen erzählte, desto reiner und erhabener erschien Irma. Die Königin wandte sich an Paula und sagte:

„Das ist das Leben im Tod – es muss unvorstellbaren Mut erfordert haben.“

„Auch heutzutage gibt es Heilige“, antwortete Paula. „Alles, was die alten Zeiten über das Große, das Schöne und das Wahre wussten, existiert immer noch in der Welt, auch wenn es verstreut und verborgen ist.“

In der Tiefe ihrer Trauer strahlten die Augen der Königin vor bewusster Freude bei dem Gedanken, dass Günther zwar nicht mehr bei ihr war, das Beste in ihm aber nun neben ihr in seinem Kind war.

Walpurga musste ihnen erneut von jenem Morgen am See erzählen. Und dann sprach sie weiter über Irmas wunderschöne Arbeit, bemerkte aber bald, dass die Königin nicht zuhörte, und hörte auf.

Sie fuhren schweigend weiter.

Sie erreichten das Ende der Kutschenstraße und setzten nun die Reise zu Pferd fort.

Kurz nach der Abreise der Königin kehrten der König und Bronnen von der Verfolgungsjagd zurück. Sie fühlten sich durch den Sport erfrischt und gestärkt, und der König fragte, ob die Königin bereits zum Wasserfall gegangen sei, denn sie habe den Wunsch geäußert, dort zu zeichnen.

Zum ersten Mal in ihrem Leben. Gräfin Brinkenstein war so verlegen, dass sie fast ihre Geistesgegenwart verlor. Sie empfand natürlich ein gebührendes Mitgefühl für Irma, aber solange sie im Verborgenen gelebt hatte, hätte sie im Verborgenen sterben sollen. Warum sollte sie sie alle aufs Neue aufregen? Sie schüttelte missbilligend den Kopf über dieses exzentrische Wesen, das, lange nachdem man sie betrauert und vergessen hatte, noch nicht einmal anständig tot war.

Mit stockender Stimme teilte sie dem König mit, was geschehen war, und wagte kaum, ihm zu sagen, dass die Königin auf eigene Verantwortung und entgegen allen Gerichtsvorschriften weggegangen sei, begleitet von niemandem außer Paula und Geheimrat Sixtus.

Einige Augenblicke lang bewegte sich der König nicht und sagte auch kein Wort, sondern stand da, den Blick auf den Boden gerichtet. Die Erde zu seinen Füßen schien zu beben. Alles schien ins Wanken zu geraten wie bei einem Erdbeben, und Schrecken und Verzweiflung überkamen ihn.

Alles, was er in langen Jahren des Leidens und der Sühne erlebt hatte, stand nun wieder vor ihm. Er hatte gekämpft und gekämpft und Opfer gebracht, und niemand hatte ihm für all das gedankt; am allerwenigsten sein eigenes Herz, denn er war mit Schuldgefühlen belastet und dennoch bestrebt, Gutes zu tun, und musste in aller Demut zugeben, dass ihm die Macht, Gutes zu tun, noch fehlte.

Zitternd vor Aufregung drückte er seine geballte Hand gegen seine Stirn. Seine Wangen brannten, während seine Glieder vor fiebriger Kälte zitterten. Gott sei Dank, sie lebt noch! Die Schuld des Todes ist von meiner Seele genommen; und auch sie wird sehen, was ich gelitten habe und was aus mir geworden ist –

In den letzten Augenblicken hatte er die geheimen Qualen der vergangenen Jahre noch einmal durchlebt. Er sah sich nun um, als käme er aus einer anderen Welt. Es hatte kein Erdbeben gegeben; die Bäume, die Häuser, die Berge standen immer noch an ihrem alten Platz. Er sah Bronnen an, reichte ihm seine eiskalte Hand und flüsterte fast unhörbar:

„Und so ist die Ahnung, die Sie auf dem Jagdsitz geäußert haben, wahr.“

Seine Stimme war belegt. Er befahl, ihm frische Reitpferde und eine zweite Kutsche nachzuschicken.

Wenige Augenblicke später folgten Bronnen und er der Königin.

KAPITEL XIX.

Die Königin ritt den Berg hinauf, während Walpurga an ihrer Seite weiterging. Die Sonne sank bereits im Westen. Seine schrägen Strahlen leuchteten durch die Baumwipfel und auf den Weg, den Gunther und der kleine Pechmann in der Nacht zuvor genommen hatten, und von den Bächen, die gestern über den Weg geflossen waren, waren nur noch wenige zu sehen.

Die Königin sagte kein Wort, blickte aber oft auf Walpurga und viele alte Erinnerungen und Assoziationen wurden in ihrem Kopf wach. Neben mir geht eine Frau, die auf meinen Wunsch aus ihrem Zuhause geholt wurde. In jenen Tagen, als ich mit dem König und Gunther unter der weinenden Asche saß, war ich sanft und nachsichtig gegenüber den Gefallenen, und Gunther sagte, ich hätte es verdient, dass Tausende für mich beten. Habe ich es damals wirklich verdient? Habe ich es jetzt verdient? Damals hatte mich noch nie jemand beleidigt oder verletzt, und es fiel mir leicht, nachsichtig zu wirken. Aber sobald mir Unrecht zugefügt wurde, gab ich der Verachtung und dem Hass und dem Stolz auf meine eigene Tugend nach und bestärkte mich in diesem Gefühl. Er veränderte sein ganzes Leben, legte alles Triviale und Nichtige von sich und widmete seinen ganzen Geist der treuen Arbeit zum Wohle seines Volkes, während ich immer strenger und unbeugsamer wurde, nur weil ich so tugendhaft war. Bist du schließlich so tugendhaft? Was ist die Tugend, die allein für sich selbst lebt? Und sie, die so bitterlich geirrt hat; hat sie nicht noch bitterer gesühnt? So sündig sie auch sein mag, sie steht weit über mir. Sie ist meinetwegen gestorben, und was hat mir ihr Tod doch gebracht? Ich habe meinen Mann verlassen, um seine schwierige Arbeit ohne Hilfe und allein zu erledigen, und ihn in der Stunde der größten Not im Stich gelassen. Ich habe für mich allein gelebt, denn für mein Kind zu leben bedeutete, für mich selbst zu leben. Ich habe den Armen und Hilflosen Nächstenliebe gegeben. Aber wie sieht es mit meiner ersten Pflicht aus? Ich konnte mich nicht überwinden – und bin ich derjenige, der es wagt zu sagen, dass ich zum Höchsten fähig bin, und „Wenn dein Auge dich beleidigt, reiß es dir aus?" Günther hatte recht. Niemand außer dir selbst kann dich retten, denn niemand sonst kann dir so oft die Wahrheit sagen.

Was habe ich in den vielen Jahren getan, in denen sie sich bemüht hat, sich zu vervollkommnen, und in denen er sich durch edle Taten für sein Volk gestärkt hat? Ich bin es, der gesündigt hat. Du sollst nicht sterben, Irma! Du musst noch leben, damit ich dir sagen kann, dass ich verloren bin, wenn du stirbst, ohne mir vergeben zu haben.

Die Königin gab diesen Gedanken gerne nach, denn sie erleichterten nach und nach die Last, die so lange einen deprimierenden Einfluss auf sie ausgeübt hatte.

„Müssen wir noch viel weiter gehen?" sie fragte Walpurga.

Wieder ergriff sie die Angst. Wenn Irma tot wäre! Wenn es zu spät für die Begegnung wäre, die sie beide befreien würde! – Sie drückte ihre Hand auf ihr pochendes Herz, als müsste auch dieses aufhören zu schlagen, wenn das Herz dort oben aufgehört hätte zu leben. Vor ihrem geistigen Auge sah sie Irma wie verherrlicht und verklärt, während sie selbst so erbärmlich klein wirkte.

„Wir werden bald da sein", sagte Walpurga.

Von oben war eine Stimme zu hören, die rief:

„Walpurga!"

Das Geräusch hallte immer wieder von den Bergen wider.

„Das ist mein Mann", sagte Walpurga zur Königin und rief mit ebenso lauter Stimme:

„Hansei!"

Er antwortete noch einmal von oben.

Hansei kam näher, und als er die großen Herren, die Damen zu Pferd und die livrierten Diener sah, nahm er seinen Hut ab und fuhr sich mit der Hand über die Augen, als wolle er sich davon überzeugen, dass er richtig sah.

„Wie ist es mit ihr?" fragte Walpurga.

„Sie lebt noch, aber sie wird nicht mehr lange durchhalten. Ich bin vor etwa einer Stunde gegangen, und wer weiß, was seitdem passiert sein mag? Der Arzt ist allerdings bei ihr."

„Weiterfahren können wir nicht", sagte der Inspektor. Die Königin und Paula stiegen aus. Sixtus und die Diener folgten ihm, während sie den letzten Hügel erklommen.

„Das ist die Königin dort, im leichten Seidentuch", sagte Walpurga und wandte sich mit einer bedeutungsvollen Geste an Hansei.

„Mir ist es egal", antwortete er. „Unsere Irmgard ist besser als alle anderen. Was ist der Königin wichtig? Wenn der Tod kommt, sind wir alle ziemlich gleich. Eines Tages müssen wir alle sterben, und dann wird es egal sein, was wir tun." war in diesen paar Jahren."

Die Königin warf Hansei einen hastigen Blick zu und winkte Paula, zurück zu bleiben. Dann eilte sie vorwärts. Sie war unbeaufsichtigt, doch zu ihrer Rechten und zu ihrer Linken, vor und hinter ihr waren die Geister der Angst und der Erlösung. Die Angst schrie: „Irma ist tot; du bist zu spät –" und es schien, als würde dies ihre Schritte aufhalten und ihr den Atem rauben. Deliverance schrie: „Beeil dich – warum herumlungern? Du bist frei, du bringst Freiheit mit dir und wirst die Freiheit für dich selbst gewinnen."

Sie streckte ihre Hände aus, als wollte sie die Kräfte abwehren, die in ihr und um sie herum kämpften.

Die Angst gewann die Oberhand und mit einem klagenden Schrei um Hilfe schrie sie:

„Irma! Irma!" und „Irma, Irma", hallte es immer wieder von den Bergen. Die ganze Welt rief Irmas Namen.

Irma lag noch immer im Zimmer und Günther saß an ihrem Bett. Ihr Atmen fiel ihr schwer. Sie drehte kaum den Kopf und öffnete nur ab und zu leicht die Augen.

Gunther hatte Eberhards Notizbuch mitgenommen und fand Gelegenheit, Irma diese Worte vorzulesen: „Möge dies dazu dienen, mich an dem Tag und in der Stunde zu erleuchten, in der mein Geist verdunkelt wird."

Als er die Worte las: „Gott wohnt noch in dem, was uns verloren und ruiniert erscheint", richtete sich Irma auf, lehnte sich aber bald wieder zurück und winkte ihm, weiterzumachen. Er las: „Und sollte mein Auge im Tod getrübt sein – ich habe den Ewigen gesehen – meine Augen haben die Ewigkeit durchdrungen. Frei von Verzerrung und Selbstzerstörung erhebt sich der unsterbliche Geist."

Gunther blieb stehen und legte das Notizbuch auf Irmas Bett. Sie legte ihre Hand darauf. Nach einer Weile hob sie die Hand, drückte sie an die Stirn und sagte, während sie die Augen schloss:

„Und doch hat er mich gezüchtigt!"

„Was auch immer er dir angetan haben mag, es geschah nicht mit seinem freien, reinen Willen. Ein Anfall, ein Rückfall in die Sterblichkeit hat es beeinflusst. Im Geiste deines Vaters und so sicher ich hoffe, dass die Wahrheit bei mir wohnen möge." Meine eigene Sterbestunde, ich vergebe dir. Du hast deine eigene Vergebung erreicht. Vergib ihm, so wie er dir sicherlich vergeben hat. Er würde dich jetzt segnen, so wie ich dich segne. Erinnere dich liebevoll an ihn, um der Liebe willen, die er dir entgegengebracht hat ."

Irma ergriff die Hand, die Gunther auf ihre Stirn gelegt hatte, und küsste sie. Dann sagte sie, ohne sich umzudrehen, und als würde sie zu sich selbst sprechen: „Bleib bei mir", immer wieder.

Stundenlang saß Gunther an ihrem Bett. Man hörte kein Geräusch außer ihrem schmerzhaften Atem, der immer schwieriger wurde.

Und jetzt, als die Berge immer wieder ihren Namen widerhallten, hob Irma den Kopf und blickte nach rechts und links. „Hörst du es auch?" Sie fragte. „Mein Name – Stimmen, Stimmen überall! Stimmen –" Die Tür öffnete sich und die Königin betrat den Raum.

„Oh! Endlich bist du hier!" keuchte Irma mit einem tiefen Seufzer. Sie sammelte alle Kräfte, die ihr noch fehlten, richtete sich auf und kniete im Bett nieder. Ihr langes Haar fiel ihr herab, ihre Augen funkelten in einem seltsamen Glanz. Sie faltete die Hände, streckte die Arme aus und rief mit herzzerreißender Stimme:

„Verzeih mir! Vergib mir!"

„Verzeih mir, Irma! Meine Schwester!" schluchzte die Königin, nahm Irma in ihre Arme und küsste sie.

Ein Lächeln huschte über Irmas Gesicht. Dann stieß sie einen lauten Schrei aus, fiel zurück und war nicht mehr da.

Die Königin kniete an ihrem Bett und Walpurga, die im Hintergrund gestanden hatte, trat vor und schloss Irmas Augen.

Alles war still. Außer dem Schluchzen der Königin und Walpurga war kein Laut zu hören.

Man hörte Schritte näherkommen.

„Wo? Wo ist sie?" rief der König.

Günther öffnete die Tür und bedeutete ihm mit beiden Händen, zu schweigen.

"Tot!" rief der König.

Günther nickte zustimmend. Er winkte Walpurga, und sie verließ mit ihm das Zimmer.

Der König kniete schweigend neben der Leiche nieder.

Die Königin stand auf und legte ihre Hand auf den Kopf ihres Mannes und sagte:

„Verzeih mir, Kurt, so wie mir vergeben wurde!"

Er ergriff die dargebotene Hand, und Hand in Hand standen sie lange da und blickten Irma an, auf deren Gesicht noch im Tode ein sanftes Lächeln ruhte. Es schien, als könnten sie sich dem Anblick nicht entziehen. Schließlich nahm die Königin ihren weißen Schal ab und breitete ihn über Irma aus.

Sie verließen die Hütte. Die Sonne ging in purpurner Pracht unter, und um sie herum herrschte Stille.

Gunther näherte sich der Königin, gab ihr das in den Verband eingewickelte Tagebuch und sagte: „Dies ist Irmas Vermächtnis an Eure Majestät."

Die Königin ging auf Walpurga zu, reichte ihr schweigend die Hand und küsste das Kind, das sie auf dem Arm trug.

Der König reichte Hansei seine Hand und sagte: „Ich danke dir, ich werde dich wiedersehen."

Der kleine Pechmann ging zum König und zur Königin und sagte:

„Möge Gott Sie dafür belohnen, dass Sie zu ihr gekommen sind. Sie hat es verdient."

Der König und die Königin gingen in Richtung Wald davon. Ihr Gefolge hielt sich im Hintergrund.

KAPITEL XX.

Der König und die Königin gingen in den Wald.

Sie gingen Hand in Hand.

Die Nacht brach herein. Der Wind rauschte durch die Baumwipfel.

Die Königin blieb einen Moment stehen und umarmte dann, getrieben von der glühenden Liebe, die sie so lange unterdrückt hatte, ihren Mann, küsste seine Augen, seinen Mund und seine Stirn und sagte:

„Ich habe die Verstorbene gebeten, mir zu vergeben! Sie starb mit meinem Kuss auf ihren Lippen. Jetzt bitte ich euch, die ihr noch lebt, mir zu vergeben. Ihr habt beide gesühnt – sie allein, allein; du allein, während ich an meiner Seite bin!"

Sie holte ein Amulett heraus, das sie versteckt neben ihrem Herzen getragen hatte. Es war der Verlobungsring, den der König ihr geschenkt hatte.

„Nimm diesen Ring und stecke ihn an deine Hand", sagte sie.

„Wir sind aufs Neue vereint", antwortete der König, während er den Ring an seinen Finger steckte und die Königin umarmte. Er umarmte sie und ihr Kopf ruhte an seinem Herzen.

Mit festem Schritt stiegen sie den Berg hinab, wo ihre Kutschen auf sie warteten.

Gefolgt von den Dienern stiegen auch Bronnen, Sixtus und Paula den Berg hinab.

Der König und die Königin saßen im ersten Wagen; Paula und Sixtus im zweiten. Bronnen ging mit Gunther zurück zur Hütte.

Die frisch Verheirateten kamen auf dem Milchbauernhof an. Das erste, was sie taten, war, in die Gemächer des Kronprinzen zu gehen, und während sie am Bett des Kindes standen, sagte der König:

„Er schläft, und sein unschuldiger, kindlicher Geist weiß nichts von unseren Unterschieden. Es ist gut für uns, dass er mit seinen aufkeimenden Kräften in uns nur Liebe und Harmonie sehen wird, die bis zum Tod andauern."

Die ganze Nacht über saßen der König und die Königin an der Lampe und lasen das Tagebuch des einsamen Weltlings.

Gunther und Bronnen hatten sich oben in der Hütte aufgehalten. Gunther saß eine Weile bei Walpurga und hielt ihre Hand in seiner, während er ihr sagte, dass ihre vollkommene Unschuld nun ans Licht gekommen sei. Ein stummes Nicken war ihre einzige Antwort.

Die Kühe versammelten sich um die Hütte. Ihr Brüllen und Schnauben bewies, dass ihr untrüglicher Instinkt ihnen die Anwesenheit des Todes verkündete, und kaum waren sie vertrieben, kehrten sie schon wieder zurück.

Der kleine Pechmann hat in der Nacht ein Grab ausgehoben. Es war an der Stelle, wo Irma so oft ausgeruht hatte. Er vergoss so manche Träne über seine Arbeit, und einmal, als er eine Pause einlegte, um Luft zu holen, sagte er sich: „Wenn das Kind alt genug ist, um von alleine zu laufen, lasse ich es wieder in den Wald gehen.“

Irma wurde im frühen Morgengrauen begraben. Hansei, der kleine Pitcher, Gunther und Bronnen trugen sie, Walpurga und das Kind folgten ihnen. Gundel und Franz hatten die Seiten und den Boden des Grabes mit Alpenrosen bedeckt. Eingehüllt in den weißen Mantel der Königin wurde Irma still zur Ruhe gelegt, gerade als im Osten die rosige Morgendämmerung erschien.

Unten im Tal hatten der König und die Königin Irmas Tagebuch gelesen. Der Tag brach an. Sie blickten auf die rosige Morgendämmerung und hoben ihren Blick zu den Bergen – zu dem Ort, an dem Irma auf den Höhen begraben wurde.

FUSSNOTEN:

<u>Fußnote 1</u> : Das bekannte „Du".

<u>Fußnote 2</u> : Kammer – hiermit sind der Kammerherr und andere Beamte gemeint, aus denen der Haushalt besteht.

<u>Fußnote 3</u> : Kirchenfest.

<u>Fußnote 4</u> : „Geh zum Kukuk!"]

<u>Fußnote 5</u> : „Wer in der guten Jahreszeit mit dem Vieh in die Berge zieht, ist ein ‚Senn'." In der Schweiz wird dies von Männern erledigt, in den Ostalpen, im bayerischen Bergland und in Österreich in der Regel von Frauen – der ‚Sennerin', ‚Almerin'."

(*Die Alpen* – H. BERLEPSCH .)

DAS ENDE.